全球最先进全自动光伏组件生产线

The world' s most advanced fully automatic assembly line

二期1GW电池片及组件投产庆典仪式

The Opening Ceremony of 1GW Cell & Module Manufacturing Facility

招商新能源与中利腾晖签署1GW光伏电站战略合作协议

China Merchants New Energy Group Ltd. signed a strategic agreement of 1GW PV power plant with Zhongli Talesun Solar Co.,Ltd.

Zhongli Talesun is a company invested in and held by Zhongli SCI-Tech (SZ:002309), which is listed on the Shenzhen Stock Exchange. Launched in 2010, with a total investment of USD 850 million, Zhongli Talesun introduced a state of the art and fully automated production line from companies such as Reis and Centrotherm from Germany, NPC from Japan, and Baccini from Italy. With an independent manufacturing base of 210,000 sq.m and 3GW of cell and module capacity expected by the end of 2012, Zhongli Talesun has become a large-scaled & scientific PV manufacturing company.

Zhongli Talesun has attracted more than 200 R&D, process & technology, and marketing leading talents from home and abroad; thereby, formulating a strong management team of the newly-emerging photovoltaic enterprise.

Zhongli Talesun phase I of 200MW has launched operations in December 2010. By the end of 2011, Zhongli Talesun has reached a manufacturing capacity of 1.5GW of cells and 1GW modules, and is expected to be 2GW in 2012 and 3GW in 2013. All of its products have been certified by VDE in Europe, CSA in North America, TUV in Germany, UL in the USA, CEC in Australia and Golden Sun in China.

Zhongli Talesun has installed and invested a 23.8MW roof-top solar power plant in Feng County of Jiangsu Province, which is the largest scale of its kind in Asia. Zhongli Talesun has also co-invested in a 9.8 MW roof-top solar power plant. Both have been connected to the grid since December 2011, providing green energy to tens of thousands of residents.

Zhongli Science And Technology Group is a national high-tech enterprice, which has the subsidiaries as follows: Zhongli Science And Technology Group Co., Ltd Listed in public in 2009,SZ:002309), Zhongli(Liaoning) Science And Technology Group Co.,Ltd, Guandong Zhongde cable Co.,Ltd, Zhonglian Photoelectricity and New matrials Co.,Ltd, Stargazar Link Technology (Asia) Pte Ltd, Zhongli Talesun Solar Co.Ltd.

The Main products: Flame retardantand fire resistant flexible cables for communication power supply series, Communication optical firber cable series, Middle and High voltage cable series, Solar cells series, Solar modules series and Photovoltic engineering projects series

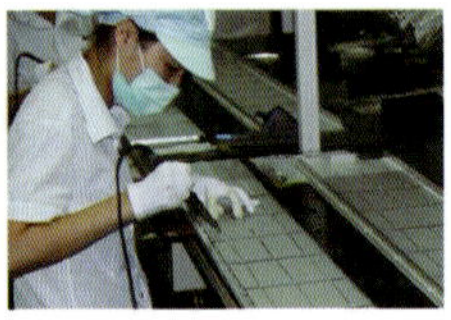

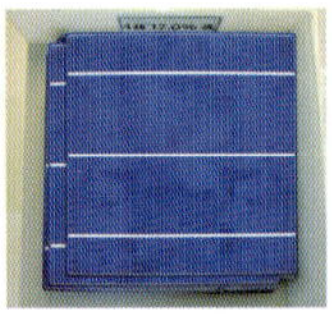

中国国际工程咨询设计承包商年鉴（2011）

The Yearbook of the Contractors of internationai Engineering Consultation & Design of China

中 国 国 际 经 济 合 作 学 会
《中国国际工程咨询设计承包商年鉴》编委会 编

中国质检出版社
中国标准出版社
北 京

图书在版编目（CIP）数据

中国国际工程咨询设计承包商年鉴.2011/中国国际经济合作学会《中国国际工程咨询设计承包商年鉴》编委会编.—北京：中国质检出版社，2012.12
ISBN 978-7-5026-3734-7

Ⅰ.①中… Ⅱ.①中… Ⅲ.①对外承包—承包工程—咨询机构—中国—2011—年鉴 Ⅳ.①F752.68-54 ② C932.82-54

中国版本图书馆CIP数据核字（2012）第291017号

内容提要

本期《年鉴》较为系统地记述了2010年中国对外承包工程咨询设计发展的基本情况，全书设8个栏目，分别为特载、年度企业排名、统计资料、各国承包工程环境、文献、专文、政策法规及附录。本书数据源自官方权威统计，对有关业内人士有较大的参考价值。

中国质检出版社
中国标准出版社 出版发行
北京市朝阳区和平里西街甲2号（100013）
北京市西城区三里河北街16号（100045）
网址：www.spc.net.cn
电话：（010）64275323 发布中心：（010）51780235
廊坊市蓝海德彩印有限公司印刷
各地新华书店经销

*

880mm×1230mm 16开本 印张30 字数1102千字
2012年12月第1版 2012年12月第1次印刷

*

定价：398.00元

编辑说明

一、《中国国际工程咨询设计承包商年鉴》简称《年鉴》是由中国国际经济合作学会主办，《中国国际工程咨询设计承包商年鉴》编委会主持编撰。

二、本《年鉴》创刊于2007年，《年鉴》每年出版一期。该书自编撰以来，得到了各地商务主管部门和各地工程承包、设计咨询、设备制造等相关企事业单位的广泛欢迎与支持，同时也受到了我国驻外经商参赞处、世贸组织成员国及国际上关心我国对外承包工程咨询设计发展的各类工商企业及团体的广泛关注与支持。

三、本期《年鉴》较为系统地记述了2011年中国对外承包工程咨询设计发展的基本情况，全书设8个栏目，分别为特载、年度企业排名、统计资料、各国承包工程环境、文献、专文、政策法规及附录。

四、本《年鉴》的统计数据以国家统计局、各地方统计局及商务部发布数字为准；部门（协会）的数据以其提供的资料为准。本《年鉴》所涉及的单位名称、撰稿人职务均以截稿日期为准。

五、本《年鉴》在编辑过程中，得到了商务部有关主管部门及有关部委和相关地方商务主管部门的支持和帮助，谨致谢忱。由于时间仓促，加之水平有限，不足之处，在所难免，诚请提出批评和改进意见，以便我们改进工作。

《中国国际工程咨询设计承包商年鉴》编委会

2012年8月于北京

开创中非新型战略伙伴关系新局面
在中非合作论坛第五届部长级会议开幕式上的讲话

（2012年7月19日，北京）

中华人民共和国主席　胡锦涛

尊敬的各位同事、各位嘉宾，

女士们，先生们，朋友们：

今天，有机会同出席中非合作论坛第五届部长级会议的各位朋友在北京相聚，共叙中非人民友谊，共商全面深化中非友好合作大计，我感到十分高兴。首先，我谨代表中国政府和人民，并以我个人的名义，对远道而来的各国嘉宾，表示热烈的欢迎！借此机会，我愿通过在座各位非洲朋友，向兄弟的非洲人民转达中国人民的诚挚问候和良好祝愿！

２０００年１０月，中非合作论坛应运而生。这一创举符合时代要求，反映了新形势下中非人民求和平、谋发展、促合作的共同愿望。论坛成立１２年来，各成员国团结一致、密切协作，推动这一合作机制持续向前发展、取得重要成就。本届部长级会议的主题是“继往开来，开创中非新型战略伙伴关系新局面”。中非双方应该再接再厉、共同努力，既立足当前，又着眼长远，共同描绘下一阶段中非合作发展蓝图，为中非关系取得新的更大的发展打下坚实基础。

女士们、先生们！

6年前，我们在这里召开了中非合作论坛北京峰会，中非双方一致同意建立中非新型战略伙伴关系。6年来，在中非双方共同努力下，中非新型战略伙伴关系取得了重大进展。中非在政治上互尊互信、友好关系全面发展，双方高层交往更加密切，对话交流更加深入，相互支持更加坚定，中国同非洲各国和非盟等地区组织关系深入发展，中国同多个非洲国家建立战略伙伴关系和战略对话机制，支持非洲国家自主解决地区热点问题，支持非洲一体化建设。中非在经济上互利互惠、务实合作不断深化，双方携手应对国际金融危机冲击，论坛北京峰会和第四届部长级会议推出的两组务实合作“八项举措”得到有效落实，中非全方位立体式合作体系稳步构筑。中国对非贸易和投资规模不断扩大。２０１１年中非贸易额达到１６６３亿美元，比２００６年增加2倍。中国累计对非直接投资金额已达１５０多亿美元，项目遍及非洲５０个国家。中国援建的非盟会议中心落成移交。

中国对非援助稳步增长，为非洲国家援建了１００多所学校、３０所医院、３０个抗疟中心和２０个农业技术示范中心。中国兑现了向非洲提供１５０亿美元优惠性质贷款的承诺。中非在文化上互学互鉴、人文交流日趋活跃，中非文化聚焦、联合研究交流计划、智库论坛、民间论坛、青年领导人论坛等一系列交流活动相继启动。中国为非洲国家培训各类人员近4万名，向非洲国家提供2万多个政府奖学金名额。中非双方合作在２２个非洲国家设立了２9所孔子学院或孔子课堂。中非２０对知名高校在“中非高校２０＋２０合作计划”框架下结为“一对一”合作关系。中非在国际事务中互帮互助、团结协作更加紧密，双方在联合国改革、应对气候变化、可持续发展、世贸组织多哈回合谈判等重大问题上密切配合，维护发展中国家共同利益，促进国际关系民主化，推动国际秩序朝着更加公正合理的方向发展。

事实证明，中非新型战略伙伴关系是中非传统友谊薪火相传的结果，符合中非双方根本利益，顺应和平、发展、合作的时代潮流。这一关系的建立，开启了中非关系新的历史征程，给双方交流合作注入了新的生机活力。我坚信，在双方共同努力下，中非新型战略伙伴关系必将迎来更加美好的未来。

女士们、先生们！

同6年前相比，国际形势又发生了很大变化，和平、发展、合作仍然是时代潮流，但国际形势中不稳定不确定因素明显增多，国际金融危机影响犹存，国际和地区热点此起彼伏，不公正不合理的国际政治经济秩序依然影响和制约着世界和平与发展。广大发展中国家发展势头不断增强，但仍面临很多困难和挑战。

近年来，非洲国家和人民自强不息、开拓进取，推动非洲和平与发展事业取得了令人瞩目的成就。同时，非洲在发展振兴道路上依然面临严峻挑战。国际社会应该继续加大对非洲和平与发展问题的关注和投入，尊重非洲意愿、倾听非洲声音、照顾非洲关切，帮助非洲尽早实现联合国千年发展目标。

中国是世界上最大的发展中国家，非洲是世界上发展中国家最集中的大陆，中国和非洲人口占世界人口的三分之一以上，是促进世界和平与发展的重要力量。中国同非洲的命运紧紧相连，中非友谊深深扎根在双方人民心中，中非人民始终真诚友好、平等相待、相互支持、共同发展。不管国际风云如何变幻，我们支持非洲和平、稳定、发展、团结的决心不会改变，中国真心诚意支持非洲国家自主选择发展道路，真心诚意帮助非洲国家增强自我发展能力，继续坚定同非洲人民站在一起，永远做非洲人民的好朋友、好伙伴、好兄弟。

国际形势的深刻变化，中非人民对中非关系发展的殷切期待，都要求我们以高度的责任感和使命感，适应新形势，提出新目标，推出新举措，解决新问题，努力开创中非新型战略伙伴关系新局面。

——开创中非新型战略伙伴关系新局面，中非应该增强政治互信。我们要继续弘扬传统友谊，保持高层交往势头，加强战略对话，扩大治国理政经验交流，排除外来干扰，增进相互了解和信任。中国愿同国际社会一道，坚定支持非洲国家维护和平稳定、促进联合自强的努力，在非洲事务中发挥积极和建设性作用。

——开创中非新型战略伙伴关系新局面，中非应该拓展务实合作。我们要继续拓宽合作领域，积极探索新的合作方式，更加重视农业、制造业、基础设施建设等非方优先发展领域的合作，更加重视开展投资、金融、服务业、技术转让等深层次合作，更加重视改善贸易结构、提高贸易质量，更加重视帮助非洲国家提高自我发展能力，使合作成果更多惠及双方人民。

——开创中非新型战略伙伴关系新局面，中非应该扩大人文交流。我们要继续促进中非两大文明多层次、多形式交流互动，加强教育、文化、科技、卫生、体育、旅游等领域交流，密切青年、妇女、民间团体、新闻媒体、学术机构联系，为中非合作提供精神动力和文化支持，使中非友好更加深入人心。

——开创中非新型战略伙伴关系新局面，中非应该密切在国际事务中的协调和配合。我们要共同维护《联合国宪章》宗旨和原则，倡导国际关系民主化，推动和谐均衡的全球发展，反对以大欺小、恃强凌弱、倚富压贫，加强磋商和协调，照顾彼此关切，携手应对气候变化、粮食安全、可持续发展等全球性挑战。

——开创中非新型战略伙伴关系新局面，中非应该加强合作论坛建设。我们要根据国际形势和中非关系发展的新情况新特点，不断探索论坛发展的新思路新途径，创新论坛发展理念和合作形式，充分发挥论坛成员的积极性、主动性、创造性，不断增强论坛凝聚力和影响力，使之成为更加富有成效的合作平台。

女士们、先生们!

新中国成立６０多年特别是改革开放３０多年来，中国经济社会发展取得了显著成就。我们始终铭记和衷心感谢广大非洲国家和人民对中国发展给予的大力支持和帮助。尽管前进道路并不平坦，但我们对中国发展前景充满信心。中国在坚持自己和平发展的同时，将继续致力于维护世界和平、促进共同发展。

今后3年，中国政府将采取措施，在以下5个重点领域支持非洲和平与发展事业，推进中非新型战略伙伴关系。

第一，扩大投资和融资领域合作，为非洲可持续发展提供助力。中国将向非洲国家提供２００亿美元贷款额度，重点支持非洲基础设施、农业、制造业和中小企业发展。

第二，继续扩大对非援助，让发展成果惠及非洲民众。中国将适当增加援非农业技术示范中心，帮助非洲国家提高农业生产能力；实施“非洲人才计划”，为非洲培训３万名各类人才，提供政府奖学金名额１８０００个，并为非洲国家援建文化和职业技术培训设施；深化中非医疗卫生合作，中方将派遣１５００名医疗队员，同时继续在非洲开展“光明行”活动，为白内障患者提供相关免费治疗；帮助非洲国家加强气象基础设施能力建设和森林保护与管理；继续援助打井供水项目，为民众提供安全饮用水。

第三，支持非洲一体化建设，帮助非洲提高整体发展能力。中国将同非方建立非洲跨国跨区域基础设施建设合作伙伴关系，为项目规划和可行性研究提供支持，鼓励有实力的中国企业和金融机构参与非洲跨国跨区域基础设施建设；帮助非洲国家改善海关、商检设施条件，促进区域内贸易便利化。

第四，增进中非民间友好，为中非共同发展奠定坚实民意基础。中国倡议开展“中非民间友好行动”，支持和促进双方民间团体、妇女、青少年等开展交流合作；在华设立“中非新闻交流中心”，鼓励中非双方新闻媒体人员交流互访，支持双方新闻机构互派记者；继续实施“中非联合研究交流计划”，资助双方学术机构和学者开展１００个学术研究、交流合作项目。

第五，促进非洲和平稳定，为非洲发展创造安全环境。中国将发起“中非和平安全合作伙伴倡议”，深化同非盟和非洲国家在非洲和平安全领域的合作，为非盟在非开展维和行动、常备军建设等提供资金支持，增加为非盟培训和平安全事务官员和维和人员数量。

女士们、先生们！

共同开创中非新型战略伙伴关系新局面，共同推动建设持久和平、共同繁荣的和谐世界，是我们共同的目标和责任。让我们携起手来，为实现共同的美好未来而不懈努力！

最后，预祝中非合作论坛第五届部长级会议圆满成功！

谢谢大家。

《中国国际工程咨询设计承包商年鉴》编辑委员会

2011
中国国际工程咨询设计承包商年鉴合作伙伴

中國建築股份有限公司
CHINA STATE CONSTRUCTION ENGRG . CORP. LTD

上海建工集团
SHANGHAI CONSTRUCTION GROUP

安徽省外经建设（集团）有限公司
Anhui Foreign Economic Construction (Group) Co., Ltd.

CMEC
中國機械設備工程股份有限公司
CHINA MACHINERY ENGINEERING CORPRATIOM

新疆北新建设工程（集团）有限责任公司
Xinjiang Beixin Construction & Engineering (Group) Co., Ltd.

中国武夷实业股份有限公司
CHINA WU YI CO., LTD.

云南建工集团有限公司
Yunnan Construction Engineering Group Co., Ltd.

山东电力建设第三工程公司
Shandong Electric Power Construction No.3 Company

重庆对外建设(集团)有限公司
CHONGQING INTERNATIONAL CONSTRUCTION CORPORATION

中国重庆国际经济技术合作公司
CHINA CHONGQING INTERNATIONAL CORPORATION FOR ECON.& TECH.COOPERATION

核能服务
Nuclear Power Services
中广核工程有限公司
China Nuclear Power Engineering Co.,Ltd.

天津电力建设公司
Tianjin Electric Power Construction Company

中国建材国际工程集团有限公司
China Triumph International Engineering Co., Ltd.

诺斯曼能源科技（北京）有限公司
NORTHMAN ENERGY TECHNOLOGY CO.,LTD

ZGPT Diesel
中高柴油机重工有限公司
ZGPT Diesel Heavy Industry Co., Ltd.

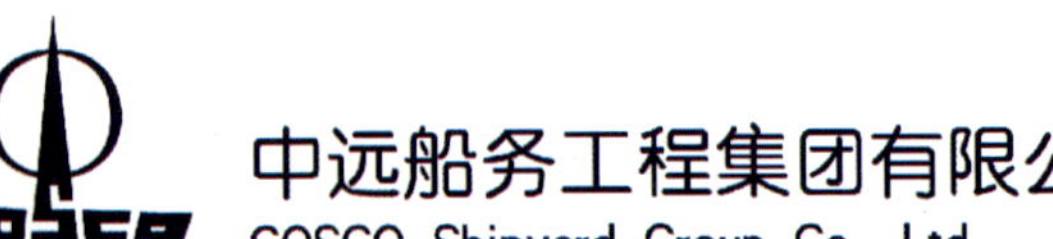
中远船务工程集团有限公司
COSCO Shipyard Group Co., Ltd.

招商局工業集團有限公司
China Merchants Industry Holdings Co., Ltd.

中国水利水电第四工程局有限公司
Under the jurisdiction of Sinohydro Corporation, Sinohydro Bureau 4 Co., Ltd

中国水利水电第五工程局有限公司
Under the jurisdiction of Sinohydro Corporation, Sinohydro Bureau 5 Co., Ltd

目　录

第一章　年度企业排名

第二章　统计资料

全国建筑业简明统计

对外承包工程、设计咨询、劳务合作

工程机械

地方对外经济贸易合作概况

第三章 各国承包工程环境

亚洲地区、非洲地区承包工程环境

美洲大洋洲地区承包工程环境

欧洲地区承包工程环境

第四章 文　献

第五章 专　文

第六章 政策法规

综合

第七章 附 录

The Yearbook of the Contractors of International Engineering Consutation & Design of China

2011

中国国际工程咨询设计承包商年鉴

年度企业排名

The Yearbook of the Contractors of International Engineering Consutation & Design of China

2011 中国国际工程咨询设计承包商年鉴

年度企业排行

2011 年度 ENR 世界 200 强国际工程设计商排名
THE TOP 200 INTERNATIONAL DESIGN FIRMS

RANK 2011	RANK 2010	FIRM NAME & LOCATION	Firm Type	In $ MIL.
1	2	WorleyParsons, North Sydney, NSW, Australia	EC	2,850.6
2	1	Fugro NV, Leidschendam, The Netherlands	GE	2,826.0
3	3	AECOM Technology Corp, Los Angeles, Calif., U.S.A	EA	2,629.0
4	5	AMEC plc, London, U.K	E	2,456.0
5	7	Jacobs, Pasadena, Calif, U.S.A	EAC	2,256.3
6	6	ARCADIS NV, Amsterdam, The Netherlands	E	2,122.0
7	4	Fluor Corp. Irving, Texas, U.S.A	EC	2,057.6
8	9	Dar Al-Handasah Consultants (Shair & Partners), Cairo, Egypt	EA	1,776.6
9	10	KBR, Houston, Texas, U.S.A.	EC	1,737.9
10	8	SNC-Lavalin International Inc., Montreal, Quebec, Canada	EC	1,670.9
11	43	Balfour Beatty, London, U.K	EC	1,461.8
12	11	Tecnicas Reunidas, Madrid, Spain	EC	1,292.0
13	12	Bechtel, San Francisco, Calif., U.S.A.	EC	1,220.0
14	13	Mott MacDonald Group Ltd., Croydon, Surrey, U.K.	E	1,116.3
15	18	ARUP Group Ltd., London, U.K	E	959.0
16	24	URS Corp., San Francisco, Calif., U.S.A	EAC	937.3
17	62	Aurecon, Singapore	E	929.7
18	15	TECHNIP, Paris, France	EC	910.0
19	29	Atkins, Epsom, Surrey, U.K.	EA	894.0
20	16	CH2M HILL, Englewood, Colo., U.S.A	EA	891.3
21	27	Grontmij NV, De Bilt, The Netherlands	E	834.9
22	19	Hatch Group, Mississauga, Ontario, Canada	E	750.0
23	22	WSP Group plc, London, U.K	E	742.6

RANK 2011	2010	FIRM NAME & LOCATION	Firm Type	In $ MIL.
24	30	Golder Associates Corp., Mississauga, Ontario, Canada	E	715.1
25	21	Poyry, Vantaa, Finland	E	711.0
26	25	Ramboll Group A/S, Copenhagen, Denmark	E	701.0
27	17	Louis Berger Group, Morristown, N.J, U.S.A	EAP	691.6
28	31	Stantec Inc., Edmonton, Alberta, Canada	EALP	606.3
29	26	JGC Corp., Yokohama, Japan	EC	596.0
30	20	CB&I, The Woodlands, Texas, U.S.A	EC	554.9
31	32	COWI A/S, Kongens Lyngby, Denmark	E	534.2
32	28	The Shaw Group Inc., Baton Rouge, La., U.S.A	EC	532.7
33	33	Egis, Saint Quentin en Yvelines, France	EC	492.8
34	34	MWH Global, Broomfield, Colo., U.S.A.	EC	470.0
35	**	Cardno Ltd., Brisbane, Queensland, Australia	O	397.0
36	35	Halcrow Group Ltd., London, U.K.	E	391.2
37	42	China Chengda Engineering Co. Ltd., Chengdu, Sichuan, China	EC	385.5
38	**	SWECO, Stockholm, Sweden	E	350.3
39	46	Maire Tecnimont SpA, Rome, Italy	EC	338.9
40	47	AF AB, Stockholm, Sweden	E	336.4
41	40	Black & Veatch, Overland Park, Kan., U.S.A	EC	322.1
42	**	Hyder Consulting, London, U.K.	E	322.1
43	39	DHV Group, Amersfoort, The Netherlands	E	318.6
44	37	Sinopec Engineering Inc., Beijing, China	EC	315.6
45	41	SYSTRA, Paris, France	E	283.2
46	52	Tetra Tech Inc., Pasadena, Calif., U.S.A	E	279.0
47	54	Aedas, New York, N.Y., U.S.A	A	261.7
48	49	Sinclair Knight Merz, St. Leonards, NSW, Australia	E	261.6
49	95	CTCI Corp., Taipei, Taiwan	EC	259.6

RANK 2011	RANK 2010	FIRM NAME & LOCATION	Firm Type	In $ MIL.
50	45	Khatib & Alami, Beirut, Lebanon	AE	258.6
51	36	McDermott International Inc., Houston, Texas, U.S.A.	EC	254.9
52	152	China Railway Group Ltd., Beijing, China	EC	247.2
53	50	Parsons, Pasadena, Calif., U.S.A.	EC	246.0
54	69	Hyundai Engineering Co. Ltd., Seoul, S. Korea	EC	243.0
55	70	exp, Brampton, Ontario, Canada	EA	228.1
56	51	Coffey International, Sydney, NSW, Australia	GE	207.9
57	38	Saipem, San Donato Milanese (Milan), Italy	EC	206.9
58	60	Nippon Koei Group, Tokyo, Japan	E	206.0
59	53	WL Meinhardt Group Pty. Ltd., Melbourne, Victoria, Australia	EA	204.1
60	58	GHD Pty. Ltd., Sydney, NSW, Australia	E	204.0
61	59	Ausenco, South Brisbane, Queensland, Australia	E	202.7
62	73	Mustang Engineering, Houston, Texas, U.S.A.	EC	202.7
63	55	HOK, St. Louis, Mo., U.S.A.	AE	196.3
64	**	Tractebel Engineering GDF-Suez, Brussels, Belgium	E	195.0
65	61	Fichtner GmbH & Co. KG, Stuttgart, Germany	E	188.0
66	57	ILF Consulting Engineers, Rum/Innsbruck, Austria	E	184.9
67	68	SMEC, Cooma, NSW, Australia	E	180.4
68	75	Gensler, San Francisco, Calif., U.S.A.	A	165.8
69	64	China Communications Construction Grp. Ltd., Beijing, China	EC	153.4
70	67	Tebodin Consultants & Engineers, The Hague, The Netherlands	E	149.4
71	65	China Petroleum Pipeline Eng'g Corp., Langfang City, Hebei, China	EC	149.2
72	82	Beca Group Ltd., Auckland, New Zealand	O	139.0
73	185	Anhui Foreign Economic Construction Co. Ltd., Hefei, Anhui, China	EC	137.1
74	80	Dessau Inc., Laval, Quebec, Canada	E	137.0
75	71	Associated Consulting Engineers, Amarousion, Greece	AE	131.4

RANK 2011	RANK 2010	FIRM NAME & LOCATION	Firm Type	In $ MIL.
76	72	ADPI, Athis-Mons, France	AE	131.0
77	83	China National Machinery Industry Corp., Beijing, China	EC	125.6
78	79	Lahmeyer International GmbH, Bad Vilbel, Germany	E	122.4
79	74	Chiyoda Corp., Yokohama, Japan	EC	121.0
80	63	Skidmore Owings & Merrill LLP, New York, N.Y., U.S.A.	AE	119.4
81	97	Artelia (Sogreah & Coteba), Echirolles Cedex, France	E	118.5
82	85	Oriental Consultants (ACKG Ltd.), Shibuyaku Tokyo, Japan	E	117.2
83	134	KEPCO Engineering & Construction, Yongin-si, Gyeunggi-do, S. Korea	AE	107.1
84	81	Kohn Pedersen Fox Associates PC, New York, N.Y., U.S.A	A	105.6
85	66	CDI Engineering Solutions, Philadelphia, Pa., U.S.A	EC	105.1
86	91	Tecnica y Proyectos SA (TYPSA), Madrid, Spain	EA	103.5
87	14	HOCHTIEF AG, Essen, Germany	EC	96.0
88	93	P&T Architects & Engineers Ltd., Hongkong, China	A	91.1
89	88	PM Group, Dublin, Ireland	EA	91.0
90	87	KEO International Consultants WLL, Safat, Kuwait	AEP	91.0
91	**	Eptisa, Madrid, Spain	E	87.0
92	**	Woods Bagot, Melbourne, Victoria, Australia	A	86.1
93	86	CDM, Cambridge, Mass., U.S.A.	EC	84.0
94	**	Morrison Hershfield, Atlanta, Ga., U.S.A	E	82.4
95	84	China Petroleum Eng'g & Construction Corp., Beijing, China	EC	80.6
96	77	China Power Engineering Consltg. Group Co., Beijing, China	EC	78.8
97	94	ENVIRON Holdings Inc., Arlington, Va., U.S.A.	ENV	77.9
98	100	Insituform Technologies Inc., Chesterfield, Mo., U.S.A	EC	75.2
99	**	Ingenium International Inc., Detroit, Mich., U.S.A	AE	74.2
100	96	SEPCO Electric Power Constr. Corp., Jinan City, Shandong, China	EC	72.4
101	98	Opus International Consultants Ltd., Wellington, New Zealand	O	70.3

RANK 2011	RANK 2010	FIRM NAME & LOCATION	Firm Type	In $ MIL.
102	92	Hydrochina Corp., Beijing, China	EC	69.4
103	90	HDR, Omaha, Neb., U.S.A.	EA	69.2
104	177	SK Engineering & Construction, Seoul, S. Korea	EC	65.7
105	**	Atlas Group, Ankara, Turkey	EC	65.0
106	76	Stanley Consultants Inc., Muscatine, Iowa, U.S.A.	E	64.0
107	**	Acciona Infraestructuras, Madrid, Spain	EC	62.0
108	135	Techint Group, Milan, Italy	EC	60.5
109	**	IDOM, Madrid, Spain	EA	57.0
110	**	SAFEGE, Nanterre, France	E	57.0
111	143	Lend Lease Group, Millers Point, NSW, Australia	EC	56.9
112	89	Conestoga-Rovers & Associates, Niagara Falls, N.Y., U.S.A	E	55.0
113	131	Sener Ingenieria y Sistemas SA, Las Arenas, Vizcaya, Spain	EC	53.4
114	110	Larsen & Toubro Ltd., Mumbai, India	EC	52.0
115	125	WATG, Irvine, Calif., U.S.A.	A	51.7
116	105	Empresarios Agrupados, Madrid, Spain	EA	51.5
117	116	Nippon Jogesuido Sekkei Co. Ltd., Tokyo, Japan	E	51.0
118	**	Punj Lloyd Ltd., Gurgaon, Haryana, India	EC	51.0
119	107	H.P. Gauff Ingenieure GmbH & Co. KG - JBG, Nuremberg, Germany		50.9
120	115	Callison, Seattle, Wash., U.S.A	A	50.5
121	140	Rafael Vinoly Architects PC, New York, N.Y., U.S.A	AE	50.2
122	104	Burns and Roe Group Inc., Oradell, N.J., U.S.A	EC	49.2
123	106	Populous, Kansas City, Mo., U.S.A	A	47.0
124	136	Belt Collins, Honolulu, Hawaii, U.S.A	L	46.4
125	154	Sinohydro Corp., Beijing, China	EC	45.7
126	103	TAHAL Group BV, Amsterdam, The Netherlands	EC	44.9
127	118	Energoprojekt Holding plc, Belgrade, Serbia	EC	44.9

RANK 2011	RANK 2010	FIRM NAME & LOCATION	Firm Type	In $ MIL.
128	132	Ecology & Environment Inc., Lancaster, N.Y., U.S.A	ENV	44.8
129	113	Cannon Design, Grand Island, N.Y., U.S.A	AE	43.9
130	108	Engineering for the Petroleum & Process Industries, Cairo, Egypt	EC	43.8
131	120	Sargent & Lundy LLC, Chicago, Ill., U.S.A	EA	42.2
132	78	China Railway Construction Corp. Ltd., Beijing, China	EC	42.0
133	139	SETEC, Paris, France	E	42.0
134	124	Delcan Corp., Markham, Ontario, Canada	E	41.6
135	114	Wilbur Smith Associates Inc., Columbia, S.C., U.S.A	E	41.1
136	121	China HuanQiu Contracting & Engineering Corp., Beijing, China	EC	40.6
137	119	PCG Profabril Consulplano Group, Lisbon, Portugal	E	40.3
138	178	Bonifica SpA, Rome, Italy	E	38.0
139	**	Versar Inc., Springfield, Va., U.S.A	EC	37.8
140	126	China Int'l Water & Electric Corp. (CWE), Beijing, China	EC	37.0
141	117	Italconsult, Rome, Italy	E	35.2
142	199	Italferr SpA, Rome, Italy	E	35.0
143	**	Studi International, Tunis Carthage, Tunis, Tunisia	E	33.4
144	**	JBA Consulting Engineers, Las Vegas, Nev., U.S.A	E	33.3
145	**	Structoris, London, U.K.	AE	33.1
146	112	INGEROP, Courbevoie, France	E	32.5
147	172	Geodata SpA, Torino, Italy	E	32.1
148	128	China Tianchen Engineering Corp., Tianjin, China	E	31.4
149	165	Technital SpA, Milan, Italy	E	31.0
150	123	Net Engineering International SpA, Rubano, Italy	E	31.0
151	137	Consolidated Contractors Group, Athens, Greece	EC	30.0
152	153	Thornton Tomasetti Inc., New York, N.Y., U.S.A.	EA	29.3
153	**	ABB SpA - Process Automation Div., Sesto San Giovanni, Italy	EC	29.1

RANK 2011	RANK 2010	FIRM NAME & LOCATION	Firm Type	In $ MIL.
154	102	China Gezhouba Group Co. Ltd., Wuhan, Hubei, China	EC	28.2
155	200	Steelman Partners, Las Vegas, Nev., U.S.A.	A	28.0
156	151	EHAF Consulting Engineers, Giza, Egypt	AE	27.9
157	189	UniversalPegasus International Inc., Houston, Texas, U.S.A	E	27.7
158	**	Mouchel, Woking, Surrey, U.K.	E	27.6
159	111	NBBJ, Seattle, Wash., U.S.A.	A	27.6
160	166	Perkins Eastman, New York, N.Y., U.S.A	A	27.5
161	155	Burns & McDonnell, Kansas City, Mo., U.S.A	EAC	27.4
162	149	CES Consulting Engineers Salzgitter GmbH, Braunschweig, Germany	E	26.8
163	**	Geosyntec Consultants, Atlanta, Ga., U.S.A	E	26.6
164	181	Kajima Corp., Tokyo, Japan	EC	25.8
165	**	Shenyang Yuanda Aluminum Indus. Eng'g Co. Ltd., Shenyang, China	EC	25.0
166	158	Sumitomo Mitsui Construction Co. Ltd., Tokyo, Japan	EC	25.0
167	167	Kiewit Corp., Omaha, Neb., U.S.A	E	24.9
168	183	Moffatt & Nichol, Long Beach, Calif., U.S.A	E	24.7
169	144	Waldemar S. Nelson And Co. Inc., New Orleans, La., U.S.A	EA	24.1
170	133	Engineering Consultants Group SA, Cairo, Egypt	AE	23.9
171	141	PageSoutherlandPage, Houston, Texas, U.S.A	AE	23.9
172	196	Nihon Sekkei Inc., Tokyo, Japan	AE	23.7
173	148	POSCO Engineering & Construction, Incheon, S. Korea	EC	22.6
174	161	Arabtech Jardaneh, Amman, Jordan	EA	22.4
175	198	D'Appolonia SpA, Genoa, Italy	E	21.9
176	162	KlingStubbins, Philadelphia, Pa., U.S.A	AEP	21.6
177	138	HKS Inc., Dallas, Texas, U.S.A.	AE	21.0
178	164	Otak Inc., Lake Oswego, Ore., U.S.A	EA	20.7
179	173	Ghafari Associates LLC, Dearborn, Mich., U.S.A	EA	20.2

RANK 2011	2010	FIRM NAME & LOCATION	Firm Type	In $ MIL.
180	194	Sheladia Associates Inc., Rockville, Md., U.S.A	EA	19.7
181	180	Wong Tung & Partners Ltd., Hong Kong, China	A	19.4
182	159	Gulf Interstate Engineering Co., Houston, Texas, U.S.A	EA	19.4
183	146	Daewoo Engineering Co., Seongnam City, S. Korea	EC	19.3
184	190	PEG SA, Geneva, Switzerland	E	19.0
185	168	MMM Group Ltd., Thornhill, Ontario, Canada	E	18.4
186	192	Nihon Suido Consultants Co. Ltd., Tokyo, Japan	E	18.2
187	**	POWER Engineers Inc., Hailey, Idaho, U.S.A	E	17.9
188	174	GITEC Consult GmbH, Dusseldorf, Germany	E	17.2
189	**	USS Cal Builders Inc., Stanton, Calif., U.S.A	EC	17.0
190	130	Yachiyo Engineering Co. Ltd., Tokyo, Japan	E	16.8
191	179	Hankins and Anderson Inc., Glen Allen, Va., U.S.A	AE	16.7
192	**	INECO, Madrid, Spain	E	16.5
193	186	Kling Consult GmbH & Co. International KG, Krumbach, Germany	EA	16.4
194	**	Hefei Cement Research & Design Institute, Hefei, China	EC	16.3
195	147	Swanke Hayden Connell Architects, New York, N.Y., U.S.A	A	16.1
196	**	Temelsu International Engineering Services Inc., Ankara, Turkey	E	16.1
197	176	BESIX SA, Brussels, Belgium	EC	15.0
198	**	ENGlobal, Houston, Texas, U.S.A.	EC	15.0
199	188	Heerim Architects & Planners Co. Ltd., Seoul, S. Korea	AE	14.9
200	**	Landrum & Brown Inc., Cincinnati, Ohio, U.S.A	AP	14.7

注：** 代表保密数据

资料来源：美国《工程新闻记录》

2011 年度 ENR 世界 225 强国际工程承包商排名
THE TOP 225 INTERNATIONAL CONTRACTORS

RANK 2011	RANK 2010	FIRM NAME & LOCATION	2010 REVENUE INT'L
1	1	HOCHTIEF AG, Essen, Germany	27,424.7
2	2	VINCI, Rueil-Malmaison, France	16,557.6
3	4	Bechtel, San Francisco, Calif., U.S.A	12,500.0
4	5	BOUYGUES, Paris, France	12,432.0
5	6	Skanska AB, Solna, Sweden	11,632.3
6	7	Saipem, San Donato Milanese (Milan), Italy	11,604.9
7	9	Fluor Corp., Irving, Texas, U.S.A	11,565.6
8	3	STRABAG SE, Vienna, Austria	10,870.0
9	10	TECHNIP, Paris, France	7,940.0
10	11	FCC, Fomento de Constr. y Contratas SA, Madrid, Spain	7,457.8
11	13	China Communications Construction Group Ltd., Beijing, China	7,134.2
12	18	Grupo ACS, Madrid, Spain	6,562.4
13	8	Bilfinger Berger SE, Mannheim, Germany	6,324.3
14	12	KBR, Houston, Texas, U.S.A	5,863.5
15	15	Construtora Norberto Odebrecht, Sao Paulo, Brazil	5,837.6
16	14	Lend Lease Group, Millers Point, NSW, Australia	5,590.4
17	17	Royal BAM Group nv, Bunnik, The Netherlands	5,435.0
18	19	Consolidated Contractors Group, Athens, Greece	5,264.7
19	16	Balfour Beatty, London, U.K	5,161.1
20	22	China State Construction Eng'g Corp. Ltd., Beijing, China	4,871.7
21	**	OHL, Madrid, Spain	4,624.7
22	24	Petrofac Ltd., Jersey, U.K	4,354.2
23	23	Hyundai Engineering & Construction Co. Ltd., Seoul, S. Korea	4,308.9

RANK 2011	2010	FIRM NAME & LOCATION	2010 REVENUE INT'L
24	41	Sinohydro Corp., Beijing, China	4,010.0
25	21	Leighton Holdings Ltd., St. Leonards, NSW, Australia	3,648.0
26	26	China National Machinery Industry Corp., Beijing, China	3,529.5
27	46	China Petroleum Eng'g & Construction Corp., Beijing, China	3,476.2
28	20	Foster Wheeler AG, Clinton, N.J., U.S.A	3,471.7
29	25	China Railway Construction Corp. Ltd., Beijing, China	3,424.0
30	34	Ferrovial Agroman SA, Madrid, Spain	3,346.3
31	29	Tecnicas Reunidas, Madrid, Spain	3,343.0
32	32	CITIC Construction Co. Ltd., Beijing, China	3,252.9
33	53	China Railway Group Ltd., Beijing, China	3,158.6
34	35	Samsung Engineering Co. Ltd., Seoul, S. Korea	3,070.0
35	51	JGC Corp., Yokohama, Japan	3,024.0
36	**	Danieli & C SpA, Buttrio, Italy	2,945.0
37	30	EIFFAGE, Asnieres-sur-Seine, France	2,853.0
38	27	Techint Group, Milan, Italy	2,835.6
39	36	Maire Tecnimont, Rome, Italy	2,494.5
40	39	Abeinsa SA, Seville, Spain	2,406.2
41	42	Daelim Industrial Co. Ltd., Seoul, S. Korea	2,383.0
42	49	Kiewit Corp., Omaha, Neb., U.S.A	2,222.9
43	38	CB&I, The Woodlands, Texas, U.S.A.	2,219.6
44	56	Grupo Isolux Corsan SA, Madrid, Spain	2,174.7
45	64	Sacyr Vallehermoso, Madrid, Spain	2,162.8
46	33	Kajima Corp., Tokyo, Japan	2,106.3
47	28	McDermott International Inc., Houston, Texas, U.S.A	2,094.7
48	63	GS Engineering & Construction Corp., Seoul, S. Korea	1,969.4
49	45	Obayashi Corp., Tokyo, Japan	1,916.0

RANK 2011	RANK 2010	FIRM NAME & LOCATION	2010 REVENUE INT'L
50	40	IMPREGILO SpA, Milan, Italy	1,902.1
51	37	Joannou & Paraskevaides Group of Cos., Guernsey, U.K	1,792.9
52	48	BESIX SA, Brussels, Belgium	1,728.0
53	44	Jan De Nul Group (Sofidra SA), Capellen, Luxembourg	1,675.8
54	89	Shanghai Construction Group, Shanghai, China	1,654.1
55	57	Van Oord, Rotterdam, The Netherlands	1,646.0
56	72	Samsung C&T Corp., Seoul, S. Korea	1,625.2
57	54	Daewoo E&C Co. Ltd., Seoul, S. Korea	1,612.2
58	79	SEPCOIII Electric Power Constr. Corp., Weifang, Shandong, China	1,579.9
59	102	Polimeks Insaat Taahhut ve San Tic. AS, Istanbul, Turkey	1,540.0
60	43	PCL Construction Enterprises Inc., Edmonton, Alberta, Canada	1,519.4
61	31	China Metallurgical Group Corp., Beijing, China	1,514.9
62	47	Taisei Corp., Tokyo, Japan	1,435.0
63	94	SK Engineering & Construction, Seoul, S. Korea	1,434.8
64	73	SNC-Lavalin International Inc., Montreal, Quebec, Canada	1,422.3
65	65	Astaldi SpA, Rome, Italy	1,415.0
66	70	Acciona Infraestructuras, Madrid, Spain	1,407.0
67	60	A. Porr AG, Vienna, Austria	1,397.7
68	66	Arabian Construction Co. SAL, Beirut, Lebanon	1,359.1
69	75	Renaissance Construction, Ankara, Turkey	1,317.8
70	61	Chiyoda Corp., Yokohama, Japan	1,284.0
71	84	China Gezhouba Group Co. Ltd., Wuhan, Hubei, China	1,266.7
72	52	Jacobs, Pasadena, Calif., U.S.A	1,243.9
73	**	Mota-Engil, Porto, Portugal	1,234.3
74	59	Iberdrola IngenierÌa y ConstrucciOn, Madrid, Spain	1,215.9
75	68	GAMA, Ankara, Turkey	1,205.8

RANK 2011	RANK 2010	FIRM NAME & LOCATION	2010 REVENUE INT'L
76	67	Toyo Engineering Corp., Chiba, Japan	1,205.1
77	62	Larsen & Toubro Ltd., Mumbai, India	1,199.0
78	78	Shanghai Electric Group Co. Ltd., Shanghai, China	1,176.3
79	55	Shimizu Corp., Tokyo, Japan	1,162.8
80	80	Dongfang Electric Corp., Chengdu, Sichuan, China	1,140.1
81	105	Trevi Spa, Cesena, Italy	1,094.5
82	58	Punj Lloyd Ltd., Gurgaon, Haryana, India	1,061.0
83	69	Sinopec Engineering Inc., Beijing, China	1,045.8
84	81	Ed. Zublin AG, Stuttgart, Germany	1,044.9
85	77	Construtora Andrade Gutierrez SA, Sao Paulo, Brazil	1,029.8
86	86	China Civil Engineering Constr. Corp., Beijing, China	1,026.3
87	90	Penta-Ocean Construction Co. Ltd., Tokyo, Japan	999.5
88	50	Enka Construction & Industry Co. Inc., Istanbul, Turkey	998.0
89	76	China Petroleum Pipeline Bureau (CPP), Langfang City, Hebei, China	976.0
90	71	Salini Costruttori SpA, Rome, Italy	969.6
91	**	Ansaldo STS, Genoa, Italy	966.0
92	124	China National Chemical Eng'g Group Corp., Beijing, China	965.8
93	82	Ansaldo Energia SpA, Genova, Italy	956.3
94	88	Orascom Construction Industries (OCI), Cairo, Egypt	911.4
95	108	Harbin Power Engineering Co. Ltd., Harbin, China	891.1
96	83	Takenaka Corp., Osaka, Japan	880.0
97	**	Archirodon Group NV, Dordrecht, The Netherlands	873.6
98	113	ABB SpA - Process Automation Division, Sesto San Giovanni, Italy	840.8
99	114	Bonatti SpA, Parma, Italy	761.0
100	101	SEPCO Electric Power Construction Corp., Jinan Shandong, China	750.6
101	104	Veidekke ASA, Oslo, Norway	724.0

RANK 2011	RANK 2010	FIRM NAME & LOCATION	2010 REVENUE INT'L
102	112	Taikisha Ltd., Tokyo, Japan	714.2
103	115	The Arab Contractors (O.A.O. & Co.), Cairo, Egypt	708.9
104	103	Soares Da Costa - Grupo SGPS, Porto, Portugal	675.2
105	91	Ghella SpA, Rome, Italy	674.0
106	99	Ssangyong Engineering & Construction Co. Ltd., Seoul, S. Korea	669.4
107	118	Shikun & Binui - SBI Infrastructure Ltd., Ramat-Gan, Israel	669.3
108	165	John Sisk & Son Ltd., Dublin, Leinster, Ireland	665.9
109	110	Bauer AG, Schrobenhausen, Germany	661.8
110	97	Tekfen Construction and Installation Co. Inc., Istanbul, Turkey	660.0
111	98	Contracting & Trading Co. "C.A.T." Group, Beirut, Lebanon	656.1
112	**	CGC Overseas Construction Group Co. Ltd., Beijing, China	650.4
113	117	Beijing Construction Eng'g Group Co. Ltd., Beijing, China	645.3
114	100	TAV Construction, Istanbul, Turkey	633.1
115	125	China Int'l Water & Electric Corp. (CWE), Beijing, China	610.3
116	120	McConnell Dowell Corp. Ltd., Hawthorn, Victoria, Australia	604.5
117	96	STFA Construction Group, Istanbul, Turkey	604.3
118	123	Zhongyuan Petroleum Exploration Bur., Puyang, Henan, China	600.4
119	166	Habtoor Leighton Group, Dubai, U.A.E	600.0
120	111	Nurol Construction and Trading Co., Ankara, Turkey	589.0
121	127	WorleyParsons, North Sydney, NSW, Australia	588.6
122	107	Yuksel Insaat Co. Inc., Ankara, Turkey	576.5
123	87	POSCO Engineering & Construction, Incheon, S. Korea	574.4
124	121	National Petroleum Construction Co. (NPCC), Abu Dhabi, U.A.E	562.9
119		553.3	1,022.1
126	126	Rizzani de Eccher SpA, Pozzuolo del Friuli (UD), Italy	551.0
127	133	Qingjian Group Co. Ltd., Qingdao, Shandong, China	545.0

RANK 2011	RANK 2010	FIRM NAME & LOCATION	2010 REVENUE INT'L
128	129	C.M.C. di Ravenna, Ravenna, Italy	534.6
129	106	China Geo-Engineering Corp., Beijing, China	527.9
130	**	MAPA Insaat ve Ticaret A.S., Ankara, Turkey	519.1
131	93	Ant Yapi Construction, Industry & Trade Co., Istanbul, Turkey	503.1
132	143	Hanwha Engineering & Construction Corp., Seoul, S. Korea	501.6
133	**	Metka, Maroussi, Athens, Greece	480.8
134	92	CTCI Corp., Taipei, Taiwan	472.7
135	116	E. Pihl & Son AS, Kongens Lyngby, Denmark	472.5
136	132	The Shaw Group Inc., Baton Rouge, La., U.S.A	472.0
137	122	Black & Veatch, Overland Park, Kan., U.S.A.	465.0
138	85	Ellaktor SA, Kifissia, Greece	448.3
139	**	Nata Construction Tourism Trade & Indus. Co., Ankara, Turkey	446.0
140	155	Yapi Merkezi Insaat ve Sanayi AS, Istanbul, Turkey	443.8
141	173	Kharafi National KSCC, Safat, Kuwait, Kuwait	442.0
142	**	Sembol Construction, Istanbul, Turkey	430.4
143	139	COMSA EMTE, Madrid, Spain	421.8
144	95	PJSC Stroytransgaz, Moscow, Russia	415.7
145	141	China Dalian Int'l Eco. & Techn. Coop. Group Co., Dalian, China	414.7
146	152	Cengiz Construction Industry & Trade Co. Inc., Istanbul, Turkey	409.2
147	109	Construcoes e Comercio Camargo CorrEa SA, Sao Paulo, Brazil	401.6
148	146	B.L. Harbert International LLC, Birmingham, Ala., U.S.A.	399.2
149	138	Al-Arrab Contracting Co. Ltd., Riyadh, Saudi Arabia	392.1
150	158	Baytur Construction & Contracting Co., Istanbul, Turkey	382.1
151	135	China National Technical Imp. & Exp. Corp., Beijing, China	370.8
152	171	Ircon International Ltd., New Delhi, Delhi, India	356.9
153	**	M.A. Kharafi & Sons, Safat, Kuwait	355.6

RANK 2011	RANK 2010	FIRM NAME & LOCATION	2010 REVENUE INT'L
154	159	China Henan Int'l Coop. Group Co. Ltd., Zhengzhou, Henan, China	342.3
155	179	Anhui Foreign Economic Constr. Co. Ltd., Hefei, Anhui, China	340.5
156	154	Kinden Corp., Tokyo, Japan	327.0
157	202	Atlas Group, Ankara, Turkey	325.0
158	151	China HuanQiu Contracting & Engineering Corp., Beijing, China	322.4
159	172	Petroleum Projects & Technical Consultations, Cairo, Egypt	320.7
160	136	CH2M HILL, Englewood, Colo., U.S.A.	320.6
161	131	Kayi Insaat Sanayi ve Tic. AS, Istanbul, Turkey	316.0
162	160	China National Machinery Imp. & Exp. Corp., Beijing, China	313.3
163	169	Xinjiang Beixin Constr. & Eng'g Co. Ltd., Urumqi, Xinjiang, China	308.7
164	174	Bentini SpA, Faenza, Italy	305.8
165	**	ECC, Burlingame, Calif., U.S.A	297.9
166	**	Tepe Insaat Sanayi AS, Ankara, Turkey	295.6
167	**	Ghizzoni SpA, Polesine Parmense, Italy	288.0
168	**	Shenyang Yuanda Aluminum Indus. Eng'g Co., Shenyang, China	280.0
169	150	Onur Taahhut Ticaret Ltd. Stl., Ankara, Turkey	279.2
170	157	Anhui Construction Eng'g Group Co. Ltd., Hefei, Anhui, China	277.6
171	147	Impresa Pizzarotti & C. SpA, Parma, Italy	276.0
172	199	Sener Ingenieria y Sistemas SA, Las Arenas, Vizcaya, Spain	275.4
173	144	Per Aarsleff A/S, Aabyhoej, Denmark	269.5
174	198	IREM Group, Siracusa, Italy	267.3
175	148	Willbros Group Inc., Houston, Texas, U.S.A	266.0
176	140	China Wanbao Engineering Corp., Beijing, China	264.3
177	186	China Zhongyuan Engineering Corp., Beijing, China	263.1
178	**	China National Corp. for Overseas Econ. Coop., Beijing, China	261.8
179	**	Italian-Thai Development PCL, Bangkok, Thailand	261.2

RANK 2011	2010	FIRM NAME & LOCATION	2010 REVENUE INT'L
180	161	Arabtec Construction LLC, Dubai, Dubai, Saudi Arabia	258.6
181	178	Societa Italiana Per Condotte D'Acqua SpA, Rome, Italy	258.6
182	74	Nishimatsu Construction Co. Ltd., Tokyo, Japan	258.0
183	185	China Jiangxi Corp. For Int'l Eco. & Tech. Coop., Nanchang, China	257.4
184	164	Sumitomo Mitsui Construction Co. Ltd., Tokyo, Japan	257.0
185	177	AMEC plc, London, U.K	255.3
186	**	Grupo SANJOSE SA, Tres Cantos, Madrid, Spain	254.0
187	162	Pan-China Construction Group Co. Ltd., Beijing, China	253.2
188	142	Graham Group Ltd., Calgary, Alberta, Canada	250.0
189	209	Alarko Contracting Group, Gebze/Kocaeli, Turkey	240.4
190	212	Prezioso Technilor, Vienne, France	238.2
191	137	Hefei Cement Research & Design Institute, Hefei, China	237.7
192	170	Dogus Insaat Ve Ticaret AS, Kavacik-Beykoz-Istanbul, Turkey	233.7
193	184	China Wu Yi Co. Ltd., Fuzhou, Fujian, China	230.6
194	210	Metag Insaat Ticaret AS, Ankara, Turkey	222.4
195	**	Lakeshore TolTest Corp., Detroit, Mich., U.S.A	221.2
196	192	Insituform Technologies Inc., Chesterfield, Mo., U.S.A.	212.7
197	214	SICIM SpA, Busseto (PR), Italy	209.8
198	163	Gamuda Berhad, Petaling Jaya, Selangor, Malaysia	199.1
199	189	Rasen Insaat Ve Yatirim Ticaret AS, Istanbul, Turkey	197.0
200	197	Nantong Constr. Joint-Stock Co. Ltd., Nantong, Jiangsu, China	194.2
201	**	Ingenium International Inc., Detroit, Mich., U.S.A.	192.0
202	200	Jiangsu Nantong No. 3 Constr. Grp. Co. Ltd., Haimen, China	189.7
203	**	China Petroleum Pipeline Eng'g Corp., Langfang City, Hebei, China	189.0
204	149	Shanghai Urban Construction (Group) Corp., Shanghai, China	188.9
205	153	URS Corp., San Francisco, Calif., U.S.A	187.4

RANK 2011	2010	FIRM NAME & LOCATION	2010 REVENUE INT'L
206	207	Zhongding Int'l Engineering Co. Ltd., Nanchang, Jiangxi, China	185.8
207	167	Guris Insaat ve Muhendislik AS, Ankara, Turkey	184.4
208	**	Mortenson Construction, Minneapolis, Minn., U.S.A.	182.6
209	213	IC Ictas Insaat Sanayi ve Ticaret AS, Ankara, Turkey	182.5
210	194	Summa Turizm Yatirimciligi AS, Ankara, Turkey	182.0
211	176	GAP Insaat Yatirim ve Dis Ticaret AS, Istanbul, Turkey	181.2
212	193	S.E.L.I. SpA, Rome, Italy	178.4
213	**	M/s. Afcons Infrastructure Ltd., Mumbai, India	177.9
214	217	Zhejiang Constr. Invest. Group Co., Hangzhou, Zhejiang, China	177.9
215	211	Parsons, Pasadena, Calif., U.S.A.	177.4
216	203	Renco SpA, Pesaro, Italy	176.5
217	218	Limak Insaat Sanayi ve Ticaret AS, Ankara, Turkey	172.2
218	156	Tutor Perini Corp., Sylmar, Calif., U.S.A	170.2
219	**	Layne Christensen Co., Mission Woods, Kan., U.S.A	166.8
220	**	China Yunan Construction Eng'g Co. Ltd., Kunming, Yunnan, China	164.6
221	**	Daewoo Engineering Co., Seongnam City, S. Korea	164.4
222	**	Shapoorji Pallonji & Co. Ltd., Mumbai, Maharashtra, India	159.0
223	180	Beta Tek Insaat, Istanbul, Turkey	157.2
224	204	Mak-Yol Constr. Indus. Tourism & Trading Inc., Istanbul, Turkey	156.3
225	224	China National Complete Plant Imp. & Exp. Corp., Beijing, China	156.3

注：** 代表保密数据

资料来源：美国《工程新闻记录》

中国建築股份有限公司

CHINA STATE CONSTRUCTION ENGRG . CORP. LTD

中国建筑股份有限公司（股票简称：中国建筑，股票代码601668）是由国务院国有资产监督管理委员会为实际控制人的大盘蓝筹股，由中国建筑工程总公司、中国石油天然气集团公司、宝钢集团有限公司、中国中化集团公司等4家世界500强企业共同发起，于2007年12月10日正式创立，并于2009年7月29日在上海证券交易所成功上市。

中国建筑传承了中国建筑工程总公司的全部资产和企业文化。主营业务包括房屋建筑工程、国际工程承包、房地产开发与投资、基础设施建设与投资以及设计勘察五大领域。

中国建筑是中国最大的建筑房地产综合企业集团，中国最大的房屋建筑承包商，长期位居中国国际工程承包业务首位，是发展中国家和地区最大的跨国建筑公司以及全球最大的住宅工程建造商。中国建筑以承建“高、大、精、尖、新”工程著称于世，承建了大量中国及其他国家或地区的地标性建筑，“中国建筑，服务跨越五洲；过程精品，质量重于泰山”的经营理念和品牌形象赢得国内外社会的广泛认可。

中国建筑是中国专业化经营历史最久、市场化经营最早、一体化程度最高的建筑房地产企业集团之一，是中国建筑业唯一拥有房建、市政、公路三类特级总承包资质的企业。中国建筑及其所属企业具备各类高等级施工总承包和专业施工资质723个，其中特级资质17个，是中国各类高等级专业资质及特级资质最多的建筑企业集团。

中国建筑始终以科学管理和科技进步作为企业发展的两个重要推力，获得国家科技进步及发明奖56项，获得詹天佑土木工程大奖27项，获得各类省部级科技奖913项；拥有国家级工法143项，拥有各类专利等知识产权1474项。荣获中国建筑业最高奖项——鲁班奖163项，获奖数居全国同行业之首，约占全国的12.2%。

中国建筑在国际工程承包领域，是中国国际工程承包业务的开拓者与领导者。上世纪五十年代，公司即代表国家进行对外经济技术援助项目建设，并于上世纪七十年代末改革开放初期率先进入国际工程承包市场。30多年来累计签订国际工程承包合同额800多亿美元，完成营业额超过600亿美元。公司先后在全球116个国家和地区承建了5,500多项工程，涵盖了房屋建筑、制造、能源、交通、水利、工业、石化、危险物处理、电讯、排污/垃圾处理等多个工程承包专业领域。公司参与建设的香港新机场客运大楼被国际权威组织评为二十世纪全球十大建筑；承建的埃及开罗国际会议中心、阿尔及利亚松树喜来登酒店以及布迈丁国际机场在当地被誉为“友谊的象征”；承建的泰国拉玛八大桥作为泰国标志性建筑被印在当地货币上。经过多年的经营与实践，在世界诸多国家和地区树立了“cscec”的优良品牌。在国际权威的《工程新闻纪录》（ENR）2011年全球最大225家国际承包商排名中名列第20位，最大225家全球承包商中名列第3位。

中国香港/中环填海

阿联酋/天阁公寓楼

刚果（布）/国家1号公路

美国/亚

股票简称: **中国建筑**　股票代码: **601668**

公司网址：**www.cscec.com**　**www.cscecoverseas.com**

公司地址/ADD：中国北京海淀区三里河路15号　CSCEC Mansion,No.15 Sanlihe Road, Beijing, China .100037
邮政编码/ P.C：100037　联系电话/TEL：（8610）85599666　传真/FAX：（8610）85599555

China State Construction Engineering Corporation Limited (stock name: China Construction, stock code: 601668)，a blue chip company controlled by SASAC, was sponsored by China State Construction Engineering Corporation, China National Petroleum Corporation, Baoshan Iron & Steel Group, and Sinochem which are Fortune Global 500 companies. It was established on Dec. 10, 2007 and listed on Shanghai Stock Exchange on July 29, 2009.

China Construction inherits all assets and culture of China State Construction Engineering Corporation. The main business covers building construction, international contracting, real estate development & investment, infrastructure construction & investment, and design & geological investigation.

China Construction is the largest construction and property enterprise and the largest building contractor in China. It has been in the leading position in the international contracting business for many years in China. It is the largest transnational construction enterprise in the developing countries and the largest home builder in the world. China Construction has enjoyed a high reputation in the world for undertaking "super high-rise, giant, exquisite, sophisticated and novel" works and completed a large number of landmark works at home and abroad.

China Construction is the only construction company that possesses special-class qualification certificates for building work, municipal construction and road construction, respectively. It holds 723 senior class qualification certificates, including 17 special-class qualification certificates, which outnumbers other construction companies in China.

China Construction has always attached great importance to the scientific management and advances in science and technology. It has won 56 National Scientific & Technological Awards and Invention Awards, 27 Zhan Tianyou Civil Engineering Awards, and 913 Technological Awards at ministerial and provincial level. China Construction holds 143 construction methods approved by the state, 1,474 patents and intellectual rights of all kinds and 163 Luban Prize, the top prize for construction sector in China. China Construction is second to none in terms of the quantity of the awards in the industry. The number of these prizes amounts to 12.2% of those awarded to all other construction companies.

China Construction is the pathbreaker and leader of China's international contracting business. It has represented the Chinese government to implement the foreign economic aid projects since 1950s, and took the lead to enter into the international contracting market in 1970s. Over the last 3 decades, its total contract value for overseas business amounts to USD 80 billion and the total revenue is USD 60 billion. China Construction has so far completed over 5,500 works in 116 countries and regions, which covers all such fields as housing, manufacturing, energy, transportation, irrigation, industry, petrochemistry, disposal of hazardous waste, telecommunication and sewage/waste treatment. China Construction participated in the construction of the Hong Kong New Airport Terminal Building, which was appraised one of the Top 10 Buildings in 20th century. The Cairo International Conference Center, Sheraton Hotel in Algeria, and Alger Boumediene International Airport were praised as the "token of friendship". The picture of Rama VIII Bridge, a landmark works in Thailand, has been printed on the currency note of Thailand. After years of operation, it has created and established excellent brand "CSCEC" in countries and regions the world over. In 2011, it ranks 20th on the list of Top 225 International Contractors and 3rd on the list of Top 225 Global Contractors on Engineering News Record.

尔顿大桥　美国／中国驻美大使馆

卡塔尔／多哈高层

阿尔及利亚／嘉玛大清真寺

埃塞俄比亚／中国援非盟会议中心

新加坡／共和理工学院

安徽省外经建设（集团）有限公司
Anhui Foreign Economic Construction (Group) Co., Ltd.

近年来，公司积极响应国家“走出去”的战略号召，大力拓展境外矿产资源开发、国际工程承包、房地产开发、进出口贸易、国际连锁超市、连锁酒店、旅游业等各项业务，已先后在非洲、欧洲、亚洲、中南美洲以及加勒比等地区二十二个国家注册成立了分公司，在三十多个国家承建了近百个大中型对外援助项目和优惠贷款项目、驻外大使馆、经商处馆舍项目及国际工程承包项目，受到了所在国政府和人民的普遍赞誉，得到了我国商务部、外交部、建设部等各级政府和领导的充分肯定和表扬，为增进中外友谊、树立中国企业的良好形象做出了积极努力。

公司先后三次被评为“全国文明单位”，并荣获全国优秀施工企业、全国外经贸先进企业、全国商务系统先进单位、对外工程承包及劳务输出“AAA”级信用企业等光荣称号。2009、2010、2011年，公司均位列ENR全球最大225家国际承包商排行榜。2010年，被评为“中非友好贡献奖——感动非洲十大中国企业”。

格林纳达国家体育场项目

赞比亚体育场

萨摩亚游泳馆

哥斯达黎加国家体育场

In recent years, Anhui Foreign Economic Construction (Group) Co., Ltd. (AFECC) positively responds to the national strategy of GOING OUT. AFECC has made significant achievements in terms of overseas mining, international project contracting, real estate development, import & export, overseas chain supermarkets, chain hotels, tourism, etc… AFECC has successively established branch companies in twenty-two countries across Africa, Europe, Asia, South& central America and the Caribbean area, carrying out about hundred large-medium foreign-aid projects , projects sponsored by Chinese Government Concessional Loads, Chinese Embassy and commercial counselor's office in many other countries as well as overseas engineering contracts in more than thirty countries. In these countries, AFECC has received widespread praise from the project-stationed governments and the people. AFECC has also received the recognition and compliments from Chinese government for its great endeavor and contributions in enhancing friendship between China and other countries and in setting up a good image of Chinese enterprises.

AFECC is successively awarded with “National Civilized Unit” and “National Foreign Trade Advanced Enterprise” for three time, "National Advanced Enterprise of Foreign Trade", “National Advanced Unit of Commercial System”, “Enterprise with Grade AAA Credit (Foreign Project Contracting and Labor Export) “ and “ENR Top 225 World Largest International Contractor” in 2009, 2010 and 2011. In addition, AFECC is awarded Africa Friendship Award - the Top 10 Chinese Enterprises in Africa in 2010.

莫桑比克（中国）投资贸易促进中心

马达加斯加五星级酒店

中国驻欧盟使馆经商处

网 址：www.afecc.com

地 址：中国 安徽省 合肥市东流路28号

邮 编：230051

电 话：00-86-551 3492558

传 真：00-86-551 3492537

安哥拉社会住房项目全景图
(Angola Society House Project)

新疆北新建设工程（集团）有限责任公司

Xinjiang Beixin Construction & Engineering (Group) Co., Ltd.

习副主席访问安哥拉期间接见北新建工集团董事长雷毅
China Vice President Xi Jinping met with Beixin Board-chairman Le Yi during visiting Angola

北新建工集团总经理朱建国在巴基斯坦灾后重建项目签字仪式
Beixin General Manager Zhu Jianguo signed the Contract of Pakistan ERRA Project

北新建工集团副总经理吕超海同委内瑞拉总统查韦斯的合影
Beixin Vice General Manager took picture with the Venezuela President Chavez

新疆北新建设工程（集团）有限责任公司始建于1952年，是集总承包、投资、科研、设计、建筑施工、设备安装、房地产开发、建材生产、商贸物流为一体，拥有公路、铁路、水利水电、工业与民用建筑施工总承包一级资质、对外工程施工总承包和劳务外派合作资质的综合型大型国有企业集团。

集团总部设在新疆乌鲁木齐市，下设14个子公司，一个上市公司。1998年取得对外经营权，1999年加入中国对外承包工程商会，2003年取得援建国外工程资格，并通过质量、环境、职业健康安全体系认证，2008年获得中国对外承包工程企业信用等级AAA级，获中国商务部授予的全国商务系统先进集团称号，2011年度排名ENR全球最大225家国际承包商第163位，是中国西部道路、桥隧、铁路、电力、工业与民用建筑等工程建设的主要施工力量，享誉中亚与国际市场。

近年来，集团实施“立足疆内、拓展疆外，挺进海外”的发展战略，不断提升自我核心竞争力，优化产业结构，调整区域市场布局，目前已进入内地15个省区，参与施工了包括青藏铁路、乌鲁瓦提水利枢纽工程、天业电厂、红山体育场、兵团机关大楼（获中国建筑工程最高奖鲁班奖）等一批重点建设工程项目；并在巴基斯坦、蒙古、阿尔及利亚、安哥拉等10多个国家承建有巴基斯坦马拉坎水电站、瓜达尔公路、灾后重建项目（EPC），蒙古都日根水电站，阿尔及利亚东西高速公路，安哥拉社会住房项目、农业开发项目等30多个海外工程项目。

集团秉承“挑战自我、努力超越”的企业精神，抢抓机遇、乘势而上、奋力打造外向型国际化的企业集团。

Xinjiang Beixin Construction & Engineering (Group) Co., Ltd. founded in 1952, is a large state-own enterprise integrated with general contracting, investment, scientific research, design, construction works, equipment installation, development of real estate, production for building materials, commercial logistics. The Group has first-grade qualifications of general contracting in the fields of highway, railway, water conservancy & hydropower works, municipal construction, industry and civil building, and the qualifications for international contracting and foreign labor service.

The head office of the Group is situated in Xinjiang Urumqi City. With 14 sub-companies and one listed company, The Group acquired Foreign Trade Operation Right in 1998, and joined China International Contractor Association in 1999, foreign aid qualification for international projects, and certified the Quality, Environmental, Occupational Health and Safety Management System in 2003. meanwhile, the Group won Grade AAA for China International Contractors and Leading Collective Prize of the national commercial system which awarded by the Ministry of Commerce of the PRC in 2008. The Group ranked the 163rd on the list of the ENR Top 225 International Contractors in 2011. The Group enjoys the great reputation in Central Asia and International Market due to its main construction force in the west of China.

Guided by the strategy of "with a foothold in Xinjiang, go Outside and go Global", the Group is constantly increasing core competitiveness, optimizing the industrial structure and regulating regional market layout. At present, the Group has entered 15 China provinces and undertook projects such as Qinghai-Tibet railway, Uluwati Water Control Project, Manasi Hydropower Project, Hongshan Stadium in Urumqi and XPCC office building (won Luban Award), and undertook above 30 international projects more than 10 countries such as Malakand Hydropower Project, Gawadar Highway Project and Earthquake Rehabilitation Project(EPC) in Pakistan, Durgun Hydropower Station in Mongolia, West-east Highway in Algeria, and Social Housing Project and Agriculture Development Project in Angola etc.

With the enterprise spirit of "Self-challenge and strive to transcend", the Group will take possible opportunities for creating extroverted international

阿尔及利亚东西高速公路项目互通式立交桥远景
(Algeria East-west Expressway Project)

中国武夷实业股份有限公司

CHINA WU YI CO., LTD.

“中国武夷”源于1981年由福建省人民政府批准在香港成立的香港武夷建筑有限公司，1991年经国家工商局注册在中国境内成立中国武夷实业总公司，并同时获得国家外经贸部批准的对外工程承包经营权。是以建筑业为基础、以投资开发为重点、外向型经济为主导的资金、技术、管理密集型大型企业。1997年中国武夷在深圳证券交易所上市，具有特级房屋建筑工程总承包、28项一级路桥施工等专业资质，同时拥有中国最高等级的房地产开发资质，在赤道几内亚、肯尼亚、南苏丹、美国、加拿大、菲律宾、澳大利亚、马来西亚、香港、澳门等国家和地区设立公司和合资机构，各分支机构承接了大量当地政府有影响的公共建筑和道路桥梁工程。

中国武夷现有职工4040 人，其中各类工程技术和管理人员2645人，教授级高工47人，高级职称386人，中级职称710人， 一级注册建造师301人，一级注册建筑师44人，一级注册结构师65人，以及注册会计师、注册监理师、注册造价工程师等132人。

2009年底，中国武夷总资产超过13. 5亿美元，年营业收入超过15亿美元。自1994年以来，中国武夷连续18年入选美国《工程新闻记录》全球225家最大国际工程承包商。

随着工程业务的迅速发展，中国武夷已在香港和肯尼亚内罗毕设立了亚太和非洲分总部。

中国武夷以香港武夷为投资主体，先后在美国、加拿大、澳大利亚、肯尼亚等国家，以及中国香港、北京、南京、重庆、长春、福州、厦门、泉州、南平、漳州等城市开发了一批有影响力的项目，逐步树立了“武夷”的房地产品牌。

肯尼亚内罗毕锡卡环城高速公路
Nairobi-Thika Highway Improvement Project Nairobi City Arterial Connectors-Lot1

肯尼亚敦多瑞-奥卡洛-恩佳比尼（C69）公路工程
Kenya Dundori-Olkalou-Njabini Road Project (C69)

肯尼亚爱斯沃罗-麦瑞偶（A2）公路工程
Kenya Isiolo-Merille River Road Project (A2)

援桑给巴尔阿玛尼体育场维修项目
Zanzibar Stadium, Tanzania

China Wu Yi Co., Ltd. (CWYC) springs from Hong Kong Wu Yi Construction Co., Ltd. which was approved by Fujian Provincial People's Government in 1981, and then was established in Mainland China in 1991 with registration at the State Administration for Industry & Commerce. Meanwhile it obtained the qualification of foreign project contracting operation from the Ministry of Foreign Trade and Economic Cooperation. It grows up to be a large-scale enterprise intensive in capital, technology and management, taking construction industry as its foundation, investment and development as its focal point, and foreign-oriented economy as its leading factor. CWYC was listed in Shenzhen Stock Exchange in 1997. It owns a top-grade general contracting qualification for building construction and 28 first-grade professional qualification for other construction field such as road, bridge and etc. Furthermore, it possesses China's highest grade qualification of real estate development, and has established companies and joint-investment organizations in many countries and regions such as Equatorial Guinea, Kenya, South Sudan, United States, Canada, Philippines, Australia, Malaysia, Hong Kong, Macao, and etc. Each branch has undertaken a large number of public building and road & bridge construction projects that have influential effect of local governments.

援坦桑尼亚尼雷尔国际会议中心项目
Julius Nyerere International Conference Center, Tanzania

CWYC is presently staffed with 4040,of which2645clerksand employees are technical and managerial personnel of all kinds, with 47 professorate senior engineers, 386 persons with senior technical job title and 710 with middle rank technical job title, and with 301 National Class A Registered Construction Engineers, 44 National Class A Licensed Architects, 65 National Class A Registered Structural Engineers, as well as 132 Certified Public Accountants, Registered Supervision Engineers and National Registered Moderators.

The gross assets of CWYC at the end of the year of 2009 exceeds USD$ 1.35 billion and annual operating revenue is more than 1.5 billion USD$. CWYC was listed successively for 18 years by US Engineering News Records (ENR) as Top 225 International Contractors since 1994. With the prompt development of project operations, CWYC has established their Asia-Pacific and Africa sub-headquarters with offices in Hong Kong and Nairobi, Kenya individually.

援老挝国家电视台第三频道
China-Funded Laos National TV Station Channel 3

CWYC is developing real estate projects in such countries as the USA, Canada, Australia, Kenya as well as in such cities as China Hong Kong, Beijing, Nanjing, Chongqing, Changchun, Fuzhou, Xiamen, Quanzhou, Nanping, and Zhangzhou etc. with Hong Kong Wu Yi Co., Ltd. as the main investment body, and setting up the "Wu Yi" brand gradually.

地 址(Add)：福建省福州市五四路89号置地广场33层
33/F, Zhidi Plaza, No.89 Wu Si Road, Fuzhou, Fujian, P.R.China
邮 编(Post Code)：350003
电 话(Tel)：0591-87667985
传 真(Fax)：0591-87624098
电 邮(Email)：fjjgj@yahoo.com.cn
网 址(Web Site):www.chinawuyi.com.cn

肯尼亚内罗毕肯尼亚塔国际机场客运停机坪扩建项目(476C)
Expansion Project of Passenger Terminal Facilities of Jomo Kenyatta International Airport in Nairobi(476C)

威海国际经济技术合作股份有限公司

Weihai International Economic & Technical Cooperative Co.,Ltd

刚果共和国萨苏总统接见我公司领导

The President of the Republic of Congo receives our company leaders

商务部授予的商务系统先进集体

The advanced Collective of National Commerce System granted by Ministry of Commerce of China

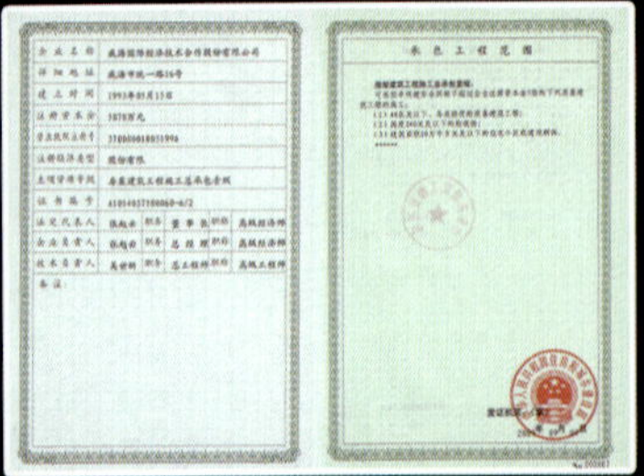

建筑业企业总承包一级资质证书

Level I Qualification for General Contracting of Housing construction

威海国际公司成立于1988年，是经国家商务部门批准，具有对外业务经营权的综合性企业。经过二十多年的发展，形成了以国际工程承包、国际劳务合作、国际船务合作、房地产开发为主导，矿产勘探、水产养殖、国际物流等多项产业协调发展的跨国经营格局，业务遍及三十多个国家和地区，并在日本、韩国、阿联酋、刚果（布）、刚果（金）、莫桑比克等十几个国家和地区设立了分支机构。公司目前担任中国对外承包工程商会、中国外派船员协调机构、中国中日研修生协力机构及中国外派渔工协调机构等四个行业机构的副会长职务。

2010年，面对错综复杂的形势和压力倍增的市场环境，公司继续坚持转变增长方式，优化业务结构，取得了显著成效。全年累计签订对外承包工程和劳务合作合同额2.35亿美元，比上年增长了20%；实现营业额 2.54亿美元，比上年增长了3%；外派劳务4236人次，比上年增长了7%；期末在外人数7317人，比上年增长了15%。

工程承包业务，一是大力推进市场多元化。中部非洲、东南部非洲、西亚北非三大市场板块得到进一步巩固和发展，工程市场多元化格局已经形成。二是积极推动工程业务转型升级。首先，工程业务涉及的领域越来越广泛，除房建之外，开始向供水、道路、机场、输变电等较高技术领域延伸。其次，项目规模逐步扩大。除了在建的合同额超过2亿美元的刚果（布）玛雅玛雅国际机场航站楼建设项目外，在刚果（布）、莫桑比克中标的多个项目合同额均超过5000万美元。再次，工程承包方式不断升级，逐渐由土木施工向施工总承包、设计施工总承包、带资承包等方向发展，BOT项目的推进也取得了可喜的进展。公司连续四年跻身美国《工程新闻纪录》评选的全球最大225家承包商行列。

劳务外派方面，积极发展中高端劳务项目。经过几年来不断地摸索和努力，外派护士项目逐渐成熟，外派规模逐年增长，远远走在了国内其他同行的前面。

Weihai International Economic & Technical Cooperative Co.,Ltd . (WIETC) was founded in 1988 and specializes in international project contracting, labor service, maritime service and real estate, with a balanced development in multiple industries like mineral resource exploiting, prawn culture and logistics. Its business area covers more than 30 countries and areas and has set up branches in more than ten of them such as Japan, Korea, U.A.E., Congo, Mozambique, etc. WIETC is simultaneously the Vice Chairman of China International Contactors Association, China Seamen Coordination Organization, China Sino-Japan Trainee Coordination Organization and China Coordination Council for Overseas Fishermen Employment.

Confronting the harsh global market situation of 2010, WIETC adhere to its strategy of improving the pattern of growth and made outstanding achievement. The yearly total contract amount of project contracting and labor service reaches 235 million US Dollars, with an increase of 20% comparing with the last year; the total turnover is 254 million US Dollars, with an increase of 3%; the number of laborers placed abroad is 4236, with an increase of 7%, and the total mumber of laborers working abroad is 7317, with an increase of 15%.

In project contracting, market diversification has come into being, business scope is expanding from buildings to water supply, road, airport, power station and other areas which needs higher technologies, the project scale is increasing by leaps and bounds with a mumber of projects exceeding 50 million US Dollars in contract amount and Congo Capital Airport even exceeding 200 million US Dollars, contracting mode is also updating from simple contruction to contruction general contracting, design & contruction general contracting, contracting with capital, BOT and so on. By virtue of its great success, WIETC has successively entered the ENR global 225 top contractors list for 4 years.

In labor service, WIETC pushes forward the middle and high-end projects and nurse placement is the typical one. With a more and more majured operating system and gradual increase in the number of placed nurses each year, WIETC surpasses all its rivals in China.

地址：山东省威海市统一路16号　　邮编(P.C.)：264200

Add.: 16, Tongyi Road, Weihai, Shandong Province

电话(Tel)：0631-5285509　　传真(Fax)：0631-5224345

刚果共和国黑角体育场项目，2007年非洲青年足球锦标赛比赛场地，2006年7月正式开工，2007年1月投入使用。

Pointe Noire Football Stadium in the Republic of Congo built within 6 months

刚果（布）奥旺多水厂项目

Water supply projects in the Republic of Congo

刚果（布）首都玛雅-玛雅国际机场建设项目，总投资逾2亿美元

Brazzaville International Airport Terminal Building in the Republic of Congo with a total investment of 200 million US Dollars

刚果（金）世界银行道路项目

The road project in Demoncratic Republic of Congo sponsored by the World Bank

中南控股集团有限公司

Zhongnan Holding Group Co., Ltd.

中南董事长陈锦石先生

中南控股集团有限公司，总部位于江苏省海门市。

中南控股集团起步于1988年，已发展成为拥有各类员工40000余人，总资产514亿元，2011年综合产值270亿元的大型集团化上市企业。目前中南集团拥有“房地产”、“建筑”、“土木工程”、“工业”等产业板块，下辖江苏中南建设集团股份有限公司（证券代码：000961.SZ）、中南城市建设投资有限公司、南通建筑工程总承包有限公司、南通市中南建工设备安装有限公司、北京城建中南土木工程集团有限公司、金丰环球装饰工程（天津）有限公司等70多个子公司。中南控股集团现拥有各类经济技术管理人才6000余人，其中博士8人，硕士200人，本科及大专学历人才4000人，各类中、高级职称人员1000余人。

中南控股集团是江苏省最具知名度的民营企业之一。“中南世纪城”品牌是江苏省最具知名度的房地产品牌之一，南通金石国际大酒店和中南城超级购物中心在南通CBD宏张开业，迈出了向高端商业、服务业进军的坚实步伐；建设产业集团凭借多年的公建项目施工经验和国内领先的全预制装配技术，成功实现了综合体绿色建筑专家的转型；北京城建中南土木工程集团有限公司是全国最早从事地铁工程研发与施工的专业公司；工业集团将成为中南新兴产业的孵化器。

■ 公司2011年经营情况

2011年，中南集团累计完成综合产值270亿，同比增长42%；完成综合利税约40亿元。明确了“做新城新区投资商、开发商、建设上、运营商”的四商战略目标。

2011年，南通金石国际大酒店、中南城购物中心、三星叠石桥三期的隆重开业，以及青岛、海南、盐城等多地五星级酒店和购物中心的全面落地，标志着中南在商业、服务业领域又迈出了新的一步。

2011年，中南建设产业集团初步建立了工程总承包体制机制、业务范围拓展至江苏、山东、辽宁、湖北、安徽等地区，业务类型涵盖了体育馆、医院、展览馆、会展中心、政府办公楼的等公建项目，混凝土全预制装配率达90%以上，成为江苏省唯一一家具备建筑业甲级的房屋建筑工程施工总承包特级单位。

2011年，以能源、新能源、建材与机械、投资为核心板块的工业集团正式组建。中南汇通光伏销售超亿元，跻身国内光伏背板行业三强；PE项目取得重大突破，成功实现了浙江元亨、吉林康乃尔、云南骏明矿业3项投资。

2011年，中南品牌形象与社会声誉进一步提升。中南集团由中国企业500强第355位攀升到第304位；中南建设名列中国房地产开发企业500强第47位，并先后荣获“中国房地产区域运营10强”、“中国房地产企业综合发展10强”、“中国建筑与城市贡献力特别大奖”、“中国地产最佳城市运营商”等多项荣誉；董事长陈锦石荣膺“2011中国房地产十大新领军人物”称号；南通总承包荣获中建协“双百强”企业称号；公司获得了“国家优质工程奖”、“詹天佑奖”、“中国钢结构金奖”等多个奖项；中南慈善基金会于2011年5月份正式挂牌成立，并完成了常乐镇敬老院、云南麻栗坡希望小学建设和中南“圆梦”助学工程等十余项公益捐助，捐助金额近2500万元。

南通 金石国际大酒店

常熟 中南世纪城

海门 新总部大楼

南通 中南城购物中心

沙特延布炼油厂

Zhongnan Holding Group Co., Ltd. (Zhongnan Group) is a famous conglomerate which established in 1988, and headquartered in Haimen City, Jiangsu province, China. Today, the Group has developed to be a giant listed enterprise with the qualifications of special class for general contraction of housing construction projects, class Ⅰ for building decoration and construction crane installation, and class Ⅱ for foundation and steel structure projects, and also is a licensed enterprise of overseas project contracting and labor service export approved by the State Ministry of Foreign Trade and Economic Corporation.

With advanced management methods and solid technical advantages, Zhongnan Group has successively won 14 National Construction Luban Prizes, about 80+ provincial excellent project awards such as "Yangtze Cup", "Taishan Cup", "Greatwall Cup", as well as more than 80 municipal excellent project awards. Zhongnan passed ISO9002:1994 Quality System certification in 1999, ISO9001:2000 Quality System certification, ISO14001:1996 Environment Management System certification and GB/T28001-2001 Occupational Health and Safety Management System certification in 2001,and ISO14000:2004 Environment Management System certification in March 2006.

In 2011, Zhongnan Group employing more than 40,000 staff, with total assets value is more than RMB 51.2 billion, and general output value is more than RMB27 billion. Now, Zhongnan Group has own several industries such as “Real estate industry”, “Construction industry”, “Civil Engineering industry”, “Decoration industry”, “Engineering machinery & building material industry”, “Multi-field industry”, etc., and owns 60+ subsidiary companies, like Jiangsu Zhongnan Construction Group Co., Ltd.(Stock code:000961.SZ), Zhongnan Real & Estate industry Co., Ltd., Nantong Construction General Contracting Co., Ltd., Goldflow Universal Decorate Engineering (Tianjin) Co., Ltd., etc. Zhongnan Holding Group have various economic and technology management talents more than 6,000 people, 8 people own doctor's degree, 200 people own master's degree, and more than 4000 people have undergraduate and tertiary education background, more than 1000 people own high or mid-class technical or professional post.

In 2011, Zhongnan Holding Group has developed business throughout Beijing, Shanghai, Nanjing, Tianjin, Hainan, Xi'an, Chengdu, Tsingtao, Ji'nan, Linyi, Zibo, Yantai, Suzhou (Soochow), Wuxi, Changzhou, Huai'an, Anqing, Qianjiang, Yingkou and other china places, and has successfully develop the market in the US, Singapore, Algeria, Japan, Kuwait, Russia, The Gabonese Republic, Mauritania and other countries and regions, winning a certain amount of international reputations.

营口 奥体中心

盐城 广播电视塔

In 2011, Zhongnan Group has been rewarded as “Star Enterprise”, “Excellent Enterprise” by governments and competent authorities at various levels, awarded National Excellent Enterprise by China Association of Construction Enterprise Management, Provincial Advanced Construction Enterprise by Jiangsu Provincial Government, awarded Technological Progress and Innovation Enterprise by Jiangsu Provincial Construction Engineering Administration Bureau, and rated as “Best Enterprise in Jiangsu Construction Industry” for six consecutive years, and “China Quality, Service, Credit Grade AAA Enterprise”, Zhongnan has been named as “contract abiding & trustworthy enterprise” by the State Administration of Industry and Commercial and Jiangsu Provincial Government in succession, and the 2010' Best Social Responsibility Enterprise of China, the 304th of TOP500 Enterprises of China in 2011. Chairman Mr. Chen Jinshi was been rewarded as National May Day Labor Medal of 2003. This year, he and his wife also awarded the Top 10 of National Best Social Responsibility Entrepreneur of 2011.

网 址：http://www.zhongnangroup.cn

地 址：江苏省海门市常乐镇中南大厦　邮 编：226124

电 话：0513-82738800　传 真：0513-82603488

重庆对外建设(集团)有限公司
CHONGQING INTERNATIONAL CONSTRUCTION CORPORATION

黄卫东　董事长

重庆对外建设（集团）有限公司是重庆对外经贸（集团）有限公司的全资骨干子企业，成立于1985年，注册资金4亿元人民币。拥有对外工程承包、对外劳务输出、进出口贸易经营权，具有对外援助成套项目实施企业A级，市政公用工程施工总承包壹级、房屋建筑工程施工总承包壹级、公路工程总承包贰级、港口与海岸工程专业承包贰级，装饰及装修专业承包贰级、机电安装专业承包贰级、土石方专业施工一级等资质。在苏丹、坦桑尼亚、乌干达、约旦、利比里亚设有海外分公司，在国内拥有六个全资子公司和十二个工程公司，业务覆盖海内外工程承包、进出口贸易、劳务输出、设备租赁、技术咨询服务、工程监理、机电安装和建筑材料生产等工程或相关领域。集团先后在亚、非国家和地区承建了近60个大、中型国际工程项目，形成了讲诚信、重合同、守信誉的光荣传统，其中多个项目以质量好、进度快受到业主、监理工程师、世界银行代表及我国驻外使馆经济商务代表处的好评。集团还在国内承建了近200多项工程项目，多个项目被评为省市优质工程及荣获重庆市巴渝杯和重庆市市政工程金杯奖，工程一次性交验合格率达100%。

集团连续5年被重庆市城乡建设委员会评为优秀建筑企业，连续4年进入美国《工程新闻记录》杂志“全球最大225家国际承包商”排行榜，近3年列入重庆百强企业，连续两年荣获重庆市发展开放型经济先进单位，被企业家协会评为重庆最佳诚信企业。

在集团领导班子坚强领导下，重庆对外建设（集团）有限公司将本着“质量第一，信誉第一”的宗旨，坚持“保质、守信、薄利、重义”的经营方针，为国际工程承包的发展与繁荣作出更大的贡献。

• 万州万安大桥

• 茶园公租房

• 约旦巴卡医院

• 苏丹总统府

Chongqing International Construction Corporation (CICO), the Key wholly-owned subsidiary of Chongqing Foreign Trade and Economic Cooperation (Group) Co., Ltd., was established on 1985, whose registered capital is now 400 million Yuan RMB. Its authority of operation includes overseas project contracting, labor service exporting, and import and export trading. CICO has been qualified as Class A enterprise for foreign aid project package execution, Grade I general contractor for the construction of municipal public works, Grade I general contractor for the construction of building works, Grade II general contractor for highway works, Grade II specialist contractor for port and sea-shore works, Grade II specialist contractor for decoration works, Grade II specialist contractor for electrical and mechanical installation works, and Grade I specialty contractor for earth and stone works. For the overseas market, we have already set several branches in Sudan, Tanzania, Uganda, Jordan, and Liberia. Also, in the domestic market, we have 6 wholly-owned subsidiaries and 12 engineering branches, whose business scope covers domestic and overseas engineering project contracting, import and export trade, labor services exporting, equipments renting, technical consulting service, engineering project supervisor services, electrical and mechanical installation works, the manufacture of the construction materials and such relevant fields. CICO has successively undertaken about 60 large and medium scale projects in Asia and Africa, those experiences form the tradition of honest behavior, contract-honoring, and keeping reputation. Amount those projects, many of them has won a lot of praises from employers, supervision engineers, the delegates from the World Bank, and the embassies economic business representative office for our high quality and efficiency services. Moreover, CICO has undertaken about 200 domestic projects, many of them has been awarded “Chongqing Bayu Cup” and “Golden Cup of Chongqing Municipal Works”. The one-off delivery-check qualified rate of those projects is 100%.

Furthermore, CICO has been rated the Excellent Construction Enterprises by the Committee of Municipal and Rural Construction, and entered the Top 225 International Contractors Listing promoted by ENR for four consecutive years, Top 100 Enterprises for three consecutive years, and ranged in the Chongqing Open Economy Advanced Companies, and also, CICO has been rated as one of the Chongqing Best Credit Enterprises.

Under the reasonable and firmly management of the leadership layer, Chongqing International Construction Corporation will keep persisting in the principal of “Quality and Reputation Comes First” and the guideline of “Value Durability, Trustworthy, Narrow Profits and Friendship” to make a great contribution to the development and prosperity of the international construction industry.

• 地 址/ADD：重庆市北部新区高新园星光大道80号
No.80 Xingguang Road,New North Zone,Chongqing,China
• 邮 编/Postcode：401121
• 电 话/TEL：023-63076506　　• 传 真/FAX：023-63076501
• 网 址/WEB：www.cqcico.com　　• 邮 箱/E-MAIL：chinacico@126.com

• 鑫隆达大厦

中国重庆国际经济技术合作公司

CHINA CHONGQING INTERNATIONAL CORPORATION FOR ECON.& TECH.COOPERATION

马来西亚高级写字楼

中国重庆国际经济技术合作公司（下简称“国际公司”）经国务院批准成立于1983年7月，是全国地方规模最大的外经贸集团——重庆对外经贸（集团）下属国有全资子企业，也是全国目前为数不多的带“中”字号的地方外经贸企业之一。公司注册资本金1亿元，目前总部下设七部一室，有全资子公司、控股、参股公司14家（其中境外公司5家），员工800多人。

国际公司业务以对外承包工程、对外经济援助项目承建、境内外人力资源服务为主，兼顾海外投资、国内工程承包及监理以及进出口贸易。目前拥有对外承包工程、对外经济援助项目承建、国内工程建设及监理、海外劳务输出、国内人力资源代理服务和进出口贸易等多项资格。

作为重庆最早跨出国门、在海外经营时间最长并有着辉煌业绩的企业，近30年来，公司在亚洲、非洲国家和地区先后承建了数十项总金额近百亿元人民币的大型国际工程项目，累计输出各类劳务人员万余人次，对外经济合作业务横跨世界五大洲30多个国家和地区。2006年，公司凭借其突出业绩和在建设领域的较大影响，首次被全球工程建设领域最权威的学术杂志《工程新闻记录》（ENR）列为全球国际工程承包225强企业。

地址/ADD：重庆市江北区建新北路34号
No.34 Jianxin Road(N),Jiangbei District,Chongqing,China
邮编/PC: 400020
电话/TEL: 023—67853261　传真/Fax:023—67855765
网址/Net : www.cicet.com　邮箱/E-mail：cicet@cicet.com

China Chongqing International Corporation for Economic & Technical Cooperation (CICET) was approved by the State Council of the People's Republic of China and established with registered capital of RMB 100 million in July 1983. It is not only a key and fully state-owned subsidiary enterprise of Chongqing Foreign Trade and Economic Cooperation (Group) Co., Ltd (CFTEC), which is the largest provisional overseas-oriented corporation in China with the registered capital of RMB 3 billion, but also one of several provisional overseas-oriented enterprises with the name of CHINA in this country. Up to now, there are over 800 employees working for CICET and 14 subsidiary companies and branches, in which 5 are out of the Chinese mainland.

Besides the major businesses of overseas engineering projects construction, economic aid projects undertaking to foreign countries on behalf of Chinese government, labor services for domestic and overseas enterprises, CICET also runs domestic engineering projects construction and supervision, domestic and overseas investment and international trade. CICET proudly possesses many important qualifications and certifications, such as qualifications for international engineering projects contracting and for engineering construction supervision, qualification for economic aid projects to foreign countries on behalf of Chinese Government, qualification for labor services for domestic and overseas enterprises, qualification for international trade and certificate for quality management system.

As a company which went abroad for international business earliest in Chongqing and gained such great achievement during the last years, CICET contracted dozens of large-scale overseas engineering projects in Asia and Africa with the contract value of near RMB 10 billion and provided more than 10 thousand labors for about 40 foreign countries all over the world. In 2006 CICET was ranked in the top 225 international contractors by Engineering News-Record (ENR) based on her significant achievement and deep effect in the field of international engineering construction.

马来西亚高级公寓

马来西亚-商业商业中心项目

东帝汶军队营房项目

中化二建集团有限公司

CCESCC

中化二建集团有限公司董事长、总经理 刘建亭
Chairman & President of CCESCC: Liu Jianting

中化二建承建的伊泰煤制油工程
Inner Mongolia Yitai Coal Liquification Project undertaken by CCESCC

中化二建承建的义马气化厂低温甲醇工程
Low-temperature methanol works of Yima gasification plant undertaken by CCESCC

中化二建承建的安哥拉水泥厂
Angola Cement Plant undertaken by CCESCC

中化二建集团有限公司，成立于1953年，2001年由原中国化学工程第二建设公司整体改制而组建，是隶属于国务院国资委管理的中国化学工程集团直属企业，是具有一级工程总承包和国外工程总承包资质的大型综合性施工企业，是国家石油、化工建设的骨干企业之一。

公司拥有岩土勘察、地基处理、建筑、安装、电仪、无损检测、检验试验、防腐保温、大型机械施工、大件吊装、房地产开发和物流等12个专业子公司。现有职工约5800余人，其中各类专业技术管理人员3600余人，技术工人2200人。在施工行业中较早地通过了国际标准管理体系认证。获得了A3、D1、D2类压力容器设计、制造、组焊许可证，各类压力管道安装许可证，锅炉安装、维修许可证，起重机械安装、维修许可证，承装（承修、承试）电力设施许可证。在大型工业机组安装、DCS安装调试、高层建筑施工、大型储罐组焊、大件吊装运输等方面具有丰富的施工经验。

公司几十年来转战全国各地，承建了数百套大中型化工、石油化工、煤化工、冶炼、市政、房屋建筑等工程。主要工程有：炼油、化肥、制药、苯乙烯、苯胺、硝酸、硝铵、纯碱、天然碱、氯碱、烧碱、磷酸、硫酸、醋酸、脂肪醇、焦化、洗煤、煤制油、油改气、甲醇、二甲醚、苯加氢、钢厂、铁厂、水泥厂、电解铝、氧化铝、氧化镁、垃圾发电、水厂、煤气厂等工程。从国外拆除十余套甲醇、合成氨、尿素、电解镁等装置，并在国内完成了安装工作，一次试车成功并达到和超过额定生产能力，得到业主和同行的好评，在国外装置拆除并在国内成功安装方面积累了宝贵的经验。近年来，公司先后在莫桑比克、坦桑尼亚、安哥拉、缅甸、埃及、乍得、斯里兰卡、阿尔巴尼亚等国家承建了化肥、石油和水泥项目，特别在安哥拉用18个月的时间建成了目前非洲最大的现代化水泥厂，受到了所在国政府和投资商的高度好评。公司成功地步入了国际市场，并跨进了EPC总承包序列，年产值50亿元以上。

公司注重科技创新，从创建学习型企业入手，多渠道引进人才、培养人才。分别与太原理工大学、郑州大学合作，建立了研究生教育创新中心，签订了校企长期战略合作框架协议。为今后公司的发展奠定了基础、储备了力量，提供了科技支撑。

公司承建的数百项工程建设项目获国家优质工程银质奖、全国用户满意工程奖、全国优秀焊接工程一等奖、国家部委“鲁班奖”、化学工业优质工程奖、山西省“汾水杯”奖、山西省优质工程奖、山西省用户满意工程奖等。

公司被国务院国资委授予“中央企业思想政治工作先进单位”称号；被国家工商总局授予“守合同、重信用”单位称号；被国家授予“全国用户满意施工企业”；被评为“全国优秀施工企业”、“全国工程建设质量管理优秀企业”、“中国工程建设社会信用 AAA ”、“全国化工优秀施工企业”、“中国建筑业最具成长性百强企业第三名”、“山西省高新技术企业”、“山西省模范单位”、“山西省首届百家信用示范企业”、“山西省百强企业”、“山西省功勋企业”、“山西省十大诚信企业”等称号。

豪情满怀的中化二建人正以“和谐共赢，塑造精品”的经营理念实现新的突破，续写新的辉煌。

地址：山西省太原市义井街23号　　邮编 030021
电话 0351-6073561 0351-6080981 传真 0351-6075514 邮箱 ccescc@ccescc.com

Advancing Bravely-
China Chemical Engineering Second Construction Corporation

CCESCC

China Chemical Engineering Second Construction Corporation (CCESCC), established in 1953 and restructured from China Chemical Engineering Second Construction Company in 2001, is a large comprehensive construction enterprise with first-class qualifications of general contracting for domestic and foreign projects, and an enterprise directly under China National Chemical Engineering Group Corporation subjected to State-owned Assets Supervision Committee as well as one of the backbone enterprises for China petrochemical Industry Construction.

CCESCC has twelve subsidiaries, including earth & rock surveying, foundation treatment, architecture & building, mechanical installation, electrical & instrumentation, NDT, inspection and test, painting and insulation, large machine construction, heavy hoisting, real estate development, logistics and etc. At present, CCESCC has about 5,800 staffs, among them, 3,600 supervisors for each field, and 2,200 technical workers. CCESCC was early authorized a series of International Standard Control System Conformity in the trade of construction. And CCESCC was authorized manufacture & assembly welding licenses for pressure vessel of Class A3, D1, D2; installation licenses for various pressure pipelines; the permit for boilers erection & maintenance; the license of lifting equipment erection & maintenance; the permit for installation & test of electric facilities. Meanwhile, CCESCC has vast experience in heavy industrial plant; installation and test of DCS; multi-story building; large-size storage tank assembly welding, heavy lifting and conveyance etc.

During the past several decades, CCESCC has taken part in the construction of several hundreds of large and middle-size projects all over the country, including chemical industry, petrochemical industry, coal chemical industry, metallurgical, municipal works, building and etc. Major works cover refinery, chemical fertilizer plant, pharmaceutical plant, styrene, aniline, nitric acid, ammonia nitrite, synthetic ammonia, urea, soda ash, natrum, chlorine alkali, sodium hydrate, phosphoric acid, sulfuric acid, acetic acid, fatty alcohol, coking plant, coal washing plant, coal liquification, oil converted gas, methanol, dimethyl ether, Benzene hydro-treating. steel mill, iron plant, cement plant, electrolytic aluminum, aluminum oxide, magnesium oxide, rubbish generating power plant, water factory ,coal gas plant and etc. In addition, CCESCC has removed several units abroad and rebuilt at home successfully, including methanol, synthetic ammonia, urea and electrolytic magnesium units and etc. These units achieved and surpassed rated productive capacity with once trial run and then CCESCC was highly praised by the owners and corporations of the same trade. Accordingly, CCESCC accumulated rich experience in removal abroad and reinstallation at home. In recent years, CCESCC has successively undertaken such projects as chemical fertilizer, petroleum and cement plant in Mozambique, Tanzania, Angola, Burma, Egypt, Chad, Sri Lanka, Albania and other countries. Particularly in Angola, one modern as well as the biggest cement plant in Africa at present has been completed by CCESCC only within 18 months, which was highly praised by Local Government and investors. CCESCC has successfully stepped into international market and the range of EPC contractors. Annual productive value is over 5 billion RMB￥.

CCESCC lays stress on technological innovation, starting from setting up the study organization in the enterprise, and introduces and trains talents from every aspect. And CCESCC cooperated with Taiyuan University of Technology and Zhengzhou University respectively and established Postgraduate Education Innovation Centre and signed a framework agreement for long-term strategic cooperation between Enterprise and University, which laid foundation for the future development of CCESCC as well as reserved strength in order to provide scientific and technological support for CCESCC.

Over hundreds of honorable titles have been awarded to CCESCC for excellent construction works contracted, including Silver medal for high Quality Project at State level; National Client Satisfying Project, Gold Prize of China National Excellent Welding, the highest prize for Building Industry in China "Lu Ban" Prize, Chemical Industry Fine Construction Prize, "Fen Shui Cup" Prize at Province level, Shanxi Provincial Fine Quality Project Prize, Shanxi Provincial Client Satisfying Projects and etc.

CCESCC has been awarded many honorable titles including "Central Enterprise Ideological and Political Work Advanced Unit" by State-owned Assets Supervision and Administration Commission of the State Council (SASAC), "Abide by Contracts, keep Good Credit" by State Industry & Commercial Bureau. "China National Enterprise Satisfying Client" by the State, "China National Excellent Construction Enterprise", " China National Engineering Construction Quality Control Excellent Enterprise", " China National Engineering Construction Social Credit AAA", "National Chemical Industry Excellent Construction Enterprise", "The Third of Top 100 Most Growth Enterprises in China's Construction Industry", "Shanxi Provincial High & New Technology Enterprise","Shanxi Model Enterprise","Shanxi Provincial First Hundred Credit Model Enterprises", "Top one hundred enterprises in Shanxi" "Top fifty enterprises in Taiyuan City" "Shanxi Meritorious Enterprises", "Shanxi Top Ten Good Faith Enterprises" and etc.

Persisting in the business concept of "Harmoniously benefit together & make fine model", CCESCC, with full spirits, will gain new achievements up to new splendid future.

Address: 23 Yijing Street, Taiyuan city, Shanxi province, China Post Code: 030021
Tel: 0351-6073561 0351-6080981 Fax: 0351-6075514 E-mail: ccescc@ccescc.com

中化二建承建的安哥拉水泥项目装置区
Device area of Angola Cement Plant Project undertaken by CCESCC

中化二建承建的缅甸第四化肥厂
The Myanmar No.4 Chemical Fertilizer Plant undertaken by CCESCC

中化二建承建的缅甸第五化肥厂
The Myanmar No.5 Chemical Fertilizer Plant undertaken by CCESCC

中化二建承建的阿尔巴尼亚球罐工程
Albania Spherical tank Project undertaken by CCESCC

中化二建承建的玖源45万吨合成氨、40万吨尿素工程
Jiuyuan Synthetic Ammonia (450,000t/a) & Urea (400,000t/a) undertaken by CCESCC

中国建筑业最具成长性百强企业

山西省功勋企业

中央企业思想政治工作先进单位

高新技术企业
HIGH & NEW-TECH ENTERPRISE

全国用户满意工程

天龙建设

TIANLONG CONSTRUCTION

总经理：孔凡明

公司成立于2001年，企业注册资本3166万元人民币，经营范围建筑施工总承包，市政施工总承包，对外经济与劳务合作，园林绿化等，公司内设机构：办公室、人力资源部、海外事业部、国内事业部、合约部、财物部。外派机构：南京分公司、泰州分公司、市政分公司、中国海陵（迪拜）建筑公司、毛里求斯项目部、阿尔及利亚项目部、新加坡办事处。

天龙公司以参加国际经济建设与劳务分包合作为重点。积极加盟于国内外跨国公司，在境外参与合作的主要项目有：江苏国际公司赞比亚西、北部省学校教学楼；中建总公司阿联酋棕榈岛花园别墅；迪拜Lake.D2高层公寓；阿拉伯ARABTCE公司560别墅项目；江苏国际公司毛里求斯1500套住房项目；新加坡汤姆申公寓项目。近五年来累计外派劳务2000余人次。

我们拥有一个务实求真的优秀团队，企业有职称的工程技术人员和管理人员155余人，其中工程技术人员120余人，一级建造师2人，二级建造师15人，分布在国内外各个施工项目。近几年来，企业年结算收入均在亿元以上。同时，企业具有与承包范围相适应的各类施工机械和质量检测设备。我们热心加盟于国内外跨国公司，更热忱为全球经济建设做出贡献。

地址（Add）：江苏省泰州市梅兰东路98号　98 East Meilan Road，Taizhou，Jiangsu，P.R.China

电话(Tel):0523-86833566

传真:0523-86833336

邮编:225300

E-mail:js_tianlong@yeah.net

团结 拼搏 敬业 进取

江苏天龙建设工程有限公司

JIANGSU TIANLONG CONSTRUCTION PROJECT CO.,LTD

The company was established with registered fund of 31.66million Renminbi Yuan in 2001 .Contract scope:main-contractor of civil construction work ; main-contractor of civicism project; international economy cooperation & labours supply;garden virescence etc .Included departments:general office; human resource department; overseas business department: domestic business department; contract management department; financial affairs department ; Branches :Nanjing branch; Taizhou branch; civicism project co ; China Hailin(Dubai) construction co.LTD; Mauritius branch; Algeria branch; Singapore branch;

The company stesses to join into global construction & labours supply cooperation. Overseas project achivevments:Zambia West-North school(M-contractor:China Jiangsu international co.); Dubai palm island villas(M-contractor.China state construction engineering co.); Dubai lake D2 high building apartment; Arabia ARABTCE 560 villas; Algeria BNMSS residential houses; Singapore TMS Apartment ; More than 2000 workers has been dispatghed in the past 5 years.

The company has the excellent team of 155 staffs to deal with concrete maters relating to work , including 138 technicians ,2 First –gradel registered constructors, 15 Second-grade registered constructors, working in all branches around the world. In the past several years, the company has completed many projects as value more than 100 milloin Renminbi Yuan.

The company owns all kinds of construction epuipment and quality testing instrument. We are looking forward to cooperate construction services with more international & domestic companies around the world.

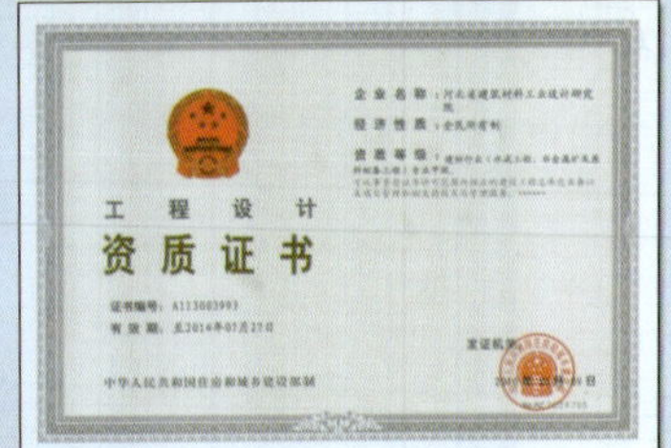
工 程 设 计
资 质 证 书

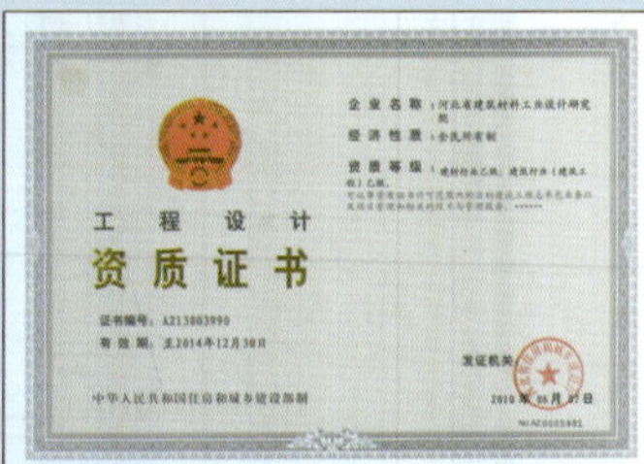
工 程 设 计
资 质 证 书

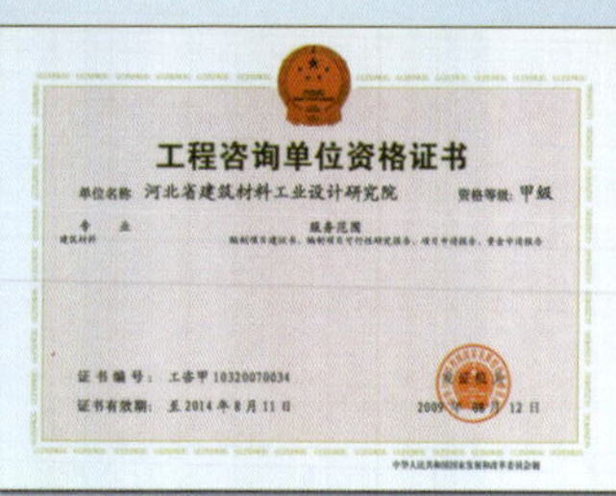
工程咨询单位资格证书
河北省建筑材料工业设计研究院

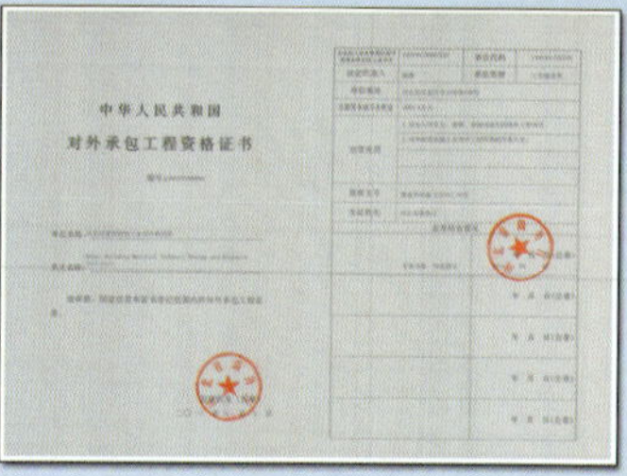
中华人民共和国
对外承包工程资格证书

Hebei Building Material Industry Design and Research Institute, founded in 1978, located in No.159, Hezuo Road, Shijiazhuang City, is a comprehensive service institute based on design of building material industry and integrating design, scientific research, quality inspection, engineering consultation and engineering supervision into one, and unique provincial comprehensive design and research unit in Hebei's building material industry. In 2006, the institute became a wholly owned subsidiary of Jidong Development Group with the approval of Hebei People's Government.

The institute has the qualifications of A-class engineering consultation, A-class specialized engineering design of cement projects、preparation of non-metallic minerals and raw materials projects, engineering design B level of constructional engineering, and contracting of foreign projects, has passed the ISO 9001 Quality Management System Certification、the ISO 14001:2004 Standard、OHSAS 18001:1999 Standard, can complete engineering design, engineering consultation, assessment consultation, bidding consultation, general contracting and management of newly built or rebuilt building-material projects, supply relative services of techniques and management, develop and promote specialized products, techniques and equipment, including cement, cement products, new-type wall materials, waterproof materials for construction, heat insulating materials for construction and deep processing of non-metallic mineral products.

Since the establishment, the institute has been conforming to the quality guideline of "scientificness、standardization、carefulness、honesty、continuous improvement and clients'satisfaction" to strive for the quality target of "90% in acceptance rate of product design, 90% in acceptance rate of projects and 95% in satisfaction rate of clients" , has complete a large number of industrial designs and research topics of building materials, consultation of tens of cement projects and non-metallic mining projects, won the praise both form the competitors and the clients, and made outstanding contributions to Hebei's building material industry. After merged with Jidong Development Group, the institute has completed design and supervision of nearly 20 cement production line projects, which makes the design team greatly enhanced. Nowadays, the institute is complete in the structure, improved in the quality guarantee system, strong in technical strength and complete in facilities, and has owned strong capabilities of comprehensive service. Meanwhile, in order to respond to the national strategy of "stepping out", expand the overseas market, increase the international competitive and realize the sustainable development, the institute is active in participation in international bidding, has participated in bidding for cement production lines in Indonesia, Vietnam, Bengal, Mozambique and so on, and set up long-term friendly cooperative relationships with Indonesia Holcim and Vietnam Holcim.

We firmly believe that we will continue keeping pace with times to make each project high in technical contents, good in economic benefits, low in energy consumption and beautiful in ecological environment to make the clients obtain the optimal benefits and make greater contributions to the development of the cement industry and the revitalization of the national industry.

兢兢业业 精心设计

确保质量 全程服务

西双版纳汤翎水岸项目概况

西双版纳汤翎水岸是云投集团在版纳投资的以旅游度假、休闲居住为主的重点旅游开发项目，占地约2000多亩。一期喜来登酒店区已开工建设。本项目为二期工程，用地紧邻一期喜来登酒店，占地500亩，是度假区的综合服务区域，包括商业、居住、办公、旅游等多种功能。

项目立足服务未来整个嘎洒旅游小镇国际旅游度假区，成为度假区的综合服务区域，提供高品质的度假居住、休闲养生、商业金融、酒店办公等设施。满足游客对高品质度假、居住生活的要求。

高端形象+高端服务=品质生活

高端形象：通过高水准的规划与建筑设计，从而提升项目各项产品功能的形象与品质。主要包括规划结构的特色、组团的有机结合、水景特色的打造、院落居住空间的打造。

喜来登酒店

昆明世博泰姬度假酒店设计方案简介

该项目区位非常优越，环境非常优美，资源非常独特。设计的重点和难点在于怎样将这些优势资源条件充分地并创造性地发挥到我们的建筑设计中来，使之成为酒店的核心价值。

设计理念

“将建筑轻轻地放在环境中”。通过建筑使得原本受到破坏的自然环境得以“修复与还原”；结合山地环境的地形高差，巧妙利用半地下和地下空间，强调建筑与地形环境“契合”的关系。建筑依山就势，逐级而上，“有机生长”于环境之中。建筑的存在不仅不破坏环境，反而是对场所景观的极大提升。

秦皇岛金梦海湾一期
——框剪32层，地下1层，建筑面积22万平方米

浙江勤业建工集团有限公司

Zhejiang Qinye Construction & Engineering Group Co.Ltd.

Zhejiang Qinye Construction & Engineering Group Co.Ltd. was founded in 1976, the predecessor is Shaoxing County Construction Company. Now it has acquired special class qualification for general contract of house construction projects(including grade A of architecture design), and supporting a number of professional contracting qualification. Business involves housing construction, municipal facilities, building decoration, steel structure, curtain wall and landscaping. Market based in Zhejiang, covering the whole country, Its yearly construction capacity reaches as much as 10 min sqm, and obtained the license for operation of external buseness in 2006.

Over 30-odd years, Qinye is a modern enterprise group integrating project construction, real estate development, production of building materials and investment management. Always sticking to the idea of winning markets with brand and expanding businesses with technology, reling on innovation of science and technology, in order to dedicate to the community of quality. Up to 2011, the company has accumulated to create national quality engineering, and province, city quality projects 120 multinomial. The company has been rated as National Excellent Construction Enterprise, National Excellent Enterprise of Construction Quality Management, National User-satisfied Enterprise, National Top 500 Non-government Enterprise, Advanced Construction Enterprise of Zhejiang, Top-30 overall strength in Shanghai, Powerful Construction Enterprises of Zhejiang, etc. Since 2008, it was reelected Chinese top-60 contractor.

"Win rewards with painstaking efforts; forge great undertaking with honest attitude". Closely following the core value of "develope enterprise, contribute to society", faced with increasingly fierce competition in the market situation, using scientific management methods, the company is committed to accelerate the transformation and upgrading, so as to change the economic development way, promote innovation ability, realize a new round of leap-forward development.

绍兴县行政中心
——国家优质工程银质奖

绍兴迪荡移动通讯大楼
——浙江"钱江杯"

汇商大厦
——上海"白玉兰"

浙江勤业集团有限公司创建于1976年，其前身是绍兴县建筑营造公司，目前公司具有房屋建筑施工总承包特级资质（含建筑专业甲级设计资质）和配套的多项专业承包资质。业务涉及房屋建筑、市政设施、建筑装修装饰、钢结构、建筑幕墙和园林绿化等多个领域，市场立足浙江、涵盖全国，年施工能力达1000万平方米以上。公司于2006年取得境外经营许可证。

经过三十多年的经营和发展，公司成为工程施工、房产开发、建材生产和投资经营的现代企业集团。一直来，公司奉行 "以品牌赢市场、以科技求发展"的经营理念，依托科技创新，向社会奉献精品为已任。截至2011年，公司累计创建国优工程、省、市级以上优质工程达120多项。公司先后被评为全国优秀施工企业、全国工程建设质量管理优秀企业、全国用户满意施工企业、中国民营企业500强、浙江省建筑业先进企业、上海市进沪施工综合实力30强和浙江省建筑强企等，2008年以来蝉联中国承包商60强。

"天道酬勤，诚铸伟业"。公司紧紧围绕"发展企业，回馈社会"的核心价值观，面对竞争日趋激烈的市场形势，运用科学的管理方法，致力于加快转型升级，致力于转变经济发展方式，提升企业创新能力，努力实现新的跨越。

江苏中虹花苑
——江苏"扬子杯"

绍兴市国土资源信息技术综合楼
——浙江"钱江杯"

杭州日出钱塘
——地下3层，地上42层

绍兴迪荡
——博览财智大厦

江西南昌大学
——第二附属医院

· 联系地址：浙江绍兴柯桥裕民路1201号（勤业广场）　· 邮编：312030
· 联系人：总经理：邵东升　· 电话：0575-85655198　· 传真：0575-85651258

上海市机械设备成套（集团）有限公司

Shanghai Machinery Complete Equipment (Group) Corp., Ltd

公司大楼

上海市机械设备成套（集团）有限公司前身是成立于1959年的上海市机械设备成套局。作为国内著名的成套企业，集团拥有国家甲级成套、对外工程承包、中央投资项目招标代理甲级、工程总承包、国际招标甲级、招标工程代理甲级、甲级工程咨询、进出口代理和政府采购甲级等二十多项专业资质。50年来，上海市机械设备成套（集团）有限公司已参与建设了总投资超过2万亿人民币的上万个项目，在电力、环境保护、城市建设、建材、化工、冶金、信息、金融、汽车制造、公用事业、交通邮电、医疗卫生、教育、农业、船舶、机电和楼宇配套等行业的工程建设中积累了丰富的工程成套经验，聚集了宝贵专业成套人才。集团多次荣获上海市重大工程实事立功竞赛优秀公司、全国设备成套系统先进单位称号，并跻身国家物资流通企业综合实力百强行列。2011年集团年经营规模超过239亿元人民币。

经过多年发展，上海市机械设备成套（集团）有限公司的业务范围已从设备成套扩展到工程总承包、工程和设备招标、进出口贸易、对外承包工程、设备租赁、工程监理、汽车销售、工程咨询等领域。

改制重组后的上海市机械设备成套（集团）有限公司充分发挥资产重组优势，强化融资功能，增强核心竞争能力，积极实施海内外工程总承包，大力扩展国际国内招标业务，全力推进进出口贸易，努力开拓多元化经营。今后集团将一如既往，远瞻未来，致力于精准贴合客户需求，把上海市机械设备成套（集团）有限公司打造成设备集成服务一流企业。

伊朗kohgiluyeh日产700吨水泥厂

阿联酋人造板项目

上海轨交M8双圆盾构设备的引进

世博拉脱维亚馆监理

地址<ADD>：上海市长寿路285号恒达大厦18楼

18F Hengda Mansion 285 Changshou Road Shanghai,China

电话<TEL>：86-21-32557878　传真<FAX>：86-21-32557979

网址<WEB>：www.smcec.com

印度尼西亚库勒丹郡火力发电厂

Founded in 1959, SMCEC was formerly called as Shanghai Machinery Complete Equipment Bureau. As a well-known domestic complete equipment enterprise, the group has more than 20 qualifications such as Grade A qualification of complete equipment, qualification of foreign undertaking contract project of P. R. China, Grade A qualification of tendering agencies of investment projects of the central government, qualification of general contract for projects, Grade A qualification of international tendering, Grade A qualification of tendering agencies of projects, Grade A qualification of engineering consultation, qualification of import and export trade agents and Grade A qualification of government procurement. During last 50 years, SMCEC has undertaken more than 10000 projects with a total accumulated investment of over 2 trillion RMB Yuan. Being experienced in electric power, environmental protection, urban construction, building material industry, chemical industry, metallurgy, information industry, finance, automobile, public utilities, traffic, post &telecommunications, medical &pharmaceuticals, education, agricultural, boats &ships, mechanic &electric industry, commercial buildings, SMCEC boasts of rich experience in EPC contracting, complete equipment supplying and tendering business as well as international trading industries. The Group was awarded with "Excellent Company" in Honor Competition of Shanghai Major Projects, "Model Unit" in domestic complete equipment system, and becomes one of the 100 giants of comprehensive strength in nationwide logistic service enterprises. The Group's annual turnover reaches 23.9 billion RMB in 2011.

Through years of development, the business scope of SMCEC has been extended from complete equipment to the fields in projects contract, invitation and bidding, import and export trade, equipment lease, project supervision, automobile sales and project consultation, etc.

SMCEC will, as it did, focus on providing satisfactory solution by an accurate grasp of customer's needs and aim at boosting the complete equipment industry into one of the pillar industries in Shanghai.

汶川县第一中学工程荣获国家优质工程奖——鲁班奖

广东耀南建筑工程有限公司

Guangdong Yaonan Construction Engineering Co.,Ltd

一直以来，广东耀南建筑工程有限公司上下团结一致，全面贯彻落实科学发展观，坚定不移地走可持续发展路子，遵纪守法，健全制度，以人为本、以质取胜，强化科学管理，狠抓安全生产，业绩显著，劳资和谐，实现了经济效益和社会效益双丰收。

一、坚持精神文明建设，增强社会责任感意识。

该公司高度重视企业文化建设，精神文明建设和政治思想工作常抓不懈。公司分工一名班子成员专抓，根据形势的发展，工作的需要，组织员工开展理想、责任、社会公德为内容的社会主义精神文明教育，效果显著。如2009年，公司肩负全国人民的重托，赴四川省汶川县进行灾后援建工作，负责广东省援建的最大项目——汶川县第一中学校园的工程建设，该项目按建筑常规要500多天才能完成任务，但党中央要求我们必须要在190天内完成。时间紧，任务重，加上余震不断，交通不畅，建材不足，电力不够。面对这些困难，公司上下达成共识，只有以强烈的社会责任感，鼓足干劲，打破常规施工才能如期完成汶川一中这个具有特殊政治意义的建设任务。全体员工团结顽强拼搏，轻伤不下火线，小病不离开工地。经过180天的日夜奋战，终于又好又快地建好了汶川一中。一年多后，该工程项目荣获中国建设工程鲁班奖，创造了世界灾后重建历史上优质高效的奇迹，为我省灾后重建作出了重大的贡献。

二、坚持理论业务学习，增强贯彻落实科学发展观意识。

该公司领导班子深刻认识到，要全面贯彻落实科学发展观，在激烈的市场竞争中脱颖而出，其核心是人才。公司员工的思想、技术素质、信誉和综合能力直接影响到一个公司的强旺兴衰。基于这样的认识，该公司引进的人才放在非常重要的位置。多年来，公司除了提高员工的综合素质外，不断从外地引进一些高级工程技术人员，壮大和加强公司的综合实力，公司还着重抓好在编管理人员的学习培训，形式灵活多样。一是不定期举办有关技术轮训班，请有理论、有实践经验的专家上课；二是在施工现场进行示范指导；三是选送一些员工到大专院校脱产学习。

三、坚持健全制度和科学管理，增强质量和安全保障意识。

该公司建立健全了各种规章制度，包括人事管理与考察制度，工程质量管理制度，工程技术管理制度，生产计划与进度管理制度，财务管理及成本核算与监控制度，技术档案资料的收集、分析、整理、归档相关规定等等，使各项工作有章可循，管理规范。同时，加强质量管理与监控。严格要求每个施工管理人员牢牢掌握图纸设计内容，精心编制好施工组织设计，严格按照国家建筑材料质量标准要求，提前做好材料检验工作，并成立质量管理小组，对工程质量进行施工全过程的监督和检查，保证每个单项分部工程验收一次性达到优良，确保整体工程达到优良以上。

强化安全意识，落实安全措施。安全出质量，安全促进度，安全出社会效益和经济效益。由于工作做细、做实，公司自成立至今创造“零”事故的记录。该公司在2011年还被评为全国住房和城乡建设系统的“企业文化建设示范单位”。

四、坚持以人为本，增强公司员工的荣誉感和归属感。

以人为本，就是要充分关心员工的思想、工作和生活，为他们解除后顾之忧，最大限度地调动他们的主观能动性和生产积极性，以主人翁的姿态搞好工程建设。我司经过多年的实践，制定了一套行之有效的激励机制，并随着形势的变化和发展，不断修改完善，组织企业员工不断开展比学赶帮超活动。公司每年都认真总结宣传在工作中涌现出来的好人好事，树立先进典型，召开总结表彰大会，对勤勤恳恳地工作、大胆开拓创新的员工给予精神上和物质上的奖励，对那些为公司作出杰出贡献的人物给予重奖。特别是对从外地引进的工程技术人员，不但想方设法解决住房，还具体帮助其家属解决就学就业等问题，为他们的工作提供了良好的环境和条件，并解决了员工的后顾之忧。

广州地址：天河区沙河龙岗路8号粤信大厦8楼　邮编：510500　电话：020-87251698　传真：020-87251453
开平地址：开平市长沙虹桥路18号　邮编：529300　电话：0750-2289889　传真：0750-2273388
Email：yaonan @gdcic.net

南充兴运劳务开发有限公司

Nanchong Xingyun Rentservice Development Co.,Ltd.

南充兴运劳务开发有限公司成立于二00三年九月，属建筑劳务分包壹级企业。注册资金300万元，拥有资产总额698万元，可承担木工作业、抹灰作业、油漆作业、混凝土作业、模板作业、砌筑作业、石制作分包、钢筋作业、脚手架作业、焊接作业、水暖电安装作业、架线作业、兼营日用百货、针、纺织品、建筑材料、建筑机械、金属材料（不含贵重金属）、机电产品、进出口业务。公司已取得对外劳务合作经营权。施工队伍和工程业务遍布四川、北京、山西、河北、新疆、广东等省、市、区。

公司坚持立足南充、走出四川、辐射全国、面向世界的经营思路，内强实力、外树形象，现已发展为同行业中具有相当实力的劳务企业，拥有较强的技术实力和丰富的从业经验，先后在国内外开辟了广阔的市场。公司连年获劳务开发“龙头企业”、“外贸工作先进企业”等荣誉称号。自二00五年起公司开始在阿联酋、越南等国家和地区建立了建筑劳务关系，公司走向世界的目标变成了现实。

公司按照现代企业运行机制的要求，大力弘扬团结拼搏、负重自强、艰苦创业的精神，坚持以人才为中心，以管理为手段，以市场为导向，以效益为目标，走出了一条强管理增效益，适应市场可持续发展的新路子。脚踏实地、求真务实，以质量树信誉，以管理求发展，以诚信的社会服务，可靠的工程质量，一流的建筑精品，回报社会各界朋友的关心、支持和信任。

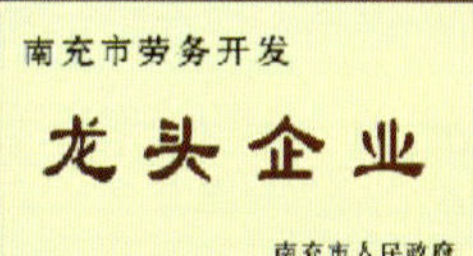

Nanchong Xingyun Rentservice Development Co.,Ltd., a construction enterprise oflabor subcotraction with the top qualification,was founded in September,2003.The registered capital of the company is RMB 3,000,000 and the total amount of fixed asset is RMB 6,980,000.The company engages mainly in construction fields, including woodworking operation,plasterwork,painting,masonry operation,concrete operation formwork operation,welding operation, heating and electrical device installation,etc.Furthermore,our business includes general merchandise,textile,consteuction materials,construction machinery,metal materiala(excluding precious metals) and the import and export of machinery and electroic products.With the pualifications of foreign cooperation of labor service,our construction teams and projects can be found in such areas as Sichuan,Beijing,Shanxi,Hebei,Xinjiang,Guangdong and all over the country.

As a local company in Nanchong,the services provided by Xingyun Rentservise Development Co.,Ltd.are not limited to Sichuan or China.It is a company with a global perpective.With superior epuipment,advanced technoloty and rich experience in its own field,the company has become one of the most powerful companies in the industry and has won a series of honorary titles as “Leading Enterprise for Labor Development”,“Outstanding Enterprise for Foreign Trade”and so on.The company has established business relations in foreigo construction labor service with companies from the United Arab Emirates,Vietnam and other countries and areas since 2005. The company has accomplished its goal of leding to the world merket.

With a serong sense of competition and a spirit of vigorous development, Nanchong Xingyun Rentservice Development Co.,Ltd. has become a strong,energetic and modernized company with superior consciousness, innovation spirit and scientific management system. Basing its development on the corporate philosophy of “people-centered, market-oriented,and benefitaimed”, “Unityand progress, ionnov-Ation and pragmatics”, it continues to expand its trade,increase economic efficiency, engance competitiveness and promote a steady development of the company.With the outstanding and reliable project quality, we are looking forward to your sincere cooperation !

多哥ECOBANK银行总部

多哥银行 主楼

多哥银行 培训中心

多哥银行 餐厅

中国煤炭科工集团重庆设计研究院

China Coal Technology & Engineering Group, Chongqing Design & Research Institute

中国煤炭科工集团重庆设计研究院成立于1953年，原隶属燃料工业部，后为煤炭工业部直属设计院，2000年开始为国务院国资委所属中央企业集团管辖。

院下设40余个设计勘察所，并另设有工程公司、成都分院、中庆监理公司、施工图审查中心、四川分院、贵州分院、山西分院等机构。全院共有1400多名员工，有教授级高级工程师103人，高级工程师235人，工程师420人。

◆ **主营业务：**工程勘察、工程设计、工程咨询、工程监理、工程总承包。

勘察、设计、咨询资质：煤炭行业甲级、建筑工程甲级、市政（道路、燃气、桥梁、隧道、索道）甲级、环境工程设计甲级、工程勘察综合甲级、工程咨询甲级、环境影响评价甲级、工程监理甲级、市政行业乙级等30多项甲级及乙级资质。

近五年来，我院共完成大、中型工程勘察、设计、咨询项目6000余项，完成科研、标准、技术咨询服务项目1000多项，其中165个项目获得国家、省部级及行业协会颁发的优秀勘察设计、优秀咨询成果等奖励，获得“重庆市文明单位”、“重庆市守合同重信用单位”、“全国工程勘察与岩土行业诚信单位”、“中央企业思想政治工作先进单位”等荣誉称号。

我院将继续广揽人才，加大科技创新，改善办公环境，推行企业文化变革创新和现代管理模式再造，打造高素质、专业化的设计管理团队，为社会和顾客提供高质量、高附加值的服务产品，创建科技、高效、多元化的国际工程公司。我们坚持“以质量求生存、以产品树形象、以诚信闯市场、以服务赢顾客、以团队创事业、以创新促发展”的企业精神，恪守“承诺之事即为大事”的诺言，信奉“您的成功才是我们最大的成功”之理念。我们感谢老朋友过去给我们的充分任和支持，我们也希望新、老朋友对我们的今天有更多的了解，期待着与您携手并肩，互利共赢，共创明天的辉煌。

China Coal Technology & Engineering Group, Chongqing Design & Research Institute was set up in 1953. It was formerly under Ministry of Fuel Industry, and later it became a design institute directly under Ministry of Coal Industry. Since 2000 it was under the management of central enterprise group of the State-owned Assets Supervision Administration Commission of the State Council of People's Republic of China.

We have more that 40 design survey institutes, as well as Engineering Company, Chengdu Branch, Chongqing Supervision Company, Shop Drawing Review Center, Sichuan Branch Institute, Guizhou Branch Institute, Shanxi Office, and other branches. We have more than 1400 employees, including 103 senior engineers of professor-rank, 235 senior engineers, and 420 engineers.

The main businesses are engineering survey, engineering design, engineering consultation, engineering supervision, and engineering general contracting.

The qualifications for survey, design and consultation are: Class A for coal industry, Class A for building engineering, Class A for municipal engineering (road, gas, bridge, tunnel and ropeway), Class A for environmental engineering design, Glass A for engineering survey in general, Glass A for engineering consultation, Class A for environmental influence evaluation, Class A for supervision, Class B for municipal industries, and other Class A and Class B qualifications at more than 30 in total.

In recent five years, we have completed more that 6000 cases of survey, design and consultation projects for large- and middle-scale engineering, and more than 1000 cases of scientific research, standard, and technology consultation service projects, in which, 165 projects have won excellent survey design, excellent consultation achievement, and other awards from national, provincial, departmental and industry associations. We are also the winner of“Chongqing Civilized Entity”,“Chongqing Contract-Abiding Promise-Keeping Entity”, “National Engineering Survey and Geotechnical Industry Credit Entity”, “Central Enterprise Political And Ideological Work Advanced Entity”, and other titles and honors.

We will continue to look for the talented personnel, increase technical innovation, improve office environment, promote company culture reform creation and modern management mode re-construction, and build high quality and professional design management team to provide the society and customers with high quality and value-added services, and build an international engineering company of technology, high efficiency and multi-element.

We stick to the principal “seek survival by the quality, build image by the products, find market by honesty, win customers by services, create career by teamwork, and promote development by creation”, affirm the commitment” any promise make by us will be a major issue”, and believe the concept” your success is the best success of ours”. We are grateful for the faithful trust and supports from old and new friends. We also hope that you will have more understanding about our today. We are looking forward to seek mutual profit and create glory of the future in joint hands with you .

地址：重庆市渝中区长江二路177、179号
邮编：400016
电话：(023)68725036　68725010
传真：(023)68811613
E-mail：cqmsy@cqmsy.com

中国昆仑工程公司

重庆蓬威石化有限公司

仪征化纤股份有限公司

中国昆仑工程公司隶属于中国石油天然气集团公司，持有国家颁发的石油天然气、化工石化医药（有机化工）、轻纺、建筑等行业的设计、勘察、咨询、监理、造价、工程总承包、环境治理等的工程甲级资质证书。通过了ISO9001、ISO14001、OHSAS18001和中石油HSE等管理体系认证。享有对外经营权。

公司长期致力于石油化工、煤化工、纺织化纤、环境工程、建筑工程等领域的建设、创新与发展。承担各类大中型项目等工程数千项，国外工程百多项，遍及26个国家和地区。获国家科技进步一、二等奖，全国、省部级优秀勘察设计奖、管理奖数百项。

公司拥有雄厚的技术及研发力量，现有职工1800余人，其中，全国工程设计大师3人，享受政府津贴专家57人，教授级高工30人，高级工程师368人，工程师438人，其中国家注册执业资格人员500人。承担多项国家科技攻关任务，在聚酯（PET）、精对苯二甲酸（PTA）、顺丁橡胶、ABS、己烯－1、工业废水处理等领域拥有专有技术，获国家专利75项，其中，PCT专利10项。

公司被评为国庆60周年勘察设计行业“十佳工程承包企业”，获得中央企业先进集体，首批“AAA级信用企业”和北京市“高新技术企业”，长期位居国家勘察设计百强企业之列，在国内外工程建设领域享有较高知名度与良好信誉。

北京盈科中心

通辽金煤化工有限公司

浙江恒逸聚合物有限公司

浙江华联三鑫石化有限公司

As an affiliate to China National Petroleum Corporation (CNPC), China Kunlun Contracting and Engineering Corporation (CKCEC) holds various top-grade qualification certificates by the Government for engineering design, geological investigation, project consultation, engineering supervision, project building cost, EPC contracting and environment control. Also obtained are certificates for ISO 9001, ISO 14001, OHSAS18001 and CNPC's HSE. The Company is entitled to manage his international business on his own.

CKCEC has dedicated himself on a long term basis to construction, innovation and development in petro-chemical, coal chemical, textile/chemical fiber, environment protection and architecture projects. The company has completed design and construction of thousands of large-scale and medium-scale projects with over one hundred overseas projects scattering over twenty-six (26) countries and regions in the world. Furthermore, the Company has won First Medal and Second Medal for National Technological Progress, and hundreds of awards for Excellent Investigation and Design, Excellent Management by the State, Province and Ministry.

Armed with rich R & D resources and strong technical team, CKCEC is now staffed with over one thousand eight hundred (1800) people with three (3) National Engineering Design Masters, fifty-seven (57) experts enjoying allowance issued by the Government, thirty (30) professor-degree engineers, three hundred sixty-eight (368) senior engineers and four hundred thirty-eight (438) engineers. Professionals holding various registered practice qualification by the Government totals five hundred (500).

CKCEC has been taking orders from the Government to tackle problems in crucial technologies. The Company owns proprietary technologies for PET, PTA, CPBR (4-polybutadiene rubber), ABS, 1-hexene and industrial wastewater treatment, etc. Seventy-five (75) patents are already granted by the Government, ten (10) of which are filed or being filed via PCT in other countries.

CKCEC, was appraised as one of Ten Best Engineering Contractors in China's geological investigation and design field at celebration for 60th anniversary of P. R. China and an advanced unit among those enterprises directly affiliated to the Central Government.

Further, CKCEC is appraised as an enterprise with AAA-level credit and a High-tech and New-tech Enterprise in Beijing. The Company remains, for decades, one of Hundred (100) Top Investigation and Design Enterprises in China, and enjoys, as a noted company, high reputation in engineering construction at home and abroad.

中国 ·北京市 ·海淀区 ·增光路21号
No.21 Zengguang Rd., Haidian District, Beijing, China
邮编 / PC：100037

电话 / Tel No: 0086-10-68395208
传真 / Fax No: 0086-10-68348946
电子信箱 / E-mail: ctiei@263.net.cn

中国化学工程第六建设有限公司

THE SIXTH CONSTRUCTION COMPANY LTD. OF CHINA NATIONAL CHEMICAL ENGINEERING CORP.

突尼斯36万吨/年磷酸工程项目

该项目位于突尼斯共和国斯法克斯市Skhira,由突尼斯与印度两国公司合资的化肥公司（TIFERT）投资。2008年12开工,2011年8月竣工。图片为项目磷酸液缩装置全景。

董事长、总经理王蜀闽

1

2

3

1.土耳其碱矿加工厂项目 由土耳其ETI SODA公司投资的100万吨/年重质纯碱（2条50万吨/年的生产线）和10万吨/年小苏打工程，建设地点位于土耳其共和国安卡拉省BEYPAZARI。2007年5月开工，2009年3月竣工。图片为土耳其总理埃尔多安在项目投产庆典仪式上对项目建设给予高度评价的讲话照片。

2.巴基斯坦EVTL低温乙烯储罐工程项目 由巴基斯坦ENGRO公司与VOPAK(孚宝) 联合投资的13000立方米的低温乙烯双层储罐及配套工程，建设地点位于巴基斯坦卡拉奇MOHAMMED BIN QASIM军港内。2007年9月开工，2009年1月竣工。

3.越南金瓯化肥项目 由越南国家油气集团投资的40万吨/年合成氨70万吨/年尿素工程，公司承建尿素储运系统、全厂商品混凝土站、混凝土供应等工程项目。建设地点位于越南共和国金瓯省幽明县。2010年5月开工，2011年8月竣工。图片为项目包装储运装置外景。

中国化学工程第六建设有限公司（简称中化六建）始建于1965年，隶属中国化学工程（集团）股份有限公司，总部设在湖北省襄阳市。

中化六建是国有大型综合性施工企业。公司的业务主要涉及化工、石油化工、医药、轻工、市政、建材、电力、环保、食品、高层建筑等领域。公司已与国际知名的杜邦、百威、巴斯夫、德希尼布等国外公司进行了成功合作。施工项目遍及国内并在巴基斯坦、马来西亚、哈萨克斯坦、突尼斯、土耳其、阿尔巴尼亚、乌兹别克斯坦、越南、喀麦隆、加蓬、埃及、莫桑比克等国家都有良好的施工业绩。

公司在国内同行业中率先获得ISO9001质量管理体系、ISO14001环境管理体系和GB/T28001职业健康安全管理体系标准认证。1996年获得境外工程承包和劳务合作经营权，取得了“进出口企业资格证书”和“对外承包工程经营资格证书”，2004年被商务部认定为“对外援助成套项目施工任务实施企业”。是中国500家最大经营规模建筑业企业之一。

■ 地址：湖北省襄阳市胜利街77号　■ Add: No.77 Shengli street Xiangyang City Hubei
■ 电话(Tel)：0710-3500473　■ 传真(Fax)：0710-3500777　■ E-mail：scccnce@scccnce.com.cn

国家大剧院

国家体育馆

五棵松体育馆

首都机场T3航

北京市建筑设计研究院

BEIJING INSTITUTE OF ARCHITECTURAL DESIGN

企业介绍 Company introduction

北京市建筑设计研究院（英文名称：BEIJING INSTITUTE OF ARCHITECTURAL DESIGN。以下简称BIAD）自成立以来，经过几代人的开拓创新、励精图治，累计完成建筑设计面积已超过1.5亿平方米，在建筑设计及科研领域取得了突出的成绩，曾被北京市政府授予“首都建筑设计突出贡献设计研究单位”荣誉称号。BIAD1979年开始实行事业单位企业化管理，1992年开始享有对外经营权，成为改革开放后最早进入国际建筑市场的国内著名设计企业之一。1998年通过ISO9001质量管理体系认证。BIAD业务范围包括：建筑设计、环境工程设计、园林景观设计、建筑智能化系统工程设计、城乡规划、旅游规划、工程概预算编制、投资策划、工程监理、工程总承包、对外承包等领域。回首60余载发展历程，BIAD始终坚持科学发展、坚持市场导向、坚持改革创新、坚持品牌建设，在主业经营、创优创新、人才队伍、运营模式、全国化发展以及品牌建设方面不断开拓进取，取得了引人瞩目的成绩。

北京市建筑设计研究院院长、总建筑师朱小地

展望未来，BIAD要紧密围绕国家和北京市“十二五”时期国民经济和社会发展规划，抓住北京建设世界城市和“人文北京、科技北京、绿色北京”的重要历史机遇，贯彻落实科学发展观，以品牌建设为核心，提升自主创新能力，促进建筑创作的繁荣，拓展新的业务领域，实现发展方式的转变。顺应企业化改革的要求，建立现代企业制度。高度关注人才发展，创造人才成长的良好环境。在保持已有成绩和和谐稳定发展的前提下，全面推进品牌建设。

未来五年，BIAD要积极推进品牌建设各项基础工作，坚持以丰富业务板块和转变发展方式作为品牌建设的主攻方向，以繁荣创作和科技进步作为品牌建设的重要支撑，以管理创新和建立现代企业制度作为品牌建设的强大动力，以稳定队伍和凝聚人才作为品牌建设的出发点和落脚点，为建设勘察设计行业品牌企业而不懈奋斗。

中国电影博物馆

中国科学技术馆新馆

中国石油

北京电视

深圳文化

深圳湾体育

Since its inception, Beijing Institute of Architectural Design (BIAD) has finished design building area more than 150 million square meters after several generations' innovation and determined efforts. BIAD has achieved outstanding results in the field of architectural design and research, hence honored "Outstanding Contribution Design Institute in Capital Building Design" by Beijing municipal government. In 1979, BIAD began to implement enterprise management in institution; in 1992, it possessed foreign management concession; and in 1998, Quality Management System Certification ISO9001 had been passed in BIAD. BIAD's business scope includes architectural design, environmental engineering design, landscape design, architectural intelligent system design, urban planning, tourism planning, project estimating, investment planning, project supervision, project contracting and contracting outsourcing. Looking back to the last 60 years' development, BIAD has always insisted on scientific development, market orientation, brand building, reform and innovation, and therefore made spectacular results in the respects of main business, merit innovation, professionals, operation mode, national development and brand construction.

Looking forward to the future, BIAD will focusing on the national and Beijing 12th 5-year national economic and social development plan, seize the important historical opportunity when Beijing is constructing to be an environment-friendly, culture-enriched and technology-empowered world city, and implement the scientific development concept. With brand construction as a core, BIAD will enhance the capability of independent innovation, promote the prosperity of the architectural creation, develop new business areas, realize the transformation of development mode, comply with the requirements of the enterprise reform, establish modern enterprise mode, concern the development of human resource, and create good environment for talents growth. Based on the achievement and a harmonious and stable development, BIAD aims to promote the brand building comprehensively.

In following five years, BIAD will actively promote basic works of brand construction, which required to enrich business sectors and change the mode of development as the main direction, to make creation prosperity and technology development as the support, to innovate management and the establish modern enterprise mode as the power, to stabilize team and attract talents as the starting point and the foothold, in brand construction. BIAD is determined to be a enterprise with great brand value through unremitting efforts in survey and design industry.

中航勘察设计研究院有限公司

AVIC Institute of Geotechnical Engineering Co., LTD

● 中华世纪坛　　● 上海浦东国际机场　　● 首都国际机场T3航站楼　　● 奥林匹克游泳馆（水立方）

中航勘察设计研究院有限公司成立于1952年4月，是我国最早成立的大型甲级勘察设计单位之一，隶属于中国航空工业集团公司。目前拥有工程勘察、测绘、工程测试、地基基础施工、工程咨询、地质灾害治理等甲级资质，拥有北京中航勘地基基础工程有限公司、北京中航蓝天建设工程质量检测有限公司、北京中航信实物业有限公司等多家子公司。有正式职工330余人，其中有博士后、博士6人，国家勘察大师1人，各类国家注册工程师91人，设有勘察设计行业全国首家博士后科研工作站。有德国宝峨旋挖钻机、长螺旋钻机、陀螺全站仪等各类勘察、岩土工程施工、测试、测绘、工程试验设备200余台套。60年来，航勘院共完成了国防工业和航空工业大型基地、厂房、民用住宅小区、商业办公楼、市政道路、桥梁、隧洞、码头、机场等项目的工程地质勘察、测绘、水文地质勘察、地基基础施工、工程降水、地基处理、深基坑支护、地质灾害治理等工程近一万八千余项，为国防工业、航空工业和我国的民用建设、市政建设事业做出了积极的贡献。是《岩土工程勘察规范》、《工程地质手册》等多项规范手册的主要编写单位。是全国优秀勘察设计院、全国工程勘察设计先进单位、全国勘察设计综合实力百强单位、全国守合同重信用企业、全国行业十佳自主技术创新企业、航空工业创建50年有突出贡献单位。

AVIC Institute of Geotechnical Engineering Co., LTD(AVIC IGE) was founded in April of 1952 and part of AVIC Co., Ltd. It is one of the earliest establishments certified in Grade-A rating and specialized in investigation survey and engineering services in China. AVIC IGE currently holds diversified engineering capacities including Class-A certificates in engineering prospecting, mapping, engineering surveys, engineering consulting, geological catastrophe evaluation, prospecting, design, and construction. AVIC IGE has established several sub-divisions and wholly-owned sub-companies including Foundation Engineering of Beijing AVIC Geotechnical Engineering Institute Co., Ltd., Beijing AVIC Lantian Construction Engineering Quality Inspection Co., Ltd. , and Beijing AVIC Xinshi Property Management Co.,Ltd. AVIC IGE currently has 330 employees, among those 6 people received post-PHD and PHD degrees also has one state-level investigation and design master and 91 State Registered Professional Engineer with the country's first post-doctoral scientific research workstation in survey and design industry. AVIC IGE also equipped with leading-edge and sophisticated equipment and instrument including multi-functional drilling rig, long-screw drilling rig, German-made rotational-digging drilling rig, etc. In the last 60 years, AVIC IGE has completed many large-scaled projects (over 18000) in the national defines industry and aviation industry including constructions of foundations, factories, residential buildings, commercial buildings, highways, municipal roads, railways, bridges, tunnels, harbours and airports and the scope of work covers a broad range including engineering geological exploration, mapping hydrogeology exploration, foundation building, dewatering, ground treatment, securing of deep excavation, engineering supervision, construction designs, geological catastrophic evaluation and correction. It received high-level reorganization in taking a pro-active role in the development of national defines, aviation industry as well as civil and municipal construction industries. AVIC IGE has been publication of "Geotechnical engineering" and "project geology handbook" . it is has been recognized to National Model Geotechnical Engineering Institute, National Engineering Investigation Model Company, Top 100 National Investigation & Engineering Comprehensive Capacity Award, Comply with contract, and stick to reputation, Top 10 national industry self-innovative enterprises, Outstanding Contributions Units in the aviation industry.

中航勘察设计研究院有限公司

AVIC Institute of Geotechnical Engineering Co., LTD

网　址：www.aige.com.cn

地　址：北京市海淀区知春路56号　　邮　编：100098

电　话：(010) 82139511　　传　真：(010) 82120903

首都机场A380机库

中航工业上海商发公司

中央电视台新台址

中国铁建

中铁第四勘察设计院集团有限公司

CHINA RAILWAY SIYUAN SURVEY AND DESIGN GROUP CO., LTD.

中铁第四勘察设计院集团有限公司（简称“铁四院”）是国家大型综合性勘察设计企业，是首批获得国家工程设计综合甲级资质、国家铁路投资咨询评估资格的设计企业，可承揽各行业工程勘察、设计、咨询、监理、工程总承包任务，具有对外经营权，设有博士后科研工作站、中国铁建轨道工程实验室等科技研发平台。连续多年在全国勘察设计行业综合实力百强中名列前茅。

半个世纪以来，铁四院完成了55000公里和20多个大型铁路枢纽的铁路勘察设计任务，占建国后全国铁路建设勘察设计任务的30%。

设计建成了京沪、武广、郑西等一大批高速铁路，铁四院设计的全国新建高速铁路通车里程占60%以上。

设计建成了武汉长江隧道，南京长江隧道、广深港高铁狮子洋海底隧道，是我国仅有的一家能设计四种隧道施工工法的设计院。

设计建成了以武汉站、广州南站、南京南站为代表的现代化车站。

承担了武汉、长沙、苏州、无锡、昆明、郑州、南京等城市的31条总长700余公里的轨道交通总体总包设计，是全国承担轨道交通总体总包设计较多的设计院。

铁四院主持了数十项国家、行业规范与标准的编写，先后获得国家级大奖71项，省部级奖350项，其中全国优秀工程勘察设计奖14项，国家优质工程奖29项，国家工程勘察设计优秀软件奖3项，国家科技进步奖25项。拥有各类专利47项，143项工程设计入选中国企业新纪录。

铁四院被评为建国六十周年全国勘察设计行业“十佳自主创新企业”，先后获得“全国最佳诚信单位”、“全国优秀设计院”、“全国五一劳动奖状”。

China Railway SIYUAN Survey and Design Group Co., Ltd. (SIYUAN for short) is a large comprehensive state-owned survey and design enterprise and one of the first design enterprises obtaining national Class-A qualification for engineering design and qualification for consultation and evaluation on national railway investment, and is engaged in survey, design, consultation, supervision and general contracting of various industrial projects, and with foreign projects operating rights. SIYUAN has set up several scientific research and development platforms, including a post-doctoral scientific research station and CRCC Railway Engineering Lab, and has been ranking among the best of national top 100 survey and design enterprises for consecutive years.

For half a century, SIYUAN has completed survey and design of railways of 55,000 km and more than 20 large railway terminals, accounting for 30 per cent of the railway survey and design in the whole country after the founding of new China.

SIYUAN has also completed survey and design of a large number of high-speed railways, such as Beijing-Shanghai High-speed Railway, Wuhan-Guangzhou High-speed Railway, Zhengzhou-Xi'an High-speed Railway etc., and more than 60 per cent of high-speed railways put into operation are designed by SIYUAN.

SIYUAN has designed and completed Wuhan Yangtze River Tunnel, Nanjing Yangtze River Tunnel and Shiziyang Undersea Tunnel, and it is the unique design institute able to design four tunnel construction methods in China.

SIYUAN has designed and completed modernized railway stations represented by Wuhan Railway Station, Guangzhou South Railway Station and Nanjing South Railway Station.

In addition, SIYUAN has been in charge of general contracting of designing 31 rail transit lines with total length of more than 700 km respectively in Wuhan, Changsha, Suzhou, Wuxi, Kunming, Zhengzhou, and Nanjing etc., and is the design institute designing and constructing more rail transit projects in China.

SIYUAN has be in charge of and participates in preparation of more than ten national and industrial standards and specifications, won 71 national awards, and 350 provincial and ministry-level awards, including 14 national awards for excellent survey and design, 29 national awards for excellent projects, 3 national awards for excellent software for engineering survey and design, and 25 National Science and Technology Progress Awards. In addition, SIYUAN has 47 various patents, and 143 engineering designs have been listed in "New Records of Chinese Enterprises".

SIYUAN won the honor of National Top Ten Independent Innovation Enterprise of Survey and Design in China's 60 anniversaries; and won the titles of "the Most Honest Enterprise in China" and "China's Excellent Design Institute", and the "National Labor Day Award".

厦门快速公交

武汉长江隧道

武汉至广州高铁

宜昌至万州铁路

地 址：湖北省武汉市武昌区杨园街和平大道
电 话：027-51155369
传 真：027-51155389
邮 编：430063

广州至深圳香港高铁

国机集团 | 中机六院

机械工业第六设计研究院有限公司

SIPPR ENGINEERING GROUP CO.,LTD

中国北车集团大连机车旅顺基地建设项目
CNR Group Dalian Rolling Stock Lushun Base

沈阳机床集团数控机床产业园
Shenyang Machine Tool Group Numerical Controlled Machine Tool Industrial Park

中国一重大连大型石化容器制造基地联合厂房
United Workshop of China No.1 Heavy-duty Group Dalian Large-sized Petroleum Vessel Manufacturing Base

◎ 公司简介

机械工业第六设计研究院有限公司（简称“中机六院”），成立于1951年1月， 2000年加入中央大型企业集团——中国机械工业集团有限公司（世界500强第345位），是具有住建部颁发的工程设计综合甲级资质的国家大型综合设计研究院。

公司主要从事工业、民用、市政和环境工程领域的工程咨询、工程设计、工程总承包、项目管理及工程监理，以及工业工程的非标准设备和生产线的产品研发、工程设计和工程总承包等业务。

公司是国内机床和磨料磨具行业唯一的专业设计院，是民用建筑、烟草、煤矿机械、重型机械、铸造、无机非金属材料、风电机械、轨道交通装备、石化机械等行业和领域的设计强院，在信息智能化、绿色工业建筑、大型园区和城镇区域规划、企业生产流程再造、高难度结构、暖通空调、工业除尘、市政和环境工程等许多方面具有国内一流的工程技术。

多年来，公司一直致力于国际工程的开拓，取得了良好的市场业绩，在越南、印度、伊朗、墨西哥、俄罗斯、泰国、津巴布韦、老挝、南非、乍得、马里等20多个国家承接了一批工程设计、工程监理和工程总承包项目，树立了良好的国际美誉度和市场品牌。

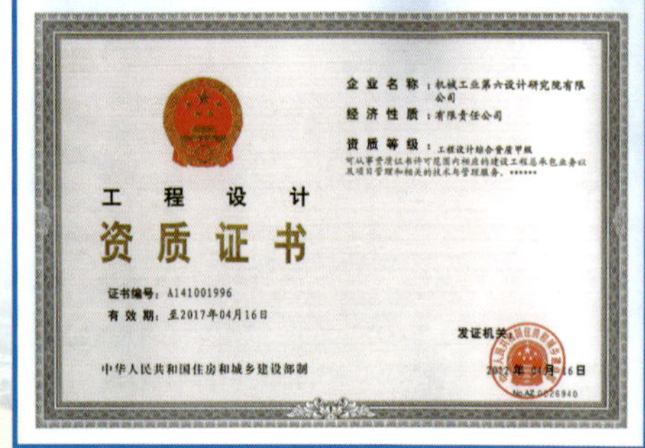

综合甲级资质

◎ Company profile

SIPPR Engineering Group Co., Ltd (abbreviated as SIPPR) established in Jun. 1951 is a large-sized national comprehensive design & research institute with comprehensive Grade A design qualification issued by the Ministry of Housing and Urban-Rural Construction. In 2000, it joined large-sized central enterprise --- China National Equipment Group Corporation (ranked 345 of world top 500 enterprises).

SIPPR mainly undertake consultation, design, EPC, project management and construction supervision business of industrial, civil, municipal and environmental protection projects as well as development, design & EPC of non-standard equipment and production lines.

SIPPR is the only professional design institute of machine tool and abrasive & tools industry, strong design institute of civil building, tobacco, coal mine machinery, heavy-duty machinery, casting, inorganic nonmetal, wind power machinery, rail transportation equipment and petroleum machinery etc and has special design ability on the design of intelligence, green industrial building, large-sized industrial park, urban planning, enterprise production process reconstruction, high-difficulty structure, HVAC, industrial dust removing, municipal & environmental protection etc.

During recent years, SIPPR undertakes many design, construction supervision and EPC projects in more than 20 countries such as Vietnam, India, Iran, Mexico, Russia, Thailand, Zimbabwe, Laos, South Africa, Chad and Mali etc.

地址(ADD)：河南郑州市中原中路191号(No.191, Zhongyuan Road, Zhengzhou, Henan Province)　电话(Tel)：0371-67606005　传真(Fax)：0371-67639571

网址(Website)：www.sippr. cn

绿色设计　智慧建造　低碳循环　智慧工厂

Green Design　Intelligent Construction　Low Carbon Circulation　Intelligent Plant

打造中国装备工业工程设计第一强院

Creat the Strongest Design Institute of China Equipment Industry

富士康科技集团郑州航空港科技园
Foxccon Scien-tech Group Zhengzhou Airport Scien-tech Industrial Park

援马里巴马科大学卡巴拉校区
Aid Mali Bamako University Kabbalah Campus

坦桑尼亚国家印刷中心
Aid Tanzania National Print Center

力士德公司拥有在工程机械行业多年从业经历的中高层管理领导和团队，汇聚了一批具有15年以上工程机械行业产品研发经验的核心技术骨干专家团队，在产品研发、生产制造及经营管理等方面具有成熟的技术和管理经验，**力士德**公司产品研发的核心技术采用国际先进的技术平台，做到高起点、高定位，保持与世界先进技术同步。公司建立了山东省级技术中心，承担国家及山东省多项科研课题，取得了40余项国家专利。公司与国内重点院校、科研院所保持着良好的合作关系，建立了开放高效的产学研合作与创新体系，从而使得公司运营能够快速步入正轨化、高速化的发展轨道。

Lishide, one of the leading manufacturers of efficient solutions in China construction machinery industry, was set up in March, 2004. As an outstanding enterprise, one of the top 50 companies in China machinery industry and a national level high and new-tech enterprise, we provide excavator series from 6 tons to 45 tons, wheel loaders of 3 tons and 5 tons, road rollers of 20 tons and 22 tons and other variety of engineering machinery products. As Lishide, we integrate the business of product design, development, manufacture and market exploration with an annual output of 10,000 units of excavators, 5,000 units of wheel loaders and 1,000 units of road rollers.

Lishide is in good hands as its management leadership are members with rich experience in the construction machinery industry. As to research and development, Lishide gathered a batch of advanced technology backbone with over 15 years experience. Integrated with mature technology and management experience, from a high starting point and localization, we adopt international advanced technology to stay the same with world level. Along the development way, we have established a provincial technical center, undertaking national and provincial scientific research topics and accomplished more than 40 national patents. In order to operate on track and at fast pace, Lishide has engaged in cooperating with key universities and scientific & research institutes at home to establish the effective cooperation relationship and the innovation system.

Since its establishment, Lishide always adheres to the core value "Quality Creates the Future," and the quality policy "With joint participation, innovative development, continuous improvement, first class service and advanced products to expand international market and improve customers' continual satisfaction". As early as 2006, we obtained ISO9001 International Quality Management System certification, and got CE certification the next year, the same year we got the access to Russian market. We are skilled in designing, producing and improving product quality to enlarge brand fame and influence. We always carry out the strategy of endogenous development together with extensional development. Meanwhile we preserve in strengthening management. On the basis of the continuous innovation and improvement, we are able to provide reliable products and service to ensure customers' maximum value return.

With reliable performance and a wide range of applications, our products are well received by customers from Oceania, Eastern Europe, Southeast Asia, Middle East, Africa, South America, etc. more than 60 countries and regions. In 2009, Lishide won the title of Technical Equipment Enterprise of Shandong Province. In 2010 our trademark was honored with Shandong Famous Brand; in 2011, SC360.8 excavator was recognized as National Important New Product, and the same year, we are identified as Shandong Creditable Enterprise and the most competitive excavator brand in China. In 2012, we won the title of National Quality Credit Enterprise.

After years of business development and experience accumulation, Lishide has formed the development concept of "Do fine first, strong after, large last" , and the guiding ideology of "Further study and practice the scientific concept of development", " People first, only development counts", and "Work on establishing the national brand".

We promise to win the trust from all customers no matter new or old with the reliable quality and excellent service. And we determine to make the contribution for the rise of national equipment brand.

ZOOMLION
全球工程机械领军企业 / 最具全球竞争力中国公司
中联重科
工程起重机系列
汽车起重机 /全地面起重机 /履带式起重机 /越野轮胎起重机
www.zoomlion.com

山东云宇机械集团有限公司

山东云宇机械集团从事驱动桥生产三十年，先后为国内60余家工程机械主机厂配套，产品种类有ZL08-80装载机驱动桥，TCM系列、CB系列叉车桥、箱，80-260马力拖拉机驱动桥，ZL系列钳盘式制动器,，ZL15装载机变速箱、变矩器，钢圈，铸件等。年产各类工程机械驱动桥20万余条，铸件10万吨，制动器100万只，钢圈10万只。主导产品驱动桥总成为山东名牌产品，云宇商标为山东省著名商标。

集团现有员工1900余人，其中各类专业技术人员500余人，具有良好的技术研发能力，可根据客户的要求独立开发设计用户满意的产品。

集团占地面积32万平方米，建筑面积20万平方米，拥有各种生产加工设备800余台。具有齐全的工艺装备、完备的二级理化检测手段，为生产质量稳定的产品提供了可靠的保证。

集团下设金城车桥有限公司、现代制动器有限公司、宇通机械有限公司、云宇铸造有限公司、云宇钢圈有限公司。

集团的经营宗旨是“用户的要求永远不过分”，全心全意为用户着想，最大限度满足用户的要求。公司将不断学习国内外先进技术，提高产品的质量和档次，与主机厂携手共创工程机械的辉煌。

单位：山东云宇机械集团有限公司
董事长、总经理：张建明　　联系人：刘士峰
电话：0538-3302663 3302973 3302651 3302660
传真：0538-3302973　配件部：0538-3302674 3302671
Email:yunyujx@163.com

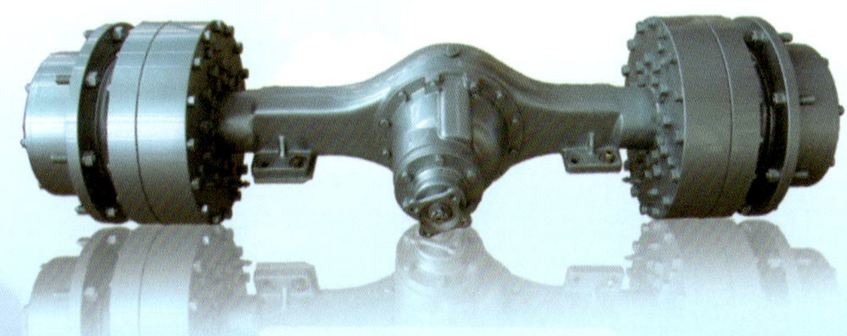

◆ ZL16S 湿式制动驱动桥

◆ WZD75 挖掘装载机驱动桥

◆ YT1204 拖拉机驱动桥

◆ ZL60S 湿式制动驱动桥

◆ 30CHYa 叉车转向桥

It has been manufacturing axle for thirty years and the products are sold successively to 60 domestic construction machinery vehicle plants.The main products are ZL08-80 tonloader axle,TCM and CB series forklift truck axle,80-260horse tractor driven axle,case,ZL series clamping brake,fornt and rear axle of motor mixer,road roller axle,ZL15 loader transmission case and torque converter,casting,rim,etc. The total annual production of driven axle is 200,000 pieces,the casting's is 100000 tons ,brake's is 1000000 pieces, rim's is 100000 pieces.Axle is a leading product-driven brand-name products in Shandong,Yun-yu trade mark is famous trademark in Shandong.

Now,there are 1900 whole working staff in our group, including 500 technicians.They have excellent technology and developing capacity. They can develop and design the products independently to satisfy customer's needs.

It is with an area of 320,000 square meters ,including a building area of 200,000 square meters. There are all kinds of manufacturing and processing equipments about more than 800 sets.With advanced equipment and technology,the completed second class physical and chemical testing apparatus, they are the guarantee of the high quality products.The company has 5 filiales, they are Jincheng Axle Co.,Ltd., Xiandai Arrester Co.,Ltd., Jincheng Machinery Co.,Ltd., Yutong Machinery Co.,Ltd.,and Yunyu Casting Co.,Ltd.

The tenet of the company is "the customer's needs are never excessive ".The company serves the customer heart and soul. we do our best to satisfy the customer's needs. We will continue to study the advanced technology at home and abroad, to improve the quality and grade of the products.We will create the brilliance of construction machine with vehicle plants.

江苏龙源振华海洋工程有限公司

江苏龙源振华海洋工程有限公司于2010年6月，成立于国家级南通经济技术开发区。公司由两大央企，上海振华重工（集团）股份有限公司与龙源电力集团有限公司各出资50%合资成立，注册资本2.6亿元人民币。旨在进军海洋工程业，特别是海上风力发电管桩制作、施工，风机安装、调试、维修。

◎ 海上风力发电管桩制作

公司凭借母公司上海振华重工（集团）股份有限公司强大的钢结构制作与海工设备制造能力，通过两年的发展，现已在南通振华重型装备制造有限公司内建成拥有25万m2的钢结构加工车间，车间内配有400T、200T、150T等各类行车100余台，可在车间进行大型构件的吊装、翻身作业，还拥有115万m2的存放场地，配有1200t龙门吊2台，40～500t门机20余台。同时，为了适应风机管桩的规模化生产，振华公司加大投资力度，现拥有一条管桩制作流水线，包括大型滚轮架、鳄鱼嘴组对机、伸缩式焊接机、焊接平台等一套设备，可达到每2天即可生产出一根长约60米、重约650T左右的钢管桩。年生产风机管桩、塔筒能力达到20万吨，保证了将来海上风电场钢结构制作的规模化生产。

◎ 海上风电施工装备

公司拥有全套的海上风电施工装备。2011年公司斥资6000万从荷兰进口IHC-S800液压冲击锤，适用于单桩基础小于6米的风电单管桩基础沉桩施工。“龙源振华1号”船长99米、宽43.2米、型深6.5米，是振华重工自主进行详细设计和建造的第一艘海上风电起重船，也是中国第一艘从事潮间带海域风电起重、安装作业的海洋工程船舶，可用于沿海潮间带、浅海区域风电项目的施工作业，适用风电项目单桩沉桩、风机设备安装等施工。2011年公司在建设龙源江苏如东150MW海上（潮间带）风电场I期工程中，正是凭借“龙源振华1号”强大的海上风电施工能力与S800液压冲击锤的高效率施工，创造了每月沉桩施工8根的记录。2013年3月振华重工还将向我公司交付海上风电800吨自升式全回转起重平台，适用于我国近海（-5米水深以上）风力发电施工需要。届时我公司海上施工能力将倍增，达到年单管桩沉桩120根，风机吊装50台套的施工能力。

◎ 海上风电施工能力

公司通过2011年龙源江苏如东150MW海上（潮间带）风电场I期工程的洗礼，已经形成一套海上基础施工行之有效的施工工艺和沉桩技术，拥有潮间带风力发电单管桩沉桩施工等多项核心专利。并在原单管桩沉桩技术的基础上更是大胆尝试新工艺，取消过渡桩，实现了一天完成整个单管桩沉桩任务。目前我公司有能力将每根单管桩垂直度控制在2‰以内，最好的一根单管桩垂直度居然达到了0.18‰，远远低于1%的国际标准，创造了海上风电施工单管桩沉桩垂直度控制的世界记录。随着技术的进步，是施工成本的大幅降低与施工效率的快速提高。据公司统计，单管桩沉桩取消过渡段技术与传统多管桩沉桩技术比较，单根基础施工的成本降低110万左右，沉桩施工时间更是从15天缩短到1天，使我国海上风电规模化施工成为了现实。

根据国家发改委能源所的评估，我国近海海域风电装机容量可达1亿至两亿千瓦，海上风电开发前景广阔。国家十二五规划到2015年，全国将要建成海上风电500万千瓦装机容量。在这样一个重要的历史发展机遇面前，作为央企龙源振华责无旁贷，结合上海振华重工集团（南通）有限公司与南通振华重型装备制造有限公司，强强联手、优势互补，在南通形成了国内首个集海上风电施工设备设计、研发、制造与海上风电管桩、塔筒生产制作、海上施工为一体的联合体。相信随着我国海上风电业的快速发展，龙源振华人必将付出更多的智慧与汗水，为我国绿色能源事业做出更大的贡献。

· 地 址：江苏省南通市经济技术开发区团结河闸西侧路 振华重工大南通基地内

· 电 话：0513-80776068

热烈祝贺中高柴油机MAN 27/38 产品交付

春安航运有限公司
春安国际物流有限公司

春安航运有限公司、春安国际物流有限公司，是直属于春安航运（控股）有限公司的全资子公司，总部设立于新加坡。

春安航运有限公司专注于项目货和重大件货物的运输，是目前中国港口——东南亚航线最大的船舶运营商之一。14年的经营发展及对专业领域的积极探索与专注，公司已拥有一支高品质的自有船队及专业化的管理团队，通过班轮和半班轮的形式，承运包括核电、火电、水电、风电、石油、化工、船厂工程和基础设施领域的项目货及钢材、设备等件杂货，并在超长、超重的设备货物方面具备独特的运输优势。春安航运在拥有中日韩及东南亚精品航线的基础上，不断向欧洲、美洲和非洲扩展国际业务，并致力于建立和运营一个高效完善的航运网络体系，为客户提供专业化优质的海上运输及全程物流服务。

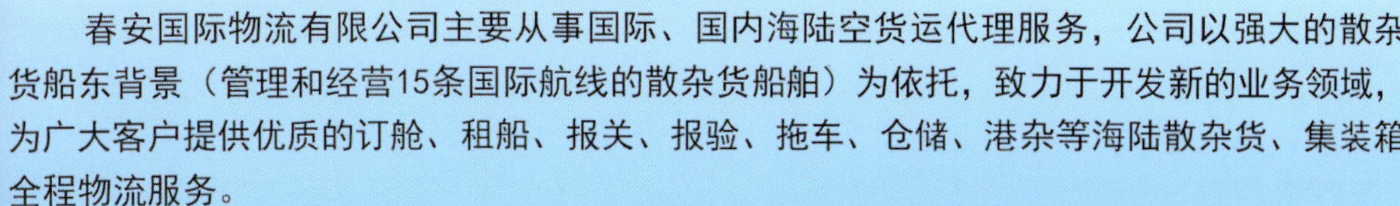

春安国际物流有限公司主要从事国际、国内海陆空货运代理服务，公司以强大的散杂货船东背景（管理和经营15条国际航线的散杂货船舶）为依托，致力于开发新的业务领域，为广大客户提供优质的订舱、租船、报关、报验、拖车、仓储、港杂等海陆散杂货、集装箱全程物流服务。

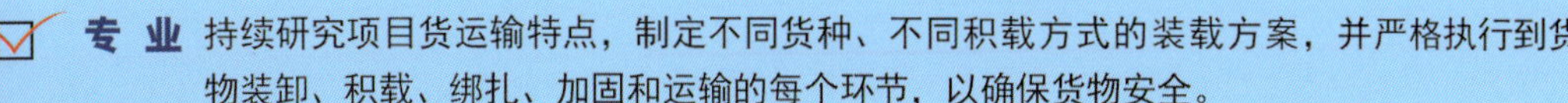

- ☑ **专 业** 持续研究项目货运输特点，制定不同货种、不同积载方式的装载方案，并严格执行到货物装卸、积载、绑扎、加固和运输的每个环节，以确保货物安全。
- ☑ **安 全** 训练有素、技术过硬的自有船员队伍为安全交付货物的实现提供了有利保障。
- ☑ **准 时** 区域航线内的高频率船期使我们有能力应对航海气象等因素造成的班期调整，保证货物在预定的时间内准时送达。

提供项目货运输解决方案
东南亚航线件杂货专业运输

WWW.CHUNAN.COM.SG

地 址：大连市中山区中山路88号天安国际大厦39层 116001
电 话：86-411-82591960　传 真：86-411-82591331
电子信箱：SHPG@CHUNAN.COM.SG

TRAWIND SHIPPING 信风海运物流 TRAWIND SHIPPING LOGISTICS

蓝海信风 祝您成功
Blue ocean trawind's wish you success

信风海运物流公司成立于1998年。公司总部设在大连。全国共设有19个分支办事机构。公司业务涵盖国际国内海运、海陆海铁联运、货运代理、船舶管理等领域；拥有多条国内国际班轮航线，可承运集装箱、散杂货、大件设备等货物；是一家专业的综合性海运物流公司。

设备项目物流是信风核心业务之一。

在国内国际特大件设备装卸、海陆联运、国际通关、门到门整体解决方案等方面取得了骄人业绩。

*10余年货运代理业务经验及全球业务网络；

*40余条沿海及国际航线运营船舶及专业车队；

*专业化的项目团队及项目流程管理；

*卓越的全球物流资源的组织能力和控制能力。

*设备运输总量逾百万计费吨，积累了丰富的设备运输经验。

Trawind was incorporated in 1998 and headquartered in Dalian,China with 19 branches distributed in China. Trawind is a comprehensive logistics company whose business covers both international and domestic shipping logistics and also ship management mainly serving for container cargo, bulk and general cargo and large-sized equipment.

Project equipment logistics is one of Trawind core business.

Outstanding achievements have been made in providing cargo handling, multi-model transportation, customs clearance and comprehensive door to door transport solutions for large equipment over the years.

*Over 10 year experience as cargo forwarder with networks worldwide;

*Professional transport fleet, over 40 vessels running on domestic and international lines and also professional truck fleet;

*Specialized project team and management process;

*Excellent ability in organization and control for worldwide logistics resources;

*Over one million of freight tons of equipment arranged over the years with rich experience harvested in large-sized equipment logistics area.

为客户创造竞争优势 专业 迅捷 完美 和谐 合作 共赢

Creating competitive edges for our clients Professionalism promptness and perfection Coordination cooperation and mutual benefit

中国辽宁省大连市中山区明泽街27号时代广场一号4层

4F,NO.1 TIMES PLAZA,27MINGZE STREET,ZHONGSHAN DIST.,DALIAN,P.R.CHINA. P.C.116001

TEL:+86-411-82803943 FAX:+86-411-82690082 WEB SITE: WWW.TRAWIND.COM E-MAIL: MARKETING@TRAWIND.COM

MP:+86-15309800603 SKYPE ID: MS.LIUTING198035 MSN: TINA198035@HOTMAIL.COM

The Yearbook of the Contractors of International Engineering Consutation & Design of China

2011

中国国际工程咨询设计承包商年鉴

统计资料

The Yearbook of the Contractors of International Engineering Consutation & Design of China

2011

中国国际工程咨询设计承包商年鉴

统计资料

全国建筑业简明统计

建筑业企业概况

年份	总计	国有企业	集体企业	港澳台商投资企业	外商投资企业	其他
企业单位数（个）						
1980	6604	1996	4608			
1985	11150	3385	7765			
1990	13327	4275	9052			
1995	24133	7531	15348	329	312	613
1996	41364	9109	29044	417	388	2406
1997	44017	9650	29872	491	454	3550
1998	45634	9458	28410	629	337	6800
1999	47234	9394	27197	664	341	9638
2000	47518	9030	24756	635	319	12778
2001	45893	8264	19096	622	274	17637
2002	47820	7536	13177	632	279	26196
2003	48688	6638	10425	535	287	30803
2004	59018	6513	8959	511	386	42649
2005	58750	6007	8090	516	388	43749
2006	60166	5555	7051	479	370	46711
2007	62074	5319	6614	482	365	49294
2008	71095	5315	5843	474	363	59100
2009	70817	5009	5352	444	351	59661
2010	71863	4810	5026	416	331	61280
从业人员（万人）						
1980	648.0	481.8	166.2			
1985	911.5	576.7	334.8			
1990	1010.7	621.0	389.7			
1995	1497.9	824.3	631.9	5.0	5.4	31.3
1996	2121.9	855.9	1171.4	8.7	8.6	77.3
1997	2101.5	828.6	1148.2	8.2	9.6	106.9
1998	2030.0	738.4	1057.3	9.3	5.1	219.9

续表

年份	总计	国有企业	集体企业	港澳台商投资企业	外商投资企业	其他
1999	2020.1	690.6	993.1	11.5	6.1	318.9
2000	1994.3	635.6	887.5	8.2	4.4	458.6
2001	2110.7	590.7	739.9	7.7	4.3	768.1
2002	2245.2	543.8	579.2	7.4	4.5	1110.4
2003	2414.3	524.3	505.6	7.0	6.0	1371.3
2004	2500.3	467.4	386.4	6.8	8.1	1631.6
2005	2699.9	480.0	361.6	8.6	10.8	1838.9
2006	2878.2	467.6	332.0	8.9	8.1	2061.6
2007	3133.7	470.1	317.0	9.8	11.4	2325.4
2008	3315.0	472.1	266.8	10.5	9.2	2556.4
2009	3672.6	518.9	246.8	10.9	10.2	2885.7
2010	4160.4	576.9	246.5	12.2	9.8	3315.1
建筑业总产值（亿元）						
1980	286.93	220.90	66.03			
1985	675.10	474.51	00.59			
1990	1345.01	935.19	409.82			
1995	5793.75	3670.25	1899.47	33.60	33.19	157.24
1996	8282.25	4160.21	3695.68	46.85	50.51	329.00
1997	9126.48	4526.52	3925.81	63.72	70.49	539.94
1998	10061.99	4571.44	4012.01	91.94	62.52	1324.08
1999	11152.86	4861.38	4081.79	91.97	64.43	2053.29
2000	12497.60	5053.79	4035.84	99.18	67.49	3241.30
2001	15361.56	5362.81	3775.89	102.55	73.06	6047.25
2002	18527.18	5582.86	3338.50	113.87	91.38	9400.57
2003	23083.87	6060.23	3270.73	123.71	129.39	13499.81
2004	29021.45	7325.61	2756.12	137.03	202.46	18600.23
2005	34552.10	8432.03	2815.20	172.54	249.03	22883.30
2006	41557.16	9218.56	2904.48	240.52	274.87	28918.73
2007	51043.71	10630.90	3153.65	281.95	396.32	36580.89
2008	62036.81	12231.66	3216.43	321.07	387.14	45880.52
2009	76807.74	15190.05	3281.75	334.59	415.17	57586.19

续表

年份	总计	国有企业	集体企业	港澳台商投资企业	外商投资企业	其他
2010	96031.13	18148.59	3655.27	443.96	439.68	73343.64

注：1. 本表 1980 年至 1992 年数据为全民和集体所有制建筑业企业数据；1993 年至 1995 年数据为各种经济成分的建制镇以上建筑业企业数据；1996 年至 2001 年数据为资质等级（旧资质）四级及四级以上建筑业企业数据；2002 年及以后数据为所有具有资质等级的施工总承包、专业承包建筑业企业（不含劳务分包建筑业企业）数据。

2. 从业人员数 1993 年至 1997 年为年平均人数。

按登记注册类型分建筑业企业主要经济指标 (2010 年)

指标	合计	内资企业	国有	集体	港澳台商投资企业	港澳台商独资企业	外商投资企业	外商独资企业
企业单位数（个）	71863	71116	4810	5026	416	99	331	95
从业人员（万人）	4160.44	4138.48	576.87	246.53	12.16	1.65	9.80	2.71
自有固定资产原价（亿元）	12847.77	12723.35	2799.72	582.17	59.29	11.11	65.13	14.37
自有固定资产净值（亿元）	8299.90	8226.88	1644.87	388.51	34.96	6.92	38.06	8.95
自有施工机械设备年末总台数（万台）	1120.95	1115.46	224.48	77.28	3.05	0.75	2.44	0.46
自有施工机械设备年末净值（亿元）	3971.99	3955.23	721.94	169.48	7.81	1.65	8.95	1.54
自有施工机械设备年末总功率（万千瓦）	19386.39	19311.29	3207.19	1088.15	37.62	7.24	37.48	6.42
建筑业总产值（亿元）	96031.13	95147.50	18148.59	3655.27	443.96	78.19	439.68	165.25
建筑业增加值（亿元）	18983.54							
本年固定资产折旧（亿元）	916.76	905.65	211.44	29.09	6.29	0.83	4.82	1.74
主营业务应付工资（亿元）	10050.61	9985.30	1458.27	456.45	34.04	6.60	31.27	11.02
主营业务应付福利费（亿元）	709.34	704.50	90.51	36.89	2.74	0.41	2.11	1.06
工程结算税金及附加（亿元）	3192.73	3168.03	612.34	137.84	11.83	2.21	12.88	4.68
管理费用中的税金（亿元）	158.58	156.95	22.75	9.99	0.94	0.23	0.69	0.21
住房公积金及住房补贴（亿元）	177.20	175.57	60.81	5.75	0.58	0.17	1.04	0.50
房屋建筑施工面积（万平方米）	708023.51	703729.18	84452.85	39232.12	2162.62	221.40	2131.71	707.11
房屋建筑竣工面积（万平方米）	277450.22	276045.92	22076.11	18375.00	582.46	50.97	821.84	326.00
利润总额（亿元）	3409.07	3356.68	444.42	146.04	25.65	6.36	26.74	14.04
税金总额（亿元）	3351.31	3324.97	635.08	147.84	12.77	2.44	13.56	4.90
劳动生产率								
按总产值计算（元／人）	203962	203706	271857	138580	192698	264438	304913	469700
按增加值计算（元／人）	40319							
技术装备率（元／人）	9547	9557	12515	6875	6417	10001	9138	5685
动力装备率（千瓦／人）	4.7	4.7	5.6	4.4	3.1	4.4	3.8	2.4
房屋建筑面积竣工率 (%)	39.2	39.2	26.1	46.8	26.9	23.0	38.6	46.1
产值利润率 (%)	3.5	3.5	2.4	4.0	5.8	8.1	6.1	8.5
产值利税率 (%)	7.0	7.0	5.9	8.0	8.7	11.2	9.2	11.5

建筑业企业主要经济指标

指　标	2009	2010	2010年比上年增长（%）
企业单位数（个）	70817	71863	1.5
从业人员（万人）	3672.56	4160.44	13.3
自有固定资产原价（亿元）	11631.38	12847.77	10.5
自有固定资产净价（亿元）	7591.92	8299.90	9.3
自有施工机械设备年末总台数（万台）	973.49	1120.95	15.1
自有施工机械设备年末净值（亿元）	3704.98	3971.99	7.2
自有施工机械设备年末总功率（万千瓦）	19022.56	19386.39	1.9
建筑业总产值（亿元）	76807.74	96031.13	25.0
建筑业增加值（亿元）	15619.82	18983.54	21.5
本年固定资产折旧（亿元）	756.31	916.76	21.2
主营业务应付工资（亿元）	8151.78	10050.61	23.3
主营业务应付福利费（亿元）	633.78	709.34	11.9
工程结算税金及附加（亿元）	2524.60	3192.73	26.5
管理费用中的税金（亿元）	129.08	158.58	22.9
住房公积金及住房补贴（亿元）	152.51	177.20	16.2
房屋建筑施工面积（万平方米）	588594	708024	20.3
房屋建筑竣工面积（万平方米）	245402	277450	13.1
利润总额（亿元）	2718.76	3409.07	25.4
税金总额（亿元）	2653.69	3351.31	26.3
劳动生产率			
按总产值计算（元／人）	185087	203962	
按增加值计算（元／人）	37640	40319	
技术装备率（元／人）	10088	9547	
动力装备率（千瓦／人）	5.2	4.7	
房屋建筑面积竣工率（%）	41.7	39.2	
产值利润率（%）	3.5	3.5	
产值利税率（%）	7.0	7.0	

各地区总承包建筑业企业主要经济指标（2010年）

地　区	企业单位数（个）	从业人员（人）	建筑业总产值（万元）	利税总额（万元）	按总产值计算的劳动生产率（元／人）
全　国	39430	37157019	851547282	58332626	204094
北　京	883	443412	44421703	3239283	263021
天　津	346	362288	20468706	1200806	387572
河　北	1457	1173209	29837329	1891136	237542
山　西	807	649173	19268955	1051455	228934

续表

地 区	企业单位数（个）	从业人员（人）	建筑业总产值（万元）	利税总额（万元）	按总产值计算的劳动生产率（元／人）
内蒙古	630	409706	10632696	1249722	152401
辽 宁	1898	1360952	39337508	2756858	172629
吉 林	589	347326	12159289	818075	178502
黑龙江	1224	514400	16175022	1652534	183878
上 海	1377	790109	36355540	2454431	354287
江 苏	4179	5224152	109214329	7380084	208480
浙 江	2819	5237778	108929747	6162170	211495
安 徽	1374	1397517	25358131	1764881	177682
福 建	1180	1655375	25973840	1621399	156747
江 西	922	794916	15279360	1044861	183122
山 东	3784	2787203	49026145	3901099	160001
河 南	2091	2055356	39147121	2750417	186428
湖 北	1582	1382434	39413776	3032957	277591
湖 南	1337	1396901	29381128	2094620	194019
广 东	2359	1544287	36404043	2987570	236093
广 西	709	564547	11495265	646296	209764
海 南	83	105674	1936622	96550	177429
重 庆	1403	1290891	22987429	1841346	172228
四 川	2190	2837866	36765729	2407076	147937
贵 州	423	327083	6008656	322237	196617
云 南	1230	689989	13788112	944089	191780
西 藏	153	40123	1147273	135705	213391
陕 西	814	994376	29290733	1618018	274081
甘 肃	536	413302	6760678	466326	147931
青 海	241	78867	2559770	138749	224952
宁 夏	300	82259	3097917	178741	146703
新 疆	510	205548	8924734	483136	181663

各地区专业承包建筑业企业主要经济指标 (2010 年)

地 区	企业单位数（个）	从业人员（人）	建筑业总产值（万元）	利税总额（万元）	按总产值计算的劳动生产率（元／人）
全 国	32433	4447359	108764056.5	9271243.6	202938

续表

地　区	企业单位数（个）	从业人员（人）	建筑业总产值（万元）	利税总额（万元）	按总产值计算的劳动生产率（元／人）
北　京	2379	150404	7538469.5	493319.8	215347
天　津	1092	116090	3776227.1	240395.2	298306
河　北	675	111510	2477302.8	227653.3	219471
山　西	920	102417	2165636.8	135652.9	176853
内蒙古	157	25930	623075.6	57749.1	135008
辽　宁	2714	289703	7565623	654663.6	179270
吉　林	343	62578	1328496.5	132986.7	121423
黑龙江	721	47457	1521946.8	128886	178408
上　海	1606	167182	6646366.5	527539.4	300356
江　苏	4714	690846	14844838.5	1373858.3	197607
浙　江	2233	422222	11149110.2	949025.9	242260
安　徽	1058	180700	3291487.8	334917.2	175991
福　建	1000	194994	3385596.1	287137	166439
江　西	354	63090	1620857	115433.3	244013
山　东	2351	355690	5939715.7	638776.9	154950
河　南	2203	294189	4858960.4	483998.4	164068
湖　北	1264	172725	4038230.2	325833.6	204827
湖　南	485	106462	2236164.3	194133.2	189084
广　东	1890	338156	10750526	936383.9	292628
广　西	268	25483	727861.7	51403.2	265169
海　南	21	4304	58219.8	4221	124401
重　庆	923	101334	2356145.3	246187.7	211368
四　川	1224	213948	4865014.6	346349.2	153134
贵　州	127	10595	220908.7	17914.9	184737
云　南	702	57504	1321470	111824	200205
西　藏	22	4821	73459.4	13513.7	159383
陕　西	168	52293	1345373.6	53889	199211
甘　肃	221	39736	759201.1	87572.2	169034
青　海	128	10186	236289.5	16016.7	193331
宁　夏	174	14690	329026.2	31646.5	168455
新　疆	296	20120	712455.8	52361.8	159582

各地区建筑业总产值

单位：万元

地区	2005年	2006年	2007年	2008年	2009年	2010年
全国	345520968	415571580	510437142	620368061	768077416	960311338
北京	18940436	21679223	25767692	30661699	40597023	51960173
天津	7543702	9839320	12219419	14537854	19114753	24244933
河北	12852931	14487321	16146909	20448127	25250461	32314632
山西	8492165	9396737	10607041	13554415	18261040	21434591
内蒙古	3813045	4670050	6811038	7800495	9647255	11255772
辽宁	14816528	17749853	21000402	25051692	33846476	46903131
吉林	4855820	6076923	7383391	9946512	11428418	13487785
黑龙江	5728956	6998354	8758778	10367525	13423856	17696969
上海	18892463	22853847	25241801	32457716	38305439	43001906
江苏	43689494	54248484	70105724	86015120	102651097	124059167
浙江	47187431	56556054	69717052	81560602	95887214	120078857
安徽	9635410	11682365	15169772	18546416	22395727	28649619
福建	8739771	11619868	15441660	18527395	22041266	29359436
江西	5660408	6688948	7861404	10329422	13232428	16900217
山东	25090992	27918123	32890450	38219345	45791538	54965861
河南	10661498	15309254	21517230	28240535	35964867	44006082
湖北	13493165	16670029	21108043	26050816	34218927	43452006
湖南	12193493	14628766	18288148	21154431	25074020	31617292
广东	21995888	25925822	29995140	32702756	38092967	47154569
广西	4252101	5128328	6127370	7532102	9343756	12223126
海南	596925	649436	821834	1111837	1439442	1994842
重庆	7835658	8950918	11287118	14963195	19152495	25343574
四川	14690022	17532322	21099840	25929480	33374469	41630743
贵州	2712254	3123428	3487908	3936721	5239069	6229565
云南	5393669	6723538	7566795	9069053	11962204	15109582
西藏	406118	493615	602941	729087	949320	1220732
陕西	6585112	8304149	11730972	16511806	23091424	30636106
甘肃	3134016	3443287	4369039	4812744	5798859	7519879
青海	909337	1083718	1254431	1429970	2043419	2796060
宁夏	1129649	1308381	1549487	1915448	2592247	3426943
新疆	3592513	3831120	4508314	6253747	7865941	9637189

各地区建筑业增加值

单位：万元

地区	2005年	2006年	2007年	2008年	2009年	2010年
全国	68997130	81163870	99443523	124889453	156198171	189835420
北京	2842418	2984634	3338391	3737458	4681944	5787051
天津	1112972	1298281	1717835	2124318	2578760	3022160
河北	2224625	2502678	2852563	4228769	4448083	5248930
山西	1300114	1416761	1776833	2117930	2603555	3391079
内蒙古	1086085	1390352	1825748	1967289	2836211	3260788
辽宁	3740812	4470258	5258371	5937975	7686803	9897495
吉林	914531	1049834	1311528	2138655	2369263	2632453
黑龙江	1111511	1138654	1245296	2475749	3779597	5070564
上海	3004728	3593972	3596431	4497900	5490998	5831049
江苏	9111895	11341223	14916160	17218560	23226742	26980524
浙江	9433162	11171857	13577522	15211075	18296301	23041235
安徽	2059716	2647204	3381737	4201294	5401505	6839623
福建	2058206	2766576	3990185	4999209	6843049	8742502
江西	1156546	1296605	1521384	2301203	2624373	2928344
山东	5619079	6228957	6820080	9040732	10398656	12318902
河南	2400746	3139219	4478541	6497922	8316141	10039228
湖北	2391055	2864967	3787283	4850441	6007806	7679793
湖南	2480593	3017749	3562607	4411407	4929387	5850949
广东	4757223	5035198	6063680	6975411	8217055	9534681
广西	898093	988159	1163287	1624181	1915039	2274656
海南	129188	119330	112450	232416	214458	216058
重庆	1714340	1940450	2339444	3108658	5047547	6345491
四川	2901029	3501955	4138417	5508921	6315258	8162436
贵州	552401	621803	685982	728452	933283	1212945
云南	962823	1400669	1413970	1640438	1964924	2436986
西藏	96805	123275	121040	146752	238767	276857
陕西	1059230	1050820	2029378	3880798	4905743	6065105
甘肃	719034	766832	901083	1077617	1281414	1565648
青海	202605	235772	278968	332610	445584	538075
宁夏	282562	311014	340006	438380	650092	715620
新疆	671702	748815	897324	1236931	1549833	1928195

各地区建筑业企业利税总额

单位：万元

地 区	2005 年	2006 年	2007 年	2008 年	2009 年	2010 年
全 国	20664572	25945621	32753973	44668222	53724409	67603869
北 京	1266684	1726304	1894535	1708015	3141972	3732603
天 津	398120	566935	773199	940439	1144292	1441201
河 北	686111	830856	967798	1439150	1589887	2118790
山 西	374024	400536	547712	668027	847101	1187107
内蒙古	317599	481267	646896	892945	1099952	1307471
辽 宁	1119990	1190225	1562609	1789113	2320038	3411522
吉 林	190965	291544	328347	783982	807812	951062
黑龙江	245188	305123	343990	1520636	1332707	1781420
上 海	1338429	1832951	1650359	2275505	2683512	2981970
江 苏	2379509	3246374	4500081	6240701	7135595	8753942
浙 江	2774163	3311754	4021244	4644242	5674568	7111196
安 徽	513639	720796	921499	1325599	1632055	2099798
福 建	509765	710183	941528	1224010	1563460	1908536
江 西	352670	363621	466450	851715	907325	1160294
山 东	1660544	1928110	2221146	3043218	3626570	4539876
河 南	625556	878976	1317768	1923243	2477967	3234415
湖 北	740222	1033263	1475615	1882179	2457391	3358791
湖 南	731564	914984	1220569	2027763	1802272	2288754
广 东	1643901	1914326	2565563	2892377	3283550	3923954
广 西	220868	277643	330526	433786	521097	697699
海 南	44174	34920	36649	96800	108956	100771
重 庆	454920	577690	760353	1523773	1684830	2087534
四 川	774353	916464	1208255	1614206	2012606	2753426
贵 州	129803	138372	163222	209978	252224	340152
云 南	362133	415954	509000	586614	756243	1055913
西 藏	44882	49739	71434	71176	160296	149218
陕 西	321776	380880	637659	1174751	1602454	1671907
甘 肃	186053	222769	301931	362609	389746	553898
青 海	35497	40717	69768	95960	131149	154766
宁 夏	57696	66134	78005	97603	155169	210388
新 疆	163776	176214	220265	328108	421612	535498

各地区建筑业企业利润总额

单位：万元

地区	2005年	2006年	2007年	2008年	2009年	2010年
全国	9066623	11930744	15611225	22018389	27187552	34090741
北京	612127	965927	960256	563900	1751412	1986183
天津	170137	257934	379212	475404	541986	660541
河北	293377	314160	446521	718905	744754	1049307
山西	93202	95632	194566	231736	305611	483810
内蒙古	162376	284220	353363	535344	744024	826671
辽宁	543863	581665	836847	883503	1188891	1739642
吉林	24960	75164	102742	412464	387217	460595
黑龙江	52342	76641	98029	457660	558203	564931
上海	669130	1033681	794137	1173802	1374680	1597878
江苏	1119457	1643108	2368712	3576635	4005428	4966263
浙江	1324144	1525409	1887292	2145188	2744547	3482170
安徽	180314	255471	378253	633363	744093	982470
福建	196898	308881	375532	519579	656737	873488
江西	155667	134849	188502	390995	421176	561901
山东	867836	1032536	1190084	1805303	2065115	2663968
河南	255655	371502	574939	935863	1187183	1615139
湖北	266394	403378	698837	934029	1265479	1808377
湖南	287689	376586	545656	1121171	845523	1047943
广东	705824	901868	1388555	1456891	1731648	2049391
广西	67651	104571	126343	152533	197764	257595
海南	25874	14982	14616	56759	55232	47796
重庆	199481	282921	386178	891940	978968	1201834
四川	276916	334670	466176	716297	950778	1256013
贵州	38331	32989	41893	64525	66331	105635
云南	187724	186984	266333	279106	386664	505251
西藏	28184	31165	52895	45873	120700	91531
陕西	100824	121210	224647	492568	738954	583007
甘肃	86565	97915	152143	157718	153089	259960
青海	5797	8892	24468	36330	54420	62520
宁夏	21055	21223	25225	31935	63217	89235
新疆	46830	54611	68277	121073	157728	209698

各地区建筑业劳动生产率

按建筑业增加值计算 单位：元／人

地区	2005年	2006年	2007年	2008年	2009年	2010年
全国	23427	25741	28853	32444	37640	40319
北京	23803	22745	24672	26101	28825	28382
天津	28472	33713	37939	43178	43476	46160
河北	18719	20452	23824	29262	34103	38342
山西	20803	22428	26975	30268	30388	35172
内蒙古	23317	27857	26658	30865	37886	43838
辽宁	29271	31067	34477	41730	36589	36647
吉林	20870	22238	23758	28023	33886	33297
黑龙江	17722	17822	19782	22427	41143	52547
上海	28994	32876	32703	40248	44770	46744
江苏	26624	29863	34125	35783	42976	45044
浙江	30270	31551	33888	36103	37885	41067
安徽	21109	24153	28180	32317	37683	42372
福建	28397	34325	38025	41527	43883	46991
江西	18762	21004	24270	28655	33036	32508
山东	20673	22066	23682	26062	33990	35733
河南	18768	22285	25692	33595	37632	41900
湖北	21722	25092	29989	34517	41145	47494
湖南	21511	24109	26945	28770	33463	35838
广东	28617	30294	34166	38041	46819	49938
广西	21270	24279	26397	30572	38143	39528
海南	19038	16191	15772	19386	21739	18981
重庆	20763	22123	24999	30167	41902	43878
四川	16619	19393	21098	23860	27020	29121
贵州	19889	22694	24928	27405	29266	38196
云南	17469	22215	22108	26901	27758	31046
西藏	27280	26118	25674	27302	47493	47429
陕西	21881	19883	31620	32515	50752	53380
甘肃	15680	16053	20125	23165	26116	31193
青海	19532	22913	26692	32966	37275	42700
宁夏	18603	20078	21360	24873	31773	31019
新疆	21357	24054	25552	32328	34743	35979

各地区建筑业劳动生产率

单位：元／人

地　区	2009 年			2010 年		
	按建筑业总产值计算的劳动生产率	国有	集体	按建筑业总产值计算的劳动生产率	国有	集体
全　国	23427	25741	28853	32444	37640	40319
北　京	23803	22745	24672	26101	28825	28382
天　津	28472	33713	37939	43178	43476	46160
河　北	18719	20452	23824	29262	34103	38342
山　西	20803	22428	26975	30268	30388	35172
内蒙古	23317	27857	26658	30865	37886	43838
辽　宁	29271	31067	34477	41730	36589	36647
吉　林	20870	22238	23758	28023	33886	33297
黑龙江	17722	17822	19782	22427	41143	52547
上　海	28994	32876	32703	40248	44770	46744
江　苏	26624	29863	34125	35783	42976	45044
浙　江	30270	31551	33888	36103	37885	41067
安　徽	21109	24153	28180	32317	37683	42372
福　建	28397	34325	38025	41527	43883	46991
江　西	18762	21004	24270	28655	33036	32508
山　东	20673	22066	23682	26062	33990	35733
河　南	18768	22285	25692	33595	37632	41900
湖　北	21722	25092	29989	34517	41145	47494
湖　南	21511	24109	26945	28770	33463	35838
广　东	28617	30294	34166	38041	46819	49938
广　西	21270	24279	26397	30572	38143	39528
海　南	19038	16191	15772	19386	21739	18981
重　庆	20763	22123	24999	30167	41902	43878
四　川	16619	19393	21098	23860	27020	29121
贵　州	19889	22694	24928	27405	29266	38196
云　南	17469	22215	22108	26901	27758	31046
西　藏	27280	26118	25674	27302	47493	47429
陕　西	21881	19883	31620	32515	50752	53380
甘　肃	15680	16053	20125	23165	26116	31193

续表

单位：元／人

地 区	2009 年			2010 年		
	按建筑业总产值计算的劳动生产率	国有	集体	按建筑业总产值计算的劳动生产率	国有	集体
青 海	19532	22913	26692	32966	37275	42700
宁 夏	18603	20078	21360	24873	31773	31019
新 疆	21357	24054	25552	32328	34743	35979

各地区按登记注册类型分建筑业企业单位数 (2010 年)

单位：元／人

地 区	合 计	内资企业	国 有	集 体	港澳台商投资企业	港澳台商独资企业	外商投资企业	外商独资企业
全 国	71863	71116	4810	5026	416	99	331	95
北 京	3262	3170	155	209	48	9	44	9
天 津	1438	1405	122	79	18	3	15	1
河 北	2132	2126	160	98	4		2	
山 西	1727	1717	162	113	8		2	
内蒙古	787	787	19	13				
辽 宁	4612	4546	282	318	19	3	47	8
吉 林	932	928	61	41	4			
黑龙江	1945	1941	173	153	2		2	1
上 海	2983	2837	136	99	79	24	67	29
江 苏	8893	8794	250	344	44	13	55	23
浙 江	5052	5023	118	113	17	2	12	1
安 徽	2432	2420	166	137	6	3	6	1
福 建	2180	2142	89	65	31	7	7	1
江 西	1276	1265	169	221	9	1	2	1
山 东	6135	6096	415	649	18	5	21	5
河 南	4294	4280	215	230	5	1	9	2
湖 北	2846	2822	287	156	18	5	6	
湖 南	1822	1813	248	265	7	2	2	1
广 东	4249	4174	404	447	60	14	15	8
广 西	977	973	140	210	2		2	
海 南	104	104	28	27				

续表

单位：元／人

地　区	合　计	内资企业	国　有	集　体	港澳台商投资企业	港澳台商独资企业	外商投资企　业	外商独资企　业
重　庆	2326	2318	122	128	5	2	3	1
四　川	3414	3401	240	297	7	4	6	3
贵　州	550	549	105	99			1	
云　南	1932	1930	97	183	1		1	
西　藏	175	175	24	20				
陕　西	982	981	134	153	1			
甘　肃	757	756	92	92	1			
青　海	369	368	57	33			1	
宁　夏	474	471	64	12	1	1	2	
新　疆	806	804	76	22	1		1	

各地区按登记注册类型分建筑业企业从业人员（2010 年）

单位：元／人

地　区	合　计	内资企业	国　有	集　体	港澳台商投资企业	港澳台商独资企业	外商投资企　业	外商独资企　业
全　国	41604378	41384781	5768711	2465280	121647	16460	97950	27067
北　京	593816	569401	81875	26738	18948	1499	5467	909
天　津	478378	473457	149938	34929	3631	769	1290	66
河　北	1284719	1283627	133551	61119	782		310	
山　西	751590	748002	139921	35685	1973		1615	
内蒙古	435636	435636	24355	6344				
辽　宁	1650655	1630350	208941	152946	3286	255	17019	1159
吉　林	409904	409337	41974	6222	567			
黑龙江	561857	561627	157261	41797	44		186	160
上　海	957291	936218	68109	28240	10695	2687	10378	3372
江　苏	5914998	5890742	203103	218853	8448	2696	15808	9374
浙　江	5660000	5632646	66873	76635	15555	46	11799	332
安　徽	1578217	1574751	317886	66771	1559	1049	1907	108
福　建	1850369	1832492	292465	37423	16799	937	1078	284
江　西	858006	855645	199604	178713	686	10	1675	60
山　东	3142893	3137640	312215	338351	2468	476	2785	675

续表

单位：元／人

地区	合计	内资企业	国有	集体	港澳台商投资企业	港澳台商独资企业	外商投资企业	外商独资企业
河南	2349545	2345988	228217	134995	2214	18	1343	44
湖北	1555159	1552892	275209	64277	1952	263	315	
湖南	1503363	1497748	401429	130763	5057	1527	558	435
广东	1882443	1844654	383366	237509	25810	3782	11979	9807
广西	590030	579573	251791	79071	135		10322	
海南	109978	109978	74407	17074				
重庆	1392225	1391154	133587	53640	377	28	694	142
四川	3051814	3050865	813943	188384	511	415	438	140
贵州	337678	337634	210208	23012			44	
云南	747493	747230	120558	58673	75		188	
西藏	44944	44944	11993	2663				
陕西	1046669	1046619	285994	103961	50			
甘肃	453038	453022	67625	49543	16			
青海	89053	89027	31513	6617			26	
宁夏	96949	96248	23828	1509	3	3	698	
新疆	225668	225634	56972	2823	6		28	

建筑业企业技术装备情况

年份 地区	自有施工机械设备年末总台数（台）	自有施工机械设备年末总功率（万千瓦）	自有施工机械设备年末净值（万元）	技术装备率（元／人）	动力装备率（千瓦／人）
1991	2528110	4250.2	2722151	2572	4.0
1992	2531578	4431.9	3147398	2719	3.8
1993	2608091	4948.9	4671699	4105	4.3
1994	2952629	5712.7	4981982	3446	4.0
1995	3482784	7056.5	6386383	4264	4.7
1996	5649612	9804.8	8814352	4154	4.6
1997	5604603	8668.5	9938659	4729	4.1
1998	5833748	8656.5	10407189	5127	4.3
1999	6110175	9077.8	11628317	5756	4.5

续表

年　份 地　区	自有施工机械 设备年末总台数 （台）	自有施工机械 设备年末总功率 （万千瓦）	自有施工机械 设备年末净值 （万元）	技术装备率 （元／人）	动力装备率 （千瓦／人）
2000	6259885	9228.1	12572317	6304	4.6
2001	7022174	10251.7	15062491	7136	4.9
2002	7540011	11022.5	21722927	9675	4.9
2003	8001782	11712.4	24039576	9957	4.9
2004	8466386	14584.1	23245244	9297	5.8
2005	8798527	13765.6	25037702	9273	5.1
2006	8973042	14156.3	26217542	9109	4.9
2007	9487515	15579.4	28856331	9208	5.0
2008	9448056	18195.4	32869151	9915	5.5
2009	9734910	19022.6	37049784	10088	5.2
2010	11209484	19386.4	39719872	9547	4.7
北　京	160650	429.3	987518	16630	7.2
天　津	128467	418.5	1980061	41391	8.7
河　北	966857	1034.0	1810127	14090	8.0
山　西	205924	526.5	1098656	14618	7.0
内蒙古	94050	207.6	504118	11572	4.8
辽　宁	370903	948.6	1924108	11657	5.7
吉　林	70652	163.6	442613	10798	4.0
黑龙江	143340	327.8	749900	13347	5.8
上　海	172770	362.0	1444225	15087	3.8
江　苏	1431807	3056.7	5072036	8575	5.2
浙　江	961897	1591.4	3648419	6446	2.8
安　徽	415523	663.5	1466240	9290	4.2
福　建	284783	577.5	1153013	6231	3.1
江　西	185616	261.2	567475	6614	3.0
山　东	748703	1519.6	2562165	8152	4.8
河　南	709862	1267.5	2389054	10168	5.4

续表

年份 地区	自有施工机械设备年末总台数（台）	自有施工机械设备年末总功率（万千瓦）	自有施工机械设备年末净值（万元）	技术装备率（元／人）	动力装备率（千瓦／人）
湖北	542351	1291.9	2318561	14909	8.3
湖南	520603	841.3	1396041	9286	5.6
广东	624153	877.4	2233397	11864	4.7
广西	181187	290.6	417902	7083	4.9
海南	9190	23.2	33756	3069	2.1
重庆	177487	337.3	847142	6085	2.4
四川	295079	681.5	1447936	4745	2.2
贵州	79705	142.8	278199	8239	4.2
云南	151494	289.8	741008	9913	3.9
西藏	6129	25.5	61041	13581	5.7
陕西	209993	598.5	1047854	10011	5.7
甘肃	147966	245.8	356249	7864	5.4
青海	1081622	67.0	205125	23034	7.5
宁夏	33233	80.3	152750	15756	8.3
新疆	97488	238.1	383187	16980	10.6

注：从2004年起，自有机械设备情况统计改为自有施工机械设备情况统计（下表同）。

国有建筑业企业技术装备情况

年份 地区	自有施工机械设备年末总台数（台）	自有施工机械设备年末总功率（万千瓦）	自有施工机械设备年末净值（万元）	技术装备率（元／人）	动力装备率（千瓦／人）
1991	1519637	3248.9	2213621	3465	5.1
1992	1410064	3314.6	2464943	3618	4.9
1993	1309360	3323.8	2848367	4335	5.1
1994	1476295	3900.2	3567576	4361	4.8
1995	1637276	3984.6	4161384	5048	4.8
1996	1870826	4213.3	4692164	5482	4.9

续表

年　份 地　区	自有施工机械 设备年末总台数 （台）	自有施工机械 设备年末总功率 （万千瓦）	自有施工机械 设备年末净值 （万元）	技术装备率 （元／人）	动力装备率 （千瓦／人）
1997	1865910	4419.9	5211213	6289	5.3
1998	1818321	4343.2	5180338	7016	5.9
1999	1876329	4405.0	5548440	8035	6.4
2000	1822716	4150.8	5485356	8631	6.5
2001	1831423	4008.7	5561988	9417	6.8
2002	1710768	3663.2	6811241	12527	6.7
2003	1649774	3493.8	6920800	13200	6.7
2004	1485122	3513.5	6037890	12919	7.5
2005	1523411	3442.3	6380891	13292	7.2
2006	1360393	3217.4	5781244	12363	6.9
2007	1365566	3292.1	5826179	12393	7.0
2008	1339329	3511.9	6846247	14502	7.4
2009	1387998	3620.4	7927430	15277	7.0
2010	2244827	3207.2	7219362	12515	5.6
北　京	13325	60.0	157189	19199	7.3
天　津	23061	93.0	287003	19141	6.2
河　北	49454	180.5	279238	20909	13.5
山　西	44201	126.5	246011	17582	9.0
内蒙古	6740	16.4	37843	15538	6.7
辽　宁	56882	185.1	350463	16773	8.9
吉　林	13780	25.8	43703	10412	6.2
黑龙江	50914	110.5	222035	14119	7.0
上　海	16637	112.0	652007	95730	16.4
江　苏	85430	210.9	370731	18253	10.4
浙　江	30347	58.4	121442	18160	8.7
安　徽	57480	166.0	336737	10593	5.2
福　建	19018	53.7	102846	3517	1.8
江　西	51508	61.9	124078	6216	3.1

续表

年份 地区	自有施工机械设备年末总台数（台）	自有施工机械设备年末总功率（万千瓦）	自有施工机械设备年末净值（万元）	技术装备率（元/人）	动力装备率（千瓦/人）
山东	76258	214.8	443971	14220	6.9
河南	65899	186.9	370651	16241	8.2
湖北	58886	149.5	424439	15422	5.4
湖南	105180	245.7	390114	9718	6.1
广东	103041	178.5	716420	18688	4.7
广西	35640	103.8	170348	6765	4.1
海南	4474	12.1	16372	2200	1.6
重庆	14500	54.6	155420	11634	4.1
四川	44799	152.8	228122	2803	1.9
贵州	33883	78.9	167015	7945	3.8
云南	22259	49.2	106559	8839	4.1
西藏	816	5.4	12281	10240	4.5
陕西	55765	173.6	368562	12887	6.1
甘肃	21703	42.1	80539	11910	6.2
青海	1059187	28.5	110781	35154	9.0
宁夏	6390	17.3	39710	16665	7.2
新疆	17370	52.8	86732	15224	9.3

各地区建筑业总产值(2010年)

单位：万元

地区	建筑业总产值	建筑工程产值	安装工程产值	其他
全国	960311338	847531139.1	85122948.7	27657250.2
北京	51960172.5	50201878.4	1355612.5	402681.6
天津	24244933.1	20232854.5	2789389.9	1222688.7
河北	32314632.1	27169868.2	3335234.7	1809529.2

续表

单位：万元

地 区	建筑业总产值	建筑工程产值	安装工程产值	其 他
山 西	21434591.3	19006893.2	1761114.1	666584
内蒙古	11255771.5	9987306.5	732683.9	535781.1
辽 宁	46903130.5	39601173.4	5979396.7	1322560.4
吉 林	13487785.1	11544349.3	1581989	361446.8
黑龙江	17696968.9	14350759.3	2730640.3	615569.3
上 海	43001906	35190164.9	6224424.6	1587316.5
江 苏	124059167.4	114832167	8427297	799703.4
浙 江	120078857.1	107650930.1	9062785.3	3365141.7
安 徽	28649618.7	25058429.7	2468351.3	1122837.7
福 建	29359435.8	27002031.7	1962680.5	394723.6
江 西	16900217	15235067.5	1006092.7	659056.8
山 东	54965860.5	45090546.8	7948485.6	1926828.1
河 南	44006081.6	38360027.7	4202276.6	1443777.3
湖 北	43452006	38752451	3290508.7	1409046.3
湖 南	31617291.9	27240000.7	2087536.1	2289755.1
广 东	47154568.6	40939622.5	5062927.8	1152018.3
广 西	12223126.4	10463300	1212302.8	547523.6
海 南	1994842	1926786.7	40395.9	27659.4
重 庆	25343574	22772202.8	1628909.5	942461.7
四 川	41630743.4	37074583.6	3335713.3	1220446.5
贵 州	6229564.8	5214585.3	754440	260539.5
云 南	15109582.3	13545504	1252381.6	311696.7
西 藏	1220732.1	1203605.6	11640.5	5486
陕 西	30636106.4	27702168.8	2253028.7	680908.9
甘 肃	7519878.8	6230303.5	1061218.6	228356.7
青 海	2796059.8	2398326.8	242624.5	155108.5
宁 夏	3426943.1	3160174.4	213861.1	52907.6
新 疆	9637189.3	8393075.2	1107004.9	137109.2

各地区按登记注册类型分建筑业总产值（2010年）

单位：万元

地 区	合 计	内资企业	国 有	集 体	港澳台商投资企业	港澳台商独资企业	外商投资企 业	外商独资企 业
全 国	960311338	951474972	181485852	36552680	4439578	781891	4396788	1652500
北 京	51960173	50539861	9824275	1478952	915315	246212	504996	42877
天 津	24244933	24064454	7692711	1155090	103704	13902	76775	1334
河 北	32314632	32263179	6921428	856309	28333		23120	
山 西	21434591	21342925	5304175	438991	61323		30343	
内蒙古	11255772	11255772	1121594	131274				
辽 宁	46903131	46375388	7753036	2498857	70678	12357	457065	35339
吉 林	13487785	13451709	1444562	127566	36076			
黑龙江	17696969	17685825	6017667	958099	3443		7701	6967
上 海	43001906	40790341	6897980	797197	1225749	224782	985816	412894
江 苏	124059167	123434599	6825035	3309182	243428	79575	381141	218460
浙 江	120078857	119256173	1909917	1354010	385429	2426	437256	10500
安 徽	28649619	28583665	8940053	743385	32530	21358	33424	2206
福 建	29359436	29022426	4479509	604487	311585	33382	25425	11707
江 西	16900217	16756059	5153165	2716765	16551	129	127607	1000
山 东	54965861	54842526	9844357	4149122	64591	10196	58744	14582
河 南	44006082	43956330	5983438	1663693	33779	58	15972	559
湖 北	43452006	43335475	12810016	736501	79865	3982	36666	
湖 南	31617292	31525485	11874079	1548288	81757	35689	10050	8900
广 东	47154569	45497110	11905430	3145070	714956	93859	942503	879053
广 西	12223126	12007742	6173697	1248084	8837		206548	
海 南	1994842	1994842	1494391	224308				
重 庆	25343574	25320928	3653731	665638	12218	148	10428	2693
四 川	41630743	41618162	9586440	2486791	5849	3830	6733	3429
贵 州	6229565	6228420	4462679	240055			1145	
云 南	15109582	15105825	3644061	830426	2347		1410	

续表

单位：万元

地 区	合 计	内资企业	国 有	集 体	港澳台商投资企业	港澳台商独资企业	外商投资企业	外商独资企业
西 藏	1220732	1220732	344432	31857				
陕 西	30636106	30635453	12622376	1487947	653			
甘 肃	7519879	7519522	1360399	591005	357			
青 海	2796060	2795804	1839860	105009			256	
宁 夏	3426943	3411375	1114530	59582	7	7	15561	
新 疆	9637189	9636866	2486830	169144	220		103	

各地区按行业分建筑业总产值（2010年）

单位：万元

地 区	建筑业总产值	房屋和土木工程建筑业	房屋工程建筑	土木工程建筑	建筑安装业	建筑装饰业	其他建筑业
全 国	960311338	840737371	561177625	279559747	72267981	32316931	14989055
北 京	51960173	43719385	25667626	18051760	4441221	3204130	595436
天 津	24244933	19865735	7963054	11902681	2582528	506916	1289754
河 北	32314632	29462836	19018263	10444572	2177188	435720	238889
山 西	21434591	19973650	6662664	13310986	779793	241160	439988
内蒙古	11255772	10648044	7419471	3228573	388524	99335	119869
辽 宁	46903131	39636011	25796907	13839105	4732178	1949280	585662
吉 林	13487785	11539666	5948240	5591427	1665563	174343	108214
黑龙江	17696969	13906920	8518386	5388533	2754116	296212	739722
上 海	43001906	34277675	22419866	11857809	5198698	3142060	383474
江 苏	124059167	106160624	87025605	19135019	10376791	5355748	2166005
浙 江	120078857	111959541	88932144	23027397	3685174	3526138	908004
安 徽	28649619	24664618	15484433	9180185	2982503	675178	327320
福 建	29359436	26342297	20172693	6169604	1462688	967758	586694
江 西	16900217	15142796	9828563	5314233	1109565	340049	307808

续表

单位：万元

地 区	建筑业总产值	房屋和土木工程建筑业	房屋工程建筑	土木工程建筑	建筑安装业	建筑装饰业	其他建筑业
山 东	54965861	47440123	33170671	14269452	5352920	1333990	838828
河 南	44006082	38116485	20146598	17969887	3574859	1137982	1176756
湖 北	43452006	37764088	19773013	17991075	4106436	751021	830461
湖 南	31617292	29322370	21628411	7693958	1578907	377666	338349
广 东	47154569	36221184	24551969	11669215	4469416	5912294	551676
广 西	12223126	11287355	7954156	3333199	732540	85020	118211
海 南	1994842	1916122	1748406	167717	53479	12363	12877
重 庆	25343574	23249018	17901489	5347529	1137677	534265	422614
四 川	41630743	38406533	25672097	12734436	2298945	614462	310803
贵 州	6229565	5494070	3452124	2041947	584278	56142	95075
云 南	15109582	13855090	9134288	4720803	827472	189075	237944
西 藏	1220732	1167828	403246	764583	4684	30749	17472
陕 西	30636106	28059711	11444870	16614841	1332642	172704	1071049
甘 肃	7519879	6527023	4774993	1752030	818540	78646	95669
青 海	2796060	2588927	525563	2063364	166090	17468	23575
宁 夏	3426943	3320001	2152964	1167037	46268	45713	14961
新 疆	9637189	8701648	5884855	2816793	846302	53344	35896

各地区按资质等级分总承包建筑业企业总产值(2010年)

单位：万元

地 区	合 计	特 级	一 级	二 级	三级及以下
全 国	851547282	172028794	370707247	193207763	115603478
北 京	44421703	18503615	22177743	2557635	1182710
天 津	20468706	5429994	11025822	3196301	816589
河 北	29837329	4380838	14367669	7073588	4015235

续表

单位：万元

地区	合计	特级	一级	二级	三级及以下
山西	19268955	4009924	11491121	2208981	1558928
内蒙古	10632696	364465	3830112	3542536	2895583
辽宁	39337508	3929226	13857868	12224416	9325998
吉林	12159289	2933156	3246092	2771771	3208270
黑龙江	16175022	2753074	6586216	3690633	3145100
上海	36355540	12508476	14082833	7027856	2736375
江苏	109214329	26768850	37629638	25383869	19431972
浙江	108929747	29534334	49225146	21173399	8996867
安徽	25358131	2619791	12213480	6794693	3730167
福建	25973840	1215173	14549208	7739936	2469522
江西	15279360	170490	7945184	4187301	2976385
山东	49026145	5226521	21412524	12495024	9892076
河南	39147121	9259035	13994470	9673909	6219708
湖北	39413776	13376224	14901494	8132149	3003908
湖南	29381128	6642038	12868422	5319638	4551030
广东	36404043	6070382	18612644	6614493	5106524
广西	11495265	1171807	5823241	2474035	2026181
海南	1936622	33820	1287523	495945	119334
重庆	22987429	476968	11820982、	7151579	3537901
四川	36765729	3965321	14812280	12310844	5677284
贵州	6008656	380667	4176526	885917	565546
云南	13788112	1311195	5447277	4371642	2657997
西藏	1147273	74482	49667	938180	84944
陕西	29290733	7236556	14480888	5537500	2035790
甘肃	6760678	639555	2877516	2011415	1232193
青海	2559770	894125	497445	929445	238755

续表

单位：万元

地 区	合 计	特 级	一 级	二 级	三级及以下
宁 夏	3097917		1230673	1005417	861827
新 疆	8924734	148694	4185541	3287718	1302780

各地区按资质等级分专业承包建筑业企业总产值(2010年)

单位：万元

地 区	合 计	一 级	二 级	三级及以下
全 国	108764057	49111398	29097728	30554930
北 京	7538470	4735850	1244905	1557715
天 津	3776227	1414662	1040655	1320910
河 北	2477303	1024942	803084	649276
山 西	2165637	774495	742919	648223
内蒙古	623076	134862	245593	242620
辽 宁	7565623	2019075	2244105	3302442
吉 林	1328497	233057	364977	730462
黑龙江	1521947	353002	619223	549722
上 海	6646367	3503443	1547212	1595712
江 苏	14844839	6154041	3884211	4806587
浙 江	11149110	6292626	2105602	2750882
安 徽	3291488	1167095	1120285	1004107
福 建	3385596	1459481	1046808	879307
江 西	1620857	706325	562590	351942
山 东	5939716	1795623	1885748	2258344
河 南	4858960	1711711	1681326	1465924
湖 北	4038230	1814800	1614992	608439

续表

单位：万元

地　区	合　计	一　级	二　级	三级及以下
湖　南	2236164	772240	763830	700094
广　东	10750526	7339000	1556126	1855400
广　西	727862	267930	224121	235811
海　南	58220	35018	11045	12157
重　庆	2356145	1001080	748942	606123
四　川	4865015	2764440	1194681	905894
贵　州	220909	58866	99901	62142
云　南	1321470	446053	411824	463593
西　藏	73459	29426	30645	13389
陕　西	1345374	579009	589114	177250
甘　肃	759201	213172	180075	365955
青　海	236290	16099	148363	71827
宁　夏	329026	98847	135213	94966
新　疆	712456	195129	249612	267715

各地区建筑业企业签订合同和承包工程完成情况（2010 年）

单位：万元

地　区	合同总额	上年结转合同额	本年新签合同额	直接从建设单位承揽工程完成的产值	自行完成施工产值	分包出去工程的产值	从建设单位以外承揽工程完成的产值
全　国	1726040679	622451776	1103588903	948279432	921283151	26996281	39028187
北　京	120812991	51122793	69690197	53877575	45419450	8458125	6540722
天　津	47203350	19669598	27533752	24102201	22491391	1610810	1753542
河　北	53600924	18328709	35272215	31870899	31804929	65970	509704
山　西	45730067	19633834	26096233	21454568	21302145	152423	132446
内蒙古	16311525	4763704	11547821	11174503	11167301	7202	88471
辽　宁	73624581	20910663	52713918	46800540	46451345	349196	451786

续表
单位：万元

地区	合同总额	上年结转合同额	本年新签合同额	直接从建设单位承揽工程完成的产值	自行完成施工产值	分包出去工程的产值	从建设单位以外承揽工程完成的产值
吉林	21297071	7418813	13878258	13431531	13338306	93225	149479
黑龙江	26237834	7437944	18799890	17606550	17572523	34027	124446
上海	87750590	35547378	52203211	43545519	38585976	4959543	4415930
江苏	174689978	52516179	122173799	116460944	115923264	537680	8135903
浙江	203968905	71282463	132686443	117769713	116715884	1053829	3362973
安徽	49857661	17281866	32575795	28401015	28141356	259660	508263
福建	53647335	17703947	35943388	28190572	28032029	158543	1327407
江西	29450264	10482006	18968258	16589619	16345356	244263	554861
山东	83451354	26048401	57402953	54599285	54190322	408963	775538
河南	70233650	21851941	48381710	43327260	43097696	229565	908386
湖北	102150398	43197885	58952512	42063098	41839871	223227	1612135
湖南	65230014	26505308	38724706	30875080	30760096	114984	857196
广东	110200731	42169414	68031318	50014505	44624711	5389794	2529858
广西	24599308	10408245	14191062	11752729	11629945	122784	593181
海南	3427797	1122382	2305415	1993214	1991702	1512	3140
重庆	44703261	15711261	28992000	25107792	24260305	847487	1083269
四川	77380969	28285912	49095057	40885730	40329728	556002	1301016
贵州	14661963	6107342	8554621	6208112	6082422	125690	147143
云南	25326875	9048621	16278254	15024507	14971108	53399	138474
西藏	1625800	657269	968531	1218695	1217388	1307	3344
陕西	60908219	23542538	37365681	30528862	30001739	527123	634368
甘肃	11919677	4576873	7342804	7585946	7462355	123592	57524
青海	5052097	2381831	2670267	2769848	2721421	48427	74639
宁夏	5102858	1277053	3825805	3383144	3365010	18134	61933
新疆	15882632	5459602	10423030	9665876	9446079	219797	191111

各地区按登记注册类型分建筑业企业实收资本(2010年)

单位：万元

地区	合计	内资企业	国有	集体	港澳台商投资企业	港澳台商独资企业	外商投资企业	外商独资企业
全国	153914416	152114089	22075073	6273441	998000	199681	802327	305565
北京	16432274	16137663	1698191	320205	189480	45708	105130	26910
天津	4239274	4173069	748793	149878	46443	17063	19762	832
河北	4287547	4279416	535906	121890	3471		4660	
山西	3320495	3295439	539248	120003	19028		6029	
内蒙古	1847329	1847329	134788	28954				
辽宁	6721894	6598716	828216	362966	24738	2765	98440	17142
吉林	2015714	1973864	145307	17003	41850			
黑龙江	3289940	3276493	683095	169999	2205		11242	10000
上海	6955985	6664868	1366654	122725	149164	42029	141953	67878
江苏	15344825	15117399	939480	389619	105614	38254	121811	72173
浙江	13215786	13107717	307910	188075	46963	833	61106	2517
安徽	4608657	4583998	1022872	142137	13749	4601	10909	1556
福建	5046855	4980593	442349	99169	55286	17493	10977	4231
江西	2820636	2791398	739371	351095	18247	223	10990	990
山东	9679231	9610952	1207523	790789	39720	2318	28559	6369
河南	7714464	7699540	849874	273346	6207	97	8717	863
湖北	6577568	6516977	1526727	167651	55323	2523	5267	
湖南	4292917	4259851	1072586	322032	19105	10698	13961	5691
广东	9533966	9297035	2388999	568767	129426	12884	107505	87513
广西	1826567	1812065	539076	213111	1941		12561	
海南	150699	150699	34172	27824				
重庆	4423573	4398644	409647	144959	23380	710	1549	50
四川	6795913	6790631	963455	315459	3032	1422	2250	850
贵州	1182558	1181558	577404	78044			1000	
云南	3474171	3470171	603291	197525	2000		2000	

续表

单位：万元

地 区	合 计	内资企业	国 有	集 体	港澳台商投资企业	港澳台商独资企业	外商投资企 业	外商独资企 业
西 藏	397462	397462	59252	25324				
陕 西	3465801	3464595	932178	353275	1206			
甘 肃	1378262	1377962	237440	121344	300			
青 海	623119	622819	164946	38794			300	
宁 夏	705139	689603	142834	17606	60	60	15475	
新 疆	1545798	1545565	233490	33874	60		173	

各地区建筑业企业资产(2010年)

单位：万元

地 区	资产总计	流动资产	固定资产	无形及递延资 产
全 国	752217660	579452469	97762623	14940420
北 京	88979807	62745762	3761617	912820
天 津	23974077	18265884	3520679	308736
河 北	22001384	17269611	3421089	510973
山 西	20268277	16939104	2211711	210372
内蒙古	9735992	7384276	1576689	275556
辽 宁	31813950	24782061	5264824	618106
吉 林	8731875	6967702	1411131	150755
黑龙江	11951907	9502158	2043106	149967
上 海	48369587	40054483	3310827	429242
江 苏	73874618	60181028	9817338	841921
浙 江	61879270	49379656	7471746	917544
安 徽	21150759	16431512	3235314	470802
福 建	17347043	13211511	2659065	404527
江 西	9450774	6330677	2232447	290559

续表

单位：万元

地 区	资产总计	流动资产	固定资产	无形及递延资 产
山 东	48111134	37654945	7304819	973856
河 南	28531774	21023810	5847691	753505
湖 北	37563487	26089344	6628689	2829982
湖 南	17255836	12529286	3202763	645141
广 东	51012221	40911880	5304849	614516
广 西	7765458	5915209	1098577	198745
海 南	840328	729455	83259	6880
重 庆	19592948	15401821	2608452	259919
四 川	33818810	26369899	4432187	817473
贵 州	5937137	4464626	759173	157256
云 南	14498808	10458053	2301689	397881
西 藏	906120	497579	350846	17365
陕 西	18364597	14046406	2673101	334447
甘 肃	5512298	3957721	1268616	107043
青 海	2217839	1546666	460850	68822
宁 夏	2961617	2322064	432606	44884
新 疆	7797928	6088283	1066874	220828

各地区按登记注册类型分建筑业企业资产(2010年)

单位：万元

地 区	合 计	内资企业	国 有	集 体	港澳台商投资企业	港澳台商独资企业	外商投资企 业	外商独资企 业
全 国	752217660	742755868	158323110	24281783	4855586	791661	4606205	2016203
北 京	88979807	87402962	14932842	2166288	986158	287775	590687	119919
天 津	23974077	23721031	5940229	1097994	165181	47063	87866	5844
河 北	22001384	21970799	4794437	432749	16311		14273	
山 西	20268277	20208674	4413282	400252	47161		12442	

续表

单位：万元

地区	合计	内资企业	国有	集体	港澳台商投资企业	港澳台商独资企业	外商投资企业	外商独资企业
内蒙古	9735992	9735992	920123	70458				
辽宁	31813950	31141829	5268886	1538732	117282	10722	554839	254488
吉林	8731875	8672891	815458	74365	58984			
黑龙江	11951907	11930484	3675323	619590	3750		17674	16786
上海	48369587	46007743	8740666	889248	1328970	165053	1032874	598086
江苏	73874618	72958394	6707002	1832939	438439	125599	477785	207252
浙江	61879270	61303304	2121798	1092787	274711	1788	301255	7715
安徽	21150759	21071067	7401744	658541	38983	12151	40709	3022
福建	17347043	17113884	3235483	408633	190827	31512	42332	14777
江西	9450774	9175253	3392904	1067181	49208	381	226313	3003
山东	48111134	47900612	9769779	3161130	92020	6396	118502	14484
河南	28531774	28440145	5178472	723764	26744	99	64885	1429
湖北	37563487	37433580	13087088	477025	104800	3166	25107	
湖南	17255836	17118190	7174920	848506	75231	30364	62415	41352
广东	51012221	49416202	13914361	2346753	773697	65412	822323	721330
广西	7765458	7721006	3663065	611990	2513		41939	
海南	840328	840328	422350	118095				
重庆	19592948	19535019	3780615	407645	53093	548	4836	1597
四川	33818810	33798404	8578198	1066027	6112	3077	14293	5119
贵州	5937137	5935507	3969114	225163			1630	
云南	14498808	14486608	3626757	496423	2400		9800	
西藏	906120	906120	204679	39683				
陕西	18364597	18363385	7784930	789895	1212			
甘肃	5512298	5511319	1169996	330069	979			
青海	2217839	2217517	1091785	137489			322	
宁夏	2961617	2920326	757388	38866	556	556	40736	
新疆	7797928	7797294	1789436	113505	266		368	

各地区建筑业企业负债及所有者权益(2010年)

单位：万元

地区	负债合计	流动负债	长期负债	所有者权益	实收资本
全国	503491708	470038686	33453022	248725952	153914416
北京	60195566	53653789	6541777	28784241	16432274
天津	18288838	16879346	1409492	5685239	4239274
河北	14996667	13759324	1237343	7004717	4287547
山西	15916037	15458384	457654	4352240	3320495
内蒙古	6054494	5767533	286961	3681498	1847329
辽宁	20605378	18936284	1669095	11208572	6721894
吉林	5791368	5481167	310201	2940507	2015714
黑龙江	8195121	7859053	336068	3756786	3289940
上海	36352947	34528331	1824615	12016641	6955985
江苏	45377000	44378488	998512	28497619	15344825
浙江	38166863	36998177	1168686	23712406	13215786
安徽	13775526	13149619	625908	7375233	4608657
福建	9645038	9350676	294363	7702004	5046855
江西	5446833	5104727	342106	4003941	2820636
山东	32651240	31247384	1403855	15459895	9679231
河南	17405461	16591161	814300	11126313	7714464
湖北	26050539	20988613	5061926	11512948	6577568
湖南	10768898	10015319	753579	6486938	4292917
广东	34987180	32771549	2215631	16025041	9533966
广西	5162933	4863604	299330	2602525	1826567
海南	445708	441663	4045	394620	150699
重庆	12800287	11930424	869864	6792661	4423573
四川	23758595	21726551	2032043	10060215	6795913
贵州	4258410	3956833	301577	1678727	1182558
云南	9594215	8732544	861671	4904592	3474171

续表

单位：万元

地 区	负债合计	流动负债	长期负债	所有者权益	实收资本
西 藏	409300	370742	38558	496820	397462
陕 西	13696975	13238413	458562	4667622	3465801
甘 肃	3572663	3352894	219769	1939635	1378262
青 海	1412085	1251445	160639	805755	623119
宁 夏	1979826	1856263	123563	981791	705139
新 疆	5729717	5398387	331329	2068211	1545798

各地区按登记注册类型分建筑业企业所有者权益(2010年)

单位：万元

地 区	合 计	内资企业	国 有	集 体	港澳台商投资企业	港澳台商独资企业	外商投资企业	外商独资企业
全 国	248725952	245568638	34580363	9385418	1628456	308143	1528858	703623
北 京	28784241	28311830	2480278	527532	316021	112199	156391	28503
天 津	5685239	5628911	951863	232282	25930	-8037	30398	1226
河 北	7004717	6991901	846917	190169	6447		6369	
山 西	4352240	4325147	599847	143918	21065		6029	
内蒙古	3681498	3681498	232644	32776				
辽 宁	11208572	10976562	1463604	515648	35761	2850	196249	71056
吉 林	2940507	2898081	173458	27384	42425			
黑龙江	3756786	3743186	602276	201886	3026		10574	10011
上 海	12016641	11470701	2254494	203592	311573	58203	234367	125940
江 苏	28497619	28129805	1594485	822858	175898	49727	191916	109317
浙 江	23712406	23527406	713532	292568	78793	1094	106207	5318
安 徽	7375233	7336936	1567518	239470	22735	5154	15562	2842
福 建	7702004	7614269	987853	136643	73896	18078	13840	4751
江 西	4003941	3916241	1052522	490725	20447	223	67253	1000
山 东	15459895	15366281	1821185	1254484	46335	4238	47279	9140

续表

单位：万元

地 区	合 计	内资企业	国 有	集 体	港澳台商投资企业	港澳台商独资企业	外商投资企业	外商独资企业
河 南	11126313	11092458	1365503	379654	10888	-19	22968	863
湖 北	11512948	11437807	3147631	234446	62742	2543	12400	
湖 南	6486938	6434632	1662695	403520	31764	19339	20543	11236
广 东	16025041	15389569	3284110	818465	285217	39554	350255	319045
广 西	2602525	2584060	846428	277621	1993		16472	
海 南	394620	394620	188054	68022				
重 庆	6792661	6744554	678100	203366	47664	616	444	51
四 川	10060215	10051683	1579778	550639	4471	2465	4061	3326
贵 州	1678727	1678011	912358	81747			715	
云 南	4904592	4899901	886944	258192	2000		2692	
西 藏	496820	496820	89536	30920				
陕 西	4667622	4666475	1341443	483808	1147			
甘 肃	1939635	1939328	360192	178206	307			
青 海	805755	805499	273627	53035			256	
宁 夏	981791	966427	197982	20058	-83	-83	15447	
新 疆	2068211	2068043	423509	31787	-4		173	

各地区按登记注册类型分建筑业企业负债 (2010 年)

单位：万元

地 区	合 计	内资企业	国 有	集 体	港澳台商投资企业	港澳台商独资企业	外商投资企业	外商独资企业
全 国	503491708	497187230	123742748	14896366	3227131	483518	3077347	45836
北 京	60195566	59091132	12452564	1638757	670138	175576	434297	2543
天 津	18288838	18092120	4988366	865712	139251	55100	57467	
河 北	14996667	14978898	3947521	242580	9865		7904	
山 西	15916037	15883528	3813435	256334	26096		6414	
内蒙古	6054494	6054494	687479	37682				

续表

单位：万元

地 区	合 计	内资企业	国 有	集 体	港澳台商投资企业	港澳台商独资企业	外商投资企业	外商独资企业
辽 宁	20605378	20165267	3805282	1023083	81521	7873	358591	22150
吉 林	5791368	5774810	642000	46981	16558			
黑龙江	8195121	8187298	3073048	417704	723		7099	
上 海	36352947	34537042	6486172	685656	1017397	106850	798507	649
江 苏	45377000	44828589	5112517	1010081	262542	75872	285869	
浙 江	38166863	37775898	1408266	800219	195918	694	195048	
安 徽	13775526	13734132	5834227	419071	16248	6997	25147	
福 建	9645038	9499615	2247630	271990	116931	13433	28492	
江 西	5446833	5259012	2340383	576456	28761	158	159061	
山 东	32651240	32534331	7948595	1906646	45686	2158	71223	
河 南	17405461	17347687	3812968	344110	15856	118	41918	902
湖 北	26050539	25995773	9939457	242579	42059	623	12707	
湖 南	10768898	10683558	5512224	444986	43467	11025	41872	
广 东	34987180	34026632	10630251	1528288	488480	25858	472068	19592
广 西	5162933	5136946	2816637	334370	520		25468	
海 南	445708	445708	234297	50073				
重 庆	12800287	12790466	3102515	204278	5430	-68	4392	
四 川	23758595	23746721	6998421	515388	1642	612	10232	
贵 州	4258410	4257496	3056756	143416			914	
云 南	9594215	9586707	2739813	238232	400		7108	
西 藏	409300	409300	115144	8764				
陕 西	13696975	13696910	6443487	306087	65			
甘 肃	3572663	3571991	809804	151863	672			
青 海	1412085	1412019	818159	84455			66	
宁 夏	1979826	1953899	559406	18808	638	638	25289	
新 疆	5729717	5729251	1365927	81719	270		196	

各地区建筑业企业总收入 (2010 年)

单位：万元

地 区	企业总收入	工程结算收入	工程结算成本	工程结算利润	其他业务收入	其他业务利润
全 国	936365784	921964199	819294791	65150138	14401586	2624058
北 京	66115222	64833464	59563489	3383416	1281758	205763
天 津	26990111	26469034	24078409	1548181	521077	82726
河 北	30634886	29728308	26592672	1926386	906578	187325
山 西	21572283	21238530	19132709	1342815	333753	39158
内蒙古	11351264	11125391	9233601	1331073	225873	33422
辽 宁	44549394	44208988	38470868	3703687	340406	71029
吉 林	13032583	12821334	11273831	962839	211249	19964
黑龙江	16082766	15945706	13695806	1144648	137061	42389
上 海	49345688	48716861	44329425	2893680	628827	138142
江 苏	103216133	101035216	87910105	8579491	2180917	282415
浙 江	103588897	102852602	92918550	6064510	736295	182652
安 徽	27543458	27164041	23935458	2032992	379417	79845
福 建	26947502	26804412	23967771	1670594	143090	39360
江 西	13641870	13539503	11899577	962077	102367	34885
山 东	52848896	51708694	44785108	4848447	1140202	146941
河 南	42195934	41856381	36542961	3303294	339553	68645
湖 北	46536280	44494237	39206935	3471160	2042043	274342
湖 南	30080899	29957998	26674243	1922586	122901	38965
广 东	55703992	54875307	49052832	3778769	828685	218882
广 西	11826069	11708327	10602352	627898	117742	32088
海 南	1753852	1752008	1615780	78475	1844	1466
重 庆	24537112	24304178	21296699	2067608	232934	46868
四 川	40091486	39598194	34950808	2883701	493291	97755
贵 州	6465719	6370221	5826194	300873	95497	22226
云 南	14150517	13923586	12320154	975118	226931	78182

续表

单位：万元

地　区	企业总收入	工程结算收入	工程结算成本	工程结算利润	其他业务收入	其他业务利润
西　藏	1188785	1180230	997239	120259	8555	3058
陕　西	31047561	30856139	27857269	1814507	191422	56677
甘　肃	7079213	6969051	6038757	582510	110163	28433
青　海	2789132	2750720	2510626	134719	38412	8370
宁　夏	3674278	3627858	3317629	184489	46420	16007
新　疆	9784004	9547678	8696936	509337	236326	46080

各地区按登记注册类型分建筑业企业总收入（2010年）

单位：万元

地　区	合　计	内资企业	国　有	集　体	港澳台商投资企业	港澳台商独资企业	外商投资企　业	外商独资企　业
全　国	936365784	926268768	190932815	33519478	5031915	941147	5065102	1928375
北　京	66115222	64283856	11573077	1679874	990654	313585	840712	199632
天　津	26990111	26731465	8029845	1189767	156393	62519	102253	1334
河　北	30634886	30588233	6040504	706148	28640		18013	
山　西	21572283	21477366	5394858	426844	65327		29590	
内蒙古	11351264	11351264	1258902	133864				
辽　宁	44549394	43992271	7383554	2574212	67045	10690	490077	86303
吉　林	13032583	13025267	1118783	117206	7316			
黑龙江	16082766	16071761	5697440	934162	3453		7552	6967
上　海	49345688	46834236	8241166	930310	1409160	237475	1102292	490421
江　苏	103216133	102474311	7725933	2589345	254734	94410	487088	265806
浙　江	103588897	102756449	2088092	1328700	381321	1826	451127	10464
安　徽	27543458	27473916	8817870	778951	35775	18510	33767	1891
福　建	26947502	26487132	4245286	509283	430729	34640	29641	11706
江　西	13641870	13459978	4183931	2184911	17406	239	164486	1000
山　东	52848896	52727901	10937734	3502697	61416	10213	59579	12699

续表

单位：万元

地 区	合 计	内资企业	国 有	集 体	港澳台商投资企业	港澳台商独资企业	外商投资企业	外商独资企业
河 南	42195934	42118549	6158856	1503562	45921	58	31464	684
湖 北	46536280	46410900	14318107	691319	77096	2191	48284	
湖 南	30080899	29995011	11699601	1579382	75587	35689	10302	9152
广 东	55703992	53860379	16930392	2850827	895009	113568	948604	825081
广 西	11826069	11667026	6063440	1273368	6810		152233	
海 南	1753852	1753852	1310806	179150				
重 庆	24537112	24513361	3995728	644420	12962	148	10789	2011
四 川	40091486	40077231	9366785	1983118	6890	5378	7364	3227
贵 州	6465719	6464628	4598383	287819			1091	
云 南	14150517	14130953	3725171	713060	1057		18507	
西 藏	1188785	1188785	350785	28436				
陕 西	31047561	31046908	12679030	1345920	653			
甘 肃	7079213	7078856	1475702	545972	357			
青 海	2789132	2788876	1856700	108122			256	
宁 夏	3674278	3654444	1131841	76046	7	7	19827	
新 疆	9784004	9783604	2534513	122680	196		204	

各地区建筑业企业利税总额（2010 年）

地 区	利税总额合计（万元）	利润总额	工程结算税金及附加	管理费用中的税金	产值利税率（%）	资产利税率（%）
全 国	67603869	34090741	31927331	1585797	7.0	9.0
北 京	3732603	1986183	1694686	51734	7.2	4.2
天 津	1441201	660541	755794	24865	5.9	6.0
河 北	2118790	1049307	1018577	50905	6.6	9.6
山 西	1187107	483810	681618	21679	5.5	5.9
内蒙古	1307471	826671	454388	26413	11.6	13.4

续表

地区	利税总额合计（万元）	利润总额	工程结算税金及附加	管理费用中的税金	产值利税率(%)	资产利税率(%)
辽宁	3411522	1739642	1554002	117878	7.3	10.7
吉林	951062	460595	455762	34705	7.1	10.9
黑龙江	1781420	564931	1144407	72082	10.1	14.9
上海	2981970	1597878	1348598	35495	6.9	6.2
江苏	8753942	4966263	3573641	214038	7.1	11.8
浙江	7111196	3482170	3514941	114084	5.9	11.5
安徽	2099798	982470	1043659	73669	7.3	9.9
福建	1908536	873488	996735	38313	6.5	11.0
江西	1160294	561901	569549	28844	6.9	12.3
山东	4539876	2663968	1753769	122139	8.3	9.4
河南	3234415	1615139	1513226	106050	7.3	11.3
湖北	3358791	1808377	1482763	67651	7.7	8.9
湖南	2288754	1047943	1195020	45791	7.2	13.3
广东	3923954	2049391	1795062	79501	8.3	7.7
广西	697699	257595	422506	17599	5.7	9.0
海南	100771	47796	52198	777	5.1	12.0
重庆	2087534	1201834	831355	54345	8.2	10.7
四川	2753426	1256013	1424441	72972	6.6	8.1
贵州	340152	105635	226553	7964	5.5	5.7
云南	1055913	505251	526242	24420	7.0	7.3
西藏	149218	91531	49619	8069	12.2	16.5
陕西	1671907	583007	1055365	33535	5.5	9.1
甘肃	553898	259960	271317	22621	7.4	10.0
青海	154766	62520	89358	2888	5.5	7.0
宁夏	210388	89235	117123	4030	6.1	7.1
新疆	535498	209698	315057	10742	5.6	6.9

各地区按登记注册类型分建筑业企业税金总额(2010年)

单位：万元

地　区	合　计	内资企业	国　有	集　体	港澳台商投资企业	港澳台商独资企业	外商投资企业	外商独资企业
全　国	33513129	33249747	6350844	1478368	127744	24353	135637	48959
北　京	1746419	1699732	318730	54044	24289	5445	22399	3898
天　津	780660	776383	241093	42824	2880	238	1397	32
河　北	1069483	1068293	194211	27151	705		485	
山　西	703297	700505	171674	15372	2132		660	
内蒙古	480801	480801	39499	7044				
辽　宁	1671879	1653747	275340	91293	2598	709	15534	1110
吉　林	490467	490262	32792	4545	205			
黑龙江	1216489	1215453	506634	60189	109		927	888
上　海	1384093	1327839	205541	27452	31427	6395	24827	9342
江　苏	3787679	3768044	215598	100832	7613	3150	12023	6076
浙　江	3629026	3612150	62423	53617	8339	75	8538	45
安　徽	1117328	1115256	364191	28820	1036	613	1036	23
福　建	1035048	1023598	137757	18856	10819	593	631	173
江　西	598393	592949	156627	94897	468	4	4976	22
山　东	1875908	1872455	312269	189835	1954	346	1499	371
河　南	1619276	1617081	203444	72163	1166	11	1029	21
湖　北	1550413	1547041	438611	33321	1248	72	2124	
湖　南	1240811	1237224	385777	84248	3252	1826	336	299
广　东	1874563	1819755	477224	127959	26676	4735	28131	26531
广　西	440105	432091	190413	65988	215		7799	
海　南	52975	52975	35532	7527				
重　庆	885700	885068	120479	25168	326	5	306	53
四　川	1497413	1496986	309158	105259	208	136	219	74
贵　州	234517	234496	161409	10427			21	
云　南	550662	550479	109344	31077	38		145	

续表

单位：万元

地 区	合 计	内资企业	国 有	集 体	港澳台商投资企业	港澳台商独资企业	外商投资企业	外商独资企业
西 藏	57688	57688	16346	1521				
陕 西	1088900	1088874	449810	56021	26			
甘 肃	293938	293927	44912	28863	11			
青 海	92246	92238	58739	4987			8	
宁 夏	121153	120567	36509	2842			586	
新 疆	325800	325790	78762	4227	6		4	

各地区按登记注册类型分建筑业企业利润总额 (2010 年)

单位：万元

地 区	合 计	内资企业	国 有	集 体	港澳台商投资企业	港澳台商独资企业	外商投资企业	外商独资企业
全 国	34090741	33566815	4444172	1460362	256507	63565	267419	140422
北 京	1986183	1906416	206989	45726	55198	44408	24570	3657
天 津	660541	647644	138630	40038	1483	183	11414	
河 北	1049307	1045714	79095	41011	1782		1811	
山 西	483810	483045	47568	6801	472		293	
内蒙古	826671	826671	42364	11733				
辽 宁	1739642	1715309	134898	59549	2569	75	21765	-1698
吉 林	460595	460250	-7751	7582	345			
黑龙江	564931	565475	102889	50529	15		-559	-471
上 海	1597878	1473218	357123	18440	86816	8346	37844	23337
江 苏	4966263	4930645	245190	143931	9097	1503	26521	17481
浙 江	3482170	3446435	59338	41353	18121	221	17614	2271
安 徽	982470	977330	246942	26476	2767	148	2373	60
福 建	873488	859616	54305	11045	13244	459	628	184
江 西	561901	551856	88462	98049	549	3	9496	13

续表

单位：万元

地区	合计	内资企业	国有	集体	港澳台商投资企业	港澳台商独资企业	外商投资企业	外商独资企业
山东	2663968	2653805	423171	273723	2766	583	7397	1136
河南	1615139	1612292	235575	75422	1414	-7	1433	-5
湖北	1808377	1790811	472286	34885	15885	26	1681	
湖南	1047943	1042645	286707	52699	2463	1922	2835	2862
广东	2049391	1914201	413540	120594	39149	5116	96041	90954
广西	257595	255263	47652	33963	69		2262	
海南	47796	47796	27772	9842				
重庆	1201834	1200481	94962	35268	1497	-2	-143	-202
四川	1256013	1255285	167856	80766	470	592	259	841
贵州	105635	105613	59471	2364			23	
云南	505251	504508	86686	30183	325		418	
西藏	91531	91531	29864	3599				
陕西	583007	583007	192081	57982				
甘肃	259960	259939	22727	30906	21			
青海	62520	62519	30630	9948			1	
宁夏	89235	87833	21256	1791	-10	-10	1411	
新疆	209698	209665	35893	4165	1		31	

各地区按资质等级分总承包建筑业企业利润总额（2010年）

单位：万元

地区	合计	特级	一级	二级	三级及以下
全国	28608532	5258491	9834941	7785849	5729251
北京	1773600	1014352	607769	73826	77652
天津	541119	139549	299229	80770	21571
河北	902103	75551	326870	290529	209154
山西	414625	114337	183551	65216	51521

续表

单位：万元

地区	合计	特级	一级	二级	三级及以下
内蒙古	795354	6020	255724	289121	244489
辽宁	1353176	150884	419842	429132	353317
吉林	378344	74498	37433	112922	153491
黑龙江	496376	-8788	179563	136928	188673
上海	1281926	379340	543697	212484	146406
江苏	4114870	826074	1263720	1078930	946145
浙江	2851940	554782	1178246	748745	370167
安徽	771327	133764	295358	219699	122505
福建	708630	32296	301255	278032	97047
江西	506573	638	143413	178250	184272
山东	2230934	118214	708965	704976	698780
河南	1319708	178248	362771	402356	376334
湖北	1633360	670289	413784	409799	139489
湖南	942315	166068	364474	217577	194195
广东	1523108	255756	686494	341961	238898
广西	229890	12703	67244	77116	72826
海南	45610	810	30426	10093	4281
重庆	1034014	16789	396056	372072	249096
四川	1061111	126696	282992	416137	235287
贵州	95294	3607	58654	20496	12538
云南	438955	55061	114337	157468	112089
西藏	85005	1180	1617	70866	11343
陕西	563348	136458	155016	171935	99940
甘肃	210437	11006	39144	90529	69757
青海	54735	10148	5471	31127	7989
宁夏	68837		15248	32999	20591
新疆	181908	2162	96579	63761	19406

各地区按资质等级分专业承包建筑业企业利润总额(2010年)

单位：万元

地区	合计	一级	二级	三级及以下
全国	5482209	1878683	1438061	2165465
北京	212584	131086	29373	52125
天津	119422	29235	35244	54943
河北	147204	54332	48424	44448
山西	69185	20047	22830	26309
内蒙古	31317	6970	8757	15590
辽宁	386467	80488	129028	176950
吉林	82250	33724	13621	34905
黑龙江	68555	12245	17957	38354
上海	315951	144594	58875	112482
江苏	851394	271201	218707	361486
浙江	630230	241845	107733	280652
安徽	211143	66408	54645	90090
福建	164858	54439	45780	64639
江西	55328	19713	17196	18419
山东	433034	80516	151221	201296
河南	295431	84665	110743	100023
湖北	175017	50769	85787	38461
湖南	105628	12675	43876	49077
广东	526283	278022	81700	166562
广西	27705	8453	9181	10070
海南	2186	1156	517	513
重庆	167820	56458	46775	64588
四川	194902	89014	37690	68198
贵州	10341	5756	1026	3559
云南	66296	6928	20376	38992

续表

单位：万元

地 区	合 计	一 级	二 级	三级及以下
西 藏	6525	380	4420	1725
陕 西	19659	9703	6168	3788
甘 肃	49523	19308	4901	25314
青 海	7785	124	2834	4827
宁 夏	20398	3621	13877	2900
新 疆	27790	4810	8801	14179

各地区按登记注册类型分建筑业企业工程结算利润(2010 年)

单位：万元

地 区	合 计	内资企业	国 有	集 体	港澳台商投资企业	港澳台商独资企业	外商投资企业	外商独资企业
全 国	65150138	64280206	10517176	2880022	416671	67986	453262	216436
北 京	3383416	3264289	512537	123442	52277	15278	66850	18237
天 津	1548181	1536437	368318	74878	6657	1197	5087	542
河 北	1926386	1919579	359020	67397	3913		2895	
山 西	1342815	1339160	271044	30012	2831		824	
内蒙古	1331073	1331073	74585	18782				
辽 宁	3703687	3647309	519155	190969	7577	955	48802	816
吉 林	962839	962033	47399	12829	806			
黑龙江	1144648	1144522	244511	95543	96		30	
上 海	2893680	2632491	533813	39639	160444	25374	100745	58289
江 苏	8579491	8510357	502679	262562	24069	7997	45065	30298
浙 江	6064510	5998632	179134	89157	34167	456	31712	2482
安 徽	2032992	2024088	506910	78524	5443	615	3462	377
福 建	1670594	1646340	190540	30337	20875	2052	3378	1499
江 西	962077	955950	211245	143242	1358	22	4769	55

续表

单位：万元

地 区	合 计	内资企业	国 有	集 体	港澳台商投资企业	港澳台商独资企业	外商投资企业	外商独资企业
山 东	4848447	4829585	827401	437631	7804	982	11058	1663
河 南	3303294	3289118	486706	141081	3153	9	11023	83
湖 北	3471160	3451099	986564	83181	16979	299	3081	
湖 南	1922586	1912791	603011	102384	5263	3525	4532	3879
广 东	3778769	3619917	770647	239310	59629	8251	99223	97337
广 西	627898	622350	204864	68931	233		5315	
海 南	78475	78475	41699	17144				
重 庆	2067608	2066202	215635	54673	1323	31	83	-281
四 川	2883701	2881024	426498	173554	1181	939	1496	1161
贵 州	300873	300642	189638	12743			231	
云 南	975118	973583	208813	55715	353		1182	
西 藏	120259	120259	40446	4899				
陕 西	1814507	1814412	723877	137236	96			
甘 肃	582510	582398	65229	67931	112			
青 海	134719	134689	65120	13836			31	
宁 夏	184489	182094	38782	3174	4	4	2392	
新 疆	509337	509311	101360	9288	30		-4	

建筑业房屋建筑面积

单位：万平方米

年 份 地 区	房屋建筑面积		国 有		集 体	
	施工面积	竣工面积	施工面积	竣工面积	施工面积	竣工面积
1985	35491.8	17072.7	19295.8	8563.1	16196.0	8509.6
1990	37923.0	19552.5	20303.2	9361.7	17619.7	10190.9
1991	41054.2	20256.3	21395.4	9566.2	19658.8	10690.1
1992	51885.4	24045.5	25896.1	10968.0	25989.3	13077.5
1993	65374.2	28684.8	32118.1	12085.4	32724.1	16379.0

续表

单位：万元

年份 地区	房屋建筑面积		国有		集体	
	施工面积	竣工面积	施工面积	竣工面积	施工面积	竣工面积
1994	78032.2	32383.3	39445.8	14143.0	37004.4	17674.0
1995	89862.8	35666.3	44562.9	15182.4	41829.5	19262.0
1996	129087.0	60047.9	48372.8	17491.3	74668.4	39827.3
1997	128680.3	62244.0	48830.1	18507.5	70795.3	39859.3
1998	137593.6	65682.6	45866.9	17577.4	71597.6	39338.0
1999	147262.5	73924.9	47055.7	19868.6	70590.4	39949.1
2000	160141.1	80714.9	46237.5	20145.0	68112.3	38515.5
2001	188328.7	97699.0	46627.5	20338.2	61239.2	36115.1
2002	215608.7	110217.1	44567.3	19628.2	52564.4	30071.3
2003	259377.1	122827.6	46803.7	18774.1	50488.9	26727.6
2004	310985.7	147364.0	52397.9	20552.5	42858.3	23393.3
2005	352744.7	159406.2	56308.8	20505.7	42257.4	21750.4
2006	410154.4	179673.0	62253.8	20014.4	40872.5	21019.3
2007	482005.5	203992.7	68768.4	20539.5	42119.6	21300.9
2008	530518.6	223592.0	65633.7	19853.2	39247.8	19224.8
2009	588593.9	245401.6	72681.0	21765.4	36380.9	18783.2
2010	708023.5	277450.2	84452.8	22076.1	39232.1	18375.0
北京	29440.4	5933.2	7005.7	1253.0	1040.8	334.3
天津	7564.3	2419.2	2168.3	410.9	502.4	201.4
河北	23471.5	9100.9	2152.1	633.1	1302.0	439.4
山西	7289.5	2585.4	2248.6	647.2	341.1	205.2
内蒙古	7577.9	3805.2	229.4	44.0	65.1	64.8
辽宁	26807.0	13003.3	1878.0	651.2	1833.9	1011.4
吉林	5900.7	4272.9	205.9	157.3	69.1	40.8
黑龙江	7170.7	3619.9	1483.2	608.8	611.2	366.7
上海	22996.8	6217.1	1251.0	176.5	597.1	211.8
江苏	119035.5	48560.1	1646.2	594.5	3308.9	1638.7
浙江	123587.0	45099.2	443.8	99.4	2822.4	573.2
安徽	23295.7	10512.4	4552.3	1040.8	691.7	347.5

续表

单位：万元

年 份	房屋建筑面积		国 有		集 体	
地 区	施工面积	竣工面积	施工面积	竣工面积	施工面积	竣工面积
福 建	28406.9	9095.8	3063.4	498.5	884.1	277.5
江 西	13669.7	6488.1	2321.6	696.3	3805.2	1790.0
山 东	44828.8	19179.7	2779.0	782.4	4668.0	2534.1
河 南	28677.1	13156.0	1027.4	401.5	1675.9	1020.4
湖 北	25046.7	12813.4	4827.1	1771.5	687.3	474.3
湖 南	27680.3	10536.6	8034.5	1858.3	2005.8	1106.2
广 东	33140.4	10163.6	10488.3	2325.2	4481.4	1751.8
广 西	10742.3	4093.8	4619.4	1254.4	1823.5	830.8
海 南	1429.7	508.7	1002.9	284.8	204.7	97.0
重 庆	19489.4	8292.0	1491.2	526.3	534.2	282.1
四 川	29440.8	12086.3	7728.6	2154.5	2000.2	1153.1
贵 州	5756.4	1349.7	4106.7	711.4	334.9	162.6
云 南	8872.3	4393.4	1422.6	602.0	675.6	400.1
西 藏	272.4	128.3	20.7	12.6	11.0	8.7
陕 西	11490.7	3781.3	3773.4	1005.8	1531.7	669.5
甘 肃	5032.6	2013.9	804.8	230.3	482.3	262.3
青 海	693.1	273.2	115.5	25.6	46.6	37.9
宁 夏	2596.9	1076.4	660.2	233.1	98.2	23.6
新 疆	6620.1	2891.4	901.3	384.7	96.0	57.7

各地区劳务分包建筑业企业主要指标 (2010 年)

地 区	企业单位数（个）	从业人数（人）	营业收入（万元）	工程结算收入	税 金（万元）	利润总额（万元）	从业人员劳动报酬（万元）
全 国	6835	2571402	9410455	9350526	329432	249365	5078280
北 京	140	12198	137780	136608	3629	2023	35362
天 津	318	91698	495517	493248	18054	5829	199570

续表

地区	企业单位数（个）	从业人数（人）	营业收入（万元）	工程结算收入	税金（万元）	利润总额（万元）	从业人员劳动报酬（万元）
河北	170	48146	135481	135311	4067	7106	75394
山西	74	14005	62336	62289	1707	480	26642
内蒙古	73	7508	39983	39968	1628	7757	13393
辽宁	280	31871	174224	168847	6582	6371	54473
吉林	44	3838	18578	18486	837	1233	5006
黑龙江	120	10032	28960	28424	803	1186	7537
上海	270	53607	577778	575819	13246	10118	122839
江苏	1243	274476	1141657	1136915	40540	51348	520965
浙江	485	611078	1979099	1970263	76231	15317	1314833
安徽	345	129666	451115	449421	14802	15072	283540
福建	335	445065	1215100	1213531	41917	5885	955080
江西	34	3031	13734	13136	1520	888	2884
山东	409	38326	225448	223692	8819	14644	62185
河南	936	176845	570474	565609	20562	34197	239972
湖北	302	88977	334787	325240	12401	17340	143418
湖南	300	83311	388772	382077	18950	23510	128720
广东	107	77909	264288	261832	6939	4184	209951
广西	44	97342	279932	278032	8450	504	183198
海南							
重庆	280	152514	433168	432588	14208	10807	286172
四川	329	113346	351868	349089	10484	11113	171359
贵州	11	126	1260	1252	42	12	249
云南	22	1087	8071	8058	238	1202	1716
西藏	7	293	1810	1810	93	328	331
陕西	8	197	1055	1055	40	61	376
甘肃	13	599	5297	5277	188	287	874
青海	31	1121	8578	8578	527	226	1436
宁夏	23	753	6843	6641	96	-1	2539
新疆	82	2437	57463	57433	1835	341	28268

勘察设计机构和人员数 (2010 年)

地 区	单位数（个）	年底职工人数（人）	高级职称（人）	中级职称（人）	初级职称（人）	其他人员（人）
全 国	14622	1422995	255300	363378	269603	534714
北 京	859	162101	32632	39789	30521	59159
天 津	278	35415	9603	9397	7676	8739
河 北	525	40820	9382	11127	7695	12616
山 西	432	28520	5850	8462	5410	8798
内蒙古	252	16195	4735	4847	3577	3036
辽 宁	822	69269	13065	16627	10009	29568
吉 林	426	24777	7951	7489	4488	4849
黑龙江	284	22466	6154	5674	2965	7673
上 海	549	73144	9159	15518	16945	31522
江 苏	1101	83274	12696	21860	19319	29399
浙 江	647	64988	9683	16814	11482	27009
安 徽	449	28164	6370	8666	6383	6745
福 建	520	38948	4830	10441	8691	14986
江 西	376	24452	4756	7503	5250	6943
山 东	1193	80365	14853	21404	16508	27600
河 南	614	49454	9740	15612	8932	15170
湖 北	675	73432	15639	20039	12513	25241
湖 南	398	37362	8329	11555	7002	10476
广 东	1046	175416	13830	28028	26634	106924
广 西	330	19949	4760	7362	4499	3328
海 南	89	6363	1200	1739	1508	1916
重 庆	265	25403	5546	8070	5057	6730
四 川	548	63899	11462	16952	12503	22982
贵 州	202	29423	3252	6008	5219	14944
云 南	541	40072	5314	10375	7520	16863
西 藏	18	821	117	233	197	274
陕 西	533	57337	12080	15245	10903	19109
甘 肃	209	16971	3752	5801	3519	3899
青 海	105	5882	1087	1610	1496	1689
宁 夏	86	5472	1083	1292	1298	1799
新 疆	207	18099	4678	5852	3366	4203
不分地区	43	4742	1712	1987	518	525

勘察设计单位营业收入情况 (2010 年)

单位：万元

地 区	营业收入	工程勘察收 入	工程设计收 入	工程承包收 入	其 他收 入
全 国	95467626	5303439	21514277	56340241	12309670
北 京	24745089	533962	3900849	16366909	3943369
天 津	3153826	367960	831427	1620113	334325
河 北	1837676	176234	517026	1002109	142307
山 西	842742	91205	300016	377096	74425
内蒙古	511875	59798	259492	155257	37327
辽 宁	3817576	235552	698736	2684598	198690
吉 林	660488	71951	348409	199695	40434
黑龙江	1803984	46121	283703	111595	1362564
上 海	7620985	130610	1661629	5113160	715587
江 苏	5055456	201757	1154151	3412582	286966
浙 江	4317652	219112	1137701	2647068	313770
安 徽	1979376	92180	415107	990174	481916
福 建	1424021	124468	410610	804241	84702
江 西	1015662	82934	215596	599340	117792
山 东	3694430	169865	889219	2387979	247367
河 南	2041917	119601	678288	1042556	201471
湖 北	5023761	414586	1401159	2793243	414772
湖 南	1743774	151896	500999	823675	267203
广 东	10608982	358018	1930268	7074405	1246291
广 西	535616	74585	258967	89284	112779
海 南	231739	27543	81384	93495	29317
重 庆	1991162	99403	388572	1297179	206009
四 川	3946200	511266	1027225	1711385	696324
贵 州	819634	116639	203812	439964	59218
云 南	1360085	138329	394278	716848	110631
西 藏	13069	3563	8929		577
陕 西	3240599	496934	1037692	1342606	363367
甘 肃	487766	65620	204408	141317	76420
青 海	90642	22640	43458	12653	11892
宁 夏	158198	15297	62043	41505	39354

续表

地　区	营业收入	工程勘察收　入	工程设计收　入	工程承包收　入	其　他收　入
新　疆	627112	80561	248348	209508	88695
不分地区	66533	3248	20774	38703	3809

工程招标代理机构和人员数 (2010 年)

地　区	企业单位数（个）	期末企业人员（人）	高、中级职称人员（人）	年末注册执业人数（人）	注册造价工程师（人）	其他注册人员（人）
全　国	4799	328168	170167	66350	34160	32190
北　京	241	34571	16845	5080	2391	2689
天　津	54	3425	1431	659	501	158
河　北	160	8786	5199	1976	1015	961
山　西	138	5856	3458	1201	631	570
内蒙古	81	2087	1473	599	417	182
辽　宁	220	6664	4624	2178	1232	946
吉　林	125	4469	2983	987	517	470
黑龙江	105	2610	1878	780	506	274
上　海	109	16808	7091	3376	1866	1510
江　苏	424	24551	12622	6151	3783	2368
浙　江	367	26787	13131	5740	3156	2584
安　徽	114	8050	4081	1355	744	611
福　建	104	9213	5021	2089	1093	996
江　西	133	7998	4526	1446	665	781
山　东	441	23363	10690	5602	3078	2524
河　南	210	14034	8322	2873	1348	1525
湖　北	219	9049	5683	2230	1286	944
湖　南	134	7186	4524	1559	828	731
广　东	348	38143	18632	7957	2860	5097
广　西	101	6886	3239	1385	705	680
海　南	24	1016	597	244	118	126
重　庆	79	6558	3661	1121	541	580

续表

地区	企业单位数（个）	期末企业人员（人）	高、中级职称人员（人）	年末注册执业人数（人）	注册造价工程师（人）	其他注册人员（人）
四川	223	20977	10736	3284	1720	1564
贵州	84	4464	2146	794	387	407
云南	150	4929	2468	709	430	279
西藏	13	403	236	55	42	13
陕西	136	15467	7606	2193	947	1246
甘肃	83	5874	2979	1037	365	672
青海	27	782	461	76	52	24
宁夏	34	1434	742	291	206	85
新疆	118	5728	3082	1323	730	593

工程招标代理机构营业收入(2010年)

单位：万元

地区	营业收入	工程招标代理收入	工程监理收入	工程造价咨询收入	注册造价工程师	其他注册人员
全国	12677469	1408533	1683515	951216	784036	7850169
北京	6349432	426882	167180	85083	238148	5432139
天津	61615	27481	3016	19030	7951	4137
河北	98986	34821	32221	12182	1397	18364
山西	74789	46787	11058	2420	1058	13467
内蒙古	19063	14896	1046	1452	5	1663
辽宁	87383	50421	12408	12728	1166	10659
吉林	44408	21648	10302	6470	316	5672
黑龙江	33418	25393	442	2746	238	4599
上海	545338	47410	133135	174574	88696	101522
江苏	396500	81847	124514	123664	19927	46548
浙江	542580	81482	159115	122089	145479	34414
安徽	95927	21703	49997	15190	1095	7943
福建	102147	22947	51927	23195	2434	1644
江西	71050	20753	30264	8618	286	11129
山东	272513	71473	98906	54033	16129	31973
河南	251661	42007	69945	13432	88807	37470

续表

地　区	营业收入	工程招标代理收入	工程监理收　入	工程造价咨询收入	注册造价工程师	其　他注册人员
湖　北	204607	32846	27141	17172	56319	71129
湖　南	73548	29508	22184	14580	1550	5726
广　东	2026264	72026	336284	67093	28543	1522318
广　西	77677	19905	27340	14345	1632	14456
海　南	12084	5376	4471	1968	19	249
重　庆	105622	23816	41845	24778	3686	11498
四　川	252181	50520	94399	79252	20541	7469
贵　州	91974	13959	32022	6968	33900	5125
云　南	69191	38146	16577	2103	3098	9267
西　藏	2650	1488	745	373	13	31
陕　西	501844	26706	66002	23654	9683	375799
甘　肃	95589	12130	26401	4146	113	52799
青　海	12402	11752	25	173	20	433
宁　夏	18405	7017	4473	5239	759	917
新　疆	86624	25388	28129	12467	11030	9611

建设工程监理企业和人员数(2010 年)

行　业 地　区	企业单位数（个）	年末从业人数（人）	高、中级职称人员	年末注册执业人数（人）	注册监理工程师	其他注册执业人员
合　计	**6106**	**675397**	**372851**	**141433**	**99073**	**42360**
按行业分						
房屋建筑工程	5112	455811	254390	105427	74313	31114
冶炼工程	51	7979	4820	1631	1185	446
矿山工程	28	7564	4671	1159	783	376
化工、石油工程	132	24746	14773	4908	3390	1518
水利水电工程	63	14523	7975	1782	1200	582
电力工程	170	36503	17155	5301	3449	1852
农林工程	20	1145	821	235	158	77
铁路工程	54	31482	19484	3289	2440	849
公路工程	24	7917	3731	660	464	196
港口与航道工程	9	1492	694	314	234	80
航天航空工程	5	705	310	190	138	52
通信工程	13	3938	984	147	128	19

续表

行 业 地 区	企业单位数 （个）	年末从业人数 （人）	高、中级 职称人员	年末注册执业人数 （人）	注册监理 工程师	其他注册 执业人员
市政公用工程	341	38097	20481	8515	6131	2384
机电安装工程	3	1284	606	126	45	81
综合资质	57	41502	21567	7606	4905	2701
事务所资质	24	709	389	143	110	33
按地区分						
北 京	246	59399	34980	9682	7122	2560
天 津	68	12911	5691	2061	1511	550
河 北	315	26015	16767	6338	4459	1879
山 西	215	20079	12293	4576	2909	1667
内蒙古	125	11340	8219	2135	1530	605
辽 宁	291	22021	14983	5917	4673	1244
吉 林	174	13373	8983	2968	2188	780
黑龙江	199	16644	12196	3249	2398	851
上 海	189	40237	19373	7430	4968	2462
江 苏	567	56010	27828	13236	9248	3988
浙 江	322	37877	17628	9195	6565	2630
安 徽	210	22607	11385	4096	2593	1503
福 建	159	17153	9156	4168	2936	1232
江 西	137	10862	5966	2378	1623	755
山 东	476	43824	21759	9835	7346	2489
河 南	282	31215	18010	6427	4484	1943
湖 北	234	22787	14260	5011	3892	1119
湖 南	163	18748	10978	3961	2914	1047
广 东	399	46851	23650	12039	8415	3624
广 西	145	12061	5770	3069	1962	1107
海 南	38	2588	1332	683	487	196
重 庆	76	14570	8197	2659	1733	926
四 川	253	36260	20766	6753	4650	2103
贵 州	59	8030	3918	981	552	429
云 南	168	16365	7774	1799	1337	462
西 藏	24	747	451	96	72	24
陕 西	230	23294	13200	4380	2098	2282
甘 肃	124	13224	7897	2457	1661	796

续表

行 业 地 区	企业单位数 （个）	年末从业人数 （人）	高、中级 职称人员	年末注册执业人数 （人）	注册监理 工程师	其他注册 执业人员
青 海	51	2707	1367	521	385	136
宁 夏	52	4548	1978	724	474	250
新 疆	85	8985	4655	1940	1436	504
其 他	30	2065	1441	669	452	217

建设工程监理营业收入（2010 年）

单位：万元

行 业 地 区	营业收入	工程监理 收 入	工程招标 代理收入	工程造价 咨询收入	工程项目管理 与咨询服务收入	其他收入
合 计	**11961387**	**5283629**	**247760**	**241164**	**1327413**	**4861421**
按行业分						
房屋建筑工程	4752079	3040135	180029	204668	412116	915131
冶炼工程	567335	52441	1055	1437	120401	392001
矿山工程	107257	56415	369	51	19457	30965
化工、石油工程	1763828	187766	1824	9153	276801	1288283
水利水电工程	244770	120759	3180	1043	9053	110735
电力工程	2738802	412390	23329	5090	424451	1873542
农林工程	9139	7509				1629
铁路工程	379463	366166	485	450	3787	8575
公路工程	85528	82261	418	6	1050	1793
港口与航道工程	27834	24190	1516	265	1546	317
航天航空工程	8176	7751			291	134
通信工程	68559	58385	292	23		9860
市政公用工程	525752	359005	14665	8564	25396	118122
机电安装工程	100485	1648			11076	87761
综合资质	577473	504277	20547	8344	21743	22562
事务所资质	4907	2532	51	2069	246	10
按地区分						
北 京	2543739	617035	18793	7982	460521	1439408
天 津	145080	121748	4547	5050	5594	8141
河 北	201907	137944	7125	7133	11128	38577
山 西	142392	120720	6331	1025	1400	12916
内蒙古	61604	60564	283	756		
辽 宁	436263	155514	4716	462	12361	263209
吉 林	113014	80061	2368	3430	4288	22867

续表

行 业 地 区	营业收入	工程监理收 入	工程招标代理收入	工程造价咨询收入	工程项目管理与咨询服务收入	其他收入
黑龙江	166448	89251	383	176	956	75683
上 海	795845	436501	24213	43446	97851	193835
江 苏	601482	451349	26179	27796	25978	70181
浙 江	462286	339242	11449	19949	25062	66583
安 徽	450565	143711	6178	6233	197544	96900
福 建	164789	138962	8178	10812	1429	5407
江 西	83270	62066	3542	1960	620	15082
山 东	378276	287054	15821	14451	22598	38352
河 南	979985	163905	10583	10033	198301	597162
湖 北	236605	173629	2521	1572	14547	44336
湖 南	195045	147124	4854	2157	6118	34793
广 东	2176678	490827	42039	23774	154294	1465745
广 西	105235	80415	5267	4250	3182	12122
海 南	21723	21072	490	130	31	
重 庆	210832	136739	4352	5904	4665	59173
四 川	350729	280047	19219	25249	16330	9885
贵 州	195296	46154	3247	2538	5137	138220
云 南	134935	112533	1246	655	2631	17871
西 藏	7946	4991	1064	28	609	1255
陕 西	244173	157134	6110	7980	9560	63389
甘 肃	159475	84959	3382	2164	2046	66924
青 海	23016	20643		235	481	1657
宁 夏	30866	29011	732	776	262	85
新 疆	128757	81215	2548	2695	41152	1146
其 他	13132	11510		365	738	519

主要统计指标解释

一、建筑业统计单位

指从事房屋、构筑物建造和设备安装活动的法人企业。建筑业法人企业应具有建筑业资质并能够独立核算，同时其应具备以下条件：

①依法成立，有自己的名称、组织机构和场所，能够承担民事责任；

②独立拥有和使用资产，承担负债，有权与其他单位签订合同；

③独立核算盈亏，能够编制资产负债表。

二、建筑业总产值

是以货币形式表现的建筑业企业在一定时期内生产的建筑业产品和提供的服务的总和。建筑业总产值包括：

1. 建筑工程产值：指列入建筑工程预算内的各种工程价值。

2. 安装工程产值：指设备安装工程价值，不包括被安装设备本身的价值。

3. 其他产值：建筑业总产值中除建筑工程、安装工程以外的产值。包括房屋构筑物修理产值、非标准设备制造产值、总包企业向分包企业收取的管理费以及不能明确划分的施工活动所完成的产值。

⑴房屋构筑物修理产值：指房屋和构筑物修理所完成的产值，但不包括被修理房屋、构筑物本身价值和生产设备的修理价值。

⑵非标准设备制造产值：指加工制造没有定型的非标准生产设备的加工费和原材料价值（如化工厂、炼油厂用的各种罐、槽，矿井生产统一使用的各种漏斗、三角槽、阀门等）以及附属加工厂为本企业承建工程制作的非标准设备的价值。

三、建筑业增加值

指建筑业企业在报告期内以货币形式表现的建筑业生产经营活动的最终成果。

从 2004 年第一次全国经济普查开始，建筑业现价增加值按生产法和分配法（收入法）两种方法计算，以收入法的计算结果为准，即从收入的角度出发，根据生产要素在生产过程中应得的收入份额计算。具体计算方法：经济普查年度建筑业增加值按照《经济普查年度 GDP 核算方案》计算，非经济普查年度建筑业增加值按照《非经济普查年度 GDP 核算方案》计算。

四、房屋建筑施工面积

指在报告期内施过工的全部房屋建筑面积，包括本期新开工的房屋面积、上期施工跨入本期继续施工的房屋面积、上期停缓建在本期恢复施工的房屋面积、本期竣工的房屋面积及本期施工后又停缓建的房屋面积。

五、房屋建筑竣工面积

指在报告期内房屋建筑按照设计要求全部完工，达到了使用条件，经验收鉴定合格，正式移交使用单位的房屋建筑面积。

对外承包工程、设计咨询、劳务合作

2010年中国对外承包工程、劳务合作业务国家（地区统计表）

单位：万美元

国家 地区	对外承包工程		对外劳务合作	
	新签合同额	完成营业额	新签合同额	完成营业额
合计	13 436 696	9 217 025	872 492	887 990
亚洲	7 107 407	4 265 811	356 396	330 483
阿富汗	544	3 766	0	0
巴林	2 344	8 873	0	28
孟加拉国	133 829	35 500	199	37
不丹	0	0	5	5
文莱	14 241	3 843	0	0
缅甸	349 435	133 316	126	41
柬埔寨	134 365	64 818	83	512
塞浦路斯	0	4 338	0	41
朝鲜	772	3 018	150	482
香港	294 065	159 148	56 885	30 416
印度	1017 482	525 532	397	227
印度尼西亚	868 315	351 773	458	53
伊朗	129 355	186 068	0	0
伊拉克	172 055	67 165	0	0
以色列	79	149	100	1 258
日本	22 857	25 781	155 443	160 836
约旦	5 989	11 006	503	2 155
科威特	144 087	40 754	0	204
老挝	83 457	57 310	321	154
黎巴嫩	2 066	3 743	10	8
澳门	116 920	113 538	39 512	31 257
马来西亚	169 055	130 840	1 586	1 398
马尔代夫	7 168	825	0	0
蒙古	142 562	25 124	429	221
尼泊尔	24 090	6 667	5	0
阿曼	12 040	45 627	0	3
巴基斯坦	142 748	210 848	410	207
菲律宾	153 546	177 258	11	65
卡塔尔	82 975	104 330	3 819	2 370
沙特阿拉伯	662 743	322 705	2 413	1 784
新加坡	205 105	226 734	46 785	56 422
韩国	19 001	9 871	16 174	16 154
斯里兰卡	255 909	76 868	44	0
叙利亚	15 747	20 143	0	0
泰国	72 513	46 165	1224	555
土耳其	266 071	81 928	456	12
阿拉伯联合酋长国	207 510	297 160	4 494	7 896
也门	31 796	37 252	0	21
越南	440 557	310 961	2 054	2 186

续

国家 地区	对外承包工程		对外劳务合作	
	新签合同额	完成营业额	新签合同额	完成营业额
台湾省	5 931	16 515	22 108	13 383
东帝汶	4 075	5 362	87	4
哈萨克斯坦	239 655	146 447	60	88
吉尔吉斯斯坦	15 358	15 611	35	0
塔吉克斯坦	11 713	26 459	5	0
土库曼斯坦	368 822	73 770	0	0
乌兹别克斯坦	58 460	50 042	5	0
亚洲其他国家（地区）	0	860	0	0
非洲	3 834 435	3 583 027	45 719	41 873
阿尔及利亚	470 994	494 736	11 143	7 206
安哥拉	357 979	496 407	15 197	13 284
贝宁	3 697	2 524	14	18
博茨瓦纳	177 454	158 497	20	85
布隆迪	491	1435	0	0
喀麦隆	122 611	13 308	29	42
佛得角	2 209	1 061	0	4
中非共和国	16 348	3 663	0	0
乍得	81 959	147 476	22	22
科摩罗	3 000	1 977	0	12
刚果（布）	181 799	107 768	803	1 221
吉布提	919	2 060	0	2
埃及	57 438	116 881	4	124
赤道几内亚	128 028	174 836	3 516	870
埃塞俄比亚	118 238	154 966	12	399
加蓬	83 624	28 583	8	10
冈比亚	545	150	0	0
加纳	86 307	77 077	60	0
几内亚	9 517	12 759	197	13
几内亚（比绍）	2 432	3 284	0	200
科特迪瓦	16 504	4 673	174	19
肯尼亚	106 952	88 512	68	204
利比里亚	3 355	10 038	0	1 507
利比亚	187 195	344 930	5 182	5 933
马达加斯加	10 355	11 883	0	78
马拉维	29 343	11 555	0	2
马里	26 415	38 860	16	2
毛里塔尼亚	87 637	18 586	475	544
毛里求斯	13 689	13 618	2 388	4 662
摩洛哥	86 232	59 041	500	498

续

国家 地区	对外承包工程		对外劳务合作	
	新签合同额	完成营业额	新签合同额	完成营业额
莫桑比克	50 661	38 760	63	184
纳米比亚	18 279	10 567	0	36
尼日尔	31 061	89 407	35	35
尼日利亚	368 952	292 981	1 487	653
卢旺达	20 660	14 173	285	76
圣多美和普林西比	0	25	0	0
塞内加尔	37 179	20 492	6	0
塞舌尔	1 359	3 064	0	103
塞拉利昂	15 872	3 688	87	58
索马里	0	0	0	0
南非	38 788	36 690	143	216
苏丹	363 397	233 696	302	157
坦桑尼亚	185 584	81 153	133	119
多哥	8 667	5 296	1 528	1 648
突尼斯	15 840	14 802	0	4
乌干达	7 597	15 152	229	160
布基纳法索	782	389	0	0
赞比亚	102 989	40 412	389	504
津巴布韦	34 467	13 805	0	60
莱索托	1 498	1 905	548	425
斯威士兰	0	0	5	162
厄立特里亚	14 414	2 659	392	213
刚果（金）	43 123	62 767	259	99
欧洲	**586 541**	**498 723**	**14 799**	**18 223**
比利时	11 543	11 322	0	0
丹麦	160	241	68	68
英国	22 818	43 241	336	879
德国	37 229	34 556	6 733	7 152
法国	65 592	46 848	65	50
爱尔兰	62	11	0	660
意大利	7 449	7 790	154	130
卢森堡	49	44	0	0
荷兰	13 944	11 927	205	374
希腊	5 587	3 333	629	1 117
葡萄牙	5 226	4 377	0	0
西班牙	28 390	22 156	0	63
阿尔巴尼亚	270	1 945	0	0
奥地利	2 402	1 788	0	0
保加利亚	16 351	13 209	0	0

续

国家 地区	对外承包工程		对外劳务合作	
	新签合同额	完成营业额	新签合同额	完成营业额
芬兰	72	105	0	0
匈牙利	2 902	4 429	0	52
冰岛	11	1 410	0	0
马耳他	0	0	168	184
摩纳哥	0	0	27	39
挪威	45	3 529	209	245
波兰	1 648	5 898	120	181
罗马尼亚	4 727	5 727	0	142
瑞典	2 018	1 291	210	65
瑞士	3 531	366	0	0
爱沙尼亚	66	66	0	5
立陶宛	5	6	18	10
格鲁吉亚	32 109	3 925	0	0
亚美尼亚	0	1 136	0	0
阿塞拜疆	45 060	55 097	0	1
白俄罗斯	108 292	48 876	0	40
摩尔多瓦	252	284	0	0
俄罗斯联邦	113 442	143 128	5 837	6 710
乌克兰	17 902	12 915	0	36
斯洛文尼亚	3	3	0	3
克罗地亚	0	0	0	0
捷克	4 846	6 468	0	0
斯洛伐克	5 680	75	0	2
马其顿共和国	60	57	0	0
波斯尼亚和黑塞哥维那	0	0	0	0
塞尔维亚	26 080	426	20	15
黑山	718	718	0	0
拉丁美洲	**1 581 374**	**627 449**	**2 681**	**3488**
安提瓜和巴布达	184	3 423	0	0
阿根廷	239 952	10 470	5	25
巴哈马	8 965	2 292	0	0
巴巴多斯	302	1 180	0	34
伯利兹	27	926	0	2
玻利维亚	165	205	0	0
巴西	258 479	101 997	0	28
智利	15 773	6 888	244	422
哥伦比亚	14 092	8 093	0	0
多米尼克	4 260	1 720	0	0
哥斯达黎加	1 186	5 330	0	0

续

国家 地区	对外承包工程		对外劳务合作	
	新签合同额	完成营业额	新签合同额	完成营业额
古巴	19 600	6 991	0	0
厄瓜多尔	307 744	21886	0	0
格林纳达	1 388	700	0	0
危地马拉	45 013	8 484	0	0
圭亚那	147	688	0	0
海地	441	0	0	0
洪都拉斯	381	84	0	0
牙买加	14 630	16 178	0	5
墨西哥	32 861	39 047	48	117
尼加拉瓜	0	0	20	24
巴拿马	4 689	3 837	2 074	2 224
巴拉圭	37	37	0	0
秘鲁	32 286	11 071	0	62
圣卢西亚	0	0	0	0
圣文森特和格林纳丁斯	952	466	164	317
苏里南	1 594	8 121	0	0
特立尼达和多巴哥	4 643	16 097	11	52
特克斯和凯科斯群岛	0	0	0	72
乌拉圭	3 596	3 277	0	0
委内瑞拉	567 987	347 961	7	9
英属维尔京群岛	0	0	108	95
北美洲	**105 151**	**88 832**	**1 033**	**3 321**
加拿大	4 555	5 025	149	642
美国	100 359	83 607	884	2 679
百慕大群岛	237	200	0	0
大洋洲	**220 184**	**153 039**	**1658**	**1 105**
澳大利亚	159 443	93 323	48	709
库克群岛	2 400	120	0	8
斐济	10 914	14 166	72	70
新喀里多尼亚	3 476	12 762	0	0
瓦努阿图	927	1 087	0	36
新西兰	5 073	2 884	18	11
巴布亚新几内亚	29 752	20 157	0	0
汤加	4 662	5 390	0	0
萨摩亚	431	328	0	10
密克罗尼西亚联邦	0	31	0	0
马绍尔群岛共和国	0	0	1 520	261
东萨摩亚	3 106	2 791	0	0
其他国家	1 604	144	45 0206	489 497

2010 年我国对外承包工程业务简明统计

据商务部统计，2010 年，我国对外承包工程业务完成营业额 922 亿美元，同比增长 18.7%；新签合同额 1344 亿美元，同比增长 6.5%。截至 2010 年底，我国对外承包工程累计完成营业额 4356 亿美元，签订合同额 6994 亿美元。

2010 年我国对外劳务合作业务简明统计

2010 年，我国对外劳务合作完成营业额 89 亿美元，与上年持平；新签合同额 87.2 亿美元，同比增长 16.8%。全年累计派出各类劳务人员 41.1 万人，同比增长 4%，年末在外各类劳务人员 84.7 万人，较上年同期增加 6.9 万人。

截至 2010 年底，我国对外劳务合作累计完成营业额 736 亿美元，签订合同额 760 亿美元，累计派出各类劳务人员 543 万人。

2010 年我国派出各类劳务人员按省市区排名

单位：人

序号	省市区名称	派出人数	年末在外人数
1	山东省	47300	101913
	其中：青岛市	6393	15559
2	江苏省	34576	96336
3	河南省	32435	56291
4	广东省	24788	38455
	其中：深圳市	0	135
5	湖北省	22372	29478
6	福建省	19182	24240
	其中：厦门市	5803	7394
7	辽宁省	18291	41448
	其中：大连市	11784	19620
8	吉林省	15972	66566
9	上海市	15910	26847
10	浙江省	13446	26261
	其中：宁波市	1664	4257
11	安徽省	12631	20236
12	北京市	11770	22499
13	云南省	11275	17189

续表

序号	省市区名称	派出人数	年末在外人数
14	湖南省	9727	20370
15	河北省	8761	13324
16	陕西省	7638	8553
17	天津市	7066	12683
18	四川省	5876	21983
19	新疆维吾尔自治区	5122	3077
20	广西壮族自治区	4723	5958
21	江西省	4694	14615
22	新疆生产建设兵团	3813	4665
23	黑龙江省	3166	12885
24	重庆市	1790	4066
25	山西省	1224	6147
26	贵州省	977	1789
27	内蒙古自治区	931	4706
28	甘肃省	922	911
29	宁夏回族自治区	453	692
30	青海省	57	51
31	海南省	0	2

注：表中未列省区暂无此项业务。

2010 年我国对外承包工程新签合同额按省市区排名

单位：万美元

序号	省市区名称	新签营业额	完成合同额
1	上海市	1010276	689616
2	山东省	1008411	523767
	其中：青岛市	59538	98272
3	广东省	986740	820815
	其中：深圳市	924301	774356
4	湖北省	765531	381301
5	四川省	684878	399299
6	江苏省	544726	516738
7	河北省	294596	285351
8	北京市	251114	222514
9	浙江省	241543	275057
	其中：宁波市	73368	100022
10	河南省	237489	207085

续表

序号	省市区名称	新签营业额	完成合同额
11	天津市	173753	245205
12	辽宁省	172372	132250
	其中：大连市	31585	61402
13	安徽省	151147	192729
14	江西省	135697	104334
15	云南省	106102	99194
16	陕西省	88786	81022
17	重庆市	79035	35987
18	湖南省	62645	109065
19	广西壮族自治区	61019	56429
20	山西省	47517	71999
21	新疆维吾尔自治区	46948	62945
22	甘肃省	41084	22403
23	吉林省	38178	26364
24	贵州省	32431	22003
25	黑龙江省	17601	105093
26	福建省	8607	23531
	其中：厦门市	0	70
27	新疆生产建设兵团	8418	30769
28	宁夏回族自治区	3003	1711
29	海南省	1916	825
30	内蒙古自治区	681	3159

2010 年我国对外承包工程完成营业额按省市区排名

单位：万元

序号	省市区名称	完成营业额	新签合同额
1	广东省	820815	986740
	其中：深圳市	774356	924301
2	上海市	689616	1010276
3	山东省	523767	1008411
	其中：青岛市	98272	59538
4	江苏省	516738	544726
5	四川省	399299	684878
6	湖北省	381301	765531
7	河北省	285351	294596
8	浙江省	275057	241543

续表

序号	省市区名称	完成营业额	新签合同额
	其中：宁波市	100022	73368
9	天津市	245205	173753
10	北京市	222514	251114
11	河南省	207085	237489
12	安徽省	192729	151147
13	辽宁省	132250	172372
	其中：大连市	61402	31585
14	湖南省	109065	62645
15	黑龙江省	105093	17601
16	江西省	104334	135697
17	云南省	99194	106102
18	陕西省	81022	88786
19	山西省	71999	47517
20	新疆维吾尔自治区	62945	46948
21	广西壮族自治区	56429	61019
22	重庆市	35987	79035
23	新疆生产建设兵团	30769	8418
24	吉林省	26364	38178
25	福建省	23531	8607
	其中：厦门市	70	0
26	甘肃省	22403	41084
27	贵州省	22003	32431
28	内蒙古自治区	3159	681
29	宁夏回族自治区	1711	3003
30	海南省	825	1916

2010年我国对外承包工程业务新签合同额前50家企业

单位：万美元

序号	企业名称	新签合同额
1	华为技术有限公司	830,604
2	中国水利水电建设集团公司	669,127
3	中国建筑工程总公司	526,094
4	中国中铁股份有限公司	480,000
5	中国土木工程集团公司	465,370
6	中国葛洲坝集团股份有限公司	456,834
7	中工国际工程股份有限公司	404,451

续表

序号	企业名称	新签合同额
8	山东电力建设第三工程公司	404,400
9	中国电工设备总公司	348,472
10	上海电气集团股份有限公司	344,374
11	中国石油集团川庆钻探工程有限公司	328,802
12	中国港湾工程有限责任公司	306,155
13	中国机械设备进出口总公司	280,308
14	山东电力基本建设总公司	263,744
15	中铁国际经济合作有限公司	213,243
16	中国石油工程建设（集团）公司	186,592
17	中国石化集团国际石油工程有限公司	175,095
18	中信建设有限责任公司	171,370
19	上海贝尔股份有限公司	166,363
20	中国石化集团炼化工程有限公司	157,282
21	上海建工（集团）总公司	155,629
22	上海振华重工（集团）股份有限公司	155,030
23	中国水利电力对外公司	152,008
24	中国石油天然气管道局	132,450
25	中国冶金科工集团有限公司	131,427
26	中石油集团长城钻探工程有限公司	129,813
27	中国铁建股份有限公司	127,000
28	长江岩土工程总公司（武汉）	124,271
29	中国重型机械总公司	117,452
30	中国路桥工程有限责任公司	110,713
31	中国海外工程有限责任公司	110,545
32	中国技术进出口总公司	109,863
33	国家电网公司	98,900
34	中地海外建设集团有限公司	96,932
35	中国机械进出口（集团）有限公司	96,640
36	安徽省外经建设（集团）有限公司	95,072
37	中兴通讯股份有限公司	93,697
38	东方地球物理勘探有限责任公司	91,955
39	东方电气股份有限公司	87,500
40	中冶成工上海五冶建设有限公司	73,565
41	沈阳远大铝业工程有限公司	71,969
42	中国华电工程（集团）有限公司	66,797
43	中国电力投资集团公司	60,296
44	中国中材国际工程股份有限公司	59,840
45	中国石化集团胜利石油管理局	51,606
46	中国石化集团中原石油勘探局	49,216

续表

序号	企业名称	新签合同额
47	中国江西国际经济技术合作公司	49,186
48	中国万宝工程公司	48,683
49	中铝国际工程有限责任公司	47,355
50	中国河南国际合作集团有限公司	46,244

2010年我国对外承包工程业务完成营业额前50家企业

单位：万美元

序号	企业名称	完成营业额
1	华为技术有限公司	692,316
2	中国建筑工程总公司	487,172
3	中国水利水电建设集团公司	401,685
4	中国石油工程建设（集团）公司	329,606
5	中信建设有限责任公司	325,287
6	中国电工设备总公司	215,421
7	中国港湾工程有限责任公司	210,020
8	上海振华重工（集团）股份有限公司	161,561
9	上海建工（集团）总公司	161,179
10	山东电力建设第三工程公司	157,988
11	中国机械设备进出口总公司	149,722
12	中国中铁股份有限公司	123,051
13	中国葛洲坝集团股份有限公司	120,410
14	上海贝尔股份有限公司	118,919
15	中国路桥工程有限责任公司	117,860
16	中石油集团长城钻探工程有限公司	117,354
17	东方地球物理勘探有限责任公司	107,494
18	上海电气集团股份有限公司	104,234
19	国家电网公司	103,500
20	中国石化工程建设公司	101,809
21	中国土木工程集团公司	98,686
22	哈尔滨电站工程有限责任公司	88,609
23	中兴通讯股份有限公司	82,040
24	中国中材国际工程股份有限公司	81,580
25	中国石油天然气管道局	78,691
26	山东电力基本建设总公司	74,406
27	东方电气股份有限公司	71,681
28	中铁十八局集团有限公司	71,378

续表

序号	企业名称	完成营业额
29	中地海外建设集团有限公司	65,039
30	中国石油集团川庆钻探工程有限公司	61,600
31	中国水利电力对外公司	61,026
32	中铁四局集团有限公司	60,356
33	中国石化集团中原石油勘探局	60,042
34	中国海外工程有限责任公司	59,275
35	北京建工集团有限责任公司	58,347
36	天津水泥工业设计研究院有限公司	55,658
37	中国地质工程集团公司	55,477
38	青建集团股份公司	54,515
39	中工国际工程股份有限公司	50,626
40	中材建设有限公司	42,461
41	中国江苏国际经济技术合作公司	42,268
42	中国大连国际经济技术合作集团有限公司	41,472
43	中国十五冶金建设有限公司	37,996
44	中国技术进出口总公司	37,077
45	中铁十二局集团有限公司	34,643
46	安徽省外经建设（集团）有限公司	34,234
47	中国河南国际合作集团有限公司	34,231
48	中国石油天然气管道工程有限公司	33,823
49	中国寰球工程公司	32,242
50	中国机械进出口（集团）有限公司	31,329

2010年中国对外承包工程、劳务合作业务新签合同额、完成营业额分企业总值

企业名称	对外承包工程		对外劳务合作	
	新签合同额	完成营业额	新签合同额	完成营业额
合计	13 436 696	9 217 025	872 492	887 990
中央企业	6 134 452	3 468 478	394 551	405 335
中国重型机械总公司	117 452	9 874	0	0
中国石油工程建设公司	186 592	329 606	0	0
中国路桥工程有限责任公司	110 713	117 860	0	0
中国电线电缆进出口有限公司	7 462	3 858	0	0
中国国际工程咨询公司	21	21	0	0
中国冶金科工集团有限公司	131 427	22 838	0	0
中国地质工程集团公司	43 417	51 235	0	0
中国建筑工程总公司	526 094	487 172	0	0
中国电子进出口总公司	6 752	6 187	0	0
中国化学工程集团公司	0	853	0	0
中国铁路通信信号集团公司	44 690	740	0	0
中国通信建设集团有限公司	12 310	9 137	0	0
保利科技有限公司	135	1 876	0	0
中国技术进出口总公司	109 863	37 077	0	0
中国出国人员服务总公司	0	0	370	644
中国有色金属建设股份有限公司	0	10 488	0	0
中国水利电力对外公司	152 008	61 026	0	0
中国中原对外工程有限公司	5 757	23 691	0	0
中国南光进出口总公司	0	0	886	885
中国机械工业成套工程总公司	6 510	1 230	0	0
中国万宝工程公司	48 683	12 788	0	0
中国海洋航空集团公司	0	0	0	116
中国农业发展集团总公司	0	5 067	0	0
中国国际经济技术合作咨询公司	0	0	138	374
中国海洋工程公司	0	0	233	233
中国机械工业建设总公司	0	8 351	0	0
中国公路工程咨询集团有限公司	965	324	0	0
中外运国际经济技术合作公司	0	0	3 320	1 027
中民国际经济合作公司	0	0	0	43
中远对外劳务合作公司	0	0	3 281	2 846
中国石化集团新星石油有限责任公司	2 374	12 309	0	0
中国水产总公司	14 500	13 071	950	867
国网国际技术装备有限公司	0	0	0	0
中国汽车工业国际合作总公司	13 872	1717	0	0
国际中富达实业总公司	0	0	0	0
中建国际劳务有限公司	0	0	3 125	2 770
中交公路规划设计院有限公司	2 144	3 445	0	0
中国华电工程（集团）有限公司	66 797	714	0	0
中国对外建设总公司	0	277	0	0

续

企业名称	对外承包工程		对外劳务合作	
	新签合同额	完成营业额	新签合同额	完成营业额
中国海外经济合作总公司	0	25 346	568	668
中国航空规划建设发展有限公司	42	42	0	0
中钢设备有限公司	16 243	6 713	0	0
中国医疗卫生对外技术合作公司	0	0	0	0
中国水利水电建设集团公司	669 127	348 685	0	0
中国机械工业集团有限公司	0	26 473	0	0
中国建筑技术集团有限公司	650	2 860	0	0
中国海外工程有限责任公司	110 545	59 275	0	0
中国中元国际工程公司	441	1 845	0	0
中国广播电视国际经济技术合作总公司	219	0	0	0
中国地质矿业总公司	12 500	1 559	0	0
中国电力建设工程咨询公司	560	15	0	0
中国国际技术智力合作公司	0	0	372 147	378 383
中建材集团进出口公司	26 944	6 889	0	0
中国恩菲工程技术有限公司	0	3 269	0	0
中国中铁股份有限公司	480 000	123 051	0	0
中国寰球工程公司	8 000	32 242	0	0
中国石化工程建设公司	0	101 809	0	0
中国中信集团公司	0	2 087	0	0
中国电工设备总公司	348 472	215 421	0	0
中国体育国际经济技术合作有限公司	408	447	138	232
中国交远国际经济技术合作公司	0	0	626	627
中国电力工程顾问集团公司	14 300	348	0	0
国家电嗣公司	98 900	103 500	0	0
中国电力投资集团公司	60 296	15 320	0	0
中信建设有限责任公司	171 370	325 287	0	0
中工国际工程股份有限公司	404 451	50 626	0	0
中商集团经济合作有限公司	0	0	1 013	300
中成进出口股份有限公司	30 880	90	0	0
长江三峡技术经济发展有限公司	0	17 342	0	0
中铁建工集团有限公司	16 053	11 742	0	0
中铁十九局集团有限公司	0	6 170	0	0
中铁建电气化局集团有限公司	0	0	0	0
中冶京诚工程技术有限公司	211	2 128	0	0
中国铁建股份有限公司	127 000	28 500	0	0
中国石化集团炼化工程有限公司	157 282	3 232	0	0
中国交通建设股份有限公司	19 777	2 564	0	0
中铝国际工程有限责任公司	47 355	21 200	0	0
中国石化集团国际石油工程有限公司	175 095	0	0	0
中国石油集团长城钻探工程有限公司	129 813	117 354	0	0
中铁国际经济合作有限公司	213 243	23 601	0	0

续

企业名称	对外承包工程		对外劳务合作	
	新签合同额	完成营业额	新签合同额	完成营业额
中煤国际工程设计研究总院	156	79	0	0
建设综合勘察研究设计院有限公司	204	915	0	0
北方国际合作股份有限公司	0	13 637	0	0
中海海员对外技术服务有限公司	0	0	3 635	7 303
中国建材工业对外经济技术合作公司	2 222	1 145	190	227
中国京冶工程技术有限公司	8 764	7 685	0	0
中国轻工业对外经济技术合作公司	0	0	0	4 500
中国航空技术国际工程有限公司	7 367	19 855	0	0
中国成套设备进出口（集团）总公司	16 551	15 541	3 339	1 692
中国机械进出口（集团）有限公司	96 640	31 329	0	0
中国土木工程集团有限公司	465 370	98 686	483	1 469
中国机械设备进出口总公司	280 308	149 722	109	129
中国港湾工程有限责任公司	306 155	210 020	0	0
地方企业	**7 302 244**	**5 748 547**	**477 941**	**482 655**
北京市	**251 114**	**222 514**	**35 065**	**37 282**
中国建材装备有限公司	0	6 168	0	0
中铁六局集团有限公司	6 129	330	0	0
北京城建亚泰建设工程有限公司	0	0	0	0
北京泽辉建筑装饰工程有限公司	10 071	373	0	0
北京房修二古代建筑工程有限公司	0	0	0	0
北京中水远洋渔业发展公司	0	0	469	89
北京市建筑设计研究院	287	198	0	0
北京建工集团有限责任公司	41 427	58 347	0	0
北京市政建设集团有限责任公司	1239	927	0	0
中国首钢国际贸易工程公司	0	3 453	571	429
北京国经伟业经济技术有限公司	0	0	160	21
中地海外建设集团有限公司	96 932	65 039	0	0
北京中钢联工贸有限责任公司	4 424	1 123	0	0
北京城建北方建设有限责任公司	0	4 219	0	0
中外建华诚城市建设有限公司	826	2 244	0	0
泛华建设集团有限公司	1 576	25 317	0	0
北京城建一建设发展有限公司	0	31	0	0
中化岩土工程股份有限公司	0	111	0	0
同方威视技术股份有限公司	4 497	5 688	0	0
中矿资源勘探股份有限公司	3 786	3 886	0	0
北京江河幕墙股份有限公司	0	0	0	0
北京建工国际建设工程有限责任公司	9 645	0	0	0
北京泛华新兴体育发展有限公司	0	0	0	0
北京地矿工程建设有限责任公司	51	18	0	0
国都建设（集团）有限公司	0	6 955	0	0
中凯国际工程有限责任公司	0	0	0	0

续

企业名称	对外承包工程		对外劳务合作	
	新签合同额	完成营业额	新签合同额	完成营业额
金诚信矿业建设集团有限公司	0	2 626	0	0
中铁电气化局集团有限公司	10 097	448	0	0
北京鑫裕盛船舶管理有限公司	0	0	8	2 160
北京市市政工程设计研究总院	0	2	0	0
中交水运规划设计院有限公司	420	507	0	0
中国对外友好合作服务中心	0	0	668	72
北京城建集团有限责任公司	2 296	3 776	0	1 372
北京宏福建工集团有限公司	0	11 260	0	0
北京嘉寓门窗幕墙股份有限公司	0	972	0	0
中昊海外建设工程有限公司	42 958	6 678	0	0
燕兴基业（北京）国际科贸有限责任公司	0	0	0	0
北京房地集团有限公司	632	596	0	0
北京华远富邦船舶企业管理有限公司	0	0	139	89
北京城建安装工程有限公司	0	0	0	0
北京六建集团有限责任公司	6 230	6 398	0	0
北京首华建设经营有限公司	731	673	0	0
北京外企服务集团有限责任公司	0	0	33 050	33 050
北京住总集团有限责任公司	5 513	2 364	0	0
中蓝国际化工有限公司	0	0	0	0
中国友发国际工程设计咨询公司	1 347	1 787	0	0
天津市	173 753	245 205	6 486	3 702
中远散货运输有限公司	0	0	3 329	1 047
铁道第三勘察设计院集团有限公司	690	769	0	0
中国天辰工程有限公司	22 150	15 158	0	0
天津海河国际劳务工程公司	0	0	369	187
天津港海员对外技术服务有限责任公司	0	0	0	0
天津水泥工业设计研究院有限公司	25 436	55 658	0	0
中冶天工集团有限公司	16 339	13 407	0	0
天津中信境外就业服务有限公司	0	0	360	92
天津市外国企业专家服务有限公司	0	0	0	0
天津众力杰境外就业服务有限公司	0	0	0	0
天津亿乖j达境外就业服务有限公司	0	0	220	150
天津大港油田集团工程建设有限责任公司	0	15 304	0	0
天津市建工工程总承包有限公司	0	2 800	0	0
海洋石油工程股份有限公司	2 237	9 398	0	0
中海油田服务股份有限公司	26 534	26 534	0	0
中材节能股份有限公司	2 819	3 628	0	0
北方国际集团有限公司	0	0	0	0
中国石油集团渤海钻探工程有限公司	18 440	16 038	0	0
中交第一航务工程勘察设计院有限公司	1183	886	0	0
天津市化工设计院	72	51	0	0

续

企业名称	对外承包工程		对外劳务合作	
	新签合同额	完成营业额	新签合同额	完成营业额
中水北方勘测设计研究有限责任公司	388	428	0	0
天津二十冶建设有限公司	0	197	0	0
中国石化集团第四建设公司	0	1 787	0	0
天津华勘集团有限公司	2 550	832	0	0
天津电力建设公司	0	9 194	0	0
天津和平建工集团建筑工程有限公司	0	0	0	0
中国天津国际经济技术合作集团公司	1 104	414	2 189	2 204
天津市管道工程集团有限公司	0	29	0	0
天津机械设备进出口公司	0	0	0	0
天津机械进出口有限公司	8 750	924	0	0
天津市天海集团有限公司	0	0	19	22
大港油田集团有限责任公司	0	0	0	0
中国水电基础局有限公司	0	391	0	0
中铁十八局集团有限公司	45 061	71 378	0	0
河北省	**294 596**	**285 351**	**3 661**	**2 823**
华北有色工程勘察院有限公司	0	1 134	0	0
中国石油天然气管道工程有限公司	34 738	33 823	0	0
河北省水利水电勘测设计研究院	0	0	0	0
廊坊开发区中油龙慧自动化工程有限公司	0	0	0	0
廊坊中油朗威工程项目管理有限公司	211	131	0	0
沧州市对外经济技术合作有限公司	0	0	719	762
中国石油集团东方地球物理勘探有限责任公司	91 955	107 494	0	0
河北省圣仑进出口集团公司	0	0	84	14
河北建设集团有限公司	2 264	587	0	0
秦皇岛工秦国际人才交流有限公司	0	0	504	504
中国二十二冶集团有限公司	5 741	11 692	0	0
河北省电力勘测设计研究院	0	505	0	0
河北省水利工程局	2 668	433	0	0
河北路桥集团有限公司	40	40	0	0
河北省电力建设第二工程公司	0	0	0	0
秦皇岛国际经济技术合作公司	3 470	812	110	5
中国石油天然气管道通信电力工程总公司	3 522	3 033	0	0
承德对外经济合作公司	0	0	32	3
河北辛建建设集团有限公司	0	0	0	0
中国化学工程第十三建设有限公司	3 385	241	0	0
保定国际经济技术合作公司	0	0	0	0
河北港口集团有限公司	0	2	0	0
冀东发展集团有限责任公司	0	210	0	0
河北省芦台农场	0	0	0	0
中材建设有限公司	13 925	42 461	0	0
河北海外工程总公司	0	0	0	0

续

企业名称	对外承包工程		对外劳务合作	
	新签合同额	完成营业额	新签合同额	完成营业额
保定东方境外就业技术合作有限公司	0	0	0	0
沧州市国际经济技术合作有限公司	0	0	0	59
保定市万国出入境服务有限公司	0	0	0	0
华都国际建设集团有限公司	0	0	0	0
衡水燕南国际经济技术合作有限公司	0	0	12	12
河北光金国际经济技术合作有限公司	0	0	784	5
邯郸中材建设有限公司	0	1 597	0	0
唐山钢铁设计研究院有限公司	0	338	0	0
衡水国际经济合作有限责任公司	0	0	0	0
河北圣泽基境外劳动就业有限公司	0	0	44	4
河北远洋运输集团股份有限公司	0	0	1	1 184
河北省宏远国际经贸集团公司	174	54	77	127
北方设计研究院	53	43	0	0
石家庄天海国际经济技术合作有限责任公司	0	0	111	111
河北建工集团有限责任公司	0	2 030	0	33
华北石油管理局	0	0	0	0
中国石油天然气管道局	132 450	78 691	0	0
山西省	**47 517**	**71 999**	**662**	**229**
中化二建集团有限公司	0	0	0	0
山西省电力公司电力建设三公司	0	2 772	0	0
山西省地矿建设工程总公司	0	0	0	0
中铁十七局集团有限公司	5 028	19 925	0	0
太原路桥建设有限公司	0	0	0	0
中铁三局集团有限公司	0	4 583	0	0
山西省天利实业有限公司	0	0	0	196
山西省第二地质工程勘察院	0	0	0	0
中铁十七局集团电气化工程有限公司	10 835	4 409	0	0
中铁建电气化局集团第二工程有限公司	0	0	0	0
山西天利经济合作交流中心（有限公司）	0	0	0	2
山西康博人才就业服务有限公司	0	0	612	21
山西建筑工程（集团）总公司	21 047	3 307	0	0
大同煤矿集团有限责任公司	0	600	0	0
赛鼎工程有限公司	0	98	0	0
晋铝建设有限公司	332	462	0	0
太原市国际经济技术合作公司	0	0	0	0
中铁十二局集团有限公司	0	34 643	0	0
山西路桥建设集团有限公司	0	0	0	0
山西六建集团有限公司	10 275	1000	0	0
中国山西国际经济技术合作公司	0	200	50	10
内蒙古自治区	**681**	**3 159**	**391**	**98**
中国内蒙古国际经济技术合作公司	0	0	0	0

续

企业名称	对外承包工程		对外劳务合作	
	新签合同额	完成营业额	新签合同额	完成营业额
二连国际经济技术合作有限公司	0	0	98	0
陈巴尔虎旗天成边境贸易有限责任公司	0	0	0	0
内蒙古义龙建设（集团）有限责任公司	0	0	12	10
满洲里市驰御经贸有限责任公司	0	0	5	0
满洲里东扬经贸有限责任公司	0	0	0	0
中冶东方工程技术有限公司	681	1 937	0	0
满洲里国际经济技术合作有限公司	0	0	276	88
中国内蒙古森林工业集团有限责任公司	0	1 222	0	0
赤峰国际经济技术合作有限公司	0	0	0	0
中铁六局集团呼和浩特铁路建设有限公司	0	0	0	0
辽宁省	**172 372**	**132 250**	**24 178**	**21 651**
辽宁四方国际合作有限公司	0	0	920	450
辽宁省机电设备成套有限公司	0	0	0	0
特变电工沈阳变压器集团有限公司	16 153	1 000	0	0
沈阳力达境外就业服务有限公司	0	0	0	204
沈阳盛通境外就业服务有限公司	0	0	77	80
辽宁北方国际劳务服务有限公司	0	0	4	4
辽宁力拓国际经济技术合作有限公司	0	0	8	8
朝阳北方重型机械有限公司	0	160	0	0
抚顺万方境外就业交流有限公司	0	0	0	0
中国水电建设集团辽宁工程局有限公司	0	3 064	0	0
营口国际经济技术合作公司	0	0	0	1
日林建设集团有限公司	4 780	2 359	92	70
鞍山九建工程有限公司	0	0	0	0
辽宁外贸食品海运有限公司	0	0	33	22
辽宁省建筑设计研究院项目管理咨询公司	93	85	0	0
沈阳丰泽国际交流有限公司	0	0	23	23
沈阳海外建设集团有限公司	0	0	0	0
沈阳对外经济建设有限公司	2 015	440	107	242
沈阳远大铝业工程有限公司	71969	27 545	0	0
辽宁邮电规划设计院有限公司	0	0	0	0
丹东国际经济技术合作有限公司	0	0	0	14
辽宁省国际交流中心	0	0	56	86
营口三诚国际合作有限公司	0	0	100	43
辽宁迈克集团股份有限公司	2 052	913	36	36
辽宁利德国际劳务交流有限公司	0	0	0	0
抚顺对外建设经济合作（集团）股份有限公司	0	636	0	123
中国鞍山国际经济技术合作公司	0	0	126	420
辽宁慧缘国际合作有限公司	0	0	21	39
沈阳国际经济技术合作有限公司	0	0	0	315
辽宁国贸经济技术合作有限公司	0	0	0	340

续

企业名称	对外承包工程		对外劳务合作	
	新签合同额	完成营业额	新签合同额	完成营业额
辽宁精英网络管理信息系统有限公司	0	0	314	20
辽宁境外就业咨询服务有限公司	0	0	0	0
中石油东北炼化工程有限公司	0	0	0	0
辽宁方日国际交流合作有限公司	0	0	0	0
桓仁满族自治县环球经济合作有限公司	0	0	92	0
辽宁省国际经济技术合作集团有限责任公司	1 591	1 120	1 734	1 712
北方国际电力工业有限公司	0	460	0	0
辽宁帝立国际商贸发展有限公司	0	0	33	0
辽宁虹顺对外劳务合作有限公司	0	0	0	0
本溪大成境外就业服务有限公司	0	0	146	19
中国三冶集团有限公司	0	375	0	0
鞍钢集团国际经济贸易公司	3 089	3 089	0	0
中铁九局集团有限公司	0	11 961	0	0
沈阳市工程监理咨询有限公司	220	419	0	0
铁岭市国际经济技术合作公司	0	0	202	70
辽河石油勘探局	0	1 073	0	0
辽阳市境外就业交流有限公司	0	0	0	218
辽阳国际经济技术合作公司	0	0	1 087	221
辽宁境外发展服务有限公司	0	0	0	0
辽宁金帝建工集团有限责任公司	0	883	0	0
辽宁国际建设工程集团有限公司	0	0	0	0
辽宁华曦集团公司	0	0	49	103
辽宁成大股份有限公司	0	0	0	0
辽宁国际事务发展有限公司	0	0	0	0
辽宁时代万恒控股集团有限公司	0	0	0	0
中粮辽宁粮油进出口公司	0	0	0	0
抚顺惠工境外就业交流有限公司	0	0	0	0
中冶焦耐工程技术有限公司	0	3 535	0	0
辽宁华邦境外就业服务有限公司	0	0	124	85
铁岭海外交流境外就业服务有限公司	0	0	327	409
沈阳外企境外就业服务有限公司	0	0	6	12
沈阳智成境外就业服务有限公司	0	0	24	24
锦州北斗国际经济合作有限公司	0	0	208	0
辽宁森特境外就业服务有限公司	0	0	0	0
北方重工集团有限公司	19 749	0	0	0
辽宁省水利水电勘测设计研究院	256	59	0	0
鞍钢建设集团有限公司	4 055	4 055	0	0
中国沈阳国际经济技术合作公司	13 498	6 336	1 015	1 174
沈阳海外建设集团有限公司	0	0	0	0
沈阳远大铝业集团有限公司	0	14	0	0
沈阳北方建设股份有限公司	1 267	1 267	0	0

续

企业名称	对外承包工程		对外劳务合作	
	新签合同额	完成营业额	新签合同额	完成营业额
其中：大连市	**31 585**	**61 402**	**17 214**	**15 064**
大连船舶工业公司（集团）	0	0	671	518
大连船舶重工集团有限公司	0	8 650	0	0
中智（大连）对外服务有限公司	0	0	365	553
大连经济技术开发区金山水产有限公司	0	0	0	0
大连华锐重工国际贸易有限公司	1 931	2 064	0	0
中国成套设备进出口大连公司	0	0	288	264
大连新达纺织品进出口有限公司	0	0	431	16
辽宁省大连海洋渔业集团公司	0	0	730	310
大连经济技术开发区劳务有限公司	0	0	26	22
大连黎明国际劳务合作有限公司	0	0	169	7
大化国际经济贸易公司	0	0	0	0
大连港宏国际经济技术合作有限公司	0	0	36	36
大连冰山集团有限公司	515	608	0	0
大连华南国际经济技术合作公司	0	0	519	733
中国大连国际合作（集团）股份有限公司	0	5 890	7	7 020
大连三阳渔业有限公司	0	0	11	0
大连三川建设集团股份有限公司	0	0	0	0
大连通达货运有限公司	0	0	0	0
大连筑成建设集团有限公司	0	0	0	0
大连天德泰境外就业服务有限公司	0	0	0	0
大连新世界境外就业服务有限公司	0	0	156	85
辽宁同宏达国际经济技术合作有限公司	0	0	77	82
大连海富境外就业服务有限公司	0	0	12	20
辽宁天城境外就业服务有限公司	0	0	0	0
大连新桥境外就业服务有限公司	0	0	203	16
大连通产经济技术交流有限公司	0	0	232	99
大连勇真国际劳务有限公司	0	0	119	61
大连新干线境外就业服务有限公司	0	0	12	4
大连市普兰店北方境外职业交流有限公司	0	0	94	13
大连天邦劳务服务有限公司	0	0	15	0
大连筑成建设国际经济合作有限公司	0	0	76	62
大连同仁国际合作有限公司	0	0	0	0
大连金辰国际合作有限公司	0	0	128	33
大连恒山国际合作有限公司	0	0	372	674
大连万国国际经济合作有限公司	0	0	11	11
大连万顺达国际物流有限公司	0	0	199	76
大连通远对外劳务合作有限公司	0	0	68	2
大连好来屋国际合作有限公司	0	0	28	82
大连国合盛达森国际工程承包有限公司	6 941	3 425	0	0
大连邦盛发展有限公司	0	0	0	0

续

企业名称	对外承包工程		对外劳务合作	
	新签合同额	完成营业额	新签合同额	完成营业额
大连华瑞国际经济技术合作有限公司	0	0	100	114
大连新华国际经济合作有限公司	0	0	177	182
大连经济技术开发区五环国际劳务合作有限公司	0	0	807	647
大连兰格国际经济技术合作有限公司	0	0	91	112
大连华龙国际劳务合作有限公司	0	0	304	726
大连重工起重集团有限公司	5 367	3 863	0	0
大连盛和国际货运有限公司	0	0	25	71
大连华世国际经济技术合作有限公司	0	0	186	74
大连阿达尼船务有限公司	0	0	0	0
大连中服对外经济贸易有限公司	0	0	84	11
辽宁国际技术服务有限公司	0	0	336	66
大连远洋对外劳务合作有限公司	0	0	1	1 138
大连达瑞境外就业服务有限公司	0	0	0	0
大连荣鹤劳务合作有限公司	0	0	246	365
大连吉瑞国际劳务合作有限公司	0	0	0	0
大连鑫泉科教咨询有限公司	0	0	0	0
大连三铃经济合作有限公司	0	0	18	5
大连奔腾经济技术合作有限公司	0	0	431	149
中国大连国际经济技术合作集团有限公司	12 954	35 582	249	354
大杨集团有限责任公司	0	0	91	76
大连西姆五矿有限公司	3 877	1 320	0	0
大连建工国际合作有限公司	0	0	27	72
大连五洲国际人才派遣有限公司	0	0	74	79
大连华成境外就业服务有限公司	0	0	62	24
吉林省	**38178**	**26 364**	**18 004**	**30 857**
吉林省轻工业品进出口公司	0	0	0	0
吉林省高等级公路工程有限责任公司	0	0	0	0
中国吉林国际经济技术合作公司	0	0	0	0
中国电力工程顾问集团东北电力设计院	0	0	0	0
吉林省对外经济贸易有限公司	0	0	2	610
吉林建工集团有限公司	0	0	0	0
吉林省农业对外经济技术合作公司	0	0	1	942
中水东北勘测设计研究有限责任公司	0	9	0	0
长春普晨实业有限公司	0	0	113	113
华煤集团有限公司	7 200	820	0	0
长春建工集团有限公司	0	0	0	0
长春市境外就业服务有限公司	0	0	300	800
吉林新润对外经济贸易合作有限公司	0	0	500	454
吉林市天兴国际贸易有限公司	0	0	0	0
吉林省长白经济开发区远东工贸有限公司	0	0	150	146
长春市境外劳务人才培训储备服务中心	0	0	992	619

续

企业名称	对外承包工程		对外劳务合作	
	新签合同额	完成营业额	新签合同额	完成营业额
吉林省创业经济合作有限公司	0	0	750	2 100
长春对外经济技术合作有限公司	0	0	0	4 924
长春国际经济技术合作公司	0	0	0	0
吉林省海外经济技术合作有限公司	0	0	150	2 655
长春星宇集团股份有限公司	0	0	0	0
吉林省朗天嘉际对外经济合作有限公司	0	0	0	0
吉林省世茂对外经济技术合作有限公司	0	0	0	21
吉林省对外人才技术交流有限责任公司	0	0	306	307
吉林省程宇对外经贸有限公司	0	0	0	719
吉林信隆对外商贸有限公司	0	0	230	75
吉林市东晨境外就业有限公司	0	0	722	220
吉林明洋境外就业有限公司	0	0	5	112
吉林省平安境外就业服务有限公司	0	0	138	68
吉林省华晟商务有限公司	0	0	0	0
吉林吉利境外职业技能开发有限公司	0	0	1 078	972
吉林省天旨经济技术合作有限公司	0	0	16	658
吉林省芳州对外经济技术合作有限公司	0	0	0	0
吉林省对外经济合作有限公司	0	0	0	0
松原市国际经济技术合作有限公司	0	0	1 600	279
吉林省华融经贸有限公司	0	0	0	70
吉林省世和国际经济技术合作有限公司	0	0	2 943	43
吉林省三龙对外经贸有限公司	0	0	180	475
延边美通国际经济贸易合作有限公司	0	0	0	12
吉林冶建有限公司	800	80	1 200	277
吉林天宇建设集团股份有限公司	430	1 128	0	0
白城市第一建筑工程总公司	0	0	0	0
四平市国信对外经济技术合作有限公司	0	0	0	0
中国水利水电第一工程局有限公司	0	178	0	0
吉林市第一建筑工程有限责任公司	0	0	0	0
中油吉林化建工程有限公司	15 613	7 008	0	0
吉林省送变电工程公司	4 255	4 500	0	0
吉林国际人才技术交流公司	0	0	942	983
吉林省对外合作发展公司	0	0	0	553
吉林省国际人才技术合作有限公司	0	0	0	554
通化金宝国际经济技术合作有限公司	0	0	500	2 443
吉林石油集团有限责任公司	0	10 668	0	0
吉林建设开发集团公司	0	0	0	0
吉林省兴业国际有限公司	0	0	15	2
吉林海天国际劳务合作有限公司	0	0	200	3 657
吉林省万洋出国服务有限公司	0	0	0	144
延边大洋国际经济技术合作有限公司	0	0	0	2 074

续

企业名称	对外承包工程		对外劳务合作	
	新签合同额	完成营业额	新签合同额	完成营业额
延边国际经济技术合作有限公司	0	0	3	1 166
延边海外经济技术合作有限公司	0	0	0	483
长春建设股份有限公司	0	320	0	0
吉林市国际经济技术合作有限公司	0	0	197	34
吉林省吉富境外人才交流有限公司	0	0	85	24
吉林省中天对外经济技术合作有限公司	0	0	500	524
吉林省金田人力资源有限公司	0	0	0	346
延边出国人员培训院	0	0	50	199
吉林省交通建设集团有限公司	0	0	0	0
中铁十三局集团有限公司	9 867	1 653	0	0
吉林省工程建设有限公司	0	0	0	0
黑龙江省	17 601	105 093	2	1959
黑龙江边境小额贸易企业	0	0	0	0
中国黑龙江国际经济技术合作公司	947	3 204	277	463
黑龙江省瑞驰建设公司	0	0	0	35
黑龙江祥业国际经济技术合作有限公司	0	0	48	239
中国哈尔滨国际经济技术合作公司	0	0	0	0
大庆石油国际工程公司	7 536	5 686	0	0
黑龙江省粮油食品进出口（集团）公司	0	0	0	0
黑龙江省火电第三工程公司	0	1 038	0	0
哈尔滨电站工程有限责任公司	0	88 609	0	0
哈尔滨市第二建筑工程公司	0	0	0	0
黑龙江诚通人才交流服务有限公司	0	0	0	50
东宁县宏达国际物流有限公司	0	0	0	0
嘉荫县华新工贸有限责任公司	0	0	199	292
嘉荫县欧邦德木业有限公司	0	0	86	10
黑河市仕隆经贸有限责任公司	0	0	0	0
东宁吉信工贸（集团）有限责任公司	0	0	0	0
黑河市鸿鹏经贸有限公司	0	0	0	0
鸡西市润乾商贸有限公司	0	0	32	17
黑龙江省兴邦国际资源投资股份有限公司漠河分	0	0	0	0
黑龙江越海国际经济技术合作有限公司	0	0	136	21
龙建路桥股份有限公司	9 118	6 556	0	0
黑龙江电信国脉工程股份有限公司	0	0	0	0
黑龙江省宝泉岭农垦远东农业开发有限公司	0	0	0	0
东宁县宏达经济贸易公司	0	0	0	0
绥芬河市成业经贸有限公司	0	0	536	329
萝北县腾鹤经贸有限公司	0	0	0	0
黑龙江金山峰经济技术合作有限公司	0	0	0	0
漠河阿木尔森永经济贸易有限责任公司	0	0	0	0
黑龙江国际工程技术合作集团股份有限公司	0	0	0	0

续

企业名称	对外承包工程		对外劳务合作	
	新签合同额	完成营业额	新签合同额	完成营业额
绥芬河龙江商联进出口有限公司	0	0	0	0
绥芬河市宝国经贸有限责任公司	0	0	0	0
大庆油田有限责任公司	0	0	0	0
黑龙江省华诚国际经济技术合作集团有限公司	0	0	0	0
海林市大运国际经济技术合作有限公司	0	0	0	0
嘉荫县华泰经济贸易有限责任公司	0	0	808	0
牡丹江对外经济技术合作有限公司	0	0	0	0
逊克县财源经贸有限责任公司	0	0	0	0
绥芬河市鸿雁经贸有限责任公司	0	0	0	0
饶河县金库经贸有限责任公司	0	0	0	0
黑龙江弘博国际经济技术合作有限公司	0	0	223	223
同江市龙健经济贸易有限责任公司	0	0	0	0
东宁华信经济贸易有限责任公司	0	0	351	280
上海市	**1010 276**	**689 616**	**56 701**	**64 547**
上海中洋境外就业服务有限公司	0	0	0	0
上海申工境外就业服务有限公司	0	0	0	3
上海才华境外就业服务有限公司	0	0	328	517
中海国际船舶管理有限公司	0	0	43 384	3 923
中国二十冶集团有限公司	2 262	10 117	0	0
中国铁路通信信号上海工程集团有限公司	5 640	2 082	0	0
中国航空技术上海有限公司	0	1 798	0	0
上海海程经贸有限公司	0	0	419	473
上海服装（集团）有限公司	0	0	0	0
华东建筑设计研究院有限公司	187	25	0	0
上海久隆电力（集团）有限公司	162	86	0	0
中交上海航道局有限公司	3 367	2 522	0	0
上海建工（集团）总公司	155 629	161 179	0	0
上海隧道工程股份有限公司	0	11 868	0	0
上海大通国际商务服务有限公司	0	0	58	61
上海市机械设备成套（集团）有限公司	7 714	7 714	0	0
长江经济联合发展（集团）股份有限公司	0	0	0	0
中国海底电缆建设有限公司	0	0	0	0
上海核工程研究设计院	0	0	0	0
上海邮电设计咨询研究院有限公司	0	167	0	0
上海电信工程有限公司	0	0	0	0
上海黄浦对外经济技术合作有限公司	0	0	6	84
上海育海航运公司	0	0	0	0
中国电力工程顾问集团华东电力设计院	0	0	0	0
上海华谊集团建设有限公司	660	660	0	0
东方国际集团对外经济技术合作有限公司	0	0	0	12
中国海诚工程科技股份有限公司	0	1 918	0	0

续

企业名称	对外承包工程		对外劳务合作	
	新签合同额	完成营业额	新签合同额	完成营业额
上海勘测设计研究院	0	25	0	0
中国石化集团上海工程有限公司	0	0	0	0
上海市城市建设设计研究院	0	47	0	0
上海市隧道工程轨道交通设计研究院	0	0	0	0
中国核工业第五建设公司	0	1807	0	0
上海市崇明县对外经济技术发展有限公司	0	0	0	0
上海青浦外经国际劳务有限公司	0	0	0	0
上海金山外经国际劳务有限公司	0	0	0	0
上海建筑设计研究院有限公司	63	35	0	0
上海万谷境外就业服务有限公司	0	0	1	616
上海浦东新区国际经济技术合作有限公司	0	0	0	0
上海扬子江建设（集团）有限公司	1 140	610	0	310
上海神工环保股份有限公司	0	0	0	0
上海城建（集团）公司	7 846	7 026	0	0
上海杰思工程实业有限公司	1 528	537	0	0
上海 ABB 工程有限公司	9 164	9 164	0	0
上海中远川崎重工钢结构有限公司	2 938	2 219	0	0
上海新桥境外就业服务有限公司	0	0	8	0
上海环球境外就业服务有限公司	0	0	0	0
上海宇振境外就业服务有限公司	0	0	124	124
上海境外就业服务有限公司	0	0	0	0
中曼石油天然气集团有限公司	12 704	1 563	0	0
上海外经贸人力资源有限公司	0	0	255	0
上海长发对外经济合作有限公司	0	0	0	0
上海雯迪对外劳务合作有限公司	0	0	91	91
上海宝冶集团有限公司	5 930	10 215	0	0
上海电气集团股份有限公司	344 374	104 234	0	0
正泰电气股份有限公司	4 435	3	0	0
上海诚信境外就业服务有限公司	0	0	765	1001
上海外经境外就业服务有限公司	0	0	0	0
上海汉森投资发展有限公司	0	0	0	0
伯利休斯（上海）工程技术有限公司	5 690	5 690	0	0
上海力进铝质工程有限公司	0	0	0	0
中国船舶工业集团公司	12 319	12 319	0	0
中冶成工上海五冶建设有限公司	73 565	12 057	0	0
上海现代建筑设计（集团）有限公司	174	77	0	0
上海中波国际船舶管理有限公司	0	0	1260	1 151
上海远洋对外劳务有限公司	0	0	963	5 703
上海美建钢结构有限公司	1 883	1868	0	0
上海宝信软件股份有限公司	707	681	0	0
宝钢钢构有限公司	8 485	1533	0	0

续

企业名称	对外承包工程		对外劳务合作	
	新签合同额	完成营业额	新签合同额	完成营业额
上海贝尔股份有限公司	166 363	118 919	0	0
上海振华重工（集团）股份有限公司	155 030	161 561	0	0
宝钢工程技术集团有限公司	264	1 157	0	0
上海市政工程设计研究总院	36	34	0	0
中船第九设计研究院工程有限公司	568	339	0	0
上海外高桥地质工程有限公司	480	310	0	0
上海海洋石油局第一海洋地质调查大队	476	476	0	0
上海三航奔腾建设工程有限公司	0	3 050	0	0
上海龙元建设工程有限公司	0	547	0	0
上海电力安装第一工程公司	0	0	0	0
上海市园林工程有限公司	462	102	0	0
上海欣达电梯工程有限公司	285	285	0	0
上海建筑装饰（集团）有限公司	0	0	0	0
上海电气输配电工程成套有限公司	1 105	7 929	0	0
中国成套设备进出口上海公司	0	0	302	582
上海轻纺工业对外经济技术合作有限公司	0	0	128	773
中国华源集团有限公司	0	0	0	0
上海电气（集团）总公司	0	6 586	0	0
上海对外劳务经贸合作有限公司	0	0	2	2
中国上海外经（集团）有限公司	12 506	4 227	1	3
上海市对外服务有限公司	0	0	3	42
华东送变电工程公司	0	1 552	0	0
上海水产（集团）总公司	0	0	0	175
中铁二十四局集团有限公司	0	0	0	0
中国建材国际工程集团有限公司	4 135	5 831	0	0
中电投电力工程有限公司	0	4 865	0	0
江苏省	**544 726**	**516 738**	**80**	**76 976**
常林股份有限公司	3 610	3 552	0	0
南京交通工程有限公司	17 404	3 026	0	0
中煤第五建设有限公司	3 966	3 651	0	0
苏州国际经济技术合作有限公司	0	0	498	153
苏州二建建筑集团有限公司	0	0	0	0
苏州园林发展股份有限公司	103	20	0	0
江苏恒通建设工程有限公司	6 000	3 000	0	0
江苏华能建设工程集团有限公司	1 586	1 106	0	0
江苏天目建设集团有限公司	1 155	1 128	0	0
金坛国际经济技术合作公司	0	0	0	66
金坛市建昌建筑安装工程有限公司	0	0	2	900
江苏省华建建设股份有限公司	3 711	2 500	0	0
宿迁国际经济技术合作有限公司	0	0	2	2
宿迁市建设工程（集团）有限公司	0	0	0	0

续

企业名称	对外承包工程		对外劳务合作	
	新签合同额	完成营业额	新签合同额	完成营业额
启东市八方劳务经济技术有限公司	0	0	261	6
泰州市第七建筑安装工程公司	0	0	534	1 308
江苏科林集团有限公司	1 308	492	0	0
科林环保装备股份有限公司	1 538	1 618	0	0
正太集团有限公司	8 326	6 015	0	0
徐州飞虹网架（集团）有限公司	1 150	1400	0	0
徐州中煤钢结构建设有限公司	600	850	0	0
海澜国际贸易有限公司	0	0	319	310
江苏南通六建建设集团有限公司	11 069	12 762	0	6 096
南通中远川崎船舶工程有限公司	0	0	0	0
中国中材国际工程股份有限公司	59 840	81 580	0	0
盐城经纬国际集团有限公司	0	0	0	355
江苏广宇建设集团有限公司	4 100	2 374	0	0
江苏大都建设工程有限公司	0	27	0	0
江苏五洲对外劳务合作有限公司	0	0	3	973
江苏江都建设集团有限公司	6 495	5 993	101	457
江苏建业建设集团有限公司	0	659	0	0
江苏盐城二建集团有限公司	0	1 324	0	0
南通兴江建建安集团有限公司	1 194	680	0	0
江苏省日兴境外就业服务有限公司	0	0	410	421
江苏鑫宇装饰有限公司	1 522	1 446	0	0
江苏国泰国际集团国贸股份有限公司	0	0	2	2 294
常熟古建园林建设集团有限公司	278	385	0	0
徐州运成建设（集团）有限公司	250	300	0	0
江苏火花钢结构集团有限公司	1700	1750	0	0
无锡天亿国际贸易有限公司	0	0	24	85
泰州市鸿昊建设工程有限公司	0	0	0	180
南通汇川境外就业服务有限公司	0	0	214	66
江苏中澜境外就业服务有限公司	0	0	2	1275
南京爱立信熊猫通信有限公司	1990	1990	0	0
江苏省江建集团有限公司	1534	137	0	0
江苏江都安装工程有限公司	0	190	0	0
江苏原野建筑安装工程有限公司	1250	6 047	0	0
常州宝菱重工机械有限公司	4 024	3 217	0	0
江苏华艺装饰工程有限公司	0	40	0	0
江苏盐城水利建设有限公司	0	56	0	0
苏州园林设计院有限公司	166	15	0	0
江苏省地质工程勘察院	603	603	0	0
江苏连云港地质工程勘察院	0	0	0	0
中核华誉工程有限责任公司	0	180	0	0
南通苏中建设有限公司	3 485	1967	0	0

续

企业名称	对外承包工程		对外劳务合作	
	新签合同额	完成营业额	新签合同额	完成营业额
常熟建工建设集团有限公司	6 635	3 075	0	0
常熟国际经济技术合作有限责任公司	0	0	236	261
江苏金土木建设集团有限公司	115	519	0	0
苏州东吴国际经济技术合作有限公司	0	0	66	119
无锡中正锅炉有限公司	79	79	0	0
红豆集团有限公司	0	0	0	151
中煤国际工程集团南京设计研究院	697	122	0	0
江苏金厦建设集团有限公司	1 126	640	0	0
春兰（集团）公司	1 440	2 420	0	0
镇江华星国际贸易集团有限公司	0	0	0	38
镇江国际经济技术合作有限公司	1 700	2 817	332	220
镇江市对外贸易集团公司	0	0	0	397
中交二航局第三工程有限公司	45 770	16 527	0	0
镇江建工建设集团有限公司	1 206	3 855	0	0
锦宸集团有限公司	7 265	8 367	0	0
江苏牧羊集团有限公司	0	660	0	0
江苏邗建集团有限公司	1 800	2 352	0	628
扬州市苏中安装防腐有限公司	0	5	0	0
泰兴市第一建筑安装工程有限公司	0	1 060	0	0
扬州市富扬对外经济贸易有限公司	0	0	1 395	1 364
中机环建建设工程有限公司	0	215	0	0
中国扬州国际经济技术合作有限公司	0	0	0	285
江苏国安建筑安装工程有限公司	0	305	0	0
盐城市天虹建设集团有限公司	0	305	0	0
江苏中厦集团有限公司	0	210	0	0
盐城国际经济技术合作公司	0	0	1 170	708
江苏建兴建工集团有限公司	0	390	0	0
江苏金建建设集团有限公司	2 701	2 714	0	0
涟水县建筑工程公司	0	0	0	0
江苏南通三建集团有限公司	9 072	18 969	150	2 675
江苏省宇通国际经济技术合作有限公司	0	0	1 481	258
南京对外经济合作有限公司	1 003	971	292	75
长江南京航道工程局	0	0	0	0
金城集团进出口有限公司	1 600	1 640	0	0
南京大地建设（集团）股份有限公司	5 336	9 817	0	0
中国石化集团南京工程有限公司	13 451	14 521	0	0
中交三航局第三工程有限公司	0	0	0	0
南京市住宅建设总公司	0	3 210	0	0
泰州市码也通信器材有限公司	0	0	550	200
江苏大汉建筑有限公司	100	50	0	0
江苏亿涛境外就业服务有限公司	0	0	293	197

续

企业名称	对外承包工程		对外劳务合作	
	新签合同额	完成营业额	新签合同额	完成营业额
江苏领驭境外就业服务有限公司	0	0	879	306
江苏中盛人力资源有限公司	0	0	1	570
泰兴市海外经济技术合作有限公司	0	0	366	220
江苏中海国际经济技术合作有限公司	0	0	1	2 672
无锡市对外友好服务中心	0	0	45	163
泰州海建建设工程有限公司	0	0	7	10 405
建湖县清华建筑工程劳务有限公司	0	0	0	405
江苏大唐明治境外就业有限公司	0	0	0	0
连云港国航经济技术合作有限公司	0	0	406	150
江苏常青对外经济合作有限公司	0	0	283	39
连云港沃的实业有限公司	0	0	82	71
江苏同创国际人力资源合作有限公司	0	0	767	628
徐州通域空间结构有限公司	2 000	2 300	0	0
南通云峰建筑安装工程有限公司	0	0	1	300
无锡国联华光电站工程有限公司	9 371	1 464	0	0
江苏苏兴建设工程有限公司	2 550	2 206	0	0
盐城市苏明外经合作有限公司	0	0	1	240
东海华夏国际经济合作有限公司	0	0	320	169
江苏友邦境外就业咨询服务有限公司	0	0	704	4 064
连云港陆桥国际经济技术合作有限公司	0	0	111	17
江苏省淮海建设集团有限公司	350	250	0	0
连云港兴业商务经纪有限公司	0	0	33	12
南京中兴软创科技股份有限公司	2 941	2 337	0	0
苏州中材建设有限公司	29 474	13 176	0	0
苏州金澄经济技术研究发展有限公司	0	0	2	1 380
连云港市东方国际经济技术合作有限公司	0	0	1	378
溧阳市新联劳务工程有限公司	0	0	1	705
中城建第二工程局集团有限公司	0	29	0	0
新誉集团有限公司	14 068	17 346	0	0
南京西普水泥工程集团有限公司	2 695	2 695	0	0
江苏鹏飞集团股份有限公司江苏	2 680	1 856	0	0
江苏恒远机械制造有限公司	0	1 224	0	0
江苏汉中建设集团有限公司	600	1 000	0	0
淮安金泰国际经济技术合作有限公司	0	0	842	1 254
江苏中兴建设有限公司	7 066	7 893	0	0
南京凯盛国际工程有限公司	800	800	0	0
江苏广宇建设集团有限公司	0	0	0	106
江苏远东海运有限公司	0	0	107	67
苏州市对外服务中心	0	0	30	21
江苏天宇建设工程有限公司	0	545	0	0
泰州市高港建筑安装工程有限公司	2 458	1 620	0	0

续

企业名称	对外承包工程		对外劳务合作	
	新签合同额	完成营业额	新签合同额	完成营业额
南京华特国际旅游交流服务有限公司	0	0	280	14
江苏天龙建设工程有限公司	0	0	0	1 538
江苏长安建设集团有限公司	0	0	0	0
南京鸿业建设工程有限公司	26	0	0	0
中地南通国际劳务合作有限公司	0	0	394	532
江苏省丹阳东方国际经济技术合作有限公司	0	0	119	516
无锡市大方对外劳务经贸合作有限公司	0	0	4 493	294
江阴市海联对外合作咨询有限公司	0	0	77	2
南通三箭烟塔工程有限公司	400	400	0	0
江苏淮阴建设工程集团有限公司	470	1 180	0	0
江苏通州四建集团有限公司	3 154	2 677	0	0
通州建总集团有限公司	8 104	7 110	0	0
南通四建集团有限公司	10 871	10 690	0	114
南通五建建设工程有限公司	3 381	6 193	4 039	1 383
江苏省苏中建设集团股份有限公司	676	595	0	1 827
江苏帝奥控股集团股份有限公司	0	0	2 000	350
南通帝奥国际经济技术合作有限公司	0	0	582	210
南通市经济技术开发区总公司	0	0	0	0
江苏天成建设工程有限公司	0	0	0	0
江苏中淮建设集团有限公司	2 465	1 307	0	0
江苏三兴建工集团有限公司	400	156	0	0
连云港市建筑工程公司	0	0	0	0
中蓝连海设计研究院	1 597	726	0	0
启东市对外经济技术合作有限公司	0	0	931	1 679
启东建筑集团有限公司	290	7 930	0	0
龙信建设集团有限公司	6 039	7 650	0	0
南通国际经济技术合作公司	0	0	1 398	1 844
南通远洋渔业有限公司	2 300	2 300	0	0
南通建筑工程总承包有限公司	0	1 796	0	0
南通建工集团股份有限公司	5 825	19 415	0	0
吴江市对外贸易有限公司	0	0	82	124
苏州香山古建园林工程有限公司	520	600	0	0
苏州国信集团有限公司	0	0	401	313
苏州进出口（集团）有限公司	0	360	243	35
徐州矿务集团有限公司	200	1 500	0	0
江苏省建筑工程集团有限公司	10 931	11 288	0	0
江苏省邮电建设工程有限公司	1 310	822	0	0
江苏神龙海洋工程有限公司	2 660	1 849	0	0
江苏省建工集团有限公司	12 398	300	6 024	1 830
中国石化集团江苏石油勘探局	800	6 150	0	0
江苏省水利建设工程有限公司	0	635	0	0

续

企业名称	对外承包工程		对外劳务合作	
	新签合同额	完成营业额	新签合同额	完成营业额
江苏省电力建设第一工程公司	0	54	0	0
江苏苏润建设集团有限公司	500	450	0	0
徐州市水利工程建设有限公司	0	0	0	0
江苏永业集团公司	200	100	0	0
徐州工程机械集团进出口有限公司	0	0	0	0
徐州国际经济技术合作有限公司	400	500	32	159
徐州市公路工程总公司	100	100	0	0
无锡国际经济技术合作公司	0	0	0	0
无锡华光电力工程有限公司	0	3 200	0	0
南京华夏天成建设有限公司	127	65	0	0
中国化学工程第十四建设有限公司	1 146	725	0	0
化学工业岩土工程有限公司	1 000	1 070	0	0
中铁大桥局集团第四工程有限公司	2 646	4 842	0	0
南京南瑞集团公司	0	0	0	0
江苏天地钢结构工程集团有限公司	300	100	0	0
江苏省对外交流公司	0	0	1 012	0
中国江苏国际经济技术合作公司	30 016	42 268	2 602	7 063
江苏省地质工程有限公司	498	543	0	0
中国核工业华兴建设有限公司	0	1 120	0	0
中国电子系统工程第二建设有限公司	2 297	372	0	0
南京南化建设有限公司	1 598	1 402	0	0
江苏省交通工程集团有限公司	0	4 780	0	0
江苏远洋运输有限公司	0	0	223	912
江苏水利外经公司	0	0	0	0
江苏省建设集团公司	14 061	10 667	200	538
江苏交通建设集团有限公司	54	27	0	0
江苏圣通建设工程有限公司	2 300	200	8 650	4 281
金坛建工集团有限公司	11 058	8 585	0	0
常州国际经济技术合作（集团）有限公司	0	0	840	984
常州市对外经济技术贸易（集团）公司	0	0	870	819
常州机械设备进出日有限公司	77	77	0	0
常州钢构建设工程有限公司	1050	1 050	0	0
徐州东大钢结构建筑有限公司	200	150	0	0
南京纺织品进出口股份有限公司	0	0	384	384
江苏东恒国际集团有限公司	0	0	0	0
江苏建达建设股份有限公司	20 044	2 397	0	0
江苏永鼎股份有限公司	17 533	5 865	0	0
江苏长江机械化基础工程公司	1 211	986	0	0
江苏省海外企业集团有限公司	4 673	2 561	0	0
江苏沙钢集团有限公司	24 188	20 071	0	0
江苏省第一建筑安装有限公司	4 526	4 146	0	0

续

企业名称	对外承包工程		对外劳务合作	
	新签合同额	完成营业额	新签合同额	完成营业额
浙江省	241 543	275 057	4 563	16 019
温州市境外劳务合作有限公司	0	0	220	262
舟山市鑫亚船舶修造有限公司	0	0	0	0
浙江万达建设集团有限公司	0	0	0	0
舟山海兴远洋渔业有限公司	0	0	32	251
台州平翔国际经济技术合作有限公司	0	0	222	146
嘉兴市百翎对外劳务合作有限公司	0	0	0	397
浙江海天建设集团有限公司	0	4 974	0	0
湖州金钉子对外经济交流服务有限公司	0	0	16	1
湖州市对外经济技术合作有限公司	0	0	0	278
浙江省兰溪欧亚对外劳务合作有限公司	0	0	198	52
中宇建设集团股份有限公司	588	412	0	0
中博建设集团有限公司	0	31 096	0	0
浙江浙大网新机电工程有限公司	5 653	2 863	0	0
浙江浙大网新集团有限公司	10 905	9 100	0	0
中天建设集团浙江安装工程有限公司	0	0	0	0
浙江宝业建设集团有限公司	410	174	0	0
浙江省对外服务公司	0	0	37	315
浙江鸿翔钢结构有限公司	225	225	0	0
浙江新鑫钢结构有限公司	655	150	0	0
浙江省正邦水电建设有限公司	0	934	0	0
浙江省水电建筑安装有限公司	1 748	6 505	0	0
浙江城建建设集团有限公司	10 646	10 271	0	0
浙江金华时代对外服务有限公司	0	0	187	1 112
杭州国际经济合作有限公司	0	0	150	405
绍兴国际经济技术合作有限公司	0	0	31	550
蓝天环保设备工程有限公司	3 580	2 150	0	0
舟山东方国际经贸有限公司	0	0	0	1 520
浙江省交通工程建设集团有限公司	0	3 904	0	0
浙江省远洋渔业集团股份有限公司	0	0	0	4
浙江中富建筑集团股份有限公司	931	1 038	0	0
浙江精工钢结构有限公司	723	3 179	0	0
杭州林森建设集团有限公司	1 348	559	0	0
潮峰钢构集团有限公司	0	29	0	0
浙江省建工建筑设计院有限公司	294	188	0	0
浙江华立国际发展有限公司	5 098	3 538	0	0
浙江中大对外经济技术合作有限公司	0	0	0	369
浙江振华外派劳务服务有限公司	0	0	329	89
绍兴市国际交流服务中心有限公司	0	0	132	10
浙江大地钢结构有限公司	1 908	201	0	0
杭州市交通工程集团有限公司	1 760	3 217	0	0

续

企业名称	对外承包工程		对外劳务合作	
	新签合同额	完成营业额	新签合同额	完成营业额
浙江省电力设计院	1 904	1 017	0	0
浙江省水利水电勘测设计院	212	61	0	0
浙江省交通规划设计研究院	0	116	0	0
人民电器集团有限公司	16 830	0	0	0
杭州恒达钢构股份有限公司	1 411	100	0	0
杭州钱江电气集团股份有限公司	1 000	1 000	0	0
浙江省第一水电建设集团有限公司	2 074	953	0	0
舟山国际经济技术合作有限公司	0	0	0	199
宏远建设有限公司	441	0	0	0
宇杰建设集团有限公司	0	20	0	0
金厦建设集团有限公司	3 574	357	0	0
浙江省东阳第三建筑工程有限公司	4 065	6 806	0	0
中天建设集团有限公司	2 400	3 617	0	0
浙江金轮机电实业有限公司	3 284	3 005	0	0
晟元集团有限公司	4 101	433	0	0
浙江乔兴建设工程有限公司	1 800	300	0	0
嘉兴市对外经济技术合作有限公司	0	0	0	836
浙江越烽建筑有限公司	3 249	3 041	0	0
浙江海滨建设集团有限公司	0	650	0	0
华升建设集团有限公司	1 280	1 559	0	0
长业建设集团有限公司	0	454	0	0
浙江华冶矿建集团有限公司	2 000	110	0	0
温州国际经济技术合作公司	0	0	14	868
浙江杭萧钢构股份有限公司	0	3 210	0	0
浙江中南建设集团有限公司	822	404	0	0
杭州之江市政建设有限公司	3 450	6 299	0	0
杭州汽轮动力集团有限公司	9 281	3 051	0	0
杭州市对外经济贸易服务有限公司	0	0	28	738
华信邮电咨询设计研究院有限公司	1548	516	0	0
杭州市市政工程集团有限公司	1456	868	0	0
浙江国贸集团东方机电工程有限公司	5 208	4 279	0	0
浙江省长城建设集团股份有限公司	5 649	353	0	0
广厦建设集团有限责任公司	0	12 011	0	0
浙江省粮油食品进出口股份有限公司	0	0	188	188
中国水电顾问集团华东勘测设计研究院	9 458	3 021	0	0
中国水产舟山海洋渔业公司	0	1222	0	0
浙江省建设投资集团有限公司	21 900	17 788	599	1 091
浙江省机械设备进出口有限责任公司	1745	1 220	0	0
中国浙江国际经济技术合作有限责任公司	0	0	2 135	3 059
万向集团公司	0	9 741	0	0
浙江省火电建设公司	3 677	237	0	0

续

企业名称	对外承包工程		对外劳务合作	
	新签合同额	完成营业额	新签合同额	完成营业额
浙江省工业设备安装集团有限公司	1 979	668	0	0
浙江省邮电工程建设有限公司	4 760	1 520	0	0
浙江省送变电工程公司	1 145	321	0	0
其中：宁波市	**73 368**	**100 022**	**45**	**3 279**
浙江造船有限公司	0	1 327	0	0
宁波市工艺品进出口有限公司	0	0	0	513
宁波建工股份有限公司	1 552	4 862	0	0
宁波市建设集团股份有限公司	4 200	3 828	0	0
中国宁波国际合作有限责任公司	426	426	0	358
浙江天时国际经济技术合作有限公司	3 174	4 654	0	0
宁波第二设备安装有限公司	0	1 400	0	0
宁波市慈溪进出口股份有限公司	0	0	0	402
中达建设集团股份有限公司	7 500	4 955	0	0
中国石化集团宁波工程有限公司	2 063	21 525	0	0
余姚市对外贸易有限公司	6 116	9 191	0	0
宏润建设集团股份有限公司	12 000	0	0	0
宁波海天股份有限公司	809	949	0	0
华丰建设股份有限公司	1 350	14 359	0	0
宁波华星钢构股份有限公司	0	596	0	0
宁波东海集团有限公司	13 771	13 558	0	0
浙江大丰实业有限公司	234	763	0	0
宁波中策动力机电集团有限公司	5 253	5 742	0	0
龙元建设集团股份有限公司	8 000	7 803	0	0
浙江省电力建设有限公司	5 400	1984	0	0
宁波泰联国际经贸有限公司	0	0	0	597
宁波乐惠食品设备制造有限公司	327	355	0	0
浙江天鸿钢结构有限公司	112	1 065	0	0
浙江华业电力工程股份有限公司	60	60	0	0
宁波亿泰控股有限公司	643	355	0	0
宁波汇星境外就业服务有限公司	0	0	45	228
中成宁波进出口有限公司	378	265	0	1
安徽省	**151147**	**192 716**	**6 625**	**12 119**
安徽建工集团有限公司	24	27 746	0	0
合肥水泥研究设计院	18 061	22 889	0	0
安徽省第一建筑工程公司	0	45	0	0
安徽省电力设计院	65	88	0	0
中国机械工业第五建设工程公司	1 364	1 052	0	0
合肥建工集团有限公司	0	4 647	0	0
中国十七冶集团有限公司	156	10 990	0	0
安徽电力建设第二工程公司	0	454	0	0
中国化学工程第三建设有限公司	2 700	9 522	0	0

续

企业名称	对外承包工程		对外劳务合作	
	新签合同额	完成营业额	新签合同额	完成营业额
淮南国际经济技术合作公司	0	0	0	346
安徽电力建设第一工程公司	0	120	0	0
蚌埠市国际经济技术合作公司	1 649	1 658	0	0
芜湖市天润建设实业有限公司	0	408	0	0
中铁四局集团有限公司	15 106	60 356	0	0
合肥对外经济技术合作有限公司	0	0	350	592
马钢集团设计研究院有限责任公司	0	10	0	0
安徽电信规划设计有限责任公司	0	254	0	0
长江精工钢结构（集团）股份有限公司	0	368	0	0
安徽国合承包工程技术发展有限责任公司	0	0	4	11
淮南中发电力实业总公司	0	0	891	0
安徽国禾国际贸易有限公司	0	0	0	186
安徽电信工程有限责任公司	0	2 428	0	0
安徽省宿州国际经济技术合作公司	0	0	0	93
中冶华天工程技术有限公司	1 301	9 004	0	0
安徽省中安对外经济技术合作有限公司	0	0	0	0
安徽港湾对外劳务合作有限公司	0	0	0	918
安徽国经劳务经济技术合作有限公司	0	0	84	38
安庆中和对外经济技术交流有限公司	0	0	100	6
马鞍山建诚国际经济技术合作有限公司	0	0	244	1 163
安庆市东浩对外经济合作有限公司	0	0	1	1 749
安徽三建工程有限公司	2602	59	0	0
安徽省外经建设（集团）有限公司	95 072	34 234	0	132
安徽致宸建筑工程有限公司	0	0	0	725
安徽省远洋劳务有限公司	0	0	0	113
安徽建工海外劳务有限责任公司	0	0	0	18
铜陵市中成外贸劳务有限责任公司	0	0	0	34
铜陵中都矿山建设有限责任公司	1689	1 436	0	0
安徽水安建设集团股份有限公司	0	882	0	0
安徽中天国际经济合作有限责任公司	0	0	24	427
马钢集团建设有限责任公司	7	1325	0	0
马钢设计研究院有限责任公司	351	322	0	0
芜湖市外经服务有限公司	0	0	2	4 215
东华工程科技股份有限公司	11 000	240	0	0
安徽省建筑设计研究院	0	204	0	1 002
安徽省池州对外贸易有限责任公司	0	0	610	11
中煤第三建设（集团）有限责任公司	0	525	0	0
安徽中徽对外经济技术合作有限公司	0	0	240	226
太和县对外贸易公司	0	、0	231	37
安徽阜阳建工集团有限公司	0	1070	0	0
铜陵有色金属集团控股有限公司	0	380	0	0

续

企业名称	对外承包工程		对外劳务合作	
	新签合同额	完成营业额	新签合同额	完成营业额
马鞍山慈欣国际经济技术合作有限公司	0	0	0	77
安徽省古建园林市政建设有限公司	0	0	0	0
福建省	**8 607**	**23 531**	**20**	**23 209**
中国福州国际经济技术合作公司	0	0	330	1
福建省漳州轮船有限公司	0	0	111	48
漳州国际经济技术合作公司	0	0	1	432
泉州中泉国际经济技术合作（集团）有限公司	0	0	4	2
福建莆田对外经济技术合作公司	0	0	6	0
漳浦国际经济技术合作公司	0	0	0	0
福建省轮船总公司	0	0	82	65
福建华源国际贸易经济合作公司	0	0	0	44
福建福通对外经济合作有限公司	0	0	415	823
福建省电力工程承包公司	925	129	0	0
福建建工集团总公司	0	3 312	0	0
中国武夷实业股份有限公司	5 072	15 397	0	0
福建省建筑设计研究院	0	0	0	0
福建省对外劳务合作公司	0	0	2	1
惠安县惠新贸易公司	0	0	72	12
霞浦县同兴贸易公司	0	0	46	34
厦门汇贤境外就业服务有限公司	0	0	290	14
莆田市国际经济合作有限公司	0	0	1	420
福建向荣建设集团有限公司	0	274	0	0
福建中福对外劳务合作有限公司	0	0	2	4
福建省工业设备安装有限公司	2 610	4 349	0	0
福建地矿建设集团公司	0	0	0	0
福建南平国际经济技术合作有限公司	0	0	0	0
其中：厦门市	**0**	**70**	**6**	**10 462**
厦门海隆对外劳务合作有限公司	0	0	4	3
厦门市泉海船务有限公司	0	0	0	9
厦门新长诚钢构浪板有限公司	0	70	0	0
中国厦门国际经济技术合作公司	0	0	1	5
厦门诚毅船务公司	0	0	1	1
厦门经济特区船务有限公司	0	0	24	103
江西省	**135 697**	**104 334**	**3**	**6 331**
江西省建工集团公司	1 303	1 339	0	0
江西洪都航空工业集团有限责任公司	234	78	0	0
江西华昌基建工程有限公司	2 223	1 337	0	0
江西煤田地质局普查综合大队	490	5 765	0	0
江西省地质工程（集团）公司	0	2 473	0	0
赣州亿通对外经济技术合作有限公司	0	0	566	489
中国第四冶金建设有限责任公司	4 746	800	0	0

续

企业名称	对外承包工程		对外劳务合作	
	新签合同额	完成营业额	新签合同额	完成营业额
九江市对外经济合作公司	0	0	84	183
中鼎国际工程有限责任公司	18 021	18 577	0	0
江西省水利水电建设有限公司	1 915	1 638	0	0
南昌市第一建筑工程公司	0	0	0	0
南昌对外工程总公司	0	12 990	0	0
江西三才境外就业服务有限公司	0	0	0	45
江西久盛国际机电设备有限责任公司	19 643	5 801	0	0
江西世和实业有限公司	0	0	474	474
中铁九桥工程有限公司	0	0	0	0
南昌诚鑫经贸有限公司	0	0	56	86
江西中煤建设工程有限公司	24 229	13 035	0	0
江西江联能源环保股份有限公司	3 825	1 548	0	0
赣州发电设备成套制造有限公司	1 310	0	0	0
景德镇市国际经济技术合作公司	0	0	0	97
江西省电力工程总承包有限公司	0	0	0	0
江西对外劳务经济合作有限公司	0	0	0	221
南昌国际经济技术合作公司	530	6 959	350	1 373
泰豪科技股份有限公司	5 757	5 757	0	0
宜春海程经贸发展有限公司	0	115	0	0
江西省电力设计院	0	0	0	0
中国江西国际经济技术合作公司	49 186	25 743	1	2 048
中国瑞林工程技术有限公司	2 285	379	0	0
江西省轻工业对外经济技术合作公司	0	0	894	1 315
江西省火电建设公司	0	0	0	0
江西建工第二建筑有限责任公司	0	0	0	0
山东省	**1 008 411**	**523 767**	**84 093**	**78 648**
中铁十局集团有限公司	700	6 463	0	0
山东省路桥集团有限公司	11 306	4 516	0	0
山东省瀚森国际经贸合作有限公司	0	0	788	1 389
山东高速齐鲁建设集团公司	100	2 688	0	0
山东省地矿工程勘察院	0	0	0	0
山东电力基本建设总公司	263 744	74 406	0	0
山东省劳务合作公司	0	0	227	818
山东朝阳建设工程有限公司	0	0	0	0
威海连心桥境外就业服务有限公司	0	0	833	301
山东科瑞石油装备有限公司	1 218	37	0	0
山东国信国际经济技术合作有限公司	0	0	0	0
莒县恒昌境外就业服务中心	0	0	495	418
潍坊交运国际贸易有限公司	0	0	638	409
威海人和劳务服务有限公司	0	0	128	105
威海迪尚国际经济合作有限公司	0	0	23	533

续

企业名称	对外承包工程		对外劳务合作	
	新签合同额	完成营业额	新签合同额	完成营业额
山东丽达信息交流服务有限公司	0	0	80	80
烟台和盛出国劳务服务有限公司	0	0	64	171
东营大海国际经济咨询服务有限公司	0	0	0	28
东营九州人力资源开发有限公司	0	0	37	4
威海富华劳务合作有限公司	0	0	643	303
特变电工山东鲁能泰山电缆有限公司	5 327	227	0	0
山东国立经济技术合作有限公司	0	0	3	163
文登市三洋国际经济技术合作有限公司	0	0	440	177
潍坊交远经济技术合作服务有限公司	0	0	721	83
荣成鑫泰国际经济技术合作有限公司	0	0	32	16
烟台华天国际人才技术合作有限公司	0	0	216	75
莱芜凯悦经贸服务有限公司	0	0	127	20
济宁安吉经济技术合作有限公司	0	0	0	49
聊城鲁西国际经济技术合作有限公司	0	0	28	18
日照市华通境外就业服务中心	0	0	0	0
中国山东对外经济技术合作集团有限公司	9 746	6 914	5	8 522
山东斯凯特经贸发展有限公司	0	0	2	228
威海兴达境外就业服务有限公司	0	0	158	43
威海新正经贸合作有限公司	0	0	322	57
威海宏信国际人才交流有限公司	0	0	68	25
山东金桥劳务合作服务有限公司	0	0	78	38
德州德仁劳务集团有限公司	0	0	75	75
荣成宏业实业有限公司	0	0	7	48
兖矿集团东华建设有限公司	5 200	0	0	0
山东中海国际经济合作有限公司	0	0	1	1 397
山东华夏国际经济技术合作有限公司	0	0	932	403
胜利油田胜利勘察设计研究院有限公司	30	0	0	0
泰安市弘盛房地产开发有限责任公司	0	0	0	0
泰安市锦亿贸易有限公司	0	0	37	168
莱芜佐洋国际劳务合作有限公司	0	0	352	352
山东宁建建设集团有限公司	5 000	510	0	0
山东润泽国际经济技术合作有限公司	0	0	840	1 697
威海中远国际会展有限公司	0	0	154	60
山东宏昌路桥集团有限公司	0	0	100	0
山东国际合作联合有限公司	0	0	435	3 325
莱芜日昇国际经济合作有限公司	0	0	7	2 514
山东海华国际经济技术合作有限公司	0	0	828	1 028
威海联创进出口有限公司	0	0	0	4
日照五洲贸易有限公司	0	0	11	4
日照市振兴房地产开发有限公司	0	0	900	2 086
烟台市土畜产对外贸易有限公司	0	0	40	366

续

企业名称	对外承包工程		对外劳务合作	
	新签合同额	完成营业额	新签合同额	完成营业额
威海富田劳务合作有限公司	0	0	600	315
山东世纪纵横国际经济技术合作有限公司	0	0	1 569	837
威海方正国际人才技术合作有限公司	1200	0	1554	832
山东康瑞集团有限公司	0	0	1 441	259
荣成神农实业发展有限公司	0	0	0	463
泰安市鲁樱对外经济贸易有限公司	0	0	85	385
威海远大国际经济技术合作有限公司	0	0	141	66
泰安昌达国际经济技术合作有限公司	0	0	3 412	541
山东滨州对外经济技术合作有限公司	0	0	31	16
迪尔集团有限公司	0	200	0	0
威海费斯克国际经济技术合作有限公司	0	0	148	93
烟建集团有限公司	298	10 920	0	0
山东省昆仑路桥工程有限公司	1 600	10	0	0
山东电力工程咨询院有限公司	18 105	5 579	0	0
山东雄狮建筑装饰工程有限公司	586	2 105	0	0
山东凯银集团股份有限公司	0	0	0	154
山东德建集团有限公司	5 394	3 872	0	0
潍坊惠源国际劳务有限公司	0	0	900	1 230
威海市上洋境外就业服务有限公司	0	0	0	2
威海立派国际经济技术合作有限公司	0	0	72	0
山东泰开电力建设工程有限公司	920	0	0	0
威海源成境外就业服务有限公司	0	0	720	194
烟台丰源境外人力资源合作有限公司	0	0	80	30
济南四建（集团）有限责任公司	0	807	0	0
烟台中集来福士海洋工程有限公司	3 000	550	0	0
山东省冶金设计院股份有限公司	14 000	0	0	0
山东省第四地质矿产勘查院	0	450	0	0
山东博泵科技股份有限公司	562	482	0	0
山东东岳国际经贸合作股份有限公司	0	0	0	0
山东景芝建设股份有限公司	0	178	0	0
海阳市国际经济技术合作公司	0	0	134	35
山东中通钢构建筑股份有限公司	0	0	0	0
胜利油田胜利工程建设（集团）有限责任公司	4 037	6 914	0	0
兖矿集团博洋对外经济贸易有限公司	0	0	0	560
威海易兴国际经济技术合作有限公司	0	0	224	109
威海富桥国际人力资源合作有限公司	0	0	112	48
荣成远方境外就业服务有限公司	0	0	1	0
荣成汇洋境外就业服务有限公司	0	0	18	3
威海市信拓境外就业服务有限公司	0	0	312	167
威海宇志国际经济技术合作有限公司	0	0	132	128
东营上泽咨询服务有限责任公司	0	0	268	191

续

企业名称	对外承包工程		对外劳务合作	
	新签合同额	完成营业额	新签合同额	完成营业额
山东金正境外就业服务有限公司	0	0	0	75
山东木森经贸有限公司	0	0	122	92
日照亚东国际贸易有限公司	0	0	410	457
烟台恒力国际经济技术合作有限公司	0	0	9	499
乳山市胶东境外就业服务有限公司	0	0	276	75
威海金瀚境外就业服务有限公司	0	0	209	136
山东嘉泰国际劳务合作有限公司	0	0	656	150
山东万通国际经济合作有限公司	0	0	440	936
山东才华国际经济合作有限公司	0	0	189	134
威海佳信国际人力资源有限公司	0	0	540	511
山东博瑞志国际经贸有限公司	0	0	555	57
潍坊锦源水利建筑安装工程有限公司	0	0	0	0
威海顺昌国际经济技术合作有限公司	0	0	13	58
山东荣庆国际经济技术合作有限公司	0	0	0	0
山东欣荣人才服务有限公司	0	0	622	106
威海恒德国际经济技术合作有限公司	0	0	565	188
日照华东国际经济技术合作有限公司	0	0	619	469
威海市中大进出口有限公司	0	0	13	7
威海市联桥国际合作集团有限公司	10 300	1 435	1 726	2 289
济南国际经济技术合作总公司	0	0	0	0
煤炭工业济南设计研究院有限公司	448	0	0	0
龙大食品集团有限公司	0	0	244	187
山东莱芜建设集团有限公司	0	0	0	0
青州市水利建筑总公司	1 990	1 410	0	0
胜利油田东胜精攻石油开发集团股份有限公司	0	0	0	0
东营国际经济技术合作公司	0	0	36	110
中国石化集团胜利石油管理局	51 606	8 803	0	0
枣庄矿业（集团）有限责任公司	1 790	1 664	0	0
山东天泰建工有限公司	12 400	6 170	0	0
淄博国际经济技术合作有限公司	0	0	0	0
山东淄建集团有限公司	11 600	11 300	0	0
中国石化集团第十建设公司	1 086	6 250	0	0
普利置业有限公司	6 680	6 680	0	0
山东省鲁南地质工程勘察院	0	0	0	0
山东电力建设第二工程公司	0	0	0	0
山东巨龙建工集团公司	1 799	1 579	0	0
山东寿光第一建筑有限公司	2 410	1 510	0	0
山东潍柴进出口有限公司	0	0	0	0
潍坊中潍国际劳务有限公司	0	0	6 222	4 781
山东电力建设第三工程公司	404 400	157 988	0	0
潍坊昌大建设集团有限公司	1 100	5	0	0

续

企业名称	对外承包工程		对外劳务合作	
	新签合同额	完成营业额	新签合同额	完成营业额
烟台国际经济技术合作有限责任公司	12 500	4 603	3	4 460
华岳集团有限公司	12 000	0	0	0
威海建设集团股份有限公司	2 350	3 865	46	14
威海国际经济技术合作股份有限公司	15 055	14 851	8	10 538
威海市国际交流服务有限公司	0	0	803	620
威海樱泉国际经济技术合作有限公司	0	0	1	1 403
山东兴润建设有限公司	5 500	3 990	320	702
泰安国际经济技术合作有限公司	1 071	1 842	5	423
山东泰安建筑工程集团有限公司	3 152	7 916	0	0
兖矿集团有限公司	16 000	14 000	0	0
菏泽市对外经济技术合作有限公司	0	0	1	744
菏泽交通集团总公司	0	0	727	365
日照国际经济技术合作公司	0	0	141	123
山东省临沂市劳务合作公司	0	0	25	663
山东东方路桥建设总公司	4 560	4 680	0	0
临沂国际经济技术合作有限责任公司	0	0	0	1 490
天元建设集团有限公司	12 660	10 100	0	0
德州市国际经济技术合作公司	0	0	342	342
荣成汇成国际经济技术合作有限公司	0	0	1990	1 570
中铁十四局集团有限公司	4 343	27 026	0	0
其中：青岛市	**59 538**	**98 272**	**7 719**	**9 616**
山东凯丰国际合作有限公司	0	0	449	449
青岛清华恒安进出口有限公司	0	0	8	10
山东省新迈特五金矿产有限公司	0	0	15	15
新华锦集团山东海诚进出口有限公司	0	0	0	0
青岛海洋渔业公司	1 200	1 365	0	0
青岛国际交流中心	0	0	0	88
青岛市建筑设计研究院集团股份有限公司	50	27	0	0
青岛海川建设集团有限公司	0	1 293	0	0
青岛一建集团有限公司	0	3 968	0	0
海信集团有限公司	0	0	0	0
中国青岛国际经济技术合作（集团）有限公司	0	0	837	2 767
青岛市外国企业服务总公司	0	0	2	275
青岛市出国人员服务有限公司	0	0	1	156
青岛经济技术开发区国际经济技术合作有限公司	0	0	363	360
青岛安装建设股份有限公司	960	364	0	0
青建集团股份公司	28 415	54 515	0	0
青岛远洋对外劳务合作有限公司	0	0	0	513
青岛开源国际经济技术合作有限公司	0	0	0	716
青岛益佳国际贸易集团有限公司	0	0	57	54
青岛东方国际劳务合作有限公司	0	0	112	2

续

企业名称	对外承包工程		对外劳务合作	
	新签合同额	完成营业额	新签合同额	完成营业额
青岛太平洋海洋工程有限公司	15 874	2 512	0	0
青岛九同国际经贸有限公司	0	0	0	0
中国石油天然气第七建设公司	0	11 620	0	0
青岛辛迪加国际经济技术合作有限公司	0	0	142	742
青岛环太经济合作有限公司	0	0	466	1 287
青岛鹏腾船舶管理有限公司	0	0	108	108
青岛三诚国际经济技术合作有限公司	0	0	0	184
青岛国合对外经济技术合作有限公司	0	0	431	371
中铁二十局集团第四工程有限公司	0	1 710	0	0
山东普民和生国际经济技术合作有限公司	0	0	2	2
青岛第一市政工程有限公司	11 328	410	0	0
青岛华桑科技有限公司	0	0	69	62
青岛协同经济技术合作有限公司	0	0	337	0
青岛日研经济技术合作有限公司	0	0	148	251
青岛海伦出国服务有限公司	0	0	0	0
青岛泰成对外经济技术合作有限公司	0	0	169	5
青岛盛田国际经济技术合作有限公司	0	0	304	133
青岛中浩对外交流服务有限公司	0	0	427	389
山东朝日国际经济技术合作有限公司	0	0	337	85
山东省对外贸易集团有限公司	0	0	141	70
青岛慧源国际经济技术合作有限公司	0	0	63	36
山东电建铁军电力工程有限公司	1 711	20 488	0	0
青岛民丰国际经济技术合作有限公司	0	0	224	189
青岛凯瑞丰国际经济技术合作有限公司	0	0	656	14
青岛凯顺对外经济技术合作有限公司	0	0	0	203
青岛海纳知行国际经济技术合作有限公司	0	0	323	5
青岛祥源国际经济技术合作有限公司	0	0	353	75
河南省	**237 489**	**207 085**	**16 782**	**25 403**
河南省建设集团有限公司	525	576	0	0
中南输变电设备成套有限公司	1 590	1 420	0	0
河南第二火电建设公司	0	300	0	0
河南送变电建设公司	0	700	0	0
河南第一火电建设公司	0	5 929	0	0
中国石化集团河南石油勘探局	6 718	8 425	0	0
河南省对外劳务合作公司	0	0	0	1 104
河南省水利电力对外有限公司	0	1 057	0	0
中铁十五局集团有限公司	63 878	12 770	0	0
河南省轻工业品进出口集团有限公司	0	0	290	260
中国机械工业机械化施工公司	3 476	5 233	0	0
中国石化集团中原石油勘探局	49 216	60 042	0	0
河南服装进出口集团有限责任公司	0	0	0	0

续

企业名称	对外承包工程		对外劳务合作	
	新签合同额	完成营业额	新签合同额	完成营业额
中国一拖集团有限公司	0	0	0	0
中国洛阳浮法玻璃集团有限责任公司	0	0	0	0
河南省电力勘测设计院	342	18	0	0
中信重工机械股份有限公司	0	1 345	0	0
河南建总国际工程有限公司	1 799	4 751	0	0
黄河勘测规划设计有限公司	383	903	0	0
河南电力实业集团有限公司	0	1 624	0	0
河南省地矿建设工程（集团）有限公司	0	124	0	0
河南金城国际经济技术合作有限公司	0	0	0	1 085
河南省大河筑路有限公司	0	3 481	0	0
河南国基建设集团有限公司	0	950	0	0
河南省第五建筑安装工程（集团）有限公司	0	1 072	0	0
机械工业第六设计研究院	113	105	0	0
中讯邮电咨询设计院有限公司	0	0	0	0
核工业第五研究设计院	780	680	0	0
中铁七局集团有限公司	3 182	27 086	0	0
中国长城铝业公司建设公司	1 500	1 510	0	0
中国化学工程第十一建设有限公司	4 661	2 814	0	0
机械工业第四设计研究院	0	0	0	0
中色科技股份有限公司	0	0	0	0
中铁隧道集团有限公司	0	3 723	0	0
中国石化集团洛阳石油化工工程公司	0	107	0	0
中国石油天然气第一建设公司	0	10 102	0	0
河南省水文地质工程地质勘察院	1 587	1 937	0	0
河南省第二建设集团有限公司	377	683	0	0
濮阳国际经济技术合作有限公司	0	0	2 500	4 062
许继集团有限公司	0	261	0	0
商丘国际经济技术合作公司	0	0	1 760	50
郑州中懋实业有限公司	0	0	24	17
河南省水利勘测设计研究有限公司	0	0	0	0
一拖国际经济贸易有限公司	0	0	0	0
安阳利滤筒仓工程有限公司	220	50	0	0
郑州市八方人才资源开发有限公司	0	0	0	1 091
信阳三友境外就业服务有限公司	0	0	105	56
河南蒲源防腐科技股份有限公司	0	470	0	0
南阳市国际经济技术合作有限公司	0	0	723	508
中机新能源开发有限公司	45 000	8 456	0	0
新乡市海外合作有限责任公司	0	0	0	754
中国河南国际合作集团有限公司	46 244	34 231	4 432	3 410
焦作市外派劳务服务有限公司	0	0	325	1 105
河南红革玻璃幕墙装饰工程有限公司	0	104	0	0

续

企业名称	对外承包工程		对外劳务合作	
	新签合同额	完成营业额	新签合同额	完成营业额
河南中成机电集团有限公司	5 598	1 044	0	0
河南华元路桥工程有限公司	0	0	4	22
河南省地质矿产勘查开发局第二地质队	0	1839	0	0
河南省发展就业服务有限公司	0	0	375	542
河南粮油食品进出口集团国际经济合作有限公司	0	0	32	4
郑州宇通集团有限公司	0	13	0	0
河南省境外就业服务中心	0	0	72	52
开封市对外经济技术合作有限公司	0	0	0	0
河南中材环保有限公司	0	0	0	0
河南君诚对外经济技术合作有限公司	0	0	3 232	2 926
河南省中州地矿工程勘察院	300	1 150	0	0
洛阳威通劳务输出有限公司	0	0	0	0
洛阳佳的工贸有限公司	0	0	3	3
河南中信对外经济技术合作有限公司	0	0	0	149
河南省信阳市境外就业服务有限责任公司	0	0	2 430	1 132
河南华宇对外经济技术合作有限公司	0	0	230	2 937
河南华创对外劳务合作有限公司	0	0	0	1 116
周口龙兴对外劳务有限公司	0	0	0	505
郑州东工实业有限公司	0	0	120	219
河南中龙国际劳务合作有限公司	0	0	0	0
周口市境外就业服务有限公司	0	0	0	33
河南吉星对外劳务合作有限公司	0	0	125	2 261
湖北省	**765 531**	**381301**	**11414**	**6 399**
中国核工业第二二建设有限公司	0	6 319	0	0
湖北电信工程有限公司	0	20	0	0
武汉地质勘察基础工程有限公司	0	80	0	0
中国电力工程顾问集团中南电力设计院	8 636	4 638	0	0
中国石化集团江汉石油管理局	1 257	1257	0	0
中南建筑设计院股份有限公司	127	24	0	0
中国化学工程第十六建设公司	910	1472	0	0
中国化学工程第六建设有限公司	2 195	3 675	0	0
湖北中宇国际合作有限责任公司	0	0	0	0
中国十五冶金建设有限公司	16 843	37 996	0	0
湖北晴川国际海员劳务开发有限公司	0	0	512	442
中国葛洲坝集团股份有限公司	456 834	120 410	0	0
湖北省工业建筑集团有限公司	0	13 053	0	0
湖北大地国际经济技术合作有限公司	427	391	0	0
长江水利委员会长江勘测规划设计研究院	0	0	0	0
湖北纵横装饰工程有限责任公司	294	452	0	0
中交第二公路勘察设计研究院有限公司	453	373	0	0
中交第二航务工程勘察设计院有限公司	6 627	418	0	0

续

企业名称	对外承包工程		对外劳务合作	
	新签合同额	完成营业额	新签合同额	完成营业额
中铁大桥勘测设计院有限公司	0	69	0	0
中交第二航务工程局有限公司	0	33 701	0	0
中铁大桥局股份有限公司	9 459	4 974	0	0
武汉电信工程有限责任公司	88	238	0	0
武汉贝斯特通信集团有限公司	0	197	0	0
十堰国际经济技术合作公司	0	0	721	42
湖北中天国际经济技术合作有限公司	0	0	107	57
中铁十一局集团有限公司	0	33 422	0	0
湖北中兴国际经济技术合作有限公司	0	0	0	368
湖北省水文地质工程地质勘察院	266	283	0	0
宜昌国际经济技术合作有限公司	400	238	0	155
山河建设集团有限公司	7 600	0	0	0
武汉理工大产业集团有限公司	0	0	0	0
武汉凯迪电力股份有限公司	0	6 449	0	0
长江岩土工程总公司（武汉）	124 271	15 527	0	0
湖北省电力建设第二工程公司	0	7 138	0	0
武汉邮电科学研究院	0	0	0	0
武汉建筑材料工业设计研究院有限公司	274	504	0	0
武汉环球锦程对外劳务合作有限公司	0	0	0	0
十五冶对外工程有限公司	8 000	1 025	0	0
湖北新世纪对外经济技术合作有限公司	0	0	4 619	631
宝业湖北建工集团有限公司	2 397	3 746	0	0
湖北省电力建设第一工程公司	0	12 461	0	0
湖北宏源电力工程股份有限公司	4 334	10 248	0	0
湖北泛亚国际劳务有限公司	0	0	0	0
武汉凌云建筑装饰工程有限公司	0	7 026	0	0
东风设计研究院有限公司	0	3 300	0	0
湖北住宅建设工程有限公司	0	0	0	0
中国轻工业武汉设计工程有限责任公司	0	528	0	0
武汉天地国际劳务合作有限公司	0	0	4 657	4 577
武汉全盛对外经济技术合作有限公司	0	0	270	3
湖北中科对外科技合作有限公司	0	0	41	8
襄樊益宝劳务服务有限公司	0	0	162	2
武汉船用机械有限责任公司	0	0	0	0
武汉凯迪电力环保有限公司	0	4 927	0	0
武汉旭日劳务信息咨询有限公司	0	0	223	29
武汉广信境外就业服务有限公司	0	0	88	45
中国长江动力公司（集团）	2 880	2 879	0	0
长江武汉航道工程局	0	123	0	0
中冶南方工程技术有限公司	10 568	5 029	0	0
中国一冶集团有限公司	58 921	12 532	0	0

续

企业名称	对外承包工程		对外劳务合作	
	新签合同额	完成营业额	新签合同额	完成营业额
中国长江航运集团对外经济技术合作总公司	0	0	14	40
中国武汉国际经济技术合作公司	0	6	0	0
武汉市水务建设工程公司	433	209	0	0
华中电力国际经贸有限责任公司	1 435	358	0	0
武汉市建筑设计院	0	0	0	0
中煤国际工程集团武汉设计研究院	25	25	0	0
五环科技股份有限公司	39 577	23 543	0	0
湖南省	**62 645**	**109 065**	**15 004**	**8 524**
湖南环达公路桥梁建设总公司	0	5 409	0	0
湖南交通国际经济工程合作公司	2 023	13 434	0	0
湖南省送变电建设公司	0	89	0	0
湖南省建筑工程集团总公司	24 150	18 400	0	0
中国水利水电第八工程局有限公司	12 055	51 350	0	0
湖南省通信建设有限公司	368	594	0	0
湖南路桥建设集团公司	1 950	4 933	0	0
湖南省机械设备进出口公司	1 661	34	0	0
中国化学工程第四建设公司	0	0	0	0
二十三冶建设集团有限公司	374	4 310	0	0
湖南省电力建设开发总公司	0	480	0	0
中国轻工业长沙工程有限公司	283	105	0	0
湖南环球（集团）公司	0	0	0	0
湖南省交通规划勘察设计院	8 700	0	0	0
湖南机械进出口有限公司	0	0	0	0
湖南国际工程建设有限责任公司	0	0	8 519	5 879
湖南中扬建设工程有限责任公司	1 860	8 033	0	0
长沙市对外经济贸易有限公司	0	0	5 994	2 154
湖南省电力勘测设计院	176	81	0	0
湖南省工业设备安装有限公司	0	0	0	0
湖南省第四工程有限公司	0	0	0	0
湖南省郴州建设工程集团有限公司	0	0	0	0
湖南省水利水电勘测设计研究总院	9	54	0	0
湖南省建筑设计院	9	9	0	0
湖南省建筑工程集团设计研究院	20	6	0	0
中国水电顾问集团中南勘测设计研究院	0	320	0	0
湖南省沙坪建筑有限公司	0	0	0	0
中冶长天国际工程有限责任公司	9 007	1 424	0	0
湖南国湘人力资源劳务责任有限公司	0	0	491	491
广东省	**986 740**	**820 815**	**76 575**	**58 428**
广东省建筑工程集团有限公司	5 851	3 546	0	0
广东省长大公路工程有限公司	3 000	2 750	0	0
广东省新技术进出口珠海公司	0	507	0	0

续

企业名称	对外承包工程		对外劳务合作	
	新签合同额	完成营业额	新签合同额	完成营业额
广东海外建设集团有限公司	135	2 665	0	0
广东广机国际招标股份有限公司	3 249	932	0	0
珠海国际经济技术合作公司	0	66	3 676	3 539
江门市对外劳动服务公司	0	0	3 932	1 776
广州珠江装修工程有限公司	770	4 710	0	0
广州中煤江南基础工程公司	184	0	0	0
广州珠江外资建筑设计院	248	188	0	0
珠海对外经济劳务合作有限公司	0	0	3 245	1 672
广东省水利水电第三工程局	953	681	0	0
广东省机械进出口股份有限公司	4 020	522	0	0
广州杰赛科技股份有限公司	232	151	0	0
广州无线电集团有限公司	1 263	625	0	0
广州市番禺珠江实业集团有限公司	7 575	3 029	0	0
广东省水利电力勘测设计研究院	0	0	0	0
广东省有色金属地质勘查局地质勘查研究院	21	0	0	0
广东火电工程总公司	21 614	19 396	0	0
中远航运股份有限公司	0	0	2 020	1 916
广东新广国际集团有限公司	282	1 851	7 977	14 157
广州五羊钢结构有限公司	0	650	0	0
广东建工对外建设有限公司	13 042	3 640	0	0
中国广州国际经济技术合作公司	0	550	48 091	24 945
广州对外经济发展总公司	0	0	7 634	10 423
其中：深圳市	**924 301**	**774 356**	**0**	**0**
深圳市对外劳动服务有限公司	0	0	0	0
华为技术有限公司	830 604	692 316	0	0
中兴通讯股份有限公司	93 697	82 040	0	0
深圳市孺子牛建设工程有限公司	0	0	0	0
广西壮族自治区	**61 019**	**56 429**	**50**	**163**
广西壮族自治区水电工程局	36 989	25 524	0	0
广西送变电建设公司	1 884	1 275	0	0
中国广西国际经济技术合作公司	0	0	50	163
广西建工集团第一安装有限公司	119	3 887	0	0
广西华蓝设计（集团）有限公司	168	20	0	0
广西壮族自治区公路桥梁工程总公司	0	4 209	0	0
广西建工集团第二建筑设备安装工程有限责任公司	0	239	0	0
广西建工集团第五建筑工程有限责任公司	0	336	0	0
桂林桂冶实业有限公司	1 970	169	0	0
中国石油天然气第六建设公司	0	17	0	0
广西壮族自治区冶金建设公司	0	60	0	0
广西电力工业勘察设计研究院	9 323	5 415	0	0
广西壮族自治区水利电力勘测设计研究院	286	116	0	0

续

企业名称	对外承包工程		对外劳务合作	
	新签合同额	完成营业额	新签合同额	完成营业额
广西交通科学研究院	1 341	52	0	0
广西五鸿建设集团有限公司	72	43	0	0
中国轻工业南宁设计工程有限公司	1 705	512	0	0
广西建工集团桂港建筑装饰有限公司	0	0	0	0
广西电力工程建设公司	0	1 228	0	0
广西建工集团海外工程有限责任公司	7 162	8 988	0	0
十一冶建设集团有限责任公司	0	2 133	0	0
广西路桥建设有限公司	0	2 179	0	0
海南省	**1 916**	**825**	**0**	**0**
海南省建筑工程总公司	1 916	825	0	0
重庆市	**79 035**	**35 987**	**576**	**704**
广厦重庆第一建筑（集团）有限公司	1 174	1 560	0	0
重庆国际科技合作交流有限公司	0	0	0	0
重庆市公路工程（集团）股份有限公司	2 576	2 280	0	0
重庆华绣劳务有限公司	0	0	0	0
重庆城建控股（集团）有限责任公司	0	681	0	0
重庆美联海外劳务有限公司	0	0	0	0
重庆市巴渝对外经济技术合作有限公司	0	0	0	0
重庆金满洋对外劳务合作有限公司	0	0	9	9
重庆五矿机械进出口有限公司	11 683	1 059	0	0
重庆渝万劳务服务有限公司	0	0	65	65
中交二航局第二工程有限公司	21 403	8 113	0	0
中冶建工有限公司	0	687	0	0
重庆对外建设总公司	6 910	12 126	0	0
中国重庆国际经济技术合作公司	6 138	3 150	205	630
机械工业第三设计研究院	0	0	0	0
重庆市万州国际经济技术合作有限公司	0	0	0	0
中冶赛迪工程技术股份有限公司	29 151	6 331	0	0
四川省	**684 878**	**399 299**	**4 924**	**2 838**
中铁八局集团有限公司	6 122	3 702	0	
四川省机械设备进出口有限责任公司	575	29 865	0	0
四川华西集团有限公司	1 148	1 226	0	0
中国四川国际合作股份有限公司	360	460	0	0
四川公路桥梁建设集团有限公司	1 860	1 200	0	0
中国水利水电第七工程局有限公司	0	17 042	0	0
四川非亚实业有限公司	0	0	0	0
东方电气集团国际合作有限公司	19 618	42 333	0	0
四川电力进出’口公司	0	0	0	0
四川省外国企业服务有限责任公司	0	0	0	0
四川省外经实业股份有限公司	0	0	0	0
中国五冶集团有限公司	6 717	6 383	0	0

续

企业名称	对外承包工程		对外劳务合作	
	新签合同额	完成营业额	新签合同额	完成营业额
四川石油管理局	0	0	0	0
成都建筑材料工业设计研究院有限公司	19 300	7 093	0	0
中国成达工程有限公司	14 503	17 447	0	0
四川星城外经合作公司	0	0	124	0
中国水利水电第十工程局有限公司	0	41 223	0	0
中国十九冶集团有限公司	0	1 000	0	0
攀钢集团冶金工程技术有限公司	0	0	0	0
东方电气股份有限公司	87 500	71 681	0	0
中国水利水电第五工程局有限公司	0	33 090	0	0
四川省隆昌乾亨建设有限公司	50 583	11 047	0	0
四川省水利水电勘测设计研究院	2 611	1 318	0	0
中铁二院工程集团有限责任公司	15	407	0	0
中国电力工程顾问集团西南电力设计院	4 335	2 110	0	0
中铁二局集团有限公司	92 032	17 058	0	0
川铁国际经济技术合作有限公司	14 705	11 227	0	55
中国石油集团川庆钻探工程有限公司	328 802	61 600	0	0
四川川北数码港建设股份有限公司	720	2 022	0	0
四川省遂宁市寰宇对外劳务合作有限公司	0	0	186	32
四 Jlf 通信建设工程有限公司	5 039	5 071	0	0
四川电力设计咨询有限责任公司	0	3 373	0	0
四川鹏捷国际经济技术合作有限公司	0	0	32	0
四川天顺人力资源管理有限责任公司	0	0	1 500	554
中铁二十三局集团有限公司	28 333	5 400	0	0
四川外联经济合作有限责任公司	0	0	860	2
四川川宝经济贸易有限公司	0	0	123	123
南充兴运劳务开发有限公司	0	0	1 500	1 500
四川绵阳伍诚对外劳务服务有限公司	0	0	0	0
四川天立宏科技有限公司	0	0	0	0
四川省仪陇永春劳务开发有限公司	0	0	0	0
广元泰和对外经济技术合作有限公司	0	0	0	0
成都国际经济技术合作股份有限公司	0	0	599	572
中国化学工程第七建设有限公司	0	4 921	0	0
贵州省	**32 431**	**22 003**	**0**	**0**
中铁五局（集团）有限公司	18 181	14 786	0	0
贵州送变电工程公司	2 570	502	0	0
中国汽车工业进出口贵州有限公司	0	0	0	0
中国有色金属工业第七冶金建设公司	0	0	0	0
贵州建工集团第七建筑工程有限责任公司	662	1 252	0	0
瓮福（集团）有限责任公司	0	1 020	0	0

续

企业名称	对外承包工程		对外劳务合作	
	新签合同额	完成营业额	新签合同额	完成营业额
七冶建设有限责任公司	11 018	4 443	0	0
云南省	**106 102**	**99 194**	**546**	**538**
云南小额边境企业汇总	44 778	23 948	0	0
中国石化集团滇黔桂石油勘探局	0	0	0	0
中国云南国际经济技术合作公司	0	2 036	0	462
云南建工集团有限公司	21 224	16 464	0	0
云南机械设备进出口有限公司	0	0	0	0
中国云南路建集团股份公司	0	0	0	0
中国有色金属工业第十四冶金建设公司	10 208	100	0	0
云南省瑞丽市进出口公司	0	0	0	0
中国水利水电第十四工程局有限公司	0	20 318	0	0
云南省交通规划设计研究院	0	0	0	0
中国水电顾问集团昆明勘测设计研究院	9 064	2 302	0	0
云南阳光基础建设有限公司	0	4 550	0	0
中电投云南国际电力投资有限公司	10 000	10 000	0	0
云南省玉溪市进出口公司	0	0	0	0
文山国际经济技术合作有限公司	0	0	11	10
云南电网公司	675	549	0	0
云南阳光道桥股份有限公司	2 379	13 607	0	0
云南联合外经股份有限公司	7 641	5 074	0	0
云南路桥股份有限公司	133	130	0	0
昆明钢铁控股有限公司	0	0	0	0
大理州国际经济技术合作有限责任公司	0	0	535	66
云南联合电力开发有限公司	0	116	0	0
陕西省	**88 786**	**81 022**	**3 951**	**2 741**
秦海国际工程总公司	0	5 357	0	0
陕西电力建设总公司	0	260	0	0
中国新时代国际工程公司	0	160	0	0
中铁一局集团有限公司	9 102	1 199	0	0
中铁二十局集团有限公司	0	5 363	0	0
中国水利水电第三工程局有限公司	0	20 255	0	0
陕西路桥集团有限公司	0	0	0	0
宝鸡石油机械有限责任公司	39	39	0	0
中国陕西国际经济技术合作公司	0	0	613	581
中国三安建设工程公司	1 406	1 457	0	0
陕西省机械设备进出口公司	0	0	0	21
中十冶集团有限公司	2 117	3 205	0	0
中交第一公路勘察设计研究院有限公司	0	1 618	0	0
陕西高速交通工贸有限公司	25	25	0	0

续

企业名称	对外承包工程		对外劳务合作	
	新签合同额	完成营业额	新签合同额	完成营业额
华山国际工程公司	23 183	16 825	0	0
西安天宝国际工程有限公司	0	521	0	0
西安西电国际工程有限责任公司	40 207	12 148	0	0
西北电力建设第三工程公司	1 452	403	0	0
中铁第一勘察设计院集团有限公司	2 000	500	0	0
陕西中基建设监理咨询有限公司	0	294	0	0
西安汇诚电信有限责任公司	1	60	0	0
陕西工程勘察研究院	51	52	0	0
中国电力工程顾问集团西北电力设计院	410	3 423	0	0
中国水电顾问集团西北勘测设计研究院	0	1 301	0	0
西安协力动力科技有限公司	20	0	0	0
陕西中科网络科技发展有限公司	225	108	0	0
陕西省外经贸实业集团有限公司	972	382	0	0
煤航（集团）实业发展有限公司	7	7	0	0
陕西泽信对外经济技术有限公司	0	0	34	73
陕西大成国际贸易有限责任公司	0	0	38	9
西安西航集团铝业有限公司	0	0	0	0
西安赛尔通信有限责任公司	1 600	915	0	0
陕西化建工程有限责任公司	0	1 068	0	0
中国石油集团测井有限公司	1 255	249	0	0
华陆工程科技有限责任公司	368	0	0	0
中国轻工业西安设计工程有限责任公司	96	33	0	0
陕西环球人力资源有限公司	0	0	327	29
陕西华洋对外经济技术合作有限公司	0	0	1 340	979
陕西英华实业有限公司	4 250	3 795	0	0
陕西盛唐对外经济技术合作有限公司	0	0	449	199
陕西华洋境外就业服务有限公司	0	0	9	1
陕西万隆境外就业服务有限公司	0	0	2	2
陕西前程境外就业服务有限公司	0	0	740	191
九冶建设有限公司	0	0	0	0
陕西普通对外合作交流有限公司	0	0	2	68
西安国际经济技术合作有限公司	0	0	397	588
甘肃省	**41 084**	**22 403**	**0**	**45**
甘肃第七建设集团股份有限公司	0	187	0	0
甘肃地质工程有限责任公司	225	1 197	0	0
甘肃海外工程总公司	23 109	8 069	0	0
中铁二十一局集团有限公司	13 701	3 094	0	0
中国甘肃国际经济技术合作公司	0	3	0	45
甘肃省建筑设计研究院	72	0	0	0

续

企业名称	对外承包工程		对外劳务合作	
	新签合同额	完成营业额	新签合同额	完成营业额
甘肃第一建设集团有限责任公司	7	5 251	0	0
中国石化集团第五建设公司	0	2 667	0	0
八冶建设集团有限公司	3 970	1 935	0	0
青海省	**0**	**0**	**75**	**2**
西宁国际经济技术合作公司	0	0	75	2
宁夏回族自治区	**3 003**	**1 711**	**243**	**420**
宁夏二建集团有限责任公司	0	207	0	0
宁夏新月建筑有限公司	2 583	520	0	0
宁夏中建工程公司	0	0	27	198
宁夏建工集团有限责任公司	0	464	0	0
银川国际经济技术合作有限公司	0	0	3	27
宁夏伊建国际经济技术发展有限公司	420	520	213	195
新疆维吾尔自治区	**46 948**	**62 945**	**0**	**0**
新疆国际经济合作公司	1 002	370	0	0
中国石油天然气运输公司	0	4 080	0	0
新疆建工（集团）有限责任公司	7 595	2 325	0	0
新疆维吾尔自治区送变电工程公司	1	2 624	0	0
新疆城建（集团）股份有限公司	0	233	0	0
吐哈石油勘探开发指挥部	255	1 576	0	0
水利部新疆维吾尔自治区水利水电勘测设计研究院	20	128	0	0
新疆电力设计院	0	143	0	0
新疆轻工业设计研究院有限责任公司	52	29	0	0
特变电工股份有限公司	3 690	14 080	0	0
中国石油集团西部钻探工程有限公司	19 200	25 119	0	0
新疆建工集团第三建设工程有限责任公司	3 700	3 055	0	0
新疆炼化建设集团有限公司	3 010	2 900	0	0
新疆七星建工集团有限责任公司	0	631	0	0
新疆石油工程建设有限责任公司	6 500	4 485	0	0
光正钢结构股份有限公司	0	10	0	0
新疆忠泰工程有限责任公司	0	858	0	0
新疆三宝实业集团有限公司	1 923	299	0	0
新疆兵团	**8 418**	**30 769**	**0**	**0**
新疆北新建设工程（集团）有限责任公司	5 799	19 953	0	0
新疆生产建设兵团勘测规划设计研究院	0	0	0	0
博乐赛里木建筑安装工程有限责任公司	0	0	0	0
新疆北新路桥建设股份有限公司	2 540	10 684	0	0
新疆环宇建设工程（集团）有限责任公司	0	60	0	0
新疆昆仑工程监理有限责任公司	79	72	0	0

工程机械

2010 年工程机械进出口概况

一、工程机械产品进出口基本情况

2010 年，我国工程机械产业克服国际金融危机带来的困难，出口额呈现恢复性增长。根据海关数据统计（工程机械按商品编码 81 种，其中主机产品 69 种，零部件 12 种），2010 年我国工程机械产品进出口总额 187.4 亿美元，同比增加 45.81%，占全国机电产品进出口总额 15798 亿美元的 1.19%。其中：

出口额 103.41 亿美元，同比增加 34.22%，高于全国机电产品出口增长幅度（30.1%）4.12 个百分点，占全国机电产品出口总额的 1.11%。

进口额 83.99 亿美元，同比增加 63.16%，高于全国机电产品进口增长幅度（32.68%）30.48 个百分点，占全国机电产品进口总额的 1.29%。

贸易顺差达到 19.42 亿美元，较上年同期减少 6.15 亿美元。

2006 年 -2010 年有关工程机械产品进出口统计如表 2-1-1 所示。

表 2-1-1 2006-2010 年工程机械进出口统计　　单位：万美元

年份	出口额增长（%）	进口额增长（%）	进出口额增长（%）	逆／顺差额
2006	501373（70.5）	393119（28.3）	894493（48.97）	108254
2007	870883（73.7）	495204（25.97）	1366087（52.72）	375679
2008	1342140（54.11）	601610（21.49）	1943750（42.29）	740530
2009	770467（-42.59）	514782（-14.43）	1285249（-33.88）	255685
2010	1034083（34.22）	839927（63.16）	1874011（45.81）	194156

1. 进出口按国家／地区分布情况

我国工程机械出口市场中亚洲依然以 47.93 亿美元位列第一位（见表 2-1-2），占全球工程机械出口总额的 46.35%，比上年同期增加了 35.88%，欧洲以 16.5% 的市场份额居第二位，出口额达到 17.06 亿美元，比上年同期增加了 47.42%，而非洲市场以 13.68% 的市场占有率居于第三位，出口额 14.15 亿美元，比上年同期下降了 5.02%。

表 2-1-2 2010 年工程机械产品出口市场分布　　单位：万美元

国别	出口额（%）	出口占比（%）	出口同比（%）
全球	1034083.942	100	34.22
亚洲	479300.7482	46.35	35.88
欧洲	170630.7088	16.5	47.42
非洲	141470.4678	13.68	-5.02
拉丁美洲	109696.8775	10.61	89.64
北美洲	100307.3474	9.7	43.37
大洋洲	32677.7925	3.16	29.46
国际组织	0	0	-

2010 年我国工程机械进口市场依然集中在亚洲与欧洲（见表 2-1-3），其中亚洲 57.75 亿美元，同比增加 89.45%，占全球工程机械进口总额的 68.76%；欧洲 19.38 亿美元，同比增加 22.37%，占全球工程机械进口总额的 23.07%。

表 2-1-3 2010 年工程机械出口市场分布　　单位：万美元

国别	进口额（%）	进口占比（%）	进口同比（%）
全球	839927.7378	100	63.16
亚洲	577494.272	68.76	89.45
欧洲	193786.8018	23.07	22.37
北美洲	53521.0259	6.37	28.81
大洋洲	12987.4034	1.55	55.87
拉丁美洲	1476.9242	0.18	-2.73
非洲	655.7822	0.08	239.76
国际组织	5.5283	0	316.38

(1) 出口按国家／地区分布

2010 年我国共向 201 个国家或地区出口工程机械，其中出口金额 5 亿美元以上的为美国 8.89 亿美元（-41.24%），印度 5.88 亿美元（73.32%），日本 5.84 亿美元（62.03%），巴西 5.69 亿美元（141.95%）。

出口金额在 1 亿到 5 亿之间有 27 个国家和地区，分别为俄罗斯联邦 3.72 亿美元（101.42%），韩国 3.69 亿美元（47.74%），越南 2.88 亿美元（36.11%），印度尼西亚 2.80 亿美元（79.82%），澳大利亚 2.76 亿美元（36.52%），新加坡 2.70 亿美元（11.19%），德国 2.53 亿美元（32.99%），马来西亚 2.26 亿美元（68.47%），伊朗 2.04 亿美元（37.61%），阿尔及利亚 2.03 亿美元（1.16%），南非 1.97 亿美元（54.67%），哈萨克斯坦 1.91 亿美元（31.38%），阿拉伯联合酋长国 1.88 亿美元（-18.35%），沙特阿拉伯 1.85 亿美元（21.15%），尼日利亚 1.65 亿美元（-30.36%），意大利 1.60 亿美元（43%），英国 1.59 亿美元（61.66%），泰国 1.54 亿美元（63.17%），缅甸 1.37 亿美元（96.39%），荷兰 1.31 亿美元（42.42%），利比亚 1.27 亿美元（-11.28%），中国香港 1.24 亿美元（-16.9%），土耳其 1.22 亿美元（32.4%），加拿大 1.14 亿美元（21.39%），比利时 1.10 亿美元（47.74%），阿根廷 1.06 亿美元（128.5%），菲律宾 1.04 亿美元（49.65%）。

出口金额在 5000 万到 1 亿美元之间 14 个国家和地区，分别为中国台湾地区 9507 万美元（46.98%），西班牙 7264 万美元（31.46%），智利 7153 万美元（60.24%），蒙古 7089 万美元（99.39%），秘鲁 6600 万美元（88.31%），法国 6563 万美元（19.98%），安哥拉 6523 万美元（-59.19%），苏丹 6427 万美元（139.69%），瑞典 6319 万美元（73.2%），墨西哥 5557 万美元（41.1%），坦桑尼亚 5431 万美元（-10.09%），委内瑞拉 5162 万美元（0.65%），波兰 5124 万美元（62.76%），黎巴嫩 5095 万美元（484.01%）。

在以上国家和地区中，出口金额在 1 亿美元以上 31 个国家和地区出口额合计 78.57 亿美元，占工程机械出口总额的 75.97%。

(2) 进口按国家／地区分布

2010 年我国共从 73 个国家进口工程机械，其中从日本进口的金额为 40.68 亿美元，比上年同期增加 92.15%，从韩国进口的金额为 15.57 亿美元，比上年同期增加 103.29%，进口金额在 1 亿到 10 亿之间的有 7 个国家和地区，分别为德国 9.47 亿美元（18.87%），美国 5.19 亿美元（32.06%），瑞典 1.91 亿美元（30.63%），荷兰 1.62 亿美元（84.78%），意大利 1.31 亿美元（59.59%），澳大利亚 1.29 亿美元（56.09%），法国 1.21 亿美元（41.72%）。

进口金额在 5000 万到 1 亿美元的国家和地区 4 个，分别为英国 9372 万美元（43.42%），奥地利 8950 万美元（-32.26%），芬兰 6346 万美元（23.7%），中国台湾地区 5341 万美元（70.92%），

进口金额在 1000 万到 5000 万美元的国家和地区 11 个，分别为中华人民共和国 3212 万美元（-26.12%），马来西亚 2751 万美元（-44.37%），挪威 2468 万美元（34.17%），比利时 2436 万美元（-13.11%），西班牙 2402 万美元（28.03%），瑞士 2036 万美元（12.29%），加拿大 1545 万美元（-29.49%），波兰 1513 万美元（364.06%），捷克 1348 万美元（61.56%），巴西 1312 万美元（-7.33%），丹麦 1090 万美元（-0.37%）。

在以上国家和地区中，进口金额在 1000 万以上的国家和地区进口额合计占我国 2010 年工程机械进口总额的

99.4%。

2．我国工程机械产品进出口构成情况

按海关商品编码的工程机械有81种，其中主机产品69种，零部件产品12种。

2010年我国工程机械主机产品出口66.72亿美元，同比增长30.89%，占工程机械出口总额的64.53 %；零部件出口36.69亿美元，同比增长40.71%，占工程机械出口总额的35.47%。

2010年我国工程机械主机产品进口51.92亿美元，同比增长56.73%，占工程机械进口总额的61.82%；零部件进口32.08亿美元，同比增长74.76%，占工程机械进口总额的38.18%。

工程机械进出口顺差19.42亿美元中，主机产品进出口顺差14.8亿美元，占进出口顺差总额的76.21%，零部件进出口顺差4.61亿美元，占进出口顺差总额的23.79%。

2006年-2010年工程机械进出口产品构成简况见表2-1-4。

表2-1-4 2006-2010年工程机械产品进出口构成情况　单位：万美元

序号	年度	出口额（增长%）	进口额（增长%）	进出口额（增长%）	逆/逆差额
主机产品	2006	321823（86.07）	259810（28.12）	581633（54.8）	62012
	2007	589108（83.05）	310340（19.45）	899448（54.64）	278768
	2008	914072（55.16）	357127（15.08）	1271199（41.33）	556945
	2009	509727（-44.24）	331242（-7.25）	840970（-33.84）	178485
	2010	667195（30.89）	519170（56.73）	1186366（41.07）	148025
零部件产品	2006	179550（48.28）	133309（28.65）	312859（39.23）	46241
	2007	281774（56.93）	184864（38.67）	466638（49.15）	96910
	2008	428068（51.92）	244484（32.25）	672552（44.13）	183584
	2009	260739（-39.09）	183539（-24.93）	444279（-33.94）	77200
	2010	366888（40.71）	320756（74.76）	687645（54.78）	46132
合计	2006	501373（70.5）	393119（28.3）	894493（48.97）	108254
	2007	870883（73.7）	495204（25.97）	1366087（52.72）	375678.5
	2008	1342140（54.11）	601610（21.49）	1943750（42.29）	740529.5
	2009	770467（-42.59）	514782（-14.43）	1285249（-33.88）	255685
	2010	1034083（34.22）	839927（63.16）	1874011（45.81）	194156

（1）主机产品构成情况

2010年工程机械主机产品进出口总额达到了118.64亿美元，其中出口金额66.72亿美元，进口金额51.92亿美元。主机产品海关编码69种，共分为24类产品，其构成情况见表2-1-5。

表2-1-5 2006-2010年工程机械主机产品进出口构成情况　单位：万美元

序号	主机产品分类	出口额（同比%）	进口额（同比%）	逆/顺差额
1	挖掘机等4项	44091（34.28）	318953(109.28)	-274862
2	矿用电铲1项	1291（108.33）	5459(207.73)	-4168
3	挖泥船1项	286789（54.67）	12201(1464.83)	16477
4	推土机等4项	29790（29.86）	6858(-28.2)	22932
5	装载机等2项	92216（70.36）	8532(52.21)	83684
6	铲运机3项	3452(29.39)	2678(-36.99)	774
7	平地机2项	26216(44.67)	1023(1.81)	25193
8	未列名非自推进泥土、矿等运送、平整等机械1项	10012(60.58)	3237(-13.96)	6775
9	压实机械4项	35675(31.33)	4589(-5.93)	31086
10	起重车6项	36750(1.59)	11416(42.1)	25334
11	塔式/轮胎/履带起重机等8项	71804(44.29)	21513(-32.55)	50291
12	摊铺机3项	3163(-11.93)	8299(108.66)	-5136
13	沥青搅拌设备1项	6085(-14.13)	561(-71.42)	5524

续表

序号	主机产品分类	出口额（同比%）	进口额（同比%）	逆/顺差额
14	扫雪机1项	4712(37.46)	705(17.65)	4007
15	叉车6项	75633(62.19)	38916(32.54)	36717
16	牵引车4项	3534(97.77)	2431(-19.93)	1103
17	电梯及扶梯2项	103420(1.26)	15511(-13.12)	87909
18	桩工机械3项	9617(17.67)	3485(-15.65)	6132
19	混凝土机械4项	39632(8.5)	8847(1.67)	30785
20	凿岩机2项	10505(42.69)	20283(12.69)	-9778
21	手提电动及风动工具2项	24251(33.52)	9303(56.08)	14948
22	高空作业车2项	1444(-9.65)	2609(-38.46)	-1165
23	机场用车2项	288(46.55)	1940(-31.93)	-1652
24	其他公共工程用机器1项	4925(27.79)	9807(48.23)	-4882

(2) 零部件产品构成情况

2010年工程机械零部件产品进出口总额达到了68.76亿美元，其中出口金额36.69亿美元，进口金额32.07亿美元。零部件产品海关编码12个，其构成情况见表2-1-6。

表2-1-6 2010年工程机械零部件产品进出口情况　　单位：万美元

序号	商品名称	出口额（同比%）	进口额（同比%）	逆/顺差额
1	8426（起重机）、8429（推土机/挖掘机/压路机）及84308430（掘进机）所列机械的其他零件	176537(60.91)	253222(90.27)	-76684.43
2	8474（混合机械）所列商品的零件	56802(31.38)	19634(28.77)	37167.71
3	升降机、倒卸式起重机或自动梯的零件	50031(5.93)	10365(7.05)	39665.594
4	其他8428（电梯）所列机械的零件	35598(23.29)	12315(20.51)	23282.486
5	8427（叉车）所列机械的零件	33271(63.66)	11618(63.1)	21652.951
6	手提式风动工具用的零件	4536(85.7)	3765(87.58)	770.9709
7	凿井机械的零件	3370(30.47)	447(67.65)	2923.6553
8	戽斗、铲斗、抓斗及夹斗	3353(21.37)	5110(82.72)	-1757.562
9	矿用电铲用零件	2345(-7.89)	3359(48.62)	-1013.96
10	短距离运货的机动车辆及站台牵引车的零件	805(-2.84)	627(-21.38)	178.0143
11	推土机或侧铲推土机用铲	235(22.75)	289(500.97)	-53.9032
12	汽车起重车底盘，装有发动机	0(-100)	0(-)	0
	合计	366888(40.71)	320756(74.76)	46131.525

3. 工程机械产品进出口的经营

2010年工程机械产品进出口贸易方式见表2-1-7。

表2-1-7 2010年工程机械产品进出口贸易方式　　单位：万美元

序号	贸易方式	出口额	出口同比%	进口额	进口同比%
1	一般贸易	721693.82	33.19	639485.35	66.53
2	国家间、国际组织无偿援助和赠送的物资	1676.1801	-17.99	2.1982	21.01
3	其他境外捐赠物资	30.1257	-40.5	0	-
4	加工贸易	168206.37	51.05	53451.761	23.28
5	寄售代销贸易	0	-100	0	-
6	边境小额贸易	16698.726	121.23	0	-
7	加工贸易进口设备	0	-	64.3926	-28.67
8	对外承包工程出口货物	102798.52	11.16	0	-

续表

序号	贸易方式	出口额	出口同比％	进口额	进口同比％
9	租赁贸易	526.734	-30.68	8744.609	2170.64
10	外商投资企业作为投资进口的设备、物品	0	-	13024.729	-11.5
11	出料加工贸易	24.2282	-	24.2981	-
12	保税仓库进出境货物	3486.0471	104.95	6984.0658	-6.59
13	保税区仓储转口货物	18500.647	49.92	116965.71	84.15
14	出口加工区进口设备	0	-	543.0937	22.4
15	其他	442.5364	32.34	637.5261	-18.93
	合计	1034083.9	34.22	839927.74	63.16

二、回顾与展望

随着全球经济的逐渐回暖，2010 年我国工程机械出口实现恢复性增长，但依旧没有回到 2008 年经济危机之前的水平，2011 年我国出口贸易面临较强的不确定性，世界经济总体处于温和回升阶段，但随着各国大规模经济刺激计划的退出，国际市场需求的变动方向并不十分明朗，预计 2011 年工程机械出口增速会与 2010 年持平；此外，2010 年我国工程机械进口大幅增加，已超过 2008 年同期水平。相信随着“十二五”商务规划中提到的内需、进口双扩容的促进口政策的落实，2011 年我国工程机械进口会有更进一步的增加。

2011 年是机遇与挑战并存的一年，我国工程机械出口厂商应当继续致力于核心技术的引进、研发及应用、致力于自主品牌的建设、致力于服务的提升，调整出口产品结构，加快向产业链上游延伸的步伐，并在此基础上加速全球布局，开拓新兴市场，走出去持续推进营销网络建设，争取在新一轮经济发展孕育期抢占战略制高点。

资料来源：国家商务部

地方对外经济贸易合作概况

2010 年北京市对外经济贸易合作概览

对外经济：全年北京地区进出口总额 3014.1 亿美元，比上年增长 40.3%。其中出口 554.7 亿美元，增长 14.7%；进口 2459.4 亿美元，增长 47.8%。

“十一五”期间，北京地区进出口总额累计达到 11389.3 亿美元，是“十五”时期的 2.9 倍。其中出口 2482 亿美元，进口 8907.3 亿美元，分别是“十五”时期的 2.7 倍和 3 倍。

全年批准合同外资 84.9 亿美元，比上年增长 2.1%。实际利用外资金额 63.6 亿美元，增长 4%；其中，租赁和商务服务业占 27.6%；房地产业占 22.3%；信息传输、计算机服务和软件业占 15%；制造业占 10.8%。

“十一五”期间，全市累计实际利用外资 281.8 亿美元，是“十五”时期的 2.3 倍。

全年境外投资中方实际投资额 6.9 亿美元，比上年增长 1.3 倍；“十一五”期间累计投资 10 亿美元。对外承包工程、劳务合作和设计咨询实现营业额 26 亿美元，比上年增长 14.5%；“十一五”期间累计实现营业额 83.3 亿美元，是“十五”时期的 4 倍。

旅游：全年接待入境旅游者 490.1 万人次，比上年增长 18.8%。其中，外国人 421.6 万人次，增长 23%；港、澳、台同胞 68.4 万人次，下降 1.7%。旅游外汇收入 50.4 亿美元，增长 15.8%。全年接待国内旅游者 1.8 亿人次，增长 10.1%。国内旅游收入 2425.1 亿元，增长 13.1%。国内外旅游收入总计达到 2767.9 亿元，增长 13.3%。全年出境游人数 272.7 万人次，增长 1.1 倍。

“十一五”期间，全市共接待入境旅游者 2107.4 万人次，国内旅游者 7.6 亿人次，均为“十五”时期的 1.4 倍。累计实现国内外旅游收入 11334.6 亿元，是“十五”时期的 1.8 倍；其中旅游外汇收入 224.7 亿美元，国内旅游收入 9712.9 亿元，分别是“十五”时期的 1.5 倍和 2 倍。

开发区：年末全市共有开发区 19 个，累计招商企业 38658 家，比上年末增加 2614 家；其中投产开业企业 21992 家，减少 470 家。各类开发区实现总收入 17909.7 亿元，比上年增长 18.6%；实现利润 1470.7 亿元，增长 19.4%；应缴税金 801.9 亿元，增长 12.4%。

中关村（6.33,-0.04,-0.63%）国家自主创新示范区投产开业企业 15754 家，实现总收入 15489.3 亿元，比上年增长 19.1%；出口总额 223.1 亿美元，增长 7.1%；实现利润 1293 亿元，增长 15.2%；应缴税金 664.7 亿元，增长 10.6%。

北京经济技术开发区投产开业企业 1592 家，实现总收入 3500 亿元，比上年增长 7.3%；实现利润 329.4 亿元，增长 15.9%；应缴税金 177.7 亿元，增长 18.3%。

资料来源：北京市统计局

2010 年天津市对外经济贸易合作概况

对外贸易

出口实现恢复增长。全市外贸进出口总额完成 822.01 亿美元，增长 28.8%，扭转了上年的下降局面。其中进口

446.84 亿美元，增长 31.7%；出口 375.17 亿美元，增长 25.5%。对美国、欧盟、韩国、日本等四大传统市场出口分别增长 27.2%、25.5%、28.1% 和 17.3%，合计出口 213.25 亿美元，占全市外贸出口总额的 56.8%。在出口产品中，机电产品出口 262 亿美元，高新技术产品出口 149.8 亿美元，分别占全市出口的 69.8% 和 39.9%，同比分别提高 1.6 个和 0.1 个百分点。

招商引资

高水平外资快速涌入。新批外商投资企业 592 家，合同外资额 152.96 亿美元，增长 10.5%；实际直接利用外资 108.49 亿美元，增长 20.3%。其中服务业实际直接利用外资 57.39 亿美元，增长 17.4%，占全市的 52.9%；制造业实际直接利用外资 49.62 亿美元，增长 28.0%，快于全市 7.7 个百分点。新批和增资合同外资额 5000 万美元以上项目 89 个，1 亿美元以上项目 8 个。全市有 383 家外商投资企业增资，外方增资额 51.3 亿美元，占全市合同外资额的 33.5%。香港地区在津投资项目个数、合同外资额和实际到位额依然名列首位，美国、韩国和日本实际到位分别增长 2.3 倍、72.5% 和 62.7%。年末在津投资的国家和地区达到 50 个，世界 500 强企业达到 143 家。

国内招商引资快速增长。全市实际利用内资 1633.82 亿元，比上年增长 31.5%。大项目继续保持引资主体地位，引进和增资超亿元大项目 234 个，到位资金 1293.18 亿元，占全市内资到位额的 79%。引进国内 500 强优势企业累计达 157 家。引资结构更趋优化，引进服务业到位资金 1162.45 亿元，占内资总额的 71%；外地民营企业在津投资 1060.83 亿元，占内资总额的 65%。

经济合作与交流

对外经济合作开创新局面。服务外包产业增势迅猛，全年签订服务外包合同 203 个，接包执行额 3.4 亿美元，其中离岸接包执行额 2.1 亿美元，分别增长 60.6% 和 64.6%。对外承包工程和劳务合作项目 234 个，合同额 18.02 亿美元，完成营业额 24.89 亿美元，增长 15.7%。截至年末，对外承包工程和劳务合作涉及国家 35 个，在境外劳务人员 1.27 万人。对外投资快速增长。当年境外投资中方实际投资额 2.6 亿美元，增长 1.2 倍。技术引进力度加大，签订技术引进合同 510 项，合同金额 12.2 亿美元，增长 40.6%。外资研发中心达到 27 个。埃及苏伊士经贸合作区建设加快推进，建成 1 平方公里起步区，引进了西电集团等一批大项目。

对口支援工作取得新进展。对口支援陕西震后重建三年任务两年完成，累计拨付援建资金 20.37 亿元。新一轮对口支援新疆和田地区取得良好开端，支援西藏昌都、重庆万州和帮扶甘肃省工作扎实有序推进。

滨海新区

滨海新区对全市经济增长的贡献进一步加大。滨海新区生产总值完成 5030.11 亿元，按可比价格计算，比上年增长 25.1%；占全市的比重达到 55.2%，提高 4.4 个百分点。新区主要经济指标保持快速增长。工业总产值完成 10653.55 亿元，增长 33.2%。全社会固定资产投资 3352.71 亿元，增长 34.0%。社会消费品零售总额 567.42 亿元，增长 23.8%。实际直接利用外资 70.42 亿美元，增长 22.2%，如图 2-4-1 所示。

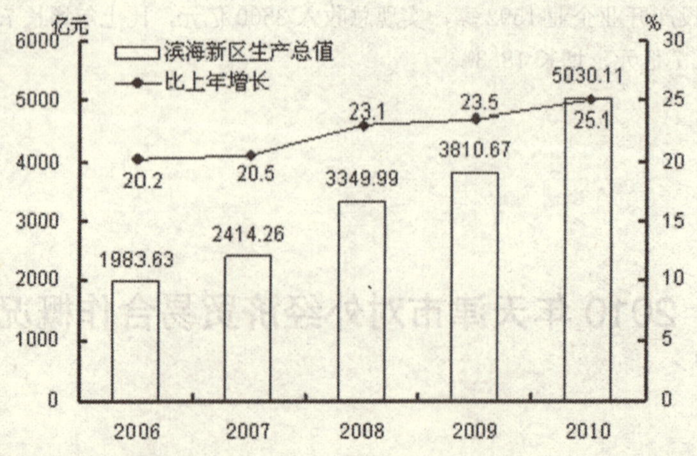

图 2-4-1 2010 年“十一五”时期滨海新区生产总值及增长速度

各功能区建设全面展开。南港重化基地、临港重装基地建设进展顺利，中新生态城示范效应开始显现，邮轮母港投入运营，响螺湾商务区 48 栋楼宇全部开工，浙商大厦建成，于家堡金融区起步区启动建设，开发区西区、空港经济区、北塘经济区、轻纺经济区、中心渔港经济区开发全面推进。天津经济技术开发区连续 13 年在国家级开发区投资环境综合评价中名列第一。

资料来源：天津市统计局

2010 年河北省对外经济贸易合作概览

全年进出口总值完成 419.3 亿美元，比上年增长 41.5%。其中：出口总值 225.7 亿美元，增长 43.9%；进口总值 193.6 亿美元，增长 38.9%。机电产品和高新技术产品分别出口 83.4 亿美元和 35.7 亿美元，分别增长 44.2% 和 74.5%；占全省出口总值的 37.0% 和 15.8%。纺织纱线、织物及制品出口 13.4 亿美元，增长 46.7%；汽车出口 4.4 亿美元，增长 51.5%；服装及衣着附件出口 28.7 亿美元，增长 42.2%；钢材出口 34.2 亿美元，增长 93.0%；农产品出口 12.3 亿美元，增长 19.8%，如表 2-4-1 所示。

表 2-4-1 2010 年全省进出口情况

单位：亿美元

指 标	绝对值	比上年增长（%）
进出口总值	419.3	41.5
其中：进口总值	193.6	38.9
出口总值	225.7	43.9
其中：一般贸易	180.0	46.0
加工贸易	41.0	43.7
其中：国有企业	36.5	35.0
外商投资企业	92.2	40.3
集体私营及其他企业	97.0	51.3
其中：亚洲	86.6	37.3
中国香港	3.7	19.9
日本	11.6	12.8
韩国	17.7	35.3
非洲	13.4	12.8
拉丁美洲	13.4	91.5
欧洲	75.7	53.5
欧盟	57.1	45.0
北美洲	32.4	42.2
美国	28.6	40.9
大洋洲	4.2	48.4

2005 年—2010 年进出口总值

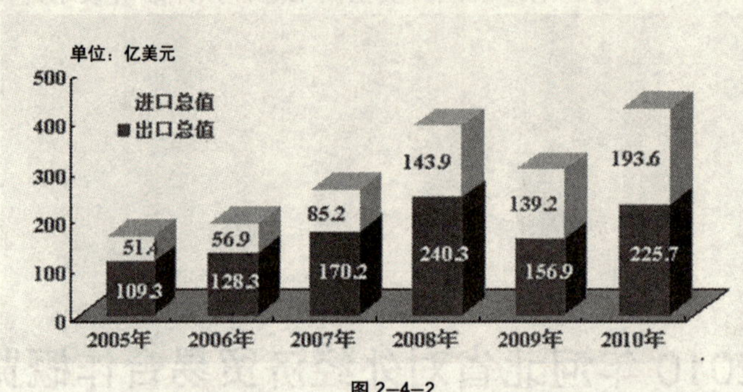

图 2-4-2

全年实际利用外资 43.7 亿美元，比上年增长 18.2%。其中外商直接投资 38.3 亿美元，增长 6.5%。在外商直接投资中，制造业占 67.9%；房地产业占 13.6%；批发和零售业占 3.1%；交通运输、仓储和邮政业占 1.6%。全年新批外商直接投资企业（项目）246 个，增长 14.4%；新批合同外资 32.9 亿美元，增长 26.3%。

2005 年—2010 年实际利用外资额

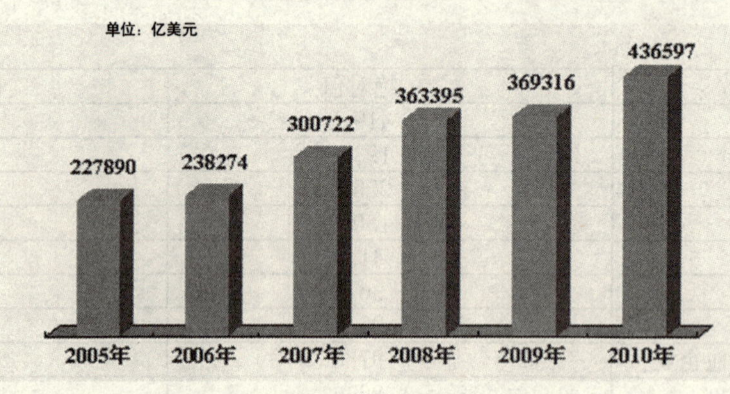

图 2-4-3

全年对外承包工程完成营业额 28.5 亿美元，比上年减少 0.6%；对外劳务合作完成营业额 0.3 亿美元，减少 8.2%。全年引进省外技术 5420 项，比上年增长 1.1%；引进资金 1949.8 亿元，增长 31.3%；引进人才 8.2 万人，增长 6.1%，如图 2-4-3 所示。

资料来源：河北省统计局

2010年山西省对外经济贸易合作概览

进出口贸易：全年全省海关进出口总额125.8亿美元，比上年增长46.8%。其中：进口额78.7亿美元，增长37.3%；出口额47.1亿美元，增长66.0%。

全年出口煤炭192.0万吨，比上年增长20.1%，出口金额3.4亿美元，增长69.3%；出口焦炭166.1万吨，增长630.3%，出口金额7.0亿美元，增长637.5%；出口镁及其制品9.8万吨，增长34.5%，出口金额2.8亿美元，增长38.8%；出口机电产品12.1亿美元，增长9.2%。

全年进口铁矿砂及其精矿2435.4万吨，比上年下降8.8%，进口金额28.7亿美元，增长32.1%；进口机电产品20.0亿美元，增长107.9%。

招商引资：全年全省新设立外商直接投资企业52家；按全口径统计实际使用外商直接投资金额15.1亿美元，比上年增长11.5%；其中纳入商务部口径统计的7.1亿美元，增长44.8%。

全年全省对外经济合作新签合同额10.0亿美元，比上年增长49.9%；完成营业额7.2亿美元，下降37.1%。

资料来源：山西省统计局

2010年内蒙古自治区对外经济贸易合作概览

全年海关进出口总额87.19亿美元，比上年增长28.7%。其中：出口总额33.35亿美元，增长44%；进口总额53.84亿美元，增长20.8%。从主要贸易方式看，一般贸易进出口额达40.64亿美元，占46.6%，比上年增长29.4%；加工贸易进出口额达9亿美元，占10.3%，比上年增长2.4倍。“十一五”时期，全区外贸进出口总额累计达到381.08亿美元，比“十五”时期增长1.4倍。其中，出口143.19亿美元，比“十五”时期增长86%。

全年实际利用外商直接投资33.85亿美元，比上年增长13%。年内全区在工商部门注册的“三资”企业3693家，比上年增加18家。“十一五”时期，累计外商直接投资129.1亿美元，比“十五”时期增长4.1倍。

全年共签订对外工程承包、劳务合作合同金额2356万美元，完成营业额4511万美元。

资料来源：内蒙古自治区统计局

2010年辽宁省对外经济贸易合作概览

全年实际使用外商直接投资207.5亿美元，比上年增长34.4%。分产业看，第一产业使用外资1.8亿美元，增长31.6%；第二产业使用外资83.7亿美元，增长13%；第三产业使用外资122亿美元，增长54.5%。实际使用外商直接投资的三次产业构成为0.9 ∶ 40.3 ∶ 58.8。分行业看，制造业使用外资76.1亿美元，增长9.4%；房地产业使用外资70.3亿美元，增长99%；居民服务和其他服务业使用外资13.1亿美元，增长16%。

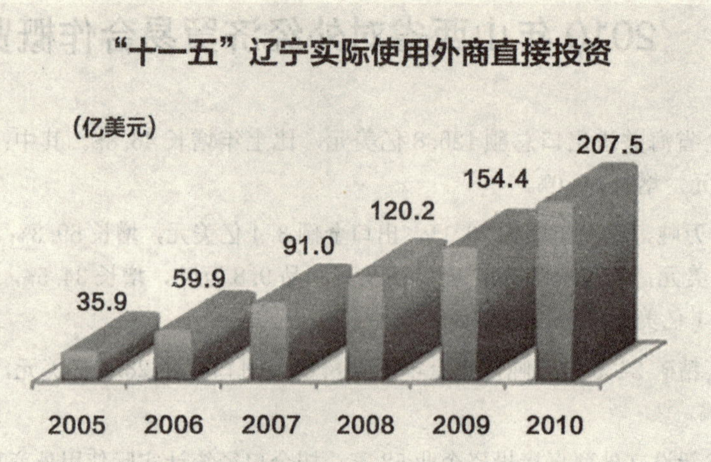

图 2-4-4

全年进出口总额 806.7 亿美元，比上年增长 28.2%。其中，出口总额 431.2 亿美元，增长 28.9%；进口总额 375.5 亿美元，增长 27.4%。在出口总额中，一般贸易出口 180 亿美元，加工贸易出口 206.1 亿美元，分别增长 29.2% 和 26.5%；国有企业出口 112.4 亿美元，外商投资企业出口 206.4 亿美元，私营企业出口 102.9 亿美元，分别增长 36.4%、25.7% 和 28%；机电产品出口 187.4 亿美元，高新技术产品出口 53 亿美元，分别增长 30.8% 和 40.5%。全年引进国内资金实际到位额 4103.1 亿元，比上年增长 65.1%。

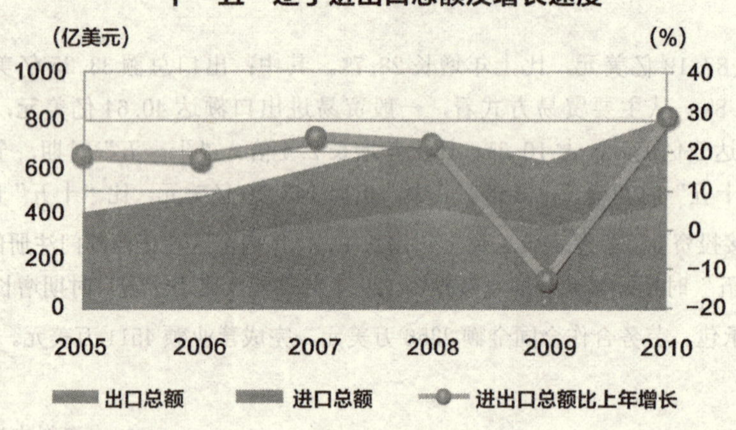

图 2-4-4

2011 年末全省对外贸易国家（地区）215 个。全年对亚洲出口 268 亿美元，比上年增长 27.3%。其中，对日本出口 97.3 亿美元，增长 26.2%；对韩国出口 39.8 亿美元，增长 19.5%；对新加坡出口 28.5 亿美元，下降 9.1%。对欧盟出口 56.3 亿美元，增长 36.7%。对美国出口 47.4 亿美元，增长 20.1%。对非洲出口 9.4 亿美元，下降 2.6%。对拉丁美洲出口 22.9 亿美元，增长 77%。

全年在海外新办各类企业和机构 167 家，总投资额 11 亿美元。对外承包工程和劳务合作新签合同项目 1422 个，比上年增长 3%。

资料来源：辽宁省统计局

2010 年黑龙江省对外经济贸易合作概览

对外贸易高速增长。全年实现进出口总值 255.0 亿美元，比上年增长 57.1%。其中：出口 162.8 亿美元，增长 61.5%；进口 92.2 亿美元，增长 50.0%。从贸易方式看，一般贸易进出口 178.1 亿美元，增长 73.7%；边境小额贸易进出口 50.2 亿美元，增长 44.3%；加工贸易进出口 7.3 亿美元，下降 13.7%。从企业性质看，国有企业进出口 50.5 亿美元，增长 16.3%；私营企业进出口 192.4 亿美元，增长 75.8%；三资企业进出口 11.1 亿美元，增长 42.0%。从国（地区）别看，对俄罗斯进出口 74.7 亿美元，增长 34.0%；对东盟进出口 27.1 亿美元，增长 97.5%；对欧盟进出口 23.7 亿美元，增长 48.3%；对美国进出口 22.4 亿美元，增长 65.4%；对安哥拉进出口 14.3 亿美元，增长 2.2 倍；对印度进出口 7.9 亿美元，增长 1.7 倍；对韩国进出口 7.5 亿美元，增长 44.0%；对巴西进出口 7.0 亿美元，增长 34.0%；对日本进出口 6.7 亿美元，增长 10.6%。从商品类别看，机电产品出口 47.6 亿美元，增长 61.8%；高新技术产品出口 3.7 亿美元，增长 53.4%。

利用外资稳步增长。全年实际利用外资 27.6 亿美元，比上年增长 9.9%。其中，外商直接投资 26.6 亿美元，增长 12.7%。

资料来源：黑龙江省统计局

2010 年上海市对外经济贸易合作概览

全年上海进出口总额 6846.45 亿美元，比上年增长 32.8%。其中：进口总额 2613.05 亿美元，增长 37.3%；出口总额 4233.4 亿美元，增长 30.2%。

全年上海市进出口总额 3688.69 亿美元，比上年增长 32.8%（见图 2-4-6）。其中，进口总额 1880.85 亿美元，增长 38.5%；出口总额 1807.84 亿美元，增长 27.4%。全年外商及港澳台投资企业出口 1259.74 亿美元，增长 29.7%；私营企业完成出口 228.05 亿美元，增长 31%；国有企业出口 307.67 亿美元，增长 16.3%；集体企业出口 12.26 亿美元，增长 29.3%。

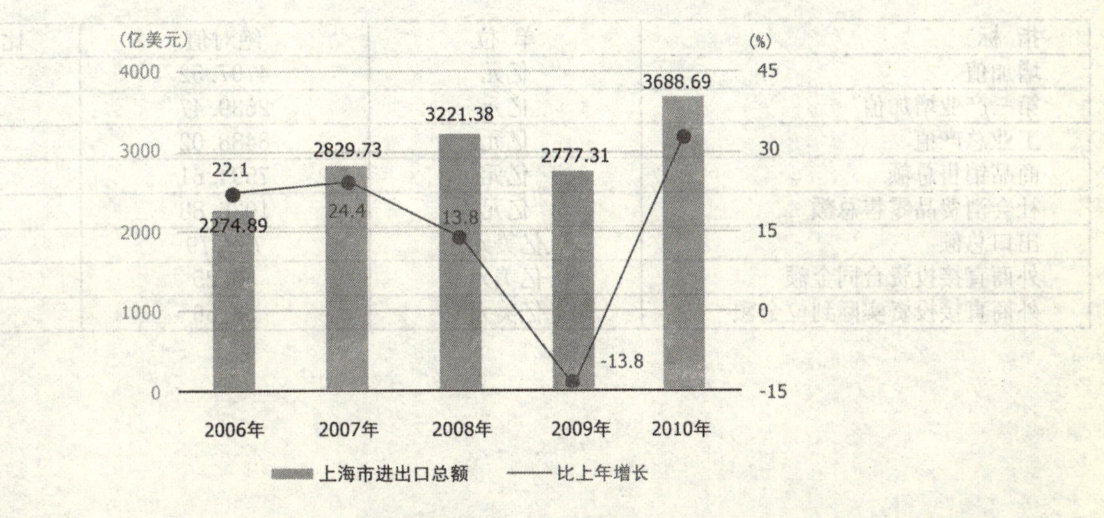

图 2–4–6

在上海市出口总额中，高新技术产品出口841.11亿美元，比上年增长32.2%，机电产品出口1311.14亿美元，增长27.8%；一般贸易出口632.74亿美元，增长29.5%，加工贸易出口1003.74亿美元，增长23.2%。全年对亚洲市场出口725.92亿美元，比上年增长26.5%；对欧洲出口450.72亿美元，增长21.6%（见表2-4-2）。

表2-4-2 上海市出口市场结构

类别	绝对值（亿美元）	比上年增长（%）
上海市出口总额	**1807.84**	**27.4**
亚洲	725.92	26.5
日本	196.46	22.1
中国香港	134.09	22.1
欧洲	450.72	21.6
北美洲	437.83	27.4
美国	409.91	27.7
拉丁美洲	94.47	61.1
大洋洲	57.91	45.1

全年批准外商直接投资合同项目3906项，比上年增长26.4%；吸收外资合同金额153.07亿美元，增长15.1%；实际到位金额111.21亿美元，增长5.5%。全年第三产业吸收外商直接投资实际到位金额88.31亿美元，增长16%，占全市实际利用外资的比重达到79.4%。全年批准总投资在1000万美元以上的外商直接投资项目203项，合同金额125.65亿美元。至年末，在上海投资的国家和地区已达149个。年内新增跨国公司地区总部45家、投资性公司22家、外资研发中心15家。至年末，在上海落户的跨国公司地区总部达到305家，投资性公司213家，外资研发中心319家。

全年新批对外投资项目179项，投资总额24.2亿美元。签订对外承包工程和劳务合作合同7532项；实际完成营业额75.42亿美元，增长2.7%；派出劳务人员1.59万人次，增长13.4%。至年末，上海对外承包工程和劳务合作涉及的国家和地区已达179个。

浦东改革开放

全年浦东新区实现增加值4707.52亿元，比上年增长12.4%（见表2-4-3）。

表2-4-3 浦东新区主要经济指标

指标	单位	绝对值	比上年增长（%）
增加值	亿元	4707.52	12.4
第三产业增加值	亿元	2639.47	10.3
工业总产值	亿元	8488.02	21.1
商品销售总额	亿元	7594.61	26.9
社会消费品零售总额	亿元	1036.88	20.6
出口总额	亿美元	738.79	28.2
外商直接投资合同金额	亿美元	56.25	1.7
外商直接投资实际到位金额	亿美元	38.56	-1.3

至2010年末，已有285家外资金融机构和150家跨国公司地区总部入驻浦东。全年综合保税区完成集装箱吞吐量2509.5万国际标准箱，比上年增长17.3%。张江高科技园区电子信息产品制造业实现产值257.89亿元，比上年增长80.5%。生物医药制造业实现产值129.9亿元，比上年增长21.4%。知识产权授权12764件，比上年增长58.6%。金桥出口加工区实现工业总产业产值2095.3亿元，比上年增长28.4%。临港产业区成套设备制造业实现总产值68.61亿元，比上年增长17.4%。

资料来源：上海市统计局

2010年江苏省对外经济贸易合作概览

对外贸易呈现恢复性增长态势并逐步迈上新台阶。全年进出口总额4657.9亿美元，比上年增长37.5%。其中：出口2705.5亿美元，增长35.8%；进口1952.4亿美元，增长39.9%。

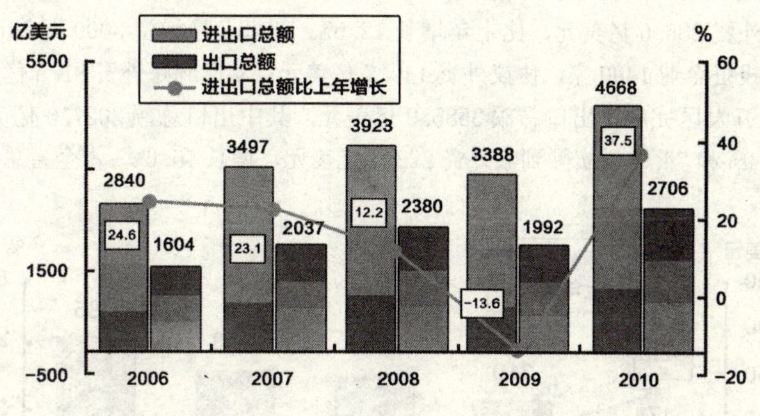

图2-4-7 “十一五”时期进出口总额与增长速度

出口商品结构进一步优化，高技术含量产品出口增加。机电产品、高新技术产品出口额为1883.4亿美元和1256.9亿美元，分别占出口总额的69.6%和46.5%。其中计算机与通信技术产品出口840.1亿美元，占高新技术产品出口额的66.8%。外商投资企业出口1923.2亿美元，增长31.1%，占出口总额的71.1%。私营企业出口额为483.4亿美元，增长55.0%，占出口总额的17.9%。对欧盟、美国、日本、中国香港特别行政区出口额分别为698.1亿美元、583.4亿美元、254.6亿美元和179.5亿美元，比上年分别增长41.6%、29.2%、30.1%和26.2%；对东盟、韩国、中国台湾市场出口额分别为210.7亿美元、137.2亿美元和71.9亿美元，分别增长26.3%、36.0%和46.7%；对拉丁美洲、非洲、俄罗斯出口额分别为145.5亿美元、63亿美元和36.5亿美元，分别增长61.4%、32.9%和105.0%。

指　标	绝对数（亿美元）	比上年增长（%）
出口总额	2705.5	35.8
一般贸易	989.3	39.6
加工贸易	1598.1	30.4
工业制成品	2661.8	35.6
初级产品	43.7	47.6
机电产品	1883.4	35.7
高新技术产品	1256.9	35.4
外商投资企业	1923.2	31.1
国有企业	243.2	39.9
进口总额	1952.4	39.9
一般贸易	666.2	47.6
加工贸易	928.9	31.3
工业制成品	1672.8	39.1
初级产品	279.6	44.3
机电产品	1210.9	39.4
高新技术产品	849.8	38.7
外商投资企业	1548.8	37.0

图 2-4-8 进出口贸易主要分类情况

吸引外资规模继续保持全国第一，利用外资结构不断改善。全年新批外商投资企业 4661 家，新批协议外资 568.3 亿美元；实际到账外资 285.0 亿美元，比上年增长 12.5%。新批及净增资 3000 万美元以上的大项目 660 个。全年服务业新批外商直接投资企业 1490 家，协议外资 140.7 亿美元；实际到账外资 81.5 亿美元，增长 22.8%。开发区建设取得新进展。全省开发区完成进出口总额 3585.9 亿美元，其中出口总额 2027.3 亿美元，分别增长 37.1% 和 36.2%，占全省总量的 77.0% 和 74.9%；实际到账外资 222.3 亿美元，增长 16.6%，占全省总量的 77.9%。

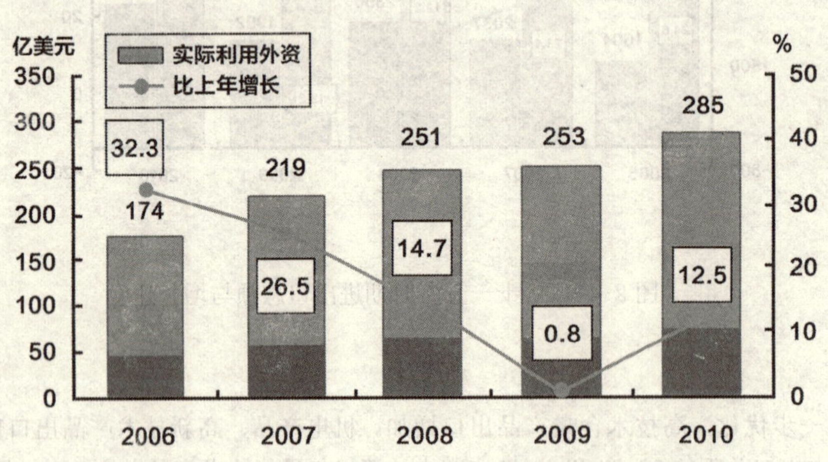

图 2-4-9 “十一五”时期实际利用外资与增长速度

“走出去”势头迅猛。全年新批境外投资项目 408 个，比上年增长 22.9%，中方协议投资 21.8 亿美元，增长 104.6%。全年新签对外承包工程和劳务合作合同额 62.1 亿美元，增长 23.3%；完成营业额 59.7 亿美元，增长 17.5%。

资料来源：江苏省统计局

2010 年浙江省对外经济贸易合作概览

2010 年，进出口总额为 2535 亿美元，比上年增长 35%。其中：进口 730 亿美元，增长 33.4%；出口 1805 亿美元，增长 35.7%（见表 2-4-4），出口占全国的比重从上年的 11.1% 提高到 11.4%。

表 2-4-4 2010 年进出口主要分类情况

	绝对数（亿美元）	比上年增长（%）
进出口总额	2534.7	35.0
出口额	1804.8	35.7
一般贸易	1450.2	36.0
加工贸易	330.1	32.5
机电产品	791.3	42.6
高新技术产品	147.4	49.2
进口额	729.9	33.4
一般贸易	493.8	31.9
加工贸易	157.6	34.0
机电产品	163.2	37.2

月度出口规模创历史新高。月均出口 150.4 亿美元。其中：7 月当月出口 180.4 亿美元创历史新高。主要出口市场全面恢复，欧盟仍为第一大贸易伙伴。新兴市场出口份额稳步提高，东盟成为第三大出口市场（见表 2-4-5）。机电产品、高新技术产品出口比重提高，能源资源类等初级产品进口增加，外贸结构得到优化。

表 2-4-5 2010 年对主要市场进出口情况

国家或地区	出口额（亿美元）	比上年增长（%）	进口额（亿美元）	比上年增长（%）
欧盟	483.2	34.0	93.8	45.8
东盟	110.1	37.0	68.7	54.7
美国	304.6	32.1	61.2	51.3
日本	105.5	18.5	100	26.4
俄罗斯	51.1	81.1	12.2	0.7
韩国	45.4	27.8	63.5	8.6
中国香港	64.4	43.2	2.5	15.3
中国台湾	20.1	52.5	101.8	31.4

新批外商直接投资项目 1944 个，比上年增加 206 个，合同外资 200.5 亿美元，实际到位外资 110 亿美元，分别比上年增长 25.2% 和 10.7%。第三产业利用外资继续保持良好势头，合同外资 81.1 亿美元，实际外资 41.4 亿美元，分别比上年增长 41.9% 和 21.8%，各占外资总额的 40.5% 和 37.7%。

对外承包工程、对外劳务合作、对外设计咨询完成营业额 29.1 亿美元，比上年增长 21.6%；经审批和核准的境外企业和机构共计 630 家，投资总额 40.2 亿美元，中方投资 33.6 亿美元，同比分别增长 2.6 和 2.2 倍。全年实际对外直接投资为 26.2 亿美元，继续居全国各省市第一。

资料来源：浙江省统计局

2010 年安徽省对外经济贸易合作概览

全年进出口总额 242.8 亿美元，比上年增长 54.8%。其中，出口 124.2 亿美元，增长 39.7%；进口 118.6 亿美元，增长 74.6%。从出口经营主体看，生产型企业、贸易型企业出口分别增长 47.9% 和 18.8%。从出口商品类别看，机电产品、高新技术产品出口分别增长 43.1% 和 34.3%。

单位：亿美元

指　标	绝对数	比上年增长%
出口额	124.2	39.7
其中：机电产品	48.4	43.1
其中：高新技术产品	20.1	34.3
其中：一般贸易	93.0	41.2
加工贸易	27.5	55.7
其中：对亚洲	45.7	30.1
对欧洲	28.6	55.6
对北美洲	20.5	39.3
对非洲	12.6	16.3
对拉丁美洲	14.6	83.4
对大洋洲	2.2	17.2

图 2-4-10

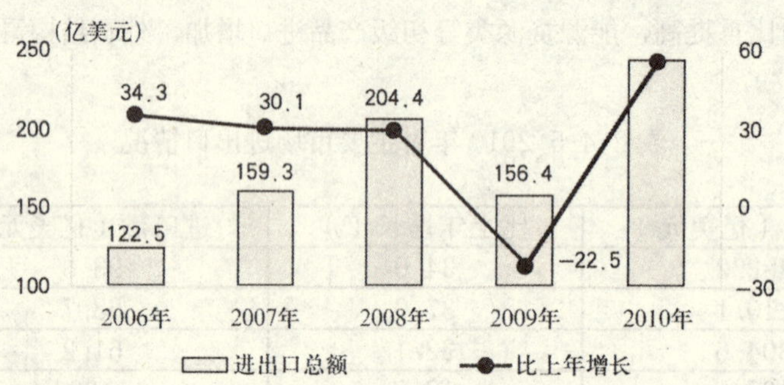

图 2-4-11

全年新批外商投资企业 281 家，比上年下降 4.4%；合同利用外资 21.6 亿美元，增长 50.1%；实际利用外商直接投资 50.1 亿美元，增长 29.1%。到 2010 年底，来皖投资的境外世界 500 强企业增加到 51 家。 全年对外经济技术合作新签合同金额 15.8 亿美元，比上年增长 53.2%；完成营业额 20.5 亿美元，增长 26.7%；当年外派劳务人员 12631 人，下降 13.6%。全年新批境外企业（机构）44 个，实际对外投资 8.1 亿美元。 全年入境旅游人数 198.4 万人次，比上年增长 27.1%；国内游客 15349 万人次，增长 25.1%。旅游总收入 1151 亿元，增长 26.6%。其中，旅游外汇收入 8.2 亿美元，增长 23.6%；国内旅游收入 1095 亿元，增长 26.7%。年末全省共有 A 级旅游景点（区）355 处。

资料来源：安徽省统计局

2010 年福建省对外经济贸易合作概览

全年进出口总额 1087.82 亿美元，比上年增长 36.6%。其中；出口 714.97 亿美元，增长 34.1%，进口 372.86 亿美元，增长 41.6%。顺差为 342.11 亿美元，比上年增加 72.22 亿美元。如表 2-4-6 所示。

表 2-4-6 2010 年进出口主要分类情况

指 标	绝对数（亿美元）	比上年增长（%）
进出口总额	1087.82	36.6
出口额	714.97	34.1
其中：一般贸易	438.44	35.9
加工贸易	235.98	26.4
其中：机电产品	293.96	32.8
其中：高新技术产品	131.75	25.8
进口额	372.86	41.6
其中：一般贸易	192.36	41.8
加工贸易	144.03	48.6
其中：机电产品	176.46	46.5
其中：高新技术产品	124.36	48.4

表 2-4-7 2010 年对主要国家和地区进出口情况

国 家和地区	出口额（亿美元）	比上年增长（%）	进口额（亿美元）	比上年增长（%）
美国	148.65	37.1	37.35	35.2
欧盟	145.95	28.8	35.98	36.5
东盟	83.07	38.3	48.91	46.3
日本	54.09	6.6	36.38	56.1
中国香港	45.57	30.0	1.62	48.6
中国台湾	22.12	43.7	81.76	50.1
韩国	20.49	46.0	34.62	44.4
俄罗斯联邦	9.74	73.2	3.66	75.0

批准设立外商直接投资项目 1139 个，比上年增长 21.3%。按历史可比口径统计，合同外资金额 121.20 亿美元，增长 33.5%；实际利用外商直接投资 103.16 亿美元，增长 2.5%。按验资口径统计，合同外资金额 73.76 亿美元，增长 37.6%；实际利用外商直接投资 58.03 亿美元，增长 1.1%。

表 2-4-8 2010 年分行业外商直接投资情况（验资口径）

行业	合同项目（个）	合同金额（万美元）	实际利用金额（万美元）
总计	1139	737557	580279
农、林、牧、渔业	79	24439	14040
采矿业	2	157	1597
制造业	496	441974	371139
电力、燃气及水的生产和供应业	6	10709	20756
建筑业	5	813	3016
交通运输、仓储和邮政业	23	16826	8265
信息传输、计算机服务和软件业	14800	14083	
批发和零售业	291	82548	25724
住宿和餐饮业	29	11284	3308
金融业	4	1623	1517
房地产业	26	60685	72368
租赁和商务服务业	83	35556	24911
科学研究、技术服务和地质勘查业	40	9704	3540
水利、环境和公共设施管理业	8	13645	9622
居民服务和其他服务业	7	4002	2815
教育	–	–	–
卫生、社会保障和社会福利业	1	705	–
文化、体育和娱乐业	10	8087	3578

新批境外投资企业 207 家，协议投资总额 14.2 亿美元，其中中方投资 8.14 亿美元，分别比上年增长 25%、19% 和 87%。对外承包工程完成营业额 2.35 亿美元，增长 34.6%；对外劳务合作完成营业额 2.32 亿美元，下降 6.3%。

“十一五”期间，全省进出口总额年均增长 14.9%。其中，出口年均增长 15.5%，进口年均增长 13.8%。2010 年进出口总额、出口额均比 2005 年翻一番。

资料来源：福建省统计局

2010 年江西省对外经济贸易合作概览

全年进出口总额 214.53 亿美元，比上年增长 67.9%。其中：出口 134.16 亿美元，增长 82.1%；进口 80.37 亿美元，增长 48.5%。在出口中，外商投资企业出口额 49.95 亿美元，增长 54.8%；私营及其他企业出口额 70.25 亿美元，增长 1.3 倍；国有企业出口额 13.96 亿美元，增长 34.2%。

全年机电产品出口 45.4 亿美元，增长 1.3 倍；高新技术产业出口 27.09 亿美元，增长 94.7%；对欧盟、东盟等国家或地区出口快速增长，分别增长 1.3 倍和 92.5%。

全年新批外商投资企业 1092 个，增长 33.0%，其中新批合同外资 1000 万美元以上大项目 147 个。实际使用外商直接投资 51.01 亿美元，增长 26.8%。全年新增具有世界 500 强投资背景的企业 3 家，总数达 40 家。实际引进省外单项投资 5000 万元以上项目资金 1927.4 亿元，增长 41.0%。

全年对外承包工程、劳务合作和设计咨询合同项目 198 个，合同金额 13.92 亿美元，增长 30.5%；完成营业额 11.09 亿美元，增长 46.8%。

资料来源：江西省统计局

2010年山东省对外经济贸易合作概览

2010年对外贸易快速恢复。全年进出口总额1889.5亿美元，比上年增长35.9%。其中，出口1042.5亿美元，增长31.1%；进口847亿美元，增长42.2%。发达经济体市场仍占主导地位，其中，对欧盟出口额占全省出口总额的17.7%，为第一大出口市场，对美国出口额占17.6%。新兴市场增势强劲，其中，对巴西出口增长1.2倍，对俄罗斯出口增长91.8%。

2005年-2010年进出口总额及增长速度

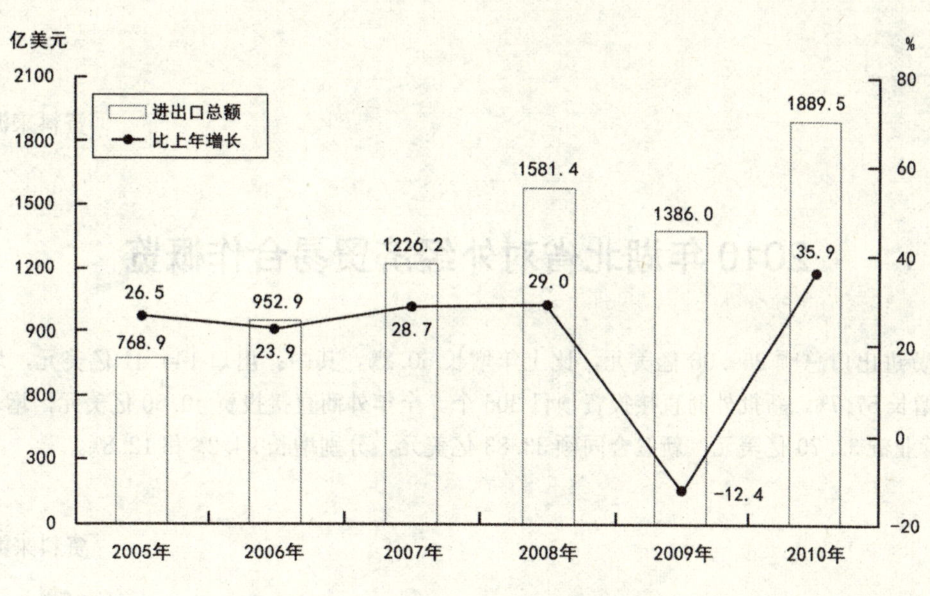

图2-4-12

进出口商品结构渐趋合理。出口商品结构不断优化，机电产品出口额占全省出口总额的43.2%，高新技术产品出口额占16.9%。资源类商品进口大幅增长。其中：天然橡胶进口额增长1.2倍，铜材进口额增长1.2倍，棉花进口额增长93.3%，铁矿砂进口额增长81.7%，粮食进口额增长56.3%，煤进口额增长50.0%。

利用外资质量不断提升。新批外商直接投资项目1632个，比上年增长11.2%；合同外资136.3亿美元，增长56.5%；实际到账外资91.7亿美元，增长14.5%。新批世界500强企业投资项目36个，增长9.1%；新批总投资3000万美元以上大项目242个，增长65.8%。服务业利用外资增长较快，合同外资和实际到账外资分别增长67.7%和25.9%。

对外经济合作开展顺利。境外投资取得新进展。新核准设立境外企业（机构）360家，比上年增长20.4%；协议投资总额22.2亿美元，增长62.7%，其中，中方投资18.5亿美元，增长64.5%；核准设立境外资源开发项目43个，增长30.3%。对外承包工程和劳务合作稳定增长。对外承包劳务工程新签合同额109.3亿美元，增长17.2%；完成营业额60.2亿美元，增长18.3%；外派各类劳务人员47300人，增长2.2%。

资料来源：山东省统计局

2010年河南省对外经济贸易合作概览

全年进出口总额177.92亿美元，比上年增长32.0%，增速比上年提高55.1个百分点。其中：出口总额105.34亿美元，增长43.4%；进口总额72.57亿美元，增长18.4%。机电产品出口25.77亿美元，增长28.4%；高新技术产品出口6.14亿美元，增长45.0%。

全年新批准外商投资企业362个。全省实际利用外商直接投资62.47亿美元，增长30.2%，增速比上年提高11.2个百分点。实际利用省外资金2743.40亿元，增长24.6%。

全年对外承包工程、劳务合作和设计咨询业务新签合同额25.26亿美元，比上年增长48.6%；营业额23.23亿美元，增长29.8%。

资料来源：河南省统计局

2010年湖北省对外经济贸易合作概览

全年实现外贸进出口总额259.06亿美元，比上年增长50.2%。其中：出口144.41亿美元，增长44.7%；进口114.65亿美元，增长57.7%。新批外商直接投资项目306个。全年外商直接投资40.50亿美元，增长10.7%。对外经济合作业务完成营业额32.70亿美元，新签合同额33.83亿美元，分别增长24.2%和12.8%。

资料来源：湖北省统计局

2010年湖南省对外经济贸易合作概览

对外贸易规模扩大。全省进出口总额146.89亿美元，增长44.7%。其中：出口79.55亿美元，增长44.8%；进口67.34亿美元，增长44.5%。从贸易方式看，一般贸易出口65.80亿美元，增长38.0%；加工贸易出口11.64亿美元，增长70.7%。从机电产品、高新技术产品出口看，机电产品出口27.01亿美元，增长62.6%，占出口总额的比重为34.0%；高新技术产品出口5.73亿美元，增长93.0%，占出口总额的比重为7.2%。

招商引资成效明显。全省实际利用外商直接投资51.84亿美元，增长12.8%。其中，工业实际利用外商直接投资42.50亿美元，增长20.8%。外商直接投资2000万美元以上项目158个，增长24.9%。年内引进世界500强企业5家，总数达到55家。实际到位境内省外资金1733.13亿元，增长20.1%。其中，工业实际到位资金1089.63亿元，增长21.6%。实际到位资金亿元以上项目332个，增长64.3%；实际到位资金672.08亿元，增长86.0%。

企业“走出去”步伐加快。全省新签对外承包工程、劳务合作和设计咨询合同金额21.15亿美元，增长35.4%；实现营业额16.18亿美元，增长50.0%；外派劳务3.96万人，增长15.8%。新批境外投资企业124家，实际对外投资6.99亿美元。服务外包合同执行额5.39亿美元，比上年增长62.3%；服务外包企业208家，取得各类国际资质认证34项，新增18项。

旅游市场繁荣。全省接待国内旅游者20398.03万人次，增长27.0%；接待入境旅游者189.87万人次，增长45.1%。实现旅游总收入1425.80亿元，增长29.7%。其中，国内旅游收入1365.54亿元，增长29.6%；旅游外汇收入8.87

亿美元，增长31.8%。

资料来源：湖南省统计局

2010年广东省对外经济贸易合作概览

全年进出口总额7846.63亿美元，比上年增长28.4%。其中：出口4531.99亿美元，增长26.3%；进口3314.64亿美元，增长31.5%。进出口差额（出口—进口）1217.35亿美元，比上年增加149.20亿美元。

全年新签外商直接投资项目5641个，合同外资金额246.01亿美元，分别比上年增长29.8%和40.1%。实际使用外商直接投资金额202.61亿美元，增长3.7%；其中制造业占56.1%，房地产业占16.2%，租赁和商务服务业占4.5%，批发和零售业占9.8%，科学研究、技术服务和地质勘查业占2.1%，交通运输、仓储和邮政业占2.8%。

全年经核准境外投资协议金额22.78亿美元；对外承包工程完成营业额82.08亿美元，比上年增长8.2%；对外劳务合作完成营业额5.84亿美元，下降1.8%；承包工程和劳务合作年末在外人员共3.85万人。

资料来源：广东省统计局

2010年广西壮族自治区对外经济贸易合作概览

全年货物进出口总额177.06亿美元，比上年增长24.3%。其中，货物出口96.10亿美元，增长14.8%；货物进口80.96亿美元，增长37.8%。进出口差额（出口减进口）15.14亿美元。从出口企业性质看，国有企业出口12.61亿美元，增长24.8%；外商投资企业出口20.32亿美元，增长59.1%；私营企业出口61.42亿美元，增长3.7%。

全年批准项目合同外资额20.95亿美元，比上年增长30.5%。实际使用外商直接投资额9.12亿美元，下降11.9%。全年区外境内实际到位资金3491亿元，增长49.8%。

全年对外承包工程和劳务合作完成营业额5.66亿美元，比上年增长23.3%。

资料来源：广西壮族自治区统计局

2010年海南省对外经济贸易合作概览

对外开放水平进一步提高。2010年，实施入境免签证政策范围扩大到26个国家，境外游客购物退税政策正式实施，出台《海南省游艇管理试行办法》，在游艇登记、驾驶、入境查验、活动水域等多项游艇管理政策上实现突破，对外开放的范围不断扩大、领域不断拓宽、层次不断提高。加强经贸和招商活动，积极融入区域合作。精心策划上海世博会海南周活动、香港现代服务业推介会等，参与了“环渤海”、珠江三角洲区域合作论坛等大型经贸活动，举办、协办博鳌国际旅游论坛、博鳌亚洲论坛年会等，与天津、福建等省市和国电、南航、港中旅等企业签署战略合作协议等。

境外大财团、大企业来琼投资日益增多，与世界各国、各地区的经济、贸易、科技、教育、文化等领域的交流日益加强，政府、民间和社会团体之间的友好往来进一步活跃。全年全省对外贸易进出口总值108.02亿美元（含中石化海南炼油厂），比上年增长21.2%。其中，出口总值23.91亿美元，增长25.8%；进口总值84.11亿美元，增长20.0%。在出口总值中，对中国香港出口5.84亿美元，增长13.1%；对东盟出口6.59亿美元，增长27.7%；对欧盟出口2.41亿美元，增长72.0%；对美国出口2.20亿美元，增长17.7%；对日本出口1.24亿美元，增长2.8%。全年全省实际利用外资总额15.23亿美元，比上年增长61.5%。其中，外商直接投资15.12亿美元，增长61.2%。新签利用外资协议合同数72宗，下降18.2%；新签协议合同规定外商投资额4.02亿美元，下降3.7%。

各项改革不断深化。海南农垦管理体制改革取得重大突破，农垦总公司与农垦总局实现政企分开，27个气象台、3所农垦中学、民政职能全部移交地方，农场管理属地化试点启动。农村综合改革不断深化，集体林权制度主体改革基本完成。组建省建设集团、省林业集团。康芝药业在创业板块上市，海南橡胶集团在上海证券交易所挂牌上市，出台扶持农信社改革发展十条政策，完成社保、地税、农税征管“三项体制”改革，48项涉农补贴纳入惠民“一卡通”，行政审批制度继续深化，各项改革不断向纵深推进。

资料来源：海南省统计局

2009年重庆市对外经济贸易合作概览

全年进出口总额124.26亿美元，比上年增长61.1%。其中，出口74.89亿美元，同比增长75.0%；进口49.38亿美元，同比增长43.9%。机电产品出口50.02亿美元，增长70.5%，占出口总额的66.8%。

全年累计新签外商投资项目232项，同比增长44.1%；新签外商投资合同额62.59亿美元，同比增长68.5%；外商投资实际到位63.44亿美元，增长58.0%。分行业看，制造业外商投资实际到位18.22亿美元，增长50.4%；房地产业外商投资实际到位23.99亿美元，增长66.2%；金融业外商投资实际到位15.61亿美元，增长5.3倍。全年实际利用内资2638.29亿元，增长79.7%。

全年对外承包工程、劳务、设计咨询完成营业额4.51亿美元，增长21.9%。新派劳务人员12092人，年末在外劳务人员25618人。

资料来源：重庆市统计局

2010年四川省对外经济贸易合作概览

全年实际利用外资70.1亿美元，比上年增长69.8%。新批外商直接投资企业379家，累计批准9293家。外商投资实际到位资金61.2亿美元，比上年增长69.6%。落户四川的境外世界500强企业达160家。年末驻川外国领事机构达到9家。

全年对外承包工程和劳务合作新签合同金额69.0亿美元，完成营业额40.2亿美元，增长19.3%；外派劳务40655人次，增长13.5%。新增境外投资企业48家，境外投资企业累计达226家。

招商引资全年新签并履约国内省外合作项目3902个，合同金额4216.4亿元，正在履约的项目共9331个（含往年结转，下同)，实际到位国内省外资金5336.35亿元，增长31.3%，全省招商引资系统履约中的国(境)外合作项目553个，实际到位43.7亿美元。

外贸进出口突破三百亿美元大关，实现进出口总额327.8亿美元，增长35.6%。其中，出口额188.5亿美元，增长33.0%；进口额139.3亿美元，增长39.3%。一般贸易出口97.7亿美元，增长25.9%；加工贸易出口45.5亿美元，增长12.9%。国有企业出口47.7亿美元，增长6.9%；私营企业出口98.4亿美元，增长71.3%，占外贸出口的52.2%；外商投资企业出口44.4亿美元，增长6.1%。

在有出口实绩的2885家企业中，上百万美元出口企业有1305家，增加266家，其中上千万美元以上出口企业412家，增加167家。

资料来源：四川省统计局

2010年贵州省对外经济贸易合作概览

进出口贸易大幅度增长。全年完成进出口总额31.38亿美元，比上年增长36.0%。其中，进口总额12.19亿美元，增长28.5%；出口总额19.19亿美元，增长41.3%。

表2-4-9 2010年对外贸易情况

指标名称	绝对数(亿美元)	比上年增长(%)
进出口总额	31.38	36.0
进口	12.19	28.5
其中：一般贸易进口	10.62	24.8
加工贸易进口	1.39	81.7
其中：机电产品进口	1.66	-17.9
高新技术产品进口	0.49	6.0
其中：初级产品	9.67	44.7
其中：铁矿砂	3.15	-14.9
橡胶	2.35	116.8
硫磺	1.96	190.6
工业制品	2.52	-10.3
其中：铜阴极(按重量计含量超99.9935%)	0.46	25.4
出口	19.19	41.3
其中：一般贸易出口	16.80	60.9
加工贸易出口	2.30	36.8
其中：机电产品出口	3.39	-20.3
高新技术产品出口	1.45	21.0
其中：美国	2.12	74.5
香港地区	1.63	52.3
日本	0.71	13.5
欧盟	1.74	41.4
东南亚国家联盟	2.86	11.4
韩国	0.82	47.5
拉丁美洲	0.90	133.2
其中：初级产品	3.04	38.2
其中：磷矿石	0.73	32.2
烤烟	0.95	12.2

续表

指标名称	绝对数（亿美元）	比上年增长（%）
蒸馏酒及酒精	0.71	60.8
工业制品	16.15	41.9
其中：磷酸氢二铵	5.02	114.9
橡胶轮胎	1.89	58.6
过磷酸钙	1.31	106.9

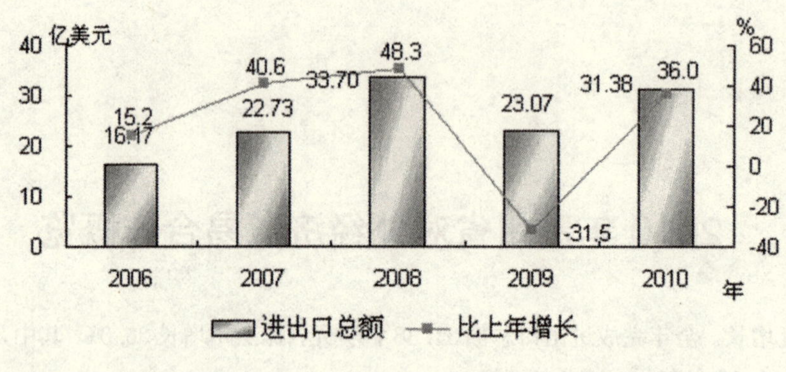

图 2-4-13

利用外资大幅增长。全年新批外商投资企业 37 个，实际利用外商直接投资 2.95 亿美元，比上年增长 1.2 倍。对外承包工程和劳务合作合同金额 3.24 亿美元，增长 97.2%；对外承包工程和劳务合作完成营业额 2.20 亿美元，增长 60%。

旅游业继续保持快速增长。据省旅游局统计，全年接待旅游总人数 12913.02 万人次，比上年增长 23.7%。实现旅游总收入 1061.23 亿元，增长 31.8%。

表 2-4-10 2010 年旅游业发展情况

指标名称	计量单位	绝对数	比上年增长（%）
接待旅游总人数	万人次	12913.02	23.7
接待国内旅游者人数	万人次	12863.01	23.7
接待入境旅游者人数	万人次	50.01	25.2
旅游总收入	亿元	1061.23	31.8
其中：国际旅游外汇收入	亿美元	1.26	17.3

资料来源：贵州省统计局

2010 年云南省对外经济贸易合作概览

全年外贸进出口总额完成 133.68 亿美元，比上年增长 66.5%。其中：出口完成 76.06 亿美元，增长 68.4%，进口完成 57.62 亿美元，增长 64.2%。全年对欧盟进出口 14.6 亿美元，增长 29.5%；对东盟进出口 45.75 亿美元，增长 45.2%；对南亚进出口 9.31 亿美元，增长 72.1%。

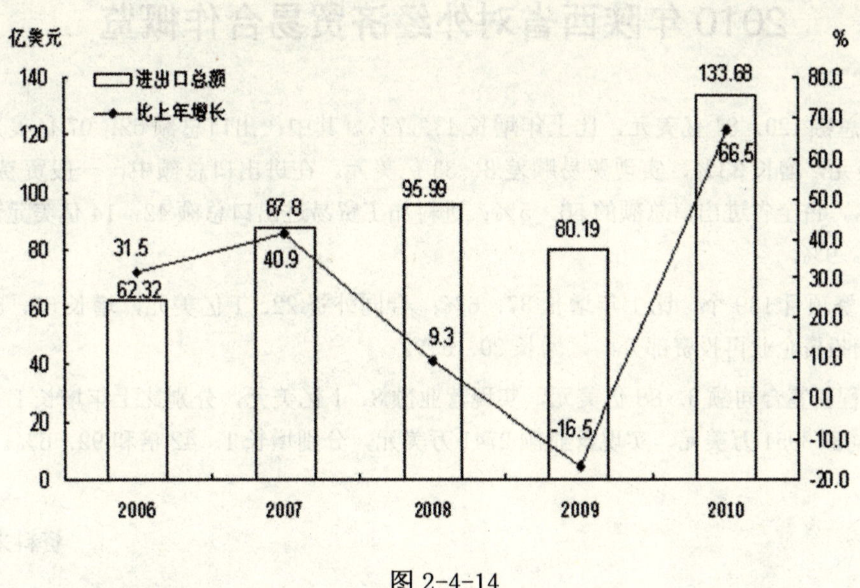

图 2-4-14

机电产品成为全省出口创汇的新龙头。全省机电产品出口 17.2 亿美元，增长 90.3%；农产品出口 13.52 亿美元，增长 36.6%；磷化工产品出口 11.47 亿美元，增长 48.8%；纺织品及服装出口 7.02 亿美元，增长 1.29 倍。在进口商品中，金属原材料进口 26.92 亿美元，增长 75.0%；农产品进口 8.71 亿美元，增长 1.09 倍；机电产品进口 8.42 亿美元，增长 8.4%；非金属原材料进口 2.48 亿美元，增长 62.9%。

全年共批准利用外资项目 163 个，比上年下降 14.2%，合同外资 15.18 亿美元，下降 9.8%，实际使用外商直接投资 13.29 亿美元，增长 46.0%。

资料来源：云南省统计局

2010 年西藏自治区对外经济贸易合作概览

全年进出口总额 83594 万美元，比上年增长 1.1 倍。其中：出口总额 77102 万美元，增长 1.1 倍；进口总额 6492 万美元，增长 1.4 倍。

在进出口贸易中，边境小额贸易实现进出口总额 50055 万美元，比上年增长 1.0 倍，占进出口贸易总额的 59.9%。其中：出口 49765 万美元，增长 1.0 倍；进口 290 万美元，下降 17.5%。

全年对亚洲进出口 61759 万美元，比上年增长 80.5%；对欧洲进出口 11222 万美元，增长 2.4 倍；对北美洲进出口 5451 万美元，增长 3.7 倍；对大洋洲进出口 290 万美元，增长 25.8%。

全年合同利用外商直接投资 2101.49 万美元，实际利用外商直接投资 2434.48 万美元，全年利用外商直接投资项目 2 家。

资料来源：西藏自治区统计局

2010年陕西省对外经济贸易合作概览

全年外贸进出口总额120．81亿美元，比上年增长43．7%。其中：出口总额62．07亿美元，增长55．6%；进口总额58．74亿美元，增长33%，实现贸易顺差3．33亿美元。在进出口总额中，一般贸易进出口总额68．23亿美元，增长21．9%，占全省进出口总额的56．5%；进料加工贸易进出口总额42．14亿美元，增长85．1%，占全省进出口总额的34．9%。

全年新批外商投资项目139个，比上年增长37．6%；合同外资22．1亿美元，增长57．8%；实际利用外资18．2亿美元（含外商投资企业再投资部分），增长20．5%。

全年对外承包工程新签合同额8．88亿美元，实现营业额8．1亿美元，分别比上年增长1．34倍和30．8%。对外劳务合作新签合同额3951万美元，实现营业额2741万美元，分别增长1．42倍和92．6%。

资料来源：陕西省统计局

2010年甘肃省对外经济贸易合作概览

对外贸易：全年全省外贸进出口总值为73.25亿美元，比上年增长89.67%。其中，出口总值为16.39亿美元，增长1.23倍；进口总值为56.86亿美元，增长81.88%。一般贸易出口8.28亿美元，增长38.4%；加工贸易出口2.86亿美元，增长1.2倍。机电产品出口3.17亿美元，增长1.77倍。

表 2-4-11 2010年进出口贸易分类情况

单位：亿美元、%

指 标	2010年	比上年增长
海关进出口总额	73.25	89.67
出口	16.39	122.78
一般贸易出口	8.28	38.40
加工贸易出口	2.86	120.00
机电产品出口	3.17	177.06
高新技术产品出口	0.91	105.64
进口	56.86	81.88
一般贸易进口	54.12	86.18
加工贸易进口	2.40	14.29
机电产品进口	1.40	-35.86
高新技术产品进口	0.98	-3.15

利用外资：全年外商直接投资合同项目28个。实际使用外商直接投资1.35亿美元，比上年增长1.03%。全年对外承包工程和劳务合作合同金额4.07亿美元，增长40.83%；对外承包工程和劳务合作完成营业额1.91亿美元，下降32.75%。

资料来源：甘肃省统计局

2010年青海省对外经济贸易合作概览

全年进出口总额7.89亿美元，比上年增长34.7%。其中，出口额4.66亿美元，增长85.8%；进口额3.23亿美元，下降3.6%。主要出口产品中，硅铁出口20655万美元，增长1.5倍；服装及衣着附件出口6701万美元，增长17.8%；纺织纱线、织物及制品出口7423万美元，增长52.3%（其中地毯出口3753万美元，增长48.7%）。主要进口产品中，金属加工机床进口2621万美元，增长3.0倍；纺织机械及零件进口1930万美元，增长3.6倍；氧化铝进口13521万美元，下降23.9%。

表2-4-12 2010年主要贸易方式和产品进出口总额

单位：万美元

指标名称	全省	比上年增长%
海关进出口总额	78906	34.7
出口	46630	85.8
一般贸易	46025	86.9
加工贸易	347	-21.8
机电产品	2970	64.1
高新技术产品	87	4.8
进口	32276	-3.6
一般贸易	31518	-4.0
加工贸易	206	-8.8
机电产品	17942	19.9
高新技术产品	3335	281.6

表2-4-13 2010年主要国家和地区进出口贸易额

单位：万美元

指标名称	全省	比上年增长%
出口	46630	85.8
美国	3118	103.1
中国香港	3322	5.5
德国	1997	137.7
日本	16348	120.9
英国	934	0.4
韩国	4868	236.4
进口	32276	-3.6
美国	3411	150.8
澳大利亚	13582	-19.1
德国	5990	136.9
日本	1382	-69.2
韩国	499	158.5

全年批准外商直接投资项目17个。其中：农、林、牧、渔业1个，采矿业1个，制造业4个，电力、燃气及水的生产和供应业3个，租赁和商务服务业1个，住宿餐饮业3个，科学研究技术服务和地质勘查业1个，居民服务和其他服务业1个，卫生、体育和社会福利业2个。合同使用外商直接投资金额3.17亿美元，比上年增长2.7%；实际使用外商直接投资金额2.19亿美元，比上年增长2.0%。

资料来源：青海省统计局

2010 年宁夏回族自治区对外经济贸易合作概览

据海关统计，全年实现进出口总额 19.60 亿美元，比上年增长 63.2%。其中：出口总额 11.70 亿美元，增长 57.5%；进口总额 7.90 亿美元，增长 72.3%。

全年高新技术产品出口 3.82 亿美元，比上年增长 31.6%，占全区出口总额的 32.6%；机电产品出口 1.31 亿美元，增长 50.2%；碳化硅出口增长 2 倍；金属镁、钽铌铍及制品和铁合金出口分别增长 87.6%、79.9% 和 59.3%。

全年实际利用外资 2.32 亿美元，比上年增长 63.4%，其中，实际利用外商直接投资 0.81 亿美元，比上年增长 15.7%。2010 年全区新批准外商直接投资项目 25 个，合同外资金额 2.84 亿美元。其中，制造业签订利用外商直接投资项目 11 个，合同额 0.91 亿美元。截至 2010 年底，全区注册登记外商投资企业累计达到 165 家。其中，中外合资企业占 37.6%。

资料来源：宁夏回族自治区统计局

2010 年新疆维吾尔自治区对外经济贸易合作概览

全年货物进出口总额 171.28 亿美元，比上年增长 22.8%。其中：出口 129.70 亿美元，增长 18.6%；进口 41.58 亿美元，增长 38.0%。

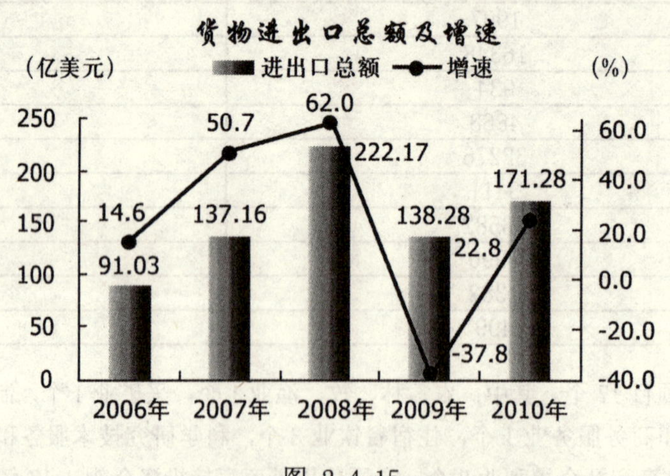

图 2-4-15

新批准设立外商直接投资企业 51 个，比上年增长 18.6%。合同使用外商直接投资项目 59 个，增长 7.3%；实际利用外商直接投资 2.37 亿美元，增长 10.1%。

表 2-4-14 2010 年货物进出口总额及增速　　单位：亿美元

指 标	绝对数	比上年增长（%）
货物进出口总额	171.28	22.8
出口	129.70	18.6
其中：一般贸易	20.89	23.5
加工贸易	3.04	-5.7
边境小额贸易	76.75	0.7
其中：机电产品	22.20	24.9
高新技术产品	1.07	21.1
进口	41.58	38.0
其中：一般贸易	15.46	19.6
加工贸易	0.23	-10.3
边境小额贸易	23.67	49.9
其中：机电产品	7.00	-3.3
高新技术产品	2.95	8.9

资料来源：新疆维吾尔自治区统计局

中国·英利

JA SOLAR

晶澳太阳能控股有限公司

JA Solar Holdings Co., Ltd.

晶澳太阳能董事长 靳保芳

晶澳太阳能成立于2005年5月18日，是一家专业从事高性能太阳能光伏产品研发、生产和销售的外商独资企业。2007年2月7日，晶澳太阳能在美国纳斯达克成功上市（NASDQ:JASO）。

经过多年潜心经营，晶澳太阳能已经发展成为总部在上海，拥有河北宁晋、江苏扬州、上海奉贤、江苏东海、安徽合肥、河北燕郊六大生产基地，两个研发中心和多家海外分公司的全球化高科技集团，产业链完整涵盖硅片、电池、组件、电站设计和承建。垂直一体化的经营策略和规模化的生产能力使晶澳太阳能的产业链结构完善，赢利和成本控制能力强劲。截至2012年第一季度，作为世界顶级的电池片生产商，晶澳太阳能电池片产能超过3GW，稳居世界第一；组件产能达到1.7GW，硅片产能达到1GW；光电转换效率世界领先，单晶硅电池片量产平均转换效率达到18.8%；多晶硅电池片量产平转换效率达到17.4%；准单晶电池量产转换效率达到18.5%，均为行业一流水平。受益于高效的电池制造技术，晶澳太阳能生产的高功率组件受到市场热捧。2011年，晶澳太阳能出货量达到1.7GW，在全球数以万计的光伏厂商中名列前茅。

多年来，晶澳太阳能始终以“技术创新引领成本、优异品质赢得客户、成本控制创造竞争力、完善服务缔造完美”为理念打造核心竞争力，把产品质量作为企业生存和发展的基石和根本。通过与TUV南德公司、INTERTEK天祥集团等全球最负盛名的独立第三方权威机构开展战略合作，确保了晶澳太阳能的产品质量和可靠性，树立了晶澳太阳能卓越的品牌形象。短短六年时间，晶澳太阳能通过不懈努力创造了巨大的社会价值和公共影响力。

自利则生，利他则久。作为一家有社会责任感的企业，晶澳太阳能在创造企业价值的同时，积极开展社会公益活动，旨在寻求通过多种方式回馈社会，履行“开发太阳能，造福全人类”的企业使命和社会责任。秉承这一理念，晶澳太阳能在2010年2月特别成立了阳光慈善基金会。截至目前，晶澳太阳能通过多种渠道已累计向社会各界捐助资金和物品价值近千万元。

在未来的发展中，晶澳太阳能将践行“正直诚信、坚持创新、合作共赢”的价值观，致力于为股东、合作伙伴、客户以及员工创造最大价值，通过与供应商及客户的互惠共赢、战略合作，不断降低发电成本，从而推动光伏太阳能的全面普及。

JA Solar Holdings Co., Ltd. is a world-leading manufacturer of high-performance solar power products. From silicon wafer to utility-scale solar farm construction, JA Solar is a vertically-integrated photovoltaic (PV) product manufacturer and service provider that aims to bring affordable renewable energy to humankind. JA Solar was founded on May 18, 2005 and was publicly listed on the NASDAQ (NASDAQ: JASO) on February 7, 2007.

Headquartered in Shanghai, JA Solar has two representative offices overseas and six manufacturing facilities in China. Our facilities encompass the whole PV supply chain, including two silicon wafer production facilities located respectively in Donghai, Jiangsu Province, and Yanjiao, Hebei Province; two cell production facilities located respectively in Yangzhou, Jiangsu Province, and Ningjin, Hebei Province; as well as a module facility in Fengxian, Shanghai. Last year, we also started construction of our new fully-integrated, state-of-the-art PV production facility in Hefei, Anhui Province, with production expected to commence in 2012. After years of operation, JA Solar has transformed into a global PV leader with deep industry knowledge and experience covering each segment of the PV value chain including wafers, cells, modules, power plant design and project Engineering, Procurement and Construction (EPC). Through vertical integration, JA Solar is able to optimize our cost structure and create the maximum value for our shareholders.

JA Solar is the global leading supplier of PV products both in terms of production capacity and efficiency. As of the first quarter of 2012, JA Solar's cell capacity ranks first in the world with over 3GW in capacity. Our module and wafer production capacities have also reached 1.7GW and 1GW, respectively. On the other hand, our conventional mono and multi-crystalline solar cells have achieved conversion efficiency of 18.8% and 17.4%, respectively, in large volume production. The efficiency of our proprietary high-performance MAPLE cells also reached 18.5% in large volume production, which is substantially higher than those of the industry peers. Customers have responded positively to JA Solar's high-efficiency solar cells and new range of high-power modules. In year 2011, the company shipped 1.7GW solar power products and maintained its leadership position among the top global PV manufacturers.

Over the years, JA Solar has always focused on our core values of "offering the best-in-class technology, superior product performance, cost leadership and world-class customer service to our partners and customers." JA Solar has established strategic cooperation partnerships with international third-party certification providers including TÜV SÜD and Intertek to further enhance our product quality and superior brand image.

On top of maximizing the value for our shareholders, JA Solar also constantly focuses on giving back to the society and puts our motto "Protect the one Earth we all share, for this and future generations" into practice. In February of 2010, we established the JA Sunshine Charity Foundation, aiming to provide education support to children in the rural areas and the teenagers in need. We also made donations of modules to Hope Primary Schools to promote renewable energy. To date, we have granted scholarships and made donations totaling over ten million RMB.

JA Solar will continue to practice the core values of integrity, a relentless emphasis on quality, and a passion for teamwork to create greatest value for our shareholders, partners, customers and employees. Through strategic cooperation and mutually beneficial and win-win solutions with our customer, we will continue to lower the cost of power generation and promote universal and affordable access to solar power energy.

晶澳太阳能控股有限公司

JA Solar Holdings Co., Ltd.

http://www.jasolar.com/

地址/ADD：上海市北闸北区市北高新科技园区江场三路36号

NO.36, Jiang Chang San Road, Zhabei, Shanghai 200436, China

电话/TEL：+86 21 6095 5888 / +86 21 6095 5999

传真/TAX：+86 21 6095 5858 / +86 21 6095 5959

邮箱/E-MAIL：sales@jasolar.com; market@jasolar.com

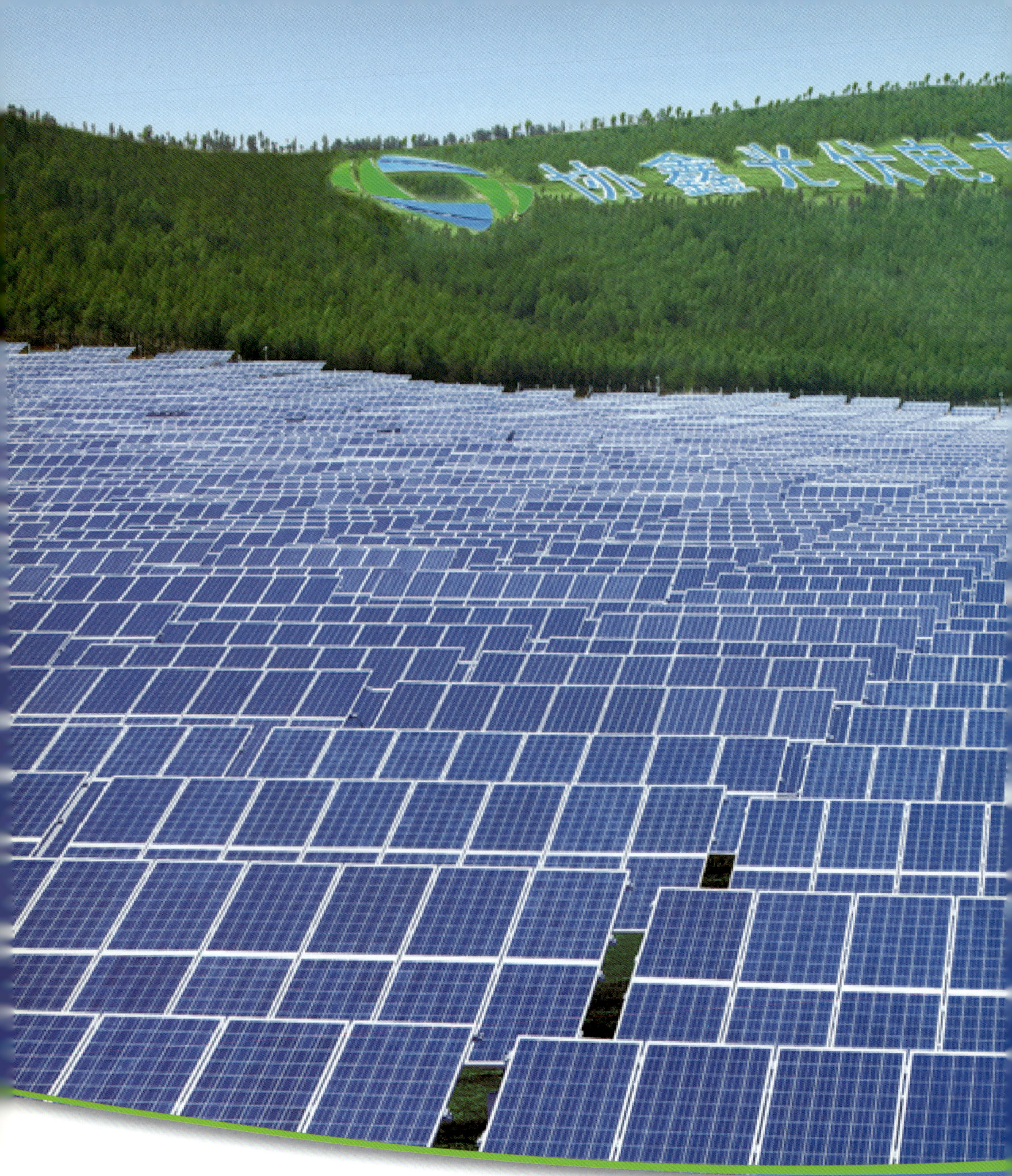

2009年，徐州20MW地面光伏电站正式上网发电
年发电量约2600 万度，每年可节约标煤约7550 吨，
可减排二氧化碳约2 万吨、二氧化硫约150 吨、二氧化氮约50 吨。
把绿色能源带进生活
Bringing Green Power to Life

1MW镇江大港新区进出口加工区厂房屋顶
1MW Rooftop Solar Power Station Project, Import and Export Processing Zone， Dagang New Zone, Zhenjiang

光伏汽车充电站
Solar Electric Car Charging Station

中国浮法玻璃新技术重点实验室大楼
China Float Glass New Technology Key Laboratory Building

新能源业务领域 New Energy Business Field

- 新能源工程　New Energy Project
  - 光伏建筑一体化工程　BIPV Project
  - 光伏屋顶电站工程　Rooftop Solar Power Station Project
  - 光伏地面电站工程　Ground Mounted Solar Power Station Project
  - 光伏汽车充电站、现代化光伏农业大棚等光伏应用项目
    Solar Electric Car Charging Station，Modern PV Greenhouse and other PV-Tech Application Projects
  - 光热发电系统工程　Solar-thermal Power System Project
  - 光热电站工程　Solar-thermal Power Project
  - 光伏玻璃生产线工程　PV Glass Production Line Project
- 光伏建筑一体化标准　BIPV Standards
- 光伏产品建材化　PV-Related Building Materials
- 薄膜太阳能电池产品及研发　Thin Film PV Module and R&D

Http: //www.netsolar.com.cn

North Man Energy undertakes the most challenging projects in the fields of design, production and procurement, construction, operation and maintenance services of solar power generation project.

North Man Energy provides excellent services for Asia-Pacific and global clients by combining global professional sources and depending on implementation experiences of successful projects.

North Man Energy Technology (Beijing) Co., Ltd providing services for Chinese clients founded in 2007, is a professional engi-neering company to provide services of solar energy generation project' s design, construction, project management, operation and maintenance.

In China, North Man Energy was the first to apply [Lead] ® screw pile technology to ten MW solar energy power station project construction. As the state and industrial standard-setter, North Man Energy provides all-terrain and all-weather sustainable solutions for solar generation projects.

Technology advantages

North Man Energy establishes long-term cooperative relations of scientific research and achievement transformation with China Academy of Building Research, National Construction Quality Supervision and Testing Center, China Corrosion and Protection Center (one of the world's three largest corrosion research testing institutions), Beijing University of Science and Technology and Tianjin University, having researched, developed, popularized and applied multi-item new technologies and new construction methods [Lead]® screw pile as representative, obtained 18 patents and participated in compiling and examining standards of Design Code for Photovoltaic Power Station, Construction Code for Photovoltaic Power Station, Acceptance Code for Photovoltaic Power Station, Technical Requirements for Photovoltaic Power Station solar tracking system, Technical Code for Photovoltaic Power Station Environmental Impact Assessment, etc. Mechanical properties of new generation [Lead]® system KingBox screw pile provided by North Man Energy fully meet the various indexes requirements of screw pile force and completely solve the corrosion proof and weather resistant problems under strong corrosion environment.

Service advantages

Depending on ample PMC project management service experiences, North Man Energy undertakes more than hundred technical services, design and construction tasks, hundreds of professional support equipment and mature logistics system every year. North Man Energy can realize 10Mwp installation schedule of [Lead]® screw pile and ground anchor every day, to ensure timely comple-tion of project schedule by all-weather and all-terrain construction ability under a variety of harsh conditions. North Man Energy possesses the capabilities of whole process project management work to undertake large complex engineering construction.

Cost advantages

Innovative pile foundation form of [Lead]® establishes safer, quicker and more economical construction schemes for project and simplifies planning and implementation for users. Adopting professional equipment, [Lead]® system can carry out fast installation, no earthwork engineering and concrete work, which reduce labor and logistics costs; in construction process, geotechnical structure and vegetation can remain unchanged and pile foundation can be removed conveniently and completely, which reduce high later disposal costs; in ecological and environmental aspects, greatly reduce the risks and losses caused by dust during power station running period.

北京京东方能源科技有限公司

BEIJING BOE ENERGY TECHNOLOGY CO.,LTD.

北京京东方能源科技有限公司为京东方科技集团股份有限公司（京东方A：000725；京东方B：200725）全资子公司。凭借在技术、市场、成本控制等方面的优势，公司专注于光伏发电及光热系统的集成和运营，具备专业的项目开发及总承包建设的资质和能力。目前，公司可为客户提供包括项目论证、方案设计、项目申报、项目管理、工程建设和运营维护在内的整体交钥匙服务，使客户轻松便捷的享受太阳能电力。

京东方8.5代线厂房光伏发电项目一期

依托京东方集团在全球影响力，公司整合到全球光伏领域最优质、性价比最高的光伏关键部件及设备，为客户提供高品质、低成本的新能源电力。目前，公司已建及正在开发多个国家级重点光伏发电项目，包括北京地区多个商业中心、厂房、办公楼、实验室等光伏屋顶项目。

为进一步打开国内光伏应用市场，公司先后获得了机电设备安装工程专业承包资质以及ISO9000质量管理体系认证，强化了市场开发和技术支持体系。同时，公司通过自主研发和创新，建立了国内领先的户外测试系统，积累了核心数据。该测试平台被北京鉴衡认证中心授权为“太阳能光伏产品金太阳TMP工厂实验室”。

京东方8.5代线厂房光伏发电项目二期

未来，公司将继续坚持“应用+技术”的发展战略，以人为本，强化团队凝聚力和战斗力，不断提升企业自身的核心竞争力和盈利能力。依靠科学创新、大胆尝试，走出一条具有京东方特色的发展道路。本着“创新进取、正道经营”的管理理念，全力把京东方能源打造成为新能源领域的世界领先企业。

Beijing BOE Energy Technology Co., Ltd (BOEET) is a wholly-owned subsidiary of BOE Technology Group Co., Ltd (BOE A Share: 000725; BOE B Share: 200725). With the advantages in technology, market, cost control and other aspects, BOEET focuses on system integration and operation of PV and solar thermal systems. It particularly has qualifications and strong capabilities in PV project development. At present, BOEET can provide complete turnkey services, including project appraisal, project design, project application, project management, engineering construction and operation, so that the customers may enjoy the solar power easy and conveniently .

Relying on the global influence of BOE group, BOEET puts the best quality and the highest cost-effective key components and equipments together from the global PV fields, therefore it can provide the highest quality and the lowest cost of green electricity to the customers. Up to now, BOEET has built a lot of national key PV projects, including several commercial centers, factory buildings, office buildings, labs and other PV roof projects in Beijing area.

In order to open China PV application market further, BOEET obtained the Mechanical-Electrical Equipment Installation Engineering Level and ISO9000 Quality Management System Certification, so the market development and technical support system are strengthened greatly. Meanwhile, with R&D and self-innovative, BOEET established the domestic leading PV outdoor test system, which is called “PVOS System”, and accumulated many core data of PV modules. China General Certification Center(CGC) authorized the PVOS Facility as “Authorization Certificate for Golden Sun Approved TMP Laboratory ”.

In the future, BOEET will continue to adhere to the development strategy of " PV application + Technology ", insist on the idea of people-oriented, strengthen the team coherence and the fighting capacity, improve core competence and profitability continuously, and open up a winning path with BOE characteristics through science innovation and bold attempts. BOEET will take the management theory of “Innovation & Integrity” , with all its strength to become the world's leading enterprise in new energy.

恒通商务园区太阳能屋顶并网电站项目一期

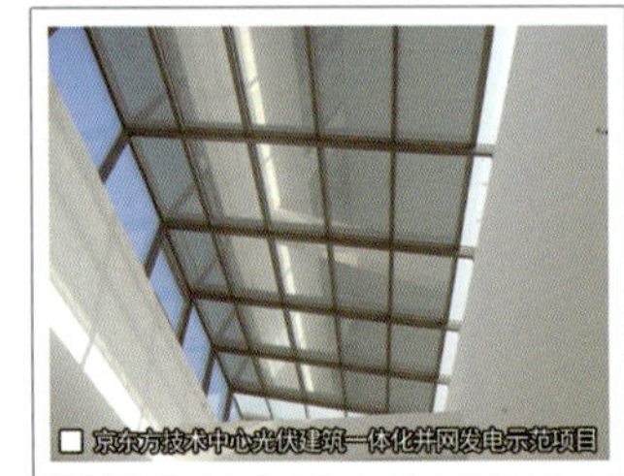
京东方技术中心光伏建筑一体化并网发电示范项目

金风科创厂房光伏发电项目

冠捷（北京）厂房光伏发电项目

北京京东方能源科技有限公司

■ 地址：中国北京市朝阳区酒仙桥路10号B18楼 ■ 邮编：100015

■ 电话：86-10-59756596 ■ 传真：86-10-59756597

■ 邮箱：MarketingET@boe.com.cn

■ 网址：www.boeet.com.cn

Beijing BOE Energy Technology Co., LTD.

■ Add : NO.10 Jiuxianqiao Rd, Chaoyang Beijing, 100015 P.R.China

■ Tel : 86-10-59756596 ■ Fax : 86-10-59756597

■ E-mail : MarketingET@boe.com.cn

■ http://www.boeet.com.cn

北京京仪绿能电力系统工程有限公司
Beijing Jingyi Renewable Energy Engineering Co., Ltd.

北京京仪绿能电力系统工程有限公司（以下简称京仪绿能）由北京京仪集团有限责任公司（控股股东）、北京能源投资(集团)有限公司、保定英利能源（中国）有限公司合资组建的高科技新能源企业,注册资金1亿元，至今增资到1.1875亿。京仪绿能公司整合了北京自动化技术研究院与北京京仪椿树整流器有限责任公司两家企业在光伏产品与系统集成业务上的能力，依托在光伏并网逆变器相关产品、技术上的核心优势和长期在光伏电站上的研究与探索，致力于为客户提供完整的光伏发电系统集成解决方案。

京仪绿能公司是中国光伏发电产业的先驱者之一，长期致力于可再生能源研究、开发和应用，具有自主知识产权的光伏逆变器及相关产品，已获得金太阳、TUV、CE、ENEL等认证及“北京市自主创新产品”称号；可提供3KW~1MW光伏并网逆变器、20W~5KW离网逆变器、并网配套附件、电站数据监控软件、太阳能路灯及控制器、光伏水泵、光伏灭蚊灯等产品。京仪绿能逆变器及相关产品已经实现批量生产，并成功应用于多个大型并网电站中，运行良好。

京仪绿能具备光伏发电系统集成能力，主要完成的项目有：西藏无电地区乡乡通太阳能独立电站工程项目(2002年)、国内首个光伏并网项目（2003年）、奥运光伏发电工程的设计和建设工作（2007年）及青海格尔木20兆瓦光伏发电EPC项目(2011年)，可为用户提供光伏电站、光伏建筑一体化、光伏农业综合利用等项目咨询、设计、产品、工程、售后全程解决方案。

京仪绿能公司始终以创新为理念，以质量为先导，先后荣获：“2010-2011中国光伏年度十大创新企业”、“2011年度北京市产品质量创新奖”等称号，并在企业成立的第二年顺利通过了“高新技术企业”认证，目前拥有6项专利及1项软件著作权。京仪绿能积极参与光伏行业建设，是中国可再生能源光伏专委会副主任单位，同时作为光伏逆变器行业重要企业，参与了“逆变器金太阳认证标准”的编订,京仪绿能也是北京市太阳能光伏核心装备技术工程实验室主要参与建设单位，重点主持光伏逆变器与系统集成设备分实验室建设工作。

京仪绿能公司将以为人类提供可持续发展的、高效稳定的清洁能源解决方案为使命，不断进步成熟，努力成为中国光伏发电领域的行业领导者。

房山党校

西藏乡电站

小汤山交管局

丰台垒球场

青海格尔木20兆瓦光伏电站

京仪绿能JYNB-500KHE

鼓楼大街

Beijing Jingyi Renewable Energy Engineering Co., Ltd. (hereinafter referred to as JYE) is a high-tech enterprise with registered capital of 100 million RMB. It is co-invested by Beijing Instrument Industry Group Co., Ltd (controlling shareholder), Beijing Energy Investment (Group) Co., Ltd and Yingli Solar (China) Co., Ltd. JYE was derived from the merge of Beijing Automation Technology Institute and Beijing Chunshu Rectifier Co., Ltd in the field of R&D and system integration capability in PV system. Depend on the PV Grid-connected inverter, know-how technology and constant R&D, JYE is committed to provide complete PV solution.

JYE is one of the pioneers in China PV industry with a long-term commitment to research, develop and apply in renewable energy sector, owning independent intellectual property rights of photovoltaic inverters and related products. We provide 3KW~1MW grid-connected PV Inverters & accessories, Conflux Cabinets , Power Distribution Cabinets, Power Plant Data Monitoring Software, Solar Lights, Controllers and PV Water Pumps.

JYE has accumulated extensive experience in PV system integration after successfully completing 17 Solar Power Stations in Tibet in 2002, first grid-connected PV station in 2003 and the design and construction PV stations for 2008 Beijing Olympic Game, large sale mega-watt PV station (2010) and GeErMu 20 MWP PV station which Bejing Enterprises Group Company Limited invested(2011). Total solution of PV system including consulting, design, product and engineering for Solar Power Plant, Building Integrated (Attached) PV and other applications of PV can be delivered to customers.

JYE value innovation and quality, have the hornor to get "China'a annual ten big photovoltaic innovative enterprises", "2011 annual Beijing product quality innovation etc.,passed Chinese High-tech Enterprise certificate. We own six patents and one software copyright registration certificate. JYE took an active part in Photovoltaic industry construction, is the deputy director of "The Chinese renewable energy photovolyaicbranch",participate "the authentication standard of Inverter gold sun"and "Beijing solar PV core equipment technology project laboratory" as key enterprise in photovoltaic inverter industry.

JYE is going to be a PV industry leader in China with the mission of providing sustainable, efficient and stable clean energy solutions for human.

地 址：北京市西城区鼓楼西大街41号　　邮 编：100009　　电 话：010-64034443-3091
传 真：010-64062726　　邮 箱：sales@bjjye.com　　网 址：http://www.bjjye.com/

清洁能源 绿色首选

New Energy Green Option

NEGO 北京能高自动化技术股份有限公司

Beijing Nego Automation Technology Co.,Ltd.

■ 电话：+86 010 62165085 ■ 传真：+86 010 62169117 ■ 访问www.bj-nego.com了解更多企业信息

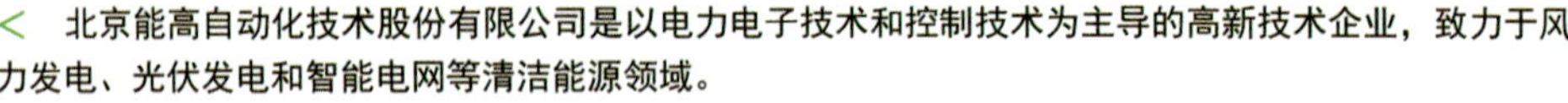

< 北京能高自动化技术股份有限公司是以电力电子技术和控制技术为主导的高新技术企业，致力于风力发电、光伏发电和智能电网等清洁能源领域。

< 公司拥有一支勇于开拓、敢于创新的研发队伍，具有丰富的新能源与可再生能源电源行业研发经验，多次承担国家863计划项目和国家科技支撑计划重点项目，持有国内外领先水平的新能源技术和研究成果，同时与国内外多所著名高校、研究院所及业内知名企业搭建了长期的产学研合作平台。

< 以坚实的技术力量为依托，北京能高先后开发了具有自主知识产权、国际先进的大功率风电机组并网变流器、光伏并网变流器、微网变流器、储能系统双向变流器、独立光伏发电设备及光伏系统集成配套设备，并逐步完成了产品的系列化、规模化及工程化。制造中心年产风电变流器500MW、光伏逆变器500MW。

< 公司自主研发的核心产品已通过CE、TüV、“金太阳”、低电压穿越等多项国际国内权威认证，先后成功应用于国内近30个省份及自治区的“国家金太阳示范工程”和“太阳能光电建筑应用示范工程”项目及内蒙、山西、福建等风力发电项目。公司积累了丰富的大型并网电站、屋顶并网电站、及微网电站系统设计及施工经验，可为客户提供光伏项目可行性咨询、系统优化设计、现场安装调试、工程施工及项目运维等全方位专业服务。

< 北京能高坚持积极引进现代的管理理念，努力构建良性的人才架构，持续优化高效的工作模式，不断完善全程服务体系，使其稳步驶入高速发展的轨道。在新能源异军突起的时代，北京能高将坚持对待客户谦下自处，从善如流，倡导多领域合作，探寻一条与众多合作伙伴共赢的阳光之路！

■ 业绩图片

Beijing Nego Automation Technology Co., Ltd. is a high-tech enterprise guided by power electronics and control technology, specializing in wind power generation, photovoltaic power generation and smart grid fields. The dynamic and innovative technology team accumulates abundant experiences of renewable energy development. By undertaking many State's key projects, nego had own advanced technology and findings of new energy research, and established long-term and stable cooperative relationship with domestic universities, research institutes and other enterprises.

Relying on strength of technology, nego developed series of products with intellectual property, including advanced wind power grid–connected converter, PV grid-connected inverter, micro-grid converter, storage system bi-direction converter, off-grid PV power products and system integrated accessory, with all products in large-scale production and serialization. Our products are approved by many authoritative certificate such as CE, Golden-sun, LVRT, and applied in "State Golden–sun pilot project"and"BIPV application demonstrated project" covering 30 domestic provinces, and wind power generation project in Inner Mongolia, Shanxi and Fujian province, by which we accumulate substantial experiences of design and instruction in large scale PV grid-connected power station, grid-connected power station on roof and micro-grid power plant etc. we can provide all round service including project consultation, system optimized design, installation on site, professional instruction and item operation.

Nego adhere to bring in modern management concept, build benign structure of human resource, optimize high efficiency mode, perfect service system, which lead our business on freeway. With humble and acceptable mind, we propose multi- field cooperation on the prevailing decade of new energy, seeking for a prosperous way of all–win situation with our partners.

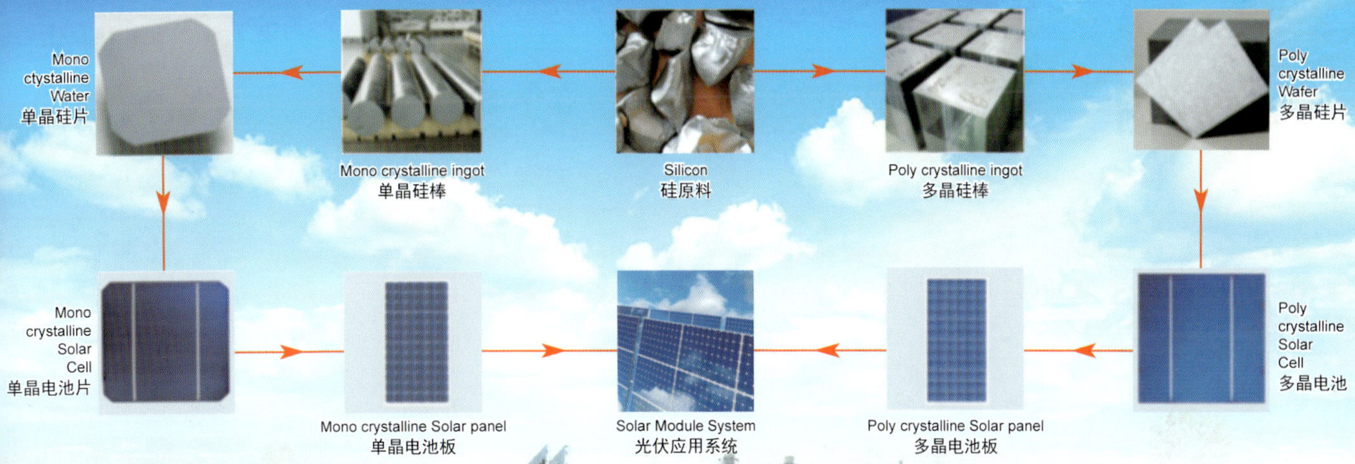

四川永祥多晶硅公司全景效果图

通威集团有限公司

通威集团自2006年底进军太阳能光伏产业这一新能源领域，并先后于2008年、2011年顺利建成一期1000吨/年永祥多晶硅项目和二期3000吨/年永祥多晶硅项目。正在快速施工中的三期6000吨/年多晶硅项目预计今年10月投产，2012年通威集团多晶硅总产能将达到1万吨。

其中，2011年9月，新疆永祥新能源光伏产业一体化项目成功签约。该项目包括5万吨太阳能级多晶硅项目、3GW太阳能硅片及电池项目和5座各35万千瓦火力发电机组，总投资260亿元人民币，项目建成后年销售收入预计将超过300亿元。该项目投产后，将改变中国新能源产业的区域布局和市场竞争格局，并将由此形成通威集团新能源产业的四川和新疆“双基地”发展布局。通威集团正在逐渐形成一条从单晶硅、多晶硅到太阳能电池板组件生产、太阳能发电、应用的完整的通威新能源产业链条，力争成为世界级的太阳能光伏企业和世界级清洁能源公司，并与国内同行一起，共同助推中国光伏产业的快速成长。

新疆签约

Tongwei Group entered the new energy domain in late 2006. The 1st phase of 1,000 tons/year Yongxiang poly-silicon project and the 2nd phase (3,000 tons/year) poly-silicon Yongxiang project were completed and commissioned respectively in 2008 and 2011. The 3rd phase of 6,000 tons / year poly-silicon project is under rapid construction, and is expected to be completed and commissioned in October this year. Tongwei Group's total production capacity will reach 10,000 tons in 2012.

The project contract of Xinjiang Yongxiang New Energy PV Industry Integration was successfully signed in September, 2011. The project includes 50,000-ton solar-grade poly-silicon project, 3GW solar wafer and solar cell project, as well as 5 generators of 350,000 KW for each. With a total investment of ￥26 billion RMB, the annual sales revenue is expected to exceed￥30 billion RMB after completion. After its completion and commissioning, the project will change China's new energy industrial layout and market competition pattern, and form Tongwei's 'dual-base' development layout of Sichuan and Xinjiang. Tongwei Group strives to form the Tongwei new energy industrial chain from poly-silicon, solar modules, to solar photovoltaic power generation and implementation. The company aims to become the world-class solar PV enterprise and clean energy company, and promote the rapid growth of China's PV industry with Chinese peers.

永祥多晶硅厂区

永祥多晶硅厂区

四川永祥股份有限公司厂门

江西开昂科技股份有限公司

JIANGXI KIONAX SCIENCE AND TECHNOLOGY CO.,LTD.

江西开昂科技股份有限公司最初是由开昂集团下属美国硅谷开昂科技公司(Kionax Inc)投资组建的集科研、生产、销售与服务为一体的现代农林技术与新能源应用领域的高科技企业。2006年公司创办于南昌国家高新技术开发区，汇集太阳能光伏发电、光伏农业、光伏照明等多方面应用领域及解决方案，是国内最大的太阳能农林应用企业之一。首期投资五亿元，致力于太阳能农林应用产品的研发和生产，主营业务为光伏农业、太阳能发电系统、太阳能杀虫灯、太阳民用系列产品。公司积极推行全面精益质量管理体系，在行业中率先全面通过ISO9001、ISO14000、CQC产品认证、农业机械产品鉴定认证，并在行业内首批荣获“金太阳认证”。

杨旸 博士

中组部“千人计划”特聘专家

董事长兼总经理

开昂公司办公大楼屋顶及周边地面太阳能发电国家金太阳11.883兆瓦示范项目

公司创始人、董事长杨旸博士就读于美国斯坦福大学电子工程系和清华大学微电子专业，系中组部“千人计划”国家级特聘专家，国务院政府特殊津贴、国务院侨办“杰出创业奖”获得者。在杨旸董事长的带领下，公司汇集了来自中国科学院、清华大学、北京大学、斯坦福大学等30多位海内外高级工程师、高级研究员、教授、博士。雄厚的技术研发实力和领军团队使公司在现代农林科技与太阳能应用领域的研发成果处于世界先进水平。开昂科技的新能源及太阳能应用项目得到了国家科技部和工信部高新技术创新资金及国家人事部留学人员择优项目的立项支持。

地面太阳能光伏发电站

公司拥有先进的美国硅谷技术背景，国内外专利近百项，拥有专业的国际化科研团队和强大的营销队伍，从光伏农业到新能源的综合应用，开昂科技已成为国内新能源领域的整合创新者。在新的发展征程中，开昂科技秉承“科技创新、环保卫国、农林立国、能源报国”的企业使命，“工作是一种快乐，学习是一种提高，奉献是一种精神，服务是一种责任，创新是一种进步”的核心价值观，“客户需求就是我们工作的职责、客户满意就是我们工作的标准”的服务宗旨，坚持为现代农林技术、新能源应用与农林科技产业化、社会主义新农村建设以及人类社会环境的可持续性发展贡献力量。

联排厂房太阳能屋顶发电系统

小区太阳能屋顶发电项目

太阳能屋顶发电项目

太阳能杀虫灯

太阳能光伏种植大棚

太阳能喷灌、滴灌设备

太阳能照明灭蚊灯

太阳能LED路灯

江西开昂科技股份有限公司

地 址：南昌市高新开发区京东大道698号

电 话：0791-88383360、88383217

传 真：0791-88383195

江西新余新能源科技有限公司

江西开昂新能源研究所

地 址：新余市高新开发区光明路1488号

电 话：0790-6739999

传 真：0790-6869666

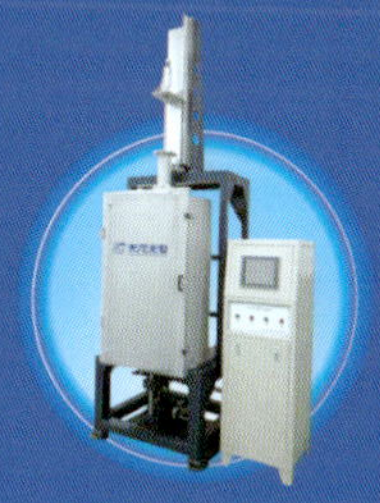

中广核 CGN

核能服务
Nuclear Power Services

中广核工程有限公司
China Nuclear Power Engineering Co.,Ltd.

总经理 束国刚
General Manager Shu guogang

中广核工程有限公司作为中国广东核电集团的主要成员企业，是我首家专业化的核电工程建设和管理公司。公司的战略定位为“专业化核AE公司”，并致力于成为绩效卓越、品牌一流的核电站系统集成商和核专项技术服务商。公司注册资本10.86亿元人民币，截至2012年5月底，司拥有总资产约240亿元人民币。

中广核工程有限公司以核电工程项目建设为主，兼顾常规清洁能源目的建设，业务范围主要包括：核电、常规电力、热力、燃气、港口、路、水利、给排水以及民用建筑工程的承包、管理、咨询、监理；工程设技术服务、咨询；经济信息咨询；工程建筑项目招标代理；经营进出业务；建筑工程施工；电力设备和材料的购销；工程设计。

公司已成功建设大亚湾核电站、岭澳核电站一期、二期，目前正承着15台百万千瓦级核电机组的建设任务，总装机容量1754万千瓦，在建组数量和装机容量均居全球第一。同时，公司正积极拓展非核市场业务正在海上风电、循环经济、环保工程等领域开展相关工作。

China Nuclear Power Engineering Company (CNPEC) is a member China Guangdong Nuclear Power Group and the first professional company in China specialized in nuclear power engineer construction and management. The target of CNPEC is to be a “specialized nuclear power AE company”, and committed to be a N system integrator and nuclear power special project technology server with outstanding achievement and first-class brand. CNP registered capital was RMB 1.086 billion and the total assets were RMB 24 billion until the end of May,2012.

CNPEC engages in the construction of nuclear power engineering projects as its core business and the construction of conventic clean energy projects as its sideline business, and makes continuous efforts to improve the construction, cost efficiency competitiveness of nuclear power stations.

CNPEC had successfully constructed Daya Bay、Ling'ao Phase I & Phase II Nuclear Power Station, and now is undertaking the tas construction of 15 nuclear power generating units with a level of million kilowatts and a total installed capacity of 17.54 millions of kilowa whose number of units in construction and installed capacity both rank first of all countries. Meanwhile, CNPEC is positively expanding business to non-nuclear area, such as off-shore wind energy、circular economy、environmental protection engineering etc。

www.cnpec.com.cn

电话（Tel）：0755-8447 8062 传真（Fax）：0755-84479892

地址（Add）：中国广东深圳大亚湾核电基地（518124）

Daya Bay Nuclear Power Site, Shenzhen, Guangdong, China(518124)

邮箱（Email）：chen_wei@cgnpc.com.cn

安全第一、质量第一、追求卓越

Security First　Quality First　Pursuing Excellency

亚湾核电站（Daya Bay Nuclear Power Station）

年5月建成至今，保持安全稳定运行，各项经济运行指标达
际先进水平。
ı its establishment in May,1994 up to now, it keeps safe static operation, and its various economic operation xes all achieve advanced world levels.

岭澳核电站一期（Phase I of Ling'ao Nuclear Power Station）

据WANO统计数据，大亚湾核电站两台机组和岭澳核电站一期两台机组近3年能力因子分别平均为92.88%和88.29%，达到国际先进水平。
According to WANO statistics, the average annual capacity factors for the two units of Daya Bay Nuclear Power Station and the two units of Ling'ao Nuclear Power Station Phase I are 92.88% and 88.29% respectively, which reach international advanced level.

岭澳核电站二期（Phase II of Ling'ao Nuclear Power Station）

2010年9月商运，工期57个月。该机组采用了全数字化仪控技术、"状态导向法"事故处理规程、先进堆芯燃料管理等多项重大技术改进。综合技术、安全、经济指标均达到目前国际同类核电站的先进水平。
It realized business operation in Sep.2010 and the construction period is 57 months. This unit adopts several significant technology improvements such as whole digitizing instrument control technology and accident treatment procedure based on state-oriented method etc. its comprehensive indexes in technology, safety and economy all achieve the advanced level of similar international nuclear power station for the time being.

纽河核电站（Hongyanhe Nuclear Power Station）

：4×1000MW压水堆核电机组
路线：CPR1000
: 4×1000MW Pressurized Water Reactor Nuclear Power erating Units. Technical Route: CPR1000

福建宁德核电站（Fujian Ningde Nuclear Power Station）

规模：4×1000MW压水堆核电机组
技术路线：CPR1000
Scale: 4×1000MW Pressurized Water Reactor Nuclear Power Generating Units. Technical Route: CPR1000

阳江核电站（Yangjiang Nuclear Power Station）

规模：6×1000MW压水堆核电机组
技术路线：CPR1000
Scale: 6×1000MW Pressurized Water Reactor Nuclear Power Generating Units. Technical Route: CPR1000

东台山核电站（Guangdong Taishan Nuclear Power Station）

：2×1750MW压水堆核电机组
各线：EPR
: 2×1750MW Pressurized Water Reactor Nuclear Power rating Units. Technical Route: EPR

广西防城港核电站（Guangxi Fangcheng port Nuclear Power Station）

规模：2×1000MW压水堆核电机组
技术路线：CPR1000
Scale: 2×1000MW Pressurized Water Reactor Nuclear Power Generating Units. Technical Route: CPR1000

湖北咸宁核电站（Hubei Xianning Nuclear Power Station）

规模：4×1250MW压水堆核电机组
技术路线：AP1000
Scale: 4×1250MW Pressurized Water Reactor Nuclear Power Generating Units. Technical Route: AP1000

◎ 印度尼西亚 PANGKALANBUN 2X7MW 热电站工程

上海发电设备成套设计研究院

SHANGHAI POWER EQUIPMENT RESEARCH INSTITUTE

◎ 洪泽秸杆发电项目

上海发电设备成套设计研究院（以下简称“上海成套院”）创建于1959年，前身为一机部汽轮机锅炉研究所，系全国发电设备制造行业的开发应用Ⅰ类研究所。2011年10月27日，上海成套院进入国家核电技术公司。

主要从事火电、清洁能源（核电、燃气轮机发电）、新能源三大领域的共性技术、关键技术研究。以实施国家重大专项攻关为主要抓手，以机械工业火电设备产品质量监督检测中心、清洁高效煤电成套设备国家工程研究中心、国核核电设备与材料鉴定咨询中心三大平台建设为主要载体，形成了企业以技术为核心的技术研发/服务、产品研发/制造、工程设计/总承包、检测鉴定/咨询的独特能力。

◎ 重庆同兴垃圾发电厂

上海成套院承担了国家重大成套装备300MW、600MW火电机组的技术引进、化吸收和优化提高等重大装备研制计划。在火力发电设备关键技术和设备自主创新方面形成了很强的综合实力，在新能技术、重型燃气轮机自主开发方面具备厚实的技术基础。

上海成套院在进行产业化的同时，近年来积极开拓新的技术和工程领域，主要有：燃汽轮机及联合循环电站工程、环境护工程、核电工程技术、生物质发电、柴油机电站及余热利用工程等。近年来共承接完成了100多项电站及热能工程设计、备成套、工程总承包与分包工程项目。工程遍及全国各地及海内外，工程质量优异，服务水平一流，深受用户信赖。

上海成套院坚持以技术创新引领相关领域的发展作为企业发展的核心和主线，紧紧围绕公司发展战略，以企业愿景“设核心技术突出、代表国家能力的创新型现代国有企业”为目标，倡导“崇和、尚实、精诚、创想”的企业精神，坚持新，为发展我国电站装备工业努力奋斗。

◎ 武汉汉能燃气轮机重油改造项目

◎ 孟加拉WESTMOUT燃气轮机油改气工程

院本部大楼

◎ 印度尼西亚FAJAR 1x75TPH锅炉岛工程

www.speri.com.cn
· 地 址：上海市闵行区剑川路1115号
· 电 话：021-64358710
· 传 真：021-64358722

打造中国不锈钢管第一品牌

Jiuli, as a leading manufacturer of stainless steel pipes and tubes, has been providing superior piping and tubing solutions to our worldwide customers in various industries since 1987. Our production and sales volume has been the No.1 in China for many years with the exclusive honorable mention of “Well-known Trademark” in this industry.

Jiuli focuses on R&D as well as industrial production of seamless and welded pipes/tubes in an extensive range of materials including Stainless Steel, Duplex, Nickel Alloys and Titanium which are supplied to the oil & gas, petrochemical, chemical, power generation, shipbuilding, pulp & paper industries, and etc. Our products are exported to over 40 countries in Europe, America, Middle East and Asia.

Bigger Diameter – Heavier Wall Thickness – Longer Length

With advanced modern facilities and innovative technology, we offer high-end products for worldwide industrial applications. The launch of our new 24” continuous welding line guarantees the production of high quality line pipes in maximum lengths of up to 18 meters without circumferential welding. Seamless pipes with diameters up to 24” can be supplied cold finished with excellent properties. A 35 MN hot extrusion press plays a key role in manufacturing tubes, pipes and hollows bars in a full range of specialty materials with heavy wall thicknesses. Jiuli can offer a single source for supplying an unmatched wide range of tubular products.

We are always committed to meeting our customer requirements with pioneering technologies, abundant experience and unmatched services. Looking to the future, we are prepared to face new challenges and to expand our international market presence through close co-operation with our customers and suppliers.

630不锈钢连续焊管生产线

3500吨钢挤压机

LG40高速轧机

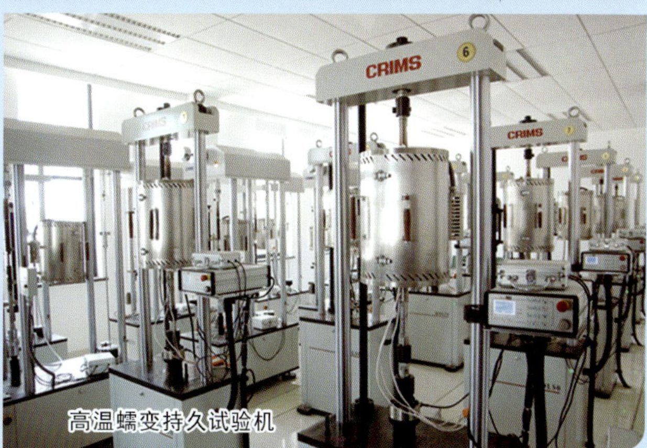

高温蠕变持久试验机

Add: Zhenxi Town, Huzhou City, Zhejiang Province, China Tel :86 -572-7362999 Fax :86 -572-7362399

渤海重工管道有限公司

Bohai Heavy Industry Pipeline Co., ltd

公司简介 COMPANY SDFKESDFCS

渤海重工管道公司专业从事电厂、核电站、石化、天然气高压合金管道，包括管材、管件和配管。公司现辖三个分厂，占地面积1200余亩（799000平方米），注册资金1.61亿元，是经国家工商总局核准，在全球范围内无区域限制的重工企业。

公司已独立完成和参与完成200多台套30万、60万及100万火电机组四大管道生产，并包括主机锅炉中的高压件和配管，参与完成了秦山、岭澳、田湾等核电站及西气东输、春晓气田、川气东送、中亚线等国家大型工程的管道管件生产，产品除国内市场外，并出口到美国、日本、印度、越南、印尼等几十个国家和地区，尤胡锦涛主席和印尼总统苏西洛2007年所签订的印尼苏娜拉亚电厂，其60万火电机组四大管道全部是本公司完成。

本公司与核二院、核工院、东北电力设计院都保持着合作关系，与美国西屋、德国曼内斯曼、韩国浦项、日本JFE、意大利IBF都保持着合作关系。

公司投资20亿元，新上年产十万吨大口径合金管项目，一期工程已经投产，二期工程正在建设中，此项目被河北省政府定为省重点项目。中石油集团公司为此项目单铺一条天然气管道，国家电网专建一座11万伏变电站，公司将形成从特钢冶炼、电渣重熔、铸锻、制管、配管全套生产链。欢迎来公司考察作客，共同合作。

陕柴重工西安电站工程分公司

SHAANXI DIESEL HEAVY INDUSTRY CO.,LTD POWER SYSTEM ENGINEERING COMPANY

Shaanxi Diesel Heavy Industry Co., Ltd. (referred to as SXD hereinafter), who was one of 156 major projects of China first 'Five-year-plan' and is now incorporated into China Shipbuilding Industry Corporation (CSIC), has become the largest diesel engine builder in China specialized in medium and high speed, high power diesel engines as well as generator sets. It covers an area of 1,130,000m and has over 4000 employees.

SXD mainly manufactures 11 series and 40 types of engines and generator sets with cylinder bore ranging 160-400 mm, speed range 500-1500 rpm, power range 500-10500 kW and generating sets of 450-9500kW. All these products have been widely used as marine main (auxiliary) engines and diesel generating sets on offshore platforms, stationary power plants, diesel locomotives, and large pump stations etc. SXD is the first qualified domestic supplier who supplies 1E Class emergency diesel generating sets for nuclear power plants.

Based on a strong comprehensive manufacturing capability of casting, machining, metal welding and heat treatment formed by 1809 sets of various manufacturing, inspecting and testing facilities and machine tools, SXD has the most advanced crankcases, crankshafts, cylinder heads, and connecting rods machining lines in China and a capability of output over 20,000 Tons of castings and forgings.

SXD has a complete product research and development system supported by 520 engineers and 20 experts who are rewarded national special allowance for their outstanding contribution. SXD has five functional centers, i.e. Technical Center, Marketing & Sales Center, Quality Management Center, Logistics Center and Production Ensuring Center. SXD establishes Power System Engineering Company in Xi'an, who is responsible for design and supply of power generating package and EPC projects.

SXD is the first enterprise in China achieved Design and Manufacturing License of 1E class EDG from NNSA. Supply contracts of 51 sets 6000kW nuclear EDG have been signed with CNPEC, CNPE and SNPEC.157 sets of diesel generators have been sold since 1987 in many provinces such as Guangdong, Zhejiang and Shenzhen ,and in Philippines, Antigua, East Timor and Iraq. First main power plant for offshore platform of CNOOC was delivered in Nov. 2011. It was also the first Chinese made DG for this kind of project.

SXD passed the ISO9001 certification in 1998 and successfully acquired certification for ISO9001-2000 in 2003. SXD owns the rights of self-managed import and export. SXD commits to supply quality products and satisfactory services to customers adhering to the operation philosophy of Base on military development, integrate military with civilian purposes, be customer-need oriented and develop together with customer. We earnestly hope to share common development and achievements with our customers through our sincere cooperation.

陕柴重工西安电站工程分公司
SHAANXI DIESEL HEAVY INDUSTRY CO.,LTD
POWER SYSTEM ENGINEERING COMPANY
地址：西安市高新区团结南路35号航海科技园2层
Address: 2nd Floor, Hanghai Science & Technology Park, No.35 Tuanjienan Road,
电话(Tel)：029 8919 9561-8686
传真(Fax)：029 8919 9565
Email:marketing@sxdpse.com

中国一重与中国核电装备

中国第一重型机械股份公司（简称中国一重），前身为第一重型机器厂，英文缩写CFHI.是中央管理的涉及国家安全和国民经济命脉的国有特大型重要骨干企业之一，总部地址位于黑龙江省富拉尔基。2010年2月9日，中国第一重型机械股份公司在上海证券交易所成功挂牌上市，是中央企业中第一家整体上市公司。

中国一重是从研发、设计、产品制造到售后服务全流程一体化的重型装备制造企业。近年来，为适应市场需求，公司分别在大连建成核电、石化重型容器生产基地和出海口，在天津建成了重型技术装备工程研究中心，并正在建设全球最大的成套重型装备制造基地。同时，在鞍山、上海、江苏等地建有生产基地或分支机构。公司具备的炼钢、铸造、锻造、焊接、热处理、机械加工、总装调试、试验和检测等装备能力及技术水平都居国内一流。

中国一重自上世纪六十年代就开发生产了核反应堆压力容器至今，以承接和完成了300MW/650 MW /1000 MW /1200 MW系列PWR堆型压力容器设备数十台，产品种类涵盖了核岛一回路核Ⅰ级设备和部件，市场覆盖了所有国内在建和拟建的核电项目，并成为国家唯一出口巴基斯坦恰希玛商用核电站Ⅰ-Ⅳ工程中核反应堆压力容器和其它一回路主体短剑的供应厂，并且为中国试验快堆项目提供了全套核反应堆压力容器主设备，是目前世界上百万千瓦核岛锻件四大制造商之一。“二代加”、“三代”核岛主设备全部锻件已研制成功，实现批量生产。完成了我国首台完全自主化核反应堆压力容器红沿河核电站1号机组，已于2010年12月发运给用户，由此打破了国外的技术封锁，打破了国外制造企业的垄断，实现了百万千瓦级核压力容器国产化目标。2011年上半年，中国一重又高质量地完成了福清核电1号机组核反应堆压力容器和阳江1号机组核反应堆压力容器。中国

福清一号

焊接生产线

中国一重大连加氢公司码头1000吨岸吊

红沿河

一重完全具备了为我国核电建设标准化、批量化、规模化发展提供成套装备的能力。其百万千瓦级核岛关键设备的制造技术已达到了国际先进水平。

中国一重持有国家核安全局颁发的1000 MW级核电压力容器、稳压器设备、蒸发器及主泵以及其它核Ⅰ级锻件的制造许可证。美国ASME证书及N、NPT钢印。

中国一重始终坚持以装备民主工业为己任，坚持成长持续化、管理集团化、市场国际化、技术集成化的发展战略，以富拉尔基、大连、天津、长三角四大核心制造基地为基础，以能源装备、工业装备、环保装备、装备基础材料四大产业板块为支撑，严格履行在设计标准、产品质量、交货期及售后服务等方面向用户做出的承诺，不断追求高起点、高标准和高品质，开拓奋进，大胆创新，立足中国，立身世界，努力成为具有国际知名品牌、拥有核心制造能力的大型重大技术装备供应商。

沈阳三科水力机械制造有限公司

Shenyang Sanke Hydraulic Machinery Manufactory Co. ,Ltd

沈阳三科水力机械制造有限公司是集研发、设计和生产于一体的泵类产品制造企业，产品主要面向核能/火力发电领域，并覆盖海水处理、冶金等行业。在生产高可靠性泵产品的同时，还提供设备故障诊断、高端产品修复、设备优化改造等技术服务。

公司技术优势之一：泵产品结构优化设计。公司长期与核电站、火电站合作，根据设备结构类型、实际工况条件、运行中出现的问题，以及业内技术发展情况，对诸如海水循环泵、海水升压泵、凝结水泵、前置泵、锅炉给水泵等国内外产品进行结构/材料的优化改造，取得了满意的效果。同时承担大量高价值零部件的修复，帮助用户有效降低检修费用、缩短检修周期。

公司技术优势之二：新材料应用和新工艺研发。公司与中广核工程有限公司联合研发的中国首件百万千瓦压水堆核电站蜗壳式海水循环泵双相不锈钢叶轮，于2008年完成，2010年9月通过国家能源局委托、中国机械联合会组织的技术成果鉴定。该攻关项目填补了国内空白，对该类关键核电设备的国产化起到了十分积极的推动作用。我公司被国内核电工程公司和国内外水泵主机厂确定为核电站泵用零件合格分包方，并已成功为国内新建红沿河核电站1-4号机组、阳江核电站1-2号机组、宁德核电站1-3号机组混凝土蜗壳式海水循环泵项目提供了各类大型双相不锈钢零件。

为增加产能，公司正在沈阳经济技术开发区建设核电泵阀特种零件铸造、加工基地。

零件图片

SICHUAN SANZHOU SCMP NUCLEAR EQUIPMENT MANUFACTURE INCORPORATION is the first enterprise who realized localization for the manufacture of complete set of primary piping for 1,000 MWe Nuclear Power Station in China. In 2005, project of primary piping was awarded the 2nd National Science & Technology Improvement Prize. SNEM is the first enterprise in China who obtains the Certificate for the manufacture of primary piping (nuclear safety class 1) used in 1,000 MWe Nuclear Power Station in China issued by NNSA (National Nuclear Safety Administration). In addition, SNEM owns the Certificates for the manufacture of pipe & fittings (nuclear safety class 1, 2 and 3), heat exchanger (nuclear safety class 2) and pressure vessel (nuclear safety class 3).SNEM has a good complete quality assurance system and an excellent team work with exquisite technology and highly responsibilities. SNEM has successively provided complete set of primary piping for Lingao Nuclear Power Station Phase II units 3&4, Pakistan C2 project, Hong yanhe Nuclear Power Station units 1, 2 and 3, Fuqing Nuclear Power Station units 1 and 2. SNEM has also provided great many of nuclear pipe & fittings for domestic nuclear power stations and experimental reactors. All these prove that SNEM has the abilities to manufacture nuclear equipment according to RCC-M Code and ASME and can reach the international standard. From the year of 2008-2010, SNEM invested much for start-up of nuclear power market in order to enlarge SNEM's production capacity. At present, relevant technical investment has been completed and is put into use so as to greatly improve the progress and quality. SNEM has the manufacture abilities to satisfy demand of nuclear power market and provide excellent products for clients.

核级管配件

机械加工

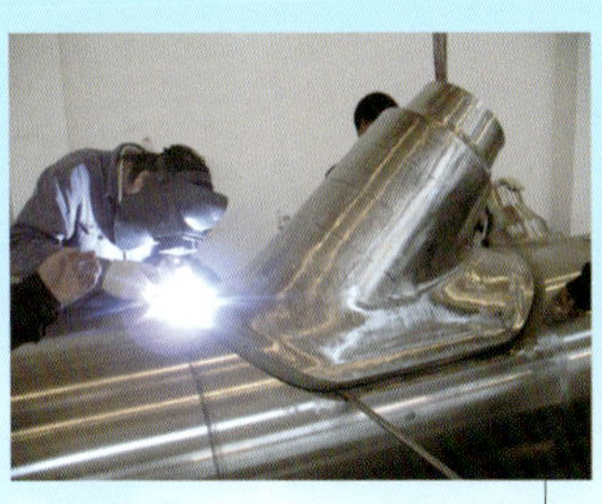

主管道焊接

核级换热器发运

四川三洲川化机核能设备制造有限公司

SICHUAN SANZHOU SCMP NUCLEAR EQUIPMENT MANUFACTURE INCORPORATION

详情请登陆 www.cnnuclear.com

地 址：四川省成都市青白江区大弯南路666号

South Rd, no.666, Da Wan Town, Qing baijiang District, Chengdu City, Sichuan Province, P.R.C

邮 编：610302

电 话：028-83604336　传真：028-83604202

重庆水泵厂有限责任公司

CHONGQING PUMP INDUSTRY CO.,LTD.

重庆水泵厂有限责任公司始建于1951年，50多年的持续稳定发展，积淀了雄厚的泵技术研发实力，先进的工艺装备和精良的人力资源，成为全国泵行业重点骨干企业，全国机械工业管理规范化企业，部级计量泵开发中心，西南地区泵类产品质量技术检测中心，我国西部最大的泵研发、制造企业。

公司以全系列计量泵、大型往复泵、高压自平衡离心泵、高压水除磷系统、成套加药装置、压力容器等产品为主导，广泛服务于石油、石化、化工、冶金、电力、核工业、国防、环保、有色金属等行业和领域，并出口海外。

公司拥有严格的质量管理体系，完备的产品试验检测手段，先进的加工工艺、一流的制造设备，技术研发、生产制造、物资管理、财务统计以及办公信息全面推行信息网络集成。自主研发了众多泵专利技术，产品达到或超过国际相同技术水平。

公司具有完善的市场营销和售后服务体系，营销网络遍布全国，为顾客提供全面、周到、及时的服务，成为了中石化、中石海等国家众多大型知名企业的一级供货成员单位。

2008年公司成功实现了整体的搬迁。更加科学的管理，先进的工艺，精良的数字化设备和整洁有序的生产工作环境，确保公司将为国民经济建设提供更加优质产品，实现重庆制造、装备中国、世界品牌的追求。

十年磨一剑。公司以“重庆制造，装备中国，世界品牌”为宏伟愿景，以新的工厂为腾飞的起点，再用10年的时间，实现年销售额30亿元宏伟目标，创建中国一流的泵类企业，成为我国国民经济重大装备研发制造基地，跻身国际知名泵企业，打造民族水泵工业的“百年老店”，书写重庆水泵新的发展历史。

地址：中国.重庆沙坪坝区井口工业园井盛路8号　　邮编Post code：400033

Address：No.8,Jingsheng Road Jingkou Industrial Park, Shapingba District,Chongqing,China

电话Tel：86-23-6531 2261　　传真Fax：86-23-6531 2953

网址Http：//www.cqpump.com　　电子邮箱E-mail：cqpump@vip.163.com

核安全设备制造许可证
Nuclear safety equipment manufacturing license

上充泵
Charging pump

水压试验泵
Hydrotest Pump

HLJ3计量泵
HLJ3 Metering Pump

3D往复泵
3D Reciprocating P

重庆制造/装备中国 世界品牌

MANUFACTURED IN CHONGQING, EQUIP CHINA, AND GO TO THE WORLD

Chongqing Pump Industry Co., Ltd. (CQPI), established in 1951, after over 50 years' stable development, has accumulated rich research and development strength of pump techniques and boosted various advanced technology equipments and excellent human resources. And now it has grown into the backbone in the pump industry, the management-standardized enterprise in the mechanical industry, the research and design center for metering pump at ministry level; the inspection center for quality and technology of pump products in southwestern China, and the largest enterprise of pump design, development and manufacture in western China.

CQPI's leading products are metering pump, large reciprocating pump, high-pressure self-balance centrifugal pump, high-pressure water descaling system, and complete chemical feed system, pressure vessel, etc. widely used in such fields as petroleum, petrochemical, chemical industry, coal-chemical, metallurgy, nuclear industry, electric power, national defense, environmental protection and non-ferrous metals, etc. and even exported overseas.

The enterprise has a strict quality management system including scientific methods for product testing, advanced machining technology, first-class manufacture equipments, technology development, manufacture, material management, finance statistics and overall network integration of office information. Numerous patented technologies and products which are independently researched and developed have reached or exceeded international level, compared with the same technique.

CQPI has built up a system of marketing and after-service, and the marketing network has spread all over the country which offers all-round, considerate and timely service. And it has become one of the first class suppliers of many large-scale and famous enterprises at home such as SINOPEC, CNOOC, etc.

In 2008, the enterprise has successfully finished the whole relocation. Much more scientific management, advanced technology, excellent digitalized equipments, and neat & orderly manufacturing and working environment, ensure that CQPI will supply higher-quality products to the construction of national economy, and to achieve the goal of "manufactured in Chongqing, equip China, and go to the world".

Chongqing Pump Industry Co., Ltd. has a great goal of "manufactured in Chongqing, equip China, and go to the world". Another decade later, with the start of new factory, our company will achieve the target of the annual sales volume up to 3 billion, one of the top enterprises in pump industry in China, the design and manufacture base for major and key equipments in national economy, the pump giant home and abroad, and being a permanently prestigious enterprise of national pump industry, in order to create the new chapter of development about Chongqing Pump Industry Co., Ltd.

复式液压隔膜泵
procating Diaphragm Pump

SD型除鳞泵
SD Descaling Pump

ZDG型锅炉给水泵
ZDG Bciler food Pump

ZDP型轴向剖分单壳体泵
ZDP Axially Split Single-casing Pump

核安全设备设计许可证
Nuclear safety equipment design license

◎ 公司愿景：

打造中国最好的“大型节能环保发电设备供应商和余热利用整体解决方案供应商”；

◎ Corporate Vision:

Build China's best supplier of large electricity generation equipment which are energy saving and friendly to environment, and the best supplier for waste heat utilization solutions.

◎ 核心产品清单

- 联合循环电站9F、9E、6FA、6B等各等级余热锅炉；
- 75~480t/h 循环流化床锅炉、煤粉锅炉、水煤浆锅炉、水焦浆锅炉；
- 300~1755MW大型火电/核电常规岛电站辅机；
- 冶金行业的烧结机余热发电系统、干熄焦余热锅炉、转炉余热锅炉、高炉煤气锅炉；
- 垃圾焚烧余热锅炉；
- IGCC及煤化工领域的气化炉、气化炉余热锅炉、化工压力容器等；

◎ Key Products Family

- All the B, E, F class HRSG for Combined-cycle power plant;
- 75~480t/h circulation fluidized bed boiler(CFB), pulverized coal-fired boiler, coal slurry boiler, petroleum Coke Water Slurry boiler;
- 300~1755MW large-scale thermal/nuclear power station auxiliary equipment;
- Sintering cooler WHRB, CDQ WHRB, Converter WHRB, blast furnace gas fired boiler for metallurgical industries;
- Municipal solid waste incineration and heat recovery boiler;
- IGCC and coal-chemical gasifier, gasification WHRB, pressure vessel for chemical industry, etc.;

泰国Glow 5期382MW联合循环电站（燃机余热锅炉）
Thailand Glow 5 382MW CCPP (HRSG)

越南VKPC 130t/h循环流化床锅炉岛
Vietnam VKPC 130t/h CFB Boiler Island

印度JSW 钢厂125t/h干熄焦余热锅炉（安装中）
India JSW Steel 125t/h CDQ WHRB (Under Construction)

上海威钢220t/h高炉煤气锅炉
Shanghai Wei-steel 220t/h BFG fired Boiler

岭澳核电1000MW常规岛高压加热器、除氧器、凝汽器、低压加热器
HP & IP Heater, Deaerator and Condenser for Ling'ao 1000MW Nuclear Power Plant (Conventional Island)

印度3×450t/d垃圾焚烧余热锅炉
India Okhla 3x450T/D WTE Boiler

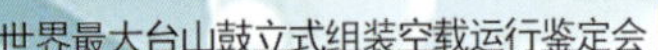
世界最大台山鼓立式组装空载运行鉴定会

鼓形滤网厂内卧式式组装

鼓形滤网厂内卧式式组装

鼓形滤网现场运行

沈阳电力机械总厂

Shenyang Electirc Power Machinery General Factory

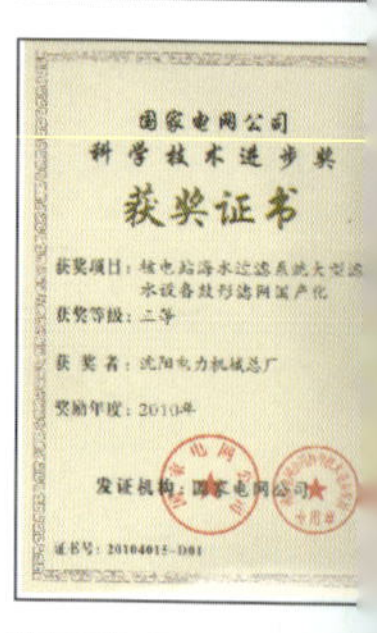

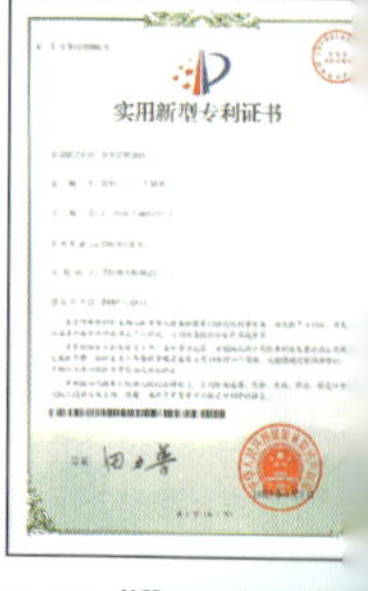

沈阳电力机械总厂是全国电站辅机制造的专业厂，始建于1956年，历经50余年的发展，已成为全国火力发电站水处理及核电站海水过滤及阴极保护系统设计、生产制造骨干企业，是国家电力规划设计总院和电能成套局向电力及其它行业推荐的主要辅机生产厂家之一，又是经中国国际工程咨询公司评估批准的，是国内唯一具备“承担百万千瓦核电站海水过滤及阴极保护系统设计、生产制造能力”的生产厂家。

厂址位于沈阳市铁西区肇工北街，厂区占地面积10万平方米，固定资产1. 29亿元。其中主导产品鼓形滤网、格栅清污机、旋转滤网、环锤式碎煤机、叶轮给煤机、叶轮给粉机、环形给煤机、电子称重式给煤机等已达到国际当代先进水平，市场占有率达90%以上。有9种产品曾多次被评为国家、部、省级优质产品。产品已行销全国30个省、市、自治区，部分产品远销美国、德国、日本、韩国、印度、印度尼西亚、巴基斯坦、孟加拉、香港等20余个国家和地区。

2005年以来，我厂先后与中国核工业集团总公司签订了秦山核电二期扩建工程；与中国核电工程有限公司签订了秦山核电厂扩建项目（方家山工程）、福建福清核电厂、海南昌江核电厂的压水堆核电项目；与中广核工程有限公司签订了（CPR1000压水堆）辽宁红沿河核电厂、福建宁德核电厂、广东阳江核电厂、广西防城港核电厂的海水过滤及阴极保护系统合同；在法国电力公司（EDF）、阿海珐集团与中国广东核电集团合作建造的两个新一代欧洲压水反应堆（EPR）工程中，我厂又成功中标广东台山核电厂海水过滤及阴极保护系统工程；与中国电力投资集团公司签订了山东海阳核电厂（AP1000）第三代核电自主化依托项目海水过滤设备。

企业近年来所研制的核电产品替代了英、法等核电发达国家制造的进口产品，成为国内在该领域经营业绩突出的佼佼者。以其国内进入核电市场最早、经营业绩最优、市场影响最大、品牌信誉最好、用户群体最稳定的企业，已成为国内唯一掌握CPR、EPR、AP三代核电辅机国产化核心技术，在核电站海水过滤和阴极保护系统设计和制造领域处于领先地位的厂家。

Shenyang Electric Power Machinery General Factory is a special manufacturer for manufacturing auxiliary machinery of electric power plant, which was set up in 1956. After 50 year development, it has become a key enterprise for design, production and manufacture of water treatment of the fire power plants, sea water filtration and cathodic protection system of nuclear power station in China and is one of main auxiliary manufacturers recommended by National Electric Power Planning Design Academe and Electric Energy Whole Set Bureau. It also is only manufacturer with "design, production, manufacture capacity for sea water filtration and cathodic protection system of nuclear power station in million KW" assessed and approved by China International Engineering Advisory Corporation in China.

The corporation is located at No.6, Zhaogong North Street, Tiexi District, Shenyang and the factory area is 100,000 m2 and the fixed assets is 129,000,000 yuan RMB.

The factory has 634 employees now and over 170 various kinds of special technicians, meanwhile the high class of technical persons is 61 and the middle class of technical persons are 56. The professional range is wide and the technical force is strong. There is an institute for design and development of product and process design in the factory which has a capacity for research, design and development of boiler auxiliary and water filtration for coal unloading, coal feeding, screening, crushing, feeding powder, conveying powder, ash removing on different volur (including over 600MW) of generators and prepare 5 national standards, 7 electric power field standards and 31 enterprise product standards about boiler auxilia and water filtration equipments. The drumscreen and the ring hammer type of crusher etc. 33 products have got national patents. Our products have been develop into 12 sorts, 33 kinds, 57 series, 192 models, meanwhile the leading products—drumscreen, barscreen, raking machine, bandscreen, ring hammer type of c crusher, impeller coal feeder, impeller coal power feeder, ring type of coal feeder, electronic weighting type of coal feeder etc. have reached at the curre international advanced level and the market sharing rate has reached at over90%. 9 products are selected as national, minister and provincial high quality produ in many times. The ring hammer type of coal crusher is selected as "Hundred Customer Satisfactory Products" in China and "Customer Satisfactory Products" Liaoning province. Our products have been marked in 30 provinces, city or Autonomous Region now and some products are exported to US, Germany, Japan, So Korea, India, Indonesia, Pakistan, Bangladesh, Hong Kong etc. 20 countries or areas.

Since 2005, we had signed a contract with China National Nuclear Corp. for the extension project of Qinshan Nuclear Power Station Phase Ⅱ; a contract of PV Nuclear Power items with CNPE for the extension project of Qinshan Nuclear Power Plant (Fang Jiashan Project), Fujian Fuqing Nuclear Power Plant and Hain Changjiang Nuclear Power Plant; a contract of sea water filration and cathodic protection system with China Guangdong Nuclear Engineering limited Corporati for Liaoning Hongyanhe Nuclear Power Station, Fujian Ningde Nuclear Power Station, Guangdong Yangjiang Nuclear Power Station and Guangxi Fang Chenggang Nuclear Power Station. In the two new EPR Projects which is cooperative constructioned by EDF, AREVA and CGNPC, we have successfully won the tender of sea water filration and cathodic protection system project in Guangdong Taishan Nuclear Power Plant. Also we have signed the contract of the third generation nuclear power autonomational-based seawater filtration equipments project.

Recently, SEPM has already developed products which has already been substitutes for the imported nuclear power products from developed countries. Now, SEPM has become a leader in domestic nuclear market. SEPM has been famous for its earlist entering into China nuclear market, optimal business performances,the greatest market impact, the best brand reputation and the most stable customers group. SEPM is the only enterprise who has already mastered core technologies of CPR,EPR and AP 3rd generation auxiliary equipments manufacturing. SEPM has already been a leader enterprise of design and manufacturing sea water filtration and cathodic protection system in nuclear power stations.

cbc型碎煤机

krc型碎煤机

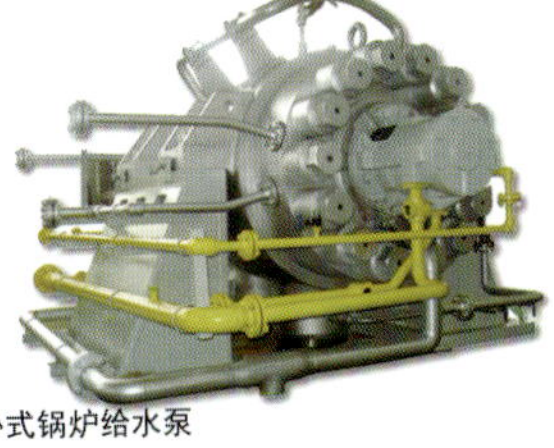

山东颜山泵业有限公司

SHANDONG YANSHAN PUMPS CO,LTD

中国驰名商标

山东名牌

山东颜山泵业有限公司

特发此证书。

山东名牌

全国工业产品生产许可证

山东颜山泵业有限公司：

经审查，你单位生产的下列产品符合取得生产许可证条件，特发此证。

生产许可证

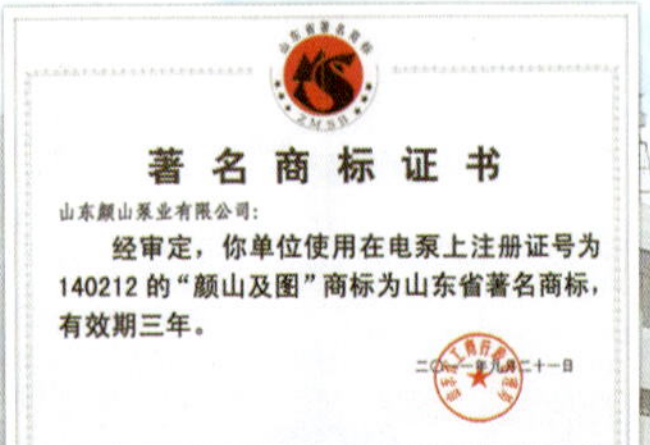

著名商标证书

山东颜山泵业有限公司：

经审定，你单位使用在电泵上注册证号为140212的“颜山及图”商标为山东省著名商标，有效期三年。

著名商标证书

山东颜山泵业有限公司是一家集科研开发、设计咨询、生产、销售、服务于一体的泵类及相关产品重点骨干企业。主导产品有潜水电泵、矿用隔爆潜水电泵、潜水排污泵、潜水渣浆泵、矿用耐磨多级离心泵、渣浆泵、长轴深井泵、锅炉给水泵、油泵、化工流程泵、消防泵、自动变频供水设备、污水处理设备、清淤疏浚设备及管道静音给水设备等46个系列520个品种3300多个规格型号。产品主要性能指标居国内同行业领先水平，达到国际先进水平，主要经济指标在全国同行业名列前茅。

公司企业管理规范，率先在全国同行业取得质量管理体系认证、环境管理体系认证、职业健康安全管理体系认证、测量管理体系认证等，主导产品均获得国家和行业颁发的生产许可证和安标证；公司拥有的“颜山”牌注册商标荣获中国驰名商标和山东省著名商标；“颜山”牌排污泵、离心泵、潜水电泵获得山东名牌产品，潜水电泵荣获国家质量免检产品称号，颜山泵业在山东百行百业社会信誉评价中获“百姓口碑最佳荣誉品牌”。

“颜山”牌水泵，素以工艺精湛、性能稳定可靠、质量优良享誉国内外。产品畅销全国各地，同时还出口到美国、加拿大、墨西哥、日本、澳大利亚、伊拉克、伊朗、孟加拉、欧洲等几十个国家和地区。

“颜山”泵业愿真诚与国内外新老用户精诚合作，共同发展！

SHANDONG YANSHAN PUMPS CO,LTD is a key enterprises of pumps and related products which contralized scientific research, design and consult, manufacture, sale and service. The main products include submersible motor pump, mine explosion-proof submersible pump, submersible sewage pump, submersible slurry pump, mine wear-proof multi-stage centrifugal pump, slurry pump, long axis deep well pump,boiler feed water pump, oil pump, chemical flow pump, fire-fighting pump, automatic conversion water supply equipment, sewage treatment equipment, dredging equipment and silent pipe water supply equipment etc., totaly 46 series, 520 varieties and more than 3300 specification. Products performance stands in the leading level in domestic industry and reachs international advanced level. The company ecnomic indicators is among best in the same inductry of domectic.

Normative company management, and the company is one of the earliest gain ISO9001, IS14001, OHSAS18001, ISO10012 etc. certificate in the same industry in China. Main products got the production license and Safety certificate; the resisted mark “YANSHAN”brand honored “China well-known brand” and “Shandong famous brand. “YANSHAN”brand submersible sewage pump, centrifugal pump, submersible pump honored “Shandong famous product”, Submersible pump named “National inspection-free product”.

“YANSHAN” brand pumps are enjoys good reputation for exquisite workmanship, reliable performance, fine quality at home and abroad. The products sold well all over China domestic market, also exported America, Canada, Mexico, Japan, Austrilia, Iraq, Iran, Bangladesh, Europea etc. dozens of countries and regions.

SHANDONG YANSHAN PUMPS CO, LTD would like to sincerely coperated with home and abroad old and new customers for common development!

名称：山东颜山泵业有限公司

地址：山东省淄博市博山区秋谷横里河89号　　邮编：255200

电话：0533-4180430 0533-4158619　　传真：0533-4182842　0533-4158619

邮箱：ysby08@163.com　　网址：www.yanshanpump.com

出口潜水电机组装现场

大型泵综合试验室

青岛海上百米喷泉

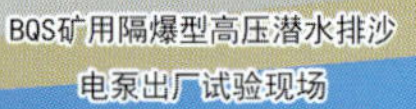

BQS矿用隔爆型高压潜水排沙电泵出厂试验现场

井用潜水电泵

ZJQ型潜水渣浆泵

Morality leads the wisdom　　Quality wins the future

品行大智　质赢未来

◇ 常规三相异步电动机
◇ 高效三相异步电动机
◇ 节能变频调速三相异步电动机
◇ 专用三相异步电动机
◇ 大型高速高压三相异步电动机
◇ 防爆三相异步电动机
◇ 中、大型三相同步电动机
◇ Conventionl Three-phase Induction Motor
◇ High Efficiency Three-phase Induction Motor
◇ Energy-saving Frequency Control Three-phase Induction Motor
◇ Special Three-phase Induction Motor
◇ Large Sized High Speed & High Voltage Three-phase Induction Motor
◇ Exploion-proof Three-phase Induction Motor
◇ Medium and Large Sized Three-phase Synchronus Motor

长沙电机厂有限责任公司（简称长利电气），始建于1946年，已有66年专业制造电机的历史，是中国电气机械及器材制造500强企业之一、国家级高新技术企业、中国中小型电机行业协会副理事长单位。公司的"长利"品牌获"中国电器工业最具影响力品牌"和"湖南省著名商标"、"湖南名牌"称号，深受广大客户青睐。

2010年4月，长利电气整体搬迁到长沙市天心区国家级两型产业示范园内。新厂建设一期投资5.2亿元，是目前中南地区最大的三相异步电动机生产研发基地，设计能力为年产各类电机产品800万千瓦和潜水电泵20万千瓦，加上正在兴建的核级电机基地，可实现年产值50亿元。为了打造国内一流的电机制造研发基地，公司新增投资5000多万元建成了产品质量测试中心，是湖南省中、小型电机质量监督检验授权站，也是国家质量检测中心的授权站，负责中南地区各电机制造厂电机产品的质量监督和抽样检测工作。长利电气的电机产品严格按IEC国际标准制造，通过ISO9001质量体系认证，是我国推广高效电机的企业之一。

厂区占地357亩，建筑面积10万平方米，拥有专业化生产及精密数控设备600多台（套）。公司技术中心系省认定的企业技术中心，正在申报国家级技术中心。该中心专门从事各类电机、电泵、电工材料新产品的研究开发工作；除常规系列产品外，可根据客户需求设计、制造特殊电机，产品具有高效、节能、环保等特点。

Changsha Motor Factory Co.,Ltd. (referred to as CHNE) was established in 1946, with a 66 year history of professional motor manufacture. It's one of 500 top Chinese Electric Mechanics and Equipment Manufacturing Enterprises and state-level high-tech enterprise. We assume the position of the vice president of the National Medium and Small Sized Motor Association. Our company's brand CHNE gained the honnor of The Most Influence Brands of China Apparatus Industrial and Hunan Famous Brand, it was highly appreciated by users.

In April 2010, the whole of the factory was removed to national resource-conserving and environment-friendly Industrial Park, Tianxin District, Changsha. For new factory construction, the first phases investment is 520 million RMB, it's the largest three-phase induction motor manufacturing base in South-Central China and our annual production capacity reaches 8 million kW of motors and 200,000 kW of submersible pumps. Plusing being built nuclear motor base, we can achieve annual turnover 5 billion RMB. In order to make the domestic first class motor manufacturing base, our Quality Inspection Center has been awarded Hunan Medium & Small Sized Motor Quality Superision Station with investment over 50 million RMB. The center is also authorized by National Quality Inspection Center, which is responsible for the products supervision and inspection in South-Central China. Our motor's manufacturing are strictly accordance with the IEC standard, and achieved ISO9001 certification. At the same time, we are also one of the national promoting high efficiency motor enterprises.

The factory covers an area of 357 acre, building area of 100,000 square meters. It owns over 600 sets of specialized manufacturing & precision CNC equipments. Our technical center is identified by Hunan province, we are also being declared state-level technical center. The center engaged in new products research and development such as all kinds of motor, pumps and electrical materials. In addition to the conventional motor, we can design and manufacture special motor according to the user's requirements. The products have characterisitics of high-efficiency, energy-saving and environmental protection etc.

■ 销售咨询热线 Sales Hotline：+86-731-89758608
■ 地址：中国湖南长沙市天心区新电路86号
■ 邮政编码 P.C：410114
■ 网址 Website: http://www.csdj.com.cn
■ Address: No.86 Xindian Road, Tianxin District, Changsha, Hunan, China

四川川锅锅炉有限责任公司
Sichuan Chuanguo Boiler Co.,Ltd

川川锅锅炉有限责任公司(原四川锅炉厂)始建于1968年,2008年9月,经成功改制,由全国500强的建龙重工集团控股,公司注册资本:贰亿贰仟叁佰陆拾万元,属其他有限责任公司类型。公司目前拥有600余人,其中工程技术人员224人,中高级技术人员190人,建有省级企业技术中心,具有较强的研力。曾先后获得"国家节能先进企业"、"国家特级安全企业"、"锅炉行业质量信得过企业"、"成都市业"等荣誉。

公司拥有ASME授权证书和(U,S)钢印、A级锅炉和A1、A2级压力容器设计、制造许可证,甲级环境污证,进出口企业资质证和ISO9001:2008质量体系认证等重要资质,具有开发、设计、制造电站锅业锅炉、锅炉辅机、汽轮机辅机、高压容器、石化容器、民用核电设备、冶金建材设备能力和承担大型污染治理项目能力。

前公司产品已形成十二大门类,一百二十余个品种,近千种规格,形成拥有国家实用新型专利和国家产品称号的35t/h-1025t/h电站锅炉系列产品,50MW-600MW高压加热器产品,并有循环流化热锅炉系列产品评为国家首批列入《当前国家鼓励发展的环保设备(产品)目录》的环保产品,产品遍各省、市、自治区,并出口日本、印尼、巴基斯坦、伊朗等国。

hed on 1968, Sichuan Chuanguo Boiler Co., Ltd. (former "Sichuan Boiler Works") was restructured on September,2008 with ed capital of RMB223.6million Yuan, and interest controlled by Beijing Jianlong Heavy Industry Group Co., Ltd.which is among in China. The company now has employees more than 1600 in which engineering technicalpersonnel are 224 and middle, senior ans are 190. Moreover, with provincial enterprise technical center and stronger researching and developing ability, The has been awarded on separate occasions with the titles "State Advanced Energy-Saving Enterprise", "State Superior Safety se", "Trustworthy Enterprise in Boiler Industry" and "Chengdu 'Four-Good' Enterprise".

pany has ASME authorized certificate of 'U' and 'S' stamps, license for designing and manufacturing class-A boiler and vessel of grades A1, A2 and grade-A permit for environmental pollution treatmentBesides, it is qualified as an import and enterprise with important qualifications including ISO 9001:2008 Quality System certification etc. And it is capable of ng, designing and manufacturing utility boiler, industrial boiler, waste heat boiler, boiler auxiliaries, turbine auxiliaries, ssure vessel, petrochemical vessel, civil nuclear power equipment and metallurgical building materials and undertaking ale project in treating environmental pollution.

nt, the company has 12 classifications, more than one hundred categories and nearly one thousand specifications of covering thermal and nuclear power equipment, which form 35t/h-1210t/h utility boiler product series that are titles ctical State New Patent and State Energy-Saving Product, and 50 MW-600MW high pressure heater products with ministry's on. Product series including circulating fluidized bed, coal gas-heat-power tri-cogeneration and waste heat boiler are ent-friendly products that are listed in "The Catalogue of Environment-friendly Equipment (Products) to be Encourged by on in Current Stage" as the first batch. The products spread all over the country, and have been exported to Japan, , India, Pakistan, Iran, Syria, and Malaysia.

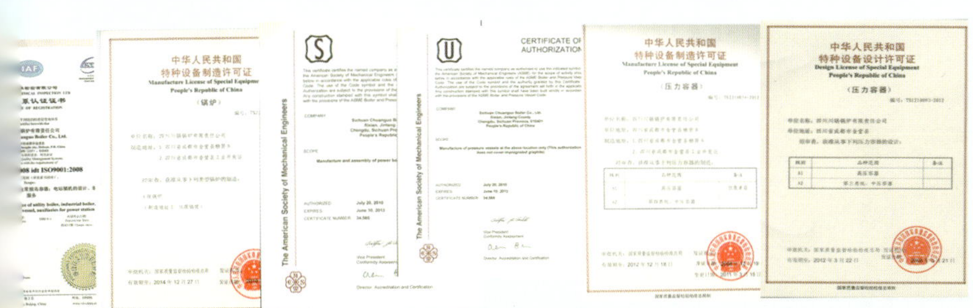

220t/h高温高压循环流化床

大连石化350万吨/年石化余热锅炉

红沿河核电1#机组联箱

内蒙金山300MW高加

华能山东曲阜圣城670t/h汽包

泰兴市晨光高新技术开发有限公司

Taixing Chenguang High-Tech Development Co., Ltd

泰兴市晨光高新技术开发有限公司地处黄金水道——长江北岸，与上海、南京、无锡、苏州、常州、镇江、扬州、泰州、南通等周边城市高速车程均在1—2小时内。是专业从事高效、专用、精密数控机床、组合机床及数控柔性自动加工线生产制造和软件开发的高新技术创新型企业。2003年通过ISO9001/2000质量管理体系认证，为江苏省高新技术企业和规划布局内的重点软件企业。

数控万能精密碳块自动

长期以来我公司针对炭素行业开发了系列专用加工机床、自动加工线及相关软件，彻底解决了该行业加工精度达不到标准要求的加工难问题。同时针对石墨电极与接头加工领域，独创性地提出了“理想连接”理论，使电极与接头加工精度领先国际先进水平，并获得欧、美、日等工业发达国家认可。

从2005年开始我公司针对功能部件行业进行关键设备的研制。现已形成CGK-2000及CGK-3000数控高精度螺纹磨床及CGK7630数控内螺纹磨床以及高精度导轨磨床等，加工精度达到P2级以上，同步研制成功具有自主知识产权的专用数控系统及软件，成为中国功能部件数控设备的新型研发基地。

CGK•RZ•02型数控电极自动

我公司从2009年开始研制的第四代高温气冷核反应堆碳堆内构件成套精密自动加工设备及配套软件产品，已在用户试运行，本成套设备及软件的研制成功为中国核电技术的发展作出了重要贡献，不仅填补国内空白，而且领先国际先进水平，具有重要的战略意义。

由我公司撰写的《石墨电极与接头专用数控机床精度及要求》、《炭块加工专用数控机床精度及要求》两项行业标准近期已通过工业及信息化委员会的审定。我公司拥有一支技术精湛、开拓进取的数控机床研制和开发专家队伍，其中享受国务院特殊津贴专家2名，省市有突出贡献的中青年专家4名。我公司拥有发明专利及实用新型专利17项，连续三年获江苏省科技进步奖及中国机械工业科技成果奖，连续两年被列入国家火炬计划项目，两个产品被列入国家重点新产品项目，六个产品被列入江苏省高新技术产品，三次获得科技部中小企业创新基金，其中一次为重点项目；两个产品被列入江苏省科技攻关和工业支撑项目，三个软件产品被列入江苏省软件和集成电路专项无偿资助项目。

核电碳堆内构件数控精密自动

泰兴晨光公司愿以诚挚之心珍视每一次机遇，与您携手共同打造中国碳材料、功能部件领域以及核电工业加工领域的世界品牌！

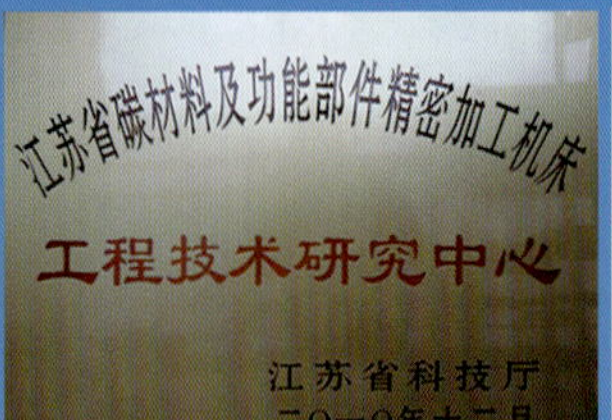

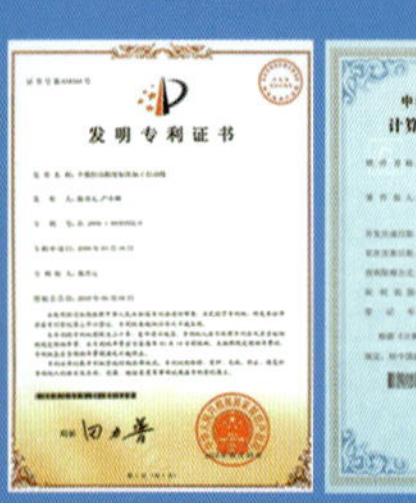

Taixing Chenguang High-Tech Development Co., Ltd is located on the north bank of the Yangtze River, within 1 to 2-hour driving on the expressway to surrounding cities including Shanghai, Nanjing, Wuxi, Suzhou, Changzhou, Zhenjiang, Yangzhou, Taizhou and Nantong. Our company is the innovative high-tech enterprise specialized in manufacturing efficient, special and precision CNC machine tools, unit built machine tools, and CNC automatic flexible machining lines, and developing corresponding software. In 2003, our company passed the ISO 9001/2000 Quality Management System Certification, and has become a high-tech enterprise and key software enterprise within the planning layout in Jiangsu.

Our company has developed serial special machine tools, automatic machining lines and corresponding software for carbon industry, which has radically solved the problem that machining precision cannot reach the standard in the industry. Meanwhile, our company has originally put forward the theory of "ideal connection" for processing of graphite electrodes and joints to make machining precision of electrodes and joints surpass the advanced level and accepted by developed countries, such as European countries, USA and Japan.

Since 2005, our company has started research and manufacturing of key equipment for the functional part industry. Nowadays, our company has been able to produce CGK-2000 and CGK-3000 CNC high-precision thread grinders. CGK 7630 CNC internal thread grinders and high-precision guideway grinders with the machining precision reaching the P2 level or above, successfully researched and manufactured special CNC systems and software with independent intellectual property rights, and become a new R&D base of functional parts and CNC equipment.

Our company started research and manufacturing of the 4th generation of complete sets of precision automatic processing equipment for high temperature gas-cooled nuclear reactor internals & carbon-pile internals and supporting software products from 2009, and the products have been put into trial operation by users. The successful research and manufacturing of the equipment and software make significant contribution to the development of Chinese nuclear power technology: Filling in the domestic gap, leading the world, and having strategic significance.

The two industrial standards written by our company, including "Precision and Requirements for Special CNC Machine Tools for Graphite Electrodes and Joints" and "Precision and Requirements for Special CNC Machine Tools for Carbon Blocks", have recently passed the assessment of the Industry and Informatization Commission. Our company has a skilled and enterprising expert team for researching, manufacturing and developing CNC machine tools, including 2 experts enjoying special allowances from the State Council, and 4 young and middle-aged experts making outstanding contributions in the province and the city. Our company also owns 17 patents for inventions and utility models, has won the Award for Scientific and Technological Progress in Jiangsu Province and Award for Scientific and Technological Results in Chinese Machinery Industry for 3 years, and been listed in the National Torch Plan Program for 2 years. The two products are listed as the national key new products; the six products are listed as the high-tech products in Jiangsu Province with obtaining Funds for Innovation of Small and Medium Enterprises three times, one of which is the key program; the two products are listed as the program for science & technology development and industrial support in Jiangsu Province; the three software products are listed in the special financial appropriation program for software and integrated circuits in Jiangsu Province.

Our company sincerely cherishes each opportunity, and is willing to cooperate with you to create the world-famous brand in the fields of carbon materials, functional parts and nuclear power industrial processing in China.

地址/Add：江苏省泰兴市城区工业园开发路1号
No.1, Kaifa Road, Urban Industrial P
Taixing City, Jiangsu Province
邮编/Zip Code：225400
电话/Tel：0523 87996777 87996767
传真/Fax：0523 87996788 87996769
网址/Web：www.cn-chenguang.com
邮箱/E-mail：sytxjs@yahoo.com.cn

The Yearbook of the Contractors of International Engineering Consutation & Design of China

2011

中国国际工程咨询设计承包商年鉴

各国承包工程环境

The Yearbook of the Contractors of International Engineering Consutation & Design of China

2011

中国国际工程咨询设计承包商年鉴

各国承包工程环境

亚洲、非洲地区承包工程环境

巴基斯坦

一、中巴经贸

2011年是中巴建交60周年和“中巴友好年”，中巴经贸合作保持稳步增长，贸易额、承包工程合同额和投资额均较2010年有所增长。

贸易方面，中巴双边贸易仍保持较快增长，但贸易逆差进一步扩大。据中国海关统计，2011年1月至12月中巴双边贸易总额为105.64亿美元，同比增长21.9%。其中，我对巴出口84.4亿美元，增长21.7%；我自巴进口21.24亿美元，增长22.7%；贸易差额63.16亿美元，增长21.25%。

承包工程方面，尽管我在巴新签合同出现下降，但新签合同额和营业额均实现增长。据中国商务部统计，2011年1至12月我国企业在巴新签承包工程合同67个，同比下降28.7%；新签合同额30.96亿美元，同比增长124.8%；营业额23.73亿美元，同比增长15.0%。截至2011年12月，我国企业累计在巴签订承包工程合同额229.15亿美元，营业额171.91亿美元。截至2011年12月底，我国在巴各类劳务人员4760人。

投资方面，2011年我对巴非金融类直接投资实现较快增长。据中国商务部统计，2011年1至12月中方对巴非金融类直接投资金额为8695万美元，同比增长233.3%。2011年底存量为18.53亿美元。

二、在巴基斯坦从事承包工程的要求

申请工程承包项目与劳务合作意见函，来函单位应为具有法人资格的项目承建公司，企业应提交如下文件：

1. 拟参与投标项目和(或)申请外派劳务的申请函(原件)；

2. 《投（议）标项目申请表》（原件）；

3. 《项目地点安全情况评估表》（原件）；

4. 《对外承包工程项下外派劳务事项表》（原件）；

5. 当地警察局对当地治安情况和能否提供保护的意见函（原件）；

6. 对外承包工程经营和外派劳务资格证书复印件；

7. 巴基斯坦政府相关部门批文复印件。

8. 项目招标公告复印件，或类似文件。

三、中巴经济合作组第二次会议规划新增项目清单（2011年3月）如表3-1-1所示

序号	领域	项目名称	项目来源	成熟度
1	教育	纺织业技术和职业培训项目	巴方	C
2		纺织学院项目	巴方	B
3		巴地质矿产调查和管理官员研修班	中方	A
4	卫生	肝炎疫苗和干扰素生产项目	巴方	C
5		注射器生产项目	巴方	B
6	水利	中小水库建设项目	巴方	C
7		信德省印度河拦河闸疏浚工程	中方	C
8	农业	农业中心建设项目	巴方	C
9		海洋渔业研究和开发中心	巴方	B
10		印度河渔业研究和开发中心	巴方	A
11		农业技术示范中心	中方	B
12		大米加工项目	巴方	B
13		调气和冷藏仓储项目	巴方	C
14	交通	喀喇昆仑公路（KKH）Sazin-Railkot段改线项目	巴方	B
15		Shahdara至Lalamusa铁路复线项目	巴方	C
16	能源	巴基斯坦古杜联合循环电站项目	中方	B
17		巴基斯坦南迪普425MW联合循环电站项目	中方	A
18		巴基斯坦SABA联合循环电站项目	中方	B
19		巴基斯坦GEL联合循环电站	中方	B
20		巴基斯坦DCL联合循环电站	中方	B
21		巴基斯坦GRANGE联合循环电站	中方	B
22		七巧美莲火电项目	中方	B
23		巴基斯坦恰希玛核电站三期和四期项目	中方	A

续表

序号	领域	项目名称	项目来源	成熟度
24	能源	科哈拉水电站	中方	C
25		卡拉奇风力发电一期项目	中方	B
26		当萨水电站项目	中方	C
27	信息与通讯	Augere Wimax 项目	中方	A
28		通讯卫星项目	中方	A
29		巴基斯坦遥感卫星项目	中方	C
30		巴基斯坦 AITC 项目	中方	C
31		巴政府安全监控项目	中方	B
32		NTC 全国安全网项目	中方	B
33		建立电子联合体项目	巴方	C
34		建立 4 个公共研究中心	巴方	C
35	工业	巴基斯坦钢铁公司扩建项目	中方	B
36	环境	卡拉奇市固体废弃物管理项目	中方	B

表 3-1-1

四、工程承包与劳务

中国移动获“最佳进步电信公司奖”

巴基斯坦拉瓦尔品第工商会（RCCI）于2012年月6日向巴成长最快的移动通讯公司中国移动巴分公司（CMPak）颁发2012年“最佳进步电信公司奖”（Most Progressive Telecom Company），以表彰该公司在推动巴国民经济发展和促进就业等方面所作的贡献。中移动巴分公司自启动运营以来，短短几年内成为巴成长最快的移动通讯公司，用户基数和营收双双实现快速增长。

巴基斯坦总统扎尔达里欢迎中国企业投资Zulfiqarabad新城

据巴基斯坦《每日时报》2012年3月16日报道，巴基斯坦总统扎尔达里日前在会见中国企业代表团时称，巴政府为中国投资者提供大量商业和投资机会。扎尔达里称，巴热切希望中国投资信德省新城市Zulfiqarabad建设。拟建设的Zulfiqarabad新城将成为经济增长引擎，创造大量经济活动和就业，有力促进所在区域的社会经济发展。

扎尔达里还称，巴政府将保证对中国企业在巴顺利经营提供全力协助和支持。

55节中国产列车车厢抵达巴基斯坦

据巴基斯坦《国民报》2012年3月14日报道，巴基斯坦铁路公司从中国进口的202节铁路车厢中的55节日前运达巴基斯坦，余下147节将由伊斯兰堡客车厂和中国工程师合作在巴组装完成。巴进口的列车车厢由长春轨道客车股份有限公司提供。

报道称，巴铁路部门之前与中国机械进出口公司签订总价值1.34亿美元的202节列车车厢采购协议。第一批次原定于2011年9月运抵巴，后因不明原因推迟至今。巴铁路公司一名官员称，已经抵巴的55节车厢将在测试完成后与列车连接。巴铁认为，引进中国产列车车厢有助于改善巴铁运营效率。巴铁路公司之前曾多次派人员前往中国学习列车生产、喷漆、机械和操作等相关技术。

以中国工商银行为首的国际银团中标巴伊天然气项目财务顾问

据巴基斯坦《商业记录报》2011年12月29日报道，巴经济协调委员会（ECC）下属负责伊朗－巴基斯坦天然气管道项目（IP）和土库曼－阿富汗－巴基斯坦－印度天然气管道（TAIP）项目的操作委员会日前宣布，以中国工商银行为首的国际银团中标IP项目财务顾问。

报道称，财务顾问将协助巴国家天然气公司（ISGCL）设计最优的项目资本框架和财务计划，以及政治和商务风险规避计划，并将全程参与管理IP项目交易过程，包括协助安排融资等。

报道称，为避免来自美国的压力，巴伊将采取IP项目分段建设的方式，各自负责本国领土范围内天然气管道。ISGCL将负责巴方境内管道项目的建设，从巴伊边境至巴纳瓦布沙阿（Nawabshah）全长781千米，预计投资成本在12亿美元左右，预计2014年前后完成。

土耳其

一、承包工程与劳务

中国五冶集团土耳其钢结构加工工程创新保履约

2012 年 3 月 28 日，由中国五冶集团承接的土耳其 BEKIRLI 2x600MW 超临界燃煤电站 1 号机组钢结构加工工程利用创新作业顺利履约。

该工程由柱、梁、支撑等组成，分 A，B，C，D 跨 0～11 线，AB 跨为主厂房汽机房，BCD 跨为主厂房除氧煤仓间。C、D 跨 0～2 线为 4 段钢柱总标高为 47.3m，3～11 轴线为 3 段钢柱总标高为 40.1m，A，B 跨均为 3 段钢柱总标高为 34m，单件柱最长约为 18.52m，单件重量最重约 32 吨。建筑结构的安全等级为二级，设计使用年限为 50 年，本建筑结构抗震烈度为 9 度。

该工程的涂装作业时，利用构件空间高度采用叠加法涂装，这一创新方法对厂地、空气、温度、湿度都有很高要求，中国五冶集团利用晴朗天气叠加仰面涂装，大大减少构件翻面次数，提高了作业效率，确保了合同履约。

东方电气签订土耳其 BAGISTAS 一期水电站机电设备总承包合同

2011 年 7 月，在土耳其首都安卡拉 IC ISTAS 总部，经过一个多月的艰苦谈判，东方电气与 IC ISTAS 公司签订了 BAGISTAS I 期水电站机电设备 EPC 总承包合同。该项目由东方电气与土耳其 ABB 分公司强强联手、组成联营体共同争取并执行。

该项目是东方电气在土耳其签订的第二个总装机超过 100MW 的水电项目，本项目签订后，东方电气在土耳其在执行的水电项目达到近 30 套机组。该项目的签订进一步巩固了东方电气在土耳其水电市场的地位，初步实现了年内东方电气在土耳其水电项目批量化的战略目标。

华东院总承包的土耳其 FEKE-I 电站设备成套项目首台机转子顺利吊装

2012 年 2 月 24 日，华东勘测设计研究院总承包的土耳其 FEKE-I 水电站设备成套项目首台机转子顺利吊入机坑。这一重大节点的顺利完成，为确保首台机组在 2012 年 6 月份发电奠定了坚实的基础。

土耳其 FEKE-I 水电站安装 2 台 16MW 的混流式发电机组，转子总重量 55 吨。华东院组织机电安装人员于 2011 年 6 月进驻现场，2012 年 1 月 9 日开始机电设备正式安装工作。现场工作人员克服各种困难，同心协力，在2012 年2 月底顺利完成了首台机组转子的吊装工作。

华东院总承包的土耳其 BURC 电站机电设备成套项目 3 台 9.3MW 机组成功投运、并于 2010 年 11 月一次性取得土耳其能源局竣工达标投产验收，土耳其 FEKE II 电站机电设备成套项目 2 台 35MW 机组成功投运、并于 2010 年 12 月一次性取得土耳其能源局竣工达标投产验收，该二项目均在 2011 年取得了业主发布的初步验收证书。FEKE I 项目的顺利推进必然会给华东院海外设备成套业务增添新的业绩。

土耳其将拆除 650 万套住房，我企业有机会进入土定向爆破市场

据土耳其《每日新闻》2012 年 8 月 8 日报道，土耳其环境和城市规划部将于下个月颁布新的城市规划案，将拆除未能通过安全检测的住房。目前，土耳其共有 2000 万套住房，其中 650 万套被认定危险的住房将被拆除。

土耳其环境和城市规划部称高于 15 楼的房屋将采用爆破技术拆除，有 70 余家土耳其公司参与了该爆破项目投标。但由于土耳其公司缺乏相关的爆破技术和经验，该部同意外国公司与土耳其公司组成联合体共同参与投标。

我国从 1958 年起就研究定向爆破技术，当前的定向爆破技术，可以做到一次爆破百万立方米的土石方，所耗炸药量达到千吨级。我有实力的企业可利用此次机会进入土耳其定向爆破市场。

二、土耳其对外国公司承包当地工程的有关规定

土耳其规范外国承包商在土承包工程的法规主要是

《政府采购法》等。相关法律要求投标人（承包商）需提交以下文件，即：（1）能够显示其财务状况的银行报表；（2）资产负债表；（3）能够证明投标人在该项目领域的工作量，以及在相关领域已完成的营业额度；（4）生产能力、研发能力和质量控制体系等文件；（5）其已在相关商会注册的文件；（6）至少提交标价的3%作为保证金；（7）投标人的标价明显低于其他投标人的，在确定其中标前，需在规定的期限内，以书面的方式解释其标价过低的原因；（8）中标方须在签订合同前，提交相当于合同价格6%的保证金，若中标者无法完全履行其义务，保证金将收归国家财政所有，并且不需任何法律程序；（9）若中标者无法完全履行其义务，由发标方确定排名第二的投标者中标，以此顺延；（10）若中标者系合资公司，合同需由所有的合伙人签署。

同时，土耳其法律对承包商也做出了一些限制性规定，即：（1）如工程项目需取得环境影响评估报告，在启动招标程序之前，必须取得对项目持肯定性意见的环境影响评估报告，但因自然灾害需立即启动的工程，无需取得环境影响评估报告；（2）投标人需具有拟投标项目领域15年的工作经验；（3）提交投标人的组织结构状况，证明其有足够的或即将雇佣足够的专业人员；（4）能够证明投标人有足够的设备、设施完成拟投标项目；（5）拟投标的企业法人，其所有者需持有该法人50%以上的股份，并要求在保证期内维持该比例要求；（6）有破产者、资产被冻结者、商业行为被暂停等情形之一的拟投标人，禁止投标；（7）在土耳其或其他国家成立的企业，未完全缴付其社保资金的，禁止投标；（8）在土耳其或其他国家成立的企业，未完全履行其纳税义务的，禁止投标；（9）投标期前五年内，被法院认定犯有该领域的职业犯罪的，禁止投标；（10）投标期前五年内，有证据证明其有违背该领域工作准则或职业道德的误导行为的，禁止投标；（11）在投标期前，被相关商会组织宣布禁止从事该领域职业行为的，禁止投标；（12）被相关机构认定参与过假破产案件的个人和企业禁止直接或间接参与投标；（13）自然人或其配偶、三代以内近亲属、二代以内的姻亲、养子女在发标方任职的，不得直接或间接参与投标；（14）公司的合伙人或股东不得直接或间接参与投标，但是非股份公司的董事会成员或持股不超过10%的，可以直接或间接参与投标。

三、土耳其的招标方式

招标方式主要有公开招标、有限招标、协商招标和议标。公开招标即所有投标人都可以参加投标；有限招标即发标方预设投标方的最低资格条件，只有受发标方邀请的投标人才可以递交标书，投标人可以不超过五人，但不能少于三人；协商招标即在法律规定的条件下，可以采用协商招标，发标方与投标人协商技术细节、执行程序、在一定条件下的合同价格，投标人不能少于三人；议标即在法律有特别规定的情况下，发标方邀请投标人协商技术条件、价格等，投标方可以仅为一人。与之相应，投标方式也可分为以上方式。

发标方应成立招标委员会，委员会成员最少为5人，并需为奇数，其中至少包括2名该项目方面的专家、1名财务人员。

公开招标的项目，应在提交标书的不少于40日前公布发标通告；有限招标的项目，应当在投标人申请预先资格审查截止日期前14日公告预先资格审查；协商招标的项目，应在提交标书的不少于25日前公布邀请特定候选人参与投标的公告。

缅　甸

一、承包工程与劳务

中国公司承建的缅甸最长公铁大桥竣工通车

2011年12月31日上午，中工国际等中资公司在缅甸承建的帕克库公铁两用大桥举行了隆重的通车典礼，缅甸联邦副总统吴丁昂敏乌、建设部等相关部长、中方项目负责人、上万当地民众出席了庆典。

帕克库桥位于缅甸中部马圭省和曼德勒省之间的伊洛瓦底江上，属公路铁路两用桥，中工国际牵头三家中资公司负责提供设计、供货和指导安装，钢架桥部分长3484米，是伊洛瓦底江上已建成的最长大桥。副总统在致辞中说，此桥建成后改变了伊洛瓦底江西岸马圭等省与东岸曼德勒省之间交通不便的历史，将促进两岸人民的往来，带动两岸经济的发展。此桥是印缅泰大通道上的重要枢纽，是缅甸连接东盟国家的东西大通道上的重要桥梁，也将成为连接印度及缅甸及中国的重要通道。

在建设期间，中缅双方技术人员密切配合，建立了良好的合作关系和深厚友情。业主缅甸建设部对中方的努力工作多次给予了高度评价。

中资承建的缅甸吉荣吉瓦水电站落成

2012年3月31日，缅甸马圭省吉荣吉瓦水电站落成。缅甸副总统赛茂康出席落成仪式。

该水电站位于缅甸马圭省敏布市，又称KK电站，由我国广东珠海新技术有限公司承建。该项目是缅政府今年重点推动的第二大水电站项目，建成后可灌溉96000英亩农田，并提供每年7400万千瓦的发电量。

中国葛洲坝承建的缅甸水津电站并网发电

2011年10月22日，缅甸第一电力部在勃固省水津水电站举行竣工庆典。缅甸联邦选举委员会主席、一电部、二电部、一工部兼二工部、铁道部等部长、副部长、勃固省行政长官、南部军区司令、中国葛洲坝集团国际工程有限公司总工程师王一民等人出席了庆典。

水津电站坐落于缅甸勃固省水津镇东北6公里、水津河和锡唐河交汇点上游约15公里处。由业主缅甸电力一部自筹资金，中国葛洲坝国际工程公司于2007年9月中标，负责机电设备设计、供货和技术指导。该电站4台机组，总装机容量为7.5万千瓦。目前均已成功并网发电，正式投入商业运营。

一电部长吴佐敏在致辞中说，该电站是第17个向国家电网并网的水电站，是缅甸联邦共和国政府执政以来竣工的第一个水电站，是锡唐河上已建成的最大电站。电站的竣工不仅将极大地促进勃固省的工业发展，也将有利于全国的发展。

该电站也是葛洲坝国际工程公司成立以来发电的首个电站。在执行合同过程中克服基础条件差、环境艰苦等重重困难，先后派出上百名专业技术人员指导和参与建设，同时为当地培养了一批熟练技术人员。公司急业主所急，无偿投入约300万元人民币重新购置替换生锈设备，通过真诚的合作，与业主建立了良好合作关系。树立了中国企业负责任、重质量、讲信誉的形象，得到业主高度赞扬。为中缅经贸合作写下了坚实的一笔。

中国公司签署缅甸国家电力系统规划谅解备忘录

2012年2月14日，中国长江三峡集团及中国水电顾问集团昆明勘测设计研究院与缅甸电力二部合作开展的缅甸国家电力系统规划项目谅解备忘录签字仪式在内比都隆重举行。缅甸电力二部部长吴钦貌梭、中国驻缅甸大使馆经济商务参赞金洪根、中国长江三峡集团毕亚雄副总经理等出席了签字仪式。

缅甸国家电力系统规划项目是由中国长江三峡集团赠款支援缅甸国家建设的援助型项目，委托中国水电顾问集团昆明勘测设计研究院开展本项目研究。研究工作为期一年，分三个阶段完成，其中包括对缅甸电力二部电力系统年轻工程师进行专业培训。研究结束将提出《缅甸国家电力系统规划报告》，并提交中缅两国政府审查。

本项目的成功签署体现了中国企业支持缅甸国家建设的良好愿望，将进一步促进中缅两国的经济技术合作，对增进中缅两国的睦邻友好关系具有重要意义。

北方国际承接缅甸铜矿工程 合同金额7亿美元

北方国际2011年8月25日披露，公司与关联方万宝矿产（缅甸）铜业有限公司签署协议，将承包其在育瓦莱比塘铜矿工程项目，合同金额为7亿美元。

万宝矿产（缅甸）铜业有限公司为万宝矿产有限公司的间接控股子公司，公司实际控制人中国北方工业公司和控股股东中国万宝工程公司分别拥有万宝矿产有限公司60%和40%的股权。

该工程将拓展公司国际工程业务，有利于开拓缅甸国际工程承包市场。

我在缅投资建成水电项目运营情况

我在缅已建成投产水电项目有：瑞丽江一级电站和太平江一级电站。

1. 瑞丽江一级电站

瑞丽江（Shweli）一级电站位于缅北部掸邦境内，电站装机容量6×100MW，首台机组于2008年9月5日投产发电。2009年4月29日，电站六台机组全部建成投产。项目投产以来，电站水库、引水系统及发电厂房主体工程运行正常，环境保护优良。

根据项目合资协议，瑞丽江一级电站特许经营期为“35+5”年，特许经营期内为缅甸提供免费电量15%，85%的电量输送回中国，特许经营期满后项目移交缅方。此外，根据缅甸经济发展需要，瑞丽江一级水电有限公司与缅甸第二电力部逐年签订售电协议，以满足缅甸民众用电需求。瑞丽江一级水电有限公司售往缅甸的电价和售往中国的电价一致。

2008年9月至2012年5月，瑞丽江一级电站累计发电109.92亿千瓦时，累计向缅方输送电量49.29亿千瓦时，占电站总发电量的44.84%。其中，供缅方免费电量19.3亿千瓦时，缅方自购电量29.99亿千瓦时。累计向缅甸政府纳税约2750万美元。

2. 太平江一级电站

太平江（Dapein）一级电站位于缅甸克钦邦南部，项目装机4×60MW。根据项目合资协议，太平江一级电站特许经营期为“35+5”年，前25年电站向缅甸提供8%的免费电量，后“10+5”年向缅甸提供10%的免费电量，特许经营期满后项目移交缅方。

2010年9月18日，太平江一级电站成功向缅甸八莫地区安全供电。2011年1月23日，太平江一级水电项目竣工仪式在项目现场举行，总理吴登盛（现任总统）出席。因缅北局势不稳，2011年6月14日至今，电站停运，中方公司蒙受损失。

马来西亚

一、承包工程与劳务

马来西亚东钢集团综合钢厂EPC总承包合同正式签约

2011年11月10日，中国首钢国际贸易工程公司与北京市工业设计研究院在钓鱼台大酒店签订了“马来西亚东钢集团150万吨/年综合钢厂EPC总承包合同”。首钢总公司领导王青海、北京市工业设计研究院院长沈安东，以及双方单位相关负责人出席了签约仪式。

《马来西亚东钢集团150万吨/年综合钢厂EPC总承包合同》是目前中国公司境外承包的冶金工程中最完整的一个项目，也是东南亚唯一的一座工序完整的综合性钢铁厂。包含了料场、焦化、烧结、炼铁、炼钢、大板坯连铸以及所有配套设施的设计、设备供货、土建施工、设备安装调试和生产技术服务等工程项目，工程奠基仪式将于2011年12月5日在马来西亚举行。

此前，中首公司、马来西亚协德控股有限公司、东钢集团有限公司、东方钢铁投资有限公司、Chinaco公司于2011年7月22日在北京中关村皇冠假日酒店举行了《马来西亚综合钢厂项目》签约仪式，签署了《马来西亚综合钢厂项目合作协议》《首钢国际收购东钢集团公司股权转让协议》《首钢国际认购协德控股增发股份协议》。签约各方承诺，首钢国际新加坡有限公司收购马来西亚东钢集团公司40%的股权后，与东钢集团的控股股东协德控股，通过三期建设将东钢集团建设成为年产300-350万吨的综合钢厂。

首钢总公司董事长朱继民曾表示，共同开发综合钢厂项目，有利于加强战略合作关系，有利于延伸和完善企业的产业链，有利于增强企业抵抗市场风险的能力。

马明年拟开放17个服务业分支领域外资股权限制

据马《南洋商报》2011年12月30日报道，马国际贸易与工业部长慕斯达法（Mustapa Mohamed）发布文告宣布，为了进一步刺激外资流入，马政府将在2012年开放17个服务业分支领域的外资股权限制，包括：电讯领域的服务供应商执照申请、电讯领域的网络设备供应与网络服务供应商执照申请、快递服务、私立大学、国际学校、技工及职业学校、特殊技术与职业教育、技能培训、私立医院、独立医疗门诊、独立牙医门诊、百货商场与专卖店、焚化服务、会计与税务服务、建筑业、工程服务以及法律服务。

马服务业发展理事会（MSDC）是分支领域开放的监管单位，负责审查服务业限制领域发展的有关规定，监督和协调各部门相关工作。

我国总承包的首个马来西亚燃气电站项目竣工

2011年12月15日，国机集团所属CMEC承建的马来西亚民都鲁联合循环电站项目顺利竣工。这是中国公司在马来西亚以EPC模式承建的第一个燃气电站项目。作为中国公司在马来西亚承建的第一座燃气电站项目，民都鲁项目的顺利移交打破了西方公司对于马来西亚电力市场的垄断，为中国机电设备的出口做出了贡献。据了解，近年来，马来西亚经济发展迅速，对于电力需求较大，其电力市场一直被ABB、阿尔斯通等西方公司和日本公司所占据。

CMEC在努力抓项目开发和执行的同时，积极参与了当地的公益事业。2005年，CMEC在当地出资捐建了一所小学，并出资建设象征中马友谊的马中公园，为中马友谊做出了积极的贡献，获得了当地政府和中国驻当地总领馆的赞赏。

我国总承包的首个马来西亚燃气电站项目竣工

2012 年 1 月 6 日，国机集团所属 CMEC 承建的马来西亚民都鲁联合循环电站项目顺利竣工。这是中国公司在马来西亚以 EPC 模式承建的第一个燃气电站项目。作为中国公司在马来西亚承建的第一座燃气电站项目，民都鲁项目的顺利移交打破了西方公司对于马来西亚电力市场的垄断，为中国机电设备的出口做出了贡献。据了解，近年来，马来西亚经济发展迅速，对于电力需求较大，其电力市场一直被 ABB、阿尔斯通等西方公司和日本公司所占据。

CMEC 在努力抓项目开发和执行的同时，积极参与了当地的公益事业。2005 年，CMEC 在当地出资捐建了一所小学，并出资建设象征中马友谊的马中公园，为中马友谊做出了积极的贡献，获得了当地政府和中国驻当地总领馆的赞赏

湖北电建一公司签订马来西亚沙巴 100MW 联合循环施工总承包合同

2012 年 3 月 29 日，湖北电建一公司与中机国能电力工程有限公司签订马来西亚沙巴 SPR100MW 联合循环电站项目施工总承包合同。这是该公司首次与中机国能电力工程有限公司合作，也是该公司第二次在沙巴承建联合循环电站项目工程。

该电站位于沙巴州 PARPAR 镇 KIMANIS 村，距沙巴州 53 公里，距 PARPAR 镇 12 公里。本项目为新建 100MW 联合循环电站工程，建设规模为 2 台 35.364MW PG6581B 燃汽轮机、2 台高压余热锅炉、1 台 34.180MW MW 高压凝汽式汽轮发电机组，预计 2013 年 10 月 13 日该电站联合循环机组完成商业运行。

据介绍，此前该公司承建的沙巴 190MW 联合循环项目，6FA 燃机由法国 GE 公司生产。其中 1 号燃机从就位到并网发电，只用了短短 5 个月零 6 天，比设备供应商 GE 公司标准的施工周期整整提前了 3 个月，创造了 GE 公司该型号燃机世界最快的安装纪录，得到了业主及州政府的一致肯定。

目前，该公司正抽调精干队伍，开展“三通一平”等工作，高起点、高标准、超常规做好先期工作，各项工前准备进展顺利。

中国南车获马来西亚轻轨列车订单

2012 年 9 月，中国南车株洲电力机车有限公司收到中标通知，获得马来西亚轻轨“安邦线”20 列 120 节轻轨列车订单，这标志着中国南车株机公司在东盟地区的市场地位得到进一步巩固。

根据合同，首列车将在 33 个月后交付，51 个月后实现全部交付。据项目负责人介绍，与以往海外项目不同的是，此次“安邦线”轻轨列车，将有部分在马来西亚本土进行组装，借此，中国南车株机公司将首次实现海外本土化制造。此外，中国南车昨日公告称，南车集团已收到中国银监会核准筹建中国南车财务有限公司的批复。

二、从具体项目看中资公司在马来西亚工程承包市场的发展前景

近几年来，中马两国政治互信不断加强，经济合作趋向深入，在大项目上的合作成为两国关系进一步发展的内在要求。同时，随着中国改革开放步伐的加快，中国公司无论在技术水平还是在“走出去”的经验上都获得了极大提高，在某些领域甚至接近或达到世界先进水平。

在以上两方面因素推动下，中资公司在马来西亚的工程承包市场也开始取得一些进展，打破了长期以来马来西亚工程承包市场几乎被欧美和日韩垄断的局面。中国水利水电建设集团公司（中水电）、中国机械设备进出口总公司（CMEC）、中国铁路工程总公司（中铁工）等一批中国公司已进入马来西亚工程承包市场，获得了一些较大工程项目并在当地产生了一定的影响。最近，我们对中资正在承建的三个工程项目进行了调研，从中可以看出中资公司在马工程承包市场的发展前景。

1. 巴贡水电站项目

（1）项目基本情况

巴贡水电站为混凝土面板堆石坝，坝高 205 米，设计发电能力 240 万千瓦，建成后将是东南亚地区最大的水电站。该工程首先由私营公司 EKRAN 于 1994 年启动，导流洞和其他部分设施于 1995 年开工建设，1997 年受亚洲金融危机的影响工程下马。2000 年政府接手这个项目，成立沙捞越水电开发公司（SARAWAK HIDRO SDN BHD），使得这项工程得以继续。2001 年 4 月导流洞完工。2001 年 6 月开工建设上游围堰（CW1 标段），2002 年 6 月完成。2002 年 10 月 8 日大坝和相关设施的设计和施工（CW2 标段）授予了马 - 中水电联营体（MCH JV），以森那美公司（Simdarby）为首的马方联和公司占联营体 70% 的份额为第一大股东，中水电占联营体 30% 的份额为第二大股东，主导工程设计和施工，并直接承担 CW2 标段之下的 1B 标段、11B 标段和 23 标段的工程施工。

（2）巴贡水电站 CW2 标段概况，如表 3-1-2 所示。

项目名称	巴贡水电站工程 CW2 土建标
业主	沙捞越水电开发公司
地理位置	巴贡（距名都鲁市约 187km）
主承包商	马－中水电联营体（MCH JV）
项目目的	为沙捞、沙巴甚至西马提供电力
合同金额	17.88 亿马币

表 3-1-2

（3）中水电承担的 3 个标段概况，如表 3-1-3 所示。

1B标段	主要施工单位	中国水利水电第七工程局和中国水利水电基础局有限公司
	合同金额	约 8.24 亿马币
	承担的主要工程	大坝、溢洪道、厂房进水口和发电厂房的土石方开挖，大坝挡水围堰和相关工程；引水洞、厂房尾水和发电厂房建设工程；坝基、厂房入水口、溢洪道和相关的钻孔灌浆工程
11B标段	合同金额	约 2.58 亿马币
	主要施工单位	中国水利水电建设集团（马）有限公司
	承担的主要工程	运行和维护人工砂石场和混凝土拌合站，为整个工程提供人工骨料和混凝土。
2&3标段	合同金额	约 2.48 亿马币
	主要施工单位	中国水利水电第八工程局
	承担的主要工程	进水口与溢洪道水工建筑物的保护层开挖、固结灌浆及混凝土施工等项目
3 个标段总合同金额		约 13.30 亿马币
目前 3 个标段劳务人员数量		国内引进工人：约 1500 人
		本地工人及本地外劳：约 600 人

表 3-1-3

（4）CW2 标段施工中遇到的两大问题

首先是索赔问题。由于实际施工中各项工程量远远超出预计，特别是 1B 标段的土石方开挖量接近翻番，再加上材料涨价，总共大约需追加 7 亿马币工程款。

第二是完工日期问题。由于业主在付款等方面的原因，原合同规定的 2007 年 9 月完工已不可能。中水电希望延至 2008 年 9 月完工。

马－中水电联营体（MCH JV）正在就上述问题与业主进行谈判，但尚未达成书面协议。2005 年 11 月中国水利部部长汪恕诚访马到巴贡工地考察时亦与业主方谈及此事。

（5）对此项目的评价

巴贡水电站是目前中资公司在马来西亚参与的最大的项目，在十分艰苦和苛刻的条件下能够坚持把这个项目做下去，已经展示出中国公司勇于负责的精神和顽强的战斗力，也带动了我劳务和技术出口，为与马政府有关部门和本地商业伙伴加强合作、开拓马来西亚水利水电工程市场打下基础，目前中水电正在对多个项目进行跟踪。但该项目存在诸多问题，可能面临亏损的风险，需引起高度重视，若联营体与业主谈判失败将会导致巨大损失，按中水电 30%份额计算，也会亏损 2－3 亿马币。

2. 古晋燃煤电站项目

古晋燃煤电站项目至今已进行 3 期。其中第 1、2 期已经建成发电。第 3 期正在施工。

（1）第 1、2 期工程情况

CMEC 于 1994 年总承包了马来西亚砂拉越州古晋电站 1 期 2×50MW 工程。2001 年 12 月又顺利签约承建古晋电站 2 期 2×55MW 工程。现两期工程均已顺利完工投入运行，合同金额分别为 7500 万美元和 1 亿美元。其中第 2 期工程比合同工期提前 8 个月完工，受到业主好评。

（2）第 3 期工程情况

“第 3 期”只是习惯上的叫法，实际上其建造地点位于沐胶（MUKAH，距古晋市约 590 公里），因此属于一个新的项目，并非在原有古晋电站基础上的扩建。基本情况如表 3-1-4 所示：

<table>
<tr><td>电站类型</td><td colspan="3">在沐胶煤矿地区建造坑口燃煤电站</td></tr>
<tr><td>发电能力</td><td colspan="3">2×135MW＝270MW</td></tr>
<tr><td>合同金额</td><td colspan="3">约 2 亿美元</td></tr>
<tr><td rowspan="3">主要合同方</td><td>业主</td><td colspan="2">SARAWAK ENTERPRISE CORPORATION BERHAD
（砂劳越企业公司）</td></tr>
<tr><td>总承包商</td><td colspan="2">CMEC</td></tr>
<tr><td>当地土建承包商</td><td colspan="2">PPES WORKS (SARAWAK) SDN BHD</td></tr>
<tr><td rowspan="5">CMEC 国内合作单位</td><td>设计单位</td><td colspan="2">东北电力设计院</td></tr>
<tr><td>安装单位</td><td colspan="2">河北电建二公司</td></tr>
<tr><td rowspan="3">设备制造单位</td><td>汽轮机</td><td>东方汽轮机厂</td></tr>
<tr><td>发电机</td><td>哈尔滨电机厂</td></tr>
<tr><td>锅炉</td><td>哈尔滨锅炉厂</td></tr>
</table>

表 3-1-4

（3）第 3 期工程主要进展情况

2005 年 5 月 29 日，人大常委会吴邦国委员长访马期间，在吉隆坡见证了 CMEC 谢彪总裁和砂州公共事业部部长阿旺登雅为沐胶 2×135MW 项目签订合作备忘录。

2005 年 11 月，业主向 CMEC、鲁能、东方公司、哈尔滨电站工程公司等中国单位发出了邀标信。12 月 23 日各方提交标书。在我驻马大使馆、经商处、驻古晋总领馆、经商室、商务部、机电商会等各方面的协调和支持下，CMEC 争取到总承包沐胶 2×135MW 燃煤电站项目。

2006 年 3 月 29 日，项目合同签约仪式在古晋希尔顿饭店举行。正在访马的中国政协主席贾庆林于当日为该项目签约发了贺信。

2006 年 4 月 29 日，CMEC 收到业主支付的预付款，标志着该项目正式开工。

至今合同已执行 5 个月，国内设计、采购、设备制造等进度进展顺利；现场方面打桩工作基本完成，即将开始基础开挖工作。

（4）对此项目的评价

从目前情况来看，古晋燃煤电站 3 期工程受到各级领导的重视，CMEC 在此类项目上已积累了丰富经验，项目进展顺利。

更重要的是，此项目的核心技术设备均由中方提供，在推动中国大型成套设备出口方面做出了很大贡献。

另外，此项目也具有很强的示范意义，据了解，古晋燃煤电站项目的成功范例，已吸引周边国家的政府部门和同业者前来参观，产生良好影响，CMEC 因而有可能获得印尼的同类电站项目。

3. 沙巴铁路改造项目

（1）现有铁路及中铁工承包项目的基本概况

现有铁路从沙巴州首府哥打京那巴鲁（Kota Kinabalu）经 Papar 到 Tenom，为单线米轨铁路，全长 139 公里，是整个东马地区唯一的一条铁路。因年久失修，危及行车安全，沙巴铁路局决定对其进行改造。

中铁工采用设计施工整体分包方式分包了沙巴铁路改造项目的第 1 标段，靠近哥打京那巴鲁，全长 51.7 公里，合同金额约 1.20 亿马币，占整个项目的 40%。总工期 30 个月（含设计），合同起始日为 2005 年 11 月 24 日，合同截止日为 2008 年 5 月 23 日。

（2）项目施工主要内容见表 3-1-5 所示。

路基抬高及软土路基改造	51.7 公里
既有桥梁拆除重建	15 座
既有涵洞拆除重建	42 座
排水系统更新改造	23 公里
车站拆除重建	5 座
重新摊铺花岗岩道碴	18 万吨
重新铺设混凝土轨枕	8 万根
重新铺设钢轨	53 公里
通信信号改造	——

表 3-1-5

（3）项目进展情况

目前设计工作已经完成，自2006年5月29日，车站、涵洞、路基等工程已经陆续开工。截至2006年8月底，累计完成总合同价值的14.6%。

（4）对此项目的评价

此项目虽不算大，但展示了我铁路工程承建技术，带动中国钢轨和道岔等铁路产品进入马来西亚市场，也为开拓马来西亚铁路工程市场打下基础。目前中铁工正在跟踪马来西亚多项大的铁路项目，如南部铁路等。

从以上三个项目的具体分析中可以看出，中资公司在马来西亚工程承包市场已经具备一定的基础和实力，虽处于起步阶段，但对今后有很强的示范意义。虽然存在诸多问题，比如对本地市场环境的了解还需要加深，在合作伙伴的选择和国外施工管理的经验上还有待加强等，但仍可看出中资公司在马来西亚工程承包市场的发展前景仍然十分广阔，并有可能以马来西亚为跳板而开拓更大的国际市场。

三、中国企业在马来西亚承包工程需要注意哪些问题

1. 抓住市场机遇

近年来，马来西亚经济发展稳定增长，尤其是2006年以来，政府开始执行第九个五年计划（2006－2010年），并陆续推出5个经济发展走廊，国家财政预算拨出大量款项发展大型基础设施项目和民生工程，改善投资环境，缩小地区差距，全面提升国家经济发展水平。目前，马来西亚的重点工程有槟城第二大桥、南北铁路、国家高速宽频网建设、砂捞越系列水电站以及沙巴火电站项目等。中国企业应该抓住马来西亚新一轮基础建设的机遇，积极开拓马来西亚市场，借助马来西亚天然的地理区位优势和与中东国家的宗教联系，谋划进入东盟国家和中东国家市场的长远战略。

2. 要选好经营方式

马来西亚推行的一些大型政府私营化工程，该类项目往往需要马政府提供担保，向银行、金融公司或外国机构借款，因此中国企业如果想参与，必须选择好有实力讲信誉的当地公司作为项目合作伙伴，利用其关系和背景，共同实施项目。中国工程企业如想进入马来西亚承包工程市场，建议在当地注册公司。

3. 要因地制宜，实行本地化经营

马来西亚全国外劳数量庞大，约有220万人，专门从事建筑业、种植业和服务业，成本比较便宜，中国工人的竞争优势不明显。中国企业在马来西亚开展承包工程业务的重点是工程设计和项目现场管理，施工人员应因地制宜，雇用外劳，并在部分现场管理岗位聘用当地人员，实行本地化经营。

4. 要量力而行

在马来西亚开展工程承包，业主会根据项目情况要求承包商具备一定资质，项目执行需要一定的管理能力、融资能力和人力资源，跟踪谈判项目需要较强的交涉和谈判能力，洽谈项目合约需要较强的人际关系，否则会遭遇很多困难。

四、马来西亚对外国公司承包当地工程有何规定

1. 对外国承包商在马来西亚承包工程的要求

外国承包商在马来西亚注册成立建筑工程公司需要得到马来西亚建筑发展局批准，同时还要获得建筑承包等级证书。按照法律规定，外国独资公司不能获得A级执照，而没有A级执照，公司不能作为总承包商参与政府一千万马币以上项目投标。因此外国公司要参与投标，必须与当地公司合作，而当地公司大多以其信誉或A级资质作为参股条件，并不直接出资，他们与外国公司合作的目的是利用外国公司的资金和技术。

2. 限制领域

马来西亚政府财政拨款项目一般交由当地承包商负责，不允许外国工程公司单独担任总承包商，外国公司只能与当地公司合作或从其分包工程。

3. 招标方式

马来西亚政府拨款工程项目和私人领域项目一般都实行招标制度，但在融资支持或满足业主其他特别要求的情况下，部分项目也可由承包商与业主议标。

菲律宾

一、承包工程与劳务

华为、上海贝尔与菲律宾环球电信公司签署7亿美元项目

2012年2月15日，中国华为技术有限公司和上海贝尔与菲第二大移动运营商环球电信公司（Globe）在菲总统府签署Globe全网升级改造项目的合作协议，菲总统阿基诺三世、文官长奥乔亚、交通通讯部长罗哈斯、贸工部长多明戈、我馆吴政平经济商务参赞以及合作方高管共100余人出席签字仪式，阿基诺总统在讲话中高度评价该项目，认为该项目是中菲经贸合作的标志性项目，有利于菲经济发展。该项目合同总额为7亿美元，工期两年，华为公司负责项目实施，上海贝尔公司负责项目管理。

菲律宾总统感谢中国提供资金技术支持供水项目

2012年7月17日上午，由中国水电股份公司承建、水电七局承担施工任务的菲律宾大马尼拉供水工程通水仪式隆重举行。菲律宾总统阿基诺、中国驻菲律宾大使马克卿女士、业主首都供水及污水管理局、主包商中水对外驻菲律宾分公司及水电七局的代表应邀出席。

通水仪式上，菲律宾总统阿基诺按下通水按钮，他表示，安嘎特供水和管道改造项目可保障菲首都大马尼拉地区、黎刹省、甲米地省等地1500万人的供水，造福当地百姓，“我们感谢中国提供的资金和技术支持，帮助我们完成这项重要工程”。

阿基诺称，凭借”与邻国的牢固关系”，菲律宾能应对各种问题，更好地服务人民。

据介绍，该项目原始合同金额约1.12亿美元，借款方为大马尼拉地区供水及污水管理局，由菲律宾财政部提供担保。

该工程于2010年3月开工，较原计划提前8个月完工。完成实物工程量洞挖57110.002立方米，喷护钢纤维态混凝土5180.0695立方米，钢支撑1632榀，常态混凝土15417.729立方米。项目业主大马尼拉地区供水及污水管理局对中国承建公司的工作十分赞赏。

东电一公司承建的菲律宾工程实现三大节点目标

2012年4月11日，由东北电力第一工程公司承建的菲律宾马利万斯2×300MW燃煤机组电站工程实现2#锅炉水压试验、2号发电子定子吊装就位、厂用电受电成功三大工程节点目标。

菲律宾马利万斯2×300MW燃煤机组电站项目是目前菲律宾国在建的最大火电项目，业主为美方GNPOWER公司，EPC总承包为中国电力工程公司，东电一公司负责承建除水上工程外的全部项目。该项目于2009年12月15日开工，2台机组计划分别于2012年7月30日和2012年10月30日移交生产。

工程建设中，东电一公司周密组织与策划，精心施工，相关部门积极配合，狠抓过程控制，确保工程建设安全、优质、如期。该工程于4月11日一天内实现三大工期节点。2#锅炉水压试验于4月11日14时20分结束，2#发电子定子于4月11日15时36分吊装就位，厂用电受电于4月11日17时40分送至6KV配电装置。其中2#锅炉水压试验在通过菲律宾当地劳动局、GNPOWER美方业主、ASME认证工程师联合验收后，于4月11日14时20分结束，本次水压试验滴水不漏，一次成功。

中国工程机械总出口菲律宾等东盟10国加重

近几年，东盟10国逐渐摆脱金融危机的阴影，经济发展迅猛，与中国贸易实现了零关税。中国出口工程机械产品技术水平比较适合东盟10国市场。据中国海关统计，2011年我国工程机械出口排名前20位的国家和地区中，东盟具有6席，占中国工程机械总出口的14.7%.

近年来，中国对东盟工程机械出口量的不断攀升，主要还得益于中国－东盟自贸区的建立。据记者了解，两年来，中国－东盟自贸区内90%的产品逐渐实现零关税，节省的关税直接提升了中国工程机械产品的国际竞争力，而随着中国－东盟自贸区的逐步完善，出口东盟跟在国内做生意一样。众多有远见的企业纷纷开拓东盟市场。

随着中国和东盟国家的基础设施建设的加大，工程机械类产品需求量大幅增加，东盟市场已经成为工程机械企业战略必争地。经过近几十年的发展，“中国制造”

产品质量、性能大幅提高，部分产品质量可与德、美、日相媲美，价格却便宜很多。东盟国家每年都要从中国进口大量机械类产品，作为东盟的老邻居，东盟国家更愿意跟中国做生意，我国工程机械产业正面临着千载难逢的发展机遇。

中国瑞林独立对外总承包的菲律宾联合熔炼与精炼公司电除雾项目进展顺利

由中国瑞林独立对外总承包的菲律宾联合熔炼与精炼公司（PASAR）电除雾项目进展顺利。前六台的大部分货物已运抵现场并正在现场紧张地进行施工安装，剩余部分已从上海港发运，即将运抵现场；后两台设备已于2012年6月15日发运。

目前中国瑞林派往PASAR现场工作的管理及施工人员已达25人，本月底还将继续派出人员奔赴现场工作，估计高峰期在现场工作的人员将超过40人。根据公司要求，项目经理部全体员工充分发挥主观能动性，不分昼夜加班加点地积极开展工作，各项工作正有条不紊地交叉进行，力争项目早日建成交付业主使用。

菲律宾劳工就业部修订“工程承包和转包管理办法及指导意见”以保护工人权益

据菲律宾《商业世界报》2011年11月21日报道，菲劳工就业部（DoLE）长罗莎琳达·巴尔多斯上周日称，DoLE修订了“工程承包和转包管理办法及指导意见”，新办法的主要变化是设置了针对承包商达300万比索投入资本的门槛，达不到该要求的承包商将不能在DoLE注册。罗称，该资本门槛是根据菲律宾次级承包商协会以及其他雇主和劳动者团体的共识设置的，原则上要求承包商的资本应能支付工程支出，以此保障支付工人工资。此外，新办法禁止雇主和劳动者签订有效期5个月以内的合同。根据菲劳动法，雇员在公司中任职6个月后，将自动获得普通员工地位，并享受公司福利。

二、菲律宾劳资制度

菲律宾宪法规定，工人有权由工会代表其集体进行劳资谈判。菲律宾劳动法也有条款规定，为了解决劳资纠纷，鼓励和保护这种谈判，包括仲裁和调解手段。谈判完成后，双方将形成劳资谈判协议（Collective Bargaining Agreement）。截止2009年，菲律宾登记在案的劳资谈判协议有274个，主要为两种类型，即经济性和非经济性协议。经济性劳资谈判协议直接与工人的工资和福利有关，非经济性劳资谈判协议则涉及工会权益和各种非现金待遇。了解这些劳资制度对来菲投资无疑是非常必要的。

1. 经济性劳资谈判协议

（1）涨工资

在274劳资谈判协议中，有214个（占78.1%）涉及涨工资问题，包括增加基本工资和日薪和月薪。

a. 增加日薪。最低日薪增加量随行业变化较大，范围在3-37比索（制造业与水、电、气供给），最大日薪增加量固定在35-461.54比索（房地产、租赁、商业活动与制造业）。

b. 增加月薪。最低月薪增加量随行业变化较大，范围在30-3600比索（储、运、通讯与房地产、租赁、商业活动），最大月薪增加量固定在1000-10000比索（饭店、餐饮与制造业）。

c. 增加基本工资。要求增加基本工资的谈判比增加日薪和月薪相对要少。从行业来看，制造业仅要求增资4%，而水、电、气供给业要求增资100%。

（2）福利待遇

a. 医疗。包括协助住院、医疗费、医药报销和健康基金（见附表1）。

b. 死亡抚恤。包括雇员及其家庭成员死亡的抚恤金和丧葬费。

c. 生育。对女性工人提供的生育福利包括顺产补贴、剖腹产补贴、流产补贴、在家生产补贴，对男性工人仅提供父亲补贴。

d. 一次性福利。制造业中有10个一次性福利劳资谈判协议，金额在2500-83,000比索不等。

e. 贷款。贷款福利旨在解决工人的家庭经济困难。紧急贷款是最普遍的方式，每个工人可贷款的数目在2000-50万比索。教育贷款的数目在1000-30万比索。劳资谈判协议中还包含灾难贷款（贷款数目在5000-50万比索）、预发工资（500-2万比索）、工资贷款（1000-5万比索）等形式。

2. 非经济性劳资谈判协议

（1）工会权益。

在274个劳资谈判协议中，有258个（占94.2%）涉及工会权益；其中，79.6%的协议中包含工会权益条款。最重要的条款是，工会可发展会员，工人可把加入工会作为继续留在公司工作的条件。有些条款则确保了工人自我管理和集体进行劳资谈判的权利。

（2）就业权益。

尽管菲律宾宪法确保了工人就业的权益，但50.4%的劳资谈判协议包含解雇的条款，即雇主如有合理的理由可解雇工人。这些理由包括：重组、被并购、联营、解散、技术变革、亏损、衰退，以及无法控制的因素导致企业不能正常运作。劳资谈判协议还规定了工人填补空缺职位的权益，一是对在职工人的提拔，二是退休雇员的亲属如符合资格可优先录用，三是解雇人员的重新雇用。一些协议还规定，工人有权参加技能培训，工会推荐的工人可优先考虑填补空缺。

（3）工会特权 。

工会最大的特权是准假，使得工人们可以离厂参加工会组织的相应活动。其他特权包括：获得信息的权利，协助组织劳动节庆祝活动（需经费支持和发放T恤衫）。

（4）休假待遇。

大部分劳资谈判协议规定，工人有休假的权利，包括工休假、病假、工会准假、婚假和产假。一些协议还允许工人因葬礼、生日和紧急事项请假。

（5）医疗待遇。

相当多的劳资谈判协议规定，为工人提供如下医疗待遇：牙科服务，每年体检，住院协助。一些协议规定提供医疗费，眼科服务，医药报销等。

（6）离职待遇。

劳动法规定，若雇员达到退休年龄，可考虑退休。一些劳资谈判协议规定，退休人员可享受退休待遇，自行辞职人员也应享受相应待遇。

（7）健康促进计划。

雇主为雇员提供的健康促进计划包括：举办计划生育讲座，举办健康和安全教育，购买事故和人寿保险，工人技能培训。

（8）补充待遇。

一些劳资谈判协议还规定，雇主为雇员发放制装费、忠诚奖励、圣诞节礼包等。

印度尼西亚（印尼）

一、中国对印尼投资持续增长

2011年中国在印尼的投资约10亿美元，截至目前，中国向印尼投资总额约280亿美元，约占印尼外国直接投资（601亿美元）的0.5%。中国对印尼的投资，主要集中在基础设施、资源、电信、制造业和制药业领域。在基础设施领域，主要投资发电站、水坝、桥梁、煤炭铁道工程和炼油厂等的建设。中国驻印尼大使刘建超表示，因中国企业在最近10年内才开始走出去，扩展海外业务，目前中国向印尼的直接投资还在初始阶段，未来将继续加大对印尼投资。

二、印尼基础设施发展情况分析

在经历了20世纪90年代末的金融和社会危机后，目前印尼的政治和经济面貌发生了重大变化，逐渐走上了稳定发展的道路。过去几年来，印尼年均经济增长率超过5%，2009年在全球金融危机影响下，经济增长仍达到4.5%，2010年为6.1%，2011年经济增长达6.5%，在东南亚地区增长最快。在墨西哥洛斯卡沃斯举办的二十国集团（G20）领导人第七次峰会上，有关印尼补贴、投资环境和基础设施等问题受到G20成员国关注。虽然印尼政府大力推动基础设施建设，但基础设施落后问题一直困扰印尼政府，并成为影响其国际竞争力的重要因素。

1. 基础设施建设情况

虽然印尼政府提出着力打造贯穿印尼全境的六大“经济走廊”，建设总额达2000亿美元的电力、交通等基础设施工程项目计划，目前印尼基础设施比其他发展中国家仍较落后。最近7年中，印尼基础设施方面的投入少于国民生产总值（GNP）的4%，使印尼基础设施建设仍较其他东盟国家落后。一般情况下，国家基础设施投入经费应为GNP的5%左右，根据世界银行的调查报告，亚太国家的基础设施建设经费平均达GNP的7.2%，而2012年印尼的基础设施建设经费只占GNP的3.9%-4%，2013年也只占4.4%-4.5%。基础设施建设在印尼无法获得较多的财政支持，主要由于其他项目占用大部分的支出经费。其中教育经费占国家支出预算的20%，特别津贴占支出预算的比例也较高。

目前印尼的基础设施主要由中央政府建设，其次为私营企业、地方政府和国营企业。虽然印尼中央政府兴建基础设施占大部分，但实际拨付建设基础设施的经费却仍较少，2005-2012年印尼中央政府基础设施建设经费只占国民生产总值的1.5%。而私营企业在印尼建设基础设施的比例约2%，仅为其他亚太地区私企基础设施建设比重（20%）的十分之一。

2. 影响国际竞争力

目前，基础设施落后已经成为印尼经济发展的最大障碍。印尼缺乏道路、港口和发电站等基础设施，无法适应经济增长需要。由于印尼的道路和港口现状仍较落后，使商品的运输成本增加（印尼企业平均运输成本要占其总收入的30%），以至于商品在国内的成本高于直接进口。例如，中国的橙子、大蒜和澳大利亚的牛肉等都比本土产品便宜。印尼的最东部省份巴布亚的水泥售价是爪哇岛的10倍。作为全球最大能源生产国之一，印尼目前至少有5000万人没用上电，在首都雅加达的900万人口中，约一半人没有用上自来水。2004-2009年，印尼建成的高速公路只有125千米，新建高速公路项目进展缓慢，已有公路网络也快速老化，国内一半的公路亟待维修。印尼的港口目前也已处于饱和状态，据估计，未来7年，印尼最大的货运港丹绒布碌港的集装箱吞吐量至少需要增加两倍才能满足进出口贸易发展的需要。很多跨国公司希望进军这个东南亚规模最大、发展最快的消费市场，但落后的港口、频繁的停电以及糟糕的道路，让许多公司望而却步。虽然2011年的外商投资总额达到近200亿美元，但仍只是苏哈托执政时期最高水平的一半。

2009-2010年印尼竞争力在全球142个国家中位于第54名，2010-2011年位于第44名，但2011-2012年又下滑至46名。基础设施已成为制约印尼经济增长的最大瓶颈之一，既使印尼国际竞争力下滑，也直接影响国内外投资者投资意愿。专家分析认为，若无法改善基础设施发展水平，今后几年印尼要实现年均经济增长6.5-7%的目标将十分困难。

3. 外资和私营企业参与机会多

根据印尼政府有关数据，从2010-2014年印尼基础设施建设共需1400万亿印尼盾（约合1489.6亿美元）的资金投入，但印尼政府只能提供约420万亿印尼盾（约合446.9亿美元）或30%的经费，为此印尼政府十分希望外资和本国私营企业参与投资基础设施。根据印尼《2011-2025年经济发展总体规划》，到2014年印尼基础设施共需4000万亿印尼盾（约合4256亿美元）的资金投入，其中印尼国家预算将提供755万亿印尼盾（约合803亿美元），印尼国营企业将提供900万亿印尼盾（约合958亿美元），其余2300多万亿印尼盾（约合2447亿美元）将从国外和本国私营企业获得支持，这就为外资与私企企业提供了投资的空间与机会。此外，印尼政府正努力为私营企业投资创造各种有利条件并建立合理的法律框架，同时进一步加强宏观经济调控，包括调整税率及投资政策等。

受全球金融危机的影响，印尼国内经济仍处于复苏阶段，在基础设施建设领域具有很大需求，是我在东南亚地区开展承包工程业务最大的潜在市场。随着近年来中印尼两国关系和经贸关系的持续发展，特别是我向印尼提供28亿美元优惠出口买方信贷的落实和有关项目的确定，双方在包括承包工程在内的基础设施领域合作面临着难得的发展机遇。

三、工程承包与劳务

中国华电集团在巴厘岛投资修建燃煤电厂

由中国华电集团公司（简称中国华电）投资修建的印度尼西亚巴厘岛一期燃煤电厂项目2012年8月28日举行开工奠基仪式，标志着中国与印尼在能源和基础设施建设领域的合作得到进一步深化。印尼巴厘岛一期燃煤电厂项目总投资额为6.3亿美元，总装机容量3×142兆瓦，位于巴厘岛北部，中国华电作为投资商和总承包商将控股运营30年。项目计划于2014年上半年建成，届时将是巴厘岛单机容量和总装机容量最大的火力发电厂，彻底改变巴厘岛目前依赖爪哇岛供电和燃油发电的现状。

中国驻印尼使馆公使衔参赞刘全表示，中国政府和相关金融机构已累计向印尼提供超过70亿美元的资金用于支持印尼的电力和基础设施建设，此次华电巴厘岛电厂项目顺利启动，是中国企业加强对印尼投资及基础设施领域合作的又一例证，电厂建成后将极大改善当地电网供应，促进当地经济发展，造福当地人民，将成为中国和印尼在基础设施领域深入合作的又一项重要成果。中国华电集团副总经理邓建玲在当天的仪式上说，华电非常重视开拓全球发电市场，愿意将华电的专业能力和印尼人民分享，为印尼提供先进的发电技术，巴厘岛一期燃煤电厂将使用高效的清洁燃煤技术，电厂建成后可以改善当地电网供电紧张的状况，提高岛内电网的稳定性。印尼国家电力公司代表表示，印尼基础设施缺乏，特别是电力供给能力亟待提高，大量中国企业的投资对印尼基础设施的建设和发展非常重要。

中国镍资源公司将在印尼建设综合钢铁冶炼厂

2012 年 6 月 29 日，印尼能矿部部长杰洛在记者会上透露，中国镍资源控股有限公司将和印尼企业 PT Jhonlin 合资，在印尼南加里曼丹省建设钢铁综合冶炼厂。据介绍，这家名为 PT Batulicin Steel 的钢铁冶炼厂项目总投资 21 亿美元，其中首期投资金额为 6 亿美元，将于今年 7 月动工，预计于 2014 年建成，建成后年产钢板和钢坯 100 万吨，镍铁 60 万吨。

我数家大型企业拟投资印尼冶炼业

据印尼媒体 2012 年 6 月 21 日报道，中国保利能源控股公司、中国镍资源控股公司、青山钢铁集团等数家企业拟投资印尼冶炼业。其中，中国保利能源控股公司将在加里曼丹建立镍矿冶炼厂，并同时配套 3000 兆瓦发电站。中国镍资源控股公司将投资 18 亿美元在南加里曼丹建立年产 100 万吨铁锭和 60 万吨镍铁合金的冶炼厂，该项目将于今年 7 月 4 日开工，中方控股 61%。青山钢铁集团控股 55% 的印尼鼎信投资集团印尼分公司拥有 450 平方公里的镍矿矿区，将在苏拉威西矿区投资 3 亿美元建设的年产 35 万吨镍铁合金的冶炼厂已开工建设。

此前，印尼政府出台系列政策限制原矿出口，并鼓励国内外企业在印尼投资兴建冶炼厂。

上海青叶能源公司拟在印尼南苏投资矿业和电站

据《印度尼西亚商报》2012 年 1 月 16 日报道，中国矿业公司承诺，为支持南苏拉威西的发电站和矿业将投资 9 兆盾。

中国上海青叶能源公司（Qing Ye Energy Co Ltd）董事长纪志民（译音 Zhiming Ji）南苏省长夏赫鲁 •亚辛 •林波（Syahrul Yasin Limpo）在锡江（Makassar）阐明了该事宜。

在锡江前市长马立克 •玛斯利（Malik B Masri）倡导的会议上，出席者有中国国营企业代表。他们是中国国营企业经理，已准备 9 兆盾在这里（南苏）投资。

马立克说，如果获得采矿许可证，则该中国国营企业将在南苏省兴建发电站。“他们在 Malili（东 Luwu）需要 1 万公顷的土地为镍、镁和铁砂加工，当然是在国际镍业公司（Inco）范围之外。”

他补充说，为该需要投资者持续与南苏省政府及东 Luwu 县政府洽谈。“如果获得许可证，他们将投资直至 Wajo 县。”

此外，该中国企业准备在 Enrekang 县的 Butu Batu 兴建总值 3.4 兆盾的水力发电站。

马立克说，已经讨论在 Enrekang 兴建能发电 2×100 兆瓦的水力发电站，也已获得国营电力公司（PLN）当时的总经理余世甘（Dahlan Iskan）赞同，如果该计划落实，则水力发电站将在南苏 Enrekang 县兴建。“该发电站作为中国政府对南苏地方政府和我国政府的贡献。”

对该事宜，南苏省长要求投资者能帮助地方政府，在该地区兴建基础设施。

中国企业有望承建印尼万隆兴建单轨电车和地铁工程

2012 年 8 月 28 日，在印尼经济统筹部部长哈达和万隆市长达达见证下，中国机械进出口公司和印尼庞贺佳集团（PanghegarGroup）签署协议，在万隆兴建单轨电车和地铁综合运输工程，即从北部的达果（Dago）通过万隆市中心阿伦阿伦广场直达梭列昂市，另一线是从芝玛墟通过苏加诺哈达环城公路直达查帝囊俄，该项目第一期投资为 4 万亿印尼盾（约合 4.2 亿美元）。庞贺佳集团副经理佐科表示，万隆的地铁工程目前还在预可行性研究阶段，希望能在今年 11 月完成可行性研究报告，并在年底开始招标。据他介绍，首期项目可行性研究经费约 1000 亿印尼盾（约合 1049 万美元），由地方政府和私营企业共同承担。西爪哇省地方投资协调机构主任古斯蒂亚补充说，万隆地铁工程由西爪哇省地方政府与庞贺佳集团及中国机械进出口集团（CMC）合作建设，中方将提供地铁设计、建造、运营等方面科技。目前双方企业正着手可行性研究工作。

印尼明年国家预算将增加基础设施经费

印尼财政部部长阿古斯 2012 年 7 月 26 日称，印尼总统苏希洛将于 8 月 15 日宣布 2013 年国家预算草案。他表示，为确保 2013 年全年经济增长 6.8%-7.2% 的目标，印尼政府将扩大 2013 年财政预算规模，并提高用于基础设施建设的预算资金和拨款比例。此外，2012 年预算余额（30 万亿印尼盾）中的 24 万亿印尼盾（约合 25.3 亿美元）将用于加快基础设施的发展。

印尼在 2012 年印尼基础设施国际会议上公布 33 省基建工程

印尼经济统筹部副部长 2012 年 7 月 23 日表示，为提高和改善全国各地的基础设施、顺利落实加速与扩大国家经济建设总体规划（MP3EI），印尼经济统筹部、计划发展部、投资协调署和工商总会将联合2012年于8月28日至30日在雅加达举办2012年印尼基础设施国际会议（II-ICE），届时印尼政府将向国内外投资者公布33省的各项基础设施建设工程项目。

这些项目包括，贯通苏门答腊岛铁道线（工程预算约65万亿盾，约合70亿美元），斯里维查雅肥料公司生产线（18万亿盾）、德鲁巴尤（TelukBayur）港口扩建工程（1.7万亿盾）、廖内省杜利（Duri）发电站（9175亿盾）、棉兰－库瓦拉纳穆（Kualanamu）－丁宜（TebingTinggi）高速公路（5.8万亿盾）、爪哇岛ArgoCahaya高速子弹火车工程（240万亿盾）、雅加达市区 6条高速公路建设（47.7万亿盾）、爪哇双轨铁道线（9.8万亿盾）、芝甘贝（Cikampek）－巴里曼安（Pali-manan）高速公路（9.6万亿盾），西爪省科达查迪（Kertajati）机场工程（8.2万亿盾）、丹绒普禄港口扩建工程（6.5万亿盾）。

他还表示，届时政府将重点介绍连接爪哇岛和苏门答腊岛全长27.5公里的巽达海峡大桥工程，桥上将有六条车行道和一条双向铁道线，工程总造价150万亿盾（约合160亿美元）。

印尼计划2012年使用中国优买贷款落实多项基建工程

据印尼公共工程部2012年4月4日官方消息：按照基础设施建设计划，公共工程部将于2012年使用8.15万亿盾外国贷款用于基础设施建设，其中4项大型基础设施工程将于年内开建，建设资金4月前份到位，总价为4.8亿美元，其中3项工程建设资金主要来源于中国政府提供的优惠出口买方信贷。

这四项基建工程分别是，西加省Tayan大桥工程，价值约为 9300万美元；西爪省芝冷易（Cileunyi）－双木丹（Sumedang）－达乌安（Dawuan）高速公路工程，价值约1亿美元；苏北省棉兰－库瓦拉纳穆（Kualanamu）高速公路工程，价值约为 1.37亿美元。上述3项工程的投资金共达3.3亿美元，由中国政府提供的优买贷款支持。另一项目为13条河流疏浚工程，价值约1.5亿美元，由世界银行贷款支持。

公共工程部对外合作计划局主任陶菲克（Taufik Widjayanto）表示，上述4项共值4.8亿美元的工程全都会在年内落实，资金也将最迟在4月份落实。他进一步表示，其中前3项工程所需的中方贷款早在去年就已经准备好，但因征地问题展延至今年给予落实。

印尼龙湾火电项目一号机组举行移交仪式

2011年12月29日，由东方电气股份有限公司和山东电建二公司联合承建的印尼龙湾火电项目一号机组在万丹省举行移交仪式。自此，一号机组将正式交由业主印尼国家电力公司运营，从而进入商业运行阶段。

龙湾火电项目是印尼第一批10,000MW电力项目之一。除了当天移交的一号机组外，二号机组8月份已并网发电，目前正处于30天可靠性运行阶段，三号机组在12月22日已并网发电。其中，一号机组的性能试验初步结果已提交业主，成绩优异，得到业主印尼国家电力公司的好评。龙湾火电项目的竣工将一定程度上缓解雅加达周边地区的供电紧张状况。

中方企业在印尼施工期间，深化对印尼市场的考察与研究，加强对当地分包队伍的交流沟通，为当地培训出一批信誉好、质量可靠的专业队伍，为进一步在印尼发展积累了经验。中方企业项目负责人表示看好在印尼投资基础设施建设的前景，正在筹划在印尼投建新的项目。

当天同时移交的还有中国技术进出口总公司的Suralaya 1×625MW项目。

中国华电集团投资印尼15.9亿美元建坑口电站

据印尼《国际日报》2011年12月22日报道，中国华电集团（CHD）联合印尼国营乌吉亚森煤炭公司（PTBA）所组成的财团，在公开竞标中赢得中班科（Banko Tengah）矿井电站工程，这项工程的电机装容量为2X62万千瓦，投资金为15.9亿美元。

乌吉亚森公司企业秘书苏达托（Achmad Sudarto）周三在雅加达所召开的记者会上说："本公司在承建这项工程时，与中国华电集团共同合作。我们共组的财团已在本月8日获得国营电力公司战略供应经理所发出的建设该电站工程的意向书。"

乌吉亚森公司在合组财团中所占据的股份为 45%，而中国华电集团持有55%股权成为最大股东。苏达托说："我们所占股份虽然更小，但全部的15.9亿美元资金将由中方所供应，并且不需要印尼政府的任何保证。"

苏达托说："乌吉亚森公司的责任是这项电站工程建竣投产后，每年必须能供应540万吨的4200 kcal/kg高卡路里煤炭。这对本公司极有好处，因为我们建设的是煤炭矿井电站。"

乌吉亚森公司与华电集团合建的上述电站将在2012

年底进入实体建筑阶段，预计能在2016年6月份之前完成第一座发电厂，接着将在同年 9月份建竣所有的工程，达到2X62万千瓦电力的生产量。

印尼通过征地法案加速基建吸引外资

据新加坡《联合早报》2011年12月17日雅加达综合电报道，印度尼西亚国会昨天通过了一个业界期待已久的法案，允许政府征用土地开发公共项目，从而加速基础建设的发展，吸引外资。

印尼国会议员达雅特莫发表声明说：“这个土地征用法令将对印尼有利，我们现在能顺利地进行各项基础建设的发展项目。此外，法令也保障受土地征用影响者的权益。”

印尼总统尤多约诺在30天内签署后，法案将立即生效。

新法令将给予政府征用私人土地的权力以开发公共项目，例如兴建道路、铁路、港口、机场和电力站。受影响的私人地主将获得一笔赔偿金。

据了解，印尼政府计划在2014年之前全面整顿基建，预料需要4400亿美元（约5730亿新元）的资金，其中90%将来自私人投资。可是，由于征用土地常遇阻力，因此这项计划至今都无法展开。

根据新法令，受影响的地主必须在30天内解决所有索赔问题，这是为了确保开发项目能够顺利进行。

近年来的调查都显示，印尼吸引外资的主要障碍是基础建设落后。

针对印尼政府的新土地征用法令，雅加达的经济学家瓦尔达纳说：“这对参与基础设施开发项目的投资者来说是个好的消息。我们能在2013年起看到（新法令）为印尼经济带来的显著效益。”

印尼最大的收费公路经营公司Jasa Marga表示，新法令生效后，该公司将加快其收费公路的建设计划。该公司的秘书奥克说：“我们的计划是兴建9条收费公路，总长215公里。但由于面对土地征用的问题，我们到目前为止只建了20公里。”

彭博社的报道指出，印尼在尤多约诺首五年的任期内兴建的收费公路总共只有125公里。相比之下，中国单在2009年所兴建的收费公路，总长达到4719公里。

中加运煤铁道线工程明年招标

据印尼《国际日报》2011年11月29日报道，中加省运煤铁道线工程将连接该省境内的普碌库查弗（PrukuCahu）与庞光（Bangkuang）两县区，目前这项工程已获得印尼基建保证公司（PII）多达25亿美元的保证。

印尼基建保证公司副董事长阿迪达（AditaIrawati）周一在雅加达表示，上述保证将载入有关企业在本周所签署的合作备忘录之中。他说：“这项工程收集各项资料的进程良好，最迟也会在明年进入招标的阶段。”

阿迪达说：“即将签署的备忘录将成为我们提供保证的证据，当有关的工程进入招标的阶段时，也将使承包商更具信心。”

在2012年获得印尼基建保证公司提供保证的公私合伙方式基础设施工程至少有10项，除了连接普碌库查弗与庞光两县的运煤铁道线之外，还有中爪洁净煤发电站、巴厘丹纳安波（TanahAmpo）游艇港口，雅加达机场－芒卡莱（Manggarai）客运铁道线，楠榜外瑟甘邦（WaySekampung）净水生产，苏北省 棉 兰 －库 瓦 拉 纳 穆（Kualanamu）－丁宜（TebingTinggi）高速公路，东爪省翁布兰（Umbulan）净水生产等工程。

印尼政府承诺将为基础设施投资者创造更好投资环境

2012年8月30日，印尼政府主管经济事务的统筹部长哈达在雅加达出席2012年印尼基础设施大会暨展览会时，介绍了印尼政府为推动基础设施建设，拟采取的几项鼓励投资者投资基础设施的政策措施。一是修改和修订30多项不利于商业环境的政策，致力于制定商业友好型规章制度，以增加投资者信心，近期将以总统令方式发布有关土地征求的实施办法，进一步缩短征用基础设施用地时间，简化有关手续，使重大基础设施项目尽快得到落实。二是制订差别性的优惠性政策，鼓励投资者在印尼欠发达地区投资建设基础设施，特别是对私营企业投资落后地区建设项目，将提供更加优惠的财政税收政策。三是加快推动“六大经济走廊”建设，近期将重点通过公私合营（PPP）方式推动总额为3000万亿印尼盾（约合3143亿美元）、近300项重大基础设施项目建设。

中国化学获签约7亿美元印尼燃煤电站承包合同

中国化学2012年6月15日晚称，全资子公司中国成达工程有限公司获签印尼燃煤电站承包合同，合同总金额约7亿美元，折合人民币44.58亿元，相当于公司2011年营业收入的10.24%。

此次交易对象为印尼PT Sumber Segara Primadaya

公司，获签项目为 CILACAP 二期 1x660MW 燃煤电站项目工程承包合同。

中国电建总承包的印尼苏拉威西电厂 2 号机并网发电

2012 年 6 月 4 日，由中国电建集团所属湖北宏源电力工程股份有限公司总承包、湖北电建二公司承建的印尼苏拉威西电厂项目 #2 机组成功并网发电。

印尼苏拉威西 2×50MW 火电项目位于印尼南苏拉威西岛，是印尼第一期电力发展计划 35 座中的一座，建成之后将是苏拉威西岛上最大的电站。电厂建设规模为 2×220T/H 循环硫化床锅炉 +2×50MW 高温高压凝气式汽轮机发电机组，工程业主为印尼国家电力公司。该项目是湖北宏源公司以 EPC 总承包形式承接的第一个海外工程，合同总额 74597 万元人民币。工程于 2009 年开工，2011 年底第一台机组按目标计划并网发电。2 号机组成功实现并网，标志着该项目的建设进入最后冲刺阶段，即将全面竣工，也为今后承建国外项目积累了宝贵的经验，为参与国际市场竞争打下了基础。

印尼苏拉威西电厂项目，可以满足印度尼西亚南苏拉维西地区的工业和公用用电需求，对印尼政府减少石油消耗，加快开发印尼储量丰富的煤炭资源，加快电力部门的发展，有着重要意义。

中国神雾集团承建印尼 2 座大型镍铁处理厂

中国神雾环境能源科技集团和印度尼西亚合作伙伴共同修建的两座镍铁处理厂项目分别于 2012 年 7 月 30 日和 31 日在印尼首都雅加达启动，标志着中国与印尼能源矿业领域的合作得到进一步的深化。

神雾集团代表邓福海在项目开工会上说，这两个项目均采用中国自主知识产权的新工艺冶炼技术，由中国企业设计、制造、建设。该项目具有环保、节能、自动化控制水平高，生产成本低，投资回报快等优点，符合印尼国情，为印尼红土镍矿资源的高效开发利用、可持续开发利用打下基础。

泰 国

一、承包工程与投资

承包工程 泰国是我国在东南亚的重要承包工程市场之一。据我商务部统计，2010 年我企业在泰签约承包工程合同总额 7.3 亿美元，完成营业额 4.6 亿美元。截至 2010 年底，我企业在泰累计签订承包工程合同总额 71.4 亿美元，完成营业额 44.2 亿美元。

相互投资 据我国商务部统计，2010 年泰国对华投资项目 40 个，合同外资额 2.9 亿美元，同比下降 1.3%，实际投资额 5134 万美元，同比增长 5.5%。截至 2010 年底，泰对华投资项目共 4015 个，合同外资额 98 亿美元，实际投资额 32.9 亿美元，如表 3-1-6 所示。

表 3-1-6 2000 年以来泰在华投资情况简表 单位：万美元

年 份	项目数	增幅 %	实际金额	增幅 %
2000	130	9.24	20357	37.25
2001	140	7.69	19421	-4.6
2002	161	15	18772	-3.34
2003	194	20.5	17352	-7.56
2004	162	-16.49	17868	2.97
2005	147	-9.26	9590	-46.33
2006	108	-26.53	14860	54.95
2007	79	-26.85	8948	-39.78
2008	56	-29.11	12921	44.4
2009	48	-14.29	4866	-62.34
2010	40	-16.7	5134	5.5

数据来源：中国商务部

2010年我企业对泰投资连续两年超过泰对华实际投资额。据我商务部统计，2010年我企业对泰非金融类投资2.2亿美元，增长382.6%；截至2010年底我对泰非金融类投资累计金额为6.5亿美元。

泰国内阁批准3000亿泰铢推行全国治水工程

泰国科技部长巴波硕昨天2012年7月3日透露，内阁批准划拨3000亿铢，投入实施全国大型水利整治及管理工程，覆盖国内14个大流域的治水计划，并将面向国际招标寻求工程顾问公司。

波巴硕表示，内阁决定向国内外专业公司公开招标，以做为政府对国内水利资源与防灾减灾的长远规划项目的顾问公司，这些项目将具体分为14个计划，其中8个项目是用于湄南河流域系统的水利整治工程，另外6个项目是对于国内其他大型流域的整治工程，所有工程都将在明年初动工。

此外，内阁还批准科技部牵头开展对台风影响的监测、防范森林火灾、工业园区防污染等项目。但此次内阁会议并没有马上同意科技部此前申请支取的2亿铢科研资金，只表示还需要综合各项资料来进行详细审议。

国务院发言人察立腊昨天透露，颖拉总理昨天主持内阁会议，并要求各部门尽快推进水利整治工程进度，因为仍担心无法在雨季来临前全部完成政府所制定的防灾减灾整体部署，尤其是对水源及河道的疏通清理。

他说，颖拉要求在本月底前完成全部排水河渠清理和预留接纳过剩积水空地，下月底前必须完成蓄水区域的整治工程。察立腊表示，此次内阁会议并没有讨论有关宪庭要求证人在本月5-6日提供证词的事情。

国机集团1.02亿美元承建泰国环保项目

2012年7月18日，国机集团所属中国电力工程有限公司签署了泰国TPI PP 60MW垃圾焚烧和30MW水泥窑余热电站项目EPC总承包合同，合同金额1.02亿美元。该项目作为世界上首座垃圾焚烧与水泥窑余热相结合的节能环保发电站，是单机出力最大的垃圾焚烧电站和水泥窑余热电站，也是中国电工在垃圾焚烧和水泥窑余热发电领域的第一个EPC项目。

该项目主要由分捡垃圾焚烧发电和水泥窑余热(WHR)发电两部分组成：垃圾焚烧发电配置2台130t/h循环流化床锅炉和1台60MW汽轮发电机，水泥窑余热发电配置2台余热锅炉和1台30MW汽轮发电机。该项目实施后，将减少当地垃圾填埋占用土地，实现垃圾燃烧灰渣在水泥生产中综合利用，充分回收利用水泥生产工艺中产生的废热，对泰国当地的节能环保产生深远的意义。

该项目在技术上将实现首台130t/h燃烧分拣垃圾和废旧轮胎的循环流化床锅炉；首次将垃圾焚烧锅炉和水泥窑余热锅炉的系统结合，实现单条10000t/d水泥窑的余热发电出力达到30MW等多项突破。

二、泰国劳动保护简介（2011年版）

泰国劳动法规对各类企业的劳工管理都有直接的指导作用。投资者在确定其所在行业的适用法律时应寻求适当的咨询。

1. 劳动保护法

泰国劳动保护法于1998年8月开始实施。该法适用于所有雇用至少一名雇员的企业。该法规定，违法雇主将受到5，000至20万泰铢的罚款和一年以下的监禁。应当说明的是，家庭雇工（保姆）未包含在劳动保护法定义的“雇员”范围之内，因此不适用该法。其他所有类型的雇员，不管是全时工、半时工、季节工、临时工或合同工都适用该法。劳动保护法的重要保护内容有：

工作时间和休假日：非危险性工作每天工作时间不超过八小时，或每周合计不超过48 小时。危险性工作每天工作时间应不超过七小时，或每周不超过42 小时。雇员有权享受每年不少于13 天的法定节假日，连续工作满一年的雇员有权享受每年至少六天的年休假。女性雇员有权享受90天的产假（含节假日），但带薪假期不超过45天。

所有雇员每天连续工作五小时后均应有至少一小时的休息时间。雇主和雇员可根据需要安排每次休息时间少于一小时，但每天总共休息时间不得少于一小时。在每周工作六天的情况下，雇员每周必须至少休息一天。

对于超过法定或特别协议规定（若后者较少）的最高工作量或工作时数的工作，雇主必须正常工资的一点五倍到三倍的超时工资。每周超时工作时间不超过36小时。

最低年龄限制：允许雇用的雇员最低年龄为15 周岁，禁止未满18 周岁的雇员从事危险性工作、超时工作、在休假日工作或在晚上10点到早上6点之间工作（对于怀孕的雇员也是如此）。

病假：雇员在患病时可享有必要和足够的病假，但每年带薪病假不超过30天。

解雇费：被解雇的雇员可获得相应的解雇费：工作

满 120 天但不足一年为 30 天工资，工作满一年但不足三年为 90 天工资；工作满三年但不足六年为六个月工资，工作满六年但不足十年为八个月工资，工作超过十年为十个月工资。

终止雇佣：该法律列出了终止雇佣的条件，并规定了因未遵循正确的法律程序而造成的不公平做法和不公平解雇的处置条款。雇员协会和工会必须在劳动部登记并取得许可证方可进行活动。劳动法庭专门处理劳动关系纠纷。

雇员福利基金：雇佣至少十名雇员的公司若未设退休准备基金，应设立由雇主和雇员共同缴纳的雇员福利基金，用于补偿辞职或被解雇或雇用期间死亡的雇员。

补助抚恤基金：补助抚恤基金法规定雇主必须按照法律规定的比率向因工作受伤、致病或死亡的雇员提供必要的补助抚恤。补助抚恤分为补助抚恤金、医药费、再就业费和丧葬费四类，根据轻重程度按法律规定的标准和比率给付：

补助抚恤金

按雇员月薪的 60% 逐月支付，最低限额 2，000 泰铢，最高不逾 9，000 泰铢。

医药费

一般工伤支付不超过 35，000 泰铢，严重工伤支付不超过 50，000 泰铢。

再就业费

按照法律规定的标准和比率支付必要的金额，但不超过 20，000 泰铢。

丧葬费

应支付的最高限额相当于按法定最低日工资的 100 倍。

2. 其他法规

最低工资标准：法律为农民之外的所有雇员规定了最低工资。各府的最低工资标准有所不同。如果雇主未支付工资，要支付所欠数额 15% 的罚金。有可能单处或并处六个月以内的监禁或 / 和不超过 10 万泰铢的罚款，作为刑事处罚。（最低工资标准详情见泰国劳工部所颁布的条例）。

社会保障：社会保障法要求雇用 10 名或以上雇员的雇主每月需从每个职员工资中代扣 5% 用于缴纳社会保障基金。用于计算社会保障基金每月缴纳金额的最高月工资不超过 15，000 泰铢。同时雇主也需按相同比率为雇员缴纳社会保障基金。雇主必须在第二个月的前 15 天内将款项汇缴社会保障办公室。已在社会保障基金登记的雇员在发生非工作原因导致的受伤、患病、残疾或死亡，以及在生育、抚养子女、退休和失业时可享受补助。

规章制度和雇员档案：雇用十名或以上雇员的雇主须以泰文制定书面的规章制度，并在雇员人数量达到或超过十名之日起的 15 天之内，在工作地点公布展示。此外雇用十名或以上雇员的雇主应设有泰文雇员登记册，内有关于工资、超时加班费、节假日加班费的支付等记录。

妇女补偿基金：拥有至少一名雇员的雇主必须向劳动部的妇女补偿基金支付年度捐款。捐款标准取决于商业类型，在各个雇员年工资的 0.2%-2.0% 区间浮动。拥有至少一名雇员的雇主也必须向劳动部的社会保障基金支付月度捐款。捐款的标准相当于每个雇员月工资的 5%。

新加坡

一、中国公民赴新加坡务工如何保护自身权益

1. 关于赴新加坡务工渠道

我国公民一定要通过正规渠道赴新务工，即通过经我国商务主管部门批准、具有对外劳务合作经营资格的公司派出。切忌通过非法中介、朋友、工友、网友或其他个人介绍赴新务工，否则可能面临虚假承诺、高额收费、工资待遇无法保障、提前解雇、中介费无法追回等诸多风险。在出境前，一定要与派出公司签订外派劳务协议，协议中须注明新方中介公司名称、新方雇主名称、工作职责、工作时间、工资待遇、交费金额以及出现问题后如何退费等条款。

具有经营资格的合法公司名单可在我国商务部网站 :www.mofcom.gov.cn 查询（合作司 > 在线查询 > 企业名录）。

2. 关于办理新加坡工作许可

外籍人员赴新加坡工作必须办理相应的工作许可，新加坡的工作许可主要有三类：(1) 就业准证(Employment Pass, EP)，适用于专业人才和管理人员，主要面向受过良好教育，拥有较高文凭，在企业中担任行政、管理、财务等较高职位，月薪在2800新元以上的外籍人员。(2) S 准证（S Pass），适用于中等技术水平外籍工人，拥有大专学历或被认可的技能证书，月薪在2000新元以上。(3) 工作准证（Work Permit, WP），适用于从事体力劳动或低技术工人，月薪低于2000新元。我劳务人员主要通过申请S准证和WP准证赴新务工。

在劳务人员启程赴新前，应持有新加坡人力部颁发的工作许可《原则批准信》（有中文版）。在到新后，应在14天以内办理正式的准证卡，否则批准信将被撤销，劳务人员面临被遣返。

关于《原则批准信》的真伪，劳务人员可到新加坡人力部网站 www.mom.gov.sg 或拨打电话 +65-64385122 查询（有中文讲解）。

3. 关于劳务人员学历问题

劳务人员申请S准证须具备大专学历或被新方认可的技能资格证书，我少数劳务人员因不具备上述条件而自行或被中介公司教唆办理了假文凭，有些劳务人员甚至在毫不知情的情况下由中介公司私自为其办理了假文凭。

按照新加坡规定，在办理工作许可过程中提交虚假材料属违法行为，劳务人员可能面临坐牢、罚款或两者兼施。即使被中介公司蒙蔽而办理了假文凭的劳务人员，新加坡人力部也会要求劳务人员留在新加坡协助调查，劳务人员通常也会因此而无辜蒙受较大损失。因此，劳务人员切忌心存侥幸，以免造成严重后果。

4. 关于劳资纠纷

按照新加坡雇佣法，雇主最迟应在发薪日过后7天内向劳务人员支付当月基本工资，加班费最迟在发薪日过后14天内支付。如果劳务人员每天工作超过8小时或每周工作超过44小时，雇主应按照每小时工资1.5倍支付加班费，加班费需根据工作量综合考虑。劳务人员每周可享有1天的无薪休息日，如果劳务人员在休息日或新加坡公共假日工作，雇主应支付2倍的基本工资。

如雇主拖欠工资或加班费，劳务人员应尽早向新加坡人力部反映情况并寻求协调解决。新加坡人力部只能协助劳务人员追索最多1年的欠薪。如果雇主因经营困难而倒闭，欠薪有可能无法追回。劳务人员在工作期间应注意留存工资单、工时单，以便出现问题时作为协调解决的依据。

5. 关于解除雇佣合同

由于种种原因，劳资双方都有可能在雇佣合同未到期前提出解除合同。双方需按雇佣合同规定提前通知对方，如果合同没有规定通知期，则按以下原则处理：工作期限若少于26周，通知期为1天；工作期限为26周至2年的，通知期为1周。双方解除合约时，雇主可预先扣押劳务人员最后1个月的工资，用于支付劳务人员应缴纳的所得税。雇主应在劳务人员离开新加坡前将剩余工资全额支付。劳务人员如持工作准证（WP），则由雇主为其购买回国机票；如持S准证，则需自行购买回国机票。

如果劳务人员在到达机场时，雇主仍未将所欠工资等全额支付，劳务人员可不登机，直接到新加坡人力部投诉。

6. 关于中介费

a. 中国劳务公司收费：按照我国有关规定，外派劳务经营公司向外派劳务人员的收费金额不能超过劳务人员合同工资总额的12.5%，即一年期的劳务合同收费额为劳务人员一个半月的工资，两年期的合同收费额为三个月的工资，且该收费已包含了应转付给新加坡中介的中介费用。

b. 新加坡劳务中介收费：根据2011年4月1日开始生效的新加坡雇佣中介法，新加坡劳务中介公司只允许按照雇佣合同或工作准证期限（以较短的为准），每年收取劳务人员1个月的工资额作为中介费，且最多只能收取2个月工资额。如果雇主在6个月内提前解除雇佣合同，新方中介必须退还劳务人员50%的中介费。如果劳务人员自愿提前解除合同或从雇主处离开，新方中介可不退中介费。新加坡中介的中介费通常由中国劳务公司转付过来，少数则由劳务人员携带到新加坡直接交给新方中介。

如果劳务人员与新方中介对中介费退款有争议，新加坡人力部将参考中介费收据和“原则批准信”上列明的新方中介费数额做出退款决定。因此，劳务人员向国内中介、新方中介缴纳任何费用，应及时索取收据，收据上应列明收费项目、数额、公司名称，加盖公章或有公司负责人签字。如无收据，在追索中介费时将面临很大困难。新加坡法律无法解决劳务人员与中国国内中介之间的中介费纠纷，劳务人员须回国后按照与国内中介签订的外派协议和国内有关法律法规追索中介费。

7. 关于在新加坡寻求协助

新加坡法制健全、执法严格，劳务人员一定要通过合法途径保护自身正当权益。劳务人员不得采取过激方式维权，威胁自杀、罢工、围堵政府部门等行为都是违法的，将带来严重后果。劳务人员如自行在外违法打“自由工”、或劳务人员在申请工作许可过程中提交了虚假材料，则其工资收入将不受法律保护。

在新务工期间出现问题，可通过以下途径寻求协助：

(1) 新加坡人力部总部：18 Havelock Road（合乐路 18 号）

蓝色大厅：关于工资、休假、解雇等劳资纠纷以及工伤索赔咨询；

橙色大厅：关于工作准证（WP）的签发、更新和取消等事务咨询；

绿色大厅：关于劳动就业相关法律法规的咨询投诉（需事先通过网上预约）。

(2) 新加坡人力部外国人力管理署：120 Kim Seng Road（金声路 120 号）。

关于中介费纠纷、假文凭、劳动保护、住宿条件等方面的咨询投诉。

(3) 拨打新加坡人力部咨询电话：64385122。

(4) 新加坡外籍劳工中心：62 Rangong Road（仰光路 62 号），求助热线 65362692。

该中心可帮助劳工处理关于雇主拖欠工资、没有合适的居住和医疗条件以及工作环境恶劣等方面的投诉，开放时间为周二至周五上午 9 点到下午 5 点，周六和周日为上午 11 点到下午 3 点。

(5) 中国驻新加坡大使馆：150 Tanglin Road（东陵路 150 号），每周一、三、五上午 10：30-12：00 接待我国劳务人员咨询投诉，其他时间也可拨打咨询电话 64121900。

二、承包工程与劳务

中国建筑设计研究院 2 亿新元正式收购新加坡新工集团

2003 年 4 月 1 日，当时称为新工集团（CPG Corp）的 CPG 集团第一次被出售给澳大利亚的道纳公司，正式脱离母公司淡马锡控股。中国建筑设计研究院是在去年 12 月同道纳签署收购协议，被道纳（Downer EDI）公司以 1 亿 4700 万澳元（1 亿 9200 万新元）将 CPG 集团出售给中国建筑设计研究院（集团）有关协议经过中国部门审批。

刚在 2012 年 5 月 1 日卸任的 CPG 集团前总裁冯所刚接受《联合早报》电话访问时说，CPG 集团和中国建筑设计研究院的背景一样，两者都属同个领域，反观道纳公司却不是以设计相关为主要业务的承包公司，与 CPG 集团有差距，所以把 CPG 集团出售给中国建筑设计研究院是恰当的做法。他表示，虽然 CPG 集团再次被收购，但品牌和管理层依然不变，管理层和员工都不受影响。这就像许多公司一样，只是换股东，其他运作不变，管理层和员工都很期待和新股东合作共事。

中广核海外首个清洁能源项目－新加坡生物质能发电项目奠基

2012 年 5 月 8 日，中广核新加坡生物质能光电一体化发电项目奠基仪式隆重举行。中广核太阳能开发有限公司还与新加坡绿科控股集团签署了燃料供应合同。

中广核新加坡生物质能发电项目是中国广东核电集团在海外全面负责实施的首个清洁能源项目，对该公司开拓海外清洁能源电力市场具有重大意义。项目一期规模为 70kW + 9.9MW，其中 70kW 为太阳能光伏发电；9.9MW 为生物质能发电，采用的燃料将全部为本地收集商提供的木屑。

中广核将以新加坡为辐射东南亚和大洋洲的战略基地，发挥其在清洁能源方面的技术积累和经验优势，积极扩大与新加坡当地优秀企业、科研机构的合作，通过建立研发中心等方式积极探索高效利用太阳能技术和可再生能源技术的方案。

中国承包工程企业成功中标新加坡地铁大士西延长线项目

2012 年 5 月 4 日，新加坡地铁大士西延长线正式开工建设，交通部长吕德耀出席开工典礼。大士西延长线全长 7.5 公里，设有卡尔圈、大士弯、大士西路和大士连路四个站，预计每天为 10 万名乘客服务。整个项目耗资约 30 亿美元，共设有四个标段，其中中铁十一局集团中标两个标段，上海隧道工程公司中标一个标段，另一标段被新加坡本土公司标得。全部工程预计在 2016 年建成。驻新加坡大使馆经商处郑超公参受邀出席开工典礼。

南通中远船务获 2 亿美元新合约

2012年4月，中远投资（COSCO Corp）旗下子公司南通中远船务获得价值2亿美元（2亿4800万新元）的新合约，为墨西哥公司Cotemar SA De CV建造一艘半潜水住宿船只。

这艘船只将根据GustoMSC Ocean500设计来承建，预计在2014年交货，将部署在墨西哥湾和北海。合同将不对中远投资现财年的每股盈利和净有形资产值产生任何实质冲击。

中远投资获7500万美元合约 为挪威公司建钻油台

2012年4月17日新加坡上市公司中远投资（COSCO Corp）旗下子公司南通中远船务（Cosco (Nantong) Shipyard）获得价值7500万美元的新合约，为挪威岸外钻井公司Seadrill建造自升式钻油台T18。

Seadrill于2011年2月间签约建造两座自动装配钻井辅助台（T15和T16）时，获得两项选择权（T17和T18）。去年4月Seadrill行使其中一项选择权，建造另一座T17自动装配钻井辅助平台。T17钻井辅助台有助加强钻井的能力。而T18自升式钻油台将具备更强钻井能力，钻井深度可达2万英尺。

中航国际投资获6000万美元合同

2011年通过反向收购在新加坡成功上市的中航国际投资（AVIC International Investments），其全资子公司2012年4月5日获得一项价值6000万美元的合同，负责制造三艘拖船、一艘潜水员船以及一艘加油油轮。

这些船只预计将在2013年移交给船主。这项合同将对该集团2012与2013财年的盈利做出积极贡献。

华为与新加坡淡马锡理工学院合作建立云技术创新中心

2012年3月29日，华为公司与淡马锡理工学院签署备忘录，双方将合作建立云技术创新中心，共同研发云计算前沿技术并培养专业人才，双方也将在奖学金设立、课程拓展和学生实习等方面加强合作。同日，华为在南太平洋地区首个企业业务解决方案展示中心揭幕。新加坡经济发展局表示，华为与淡马锡理工学院的战略合作和展示中心的设立，标志着新加坡在成为云计算人才培养基地和全球数据管理枢纽进程中取得重要里程碑。

海航集团10.5亿美元收购新加坡集装箱租赁公司SEACO

2011年12月20日，中国500强民企之一的海航集团宣布以10.5亿美元（约13.8亿新元）正式完成对美国GE（通用汽车）旗下全球第五大集装箱租赁公司SEACO进行100%股权收购。这是在全球海运业持续低迷情况下，近期全球最大并购项目。

GE SEACO总部设在新加坡，并购后的GE SEACO管理层将全部保留，行政总裁将继续留任。

海航集团董事局董事谭向东表示，借助GE SEACO的平台，海航可在较短时间内实现海航在全球物流和租赁业务网络的战略布局，完善旗下物流和租赁上下游产业链，进一步提升企业国际竞争力。

海航集团旗下公司包括海南航空、天津航空、大新华物流等等，业务范围涉及航空旅游、物流、金融和机场管理等。目前，海外资产占海航集团总资产的比例是10%，希望明年继续海外投资，将比例提升至40%。

孟加拉

一、承包工程与劳务

上海贝尔、中国工程携手开拓孟加拉市场

2012年3月20日，上海贝尔与中国机械设备工程股份有限公司（简称中国工程，CMEC）所签署的价值数千万美元的分包项目合同正式生效。根据合同，上海贝尔将为孟加拉移动运营商Teletalk提供包括2G/3G无线接入网络、移动语音及数据核心网络、网络应用、光传输及微波传输、配套电源产品及网络勘测设计服务、现场安装调测、培训、网络优化等交钥匙解决方案，助其建设移动通信网络。该项目合同的签署是上海贝尔在孟加拉市场的重大突破，为公司今后在孟加拉市场的业务发展夯实了基础。

上海贝尔与中国工程此次合作可谓是强强联合。中国工程在国际工程承包、成套设备出口、机电产品进出口等方面具有优势，尤其是以交钥匙方式承包国际电站工程和各类大型工程项目居中国领先地位。目前，中国工程承接的国际工程承包业务和一般国际贸易已经遍及世界五大洲120多个国家和地区，业务范围涉及能源、通讯、交通运输、港口、船舶、冶金、电工、重型矿山、通用机械、轻工、纺织、食品、建材和广播电视等多个领域。

上海贝尔是我国高科技领域第一家外商投资股份制企业，是通信行业"引进来"、"走出去"的标杆企业。公司创建于改革开放之初的1984年，经过25年的创业和发展，已成为规模数百亿元的端到端通信设备提供商，并步入国际化发展的崭新阶段，是国内外通信运营企业，行业及政府客户信赖的合作伙伴。

该项目合同的签署是上海贝尔与中国EPC企业的又一次成功合作，为今后双方优势资源互补、共同发展、更好合作奠定了良好的基础

中国十九冶签约孟加拉国电炉炼钢工程

2012年4月21日，中国十九冶集团与Abul Khair Group（简称AKG公司）在孟加拉国吉大港市签署145万吨电炉炼钢及配套工程施工合同。中国十九冶董事长、党委书记田野，AKG公司董事长Abul Kashem、副总裁Abu Syed Chowdhury 出席签约仪式。

AKG公司是孟加拉国最大的一家民营公司，以钢铁为主业，同时拥有建材、食品、烟草、饮料、茶叶等十几种产业，2011年营业收入17亿美元，是孟加拉国的第一纳税大户。

在该项工程中，中国十九冶主要承担10000多吨钢结构吊装、10000余吨机电设备安装和3000吨钢结构制作，同时负责制氧厂、水处理、变电站等配套工程系统的设备安装。该工程合同工期8个月，预计2012年5月开工，2012年5月6日钢结构吊装第一钩，今年年底建成投产。

中国能建签订孟加拉玛格丽特双燃料联合循环电站设计合同

2012年6月14日，中国能建广东省电力设计研究院与中国电力工程有限公司正式签订了孟加拉玛格丽特（Meghnaghat）337/305 兆瓦双燃料联合循环电站项目设计合同。这是该设计院参与建设的孟加拉国的第二个电站项目。玛格丽特337兆瓦双燃料联合循环电站项目是由孟加拉Summit集团与孟加拉电力发展局签署的IPP项目，由中国能建中国电力工程有限公司和东北电力第一工程公司组成联合体总承包建设。早在2008年中国能建广东院就开始参与孟加拉Summit集团投资建设的电站项目，于2011年成功签订孟加拉bibiyana联合循环电站项目，并凭借在该项目上的出色表现获得业主充分认可。

福建省电力工程承包 公司孟加拉双燃料调峰电站项目顺利完工

2011年10月30日，由福建省电力工程承包公司承建的孟加拉国巴格巴里5万千瓦及多德康地5万千瓦双燃料调峰电站分别顺利通过孟加拉国电力发展署（BPDB）的竣工验收。

该工程是孟加拉83万千瓦调峰电站项目群中的两个关键项目。以福建省电力工程承包公司为牵头方，与其他两家中国公司组成为联营体，于2009年11月中标上述两个电站的EPC工程总承包，工程于2010年6月开工。在工程开展过程中，该公司对该工程进行了全面的项目管理，精心组织，严格安全管理，合理安排进度，从设计、供货到施工过程，进行全过程质量控制。两个电站分别于2011年9月及10月顺利通过了孟加拉电力发展署性能试验委员会的性能测试，是此调峰电站项目群中，首先竣工移交的电站项目。

该工程的顺利竣工验收，为该公司在孟加拉电力工程承包领域赢得了口碑和赞誉，同时也树立了该司作为中国优秀承包商的良好形象，为进一步深化与孟加拉电力发展署的合作及今后在孟加拉电力市场的开拓奠定了坚实的基础。

二、孟承包工程市场特点

虽然孟加拉国是世界上最不发达的国家之一，但该国对工程承包市场十分重视，无论从法律准备、资金组织、还是招投标管理、资质审查以及组织实施等各方面都有相关规定，因此了解这些可以使得我企业少走弯路，避免损失，进一步扩大我企业在孟工程承包业务。

（1）《政府采购法》是孟工程承包的法律依据

孟加拉国关于政府采购的历史可以追溯到20世纪30年代英国统治时期的《政府机关采购程序手册》，而后，该《手册》被2003年《政府采购条例2003》取代，后迫于国际援助组织的压力，该条例经修改后变更为《政府采购法2006》（PPA2006），该法律在2009年进行了二次修改，形成了《2009公共采购条例（修改）》（PPR2009）。该法律主要内容包括总则、政府采购的基本原则、采购

办法的选择、投诉与上诉等。根据该法律规定，孟所有项目如国内不具备能力，不引入国际竞争就不能获得有效竞争，在适时对投标人进行资格预审的情况下，进行国际公开招标。

（2）国际、国内两个渠道融资是孟承包工程主要的资金来源。

孟近年来宏观经济运行平稳，汇寄收入及服装出口作为孟经济发展的两架马车，虽然受国际金融危机的影响，仍保持稳定的增长。2009 年孟侨汇收入创记录的达到 107.2 亿美元，增长 19.39%；服装出口达到 141.7 亿美元，国内经济稳定发展给孟政府带来稳定财政收入，也为政府融资提供了财税保障。此外作为全球最不发达国家之一，孟加拉国每年均收到世行、亚行以及各种国际组织的援助，近 3 年来，孟加拉国每年收到国际援助都在 20 亿美元以上。据孟央行统计，2006 － 2009 财年，孟政府每年接受外国援助分别为 22.56、28.42 以及 24.44 亿美元，2009 － 2010 上半财年，孟接受外国援助 12.8 亿美元。这些援助基金绝大部分用于基础设施建设。

（3）招投标代理制是孟承包工程的主要形式。

孟国际招投标均采用代理制，而孟政府一个大型工程项目的招投标过程，不仅仅是竞标公司综合实力的比拼，同时也是孟各利益集团寻求平衡的力量角逐。孟当地代理在工程项目招投标中发挥着承上启下的作用，可以说一个有实力、负责人的代理在企业获取信息、解决争端、开拓市场方面创造极大便利，也能够提高企业在孟承包工程的成功率。

斯里兰卡

中国积极参与斯里兰卡战后重建

斯里兰卡被誉为印度洋上的明珠，地理位置优越，自古就是东西方贸易往来的重要通道。然而，持续 30 余年的冲突，不仅使冲突地区平民流离失所，基础设施遭严重破坏，还导致国家经济发展停滞不前。2009 年 5 月，斯政府宣布击败“泰米尔伊拉姆猛虎组织”后，开始了大规模战后重建。

中国对斯战后经济建设给予了鼎力支持，中国帮助建设了一批重大基础设施项目，包括港口、码头、公路、电站等，斯里兰卡人民从这些项目中得到了实实在在的好处。”

中国与斯里兰卡在 1957 年正式建交，1952 年在未与中国建交的情况下，斯方不顾美国等西方国家对中国的封锁，同中国签订了《大米橡胶贸易协定》，成为两国友好合作关系史上的佳话。建交后，中国向斯提供了一系列经济技术援助。中国政府援建的班达拉奈克国际会议中心、斯高级法院大厦和国家表演艺术剧院等，都成为了科伦坡的标志性建筑，也是斯中友好关系的象征。当被问及对斯中关系的现状是否满意时，佩里斯表示“岂止是满意。斯里兰卡和中国关系非常好。”

近年来，中斯关系保持健康稳定发展势头，各领域交流与合作不断深化。双方经贸合作处于历史上最活跃的时期。根据中方统计，2010 年中斯双边经贸额达到 20.98 亿美元，同比增长 28%。

道路建设和互联互通对斯来说是非常重要的。由于持续长达 30 余年的国内冲突，斯里兰卡的道路或遭战争破坏无法使用，或因年久失修而显得陈旧落后。使用中的国道大多是双向两车道，非常狭窄而且弯度大，路上汽车、三轮摩托车混杂，大部分路段最高限速 50 公里。记者从科伦坡到汉班托特的 240 公里路程，竟然花了 6 个小时。

基础设施落后是制约斯经济社会发展的一大瓶颈。因此，斯战后重振经济，一个需要优先恢复的领域就是道路、供水等基础设施。中国工程建设企业积极参与斯工程承包。中铁五局（集团）有限公司是其中的一家。中铁五局 2011 年 9 月刚刚向斯方移交了在东北部亭可马里修建的 5 座桥梁。这一地区曾经是斯政府军与反政府武装“猛虎组织”猛烈攻防的地方之一，道路和桥梁毁坏严重。谢冠煌说，中铁五局只用 1 年零 9 个月时间就完成了修建 5 座桥的工程，不仅建设进度快，而且许多施工技术和工艺是当地公司所不掌握的。这 5 座桥的修通，结束了当地汽车用轮船摆渡的历史。

中航国际、中航技向斯里兰卡交付大型工程机械设备

2011年10月9日，中航国际、中航技向斯里兰卡出口的大型工程机械设备交付仪式在科伦坡隆重举行。斯里兰卡经济发展部部长巴塞尔·拉贾帕克萨先生、斯里兰卡议会斯中友好小组主席西里帕拉先生，中国驻斯里兰卡大使馆大使杨秀萍女士、中国驻斯里兰卡经济商务处参赞辛中立出席交付仪式。斯里兰卡灌溉和水资源管理部、农业服务和野生动物部、国家工程公司、公路发展部、西部省公路局高层要员，中航技代表处总代表等参加了此次重大活动。

巴塞尔部长和杨秀萍大使在交付仪式上发表了热情洋溢的致辞。巴塞尔部长说：感谢中国政府和人民长期以来向斯方政府和人民提供的宝贵帮助，感谢中航国际、中航技为斯里兰卡的道路建设提供这么多的工程机械设备。斯方将继续同中方增进互利合作，尤其是拓展中航国际、中航技在军民等多个领域的多种形式的合作。

杨秀萍大使表示中斯传统友好，两国一直相互支持、相互帮助。中方鼓励中国企业积极参与斯里兰卡战后重建的进程。中航国际、中航技曾在战后向斯里兰卡提供了近500台大型工程机械设备，为斯里兰卡北部地区基础设施重建发挥了积极作用。今天中航国际、中航技再次向斯里兰卡提供工程机械设备，相信这批设备将进一步促进斯里兰卡经济社会发展，造福斯里兰卡广大民众。

此次交付的工程设备包括：推土机、压路机、挖掘机、平地机、沥青运输车、摊铺车，以及用来牵引、洒水等作业的重型卡车等近十种。该项目合同于2011年6月27日签署，是中航国际、中航技与斯方政府继2009年一期合同之后的二期设备合同。

印 度

一、承包工程与劳务

印度拟在3年内建成果阿国际机场

印度民航国务部长Shripad Naik透露，将在以后2-3年内在果阿（Goa）北部以建设-运营-转交（BOT）方式建成国际机场。目前已经完成了该项目可行性研究。另外不久将投资15亿卢比开始对Panaji附近的现有机场进行改造扩容。Naik先生还表示将商请财政部降低航空涡轮燃料税。

印度铁路获得国际银行贷款

2002年印度已从亚洲开发银行获得3亿美元（约合150亿卢比）的贷款用于建设19个铁路项目，另外世界银行最近批准了贷款151.6亿卢比给孟买铁路Vikas公司。消息人士说，由于国际金融机构坚持要求印度铁路部门进行改革，因此从1997年开始对其暂停了贷款。现在他们相信印度铁路部门正进行改革，因此恢复了对印度铁路部门的贷款。印度铁路已经获得1.048亿美元亚行贷款建设Son Nagar- Mughalsarai第三铁路线、Patarau-Son Nagar电气化改造和货车车厢采购。这项贷款是1997年以前就被批准。

财政部高级官员表示，3亿美元的亚行贷款不在2002年共计150亿美元外国贷款之内。国际金融机构一直要求印度铁路进行公司化改革，但是印度铁路宣称公司化改造不是解决资金短缺的万能药，实际上铁道部拒绝走铁路部门公司化之路。但是目前印度铁路已经把一些非核心经营活动剥离出来，包括成立了印度铁路配餐和旅游公司、印度铁路电信公司。高级官员透露，在19个铁路项目之外，亚行已经完成了对6个项目的评估，并于7月11-18日进行剩下13个项目的评估。这13个项目中包括德里-加尔各答-钦奈-孟买的黄金四边形及其对角线项目，以及Patna桥梁建设项目。

上海电气（印度）有限公司在新德里正式成立

2012年3月5日，上海电气（印度）有限公司在印度新德里古尔冈威斯汀酒店隆重举行公司成立庆典。中国驻印度大使张炎、使馆经济商务参赞彭刚，上海市国资委主任杨国雄，上海电气集团董事长徐建国，以及印度信实集团、华为等中印企业代表100余人参加了庆典仪式。

在庆典仪式上，张炎大使高度评价了上海电气（印度）有限公司的成立对中印经贸合作的积极意义，希望

公司进一步发挥技术优势，积极开拓印度市场，加快项目建设，为提升印度电力基础设施水平和推动中印经贸合作作出新的贡献。

近年来，上海电气积极开展与印度在电力基础设施建设领域的合作，目前在印项目设备装机容量已达23,000MW。作为上海电气独资980万美元成立的全资子公司，上海电气印度有限公司将致力于满足客户的售后服务、备品备件和电厂运行维护需求，并发挥投资功能，为当地电力发展提供本土化支撑，成为上海电气在印拓展业务的平台和窗口。

特变电工与印度签署4亿美元投资意向协议

2011年11月3日，中国特变电工股份有限公司（简称TBEA）在德里与印度古吉拉特邦政府签署一项投资合作意向协议，根据该协议，特变电工将在古吉拉特邦初始投资1亿美元设立变压器工厂。特变电工印度工厂将初步建设成为1,200kV超高压变压器、电抗器交直流产品和输变电工程总承包等的基地。此外，特变电工还计划在今后2-3年中向古吉拉特邦的一个绿色能源产业园追加投资3亿美元。

正在印度访问的新疆自治区主席努尔·白克力、驻印度大使张炎、使馆经商参赞彭刚以及印度商工部部长阿南德·夏尔玛等见证了上述合作协议签约仪式。努尔主席一行还赴特变电工在印承建的输变电工程施工现场进行了考察。

东方电气入选2011年度印度市场最大国际工程承包商25强

2012年9月12日晚，第十届“建筑世界”全球2012年度颁奖大会在印度新德里隆重举行。中国东方电气集团有限公司入选由《工程新闻记录》（ENR）和ASAPP 传媒信息集团共同评选的2011年度印度市场最大国际工程承包商二十五强，是唯一获此殊荣的中国公司。

中冶华天承包印度UGML15兆瓦电站

2012年3月9日中冶华天承包印度UGML15兆瓦电站通过性能考核验收，该电站位于印度共和国马哈拉斯特拉邦的Wadhar地区，是UGML钢铁公司一期配套工程，于2010年12月6日首次实现并网发电。中冶华天负责电站的设计、设备供货、设备安装指导和调试指导工作。

全厂性能考核从2012年3月4日开始到3月6日结束，中冶华天提供的设备和工艺系统均通过印方的测试及性能考核，达到合同所规定的性能指标。业主从2012年3月9日颁发性能考核验收证书开始，正式接管全厂全部责任。

福建龙净环保股份有限公司中标印度比莱钢铁厂锅炉岛工程总承包项目合同

2012年3月8日福建龙净环保股份有限公司与印度比莱钢铁厂锅炉岛工程总承包项目签订合同，整个工程从合同生效日开始起20个月内调试。其中涡轮鼓风机房和起重机从合同生效日开始起12个月内调试，1#锅炉从合同生效日起15个月内调试，2号锅炉17个月内试，3#锅炉20个月内调试，对于标段011-01A的整体时间计划是20个月。

比莱钢厂是印度SAIL集团钢铁生产龙头企业，厂址位于印度恰蒂斯加尔邦比莱市Durg区。比莱钢厂年钢产量400万吨，现有7座高炉，6台锅炉，4台汽轮发电机和9台蒸汽轮机驱动的鼓风机。

合同总价合计约为3.5亿元人民币。

中国电建EPC总承包的印度巴考项目1号机组具备发电条件

2012年5月18日，中国电建所属山东电力基本建设总公司印度巴考4×300MW燃煤电站项目1号机组汽轮机成功冲转至3000r/min并达到并网条件，机组各项指标优良。

该项目位于印度查蒂斯加尔邦考巴镇，业主是印度万达塔集团子公司巴考铝业公司，由山东电建EPC总承包。考巴是印度的工业重镇，用电需求大，该项目建成发电后，对缓解当地电力供应紧张形势具有十分重要的作用。为了确保项目的顺利实施，山东电建以“建设精品工程，当好中国使者”为理念，制定了周密的工程计划，严格施工的过程控制，引导员工转变思维方式，积极探索、创新管理模式，以适应当地环境，取得良好进展。继2011年9月6日2号机组达到并网条件后，1号机组又按计划达到并网条件。

川电设计EPC总承包的印度WPCL电站机组移交及工程结算取得重大进展

2012年4月6日，由四川电力设计咨询有限责任公司EPC总承包的印度WPCL4×135MW发电工程取得了一、二、三号机组的最终移交证书文件，这是中资企业在印度电力市场取得的第一张完全以FIDIC为蓝本的最终移交证书文件，领先同业者实现了这一领域的突破。

印度WPCL项目是迄今为止中国电力设计企业在海外承接的最大火电工程总承包项目，合同总额近30亿人民币。该项目位于印度马哈拉施特拉邦钱德拉布尔市瓦洛拉镇，共建设4台135MW机组。按照EPC合同要求，四川电力设计咨询有限责任公司全面负责该电厂的设计、采购、施工、调试及试运等工作。工程于2008年4月18日开工建设，自2010年7月22日该项目1号机组通过可靠性运行，到4号机组于2011年7月7日通过可靠性运行，实现了一年之内移交4台机组的目标，创下了印度同类型电厂一年内投运机组台数最多的记录。

据悉，印度WPCL项目4号机组将于近期完成性能试验，并于2012年7月结束质保期，最终移交业主。

山东电建三公司EPC总承包的印度蒙德拉电厂全部机组并网发电

2012年3月13日，由中国电建集团所属山东电力建设第三工程公司EPC总承包的印度蒙德拉电厂9号机组并网一次成功。标志着五台660MW超临界机组全部并网发电，投入商业运行。

蒙德拉电站位于印度古吉拉特邦蒙德拉镇，距古吉拉特邦首府AMD约600KM，电站拥有世界上最大单一电厂的装机容量，共10台660MW机组。2007年9月6日，山东电力建设第三工程公司印度蒙德拉5×660MW超临界机组燃煤电站项目三期、四期EPC合同签订，合同总额28.45亿美元。

印度政府为解决电力不足和电费居高不下的问题，计划于2016年前建造9座大型火力发电站。该电站使用了最新的“超临界”技术，可使该电站的二氧化碳排放量比印度其他电站少40%。电站建成后生产的电力将为印度西北部五个邦的1600万用户提供电能，可满足印度日益增长的电能需求，为印度电力事业的发展做出巨大的贡献。

天津电建承建印度纳佳项目电除尘合同顺利签订

2012年6月5日，由天津电力建设公司承建的印度纳佳电厂2台66万千瓦超临界机组电除尘合同签字仪式正式签订。

纳佳项目位于印度JHARKHAND（佳凯德邦）TORI地区，一期工程建设规模为2台600兆瓦亚临界空冷机组。项目业主为ESSAR POWER M.P LTD.（EPMPL）爱莎电力公司。该项目是天津电力建设公司在印度承建的首个EP类项目。

中国公司积极参与印度道路项目

据印度《商业标准》2012年3月20日报道，道路交通部副部长Jitin Prasada在议会人民院称，中国企业对投资印度道路建设项目很有兴趣。

Prasadau副部长称，在高速公路项目上将进行国际招标，中国公司也可参与招标。目前，江苏交通工程集团有限公司与印度公司合资投标了包括Srinagar-Banihal, Udhampur-Ramban, Jammu-Udhampur and Piprakothi-Motihari-Raxaul.在内的四个项目。参与查谟·克什米尔和比哈尔邦项目的中国公司现已通过了内政部的安全审查。

2011年，印度政府宣布在查谟·克什米尔邦投资1000亿卢比建设两条战略通道Quazigund-Banihal 和Chenani-Nashri。其中Banihal遂道是印度最长的遂道项目。

华为2012年印度市场总营收预计增长40%

据印度《商业标准》2012年3月2日报道，中国电信设备商华为表示，尽管印度的电信市场存有不确定性，但随着今年大规模3G网络的推出，预计2012年其印度市场的总营收增长将达40%。

华为（印度）公司产品与解决方案部门执行理事A Sethuraman表示，2011年华为获得了印度3G设备市场订单25%的市场份额。预计今年将会出现3G的显著扩张。此外，华为还期望能在印度参与其下一代国家宽带网络(NBN)建设。

华为预计在印度的营收主要来自企业解决方案、终端和运营商网络业务组三个部分。

2011年华为（印度）公司总营收增长30%，达12亿美元。

韩 国

一、承包工程与劳

韩现代建设、现代工程与中国企业联手承揽委内瑞拉石油工程大单

据《朝鲜日报》2012年6月15日报道，现代建设和现代工程2012年6月14日宣布，日前与中国惠生工程联手承揽了委内瑞拉国家石油公司（PDVSA）所属的拉克鲁斯炼油厂的扩建及设备改善工程，该项目涉及石油化学领域的炼油成套设备工程，订单规模高达29.95亿美元。其中，现代建设和现代工程分别获得13.48亿美元和7.19亿美元的订单。中国企业向三浦地区投资2500亿韩元。

据韩国《中央日报》2012年9月10日报道，中太建设集团有限公司将投资2500亿韩元开发韩国灵岩·海南的三浦地区二期项目。据悉，西南海岸企业城市三浦地区总面积428万8千平方米，2010年10月开发计划获批，目前已建成第一期工程F1赛场187万3千平方米。第二期开发面积为241万5千平方米，包括建设机动车运动产业园区、住宅商业园区和宾馆旅游设施等。本月7日，全罗南道和全南开发公司与中国企业签订了项目合作协议。

中韩两国将签署新都市开发合作MOU

据韩联社2012年7月16日报道，韩驻华使馆当日表示，中国近来正致力于加快城镇化进程，积极开发环保节能型城市。中国国内尖端绿色新都市的需求不断增加，中韩两国将通过积极合作推进利用韩国尖端IT技术、绿色环境设施等的新都市建设项目。为此，中国住房和城乡建设部和韩国国土海洋部将签署合作谅解备忘录。

中韩达成社保协定

韩通商交涉本部2012年7月10日表示，已与中方达成社会保险协定，协议规定在缔约另一国境工作的劳动者，不必在其国家承担参保义务。据悉，该协定早则年末生效。目前韩已与美、日、英等22个国家签订社保协定。据估计，受此社会保险协议影响，韩企业和员工每年共可减少4500亿韩元的保险负担。

衣恋集团与中国万达集团签署合作备忘录

据韩联社2012年6月27日报道，衣恋集团日前表示，与中国万达集团签署了全面业务合作谅解备忘录，双方将在时尚、餐饮、旅游、休闲等领域展开合作。截至目前，衣恋集团在万达百货和购物中心共拥有20多个品牌、300多家卖场。衣恋集团计划以此次协议为契机，加快进军中国市场的步伐。

尼泊尔

中尼贸易与援助

2007-2011年中尼贸易统计，如表3-1-7所示。

表3-1-7 中尼贸易统计一览表

（据中国商务部统计，单位：亿美元）

年份	进出口		对尼出口		自尼进口		贸易平衡
	金额	增长	金额	增长	金额	增长	
2007	4.00	49.3%	3.86	48.4%	0.15	78.5%	3.71
2008	3.81	-4.8%	3.75	-2.7%	0.06	-59.5%	3.69
2009	4.14	8.7%	4.09	9.0%	0.05	-11.6%	4.04
2010	7.437	79.6%	7.322	79.1%	0.114	115.8%	7.21
2011	11.95	60.9%	11.81	61.5%	0.14	21.4%	11.67

援尼巴尼帕综合技校增项项目交接证书在加都签署

2012年7月16日下午，中国援尼巴尼帕综合技校增项项目交接证书在尼泊尔首都加得满都签署。弟蓉经商参赞和尼教育部职业教育委员会负责人巴安德•坦丹分别代表各自政府出席签约仪式。坦丹首先对中国政府的援助和使馆的支持表示感谢，他认为巴尼帕综合技校是尼泊尔迄今为止设施最为先进和完善的职业学校。弟参指出，巴尼帕综合技校增项的完工，进一步提升了该校的综合功能，为尼泊尔培养各种技术人才创造了条件。中、尼双方将进一步深化在人文、教育领域的交流与合作，增强中尼两国人民的传统友谊。

援尼达沙拉斯体育馆维修技术合作项目交接仪式在加都隆重举行

2012年3月6日上午，中国援尼达沙拉斯体育馆维修技术合作项目交接仪式在加得满都隆重举行。杨厚兰大使和尼青年体育部部秘苏歇尔•吉米瑞分别代表各自政府出席交接仪式并发表讲话。杨大使在致辞中指出，中尼两国人民友谊源远流长，体育领域的技术合作由来已久。中国政府此前曾应尼方要求，于1998年和2005年两次对该体育馆进行升级改造。此次为迎接即将在尼举办的亚洲挑战杯足球赛，中国政府又再次伸出援手对该体育馆的相关设备进行更新和维修。该技术合作项目的完成，将为推动尼体育事业发展，加强中尼双方体育领域的交流与合作发挥积极作用。致辞结束后，双方代表签署了该项目的政府交接证书。

援尼塔特帕尼边检站项目施工合同签署仪式在加都隆重举行

2012年5月17日下午，中国援尼塔特帕尼边检站项目施工合同签署仪式在尼泊尔首都加得满都隆重举行。弟蓉经商参赞和尼商业供应部联秘普拉萨德分别代表各自政府出席签约仪式并发表讲话。弟参在致辞中指出，塔特帕尼边检站的建成，将推动和促进中尼两国贸易往来，加强和深化双方在经贸和社会领域的交流与合作；两国政府一直以来高度重视本项目，希望今后双方继续密切配合、共同努力，确保本项目高质量地按时完工并交付使用。北京房地集团尼泊尔项目组代表和尼联合交通运输委员会负责人分别代表施工方和业主签署了该项目施工合同。尼内政部、司法部、海关等政府部门官员和尼各界媒体记者约20人应邀出席了签约仪式。

中国水利电力对外公司签署尼泊尔上垂树里至加德满都220KV输电线路及132KV线路扩展项目 EPC总承包合同

2011年3月27日，中国水利电力对外公司与尼泊尔电力局签署了上垂树里至加德满都220KV输电线路及132KV变电站扩展项目EPC总承包合同。项目合同总额2553万美元，工期30个月，线路总长48公里。该项目是中国进出口银行的优惠贷款项目，用于将上垂树里水电站的电力输送至加德满都，以解决首都的用电紧张问题。

伊 朗

一、工程承包与劳务

北方国际获签79亿元伊朗地铁总承包合同

北方国际2012年5月13日晚公告称，公司与伊朗德黑兰城郊铁路公司签署了合同，将以EPC方式承包为期四年的德黑兰地铁六号线项目，总价12.19亿美元，约合78.7亿元人民币。

不过，合同在生效之前需由德黑兰城铁公司支付预付款和项目保险费的15%以及管理费，约合7460万美元。此后，业主开出以北方国际为受益人的信用证，并解决合同金额85%的资金安排。

双方约定，在保证项目执行和项目收益的原则下，将合同金额的51%以招标、议标等方式分包给伊朗当地有实力的分包商执行，合同其他部分公司将通过市场招标、议标等方式分包给国内有实力的专业企业执行。

中色股份获伊朗铝业公司近60亿元EPC承包合同

中色股份2011年9月22日晚公告称，公司9月20日与伊朗胡泽斯坦铝业公司签署了涵盖设计、采购与建设（EPC）的电解铝厂总承包合同，合同总价为59.59亿元。

合同约定，中色股份将向伊朗胡泽斯坦铝业公司提供工程设计、设备供货、土建施工、设备安装、试车、培训等EPC工程总承包，建设一个年产17.5万吨电解铝厂。双方约定，工程结算币种为人民币，合同总价的15%为预付款，85%根据进度分阶段支付，项目履行期限为42个月。

不过合同附加生效条件为：伊朗胡泽斯坦铝业公司与中国的银行签署相关的融资贷款协议，并向中色股份开出信用证后，双方书面确认合同生效。中色股份表示，合同能否生效尚存在不确定性，对本年度业绩没有影响，但项目若启动将有利于未来年度业绩。

伊朗胡泽斯坦铝业公司注册于德黑兰，主营电解铝产品供应及贸易，是由伊朗穷人基金会和伊朗工矿发展和革新组织合资成立的公司，两者分别占股60%和40%。

河南太行全利集团公司伊朗35万吨/年电炉节能炼钢连铸轧钢工程总承包签订。

2011年9月8日，河南太行全利集团公司与伊朗古斯特钢铁公司企业代表哈密斯先生签订了1.7亿元的节能炼钢生产线建设合同，（超高功率电炉一炉外精炼一连铸一连轧），河南太行全利集团负责项目总设计以及电炉、精炼炉、废钢连续加料成套设备、除尘系统、制氧设备、轧钢设备、变压器、供电及控制系统等全部主要设备的制造与供货。甲方负责项目土建施工、设备基础施工及厂区基础设施建设等。本项目预计总投资为人民币19015万元，包括项目设计、技术服务、中国振动机械网：（http://www.findzd.com/industry/103562.html）费用的土建施工费及设备费用。

伊朗客户是在详细调查国际上各种先进炼钢设备厂家和炼钢技术后，经过反复的对比最终决定将此工程交给中国具有国际工程承包资质的专业厂家河南太行全利集团总负责建设，这是中国河南太行集团凭借自己雄厚的技术和加工能力以及国内和国外（印尼、越南、韩国、马来西亚）20多家成功短流程电炉炼钢工程承包经验的最终结出的丰收硕果，现在国产电炉连续加料短流程炼钢生产线销售形势喜人，已经呈现产销两旺、供不应求良好势态。

河南康斯迪电气有限公司与伊朗古斯特钢铁公司炼钢工程总承包成功签约

2011年9月16日，河南康斯迪电气有限公司与伊朗钢铁公司炼钢工程总承包成功签约，在充分进行国内外的技术和商务交流，参观考察我公司成功相关项目工程后，伊朗钢铁公司对河南康斯迪电气有限公司的设计、施工、及研发能力，工程项目组织水平得到充分的肯定。我公司在省发改委领导的各方面支持下，最终与伊朗钢铁公司签约成功。

二、中国企业在伊朗开展承包劳务需注意的问题

1.承包工程方面

伊朗政府希望本国公司尽可能多承揽一些工程份额，通过中方监理、技术指导等方式来弥补自己的不足。这样很容易导致把工程建设质量、进度等责任推给中方。中方相关人员应结合工程项目实际情况以及伊方人员、设备、施工机械能力等，做到项目施工分工明确、责任明确，在做好工程项的同时尽可能地规避不应由中方承担的责任。

伊朗国情特殊，工程项目所需第三国采购设备进口往往受国际因素影响比较大，应该与业主沟通，提前采取相应的替代方案。采用的技术标准必须明确。坚持合同按国际惯例办，同时兼顾项目实际情况，解决存在的争议和缺陷，注意规避风险，避免单方面承担较大风险事项。加强纵深管理，结合项目情况，要形成一整套管理制度，规定好控制权限，把握好控制力度，避免进度冲击质量，得不偿失。

必须敦促伊方业主，提前准备好各项开工许可，尤其是中方施工人员赴伊的相关许可。

鉴于中方人员在伊办理工作签证、居留许可等存在相当难度，建议由业主出具办理工作签证、工作许可等的承诺函，为确保履行承诺，在合同中明确，伊方业主应负责为中方工程技术人员办理工作签证、工作准证、居留许可、工作纳税等在伊工作必须的手续，并承担因不能及时办理上述手续而导致工期延误和经济损失的责任。

加强对伊方操作人员的培训，针对伊朗特殊情况，加强中方人员出国前培训工作。

2.劳务合作方面

做好出国前的培训工作，在伊期间，遵守伊方法律、法规，尊重伊朗人生活习惯。

准备好赴伊人员学历公证，必要时还需准备好身体健康证明，在劳务人员赴伊之前，敦促伊方业主办理工作签证；劳务人员到伊后，要求伊方业主及时办理工作准证和居住证。

明确伊方征收的人员税费承担方。鉴于伊方相关法规随意性较大，一般应要求雇主承担，中方仅在必要时提供资料，避免双重征收或超额征收。

明确劳务服务费用收取标准和计算标准，特别是节

假日、加班、加点的计算标准，明确国际机票、在伊期间的交通、居住、生活费用等的承担方，如雇主承担，要明确标准。

明确劳务服务工作范围和内容、工作标准要求。

明确雇主的安全保卫责任。

要有人员安全撤离应急预案，应付突发事件。

3. 防范投资合作风险

在伊朗开展投资、贸易、承包工程和劳务合作的过程中，要特别注意事前调查、分析、评估相关风险，事中做好风险规避和管理工作，切实保障自身利益。包括对项目或贸易客户及相关方的资信调查和评估，对项目所在地的政治风险和商业风险分析和规避，对项目本身实施的可行性分析等。建议企业积极利用保险、担保、银行等保险金融机构和其他专业风险管理机构的相关业务保障自身利益。

建议企业在开展对外投资合作过程中使用中国政策性保险机构——中国出口信用保险公司提供的包括政治风险、商业风险在内的信用风险保障产品；也可使用中国进出口银行等政策性银行提供的商业担保服务。

如果在没有有效风险规避情况下发生了风险损失，也要根据损失情况尽快通过自身或相关手段追偿损失。通过信用保险机构承保的业务，则由信用保险机构定损核赔、补偿风险损失，相关机构协助信用保险机构追偿。

三、伊朗矿业概况及投资机会分析

伊朗不仅是石油、天然气资源大国，也是世界上矿产最丰富的国家之一，素有“世界矿产博物馆”之美誉。目前，伊朗矿业发展尚处于起步阶段，未来拥有巨大的发展潜力。

1. 伊朗矿产资源储量及分布

据伊朗地质勘探和开发组织披露，目前伊朗已探明各种矿产68种，探明储量370亿吨，占世界总储量的7%，居世界第15位，同时拥有潜在矿产储量超过570亿吨。在目前已探明矿产中，锌矿石储量2.3亿吨，居世界第一位；铜矿石储量26亿吨，约占世界总储量4%，居世界第三位；铁矿石47亿吨，居世界第十位。其他已探明主要矿产品有：煤炭（20亿吨）、铬（1500万吨）、锰（360万吨）钛（2.5亿吨）、铀（5000吨）、石膏（17亿吨）、石灰石（72亿吨）、装饰石材（30亿吨）、建筑石材（38亿吨）、明矾石（10亿吨）、磷酸盐1650万吨、长石（100万吨）、硅（200万吨）、石棉（7000万吨）和珍珠岩（1750万吨）等。其中，铜、锌和铬铁矿均为极具开采价值的富矿，品位分别高达8%、12%和45%。除此之外，伊朗还有一定的黄金、钴、锶、钼、硼、高岭土、斑脱土、氟、白云石、云母、硅藻土和重晶石等矿物储藏。

伊朗矿藏广泛分布在全国各地，从北部的东阿塞拜疆省到南部的霍尔姆兹海峡都有矿藏储备。其中，矿产资源比较丰富集中的省份主要有伊斯法罕、湖泽斯坦、克尔曼、亚兹德、呼拉桑、哈马丹、赞詹和东阿塞拜疆等。

2. 伊朗矿业发展基本情况

虽然伊朗丰富的矿藏早在2500多年前就已被古波斯人所认识，但是发展大规模的现代化采矿和加工业却是从20世纪末伊朗“三五”计划时期才开始的。

（1）政府加强矿业统一管理，逐步对外开放和私有化

1979年伊朗伊斯兰革命胜利后，伊朗新宪法第43和44条规定，矿山资源归国家所有，禁止政府将矿山资源转让给外国公司，同时禁止政府对包括矿业在内的国家主要工业实行私有化。两伊战争结束后，随着国内上下对发展私营经济和吸引外国投资的重要性达成广泛共识，伊朗通过宪法修正案，开始推广私有化改革和吸引外资。1998年颁布实施新的《采矿法案》后，伊朗政府在德黑兰举办首届国际采矿大会（IMIF99），向国内外投资者介绍其矿产状况并吸引外国投资。随后，伊朗前矿业部、金属部和工业部合并为现在的工业和矿业部（简称工矿部）。该部的职责是代表政府对国有矿山行使所有权并管理全国的采矿活动，通过增加矿产开采、发展工业和增加出口使伊朗矿业在其经济国际化进程中发挥主导作用，最终实现持续增加国内就业和外汇收入的目标。

此后，伊朗矿业领域陆续开始一系列私有化改革，并加强了与一些国际大型矿业企业的联系。目前，伊朗国内的大型矿山主要为国有，其余中小型矿山转为私有。比较重要的国有大型矿山包括古哈尔•赞密（GoharZamin）、戈尔•格哈尔（GoleGohar）、查多尔•马鲁（ChadorMaloom）、三甘•马尔卡兹（SanghanMarkazi）“四大国有铁矿”，松贡、萨尔切什梅和梅杜克等几个大型露天铜矿，安古朗锌矿，佳疆姆（Jajrom）铝矿等。

（2）规模化生产起步较晚，产量及出口增长迅速

伊朗国内2004年投入开采的矿场数量仅有3692个，当年开采各类矿石1.5亿吨。到2010年底，投入开采的矿场已达5700多处，注册经营的各类矿产企业约2.1万家，全年开采各类矿石2.9亿吨。目前，矿产品已成为伊朗出口商品结构中最重要的非石油商品之一。据伊朗工矿部统计，“四五”（2005年3月－2010年3月）

计划期间，伊朗工矿产品出口从165亿美元增长到640亿美元，增长幅度为286%。伊历1389年（2010年3月-2011年3月），伊朗工矿产品出口额达到220亿美元（其中，矿类产品约占一半），比2009年增长20%。欧盟、南美、中国、印度、阿联酋、伊拉克及阿富汗等地区和国家成为伊朗矿产品的主要出口市场。最近，伊朗矿业发展与革新组织主席Samiinejad表示，“五五”计划完成时，伊朗矿产品年产量有望达到5亿吨，比目前的2.9亿吨增长70%。

近年来，铁矿、铜矿、铅锌矿等金属矿是伊朗开采的重点。据美国地质局报告，2010年全球共开采铁矿石约24亿吨，其中伊朗铁矿石开采量就达到3300万吨，排名全球第八。此外，伊朗工矿部制定了一个“五五”期间将铜矿石年产量从2009年的21万吨提升到44万吨的计划，争取在短期内使伊朗铜矿产量排名进入全球前十位。

（3）基础设施陈旧落后，发展面临资金技术瓶颈

据伊朗议会工业研究所2009年发布的一项矿业报告分析，“低产量、低效率、低附加值”是伊朗矿业发展面临的突出问题。目前伊朗大多矿场还没有配备先进的采矿设备，机械化的选矿和传送装置，特别是一些中小型的私营矿场主要还是依靠人力开采作业。上述报告分析伊朗丰富的矿藏储量占世界储量7%，但每年矿产品实际产量仅占世界总产量的不足2%，反映出伊朗矿业生产效率低下是显而易见的。另外，伊朗每年出口的矿产品中初级矿产品占到多数。当前，伊朗政府和卖家已清醒认识到大量出口低附加值的原矿产品严重影响了伊朗矿业的利润率，所以开始越来越重视采矿后的加工处理。

要勘探开发更多的矿石，延长生产加工链，提高矿业生产效率需要有充分的资金和技术投入保障。在国内经济增长缓慢和政府财力有限的条件下，伊朗政府首先要保障对油气经济支柱产业的投入，故对矿业领域投入就显得捉襟见肘。2010年伊朗工矿商会会长YHEIYA表示，过去50年来，政府每年投入矿产勘探的预算不足5亿美元。他呼吁政府对矿产勘探的投资应增加到每年至少20亿美元。吸引外资方面，早在1999年德黑兰国际采矿大会上，伊朗当局提供的待开发矿产项目投资总额就超过了100亿美元，而实际上伊朗2010年全年吸引外资总额才够30亿美元，其中投入到矿业领域的不足三分之一。目前，在国际对伊经济制裁和伊朗国内外资运营环境未有根本好转的情况下，伊朗矿业领域想要吸引更多外资和先进技术仍是任重而道远。

3. 伊朗政府在矿业领域利用外资的政策导向

总体上，伊朗政府目前鼓励和支持外资进入伊朗矿业的勘探、开采、加工、冶炼等上下游产业链各经营领域。

在上游勘探领域，由于资金投入大、风险高，伊朗工矿部鼓励私人和外国资本进行矿源勘探，同时，也加大了对伊国有矿业公司勘探矿源给予配套资金的支持力度。2010年，伊朗工矿部将矿源勘探预算增加了一倍，以加快勘探进度。根据《伊朗采矿法案》及其实施条例的规定，伊朗工矿部向申请矿产勘探的合格外资企业发放勘探许可证。勘探发现矿源并经检查确认后，工矿部向勘探许可证持有人颁发标明矿源详细情况的“发现证书”。发现证书持有人具有法定的优先采矿权，并可在发证一年后将证书转让给第三人。若勘探没有发现矿源，勘探许可证持有人也无法获得任何赔偿或补偿。在采矿领域，外资仅允许以与伊朗企业合资的形式进入，且外资占股比例不允许超过49%。实践中，大型矿山开采多采取“回购合同（Buy-Back）”的方式，以产出的矿石分批优先折抵外商投资及利润。在下游加工、冶炼、运输、销售领域，外资可以独资或合资、合作的方式进入。出口环节，须取得由伊朗工矿部统一颁发的矿产品出口许可证。目前，伊朗工矿部、海关、商检等多部门对原矿出口采取了一些限制措施，鼓励外资在伊境内开展矿产加工和冶炼，以提高产品附加值并带动国内就业。

近年来，伊朗政府还积极拓展与外国政府在矿业领域的合作，通过政府间协议吸收引进伊朗矿业发展所需的资金、技术、设备和人才。目前，伊朗已经与世界上30多个国家开展了矿业领域的合作。其中，中国是伊朗矿业领域的重要合作伙伴。2011年5月，伊朗工矿部代表团在北京与中国相关行业政府主管部门签订了6项重要合作协议，双方议定将在地质勘探、矿业开发规划等领域进行更紧密合作。

4. 伊朗矿业投资机会分析

目前，伊朗已开采的矿产数量占已探明储量的不足两成。伊朗工矿部下属的矿产开发与革新组织负责人透露，“五五”（2010年3月-2015年3月）计划期间，伊朗将有110个矿业项目上马，总投资约276亿美元。这些项目包括引进先进技术、设备以及建设相关配套基础设施等。据伊朗国内现有的投资能力分析，上述项目一半以上投资需要依靠引进外资来解决。这些项目除了带来在伊矿产资源开发的投资机遇以外，还将带动成套机械设备出口、设备维修与服务、专业技术培训等相关贸易机会。此外，伊朗工矿部定期在其网站上发布更新一些推介的矿产投资项目（详见附件）。伊朗相关机构通过举办国际矿业与石材展、投资贸易洽谈会、境外投

资机会说明会等形式，推介伊朗矿产品和投资机会。

未来，随着伊朗外部国际形势的好转和国内营商环境的改善，伊朗矿产宝库必将进一步向世人展现其独特的魅力。

老挝

一、老挝工程承包市场概况

1. 宏观环境

（1）基本国情

老挝是中南半岛唯一内陆国家，北接中国云南，南邻柬埔寨，东连越南，西北达缅甸，西南毗邻泰国，国土面积23.68万平方公里。1975年12月2日宣布废除君主制，成立老挝人民民主共和国，实行社会主义制度，老挝人民革命党是老挝唯一政党。1997年7月正式加入东盟。全国共有16个省、1个直辖市。人口618.6万（2010年），华侨华人约3万多人。

(2) 政治环境

老挝奉行和平、独立和与各国友好的外交政策，主张在和平共处五项原则基础上同世界各国发展友好关系，重视发展同周边国家友好合作，改善和发展同西方国家关系，为国内建设营造良好外部环境。老挝政权稳固，国内政局稳定，社会安定，在特定的少数民族聚居区偶发武装袭击事件。

（3）经济环境

老挝经济不发达。在2006年至2010年第六个五年社会经济发展规划中，老挝经济实现快速增长，克服了全球金融危机影响，国内生产总值年均增长7.9%，比上一个五年规划年均增长1.08倍；吸引国内外投资大幅增长，实际到位资金67.4亿美元，同比增长2倍；物价稳定，通货膨胀年均4.33%；汇率保持稳定，基普稳步升值；财政收入稳步增长，财政赤字逐年下降；对外贸易形势向好，贸易逆差减少。

2010年老挝国内生产总值64.8亿美元，比上年增长7.9%，人均国内生产总值突破1000美元，达1030美元；批准国内外投资16.41亿美元；进出口贸易额34.6亿美元，增长57.99%。

2. 老挝承包工程市场发展概况

（1）现状。

在“六五”规划期间，随着老党“八大”制定的“资源换资金”战略的实施，国际上多双边援助的增加，“10＋1”、“10＋3”经贸合作安排的推进，域内国家加大对老挝的投入，老挝经济增长在东盟国家内名列前茅，2008年由次贷危机引发的全球金融危机基本未对老挝经济产生实质性影响，老挝承包工程市场得到了恢复，并获得蓬勃的发展。

（2）特点。

a. 准入门槛低。老挝全国没有统一的招（议）标管理机构，政府对外来的承包商也没有严格规定注册要求，凡世行、亚行等国际组织以及外国投资公司实行的国际招（议）标项目，国外承包商均可投标，中标后即可进入老挝市场。

b. 资金来源多元化。投资和援助是推动老挝工程承包市场发展的两大动力。“六五”规划期间，老挝批准内外资合同额达110.6亿美元，共1,022个项目。国际上26个国家、26个国际组织向老挝提供官方发展援助共24.43亿美元，五年共实施2,251个援助及社会经济发展项目。

c. 市场竞争激烈。在承包工程市场上有中国、越南、泰国、日本、韩国、马来西亚、意大利等国施工企业，其中中资公司利用成本、技术优势，越南利用与老挝特殊政治关系，泰国利用地缘、人文及经济优势，以上述三国企业为主开展竞争，争夺市场。

（3）相关领域市场情况及发展规划

a. 相关领域市场情况 。

电力：截止2010年底，老挝全国有27座水电站，总装机256.1万千瓦，年发电115.14亿度。“六五”规划期间完成建设5座电站，装机191.9万千瓦，新增发电80.22亿度。

输变电线路：老挝全国有输变电线路29,601公里，其中500千伏高压输变电线路138公里，230千伏输变电线路406公里，115千伏输变电线路2,061公里。截止2010年底，全国98%的县城、61%的村和72%的家庭可保证用电。

路桥：“六五”规划期间，道路增长17%，从33,803公里增长到39,568公里，年均增长4.6%，约1,824

公里，其中柏油路年均增长7%，从4,582公里增长为4,882公里。

机场：全国有11个机场，首都万象能起降大型飞机。正在建设琅勃拉邦机场及巴色机场项目。

铁路：里程3.5公里，从万象经跨湄公河大桥连接泰国廊开府。2008年建成投入使用，目前仅有客运。

电信："六五"期间电信业年均增长7.8%，占经济总量4.6%。截止2010年底，共建设光缆13,200公里，99座电话交换中心，电话装机360万门，其中固定电话14.93万门，移动电话339万门，电话覆盖率每百人48门，全行业收入2.54亿美元。

矿业："六五"期间矿业年均增长19.91%，占国内生产总值9.5%，共批准投资25.45亿美元，同比增长5倍。

b."七五"规划中相关领域发展规划

电力：至2015年，计划完成8个电站建设，共装机286.52万千瓦；推动10个水电站项目，共装机501.5万千瓦，计划投资112.95亿美元。

输变电线路：到2015年，使全国80%的家庭用上电；完成北、中、南部三个电网115千伏线路联接；争取完成与泰国、越南500千伏输变电线路建设；建设230千伏输变电线路1,581公里，115千伏线路3,437.7公里，22千伏线路5,500公里。

公路：改造连接周边国家及省与省间国道920公里，重点建设1号国道。

机场：完成万象瓦岱机场改造项目，以起降波音747型飞机；改造琅勃拉邦、川圹、沙湾拿吉、巴色机场，以起降波音737型飞机；改造沙耶武里、南塔机场。

铁路：建设从老挝磨丁至万象的高速铁路。

供水：满足城市67%居民使用自来水。

电信：电信网络及服务将覆盖农村90%区域，人均电话占人口覆盖率达80%，建设光缆全长17,200公里。

水利：到2015年，全国水利灌溉面积30万公顷，其中旱季水利灌溉面积增加8万公顷。

（4）材料、设备及劳动力供应

老挝本地市场可提供部分工程材料如砂石、水泥等，目前全国有6家水泥厂，可满足国内市场80%需求，沥青、钢材等其他材料需从周边国家进口。有关工程设备也需从国外进口，按老挝《投资促进法》规定征1%的关税。

老挝劳动力市场供不应求，最低劳动工资标准每月34.8万基普（约44美元），实际上老挝普通劳动力价格远高于此2－3倍。老挝政府允许输入外籍劳务，但规定外国投资者使用外籍劳务，体力劳动者不能超过本企业职工人数的10%、脑力劳动者不超过20%。

3. 中资企业在老挝开展承包工程情况

（1）中资企业在老挝市场情况：

进入新世纪以来，一些有实力中资企业开始增加在老挝投资，并逐渐在业务上转型，即除传统承揽水电站、输变电线路、路桥、体育场馆等基础设施项目外，开始涉足以BOT方式投资水电站、矿产、酒店等项目，有力地带动工程承包市场的发展。近年来，我向老挝提供的出口信贷及优惠性质贷款稳步增长，也增加了我企业在老挝工程承包市场份额。

目前在老挝工程承包市场上主要中资企业有：中水电建设、中水对外、中工国际、葛洲坝、中路桥、北方工业、中电工、中电缆、中经东源、上海贝尔、华为、中兴通讯等，以及云南建工、广东水电三局、云南阳光道桥等地方企业。

截至2010年底，我对老挝工程承包合同额共445,795万美元，营业额共261,509万美元。

（2）2010年业务情况和主要项目：

2010年全年我企业在老挝签订工程承包合同数43份，合同额83,457万美元，同比下降14.1%，营业额57,310万美元，同比增长38.3%。主要项目有：南俄3水电站土建工程（3.76亿美元）、南俄5水电站（1.67亿美元）、南坎2号水电站（3.15亿美元）、会兰庞雅水电站（2亿美元）、欣合至琅勃拉邦230千伏输变电线路（1.29亿美元）、欣合至那赛通230千伏输变电线路（7,220万美元）、琅勃拉邦机场改扩建（8,642万美元）等。

（3）存在的主要问题

低价竞标：中资企业在老挝市场上竞争激烈，有的公司宁愿以微利甚至亏本的代价进入工程承包市场，以寻求长远的发展。

融资瓶颈突出。我政策性金融机构支持力度不够，每年向老挝国别提供的优惠性质贷款额度有限，而老挝政府对含信保条件的商业贷款额度有限制，导致部分中资企业跟踪的项目"等米下锅"。

项目炒作时有发生。近年来，个别国内外企业炒作老挝中部铁路、中老铁路等项目，给一些国内急于开拓国际市场的企业和个人造成了损失。

私自承揽项目。我部分民营企业、个体，通过老挝地方政府或个人介绍，未按规定程序报批申报项目，盲目承揽、分包中小型工程项目，导致部分项目完工后拿不到或被拖欠工程款。

4. 在老挝开展工程承包注意事项

（1）气候及风俗习惯。老挝属热带和亚热带季风气候，一年分为旱季和雨季，旱季适合施工，雨季则雨水充沛，许多地方经常淹水，施工难度大；老挝人信仰小乘佛教，日常生活及工作与佛教息息相关，有关项目实施过程中要注意尊重当地风俗文化，适当回馈社会，与当地人民和谐共处。

(2) 项目审批周期长。老挝政府办事效率不高，没有统一行政事务办理大厅，办事程序多且不透明，如涉及多部门需专人跟踪，办理相关工程承包项目审批、清关等手续耗时长，要提前做好时间安排。

(3) 免税。在签署EPC合同时，要注意是否有免税条款，按老挝政府惯例，投资援助项下项目可免税，使用我优惠性质贷款实施的项目均享受免税待遇，但必须明确将免税条款写入合同中，否则将按规定征收10%的营业税。

二、承包工程与劳务

中国水利电力对外公司与老挝国家电力公司签署色坎曼2号水电站EPC总承包

2012年9月10日，中国水利电力对外公司与老挝国家电力公司签署塞坎曼2号水电站EPC总承包MOU。老挝副总理宋沙瓦·凌沙瓦、能源矿产部副部长坎曼尼、国家电力公司总经理西沙瓦以及我驻老挝使馆经商参赞赵文宇、中国水利电力对外公司总经理王禹等出席签字仪式。

该项目位于老挝色贡省，装机容量13.5万千瓦，预计建成后年发电量7亿度。

中老合作矿产资源及能源勘察分析服务中心开业

2012年8月6日，老挝矿产资源及能源勘察分析服务中心在万象举行开业仪式。该项目由老挝自然资源和环境部地质矿产司和中国中鑫资源集团有限公司合作，是集矿产资源及能源勘察开发、分析检验、资源储量评价、技术咨询服务为一体的综合性地质矿产服务机构，是目前老挝唯一的综合性、多功能、具备一定科研能力的国家级分析检验中心。

中国水电建设集团国际工程有限公司在老挝首个水电站BOT项目下闸蓄水

2012年2月29日，中国水电建设集团国际工程有限公司在老挝首个水电站BOT项目南俄5水电站举行下闸蓄水仪式。老副总理宋沙瓦·凌沙瓦、自然资源和环境部、能源和矿产部部长、琅勃拉邦省、川圹省领导以及我驻老挝使馆经商参赞赵文宇、中国电力建设集团副总经理、中国水电国际公司董事长黄保东等出席仪式。

老挝南俄5水电站项目由中国水电建设集团国际工程有限公司与老国家电力公司共同投资开发，于2008年10月正式开工建设，总装机容量12万千瓦，计划年底建成发电。该项目是我企业在老BOT投资的第二个项目。

中老共同举行援老挝国际会议中心项目开工典礼

2012年2月23日上午9时，援老挝国际会议中心项目开工典礼在项目现场隆重举行。中国商务部副部长陈健、中国驻老挝大使布建国、经商参赞赵文宇和中国政府经贸代表团全体成员以及参建企业有关领导等代表中方出席，老挝副总理兼外长通伦、公共工程和运输部部长宋玛、科技部部长波万坎等老方官员近百人也出席了典礼。典礼由商务部驻项目专职代表王岳主持。

陈健副部长在致辞中说，该项目工期十分紧张，任务十分艰巨，但通过双方共同努力，项目前期进展和质量都达到了预期效果，令人欣慰，这主要基于两国领导人高度重视、招标选定的各参建企业有力实施、老方积极配合与支持、双方建立有效沟通机制等有利因素。陈健副部长希望在后续施工过程中，双方继续本着质量为先、打造精品的共同理念，提高工作效率，确保项目按时保质完工，使之成为中老友谊的又一丰碑。

宋玛部长在致辞中对中国政府为老挝援建国际会议中心、以及长期以来为老挝社会、经济发展提供的帮助表示感谢，并高度赞扬了该项目的设计风格，称其融合了老挝传统建筑风格和现代化设计理念，建成后必将成为万象市地标式建筑，将为老挝政治、社会、经济、文化发展发挥巨大作用。

最后，中老双方代表共同为项目奠基、剪彩，并由通伦副总理敲响极具老挝传统特色、象征美好祝愿的9声铜锣，在鞭炮、烟花和乐曲中，开工典礼圆满落幕。

葛洲坝承建老挝北方农村电气化工程开始供电

2012年4月16日，由中国葛洲坝集团股份有限公司承建的老挝北方农村电气化工程项目华潘部分15日正式供电。老挝政府总理通辛、中国驻老挝大使馆临时代办吴志武以及双方嘉宾100余人出席供电仪式。

当天在华潘省省会桑怒，老挝国家电力公司总经理西沙瓦对中国葛洲坝集团股份公司的项目管理水平、施工质量和施工速度给予高度赞扬。华潘省省长坎洪也对集团股份公司在工程施工中付出的努力及表现出的良好职业操守给予充分肯定，并希望未来集团股份公司能够更加广泛地参与华潘省及老挝的基础设施建设，造福老挝人民。

中国葛洲坝集团股份有限公司总经理助理、国际公司董事长任建国说，葛洲坝人将继续努力，不负众望，尽快完成老挝北方7省全部施工任务，为老挝民生改善及经济发展作出贡献。任建国还代表中国葛洲坝集团向当地教育、社会福利等公益事业捐赠共计2亿基普（约合2.4万美元）。

老挝总理通辛为供电仪式剪彩，放飞象征美好祝福的气球，并对中国葛洲坝集团秉持的与当地共同发展的理念，积极担当社会责任、促进老中传统友谊的作为给予高度赞赏。

老挝北方农村电气化工程项目主要施工内容包括老挝北部7省部分城镇和农村地区的电气化改造，涉及铺设1030公里22千伏输变电线路、安装232（台）套变压器以及246公里民用400伏低压电力线路铺设等，合同工期24个月。该项目是老挝2020年电力开发计划优先发展项目和老挝国家电气化的重点工程，建成后将惠及1.6万余个家庭，为当地民生改善及经济发展提供强劲动力。

东方电气成功签约老挝南杉水电站总承包合同

2012年9月7日，中国东方电气集团有限公司继成功签约、实施老挝南椰、赛纳、南芒河等水电项目后，再次从老挝市场传来喜讯：东方电气收到老挝南杉水电项目合同预付款，标志着合同正式生效、合同履约工作全面启动。南杉水电EPC合同的成功签约是东方电气积极实施“走出去”战略，深入开拓老挝电力市场取得的又一突破，为东方电气在老挝水电市场的可持续开发以及进一步带动东方电气的设备出口并形成规模化经营迈出了坚实的一步。

老挝南杉水电站总装机容量为115MW，根据合同要求，东方电气将承担该项目包括设计、土建施工、机电设备供货以及安装调试等全部EPC工作。南杉水电站总承包合同于今年7月29日在老挝万象签署，老挝国家副总理宋沙瓦．棱沙瓦、老挝能矿部副部长、老挝川矿省副省长，东方电气集团副总经理黄伟等共同出席了合同签字仪式。

中企承建老挝湄公河巡逻道路

中国路桥工程有限责任公司和老挝国防部2012年8月19日在万象签署《湄公河巡逻道路勘探、设计和建设项目谅解备忘录》。

根据谅解备忘录的规定，中国路桥将在老挝国防部的支持下进行项目勘探、可行性研究和初步设计工作。老挝政府在获得中国政府的项目优惠贷款之后，将指定中国路桥作为总承包商，以“交钥匙合同”的方式完成项目建设。

老挝国防部代表、老挝人民军副总参谋长波相．占巴潘致辞时称，该项目对老挝政府具有非常重要的战略意义，同时将进一步深化中老两国在政治、国防和经济基础设施建设方面的合作。

中国路桥副总经理刘弘表示，这段巡逻道路的建设是老挝战略性的国防工程，能够为边境地区带来和平和安宁，同时又能为沿路各地的群众脱贫致富创造条件，具有显著的社会经济意义。

老挝国防部湄公河巡逻道路项目起于琊南塔省边境动新县，止于博胶省会晒市敦蓬县，道路分为11段，全长约300公里。项目区内的治安情况基本安稳，但偶有不良情况发生。

中国能建承建老挝洪沙电站1号机组主厂房钢结构安装开工

2012年6月26日，由中国能建东电一公司承建的老挝洪沙电站三台626兆瓦机组一号主厂房钢结构安装开工。开工仪式上，老挝沙耶武里省省长、HPC总经理和总包方领导共同启动鸣放礼炮按钮。在阵阵炮声之中，一号机组主厂房的两根钢柱缓缓就位。自此，洪沙电站项目主厂房钢结构安装正式开工。

自2011年10月18日洪沙电站主厂房基础土方开挖以来，中国能建东电一公司老挝项目部全体员工发扬公司的优良传统，不惧困难与艰苦，顽强地克服了重重困难，先后如期完成了各项施工任务。一号机组基础顺利出零，并已于5月27日开始一号锅炉钢结构安装，现第一层钢结构安装已顺利完成。在洪沙施工现场充分展示了中国能建东电一公司的施工能力及企业风采，该公司已作为标杆成为洪沙现场的施工领头军。

三峡集团老挝南椰2水电站项目总承包合同顺利签署

2011年10月19日，中国三峡集团中水电公司总经理王禹和老挝南椰电站有限公司董事长王小兵分别代表EPC总承包商和老挝南椰2电站有限责任公司在合同上签字。

南椰2水电站项目是中水电公司在老挝以BOOT模式开发的第二个水电站项目，项目位于川圹省省会丰沙湾东南约70公里的区域，工程以发电为开发目标，具有年调节能力。EPC合同金额约2.8亿美元，总承包合同的签署标志着老挝南椰2水电站正式进入实施建设阶段，对于实现电站2015年底投产发电的目标具有重要意义。

作为中国三峡集团公司的国际业务平台，中水电公司将一如既往地恪守“建好一座电站，带动一方经济，改善一片环境，造福一批移民”的宗旨，将努力把南椰2水电站项目打造成为继南立1-2水电站工程后的又一个优质精品工程，从而为促进老挝经济社会发展，加深中老两国友谊做出新贡献。

柬埔寨

一、承包工程与劳务

据中国商务部统计，2011年，中国企业在柬新签承包工程合同81个，同比增长11%；合同总额5.04亿美元，下降62.4%；营业额8.25亿美元，增长27.3%；外派人数3433人，下降7%。中国企业派出赴柬劳务合作人数40人，下降92%。截至2011年底，中国企业在柬承包工程累计合同额和营业额分别是52.13亿美元和28.81亿美元。

2012年上半年，中国企业在柬新签承包工程合同28个，同比下降26.3%；合同总额4.74亿美元，增长97.3%；营业额6.19亿美元，增长21.4%；外派人数3016人，增长47.8%。中国企业派出赴柬劳务合作人数97人，增长273.1%。截至2012年6月底，中国企业在柬承包工程累计合同额和营业额分别是56.88亿美元和35.01亿美元。

中方投资的卷烟厂项目扩建工程举行奠基仪式

2012年2月21日，由广东中烟工业有限责任公司在柬埔寨投资的威尼顿集团有限公司举行烟厂扩建项目的奠基仪式。我驻柬大使潘广学、商务参赞金远、中国烟草国际有限公司副总经理郭胜锁、中国烟草专卖局副司长张书东等出席。

威尼顿集团有限公司于1993年在柬埔寨成立，是柬最大的卷烟企业之一，市场占有率超过40%，其中的“吴哥”品牌被誉为柬埔寨的国烟。公司总资产3970万美元，目前拥有员工689人，其中96%为当地员工。此次扩建项目总投资2500万美元，技改项目全面竣工后，公司将发展成为配置国际先进设备、年产能力达到75万支的生产工厂，主要生产管理指标有望达到国际先进水平。

中海油即将在柬埔寨西哈努克省进行海上石油钻探

2011年12月14日，中国海洋石油总公司首席执行官李凡荣拜会柬埔寨国家石油机构主席、副首相兼内阁办公厅大臣索安时表示，中海油于2007年获得柬海上F区块7000平方公里油气钻探权。公司将履行投资承诺，于本月开始在F区块钻探石油和天然气，预计耗资2000万美元。索安副首相表示，该项投资是柬中友谊和长期合作的象征，柬政府将全力支持此次钻探行动。同时，希望中海油帮助培训柬石油官员关于油气方面的新技术。

中国公司投资的柬埔寨甘再水电站竣工启用

2011年12月7日，由中国电力建设集团（原中国水电建设集团）在柬埔寨BOT建设的甘再水电站正式竣工并投入使用。柬埔寨首相洪森、多位副首相及高官、我驻柬埔寨大使潘广学、商务参赞金远、中国水电建设股份公司总经理孙洪水等出席了竣工仪式。洪森首相在致辞中高度评价中国企业在柬埔寨投资建设水电站项目，称甘再水电站的建成圆了柬埔寨人民20世纪六十年代以来的一个梦想，将极大缓解柬埔寨电力短缺问题，造福周边百姓，为柬经济发展做出重要贡献。

甘再水电站位于柬埔寨西南部贡布省的甘再河上，距首都金边约150公里。2006年4月，温家宝总理和洪森首相出席象征性开工仪式。2007年9月，项目正式开工建设，总投资2.8亿美元，总装机19.32万千瓦，年均发电4.98亿度。项目特许经营期44年，其中施工期4年，商业运行期40年。年均电价为每度8美分。

中柬两国签署援柬政府信息技术楼项目设计合同

2012年2月9日，我驻柬埔寨使馆商务参赞金远和柬埔寨首相府国务大臣英诺拉在金边签署了援柬政府信息技术楼项目设计合同。英诺拉在致辞中表示，中方2009年援建的柬政府办公楼功能齐全，质量可靠，柬方非常满意。现在中方又继续帮助建设与之配套的政府信息技术楼，这体现了中柬两国深厚的友好情谊，柬政府和人民对此深怀感激。金远参赞表示中方将一如既往，高度重视，把信息技术楼建设成中柬合作的又一个优秀工程；同时希望柬方积极配合，加快援柬政府办公楼项目增项工程相关工作进度。

第五座中柬友谊大桥开工建设

2011年11月2日，柬埔寨使用我优惠出口买方信贷资金建设的金边水净华新桥举行开工仪式。柬首相洪森、潘广学大使、金远商务参赞、柬政府8位副首相、数十位部长级高官以及5000多当地群众参加。洪森在致辞中感谢中国政府长期以来向柬提供的无私帮助，尤其是近期在柬政府和人民抗击特大洪涝灾害中提供的及时援助。洪森祝贺中国共产党十七届六中全会胜利召开和中国成功发射神州八号航天飞船，并将金边水净华新桥命名为中柬友谊水净华大桥，这是继上丁省西公河大桥、波雷格丹洞里萨河大桥、波雷达马湄公河大桥、巴萨河达克茂大桥之后的第五座中柬友谊大桥。

二、柬埔寨投资环境及重点投资领域

1. 柬埔寨经济社会发展情况

（1）概况

柬埔寨经济不发达。2010年，柬GDP总值为114.4亿美元，增长5.9%。其中，农业占33.5%，工业占21%，服务业占38.3%。人均GDP为792美元，年均通胀率为3.1%。外贸总额为104.7亿美元，增长11%。其中，出口43.6亿美元，进口61.1亿美元，贸易逆差17.5亿美元。外汇储备25.5亿美元，可保证4.7个月的进口。全年财政赤字6亿美元，吸引外资（实际到位）5.53亿美元。美元在柬市场自由流通并占主导地位，与柬币（瑞尔）兑换汇率平均在1:4000左右。

农业、制衣业、房地产及旅游业，是柬经济发展四大支柱。2010年，柬稻谷种植面积276.3万公顷，稻谷产量799万吨，产值占GDP的11.5%。其他农作物产值占GDP的7%，畜禽养殖占4.6%，渔业占7.6%，林业占2.8%。制衣业占GDP的8.7%，共有470家制衣和制鞋企业，为柬创造了30多万个就业机会。建筑业占GDP的6.1%，由于柬房地产业持续低迷，全年建筑业投资仅8.4亿美元。全年旅游业为柬政府创收17.9亿美元，入境游客250万人次。

（2）经济社会发展特点

1998年实现真正和平后，柬政府奉行自由开放的经济政策，积极吸引和争取各种资金参与国内经济建设，外援和外资成为柬经济发展的主要动力。经过十多年快速发展，柬国民经济取得较大发展，人民生活得到改善。但总体而言，柬在经济社会各领域仍处于落后阶段。

交通基础设施落后，制约经济发展各个环节。公路是柬运输的主要方式，但全国公路通车里程仅4.5万公里，等级较低，无快速路和高速路。全国仅有两条铁路线，总长602公里，均为单线米轨。因年久失修，时速仅为20公里，无客运列车。内河航运因受雨季旱季水量影响，运力有限。西港是柬唯一的深水海港，能停靠万吨级船舶，2010年货物吞吐量不足200万吨。

水利设施匮乏，农业仍在“靠天吃饭”。柬日照充足，雨量充沛，发展农业生产的自然条件优越，但农业基础设施落后。据柬水资源与气象部统计，目前的水利灌溉系统仅能为48%的农民提供充足的农用水。因此，柬农业仍未摆脱“靠天吃饭”的局面，大部分土地每年只能种植一季稻谷，单产仅为2.9吨/公顷，远低于邻国的越南和泰国。

工业结构单一，出口严重依赖制衣业。工业以“两头在外”的制衣业为主，其他均为空白，市场所需工业品几乎全部依赖进口。成衣是柬出口支柱产品，占柬总出口的84%。

能源资源丰富，均未进入实质开发。柬已探明蕴藏石油、金、铁、铝土等多种矿产资源，但均未进入实质开采阶段。水力和旅游资源丰富，但有效利用不足，未来发展空间巨大。

——石油。柬有海上和陆地石油。其中，海上石油开采分为A、B、C、D、E、F六个区块，陆上具备石油地质构造特征的地区主要集中在洞里萨湖盆地。美国雪佛龙公司承包的A区块已证实有石油和天然气，但因与柬政府就石油税收等问题尚未达成一致，迟迟未进入开采阶段。据世界银行预测，柬海上石油储量约20亿桶。目前，柬石油产品全部依赖进口，约占进口总额的五分之一。

——矿产。柬地质板块构造奇特，平原为河流冲积平原，地下流沙埋层较深；东北和西北是山脉地带，蕴藏着丰富的矿产资源。由于缺少资金和技术，柬政府无力对全国矿产资源进行普查和勘探，自身家底无从掌握。目前，约有70多家企业（大多为外国公司）在柬进行勘探开发。据了解，金、铜、铁、铝土等矿产资源品位较高，但实际储量不得而知。由于柬政府规定原矿不能出口，而投资加工冶炼的交通、物流、电力成本很高，上述企业均未进入实际开采阶段。

——水力。柬电力缺口很大，需要大量从国外购电。2010年，柬自身发电量仅为22亿度，占总用电量的58%；年进口电量约16亿度，分别从越南（67%）、泰国（32%）和老挝（1%）购买。柬拥有约1万兆瓦的发电水力资源，目前已开发利用的水力资源仅占3%。

——旅游。柬旅游资源丰富，全国旅游景点有1300余处，其中包括100余处自然景观，1161个历史文化景点和约40个休闲胜地。其中，世界七大奇观之一的吴哥窟和以热带自然风光闻名的西哈努克港，是柬最著名的旅游胜地。由于交通、酒店、餐饮等基础设施不完善，配套服务缺乏，柬大多数旅游资源目前只能以原始面貌展现在游客面前，旅游业的创收能力有待提高。

2. 柬中长期发展规划和优先吸引外资行业

2008年，柬第四届王国政府成立后，推出“四角战略”第二阶段施政纲领，确定了柬经济社会发展五年规划。“四角战略”第二阶段基本延续第一阶段的核心内容，只是对部分政策进行了调整和补充。

（1）“四角战略”第二阶段的四个角

大力发展农业。重点有四个方面：一是提高农业生产力和发展多元化生产；二是落实土地改革和继续推进扫雷工作；三是加强渔业生；四是加强林业管理。

继续加强基础设施建设。五年规划中确定了四个重点领域：一是海陆空交通基础设施；二是水利和水资源管理；三是能源电力；四是通讯技术。

促进私人投资和就业。确定四个重点方面：一是加强私有经济发展，吸引投资；二是创造良好工作环境和更多工作岗位，促进就业；三是鼓励中小企业发展；四是建立健全社会保障体系。

加强人力资源建设。包括四个方面：一是提高教育质量；二是提高卫生服务质量；三是推行两性平等政策；四是执行现有人口政策。

（2）优先吸引外资行业

柬政府于1994年颁布《投资法》，2003年通过《投资法修正法》。政府鼓励投资的重点领域包括：创新和高科技产业、出口导向型产业、旅游业、农业及农产品加工业、基础设施及能源、各省及农村发展、环境保护、在依法设立的经济开发区投资。

3. 重点投资领域

大米和木薯。2010年8月17日，柬政府颁布《促进稻谷生产和大米出口政策》，旨在将柬打造成国际市场上主要大米出口国，力争在2015年实现出口100万吨大米的目标。同年10月，我国家质检总局与柬农林渔业部签署了《关于柬埔寨精米输华的植物卫生要求议定书》，解决了柬政府迫切关注的大米对华直接出口问题。但是，由于仓储和加工能力不足，柬达到国际标准、可供出口的大米数量有限（2010年仅出口4.5万吨），大量稻谷仍被泰国、越南商人收购，加工成泰国、越南香米出口中国。在柬投资建设粮库和碾米厂将是最佳切入点和最能体现互利共赢的领域。2010年柬木薯产量达378万吨，但加工能力不足。去年12月，我国家质检总局与柬农林渔业部签署了《关于柬埔寨木薯干输华的植物卫生要求议定书》，柬木薯已可直接对华出口。目前，已有中国、越南等国企业在柬种植木薯。

天然橡胶。目前，柬橡胶种植面积达18万公顷，可收获面积4万公顷，产量4.6万吨。随着国际市场橡胶价格不断攀升，柬已加大对该领域的开发力度，大力推动实施家庭种植橡胶树工程，成立橡胶种植户合作社，通过提供贷款鼓励农民种植橡胶树，无偿培训种植和管理，计划在三年内将种植面积扩大至25万公顷。

畜牧业。柬气候条件好，植物生长茂密，具有发展畜牧生产的良好自然条件。柬每年肉类需求约25万吨，国内生产仍无法实现完全自给。

水产养殖。柬水产资源丰富，洞里萨湖是东南亚最大的天然淡水渔场，湄公河、洞里萨河及其支流亦盛产淡水鱼；海岸线长460公里，海洋捕捞及海产养殖具有良好的自然条件。渔业占柬农业产值的四分之一。2010年，柬水产总量55万吨。其中，淡水鱼产量40.5万吨，海水鱼产量8.5万吨，养殖仅有6万吨。

石油及炼化。我企业在柬参与石油勘探开发的是中国海洋石油公司和总部设于香港、在新加坡上市的瑞德能源两家企业，分别取得柬海上的F和D区块。随着柬政府限令雪佛龙公司必须在2012年12月12日开采出石油，柬石油开采日渐提上日程，届时将会带动上下游产业链的逐步布局和完善。

矿产及冶炼。随着柬基础设施和电力供应的逐步改善，在柬勘探矿产作业程度不断加深，部分矿产资源的开采指日可待。柬金、铜、铁、铝土矿品质优良，已有中国企业开始布局，以民营企业为主。

旅游。柬政府于2000年宣布开放天空，外国航空公司可以直接从始发地飞往暹粒，让更多的游客更方便地参观吴哥古迹。政府还通过积极促成与周边国家互免签证、开辟更多直航等手段努力扩大外国游客来源。目前，柬政府在金边、暹粒省、西哈努克省、白马省、国公省和东北地区的拉达纳基里省、蒙多基里和上丁省等地招商引资，建设开发旅游区，发展旅游配套设施。

文　莱

一、文莱建筑承包工程市场研究

1. 文莱建筑业基本情况

建筑业是文莱除油气产业外第二大产业。根据文经济计划发展局（BEDB）公布的资料，近三年来建筑业在文国内生产总值（GDP）中所占比例保持在4%左右，其中2009年总产值为3.46亿美元（按不变价格计算）。当前文建筑承包工程市场由政府主导推进，以低收入者住房及基础设施建设为重点。主要特点表现在：

（1）市场容量有限。丰沛的油气收入使文政府财政宽裕，2009年文莱人均GDP达2.79万美元，在东南亚地区仅次于新加坡。但文国面积不大，目前全国人口约40余万，2010/2011财年政府预算支出总额仅35.6亿美元，相比东盟地区其他国家，文莱在建筑工程领域的政府投入总量不大，市场潜力有限。

（2）依赖政府投资拉动。文大型项目主要由政府投资拉动，私人或外国投资规模很小。根据有关规定，政府投资项目必须采用投标方式，项目招标需要漫长的法律和审批程序，启动及执行效率都相对较低，政府支付程序也较慢。

（3）许可证和劳工配额限制。承包商承揽当地工程需要得到主管部门颁发的承包工程许可证，并具备一定的建筑企业分级资质。外国建筑公司一般采用与当地企业合作、合资或者分包方式参与政府工程项目。另外，文劳工准证管理非常严格，外国企业申请配额须提前做好充分准备，非东盟国家比文周边国家更难获得人员工作准证。

（4）税收环境相对宽松。外汇出入境控制不严。公司税为当地主要税种，2011年将下调至22%。进口施工设备可办理临时进口手续，并按照租赁方式支付税金，施工结束后办理出境注销。

2. 中国企业在文业务开展情况及遇到的问题

中国企业进入文莱承包工程市场较晚，规模不大。根据商务部统计数据，截至2010年6月底，我在文承包工程合同额累计2.15亿美元，营业额1.35亿美元。2009年以来，一些中国企业结合自身优势，积极开拓文建筑承包工程市场并取得突破。目前在建项目主要包括中水电集团的水坝项目、中交集团的公路项目、中铁二局的房建项目等。在文中国企业通过积极接触市场和严格施工管理，为进一步站稳市场奠定了基础，有关企业在市场开拓中遇到的困难主要包括：

（1）成本控制问题。为保护国内供应商利益，文政府对水泥等部分建筑原材料的进口有所控制。由于国内需求增加，砖块、砂石、钢筋等进口原材料价格近期涨幅较大。据了解，文方合同通常不会加入“价格自动调整条款”（Escalation Clauses for Price Fluctuation），中方企业在承揽工期较长的大型施工项目时存在成本增大的风险。

（2）劳工引进问题。文劳工部门对外国劳工配额管理日趋严格，除必要的管理和技术员工外，来文中国企业往往使用非中国籍劳务人员。由于劳动力成本上涨因素，当地劳动力市场已经由传统的泰国外劳转向技能较差的印尼、越南或印度外劳，在用工管理上需要不断积累经验。

（3）市场磨合问题。文莱承包工程市场对绝大多数中资企业来说尚属完全陌生的市场，需要充分考虑到当地的官僚体制、运作习惯和宗教习俗，在与项目业主、监理单位、合作企业、金融机构打交道之初，对方往往对我们缺乏了解和信心，要求也更加苛刻。

（4）价格竞争问题。尽管文莱建筑工程市场规模有上升趋势，但竞争日趋激烈，文莱项目招标通常采用最低价中标，外国公司在普通建筑工程项目（如房建项目）上优势不大，必须发掘自身优势，寻找合适机会。

3. 建议

（1）加强市场调研，同BEDB、发展部等工程项目主管部门建立密切联系，有针对性地跟踪大型重点工程项目，及时掌握项目动态。

（2）慎重选择当地合作伙伴，提前明确双方的责任和分工，以及在保函开具、工程款项管理等方面的约定。

（3）充分考虑到雨季对项目施工工期的影响，以及在劳工准证、公司注册、设备进口等方面可能遇到的问题。

（4）熟悉当地在招投标以及项目施工管理（包括质量、安全等）方面的规范做法，打造国际化团队。

另外，文莱建筑工程市场空间有限，拟进入的中国企业应该充分考虑到开展市场培育的成本风险，制订长期开拓计划，避免无序竞争。

二、当前主要在（待）建文莱重点工程项目简介

（1）房建项目。发展部执行的低收入者住房建设工程是当前文莱最大在建项目，由“为无土地原住民提供住房计划”和“国家房屋建设计划”两部分构成。根据计划，在2007-2012年间政府累计投资额10.9亿美元，其中发展部公共工程局在2012年前应竣工1万套，文莱经济发展理事会（BEDB）在2014年前完成7500套。数据显示，当前已列入住房申请名单的国内需求已超过3万套，预计房建项目仍将继续被列入新的国家发展规划中。

（2）垃圾综合管理项目。该项目首期包括将临近市区一个露天垃圾场改造成休闲公园，已于2009年完成。第二期将兴建文莱首个现代化的垃圾转运和处理站，计划投资近5千万美元，于2011年建成。该建筑办公和管理区计划通过安装太阳能板提供电力，将是文莱首个太阳能动力建筑。

（3）水坝项目。为扩大清洁饮用水供应能力，文政府计划投资约8700万美元在乌鲁都东地区建造一个新水坝，坝高42米，蓄水面积128平方公里，蓄水量1亿立方米。该项目由中水电集团施工建设，2010年初已动工。文方尚考虑安装发电机组，将其升级为一个10MW的小型水电站。

（4）机场改扩建项目。为将文莱打造成东盟东部区域客流和物流中心，文政府在不影响文莱国际机场运营的同时实施机场改扩建工程，并委托新加坡樟宜国际机场公司提供咨询和工程建设管理。该项目造价预算约9440万美元，计划第一期于2013年完工，年客流容量提升至450万人次，目前项目已进入招标程序。

（5）大摩拉岛综合开发项目。大摩拉岛位于摩拉港出海口，占地面积955公顷。大摩拉岛综合开发作为文经济多元化重点项目之一，在2003年已提上议事日程，但迄今进展缓慢，由新加坡Surbana公司设计的规划书（master plan）仍未公布。根据最初设计蓝图，大摩拉岛一期工程将包括大规模清淤、回填和岛上基础设施建设，以及一座连接陆地的2.7公里长跨海桥梁。二期将包括建设集装箱码头、石化基地、出口加工区等设施。由于项目投资方迟迟不能落实，最终规划方案仍存在变数。

（6）双溪岭工业园区。该项目旨在为文莱打造一个石化产业中心，2010年，总投资额5亿美元的甲醇厂已建成投产，园区管理、服务等配套基础设施也已基本齐备。目前问题是园区面积偏小，而且除甲醇厂外，尚未落实其他外国企业投资项目。

（7）高速公路建设。文莱公路网络建设尚有较大发展空间，公路建设是2007-2012年国家发展规划重点之一，总预算分配达4.12亿美元，占总预算支出的6%。目前最大在建项目为特里塞－鲁木段18.6公里高速公路项目，工程总造价1亿美元，主要施工单位为中交集团三航局兴安基公司，这也是目前中资企业在文最大在建项目。此外，文政府已委托英国Ove公司对连接东部淡布隆地区的近30公里长跨海大桥建设项目开展可行性研究。淡布隆为原始热带雨林地区，有文莱“绿宝石”之称，跨海大桥的修建将有利于进一步开发文莱旅游市场资源。

（8）现代化首都建设。文莱斯市市政局委托MVA Asia有限公司拟定了未来城市发展蓝图，重点涵盖环境和谐、文化内涵、旅游发展、经商便利、基础设施、完善行政管理能力等10大发展目标，大型基础设施建设工程包括一条连接市中心与国际机场的10公里长轻轨项目。另外，市政局开展的在线民调结果显示，95%的公众支持发展高层住宅，以解决低收入者住房需求与可用土地资源稀缺之间日益突出的矛盾。

（驻文莱使馆经商处）

土耳其

承包工程与劳务

中国南车集团中标承建土耳其安卡拉地铁324节车辆

据土耳其《每日新闻》（Daily News）2012年5月17日报道，土耳其安卡拉地铁招标委员会批准中国南车集团（CRS）以3.912亿美元价格中标承建安卡拉地铁324节车辆。招标委员会称，5月21日前，参加投标各方如无异议，业主将与中国南车集团签订正式承包合同。合同签署后20个月内交付15节，其余部分将在32个月内交付。合同还规定，为了促进土国经济和相关工业发展，前75节车厢30%的零部件和其余车厢51%的零部件应由土国当地生产商提供。参加本次投标的还有韩国现代集团（Hyundai Rotem）和西班牙赛晶电子电力集团（CAF SA）。安卡拉地铁计划于2013年底通车。

中电工程签订土耳其超超临界燃煤电站项目合同

2012年7月16日，中电工程中南电力设计院与土耳其CENAL电力公司（CENAL Electricity Generation Company, Turkey）签订了土耳其KARABIGA 2×660MW超超临界燃煤电站项目工程设计、采购咨询、安装调试指导服务合同。

该项目是中国首个出口国外的超超临界机组项目，也是中南院第一个与外方业主直接签订的设计与咨询服务合同项目。该项目的承接与实施，是中南院强化勘测设计业务核心，践行"优先国际业务和总承包业务经营理念"迈出的重要一步。

近十几年来，中南院先后在马来西亚、越南、土耳其、印尼、巴基斯坦、印度、孟加拉、伊拉克、尼日利亚、苏丹、也门、赤道几内亚、危地马拉、委内瑞拉、白俄罗斯等28个国家承担了工程勘测设计和总承包项目，业务遍及亚、非、拉丁美洲。创造了中国电站机组出口项目多个第一：中国出口土耳其的第一台燃煤机组（土耳其Biga 一期1x135MW）、中国出口的第一台沥青岩燃料机组（土耳其 Silopi一期1x135MW）、中国出口的第一台600MW超临界机组（土耳其EREN（1+1）x600MW）、中国出口的第一台350MW超临界机组（土耳其IZDEMIR 1x350MW）、中国出口南美洲的第一个油气双燃料机组（委内瑞拉1x600MW中央电厂）、中国出口白俄罗斯的第一个9F级燃机（卢科木里400MW、别列佐夫400MW电厂）等。

黑龙江火电三公司承建的土耳其BEKIRLI工程2号机组正式开工

2012年6月5日，黑龙江火电三公司承建的土耳其BEKIRLI（1+1）×600兆瓦超临界燃煤电站工程2号机组锅炉钢结构开始吊装，标志着该工程正式拉开序幕。土耳其业主ICDAS集团OSMAN先生、中国机械设备进出口总公司土耳其现场经理马东辉分别出席了仪式并致贺辞。

黑龙江火电三公司相关负责人表示：土耳其BEKIRLI项目2号机组的开工，对公司开发土耳其市场意义重大，为确保机组顺利达标投产，项目部全体员工将在今后的工作中全力做到科学组织，合理施工，精细管理，重安全、保质量；并致力创建一流的精品工程，回报业主，进一步深化华中国能建"黑三"品牌。

北京博电签订土耳其SVC工程项目

2012年3月，继去年中标越南两个钢厂SVC项目，土耳其某化学工业园区MCR项目之后，北京博电再度中标土耳其某冷轧钢厂33MVar SVC 项目。2012年3月14日，国际部夏总、电力电子部齐总专赴土耳其伊斯坦布尔市与业主方签订合同。该工程为"交钥匙工程"，工程内容涵盖系统设计、现场安装、现场调试、售后培训等诸多方面。项目达产后，功率因数将达到0.95以上，谐波电流及谐波电压均满足国标要求，有效改善用户电能质量，避免用户遭受低功率因数罚款，显著提升企业的经济效益。

此项目是博电海外SVC项目的第四个签约项目，是海外业主对博电产品的认可，也再一次证明了博电在电能质量控制领域的技术和实力，更是对博电人士气的鼓舞。海外项目的顺利发展缘于博电相关部门之间的密切配合。北京博电将以此为契机，各部门通力合作，继续深入拓展海外市场。

华东院总承包的土耳其FEKE-I电站设备成套项目首台机转子顺利吊装

2012年2月24日，华东勘测设计研究院总承包的土耳其FEKE-I水电站设备成套项目首台机转子顺利吊入机坑。这一重大节点的顺利完成，为确保首台机组在

2012年6月份发电奠定了坚实的基础。土耳其FEKE-I水电站安装2台16MW 的混流式发电机组，转子总重量55吨。华东院组织机电安装人员于2011 年6月进驻现场，2012年1月9日开始机电设备正式安装工作。现场工作人员克服各种困难，同心协力，在2012 年2 月底顺利完成了首台机组转子的吊装工作。华东院总承包的土耳其BURC电站机电设备成套项目3台9.3MW机组成功投运、并于2010年11月一次性取得土耳其能源局竣工达标投产验收，土耳其FEKE II电站机电设备成套项目2台35MW机组成功投运、并于2010年12月一次性取得土耳其能源局竣工达标投产验收，该二项目均在2011年取得了业主发布的初步验收证书。

巴基斯坦

一、承包工程与劳务

中国承建巴基斯坦最大水电项目创造多项纪录

2012年8月10日，中国与巴基斯坦大型合作项目尼鲁姆－杰勒姆水电工程首台硬岩掘进机（TBM）主机启动仪式在巴控克什米尔项目施工现场举行。

尼鲁姆－杰勒姆水电合作项目被称为巴基斯坦的“三峡工程”，它不仅是巴基斯坦目前在建的最大水电项目，也是中国建筑承包商在海外承建的最大水电工程项目之一。该项目于2008年正式启动，预计2016年正式完工，总投资超过35亿美元，竣工后总装机容量将达到969兆瓦，年发电量51.5亿千瓦时，直接经济效益每年达5亿美元。

由于项目地处地震断裂带，地质条件极为复杂，围岩松软破碎，施工难度世界罕见，因此工程技术含量很高，创造了多项纪录。其中，作为项目主线的地下工程段总长度达到64公里，位居亚洲第二，而高达353米的跳崖竖井则位居世界水电工程第一。此项工程提升了中国建筑承包商在承建国际大型基础设施建设项目中的地位，进一步提高了中国建筑承包商的国际影响力。

天津电建承建的巴基斯坦古杜电站转子顺利穿装

2012年9月8日，天津电建承建的巴基斯坦古杜电站1号、2号燃机的发电机转子在历时13个小时后顺利穿装

经过前期充分准备，转子穿装如期进行。本燃机转子净重45.813吨，全长10553毫米，中心槽楔全长5390毫米。采用滑道式穿装方法，利用150吨履带吊把转子吊起。

巴基斯坦业主、设备厂家代表、监理负责人也参与了整个吊装过程，并对天津电建周密严谨的施工组织、安全高效的作业给予了充分肯定。

巴基斯坦古杜（GUDDU）74.7万千瓦联合循环电站工程位于巴基斯坦中南部，包括两台燃气轮机组及配套两套余热锅炉、一台蒸汽轮机机组和配套的附属生产设施。

东方电气承建的巴基斯坦汉瓦项目完工庆典隆重举行

2012年7月14日，由我集团供货的巴基斯坦汉瓦水电站完工庆典在主厂房隆重举行。巴基斯坦政府总理拉贾·佩尔韦兹·阿什拉夫、水电部长、普什图省首席部长、省督，WAPDA主席等巴方官员出席庆典。国际工程公司副总经理张国荣，南迪普/汉瓦工程部陈幼平、赵小平及阿莱瓦工程部赵克超等代表东方电气参加庆典。

阿什拉夫总理为汉瓦水电站落成揭牌。庆典仪式上，张国荣简要介绍了东方电气20多年来与巴方业主的合作历程。阿什拉夫总理高度评价东方电气为巴基斯坦水电事业所作的贡献，并希望东方电气能参与更多巴国的能源建设项目。仪式后，阿什拉夫总理在中控室按下开机按钮，两台34MW混流式机组随即启动、平稳并网。

二、在巴基斯坦从事承包工程的要求

申请工程承包项目与劳务合作意见函，来函单位应为具有法人资格的项目承建公司，企业应提交如下文件：

拟参与投标项目和（或）申请外派劳务的申请函（原件）；

《投（议）标项目申请表》（原件）；

《项目地点安全情况评估表》（原件）；

《对外承包工程项下外派劳务事项表》（原件）；

当地警察局对当地治安情况和能否提供保护的意见函（原件）；

对外承包工程经营和外派劳务资格证书复印件；

巴基斯坦政府相关部门批文复印件。

项目招标公告复印件，或类似文件。

三、承揽工程项目的程序

获取信息

根据巴基斯坦政府规定，采购或建设价格在10万卢比以上的招标项目，需在公共采购管理局（PPRA）网站或媒体上刊登招标公告。因此，外国承包工程企业可以通过当地媒体、PPRA网站或项目负责部门网站及当地代理处获取工程招标信息。PPRA网址为www.ppra.org.pk。

招标投标

根据巴基斯坦《2002年公共采购法》（即招标法）规定，金额在10万卢比以上项目和国际组织贷款和援助项目，应通过公开招标确定实施单位。所有竞标单位需通过项目资格预审，并在规定时间内提交投标文件，通常巴国内招标项目招标期不少于15个工作日，国际公开招标期不少于30个工作日。项目评标委员会必须按公正、公开、透明的原则进行甄选，原则上应优先考虑最低标者。特殊或紧急情况下，个别项目可实行议标。

许可手续

巴基斯坦《2002年公共采购法》（即招标法）规定，外国承包企业必须与当地企业组成联营体参加项目投标，且巴方企业在联营体中所占股份不得少于30%，由联营体向PEC申请投标许可。所有招投标项目的项目计划书（PC-1）和最终招（投）标结果需获巴公共采购管理局的最后审批。

四、对外国公司承包当地工程方面的法规政策

许可制度

巴基斯坦承包工程市场管理相对宽松，外国承包工程企业进入巴基斯坦市场只需在巴工程理事会（PEC）注册即可。

禁止领域

除非获政府特殊批准，外国承包商在巴基斯坦不可承揽涉及武器、高强炸药、放射性物质、证券印制和造币、酒类生产（工业酒精除外）等领域的工程项目。

招标方式

在大型项目建设和管理上，巴基斯坦政府和相关部门多聘请欧美发达国家的公司作为项目咨询，使用和借鉴西方国家的技术标准与项目管理机制，运作比较规范。大型项目基本采用国际公开招标方式确定承包商，以EPC、PMC和带资承包方式实施的项目比例逐年提高。此外，政府积极鼓励投资者通过BOT、BOOT和PPP（公私合营）等方式参与项目建设。

越　南

一、中国在越南工程承包市场的问题

（一）内在问题

1. 企业规模小、经营分散。

我国多数企业由于规模小、经营分散、市场多元化程度较低、缺乏综合性人才，导致经营管理水平较低，交易成本高而经济效益较差。一般主要从事施工分包，有能力进行工程总承包的企业不多。而且，勘察设计、工程咨询、项目管理等方面的开拓能力较弱。我国开展对外工程承包的企业众多，达到近2000家，但是核心竞争力低，缺乏真正具有国际竞争力的旗舰型企业。

2. 工程项目信息乱、低价竞标多。

在越南华人群体很大，熟悉国内情况的人较多。某些人通过各种渠道得到一些项目信息，甚至编造项目信息，然后在国内寻找企业，吸引企业到项目所在国考察、签约。在这些项目信息中，有价值的真实项目信息比例不是很高，很多企业因此而受骗，不仅浪费资金，而且有时甚至失去市场机会。随着中国一东盟自贸区的正式建立，越来越多的中国企业进入越南工程承包市场。但在承揽业务时基本上是分散经营，各自为战，相互联合不够。有的企业为获得某个项目，打起了价格战，致使承包价格偏低。这不仅直接损害企业的各自利益，而且也破坏了竞争的秩序和规则，影响到我国企业在越南的整体形象。

3. 资金短缺、融资能力差。

越南资金短缺，对于申请到世界银行、亚洲银行贷款的项目，越南要求外国承包商必须同越南企业联合投标，以保证越南企业能承包部分工程。但是对于自筹资金项目，越方一般要求外国承包商提供信贷或带资承包，这对于我国企业而言是一个很大的障碍，因为我国企业的融资能力较差，主要表现在以下几个方面：

(1) 融资渠道窄

国际上通行的项目融资在我国尚未开展，因此我国企业境外融资还面临着很大的障碍。我国政策性银行对国际工程承包企业的支持力度也较小，据统计，中国进出口银行为支持企业“走出去”，累计提供信贷资金只有近400亿元人民币。

(2) 融资成本高

据统计，大企业的融资成本一般在10%左右，一些中小企业甚至达到20%-30%。现在我国银行对外工程贷款利率为3.8%，虽然低于其他国内企业贷款两个百分点左右，但远高于国际通行的1%的工程承包贷款利率，较高的融资成本极大地削弱了我国工程承包企业的国际竞争能力。

(3) 融资担保难

国家设立的对外承包工程保函风险专项基金，在一定程度上缓解了企业投标、履约、预付款保函的担保问题，但使用基金的程序复杂、审批时间过长、支持范围有限。

（二）外在问题

1. 招投标操作不规范，行政壁垒多。

越南“黑箱”操作盛行，招标过程中的违规现象多。越南政府常会通过行政、经济手段为自己的企业安排工程任务，或通过对外国公司设限以保护本国企业的生产。例如越南对国内电信网建设与经营、港口建设、机场建设的国外工程承包商有限制，除非其采取BOT、BOO、BOOT等形式。

2. 竞争压力大。

目前外国其他公司也开始通过各种形式参与越南工程承包市场的竞争，虽然越南市场规模较小，但竞争十分激烈。

(1) 与越南本国企业的竞争

近几年越南国内工程承包力量迅速崛起，而越南政府给本国企业以政策倾斜，对外国公司的单独投标设限，加大了外国公司中标的难度。同时，越南建筑企业中普遍存在短期行为，把争取到项目作为首要目标，甚至有些越南公司以比标底低30%-40%的价格展开恶性竞争，这必定会排挤外国竞标企业。

(2) 与西方发达国家企业的竞争

近几年，作为“远景五国”之一，越南经济增长率保持在年均9%左右，发展速度在世界上仅次于中国。随着越南在基础设施方面投资力度的加大，越来越多的日本、韩国和欧美国家的承包商介入越南工程承包市场，凭借超强的融资能力及其政府出口信贷等支持，在越南工程承包市场占据很大的份额。

二、五环公司按期建成越南总承包项目

2012年1月29日下午2:30分，由中国五环工程有限公司总承包的越南金瓯45万t/a合成氨、80万t/a尿素装置打通全流程，一次开车成功，顺利产出合格大颗粒尿素，标志着该项目按期建成并顺利投产。越南金瓯化肥项目是该国最大的化工投资项目，该项目于2008年7月26日开工，2011年8月31日机械竣工，2012年1月29日产出合格尿素，建设周期43个月，比合同约定的2012年1月31日建成投产的目标提前了2天，这是中国的工程公司迄今在越南境内第1个能够按期建成投产的项目。2012年1月30日，越南总理阮晋勇率政府部门5位部长出席了项目建成投产庆典，并高度赞扬五环公司严格履行合同、艰苦奋斗以及高效而有质量的工作业绩，称该项目为“越南迄今为止最成功的总承包项目”。

三、越南将设立承包商数据库

据《越南经济时报》2012年2月28日报道，越南交通运输部公路总局2012年2月27日表示，该部将于2012年设立承包商数据库，已暴露出能力不足的承包商将不能再承揽项目。交通运输部副部长阮玉东称，为确保2012年成为真正的工程质量年，该部将采取各种办法措施，如建立参与基本建设，特别对工程质量管理的单位和个人责任制；分清每个人的责任，防止重叠；继续建设承包商和咨询、监理商电子数据库，以便选择到确实有能力的单位。一旦发现违规行为，质量低下的将坚决处理，罚款，甚至更换承包商。

四、广东省电力设计院签订越南市场第三个大型常规火电总承包项目合同

2012年7月30日，广东省电力设计研究院与北京巴布科克·威尔克科斯有限公司（BWBC）正式签订了越南油气集团（PVN）太平二期2×600MW燃煤电厂锅炉岛

BOP 部分 EP 总承包合同。

该项目是继越南沿海一期电厂项目和越南永昂一期电厂海水脱硫项目后，广东院在越南承接的第三个大型常规火电总承包项目，为广东院顺利实现海外市场经营目标奠定了坚实的基础，对广东院今后进一步开拓越南市场具有重要的战略意义。

太平项目是由越南油气集团下属的越油电力集团（PVpower）投资建设的2×600MW亚临界燃煤机组，建设地点在越南太平省。本项目要求采用欧美G7国家标准设计，并要求使用欧美G7品牌的设备和材料，是不折不扣的“技术高端”类项目。

1. 承包越南火电站人民电器获出口买方信贷1.43亿美元

2012年1月9日，人民电器集团EPC总包越南安庆火电站项目获得中国银团1.43亿美元的出口买方信贷支持。据中国银行称，此信贷项目是浙江省内首笔民营企业海外工程总包出口买方信贷项目。

人民电器集团浙江进出口公司总经理叶向宇表示，目前项目设计评审已经通过，设备采购已经完成，这个贷款协议落实后人民电器就正式进驻现场施工。

2011年12月21日，中国银行和人民集团总承包的安庆火电站业主在越南河内签署《安庆火电站一期买方贷款协议》。根据双方签署的协议，由中国银行牵头并联合进出口银行、中国建设银行、交通银行为该项目融资，由越南财政部提供担保和中国出口信用保险公司给予保险。该项目总共获得中国银团1.43亿美元的出口买方信贷支持，其中包括乐清中行1900万美元。

2. 中交集团与越南电力签订1.8亿美元的承包合同

据《越南经济时报》2012年6月9日报道，8日中国交通建设集团与越南电力集团签订1.8亿美元的承包工程合同。项目由越南电力集团投资，越南第3热电项目管理委员会负责管理实施。该合同为EPC合同，是沿海电力中心项目中的第3号标，内容包括沿海电力中心的海港设计、设备供应、安装和建设。项目将兴建2个可停靠3万吨货轮的煤炭码头和1个停靠1万吨油轮的石油码头，以及其它辅助设施。

3. 广东省电力设计院越南沿海总承包项目临时码头投用

2012年5月10日，随着第1根PHC预应力混凝土管桩顺利装卸，广东神电力设计院越南沿海一期火力发电厂（2×622兆瓦）总承包项目临时码头正式启用。这标志着沿海项目2012年度计划的首个里程碑节点提前7天顺利实现。

该临时码头是沿海火力发电厂一期工程所有大件设备、普通物资、砂石水泥建材以及施工机械进出场的重要通道，是保证工程物资运输的生命线。

码头为内河码头，最大可承载500吨液压平板车满载重件上岸，可同时平行泊靠3只1500吨驳船，并配有室外广式照明灯塔，保证24小时连续作业。

科威特

一、承包工程与劳务

2012-2013年科威特将实施324个工程项目

据科威特《政治报》2012年3月28日报道，科威特公共工程兼规划事务大臣法迪勒·萨法尔表示，在2012至2013两年间，科威特政府将实施324个工程项目，总耗资35亿第纳尔（约120亿美元），其中基建项目146个，内容包括道路、桥梁和建设新城等，以应对不断增加的人口。预计2035年科威特人口将达到500万。据悉，超过60家国际大型公司有意愿参与这些项目。

中国大使会见科威特国际石油公司董事长，促炼化项目开工建设

2012年4月23日，驻科威特大使崔建春在经商处相关业务秘书陪同下，会见了科威特国际石油公司（KPI）董事长侯赛因·伊斯梅尔。

伊斯梅尔祝贺崔大使履新，并积极评价科中友好关系。科威特是海湾最早与中国建立外交关系的国家，他自己曾多次访华，对中国政府和人民怀有美好情谊。KPI公司重视对华合作，特别是能源和石化领域的合作。因为该领域的合作，既能强化中国的能源安全，也能提升科威特原油的附加值，合作前景广阔。KPI希望与中国使馆保持密切沟通，并得到使馆的大力支持，以使湛江项目顺利进行。

崔大使表示，中科两国政治友好，为包括能源在内的各领域合作奠定了坚实基础。KPI公司在广东省湛江市投资炼油厂项目堪称两国能源合作典范，中国政府对此给予高度重视，并责成中国使馆予以积极推进。希望双方开诚布公，把各自关切的核心问题摆在桌面上，通过友好协商，找到有利于双方利益的合作模式，尽快使该项目付诸实施，推动两国友好关系不断向前发展。中国使馆愿成为促进两国企业沟通的桥梁。

KPI(Kuwait Petroleum International Ltd.)是全球知名企业，是科威特石油总公司（KPC）的子公司，1983年成立，经营炼油、燃油、润滑油等石油产品，主要业务在欧洲和东亚。

2011年3月，KPI与中石化公司签署湛江炼化项目合作协议，总投资额达90亿美元，其中，中石化占50%，KPI占40%，法国道达尔占10%。炼化所需原油将来自科威特，炼化能力为每天30万桶。

中国冶金科工股份有限公司获科威特6.6亿美元项目

2012年4月15日，中国冶金科工股份有限公司中标科威特大学科技学院建设项目，项目总金额1.84亿科第，约合6.6亿美元。

崔建春大使祝贺中国冶金科工股份有限公司获得新项目，希望公司上下团结一致，共同努力，保证质量，按期完工。中国使馆将密切关注该项目进展情况，并予以大力支持。

中国驻科威特使馆经商参赞胡要武等也应邀出席了签字仪式。

十二冶与科威特加哈马克总承包公司签订合作协议

2012年5月3日，科威特加哈马克总贸易承包公司总裁哈士博·马迪一行到访十二冶，双方针对首个合作项目——科威特市政建设项目预制分段组合式预应力箱梁制作工程，签署了战略合作框架协议，标志着十二冶海外项目增加了一条新航线。

会谈中，十二冶总经理畅耀民介绍了公司基本情况和近年来取得的工程业绩，表示将本着“诚信、互惠、共赢”的合作原则开展合作，希望以首个合作项目为起点，发挥各自优势，不断加强合作，努力实现共赢。马迪介绍了加哈马克总贸易承包公司的基本情况，表示作为合作伙伴，将在科威特推销十二冶的优势，支持十二冶在科威特及中东地区项目的开展，希望双方在首个项目良好合作的基础上，开展更多项目的合作，做大科威特市场。

中国公司承建的科威特大学项目举行签字仪式

2012年5月22日中国水利水电建设股份有限公司承建的科威特大学商学院和女子学院项目22日在科威特举行签字仪式。

该公司海湾区域业务总部总经理吴文豪和科威特大学校长阿卜杜·拉提夫·拜德尔在项目合同文本上签字。中国驻科威特大使崔建春出席签字仪式。该公司与科威特阿尔哈尼公司组成的联营体以1.436亿科威特第纳尔（约合5.18亿美元）中标该项目。中国水利水电建设股份有限公司在联营体中所占份额为75%。

科威特大学商学院和女子学院项目位于科威特城区六环路外的萨巴赫·阿尔萨利姆大学城，工程占地面积约6.7万平方米，建筑面积约26.4万平方米。

2004年，科威特政府筹划建设萨巴赫·阿尔萨利姆大学城。整个大学城占地600万平方米，全部工程计划2015年完工。

胜利油田钻井队在科威特再获殊荣

2012年2月29日，在科威特胜利油田渤海钻井总公司SINOPEC159队的钻井施工现场，科威特国家石油公司管理人员和井队全体员工共同庆祝159队连续两年安全生产无事故，并为“金帽子”活动在该队的成功试点进行颁奖。

庆祝仪式上，科威特石油公司开发钻井部总监为该队颁发了“连续两年安全生产无事故”奖励证书。159队将因此获得第二年度约10万美元的HSE奖金。早在2010年底，159队钻机就代表中石化国工科威特分公司参加了科威特石油公司钻机承包商HSE年度审计，在60多支钻井队伍中各项考核指标优异，展示了胜利石油工程铁军的良好形象。

“金帽子”是科威特石油公司为提升钻机HSE管理水平而推行的一项激励活动，159队被选为唯一的试点队伍。科威特国家石油公司高度赞扬了159队卓有成效的HSE管理，并为活动推选出来的“最有价值员工”——井架工王子栋颁发了荣誉证书和奖品。

此前，胜利油田黄河钻井总公司SINOPEC138队也在科威特钻井项目中取得了连续两年安全生产无事故的佳绩。

中国十七冶集团科威特COEP项目第一块楼层平台板浇筑

科威特当地时间2012年2月18日上午，中国十七冶集团承建的科威特大学工程与石油学院（简称COEP）

女子校区第一块楼层平台板开始浇筑混凝土，截止当天下午3点，共计完成浇筑砼530m³。至此，COEP项目上部结构施工拉开序幕。

科威特大学建设规划委员会（KUCP）主任阮娜博士，中国十七冶集团副总经理、MCC-KAK COEP项目联合体中方代表蔡进，中国中冶中东地区商务总代表关爱平，中国十七冶集团海外事业本部副总经理、MCC-KAK COEP项目总监助理闵永欣以及业主委员会工程师代表，项目管理、咨询公司代表，COEP项目管理人员共20多人来到施工现场检查指导施工。科威特AL TAWAN TV（科威特国家电视台）派出记者对此进行采访报道。

阮娜博士在接受采访中，全面介绍了COEP项目的进展情况，对项目开工以来总承包商所付出的努力、所取得的成绩给予肯定，并向科威特主流媒体长期以来对COEP项目的关注和支持表示由衷的感谢。

二、到科威特办企业免税十年

“科威特将建设总值2000亿美元的多项工程，2015年前到科威特投资的外籍企业将享受十年免所得税及其他税务……”这是笔者昨日在科威特驻广州总领事馆召开的新闻发布会上了解到的。

据科威特驻广州总领事阿布杜瓦哈布·萨格尔介绍，新科威特发展规划将建设总值2000亿美元的多项工程，其中900亿美元将投在石油领域，1100亿美元将投入在基础设施建设中，“预计到2035年，科威特将建设845个项目，目前只有250个基础设施建设项目已经签约有关承包协议，更多的项目还未开展，科威特和中国的合作空间巨大。”

到科威特境内投资将享有哪些优惠政策？阿布杜瓦哈布·萨格尔卖起了广告：“除了免税政策优惠，外籍投资者有权将工程及财产转让给其他外籍或者本国投资者；外籍投资者的工程利润及资本可随时汇至境外，外籍投资者所雇用的人员及商务往来人士亦可自由将所得资金汇至境外等等。”

阿布杜瓦哈布·萨格尔欢迎广东乃至中国的经贸及投资界人士，到科威特投资工业产业（石油及天然气开采除外），自来水、电力排污管道、通信设施以及其他基础设施的建设经营和管理，金融行业包括银行及信托基金，保险行业，信息科技及软件开发，医疗及药业，陆海运输，旅游酒店及娱乐，文化宣传及销售（发行日报、杂志、画报、开办出版社除外），地产投资及与环境保护相关的业务。

埃及

一、承包工程与劳务

我援开罗国际会议中心五号馆对外交接

2011年11月15日，由中国政府提供优惠贷款、上海建工集团承建的开罗会议中心新建五号馆项目举行对外交接仪式。埃工业与外贸部长伊萨、规划与国合部部长助理纳比尔、展览总局局长谢里夫、我驻埃大使宋爱国、经济商务公参马建春等出席交接仪式。在交接仪式上，伊萨部长致辞感谢中方向埃提供优惠贷款并承建五号馆项目，表示该馆的建成将进一步增强开罗国际会议中心的办展能力，为加强埃及与世界的交流做出贡献。

该项目建设投资约1.1亿元人民币，建筑面积1.35万平方米。

巨石集团埃及玻璃纤维生产厂开建

2011年10月，巨石集团设立巨石埃及玻璃纤维股份有限公司，这意味着“巨石”“走出去”步伐又向前迈出了稳健的一步。

面对日益复杂的国际经济环境，巨石集团积极以加快“走出去”来应对。经过充分的调查论证、实地考察和对比分析，“巨石”认为埃及在政治环境、经济环境、资源等方面具备优势，适于投资设厂。在埃及设厂能够有效地解决巨石集团目前频繁遇到的反倾销诉讼和贸易保护主义等不利影响。同时，埃及低廉的能源价格和劳动力成本能让“巨石”的产品在竞争中转优势为胜势，继续巩固和扩大全球的市场份额。

2011年8月，中国玻纤股东大会同意巨石集团设立巨石埃及玻璃纤维股份有限公司，并建设年产8万吨玻璃纤维池窑拉丝生产线项目。据了解，巨石埃及公司注册资本6700万美元，项目计划于2011年年内开始建设，预计项目建设周期为15个月。项目建成投产后，预计年销售收入5.54亿元；年利润总额2.02亿元。

山东电力携手GE赢得埃及两个联合循环电厂项目

2011年10月，全球工程总承包商225强第58位的山东电力建设第三工程公司协同GE（通用电气）公司，以合作共同体的形式赢得海外近5亿美元的合同，向位于埃及开罗附近的两个联合循环电厂销售6台9FA燃气轮机，并提供长达6年的长期服务协议。该项目建成后可向埃及国家电力公司提供2250兆瓦电力，相当于埃及电网每年10%的发电量；可满足当地在未来每年高达11%的电力增长需求。

据了解，山东电力是目前我国具有1000兆瓦超临界机组建设业绩的少数几家工程公司之一。尽管是国际市场上电力工程总承包项目的后来者，但凭借其领导层明确的走国际化道路、开拓新兴市场的发展战略和自身在项目集成上的竞争优势，已迅速成长为业内具有一定领先地位的电力工程公司之一。在印度、印度尼西亚、尼日利亚、新加坡、约旦、沙特、阿曼等多个国家和地区均有成功的项目运行，积累了较为丰富的全球电力工程总承包的经验。

中材国际埃及GOE项目生产总承包合同正式启动

2012年2月1日，中材国际副总裁、中材国际天津公司总经理徐培涛在埃及拜访了埃及国防部实业公司总经理Naymu将军，双方签署了埃及GOE项目的工厂接收证书，这意味着该项目生产总承包合同正式启动。

拜访期间，徐培涛对刚刚发生的GOE项目返场人员被扣押事件进行了回顾，对埃及军方在事件解决过程中做出的积极努力表示感谢，并就今后生产总承包期间如何确保中方人员安全与军方进行了进一步商谈，并达成了一致共识。

双方还就如何加快GOE项目还在执行的十年期备件的采购、发运等方面的问题，以及生产运营期间的合作交换了意见。

陪同徐培涛拜访的有公司副总经理孙金亮、生产运营中心副主任戴千根和办公室副主任董传忠。

中国能建承建的埃及电站6号机组并网发电

2012年7月24日，由中国能建浙江火电承建的我国企业在埃及电力领域最大的工程承包项目——埃及阿布吉尔（Abu Qir）电站6号机组并网发电。

据悉，阿布吉尔电站工程位于亚历山大市10公里处，由埃及国家电力与美国电力公司组成的联合体PGESCo负责电站的设计和施工管理。该项目自2010年1月18日启动以来，该公司克服各项困难，齐心协力，加强协调，全力确保工程进度按期完成，为中国企业赢得了声誉，期间，中国驻埃及使馆给予了极大的关注和帮助。

中材国际承建埃及阿里什水泥厂竣工

2012年4月30日，驻埃及大使宋爱国夫妇、公使衔经济商务参赞马建春赴埃及北西奈省，出席了在当地举行的阿里什水泥厂竣工仪式。埃最高军事委员会主席坦塔维元帅亲临现场剪彩，埃总参谋长阿南、住房、设施与城市发展部部长巴拉迪等军政高官、阿里什贝都因各部落长老、水泥厂负责人、中方承建单位代表等约100人共同出席。

阿里什水泥厂是埃重要建设项目，系埃目前最大水泥生产企业，由中材国际天津公司负责设计承建，合同金额约2.8亿欧元，年生产320万吨水泥。2011年11月底，该项目完成所有系统性能考核工作，完全满足埃方合同要求。

天津院承建埃及GOE项目二线点火

2012年2月1日，由天津水泥工业设计研究院有限公司承建的埃及GOE项目二线成功点火。

据了解，2007年6月24日，天津院与埃及国防部正式签署了2条日产5000吨水泥生产线简称GOE项目总承包合同，合同范围包括矿山开采、石灰石破碎至水泥包装车间的工程设计、设备供货、土建施工、设备安装及两年生产技术管理。

二、中国企业在埃承包工程应注意以下问题

（1）在土建方面，只有在当地注册的公司方有资质参与，故土建工作，承包商需选择当地分包商。

（2）埃及方面规定雇佣一名在埃工作的外国雇员需同时雇佣10名当地员工，这对于以人工成本低廉为优势的中国公司来说非常不利，故大多工程公司的做法是，中国雇员在埃及工作期间，办理商务签证。

（3）埃及的环保法要求相对较高，对从中国进口的机电设备提出较高的要求。

（4）埃及土建力量较强，阿拉伯承包商、ORASCOM等均为在地区具有较大影响的工程建筑商，但中小施工企业的能力较弱，返工率高，故在签订土建分包合同时需严格规定工期和惩罚条款，但仍需做好拖期的心理准

备。

（5）穆斯林国家在宗教方面有很多独特的要求和时间安排，比如每天的祈祷和每年的斋月。承包商需要尊重当地的宗教习俗，做好特殊的安排。

（6）在选择当地分包商时，埃方大多要求用当地货币向承包商进行支付，所以，承包商需认真考虑收到当地货币后如何使用的问题。

（7）很多业主会要求承包商在当地成立分公司，以便减少业主在外汇支付给国外账户时所缴的税款，在当地注册公司会带来一系列的问题，涉及业务范围、分公司银行开户、政府部门审批（如投资部）、社保账户建立和支付、财会问题等等。建议如有此需要，一定要聘请熟悉当地情况的知名会计师协助办理。

伊拉克

一、中国企业在伊拉克开展投资合作应该注意的问题

1．投资方面

由于伊拉克目前的安全局势依然脆弱，不确定因素众多，除库区外，尚不具备投资兴业的外部条件和管理机制，人身安全得不到保障。因此，中国驻伊拉克使馆不鼓励中国企业和个人前来伊拉克（库区除外）投资设厂或进行其他形式的合作。

对于伊拉克在建项目，首要问题是保障项目运作和相关人员的安全。建议中国公司建立安全管理体系，搭建当地信息网和安全专家网，加强交流，提升安全管理能力。

2．贸易方面

伊拉克市场蕴含着无限商机，但也充满了风险。一是安全方面，除北部库尔德自治区较安全外，伊拉克其他地区包括巴格达在内，人身安全得不到保障；二是交通不方便，往来伊拉克的飞机航班少且经常取消或误点，陆路交通几乎中断；三是伊方信用证付款方式，中国国内银行出于疑虑不直接托收，需要中东或欧美著名银行进行担保，导致程序复杂和交易延误。

与伊方进行贸易，最好让对方以TT方式付款，款到发货。目前伊拉克商人鱼目混杂、真假难辨。为谨防上当受骗，最好与伊拉克国营大公司进行交易，并详查其背景和资信情况。

3．承包工程方面

（1）安全风险。

2008年来伊拉克安全形势略有改善。据美国军方和伊拉克官方公布的数字，伊拉克暴力袭击事件已由2008年同期的每周1200多次减少到目前的每周100多次，同比下降了90%。但是，伊拉克的安全形势并没有根本好转，依然是“脆弱的”和“可逆的”。近几个月，伊拉克全国范围内暴力呈现回潮态势，美国撤军后的伊拉克安全局势堪忧。未来，安全能否持久取决于一系列的因素：叙利亚局势、伊朗的作用、各方政治势力的联合和斗争、建立统一的伊拉克国家的信心、能否就宪法法律框架达成共识、伊拉克安全部队控制局势的能力、逊尼派部落融入国家和解的进程、基尔库克的政治安排等。

（2）国际竞争风险。

地缘政治等众多因素使西方公司在伊拉克承揽工程项目时相对中国公司更有优势。西方公司不仅实力雄厚、技术先进，而且竞争手段多样化。以石油行业为例，近年来埃克森美孚、壳牌、雪佛龙、道达尔、BP等西方公司与伊拉克石油合作很多，在伊拉克油气工业重建中已抢占先机。

（3）法律风险。

由于伊各派政治力量对油田项目的管理、利益分配等存在严重分歧，新石油法一波三折，在伊承揽石油等工程项目时应充分考虑法律风险。

4．劳务合作方面

目前，伊拉克除北部库尔德自治区较安全外，其它地区政治和安全局势动荡不稳，随时可能遭受恐怖暴力袭击，人身安全无法保证，且伊国内法律法规不完善，因此不具备规模地开展双边劳务合作的条件和环境。应以库区为合作拓展立脚点，加强信息收集，建立广泛联络渠道，积累各方面经验，在确保中方人员安全情况下稳步开展双边劳务合作。

5．防范投资和合作风险

在伊拉克开展投资、贸易、承包工程和劳务合作的过程中，要特别注意事前调查、分析、评估相关风险，

事中做好风险规避和管理工作，切实保障自身利益。包括对项目或贸易客户及相关方的资信调查和评估，对投资或承包工程国家的政治风险和商业风险分析和规避，对项目本身实施的可行性分析等。企业应积极利用保险、担保、银行等保险金融机构和其他专业风险管理机构的相关业务保障自身利益。包括贸易、投资、承包工程和劳务类信用保险、财产保险、人身安全保险等，银行的保理业务和各类担保业务(政府担保、商业担保、保函)等。

建议企业在开展对外投资合作过程中使用中国政策性保险机构——中国出口信用保险公司提供的包括政治风险、商业风险在内的信用风险保障产品；也可使用中国进出口银行等政策性银行提供的商业担保服务。

如果在没有有效风险规避情况下发生了风险损失，也要根据损失情况尽快通过自身或相关手段追偿损失。通过信用保险机构承保的业务，则由信用保险机构定损核赔、补偿风险损失，相关机构协助信用保险机构追偿。

二、中国企业如何在伊拉克建立和谐关系

1．处理好与政府和议会的关系

企业要经常性保持与有关政府部门和议会议员的联系。可定时或不定时将项目进展情况向相关部门报告。需要政府部门协调解决的问题也要及时反映。平时，企业主要领导要注意拜访有关部门和地方管理机构，加强信息和感情交流。

2．尊重当地风俗习惯

尊重当地宗教信仰，教育员工要时刻注意尊重穆斯林的文化、习俗，在公众场合不要谈论宗教内容，不与外籍员工讨论宗教话题，避免发生争执。在工作和生活中为他们提供方便。遇到其他国家员工的节假日，要主动表示祝贺。

要教育中国员工特别注意在公共场合的文明举止，不大声喧哗，着装干净整洁，树立中国企业的良好形象。

3．密切与当地居民的关系

中资企业需了解和尊重伊拉克当地的风俗习惯，处理好与当地居民的关系。积极参与当地的社会活动，同时与当地雇员保持良好关系，借助他们向当地居民宣传中国文化。

4．承担必要的社会责任

中国企业在伊拉克开展投资合作，不仅要努力发展业务，还要承担必要的社会责任。

（1）关注热点。

要关注业务发展带来的资源、环境、劳工、安全以及社会治理等问题，以免引起当地居民的反感和抵制。其中，劳工问题不仅涉及工薪待遇问题，还包括工作环境、加班时限等；环境问题包括工业生产造成的环境问题，也包括开发资源引起的生态问题。

（2）远离贿赂。

腐败和商业贿赂在伊拉克不仅会受到法律制裁，而且将严重影响企业的信誉和公众形象。

（3）安全生产

要增强安全生产意识，强化基础管理，尤其是在建筑、危险化学品等高危行业的中资企业，一定要做好防范，避免安全生产事故发生。

（4）社会公德。

中国企业和工作人员，要知法守法，入乡随俗，不做违反当地法律和社会公德的事情，对民族形象、企业声誉与品牌建设负责，对中伊两国的长期友好关系负责。

5．懂得与媒体打交道

媒体在现代生活中是一种独特的公共资源，有着巨大的社会影响力：媒体不仅广泛传播知识和信息，具有教育功能，而且媒体舆论还成为公众对现实做出反应和抉择的主要依据，影响公共决策，发挥正、负两个方面的作用。中国企业在伊拉克应该懂得如何与媒体打交道。

（1）信息披露。

大企业应该建立正常的信息披露制度，可设新闻发言人，定期向媒体发布相关信息。

（2）重视宣传。

企业在重大事件、涉及社会敏感问题时，特别是遭遇不公正的舆论压力时，应注重宣传引导，做好预案，通过媒体与大众交流。必要时可通过公关咨询公司向媒体散发主导性消息，引导当地媒体进行对本企业有利的宣传。

（3）媒体开放。

中资企业可定期向媒体开放，欢迎媒体到企业参观采访，了解企业的真实发展情况。

（4）尊重信任。

为提高中国企业的公众形象，企业不要拒绝媒体，更不能对记者无礼，而是要平等、信任、尊重、真诚、坦荡地面对媒体，与媒体形成良性互动的和谐关系。

6．学会与执法人员打交道

警察、工商、税务、海关、劳动及其他执法部门是维护伊拉克社会秩序的国家行政力量。对辖区内居民和外国人查验身份证件、询问相关事项以及搜查某些地点，是伊拉克执法者的职责，中国企业相关人员要学会与这

些执法者打交道，积极配合他们执行公务。

在严格要求凭身份证、工作卡、上岗证等上班的石油、炼油、电厂等工地，严禁工人使用他人证件上岗，违者将受到严格制裁，甚至遭到起诉等法律程序。

（1）普法教育。

中资企业要建立健全依法经商的管理制度，聘请律师对员工进行普法教育，让员工了解在伊拉克工作生活必备的法律常识和应对措施，做到知法守法，合理应对。

（2）携带证件。

中方人员出门要随身携带身份证件或者护照。营业执照、纳税清单等重要文件资料要妥善保管。

（3）配合查验。

遇有执法人员检查身份证件，中方人员要礼貌地出示自己的证件，回答警察的问题；如果没有携带证件也不要惧怕，不要躲避，更不要逃跑，而要说明身份，或者写出联系电话，让公司派人联络。

（4）合理要求。

遇到执法人员搜查公司或住所，应要求其出示证件和搜查证明，并要求与中国企业律师取得联系，同时报告中国驻伊拉克使馆。遇有证件或财物被执法人员没收的情况发生，应要求执法人员保护中方企业的商业秘密；出具没收证件或财物的清单作为证据，并记下执法人员的警号和车号；交罚款时需向警察索要罚款单据。

（5）理性应对。

遇有执法人员对中国企业人员或企业不公正待遇，不要与执法者发生正面冲突，更不能触犯法律，而是要理性应对，做到有理、有利、有节，可通过律师进行处理，捍卫自己的合法权益。

阿尔及利亚

承包工程与劳务

阿尔及利亚政府未来五年将投资270亿美元用于增加电力生产

阿尔及利亚能源和矿业部长优素福·优素菲2012年8月13日称，政府将为国家电力公司Sonelgaz投资270亿美元，至2016年增加电容量1.2万兆瓦。

2012-2016年间Sonelgaz投资计划，增加电容量最初为4000兆瓦，经国家批准未来五年再增加8000兆瓦，总容量将增加1.2万兆瓦。投资的一半将用于生产，另一半将用于加强和改进电力运输和分配。部长称，投资计划一旦实现，电力生产将远超于独立以来的生产状况，并满足不断增长的电力需求，保证国家的经济和社会发展。

目前，阿全国装机容量超过1万兆瓦，平均年消耗7000兆瓦-8000兆瓦，但夏季峰值达到9000兆瓦。去年国内电力消费增长14%，2012年增长14.5%。

“中阿友谊园”举行开工仪式

2012年9月8日，驻阿尔及利亚使馆、阿中友协和在阿中资企业协会在阿尔及尔市生态园林举行“中阿友谊园”开工仪式。刘玉和大使、吕义峰参赞、阿国土整治、环境和城市部官员、阿中友协主席以及在阿中资企业代表近100人出席了活动。

“中阿友谊园”由驻阿使馆和中建、中石化、中石油、中信、中铁建、中土等22家在阿中资企业共同捐资建设，建成后将成为中阿友谊标志性公园。

中阿两国政府签署歌剧院项目的换文

2012年月2月7日，我驻阿尔及利亚大使刘玉和与阿尔及利亚外交部秘书长布杰玛阿．戴尔密分别代表两国政府签署了关于援建歌剧院项目的换文。根据换文，中国政府将在阿尔及尔援建一座1400座位的歌剧院。

中阿签署关于太阳能道路照明项目的换文

为加强中阿两国在新能源领域的合作，2011年月12月29日，我驻阿尔及利亚大使刘玉和与阿尔及利亚外交部秘书长布杰玛·戴尔密分别代表两国政府签署了关于太阳能照明项目的换文。根据换文，中国政府将向阿尔及利亚政府提供一批太阳能道路照明设备，并负责安装、调试等技术服务。

我援阿盐渍土治理示范项目实施合同签署

2011年12月19日，吕义峰参赞代表中农发集团国际农业合作开发有限公司与阿尔及利亚农业科学研究院签署了援阿盐渍土治理示范项目实施合同。

受中、阿两国政府的委托，中农发集团和阿农科院将共同实施盐渍土治理示范项目。该项目为中国政府援助项目，中方将向阿方派遣专家进行盐渍土治理工作，并为阿方提供实验设备、农机等，同时接受阿方官员和技术人员赴华接受短期培训。

中建公司中标阿尔及利亚南北高速公路最艰苦路段

2012年4月8日，阿尔及利亚公共工程部长古勒宣布1号国道Chiffa至Berrouaghia段复线项目正式授标中建公司和两家阿尔及利亚公司。

该项目共90公里，由加拿大公司设计，合同额约850亿第纳尔（约合11亿美元），工期36个月，中建公司承建其中53公里。该项目是3000公里阿尔及利亚南北高速公路项目中最艰巨复杂的一段，包括6个隧道，近百座桥隧和76座高架桥。项目的启动标志着阿尔及利亚南北高速公路项目建设的开始。

南北高速公路还包括斯基克达（SKIKDA）至贾耐特（DJIANET），奥兰（ORAN）至堡杰－巴杰－莫赫塔尔（BORDJ-BADJI-MOKHTAR），两条贯穿沙漠地带到达马里边界的线路，项目的建设将使阿尔及利亚与尼日尔、尼日利亚和乍得陆路连接，具有战略意义。

中建公司签约阿尔及利亚高等酒店管理学院项目

2012年6月26日，中建阿尔及利亚分公司与阿尔及利亚酒店投资公司（SIH）签订了合同额上亿美元的阿及尔高等酒店管理学院项目总承包合同。该项目成为继喜来登酒店、万豪酒店等项目后中建阿尔及利亚分公司与SIH公司合作的又一个新项目。

该项目由西班牙著名设计院PEYCO设计，建筑面积6.7万平方米，建成后将与瑞士洛桑酒店管理学院合作办学，配备五星级酒店操作平台及可视化教学系统，为阿国旅游业的发展培养人才。

中国公司承建阿尔及利亚东西高速公路两标段全线贯通

由中国中信－中国铁建联合体承建的阿尔及利亚东西高速公路中标段M 3段双向通车典礼于2012年4月14日举行。至此，由中方承建的阿尔及利亚东西高速公路中、西标段全线贯通。

阿尔及利亚公共工程部长阿马尔·古勒和工业部长穆罕默德·本－迈拉迪等阿方政府官员、中国驻阿尔及利亚大使馆临时代办安青和联合体公司代表出席庆典，并与近千名当地民众一道，步行参观标段内总长近2500米的T1和T2隧道。

古勒在致辞中称赞东西高速公路是阿尔及利亚的世纪工程，对于国家经济发展和马格里布地区合作意义重大，是阿中合作的又一典范。他感谢中国政府和两国建设者5年来对工程实施付出的巨大努力，相信这一工程的实现必将促进阿中双方继续携手合作、互利共赢。

安青说，阿尔及利亚东西高速公路是中阿友谊路，建设期间，联合体积极回馈社会，积极开展打井、培训、巡回医疗等社会活动，赢得当地居民好评。中国珍视中阿传统友谊，希望中阿两国不断从多角度加强合作，努力推动两国战略合作关系迈上新台阶。

高速公路管理局新项目管理处经理卡迈勒丁在接受新华社记者采访时说，M 3标段的开通方便了当地居民出行，打开了通向阿尔及利亚东部的大门，使首都同１７个省相连接，必将极大带动地区经济发展。

中建三局签订阿尔及利亚大清真寺总承包协议

2012年4月9日，中国建筑阿尔及利亚大清真寺项目暨南北高速公路项目联合总承包签约仪式在北京西苑饭店举行。局总经理易文权与中建阿尔及利亚分公司总经理陈文健签订阿尔及利亚大清真寺项目联合总承包协议。

中建总公司董事长、党组书记、中建股份公司董事长易军，中建总公司总经理、中建股份公司总裁官庆，中建股份公司副总裁曾肇河、王祥明、陈国才、马泽平，总工程师毛志兵等出席签约仪式。

局总经理易文权表示，双方组建总承包联营体实施大清真寺项目，机遇难得，责任重大，将全力组建好总承包联营体，制度先行，规则先行，使其运转顺畅；全力集中局优势资源，举全局之力实现高质量履约；全力做好过程的沟通、协调与管控，做到节点受控。有责任、有决心、有信心、有能力打好这一仗，并祝项目平安顺利如期建成！

嘉玛大清真寺位于阿尔及利亚首都阿尔及尔中轴线，地中海之畔，总建筑面积40万平方米，建成后将成为非洲高度最高、规模最大的建筑，也将成为继麦加、麦地那之后的世界第三大清真寺，项目已于3月20日正式开工。

东西高速公路位于阿尔及利亚北部地中海沿岸，全长1216公里，东接突尼斯、西连摩洛哥，贯穿24个省区，途经地区占阿全国人口90%，是阿尔及利亚建国以来实施的最大现汇工程项目。中国中信－中国铁建联合体于2006年5月中标东西高速公路项目中、西两个标段，分别为169公里和159公里。

阿联酋

一、承包工程与劳务

2012年海湾地区建筑市场发包额有望高达655亿美元

2012年8月1日，由迪拜室内装饰展（Index）委托Ventures ME公布的研究报告称，2011年海湾国家建筑市场（民宅、商业地产、酒店、商场等）发包额和完成营业额分别为578亿美元和465.2亿美元；今年更是有望分别增长13%和71%至655亿美元和795.5亿美元。

数据显示，阿联酋继续保持海湾地区最大建筑市场地位，市场份额占比高达48%；其余依次为沙特的33%、科威特的8%、卡塔尔的6%、阿曼的3%和巴林的2%。

中东地区2012年新建电力和供水项目总造价327亿美元

2012年10月8日—10日，中东电力和水资源会议将于阿布扎比召开。近日，相关市场研究机构披露，2012年，中东地区能源投资迎来高峰，97个电力和供水项目已开建或将于年底前开建，总造价327亿美元。

其中，阿联酋10个电力和供水项目陆续开建，总价值15亿美元，包括7.4亿美元的Noor1期太阳能电厂和5.8亿美元的Emal电厂2期项目；摩洛哥今年已投入44亿美元建设7个项目，包括ouarzazate太阳能电厂和4个风电厂；科威特已批准总价值42亿美元的19个电力和供水项目，其中重点项目是27亿美元的Al Zour North独立供水和发电厂；沙特今年有15个项目开建，总价值88亿美元，包括20亿美元的Al Qurayyah独立供水和发电厂、12亿美元的Shuaiba 2期电厂项目。此外，埃及、阿曼、卡塔尔、约旦、伊拉克、也门、叙利亚和巴林等国也有相关电力和供水项目开建。

据世界能源理事会的数据，到2020年，仅海湾地区新增电力需求即达1000亿瓦，年均增长7.7%。到2025年，中东地区人口将增长31%，达到5亿，迫使相关国家加大对电力和供水的投资。中东是世界上最缺水的地区之一，需求的增长和工业快速发展使中东成为供水和电力项目最具活力的地区，本次电力和水资源会议将吸引来自25个国家的100多个展览商参展。

阿联酋2010-2014年油气项目总投资达400亿美元

2012年7月9日，阿布扎比天然气工业有限公司（GASCO）CEO Mohammed Sahoo Al Suwaidi宣布，2010-2014年间，阿联酋石油和天然气项目总投资将达400亿美元，位列海湾国家之首。其中，仅阿布扎比油气项目投资额即达250亿美元。此外，阿布扎比国际石油投资公司（IPIC）和穆巴达拉集团（Mubadala）计划共同在富查伊拉兴建液化天然气燃料站，产能预计将满足阿联酋15%的天然气需求，为包括阿布哈比哈里发工业区（Kizad）、阿布扎比工业城（ICAD）和北部酋长国在内的地区供应天然气。目前，阿联酋75%-80%的天然气由阿布扎比国家石油公司（ADNOC）供应，其余部分通过海豚能源有限公司自卡塔尔进口。

苏维迪另外宣布，以往每两年举办一届的阿布扎比国际石油展（ADIPEC），自2013年起改为每年举办。

华为占中东网络维护市场份额的55%

据阿联酋媒体2012年7月16日报道，华为正在与阿联酋电信运营商Etisalat和沙特电信就固定线路网络维护进行商谈，这将巩固其在中东网络管理市场的份额。

中东电信运营商一般将网络维护外包。华为中东传送和服务部副总贾超杰（音译）接受采访称，通过外包可降低运营商13%－20%的成本，估计2011年中东网络维护市场总规模10亿美元，华为占55%，预计近2到3年网络维护市场还将增长18%。他还说，华为已经并将为几乎所有的中东主要运营商提供网络维护，已签订长期服务协议的运营商包括：阿曼Nawras、沙特移动、阿联酋Du。此外，华为还正为沙特的三家运营商、Etisalat、Nawras和阿曼电信建造和运营下一代高速无线通信技术LTE。

中东媒体评论，华为和中兴在过去几年表现突出，经常挤掉爱立信、阿尔卡特、诺基亚、西门子等对手，取得主要运营商的合同。

中国公司承建的阿联酋战略输油管线投入使用

2012年7月15日由中国石油天然气集团公司总承包、年输油能力达7500万吨的阿联酋哈卜善至富查伊拉输管线项目竣工投产庆典15日在管线陆上终端所在地，濒临阿曼湾的富查伊拉港举行。

据悉，阿布扎比原油管线从阿联酋西部主产油区哈卜善油田至东部富查伊拉港口，管线总长４２４公里，其中陆上管线长约４０５公里，另有１３．６公里海底管线，管线设计额定输量为每日１５０万桶原油，原油经海上单点系泊装船，可绕过霍尔木兹海峡出海，对阿联酋有重要战略意义。

2008年11月30日，阿布扎比国际石油投资公司以议标方式与中国石油工程建设公司签订了项目设计采购施工（ＥＰＣ）总承包合同，项目总金额为32.9亿美元，时为中国石油最大的海外项目，也是工程建设系统在海外运作的首个规模化ＥＰＣ项目。项目第一船外输原油已于2012年7月5日完成装船。

中国建筑承包阿联酋20亿美元项目

2012年5月8日晚，中国建筑与阿联酋AABAR公司、中国工商银行（601398）共同签署了EPC总承包合作项目备忘录。该项目是AABAR公司在阿布扎比中心区域的地产投资项目，包括逾30个五星级酒店、写字楼、高级公寓等类型的单体项目。

本次签署的合作备忘录为一期项目，总投资金额为20亿美元。中国建筑将作为项目的EPC总承包商，中国工商银行将为AABAR公司提供融资支持，后者以其原油及成品油贸易收入作为还款来源。

中国建筑表示，合作备忘录的签署，是中国建筑综合海外经营资源，打造“融资+EPC”一体化平台战略的具体体现。公司将继续与国内合作伙伴结成战略联盟，整合资金、技术、设备和人才优势，参与国际化竞争。

据了解，AABAR是阿布扎比最大的主权基金投资公司，隶属于世界最大的主权财富基金阿布扎比投资局。中国商务部网站显示，IPIC全部资产归阿布扎比政府所有，主要从事阿布扎比酋长国以外的能源领域的投资业务，持有一些外国公司10%-50%的股份。而AABAR目前持有意大利、马来西亚等地多个商业银行的股份，并于2009年斥资19.5亿欧元成为戴姆勒公司最大的股东，不过目前AABAR已经将戴姆勒的持股数降至3%。

中铁十八局集团在阿联酋首都承建的首项工程开工

2012年8月6日，由中铁十八局集团在阿联酋首都首承建的个项目——阿布扎比马兹鲁伊商业楼（Mazroui 2B+G+M+7）项目正式开工建设，标志着该公司在阿联酋滚动发展又迈出坚实的一步。

阿布扎比马兹鲁伊商业楼，高11层，建筑面积5715平方米，工期18个月。项目于2010年中标后，由于业主地下官网拆迁迟迟不到位，一直没能开工建设。在中铁十八局集团迪拜公司的不懈努力下，经过两年的漫长等待，终于从阿布扎比市政府拿到了施工许可证，并且取得了阿布扎比管委会（ADSSC）对项目的不反对函，项目正式得以开工。

阿布扎比酋长国是阿联酋最大的酋长国，石油资源占全国的94%，经济发展迅猛，占领阿布扎比建筑市场，就为进一步拓展阿联酋市场打下了坚实基础。作为十八局集团在阿布扎比承建的第一项工程，该项目的开工，必将为十八局集团进一步开拓阿布扎比建筑市场打下良好基础，对该集团在阿联酋的长远发展，具有十分重要的意义。

中铁十八局集团自2004年进入阿联酋建筑市场，并注册了迪拜工程公司。目前，该公司已经取得了当地房屋建筑、公路以及机电设备安装施工特级总承包资质，并在阿布扎比设立了分公司，经营规模和范围不断扩大，走出了一条持续稳定发展的成功之路。

赢海外最大订单 美的中央空调中标阿联酋别墅工程

2012年9月13日，美的中央空调西欧中东大区海湾区域中心（GCC）成功中标“阿联酋政府安居别墅工程”采购项目。美的中央空调凭借其稳定可靠的产品性能，出色的节能表现，优秀的技术服务，从众多国际竞争对手中脱颖而出，拿下订单。中标设备总金额近四百万美元，是目前中央空调海外金额最大的房地产项目订单。

自2008年由于次贷危机引发的全球金融危机，阿联酋经济也遭到影响，经济下滑且房地产市场发展放缓。为了安抚国民，解决本地居民的住房问题，阿联酋国王、阿布扎比酋长特地分批兴建近2000套别墅，赠送给当地居民（具备户籍的）。2000套别墅分为两个项目，本次中标的是其中第一项目的全部448套，为后期项目顺利跟进做好铺垫。

该项目中央空调系统全部采用T3工况数码多联室外机，配以挂壁机和风管式室内机。无论是在工地现场样板房安装实机测试，还是在我司的实验室的样机测试，该系列产品均表现出了高温工况（最高达54℃）下出色的能效、制冷效果以及系统可靠性。同时室内机噪音测试也满足客户对于别墅家居的较高要求。为了满足甲方及顾问的技术要求，我司研发、品质相关人员成立了特别小组，专门定制了相应的电控功能及制冷系统。

阿联酋在海湾国家乃至整个中东地区处于重要地位，中标其政府工程大项目，为我们在海湾地区树立了良好的产品及品牌形象，对于我们今后在该地区推广数码多联机产品颇有裨益，同时也大大提升了团队的信心。

二、简析中国工程机械企业在阿联酋发展情况

中东地区是国际工程机械行业的竞争焦点，也是我国工程机械企业海外战略的重心。阿承包工程市场需求旺盛，2010年以前年发包额近200亿美元。卡特彼勒、大象、利勃海尔、小松等顶级企业纷纷淘金来阿展示实力。中国工程机械企业由于实力不断壮大，三一重工、徐工等企业的产品在阿随处可见，其中有些产品是跟随中国公司承接的工程进入阿参与建设，有的则是单独出口到阿市场。

1. 我企业在阿市场情况

（1）中国的整机难获信任

阿市场上国外知名品牌市场占有率高，中国产品难以进入。中国机械设备产品技术含量较低，质量不高，客户认可度较低，但是价位较低，市场性价比较高。阿客户偏重于信赖国外知名品牌，对中国的整机产品质量以及技术水平有所质疑，反倒是宁愿购买低价的中国机械零部件配件。销售渠道方面，国外大品牌已经占据了固定的销售渠道，我企业难以挤占国外著名品牌的市场。这在金融危机后阿房地产业萧条的今天，无疑是雪上加霜。还有更槽糕的情况就是有的企业在阿联酋的仓库里堆满积压的货物，而在过去则根本不会产生库存。

（2）建筑行业的大环境导致业务不佳

2010年我对阿联酋的工程机械出口数明显下降，而以执行之前的订单为主。目前阿房地产市场进入调整期，未来情况似乎并不明朗，一些在建项目仍在继续，但是新上马项目明显减少，由此带来了与房地产有关的产品的销售明显下降，比如以塔吊为代表的工程机械。

2. 我企业积极应对

（1）继续坚守市场，以执行之前订单为主

金融危机对阿联酋的影响主要集中于迪拜，阿布扎比由于其充足的石油储备已经走出了金融危机的阴霾。有些中国工程机械虽然暂时放缓对迪拜的出口业务，但是仍然对迪拜抱有很高的期望，因为迪拜的地缘优势并不会因为金融危机而产生变化，其仍然是中东、非洲乃至东欧地区的窗口。

（2）积极开拓周边市场

中国企业目前正在积极开拓周边市场，如阿布扎比、沙特、伊朗等地对建筑机械产品的需求仍然很大。

阿联酋两大经济体迪拜和阿布扎比市场应该分开来看，迪拜受国际经济形势影响较大，而阿布扎比自有资金充裕，其市场主要取决于政府的宏观决策，因此很多企业还是看好危机下脱颖而出的阿布扎比。

摩洛哥

一、承包工程及劳务

中海外公司中标摩洛哥高铁部分路基施工

2011年10月19日，摩洛哥国家铁路局向中海外摩洛哥分公司发出临时中标通知。通知说，中海外摩洛哥分公司为该国丹吉尔至肯尼特拉高速铁路北线3标段的承建单位。

海外公司这次中标的北线3标段包括全长26.6公里的高铁路基施工及附属排水构造物和21个上（下）通道桥的建筑。

据悉，摩洛哥丹吉尔至肯尼特拉高速铁路全长200公里，总造价约25亿美元，计划至2015年竣工，全部工程分为11个标段，已招标4个标段，中国公司首次中标。从目前情况看，西班牙、意大利公司报价均偏低，可能与两国国内经济状况不佳，政府付款不及时有关，至使有关公司出现用低价中标的倾向。

中国电建承建的摩洛哥伊阿高速公路竣工

2012年5月22日，中国电建承建、中国水电五局实施的摩洛哥“南北大通道”伊米塔努特—阿加那段高速公路建设项目收到由摩洛哥国家高速高路公司发来的“竣工验收证”。至此，该条高速公路建设画上了圆满的句号。成为国外公司在摩洛哥片区的首个竣工验收的项目。

伊阿高速公路段于2007年2月15日开工建设，目前，是中国公司在摩洛哥承建的第一条高速公路，同时也是公认为摩洛哥公路修建史上建设难度最大的一段高速公路。

水电五局摩洛哥伊阿项目部的广大员工经过1000多个日日夜夜在异国他乡的艰苦卓绝，顽强拼搏，面临当年出现的大面积塌方、业主被迫重新设计改线、当地舆论巨大等难以预计的重重困难，该项目部200名中方

员工发扬了中国水电人“自强不息，勇于超越”的企业精神，顽强拼搏，于2010年6月21日，实现了里程碑通车节点目标，确保了摩洛哥南北大动脉的贯通，并于2010年9月7日在合同工期内通过临时验收。该高速公路工程全长42.5公里，合同金额14.1亿人民币，最终履约金额达15.5亿人民币，最终合同工期42个月零23天，创造了履约的奇迹，受到摩洛哥社会各界的高度好评，树立了中国公司诚信履约的良好形象。

伊阿高速公路项目还为水电五局开拓摩洛哥市场的搭建了平台，依托伊阿高速公路项目，水电五局公司之后在摩洛哥公路市场中标建设了东西、拜贝、绕城等5个高速公路项目。

中国水电中标承建摩洛哥南北高速铁路工程

2012年3月5日，中国电建集团所属的中国水电股份公司经过激烈角逐，从欧洲、亚洲、北美及摩洛哥本国等30多家企业中脱颖而出，中标承建摩洛哥南北高速铁路工程。这是中国电建集团成立以来在海外承建的首个高速铁路工程，开创了 “中国电建”和“中国水电”在海外新的业务与品牌形象。

摩洛哥南北高速铁路一期工程从地中海城市丹吉尔一直延伸至首都拉巴特以北的肯尼他市，全长约200公里，列车建成通车后的运营时速为350公里/小时，对于加速摩洛哥南北经济发展、融入地中海大经济圈有着重要意义。中国水电中标承建该项目南线土建标段，包括高速铁路主线以及两条铁路支线，中标金额约合3600万美元，总建设周期为20个月。

二、摩洛哥风电发展及规划

1. 能源发展

摩洛哥是能源短缺的国家，约95%的能源需要进口，而国内能源需求量在过去10年中也以每年7%的速度增长，目前石油占其能源消耗总量的比例约达62%。摩政府预测，该国2030年的总电力需求将从2008年的2400万千瓦时增长到9500万千瓦时。因电力需求量巨大，摩政府不得不改变能源发展战略，从几乎纯进口转而发展可再生能源。为摆脱对石油进口的依赖，在2009年12月举行的第一届能源大会上（在瓦尔扎扎特召开，旨在开发利用太阳能），摩政府制定了可再生能源发展战略，特别是利用当地丰富的光能和风能资源，通过国家基金、吸引外资和鼓励私人投资等多种方式建设太阳能和风能发电站，计划在2020年摩电能消费约4 0 %来自可再生能源（20%太阳能、20%风能）。

（1）开发太阳能

为了在日趋激烈的能源争夺战中抢得先机，摩政府于2009年出台一项总投资66亿欧元（约合90亿美元）的战略计划，用于大幅提高国内太阳能发电能力，同时也为该国今后更具雄心的能源出口战略铺平道路。该计划披露，到2020年摩洛哥将修建5座太阳能电厂（厂址已选定，分别设在Ain Beni Mathar 400MW、Ouarzazate 500MW、Sebkhate 500MW、Foum Al Qouad 500MW和Boujdour 100MW，共计占地10000公顷）。

摩能源大臣阿米娜·本·哈德拉日前表示，这5座电厂都投入使用以后，总装机容量达到200万千瓦，预计将满足摩洛哥20%的能源需求，并大幅提高太阳能在能源消费结构中所占的比例。目前摩大部分的太阳能采集都在小村庄里分散进行，没有实现规模化生产。过去10年中，摩政府推出的“农村电气化项目”让15万农村家庭用上了太阳能。此外，摩已经制定了2012年10%能源需求来自可再生能源的国家能源战略目标。

（2）开发风能

摩拥有2600公里的海岸线（包括西撒），常年西风，平均风速8米/秒-12米/秒，最高可达20米秒，风力资源丰富。据预测，该国每年的风力发电潜力为25000MW左右。在大力开发利用太阳能的同时，摩又将大部分精力转到发展风能方面。

摩最大的风力发电站是于2010年6月28日投运的丹吉尔风电站，也是目前非洲最大的风电站。该电站装机量为140mw，总投资27.5亿迪拉姆，由欧洲投资银行（8000万欧元）、西班牙官方信贷公司（1亿欧元）、德国复兴开发银行（5000万欧元）和摩国家电力公司共同出资，由西班牙Gamesa Ealica公司承建。电站包括165座850千瓦的风机和基座（电站分为两个风电场，一个位于丹吉尔东南22公里的Dhar Saadane，有126台风机，另一个位于丹吉尔以东12公里，有39台风机）、4座测风站、一座33/250千瓦的变电站和60公里长的输电线，年发电量约5.565亿千瓦时。丹吉尔风电站的建成不仅使摩成为地中海沿岸和非洲国家中可再生能源利用方面最先进的国家之一，甚至达到了欧洲国家的水平。

摩于今年5月31日在其东北城市乌日达举行第二届能源大会（旨在开发利用风能），会议强调可再生能源为摩洛哥能源可持续发展的重要战略，并将在2011年至2020年将投资1740亿迪拉姆（约合217.5亿美元）重点用于发展太阳能、风能等可再生清洁能源。到2020年实现太阳能和风能分别达到2000兆瓦发电量的目标。

2. 现有能源及发展规划

从现在起至2020年期间，摩洛哥计划安装发电总装机容量为8000MW的各类电站（除各占2000MW的风能、太阳能电站外，余下的4000MW为水电、燃气和清洁煤电站）。其中计划新建的2座电站厂址已选定：El Menzeh（200MW水电站）和Abdelmoumen（300MW石油当量火电站）。计划于2015年前完成2500MW的化石电站，2018年前完成1000MW燃气或清洁煤电站（其中包括100MW的沥青砂电站）。

（1）现有能源

摩目前拥有22个水力发电站，4个火力发电站、4个天然气和十几个柴油发电厂。2010年发电量约为2650千瓦小时，装机总量6346MW。已经运行的风电装机总量计280MW，分布在5个风电场，分别（从北往南）是丹吉尔（140MW，2个风场）、A. Torres（50MW，丹吉尔附近）、Lafarge（30MW，德图安附近）和Amougdoul（60MW，索维拉附近）。据摩政府公布的数字显示，2010年风能占摩发电装机总量的4.4%，占年电力生产总量的2.5%。

（2）近期风电发展规划（2011–2015年）

根据摩政府安排，摩近期将建的风电装机容量为720MW，分布在以下5个风电场（从北向南）：Sendouk I期（120 MW，丹吉尔附近）、Haouma（50 MW，丹吉尔附近）、Akhfenir（200 MW，阿加迪尔附近）、Tarfaya（300 MW，阿尤恩附近）和Laayoune（50 MW）。

（3）远期风电发展规划（2015–2019年）

根据摩政府规划，在下面五个地点建装机总量为1000MW的风电场，（从北往南）分别是SendoukII期（150MW，丹吉尔附近）、Koudia Al Baida（300MW，丹吉尔附近）、塔扎Taza（150MW）、Tiskrad（300MW，阿尤恩地区）和Boujdour（100MW，阿尤恩地区）。

摩风能潜力约25000MW，其境内丹吉尔、德途安和索维拉等地风速为9.5米/秒-11米/秒，达赫拉和塔扎地区风速为7.5米/秒-9.5米/秒。根据目前选定的地点，完全可以满足上述风电装机量需求。

（4）电力主管部门

2007年以前摩国家电力局是该国电力主管国家机构，2007年改组为股份有限公司，其下设四个子公司分别主管电力生产、供给、输送和配送。

（5）相关信息与数据：

摩洛哥与阿尔及利亚连接电网：1200MW

摩洛哥与西班牙连接电网（通过直布罗陀海底电缆）：1400MW

欧洲输往马格里布煤气管道：12,5BCM

已使用的风机：VESTAS、GAMESA

摩电网及变电站状况：THT/HT （400KV，225KV，60KV）：50

功率：THT/HT：15395MVA

频率：50Hz

突尼斯

突尼斯工程承包市场风险因素探析

目前，突尼斯社会逐渐趋于稳定，现政府对国内各项政策不断修改，积极吸收外资，不断扩大基础设施等方面的投资，这对从事国际工程承包的企业无疑是利好消息，但是在开拓突尼斯市场时，我们必须对其风险因素有全面正确的认识。

（一）政治风险因素

根据突尼斯宪法委员会在2011年1月15日的认定，总理穆罕默德·加努希在本·阿里总统逃往沙特后继任总统的行为是违反宪法的，同时裁定众议院议长福阿德·迈巴扎代行总统职权。“茉莉花革命”事变发生后，美国、法国等大国纷纷对“突尼斯人民的胜利”表示祝贺，许多政治观察家都指出：突尼斯街头的暴力、劫掠愈演愈烈，许多社区已开始闭门自卫，如果蔓延下去，局面将趋于复杂化。

突尼斯于1981年4月开始实行多党制，现有9个合法政党，主要有：宪政民主联盟、社会民主运动、人民团结党、民主统一联盟、革新运动、自由社会党、民主进步党、争取工作与自由民主论坛和绿党。各政党之间政治主张、观点各不相同，朝野各方能否迅速达成共识和妥协，直接影响社会尽快恢复秩序和安定。因此应该随时关注突尼斯政局变化，将政治风险最小化。目前突尼斯骚乱暂时有所控制，趋于平静，但是各种游行示威依旧不断。突尼斯临时政府宣布原定于7月份举行的选举将被推迟到10月25日举行，暂时处于平静期不等于永久安定，将政治风险因素对工程承包企业的影响减少到最低，将是国际工程承包企业未来所面临的首要问题。

（二）金融风险因素

在突尼斯签订的工程承包项目基本都是第纳尔合同，业主在实际支付工程款的时候，根据合同固定汇率和支付比例，支付一定的外币（主要美元、欧元），其余全部是突尼斯当地币（第纳尔），存在汇率及外币支付比例风险。突尼斯国内市场较狭小，资源比较匮乏，过分依赖欧盟。在突尼斯具体施工，施工所需部分建筑材料、机电设备，甚至生活物资均要从中国进口，在国内各种采购肯定是人民币支付，但是在当地的人工费及其他费用均是第纳尔支付，近几年人民币和第纳尔在国际金融市场中大幅度升值，两者相互影响，中国工程承包企业的汇率损失是十分惨重的，这些因素在投标时必须考虑周全，特别是合同固定汇率的签订及外汇支付比例确定，否则将来中标实施将会对项目收益产生严重影响。关于汇率风险因素的影响，可以从近几年美元兑人民币和第纳尔汇率变化统计表看出。

（三）市场风险因素

突尼斯目前基本所有国家项目均是通过公开招标实施，有国际招标和国内招标之分。中国公司只能参加国际招标，该类项目通常使用外国银行或国际金融机构贷款，或部分使用突尼斯政府自筹配套资金。有些突尼斯农业部实施的项目必须是以联营体的方式投标，联营方合作方必须是突尼斯当地企业，但是突尼斯当地企业实施能力有限，因此选择一个合适的联营体合作方应该慎之又慎，防止将来联营体风险的产生。目前在在突尼斯从事工程承包的中国企业主要有中国水利电力对外公司、长城钻井公司、江西省水利水电建设总公司、华为技术有限公司、中兴通讯股份有限公司及中国五环工程有限公司。法国公司、意大利公司、德国公司纷纷退出或是减少市场份额。除去中国的几家公司、主要承包商还有南斯拉夫一家建筑承包公司（HYDROTECHNICA）及突尼斯最大的工程建设国有企业索玛特（SOMATRA）公司，目前南斯拉夫工程承建的工程项目有儒米娜大坝及盖夫大坝。

（四）劳务风险因素

突尼斯《劳动法》分别对劳动合同的签订与解除，劳资协议条款，劳资冲突的解决方式及有关罚则，并对企业中设立咨询与监督机构保护企业和职工利益做出详细规定。特别对用工年龄、夜班限制、特殊工种、产假、工作时间、休假、工作条件，工资支付和劳动保护等有着详细描述。工程承包企业项目作为劳动密集型产业，对劳务的管理相当的重要。在突尼斯要特别重视劳动合同签订，采取合理的用工政策、薪酬政策及辞退政策，避免突尼斯福利局及劳工部对项目用工不规范的查处。由于当地失业严重，外国人在当地工作非常受限，承包工程项目的中方人员不得超过合同签订时规定的外国用工数量，这个在项目前期招标文件中有明确的规定。如果当地的雇员聘用，必须在被聘用后的第2个月加入社保体系，根据当地法律规定，社保基金缴纳比例为当地员工工资的25.04%（其中雇主缴纳16.57%，雇员缴纳8.47%，比例每年都有变化根据突尼斯经济杂志LA TUNISIE - ECONOMIQUE具体查询），可以看出税费占人工费的比例比较大，所以应该认真研究劳工政策，开源节流，提高公司的效益。当地员工加入社保体系后可以享受到家庭补助、医疗保险、社会补助、失业救济、伤残补贴、退休金、个人贷款等多种社保待遇。当地工人其医疗保险费用包含于福利之中，其中工伤事故保险费为毛工资的3.8%，由企业负担，于每个季度第一个月15日前到所在的劳动福利局（CNSS）上缴上一季度的费用。如果不按照法律上缴各种保险，突尼斯劳动监察部门将对雇佣企业给予严厉的制裁，包括冻结银行账号、高额罚款，所以劳务风险因素应该高度重视。

（五）税务风险因素

突尼斯实行全国统一的税收制度，外国公司和外国人与突尼斯的法人和自然人同等纳税。突尼斯实行以所得税和增值税为核心的税收体系。《个人与企业所得税法》和《增值税法》分别对所得税、增值税申报方式与时限做出规定，并规定了免税适用范围，规定了增值税税率及适用范围以及减免税收的条件。目前中国工程承包企业在突尼斯主要涉及税种有：个人所得税、企业所得税、增值税、注册和印花税等。个人所得税按六级超额累进制税率征收，企业雇员应缴纳的个人所得税由企业代扣代缴。企业所得税税率工程承包企业按照实现利润的30%缴纳。工程承包企业增值税一般为18%（具体查询突尼斯增值税管理细则）。突尼斯税务申报时间主要是月份申报和季度申报。月份申报主要有个人所得税、房租税、社会住房基金、增值税、印花税、地方税等，以上税收于次月25号之前到所在税务局申报，最迟不能超过28号，超期将被罚款。季度申报主要有福利税和保险税，在季度末次月15号之前，不按时申报将被罚款，同时要缴纳电子版本。企业所得税每年分3次申报，按照上年上缴税额的30%预缴申报，次年3月以前按决算数申报结清。报税时突尼斯税务局有专门的阿拉伯语申报表（用法文或者阿拉伯语文填写，企业财务负责人签字并加盖企业印章），年终申报时需附企业一年经营状况详细报表。突尼斯税务政策比较繁杂，由于国民整体纳税意识较强，全部采取自行自觉纳税，税务部门有权随时抽查，如果发现问题，将采取严厉的处罚措施，所以应该认真研究所在国的税务政策，避免税务纠纷。

（六）会计风险因素

突尼斯的会计制度与欧盟一样，采用通行的国际会计准则。由于中国会计不熟悉突尼斯的相关会计法律法规、税务管理规定，同时语言交流存在障碍，专业词汇较多等，针对这种风险，一般通过聘请当地的会计事务所代为处理项目外账部分，按照当地的会计制度和税收制度负责平时的会计账务处理和报税工作，并于年末出具年终报表，申报企业利润税，避免因会计报表不合法性及税费缴纳不及时或漏缴问题而引起的高额罚款，减少会计因素风险，以免对工程承包企业产生不良记录，取得"黄牌警告"。

（七）其他风险

其他风险主要有安全风险、法律风险、社会风险及环境风险等等，这也是中国企业管理上所面临的薄弱环节，涉及以上各种风险因素，中国公司应该安排专人研究这些问题，甚至投入一定的费用进行市场调研，同时聘请当地专业人士给予指导，或者招聘顾问，必须采取合理手段，以合理方式规避这些风险，从而保证市场份额的不断扩大，立足工程承包市场。

苏　丹

葛洲坝与南苏丹政府签订近89亿元工程承包合同

葛洲坝集团2012年2月5日宣布，该集团与非洲南苏丹共和国正式签署拜登水电站项目建设合同，成为南苏丹建国后首个大型公共工程的总承包商。

位于南苏丹尼罗河上的拜登水电站，是该国筹建的最大水电站，总装机容量54万千瓦，年发电量可达30亿千瓦时，建成投产后可根本缓解南苏丹的电力紧张问题。葛洲坝签订的是该工程的设计、采购、施工（EPC）总承包合同，将承担发电厂、引水坝、溢流坝、非溢流坝及面板堆石坝等全部项目，总工期80个月。

中国电建承建的苏丹罗赛雷斯大坝正式下闸蓄水

2012年9月7日上午，由中国电建集团所属水电七局承建的苏丹罗赛雷斯大坝关闭部分闸门，开始有序下闸蓄水。随着蓄水的持续进行，将迎来罗赛雷斯大坝加高后的历史新高程。

根据《第四次合同修订协议》新的工期节点目标要求，工期紧、任务重，项目部掀起了"求着务实讲效率，大干快上保蓄水"的施工浪潮。2012年1月底完成混凝土坝所有加高仓号浇筑并具备通车条件，5月完成土石坝最后一仓粘土料的填筑，7月底土石坝护坡料填筑完成，罗赛雷斯大坝具备蓄水功能。由于今年雨水颇丰，水流量大，为顺利蓄水，项目部每周组织召开蓄水专题会议，并邀请工程师参加，及时优化施工方案，根据实际情况，最终确定9月7日开始有序下闸蓄水。

目前，项目部正按照施工计划继续拼搏，有序推进工程建设，为最后的完工庆典冲刺。

苏丹罗赛雷斯大坝加高工程主要在原大坝基础上加高10米，库容增加40亿方，坝轴线长度从15公里增加到25公里，其中混凝土坝长1公里，土石坝全长24公里，建成后将成为世界第一长土石坝大坝，其功能是储存更多更大来自青尼罗河年洪水，为广大灌溉区域提供可靠稳定的供水；提高苏丹水力发电能力；该项目为中国水电股份公司和中国水电对外公司以CCMD联营体名义在苏丹承揽的麦洛维水电站项目之后的第二个大型水电项目。

以色列

一、承包工程与劳务

中国交建将总承建以色列高铁项目

以色列交通运输及道路安全部部长伊斯拉尔卡茨2012年7月4日透露，中以两国交通部刚刚达成一项合作备忘录，计划从今年10月开始，两国合作在以色列修建一条高速铁路。以方表示，这项工程是以色列今年最大的基础设施建设工程。

以色列此次修建的铁路，将连接特拉维夫与南部港口城市埃拉特，全长约350公里，其中260公里考虑与中国合建。鉴于以色列人口不多，该高速铁路在构建地中海与红海之间的货运能力，潜力巨大。

卡茨表示，整个项目考虑由中国交通建设股份有限公司总承建，中国进出口银行会参与部分项目融资，也可能担当“临时投资人”的角色。从长远来看，以色列财团还是希望当主要投资人，由中国企业参与建设。除此之外，双方均未对合作的细节进行评论。

此前有报道称，以色列近期在地中海东部发现大量石油天然气资源。以色列高层有意与中国开展深入合作，包括在以色列港口建设液化设施，为以色列能源出口建设新型战略运输通道等。以色列运输部倾向于让中国公司建设穿越内盖夫沙漠的铁路线，方便以色列把地中海沿岸的液化天然气运输到红海沿岸，然后从那里装船经印度洋运到亚洲。

业内专家透露，中国与以色列的高铁合作，在资金与技术上互有优势。两国的合作，可谓“双赢”。

中铁十二局集团承建的以色列吉隆隧道项目举行开工仪式

2012年4月23日，由中铁十二局集团、中土公司及以色列当地公司合作承建的以色列吉隆隧道项目，在隧道东口施工现场举行了隆重的开工仪式。

中国驻以色列大使高燕平、经济商务参赞胡明、以色列交通部副总司长兰戈尔、卡梅伊尔市长埃尔达，以及来自以色列公路公司、以色列铁路公司、驻以色列中资机构、项目联营体以及分包单位的代表等200多人出席了开工仪式。

高燕平大使在开工仪式上发表了热情洋溢的讲话。高大使说，中国公司承建的吉隆隧道项目是中以经贸关系的一项重要成果，既展现了中国企业的雄厚实力，也标志着中以经贸合作向着更高水平、更深层次的发展。

以色列交通部副总司长兰戈尔、卡梅伊尔市长埃尔达、中土公司副总经理孙勇等分别致辞。特别是以色列公路公司项目负责人米哈先生，在讲话中对项目上场以来取得的进展给予了高度评价。

吉隆隧道项目是设计、施工总承包项目，于2011年8月24日中标，从2011年10月23日开始计算工期，总工期39个月，合同额约合人民币10亿元。项目全长6.75公里，其中吉隆隧道为分离式铁路单线隧道，由2个4.625公里的主洞和18个横通道组成。

项目中标上场以来，中铁十二局集团、中土公司及当地合作方共同努力，在我方只有少数施工人员的情况下，克服了设计审批、早期工程量大、施工场地狭小、各种方案审批程序繁杂等困难，积极创造条件得以早日开工进洞，比合同计划里程碑工期提前了两个半月，为项目按期完工打下了良好基础。

二、中国工程机械登陆以色列市场

近年来，随着中国与以色列双边贸易的快速增长，双方在出口商品结构方面也不断优化。数据显示，2011年，中国以色列双边贸易总额达81.6亿美元，同比增长20%，我国成为以色列第3大贸易伙伴，仅次于美国、欧盟。据中国工程机械商贸网记者了解，继中国的家电、汽车、船舶、港机、打印机等机电产品打入以色列市场后，我国的工程机械产品也借着东风成功进入以色列市场。其中，柳工的表现可谓尤为突出，截至今年6月，柳工已在以色列销售28台装载机、16台滑移装载机、3台挖掘机和3台叉车，实现销售收入450万美元，预计2012年全年销售额将突破900万美元。其次，中国重汽、北京福田等企业也正与以色列当地经销商洽谈合作，两家企业生产的重卡、轻卡产品也有望于近期在以色列市场上一展雄风。

其实，以色列受到中国的亲来也非毫无缘由，以色列拥有该地区管理最良善、对财产权利保护最佳的经济体制。一直以来，以色列的科技强国之路为国内经济发展提供了强劲的动力。国内资源贫乏，人口逐年增加，需要大量的生活物资、修房建筑材料，以及日用轻工业、机械工业和民用电子工业跟不上形势等都为我国工程机械进入以色列市场提供了必要的条件。未来，相信以色列市场会吸引更多的工程机械企业的青睐。

沙特阿拉伯

承包工程与劳务

2011 年中资企业在沙特承包工程市场半年报

2011 年 7 月 23 日，驻沙特使馆经商参处发布中资企业 2011 年沙特承包工程市场半年报。

半年报批露，截止 2011 年 6 月 30 日，在沙特市场开展各类业务的的中资企业共 131 家，在沙商务人员存量共约 1.6 万人。

截止 2011 年 6 月 30 日，中资企业在沙特承包市场的在建项目存量共 84 个，合同总额 124.63 亿美元。1—6 月，我中资企业在沙特承包市场的估算完成营业额约 26.37 亿美元，新签约项目 26 个，合同总额 12 亿美元。

这是继 2010 年建立沙特承包工程市场统计年报制度以来，驻沙特使馆经商参处第二次定期发布中资企业业务统计报告。

2013 年沙特基建项目即将超过 800 亿美元

据《沙特公报》2012 年 9 月 5 日报道，中东地区著名的经济杂志《MEED》预计，2013 年沙特基建项目将超过 800 亿美元，较 2011 年增长 36%。对建筑承包商、咨询公司和设备等销售商而言，沙特成为中东地区最大的市场。

另据报道，沙特建筑市场占中东北非地区 2012-2013 年 4480 亿美元的 46%。

海湾国家投资 4300 亿美元进行公共基础设施建设

预计 2012 年海湾国家财政盈余将高达 2650 亿美元，支出将达 4300 亿美元，比 2011 年的 3890 亿美元增长 6%，预算支出主要用于公共服务领域，如住房、教育、卫生医疗、道路、交通等基础设施领域。

世界银行研究显示，海湾国家的政府开支计划将会对这些国家的经济发展带来积极影响，但这些国家应当加强公共管理，提高政府开支的经济和社会效益。

中国港湾公司承建的红海集装箱码头竣工启用

2012 年 4 月 21 日，沙特运输大臣 Seraisry 代表阿卜杜勒国王在吉达港为红海集装箱码头竣工剪彩。

红海码头是吉大港最大的码头，总面积超过 50 万平方米。扩建工程总投资 5.1 亿美元，由中国港湾公司承建，新码头的竣工启用将使吉达港的吞吐能力提高 45%。

中石化－萨比克年产 26 万吨聚碳酸酯项目开工

中国石化与沙特基础工业公司合资年产 26 万吨聚碳酸酯项目于 2012 年 4 月 3 日举行开工奠基仪式。该项目是继天津百万吨乙烯、千万吨炼油项目建成投产后，两公司在天津投资建设的又一大型石化项目。项目占地 66.6 公顷，总投资 110.27 亿元，包括两条生产线共计 8 套生产装置，是国内法规模最大的聚碳装置，工艺处于世界领先水平。项目计划于 2015 年建成，将年产 26 万吨高端聚碳酸酯，实现年增加值 31 亿元。

中石化与沙特阿美公司投资 85 亿美元成立炼化公司

据《阿拉伯新闻报》2012 年 1 月 18 日报道，中石化集团公司与沙特阿美石油公司签署合同，投资 85 亿美元在沙特延布合资建造一座全转换炼油厂。中石化持有 37.5% 的股份。

该炼油厂将于 2014 年下半年投产，每天产能为 40 万桶重油。

湖北地建集团沙特分公司签署房建工程合同

2012 年 1 月 30 日，经过为期两个月的投议标许可程序和双方多次谈判，湖北地建承包公司沙特分公司与沙特 MODERN　AL-TASAMI 公司签订了沙特朱拜勒 JALMUDAH 学校施工工程（第三期）男子小学（BES）和女子初中（GIS）学校建设工程分包合同，合同额折合人民币约 7000 万元。

该工程承包合同获得了中国驻沙特大使馆经参处的书面认可，是地建承包公司在沙特签署的首个工程承包合同，也是海外事业部坚定实施工程院“把做强做稳海外事业作为富院之策”战略的成果。此次合同的签订，拉开了地建承包公司再战海外建设工程市场的新序幕。

南京工程公司首个海外总承包项目成功执行

2012 年 2 月，南京工程公司首个海外总承包项目——沙特卡扬氢气线项目近日成功执行。卡扬石化隆重举行了项目完工庆祝晚宴，对南京工程公司的卓越表现表示感谢。

实施氢气线项目是南京工程从建设国际化工程公司，推动设计、采购、施工又好又快融合出发作出的战略决策。首个海外总承包项目的成功执行，不仅有助于掌握沙特基础工业公司的管理程序和规范，并推动海外项目设计、采购、施工的交叉融合，进一步积累总承包工程管理的宝贵经验，培养造就一批高素质的设计和经营管理人才，而且对打造“高度负责任，高度受尊敬”的国际化工程公司起到推动作用。

在不到9个月的时间里，南京工程面对设计标准规范不熟悉、各装置区施工环境复杂等困难，不急不躁，勇于探索，始终保持高度的责任心和使命感，安全优质地完成了项目设计、采购和施工任务，圆满完成了首个海外总承包项目执行任务，为保证在沙特东部新承接的大型总承包项目卡扬脂肪醇项目的成功实施积累了宝贵经验。

黄河建工集团与沙特企业签订合作协议

2012年6月15日，黄河建工集团有限公司与沙特阿拉伯王国艾哈迈德贸易与工业承包有限责任公司代表在郑州签订了合作协议。

合作双方在沙特有共同投标、施工合作意向，本着互惠互利原则，经友好协商，达成了此次合作协议。据悉，协议签订后，黄河建工集团将积极办理入沙特备案手续，以便在沙特阿拉伯王国境内开展多领域工程项目联合投标工作。待取得项目后，双方将另行签订详细的合作协议，以约定两者的权利和义务。

山东电建三公司承建的沙特拉比格电厂1号机组并网发电一次成功

2012年3月27日14时，经山东电力建设第三工程公司驻沙特拉比格项目部工作组和业主批准，沙特拉比格项目部1号机组点火，开始进行整套启动。3月30日8时16分，1号汽轮机开始冲转，13时30分，转速顺利达到3600rpm。3月31日11时16分，1号机组首次带负荷并网一次成功，机组各项指标优良。

沙特拉比格项目位于沙特西部红海岸的阿拉伯拉比格市。2009年7月9日，山东电建三公司与沙特RABEC公司签订拉比格项目合同，合同总金额约为18亿美元。其工程所需主要设备，如燃油锅炉、汽轮机、发电机等均为国产设备，可拉动中国10亿美元以上的设备和材料出口。

该项目在中沙两国经贸关系间创下了五个第一：中国承包商在沙特第一个独立承担的最大工程；中国电站EPC总承包商首次打破欧美、日韩企业垄断局面，成功进入沙特高端市场；中国电站设备第一次成功进入沙特市场；中国银行第一次成功进行融资，进入中东市场；目前中东市场单机容量最大的电站机组。

中材国际（南京）承建沙特SPCC二线投料成功

2012年2月9日，中材国际（南京）承建的沙特SPCC二期5000t/d熟料水泥生产线投料生产。在经过一天的平稳运转后，产出近4000吨熟料。水泥系统也于2月10日晚一次性投料成功，顺利产出水泥。

长江精工承建沙特吉达机场

2012年2月7日，长江精工钢结构（集团）股份有限公司（以下简称精工）日前在迪拜与本拉登集团签订了吉达机场主体钢结构正式合同。精工将完成吉达机场的加工制作、现场安装任务。

吉达机场项目位于沙特阿拉伯外交之都——吉达。吉达机场有着典型的伊斯兰建筑特点，拱券是吉达机场特色之一。因为拱券的特殊造型，大量的构件需要弯圆、甚至双向弯圆是必不可少的，加之国外工程对构件的外观质量有着严格的规定、美国标准与中国标准的差异，这无疑给施工带来一定的难度。精工在跟踪吉达机场项目一年多的时间里，经历了设计院的更换、5次变更设计图纸、执行标准的多次改变（从美国标准变到英国标准，最终又确定为美国标准），但精工始终能够跟上变化，并针对新的条件拿出最优的解决方案，充分体现了精工的技术实力。此外，精工副总裁兼总工程师陈国栋带队前往沙特与相关部门进行接洽后，按照要求对吉达机场最难的构件和节点部分进行了模型试制。沙特有关方面最终被精工符合美国标准的结构优化设计、节点设计、加工制作方案、现场安装方案所打动。

毛里求斯

一、承包工程与劳务

中国公司承建的毛里求斯最大污水处理厂落成

2012年2月9日，由中国水利电力对外公司承建的毛里求斯最大污水处理厂———MontagneJacquot泵站及污水处理厂，日前正式落成启用。该污水处理厂的投入使用，将极大地促进该地区经济与环境的可持续发展。此举标志着毛里求斯缩短了实现2012年全国污水集中处理率达到50%目标的距离。

据悉，MontagneJacquot泵站及污水处理厂项目是继扬水干管工程项目后，中水电对外公司与毛里求斯公共事业部污水管理局签署的第二个项目。该污水处理厂设计日处理能力20万吨，全厂运行管理采用国内先进的计算机自动控制系统，关键工艺、仪表及自动化控制系统设备均从中国引进。

目前，MontagneJacquot污水处理厂的日处理量已达5万吨，处理后的污水全部达到毛里求斯政府规定的一级排放标准。由此，毛里求斯政府对中国承包企业的实力和负责任的态度给予了积极的评价。

北京建工国际将建毛里求斯最大高档住宅

2012年3月，北京建工国际公司成功中标毛里求斯卡特帮椭圆形公寓楼项目，这是继五栋公寓楼项目之后，北京建工国际在当地承建的又一大型住宅项目。

据悉，该项目曾获国际建筑设计大奖，是目前毛里求斯最大的高档住宅社区。此次北京建工国际承建的一期工程包括5栋14层椭圆形住宅楼以及配套停车场、游泳池、俱乐部、屋顶花园等，建筑面积近7万平方米，合同总额约4000万美元，工期21个月。目前，北京建工国际毛里求斯分公司这个在积极准备开工，已完成现场围挡、生活区、办公区和材料加工区的基本建设以及主体工程测量放线工作。

2010年，北京建工国际毛里求斯分公司与业主Octria公司开始合作五栋公寓楼项目，该项目现在即将竣工，北京建工国际的管理水平、工程质量都得到了业主的高度认可与好评，逐渐在当地树立起建工品牌，为进一步开拓当地市场奠定了基础，卡特帮椭圆形公寓楼项目的中标充分说明了这一点。

毛里求斯巴加泰勒大坝砂石筛分系统如期投产

2012年4月30日，中国水利电力对外公司承建的毛里求斯巴加泰勒大坝砂石系统如期实现投产目标。

据毛里求斯现场发回的报道，在历时34天的高强度建安施工中，除了5天间歇晴天外，其余时间均为持续不断的雨天，整个场面布满积水与淤泥，加之厂家设备缺陷、安装人员不足等因素的制约与影响，安装工作一度陷入举步维艰的艰难境地！

面对巨大的工期压力，砂石项目部全体员工以高度的大局意识和责任意识，顶风雨、战泥泞，在九局公司、国际公司和第六分局的正确领导与大力支持帮助下，在毛里求斯项目管理部的统筹协调下，攻坚克难，勇往直前，经过不懈的努力，截止4月25日14:28，仅用1天半时间，顺利完成20条皮带拉铺工作，并于4月29日17:30，实现粗碎打料2车，于4月30日14:58起运行并举行投产仪式，实现全系统联机调试粗碎打料，提前实现了5月1日粗碎投产的节点工期目标。

二、毛里求斯风电产业发展简况

1、能源发展现状

（1）现有能源分布及近5年的变化

根据毛中央统计局公布的数据，2010年毛本地可再生能源产量为242千吨石油当量，同比增长2.5%。化石燃料全部进口，进口量约1498千吨石油当量，同比增长9.7%。

电力市场方面，火力发电仍占据绝对主导地位，为公共和私营电厂、制造业、商贸业和农业经营者广泛采用，2010年发电量为2035千兆瓦时，占总发电量的75.7%；蔗渣发电主要应用于私营电厂和制造业，2010年发电量为550.4千兆瓦时，占总发电量的20.5%；水电和风电规模很小，比重分别仅为3.7%和0.1%。

近几年毛电力供应情况如表 3-1-8 所示

类别　　表 3-1-8　　（单位：千兆瓦时）

年份	火电	水电	风电	太阳能发电	蔗渣发电
2006	1797.1	76.6	0.4	0	445.7
2007	1882	83.9	0.4	0	467.9
2008	1962.4	108	0.4	0	486.4
2009	1968.6	122.4	1.5	0	485
2010	2035	100.7	2.5	0	550.4

（2）毛国家电力运营商分析

毛中央电力局是负责毛电力传输、分配和供应的唯一部门，是毛政府所属的半官方机构，对毛能源和公共事务部负责。其拥有的 4 座热电站和 8 家水电厂供应全国约 40% 的电力，另外 60% 由私营发电厂提供。

（3）电网状况

毛拥有统一电网，除中央电力局之外，部分独立发电厂（IPP）将生产自用后的剩余电力并网销售给中央电力局，由后者负责统一管理和调配。目前毛电网装机容量约为 740.2 兆瓦，负荷峰值约为 404.1 兆瓦。

2010 年，毛全国发电量约为 2689 千兆瓦时，同比增长 4.3%；年电力消费量为 2174 千兆瓦时，同比增长 5.1%；平均电价由 2009 年的每度 5.2 卢比小幅升至 5.22 卢比。

目前，毛电力供应基本可满足居民生产生活需求，较少出现缺电、限电情况。毛政府计划在未来进一步发挥独立发电厂在毛电力市场中的比重和作用，同时鼓励家庭、企业和商业用电单位安装以利用风能和太阳能为主的小型可再生能源发电设备。

2. 风能前景分析

（1）资源情况

毛主岛和罗德里格岛常年盛行东南信风，适宜发展风能产业。联合国开发计划署（UNDP）于 20 世纪 80 年代发布的《风能资源评估报告》显示，毛具备建造风电项目的条件，部分区域海拔 30 米处的年平均风速可达每秒 8 米。但同时，毛海域台风活动频繁，风电机组遭受极端风况危害的可能性较大。上世纪安装的风电设备多因台风频繁肆虐而遭到毁坏。

根据气象监测机构提供的毛长年风力数据显示，毛年均可利用风能时间不超过 2000 小时。

（2）风电发展政策及规划

①政府对风电发展的态度及相关政策

长期以来，毛政府高度重视能源问题，致力于实施能源结构调整，旨在通过促进能源多元化发展，摆脱目前对化石燃料过分依赖的现状，提高能源使用效率和水平，降低气候变化带来的影响。

毛政府将风能看做替代化石燃料的重要能源之一，鼓励在毛主岛和罗德里格岛发展风电项目。2009 年，毛政府出台《长期能源战略及行动计划》，核心是通过技术革新发展包括风能在内的可再生能源。该《计划》称，随着科学技术的不断进步，全球风能产业快速发展，风力发电机单机容量已由以前的 50 千瓦提升至 5 兆瓦，同时成本亦减少 50%。在各国普遍推行绿色能源政策的大背景下，风能产业仍具有十分广阔的发展前景。

但与此同时，风电具有不稳定、并网难等特点，开展投资存在一定风险，毛政府尚未制定具体的投资扶持和保护政策；此外，毛政府称目前发展风能产业存在资金困难的问题，希望伙伴国提供融资支持。

②风电发展规划及预期目标

根据《长期能源战略及行动计划》，2009—2025 年期间毛风能产业发展规划主要包括：a. 将风电项目作为可再生能源产业发展的重点领域，稳步增加现有项目的装机容量，同时不断开发新项目，部分项目可行性研究工作由“可持续发展基金”提供资金支持；b. 提高新建项目的技术含量和抗台风能力，须可抵御每小时 280 公里的强台风；c. 绘制风能地图，为充分开发风能资源打下基础；d. 鼓励企业以 BOO（建造、运行、拥有）方式建设风电项目，降低政府运营风险。

毛风电发展预期目标为：2025 年风能发电占全国发电量比重达到 8%。

毛各类能源比重情况及未来发展预测如表 3-1-9 所示

类别　　表 3-1-9

年份	火电	水电	风电	太阳能	蔗渣发电、垃圾燃烧、地热等
2010	80%	4%	0%	0%	16%
2015	76%	3%	2%	1%	18%
2020	72%	3%	6%	1%	18%
2025	65%	2%	8%	2%	23%

（3）风电行业发展现状

①现有风电市场规模及已有项目情况

目前，毛仅在外岛罗德里格岛建有小型风电项目，拥有 3 台 60 千瓦风电机组，总装机容量不足 200 千瓦，由法国开发商承建。毛政府希进一步增加罗岛项目机组的装机容量，使罗岛风能消费量占能源消费总量的比重超过 10%。

②拟建项目情况

根据毛《长期能源战略及行动计划》，毛计划在 Curepipe 地区建造 25—40 兆瓦风电场，目前已完成招标资审工作；此外希在 Plaines des Roches 以及 Britannia 地区建造装机容量高于 10 兆瓦的风电场，据称已有两家私营企业有意参与。为满足居民日益增长的用电需求，毛还计划逐年增加现有风电机组的装机容量，预计每年约2—3兆瓦。

③主要开发商情况

目前，跟踪毛风电项目的企业主要来自美国、英国、法国和印度等风电大国。由于毛具备开发风电项目的条件，且市场仍处于空白状态，因此各国均欲抢占先机，率先打入毛风电市场，导致毛目前拟建设的风电项目投标竞争异常激烈。

政府合作方面，毛与印度签有可再生能源发展《谅解备忘录》，并在发展风能产业领域得到了印度的大力支持。目前毛中央电力局与印度一家私营企业正在探讨建造一个25兆瓦风电场。

莫桑比克

莫桑比克总统为中国公司承建工程奠基

莫桑比克总统格布扎2012年9月20日在马普托为中国路桥工程有限责任公司承建的马普托－卡滕贝大桥和马普托环城公路两项重点工程奠基。

格布扎当天在莫桑比克政府多位部长、中国驻莫桑比克大使黄松甫、马普托市和马普托省负责人以及中国路桥工程有限责任公司副总经理孙立强等的陪同下来到大桥工地，格布扎为工程揭牌并安放第一块奠基石。随后，格布扎一行又前往环城公路工地进行揭牌和奠基活动。

马普托－卡滕贝大桥工程包括大桥主体工程和南北连接线工程。大桥全长3.1公里，设计为双塔斜拉桥，主跨370米，塔高129米，净空48米，采用钢箱梁结构设计。南部连接线工程从卡滕贝至南非边境的金角，全长123公里。北部连接线工程从博阿内至贝拉维什塔，全长64公里。此项工程总投资7.02亿美元，建设工期为3年。

马普托环城公路工程包括新建和扩建马普托市周边公路和城市道路，全长74公里。工程总投资3.15亿美元，建设工期为30个月。

柳工产品中标莫桑比克农业项目

2012年6月，柳工以2758.2万元人民币的价格，中标襄阳万宝粮油公司莫桑比克农业项目的71台设备，成为此项目工程机械整套设备的供应商。同时，我公司与襄阳万宝粮油公司签订战略合作协议，成为其长期海外项目合作伙伴。该项目是公司继去年厄立特里亚政府采购项目后又一大成果。

2011年，襄阳万宝粮油公司通过和国家开发银行合作，与莫桑比克政府谈判，成功获得30万亩的农业开发项目。2011年11月，得到项目信息后，我公司营销人员迅速前往襄阳了解项目具体情况。莫桑比克农业项目首期开发10万亩，设备清单包括工程机械设备和混凝土设备约70台。由于客户要赶上2012年春季农业耕作，所以在年底前要完成对设备供应商工厂的考察及选择，2012年3月底要交货到国内港口，时间非常紧迫。

整个项目涉及17款机型71台设备，以及成吨的备件，涉及部门之广，人员之多，实属罕见。但是，在大家夜以继日地努力下，庞大的工作量被迅速消化，各相关部门有条不紊地将信息准确地反馈到第一线。此项目的成功再次印证了柳工品牌与产品在国际市场上的认可度。

莫桑比克马普托机场的国内航站工程进入尾声

据桑比克日报《Notícias》2012年6月20日报道，马普托国际机场的国内航班大楼工程，已经进入最后阶段，现正安装正式启用时所需设备。

《Notícias》引述马普托机场翻新工程总监Acácio Tuendué说，国内航站将于8月开始，进行各项测试。

该总监补充说，机场测试需时两个月，预计于10月交付使用。

按设计，国内航站楼高峰时每小时可处理300名离（空）港旅客、250名抵港旅客。大楼设有14个登机柜位、两座登机桥、五台自动扶梯，以及两条设于抵港大厅的旅客输送带。

该总监说："这座航站楼设有符合ICAO和IATA安全监控机制的要求"，又说，设备符合国际标准。

工程占地1.32万平方米，造价3,200万美元，由中国安徽省外经建设（集团）有限公司承建。

中交西筑JD2000型沥青搅拌站首次登陆莫桑比克

2012年7月，西筑公司海外市场再次传来好消息，非洲国家莫桑比克首次购入西筑JD2000型沥青混合料搅拌设备一套，用于莫桑比克重点工程首都马普托市外环线项目施工，预计8月底发货，9月初可交付使用。这是西筑公司不断开拓国际市场的又一次突破。

西筑公司JD系列沥青混合料搅拌设备，各总成均采用集装箱式模块结构，运输方便、安装快捷、结构紧凑、占地面积小、具有很高的性价比，主要供应海外用户。该系列产品配有先进的自动控制及监控系统，使设备更加可靠。西筑的中小型沥青混合料搅拌设备在国内外市场获得用户的一致好评，近几年在国外市场的销售一路走俏。

中港公司签订莫桑比克纳卡拉煤码头项目

2012年9月6日，中交中港公司在莫桑比克首都马普托签订了莫桑比克纳卡拉煤码头项目，合同额约合7366万美元，工期24个月。该项目是中港公司在莫桑比克获得的首个主合同项目。

纳卡拉煤码头项目是莫桑比克纳卡拉走廊项目的组成部分，位于莫桑比克北部楠普拉省的纳卡拉港，主要工程包括建设1座突堤式码头的主体、引桥，以及后方岸上通道等。码头采用高桩式结构，主体长435米，引桥长776米，岸上通道长550米。

该项目的实施，对促进莫桑比克煤矿出口，带动区域经济社会发展具有重要意义。

安徽省外经建设（集团）有限公司岩土公司承接莫桑比克总统府项目桩基工程开工

由安徽省外经建设（集团）有限公司承建的莫桑比克总统府项目2012年3月19日开工，该项目桩基工程是由安徽岩土工程有限责任公司承接施工。这是安徽岩土工程有限责任公司第七次与省外经建设（集团）有限公司合作援外建设项目。

2012年2月27日开工建设的莫桑比克总统府为6层建筑，建筑面积2万3千平方米，总工期18个月，造价4700万美金。其中，基桩一共是388根，直径600毫米，孔深28米，混凝土3000多立方米。

据了解，安徽岩土工程有限责任公司自2007年起，与安徽省外经建设（集团）有限公司合作，先后承接了马达加斯加五星级酒店、莫桑比克国家体育场、哥斯达黎加国家体育场、赞比亚恩多拉体育场、莫桑比克马普国际机场一、二期等项目桩基工程。

阿　曼

一、承包工程与劳务

中集天达中标阿曼机场旅客登机桥项目

据阿曼《观察家报》2012年2月13日报道，阿曼交通和通讯部近日正式发函，将马斯喀特新机场和萨拉拉新机场旅客登机桥设备采购标书授予深圳中集天达空港设备有限公司。

此批登机桥共计48座，其中40座将安装在马斯喀特新机场，其余8座将安装在萨拉拉新机场。

据悉，此项目合同价格为720万里亚尔，约合1,870万美元。

中电工程首个中东项目阿曼萨拉拉电站并网一次成功

2011年6月29日，中国电力工程顾问集团西北电力设计院承担设计的阿曼萨拉拉项目5号燃机并网一次成功，并于当地时间当晚23点20分实现65MW满负荷运行，该节点的实现为5号燃机移交商业运行奠定了良好基础。

阿曼萨拉拉项目是阿曼国内重点工程，是中阿电力合作的开篇之作。该项目由一个燃气联合循环电站和海水淡化厂项目组成，业主为新加坡胜科公司及阿曼投资公司，该项目位于阿拉伯海南部沿岸，距离阿曼佐法尔省的省会城市萨拉拉约25公里。规划设计为燃气蒸汽联合循环机组，包括5台燃气轮机及发电机，5台余热锅炉，2台凝气式汽轮机发电机组，一套海水淡化系统和相关的辅助设备。项目总工期为28个月，计划于2012年3月28日联合循环结束，全部工程移交业主。

阿曼私营部门电力项目投资额为26亿里亚尔

阿曼水电总局主办的第三届配电会议于2012年8月28日在塞拉维召开，此次会议为期两天，主题为“配电服务中使用的智能系统”。会议将关注电力行业发展中现代数字信息技术的应用，改善电网组件的安全性和工作效率，使其达到最高水平。

阿曼十分关注电力行业的发展，国内的电力产能由1970年的2兆瓦增加至目前的4000兆瓦。政府于2005年发布水电行业管理法规和私有化法规，允许私营部门参与电力行业的投资，特别是电力生产行业。私营部门的电力项目投资总额为26亿阿曼里亚尔，电力产能占阿曼电力总装机容量的80%。

自2005年以来阿曼电网用户增加了37%，2011年阿曼的供电率达到95%，技术及非技术流失率由2005年的25%下降为2011年的13%。

阿拉伯电力联盟主席穆罕默德•里德•本•姆斯巴赫表示，阿拉伯电力联盟自1987年成立以来始终致力于发展阿拉伯国家的发电、输电及配电事业，促进成员国电力机构的经验交流及发展。未来几年内阿拉伯国家的配电网将取得重大发展，以满足电网用户不断增长的电力需求。

二、阿曼油气资源现状及政策回顾

阿曼位于阿拉伯半岛东部，西北接阿联酋，西面与沙特阿拉伯接壤，西南与也门为邻，东北为阿曼湾，东南临阿拉伯海。国土面积 21.25 万平方公里，人口 320 万（ 2006 年 7 月）。

阿曼为中东地区重要的非欧佩克石油生产国，石油产量居世界第 22 位。油气工业为阿曼经济的重要组成部分，经济发展高度依赖石油，油气出口收入占阿曼出口总收入的 70% ，占 GDP 的 40%。国际市场高涨的油价推动了阿曼经济持续增长， 2006 年 GDP 增长 4.2 % ，但低于 2005 年的 5.7 % ，下降的主要原因是石油产量下降。

1、资源与储量据

截至 2006 年底，阿曼石油剩余探明可采储量为55亿桶（折合 7.54 亿吨），居世界第22位；天然气剩余探明可采储量为8495.10亿立方米，居世界第16 位。油气田主要分布在西北部和南部的戈壁、沙漠地区。重要的油气田为耶巴尔、纳蒂赫、法胡德、胡韦塞、莱赫威尔和希布科。

美国地质调查局（ USGS ） 2000 年对全球待发现油气资源所作的评估，阿曼待发现的石油资源量为34.51亿桶，天然气为 0.101 万亿立方米。

2、勘探与生产

阿曼石油工业发展比中东邻国晚10年，1962年在西北部发现了耶巴尔油田，从而揭开了阿曼石油工业发展的序幕，上世纪70—80年代是阿曼石油工业大发展的时期，1988年又开展了海上勘探。阿曼的大多数油田与中东邻国相比规模小、分散、产量低、生产成本高，平均每口井的产量只有400桶／日，只有邻国的十分之一。阿曼广泛使用各种提高采收率的方法来降低勘探和开发成本。目前阿曼的油田大多处于成熟期，自2000年以来石油产量不断下跌，2006年石油产量为74.3万桶／日，比2005年下降5%，其中原油产量为67.6万桶／日，凝析油产量为6.1万桶／日。EIA预测2007年和 2008 年阿曼产量将持续下跌，2008年产量将为69万桶／日，比2006年下降7%。

为了控制石油产量下降，2006年4月阿曼石油天然气部宣布在未来5年对上游的石油天然气项目投资 100 亿美元，包括在几个油田实施提升石油采收率技术（ EOR ），此外还计划增加油气勘探开发活动。目前最大的提升石油采收率技术项目是 Mtlkllaizna 油田，美国 occidental 石油公司为作业者，为Occidental石油公司2005年从阿曼石油开发公司（ PDO ）购买的，该公司计划投资30亿美元将石油产量由目前的1万桶／日提高到2008年的5万桶／日，2012年最高达15万桶／日。PDO在Heel油田实施提升石油采收率技术（ EOR ），计划将该油田的产量由目前的1.8万桶／日提高到 2009 年的7万桶／日，其他的 EOR 项目还在Qam、Alam、Mul和Fahud油田。

近年来阿曼天然气产量持续增长，已成为阿曼经济多样化战略的重点。2006年天然气产量为100.83亿立方米。2007年2月泰国PTTEP公司在44区块的 ShamS 气田投产，初期产量达141.50万立方米／日，如果未来在该地区的天然气储量增加，该公司期望进一步提高产量。目前PDO有几个的正在建的勘探开发项目，预计未来10年可使天然气产量持续增加，新建的凡川ther气田处理厂生产能力可达1981万立方米／日，预计该气田产量可维持在1415——1557万立方米／日，Kauther气田的开发可使阿曼天然气产量大幅度提高。

阿曼目前有3个LNG处理厂，总生产能力为137.26亿立方米。2006年新投产的Qalhat州Gas，生产能力为46.13亿立方米，阿曼政府拥有52%的权益，OLNGC拥有40%的权益，西班牙的Union Fenosa Gas拥有8%的权益。

3、消费与进出口

阿曼的一次能源消费构成以石油和天然气为主。阿曼国内石油消费量较小，生产的石油主要用于出口，约占石油产量的91% ，为世界重要的非欧佩克石油出口国。

购物中心、一所学校和一家五星级酒店。

赞比亚劳动与社会保障部部长Shamenda表示，非常高兴投资者对基础建设如此感兴趣，该项目能够为当地人民提供约300个就业机会。

新疆特变电工输变电项目举行破土仪式

2012年7月22日，新疆特变电工承建的赞比西两条输变电项目在北方省首府卡萨马举行破土仪式。赞矿业、能源和水利部长亚卢马、北方省、卢安普拉省等省份省长、有关部委常秘、当地酋长及群众等700多人参加仪式，驻赞大使周欲晓应邀出席仪式并讲话、经商参赞柴之京陪同出席。

周大使指出，此项目不仅将给当地带来3000个直接或间接的就业机会，且将大大改善北方省、姆钦嘎省、卢安普拉省以及东方省的供电状况，并将增加对肯尼亚、坦桑尼亚、马拉维等国的供电。鉴于能源对于赞比亚社会经济发展的重要意义，中国政府近年也加大了相关援助，特别在使用新能源方面，以帮助赞比亚实现可持续性发展。项目实施企业要积极履行企业社会责任，加强环境保护，严格按照合同要求高效完成施工任务。

赞能源部长在讲话中指出，赞北部地区的采矿业、旅游业、农业等行业的发展一直受电力供给的制约。包括此项目在内的一系列电力项目的实施将大大改善北部地区的供电状况，增加该地区的投资吸引力，并实现爱国阵线关于改善人民用电困难的承诺。

该项目内容为建设从中部省Pensulo至北方省Kasama 以及Pensulo至东方省Chipata的330千伏输变电线路，总长度为685千米，投资额约3.67亿美元，项目业主为赞比亚电力供应公司(Zesco)，中国工商银行提供2.85亿美元出口买方信贷融资，中国特变电工股份有限公司EPC总承包，工期预计为30个月。

由山东电建承建的赞比亚曼巴火电站项目正式开工

《赞比亚时报》2012年5月17日报道，由曼巴煤矿有限公司(MCL)投资建设的赞比亚曼巴火电站日前正式开工建设，预计总投资将超6亿美元。该火电站项目总装机容量300兆瓦，由我国山东电力建设集团承建，预计于30个月内完工。

曼巴煤矿有限公司是目前赞比亚最大的煤矿公司，预计2012年销售36万吨高品位煤。

中色赞比亚穆利亚希铜矿项目正式投产

2012年4月27日，中国有色集团旗下的赞比亚卢安夏穆利亚希项目正式投产，并生产出第一批400吨阴极铜。

该项目于2010年10月正式开工建设，包括一个年产450万吨矿石量的露天矿和年产4.1万吨阴极铜的湿法浸出工厂，总投资达3.68亿美元。

马达加斯加

一、承包工程与劳务

武钢马达加斯加铁矿项目进展顺利

2012年3月初，武钢“走出去”战略重点海外铁矿石项目--马达加斯加苏拉拉铁矿项目勘探、项目可研等工作进展顺利。

苏拉拉铁矿项目位于马岛西部马哈赞加省的苏拉拉县。2010年6月香港武钢与马国政府完成了项目矿权交割，获得马达加斯加苏拉拉铁矿项目矿权，项目计划2014年建成投产。2011年，武钢海外事业部马达加斯加项目组精心协调施工队伍，充分利用4月至11月份旱季的宝贵时间，完成了现场地形测绘、地质勘查、选矿探索试验、港口选址研究、临时营地和通讯基站建设、道路简单修复。

今年以来，武钢海外事业部马达加斯加项目组围绕工程进度，分别与地质勘查机构、设计单位、选矿试验单位、隆格矿业等进行了多次交流，细化工作进度计划，将责任落实到人；倒排计划，优化关键线路，以5月中旬完成项目可行性研究为控制节点，重点开展了矿山可研、电厂可研、港口可研、陆上物流可研、环境影响评估和社会行动计划等工作，项目整体工作推进有序。

香港武钢投资的马达加斯加苏拉拉铁矿项目勘探工程正式开钻

2011年6月25日上午，由香港武钢广兴锦华资源有限公司投资的马达加斯加苏拉拉铁矿项目勘探工程动员大会暨开钻仪式在矿区营地隆重举行。我驻马达加斯加使馆经商参赞周芒胜、驻马中资企业协会会长王宏伟、香港武钢总经理罗远军以及参加项目勘探施工的中方企业、先遣组员工 80 余人出席了仪式。

罗远军总经理、周芒胜参赞等在仪式上先后发表讲话，要求建设者们克服困难，精心组织，文明施工，认真落实安全生产责任制，严格遵守当地法律和民俗习惯，早日完成勘探任务，为香港武钢尽早确定最终投资规模提供重要依据。

上述勘探工程由河南有色地矿局第三大队负责施工。根据计划，该大队将在香港武钢确定的 90 平方公里矿区内完成 64 个钻孔施工，工期为 6 个月。此外，香港武钢还与中南武勘公司签署协议，委托其对矿区内剩余的 340 平方公里区域进行普查，为香港武钢确定最终投资规模提供参考依据。此项普查工程亦已同时启动，工期为 6 个月。

二、马达加斯加有关投资项目的环境评估程序

马达加斯加非常重视环境保护，其第一部环境法于 1990 年颁布，此后又进行过多次修订与增补。不论公共或私人投资项目，也不管这些项目是否会对环境造成影响，从立项到项目实施的每一个过程，都必须进行环境及社会影响评估，此类评估通常根据项目的性质、规模以及地域的敏感度情况而定，环评时间及其费用也因项目而异，一般分为两种：

一种是环境影响评估 EIE（Etude d' Impact Environnemental）；另一种是环境承诺计划 PREE（Programmme d' Engagement Environnemental），包括项目发起人应承担的社会责任和义务。在专门的技术委员会对上述评估报告通过后，方可获得环境许可证（Permis Environnemental），同时由环保部门审批并颁发项目环境管理计划 PGEP（Plan de Gestion Environnemental du Projet），即有关项目应遵循的环境细则，也是环评许可证不可或缺的附件。

马达加斯加目前在投资或承包工程方面通用的环境法律法规是 1999 年 12 月 15 日颁布的 99-954《投资与环境和谐法》，2004 年 2 月 3 日又对此法令进行了修改，颁布了 2004-167 法令。法令有三个附件，对所有有关基础设施、农林牧、工矿业、旅游业等均有详细界定。

马达加斯加政府内阁多年来专门设置环境与森林部，其下属执行部门是国家环境署 ONE（Office National pour l 'Envionnement），环境部长授权环境署长签署有关环评许可证书。但是，政府中一些部，如公共工程、矿业、能源等也有自己主管环境的部门，这些部门一般可根据项目发起人的申请，有权签发初级环评证书。

以矿业项目为例，获取环评批文的渠道有两个：①矿业部环保局；②国家环境署。环保的类别有三种：①初级环保许可。通常是在勘探的初级阶段，而且不使用挖掘机、钻机等大型机械设备的情况下，可向矿业部环保局递交申请，缩写为 PEE-RIM（Plan d' Engagement Environnemental - Recherche de l'impact minimum）；②中级环保许可（Autorisation Environnementale）。通常是在详细勘探阶段，并使用挖掘机、钻机等大型设备的情况下，根据项目的规模等具体情况，也可向矿业部环境局递交申请，缩写为 PEE-RS（Plan d' Engagement Environnemental - Recherche Standard）；③高级环保许可（Permis Environnemental）。是项目即将进入开采阶段所必须具备的，上规模的、具有影响的大型项目，在勘探阶段就可以申请由国家环境署直接签发。有些综合性大型投资项目还必须对项目所在区域内拟建的港口、道路、电站、厂房、生活设施、排污、施工炸药存放处、尾矿堆放地等进行分项环评。涉及到保护区（Zone protégé）或敏感区（Zone sensible）时，环评程序将会更加复杂，环评机构甚至会征求国际权威专家的意见。上述一切有关环评的费用，均由项目发起人，即有关企业来承担。

鉴于环评内容的专业性及复杂性，有关工作及其申报材料通常由专业的事务所（Cabinet d' Etude）来完成，内容包括公司概况、矿权介绍、工程性质等，由此来确定环评类别。在项目执行过程中，环评公司将派员全程跟踪。勘探项目结束后，必须将施工场地恢复到原来状态，同时还必须取得环境部门的环境交割证书（Quitus Environnemental）。

环境署及有关环评公司联系方式如下：

马达加斯加国家环境署（ONE）

地址：B.P. 822, Antananarivo 101, Madagascar

电话：00261-20-2252999, 00261-20-2230683

Ste MADAGASCAR DEVELOPPMENT Mr. Dorés 00261-32-0210920

Cabinet d' Etude environnementales Mr . Harizo 00261-33-1433485

安哥拉

中国成为在安哥拉签署投资项目最多的国家

安哥拉私人投资署主席Maria Luísa Abrantes于2012年7月31日向媒体透露，今年上半年，中国成为在安哥拉签署投资项目最多的国家。来自中国的投资主要集中于安哥拉的工业、电信、建筑等领域。中国已经从向安出口设备和提供服务为主的国家转变成对安国民经济重要领域投资的国家。中国企业家为安哥拉带来了先进的技术，并将以此带动安哥拉工业发展。

兵团建工集团与中信建设签约承建安哥拉房建工程项目

2012年4月12日，兵团建工集团与中信建设有限责任公司在安哥拉首都罗安达签署了合同金额为2.8亿美元的项目合作协议，这标志着，兵团建工集团在安哥拉承建工程项目又取得了新进展。

2010年，中信建设有限责任公司与安哥拉国家石油公司签署了10万户住房项目框架协议，该项目分布在安哥拉罗安达、本格拉等14个省市，合同额预计达80亿美元。近期，首批5个项目陆续开工，兵团建工集团将承建K.K-5000户项目中的860户住房工程、赞沽项目中的4356户房建工程及配套的市政工程。

早在2008年5月，兵团建工集团就与中信建设有限责任公司签订了合同额为4.5亿美元的安哥拉社会住房项目一期工程，总建筑面积7 8万平方米，经过为期3年多的紧张施工，目前，兵团建工集团已完成合同额4.02亿美元。

中国能建承建的安哥拉玛布巴斯水电站投产发电

2012年7月5日，由中国能建广西水电集团承担修复施工的安哥拉玛布巴斯水电站举行发电庆典仪式，安哥拉国家经济调控部部长、能源水务部部长共同为电站揭牌。

玛布巴斯水电站最后一台机组于2012年2月24日顺利完成72小时试运行，至此，该电站的4台机组全部成功投产发电，标志着电站修复及扩容工程全部完工。中国能建广西水电用扎实可靠的实力，充分展示了良好的履约能力和技术水平，为企业赢得了信誉。

中国电子签约安哥拉两城市供水增补建设项目

2012年9月，中国电子信息产业集团有限公司（简称中国电子）所属企业中电进出口公司继安哥拉万博城市供水项目之后再度发力，一连签约了栋多（Dundo）和绍里木（Saurimo）两个城市供水增补建设项目。两个项目的承包方式均为EPC交钥匙工程，预计今年年底正式开工，工期为12个月。

此次签约的两个项目业主均为安哥拉国家能源水电部。此次合作将为供水中心水池、水塔、管网和附属办公用房建设等后续项目的开发奠定基础，标志着双方的合作迈上了新的台阶。

中交中港公司承建的安哥拉洛比托港扩建项目完成节点目标

2012年4月13日，随着安哥拉洛比托港码头扩建项目集装箱码头结构的最后一段纵梁混凝土浇筑完成，标志着该集装箱码头水工基础工作全部完成。这一关键节点目标的提前实现，为项目竣工奠定了坚实基础。

洛比托港码头扩建项目集装箱码头共有横梁50根，纵梁172根，现浇混凝土11850方。在项目实施过程中，项目部克服大部分梁身在平均水位以下等技术难点，采取赶潮水施工方法，在保证施工安全质量的前提下，加快施工进度，提前完成阶段性工期目标，受到安哥拉交通部、洛比托港务局的好评。

中材国际签署2.57亿美元安哥拉工程承包合同

2011年12月15日，中材国际与PALANCA CIMENTOS.S.A签订了安哥拉PALANCA水泥公司罗比托水泥厂5000t/d项目及配套工程总承包合同，合同总金额为2.57亿美元。

卢旺达

一、承包工程与劳务

中国公司总承包的卢旺达石材厂投产

由中国北京众磊有限公司总承包的卢旺达东非石材有限公司于2012年7月6日由卢旺达总统剪彩投入生产，中国驻卢旺达大使舒展参加了开业仪式。东非石材有限公司投资1500万美元，主要生产四种花色的石材，主要设备和技术全部由中国引进，是东非地区唯一的石材加工企业。

北京建工承建的卢旺达经济特区第一期工业厂房项目举行开工典礼

2012年3月31日，北京建工集团承建的卢旺达经济特区第一期9座工业厂房项目举行开工典礼，项目合同金额1280万美元。卢贸工部部长弗朗索瓦·卡尼姆巴发表讲话并亲自操作挖掘机为项目开工，当地电视台、报纸等媒体对此次活动进行了报道。

援卢旺达职业技术学校项目对外施工合同签署

2012年8月1日，我援卢旺达职业技术学校项目对外施工合同签字仪式在基加利举行，卢旺达劳动力发展局局长杰罗姆和中国地质工程集团公司驻卢负责人朱兴辉分别代表中卢双方在合同上签字，我驻卢使馆经商处代表以及当地媒体出席了签字仪式。

援卢职业技术学校项目是落实中非经贸合作新八项举措项目之一，建设场址位于卢北方省姆桑泽区，建筑面积约8700平方米，将由酒店旅游、农业食品、建筑工艺、电子通讯四个专业组成，预计在校学生1100名。

卢旺达地热钻井项目年底正式启动

据卢旺达基础设施部2012年8月13日透露，卢旺达地热钻井项目定于2012年12月在该国西北部启动。卢旺达已与中国中石油长城钻探公司签署钻井协议，并在北方省卡里辛比（Karisimbi）火山南坡建有3个钻井，计划钻探深度2-3公里，用时3个月。该项目正式启动后，将会启动更多的钻井。

卢旺达地热开发始于2006年，潜在地热区主要有火山国家公园（Karisimbi和Kinigi地区）、吉塞尼温泉群和布嘎拉玛。2008年起，德国联邦地球科学和自然资源研究院（BGR）、肯尼亚发电公司（KenGen）和卢旺达基础设施部开始对Karisimb地区进行地热勘探。据2011年初 KenGen所作的地表探测初步报告显示，卢旺达地热发电潜能预计超过700兆瓦。

中土东非公司连续中标卢旺达地区银行和酒店装修项目

2012年4月，中土集团东非有限公司卢旺达地区经理部接连中标签约卢旺达基加利发展银行装修和卢旺达基加利诺比利斯（Nobilis）四星酒店装修项目，合同额分别为83万美元和500万美元，工期分别为91天和180天。主要工程内容为对建筑面积约900平方米的发展银行总部和建筑面积约5500平方米的一座7层四星酒店进行装修，涉及水、电、空调，室外工程的配套设施。

在2010年卢旺达国家大选结束后财政预算急剧减少，2011年全年政府只进行了两个项目的招标，中土东非有限公司卢旺达经理部曾拿到其中一个机场项目意向授标函，但终因卢旺达政府财政困难项目被取消。同时目前越来越多的中资企业涌入卢旺达这个规模十分有限的市场，竞争日趋激烈，利润空间也大幅降低。在当前这种不利的形式下，卢旺达经理部转变思路，在政府外资金有保证的项目上下大力气，积极公关并最终拿到上述两项目。

二、卢旺达加快全国支线道路网建设

卢旺达基础设施部最新报告显示，全国30个行政区的支线道路仅有15%情况良好，远未达到“经济发展减贫战略”一期31%的目标，标准不一致、承包商工期拖延以及缺少项目管理人才是其主要原因。

2011年卢旺达启动全国2850公里支线道路网建设，承诺提供资金的各方有美国国际发展署为8个行政区1000公里道路修复提供4000万美元，荷兰为5个行政区550公里道路重建提供1000万欧元，世行为4个行政区400-600公里道路重建提供4500万美元，欧盟为7个区700公里道路建设提供3600万欧元。

纳米比亚

一、承包工程与劳务

由中国政府优惠贷款实施的北方公路项目商业合同签署

2012年3月14日，纳政府工程和运输部副常秘tb纳尔在政府公路管理局（RA）与中国机械工程总公司（CMEC）和中国葛洲坝集团（CGG）的代表签署了北方公路项目的商业合同。

北方公路项目由中国政府提供优惠贷款予以实施，总价11.4亿纳元。其中，Omakange—Ruacana标段道路工程由中国机械工程总公司（CMEC）负责施工，Omafo—Outapi标段道路工程由中国葛洲坝集团（CGG）负责施工，上述两标段道路工程造价分别为4.19亿纳元和7.22亿纳元。

中建二局承接首项纳米比亚工程

2012年2月3日，中建纳米比亚有限公司正式收到了纳米比亚道路局发出的GOBABIS车辆检测站项目中标函。项目中标金额为208万美元（约合人民币1317万），合同包括混凝土道路、车辆检测车间及行政办公楼等。该项目是自2011年7月局正式接收纳米比亚有限公司以来在纳中标的第一个项目。此项目的成功中标，为二局纳米比亚市场的开拓迈出了可喜的一步，南部非洲地区正形成区域化经营的格局。

中冶交通和中国十九冶集团签署纳米比亚MR125公路项目实施合同

2012年2月26日上午，中冶交通和中国十九冶集团在北京举行了纳米比亚MR125公路项目实施合同签约仪式。中冶交通董事长侯宝旭和中国十九冶董事长田野出席并分别代表双方签字。

MR125公路项目是中冶交通在纳米比亚市场自主开发取得的第一个公路项目，项目总长210公里，是纳米比亚自独立以来最大的工程项目。

签约仪式前，侯宝旭会见了田野一行。侯宝旭表示，MR125公路项目的成功取得是中冶交通与中国十九冶集团共同努力的结果，中冶交通拟在纳米比亚设立办事处，做好该项目商务服务和后续市场开发工作，将纳米比亚市场发展成中冶集团的成熟市场。田野感谢中冶交通的信任，表示中国十九冶集团将做好该项目的施工工作，和中冶交通共同维系好中冶集团在纳米比亚的品牌形象，在海外工作中实现从“走出去”到“融进去”的转变。

双方还就今后利用创新模式开展广泛合作进行了沟通。中冶交通副总经理张小平、总会计师李国贵，中国十九冶集团副总经理丁晓波等参加了会见并出席签约仪式。

二、纳米比亚投资产业指引

1. 纳米比亚主要产业发展目标

（1）农业

改善农村乡村道路、农村水利及农产品存储、加工、销售设施等；促进私营农业发展；改善法律、制度框架，方便弱势群体获取土地等。

（2）矿业

促进矿业多样化发展，扩大金、铁、钻石以及铜、镍、钴等矿产资源的开发规模；对铀资源利用进行立法规范；推动大型投资项目进度；加强矿产勘探。

2. 纳米比亚优先发展产业领域

（1）农产品储存、深加工、销售。

（2）矿产资源勘探开发。

（3）电力和交通基础设施建设。

（4）捕鱼和鱼产品深加工。

（5）通讯和信息技术。

3. 纳米比亚重点发展区域及相关产业

纳米比亚出口加工区：加工贸易。

4. 纳米比亚对外资行业准入规定

纳米比亚实行自由的市场经济，对外资企业给予国民待遇，国民经济的各个部门均对外资开放，无本地参股要求（钻石开发加工除外），对外商投资企业给予资格证书。这是纳米比亚《外资法》的主要规定。为鼓励外资进入，纳米比亚还制订了《加工制造业和出口制造商优惠政策》；对出口加工型企业给予资质认定，颁发证书，给予免税和补贴等诸多优惠。钻石勘探开采加工业因属特殊行业，纳米比亚一般要求政府企业参股并控股。

5. 纳米比亚主要进出口产品

纳米比亚主要出口商品有：钻石、铀、其他矿石、鱼产品、精炼金属、其他制成品等。

纳米比亚主要进口商品有：交通设备、食品和饮料、机器、设备、化学、橡胶和塑料制品等。

中国向纳米比亚出口主要商品：轻纺产品、机电产品，化工产品、家具等。

中国从纳米比亚进口主要商品：矿产品、有色金属及其制品、海产品等。

布隆迪

一、工程承包与劳务

布隆迪姆邦达水电站建设工程举行奠基仪式

2012年5月8日，布隆迪姆邦达（MPANDA）水电站举行奠基仪式。布隆迪第二副总统Gervais Rufyikiri，能矿部长等出席奠基仪式并发表讲话。

布隆迪姆邦达水电站项目由布隆迪财政出资建设。中地公司获得该项目的土建部分建设以及水轮机与发电机的供货与安装。

中国节能承建的布隆迪BUBANZA省MPANDA水电站奠基

2012年6月，由中国节能承建的布隆迪BUBANZA省MPANDA水电站、连接线路和变电站修建工程举行奠基仪式。该项目合同总额为4200万美元，主要施工内容是：35米高的填土大坝，4.5公里近1000米水头的压力管道，相关厂房等土建工程，以及两台水轮机组和发电机的供货和安装。项目建成后，装机容量将占布隆迪全国总装机容量的近三分之一，因此项目将极大地缓解布隆迪目前的供电缺口，同时带来农田灌溉等综合效益，将大力促进布隆迪经济发展，同时也是向布隆迪独立50周年的献礼工程。

二、投资布隆迪注意事项

中国企业在与布隆迪开展贸易、投资和承包工程过程中，要特别重视事前调查，对所展开的业务进行分析，评估相关风险，做好风险规避和管理工作，切实保障自身利益。

在贸易方面，需要注意的是：

1. 摸清市场需求，包括市场需求产品的来源地、当地经营这些产品的主要企业、价格水平、对进口产品的具体要求等。

2. 要了解贸易合作伙伴，包括客户资信、经营动态、财务状况等。

3. 要了解自己企业的出口产品以及贸易做法，是否符合当地市场的要求。我出口企业要适应当地的支付条件。通常，布隆迪小额交易可用现金支付，支付额在10万布法郎（约80美元）以上的，最好用支票支付。

4. 在出口贸易的各个环节，要严格把关。

在投资方面，需要注意的是：

1. 要对投资领域的市场情况进行调研，摸清市场现状和潜力。应着重对布隆迪安全形势、投资保护的法律法规、优惠政策、生产原材料、当地人员技术水平和劳动工资、产品市场容量、物价和消费水平等方面进行综合分析评估，选准投资行业和生产规模。

2. 适应法律环境的复杂性。布隆迪是战后恢复重建的国家，各类法律、法规尚需健全。因此，确定投资前，应到政府主管部门详细咨询了解相关政策和法律法规，规避风险。

3. 做好企业注册的充分准备。在申请注册企业前，应到当地政府主管部门咨询，按要求准备好注册所需的全部文件，避免走弯路。

4. 充分评估在当地投资可能遇到的困难，特别是办理减免税相关手续效率不高，交通不便对物资运输带来的影响，社会治安问题等。

5. 重视对合作伙伴的资质确认，特别是合作伙伴信誉度、资产、银行评价等。

6. 要特别注意土地（或场地）使用权的确认，相关资料要完备。

在承包工程方面，需要注意的是：

目前，布隆迪主要工程基本都是有关国家或国际组织提供的援助项目。欧盟出资的工程项目不对中方公司招标，而世界银行对所有参加投标的公司一视同仁。我国企业在布隆迪承包工程时须注意上述情况。除此之外，还须注意以下事项：

1、布隆迪材料价格相对于国内高出很多，施工前须详细调查。

2、运往该国的材料陆运费及清关费高。

3、布隆迪环保意识强，原材料料场受国家保护。

4、劳动力的工资水平虽然较低，但相应的技术水准和工作效率却很低，机械操作手少。

5、现场偷盗严重。

6、专业设备数量少，配件购买困难且价格奇高。

7、雨季时间长，对施工影响大。

莱索托

一、莱索托国家开发公司推介在莱投资十二个领域及项目

1. 电器及电子产品组装

（1）项目

莱索托劳动力资源丰富，拥有大量具有不同技术文凭的劳动者，能够完成电器及电子产品的分装或最后组装。

（2）投资机会

电器及电子产品成品制造或部件生产的大量领域在莱索托都存在投资机会，可生产如：发动机、电脑、电器电子元件、无线电测试设备、机床控制工具以及各种不同类型的产品，以满足当地和国际市场。目前莱索托只有四家组装电器及电子产品的公司，主要组装电视机和断路器。

（3）项目类型

新建项目

（4）预计项目花费

1000万美元

（5）合作类型

外商直接投资、企业合资

（6）联系方式

莱索托国家开发公司（LNDC）

邮箱：Private Bag A96，Maseru 100，Lesotho

电话：（266）22312012

传真：（266）22310038

电子邮件：ce@lndc.org.ls

2. 水果和蔬菜罐头制造

（1）公司名称

巴索托水果和蔬菜罐头公司

（2）股东

莱索托国家开发公司（LNDC）

邮箱：Private Bag A96，Maseru 100，Lesotho

电话：（266）22312012

传真：（266）22310038

电子邮件：ce@lndc.org.ls

独立股东（100%）

（3）地址

Plot Nos.14314-001，14314-002，14314-003

P.O.Box 596，Mazenond，Lesotho

（4）成立时间

1976年成立，作为Thaba Bosiu农村开发项目的一部分。

（5）雇员

芦笋（旺季）：115人，桃子（旺季）：63人

永久编制雇员：22人

（6）产品

芦笋罐头；桃子罐头（固体包装）；桃子和杏仁蜜；果汁饮料；蔬菜沙拉罐头；豆类罐头（白色小扁豆）

（7）生产过程

巴索托水果和蔬菜罐头公司生产罐装的有机桃、杏、芦笋、果汁以及罐装蔬菜沙拉。在满负荷工作状态下，每9小时可生产500个桃子罐头以及1000个芦笋罐头。其他生产线的产量取决于投入。

（8）生产能力

1991年，生产芦笋939吨，但在2009年的芦笋旺季，只生产了10吨左右的芦笋。桃子的生产能力是每9小时5吨左右。花蜜的生产能力仍有待确定。

（9）市场

欧盟、南非和莱索托

（10）投资机会

罐头厂主要出口欧洲，每年从9月至次年3月工作7个月。 在芦笋、杏和桃子淡季，工厂生产蔬菜沙拉和纯天然桃汁。通过改善供应链管理和添加更多的生产线设备，工厂每年可以工作9个月。因此，增加投资扩大生产是有潜力的。

（11）项目类型

制造业

（12）预计项目花费

440万美元

（13）合作类型

企业合资、水果和芦笋供应商

（14）联系方式

莱索托国家开发公司（LNDC）

邮箱：Private Bag A96，Maseru 100, Lesotho

电话：（266）22312012

传真：（266）22310038

电子邮件： ce@lndc.org.ls

巴索托水果和蔬菜罐头制造商

电话：（266）22350373

传真：（266）22350387

电子邮件： basothocanners@ilesotho.com

3. 瓶装水

（1）项目。

莱索托拥有丰富的天然泉水。许多天然泉眼，常年泉水不断。这些泉眼通过雨水渗透的地下水补充水源，并通过自然环境系统过滤、清洁，很少受到人为影响。通过这些泉眼出来的泉水波光粼粼、清凉清新，无论是从物理上、化学上，还是从生物学上讲，对人体都是健康安全的。

这些泉水水质，很大程度受莱索托地质环境影响，是典型的$Ca\text{-}Mg\text{-}HCO_3$类型。

（2）投资机会。

莱索托已检测到106处泉眼，其中18处进行了商业开发。这意味着莱索托至少有88处泉眼，可以进行泉水装瓶，并在当地销售或销售到国外。这些泉眼出水能力各有不同，出水最多的泉眼每秒可出8.57升泉水。瓶装水生产是一种国际性食品生产，投资瓶装水生产可以为水资源贫乏的地区提供安全饮水，对公众健康产生积极的影响。

（3）位置。

已检测的106处泉眼分布于莱索托全国10个不同的区。

（4）产品。

瓶装水：泉水和矿物质水等

（5）生产能力

（6）市场

莱索托、南非、欧盟和美国

（7）项目类型

资源基础类

（8）预计项目花费

N / A

（9）合作类型

企业合资、新项目

（10）联系方式

莱索托国家开发公司 （LNDC）

邮箱：Private Bag A96，Maseru 100, Lesotho

电话： （266）22312012

传真： （266）22310038

电子邮件： ce@lndc.org.ls

自然资源部水事务部

电话： （266）22323698

传真： （266）22310520

4. 针织布厂

（1）项目。

莱索托目前有30家成衣厂，约25000名工人，每年生产约9000万件针织服装。据估计，莱索托每年针织面料消耗约22000至26000吨。大部分的针织服装（主要是棉花材质）是用单 / 双面细柔织物、棉毛织物和罗纹布料制作。 许多工厂现开始生产人工合成的羊毛针织品。

（2）投资机会。

建立针织厂有利于支持当地的服装行业，按照国际市场的准入条件要求，莱索托需要整合服装产业，以便继续享受美国的《非洲增长和机遇法案》（AGOA）进入美国市场，享受“除武器外一切产品”免关税优惠措施（EBA）进入欧盟市场、加拿大、北欧国家等。

（3）项目类型。

新建项目

（4）预计项目花费

3000万美元

（5）合作类型

外商直接投资、企业合资

（6）联系方式

莱索托国家开发公司 （LNDC）
邮箱：Private Bag A96，Maseru 100，Lesotho
电话：（266）22312012
传真：（266）22310038
电子邮件： ce@lndc.org.ls

5. 资源基础型项目：矿业

（1）砂岩石

砂岩石矿床遍布莱索托，不同形状、尺寸、厚度的砂岩石都可以出口。整个行业掌握在小工匠的手中，他们的投资能力非常有限。

在莱索托，砂岩石被广泛用于兴建住宅、写字楼、商场、酒店、餐馆、纪念碑等。砂岩石的工艺品也很受欢迎。目前是由人或机器对砂岩石进行雕刻。为了大规模生产，机械化是必然的要求。

根据不同的设计要求，砂岩石被加工成各种不同的形状，对砂岩石的需求每天都在增长。采用砂岩石的主要优势在于其吸水、耐磨、防滑，几乎不需要保养。

政府鼓励外来企业与当地企业合资，扩大砂岩石的出口。生产砂岩石制品创造附加价值，增加就业机会，为莱索托赚取外汇，并且还是振兴工匠才能的一个重要途径。

(2) 粘土处理

粘土矿床遍布莱索托，尤其是在以下位置：
tsikoane —— 可开采30年
phoqoane Mafeteng —— 可开采30年
Ha Motloheloa采石场 —— 可开采20年
以及Marabeng，Ha Tsolo，Ha Sechele等地区

目前，莱索托已经有一家专门生产砖的公司。产品在本地及南非市场销售。该公司最大的股东是莱索托政府，目前正在进行私有化。公司最近在马塞卢郊外收购了一个粘土矿。在莱索托或当地市场生产销售砖或者瓷砖，是值得投资的。

6. 塑料制品

当今，对塑料的需求正在稳步上升。塑料作为基础材料，与其他传统材料一样，被家庭、零售商、设计师、工程师等广泛接受。在工业和商业活动中，塑料是最常用的材料之一。

7. 皮革和鞋类

在莱索托，皮革和鞋类制造是一个新兴行业。生产鞋类，可以从美国的《非洲增长和机遇法案》获得利益。目前，在莱索托只有3家鞋类制造公司。这3家公司的产品主要是出口，而莱索托国内市场的大部分鞋类是由南非进口。

皮革和鞋类的主要投资领域，包括皮革鞣制加工、皮革加工、鞋类、鞋类部件、皮革服装、皮具（包括手提包、钱包、皮带、手套、车座套及其他配件）等等。

8. 环境项目

（1）废品管理

纺织业，在染色、精加工、印花以及布料做成服装等生产过程中，使用棉花、亚麻、粘胶、锦纶、腈纶、聚氨酯等材料。可能影响环境的主要方面包括洗涤用水、废水排放、染色及精加工时的化学品使用、边角料和固体废物的处理等。

投资机会包括生产过程监测和控制，废水回收利用，替代和减少化学品的使用，能源利用率提高，利用废旧物资开发新产品，使用污泥生产化肥或者砖块等等。

（2）边角料的回收和再利用

边角料可以用来生产非衣物制品，如床垫、枕头、鞋衬等。

9. 能源部门

投资机会在于太阳能、风能、水能发电。发电可以用于弥补目前的供应缺口，多余的电力可以出售给邻国。

10. 卫生部门

（1）医药产品

目前，莱索托所有药品都需要进口。成立一家制药公司是莱索托非常具有战略意义的项目之一。制药公司可生产各种药品，取代进口。公司还可以扩大生产，出口到其他地区市场。

（2）一次性的健康和安全用品

投资机会在于制造免疫用品，控制艾滋病传播用品，一次性乳胶手套以及其他医疗服务配件等等。

11. 基础设施开发

（1）莱索托国家开发公司（LNDC）主要商业用地

①在首都马塞卢市中心拥有3块土地，共18150平方米。

②在马塞卢以南约80公里的Mafeteng，拥有5700平方米土地。

③在北部边境Caledonspoort附近，拥有140公顷土地。

（2）莱索托国家开发公司（LNDC）工业用地

①马塞卢以北80公里的Nyenye工业区，面积为31公顷。

②在马塞卢以南7公里的Ha Tikoe拥有40公顷的土地。

③在 Berea 拥有 7 公顷土地。

④在 Butha-Buthe 拥有 121 公顷土地。

12. 旅游项目

（1）住宿设施

莱索托提供的住宿设施还达不到标准，特别是在旅游点。住宿条件有限是莱索托旅游收入少的主要原因。很多南非来的游客，白天在莱索托旅游，晚上又回到南非住宿。

（2）保健和疗养项目

莱索托拥有多个有利条件，可以作为保健和疗养的胜地。这些有利条件包括：

海拔高，空气清洁，丰富、天然的净水，四季分明，特有药用植物，温泉，隐逸。

发展健康水疗中心和疗养度假村，是一个具有巨大潜力的投资领域。

（3）水上休闲和体育运动

莱索托高水项目中，已经修建的和将要修建的水坝，为水上活动提供了机会。水坝适合游船观光和极限运动。莱索托旅游发展公司（LTDC）已经在 Mohale 大坝上经营观光小游船。为了更有效地运作，以及未来的进一步发展，这该项目将被转移到私人企业。

Katse 大坝的和 Mohale 大坝都适合水上休闲和体育运动。随着高水项目二期工程和 Metolong 低地供水水库项目的不断进展，将产生更多适合水上休闲和体育运动的场所。

（4）高原训练设施

莱索托最大的特点之一就是海拔高。莱索托是世界上唯一一个全境海拔在 1000 米以上的国家，最低海拔 1400 米。因此，莱索托是高原体育训练的理想地点。

配套高级体育训练设施包括以下方面：

室外和室内体育场、住宿、健康水疗中心、医疗中心

二、承包工程与劳务

援莱索托中－莱友好中学项目设计合同签署

援莱索托中－莱友好中学项目设计合同于 2012 年 8 月 15 日在莱教育部签署。驻莱使馆经商参赞刘华博（受我项目设计单位委托）和莱教育与培训部常秘拉提莉·塔巴娜女士分别代表双方在合同上签字。该项目是我落实对非合作新八项举措的其中一项。

莱联合政府新任教育与培训大臣莫索措阿内女士、副大臣拉泽勒等高层官员，以及我驻莱使馆官员等出席了签字仪式。莫代表莱政府对中国政府的援助表示诚挚感谢，期待该项目早日动工。刘参赞介绍了对莱教育培训领域的合作进展及今年 7 月北京中非论坛经贸新举措等情况。

援莱索托广播电视扩建（广电设备）项目签署对外实施合同

2012 年 4 月 24 日，莱索托通讯科技部广电司长达达·莫科索和中国安徽电信工程有限责任公司代表分别代表中莱双方在马塞卢签署《援莱广播电视扩建（广播电视设备）项目实施合同。

根据项目设计合同，我将援助莱一套新闻演播高清视音频系统和新闻编辑高清视音频系统设备，负责设备安装以及人员培训。由安徽电信工程有限责任公司负责实施，预计 2012 年完成，设备更新后将提高莱新闻媒体采访编辑技术和水平。

莱索托麦特隆项目部隆重举行复工仪式

2012 年 6 月 25 日，莱索托麦特隆项目因劳资纠纷而引起骚乱，项目被迫停工，经莱索托政府与中国驻莱索托大使馆、驻莱索托经参处、中水电 6.25 事件处理工作组及项目部班子成员的合力协调与处理，劳资纠纷问题已经得到当地政府重视与解决，项目于 7 月 23 日复工。

莱索托约 9200 万美元道路桥梁建设项目被中地公司中标

中国地质工程集团公司 2012 年 4 月在莱索托公共工程与运输部公路建设项目招标中中标，获得莫霍同 三尼关口道路升级项目。项目合同总金额为 7.4 亿兰特（约合 9200 万美元），此项目包括 47 公里沥青路面和两座约 70 米长的桥梁，工期 36 个月。此为该公司自 2008 年进入莱索托后，承建的第 6 个路桥项目。

中地集团公司在赞比亚、莫桑比克、莱索托、坦桑尼亚均已成功完成了多个道路桥梁建设项目，以质量和工期赢得了业主莱索托工程部的认可，最终在多家竞标中获得该项目。

刚果（布）

一、2011年援刚果（布）项目简况

（一）在建或在实施经援项目

1. 援刚果（布）农业技术示范中心项目

该项目属于2006年11月中非合作论坛北京峰会上推出的八项举措内容。中心位于首都布拉柴维尔市以南约17公里的贡贝农场，占地59公顷。

项目工程由中国热带农业科学院总承包，中国威海国际经济技术合作公司承建，于2010年1月31日开工建设，2011年4月完工，12月19日李树立大使与农业部长签署援刚农业技术示范中心项目交接证书。有关3年的技术合作双方政府于2011年11月4日和23日换文确认。

2. 援刚医院项目

该项目属于2006年11月中非合作论坛北京峰会上推出的八项举措内容。项目工程由中建总公司承建。2009年9月23日，双方签署了援刚果（布）综合医院和医疗队宿舍项目的施工合同，工期19个月。

但因刚方地皮原因滞后，2011年一季度问题才得到解决。8月9日在首都布拉柴维尔举行了项目奠基仪式。10月18日内部正式开工，目前施工进展顺利，基础工程已全部完成。计划明年底前竣工。

3. 援刚恩古瓦比大学图书馆项目

该项目位于布拉柴维尔市恩古瓦比大学校园内。项目工程由湖南省建筑设计院勘察设计，中国地质工程集团公司承建，于2009年5月开工建设，2011年1月竣工移交。

4. 中学、恩古瓦比大学扩建项目

根据高虎城国际贸易谈判代表访刚期间与刚政府签署的换文规定，援刚中学项目和恩古瓦比大学扩建项目综合考察组一行9人于2011年9月11日至28日对上述项目进行了可行性考察。9月26日考察组与初、中级教育和扫盲事务部研究和规划局长签署了“援刚果（布）中学项目设计合同”，27日与高教部研究和规划局长签署了“援刚果（布）恩古瓦比大学扩建项目可行性考察会谈纪要”。

中学项目属于在中非合作论坛第四届部长级会议上推出的对非新举措框架下的内容。双方正在商签关于中学项目立项换文。

（二）物资赠送项目

1. 根据两国政府2010年4月20日的有关换文

（1）关于赠送第4批抗疟药品（330箱），2011年7月30日，在卫生与人口部举行了中国政府向刚政府赠送抗疟药品的交接仪式。

（2）关于对我援建的3所小学校赠送教学物资（1082箱），于2011年9月运抵黑角港，现等待转运到布拉柴维尔后与刚初中级教育和扫盲部办理移交手续。

（3）用于援刚医院诊疗设备及耗材，根据援建医院进度，待实施。

（4）援刚抗疟中心诊疗设备和耗材，待商刚方实施。

（二）、根据2011年5月27日和6月20 日两国政府换文，我将向刚果政府无偿提供一批价值１００万元人民币的体育物资。待国内招标实施。

（三）、2011年9月28日和10月13日，李树立大使与刚果外交与合作部秘书长达尼埃尔·奥瓦萨就无偿援助集装箱和行李检测设备事宜换文确认。11月9日，同方威视公司代表与刚财政部办公室主任在布拉柴维尔签署了项目实施合同。

（三）经援项目技术合作项目

目前正在实施的5个技术合作项目：

1。会议大厦第十三期技术合作（6人）为期2年，从2010年10月12日至2012年10月11日止。

2。马桑巴．代巴体育场第四期技术合作（4人）为期2年，从2010年8月15日至2012年8月14日。

3。朱埃电台第五期技术合作（3人），合作期限2年，从2011年4月14日至2013年4月15日。

4。黑角卢昂基里医院第三期技术合作（7人），合作期限2年，从2011年6月4日至2013年6月3日。

5。派遣医疗队，根据2011年1月25日两国政府签订的有关协议，由天津市派出的第21期医疗队共计32名队员于2011年5月13日抵刚，工作期限2年，分布在布拉柴维尔和黑角的3所医院。

四．培训

按照计划，2011年完成选派多、双边培训班刚果学员共计144人，其中多边班82人，双边班62人。

二、承包工程与劳务

中刚合资的刚果（布）新水泥厂拟投资3000万美元扩大产能

据布拉柴日报（Journal de Brazza）2012年5月24日报道，由中国路桥公司同刚果（布）政府合资建造的刚果（布）新水泥厂（SONOCC）第三届全体大会决定筹资3000万美元扩大水泥厂产能。

据分析，刚果（布）近年来致力于基础设施建设，水泥产品需求旺盛，未来一段时间内刚水泥市场将处于供不应求的阶段。为满足刚果（布）市场对水泥的需求，提高新水泥厂的经济效益，新水泥厂决定通过修建新的水泥生产线，采用先进设备，将水泥年产量提高到约30万吨，而2012年刚新水泥厂预测产量约10万吨。

1997年刚果（布）鲁特特水泥厂遭到严重破坏，2002刚政府决定同中国路桥合资建造新水泥厂，2004年新水泥厂投产。目前新水泥厂效益良好，是中刚合作的典范。

刚果（布）玛雅国际机场项目将于2013年6月竣工

据布拉柴维尔快讯报2012年7月10日报道，近日，刚交通部长姆武巴视察了由中国威海国际公司承建的玛雅玛雅国际机场项目现场。该项目包含玛雅机场项目二期、总统候机室及航空俱乐部，项目合同金额共计860亿非郎（约合1.7亿美元），其中总统候机室造价60亿非郎。该项目自2011年7月份开工以来进展顺利，目前建筑主体构架基本完工，已进入室内装修阶段。据悉，机场项目二期将于2012年年底竣工，整个项目将于2013年6月份竣工。

姆武巴部长肯定了工程进度，表示刚政府将继续大力支持基础设施建设，尽力在合同期内支付正在实施项目的合同款。

中地国际业务介绍

企业简介：

（1）进入刚果（布）时间：2009年

（2）经营范围：公司以水利水电、房建、道路、桥梁、地质勘探工程以及港口建设为主，兼具贸易、投资、租赁、服务业务。

（3）经营情况：目前在刚果布为黑角港口供水项目。

（4）员工人数（中方员工、刚方员工）：截至2011年12月公司在刚中方员工总人数23，当地雇员总人数60。

项目简介：

1. 已建项目

刚果布恩古瓦比大学图书馆项目

刚果（布）恩古瓦比大学图书馆工程项目为中国政府援刚果（布）项目，位于刚果（布）首都布拉柴维尔市恩古瓦比大学校园内。由湖南省建筑设计院勘察设计，广州万安建设监理有限公司监理，中国地质工程集团公司承建。开工日期为2009年5月8日，于2010年11月7日完工。图书馆一层为学术报告厅、藏书间、资料室、文具书店、办公室；二层为检索大厅、阅览室、展示厅；三层为学生自修室和室外平台；四层为学生阅览室、教室阅览室、网络信息室、研究室。内部设置客用和货用两部电梯，其中客梯额定载重800kg，货梯载重200kg。室外提供22个停车位。图书馆的建设给恩古瓦大学的学生提供了良好的阅读和学习场所，极大促进了学校基础设施建设和改善了师生的教学和学习条件。

2. 在建项目

刚果（布）黑角港口供水项目：

建设一个容量1300m^{3}的的地下蓄水池和一个60m高容量1000m^{3}的水塔，同时扩建和整修11km港口供水管线。开工日期为2011年2月23日，工期为18个月，截至目前地质勘察工作、水塔水池基础土方工程，桩基础等已完工，预计2012年12月底基础工程全部完毕。刚果（布）黑角港口供水项目的建成，将对黑角港口供水能力的提升和促进刚果（布）黑角港口的经济发展，起到重要的推动作用。

企业规划：

公司在供水、公路、房建、港口、地质勘探等领域实施项目，扩大市场份额。

中江国际业务介绍

企业简介：

(1) 进入刚果（布）时间：2003年3。

(2) 经营范围：从事各类工业建筑、民用建筑、机场、码头、桥梁施工，进出口贸易，投资。

(3) 经营情况：目前在刚果（布）的在建项目为布拉柴维尔Plateau总统行宫，KINKALA总统行宫，DOLISIE 省政府大楼，Ollombo国际机场项目，黑角国际机场。

(4) 员工人数：截止2011年11月30日，公司在刚中国员工为176人，当地雇员为256人。

项目简介：

1. 已建项目：

(1) 布拉柴维尔 Plateau 总统行宫项目

2008 年 4 月 11 日，公司一举中标刚果（布）Plateau 行宫项目，并于 2008 年 5 月正式开工，总造价 7,100 万美元，占地面积 85,000 平方米，共包含 1 栋主体建筑，6 栋单体建筑，运动场、游泳池、医院等一系列具有服务功能的建筑。2010 年 7 月竣工，以其一流的施工、豪华别致的装修、完善的功能，顺利通过总统府、大工委的验收，特别是受到萨苏总统的高度评价。2010 年 8 月 12 日正式交付使用。

(2) Ewo 总统行宫项目

2010 年 7 月，公司中标刚果共和国重大工程委员会公开招标的 Ewo 总统行宫项目。该项目合同工期为 8 个月，总造价 1420 万美元，占地面积 54000 平方米，共包含 3 栋主体建筑、军人营房、技术设备房、门卫房、警卫房等单体。

(3) OWANDOU 总统行宫

2007 年 12 月，公司中标刚果共和国重大工程委员会公开招标的 OWANDOU 总统行宫项目。该项目合同工期为 8 个月，总造价 800 万美元，占地面积 54000 平方米，共包含 3 栋主体建筑、军人营房、技术设备房、门卫房、警卫房等单体。

(4) DOLISIE 总统行宫

2006 年 2 月，公司中标刚果共和国重大工程委员会公开招标的 DOLISIE 总统行宫项目。该项目合同工期为 5 个月，总造价 600 万美元，占地面积 54000 平方米，共包含 3 栋主体建筑、军人营房、技术设备房、门卫房、警卫房等单体 .

(5) Ollombo 国际机场项目

2007 年 9 月，中国江苏国际经济技术合作公司签订了中国和刚果（布）政府间的互惠合作项目——Ollombo 国际机场合作项目合同，合同金额 6238 万美元，工期 18 个月，由中国江苏国际经济技术合作公司设计、施工和承包，已于 2011 年 5 月 31 日竣工，目前正在等待最终验收和交付。

2. 在建项目：

(1) KINKALA 总统行宫

2011 年 11 月，公司中标刚果共和国重大工程委员会公开招标的 KINKALA 总统行宫项目。该项目合同工期为 8 个月，总造价 1460 万美元，占地面积 54000 平方米，共包含 3 栋主体建筑、军人营房、技术设备房、门卫房、警卫房等单体 .

(2) DOLISIE 省政府大楼：

2011 年 6 月，公司中标 DOLISIE 省政府大楼项目，含一栋会议大厅技术设备房等建筑。

(3) 黑角国际机场：

正在筹备开工。

企业规划：

① 积极完成布拉柴行宫的后续工程。

② 尽快最终验收交付。

③ 积极建设 Kinkala 总统行宫，争取在 2012 年 8 月前施工完毕。

④ 充分做好黑角机场项目的前期准备工作，全面筹备此项目开工工作。

⑤ 深耕刚果市场，积极承建新的施工项目。

⑥ 进一步提升公司影响力及核心竞争力，改善公司管理。

中国电子院业务介绍

企业简介：

(1) 进入刚果（布）时间：2007 年。

(2) 经营范围：项目咨询服务、工程设计、工程管理和建设（总承包）。

(3) 经营情况：已竣工项目：OYO 区政府和市政府、EWO 区政府工程，在施项目有：OYO 荣誉中学、OYO 司法院、刚果布农业厂房和恩古瓜比大学阶梯教室。

(4) 员工人数（中方员工、刚方员工）：截至 2011 年 11 月公司在刚中方员工总人数 152，当地雇员总人数 554 人。

项目简介：

(1) OYO 区政府和市政府工程：

OYO 区政府和市政工程为刚方使用自有资金建设的办公楼，两栋楼的总建筑面积为 3184 平米，均为两层，工程于 2007 年 11 月正式开工，于 2008 年 12 月竣工验收，现已交付刚方使用。该工程位于刚果布 OYO 市中心，我们优良的工程质量已使该工程成为地标性建筑，为中国企业赢得了的信誉。

(2) EWO 区政府工程

工程位于 EWO 市中心，总建筑面积为 1488 平米，为一栋 2 层的办公楼，工程于 2009 年 10 月份正式开工，并于 2011 年国庆节前按期保质交付刚方使用，也成为了刚方 2011 年国庆的献礼工程，为刚方的国庆增添了一道更加靓丽的风景。

在建项目：

(1) 欧尤司法院项目：工程位于 OYO 市中心，总建筑面积3240平米，钢筋砼框架结构，工程于2009年12月份正式开工，计划于2012年3月份交付刚方使用，现正在进行该工程的装修工作。

(2)OYO荣誉中学：该项目位于OYO市，总建筑面积约24000平米，均为1-2层的建筑，工程于2011年8月份正式开工，计划于2012年9月，现正在进行该工程的基础工程的施工。

(3) 刚果布农业厂房：该项目共包含4个农业厂房和配套别墅，分别位于刚果布的OYO市，易度比市、多利基市和波昂撒市。其中每个城市的厂房面积为1800平米，别墅面积425平米。工程于2009年3月份正式开工，现已施工完成OYO市和波昂撒市的全部工作，正在进行多利基市的建设施工。

(4) 恩古瓜比大学阶梯教室：该项目位于刚果布拉柴维尔恩古瓜比大学校园内，总建筑面积约6500平米，含两个规模完全相同的阶梯教室，共3层，工程已于2011年10月25日正式开工，计划于2012年9月竣工。

北京住总业务介绍

企业简介：

(1) 进入刚果（布）时间：1998年

(2) 经营范围：商业、进出口、建筑、机器租赁和设备、娱乐、企业代理等。

(3) 经营情况：目前在施项目为刚果（布）人权司法大楼项目、奥约医院项目及大工委旧楼改造项目等。

(4) 员工人数（中方员工、刚方员工）：截至2011年11月公司在刚中方员工总人数160，当地雇员总人数600。

1. 项目简介：

已建项目：

(1) 刚果（布）外交部大楼：

刚果（布）外交部大楼工程，层高六层，是由刚方自筹部分资金和中国政府出资2000万元建造的刚果布的标志性建筑。2011年9月北京住总又施工完成了该楼的外装饰彩灯及楼前音乐喷泉工程，为该工程增添了新的亮点。

(2) 刚果（布）广播电视部综合办公和节目制作功能大楼：

刚果（布）广播电视部综合办公和节目制作功能大楼，位于刚果（布）首都市区西北部地区。为六层建筑，总建筑面积约1万平方米，内设四部电梯，配有中央空调、消防自动报警、喷淋等自动控制系统。一层和二层设有三个演播厅。2009年2月5日刚果（布）总统萨苏协同夫人，亲自为该工程竣工仪式剪彩。并亲自授予北京住总对该工程做出突出贡献的管理及技术人员“共和国勋章”和“骑士勋章”。

2. 在建项目：

(1) 刚果（布）人权司法大楼：

刚果（布）人权司法大楼，总建筑面积9300平米，层高六层。该工程于2009年9月21日开工，预计2011年12月31日竣工。

(2) 刚果（布）奥约医院工程项目：

刚果（布）奥约医院工程项目，该工程总体设计分为四期工程。目前在施一二期工程总建筑面积为21000平米，预计一期工程将于2011年12月31日竣工，二期工程将于2012年6月30日竣工。预计三四期工程将于2011年底开始施工。

3. 企业规划：

建设北京住总（BRCC）驻刚果（布）办公大楼，为可持续发展奠定基础，调整经营管理模式，以主业为龙头，逐步扩张施工规模，开拓新领域（如工业、商贸等）。力争年经营规模5000万美元以上。全力构建“和谐住总、效益住总、品牌住总、责任住总、创新住总”。

中兴通讯业务介绍

企业简介：

(1) 进入刚果（布）时间：2001年。

(2) 经营范围：提供完整的，端到端的产品线和融合解决方案，通过全系列的无线，有线，业务，终端产品和业务通信服务，满足不同运营商的需求。

(3) 经营情况：从2001年初，中兴通讯扎根刚果布以来，经过了不少波折与考验。近年来，随着刚果布国家经济的稳定发展，通信基础设施的需求也日益迫切，这给我司在本地的发展带了一些机遇，同时也面临着很多的考验。目前，我司在刚果布市场与运营商的合作以手机终端销售为主；与刚方政府目前正在洽谈一些通信系统项目的合作机会。

(4) 员工人数（中方员工、刚方员工）：截至2011年11月公司在刚中方员工总人数8，当地雇员总人数6。

企业规划：

在刚果布市场竞争日益激烈，环境日新月异的情况下，保持与各大运营商的良好合作，勇于竞争，敢于胜利，实事求是的面对各种情况，及时调整相关战略；并在同时积极开拓新的市场及业务，优化管理，整合资源，以创新求发展，增强企业自身竞争力，加强与各部委及运营商之间的深入合作，扩大市场份额，加强市场渗透率，达到与刚果布共赢。

华为技术业务介绍

企业简介：

(1) 进入刚果（布）时间：2007年。

(2) 经营范围：无线电、微电子、通讯。

(3) 经营情况：刚果（布）政府全国电信覆盖网项目以及各大运营商电信项目。

(4) 员工人数（中方员工、刚方员工）：公司在刚中方员工总人数20，当地雇员总人数45。

项目简介：

已建项目：

已建项目一：Warid GSM网络新建

规模：为Warid提供端到端的电信解决方案，规划并建设了Warid整张移动通信网络。为Warid提供了有竞争力创新服务。

开工时间：2007年1月

竣工时间：2008年3月

在建项目一：全国电信覆盖网项目

规模：该项目建设内容包括覆盖全国的无线网络、NGN核心网络、智能网、光纤城域网等全业务电信运营网络。该项目按照建设地域、建设阶段分为三期。项目建成后将为刚果布提供完善的宽带基础设施，消除数字鸿沟，为刚果布带来巨大的社会和经济效益。

开工时间：2010年8月

工程进度：中心机房完成80%

培训中心完成100%

光缆铺设完成85%

站点建设完成25%

计划竣工时间：一期预计于2012年上半年完成。

在建项目二：海缆登陆项目

规模：该项目包括黑角海缆登陆机房建设和传输设备的提供和安装。该项目建成后将解决刚果布的国际出口带宽瓶颈问题，对刚果布的信息话建设有重大意义。

开工时间：2011年1月

工程进度：目前完工80%

计划竣工时间：2012年2月底

企业规划：

坚持“以客户为中心，以奋斗者为本”的理念，成长为全球领先的信息与通信解决方案供应商。围绕客户的需求持续创新，在电信网络、终端和云计算等领域构筑了端到端的解决方案优势，为电信运营商、企业和消费者等提供有竞争力的综合解决方案和服务，为客户创造最大价值。坚持回馈社会，努力为刚果的经济发展、人才培养、技术传播等作出贡献。

北京建工业务介绍

企业简介：

(1) 进入刚果（布）时间：2003年4月

(2) 经营范围：公司从事房屋建设工程。

(3) 经营情况：目前在施工程有OYO酒店和布拉柴皮拉区200套住宅以及意大利楼翻新工程。

(4) 员工人数（中方员工、刚方员工）：截至2011年11月公司在刚中方员工总人数205，当地雇员总人数700。

项目简介：

(1) 黑角KUILOU省政府楼：

黑角KUILOU省政府是北京建工在刚果接到的第一个正式工程，坐落于大西洋海岸的一座山顶，能眺望大西洋海岸线沿途风光，据当地政府官员说这个地方是过去贩卖黑人奴隶的必经之路，省政府大楼选址于此也是为了提醒刚果人民不要忘记被奴隶时代的血泪史，以此来鞭策刚果人民团结，劳动，共同推动刚果共和国向前发展。

(2) 刚果布立法院

工程面积4000平米，2009年4月20日刚果总统亲自为立法院竣工剪彩，刚果大型工程委员会大局长布亚在竣工庆典仪式上称之为“希腊的雅典娜神庙”。立法院院长参观完工程，很自豪地评价说：立法院大楼也是刚果共和国国家实力的象征。

(3) 布拉柴省政府

7000平米，于2010年5月12日开工，2011年8月18日交工，工期15个月。该工程的竣工曾经一度引起刚果内政部部长和布拉柴省长之间的争抢，现在工程交由布拉柴省长做为省政府使用。这座大楼的落成为省政府工作人员提供了一个舒适的，现代化的工作环境。

(4)OYO总统接待大厅

总统接待大厅2500平米，2010年3月竣工，此建筑是为了纪念2009年逝世的加蓬第一夫人，刚果共和国总统女儿EDITH女士而建造。一次大使去OYO见萨苏总统时，萨苏总统带大使参观了OYO总统接待大厅，在鲜艳的地毯上跺了两脚高兴地对大使说“这就是——中华人民共和国”，对我公司的建筑质量给予了高度肯定。

在建项目：

(1)OYO酒店

OYO大酒店项目规模：16,500平米；框架结构；

100个标准套房；10个高级套房；6个总统套房，标准为：5星级酒店；酒店的位置是比邻阿丽玛河，下面是2.5—3米的沼泽地带，首先我们做了地基处理，清出淤泥和腐殖土4多万立方，换好土5万立方，共计10万方，主楼的基础打了直径400MM，深度11.5米的混凝土CPU桩1788根，附属设施基础打了328根，共计2116根。如今在总统家乡OYO，一座现代化的酒店耸立在美丽的阿丽玛河畔，这座酒店受到刚果政府和人民的认可和喜爱，成为了总统家乡一道靓丽的风景线。萨苏总统曾多次参观和视察酒店，对工程的质量和进度给予了高度评价。工程预计今年年底竣工。

(2) 布拉柴皮拉区200套住宅

占地面积约60000平方米，工程构造为框架短支剪力墙结构，100套为150平米面积；100套为200平米面积，1个幼教学校、配套附房及道路设施，总面积为40，000平方米，2010年8月开工，工期刚方要求为3年(36个月)。

(3) 意大利楼

该工程是一个翻新工程，从2010年布拉柴省政府竣工验收以后开工，目前已基本完工，等待刚方验收。

企业规划：

公司一直以来以严肃，负责任的态度，坚持“高质量，高速度，合理报价”三大原则，在房屋建筑领域协手刚果人民共同前进，为推动中刚两国友好发展作出贡献。

威海国际业务介绍

企业简介：

(1) 进入刚果（布）时间：2001年。

(2) 经营范围：公司以机场、住房、综合办公楼、市政供水、体育场等建设为主，兼营物流运输、建筑产业、矿业等业务。

(3) 经营情况：目前刚果在建的主要项目有：玛雅-玛雅国际机场及其总统候机楼、机场宾馆、815住房项目、巴刚果/克莱蒙小区、奥尤/奥旺多住宅小区等项目。

(4) 员工人数（中方员工、刚方员工）：截至2011年11月公司在刚中方员工总人数321，当地雇员总人数930。

项目简介：

已建项目：

(1) 体育场类项目：已完成（援）马桑巴·代巴体育场及附属训练场、黑角体育场、多里集体育场、奥尤手球馆、奥旺多体育场等项目。

体育场项目由刚方出资建设或中方援建，旨在改善刚果本国的体育运动设施，提高刚果体育运动竞技水平。公司在体育场建设方面有着丰富的施工经验，已为刚果多个城市建设了多座体育场馆，特别是黑角体育场，承办过非洲青年足球等大型体育运动赛事，这些场馆的建设，推动了刚果体育事业的发展。公司在发展的同时，也积极回报社会，支援当地体育事业发展，为刚果手球队捐赠体育设施等。

援马桑巴·代巴体育场项目（1996年3月开工，1997年因刚果内战停工，2001年2月复工，2002年2月竣工）

黑角体育场（2007年非洲青年足球锦标赛比赛场地，2006年7月开工，2007年1月投入使用）

多里集体育场（项目2006年6月开工，2006年12月完工）

奥旺多体育场（项目于2008年7月开工，2009年8月竣工）

奥尤手球馆（项目于2008年8月开工，2011年5月完工）

(2) 市政类项目：已完成多里集、莫萨卡、西比蒂、奥尤（包括援外及承包两部分）、马古阿、布吉等多个城市的市政供水项目，刚果布军人大道项目，埃沃汽车站等项目。

莫萨卡供水项目（工程于2005年5月开工，2006年2月竣工）

奥尤供水项目（项目于2009年7月开工，2010年8月竣工）

埃沃汽车站项目（项目于2011年1月开工，2011年10月竣工）

(3) 住房及办公楼项目：已完成国防部办公大楼维修、援黑角专家住房项目、建设部十层楼装修、石油公司家属楼装修、多里集大宾馆装修、埃沃议会大厦等项目。

国防部办公大楼维修（2004年12月开工，2005年6月完工）

援刚果黑角专家住房项目（2005年9月开工，2006年4月竣工）

多里集大宾馆装修（项目于2006年6月动工，2006年8月完工）

埃沃议会大厦（项目于2010年11月开工，2011年11月完工）

(4) 其他项目：包括援布昂扎水电站项目、伊丰度机场贵宾楼项目、援中刚3所友谊学校项目、黑角超市项目等。

援布昂扎水电站项目（项目于2003年10月开工，2007年9月竣工）

伊丰度机场贵宾楼（项目于2005年6月开工，2006年1月竣工。）

援中刚3所友谊学校项目（项目于2008年6月开工，2009年6月竣工）

黑角超市项目（项目于2010年8月开工，2011年10月竣工）

在建项目：

(1) 玛雅－玛雅国际机场项目：包括设计、新建一座40000平方米的现代化、配套设施齐全的国际候机楼，一座五星级机场宾馆，以及大型计费停车场在内的其他相关机场配套设施。该项目于2007年8月开工，目前已完成一期工程及二期一层主体施工、高架桥、机场宾馆主体等，计划于2014年竣工。

(2)815住房项目：该工程为大型居住小区，项目于2010年9月开工，计划于2013年9月竣工，工程总建筑面积4.8万平方米，包括17栋单体住宅、底层车库、商业网点、独立商业网点、社区中心等，目前已完成17栋主体建设，正准备进入装修阶段。

(3) 布朗高梅妇幼保健院项目：工程于2011年9月开工，计划于2012年11月竣工，建筑群占地面积约7.1万平方米，分为三部分，分别是医院大楼、新建单体及室外工程，工程包括旧楼拆除、维修改造等内容，目前正在进行场地清理、旧楼拆除和单体基础建设等工作。

(4) 多里集议会大厦项目：工程于2011年6月开工，计划于2011年12月竣工，建筑面积2200平方米，包括议会大楼、卫生间及技术间等，目前建筑主体及抹灰完成，正准备进入装修阶段。

(5) 巴刚果、克莱蒙住房项目：该项目为刚果福利性住房，包括单体式别墅和六层框架结构，开工至今，已完成多栋建筑，目前，巴刚果正实施第5-6期主体，克莱蒙施工5-8号楼主体。

(6) 奥尤、奥旺多住房项目：为刚建设部开发项目，均为砖混结构，独栋二层别墅。奥尤住房已竣工22栋，目前施工第4期，开工8栋；奥旺多住房实施1-2期，开工6栋，均在实施主体。

企业规划：

刚果正威公司是一家专业的国际工程承包商，公司致力于拓展刚果当地住宅、市政、体育、机场、综合办公楼、工业厂房等领域的工程市场，做大做强工程业务，为刚果人民创造更多精品工程。

中机总公司业务介绍

企业简介：

(1) 进入刚果（布）时间：2000年

(2) 经营范围：公司以承包国内外大型交钥匙工程与成套设备项目为主。兼具勘察、设计、制造、土建、安装、调试、人员培训等业务。

(3) 经营情况：目前在刚项目为吉利饮用水处理厂一期大修和二期新建工程。

(4) 员工人数（中方员工、刚方员工）：截至2011年8月，公司在刚中方员工总人数736，当地雇员总人数699。

项目简介：

已建项目：

(1) 英布鲁水电枢纽工程：

项目意义：

英布鲁水电枢纽工程，是中国在刚果的首个大型项目，也是是刚果“能源之路”项目的核心，是中、刚两国友谊的结晶。

工程规模：

坐落于莱菲尼河上的英布鲁水电枢纽工程是一座综合型电站，总装机容量120MW，超过了目前刚果所有电站的总和，设计年发电量6.85亿kW•h，相当于目前刚果全国一年的用电量。

除承担发电任务外，该电站还承担刚果电力系统调峰、调频和骨干电站作用。同时，配套建设的60 km双表处路面进场公路和宾馆，将使英布鲁水电站倍受旅游、观光客的青睐，并无疑将成为本地区的亮点。

竣工时间：

本项目于2010年11月10日完成临时验收，2011年5月7日举行落成典礼。

(2) 刚果（布） OBOUYA - BOUNDJI - OKOYO 公路改造及沥青铺设工程：

项目意义：

刚 果 OBOUYA - BOUNDJI - OKOYO - LEKETY - GABON 公路是泛中非共同体公路网的一部分，目前加蓬方面已将公路修通至边境，因此该段公路建成后可使刚果2号国道联通加蓬公路网并直达利伯维尔港，成为刚果北方唯一的对外通道。是刚果继1号、2号公路之后的最重要的战略公路。

工程规模：

路线全长116.575Km，支线1Km，主要工作内容包括：路基开挖、回填、沥青砼面层铺设、排水、桥涵、信号等工作。

开、竣工时间：

该项目于2008年6月15日下达开工令，2011年

11月2日完成临时验收，2011年11月3日举行落成典礼。

在建项目：

(1) 刚果（布）输变电工程

工程规模：

本项目是英布鲁电站配套输电线路工程。该工程修建的线路包括：英布鲁～恩戈～迪吉利～杰兰勃（220kV，386.9km）、恩戈～岗伯马～欧依欧～奥旺多（220kV，260.5km）、恩戈～迪江巴拉（220kV，109km）、欧依欧～布昂吉（110kV，91km）、297.5 km的30kV配电线路、44.7 km的20kV电缆线路、31km的400V线路；修建的变电站包括：恩戈（220kV）、迪吉利（220kV）、杰兰勃（220kV，扩建）、岗伯马（220kV）、欧依欧（220kV）、欧旺多（110kV）、迪江巴拉（110kV）、布昂吉（110kV）、18个30kV变电站；修建一座国家电力调度中心；同时实现各变电所内及整个系统的通信及控制保护；完成刚果国家本工程新建电网避雷保护分析。

开工、计划竣工时间：

项目自2008年6月25日下达开工令，计划于2011年12月31日竣工。

工程进度：

截至2011年11月10日，项目进展情况如下：

①设计与采购工作全部完成；

②欧依欧以南220KV输变电工程（4座220KV变电站、560多公里220KV高压线路和首都布拉柴周边30KV / 20KV配电线路、恩戈市30KV / 400V配电工程、奥约和岗伯马城市30KV工程）全部投运；

③国调中心和英布鲁周边30KV / 400V工程已经投运；

④奥约-布昂吉110KV输变电工程在今年11月投运;恩戈-兼巴拉110KV输变电工程在今年12月中旬即将投运。

⑤奥约-奥旺多220KV输变电工程在今年12月底投运。

(2) 吉利饮用水处理厂一期大修和二期新建工程：

工程规模：

本项目总投资约3亿美元，本项目共有三部分组成，即：新建吉利二期水厂、维修吉利一期水厂和完善城市供水管网。

新建吉利二期水厂工程为：在刚果共和国首都布拉柴维尔原吉利水厂处新建二期日产水12.6万吨净水厂一座；吉利一、二期水厂的取水工程；附属建筑工程。

维修一期水厂工程为：修复一期水厂，恢复其产水量和水质。

城市管网工程为：铺设供水管线188km，其中球墨铸铁管66 km，Upvc管122 km；新建水池7座、提升泵站4座，建成后将把一、二期吉利水厂所产饮用水输送到布拉柴维尔各区。

开、竣工时间：

新建吉利二期水厂工程于2009年11月11日开工，竣工时间为2012年11月10日，合同工期36个月。

城市供水管网工程于2010年12月7日开工，竣工日期为2013年11月21日，合同工期36个月。

维修一期水厂工程于2011年4月4日开工，竣工日期为2014年4月3日，合同工期 36个月。

工程进度：

新建吉利二期水厂工程于2010年7月18日正式开始构筑物开挖施工，截止10月底已完成土建工程量的80%，此后将进入设备安装施工阶段。

城市供水管网工程：截止10月底已完成路线勘测和前期设计，第一批球墨铸铁管已运抵布拉柴工程现场。

维修一期水厂工程：工程实施内容已与刚方协商确定，总体进度计划和工程施工方案已编制完成。

3) 刚果（布）Okoyo - Lékéty - Fontière Gabon公路改造及沥青铺设工程公路项目：

工程规模：

路线全长87千米，主要工作内容包括：路基开挖、回填、沥青砼面层铺设、排水、桥涵、信号等工作。

开工、预计竣工时间：

该项目于2011年11月3日举行了开工典礼，合同工期36个月。

企业战略目标：

充分利用国内、国际资源，在国际市场进行资源优化配置。在发展国际工程承包、国际贸易及相关服务的基础上，利用企业竞争优势资源开发业务，并成为全球运营的国际化集团。

中建股份业务介绍

企业简介：

(1) 进入刚果（布）时间：2007年。

(2) 经营范围：大型公共建筑、房屋建筑，能源、交通、港口、化工等大型基础设施项目的工程总承包服务；

(3) 经营情况：目前在承担着刚果（布）国家1号公路一期工程（黑角-多利吉段）、二期工程（多利吉-布拉柴维尔段）的设计+建造服务；

(4) 员工人数（中方员工、刚方员工）：截至2011年10月公司在刚中方员工总人数677，当地雇员总人数

2416。

项目简介：

已建项目：

我公司目前已经完成刚果（布）国家1号公路项目一期（黑角－多利吉段）工程。该项目属于全长580公里的刚果（布）国家1号公路项目的一部分，设计里程164公里，合同造价6.65亿美元。该项目于2008年5月正式开工，2011年 10月全线通车，合同竣工工期为2012年4月。1号公路一期工程黑角－多利吉段顺利修通，对未来刚果（布）国家1号公路全线的竣工具有重大意义。一期工程穿越联合国教科文卫组织自然保护区马永贝原始森林，那里山高沟深、地势险要。多年来，刚果（布）人对于打通马永贝原始森林，实现1号公路全线的通车称之为“梦”。

在建项目：

我公司目前正在建设刚果（布）国家1号公路项目二期工程（多利吉－布拉柴维尔段），项目自刚果（布）第三大城市多利吉起，始于首都布拉柴维尔，设计里程约420公里，该项目完成后，1号公路布拉柴维尔至黑角的全线通行功能才能得到完全发挥。该项目合同工期48个月，工程总造价约14.79亿美元，计划于2014年6月实线全线贯通，目前我公司已经在全线5个施工段落实现全面开工建设。

中国路桥业务介绍

企业简介：

(1) 进入刚果（布）时间：2003年。

(2) 经营范围：公司以道路、桥梁、隧道工程以及港口建设为主，兼具贸易、投资、租赁、服务业务。

(3) 经营情况：目前在刚项目为刚果新水泥公司及刚果（布）2号公路项目。

(4) 员工人数（中方员工、刚方员工）：截至2011年8月公司在刚中方员工总人数308，当地雇员总人数409。

项目简介：

已建项目：

(1) 刚果新水泥公司的刚果（布）鲁特特水泥厂恢复工程项目，是原中国路桥（集团）总公司利用中国政府向刚果（布）政府提供的优惠贷款，同刚方共同投资设立刚果新水泥公司，用于鲁特特水泥厂恢复重建。设计生产能力每年产销20万吨，但是由于刚果（布）的道路状况较差，物资运输比较困难，目前每年产销10万吨。近期刚果新水泥公司将进行改扩建，届时将达到每年产销30万吨的水平。刚果新水泥公司改变了刚果（布）水泥完全依赖进口、价格昂贵的局面，极大促进了基础设施建设和当地经济发展。

在建项目：

(2) 刚果（布）2号公路Owando-Mambili段公路翻修与沥青罩面工程：

路段长126km，路基宽13m，路面宽9m ；此项目于2008年6月开工建设，工期为47个月，截至目前清表工作、土方工程等已全部完工，预计2011年12月底油面铺筑完毕，主体工程全部完工。2号公路Owando-Mambili段项目的建成，将对刚果（布）布拉柴至韦索运输能力的提升，促进刚果（布）国家的经济发展，起到重要的推动作用。

企业规划：

公司在公路、桥梁、港口、疏浚等领域实施项目，扩大市场份额，刚果新水泥公司公司保持20万吨以上的产销。

刚果（金）

一、承包工程与劳务

经援合作。自1972年11月中刚关系正常化以来，我国政府向刚政府提供了力所能及的经济援助，在农业、医疗卫生和基础设施等领域开展了友好合作，建设了人民宫、体育场、医院及农业合作等项目，为促进刚经济社会发展发挥了积极作用，受到刚政府和人民的好评。

投资合作。从20世纪80年代开始，中国企业开始进入刚果（金）市场，从事投资合作业务。90年代以后，由于刚政局持续动荡，中国企业相继撤离，在刚果（金）的投资合作业务处于停滞状态。2000年以后，随着刚政局逐步恢复稳定，中国企业重新进入刚市场，中刚投资合作业务呈现全面快速发展的良好势头。目前，中国企业在刚投资合作主要集中在矿产品加工和资源合作、电信、农业等领域，并逐步向其他领域拓展。

据中国商务部统计，2011年中国对刚果（金）非金融类投资直接投资额为5,762万美元，同比增长82.4%；截至2011年底，中国对刚果（金）非金融类投资存量为4.86亿美元。

承包劳务。近年来，中国工程承包企业已在刚果（金）市场打开了局面，创出了品牌，承揽的工程项目逐年增多，合作领域主要涉及修路、水电站建设、供水工程及电信设施建设等。据中国商务部统计，2011年，中国企业在刚新签工程承包合同额19亿美元，完成营业额7.8亿美元，年末在刚劳务人数3,060人；截止2011年底，我企业在刚累计签订合同额41.6亿美元，完成营业额29.3亿美元。

中交集团一公司中标承担刚果（金）金沙萨市政供水二期工程

据刚果（金）当地媒体2012年2月13日报道，为落实此前由卡比拉总统提出的未来五年市政水、电网扩建工程，日前，刚果（金）自来水公司总经理与我中交集团一公司签署了金沙萨市政供水二期项目实施合同。

该项目实施内容主要包括：234公里的管道铺设、25000条支线管道建设以及200个公用水龙头建设等。工程所需全部资金由世界银行提供，中交集团一公司最终以1067万美元竞价中标，项目工期为18个月。该项目建成后，可解决金沙萨市恩吉利、卡萨布武、恩格里恩格里、恩格利玛等9个区150万居民的饮用水问题。

中国五矿集团所属五矿资源公司成功收购刚果（金）Anvil矿业公司

据当地媒体刚果（金）2012年2月23日报道，中国五矿集团所属五矿资源公司本月16日成功收购刚果（金）Anvil矿业有限公司，收购总价为13亿美元。收购协议签署后，五矿资源获得了Anvil 矿业公司90%的股份，掌握了该公司的控制权。

Anvil公司由澳大利亚和加拿大两国企业共同出资在刚果（金）注册成立，2002年投产。该公司主要业务为开采和勘探铜钴矿，在刚果（金）南部的加丹加省拥有两个铜矿的控股权，其中，在Kinsevere矿中占股95%，在Mutoshi矿中占股70%。目前，该公司年产电解铜6万吨。

五矿资源公司于2011年四季度开始与Anvil公司就收购事宜进行谈判，谈判中曾一度受到刚果国家矿业公司的阻扰，但五矿资源公司没有放弃，最终成功签约。

另据有关媒体报道，五矿资源公司还将通过技术性强制收购，获得Anvil公司100%股权，并使得Anvil公司从其原有交易所下市。

我援刚果（金）外交部围墙项目正式竣工移交

2012年6月12日上午，我援刚果（金）外交部围墙项目交接仪式在刚外交部举行。我驻刚使馆临时代办杨冬菊与刚外交、国际合作与法语国家组织部负责外交事务的秘书长阿波莉娜·姆森格西·姆萨乌代表各自政府在交接证书上签字。

我处周芒胜参赞和姆森格西秘书长先后致辞。周参赞指出：在双方共同努力下，该项目已如期完工。该项目的建设对进一步改善刚外交部的总体安全状况将发挥积极作用。

姆森格西秘书长代表刚政府对中国政府表示感谢，对双方建设者在项目建设过程中克服气候炎热等困难、坚持施工的精神表示赞赏。

中国电建承建的刚果（金）宗戈水电站二期项目正式开工建设

2012年5月16日，由中国电建集团承建的刚果（金）宗戈水电站二期项目正式开工建设，刚果（金）总统卡比拉出席仪式，并为项目奠基。刚总理马塔塔、国民议会第二副议长贡博、参议院第一副议长莫科洛、总检察长农比、最高法院院长齐贝雷、下刚果省代理省长、内阁成员、两院议员及驻刚（金）大使王英武等出席仪式。

刚水电部长卡潘吉代表刚方致辞。他说，宗戈二期项目是刚果（金）25年来第一个水电领域大型工程，为刚现代化建设拉开了序幕，为促进非洲建立共同市场、实现经济融合做出巨大贡献。刚方感谢中方为项目启动做出了不懈努力，刚政府和民众将与中方密切配合，确保项目透明高效实施。

王英武大使在致辞中表示，宗戈水电站二期是中刚重要合作项目，是中刚传统友谊和务实合作新的具体体现。宗戈二期建成后将在很大程度上缓解刚电力供应紧缺局面，为刚发展经济，创造就业和改善民生提供动力，也为中刚友好合作树立新的丰碑。中方愿同刚方共同努力，不断加强友谊和合作。

中国水电一局代表发言中表示，将以一流的技术、高效的管理，高质量完成宗戈二期项目水建设，创建优质工程。

宗戈水电站二期设计装机容量15万千瓦，建成后预计年发电8.6亿度，主要解决金沙萨和下刚果省部分地区的用电，合同总金额3.675亿美元，其中中国进出口银行提供3.6亿美元优惠出口买方贷款，其余为刚方自筹资金。项目工期为3年。

二、中国企业在刚果（金）投资应该注意的问题

中国企业和个人到刚果（金）从事投资活动，需要注意以下问题：

1. 客观评估投资环境

刚果（金）投资环境整体较差，既有机遇，更有挑战。近年来国际各知名评估机构对其投资环境、良政指数等均评价较差。为此，中国企业在投资项目立项时，要谨慎行事，避免各种风险，在深入调研的基础上，做出科学选择。

2. 适应法律环境的复杂性

刚果（金）《投资法》是外国投资者进入刚果（金）投资需要了解的主要法规。矿产、石油、天然气、金融、保险、军工，以及政府间重大投资合作等领域的投资并没有包含在《投资法》中，而是体现在相关行业主管部委颁布的法规里。投资者除了熟知《投资法》，还要多了解相关行业的相关法律法规，做到心中有数，避免由于不熟悉当地的法律法规，造成不必要的损失。

3. 做好企业注册的充分准备

刚果（金）法律规定，政府承认按照刚果（金）法律或者外国法律在刚果（金）成立的公司，合资公司必须依据刚果（金）法律成立，所有在刚果（金）的公司需遵守刚果（金）法律。在国外成立的公司，在进入刚果（金）开展业务前，应按照刚果（金）法律规定，将公司在国外成立的文件和公司章程提交给刚果（金）驻公司所在国大使馆认证，最后提交给刚果（金）政府有关部门存档。有限责任公司(SPRL)和股份有限公司(SARL)需提交经过公证的公司章程，同时在政府公告上刊登公司章程。刚果（金）法律规定了由刚果法人或外国法人申请注册新营业执照（NRC）的不同要求。

企业在开业前，需申办新营业执照，提交资金和资产证明(可以是银行存款证明或是当地房屋所有权证明)、国家企业代码号（Id. Nat.）和税号。从事进出口业务的，还需要申请出口许可号和有效的税务证明。

总之，外国企业在刚果（金）从事经营投资合作或贸易活动，必须在刚果（金）登记注册，依法纳税。关于注册公司的相关手续，最好聘请当地有经验的律师或会计事务所帮助准备。

4. 适当调整对优惠政策的期望值

企业在刚果（金）投资大型项目尤其矿业开发项目和农业开发项目，以及被列为刚果（金）政府急需的重要基础设施项目，均可通过个案谈判，获得相应的优惠政策（如关税减免等）。但刚果（金）政府在实际谈判特别是在执行过程中，往往因部门间缺乏及时沟通和协调，谈判获得的优惠政策不能有效执行，给企业的经营活动造成许多障碍和困难。因此，企业在计算经营成本时，要充分考虑这些不可预见的人为因素，适当调整对优惠政策的期望值。

5. 充分核算税赋成本

总体来看，刚果（金）税负较高、税目多，尤其是乱收费、乱罚款以及“吃、拿、卡、要”等现象十分突出。企业在投资时，应具体了解当地税收规定，充分核算税赋成本，同时也要充分考虑各种不可预见的成本支出。尽量选择在税收优惠区域投资建厂，以便获得对企业所得税及设备进口关税的减免。

6. 建立良好的企业信誉

在实际工作中，公司在商谈业务前，不要事先轻易向对方做出承诺。一旦做出承诺，就要认真履行，做到

取信于人。对于对方所做的承诺，则需认真对待，谨慎处理。

7. 防范投资合作风险

在刚果（金）开展投资、贸易、承包工程和劳务合作的过程中，要特别注意事前调查、分析、评估相关风险，事中做好风险规避和管理工作，切实保障自身利益。包括对项目或贸易客户及相关方的资信调查和评估，对投资或承包工程国家的政治风险和商业风险分析和规避，对项目本身实施的可行性分析等。建议相关企业积极利用保险、担保、银行等保险金融机构和其他专业风险管理机构的相关业务保障自身利益。包括贸易、投资、承包工程和劳务类信用保险、财产保险、人身安全保险等，银行的保理业务和福费庭业务，各类担保业务（政府担保、商业担保、保函）等。

建议企业在开展对刚投资合作过程中使用中国政策性保险机构——中国出口信用保险公司提供的包括政治风险、商业风险在内的信用风险保障产品；也可使用中国进出口银行等政策性银行提供的商业担保服务。

如果在没有有效风险规避情况下发生了风险损失，也要根据损失情况尽快通过自身或相关手段追偿损失。通过信用保险机构承保的业务，则由信用保险机构定损核赔、补偿风险损失，相关机构协助信用保险机构追偿。

三、在刚果（金）投资注册企业需要办理的手续

1. 在刚果（金）注册企业首先需要注意以下两个问题：

(1) 设立企业的形式

在刚果（金）投资设立企业的形式包括公司代表处、分公司、子公司、多名合伙人合作公司、只有两名合伙人的公司、私人有限责任公司、股份有限公司、合作社公司。最常见的公司形式为股份有限公司（SARL）、有限责任公司（SPRL）。

(2) 注册企业的受理机构

中国企业在刚果（金）设立代表处（办事处）、分公司、有限责任公司或股份有限公司，均须到刚果（金）工商登记处（NRC）注册获取新营业执照。

2. 在刚果（金）注册企业需要办理手续、相关收费标准及办理地点如表 3-1-11 所示：

所需手续	收费标准（美元）	办理地点
公司地点确认证明（Attestation de confirmation de siège）	40	公司所在辖区
公司章程认证（5 份）（Authentification des statuts）	50	公证处
申请企业国家代码（N° Identification Nationale）	200+20（银行费用）	经济部秘书处
申请进出口代码（N° Import-Export）	250+30（管理费）+20（银行费用）	经济部秘书处
注册新营业执照（Immatriculation au NRC）	850	法院书记室
领取公司章程合法证明（Visa de légalisation des statuts）	30	
领取商业许可证（Autorisation d' exercer le commerce）	1000+30+20	经济部秘书处
公司章程公告（Publication des Statuts au Journal Officiel）	150 刚郎/行（100-150 美元）	官方公报
获取税号（N° Impôt）	免费	税务总局

表 3-1-11

四、中国企业在刚果（金）承包工程应该注意的问题

1. 注重环保

中国企业施工时要注意当地环保要求，确实因施工原因必须砍伐树木或可能对环境造成影响时，要告知有关部门，避免不必要的麻烦和损失。

2. 注重社会影响

企业要重视企业自身形象，在施工遇到学校、街道等居民住地时，要把保护当地群众安全放在重要位置，要制定和落实安全措施，确保无安全事故。

3. 尊重当地风俗习惯

尊重当地员工的生活和宗教习惯，给员工休息和做礼拜时间，不强迫员工加班加点。

4. 公平竞争

中国企业在竞标承包工程项目时，做到以国家整体利益为重，避免无序竞争，互相压价。

5. 保障安全

注意作业时的人身安全。特别是高空作业人员，一定要有安全保护措施，最好为作业人员上安全事故保险，以防万一发生事故时，减少损失。与此同时，行车安全等也是一项不容忽视的问题。

6. 防范投资合作风险

在刚果（金）开展投资、贸易、承包工程和劳务合作的过程中，要特别注意事前调查、分析、评估相关风险，事中做好风险规避和管理工作，切实保障自身利益。包括对项目或贸易客户及相关方的资信调查和评估，对投资或承包工程国家的政治风险和商业风险分析和规避，对项目本身实施的可行性分析等。建议相关企业积极利用保险、担保、银行等保险金融机构和其他专业风险管理机构的相关业务保障自身利益。包括贸易、投资、承包工程和劳务类信用保险、财产保险、人身安全保险等，银行的保理业务和福费庭业务，各类担保业务（政府担保、商业担保、保函）等。

建议企业在开展对刚投资合作过程中使用中国政策性保险机构——中国出口信用保险公司提供的包括政治风险、商业风险在内的信用风险保障产品；也可使用中国进出口银行等政策性银行提供的商业担保服务。

如果在没有有效风险规避情况下发生了风险损失，也要根据损失情况尽快通过自身或相关手段追偿损失。通过信用保险机构承保的业务，则由信用保险机构定损核赔、补偿风险损失，相关机构协助信用保险机构追偿。

五、刚果（金）对外国公司承包当地工程的相关规定

1. 许可制度

刚果（金）目前尚无比较完备的承包工程方面的规章制度。对承包人的要求和限制一般都会在招标公告中列出，而建设过程、工程验收等方面的规定都在合同中以一般行政条款（Cahier des Clauses Administratives Générales ）加以规定。按照惯例，由投资方代表签订的合同具有很强的权威性，这些合同对缔约双方有类似于当地法律或高于当地法律的约束力，因为这些代表也多半是刚果（金）政府的成员，所以合同一旦签订，就表明刚果（金）政府对合同中所有条款已经认可和接受。

2. 禁止领域

目前，中国企业在刚果（金）承揽工程一般不存在障碍，但有些项目的出资者有特殊要求，对中国企业造成排斥。例如，欧盟出资的项目几乎都只在欧盟成员国企业内部招标，中国企业无论实力多强，都没有投标的资格。另外，由外国政府出资的一些双边援助项目，一般不接纳中国企业参与。除此之外，对于世界银行、非洲发展银行以及刚果（金）政府出资的项目，对中国企业一般没有特殊限制，只要符合其招标的条件，均可投标。

3. 招标方式

一般大型工程项目都是通过公开招标进行，少数项目会采取有限招标或者议标方式。

4. 获取招标信息

在当地获取招标信息的途径有以下几种：

（1）报纸，如《潜力报》和《未来报》；

（2）杂志，如《青年非洲》；

（3）网络，联合国技术信息促进系统（TIPS）等；

（4）经常与各招投标机构保持联系，也可获得相关招标信息。

5. 投标方式

在刚果（金），工程项目业主对施工单位的资质没有统一标准，具体要求以招标公告为据。以金沙萨市政道路1标的招标公告为例，业主对承包商的资质要求是最近5年的公司营业额达到1000万美元以上，有过3条各10公里以上的道路建设经验，企业授信额度在200万美元以上，以及项目规划中包括社会环保措施等。

中国企业在刚果（金）开展承包工程业务，需要在购买标书后到中国驻刚果（金）大使馆经商参处登记，领取《对外承包工程项目投（议）标申请登记表（项目情况部分）》和《对外工程外派劳务事项表》。在经商参处签署意见后，报中国对外工程承包商会，才能办理投标保函，进行后续投标。

六、中国企业在刚果（金）开展劳务合作应该注意的问题

目前，刚果（金）本国有实力的企业较少，吸纳就业的能力差，对外籍劳务的需求不多。为此，如果以单纯的劳务输出方式来刚果（金）务工需格外谨慎。

通过劳务形式来刚果（金），建议选择专业技术含量高的金融等领域，最好能在合资企业内就业。

劳务人员在来刚果（金）前，应对业主的资信等情况有所了解，详细阅读合同内规定的各种待遇和工作环境等事项，以免到达刚果（金）后，给自身权益造成损失。

防范投资合作风险。在刚果（金）开展投资、贸易、承包工程和劳务合作的过程中，要特别注意事前调查、

分析、评估相关风险，事中做好风险规避和管理工作，切实保障自身利益。包括对项目或贸易客户及相关方的资信调查和评估，对投资或承包工程业务所在国政治风险和商业风险进行分析和规避，以及对项目本身实施的可行性分析等。建议相关企业积极利用保险、担保、银行等保险金融机构和其他专业风险管理机构的相关业务保障自身利益。

建议企业在开展对刚投资合作过程中使用中国政策性保险机构——中国出口信用保险公司提供的包括政治风险、商业风险在内的信用风险保障产品；也可使用中国进出口银行等政策性银行提供的商业担保服务。

如果在没有有效风险规避情况下发生了风险损失，也要根据损失情况尽快通过自身或相关手段追偿损失。通过信用保险机构承保的业务，则由信用保险机构定损核赔、补偿风险损失，相关机构协助信用保险机构追偿。

赤道几内亚

承包工程与劳务

1. 承包

据中国商务部统计，2011 工程承包合同额 11.4 亿美元，当年完成营业额 18.01 亿美元；截止 2011 年底，我在赤几工程承包企业 17 家，从业人数 12000 人，雇佣当地员工约 2600 人。

2. 投资

2011 年，中国对赤几的非金融类投资总额为 2080 万美元，截止 2011 年底，我在赤几投资存量为 1 亿美元。

3.17 个基础设施建设项目举行开工奠基仪式

2012 年 8 月 3 日，姆比尼市政府、波隆多公路、姆比尼体育馆等 17 个基础设施建设项目举行奠基仪式。赤几总统奥比昂、第二副总统特奥多罗·奥比昂·曼格出席了奠基仪式。

据悉，上述 17 个基础设施建设项目总投资额约为 12 亿美元，主要为赤几大陆西部多条公路项目和姆比尼市政建设项目。其中波隆多公路项目、希波洛 - 努梅 - 恩多德 - 比乐恩公路项目、恩多德大桥项目、恩多德 - 昂吉项目由中国路桥公司承建，姆比尼市政供水和污水处理管网建设项目由中地海外公司承建。这些项目的开工，将拉开赤几政府对大陆西部地区开发的大幕，助赤几实现 2020 远景规划。

赤几总统为中国公司承建的中非地区第一大斜拉桥剪彩

2012 年 8 月 2 日赤道几内亚巴塔消息：赤道几内亚总统奥比昂出席了赤几中部地区博隆多大桥通车仪式，盛赞中国路桥公司承建的中部非洲地区第一大斜拉桥创造了“奇迹”。

奥比昂在大桥落成剪彩及通车仪式上发表讲话说，博隆多大桥顺利通车，韦莱河两岸人民从此告别了只能乘渡船或绕路过河的历史，前往赤几经济中心巴塔市的行程大大缩短，为该地区增强南北联系、发展经济、打造旅游城市打下坚实的基础。

博隆多大桥位于赤几大陆地区中部韦莱河入海口，大桥全长 1723 米，为独塔双索斜拉桥。该项目于 2010 年 4 月开工，2012 年 6 月竣工，比合同工期缩短了 6 个月。

中国路桥承建赤几 AAO 公路顺利通过初验

2012 年 9 月 13 日，中国路桥公司承建的赤道几内亚 ASOK-ACONIBE-OVENG 公路项目（以下简称：AAO 项目）顺利通过初验。

据了解，AAO 项目道路全长约 101 公里、宽 10 米，其中行车道宽度为 7 米，两侧双表处硬路肩各 1.5 米宽。路面结构层分别为 8 厘米厚沥青砼、20 厘米厚机轧碎石基层和 30 厘米厚红土砾石底基层，合同工期 36 个月。

据悉，AAO 项目为中国路桥公司在赤几东南部承建的第一个沥青公路项目，该道路的修建，将极大地方便 ACONIBE 和 OVENG 地区老百姓前往赤几政治重镇 - 蒙戈莫市，对当地的经济发展起到巨大地推动作用。同时，该项目的成功建设也为中国路桥公司在赤几继续承揽沥青公路项目奠定了良好基础。

塞舌尔

一、塞舌尔希望与中国加强基础设施合作

近年来，塞舌尔支柱产业——旅游业的发展十分迅猛。2011年前三季度游客人数已经超过去年全年17万的人数总数。随着游客人数的不断增长，塞国内道路、机场、港口、电力、供水、新能源、环保等基础设施成了塞舌尔旅游经济进一步发展的瓶颈。

据塞舌尔环境和能源部高级官员透露，塞舌尔了解到中国在非洲基础设施领域参与了很多合作项目，具有很强的市场竞争力。塞舌尔希望与中国加强在该领域的合作。10月20日，在塞舌尔总统米歇尔访华期间，塞环境和能源部摩根部长拜会了中国交通部翁孟勇副部长，就塞首都维多利亚道路改造、新能源利用、维多利亚港口扩建等项目向中方表示合作意向。

二、中塞两国政府签订2012年经济技术合作协定

2012年3月15日下午，我驻塞舌尔大使史忠俊与塞外长让·保罗·亚当分别代表各自政府在塞外交部签署《中塞两国经济技术合作协定》和《太阳能路灯项目换文》，中国政府将继续向塞舌尔政府提供一笔无偿援助，用于实施莱蒙斯住房三期工程、格拉斯小学及幼儿园和两国政府商定的其他项目。塞工业部部长彼得·西农、外交部国际司、新闻司、礼宾司官员及中国使馆官员参加了签字仪式。塞国家电视台、《民族报》等主要媒体进行了全程报道。

史忠俊大使说，近年来，在总统米歇尔领导下，塞经济社会发展得了很大的成就。但塞经济总体规模较小，经济脆弱性大，国际金融危机、欧债危机和索马里海盗对塞经济产生了一定不利影响。中国作为塞舌尔老朋友，将继续向塞方提供力所能及且不带任何附加条件的援助与支持，与塞舌尔携手共克时艰，共迎挑战。

亚当部长说，塞舌尔政府十分感谢中国在非洲和印度洋海域发挥的积极作用，中国一直致力于非洲的发展，是非洲最可信赖的伙伴，感谢中国政府对塞近年来10多个项目的无私援助，塞政府和民众对此十分感激。即将开始的太阳能路灯项目，为塞多领域可再生能源利用打开了大门，将极大降低塞对价格日益高涨的进口能源的依赖。

佛得角

一、承包工程与劳务

中国中元签订援佛得角总统府改扩建项目EPC工程总承包合同

2012年7月17日，中国中元国际工程公司（中国中元）正式签订援佛得角总统府改扩建项目（EPC）实施任务总承包合同。本次改扩建对整个总统府重新进行了整体规划。保留早先建设的总统府主体建筑及其外观原貌，对原主楼进行加固和局部改建，扩建部分行政和宴会等附属用房。项目用地面积6250平方米，总建筑面积3979平方米。

该项目从考察到签合同，历时近一年时间，终于结出了胜利的果实。佛得角总统府改扩建项目，是中国中元继承接援佛得角普拉亚中心医院项目之后的又一援佛项目，本项目采取EPC总承包方式承担，这也是中国中元援外项目设计任务之外，援外工作开展的新的方向和成果。

中国援佛得角太阳能示范项目施工合同签署

2012年3月22日，驻佛得角使馆经商参赞李永军与佛得角外交部政治事务与合作司长费尔南多·费雷拉

大使签署我援佛太阳能示范项目施工合同。根据合同，中国将为佛援建两座15千瓦太阳能光伏发电站并为佛政府办公大楼、议会大厦、普拉亚十字广场安装太阳能照明系统。该项目由中国辽宁国际经济技术合作集团有限责任公司实施。

二、我国企业在与佛得角进行贸易往来和投资时应注意什么问题

1. 投资方面：

（1）了解并遵守当地法律。

（2）充分认识当地市场小且分散、国内岛屿之间运输成本高的特点。

（3）基础设施不足。

（4）配套能力低。

（5）工资成本较高，最低工资为1600元人民币。

（6）当地货币与欧元挂钩，随欧元波动。

2. 贸易方面：

（1）充分考虑其市场容量。

（2）注重产品质量

（3）注重售后服务。

(4) 仔细了解进口方支付能力。

3. 工程承包方面：

（1）了解业主融资能力

（2）工期易拖延。

（3）汇率变动。

4. 其他应注意的问题和事项：

办理工作许可过程中应该特别注意：在佛得角办理工作证规定宽松，手续比较简单。但为了防止发生的纠纷，建议中国企业及相关人员仍应聘请当地具有丰富经验的律师协助办理工作证的相关手续。

几内亚

一、承包工程与劳务

中国公司拟建五星级酒店举行开工仪式

2012年2月1日，由中资企业GMC公司在几内亚投资的卡鲁姆（HOTEL KALOUM）五星级酒店举行开工仪式。该酒店位于科纳克里市中心，建筑面积3万平方米，包括客房325套，酒店式公寓40套，工期22个月，总投资将达6000万美元。该酒店将由上海建工承建。

几内亚总理视察中交二航院康塔总承包项目

2012年03月20日日，几内亚总理默罕默德•塞得•弗法那到二航院承建的几内亚康塔总承包项目部视察。

弗法那首先来到二航院承建的康塔总承包工地现场，实地查看了项目施工进展情况，随后在二航院项目部听取了关于工程进展情况的汇报，以及下一步工程建设的具体安排。弗法那对项目建设情况表示满意，并代表几内亚政府对二航院为几内亚基础设施建设所做出的贡献表示感谢，希望与二航院在更高层次更广泛领域进行合作。

据悉，该项目将建设2个12000吨矿石泊位，年出口矿石达400万吨，工程总投资4.55亿元，工期一年。

中资公司承建的几内亚最大水电项目开工

由中国公司承建的几内亚最大水电项目——凯乐塔水电站2012年4月4日正式开工。几内亚总理穆罕默德・赛义德・福法纳参加开工仪式，强调该工程将为几内亚的经济起飞提供保障。

凯乐塔项目由中国水利电力对外公司（中水电对外）承建，位于几内亚西部的孔库雷河流域。项目装机容量达24万千瓦，工期为48个月。水电站建成后，将改善几内亚电力严重短缺的现状，为该国经济社会发展提供电力支撑。

据介绍，中水电对外从1964年代表中国政府援建几内亚金康水电站以来，一直参与金康水电站、丁基索水电站的运行维护工作。

几内亚能源与环境国务部长帕帕 · 科利 · 库鲁马、中国驻几内亚大使赵立兴等也出席了开工仪式。

三一与几内亚政府公共工程签署备忘录

2012年7月17日，受几内亚总统阿尔法・孔戴的委托，几内亚政府公共工程及交通部顾问朗萨那・科瓦沃基一行到访三一，对三一捐赠的46米泵车再次表示...

7月17日，受几内亚总统阿尔法・孔戴的委托，几内亚政府公共工程及交通部顾问朗萨那・科瓦沃基一行

到访三一，对三一捐赠的46米泵车再次表示感谢，同时，表达了与三一的合作意向。

三一集团总裁唐修国对非洲朋友的到来表示欢迎，并向客人介绍了三一的经营情况和国际化进程。科瓦沃基顾问表示，几内亚目前正处于战后重建阶段，政府希望跟三一集团展开工程设备、资源开发等各方面的合作。几内亚愿意通过减税等方式，鼓励几内亚国内企业向三一购买工程机械设备，参与国内基础设施建设。会上，双方达成初步合作意向，签订合作备忘录。

据了解，2012年2月24日，三一向几内亚赠送的价值50万美元的46米泵车抵达几内亚首都科纳克里。当日上午，几内亚总统阿尔法·孔戴接见了中国驻几内亚大使及三一代表，他表示希望泵车早日参与几内亚城市基础设施建设。25日，几内亚公共工程及交通部召集国内多家企业举办了三一产品推介会。

二、几内亚铁矿资源概况

铁矿石储量150亿吨，占世界储量的1/5，已探明65亿吨，含铁品位高达56%～78%。位于几内亚东南部宁巴山铁矿最具开采条件，总储量约20亿吨，矿石类型为赤铁矿、针铁矿，品位为60%～69%，估计皮埃尔矿体品位66.7%以上的储量大于3.5亿吨，且矿体埋藏浅，平均剥离量为0.6m～1m，矿石松软，广泛露出地表；位于几东南部的西芒杜铁矿储藏量70亿吨，为铁英岩风化壳富铁矿床，矿体围岩为片岩、千枚岩，估计高品位铁矿石为4.51亿吨～6.14亿吨；

卡鲁姆铁矿。1950年，由法、英、美合资的科纳克里矿业公司曾考察并筹备设备，1953年3月开始露天开采，共投资30亿法郎，年产120万吨矿石，出口英国、德国和波兰，但因设备不足，至1960年从未达到设计规模，公司负债，矿山关闭。

宁巴山铁矿。西方国家先后对其进行过五次考察，以美国公司的考察最为深入，2001年3月，美国开始对该矿进行开采；1996年，我国中冶集团也对该矿进行了考察。

西芒杜铁矿。1958年，法国西非联邦地矿局对此矿做过初步考察；1970年，比利时公司对该矿也做过地质调查；1972年，日本对该矿进行了勘探。

尼日尔

中石油管道局尼日尔油田建设工程投产

由中国石油管道局承建的尼日尔阿加德姆(AGEDAM)100万吨/年油田地面建设工程2011年10月10日正式投产。管道局局长赵玉建表示，阿加德姆油田的投产，标志着中国石油尼日尔一期百万吨上下一体化由建设期转化为生产期，中国石油非洲油气合作区建设取得重要进展。

地处沙漠腹地阿加德姆油田是尼日尔的一口油井，油田地面建设工程由中石油管道局六公司承担。据六公司总经理葛月光介绍，自2009年7月正式开工以来，中国建设者经受住了高温暴晒、沙暴频发、毒蛇毒蝎肆虐的自然恶劣气候的考验，克服了半径400公里内人烟稀少、没有任何社会依托的巨大困难，并成功化解尼日尔政府更迭所带来的经营风险，保证了项目建设稳步实施。

中国电建承建的尼日尔依姆铀矿主体标开工

2012年8月18日上午8时，中国电建集团所属中国水电股份公司承建的尼日尔依姆矿主体标正式开工。

尼日尔依姆铀矿位于尼日尔阿加德兹省，是世界第二大铀矿，由世界500强之一、核电和铀矿开发领域的全球领头羊法国阿海珐公司投资兴建，总投资额约20亿美元。2007年，中国水电受法国阿海珐公司邀请参与该项目部分标段竞标。2011年8月4日和9月16日，中国水电股份公司在法国与法国阿海珐公司（AREVA）先后签署尼日尔依姆铀矿项目临时工程标和场地标两标段工程设计和施工总承包合同，合同额1.285亿欧元。

尼日尔依姆矿项目是中国电建承建的首个高标准的欧标项目，实现了该公司海外市场矿业领域的再次突破，为进一步进军欧洲高端市场奠定良好的基础。

中国承建尼日利亚最大水电站修复项目在尼日尔州启动

2011年11月10日，尼日利亚最大水电站、凯济水电站修复项目在尼日尔州启动，该项目由中国水电顾问集团华东勘测设计研究院和哈尔滨电气集团组成的联营体负责实施。该项目的启动标志着中尼水电方面的合作进一步加强。

中方项目总经理沙滨在启动仪式上表示，位于尼日尔州的凯济水电站是尼日利亚的最大水电站，对保障尼日利亚全国电力供应非常重要，中方非常重视这一项目的实施，目前已经派两批专家前来洽谈和实地勘测，全力对水电站进行维修，解决尼日利亚民众用电的燃眉之急。

尼日利亚凯济水电站首席执行官阿基吴米表示，尼日利亚政府非常重视这个项目，拜托中国专家通过努力使水电站能够早日正常工作，让尼日利亚政府和老百姓露出笑颜。

凯济水电站位于尼日利亚境内的尼日尔州，始建于1963年至1969年，现已多处损毁，该水电站修复项目涉及金额超过8000万美元，建设周期为42个月。

我援尼七十口人工饮水井项目举行交接仪式

2012年6月30日上午，我援尼70口人工饮水井项目交接仪式在尼Kollo区Dantchiandou镇Garbey Tombo村顺利举行。我驻尼夏煌大使和尼水利和环境部部长伊萨卡在仪式上发表了热情洋溢的讲话。伊萨卡部长在讲话中代表伊素福总统和尼政府高度评价尼中关系，真诚感谢中国政府提供的无私援助。

我驻尼经商处史首建参赞、尼蒂拉贝里大区议会议长及大区政府秘书长、项目所在市镇负责人、尼主要媒体记者和附近民众等数百人出席了仪式。

我援尼太阳能照明示范项目施工合同在尼亚美签署

2011年12月22日，我驻尼大使夏煌与尼亚美市市长、市议会议长多加里在尼亚美市政府大厅签署了我援尼太阳能示范项目施工合同。尼城市规划、住房和清洁部长卡里姆、尼亚美大区区长布拉马女士及尼亚美市主要官员、项目施工方中兴（尼日尔）公司负责人等出席仪式。

多加里代表尼亚美市民感谢中国政府向该市提供的宝贵援助，表示该太阳能示范项目将对提升尼亚美城市建设水平发挥积极作用。

援尼太阳能照明项目是中国政府在中非合作论坛框架下允诺的新八项举措之一。该项目将在尼亚美市独立大道上实施，工期四个月。

几内亚比绍

承包工程与劳务

几比建筑发包市场正处起步阶段。国际地区金融组织项目多为公开招标项目。私人老板家宅居室多为邀请议标项目。按照几比建筑市场发包条例，几比当地建筑公司和具备资质的外国公司均可参加竞标活动。但投标企业须通过资格预审并交纳保证金。

为鼓励外国公司在几比投资，几比允许外国企业在当地承揽业务，只要这些外国公司具备行业资质、技术实力、企业规模和经营业绩等。几比将建筑承包企业分为六类资质：一类资质企业为最低资质，可承揽总额为120万美元工程。二类资质企业可承揽总额为240万美元工程。三类资质企业可承揽总额为460万美元工程。四类资质企业可承揽总额为920万美元工程。五类资质企业可承揽总额为1840万美元工程。六类资质企业为最高资质，可承揽总额1840万美元以上工程。

中国援几比总统府维修扩建工程进入冲刺阶段

据几比《前进报》2012年7月25日报道，几比总统府维修扩建项目是中国与几比技术合作框架下的中国援助项目，由中国福建建设集团公司承建。工程于2011年11月30日开工，目前工程进入冲刺阶段，现工地有中国工人20余人，当地工人100多人。

该工程分为两部分。第一部分包括原主体大楼、车库、发电机房、地下室、雇员房间的修复，建筑面积为2600平方米。第二部分为新建办公楼，包括31间办公室、两间会议室、一间茶室、4个公共卫生间，建筑面积1300平方米。新办公楼还配有发电机房，7个带卫生间的办公室。修复扩建工程还包括总统府内环境建设，包括总统府混凝土路面、围墙翻修等。

中方工地负责人杨智勇介绍说，该项目定于明年3月完成。目前该项目新建办公楼的主体结构已经完成，由于气候条件所限（雨季），工程进入室内装修阶段。原主体大楼的屋顶已经拆除，准备安装制作钢结构屋顶并对外墙裂缝进行处理，管道工程也已基本完成。室外部分，现正在建设化粪池和一个容量为250吨的蓄水池。杨智勇说他们努力克服几比气侯条件所带来的困难，但存在另一困难是：基础设施部的城市规划总局虽然完成清关手续，但是建材集装箱总是在比绍港口被拖延。目前该项目的建材除了水泥和屋顶瓦面从葡萄牙进口外，其余建材直接从中国通过海运进口。该项目工作量大，每天工作9个小时，没有节假日和星期天，但只要几比工人愿意，他们可以休息。

几比总统府维修扩建项目是中、几比两国友好合作关系的充分体现，表达了中国人民对几比人民的友好情谊和帮助几比发展的真诚愿望。

贝　宁

一、中贝贸易中应注意的问题

最近一段时间以来，我处接到多起国有、民营和私营企业与贝商人经商过程中贸易纠纷的投诉，多个国内发到贝宁的集装箱被滞留科特努港达两个月以上。而且最近还有某纺织品公司的两个集装箱的货物被扣押，因侵犯当地商标权货物将被销毁。另一方面，贝宁中小商人抱怨中国国内企业不按时发货，货物与样品不符，质次价高等投诉也较多。面对中贝贸易中日渐增多的贸易纠纷，驻贝宁使馆经商处采取积极措施加以协调解决，最大限度的保护中贝企业的利益，避免贸易纠纷扩大化，现就中贝贸易中须警惕的事项及建议阐述如下：

1. 慎重选择合伙伙伴。

在最近的贸易纠纷中，我们发现贝宁商人大多通过朋友介绍，或上网查找国内企业，一般选择的均为小型或私营企业，他们没有外语人才，缺少国际贸易经验，又急于开展国际贸易。贝宁商人以小批量货物开始合作，头几个集装箱货物到港后均及时返款，给中方企业信誉良好的印象。经过一段时间合作后，贝宁商人在预付30%定金后订购多个货柜，货物到港后，他们以没钱提货，或其他理由拒不提货，一般贝宁海关在货物到港后4个月无人提货的情况下，海关可自行处理该批货物，这时贝宁商人即听从海关人员处理货物，中国企业只能承受损失。

2. 利用中国商人法律意识淡薄的漏洞，获取利益。

最近一中国商人看到当地某品牌的货物销路很好，就仿造该品牌货物国内加工后运往贝宁销售，由于该品牌已在非洲知识产权局注册，该公司两个集装箱货物到达科特努港后马上被查封，并有可能被当地销毁。尽管该商标在国内已经注册，中国企业可以寻求一些证据进行抗辩，但这要花费大量的精力物力，大部分企业无力承担这些费用。中国企业一定要了解当地的法律法规，合法经营，特别是防止伪劣和假冒商品，以及商标是否在驻在国注册等，以免造成损失，只能自食恶果。

3. 中国企业要重质量．讲信誉。

贝宁的中小商人较多，国际贸易经验匮乏，来我处投诉的很多贝宁商人既无商业合同，又无付款发票，他们往往带着现金去中国，看好货物后当场付钱。一些中国个体商人连正式的收款收据都不提供，仅仅手写一张白条，表示收到货款．这样就常出现货物与样品不符，货款表述不清楚。贝宁商人抱怨中国的产品质量差，要使馆提供赔偿。

4. 以政府采购名义，骗取中国企业信任。

前一段时间，我国内某企业给贝宁一公司发运了60万美元的医用棉花，该贝宁公司提供了贝宁卫生部相关部门的文件，我国内企业认为这是将来较大客户，准备长期合作，在未对相关文件及合同文本认真研究基础上就发货，现在仍有部分货款未到账。

5. 建立黑名单制度。

对于骗取国内企业数额较大，影响较坏的贝宁企业，使馆将在一段时间内拒绝签发这些人到中国的签证。对于企业信誉差，发售的货物与样品严重不符，且质次价高的国内企业，我们将通知相关部门给予惩罚。

6. 注意与贝宁使馆经商处建立沟通联系。

经商处网站会不时将中贝贸易中出现的问题，或企业遇到的问题发布出去，可随时与我处联系，我们将及时答复并处理企业提出的问题。

7. 通过正规展会，建立规范的进货渠道，避免双方贸易摩擦。

一般参加正规展会的企业均有一定实力，产品质量及贸易方式有一定的保证。贝宁商人应以此改变目前较混乱的贸易渠道，规范市场秩序。国内企业应在对贝宁企业调查了解基础上开展贸易活动，不要急于求成，避免双方的贸易损失。

二、贝宁对外国公司承包当地工程有何规定？

1. 许可制度

在招标信息中，会对项目的投标者有详细的要求。这些要求多集中在资质、营业额、资本金、同类工程施工经验等方面。只要满足招标单位在这些方面的要求和限制，即可投标。

2. 禁止领域

贝宁尚未有针对外国承包商的禁止领域。具体信息因招标公告要求不同而有所不同。

3. 招标方式

在贝宁各大报纸上公开发布。

三、中国企业到贝宁开展承包劳务应该注意哪些事项

1. 承包工程方面

外国承包商在当地执行项目与在本国实施工程无很大区别，每个业主对工程的实施要求一般都会有两点：工期和质量。若能满足这两点要求，项目实施一般会很顺利。

2. 劳务合作方面

综合以往的问题和经验，中国企业对劳务人员的管理一定要严格、细化，同时也要强调人性化。企业和劳务人员在原则上是利益共同体。企业只有激发起劳务人员的工作热情和责任感，才能为企业创造更大的利益。在贝宁开展劳务合作的企业应该从薪酬、生活条件、娱乐设施、休假探亲等多方面为雇员着想，在贝宁当地创建和谐企业。

厄立特里亚

上海建工收购厄扎拉金矿60%股权

厄立特里亚《德海新闻网》2011年12月27日消息：上海建工集团于27日批准其全资子公司－上海外经集团（SFECO）以8000万美元的价格收购厄扎拉矿业公司60%的股权。

此外，上海外经集团可能以现金支付方式购买扎拉矿业更多的股权。扎拉矿业公司在厄拥有147平方公里区域的勘探和采矿权，其在厄北部的考拉金矿有效开采期为18年。

厄国家矿业公司（拥有该矿40%的股权）业已批准该笔交易。上海外经集团将尽快安排第三方对扎拉矿业公司的资产、负债和金融状况进行调查。

如果收购成功，上海建工集团将获得稳定的投资收益及价值约10亿人民币的矿山建设合同，以扩大其在厄业务。

四川路桥中标非洲发展银行援厄技术学院项目

2011年12月5日，由四川公路桥梁建设集团有限公司中标承建的厄立特里亚技术学院项目开工建设。该项目合同额435万美元，由非洲发展银行出资，总建筑面积1万平米，合同工期24个月。

四川路桥目前为我在厄最大工程承包企业之一，在厄时间长、业绩好。已完成和正在建厄马萨瓦海堤路、阿斯马拉市政工程等项目。

中国政府与厄立特里亚国政府签署关于援厄奥罗特医院新增工程补充换文

2012年2月13日，我驻厄立特里亚大使李连生和厄立特里亚财政部长伯哈尼分别代表各自政府就我援厄奥罗特医院维修扩建项目新增工程事在阿斯马拉分别代表各自政府换文确认。

根据换文，中国政府同意承担包括新建心脏手术室、理疗健身室和家属等候区；更换部分电缆及调整蓄水池配套工程等在内的新增工程。

多　哥

承包工程与劳务

据我国海关统计，2011年，中国与多哥新签承包合同额23116万美元，完成营业额8408万美元。

迄今我国已累计对多直接投资约3000余万美元，注册企业100多家，包括糖厂、药厂、超市、商贸企业、电信装备、房建工程、重型卡车组装、摩托车装配、木板厂、蚊香厂、餐馆、诊所等；承包领域不断拓宽，涉及公路、饭店、度假村、市政排污、水泥生产线、机场建设、输变电线路等基础设施建设项目。

成都院签多哥1.6亿美元总承包意向函

2011年8月24日，成都建筑材料工业设计研究院有限公司与海德堡水泥集团Scancem International DA签署了Scantogo 日产5000吨熟料生产线工程总承包意向函。项目总金额为1.49亿美元加820万欧元。

据悉，该项目位于多哥境内Tabligbo地区。工程范围包括从原料进厂到熟料出厂的整条熟料生产线的设计、供货不含业主采购部分、土建、安装和调试考核。业主负责提供回转窑、篦冷机和燃烧器，并为工程提供固定价格的水泥。

据悉，多哥项目公司设立完成后，将与成都院签署正式的工程总承包合同。

中国民航机场建设公司承建的多哥洛美国际机场改扩建项目举行隆重奠基仪式

2011年12月26日上午，由中国民航机场建设集团公司(CACC)和威海国际经济技术合作股份有限公司(WIETC)联合承建的多哥洛美国际机场扩建和现代化改造项目在洛美机场新航站楼场址举行了隆重的奠基仪式。多哥总统福雷、议长、宪法法院院长、各部部长等内阁成员及军政要员，中国驻多哥大使王作峰、经商参赞石云峰、机场建设公司总经理洪上元及其代表团成员、驻多中资机构代表，以及部分外交使节和多方各界代表共约500人出席了奠基仪式。福雷总统和王大使共同为该项目奠基；多交通部长、安全部长兼民航局长、王大使等先后在仪式上致辞；仪式现场处处洋溢着中多友好合作的热烈气氛。

该项目总投资1.5亿美元，由中国进出口银行提供“两优”混合贷款实施。项目内容包括：新建一座21000平方米的航站楼及3个登机桥、一座机场宾馆；改扩建停机坪、滑行道、货运库、停车场等设施。项目建成后，洛美国际机场年客运吞吐量将从现在60万人次提高到150万人次，年货运吞吐量从目前1万吨提高到5万吨。

该项目总承包方是中国民航机场建设集团公司。该公司是我国专门从事机场建设业务（包含设计咨询、监理、项目管理、专业施工及总承包）的国有专业化科技型公司，已有近60年机场建设的服务历史，参与了亚洲、非洲等很多国家的机场建设活动。在这次洛美国际机场改扩建项目招标中，该公司凭借其雄厚的技术力量和优异业绩一举中标，并于2010年12月初与多哥交通部签订了项目总承包合同；其合作方威海国际经济技术合作公司也有在非洲国家建设机场的丰富经验。在上述两家中国公司的共同努力下，洛美国际机场定会在不久的将来以优质的工程和崭新的面貌迎接八方宾客，为多哥的经贸发展和国际交往注入新活力。

华为技术公司多哥分公司

华为技术有限公司多哥分公司从进入多哥市场以来，坚持“质量第一”原则，力保为多哥政府建立最符合客户要求的、高质量的综合网络，为多哥人民提供更加丰富的通信服务。目前在实施项目有2个：①多哥电信CDMA和传输项目：2012年6月通过最终验收。该项目建成后可为多哥电信提供高质量稳定的通信系统，从无线固网演进到全移动网络，实现传统组网向IP组网演进，核心网容量由20万增加到50万，无线容量从15万增加到30万，覆盖城市由21个增加到45个，从而大幅度提高多哥电信的网络通信质量、运营能力和竞争实力。②电子政务项目：已着手开展前期准备工作。

上海贝尔海外市场再结硕果 助多哥移动六期扩容

2011年5月，多哥国有移动运营商——多哥移动公司(Togocel)和上海贝尔股份有限公司签署了“2012年GSM网络六期扩容项目”合同，总金额逾千万欧元。该项目将于2012年第3季度正式开始实施，预计于2013年年中竣工投入商用。多哥移动六期扩容项目的签署，成功奠定了上海贝尔作为多哥移动主要供应商的优势地位。

根据合同要求，此次扩容工程将继续完善多哥北部农村地区和主要道路的GSM网络信号覆盖。作为对前期项目的延伸，该项目将扩大洛美和卡拉地区的3G覆盖，以缓解日益增加的数据业务所带来的网络超载等问题。除此之外，上海贝尔还将为多哥移动提供一系列高端增值应用服务以及技术人员的培训等。多哥移动前五期扩容项目实施完成后，多哥移动的网络容量已经上升到220万用户。此次六期扩容项目将进一步扩大多哥移动的网络容量，满足其日益增长的用户量需求。

上海贝尔与多哥移动的良好合作由来已久。在中国政府“走出去”的政策指引下，上海贝尔2004年初正式进入多哥通信市场，以建立长期、可持续发展的客户关系为目标，与多哥移动展开了长期稳定的精诚合作。继一期扩容成功开展后，上海贝尔与多哥移动在2006年10月、2008年9月、2009年9月、2011年2月又分别签署第二、三、四、五期网络扩容项目。与上海贝尔携手走过近八年的时间里，多哥移动已经从当初一个用户少、技术落后的运营商逐渐成长为现今当地通信行业的领头羊。

与业内主要竞争对手相比，上海贝尔海外业务拓展具有独特的运作模式——强大本土实力和丰富全球资源。在非洲地区，上海贝尔利用外方股东阿尔卡特朗讯的国际资源优势，融合本土人才与本地资源，共享最新的通信技术和成熟的项目管理经验，及时为客户提供端到端的解决方案和优质服务。作为中国企业，上海贝尔还拥有非常有竞争力的中国融资手段，为客户提供各种优惠的融资方式。

随着六期项目的执行，多哥移动和上海贝尔的合作模式将会成为业内新的成功典范。相信此次合作将为双方带来新的更好的发展机遇。

加　纳

一、承包工程与劳务

中国港湾公司承建加纳渔港项目获好评

据《加纳时报》2011年9月18日报道，由中国国开行提供融资，中国港湾公司承建的11个加纳沿海渔港改建项目陆续开工。该项目总投资约2亿美元，除建设港口设施外，还将建设学校、餐厅、公园、办公楼等配套设施。加纳工作和住房部副部长拿提（Nortey）、加纳粮食和农业部副部长阿马萨（Amasah）对该项目都予以高度评价，称该项目不仅有利于保证渔民进出港安全，而且能提供更多的非渔业就业机会，并有助于让更多的孩子进入学校学习。

中国港湾和加纳港务局签署1.5亿美元港口扩建项目合同

2011年9月3日，据加纳《每日写真》报道，中国港湾工程公司（CHINA HABOURS ENGINEERING COMPANY）与加纳港务局签署了扩建塔克拉底港口项目一期的合同，项目总金额为1.5亿美元，由中国国家开发银行提供贷款融资。

柳工集团单次出口加纳130台整车发车

进入2011年以来，工程机械市场整体环境低迷已经成为公认的事实，但是，相较于国内市场的寒冬，出口市场表现一直抢眼。2012年5月9日上午，柳工集团单次出口加纳130台整车发车，将驶向有黄金海岸之称的加纳。据了解，从2010年9月至今，柳工在加纳市场已经销售了429台挖掘机，23台推土机，实现销售收入6074万美金，在出口到加纳的中国品牌挖掘机中，柳工市场占有率达到70%以上。另一批出口泰国的整车也将在本月15日发车，一季度以来，柳工向泰国市场销售了300辆挖掘机和推土机。

据了解，在过去的十年，从营建具有较强销售能力的经销渠道开始，柳工通过要求各海外经销商提升服务能力、加快对市场和客户需求的反应速度，全面系统地发展和优化海外营销渠道。十年的辛勤耕耘终于迎来了如今的硕果累累，记者从广西柳工机械股份有限公司了解到，今年前四个月，柳工出口整机达3063台，同比增长超过40%。在当前国内工程机械行业低迷，各企业营业收入、利润率大幅下滑的情况下，柳工国际业务表现一枝独秀，凸显拓展海外市场带来的效益。

中石化承建加纳国家天然气处理厂项目正在稳步推进

据加纳通讯社2011年9月10日报道，中石化承建的加纳国家天然气处理厂项目正在稳步推进，第一阶段的主要任务是平整土地和铺设管道。记者近期到中石化工地实地查看，看到中国的工人和加纳本地工人在一起努力的工作，预计该项目将于明年年初投入商业运营。加纳天然气公司项目发展经理苏努（Sunu）表示，该项目完成后，将成为加纳经济新的增长点，一方面通过本地天然气发电提供更加低价的电力，提升本地工业竞争力，另一方面可带动上下游产业发展，实现建设石化产业中心的战略目标。

二、加纳希望更多中国企业投资加纳

加纳贸易与工业部长汉娜·特塔赫2011年9月6日在此间表示，希望更多中国企业投资加纳，增加当地就业，实现技术转让。

特塔赫当天在参加中国山东山推工程机械进出口有限公司加纳子公司开业典礼时说，去年加纳经济增长14.4%，农业、矿业、能源业等领域发展前景广阔，提供了很多投资机会。她表示希望有更多的中国投资者在互利共赢的基础上积极与加纳方面开展经济合作。

中国驻加纳大使馆经商参赞高文志在典礼上说，去年中加贸易额达35亿美元，较前年有大幅增长。中国企业在改善当地人民生活、促进加纳经济发展方面作出了积极贡献。他同时呼吁在加中国企业认真遵守当地法律法规和文化习俗，使双方经贸合作更加健康发展。

中国山东山推工程机械进出口有限公司加纳子公司主要负责总公司在西非、中非约23个国家的产品运营。此前该公司已在南非和肯尼亚开设子公司。

科特迪瓦

广西水电工程局中标科特迪瓦7.39亿住宅建筑项目

2012年9月7日，广西水电集团所属广西水电工程局成功中标科特迪瓦共和国阿比让海关总署住宅建筑项目，中标总金额116386807.99美金（折算人民币约7.39亿元）。这是广西水电集团首次进入科特迪瓦市场，进一步完善了非洲市场布局，抢占了“战略要地”，为今后市场开发打下了良好的基础。

该项目业主为科特迪瓦财政部海关总局，项目融资促进方为西班牙GRUPO BARBER公司。项目为两层楼建筑，分为4种户形，共1050套住宅，总工期30个月。

南　非

华为推动TELKOM部署下一代超宽带网络

2012年6月，华为公司宣布将为南非第一大电信运营商TELKOM部署全国规模的下一代超宽带接入网络。据悉，该网络采用华为SingleFAN解决方案，覆盖南非全国人口和区域，对现网的400多万线端口进行升级改造，实现下行高达100Mbps的高带宽享受，并为南非用户提供更多语音、数据上网、IPTV等优质的产品和服务。此次TELKOM与华为的合作推动了南非信息产业的持续发展，并为TELKOM保持自身行业领导地位提供保证。

中国企业南非设陶瓷生产项目

据综合媒体报道，日前江西雅星纺织实业有限公司宣布，该公司将在南非比勒陀利亚地区兴建的建筑陶瓷生产线项目，目前该项目现已完成土建工程和钢结构厂房搭建，预计2012年6月该项目将正式投产。据悉该项目总投资为1970万美元，占地面积350亩，主要生产釉面瓷砖、抛光瓷砖、釉面瓷瓦等建筑用陶瓷产品，未来年产值可达6000万美元。

国投中成集团完成驻南非使馆馆舍新建二期工程

2012年6月，在外交部行政司、驻南非使馆、馆舍工程办的主持下，由中国成套设备进出口（集团）总公司承建的中国驻南非使馆馆舍新建二期工程顺利通过竣工验收，工程质量评定为合格，参验各方对工程质量、进度表示满意，并共同签署了《中国驻南非使馆馆舍新建二期工程竣工验收协议》，自2012年3月1日起进入为期两年的保修期。

南非馆舍项目二期工程包括馆员宿舍、附属用房以及小楼改造、室外工程等。工程于2011年3月31日开工建设，2012年2月29日竣工。新建馆舍一期工程已于2010年7月19日竣工并通过验收并交付使用。此次二期工程的建成移交，标志着驻南非使馆馆舍新建工程全面顺利完工。

尼日利亚

一、承包工程与劳务

中土尼日利亚有限公司与尼日利亚签署14.87亿美元铁路建设项目合同

2012年8月28日，中土尼日利亚有限公司与尼日利亚联邦政府签署了拉各斯至伊巴丹铁路建设项目合同。该项目全长156.65公里，合同额14.87亿美元（2349.5亿奈拉），将使用中国标准，是尼日利亚铁路现代化项目的一部分。尼交通部部长奥马尔表示，该合同的签署是尼铁路现代化的里程碑。

中国尼日利亚企业拟合作建设尼第一座商业化离岸输油终端设施

据尼当地媒体2012年8月13日报道，中国石油技术开发公司、莱基自贸区已与尼PINNACLE石油天然气公司签署谅解备忘录，计划在自贸区内合作建设一座石油处理设施，该设施建成后将成为尼第一座商业化离岸输油终端设施。据悉，该项目包括建设一座连接单点系泊设施（SPM）和传统浮标系泊设施（CBM）的具有40万吨油品储存能力的油罐区，以及11公里长的陆上及水下输送管道。项目计划于2013年12月建成，将主要用于从抵港油船上卸载成品油及天然气产品到岸上的油罐区，以及从油罐区向离港油船装载油气产品以便运往西非沿岸国家。

由CMEC承建的Omotosho电站二期实现12万千瓦供电

据尼日利亚当地媒体2012年6月10日报道，目前由中国CMEC公司承建的Omotosho电站二期项目已实现

12万千瓦供电，4台机组中的2台已投入运转。该电站设计装机容量50万千瓦，以天然气为主要燃料，目前建设工作已接近尾声，天然气供应问题将成制约该电站能否正常发电的关键因素。

中国公司将承建由尼日利亚Dangote集团投资4亿美元在赞比亚建设的年产150万吨水泥厂

据尼日利亚当地媒体2012年3月27日报道，尼最大的水泥生产企业Dangote集团拟在赞比亚建设一座年产能为150万吨的水泥厂。该项目总投资额约为4亿美元，工期27个月，预计将于2013年投产，建成后将成为赞比亚最大的水泥厂，可提供1000多个就业岗位。

据悉，该项目将继续由在尼承建Dangote集团水泥厂项目的中材国际公司建设。

中国长城公司与尼星公司成功实现尼星1号替代星在轨交付

2012年3月19日，中国长城公司与尼星公司在尼日利亚首都阿布贾成功实现了尼星1号替代星的在轨交付。尼总统乔纳森委托尼星公司主席、前科技部长Turner Isoun出席了交付仪式，并表示将再发射两颗通信卫星以作备用。

尼星1号替代星由中国长城公司制造，于2011年12月19日在西昌卫星发射中心发射升空。

中国公司承建撒哈拉以南非洲最大水泥厂落成

2012年2月13日，撒哈拉以南非洲最大水泥厂DANGOTE水泥厂日前举行落成仪式。该项目位于尼奥贡州伊贝斯，由DANGOTE集团投资，中国公司中材国际承建，总投资10亿美元，拥有两条年产各300万吨的水泥生产线。尼总统乔纳森参加仪式并对DANGOTE集团致力于推动国家工业化发展、创造就业岗位予以高度赞扬，称尼在不久的将来有望成为水泥出口国，并重申为实现相关产品自给自足禁止进口大米、糖、化肥及水泥的政策。

二、尼日利亚水泥生产行业发展情况

作为基础设施建设的重要原材料之一，水泥在一个国家的经济社会发展中的作用举足轻重。长期以来，尼日利亚的水泥大量依赖进口，价值流通环节成本偏高，造成水泥市场价格长期居高不下。尤其近年来，尼水泥价格持续上涨，已成为制约尼基础设施建设发展的重要因素之一，引起尼政府部门和相关业界的高度关注。

1、尼水泥生产行业发展概况

1957年之前，尼水泥完全依赖进口，主要来自印度尼西亚、泰国、西班牙等地。1957年12月，尼日尔水泥公司在尼南部埃努古州以东50公里Nkalagu地区建成，尼自此开始本国水泥生产。截至1986年，尼相继建成八家水泥生产厂，使国内水泥年产能力总计达到360万吨，占全国水泥需求总量的81.4%。但由于电力短缺、物流不畅、管理落后、进口水泥的冲击等原因，尼水泥企业先后倒闭或被私有化。截至2000年，尼仅有四家水泥企业保持运营，水泥年产量降至220万吨。2003年，尼水泥年产量进一步下降至198万吨，仅能满足国内水泥需求量的23.5%，如图3-1-1所示。

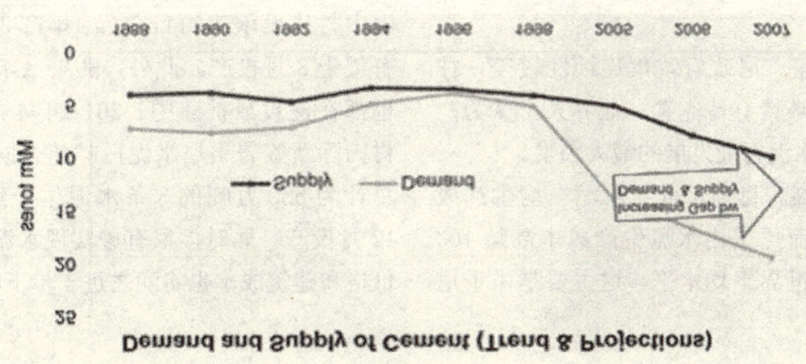

图3-1-1 1988年至2007年尼日利亚水泥供需趋势

表 3-1-12 尼日利亚主要水泥生产企业及设计产能

万吨／年

序号	水泥生产企业名称	所在地	设计产能
1	Obajana(Dangote)	科吉州	350
2	Ibese(Dangote)	奥贡州	230
3	Benue Cement Co.	贝宁州	250
4	WAPCO	奥贡州	230
5	United Cement Co. of	十字河流州	200
6	Ashakacem Co. Plc	贡贝州	80
7	Nigercem Co. Plc	埃邦伊州	60
8	Cement Co. Of Northern Nigeria	索克托	50
9	Edo Cement Co. Ltd	埃多州	45

数据来源：BGL Research, 2008

进入二十一世纪后，随着尼基础设施建设规模逐渐扩大，尼国内市场对水泥需求逐年增长，尼虽每年大量进口水泥，但仍不能满足使用需求。2002 年，尼联邦政府开始对进口水泥进行管制，并鼓励水泥本地化生产，部分企业陆续开始在尼投资建设水泥厂。其中，尼当地企业 Dangote 集团投资 8.5 亿美元在科吉州建设了设计生产能力为 500 万吨／年的 Obajana 水泥厂，为撒哈拉沙漠以南地区最大的水泥生产厂。尼水泥生产企业联合会统计数据显示，2010 年，尼国产水泥总量为 1050 万吨，占国内水泥需求总量的 65%。

2. 尼水泥生产行业存在的主要问题

虽然尼国内水泥生产能力已较过去取得很大发展，但由于近年来尼建设设施建设力度逐步加大，水泥需求量快速上升。为鼓励外国投资者在尼投资水泥生产行业，尼政府还采取了限制水泥进口的政策。即便如此，尼国产水泥仍无法满足市场需求。尼水泥生产企业联合会统计数据显示，2010 年，尼市场水泥使用总量为 1580 万吨，其中约 45% 仍然依靠进口。目前，尼尼水泥生产行业主要面临以下几个问题：

（1）政策连续性差。尼政府政策连续性较差，往往新官不理旧账，投资环境有待完善。业界人士认为，政策连续性差是影响尼水泥行业发展的最大因素。

（2）生产成本偏高。目前，世界水泥平均生产成本为 30-50 美元／吨，而尼国内水泥生产成本高达 100 美元左右／吨，远高于世界平均水平。这主要是由于尼国内电力短缺严重，所有水泥企业都必须自备发电机，发电成本占尼水泥生产总成本的一半，且近年来发电用柴油价格不断攀升，导致发电成本上涨明显，从而使本地生产的水泥与进口水泥相比，难以形成价格优势。

配送环节费用昂贵。尼生产商联合会（CMAN）认为配送环节费用约占尼水泥市场价格的 10% 到 25%，其中，中间商过多和道路状况差是主要因素，尤其近年来石油价格增幅明显，使水泥运输成本不断提高。

3. 尼水泥业发展前景展望

根据尼联邦政府水泥业发展规划，2013 年尼将实现国产水泥自给，国内水泥年产量达到 2200 万吨，进而由水泥进口国发展为水泥出口国。到 2015 年，国内水泥年产量达到 3500 万吨，其中 2820 万吨供国内使用，剩余部分出口。

目前，尼最大的水泥生产企业 Dangote 集团和 Lafarge 集团都在进行扩建。由中材国际负责承建的 Obajana 年产 360 万吨水泥生产线、Ibese 年产 200 万吨水泥生产线有望分别于 2011 年 7 月和 11 月点火投产。由中材建设承建的 Lafarge 年产 250 万吨水泥生产线也有望于 8 月投产。此外，BUA、Ashaka、Benue 等水泥厂也都在建设或扩建中。2011 年 4 月，Dangote 集团与中材国际新签署了尼水泥厂扩建合同，拟新建年生产能力总计为 560 万吨的 3 条水泥生产线，并计划于 2013 年 12 月投产。届时，尼有望实现水泥供求基本平衡，水泥价格和建筑成本也将随之进一步下降。

塞内加尔

中水电公司成功签署第一大单——塞内加尔国际机场高速公路 3.47 亿美元项目

2012 年 2 月 20 日，中水电公司与塞内加尔工程和公路管理局签署了总额为 3.47 亿美元的布莱斯迪亚涅国际机场 - 姆布尔 - 捷斯高速公路项目，该公路项目全长 66 公里，包含三个标段，各标段工期均为 18 个月。

塞内加尔高速公路是塞内加尔自主建设的第一条高速公路，同时也是通往塞内加尔国际新机场的一条重要的高速公路。塞内加尔机场高速公路是中资公司在塞内加尔获得的最大的承包项目，该项目合同的成功签署标志着公司成功进军塞内加尔市场迈出了坚实的第一步。

中路公司签署塞内加尔高速公路项目意向协议

2012 年 8 月 20 日，中路公司与塞内加尔交通及基础设施建设部签署关于建设 THIES-TOUBA 收费高速公路、MBOUR-KAOLACK 收费高速公路、NDIOUM-BAKEL 国道及 FOUNDIOUGNE 大桥项目意向协议。

THIES-TOUBA 收费高速公路连接塞内加尔第三大城市 THIES 及内陆重镇 TOUBA，全长 130 公里，双向四车道；MBOUR-KAOLACK 收费高速公路为塞内加尔西部地区的重要交通干道，全长 125 公里，双向四车道；NDIOUM-BAKEL 国道位于塞内加尔北方边境，全长 342 公里，双向两车道，是该国磷酸盐及铁矿石的主要运输通道；FOUNDIOUGNE 大桥横跨 SALOUM 河，全长 1.3 公里，对该地区农产品输出及城际交流具有促进作用。

该协议的签订，为中路公司在塞内加尔的市场开发奠定了坚实基础。

美洲大洋洲地区承包工程环境

美　国

一、FMI 预测 2012 年美国建筑市场产值将增长 5%

FMI 预测，2012 年美国建筑市场产值将同比增长 5%，达到 8263 亿美元。尽管预期增长放缓和燃油价格不断攀升，但 GDP 仍处于增长区间，并且从消费者信心指数来看，消费者仍在消费。2012 年 2 月，美国消费者信心指数为 70.8，而 2011 年 2 月时为 70.4。随着美联储的干预，这些因素都保持着缓慢增长。

为了使得居民建筑市场增长 8%，达到 2640 亿美元，许多因素开始实施，包括减少当前住房库存，就业稳步增长，适度的贷款政策等。

非居民建筑市场预计将增长 4%，达到 3410 亿美元，2013 年时增长至 3610 亿美元。非居民建筑承包商面临着同居民建筑承包商们相似的问题，以及竞争激烈、低价格竞争。同事，准备重新启动项目的业主们希望承包商的投标价格越低越好。市场增长的动力来源于一些私人投资者重新回到了建筑市场。另外，联邦、州和地方政府的维修和改造预算已回归到正常水平，这也是推动建筑市场主要原因之一。

二、2012 年美国建筑业将是发展缓慢的一年

美国建筑商与承包商协会（ABC）2012 年年中公布了其对 2012 年美国工业建筑行业的经济预测。该协会首席经济师 Anirban Basu 表示，2012 年将是发展缓慢的一年，因为私人建设项目的增加在部分程度上会因公共筹资的建筑持续减少而抵消。

Basu 称：预计非住宅建筑支出继 2011 年下降 2.4% 后，将在 2012 年增长 2.4%。国家非住宅建筑业的复苏速度依旧疲软，2012 年被定位为增长缓慢的一年。

Basu 还表示：预计非住宅建筑施工雇佣率继 2011 年微增 0.6% 之后将在 2012 年增长 0.4%。雇主将继续通过现有工人寻求增加生产率，以增加微弱的行业利润。

关于材料价格方面，建筑承包商的压力可能会在一定程度上得以缓解。2011 年，建筑投入价格增长了 7.5%。建筑商与承包商协会预计 2012 年材料价格将增长 4.7%。

对于美国的经济形势对建筑业的影响，Basu 表示，美元的走势将对 2012 年建筑投入价格的确定起重要作用。但是目前美元走势非常不明朗。根据一些著名的预测师预计，2012 年 GDP 增长幅度将低于 3%。到目前为止，如果没有房地产和建筑活动的参与，美国经济复苏不能持续迅速扩张。由于办公楼空置率依然较高、就业机会创造速度依然缓慢、借贷依然紧缩，因而并未将 2012 年定位成私人投资大幅增长的一年。在美国很多社区，公共建筑支出继续减少。

三、中建美国公司总承包的巴哈马大型旅游综合设施建设项目完成 100 英尺主体结构

《巴哈马日报》、《拿骚卫报》、《论坛报》2012 年 7 月 12 日报道，7 月 11 日，巴哈马大型旅游综合设施建设项目开发商巴哈马集团举行庆典，庆祝总投资达 36 亿美元、中国进出口银行提供商业贷款 24.5 亿美元、中国建筑美国公司投资 1.5 亿美元并总承包约 20 亿美元的凯布尔海岛旅游综合设施项目第一栋酒店主体结构达到 100 英尺的重要阶段性成果。巴哈马政府总理兼财政部长克里斯蒂、副总理兼工程和城市发展部长戴维斯、旅游部长韦尔奇库姆、投资国务部长罗尔等，驻巴使馆胡山大使、王全火一秘，中建美国公司执行副总裁吴太仲，巴哈玛集团执行副总裁汤姆等参加了庆典活动。

根据巴哈马政府与巴哈玛集团签署的框架协议，该项目第一栋酒店主体结构达到 100 英尺时，政府将偿还由公司修建西湾街公共道路和基础设施建设费用中的 4500 万美元。政府还将适时偿还公司 300 万美元另一段公共道路建设费用。

瓦努阿图

一、瓦努阿图港口建设情况及发展规划

1. 瓦努阿图基本情况

瓦努阿图是位于南太平洋西部的岛国，由83个岛屿（其中68个有人居住）组成，其陆地面积1.219万平方公里，水域面积84.8万平方公里，海岸线长度约2528公里。截至2011年2月底，瓦人口总数约24万人。

瓦努阿图经济不发达，被联合国列为最不发达国家之一。瓦工业基础薄弱，基本工业品均依赖进口，农业和旅游业是瓦努阿图的经济支柱。瓦农村人口占全国人口的80%，农业生产方式落后，国家投资严重不足，发展缓慢，农渔林业占国民生产总值约20%。瓦努阿图工业不发达，目前只有椰子加工、食品、木材加工、屠宰、肥皂等小工厂，其产出不到GDP的10%。表3-2-1列出了近五年来瓦努阿图的主要经济指标。

		2006年	2007年	2008年	2009年	2010年
GDP总量		48426	54062	60133	63024	64410
农业		9956	11075	12096	12425	12959
工业		3938	4288	5489	6228	6003
旅游业		30903	33902	36352	39073	39737
对外贸易额	出口	4079	3038	4227	4119	4504
	进口	17744	20578	29021	29391	27390
中瓦贸易额（不含台湾）	出口	29	30.8	97	14.3	19
	进口	997.7	1305	2571.2	2939.5	2627

表1. 2006-2010年瓦努阿图主要经济指标（单位：百万瓦图 按当前汇率1美元合92瓦图）

资料来源：瓦努阿图统计局

表3-2-1

瓦努阿图资源匮乏，现有少量锰矿、铁矿、镍、铜和铝矾土等，还有大量的白硫火山灰，目前没有采矿作业。瓦森林覆盖率36%，其中只有20%具有商业开采价值。瓦主要出口椰干、椰子油、牛肉、可可、卡瓦等农产品，表3-2-2列出2007年以来瓦出口情况。近年来，瓦木材出口急剧下降，2009年、2010年木材出口分别为45吨、26吨，远低于2008年前水平。瓦海上专属经济区面积84.8万平方公里，盛产金枪鱼等。目前有100多条外国渔船与瓦合作在此捕鱼。

	椰干	椰子油	牛肉	可可	卡瓦
2007年	24884	8221	936	1287	482
2008年	21380	16545	1023	1132	438
2009年	15107	5385	904	1480	477
2010年	12133	10325	1123	1525	498

表2 瓦努阿图主要出口产品情况（单位：吨）

资料来源：瓦统计局

表3-2-2

2. 现有港口状况

（1）瓦港口基本情况

瓦交通设施落后，费用昂贵。目前国内没有铁路，共有公路1858公里，其中大多为土路、砾石路，沥青路只有100多公里。交通运输以海运为主，全国约有40个码头，绝大部分用于国内岛际运输，条件简陋，运量有限。

瓦共有两个国际深水码头，即维拉港和位于桑托岛的卢甘维尔港。2009年，瓦努阿图进口约54000吨货物，维拉港承担了其中80%（约43200吨），其余20%在卢甘维尔港处理；出口约35000吨，其中70%在卢甘维尔港装船，其余30%在维拉港。

（2）瓦主要港口情况

维拉港目前共有四个码头，即Dinh wharf、Star wharf、Government wharf和Main wharf。前三个设施简陋，建造年代较早且多年来没有有效的扩建和维修，已逐渐不能适应日益增长的需求。主要用于国内运输，维拉港进口的物资中，57%（约25000吨）通过这三个码头转运到外岛。

Main wharf是维拉港目前最大的码头，也是维拉港唯一的综合性国际货运码头。港口水深228米，航道水深10.7米，可停靠万吨货轮。2009年，Main wharf国际货运吞吐量总计约54000吨，占瓦国际货运量的60%以上，是瓦最重要的国际码头。维拉港主要进口货种有汽车、建筑材料、燃油、天然气、食品、衣物等，主要出口货种为牛肉、可可、卡瓦等。

此外，Main Wharf也是大型游轮主要停靠港，随着瓦努阿图旅游业的发展，在维拉港停靠的游轮数量大幅增加。2010年乘游轮赴瓦旅游观光国际游客数量约为14万人，与2009年相比增长12%。

为了满足瓦国际和国内海运需求，2010年，瓦政府利用日本政府提供的无偿援助对Main wharf港口设施进行了升级改造，全部改造工程投资约1800万美元。工程改造结束后，部分地缓解了Main wharf运输压力问题。但由于Main wharf地理位置等因素限制，港口无法实现大规模扩建，因此，目前Main wharf装卸的集装箱主要堆码在与其毗邻的天星码头，给轮船装卸带来很大不便。

卢甘维尔港水深200米，依托于瓦椰干、椰子油、牛肉、可可等出口物资的主要产地桑托岛，是瓦努阿图最大的出口装船港，主要进口货种为燃油、天然气等。

（3）港口运营管理情况

在南太诸国中，瓦努阿图国际码头是运营成本最高、效率最低的码头之一。自身港口建设及运营管理能力严重不足，对现有港口的改造所需设计、施工、技术、资金等都依赖于澳大利亚、日本、新西兰、亚行等援助国和国际组织。

瓦大部分港口所有权归属瓦努阿图政府，部分码头属于其所在的省。其中，维拉港产权归瓦努阿图政府，其管理模式为：维拉港务局负责行政管理，主要负责航运安全、导航、搜救、船舶流量控制、监督船舶适航性能等，港口日常运营装卸、土地租让、船务代理等由港务局委托的私营公司负责。卢甘维尔国际码头的管理运营模式亦如此。

3. 港口发展规划

（1）瓦努阿图经济落后，基础设施投入严重不足。近年来，随着瓦经济的发展，进口量逐年上涨，出口量虽有波动，但总体上海运需求呈不断增长态势，国际国内海运均出现较大的压力，尤其是岛际海运，泊位严重短缺，设备极其简陋、陈旧，因此，瓦亟需新建码头、扩建和修缮原有码头。

2010年，瓦努阿图政府委托索罗斯协会澳大利亚有限公司对维拉港实施了扩建可行性研究。研究报告建议，拆除天星码头现有设施，新建一个200米长，20米宽的码头，配套设施为可容纳1475标箱、年最大处理量可达100000标箱的堆放场，预计工程投入约6300万美元，由澳大利亚国际发展署出资。堆场内的移动式码头起重机等重型设备投入约540万美元（视设备数量而定）、港口行政大楼约450万美元由瓦努阿图政府负担。码头工程设计寿命为50年。工程预计耗时30个月，建成后，码头可处理184.9米、满载吃水10.6米，满载1257标箱的大型集装箱式货船。

如表3-2-3所示，工程完工后，如果装备1台移动式港口起重机，2台重型叉车升降机，2台货柜处理设备，1台小型叉车（总价540万美元），则具备12000标箱/年的处理能力，增加设备可以相应增加处理能力。

处理能力	12000标箱（2013年）	38000标箱（2033年）	66000标箱（2043年）
移动式港口起重机	1	2	3
重型叉车升降机	2	4	6
货柜处理设备	2	4	6
小型叉车	1	2	3

表3 Star Wharf年吞吐处理能力

资料来源：索罗斯协会澳大利亚有限公司《天星码头建设方案》

表 3-2-3

（2）Star Wharf 重建工程经济需求分析资料

2003-2008年，瓦努阿图GDP年均增长6.6%，2009年，受国际金融危机影响，增速放缓至4%，估计2010，2011年增长率分别为4%、4.5%，其间，在维拉港处理的进口货物数量也在持续增长。2007-2009年，维拉港年平均吞吐量为13205标箱，金融危机前的2008年，维拉港国际货运吞吐量增长率为28%。报告假定2013年吞吐量仍为13205标箱，保守估计，今后年平均增长5.5%，因此，预计未来维拉港国际航运业务会快速增长（见图3-2-1），新建一个规模适当的国际码头是非常必要的。

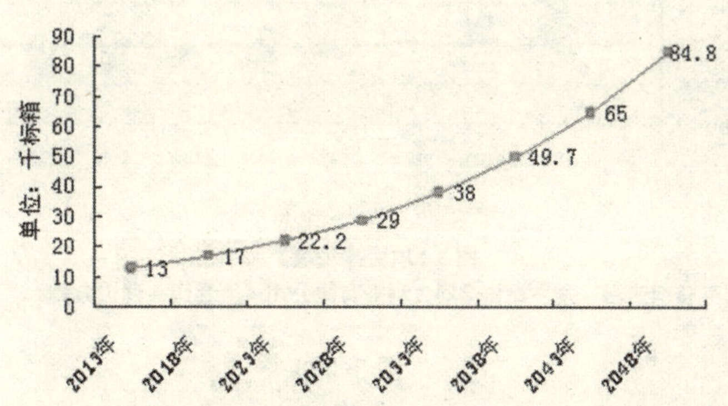

图1 维拉港国际海运预计吞吐量

资料来源：索罗斯协会澳大利亚有限公司《天星码头建设方案》

图 3-2-1

由图1和表3可见，只要适时新增设备，Star Wharf的处理能力基本能够覆盖未来30年间维拉港的国际货运需求。 2012年，项目投资支出630万美元，新码头经营期内，2023年、2033年、2043年增购码头设备，单位泊位费、集装箱存放费、单位标准箱装卸费等费用在经营期内结合码头设备数量及通胀率适当进行指数化调整，乘以相应的吞吐量，可大致估算未来的收入流和现金流，图2所示即为项目现金流。图3为项目净现值图，由图可见，贴现率低于12%的情况下项目净现值为正。此外，项目还可带来额外的就业岗位，改善目前国际航运泊位紧张及由此带来的低效率和高成本状况。

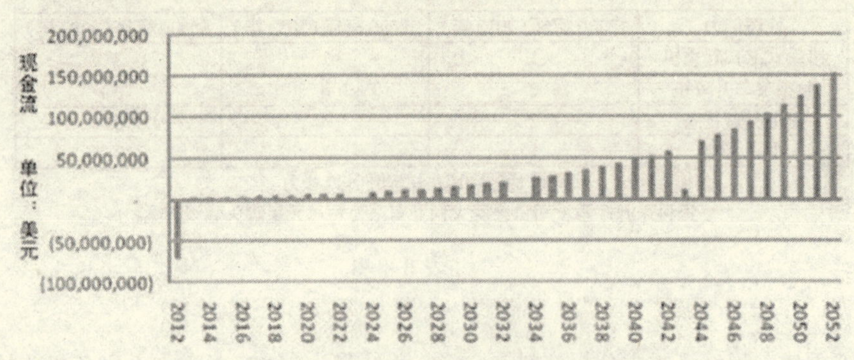

图2　项目现金流

资料来源：索罗斯协会澳大利亚有限公司《天星码头建设方案》

图 3-2-2

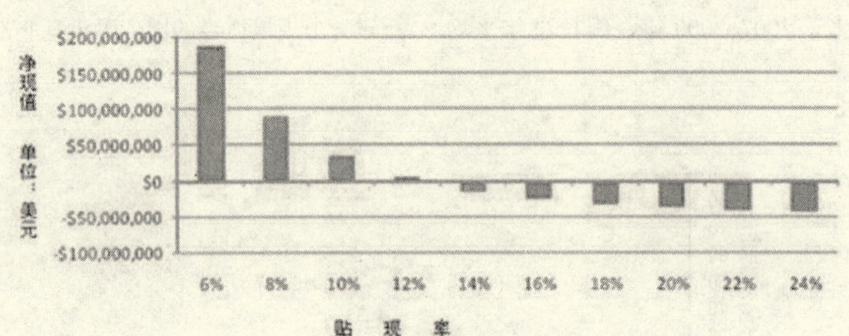

图3　项目净现值

资料来源：索罗斯协会澳大利亚有限公司《天星码头建设方案》

图 3-2-3

4、相关法律法规

瓦努阿图海运、港口等相关法律规定主要从其殖民时代继承而来，体系较为健全。瓦是至少 46 项国际海运法案的签字国，目前，国内共有 26 项海运相关法案，其中 18 项涉及经济，16 项涉及安全，主要有海事法、航运法、海事公约法等。

原则上，瓦努阿图鼓励外资参与港口码头的投资建设与经营管理，但缺乏具体实施细则。

二、瓦努阿图出台基础设施战略投资规划

2012 年，瓦努阿图政府出台了未来 10 年基础设施战略投资规划。规划内容涉及道路、机场、港口、码头、能源、供水、通讯等领域，总计 67 个项目，涉及金额约 10.5 亿美元，其中新建维拉港国际机场投资金额约 3.5 亿美元，为单个投资金额最大的项目。所有项目均由中央政府或地方政府提出，并通过瓦战略优先行动纲领（PAA）、远期规划和近期行动计划（PLAS）、瓦千年发展目标（MDGs）等战略规划审核，并从经济、环境、社会效益、技术可操作性等方面对各个项目打分，作为今后基础设施建设优先次序的重要参考。

近年来，瓦努阿图经济保持稳定增长，提前完成联合国千年发展目标，2010 年人均国民生产总值约 2650 美元。但瓦总体发展水平较低，财政入不敷出，基础设施建设长期滞后，其基础设施主要依靠澳、新、美、中、日等国援建。现任政府高度重视瓦基础设施建设，并推动出台了上述规划。

该规划涉及总金额约相当于 2010 年瓦国民生产总值 1.5 倍，2010 年瓦全年财政收入 6 倍，2010 年瓦全年接受援助金额 10 倍。考虑到瓦财政状况和接受援助、外债现状，此外，瓦土地高度私有且土地纠纷频发，解决项目所需用地困难重重，完成规划涉及所有项目对瓦政府来说将是个巨大挑战。

三、瓦努阿图大力推动新能源建设

Unelco是瓦努阿图唯一的国家级电力公司，在电力行业占据垄断地位。据其介绍，2012年8月当月，瓦新能源项目发电量占全国发电总量的20.25%，其中，风能发电623兆瓦时，占13.4%，利用椰油发电311兆瓦时，占6.7%，太阳能发电10兆瓦时，占0.2%。通过新能源建设，2012年1至8月，替代了价值110万美元、相当于瓦同期进口量10%的石油，带动基础电价降低4.5%，减少二氧化碳排放2600吨。

目前，该公司在瓦努阿图实施了一批新能源项目，其中包括：马勒库拉岛椰油发电项目，使椰油为燃料的生物能源发电占该岛用电量的63%；在塔纳岛和彭特考斯特岛分别捐建了一座柴油和太阳能混合动力发电站；在莱娜科岛委托新建的20千瓦特的太阳能发电站，为该岛提供4.2%的电力供应；并计划在马勒库拉岛新建类似规模的太阳能发电站；与欧盟委员会和瓦政府合作，投资130万美元在埃法特岛新建1兆瓦太阳能发电站；积极探索利用地热、沼气和固体垃圾发电。此外，该公司通过向用户提供回购优惠价和并网服务，鼓励个人投资太阳能发电项目。

自瓦开始新能源建设以来，有近1000户农户向椰油发电站出售椰干，累计总金额约50万美元。该公司还表示，到2014年，力争实现新能源占瓦发电总量23%的目标。

加拿大

一、中国企业在加拿大开展投资合作应该注意哪些问题

1. 投资方面

（1）客观评估投资环境。应客观分析在加拿大投资的有利和不利因素：一是加拿大市场规模，加拿大人口3300多万，与中国重庆市人口相当。二是公司所得税率，加拿大厂商平均公司税率为35.3%。三是加拿大的资本费用，现在的实际优惠利率平均为8%，流动资本与风险资本的费用很高。四是加拿大投资收益，税收和融资成本影响直接收益。五是加元汇率，目前加元兑美元升值，使投资和出口成本增加。

（2）做好项目可行性研究。来加拿大投资的中国企业应在投资前对加拿大的市场及相关法律法规、投资环境等做充分的调研和科学分析，也可向加拿大权威律师、会计师事务所等咨询机构咨询，权衡利弊，制定出一套完整的投资计划，以避免盲目性。

（3）准确把握投资定位。根据中国经济发展和长远战略的需要，中国企业到加拿大投资的重点包括：一是能源开发性项目，如油砂开发利用；二是资源开发性项目，主要包括林业资源（包括木材、纸浆、胶合板等）、矿业资源（包括铁矿、铜矿、钾矿、镍矿等）；三是科技合作项目等。

（4）选择好合作对象。有些企业在选择合作对象时，轻信对方表白，缺乏必要的调查研究，甚至在经营中把人、财、物全权交给对方，结果企业利润全部被合作对象中饱私囊。个别合营企业由于对加拿大市场缺乏深入、直接的调研，以及对加拿大法律生疏，与合作伙伴仅建立在所谓相互信任和友谊的基础上。在企业管理上，规章不明，管理制度不科学、不严谨，企业开业不久就停产，并进入法律诉讼程序直至宣布破产。

（5）依据市场经济规律进行投资。在加拿大投资建厂或开办公司属于企业行为，企业应参与市场竞争，依法自主经营、照章纳税、自负盈亏并承担责任。

2. 贸易方面

（1）了解进口许可和限制。加拿大海关规定，以下产品入境时须附有进口许可：药物、少量农产品、若干类别的纺织品及服装、天然气、用于生产原子能的材料和设备等。中国内地和香港制造的纺织品及服装受配额限制，必须附有相关的配额证件。

进口税率：进口税按照货品的交易额征收。交易额指实际支付或应征收的货品价格，其中包含佣金、经纪人费用、包装费、专利权税及货品运往加拿大口岸的运输费用。根据加拿大的普惠制原则，对产自中国或香港的物品实行关税优惠，进口税率一般从0（原料）至15%

（工业品）。

（2）知晓各项税收。税项：通常，加拿大各省需要征收消费税，税率由省政府制定。阿尔伯塔省没有消费税，不列颠哥伦比亚省为完税后的7%（不含商品及服务税）。曼尼托巴省为7%；西北地区不征收消费税，安大略省为完税后货值的8%（不含商品及服务税），爱德华王子岛为完税后货值加商品及服务税总和的10%，魁北克省为海关课税值的7.5%，萨斯喀彻温省为完税后货值的7%（不含商品及服务税），育空地区不征收消费税。除此以外，大多数省还对进口物品征收相当于货值7%的商品及服务税。但杂货、处方药物及医疗设备、多数农产品及水产品、教育服务等除外。部分类别的消费性产品，如手表、珠宝等完税后若价值超过50加元，须缴纳10%的消费税，其他需要支付消费税的商品还包括烟草、香烟、烈酒及餐酒等。

（3）备齐进口文件。有关进口文件包括：海关发票、原产地证书、货物单据（如提单）、政府规定的文件、进口证件、许可证、商业发票、货品价格和运装数量的详细说明及其他货运单据。加拿大规定，凡货值超过1200加元的进口商品，必须拥有加拿大海关发票或同等发票。

（4）做好商品标签。加拿大针对有关产品标识和标志的主要法律文件规定包括：《消费品包装及标签法》、《度量衡法》、《纺织品标签及广告法》、《贵金属标识及标签法》等。标签上的资料必须以英文及法文表示。附贴于预先包装消费品上的标签必须印明产品名称、制造商名称和地址、产品商标、产品成分、品质和数量。凡属危险性家庭用品及含纤维成分的纺织品，均须附加带有警告标志的标签。

（5）注意事项。某些类别的纺织品及服装受加拿大进口配额限制。输往加拿大的产品如有使用木制垫料、木质货盘、板条箱、或其他木制品包装材料，必须经过特别处理，并附有出口国主管机构签发的熏蒸证明书、植物检疫证明或其他处理证明。

3. 承包工程方面

中国企业在加拿大工程承包项目基本尚处于起步阶段，成功的项目很少，只有试探性合作。履行承包合同应注意的问题有：

（1）工程事故和自然灾害。加拿大地处北寒带，冬季漫长，大雪、冰雨频繁，行车艰难，事故频发。中国企业要提示相关人员提高安全意识，从制度上和财力投入上做到防患于未然。

（2）人身安全。加拿大是个法治国家，法律法制健全，社会治安总体良好，但也偶有刑事案件发生，中方人员要注意人身安全。

（3）劳务纠纷。中国企业招募国内大量劳务人员出境，因各种原因（招工宣传不实、工资不透明、美元贬值、中介费用过高等）导致劳务纠纷越来越多，对企业在当地的长期发展很不利。有的企业没有妥善把握经济利益与社会利益可相互转化的关系，不尊重当地雇员权益和风俗习惯，不顾及当地利益集团感受，很少回馈当地社会。这些都是不利于企业长远发展利益的做法，要杜绝这样的行为继续发生。

（4）及时到中国驻外使、领馆登记。为准确掌握中国外派人员信息，便于处理突发安全事件，建议海外企业和人员及时到中国驻加拿大使、领馆经商处（室）登记。

4. 劳务合作方面

中加两国尚未磋商、签署双边劳务准入协定。

有关注意事项：国内的劳务合作企业在不了解加拿大企业的真实情况时，可以向加拿大签约公司索要雇主在加拿大报刊上登载的相关招聘广告和加拿大人力资源部门签发给雇主的岗位确认书的副本；另外在合同中应该写明详细的用工要求，如工种、期限、待遇等。同时可以致函中国驻加拿大使、领馆经商参处（室）请求帮助。对中国劳务公司首次自行签约进入加拿大市场开展对外劳务合作业务的，地方外经贸主管部门应向项目中国驻加拿大使、领馆经商处（室）征求意见后，再予以审批。相关行业协会应强化行业规范管理，加强对成员单位执业行为和业务运作的监管，并充分宣传和发挥“中国外派劳务人员投诉中心”的作用。具有对外劳务合作经营权的公司应熟悉国家的劳务政策和法规，并让外派劳务人员知晓。对违反行业、国家规定的，将报告有关部门调查处理。

5. 防范投资合作风险

在加拿大开展投资、贸易、承包工程和劳务合作的过程中，要特别注意事前调查、分析、评估相关风险，事中做好风险规避和管理工作，切实保障自身利益。包括对项目或贸易客户及相关方的资信调查和评估，对投资或承包工程国家的政治风险和商业风险分析和规避，对项目本身实施的可行性分析等。建议相关企业积极利用保险、担保、银行等保险金融机构和其他专业风险管理机构的相关业务保障自身利益。包括贸易、投资、承包工程和劳务类信用保险、财产保险、人身安全保险等，银行的保理业务和福费庭业务，各类担保业务（政府担保、商业担保、保函）等。

建议企业在开展对外投资合作过程中使用中国政策性保险机构——中国出口信用保险公司提供的包括政治风险、商业风险在内的信用风险保障产品；也可使用中国进出口银行等政策性银行提供的商业担保服务。

如果在没有有效风险规避情况下发生了风险损失，也要根据损失情况尽快通过自身或相关手段追偿损失。通过信用保险机构承保的业务，则由信用保险机构定损核赔、补偿风险损失，相关机构协助信用保险机构追偿。

二、中国企业如何在加拿大建立和谐关系

1. 处理好与政府和议会的关系

加拿大是一个议会民主制国家。在行政制度上奉行议会负责制，议会制政府包括联邦政府和地方政府两个等级。联邦政府包括总督、枢密院、总理和内阁。总理是加拿大政府的最高官员。联邦政府或省政府在某些领域拥有完全的管辖权。在另外一些领域，联邦政府和省级政府可能对同一事务有不同的管辖权。另外，省政府把一些管理权限委托给市级政府行使。因此，一项商业活动有可能同时受联邦、省和市三级政府管辖，还可能受行政部门的政策以及各级法院的管辖。加拿大的13个省区在私有财产、合同签署、自然资源、土地使用和计划、司法审判、教育、卫生医疗和市政管理方面享有立法权并有权制定省级有关法律。大多数涉及一般商业活动的商务法律也由各省立法机构制定。但各省在此方面的法律规定上大多保持一致。加拿大联邦和各省政府对涉及省一级立法权限管辖的事务，通常以分担财政和权力代行的方式进行合作，从而创建了全国范围内实施管理的共同机制。

中国企业在加拿大开展业务时要做到尊重当地人民，遵守当地法律法规，履行必要的社会责任，平等待人、和睦相处；通过企业项目组首先与当地政府、议会建立良好的联系，取得当地政府的支持与合作；与合作伙伴建立良好的合作关系。这不仅有利于工作的顺利实施，而且在发生突发事件时有助于化解危机。在与当地雇员合作中，注意方式方法，尽量避免引起不必要的纠纷，造成不良影响和后果。尊重当地风俗习惯和宗教信仰，遵守当地政府规定，与当地居民友好相处。企业要处理好与政府部门的关系，可借助广告传播树立自身形象。

2. 妥善处理与工会的关系

企业负责人以平等身份与工会沟通、谈判。平时注意了解工人及工会的思想动态，希望达到什么目标。将企业经济利益与工人工资相结合，并相互沟通，以取得理解。在工会中培养自己的人员，以便在关键时刻及重大问题上替企业管理者说话。当遇到大工会罢工活动时，企业管理者应利用政治手段或政策处理事务，例如，请律师、找第三方进行斡旋及找工会倾向的党魁做工作等。

中国企业的有关人员在社交和商务场合应该注意的事项：

（1）中国企业在当地进行社交及商务活动时，如开业或大型活动，可请当地著名公关公司组织活动，安排当地名流的排座。

（2）要注意协调好与当地政府的关系。如果企业有新项目或利好消息时，可先通报或与当地政府商量，既表示尊重，也可利用其在媒体或地方的影响力做正面引导和支持工作。

（3）对原则性问题，可利用机会宣讲中国的原则立场以及历史情况。

3. 密切与当地居民的关系

加拿大是一个移民和多民族国家，也是多元文化国家。外资企业投资加拿大为加拿大带来资金、就业岗位和新技术等。总体来说，当地政府、居民欢迎外资企业到当地投资建厂。但是，如果企业管理不佳，企业文化与当地不符，甚至没有效益，企业则不受欢迎，甚至遭到抗议以致被驱逐。中国企业在加拿大投资经营基本良好，也与当地民众关系融洽。他们不仅给当地带去大量资金和技术，还带去企业的社会责任和中国的文化。同时，也理解当地的习惯和文化，使企业周边及社区的居民对企业不反感，有认同直至有好感。在加拿大办好企业，首先要遵守当地法律法规，按当地规则办事，照章纳税。其次，经营好企业自身的业务，使企业站得住且有发展，更要赢利。第三，能够接受当地人员就业。当企业管理、经营有业绩时，当地政府及居民自然会支持企业，企业也容易将自身的文化、中国的文化传播给当地。中国企业要处理好眼前利益和长远利益、企业利益和国家利益、经济效益和社会效益的关系，增强社会责任感，与当地政府、社区、行业、雇员和谐相处，共同创造社会价值。要构建守法诚信、开拓进取的企业文化，营造有利的发展环境，自觉维护国家对外形象和中国企业整体声誉。

4. 依法保护生态环境

加拿大有关生态环境方面的立法属于加拿大联邦、省和地方三级政府共同管辖的范围。虽然联邦政府近年来在环保方面的作用趋于活跃，并已经开始协调全国性的环保项目和标准，但省级政府在环保立法方面仍然起到主导作用。因此，在很多情况下，环保方面分别要遵守省与联邦的规范要求，尤其是各省都有自己独特的环境保护制度。

就污染产业来说，土地和地下水的污染主要由各省进行管理。虽然加拿大最高法院最近确定实施“谁污染谁赔付”这一法律原则，但房地产的购置者应该明白他可能要对购买房地产以往的污染，以及由此产生转移到别处的污染负有责任。住房的承租人也要确定其所签的租约是否有这方面所规定的责任。

例如，安大略省的《环境保护法》（Ontario’s Environmental Protection Act，简称“EPA”）规定可以对拥有，或管理，或控制污染产业的任何人签发行政命令，不管污染是否由此人，或其实体所造成。对于出售或出租後仍制造污染的产业，即使不构成污染源，新的业主或租客将被视为污染的制造者而可能要承担责任。不过，安大略省对清理历史遗留的污染一般情况并没有硬性的法律责任。

新近修订的《环境保护法》（EPA）对有关法律责任作出了一些有限的免除规定。只要新的业主或新来的租客进行适宜的调查与治理并呈交“环境保护点情况纪录”，并在纪录中列明污染情况，他们因此可以受到法律保护而不对在“环境保护点情况纪录”所记录的污染负责（除非污染转移别处，或者监理人员确信有危及健康与安全之处）。2005年10月以后，凡已经规划的并涉及较敏感的地产开发使用项目所发生的任何变动都要准备和递交“环境保护点情况纪录”。

历史上魁北克省清除污染的责任一直限于“谁污染谁清理”。但是，2003年《环境质量法》（Environmental Quality Act，简称EQA）修正案对可能承担责任者的范围规定有所扩大。比如在安大略省，对污染地点承担责任的人可能是造成污染者，也可能是任何拥有，或曾经拥有，污染地区“监护权”的人（例如业主、承租人或占用者等），自2003年3月起，即便这些人（作为实体）并没有造成污染也要承担责任。对污染地拥有产权抵押债权人同样可能被视为拥有污染地“监护权”，因此要承担清理责任。

在魁北克省，许多情况下清除被污染的环境必须在省环境部的监督之下，并且按照复原计划和实施日程表进行。计划与日程必须经该部核准，而且可能要规定土地使用限制。根据复原计划要求作出的工程概要与土地使用限制报告，包括责任与义务，必须在土地登记部门注册。注册使复原计划也能约束第三方。今后任何购买者均负有复原计划规定的责任与义务（包括土地使用限制）。

按照环境部的指令所作的清理复原要遵循«环境质量法»规定的程序进行，除此之外，目前魁北克省对污染地点的清理尚无法律硬性规定的责任。不过，在土地上的某些特定工业或商业活动的终止或变更时，必须制备具体研究报告并呈交环境部。如果报告显示有任何污染物超出许可的度量，就要向该部送交复原计划。一旦发现这类工商业活动造成污染，拥有该地区“监护权”的人必须书面通知邻近房产主和环境部。上述具体研究报告与污染通知均须在土地登记部门备案。此外，市政当局要将所辖土地上的污染点列单公布，以便公众了解情况。

就企业经营责任方面，通常情况下，保护环境主要指两个机制，一个是指全面禁止抛泄污染物的措施，另一个是指对可能影响环境保护的活动实行和颁发许可或证书制度。例如，安大略省《环境保护法》禁止非法向环境排放污染物并且要求违法各方立即通知监理人员。造成或允许非法排放者可能面临法律责任、环保惩处以及行政命令的处罚。要想避免这些惩罚，在生产经营中（对空气、水或土地）的所有排放都要经过省环境部门核准。这样的核准程序可能要附加一些条件和要求（包括财务上的保证），以及必要的排放设备（包括污水管道与水处理工程）方面的要求。

与安大略省一样，魁北克省《环境质量法》规定禁止污染、立即报告事故性污染排放以及清理污染的责任。任何建筑施工、工业生产活动，或者加工处理程序的实施或变更，如果有可能向环境排泄污染物，就必须事先获得核准并取得许可证。魁北克省受监管的污染物范围非常广，这一点与安大略省相同。

市级政府一直负责噪音污染的监管，其环境的监管还包括排泄雨水与污水的排泄系统。有许多市政府还订立了实施细则，而且对违法排泄造成污染的惩罚罚款很高，尤其涉及城市地下排水系统的污染。

5. 承担必要的社会责任

“企业社会责任”主要指企业在自身发展中如何对待其人力资源，如何对待股东、消费者、社区、客户、政府等利益相关者，如何对待环境责任和社会责任等等。这些非经济利益因素同企业的经济效益放在一起，成为政府和社会评估企业促进社会持续性发展的依据。

在经济全球化的趋势下，世界市场日益形成相互依存、彼此互补的完整的产业链、供应链、价值链和市场需求链。企业社会责任不再是一个企业的单独行为，而是全球供应链包括制造商、供应商、采购商和品牌商共同的责任；企业社会责任也不再是一个国家的单独行为，而是一种世界潮流和趋势。

加拿大关于企业社会责任具体标准主要包括：公司管理与道德操守、健康和安全、环境管理、人权（包括劳工权益）、人力资源管理、社区参与、发展和投资、对种族人士的参与及尊重、企业慈善事业和员工义务队、客户满意度和坚持公平竞争原则、反贿赂和反腐败原则、问责、透明和绩效报告、供应商关系，包括本地和国际供应链等。中国企业在加投资应参照和遵循相关标准执行。

6. 懂得与媒体打交道

加拿大主流媒体在其全国范围形成了“两报”（《环球邮报》、《全国邮报》）、“两社”（加拿大通讯社、加西通讯社）、“两台”（加拿大广播公司电视台、加拿大电视台）为主导的基本格局。此外，还有一些重要的地区性大报，如《多伦多星报》、《蒙特利尔日报》、《渥太华公民报》和《魁北克新闻报》。在和加国媒体打交道时需要注意以下几点：

（1）通过交流技巧体现诚信。尊重对方，注意双向交流。西方记者一般来说知识比较丰富，比较自我和个性化，自尊心极强。因此和他们交谈不能好为人师、滔滔不绝，不顾及其情绪和反应。自己讲话要针对不同对象，有实质内容，有条理和逻辑性，尽量谈与对方有关或其感兴趣的内容。同时，为显示对对方的尊重，有时我们可有意识地使交谈以谈话对象为中心，神情专注地倾听对方的陈述，不东张西望、走神，不随意打断对方的讲话。对一些与自己有同感或能接受的东西最好能以点头等动作以示对对方的肯定。只有激发对方愉悦的心理，他才可能接受你的观点。

（2）注意原则性和灵活性的结合，不轻易指责对方。外宣工作政策性很强，政治上也很敏感。这就需要处理好友好与斗争、原则性和灵活性的关系。在重大问题上，态度必须明确。但语言要平和，调子不要太高。语言越激烈对方越反感，因为心理上的任何抵触情绪都可能变成对正确信息的拒绝接纳。因此，我们要尽可能地动之以情，晓之以理。斗争也要有理、有利、有节。和媒体打交道的目的并不是要（也不可能）改变他们的立场，而是向他们讲清楚我们有哪些基本事实，有哪些政策，澄清一些误解。使他们在以后的报道中能多一些思考的角度，更接近客观事实。

（3）注意与媒体交流语言的运用。外国记者提问题有时很刁钻。但我们不必针尖对麦芒，如果运用一些幽默、委婉、形象的语言来交流，则会收到较好的效果。答问时有时要针锋相对，有时又需旁敲侧击，不直接表态，用幽默含蓄的语言作答，使人感到只能意会，不能言传。最好用对方比较熟悉的事情来举例，对方如果是外国人，最好用他的国家的例子，这样就会形象生动，清晰易懂。

（4）处理好广交和深交朋友的关系。从原则上讲，朋友越交多越好，因为没有量变就没有质变。没有广交朋友做基础，要做到深交朋友也很难。但是，必须要注意交朋友要广而不滥，要有重点。从新闻界来说，主要交媒体的实权人物和有影响的资深记者，如社长、总编、外事部主任、节目部主任、著名的新闻主持人和时事评论员、从事亚洲事务和对华报道的记者及给记者文章写标题和导语的专家（做后者的工作很重要，西方人看文章往往就看标题和导语）。

7. 学会和执法人员打交道

加拿大执法人员在社会管理中，承担维护社会治安、保护公民人身和财产安全的一般职责。具体的执法机构包括联邦层面的加拿大皇家骑警、加拿大边境服务署等机构以及地方层面的警察局等部门。

在与加拿大执法人员打交道时需要注意以下几点：

（1）积极配合警察正当的执法行为

在异国他乡，经常会碰到警察的各种检查和询问。如查验护照、证件等、询问有关情况、或纠正某些行为等。遇到此种情况，中方人员要在确认对方身份后采取合作与服从的态度，不可鲁莽从事，以免授人以柄。遇到警察询问必须采取冷静态度，即使受到冤枉，也不可冲动从事，更不能与警察发生争执。如果不服从警察的命令，或者企图抗拒，对方可以根据当时的情形采取强制措施，直至开枪。面对警察的检查，不要贸然去掏证件，否则会被怀疑有刺杀警察的企图。如果正在驾车行驶，遇到警察指示停车，千万不要下车去找警察，而要等待警察过来。否则，也会被怀疑刺杀警察而招致麻烦。如果在活动中不慎违反了所在国家的有关规定而招来警察盘问时，应口头承认错误，情况严重时要与团组取得联系，依靠组织来解决问题。

（2）及时与中国驻加拿大大使馆或领事馆取得联系

随身携带中国驻加使馆的联系方式，一旦发生不测，马上与使馆取得联系，由使馆相关部门与当地执法机构取得联系，出面解决相关问题。需要注意的是，应该及时联系，否则容易错过相关纠纷和问题的最佳解决时机。

三、投资与并购

中石化将收购加拿大塔里斯曼能源子公司49%股份

加通社2012年7月24日报道，中海油（CNOOC）收购油气生产商Nexen的行动，标示着中国对加拿大能源收购的开端。随后，加拿大塔利斯曼能源Talisman Energy Inc.宣布，中国石化已同意斥资将15亿美元收购其英国分公司49%的权益。预计交易将于今年年底之前结束，需得到政府及监管部门的批准。合资企业Talisman Energy（UK）Ltd.将负责运营英国北海的业务。

丰业资本（Scotia Capital）商品交易经理Fred Ketchen指出，中国将继续成为快速增长的国家，与其付钱进口资源，不如直接购入供应本国所需。中国问题专家姜闻然（Wenran Jiang）称，像中海油或中石化等国有企业的收购特别令人关注，不过私人企业的动向也值得留意。姜表示大家不应该忽视，中资收购仍处于非常初期的阶段，他预期未来将有更多收购行动。姜指出，对于中资收购的辩论，不管方向如何都是健康的。

四川波鸿集团2.4亿美元收购加拿大威斯卡特

四川波鸿集团2012年7月13日宣布，投资2.45亿美元全资并购加拿大威斯卡特工业集团，包括其全部股权和债务，这是中加历史上规模最大的工业企业并购事件。待并购全部手续完成，威斯卡特将从加拿大退市。波鸿方面介绍，此次收购威斯卡特工业集团，不仅接管其在加拿大、美国、匈牙利等全球的所有工厂等资产，还将拥有其在排气管、涡轮增压器壳体等领域的全部核心技术。借助此次并购，威斯卡特工业集团将在绵阳投资23.5亿元用于在绵阳继续发展汽车零配件产业。

威斯卡特是世界上最大的轿车与轻型卡车铸铁排气歧管、涡轮增压器壳体及排气系统的生产企业。公司总部位于加拿大，在北美、欧洲、亚洲拥有7个工厂及7个销售/技术服务中心，其主要客户包括福特汽车、通用汽车和大众汽车等。

中国铝业收购南戈壁资源公司限期延长

《华尔街日报》2012年7月12日消息，中国铝业股份有限公司（简称中铝）表示，该公司将以逾9.2亿美元从加拿大艾芬豪矿业有限公司（Ivanhoe Mines Ltd.，简称艾芬豪）收购南戈壁资源有限公司（SouthGobi Resources Ltd.简称南戈壁）控股权。7月3日，中铝与艾芬豪发表联合声明称，双方将收购控股权的期限延期30天，由原定的7月5日延长至8月3日。

蒙古政府此前出台了限制外商投资的新法案，将外资在采矿等战略性行业的持股比例限制在49%，获得国会批准的情况除外。该法案已于5月份生效。上述声明还称，艾芬豪与中国铝业将配合蒙古政府，以确保该要约收购符合蒙古新出台的外国投资相关立法的任何要求。

河北钢铁同意斥资8,870万美元入股加拿大公司Alderon Iron Ore

华尔街日报2012年4月13日电，河北钢铁股份有限公司（Hebei Iron & Steel Group Co 简称:河北钢铁）周五表示，作为海外战略投资，该公司同意收购加拿大公司Alderon Iron Ore Corp.部分股权。

河北钢铁将斥资8,830万加元（合8,870万美元）收购2,580万股Alderon股票，相当于后者股本的19.9%。每股作价3.42加元，较多伦多上市的Alderon最新收盘价折让0.6%。交易完成后，河北钢铁可在Alderon董事会拥有两个席位。

河北钢铁还将投资1.057亿加元收购Alderon旗下加拿大Kami铁矿石项目25%的权益。河北钢铁将以较普氏铁矿石价格指数（Platts Iron-Ore Index）折让5%的价格购入该项目60%的产出。

上述交易仍有待中国政府和多伦多证券交易所审批。美银美林（Bank of America Merrill Lynch）担任河北钢铁此次收购交易的财务顾问。

中国铝业斥资72亿港元从加拿大Ivanhoe Mines Ltd.（IVN）手中收购南戈壁不超过60%的股权

华尔街日报2012年4月2日电，中国铝业股份有限公司（Aluminum Corp. of China Ltd. ,ACH，简称：中国铝业）已经同意从加拿大Ivanhoe Mines Ltd.（IVN）手中收购蒙古煤炭生产企业南戈壁资源有限公司（SouthGobi Resources Ltd. ,1878.HK，简称：南戈壁）的控股权，交易金额高达72亿港元（合9.23亿美元）。

中国铝业周一发布公告称，公司已经与加拿大Ivanhoe Mines达成协议，以每股65.97港元收购后者持有的南戈壁56%-60%的股权，但没有透露更多细节。上述收购价较南戈壁3月30日收盘价51.20港元高出28.9%。中国铝业表示，持有南戈壁57.6%权益的Ivanhoe Mines已经接受了收购要约。

南戈壁首席执行长Alexander Molyneux表示，公司将继续向现有客户出售煤炭，但多余产量的100%都将出售给中国铝业的母公司中国铝业公司(Aluminum co. of China，简称：中铝公司)，这样一来，在公司产量增长的同时，公司无需担心产品的销路。

南戈壁的主要煤矿位于蒙古的敖包特陶勒盖(Ovoot Tolgoi)，但该公司还在开发另外三个项目，今年计划把煤炭产量从2011年的457万吨提高到600万吨。

中银国际研究有限公司(BOCI Research)分析师Robin Tsui表示，这一交易将帮助中国铝业通过锁定更多煤炭资源、支持铝生产来达到业务进一步整合的目的；而由于此举能够在该公司扩大生产之际获得强大财务支持，这一交易对于南戈壁来说也是有利的。

中石油称已收购壳牌在加拿大页岩气项目中20%权益

据路透社2012年2月2日报道，国际油气价格居高不下，中国油企纷纷聚焦页岩气、煤层气等非常规资源的开发。中国最大油气生产商--中国石油称，已经完成收购皇家荷兰/壳牌石油集团在加拿大Groundbirch页岩气项目中20%权益。

中石油发言人毛泽锋称，上述交易已经获得中国和加拿大政府的批准，并于周三(2月1日)交割。壳牌仍将持有该项目的80%权益，并担任作业者。

他说："中石油希望透过这次合作，能够在页岩气技术以及相关的开发、生产和管理方面累积更多经验"。Groundbirch页岩气项目位于加拿大BC省东北部，目前正在小规模生产之中.

据亚洲财经此前的报导称，中石油在是次交易中向壳牌支付超过10亿美元。

中国广东核电集团拟收购两家铀矿公司

英国《金融时报》2011年12月9日报道，一家中国国有电力公司看中了两家铀矿公司，已向伦敦上市矿企Kalahari Minerals提出6.32亿英镑的收购要约，若能完成此项收购，将对澳大利亚上市矿企Extract Resources提出收购。

中国广东核电集团(CGNPC，简称：中广核)向Kalahari的报价为每股243.55便士，相对于这家在英国另类投资市场(Aim)上市的公司过去6个月的股价，溢价16%。Kalahari在纳米比亚的一个铀矿项目中拥有部分股权。

巴哈马

一、双向投资

据中国商务部统计，2011年中国利用巴哈马资本3861万美元。截至2011年底，中国共利用巴哈马资本18.774亿美元，实际利用13.4473亿美元。2011年中国对巴哈马直接投资1.5亿美元。

二、对巴援助

中国政府向巴提供了力所能及的经济援助。中国援巴国家体育场项目于2009年7月正式开工，2011年6月底移交，2012年2月25日隆重举行正式启用仪式。中国政府提供优惠贷款的巴海关扫描仪项目已于2007年开始实施，目前设备运转、服务和还款均正常；拿骚高速机场路优惠贷款项目于2011年3月3日开工；北阿巴科岛港口和小阿巴科岛桥梁项目已经完成法律文件签署，2012年年中正式开工建设。

三、承包劳务

据中国商务部统计，2011年中国企业在巴哈马新签承包工程2份，合同金额20.26亿美元。2011年完成营业额1.41亿美元；年末在巴哈马劳务人数303人。新签项目分别是中国建筑股份有限公司承建巴哈马机场路升级改造项目和巴哈马大型海岛度假村综合设施项目。

中建美国公司总承包的巴哈马大型旅游综合设施建设项目完成100英尺主体结构

《巴哈马日报》、《拿骚卫报》、《论坛报》2012年7月12日报道，7月11日，巴哈马大型旅游综合设施建设项目开发商巴哈马集团举行庆典，庆祝总投资达36亿美元、中国进出口银行提供商业贷款24.5亿美元、中国建筑美国公司投资1.5亿美元并总承包约20亿美元的凯布尔海岛旅游综合设施项目第一栋酒店主体结构达到100英尺的重要阶段性成果。巴哈马政府总理兼财政部长克里斯蒂、副总理兼工程和城市发展部长戴维斯、旅游部长韦尔奇库姆、投资国务部长罗尔等，驻巴使馆胡山大使、王全火一秘，中建美国公司执行副总裁吴太仲，巴哈玛集团执行副总裁汤姆等参加了庆典活动。

根据巴哈马政府与巴哈玛集团签署的框架协议，该项目第一栋酒店主体结构达到100英尺时，政府将偿还由公司修建西湾街公共道路和基础设施建设费用中的4500万美元。政府还将适时偿还公司300万美元另一段公共道路建设费用。

山东高速承建 巴哈马国家体育场启用

2012年2月25日，由山东高速齐鲁建设集团公司承建的我国援外项目——巴哈马国家体育场正式启用。该项目2009年7月正式开工建设，体育场占地总面积约35970平方米，主体包括可容纳15000人座的看台和一块国际标准比赛场地，可满足举办国际田径和足球比赛的要求。该体育场是整个加勒比海地区面积最大、设施最全的现代化体育场。

秘 鲁

一、2011年秘鲁电力发展情况

据秘鲁能源和矿业部（MEM）电力司发布的报告，2011年，秘电力行业投资总额为19.44亿美元，其中48.5%的投资于发电厂，20.8%为输电，20.3%为配电销售，其余10.5%为农村电气化工程。

2011年12月全国电力联网系统的最大需求是4,961兆瓦（MW），其中水电占55%，天然气发电占39%，柴油和其他占3%，生物质能发电（Aipsa）和沼气发电

(Petramas)只占0.3%。2011年，秘全国总发电量达38,709 吉瓦时(GWh)，比2010年增长7.8%；94%的发电量进入电力市场，其中58%是来自水力发电，热力发电占42%。

2011年，电力最终用户为540万，消费电力共31,790吉瓦时(GWh)，比2010年增长7.5%的消费。在总销售量中，56%进入管制市场，44%进入自由市场出售。

截至2011年底，秘装机容量达8,695兆瓦，比2010年底增加约1%。在新投入生产的发电厂中，有PIAR 1号水电站(AYEPSA公司，12.6兆瓦)和Purmacana水电站(圣罗莎公司，1.8兆瓦)、卡纳布拉瓦热电厂(12兆瓦)、BioChira热电厂和Huaycoloro沼气电厂(Petramas公司，4.8兆瓦)。

2011年进入商业化运营的输电线路有Chilca - Zapallal 的500千伏输电线路、Chilca-La Planicie-Zapallal的200千伏输电线路，Conococha-Kiman Ayllu双回路200千伏输电线路，Independencia-Ica第二电路200千伏输电线路以及Mantaro - Socabaya的220千伏输电线路升级(增加其容量至505兆伏安)。

二、我援秘友谊馆项目实施合同在利马签署

2012年4月20日，我援建秘鲁“中秘友谊馆”项目实施合同签字仪式在利马市耶稣·玛利亚区政府大厅内举行，项目实施单位——烟建集团公司代表王淑伟和利马市耶稣·玛利亚区区长恩里克·奥克罗斯波马代表双方在合同上签字。我驻秘大使黄敏慧、经济商务参赞高金宝、秘外交部和国际合作署有关官员出席了签字仪式。

1999年，为了纪念首批华人抵达秘鲁150周年和促进中秘文化交流，两国政府决定建设该项目。经过多年努力，最终确定项目选址和设计。该项目主体建筑为一个剧场，将由烟建负责实施。

黄大使在签字仪式上致辞。她表示，两国人民友谊源远流长，双边政治关系日益密切，经贸文化交流硕果累累，中方援秘友谊馆项目将成为两国友好合作的新见证。烟建公司代表王经理在发言中表示，一定不辜负两国人民的期望，严格按照合同规定尽早启动施工并认真完成建设工作。最后，恩里克区长致辞，表达了对中方的诚挚感谢，希与中方实施单位共同努力，为两国人民呈上一个满意的工程。

巴布亚新几内亚

一、承包工程与劳务

中国港湾公司中标实施巴新2.85亿美元莱城港口项目

巴布亚新几内亚《信使邮报》2012年3月8日报道，巴新独立公共事业公司(IPBC)证实，中国港湾公司中标莱城港潮汐码头一期建设项目。该项目投资总额6亿基纳(约合2.85亿美元)，亚行出资70%，余下的30%来自巴新政府，建设期为30个月。项目所有招标程序已经结束，目前正在等待巴新国家执行委员会(NEC)的批准。

巴新政府与中海外公司签订边境贸易投资发展计划合同

巴布亚新几内亚2012年7月12日《国民报》报道，政府日前核准了Wutung边境贸易和投资发展计划。边境发展部门作为巴新政府执行机构与中国海外工程公司签订了Wutung边境一揽子合同。该项目总价值逾3250万基纳。

该计划将在巴新西赛皮克省和印度尼西亚边境试行。此外，巴新与澳大利亚边境、巴新与所罗门群岛边境的类似计划正在筹建之中。

亚洲发展银行代表Allan lee称该项目可以帮助西赛皮克省通过改善商业环境发展成为有活力的经济增长中心。亚洲开发银行将承担该合同80%的费用，其余费用将由巴新政府相应的基金支出。

中国铜陵有色公司与世界第一个海底矿产项目签订硫化物采购框架协议

2012年4月26日《国民报》报道，加拿大鹦鹉螺矿产公司已与中国安徽铜陵有色公司签署框架协议，铜陵将连续三年、每年购买110万吨巴新Solwaral海底

矿产项目生产的硫化物。该项目位于巴新 Bismarck 海域，2013 年第四季度投产，初步预计年产硫化物 120 万吨，是世界第一个海底商业矿产开发项目。鹦鹉螺矿产公司希望与铜陵建立长期的合作关系。

二、巴布亚新几内亚资源丰富

巴新资源丰富，约是世界第十大铜生产国和第十一大黄金生产国，黄金储量约 3100 吨；铜储量 2000 万吨；原油储量 5.76 亿桶；天然气已证实储量（1P）5.7 万亿立方英尺，已证实、概算储量（2P）16 万亿立方英尺，已证实、概算和可能储量（3P）34 万亿立方英尺；金枪鱼储量占世界的 20%，年产量占 17%；原木可采蓄积量 3.6 亿立方米。

三、巴新主要中资企业

1. 中冶瑞木镍钴有限公司

2005 年成立，主要经营镍钴矿及其他矿产的投资、开采、冶炼、加工等业务。

2. 巴新盐业有限公司

1998 年成立，主要经营盐业贸易销售业务。

3. 中江国际巴新公司

1999 年成立，主要经营建筑类工程承包业务。

4. 北新建材巴布亚新几内亚有限公司

1992 年成立，主要经营建筑材料业务。

5. 中国海外工程巴新公司

1996 年成立，主要经营建筑类工程承包业务。

6. 莫尔斯比包装有限公司

1991 年成立，主要经营生产、销售纸箱业务。

7. 广东建工对外建设公司巴新分公司

2007 年成立，主要经营建筑类工程承包业务。

8. 巴新木材加工有限公司

2006 年成立，主要经营木材加工、销售业务。

9.KK 联合责任有限公司

2005 年成立，主要经营木材加工、销售业务。

10. 中铁建设巴新公司

2010 年成立，主要经营建筑类工程承包业务。

11. 华为技术有限公司巴新公司

2009 年成立，主要经营通讯类工程承包业务。

12. 中铁建工巴新公司

2009 年成立，主要经营建筑类工程承包业务。

13. 中石油东方地球物理勘探公司巴新公司

2010 年成立，主要经营油气勘探领域项目承包。

14. 中冶实久巴新公司

2009 年成立，主要经营建筑类工程承包业务。

15. 中冶 20 冶东方之星建设有限公司

2008 年成立，主要经营建筑类工程承包业务。

16. 中国恩菲巴新有限公司

2006 年成立，主要经营建筑类工程承包业务。

17. 中国电力工程有限公司巴新公司

2010 年成立，主要经营电力设施领域项目承包。

18. 沈阳国际巴新公司

2011 年成立，主要经营建筑类工程承包业务。

19. 江西国际巴新公司

2011 年成立，主要经营建筑类工程承包业务。

20. 中国港湾巴新公司

2012 年成立，主要经营建筑类工程承包业务。

21. 中兴通讯巴新公司

2012 年成立，主要经营通讯类工程承包业务。

22. 开发银行福建分行驻巴新工作组

智　利

一、智利工程承包市场情况

智利工程承包市场大体可以分为三部分：公共基础设施建设工程、企业生产工程和房地产建设工程。

（1）公共基础设施建设工程

智利的公共基础设施在拉美地区处于领先水平，交通、道路、港口、空港、通讯、物流等设施和服务能够满足基本需求，为智利联结世界其他商业中心起到了关键作用，同时还保证了国内的物流畅通和均衡发展。

智利公共基础设施的发展主要得益于近15年来在公共基础设施方面的大力投资，尤其是从1991年开始引入的特许经营模式，吸引了大量私人投资。由于特许经营模式的成功，智利的公共基础设施建设形成了“特许经营为主，政府投资为辅”的格局。

政府通过国家预算拨款直接出资兴建或修缮维护的基础设施项目仅限于难以通过经营收回投资的项目，如部分公路、小型机场和部分港口、学校和医院等类型项目，单个项目规模较小。近年来每年投资在20至30亿美元之间。此类项目经过招标实施，企业在公共工程部网站注册认证后符合条件的均可参与竞标。

经过评估能够通过经营收回投资或有较好经济收益的项目一般通过特许经营方式实施。政府主管部门负责招标，中标企业负责出资建设并经营，如大型机场、高速公路、港口等类型项目。特许经营年限一般为30年，最多不超过50年。

智利特许经营的基础设施项目已经超过51个，投资超过110亿美元。来自8个国家的120多家企业（大部分来自西班牙）参与了智利的特许经营市场，包括建筑企业、银行、保险公司、风险评估机构等。其成功经验被巴西、哥伦比亚、秘鲁等多个拉美国家效仿。

近年来智利特许经营项目的活力有所减弱，一方面由于一些重要的盈利性好的基建项目已经完成，另一方面上一届政府优先执行直接投资的基建项目，对特许经营项目推动不足。本届政府2010年上台以来十分重视推动特许经营项目建设，当年便推出了特许经营工程计划，包括2010至2014年将要招标的多个项目，总额达80亿美元，另外还有在研究中的项目达30亿美元。2011年落实6个特许经营项目，总投资10亿美元，未完成规划目标，有些项目由于情况复杂，招标时间推后，2012到2013年计划招标8个项目，总投资约45亿美元，2014年可能会有总额80亿美元的特许经营项目进行招标。如果计划顺利实施，皮涅拉政府期间的特许经营工程投资总额将创历届政府纪录。

（2）企业生产工程

根据智利建筑商会统计，2011年智利私人企业基础设施工程建设投资约51亿美元，比2010年增长12%，预计2012年用于建设的投资额将增长11%。根据智利资本货经营企业协会的报告，2011年到2015年计划中的生产基础设施建设投资将达到754亿美元，约50多个项目，主要集中在能源和矿业领域。能源领域的风能发电项目和输电线路项目比较突出，矿业领域也会开始新项目建设。私人企业工程建设主要通过招标进行，招标信息通常在智利主要媒体发布。

（3）房地产

通常房地产业工程建设由开发商自主招标进行，也有一些开发商本身就是大的建筑企业。

智利住房部投资建设廉价房和补贴贫困家庭购房，有关廉价房建设招标信息可以查阅智利住房部网站（www.minvu.cl）。参与此类廉价房建设招标的企业必须在智利公共工程部登记并获得级别认证。

二、智利投资项目推介机构

智利外国投资委员会负责投资项目联系人：

José Andrés Herrera,

E-mail: jaherrera@foreigninvestment.cl,

TEL: +56-2-698 4254

经济部工业发展局（CORFO）投资项目联系人：

Leonardo Valenzuela,

E-mail: lvalenzuela@corfo.cl,

TEL: +56-02-4497006

工业联合会（SOFOFA）：投资项目联系人：

Francisco Ovalle

Email:fovalle@sofofa.cl,

Tel: +56-02-3913113

（注：以上机构只负责推荐项目信息，不负责项目审核，不承担相关法律责任）

哥伦比亚

一、承包工程与劳务

哥政府将投资4亿美元用于马河疏浚

哥伦比亚总统府网站2012年8月11日消息，哥总统桑托斯近日宣布，哥政府将投资7000亿比索（约3.9亿美元）用于马格达莱纳河的疏浚。在疏浚工作完成后，哥政府将就马河管理进行特许经营招标。桑托斯表示，马河区域自治公司将受政府委托具体负责疏浚和招标，并得到了“中国水电”在通航、防洪、运输和渔业等方面的大力技术支持。

国机集团承接中国公司在哥伦比亚首个火电站EPC项目

2011年7月，国机集团所属中国联合工程公司（中国联合）签订了金额为2.4亿美元的哥伦比亚GECELCA3燃煤电站总承包项目。这是中国公司在哥伦比亚承建的第一个火电项目。

哥伦比亚GECELCA3燃煤电站位于哥伦比亚科尔多瓦省普埃尔托利贝尔塔多市，占地面积68.5公顷，装机容量1×185MW。电站建成后将实现电站净出力164MW，有力缓解当地电力紧张局面。该项目是中国公司在哥伦比亚的第一个电站项目，其设备全部采用中国制造，将有效带动中国机电设备出口南美。

二、哥伦比亚吉拉尔多市鼓励外来投资的优惠政策

哥伦比亚吉拉尔多市为有在本市进行投资意愿的投资者提供多种税收优惠政策。

吉拉尔多市2008第036号协议规定：

第1条：对在吉市注册且进行经营活动的外资企业免除工商税。豁免额度根据投资资本、本市员工聘用人数、业务种类等因素变化，如表3-2-4所示：

表3-2-4

新成立公司资产总额S.M.M.L.V.	员工人数范围	当地员工比例	合同种类		豁免时限	
>400 (>$226,680,000)	5-20	吉市籍占80%	直接	间接	3年	1年
401 Y 1000 ($227,246,700 a $566,700,000)	21-40	吉市籍占80%	直接	间接	5年	2年
1001 Y 3000 ($567,266,700 a $1,700,100,000)	41-99	吉市籍占80%	直接	间接	8年	3年
3001 Y 10000 ($1,700,666,700 a $5,667,000,000)	>100	吉市籍占80%	直接	间接	10年	4年

若企业从事产品加工类经营活动，必须遵循以下条件：（1）必须是在吉市内开展的新产业；（2）必须提供100个以上的直接长期工作职位。根据企业各自的经营期，且企业资本超过2000倍的现行每月最低工资标准，将可享受长达20年的税收豁免，如表3-2-5所示：

表3-2-5

经营年份	税收豁免比例
第1年－第4年	100%
第5年－第8年	80%
第9年－第12年	70%
第13年－第16年	60%
第17年－第20年	50%

第2条：本协议中提到的税收优惠奖励将由吉市财政局通过行政行为告知受益人。

享受此协议中提到的任何一豁免条件需对以下条款进行了解：

第 1 节：临时企业、公共上门服务、银行服务和更名不更业主的企业不可享受税收豁免政策；或合并后仍在吉市经营的企业，只能享受一次优惠政策，上述税收豁免利益不可转让。

第 2 节：需在吉市内完成首次工业或商业业务后 30 天之内，向吉市财政局递交享受税收优惠奖励的申请：

a．递交给吉市财政局的豁免申请；

b．企业的营业执照和代表相关文件；

c．若涉及建筑领域，需出示规划局颁发执照；

d．员工工资表，及社保等详细信息、应提供吉本市员工的信息；

e．生产期的开始日期；

f．新公司的投资规模，其中不应包括拟销售商品的价值，此部分价值不作为投资资本；

第 3 节：市财政局将在任何时候通过任何方式，对企业所聘本市员工进行核查，若核查结果不能满足税收优惠条件，将通过行政行为取消税收优惠的奖励并勒令其补缴工商税款。若受益人希继续享受税收优惠，需每年对此协议中规定的条件的完成情况进行申报，否则将失去免税权。

萨摩亚

承包工程与劳务

萨政府规划大型基础设施项目

萨摩亚《观察家报》2012 年 8 月 15 日讯，萨内阁已批准两项重大基础设施项目的规划。其一是在原跳蚤市场所在地兴建一幢十五层的新政府办公楼，届时，所有政府部门集中在一处办公的目标将最终得以实现。其二是在新政府办公楼竣工后将原旧政府办公楼改建成一座五星级酒店。这是一项未来投资。这两个项目将通过中萨两国政府的发展合作来完成，项目的具体磋商将在明年启动。

萨摩亚启动大型太阳能发电项目

萨摩亚《观察家报》2012 年 7 月 16 日讯，萨摩亚正式启动建设大型太阳能可再生能源发电项目。该项目造价为 5000 万塔拉（约合 2262 万美元），由萨摩亚太阳能有限公司负责融资。该项目建成后，将向萨国家电网供电 10 万千瓦，并替代近 10% 的柴油发电量，每年节省近 80 万塔拉（约合 36 万美元）的燃油费用。该项目的完成将使萨摩亚成为太平洋岛国地区人均利用太阳能最多的国家。

中萨签署萨摩亚国家宽带网项目优惠贷款框架协议

2012 年 1 月 5 日，中国驻萨摩亚大使赵卫平同萨摩亚总理图伊拉埃帕分别代表各自政府签署了《关于中国向萨摩亚提供实施萨摩亚国家宽带网项目优惠贷款的框架协议》。

阿根廷

一、承包工程与劳务

双向投资。自 1980 年中阿签署经济合作协定以来，两国在农业、牧业、采矿、酿酒、水果加工、港口疏浚、渔业、小水电等方面进行了广泛的接触与合作。根据中国商务部统计，截至 2011 年底，中国对阿根廷非金融类直接投资存量为 3.53 亿美元，涉及能源矿产、家电生产、航运、渔业资源开发及进出口贸易等行业；2010 年、2011 年中国对阿根廷直接投资额分别为 2723 万美元和 1.34 亿美元。

截至 2011 年底，阿根廷在华投资项目 399 个，实际使用外资金额1.81亿美元，主要投资项目包括制造业、房地产开发、水产品加工业等。

承包劳务。据中国商务部统计，2011年中国企业在阿根廷新签承包工程和劳务合作合同金额3.24亿美元，完成营业额1.93亿美元。截至2011年我在阿累计签订承包工程和劳务合作合同金额约32.13亿美元，完成营业额10.13亿美元。2011年末我在阿根廷劳务人数830人，截至2011年底我共向阿派出各类劳务人员超过1.5万人。

阿根廷罗马布兰卡风电项目EPC总承包合同草签成功

2012年6月22日凌晨（当地时间2012年6月21日下午），阿根廷罗马布兰卡风电场（Loma Blanca）项目EPC合同在阿根廷首都布宜诺斯艾利斯进行了合同草签。中国水电工程顾问集团公司的合同授权代表、国际工程公司海外业务三部总经理汤凌越与业主阿根廷罗马布兰卡风电一期项目公司和阿根廷罗马布兰卡风电三期项目公司（Parque Eólico Loma Blanca I S.A & Parque Eólico Loma Blanca III S.A）的法人代表共同草签了EPC总承包合同。罗马布兰卡风电一期和三期项目位于阿根廷南部Chubut省东部，距离阿根廷玛德琳港仅35公里，两期风电场总装机100MW，接入阿根廷500KV主干电网。根据合同规定，中国水电工程顾问集团公司将就项目进行勘测设计、土建施工、设备的国内外采购、安装、调试与试运行，是一个完整的EPC项目，合同总工期24个月，合同总金额约2.6亿美元。该项目隶属于阿根廷国家政府为鼓励清洁能源发展而推出的“GENREN计划”，联邦政府为项目的电力销售协议提供主权担保。拟由国家开发银行提供项目融资。该项目是中国公司在阿根廷承接的第一个清洁能源项目，也是集团公司在阿根廷市场的第一个总承包项目，对于扩大集团公司在国际风电行业的领先优势并在拉美市场风电行业树立标杆形象具有重要意义，草签成功标志着项目取得突破性进展，为项目的最终签订奠定了重要的基础。

北京建工集团成为全球最大内陆风电项目总承包商

2012年6月1日在首届京交会上，北京建工集团成功“牵手”阿根廷南方风力发电公司，成为全球最大内陆风电项目的EPC（设计—采购—施工）总承包商。6月1日，双方在中阿两国代表的见证下，签署了阿根廷巴塔哥尼亚加斯特雷1350兆瓦风力发电项目（简称CEG项目）的商务合同，项目总造价约39亿美元。据悉，这是北京建筑企业迄今为止获得的海外项目最大单。

CEG项目位于阿根廷的巴塔哥尼亚高原，包括1350兆瓦大型风电场和长300公里的高压输变电线路两部分，拟分九期建设，总工期为四年零九个月。北京建工集团方面表示，如进展顺利，项目将于今年年底正式实施。

CEG项目作为全球最大的内陆风电项目，它的建成在全球都将具有示范作用”，北京建工国际公司经理邢严介绍，风力发电技术在全球蓬勃发展，但很多国家的风电项目都是建设在海上，而内陆由于环境条件限制，风力发电存在不稳定等问题。在CEG项目中，北京建工集团将移植中国内陆风电项目的成功技术和先进经验，引入国内最顶级的电力设计院、最顶级的风电设备厂商，选用我国生产具有完全知识产权的2.5兆瓦全功率变频直驱型风力发电机，运用最先进的风电技术，为项目建成和使用提供强有力的保障。“这个项目将成为世界风电项目的一个典范”，邢严这样说道。

在CEG项目签约前，北京建工集团总经理戴彬彬应邀参加了北京主题日现场访谈，与经济学家马光远等专家就中国企业“走出去”进行了深入交流。戴彬彬表示，CEG项目标志着北京建工集团迈出了“走出去”的一大步，国际业务进入了一个新的阶段。

阿根廷最大水电工程来华招标：50亿美元

2012年9月27日，阿根廷联邦计划部长德维多受中国发改委邀请，在北京向中国企业推介阿根廷圣克鲁斯省的两座大型水电站项目，截止到本书截稿时间，尚不清楚中标情况。

作为阿根廷“2020计划”的一部分，斯托·基什内尔和豪尔赫·斯斑尼水电站建成后每年将为阿根廷国家电网系统供电1740兆瓦，使发电量在现有基础上增加6.5%。

根据阿方介绍，阿根廷电力资源开发潜力巨大。根据“2020计划”，到2020年阿根廷全国电力需求量将达到29025兆瓦，供应量将达到39005兆瓦，阿根廷届时还打算将剩余电力向邻国“出口”。阿根廷目前电力供应量只有26627兆瓦，与2020年目标供电量相比缺口超过10000兆瓦，而水电将提供其中5332兆瓦的电力供给。

二、中国企业大步走进阿根廷

统计显示，中国已成为阿根廷第三大外资来源国，且双边合作范围日益广泛，涉及油气开发、轨道交通、基础设施、石化、金融、能源、矿业、农业和制造业等诸多领域。

中阿两国相隔万里，双方的政治体制、企业体制、经济形势、投资环境、市场情况、法律体系、贸易习惯和文化背景等多有不同。因此，中国企业赴阿投资前，须重视对阿投资环境的分析，以防范和降低投资风险。

中企赴阿投资现状

20世纪90年代后期，阿根廷年均吸收外资曾高达106亿美元，占整个拉美和加勒比地区吸收外资总额的17%。其后，金融危机致阿外资投资环境恶化，外资流入大幅减少，2003年曾降至13亿美元，为历史最低水平，2004年后呈现持续回升势头，2008年达97.25亿美元，但受2008年国际金融危机影响，2009年回落到40.17亿美元，2010年复苏到61.93亿美元，2011年继续复苏至63亿美元。

近年来，中阿经贸关系发展顺利，中国企业在阿根廷的投资大幅增长。2009年，来自中国的投资占阿根廷当年吸引外资总额的半数以上；2010年，经中国商务部批准或备案，中国在阿根廷完成非金融类直接投资金额6603万美元，中国公司在阿根廷完成承包工程营业额1亿美元。2004年至2010年间，中国对阿根廷直接投资年均增长速度达到9%。

早期，中国企业在阿根廷投资的主要领域是渔业和渔产品，但目前中国在阿根廷的投资领域多种多样，涉及石油、化工产品、通信、交通、农业、基础设施建设和矿业。其中，石油等能源的投资份额最大，其次是交通方面，阿根廷较为看重的信贷、银行、保险等服务行业中方尚未出手。

就投资方式而言，中国企业在阿根廷投资一般选择独立投资，部分中国企业在阿根廷注册公司，成为完全的本地公司，也有设立合作公司的。

在阿兴业利好不少

经济持续增长。阿根廷经济在2003年到2007年持续高速增长，年均增速达7%—8%；在成功应对国际金融危机后，2011年阿根廷国内生产总值（GDP）增长9.2%。统计显示，2011年阿根廷商品生产产值和服务业产值同比分别增长7.4%和9.1%。其中工业生产产值在汽车工业支撑下同比增长11%，而农牧渔业产值同比减少2.4%，金融服务业产值同比大幅增加21.2%，带动整个服务业稳步增长。

就业持续改善

近年来，阿根廷失业率由2000年的15%降至2010年的7.9%，2011年第四季度更是降至6.7%，创近20年来新低。阿根廷经济学家罗夫曼预测，2012年底阿失业率将降至5%，接近“全面就业”的水平。

货币持续贬值

阿根廷货币已连年持续走贬，1阿根廷比索兑美元汇率由2001年的1.001大幅贬值为2002年的0.326，继而贬值到2012年4月的0.2262，创历史新低；兑人民币亦由2001年的8.281大幅贬值到2002年的2.702，继而持续贬值到2011年的1.4343，亦为历史新低。近期，由于通货膨胀和资金外流的现象初步得到控制，阿根廷政府拟加快货币贬值速度，通过汇率政策的调整对国内市场和企业进行保护。此举会降低中国企业赴阿投资的初始成本，增强驻阿企业在当地市场和国际市场的竞争力，提高市场占有率和盈利能力。

自然地理优越

阿根廷拥有令人羡慕的自然条件和资源，主要矿产资源有石油、天然气、煤炭、铁和银等，预计尚有75%的资源未得到开发利用；水力资源比较丰富；阿根廷林业发展具有得天独厚的条件，拥有3320万公顷的天然林和110万公顷的人工种植林，森林面积占全国总面积的22%；沿海渔业资源丰富，是世界著名的农牧产品出口国，盛产粮食、牛肉、水果、蔬菜等各种农牧产品。

基础设施相对便利

在拉美国家中阿根廷的交通运输最为发达，公路、铁路、航空和海运均以首都为中心向外辐射，形成扇形交通网络；全国有1700多个机场、20多个港口，年吞吐量8500万吨；国内交通运输以陆运为主，外贸货物的90%通过海运运输；通信业比较发达，国内国际数字化通信网络四通八达，固定电话与移动电话用户居于全拉美地区第一位，互联网覆盖率逐年快速提高，并远高于拉美地区平均水平；拥有拉美第三大电力市场，大多依靠水力和天然气火力发电，电力成本较低。阿根廷政府正在推进大规模公共投资计划，投资总额达1110亿比索。

人力资本相对丰裕

阿根廷公共教育支出占GDP的比重超过世界平均水平，非常接近高收入国家平均水平，使其人力资本丰裕，对投资高新技术企业极为有利。

法律环境有利

阿《宪法》和《第1853号法令》(1993)以及《商业公司法》《民法典》《商法典》规范外商投资行为，如对个人和企业提供国民待遇，其《宪法》规定外国人同阿根廷人在劳动、买卖和拥有资产等方面享有同等权利；外国人的产权不可侵犯，外国投资者与本国投资者享有同等的权利义务；外国投资者可以个人独资、合资、合伙、分支机构、特许经营等形式进行投资；外国企业在阿根廷的投资数量和投资领域都无需经过事先批准，且投资者有权将资本、所获利润随时汇出该国，进入外汇市场也无任何限制。

阿根廷经济与生产部的工业、贸易、矿产业国务秘书局下设投资发展署，其主要职责是提供贸易机会并促进外国直接投资；并作为专业咨询中心，为投资者提供经济、金融、税务、教育、科技和法律等诸多方面的信息和帮助解决困难。

投资鼓励政策

阿根廷鼓励外国投资，除军事领域外实际对外资已无限制，如在石油、交通、通信等敏感领域也可进入，但主要鼓励外资投向汽车及汽车零件业、矿产业、林业、软件业、生态石油业、出版业等产业。须注意，在银行和保险方面，需要申请许可；在渔业方面，阿根廷管理很严格以保护资源，每年仅向当地的公司发放数量有限的许可证，但外国投资者可通过购买公司或合资自由地进入该领域。

为鼓励外资流入，阿根廷向外资提供一系列税收优惠，如与诸多国家签署避免二次缴税的协议；投资制造业、矿产业、林业、旅游业等领域的外商投资者可享受中央和地方政府的一些补贴和税负减免；对外资投资中小企业，给予出口退税、进口成套设备免征关税、成套设备出口附加退税 10% 等优惠。

对外贸易持续发展

近年，阿根廷采取多种措施推动外贸发展，如在全国建立 4 个适合发展外贸的港口，并规定各省都可建立保税区。2011 年，阿根廷外贸额达 1581.9 亿美元，同比增长 26.9%，其中，资本货物、燃料、零配件和中间产品等进口增幅较大，农牧业初级产品和加工产品的出口占六成左右。

近年来，中阿双边贸易发展迅速，中国已成为阿根廷第二大贸易伙伴和最大的农产品出口目的地国，2011 年中阿双边贸易额达 148 亿美元。值得注意的是，为解决阿对华贸易逆差问题，中方正采取有力措施推动阿对华出口产品多样化。

双边投资基础和平台良好

2011 年，中石化收购西方石油公司阿根廷子公司 100% 股份及其关联公司，该笔投资占中国在拉美地区总投资的比重很大。2010 年 5 月，中海油以 31 亿美元收购布里达斯公司在阿根廷 50% 股份；2010 年 11 月，布里达斯公司购并泛美能源；2011 年 3 月，泛美能源又耗资 7 亿美元买下埃克森－美孚公司在阿子公司。

为推动中企赴阿投资，中阿双方积极打造良好平台。如 2011 年 7 月 20 日，阿根廷驻华使馆举办首届阿根廷贸易和投资机会研讨会，阿外交、国际贸易与宗教事务部组织该国的各相关部门纷纷向中企代表推介港口、风能、林业、生物柴油及农业贸易等众多投资项目。

投资环境犹存不足

虽然具有很多吸引外商投资的有利条件，但阿根廷经济还比较脆弱，债务负担沉重，通货膨胀形势严峻，这使得外商对阿根廷投资普遍持谨慎观望态度。

经济增长尚不稳定

自 2011 年年底以来，阿根廷经济就出现增速下降趋势。在工业生产滑坡的同时，阿根廷投资和消费也都出现明显降温趋势。阿根廷迪特拉大学在 2012 年 3 月进行的民意调查显示，大部分阿根廷民众对宏观经济前景不看好。此外，阿根廷失业率虽持续下降，但有媒体公布的数据显示，2010 年阿根廷 14 岁至 24 岁间既非在校学习也未就业的年轻人占该年龄段总人数近 22%，是成年人失业率的两倍多；高比例青年人口就业边缘化折射出阿根廷经济形势的严峻性，这对阿根廷经济和社会稳定发展产生不良影响。

通胀风险高企

为追求经济增速，阿根廷政府拒绝控制货币投放规模，导致通货膨胀失控。2005 年以来，阿根廷已连续 6 年出现恶性通货膨胀官方公布的通货膨胀率每年都在 7% 到 11% 之间，但阿根廷私人研究机构和经济学家普遍认为实际通胀率当在 15%~25% 之间；国际货币基金组织也不认可阿政府公布的通胀数字，认为阿国家统计局在统计方法和参数设定上存在明显的人为干预因素。

综合考量，经济增速下滑和通胀高企的现状意味着阿根廷实行多年的“高增长、高通胀”增长模式即将结束，很可能会面临“低增长、高通胀”的滞胀局面，从而对国民经济、社会稳定和外资投资产生不容忽视的影响。

劳工成本步步升高

受高通胀率影响，近年来阿根廷生活成本和劳动力成本不断上涨，削弱赴阿企业的竞争优势和盈利能力，影响阿根廷经济竞争力。世界银行 2006 年研究数据显示，以购买力衡量的总消费支出，阿根廷在南美国家中最高，比南美国家平均总支出高61%。受金融危机的后续影响，阿根廷劳动力成本仍不断上升，阿根廷国家统计局数据显示，从2009年7月~2010年7月间，工资水平累计上涨23.8%，高于同期消费者价格指数两倍多。以美元计算的单位劳工成本，在2007年~2011年间提高48%，并于2011年第二季度达到历史高峰。

汇率贬值值得关注

如前所述，阿根廷货币持续贬值，且有加速预期，虽有助于降低赴阿投资成本、提高在阿企业出口竞争力、改善阿国际收支，但亦会给在阿企业带来巨大的会计风险和经营风险，对企业长远和可持续经营产生不利影响。

外债风险仍需警惕

虽然自2005年阿根廷政府成功进行债务重组后，外债占国内生产总值比重和外债规模占出口总额的比重（债务率）不断下降。截至2011年年底，阿根廷的外债余额为1397.15亿美元，占国内生产总值的31.3%；债务率已由2005年的470%降至170%，但仍超过100%的国际警戒线。

政策环境有待优化

经历21世纪初的金融危机后，阿根廷彻底抛弃“新自由主义”发展模式，转向“重行政干预、轻市场调节”的发展模式，政府对经济的干预和介入越来越深，造成市场定价机制和资源分配机制失灵，导致外国企业在阿根廷的投资面临很大的不确定性和投资环境恶化。如阿根廷政府于2012年4月16日宣布西班牙石油公司雷普索尔-YPF为“公益财产”，将征收雷普索尔-YPF约51%的股份，对YPF公司实行国有化。

尽管阿有关投资的硬性法规比较健全，但实际操作中，投资者仍会遇到官僚主义、官员贪污腐败等现象，另外因各省之间优惠政策差异性导致的部分手续办理缓慢而办事效率降低，都对投资环境造成很大的负面影响。

贸易和外汇管制趋严

阿根廷政府为保证外贸顺差规模以应对偿债压力，对进口产品实行严格限制，并采取严格的外汇管理措施。自2008年金融危机爆发以来，阿根廷采取征收反倾销税、设立非自动进口许可证制度、为进口商品设置报关参考价格等一系列贸易保护措施；从2012年2月1日开始，阿实施新的限制进口措施进口企业需要向阿根廷联邦公共收入管理局和经济部同时提前申报，提交进口产品及进口商的详细资料，获得批准后才可办理进口手续。全球贸易预警处2011年9月发布报告说，阿根廷目前生效的贸易保护措施达148项，居全球首位，近半数以上的限制措施涉及中国产品；另据世界银行有关贸易便利化排行，阿根廷在183个国家和地区中仅名列第115位。

贸易管理措施虽有利于保证外贸顺差规模和本国企业市场份额，但亦造成经济活力下降、物价上涨加剧和国际竞争力削弱。

综上，阿根廷政局趋稳、法律规范、基础设施良好、经济持续增长等有利于改善阿投资环境；但经济增速放缓、通胀高企、货币贬值、劳动力成本上升、政策和贸易管制趋紧等因素又令阿根廷投资环境充满不确定性。因此，赴阿投资企业须审时度势，三思而后行。

赴阿投资应避风险抓机遇

中国企业在阿进行投资，既要抓住机遇，开拓进取，又要加强调研，规避风险，两者缺一不可。

在作出投资阿根廷的决策前，应本着实事求是的态度，密切注意阿经济发展动态和经济改革变化，对投资项目进行详细调研、充分论证、科学评估，善于发现、降低、控制和管理投资风险。

在涉及重大项目或出现重大问题时，应及时向我国驻阿政府部门通报和沟通，以便掌握情况和保持主动地位，并在必要时提供协助。

投资行业建议选择我国具有竞争优势、阿方资源丰富（如采矿业、林业、农业）或鼓励投资的行业（如金融服务业、汽车零件业、高新技术制造业等），以充分将双发方优势与阿方优惠条件相融合；投资方式建议采用合资方式或非股权投资方式，以降低国有化等政治风险；并积极采用人民币跨境结算方式、内部贸易和转移价格，尽可能规避阿通胀高企、汇率贬值、外汇管制等风险。

中国企业应尊重阿当地的法律法规，经营活动中做到守法经营，妥善处理分歧和敏感问题，自觉维护中阿关系健康稳定的大局；鉴于阿根廷法律种类繁杂、规定繁琐，在投资前须对有关法律、规定进行全面、准确的了解，且为避免引起不必要的麻烦，建议聘请当地法律顾问。

鉴于阿物价、劳工工资和生活成本高企，中国赴阿企业在作投资决策和项目选择时须对具体因素的变动趋势作出合理预期，对项目收支进行仔细核算。

斐 济

承包工程与劳务

信发集团斐济 Nawailevu 铝土矿项目举行开工典礼

2011 年 11 月 8 日，山东信发集团斐济 Naiwailevu 铝土矿项目开工典礼在斐济北岛 Bua 省矿区隆重举行。斐总理姆拜尼马拉马出席典礼并发表主旨讲话，中国驻斐济大使黄勇、山东省省长助理周齐、山东信发集团副董事长刘继军出席并致辞。斐土地和矿产资源部、国家计划部、公共服务委员会、工程部、省际发展部的常秘及相关政府部门官员，北区区长及当地村民代表，山东省商务厅副巡视员石光亮等，我驻斐济使馆蔡水曾商务参赞等有关官员，信发集团斐济公司全体员工，斐相关媒体等 300 余人参加了开工典礼。

南德瑞瓦图水电站竣工投产

2012 年 9 月 14 日，斐济南德瑞瓦图水电站竣工典礼在斐济南德瑞瓦图大坝现场举行。斐济总理姆拜尼马拉马和中国驻斐济大使黄勇应邀出席典礼。业主斐济电力局主席 Nizam-ud-Dean、斐济工程交通部长 Timoci Lesi Natuva、斐济公共企业部长 Aiyaz Sayed-Khaiyum、中国驻斐济使馆经商参赞蔡水曾、中水电集团公司副总经理刘明江、中国开发银行代表以及其他一些驻斐外交使节和各界民众共数百人一起见证了大坝和发电厂房的雄伟风姿。

当地民众举行了传统仪式，热烈庆祝水电站竣工投产。之后，姆拜尼马拉马总理致辞，对中国的资助和电站建设者的辛勤劳动表示诚挚的感谢。他说，南德瑞瓦图水电站的建成将缓解斐济电力短缺的局面，提高人民的生活水平。而且水电站是可再生清洁能源，可以大大减少国家对燃油进口的依赖，每年可节约经费 4200 万斐元（约合 2400 万美元）。

中国水利水电建设集团公司代表、副总经理刘明江感谢斐济政府和我驻斐济使馆及经商参处对工程建设的大力支持，称赞水电站的竣工投产是中斐合作的典范，也展示了中国水电雄厚的技术实力和卓越的管理能力。望与斐方开展更深入、更广泛的合作，实现互利共赢、共同发展。

斐济低造价住房项目举行 1B 地块竣工发售仪式

2012 年 5 月 11 日，使用中国政府优惠贷款实施的斐济低造价住房项目中的 1B 地块竣工发售仪式在斐济首都苏瓦举行。斐济总理姆拜尼马拉马和中国驻斐济大使黄勇出席仪式并分别致辞。姆总理在致辞中强调斐政府致力于加强用于民生保障的基础设施建设，对中国政府向诸多项目提供的大力援助表示衷心感谢。黄大使在致辞中对斐相关部门、中国进出口银行和承包方中铁一局的辛勤工作表示感谢，并预祝该地块发售取得成功，为该项目后续工程的顺利实施奠定坚实的基础。随后，姆总理和黄大使一同为该地块的竣工剪彩，并植树留念。斐多名部长及相关政府部门官员、中铁一局党委副书记王恩华、斐相关媒体等约 100 人出席了交接仪式。

中国提供优贷实施斐公路升级改造项目中 Moto 路段工程举行开工仪式

2012 年 1 月 12 日，由中国政府提供优惠贷款的斐济 4 条农村公路升级改造项目中 Moto 路段工程开工仪式在工地现场举行。斐济工程部长纳图瓦、中国驻斐济大使黄勇、项目承包方中铁一局斐济公司总经理乔勇出席仪式并分别致辞。纳图瓦部长亲自登上挖掘机为项目破土。中国驻斐济使馆经济商务参赞蔡水曾、中铁一局项目组工作人员、斐相关政府部门官员及媒体、斐当地村民等 100 余人出席了开工仪式。

纳图瓦部长在致辞中表示，斐政府目前致力于加强偏远地区的基础设施建设，特别是道路、桥梁等，以改善交通条件，促进经济发展，减少贫困人口。斐方对中方在该领域给予的及时援助表示衷心感谢。黄大使表示，该项目的开工仪式是中斐两国在新的 2012 年进一步深化双边关系，加强互信合作的一个良好开端，中方将一如既往地为斐济提供力所能及的援助，力争实现共同发展。

Moto 路段工程建筑内容为 5 公里长的公路升级改造，是斐农村公路项目的 4 条公路中最后开工的一个路段。该路段的开工标志着整个斐农村公路项目全面进入实施阶段。

委内瑞拉

承包工程与劳务

委内瑞拉总统批准78亿美元预算外资金

据委内瑞拉当地媒体报道，2012年3月2日至14日期间，查韦斯总统共批准使用预算外资金270亿玻利瓦尔（约合62.8亿美元）和15亿美元用于住房、工业及其他社会计划，资金主要来源于国家发展基金（FONDEN）。获得资金的项目和单位主要有：采购中国预制板房项目（6.38亿美元）、安置房采购项目（8.3亿玻利瓦尔）、安索阿特吉州社会住房项目（1.37亿美元）、SERLACA铝业公司（9.5亿玻利瓦尔和3亿美元）、国家电力公司（1.58亿美元）、双百年基金（50亿玻利瓦尔）、各地方政府（27亿玻利瓦尔）等。

委内瑞拉政府将向首都地铁项目投资11亿玻利瓦尔

据当地媒体2011年12月23日报道，根据2012年委内瑞拉政府举债法，明年委政府将向首都大区的地铁项目投入11亿玻利瓦尔，以完成加拉加斯和洛斯特格斯地铁部分辅助项目的建设，包括马里切缆车快速道项目、佩塔雷旅客自动运输系统项目等。除了政府财政拨款，委国家基金以及中委基金也将为这些项目提供融资。

委政府还计划在未来四年内为加拉加斯和洛斯特格斯地铁更换70节地铁新车厢，并在未来五年内新建72公里的地铁线路，使首都大区的地铁总里程达到140.5公里。

惠生工程获委内瑞拉炼厂EPC项目总包

2012年6月28日，中国最大的民营EPC服务承包商惠生工程（中国）有限公司宣布，其与韩国现代工程（HDEC）、现代设计（HEC）共同组成的联合体，正式获得委内瑞拉国家石油公司（PDVSA）总价值约29.93亿美元炼油项目EPC总承包合同，其中惠生工程获得约9.278亿美元的份额。

惠生工程副总裁董华表示，委内瑞拉是惠生工程主要的海外市场之一。惠生工程与现代工程、现代设计联合赢得PDVSA项目，表明公司多年来积累的工程项目执行经验和项目管理能力获得认可。

惠生工程自2008年起就已开始拓展东南亚和中东地区市场，目前惠生工程已在沙特阿拉伯、新加坡和印尼等地陆续设立了海外办事处或子公司，并加快了获取国际项目和外资项目的步伐，当中包括近期获得两个沙特SABIC项目，以及巴斯夫的重庆MDI一体化项目。

中国重汽出口委内瑞拉400辆牵引车装船发车

2012年10月08日，由委内瑞拉国家石油公司采购的400辆牵引车顺利装船发车，预计下周将到达委内瑞拉卡贝略港口。这是继2010年采购750辆牵引车及750辆半挂车之后，该公司的第二次大批量采购。随着集团公司国际化步伐的不断加快，进出口公司亚美部持续强化走出去力度，积极拓展市场广度，取得了明显成效，中国重汽品牌车辆在巴西、委内瑞拉、智利、秘鲁等市场的销量与占有率节节攀升。

中水八局中标委内瑞拉巴里纳斯重油发电项目

2012年1月11日，委内瑞拉石油公司（PDVSA）发来通知，宣布公司中标巴里纳斯重油发电项目。

该项目的成功中标，为公司在新的一年里做好国际市场开拓开启了一个良好的开局。同时该项目是公司首次承建重油发电项目，为巩固国际火电优势、做大非水电产业奠定了良好的基础。目前，公司在委内瑞拉同时有三个项目在实施，标志着中国水电在委内瑞拉市场已经进入了稳步持续的发展阶段。

该项目位于委内瑞拉巴里纳斯州，主要施工任务包括一座用于Batalla de Santa Ines炼油厂发电的100MW联合发电机组及115/34.5KV输变电站，合同工期15个月，合同金额约3亿美元。项目业主为委内瑞拉石油公司（PDVSA）。

徐工第五批成套工程机械设备登陆委内瑞拉

2012年8月9号，徐工集团V58项目第五批成套工程机械设备第一艘货运船抵达委内瑞拉最大港口“卡贝略”港，此次抵达委内瑞拉的徐工产品共计475台。作为徐工产品最坚实的后勤保障，徐工售后服务团队早已等待在码头，用两天三夜的坚守，再一次证明了徐工“全过程、全天候、全方位、全身心”的服务承诺。徐工产品将以可靠的品质，迎接太平洋彼岸酷热的天气及连绵暴雨等恶劣环境的考验。

中国电建目前在南美市场承建的最大工程项目受电成功

2012年9月15日凌晨3:00分，委内瑞拉新中心电厂系统一次受电成功！ 9月18日16:50分，1#机组顺利并网发电！9月18日19：25分，2号机组一次点火成功！由中国水电股份公司承建、委内瑞拉新中心电厂812联营体具体施工的委内瑞拉新中心电厂4天实现3大里程碑目标，受到了业主——委内瑞拉国家石油公司（PDVSA）的高度赞扬，树立了“中国电建”良好的企业品牌形象。

委内瑞拉新中心电厂是中国电建目前在南美市场承建的最大工程项目。工程开工以来，812联营体项目部全体员工发扬“自强不息、勇于超越”的企业精神，精心组织，精心施工，优质高效地完成各工期节点目标：2010年7月23日，电厂主体工程正式开工建设，2011年1月24日主体混凝土开浇，2011年10月18日，四座旁路烟囱全部到顶，2012年7月25日首台机组点火发电，2012年8月12日电厂GIS开关站耐压试验一次性成功，为机组并网发电打下坚实基础。

新中心电厂由委内瑞拉国家石油公司PDVSA投资兴建，安装193MW瓦克夏燃气发电机组4台，总装机容量77.2万千瓦，项目合同额10.38亿美元，是中国电建在南美市场的首个火电项目。新中心电厂首台机组并网发电的顺利实现，2号机组成功点火，是新中心电厂项目里程碑式的重大胜利，也是中国电建集团在拉美市场的重大胜利，必将为开拓拉美市场和树立中国电电品牌形象打下坚实的基础。

葛洲坝集团承建的委内瑞拉航运系统通航

2012年9月，随着首批三艘船舶顺利抵达阿普雷州府圣菲尔南多市临时码头，葛洲坝集团承建的委内瑞拉综合农业项目——阿普雷航运系统正式通航。委内瑞拉总统查韦斯盛赞葛洲坝集团为该国经济发展所做贡献。

委内瑞拉埃罗莎·曼特卡尔农业发展项目位于委内瑞拉阿普雷州，包括当地河流航运系统、农用道路、农业用地排水系统、工农业加工厂和学校等基础设施项目的勘察、开发、设计和施工，合同工期24个月。该项目属中委大额合作项目，建成后将解决阿普雷州雨季洪水泛滥的问题，服务当地农业和渔业生产。阿普雷州航运系统为其重要组成部分。

受查韦斯委托，阿普雷州州长主持了通航仪式，委内瑞拉农业部副部长、军方代表等要员，葛洲坝集团相关人员及部分当地民众代表参加了通航仪式。委内瑞拉农业部副部长在仪式上表示，葛洲坝集团为阿普雷州奥利诺克河航运系统的发展做出重要贡献，是值得信赖的中国朋友。

委内瑞拉综合农业项目自开工以来，得到当地政府和民众的广泛关注。葛洲坝集团承建的项目因形象良好，施工质量优异而广受赞誉。查韦斯在近期举行的总统大选演讲活动中专门提及该项目，对其航运系统按期投入运行表示满意，并对葛洲坝集团利用当地资源在阿普雷州农业项目建设中取得的成果给予高度评价。

巴　西

一、巴西对外国公司承包当地工程的规定

1. 许可制度

巴西没有专门负责外国企业在巴西开展承包工程的综合管理部门。财政部，发展、工业和外贸部等相关部委均有部分相关政策措施。在巴西国内实施的大型基础设施项目，根据涉及行业领域不同由不同部委分管。如以技术密集型为主的冶金、石化和水力等工程由巴西矿能部管理，而以劳动密集型为主的房建、修路等单纯土建项目由巴西交通部管理。外交部合作司负责管理利用联合国等世界金融组织贷款进行的工程项目，州政府各局负责本局工程项目，州工程局负责市政建设工程，如排水供水、城市化工程、能源建设、卫生工程等。鉴于巴西近年来在基础设施方面缺乏资金、投资不足，2004年12月30日政府实行了“公私合营模式法”（PPP），旨在为基础设施建设领域开展融资、保持经济持续增长创造条件。“PPP模式法”联邦管理委员会由计划部、财政部、总统府民办组成，对国内大型基础设施项目招

标及建设统一管理。

任何外国公司在巴西实施工程项目都需要在巴西联邦商会注册，常规的做法是成立有限责任公司。公司在联邦商会注册后，还需要在联邦、州、城市三级税务机关登记。操作任何项目必须要有技术负责人，技术负责人必须为在巴西专门的工程师协会注册的相关专业注册工程师。因外国人获得该注册较难，一般技术负责人从本地招聘。需要在政府环境保护部门办理环境许可。项目工程建设、验收的要求最低应满足巴西技术标准委员会的相关专业技术标准。与业主签订的项目合同中有专门的质量、安全、环境、进度、健康、设计等标准和规范。承包商根据合同中的标准和规范制订相应的操作程序文件报业主审批，业主批准后方可执行，承包商必须按业主批准的程序文件要求操作项目，否则业主有权要求停工整改、甚至拒绝接受项目工程。合同执行过程对当地化的比例要求较高，达75%。如不能满足当地化比例要求，可能招致罚款。项目合同中的罚款条款比较严厉，工程延期、不服从业主检查人员指挥、达不到当地化比例都可能导致业主罚款。工程结束后业主按照合同规定对工程进行验收，符合合同要求，业主签发临时验收证书，项目进入宽限期，宽限期一般为一年，宽限期满后工程没有发现承包商责任问题，业主签发最终验收证书，项目合同结束。

2. 招标方式

巴西联邦政府各部负责本部工程项目及采购招标，外交部合作司负责利用联合国等世界金融组织贷款进行的工程项目及商品采购招标，州政府各局负责本局工程项目及商品采购招标，州工程局负责市政建设工程招标，如排水供水、城市化工程、能源建设、卫生工程等。巴西工程项目招标的法律、程序和方式与欧美国家相近。

承包当地工程的招投标方式一般为：公开招标，邀请招标和议标。

二、巴西对中国企业开展投资合作的保护政策

1. 中国与巴西签署双边投资保护协定

1994年4月中国与巴西政府签署了《关于鼓励和相互保护投资协定》工作文本，但是该协定和巴西政府对外签署的其他双边投资保护协定一样，尚未经过巴西议会批准。

2. 中国与巴西签署避免双重征税协定

1991年8月，中国和巴西政府签订了《中华人民共和国政府和巴西联邦共和国政府关于对所得避免双重征税和防止偷漏税的协定》。

3. 中国与巴西签署的其他协定

中国政府和巴西政府于1978年1月签署了双边贸易协定，1984年5月两国政府签署了贸易协定补充议定书。

2006年双边签署了《中华人民共和国政府与巴西联邦共和国政府关于加强基础设施领域工程建设合作的协议》。

作为中国－葡语国家经贸合作论坛（澳门）的参加方，2003年巴西与中国、安哥拉、佛得角、几内亚比绍、莫桑比克、葡萄牙和东帝汶部长共同签署《经贸合作行动纲领》。

此外，中巴双边还签署了《中华人民共和国政府和巴西联邦共和国政府关于动物检疫和动物卫生合作的协定》、科技合作协议、文化教育合作协议、海运协议等。

三、巴西关于劳动就业的规定

1.《劳工法》的核心内容

巴西政府制定了严格、细致的劳工法律法规，保障劳工权益。企业稍有不慎，就会陷入劳工纠纷或受到行政处罚，蒙受不必要的损失。1943年颁布的《统一劳工法》是巴西第一部系统的劳工法，后虽经不断修改，但至今仍是巴西劳工政策的基础。

劳工权益

（1）劳工登记：任何获得报酬的雇佣劳动都必须进行劳工登记。劳工登记有两种形式：劳工的“劳动和社会福利证”（Carteira de Trabalho e Previdencia Social，以下简称“劳工证”）；企业的“雇员登记书”（Livro de Registro deEmpregos）。“劳工证”和“雇员登记书”均由巴西劳工部或其授权机构颁发和管理。企业雇佣劳工时，须在“劳工证”和“雇员登记书”中注明工资、工作条件等。

（2）劳工合同：企业与劳工之间应签有劳工合同，明确规定工资、工种、工作时间等。劳工合同有两种形式：“个人劳工合同”和“集体劳工合同”。“个人劳工合同”由企业与劳工直接签署，“集体劳工合同”由工会代表劳工与企业签署。个人劳工合同中止：如患疾病，劳工应履行服务的条款即被中止，但仍保留原先交纳的社会保险金（INSS）和工龄保障基金（FGTS），并且在5年内劳工应被考虑复职。如因服兵役或其他民事义务致使

劳工合同中止，企业应为其保留工作岗位。

个人劳工合同结束：企业和劳工双方均可结束合同，但需签合同终止的文件，并需提前30天通知对方。劳工获解职通知后的30天内，每天可只上半天班，另半天可外出找工作。工会领导成员和企业安全委员会成员在其任期内和任期结束后的一年内不能被解雇，劳工工伤事故发生后一年内或工伤治疗期间也不能被解雇。正当解雇时，业主应支付其工资余额，原交纳的社会保险金（INSS）和工龄保障基金（FGTS）仍然保留。在遭遇无正当原因（即任何与雇员本人无关的因素）被解雇时，企业需多给上述保留金额的40%。劳工连续旷工一个月以上，企业才能开除。雇员主动辞职，雇主必须支付工资余额和部分休假工资和应得的各种补贴等。

集体劳工合同变更：由工会代表劳工与企业讨论。

（3）工作时间：《劳工法》规定，“正常工作时间”为每日8小时、每周44小时、轮班每班6小时。“正常工作时间”之外为加班时间，报酬按“正常工作时间”小时工资的150%计酬；夜间工作（22：00-次日5：00）按日间工作120%计酬；假日工作按平常工作200%计酬。

此外，巴西《劳工法》还规定了严格的工作休息时间，如在4-6小时的连续工作期间，劳工应有15分钟休息时间；从事连续6小时以上的工作，劳工应有1-2小时的休息或用餐时间，等等。企业可按照生产和业务需要调整职工的劳动时间，这一制度安排适用于各种类型劳动合同。例如企业可在经营淡季缩短正常工作时间但不降低工资，剩余的工作时间企业可在经营旺季安排职工加班。调整期限不得超过120天，劳资协议另有规定的除外。若这一制度始于企业经营旺季，企业可延长职工工作时间（每天延长的时间最多不超过两小时）。在这一期间，企业不支付加班费，通过后期休假的方式抵消加班时间。工作时间可根据劳资协议的安排而作相应调整，但是每天工作时间最多不得超过10小时，在120天内，每周工作时间合计不得超过法律规定的最大值。

另外，加班时间的补偿必须发生在合同期内，也就是说，如果合同（不管是何种形式的合同）终止时，加班时间没有完全得到补偿，就这些劳动时间职工有权要求企业支付工资和劳资协议规定的加班费用，在任何情况下加班费用都不得低于正常小时工资的50%。

（4）工资：劳工工资以雷亚尔按月发放。劳工工资不得低于法定的最低工资。自2011年巴联邦政府开始实行最低月工资标准545雷亚尔，并制定了2011-2023年最低工资定期增长的政策。各行业劳资双方在遵守政府最低工资的基础上，还可商定本行业的最低工资。在佣金、小费、计件、承包等各种酬金形式下，劳工的月收入都不得低于最低工资。最低工资至少应有30%以货币形式发放。未成年徒工的最低工资在学徒期前一半为法定最低工资的1/2，在学徒期后一半为法定最低工资的2/3。劳工在工作满12个月以后，可获得一个月的额外工资。没有正当理由解雇工人，雇主必须继续支付一个月工资。

（5）年假：劳工除法定假日外，每年还享有30天的带薪假期（但假期天数按缺勤天数递减）。若劳工不休年假，企业须给予经济补偿。

（6）劳动安全与卫生：企业应向劳工提供安全、卫生的工作环境，要接受当地劳工局的定期检查。

（7）妇女、未成年劳工保护（14-18岁）：除享有一般劳工权益外，妇女、未成年劳工受到特殊保护，在雇佣条件、加班时间、夜间劳动、工作环境等方面，劳工法均做出了特殊规定。例如，14-16岁少年只能以学徒的身份参加工作，16-18岁少年参加工作，其父母必须在劳工合同上签字，不得从事危险、有害以及夜班工作。孕妇在怀孕期间直至分娩后5个月内，雇主应保证其稳定的工作。分娩前孕妇可享受28天假期，分娩后孕妇应享有92天的产假，雇主不得减少工资。

（8）试用期：劳资双方应签订试用协议，一般情况下，劳工试用期为45天，可延期一次（45天）。试用前，劳工应接受健康检查。试用期内，企业和劳工都不需缴纳工龄保障基金（FGTS）等费用。

（9）劳工的其它权益：家庭津贴（Salario Familiar）；工龄保障基金（FGTS－Fundode Garantia do Tempo de Servico，类似工龄补贴）；社会保险金（INSS或称CINSS）。

劳动合同的种类

（1）临时劳动合同：临时劳动是指自然人为企业提供的短期劳动服务，以临时代替企业正规员工的工作，或满足企业短期内工作量增加的需求。劳动期限由雇主决定，期满可以延长一次，但延长的期限不超过先前合同约定的劳动期限。临时雇员享有以下权利：①可以取得与企业内部同一工种的员工相同的报酬，按小时计算，保证当地最低工资；②8 小时工作制，加班时间不超过2 小时，加班工资按每小时正常工资加20%计算；③按照劳动天数的一定比例提供休假时间；④每周带薪休假；⑤夜班额外报酬；⑥ 无正当理由解除合同或合同到期时的补偿金，按照已支付工资的 1/12 计算；⑦社会保障法规定的企业需交纳的社会保障金；⑧在劳动社会福利手册（CTPS）中记载临时雇用的事项。

（2）定期劳动合同：指预先规定起始时间和终止时间的劳动合同，一般最长期限为两年。定期劳动合同的有效期届满后，企业再次与同一员工签订新的固定合同之前，需等待六个月的时间；否则这一合同将被视为不定期劳动合同。固定员工的权利：①员工有权获得第十三个月薪水，按照月工资的 1/12 计算；②享有与不定期劳动合同相同的假期。不定期合同通常系短期或中期劳动合同，合同终止时员工可享受按劳动天数的一定比例计算的假期，另加三分之一的假期；③对怀孕女员工、工会代表及其代理人，事故预防委员会（CIPA）的成员，以及遭受工伤事故的职员，实行临时保障措施，合同到期后，保障措施终止；④根据新的劳动法的规定，退休养老金以定期劳动合同项下的工作时间为计算基础，同时保障其他的社会福利；⑤工龄保障基金（FGTS）按每月工资的 8% 计算。

（3）不定期劳动合同：不定期劳动合同是企业常用的雇用合同之一。它也适用于连续签订定期劳动合同，中间无六个月间隔期的情形。不定期劳动合同项下雇员的权利：①最低工资；②平均每周工作时间不超过 44 小时；③工资不得任意缩减；④失业保险；⑤第十三个月工资；⑥利润分配；⑦加班费；⑧年度带薪假期；⑨产假；⑩父亲陪产假；劳动合同解除通知；退休养老金；工伤保险；工龄保障基金；对事故预防委员会（CIPA）的成员，遭受工伤事故的职员，以及怀孕女职工，实行的临时保障措施。

2. 外国人在当地工作的风险

由于巴西国内一直面临就业压力，不鼓励引进劳务。在吸引国外投资上，巴西政府主管部门将有关引资项目能否为本国人提供就业岗位作为重要的审批依据。

巴西《劳动法》规定，本国劳工在人数和工资收入上分别不得低于企业全部劳工人数和工资总额的 2/3。外籍劳工必须有特殊技术专长，并有工作签证，才可在巴西企业工作。巴西政府规定，所有的企业都可以雇佣外国人到巴西短期工作，但在审理有关申请时，作为主管部门的巴西劳工部移民局有以下审批原则：

资质。外国劳工必须是有专业技能的人员，而且需具备两年以上的专业工作经验（有高等学历者），如为中等学历的专业人员，则需三年以上的工作经验。

数量限制。外国劳工的人数不得超过企业职工人数的三分之一，在外国劳工人数不到三分之一的情况下，其工资也不得超过企业工资总额的三分之一。根据巴西法律，只有当国内没有充足的专业人才可供使用时，企业才允许雇佣更高比例的外国劳动者。

巴西政府在引进劳务时，由用人企业向巴西劳工部移民局为外国劳工提出工作许可申请，申请时应提交的文件包括：申请表（固定格式），外国劳工简历和经公证认证的文凭，用人企业公司的有关数据、章程和所有的修改文件，以及提交申请前最后一次所得税和社会保险金（INSS）、工龄保障基金（FGTS）的缴纳证明，劳务合同（固定格式，由用人企业和外国劳工签订），手续费缴付证明。

外籍劳工在申请工作签证时，需递交健康状况证明、无犯罪证明、原居住国居住证明和出生、婚姻状况证明。这些材料需公证和领事认证，巴西劳工部移民局审查批准了工作许可后将通知巴西外交部，由该部通知其驻外使领馆，外国劳工的工作签证由巴西驻外使领馆签发。

巴西工会势力较强，劳资纠纷一般主要通过当地工会解决。如工会无法解决，可通过司法手段诉诸劳工法院予以裁决。

四、承包工程与劳务

国家电网未来三年欲在巴西投资 50 亿美元

据《圣保罗州报》2012 年 9 月 16 日报道，中国国家电网巴西公司总经理蔡鸿贤日前表示，国家电网有意于 2015 年前在巴西投资 50 亿美元，将业务扩展到巴西电力行业各个领域。

他指出，巴西在发电、输配电等领域存在很多投资机会。因此，国家电网希望能以一个本地企业的姿态加入巴西电力行业的发展进程中。他表示，虽然电网十分希望能拓展其在巴西的业务，但目前依然专注于输电。在配电领域，国家电网在中国已经积累了相当的专业技术，并能将这些技术应用到巴西电网现代化建设中。5 月底，国家电网完成了对巴西 7 个输电特许经营项目的股权收购。此前国家电网也曾评估对 Rede 能源集团的收购计划，但最后决定放弃。

中石化在巴西获重要油气资源

西班牙 Repsol 石油公司 2012 年 2 月 27 日宣布，在巴西坎坡斯盆地（盐下层）发现重要油气资源，或许是截至目前该区域最大的油藏发现。测试生产日产轻质原油 5000 桶，天燃气 80.7 万立方米。

Repsol 与中石化合资公司占相关区块 35% 的份额，挪威石油公司 Statoil 占 35%，巴西石油公司占 30%。而 Statoil 公司证实，在相关区块盐下层发现有两层油气积累，厚度达 480 米，属重大发现，油当量 2.5 亿桶。

巴西政府将在乙醇产业投资 370 亿美元

2012 年 2 月 24 日，巴西农业部宣布，在 2012-2015 年四年间将在乙醇产业投资 370 亿美元，用于甘蔗生产，扩大乙醇生产原料来源。巴西政府的投资计划既是为了满足国内需求也考虑到了国际市场的增长潜力。

今年的甘蔗收获季节，由于受干旱和甘蔗种源老化影响，加上多年来投资不够，占甘蔗压榨量 90% 的巴西中南部减产 20%。由于甘蔗减产，含水乙醇失去了价格比较优势，目前大多数用乙醇作燃料的车辆都使用汽油。

政府甘蔗计划的资金来源目前还未全部落实，但巴西经济社会发展银行（BNDES）作为提供贷款的机构之一，已为 2012 年安排了 24 亿美元用于甘蔗种源的更新换代。巴西农业部正在协调能矿部、财政部和其他金融机构，落实甘蔗投资计划。

中冶长天巴西选矿总承包工程 EP 范围内工作基本结束

2012 年 8 月 20 日，由中冶长天（EP）总承包的巴西 GA600 万吨 / 年选矿迁址工程最后一船货物（隔膜泵、振动筛等主要设备、材料）已从上海港启程发往巴西，标志着中冶长天在该工程 EP 范围内的工作基本结束。

该工程为中冶长天第一个海外矿山 EP 总承包项目——巴西 GA600 万吨 / 年选矿厂的迁址工程，要将原厂搬迁至 Miguel Burnier I Mining Plant 附近。原厂的合同范围内设计、采购工作已于 2010 年 6 月基本完成，本工程即是在将原厂迁址的基础上，对部分相关工程，按现场实际情况重新进行设计以及其设施的供货。

该工程计划 2013 年 9 月投产，目前中冶长天施工服务人员已启程前往巴西开展相关工作。

圭亚那

一、承包工程与劳务

重庆市博赛矿业集团在圭亚那增加投资 1 亿美元

圭亚那自然资源与环境部长罗伯特·帕索德 2012 年 3 月 12 日宣布，博赛矿业集团圭亚那有限公司启动近 1 亿美元的扩大投资，将给圭铝矾土业新增几百个就业机会。这一投资包括扩大矿区和建设第三个窑，分别投资 4000 万美元、5700 多万美元，总计约 1 亿美元。

博赛集团在致力于公司发展、促进当地经济发展的同时，还十分重视环境保护。据帕索德介绍，该公司先前投资 600 万美元建设的两套除尘系统，其中一套已完成 90% 的工期，另一套也已完成超过 40% 的工期。此外，圭环境保护机构与该公司于本周三开会商定与环保相关的协议。

中铁一局获签圭卡美拉水电站项目合同

2012 年 9 月 11 日，在西安，中铁一局、赛德全球电力公司签订了总金额为 5.06 亿美元的圭亚那卡美拉水电站项目合同，包含水电站建设、运输管线建设、工地道路建设等内容。该承包合同的签署在圭引起了广泛关注，圭四家报纸 12 日均在头版予以报道。出席签约仪式的圭财政部长高度评价了这一项目的意义，他指出这个项目是圭亚那目前为止接受的最大一笔海外投资，也是中国在加勒比地区承接的最大项目之一，标志着中国企业参与圭亚那经济发展的程度加深，这对于中圭关系是历史性的推动。

两家中国公司参与圭亚那林登水厂改造项目投标

2012 年 5 月 11 日，参与圭林登水厂改造升级项目投标的 6 家公司中，有两家来自中国，分别是江苏建设集团和中国轻工业对外经济技术合作公司。林登水厂改造升级项目由泛美开发银行提供贷款，预计总投资 1230 万美元，旨在改善这个矿产资源大镇的供水状况，以满足其未来发展需要。

圭亚那举行中国对圭亚那优惠贷款输变电项目开工典礼

2011 年 8 月 19 日下午，圭亚那政府在新乔治敦变电站站址举行了输变电项目开工典礼。圭总理海因兹

(Samuel Hinds)、我驻圭使馆代办李钦峰、圭电力公司项目总监考林·辛格(Colin Singh)、中国机械进出口(集团)有限公司代表金辉豹以及各界人士50余人出席了开幕仪式。

海因兹总理致辞表示，圭一直是个电力供应不足的国家。目前的输变电线路多是70年代建设，稳定性差，停电事故经常发生。该项目建成后，将有效地提高圭亚输配电网络的运营能力，有助于国家电力公司为用户提供更加优质的服务。对中国政府为该项目提供优惠贷款表示衷心感谢。李代办表示，电力供应与社会生活息息相关。该项目的建设，将有效提高圭亚那人民的生活水平，有助于圭亚那国民经济建设发展，并将进一步增强中圭两国的良好合作关系。

该项目包括新建110公里69kV输电线路，1.8公里海底电缆，7座69kV/13/8kV变电站，258公里光纤，扩建3座69kV/13.8kV变电站，以及配套的SCADA远程计量和控制系统。项目总投资为4200万美元，其中3960万美元来自中国进出口银行提供的优惠贴息贷款。

中交集团签署圭亚那机场扩建项目总承包合同

2011年12月，中交集团所属中港公司与圭亚那政府正式签署圭亚那机场扩建项目总承包合同，合同金额约合1.38亿美元，工期32个月。

该项目资金来源采用中国政府优惠贷款与圭亚那政府自筹相结合的形式，其中1.3亿美元由中国政府优惠贷款，其余资金为圭亚那政府自筹。该项目主要包括新建航站楼及配套停机坪、机场跑道延长线。

该项目建成后，将对改善当地基础设施条件，对进一步提升圭亚那国际形象具有重要意义。

牙买加

一、承包劳务与经援投资

2012年迎来中牙建交40周年，双边经贸合作取得丰硕成果。2011年第三届中国－加勒比经贸合作论坛在特多顺利召开，王岐山副总理代表中国政府宣布了加强中加经贸合作的六项举措，未来中牙合作面临更广阔的空间和更大的机遇。

1. 经援项目

我在无偿援助项下共承担了5个成套项目，主要包括斯莱格维尔社区综合体育场和帝王花园小学校等项目；我企业在优惠贷款项下共承担了5个项目，主要包括垂洛尼板球场、蒙特哥贝会展中心和供水管道设备等项目。

2. 承包工程

目前，我企业在牙承担了5个承包工程项目，其中已竣工2个，在建项目3个，主要包括西印度大学莫纳校区基础医学院教学楼、金斯敦机场路和全国道路网修复项目。

3. 投资合作

(1) 糖厂项目。2010年7月，中成国际糖业有限公司与牙政府在金斯敦签署了收购牙政府糖业资产和土地租赁协议，以900万美收购了牙三家国有糖厂（弗罗姆、莫尼马斯克和洛奇），2011年8月，中成糖业正式接收牙糖厂。2012年4月，中成糖业公司正式取得售糖牌照。2011年榨季，弗洛姆糖厂和莫尼马斯克糖厂分别产糖35000吨和26000吨。

(2)南北高速路项目。南北高速路总长约66.1公里，为全封闭双向4车道，南起金斯敦西侧的工业园区，北至北部城市Ocho Rios。2011年11月，中国港湾工程有限责任公司与牙交工部签署牙南北高速路项目执行协议。2012年7月，中国交通建设公司与牙政府签署项目专营协议。

二、驻牙买加中资企业文化建设情况

2003年以来，我八家企业以投资、承包工程、援助等方式，陆续进入牙买加市场。他们在大力促进当地经济社会发展的同时，积极加强文化建设，以自身实力维护了中国企业形象，与牙买加和牙买加人民形成和谐共赢的良好氛围。

（1）中国港湾工程有限责任公司牙买加区域管理中心

国内实体	中国港湾工程有限责任公司
在牙项目	1. 金斯敦机场路项目 2. 牙买加道路网建设与修复项目 3. 牙南北高速公路项目
文化建设 “China Harbor Jamaica Family”	1. 学习。每周六学习文件、业务，并座谈、讨论。 2. 文体。两次攀登蓝山活动；成立篮球协会，举办了第一届团结杯篮球赛；羽毛球协会、足球协会也在筹备中。 3. 亲情。开展一封家书活动，倡议年轻人动手给国内亲人写信。 4. 党建。每周一升国旗；庆祝中国共产党成立 90 周年活动、91 周年活动、“歌唱美好生活、共庆祖国 62 华诞”卡拉 OK 大赛。 5. 公益。举办公开性工程师研讨会，牙 200 余名工程师参加并获益；向牙工程协会赞助 2 万多美元；向老人院捐赠轮椅 22 把；向波特兰公安部门赞助 1 辆警用摩托；向波特兰中学足球队捐赠服装、鞋子和相关体育器械；2 次组织 36 人参加海滩清理，捐赠 1300 多美元；组织 34 名牙科技大学学生到 Rio 桥参观，接受 5 名该校学生。

（2）中成国际工程发展公司牙经济住房项目组

国内实体	中成国际工程发展公司
在牙项目	牙经济住房项目
文化建设	1. 体验。观看雷鬼音乐节、参加美食文化节。 2. 环保。组织洒水车在工作面不断洒水，抑制扬尘。 3. 就业。优先聘用社区村民，采取一岗多人轮换制。 4. 公益。捐赠 200 余立方米道路基层料，抽调装载机、压路机、自卸汽车等工程机械，组织 15 名员工为项目所在社区修缮 0.5 公里主干道。计划为社区学校捐助 300 个书包、300 个铅笔盒。 5. 安全。聘用当地律师；与警察系统建立联系。

（3）泛加勒比糖业公司

国内实体	中成国际糖业有限公司
在牙项目	投资 900 万美元收购牙三个国有糖厂（弗洛姆、莫尼马斯克和洛奇），并对其改造升级
文化建设	1. 联谊。举办“我们都是一家人”圣诞聚会。 2. 环保。在榨季运营期间重复利用压榨车间清洗甘蔗的废水，废水经过处理排放到甘蔗地用于灌溉。 3. 就业。培训 500 余人；牙雇员 1649 人，占总员工 98%。 4. 公益。为周围社区道路、清理水渠、提供消防支持、化肥和技术指导；向莫尼马斯克足球俱乐部、社区学校等各方捐赠达 23000 多美元。 5. 安全。尊重当地法律和风俗，与牙政府和我使馆保持联系。

（4）中达建设集团股份有限公司牙买加公司

国内实体	中达建设集团股份有限公司
在牙项目	西印度大学莫纳校区基础医学院教学楼项目
文化建设	1. 联谊。组织卡拉 OK、海滩烧烤等活动。 2. 公益。为西印度大学学生会助学金基金、国际大学生邀请赛捐助 800 多美元，向困难师生提供建筑材料 2000 余美元。

（5）其他四家企业

中兴通讯股份有限公司牙买加代表处、华为技术有限公司牙买加办事处、国家开发银行驻牙买加工作组、山西建工援牙社区道路与供水设备维护项目组等企业在牙人员较少，他们一方面积极参与港湾等企业组织的大型活动，另一方面也组织员工参与牙社会活动、当地旅游，了解风俗人情、融入当地社会。

三、在牙中资机构概况

截止2012年4月，我在牙中资企业主要有七家，公司名称及业务范围如下：

1. 中成公司牙买加经济住房项目组，建筑类承包工程；

2. 中兴通讯股份有限公司牙买加代表处，通信技术；

3. 国家开发银行驻牙买加工作组，贷款、融资；

4. 华为技术有限公司牙买加办事处，通信技术；

5. 中达建设集团股份有限公司牙买加公司，建筑类承包工程；

6. 中国港湾工程有限责任公司牙买加区域管理中心，路桥类承包工程；

7. 泛加勒比糖业公司，投资糖厂。

厄瓜多尔

一、承包工程与劳务

中厄双方签署《西蒙玻利瓦尔公路扩建项目谅解备忘录》

2012年9月3日，中国水电建设集团国际工程有限公司和厄瓜多尔基多公共工程公司（EPMMOP）在北京签署了《西蒙·玻利瓦尔公路扩建项目谅解备忘录》（基于项目商务合同草稿拟定）。该项目合同总金额7900万美元。

中厄双方签署赛罗阿苏隧洞结构修复项目合同

2012年8月28日，中国葛洲坝集团与厄瓜多尔水资源国务秘书处（SENAGUA）签署了赛罗阿苏隧洞结构修复项目合同（REHABILITACION DEL TUNEL CERRO AZUL），合同金额1649万美元。该项目业主为水资源国务秘书处，项目主要内容为修复全长7.2公里的赛罗阿苏隧洞，满足AGUAPEN和HIDROPLAYAS地区48万人饮水及农业灌溉需要。

中国水利电力对外公司签署厄瓜多尔水利防洪项目

2012年8月9日，中国水利电力对外公司与厄瓜多尔水资源国务秘书处签署了科尼尔·纳兰哈水利防洪项目的承包合同，合同金额3.516亿美元，工期36个月，2012年10月正式进入合同期。

中国将为厄瓜多尔境内全部河流制定流域规划

厄瓜多尔水资源国务秘书索利斯在2012年6月20-22日访华期间与长江勘测设计研究院院长席钮新强举行了工作会议，双方签署合作谅解备忘录，长江研究院将对厄境内16条主要河流进行技术可行性研究和评估，并制定相应流域规划。

厄瓜多尔与中国能源建设集团有限公司签署电力合作意向书

“第三届国际基础设施投资与建设高峰论坛”2012年4月24日—25日在澳门召开。中国能建副总经理聂凯与厄瓜多尔战略协调部长豪尔赫·格拉斯签署电力合作意向书。

国际基础设施投资与建设高峰论坛是经国家商务部批准，由中国对外承包工程商会2010年创立并主办。“第三届国际基础设施投资与建设高峰论坛”汇集了16个国家和地区的21位主管基础设施投资建设的部长，20多个国家的承包商协会、金融机构、咨询服务机构以及其他相关组织，48个国家和地区的1100余名业界精英和代表出席。

中铁建铜冠与厄瓜多尔政府签署厄历史上第一个大规模采矿合同

2012年3月5日，在厄瓜多尔总统科雷亚和中国驻厄大使苑桂森、经商参赞彭涛的见证下，中铁建铜冠公司与厄瓜多尔不可再生能源部在厄总统府签署了米拉多铜矿项目采矿合同。这是厄历史上第一个大规模采矿合同，中铁建铜冠公司未来计划在此项目上投资17亿美元。

哈尔滨电气国际工程公司中标厄瓜多尔圣弗朗西斯科水电站项目

2011年12月30日，厄瓜多尔国家电力公司（CELEC）和哈尔滨电气国际工程公司在厄第三大城市昆卡举行圣弗朗西斯科水电站项目工程总承包合同签约仪式。该项目位于厄阿苏埃省（AZUAY）的JOBONES河上，合同金额约4.8亿美元，装机容量3×90MW，工期48个月。

二、中国投资改变厄瓜多尔电力紧缺现状

安第斯通讯社2012年5月22日报道，厄总统科雷亚在最近一次电视讲话中指出，从2007年至2011年，厄政府对电力投资17亿美元，并继续大力实施2012-2021年国家电力规划，预计到2016年，水电比例将增长到93.5%，并不再从邻国进口。目前，中国承建了厄最大的科卡科辛克雷水电站、索普拉多拉水电站、德尔西水电站、比约那科风电站、TP水电站、圣弗朗西斯科水电站、基科斯水电站等，对改善厄电力紧缺状况作出重要贡献。

三、驻厄瓜多尔主要中资企业名录

序号	公司名称	联系人	手机号
1	驻厄中资企业协会	曹民权	09930 9070
2	国家开发银行驻厄工作组	黄 彭	09147 6414
3	中石油南美公司（安第斯）	杨卫平	09795 9639
4	中石化集团国际石油勘探开发有限公司（安第斯）	张华桂	09454 2979
5	中铁建铜冠有限公司	吕化南	09227 2333
6	中化地址矿业南美有限公司	彭名章	08514 2976
7	中国水利水电建设集团厄瓜多尔分公司	扈宁	08958 8880
8	中国葛洲坝集团股份有限公司	桑强	09820 6863
9	中国水利电力对外公司	张虎	08597 3702
10	哈尔滨电气国际工程有限公司	喻鹏	08323 7695
11	广西壮族自治区公路桥梁总公司	李崇创	08494 5318
12	新疆金风科技股份有限公司	哈人嵩	09424 1325
13	中铁四局集团厄瓜多尔分公司	王伟	08493 7553
14	中铁十四局集团厄瓜多尔有限公司	陈震	08185 0450
15	中国水电顾问集团厄瓜多尔分公司	戴鹏飞	08300 1986
16	中工国际工程股份有限公司	潘佳峰	09258 8166
17	中国电力工程有限公司	王志刚	08327 2293
18	中国机械设备有限公司	屠煊炜	08583 7157
19	中国路桥工程有限责任公司	张昕	08602 7348
20	中国成套设备进出口总公司	李炜	0086-10-64217703
21	中国港湾工程有限责任公司	虞惠贤	0058-412 012 0809
22	西电集团	鲁方舟	08171 9128
23	华为技术有限公司	陈奇达	09810 1213
24	中兴公司	贠博铮	09967 8975

序号	公司名称	联系人	手机号
25	武汉烽火国际技术股份有限公司	王瑞	08464 5627
26	上海贝尔股份有限公司	钮华荣	0058-424-261652
27	中电科	宋冠群	087110785
28	中电子	范伟	09083 3608
29	中国石化集团国际石油工程有限公司	郑灵先	09271 7908
30	中国石油川庆钻探厄瓜多尔分公司	曹晓	08351 5098
31	中国石油集团东方地球物理勘探有限责任公司	管英彬	08462 1236
32	中国石油技术开发公司	赵威	06991 6578
33	中油测井技术服务有限责任公司	郭保华	08588 5068
34	山东科瑞	刘海静	05900 8032
35	海隆石油工业集团有限公司	李克伟	06971 1128
36	天津德华石油装备公司	张宝江	0086-22-88716086
37	中水烟台海洋渔业有限公司厄瓜多尔分公司	张伟	099421067
38	基多美洲电力股份公司	杜青志	09498 8888
39	亚洲电力股份有限公司	董广全	09003 4999
40	海尔集团	周余	haierzhouyu@gmail.com
41	三一集团	胡洋	08101 6103
42	陕西重汽专用汽车有限公司	赵鑫	09231 7885

巴巴多斯

一、承包工程与劳务

受巴巴多斯整体市场规模较小的限制，我对巴承包工程和劳务合作虽然不断扩大，但规模有限。截止 2011 年底，在巴开展承包业务的中资机构主要有中建巴巴多斯分公司和民营建筑企业中巴建筑股份有限公司。我在巴企业通过守法经营，积极参与当地市场竞争，逐步树立了良好的信誉并取得了较好的经济效益。

尽管我对巴巴多斯直接投资规模有限，但近年来中国企业对巴市场逐步产生兴趣，华为、中国港湾、清华同方等国内知名公司接踵来巴考察，与当地企业和公司积极探讨合作的可能性，为双方经贸合作注入新活力。与此同时，许多在巴注册的公司纷纷对华投资，主要领域包括交通运输和房地产。

二、巴巴多斯劳工政策和法规简介

巴巴多斯有关劳动就业的法律对劳动关系的产生、内容、劳资双方的权利、义务、福利报酬、就业与保护、妇女和未成年人的雇用、劳资纠纷的解决做出了相应的规定。

1. 当地劳工政策

巴巴多斯协调劳动者与雇主间关系的法律有《享受

工资待遇休假法案》、《解雇费法案》及其它两项规定有关行业最低工资的法案。

加班。巴体力工人超时工作或节假日加班所得补贴要高于工资水准，加班工资为平时工资的1.5至2倍。雇员在节假日享受薪金待遇，并可根据工作年限每年享受带薪休假15-20天。

补贴。除工资外，企业一般还发放补贴，大企业发放的补贴有退休金、人身保险及年度奖金。另外，总经理可享用公车，驻外职员可享有住房。

解雇。因人员裁减而被解雇的雇员，如果工作时间超过2年，可领取解雇费，具体标准如下：

（1）工作时间2-10年的雇员，按工作年限每年领取2.5个星期的基本工资；

（2）工作时间10-20年的雇员，每年领取3个星期的基本工资；

（3）工作时间20-33年的雇员，每年领取3.5个星期的基本工资。

解雇费的25%可在国家保险解雇基金中支付。因其他原因而被解雇的雇员享有1个星期或1个月（根据其领取周薪还是月薪而定）的通知期限，并在此期限内领取相应工资。对于因正当理由被解雇的雇员，雇主不负赔偿责任。

社会保险。在巴巴多斯，年龄在16-65岁之间，且至少交纳过30次保险费的劳动者均可享受社会保险。除与巴巴多斯签订过社会保险协议的国家公民外，其他外籍工人也必需加入社会保险。保险费占收入的21.5%，其中雇主支付11.25%，雇员负担10.25%，最大可保收入为3100巴元/月。

2. 工会及最低工资标准

巴巴多斯的工会影响很大，比较活跃，宪法保护工人成立和参加工会的权力。据估计，30%的工人为工会会员。工会通常采取集体谈判的方式解决工人与雇主之间的纠纷，必要时工会下令采取罢工等工业行动。

2012年4月5日，巴巴多斯法定最低工资标准上调25%，上调后的最低工资标准为每小时3.125美元，最低加班工资为每小时4.69美元，公休假日的最低加班工资为每小时6.25美元，不足一小时的按一小时计算。

3. 外来劳工政策

外来劳工进入巴巴多斯必须持有以下两种证件

（1）签证

美国和加拿大公民只要持有有效身份证件就可免签进入巴巴多斯。英国、英联邦国家（不包括印度和巴基斯坦）和大多数西欧国家公民凭护照可免签进入巴巴多斯，但需有下程或往返机票。而来自中国、朝鲜、南斯拉夫、印度和巴基斯坦的公民则必须申请入境签证。

（2）工作许可

根据移民法案，非巴巴多斯公民、常驻居民或移民，只有在取得工作许可证后，方可工作。巴移民局根据雇主的申请、外籍人员体检报告和警察局证明等发放外籍人员工作许可证。对于人员已经饱和的部门，一般不发放工作许可证。工作许可分短期和长期，短期不超过6个月，长期不超过3年，每次申请费300巴元，批准后还要交纳许可证费，例如管理人员的6个月许可证费为960巴元。

由于国土面积小，资源有限，经济结构特殊等原因，巴巴多斯就业机会不多，失业率较高。政府及工会在就业方面绝对优先考虑本国公民，严格限制外来人口，外来劳工获得就业许可证的难度很大。

三、在巴经营的中资机构

1. 中国建筑工程总公司巴巴多斯分公司

China State Construction Engineering（Barbados）Corporation

地址：Lot 11, Chelwood, Tichbourne,
St.Michael,Barbados

电话：1-246-4293283

传真：1-246-4293266

2. 中巴建筑股份有限公司

Chinados Construction Ltd.

地址：

Maxwell Main Road, Christ Church, Barbados

电话：1-246-4181136

传真：1-246-4181136

苏里南

中国援助苏里南农机设备项目交接仪式举行

2012年8月4日上午，中国援助苏里南农机设备项目交接仪式在苏里南海关港口举行。苏里南外交部长威斯登·拉金先生和中国驻苏里南大使袁南生先生分别代表两国政府签署了交接证书。

苏里南外交部长拉金代表苏里南政府感谢中国政府的援助，并表示这批农机设备将分发给各个省份及中小企业用于农业生产。

中国驻苏里南大使袁南生先生表示本项目是中、苏两国经贸合作的又一重要成果。中国人民珍视与苏里南人民之间的友谊，愿尽力帮助苏里南发展农业。

出席当天交接仪式的还有：中国驻苏里南使馆商务参赞马英莉女士、苏里南农牧渔业部长亨德利克·赛特罗威灸先生、苏里南外交部特命大使凯宾斯先生以及苏里南外交部和农牧渔业部的各级官员等。

华为技术有限公司正式落户苏里南

经过一段时间的积极筹备，华为技术有限公司于2012年8月份正式落户苏里南。8月15日上午，驻苏里南袁南生大使和经商处马英莉参赞会见了华为公司苏里南客户经理芦强。在会见中，袁南生大使对华为公司在苏落户表示欢迎，并对华为公司全力开拓苏里南市场、不断推进苏里南电讯项目提出希望。

玻利维亚

一、承包工程与劳务

中工国际在玻签署糖厂项目总承包合同

2012年3月5日，中工国际工程股份有限公司总经理助理沈蔚与玻利维亚San Buenaventura糖厂总经理迪亚斯共同签署了糖厂项目总承包合同。玻总统莫拉莱斯、拉巴斯省长科卡里科、生产发展部长特蕾莎、中央银行行长萨巴拉卡、陆海空三军高层将领、社会团体及媒体代表出席签字仪式，我馆经商参赞刘如涛也代表沈智良大使应邀出席。

莫拉莱斯总统在讲话中高度评价糖厂项目签约对玻政府制糖工业发展的重要意义，将实现当地居民多年以来的梦想。他希望当地政府和民众全力配合项目实施，并表示相信击败众多竞争对手最终脱颖而出的中工国际公司能够顺利完成项目建设工作。

该项目位于拉巴斯省和贝尼省交界处，承包形式为EPC交钥匙工程，合同额1.68亿美元，设计能力为采用渗出法日处理7000吨甘蔗，项目工期为30个月。该项目系迄今中国企业在玻签约的最大金额承包项目。

玻成立国家基础设施建设和维护公司

2012年2月，玻公路管理局局长Sanchez表示，新成立的玻利维亚建基础设施建设和维护战略公司（EBC）将作为公共工程部的左膀右臂执行项目，该公司不只将建设公路、机场和住房，还包括其他民生项目。

“EBC不属公路局管理，不只是为了建设公路，他由公共工程部长负责管理，将参与所有工程部认为有需要的公共工程，不管是住房、机场、公路，还是其他项目。”

玻建设工程商会（Caboco）主席Ponce则反对成立该公司，认为该公司不利于市场公平竞争，因为他不会与私营企业一起参与招标。“我们会与公共工程部长商谈，明确到底这家公司会执行何种类型的项目。”

玻政府将投资7亿美元用于全国路网建设

2012年8月6日，玻国家公路管理局（ABC）局长Mullisaca表示，政府将投资46亿玻币，相当于6.6亿美元用于全国路网建设，预计今年将至少完成3000公里公路建设。

局长表示，政府将优先发展全国路网建设，以促进内外贸发展，加强与周边国家的边境贸易往来。今年计划完成的公路项目包括：波多西－塔里哈；波多西－乌尤尼；Ancaravi － Turco；Huachacalla － Pisiga;Alquile-Mizque 等路段。

中国石化与玻利维亚签订地震勘探合同

2011 年 11 月 10 日，当地时间上午 11 时，中国石化国际工程公司玻利维亚子公司与玻利维亚国家石油公司 YPFB 在玻利维亚石油城卡米里（CAMIRI）举行签字仪式。双方正式签订一份合同额约 1200 万美元的地震三维勘探合同。

合同规定，项目启动时间为甲方获得环境许可即下达开工令起，期限为 6 个月。目前，甲方提供预计环境许可获得时间为 2012 年 1 月。YPFB 公司总裁 ILLEGAS 表示，对与中国石化的合作充满信心。

据介绍，玻利维亚因多年没有进行过石油勘探，石油天然气开采已经开始出现紧张局面。卡米里是玻利维亚南部地区的石油城，也是石油及天然气储量丰富、前景广阔的重点地区。该项目是 YPFB 公司 10 多年来首次独立进行的地震勘探项目，也是勘探开发卡米里（CAMIRI）地区的里程碑，意义重大。玻利维亚国家石油公司表示，今后还将有更多的油气勘探项目期待双方的合作。

承担该项目的是 SINOPEC（中国石化）320 队，即华东石油局第六物探大队的施工队伍。

徐工—玻利维亚项目 197 台产品圆满交付

2012 年 3 月 2 日，玻利维亚陆军工兵营筑路机械设备交接仪式在埃尔托市举行。仪式现场，数百辆机械设备和车辆排列整齐等待检阅，玻军仪仗队和工兵营也手持彩仗，列队参阅。玻工兵营筑路机械设备项目是中国与玻利维弧建交以来首个工程机械出口项目，也是徐工集团历史上批鼍出口至高原国家第一单。

二、玻利维亚国家油气公司投资规划简述

油气国有化标志着玻利维亚经济改革和经济发展的新起点。首先，玻利维亚国家油气公司（YPFB）成为国家指派的公共服务提供者，也是为其他石油公司和生产链提供油气资源的主要分配者，同时还是国内油气市场的主要供应者，使终端消费者能以优惠的价格享受对能源的需求，并且帮助政府承担一部分对企业或家庭的财政补贴。另外，我们用油气直接税资助的一些民生项目意义更加重要，这些项目可能惠泽一所学校，一家医院，一条道路，可能惠泽许多外资公司和跨国公司，甚至能让一个普通人露出笑颜。其次，YPFB 公司行使油气的所有权，意味着 YPFB 公司要同时负责油气的经营和管理，担负起使用、享用、拥有油气的职能。这并不是一件简单的事情，因为这不仅要求我们要确定油气的市场和价格，建立生产和消费的规则，还要解决产品附加价值和实际价格之间的平衡，并且统计油气出口的数量和利润，这些都是 YPFB 公司每天在做的事情。

2006 年 5 月 1 日，政府决定国家拥有油气的使用和享用权，重新回复 2003 年 10 月前的职能。这次国家收回对整个油气链的控制权和管理权，是油气发展历史上一次质的飞跃。从物质角度上讲，所有权就是一切。但是如果油气所有者的管理方式与国家油气国有化的目标背道而驰，所有者的权力就会大打折扣。为此，政策、管理和运营共同构成了油气产业公共管理方式的整体。

因此，YPFB 公司也必须在国家经济发展中承担部分规划任务，包括对油气的产量、投资、贸易、收入、油气链等都进行中长期的规划。规划经营使国家可以使用各种技术或经济手段调整国内投资，使国家目前再也不会忧虑如何挽救经营亏损或是必须用哪里的资源来支付下一年的柴油补贴。这样既保证了国内消费者在能源需求上的安全性，也能更合理的将资源分配给勘探、开采、生产等各方面，大大减少成品的进口，使国家维持更好的收支平衡。

玻利维亚是一个重要的天然气生产国，天然气工业是国家的支柱产业之一。依据 2005 年勘探数据显示，国家天然气探明储量约为 19.3 TCF。1998 年对天然气开采的投资额达到了有史以来最高的 3.74 亿美元，但随后却逐年递减。国家分别与巴西和阿根廷签有天然气出口协议，分别以 10 年和 17 年为期。这两个合约的执行直接影响国家天然气的生产，甚至影响国家经济发展，也就是说，如果两国需求量大，国内生产量也相应增大，反之亦然。

与天然气相比，国家原油储量并不丰富，柴油进口量占国内市场消费量的一半以上，国家不得不承担燃油国际市场价格和国内市场价格之间的差价补贴。

在以上国有化改革的政策背景，以及国家油气资源的储量和生产现状基础上，同时遵循国家油气战略规划和国家整体经济发展规划的原则，我们研究并制订出此份《2009 年 -2015 年 YPFB 投资规划》。

这份规划的主要目标为：提高油气产量和储量；提高基础设施建设并由此带动国内各行业油气的消费；提高国内市场液化燃料的供应；加速油气工业化，提高产品附加值；履行同各国签订的出口协议，并在保证国内

产量和投资的基础上增加和扩大出口；提高国家和企业的收入。

这份投资规划中比较重要的内容包括：

在勘探和开采方面，2010-2014年间对Caipipendi地区投资16亿美元，到2014年实现日产1800万立方米天然气，大概是国家天然气总产量的25%。同样，在Upstream地区也需要投资53.3亿美元，其中11.8亿用于勘探，41.5亿用于开采。上述投资对于国家具有重要意义，能够提高液化燃料的产量，大大满足国内国际市场的需求，在6年内将国家的油气总产量提高50%。

在运输方面，扩大天然气输送网络需要超过6亿美元的投资，扩大液化气输送网络则需要投资13.5亿美元。我们仍然在大量需求原气和液化气，但这种需求必须建立在不影响国内天然气使用的基础上。这就意味着我们需要投资7.5亿美元来扩建约6500公里的天然气一级二级供应网络，为90多万户家庭安装天然气。另外，建设油气输送网络工程也必须包括提高向阿根廷市场出口输送能力的工程，大约需要投资6200万美元。穆通铁矿项目和冶金项目则需要提高穆通河流的运输能力，约需投资2.4亿美元。

在冶炼方面，最重要的任务就是提高冶炼能力。在圣克鲁斯和科恰班巴现有的冶炼厂，我们可以通过优化技术和采用新工艺的方式来提高冶炼总量。在西部建造一个新的冶炼厂也是一个好方法。我们的目标是争取能在2015年由目前每天45桶的冶炼量提高到每天126桶。要实现这个目标，在这6年中，我们需要投资至少7.4亿美元。

在提高天然气附加值和工业化方面，我们必须取得质的飞跃。为此，《2009年-2015年YPFB投资规划》中专门制订了天然气炼油厂、合成氨尿素厂和天然气液化厂等项目。我们准备分别在Grande河地区和Chaco地区建造一个天然气炼油厂，达到每天900吨天然气的生产能力，从2011年开始可以保证15年内对国内市场的供应并有盈余用于出口。此外，两个工厂还能每天生产1700桶汽油，保证直到2022年的国内汽油供应。这两个工厂投资共需4亿美元。我们还需要在南部地区投资5亿美元，建造另一个天然气炼油厂，主要用来生产柴油。另外，我们还计划在Cochabamba的热带雨林建立一个合成氨尿素工厂，需要大约10亿美元的投资以及每天200万平方米的天然气供应，年产60万吨合成氨和72万吨尿素。

企业管理方面，公司已经多次改组，YPFB目前旗下分别有YPFB Chaco公司、YPFB Andina公司、YPFB Petroandina公司、YPFB运输公司、YPFB冶炼公司、YPFB物流公司和YPFB航空公司等。重组公司的目的就是在于能更好的适应国家的新油气政策，即油气国有化政策。这需要公司必须有一个全新的经营理念，效率、透明、稳定，以保证至少在未来20年内胜任国家油气战略计划的实施任务。同时还需要公司尊重环境保护，在不破坏环境法的前提下开发油气，同时保护印第安人和当地农民的居住环境。

《2009-2015年YPFB投资规划》除了包括上述若干大项目外，还包括执行一些正常业务合同以及其他小规模的工程。规划共需112.92亿美元的投资，其中YPFB负责其中的75.61亿美元，国家负责18.6亿美元，玻利维亚国家银行依据法律负责10亿美元，另有8.7亿美元的资金缺口需要我们对外融资解决。

总之，《2009-2015年YPFB投资规划》是YPFB公司及其所有下属子公司经过专业分析和科学研究得出的产物，文件的每一页都包含了YPFB公司所有员工的心血和结晶。这份规划如能顺利执行，玻利维亚的油气产业将会迎来一个科技和经济共同发展的新时代。

YPFB公司已经成为玻利维亚所有企业中最重要的一个角色，正因如此公司才更要做到效率、透明和稳定，努力遵守和维护国家法律法规，不断促进行业发展，正确使用国家和人民给予的资源，成为国民经济发展的重要带动者。

与之前任何一年发布的文件不同，现在这份《2009-2015年YPFB投资规划》将公开透明直接向公众展示。

乌拉圭

中兴通讯独家中标乌拉圭电信全国 GPON 项目

2011 年 9 月 19 日，中兴通讯宣布早前独家中标乌拉圭电信（Antel）GPON 项目，未来 3 年内将帮助乌拉圭电信为 30 万用户提供 100Mbps/ 户的宽带接入。此项目也是迄今为止南美地区最大的 GPON 订单之一。

被誉为“钻石之国”的乌拉圭位于南美洲南部，Antel 是该国最大的固网运营商，也是最大的移动运营商。截至 2010 年 6 月，Antel 占有该国宽带市场 95.5% 的份额。2010 年，Antel 计划在国内大规模铺设光纤。

Antel 的需求为：采用引导未来接入网发展的 GPON 技术，提供多种 FTTx 场景，包括 FTTH、 FTTB、Backhaul 以及企业网应用等；可为每个用户提供高达 100Mbps 的带宽以及快速建网能力。中兴通讯将采用面向下一代、大容量、高密度、汇聚型的全业务光接入平台 ZXA10 C300，满足当前 Antel 建网需求，并支持未来 NG PON、WDM PON 技术的平滑升级。

中兴通讯副总裁许明指出：“我们与乌拉圭电信在家庭网关，手机终端等都有良好的合作，我们将依托于对乌拉圭电信市场的理解，以及我们在全球部署超过 1 亿线 xPON 的经验，努力将乌拉圭项目做成南美地区乃至全球领域的商用典范。”

中兴通讯是全球最早研发并成熟商用光纤接入网系列产品的厂家之一。据 OVUM 最新报告显示，中兴通讯 GPON 产品收入增长率在全球主流 GPON 厂商中稳居第一。中兴通讯 xPON 光接入产品全球应用量达到 1.08 亿线，其中宽带端口超过 5500 万线，广泛应用于意大利、荷兰、阿根廷、立陶宛、瑞典、中国香港、马来西亚、泰国、沙特、印度尼西亚、印度等国家和地区。

安妮股份子公司签订 5743 万工程施工总承包合同

2012 年 9 月 14 日，安妮股份控股子公司北京至美数码防伪印务有限公司于 9 月 13 日与南通启益建设集团有限公司（承包人）签订《工程施工总承包合同》，由承包人为北京至美建设北京至美科技工业园厂房等 2 项工程，合同金额为 5743.06 万元。

公司大客户策略顺利实施，公司票据印刷业务得到快速发展；北京作为我国的政治经济中心，聚集了公司众多的目标大客户群体；公司拟以北京至美为平台，在北京地区建立公司票据印刷业务的营运中心，贴近市场，及时了解客户需求，整合优化资源，为核心客户提供高质的产品与服务；为此，公司决定由北京至美在北京市顺义区北务镇建设自有厂房和办公场地。

援乌医疗物资项目完成签署交接证书

2012 年 9 日 11 日下午，援乌医疗物资交接证书签字仪式在乌总统府内举行，屈生武大使代表中国政府签署了交接证书。乌方出席并签署交接证书的代表为总统府副秘书长卡内帕（Canepa），他在讲话中感谢中国政府对乌方的援助，对两国间友谊不断发展感到欣慰，并表示不论现在和将来，两国间的友好关系将长久保持下去。

屈大使在讲话中表示，中国和乌拉圭同属发展中国家，我们在建设好各自国家、发展经济、不断提高国民生活水平等方面都有很长的路要走。我们要互相支持、互相帮助，开展互利合作。中国愿在能力所及的条件下，继续为乌拉圭经济和社会发展提供帮助。

格瑞士拉圭 480 千瓦光伏彩钢瓦屋顶电站项目安装完工

2012 年 4 月 10 日，乌拉圭中部地区最大的太阳能光伏电站，总装机容量 480 千瓦的太阳能光伏电站，成功并网发电，该项目每年可发电 60 多万度。

据介绍，这座太阳能光伏电站总投资 1980 多万元，采用太阳能光伏组件与工业厂房结合的方式，不占用土地资源，每年可发出 60 多万度清洁电力，每年可减少排放污染物 512 多吨。该电站所采用的关键设备——480 千瓦光伏彩钢瓦屋顶支架是由格瑞士太阳能自主研发生产的，其技术指标更是达到国际先进水平。“科技成果就地产业化，既提高了国内高科技产业的综合实力，又促进了格瑞士自主创新能力的提高。”格瑞士有关部门负责人表示。

格瑞士彩钢瓦屋顶支架系统高效率和高效益的设计

使得光伏系统项目在规划、管理和实际操作上都十分简便和快捷，很好地优化了每一瓦的安装价值。它的整个支撑架部件在出厂前已经全部预装，不仅使得运输十分简便，且在最大程度上为实地安装节省了许多时间和人力资源费用。屋顶支架采用全铝合金材质制作而成，具有质量轻、方便安装及耐腐蚀等特点，而其高强度的设计结构还提高了风压和雪载的承受能力。

来自乌拉圭可再生能源学会的有关专家表示，格瑞士自主建设的480千瓦太阳能光伏电站成功并网发电，解决了乌拉圭并网发电技术大规模推广应用的技术瓶颈，使乌拉圭在能源紧张的情况下优先利用太阳能光伏发电成为可能。

澳大利亚

中国投资澳大利亚基础设施

继中国投资澳大利亚矿业的第一浪潮、投资澳大利亚农业和酒庄的第二浪潮之后，中国投资澳大利亚基础设施项目正悄然形成一股强劲的第三浪潮。

与投资澳大利亚矿业和投资澳大利亚农业和酒庄相比，由于投资澳大利亚基础设施所涉及的融资金额大、项目工程经验等要求高，这第三浪潮比前两个浪潮就少了一种一拥而上的热闹劲儿，却多了更多的考验，是打一场大的真正的硬仗。

对投资澳大利亚基础设施项目的公司来说，这不仅仅涉及融资的能力、从事过相关国际工程项目的经验，还涉及如何选择与之合作的澳大利亚本土公司合作、如何利用澳大利亚的专家顾问的帮助、如何充分向澳大利亚社会展示自己公司的实力和经验，取得必要的信用以及如何在澳大利亚现行的竞标体系下竞标，从而取得竞标胜利。

未来3年有上千亿澳元的商机

中国的中铁十五局已决定参与悉尼西北铁路隧道项目竞标，并向澳大利亚新南威尔士州政府表示了投资意向。该项目造价80亿澳元，包括建设15.5公里长的双向隧道及其附属设施。新州交通厅厅长Gladys Berejiklian说，目前有来自澳大利亚国内和美国、英国、中国、日本及其他国家的6大财团共60余家企业表示了投标意向。新州政府预计于今年10月正式开始招标，明年下半年公布中标企业，隧道项目将于2014年破土动工。

比尔·班克斯（Bill banks）是安永亚太区基础设施咨询服务部总裁，有着丰富的专业顾问经验。他在接受采访时告诉本刊记者，在未来的3年内，在澳大利亚就有上千亿的基础设施项目建设的商机，如果中国公司把握住这些机会，将会是投资澳大利亚基础设施的长期稳定的受益者。

比尔说，澳大利亚和一些发达国家一样，是通过政府和私营行业合作，采用公私协作（Public-Private Partnership，“PPP”）的模式来投资和建设如新州西北铁路线这些基础实施项目的。与此同时，澳大利亚的资源能源项目很多，澳大利亚的铁矿、煤矿和天然气等项目相关的铁路、公路、桥梁和码头等设施等大多是政府的项目，如果中国公司能中标投资这些基础设施项目，将获得长期的利益。比尔认为中国公司，特别是中国的央企国企既有很强的技术实力、有丰富的完成大型国际项目的经验和大批行业专家，又有充足的资金，是具有很大的竞争优势的。

在过去10年，澳大利亚日益成为面向亚洲的资源、能源出口型经济，对亚洲的出口迅猛增长，尤其是液化天然气和铁矿石对亚洲的出口增长强劲。10年前澳大利亚对亚洲的出口总额为78亿美元，到去年则超过了1000亿美元。但另一方面，澳大利亚的基础设施，特别是与出口相关的基础设施，诸如铁路、港口运输系统、变电网系统、高速公路等的发展远远跟不上迅猛发展的出口产业的需要，而且澳大利亚的基础设施老化现象日益严重，已经成为澳大利亚经济可持续增长的瓶颈。澳大利亚政府已经意识到基础设施落后给澳大利亚经济发展所带来的阻碍，有意改善基础设施落后的现状，在这个时期参与进来，赢得澳大利亚基础设施建设的项目，不仅可以向世界证明企业的实力，同时也为下一步在西方发达国家赢得更多的基础实施项目奠定坚实的信誉基础。

“瓶颈”：资金、技术实力

要解决加强基础设施建设问题，专家分析澳大利亚面临着两个大的方面的挑战：一是资金问题。澳大利亚基础设施老化现象普遍，升级改造和新建基础设施均需要大量资金投入，而私人资本对于基础设施建设的投资意愿不足，政府公共部门投入资金的资源有限；二是技能劳动力严重短缺。基础设施建设需要大量投入劳动力，而澳大利亚缺乏劳动力，特别是严重缺乏在基础设施建设方面具有专业特长的技术人才以及有经验的工人。

是否值得投资

对澳大利亚基础设施项目的投资是属于周期长、回报低但回报稳定的一种投资。过去，澳大利亚除了政府的资金外，其他主要是靠养老金基金来投资基础设施项目，因为养老金基金注重是要有稳定回报的投资。比尔认为，如果中国企业能够参与投资澳大利亚的基础设施项目，无疑也会获得一种稳定长期的投资回报。

今年4月10日，中国商务部部长陈德铭在访问澳大利亚期间签署了关于加强基础设施领域合作的谅解备忘录，澳大利亚副总理兼财长斯旺（Wayne Swan）也表达了澳大利亚愿意与中国加强农业和基础设施等领域合作的愿望，翻开了澳中合作的新篇章。澳中在基础设施上的合作项目将包括高速铁路建设等大型项目，两国的合作将为澳大利亚建设更好的基础设施。

陈德铭认为中澳基础设施建设领域合作潜力巨大，前景广阔，两国签署的基础设施领域合作谅解备忘录有助于推动双方进一步互相开放基础设施建设领域，夯实企业间合作基础，增强两国企业间合作的信心，拓展和深化互利合作，从而使两国的企业都从中获益。两国在基础设施领域开展投资合作包括规划设计、管理咨询、工程建设、运营和设备供应等。

走最佳捷径

澳大利亚是一个非常重视本土经验和信誉的国家，中国企业初到澳大利亚，如果没有完成本土项目的先例，哪怕有丰富的大型海外国际基础设施建设项目的经验也未必能被澳大利亚作为很强的信誉度的考量因素。

比尔说，澳大利亚市场是一个不同于别国的市场，是一个非常成熟的市场，无论在招标、投标、采购、职业安全生产、环保、雇佣劳工和社区等方面要求都非常严格，有非常成型的法律法规，这些是必须要懂得的。如果一个中国企业要尽快取得澳大利亚市场的认可，是有一个最佳的捷径可以走，那就是选择与自己公司背景、实力相匹配，双方有优势互补的澳大利亚本土公司合作来完成一个项目。在合作过程中可以从澳大利亚公司中学到很多在澳大利亚本土运作的经验，同时通过项目展示自己的实力，建立起公司在本地市场上的信誉度。日本公司、韩国公司也曾走过同样的途径。一旦公司的信誉建立起来，然后就可以独立进行投标。

他认为这是一种最佳适应澳大利亚市场特殊性的方式，通过项目展示自己的实力，取得的经验和信誉是为今后拿到更大更多的项目铺路，是得到了另一种形式的回报。

安永大洋洲区中国业务部的执行董事陈楚凡补充说，选择合适的合作伙伴对中国企业在海外的投资很重要。最好是根据项目情况有针对性的选择合作伙伴，合作的澳大利亚公司最好是与自己公司的背景、实力相匹配且互补的公司，否则在中小型项目时还看不出差别，但在投资大型项目时就显出不利的一面。双方公司实力不相匹配、目标不一致或决策机制不协调对合作公司未来在澳大利亚的发展是不利的。

吸取经验 不走老路

澳大利亚的大型基础设施建设项目都是通过公开招标的方式和程序进行的，比尔说，要赢得竞标成功，必须懂得澳大利亚招标的程序是怎么做的，要知道招标的核心要求是什么，懂得任何操作才能竞标成功。

就他本人多年的经验，他认为澳大利亚的市场是一个好的市场，希望让投资者来投资后都有所得，从而形成一个良性的循环，来自中国的企业目前还未在澳大利亚的大型基础设施项目上竞标成功过，所以比尔提示中资机构在竞标澳大利亚政府的大型项目前，要尽快了解澳大利亚本地市场，采取组成投标的联合体或投标的财团的合作方式来竞标，才有望竞标成功。

他提醒说，澳大利亚市场有其特殊性，即使一个公司拥有在中国投资大型基础设施项目的成功经验或在世界上其他国家投资大型基础实施项目的成功经验，也不一定具有很强说服力，所以在澳大利亚要竞标成功，不能照搬在中国的竞标方式，而要按照澳大利亚的竞标方式来做，切实了解清楚招标的核心要求，一条条都按规定达到要求才能在评估中获得高分。他认为，虽然在澳大利亚大型基建项目招标中尚未见到中资企业胜出过，但这并不能说澳大利亚政府招标方式不公平。澳大利亚大型项目的招标实际上是很透明的，招完标后会把评估打分资料都公布出来，每家竞标公司都可以清楚看到自己竞标的各项得分。中资企业有实力、有技术，特别是隧道和桥梁建设的技术、资金，有很大的成功的优势，如果能深入研究，懂得该如何操作就能赢得竞标胜利。

哥斯达黎加

哥斯达黎加公共投资骤减

哥斯达黎加主流媒体《民族报》2012年6月6日报道，近3年来由于政府削减资金，哥斯达黎加公共投资骤减。2012年第一季度用于新建和维修公共设施的资金较2010年同期下降30%，而与此同时哥政府还有近10亿美元未使用资金用于建设紧急需要的基础设施。

哥公共投资骤减主要是由哥政府的财政赤字引起的。由于政府工作人员的薪金和退休金增幅高于税收增幅，财政赤字日益严重，哥政府决定削减财务支出预算，而基础设施投资的预算是唯一减少的支出。哥审计署强调，削减基础设施和投资开支长远看会影响哥经济发展潜力，最终影响到哥国人民和企业。此外，哥政府持有的大量本应用于基础设施投入的资金却因使用计划不周或行政手续复杂没有发挥实际效用。

哥落后的基础设施极大地降低了哥国的竞争力，根据最新公布的《2012年营商环境报告》，哥斯达黎加在183个国家中排名靠后，仅位于第121位。

中国核准莫因炼油厂扩建项目

哥斯达黎加主流媒体《民族报》2011年10月10日报道，2011年9月20日，中国政府同意中国石油天然气集团公司投资哥斯达黎加莫因炼油厂扩建项目。鉴于哥斯达黎加方面已于6月7日同意该项目，该项目可以继续正常运行。

哥斯达黎加国家石油公司总经理豪尔赫表示下一步要寻找一家设计公司进行为期9至12月的项目建设设计。目前已有三家公司表示有兴趣参与设计，但最终由哪家公司承担设尚未确定。莫因炼油厂扩建项目旨在将哥炼油厂炼油能力从18000桶/日提高至60000桶/日，总投资12亿美元。所需资金的70%由中国和哥国家石油公司建立的中哥炼油公司筹措。

东方电气签署哥斯达黎加托瑞托水电项目合同

2012年2月14日，中国东方电气集团有限公司所属国际合作公司承接的哥斯达黎加托瑞托水电成套项目合同签字仪式在成都举行。

托瑞托项目位于中美洲的哥斯达黎加，该项目是东方电气集团首次以承包商身份进入中美洲水电市场。

南瑞集团与哥斯达黎加 JEROMO 集团就太阳能发电项目达成合作意向

2012年8月13日， 在上海举行的中国-哥斯达黎加企业家代表参见会上，南瑞集团副总经理胡江溢、江苏国信集团副总经理黄旭芒与哥斯达黎加 JEROMO 集团公司总裁 Jose Alvaro Jenkins 共同签署太阳能发电项目合作意向书。哥斯达黎加总统劳拉钦奇利亚女士见证签约仪式。

这是南瑞集团首次涉足中北美地区新能源业务，项目建成后极大的缓解当地用电紧张的局面，对于开拓光伏新市场具有重要意义。

南瑞集团控股、江苏国信集团参股的南京南瑞太阳能科技有限公司专业从事光伏、光热、储能、分布式电源核心技术研究，关键产品开发及产业化推广，系统集成与工程总承包。目前完成合肥、泗阳和甘肃等大型光伏电站 EPC 总包；与德国、澳大利亚等多个国家均有项目合作。

JEROMO 集团作为哥斯达黎加最大的制糖及咖啡制造企业，2009年开始涉及新能源产业，主要从事光伏民用和商业屋顶电站的开发和运营。截止至2012年6月，已累计完成安装20MW。

欧洲地区承包工程环境

德　国

一、承包工程与劳务

尖山光电承包德国 10MW 太阳能光伏电站项目

2011 年 10 月，海宁市尖山光电欧洲有限公司增资 3260 万美元后，顺利承包了德国弗莱堡 10 兆瓦的光伏电站项目，并在德国当地聘请 CEO 全权负责项目推进。这意味着，海宁市首个境外投资承揽海外电站项目开始实施。

浙江尖山光电股份有限公司位于尖山新区（黄湾镇），主要从事太阳能硅片、太阳能电池、太阳能灯、太阳能光伏发电设备及组件研发、制造、加工、批发、零售。

从 2011 年 9 月开始，尖山光电在德国陆续启动共计 30 兆瓦的 5 个光伏电站项目。继而，将于下个月在美国新泽西州启动 20 兆瓦的光伏电站项目。据统计，该公司在两国的电站建设投资金额将超过 5000 万美元。

光伏企业“走出去”“已时不我待”。浙江尖山光电股份有限公司执行董事、总经理张建良表示，销售模式的转变是改变光伏行业颓势的有效途径。

据了解，今年以来，国际市场光伏组件、电池和硅片价格开始下跌，到本月，多晶硅价格降到有史以来最低点。同时，受金融危机影响，欧美国家对光伏电站政策扶持力度开始减弱。在这样的形势下，光伏企业继续以往的出口模式，已无利可图。

与单纯地出口电池组件相比，“走进”国际市场，承包电站工程有着可观的利润。张建良给记者算了几笔账：如果光伏电站建成后企业自我持有，在德国，卖电收入获取的净回报率在 10% 至 12%。在美国，经营光伏电站的收益更高，不但联邦政府会给予投资额 30% 的补贴，而且还能获得一定比例的折旧费，净回报率超过 20%。

为了让资金能尽快回笼，还可以选择在建成后转让整个电站项目。张建良透露，德国的一个 14 兆瓦电站项目，已有买主意向收购。

“走出去”承包电站建设工程并非朝夕之事。一年之前，尖山光电就开始筹备闯荡国际市场的准备工作。今年 4 月和 8 月，分别在德国法兰克福和美国费城设立分公司，高薪聘请当地资深光伏专家及博士担任 CEO，寻找光伏电站投资项目和产品的销售渠道。

目前，尖山光电把生产重点放在国外光伏电站项目，公司开足生产线，将近 95% 的电池组件产品都将供应电站建设，把企业的一部分外来订单转交给其他工厂代加工。

预计到 2011 年年底，尖山光电在德国的 30 兆瓦光伏电站项目将建造完毕，且并入电网。张建良表示，在今年的最后三个月中，企业或将实现 10 亿元的销售业绩。短期内，公司还将进一步拓展海外光伏电站市场，计划在欧美建造 100 兆瓦光伏电站。

中国建材工程集团与德国 GEA 结成战略合作伙伴关系

2012 年 3 月 29 日，中国建材国际工程集团有限公司和德国 GEA 集团在江苏盐城举行隆重的签字仪式，双方就共同参与的水泥行业项目、水泥烟气 SCR 脱硝项目建立了长期独家合作关系。中国建材工程集团董事长、总裁彭寿先生和 GEA 总经理 Palinski, Andreas 先生在合作协议上签字。战略合作伙伴关系的建立，对促进中国建材工程集团与 GEA 之间的强强合作，发挥各自的优势，使双方在水泥乃至整个建材行业具有更强的竞争力，进而对共同开发中国以及国际市场将会产生积极的影响。

预计 2012 年德国建筑市场增长放缓

据德国建筑业协会预测，2012 年德国建筑市场的名义增长率为 2.5%，实际增长率为 1%，而 2011 年名义增长率为 9.5%，实际增长率为 6.5%。

德国建筑业协会主席 Thomas Bauer 先生强调说，2011 年经济刺激政策在建筑项目上投入的约 60 亿欧元公共资金已经全部投放完毕，并预计今年德国建筑业在公共建设领域的名义销售额将下降2.5%，而2011年增长了4%。

与此同时，Bauer先生还表示2012年住宅建筑领域将从资本市场的危机中获益，因为投资者为了避免不稳定性会将资本投入到房地产开发领域。德国建筑业协会预测住宅领域的名义销售额将增长6%，不过仍低于去年14%的增长率。

德国商业建筑领域将面临更大的滑坡，预计2012年的名义销售额将仅增长3%，明显低于去年11%的增长率。

同时，Bauer先生还强调说：“一个稳定的欧元区是未来几年德国经济当然也包括德国建筑业成功发展的前提。”

二、德国的基础设施及建筑承包公司简况

1.德国基础设施建设情况

总的来说，德国作为西方发达国家，其基础设施非常完善。由于基础设施涵盖范围非常广泛，这里仅就德国的交通基础设施、卫生基础设施和教育基础设施略作介绍。

（1）交通基础设施

德国的交通基础设施在欧洲可谓首屈一指，在国际上也只有少数国家能与之匹敌。

从长度来讲，德国高速公路、铁路和水路里程均居欧洲首位。德国的交通网，包括乡镇以上各级公路、轨道交通、水路以及原油管道总长度超过28万公里，相当于绕地球7圈。其中公路交通约占81%，轨道交通占15%，水路占3%，剩下的1%是原油管道（2400公里）。如果再算上乡镇级的公路和闲置的铁路路段，那么德国交通网全长已超过74万公里。

从面积来讲，各类交通基础设施（不含水路）占地总面积约为德国国土的5%，包括公路、街道、广场、车站、机场和港口等。柏林市交通基础设施占城市总面积比例高达15%，其设施密集程度可见一斑。

公路

德国高速公路里程居世界第三位，仅次于美国和中国。至2010年初，德国共有公路23.09万公里，其中高速公路1.28万公里，联邦公路3.99万公里、州级公路8.66万公里、县级公路9.16万公里。2009年，德国高速公路运量达2254亿辆公里，占联邦公路和高速公路总运量32.3%。德高速公路平均每天通车数量为48800辆，其中重型卡车占13.9%。

德各级政府负责投资兴建不同等级的公路，高速公路、联邦公路主要由联邦政府利用预算资金投资，欧盟对个别项目提供补贴，州、县级公路全部由所在州、县政府投资。

轨道交通

德国轨道交通发达，各种轨道交通方式运营总里程达3.79万公里，包括用于远程运输的铁路和用于短途交通的地铁、城铁、有轨电车等等。

德国铁路根据运行速度分为城际特快列车（ICE）、城际列车（IC）、地区间快车（RE）和地区间列车（RB）等。德国铁路绝大部分归国有的德国铁路公司（DB）运营，DB是欧洲最大的铁路交通及基础设施管理公司，拥有500余家子公司。速度最快的城际特快列车（ICE）目前有260列列车投入运营，最高时速可达200km/h至300km/h。磁悬浮列车技术虽然是德国政府出资由西门子和蒂森克虏伯公司研发的，但在德国并未真正得到实际应用。德国政府一度计划在柏林和汉堡两城市间以及慕尼黑的机场附近建造磁悬浮线路，但由于各种原因，这些项目在漫长的规划工作阶段就已搁浅。因此，上海浦东机场磁悬浮列车线路至今仍是世界上唯一一段投入商业运营的磁浮路段。

在城市内，主要轨道交通有城市快轨（S-Bahn）、地铁（U-Bahn）和街道有轨电车（Strassenbahn），其中城市快轨还经常与铁路连接，甚至在城市周边与铁路共用同一轨道。这些轨道网络相互交织穿梭，为城市人口往来提供了巨大方便。

城市快轨与地铁比较相似，但多数在地上或高架桥上行驶，偶尔也经过地下隧道。它的特点是有固定的时刻表，线路多，车次频繁，网络覆盖面大，与其他交通工具直接连接，甚至共用站点。德国共有16个城市或地区建有城市快轨，总长度约3700公里，其中有一部分还在扩建中。

德国目前有四座城市建有严格意义上的地铁，分别是柏林、慕尼黑、汉堡和纽伦堡，地铁总长度为385公里，最早开放的地铁路段位于柏林，早在1902年就开始投入使用了。其他诸如科隆、法兰克福等大中城市的地铁，往往只在城市中心的少数路段在地下行驶，其余路段均在地面行驶。

航空

德国境内共有大小机场1000余个，其中进行商业运营的机场274个，具有一定规模的主要机场有39个，包括16个国际机场、19个地区机场和4个军用及其他用途机场。按运送乘客人数，最大的三个机场是法兰克福国际机场、慕尼黑国际机场和杜塞尔多夫国际机场，2010年运送乘客数依次为5301万、3474万和1898万人次。运送货物最多的三大机场分别是法兰克福国际机场、莱比锡／哈勒国际机场和科隆／波恩国际机场，2010年货运量依次为220万吨、66.3万吨和65.6万吨。由此可见，不论是客运还是货运，法兰克福国际机场都是当之无愧的德国最大机场。同时法兰克福机场还是重要的国际航运中心之一。按乘客数，它是仅次于伦敦希思罗机场和巴黎戴高乐机场的欧洲第三大机场。

水运

德国联邦级水路总长度7300公里，其中90%是内河航线，另外10%是海路，比如北海与波罗的海之间的航道。在内河航线中，1/4是人工运河，例如1992年开通的美茵—多瑙运河。其余则是天然河道。这些河道上共有船闸设施326座，桥梁1364座。

配套设施

为了有效使用和连接各类运输手段，德国有5000个火车站和1200个水运港口，包括海港和内河港口。此外还有60余个物流枢纽成为公路、铁路或水路等不同运输方式的连接点，促进了这些运输方式间的有效互通。

（2）卫生基础设施

2009年，德国用于医疗保健的总费用为2783亿欧元，占国内生产总值的11.6%。其中136亿欧元由公共财政支出，其余由各类医疗保险和私人承担。2009年底，德国共有2084家医院，床位总数50.3万个，平均每1000人拥有6.15个床位；疾病预防和康复机构1240家，床位17.1万个。2009年共收治病人1781.7万人次。

（3）教育基础设施

德国共有各类学校4万余所，其中高等院校418所（综合类大学105所）、各类普通学校3.46万所，包括学前班、小学、实科中学、普通中学、文理中学、综合中学、夜校中学等；职业学校8935所。目前高校在校学生约221.4万人，其中外籍学生近25万人。

2. 德国主要承包商简况及拓展海外市场情况

德国建筑企业为数众多，在国际工程承包市场颇具影响力和

竞争实力的也有不少，最具代表性的是“豪赫蒂夫”和“比尔芬格贝格”公司。

（1）豪赫蒂夫（Hochtief）

该公司成立于1875年，总部设在德国埃森市，是德国最大的承包商，也是全球最大的国际承包商，其主要业务包括咨询、投资开发、建筑施工、机场管理和运营维护等，是南北美洲、欧洲、南部非洲、亚太等地区重要的建筑服务供应商。

根据该公司网站提供的信息，其基本情况如下：　（单位：百万欧元）

基本情况	2011一季度	2010一季度	同比变化	2010年全年
订单收获量	5412.5	3450.5	56.9%	29627.4
业绩	5104.5	4755.8	7.3%	23233.9
订单存量	45605.5	36516.9	24.9%	47486.1
内部营业额	4929.6	4467.0	10.4%	20260.9
外部营业额	4919.3	4448.0	10.6%	20159.3
经营性利润/Ebita	-404.3	152.0	-	947.5
税前利	-444.8	120.5	-	756.6
公司赢／亏	-169.5	34.1	-	288.0
每股收益（欧元）	-2.30	0.51	-	4.31
投资	265.9	168.0	58.3	1217.7
净资产	6831.6	6611.3	3.3%	4708.9
员工人数（人）	73682（2011.3.31）	68833（2010.3.31）	7.0%	70657（全年平均）

豪赫蒂夫的组织结构随着外界环境和自身业务的发展而不断调整。自2011年1月1日起，公司组织机构明显简化，在战略控股管理总部的领导下，分设四个企业中心：美洲分部（Hochtief Americas）、亚太分部（Hochtief Asia Pacific）、特许经营分部（Hochtief Concessions）和欧洲分部（Hochtief Europe）。

豪赫蒂夫最初是一家单纯依赖德国国内市场的企业，而且在相当长的时间内一直都是这样。由于国内市场日趋饱和，给其生存和发展造成巨大压力，豪赫蒂夫果断实施“走出去”战略，积极开拓海外市场。虽然在起始阶段遭遇不少挫折，但谋求海外市场发展一直是该公司的不变战略，正因为如此，豪赫蒂夫海外事业得到蓬勃发展，实现了2004年海外市场收入在全球工程承包企业中排名第一的骄人业绩，且公司海外业务量达到公司总业务量的4/5以上。时至今日，公司所获得的营业额90%来自海外市场。

（2）比尔芬格·贝格（Bilfinger Berger）

比尔芬格·贝格公司（以下简称BB公司）于1975年由多家传统的建筑公司组合成立，但其历史渊源可追溯到1880年。当时的奥古斯特·伯恩南兹（August Bernatz）在德国罗特林根承建了第一个大型建筑项目，后于1883年落户曼海姆，其企业成为格林与比尔芬格股份公司（Gruen & Bilfinger AG）的前身，后又有1890年成立的尤里乌斯·贝格地下建筑公司（Julius Berger Tiefbau AG）和柏林地面建筑公司（Berlinische Boden Gesellschaft）加盟。最终于1975年联合组建成比尔芬格贝格公司，2001年改名为比尔芬格贝格股份公司（Bilfinger Berger AG）。BB公司2008年ENR全球建筑商排名第9位，是德国著名跨国建筑集团。2010年，该公司基本情况如下：

单位：百万欧元

基本情况	数据
业绩	8123
订单收获量	8048
订单存量	8585
经营性利润（Ebit）	343
公司总收入	284
投资	343
其中：实物投资	141
金融投资	202
员工人数（年终）	58312人

等五大部分组成，德国德累斯顿银行是该公司主要股东之一。

工业服务业务包括：石油和天然气行业、炼油厂和石化、化学与农业化学、制药、食品与享乐品、能源生产以及钢铁和铝业等行业设备维修、维护和现代化，包括管道建设、机械设备安装，还有电子、测量、控制技术、试验分析技术服务，以及隔离、防腐保护等。这方面的业务主要集中在欧洲国家和美国。

电力服务业务系指：现有电厂的维护、运行以及能效的提高和电厂寿命的延长，还有电厂建设设备的生产和安装。业务重点包括蒸汽生产、管道技术、能源和环保技术以及机械设备安装。

建筑物与设施服务系指在欧洲和美国的房地产服务、德国高层建筑以及尼日利亚业务相关服务，包括建筑物设计、施工和维护，为客户提供可持续的、高能效的和用途最佳化的服务。

工程建设方面，BB公司拥有丰富的基础设施项目设计、施工经验和高端技术能力，其业务集中在德国和欧洲国家，包括高速公路、铁路、机场等基础设施以及离岸风力发电厂建设等。BB公司还和本国其他同行合作在欧洲以外地区开展业务。

特许经营业务方面，BB公司持有长期经营合同，以私有者和公共机构身份建设和运营交通道路、房地产等，重要市场在澳大利亚、德国、英国、北爱尔兰、匈牙利和加拿大等国。

3、德国政府鼓励、支持本国承包商的政策措施

德国企业主要凭借自身实力参加境外工程项目竞标，但或多或少从政府鼓励、支持政策与措施中受益，概言之有如下几点：

（1）政府为企业开展境外承包提供法律保障

德国政府通过与他国签订双边协定来保障德国企业在国外的经济利益。双边协定是促进本国企业走出去的最直接的和有效的法律保障，而且为企业开展境外投资和工程承包业务创造了稳定的框架条件，有助于本国企业开拓外国市场。到目前为止，德国已经和170多个国家和地区签订了双边协定，使德国企业，特别是跨国公司在境外的商业活动置于有效保护网络之中。双边协定的内容是：投资或承包项目可以享受国民待遇；保证资本和赢利的自由汇出；私有财产受到法律保护等。

（2）政府为企业提供投资担保

德国联邦政府为本国企业境外投资、承包工程等提供投资担保，以规避各种政治、经济风险，提高企业在国际市场的竞争能力。

（3）政府为企业开展境外业务提供融资服务

德国政府透过德国复兴信贷银行、投资发展公司和德国技术合作公司等有关机构为企业提供灵活、有效、多种形式的融资服务，帮助企业走出去。

（4）政府为企业提供信息服务

德国政府（包括相关主管部门、驻外机构、商协会等为企业开拓海外市场提供广泛的信息服务，为企业排忧解难。企业由此获得目的国家/地区的政经资讯和招投标信息，了解其市场环境和准入条件，以及各种行为规范，从而提高其项目中标率和抗风险能力。

瑞　典

承包劳务和投资

瑞典是第一个与中国建立外交关系的西方国家（1950年5月）。在中国各个发展阶段，中瑞一直保持着良好的经贸合作关系，瑞典企业率先在中国设立代表处、组建合资企业、独资企业和研发中心。近年来，双边贸易、技术合作和双向投资更是取得了长足发展。

双向投资。据中国商务部统计，2011年瑞典在华新增投资项目60个，实际投资额1.75亿美元。截至2011年底，瑞典在华投资项目达1153个，实际投资额累计23亿美元，位列北欧国家之首。

2011年中国对瑞典直接投资5511万美元，截至2011年底累计对瑞投资15.34亿美元。

承包劳务。据中国商务部统计，2011年中国企业在瑞典新签工程承包合同额3438万美元，完成营业额1487万美元。派出劳务人员29人，年末在瑞劳务人员8人。

瑞典热水工程落成 皇明集热器大放异彩

2012年3月，瑞典E公司CEO、技术总监、销售总监一行来到皇明进行考察和商务洽谈，并带来了好消息：皇明成功竞标的瑞典最大太阳能游泳馆热水工程已经安装完毕并投入运营，同时中标的还有欧洲平板集热器，皇明的真空管U管集热器占整个工程的80%以上。

据了解，在当地零下15度的气温下，皇明真空管集热器的储水箱水温达到了67摄氏度，而欧洲的平板集热器同样环境下储水箱水温仅为30摄氏度。此游泳馆年接待8.5万游客，投入运营后也为E公司带来了多个太阳能热水工程的竞标邀请。E公司本次采访还就太阳能采暖、制冷、MePad战略合作与皇明进行洽谈并达成合作共识。

皇明与瑞典E公司的合作是北欧先进储热技术和皇明先进集热技术结合的典范，将在北欧市场大有作为。客户对MePad高度认同，已经制定计划将皇明光电组件产品、灯具和太阳能灶具列入其产品手册在北欧进行推广，为MePad战略在北欧的推广奠定了坚实的基础。

俄罗斯

承包劳务及投资

（1）劳务及工程承包合作

2011年1-12月，中俄双方签署工程承包合同金额13.8亿美元，同比增长16.0%，完成营业额14.0亿美元，期末在外人数20760人。对俄劳务合作集中在俄远东、西伯利亚地区，主要从事农业种植、建筑、森林采伐、木材加工、制衣、医疗及其他服务行业。

（2）相互投资

我对俄投资

2011年1-12月，我对俄非金融类直接投资3.03亿美元，同比下降49.0%。我对俄非金融类直接投资主要分布在能源、矿产资源开发、林业、贸易、轻纺、家电、通信、建筑、服务等领域。

俄对华投资

2011年1-12月，我实际使用俄直接投资3102万美元，同比下降11.3%。俄对华投资主要集中在制造业、建筑、交通运输等领域。

俄加大能源项目引资力度

据俄罗斯新闻报2012年9月21日报道，俄能源部部长诺瓦克对媒体表示，2020年前俄天然气、石油、电力行业发展需引资至少1万亿美元。为此，俄政府计划在各国引资。首场与外国投资者见面会计划于今年10月份在伦敦举行，届时俄能源部将就俄燃料动力综合体投资潜力、能源项目及相关税收优惠政策进行推介。

华为中标管理俄伏尔加和远东地区移动及固网

2012年9月10日，俄罗斯"Вымпелком"股份公司与华为公司签署协议，俄伏尔加和远东地区的移动和固定网络正式移交华为公司运营管理和服务，协议额1亿多美元。中方将提供上述移动和固定网络的解决方案、技术指导，设备供货等运营管理服务。"Вымпелком"股份公司总经理表示，伏尔加和远东地区移动和固定网络由华为公司负责运营管理，首先将提高网络管理的效率和质量，其次将优化业务流程并节约成本。

中国能建总承包俄罗斯雅罗斯拉伏尔燃机项目破土动工

2012年6月18日，俄罗斯当地时间上午9时，雅罗斯拉夫尔市举行华电捷宁斯卡娅工程项目破土动工仪式。这是中国能建黑龙江火电三公司及中国能建东北院设计施工于一体的一次整体"出海"。

华电捷宁斯卡娅燃气--蒸汽联合循环供热电站位于俄罗斯雅罗斯拉夫尔市境内的西北市郊捷宁斯卡娅附近。在此基础上拆除原有的老热电厂，建设包括2台燃机、2台余热锅炉、1台汽轮机，按照2+2+1配置的热电厂。额定工况发电量达到450MW，采暖期供热能力为1200GJ/h。建成后拟向雅罗斯拉夫尔市供热。

此工程由中国华电香港有限公司与俄罗斯第二地区电力股份公司共同投资建设，是中俄贸易能源建设的一项重要项目。

北京机械工业自动化研究所成功签约俄罗斯铁矿选矿厂EPC总承包工程

2012年8月，北自所参加了中国电力工程有限公司组织的俄罗斯KIMKAN铁矿选矿厂EPC总承包工程--选矿综合自动化系统项目的投标活动，经过多次的技术交流和激烈的竞标，我所最终成为中标单位。

中国电力工程有限公司（简称"中国电工"）是一家大型国际化专业工程公司，为国家高新技术企业，已连续多年被美国ENR列入全球国际工程承包商225强。俄罗斯KIMKAN铁矿选矿厂EPC总承包工程是中国电工签订的俄罗斯远东地区KSG铁矿建设开发项目融资和EPC总承包合作框架协议下的一期工程。北自所参与的中标项目为该总承包工程中的选矿综合自动化系统项目。此次合作的成功标志着我所第一次进入到选矿自动化行业。

中国北方工业公司与俄铝达成4.8亿美元投资协议

据俄新网2012年4月28日报道，世界最大的铝生产商俄罗斯铝业联合公司总裁杰里帕斯卡表示，该公司与中国北方工业公司签署合作协议，两公司将投资约4.8

亿美元对克拉斯诺亚尔斯克冶金厂进行现代化改造。此外，杰里帕斯卡称，协议中还列出两公司的其他合作项目。协议期限为10年。

中国将投资12亿欧元在俄车里雅宾斯克建物流中心

据俄新网2012年4月27日报道，俄地区经济发展部27日表示，中国投资者将投入约12亿欧元在车里雅宾斯克州建设“南乌拉尔斯克”多式联运物流中心。该中心计划在乌韦利斯基区建设，其面积为180公顷，计划于2013年春开始大规模建设，一期工程在2014年5月投 入使用，集装箱货物量约为每年300-500万吨，第一阶段投资额为1.2亿欧元。该中心将把国际铁路货运与现代化大型集装箱场站、报关点和现代化仓库大楼以及公路货运联系起来。

中国公司将投资5.5亿卢布在俄罗斯加里宁格勒建钢管厂

据俄新网2012年3月29日报道，加里宁格勒州工业政策部部长切马金28日向记者透露，中国黑龙江钢管厂将投入5.5亿卢布在加里宁格勒开设钢管与钻探设备生产厂，生产高强度焊管、钻杆和钻机，届时60%的产品用于满足俄国内需要，40%用于出口。项目投资总额5.5亿卢布，其中1.5亿用于工厂建设，4亿卢布用于采购设备。公司计划雇佣400名员工。他表示，中国投资者已看过场地，物流运输条件可能是中方选择这里的主要原因。

白俄罗斯

一、承包工程与劳务

航天科工承建白俄罗斯明克斯机场改造工程项目

2012年2月，中国航天科工集团公司与白俄罗斯驻华大使布里亚・维克托一行就白俄罗斯明斯克机场改造工程项目进行了洽谈。

中国与白俄罗斯是兄弟国家，双方在长期合作中建立了有好的关系。中国航天科工与白俄罗斯相关企业一直保持着良好的合作，特别是2010年双方在两国领导人的见证下签署的明克斯机场改造工程项目，更是得到了双方的高度关注，推进了双方合同向更深层次迈进。布里亚・维克托希望双方在明克斯机场改造工程项目上保持一贯的友好合作关系，尽快制定施工周期计划表，将项目计划落实。

据悉，航天科工司承建的白俄罗斯明斯克机场改造工程项目是中白两国合作的中国电项目之一。项目完成后，明斯克机场将成为可起降空客A380大型飞机、年接待600万乘客的现代化机场。

白俄罗斯将与中国实施总额55亿美元投资项目

据俄新社2012年2月23日报道，白俄罗斯副总理阿纳托利・托兹克在跨政府经贸合作委员会会议期间声明说，白俄罗斯正在与中国实施总额为55亿美元的一系列投资项目。

据白俄政府新闻局的消息，中国计划向白俄罗斯投资160亿美元。目前白俄罗斯拟与中国进出口银行和开发银行签署贷款100亿美元的协议。

托兹克说，白俄罗斯利用贷款实施非常有利的项目。整体上白俄罗斯与中方合作重点在吸引中国直接投资。白俄罗斯经济部投资管理局局长在会议上表示，2011年从中国法人获取了1.25亿美元投资，比2010年多一倍。中国在白俄罗斯吸引外国投资中占有第9位，白俄罗斯与中国总共成立了86个合资企业。

宫建伟大使出席卢克木里400MW联合循环发电项目开工典礼

2012年1月18日，中国驻白使馆经商参处刘雪松参赞陪同新任驻白俄罗斯大使宫建伟出席了在维捷布斯克州新卢克木里市举行的卢克木里400MW联合循环发电项目开工典礼。中国机械设备工程股份公司副总经理李朝阳、维捷布斯克州州长科西涅茨、白总统助理多玛申科维奇、白能源部副部长雷马舍夫斯基等官员出席并致辞。

中工国际白俄罗斯纸浆厂项目正式生效

2010年10月11日，中工国际与白俄罗斯斯威特洛戈尔斯克纸业股份有限公司签署了白俄罗斯纸浆厂项目商务合同，合同金额为76，960.47万美元。

2012年6月，公司收到业主白俄罗斯斯威特洛戈尔斯克纸业股份有限公司支付的全部预付款，中国出口信用保险公司出具了该项目的《出口买方信贷保险责任生效通知书》，白俄罗斯纸浆厂项目正式生效。

二、白俄罗斯的电力能源行业

1、白俄罗斯电力能源管理部门

（1）能源部：负责制定并实施国家电力能源政策的主管部门是白俄罗斯能源部，能源部除本部外还下辖94个各级 机构。能源部同时负责核能源问题（设立有核能源局）、电力和热能的生产、输送、部分燃料能源的开采、气化和天然气的输送等。

（2）白俄罗斯国家能源公司：根据2006年5月5日白俄罗斯共和国第289号总统令“关于白俄罗斯政府结构”、2006年10月31日第1441号部长理事会决议和2006年11月30日白能源部第326号令，白俄罗斯国家能源公司被授权具体管理国家能源系统，负责电力和热能领域事宜，能源公司归能源部直接领导。其基本任务是生产、输送电力和热能，在生产和输送电力过程中技术管理、监控电站态势、电网设备、白俄能源体系网络、组织工作、保障能源领域稳定发展，预测供求趋势、投资并建设电力设施等。白俄罗斯国家能源公司下设6个分能源公司，统一各州调度管理、建设、安装和服务机构等。

2、白俄罗斯电力能源系统基本情况

（1）白俄罗斯电站类型及各电站装机容量，如表3-3-1所示。

电站名称	功率（兆瓦）	电站名称	功率（兆瓦）
高压热电站		水电站	
卢克木里国家地区电站	2459.5	哈洛兹文	0.09
别列佐夫国家地区电站	900	巴别尔尼（重建）	0.2
明斯克4号热电站	1035	卢克木里	0.3
戈梅利2号热电站	544	多布洛梅斯良纳	0.21
新波洛茨克热电站	505	巴根斯克	0.63
明斯克3号热电站	542	科良斯基茨克	0.52
莫吉廖夫2号热电站	345	戈梅利	0.25

续表

电站名称	功率（兆瓦）	电站名称	功率（兆瓦）
高压热电站		**水电站**	
明斯克5号热电站	320	布拉斯拉夫斯克	0.3
斯威特洛戈热电站	155	列别理	0.32
马泽里热电站	195	奥布良斯克	0.509
巴布鲁伊斯克2热电站	180	盖兹卡尔斯克	0.72
格罗德诺2号热电站	181	拉琼斯克	0.3
小计	7361.5	雅诺夫斯克	0.15
中小型压力热电站		新谢尔阔夫斯克	0.22
维捷布斯克热电站	75	涅曼八月水渠	0.1
奥尔莎热电站	72.96	谢列夫斯卡娅	0.11
若金纳热电站	54	奥斯波维奇	2.175
明斯克2号热电站	29	奇比林斯克	1.5
莫吉廖夫1号热电站	21.2	戴代林斯克	0.37
利达1号热电站	43	杰里温斯克	0.15
宾斯克热电站	21.8	莎拉河水利发电站	0.2
白俄罗斯国家地区电站	7.5	瓦西阔夫斯克	0.09
布列斯特热电站	18	**水电站共计**	9.414
巴拉诺维奇热电站	48	**总　计**	7843.4
巴布鲁伊斯克1热电站	12		
波洛茨克热电站	7.7		
戈梅利1号电站	6		
维捷布斯克东方热电站	3.5		
格罗德诺北部热电站	9.5		

续表

电站名称	功率（兆瓦）	电站名称	功率（兆瓦）
高压热电站		水电站	
马洛杰其诺小型热电站	3.5		
宾斯克西部小型热电站	3		
萨利格勒斯克热电站	2.5		
舒钦小型热电站	0.288		
奥西洛维奇小型热电站	1.2		
威列伊卡小型热电站	2.5		
日洛宾斯克热电站	26.2		
普路然小型热电站	3.7		
能源工作者电站	0.3		
小计	472.3		
热电站共计	7834.0		

（二）2011年白俄罗斯电力能源系统主要指标

项　　目	数　　值
发　　电	318.2 亿千瓦时
电力进口	56.8 亿千瓦时
电力出口	1.5 亿千瓦时
国内消耗	373.5 亿千瓦时
送　　热	34620 万亿卡
输电线路长度	269510 千米
热网长度	5560 千米

（三）2007年—2011年白俄罗斯电力能源需求量

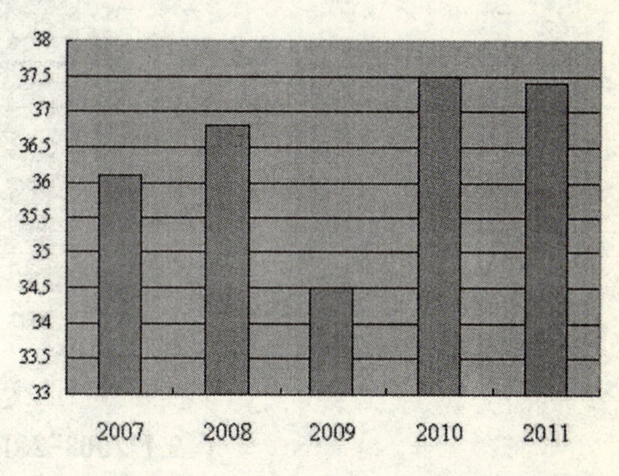

■2007年至2011年白俄罗斯电力需求情况　单位：10亿千瓦时

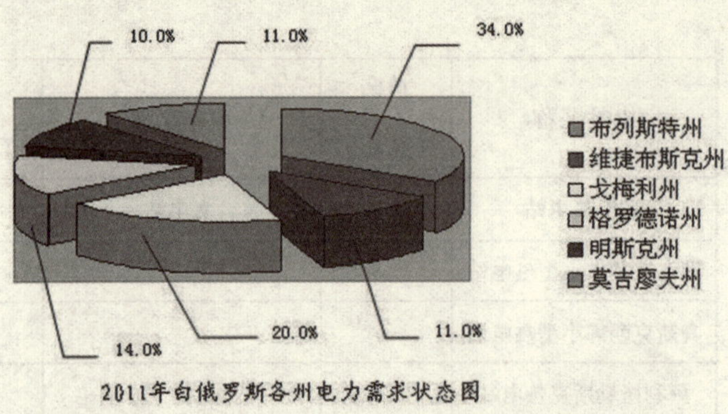

2011年白俄罗斯各州电力需求状态图

（四）2007年—2011年白俄罗斯热力能源需求量

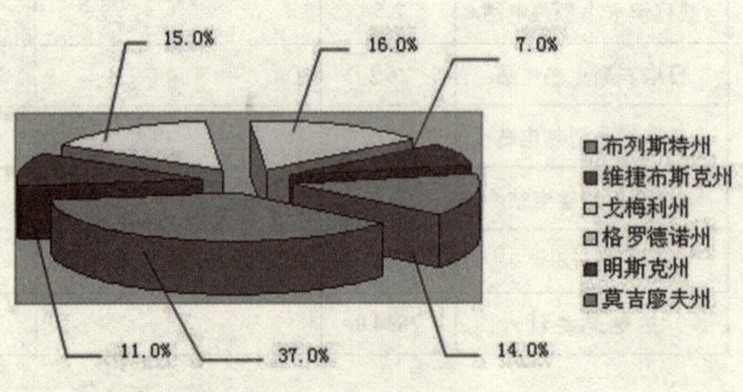

2011年白俄罗斯各州热力需求状态图

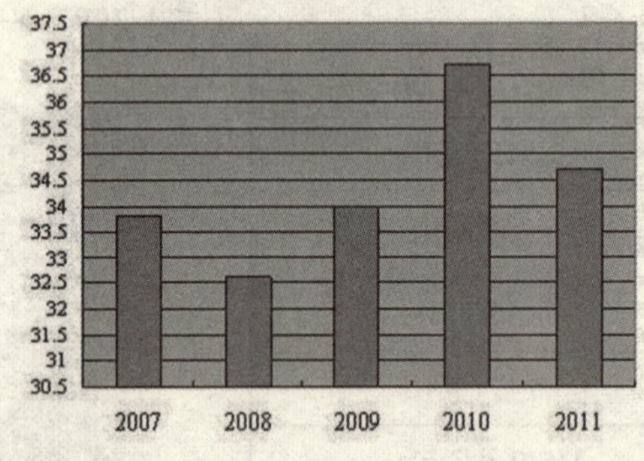

2007年至2011年白俄罗斯热力需求情况　单位：千万亿卡

（五）2008-2011年白俄罗斯电站消耗的能源结构

	天然气	伴生气	重油	其它
2008	95.8%	0.9%	2.9%	0.4%
2009	77.3%	1.1%	20.9%	0.7%
2010	96.3%	0.9%	2%	0.8%
2011	96.8%	1.0%	0.8%	1.3%

（六）2001-2010 年白俄罗斯电力生产、进口和需求情况

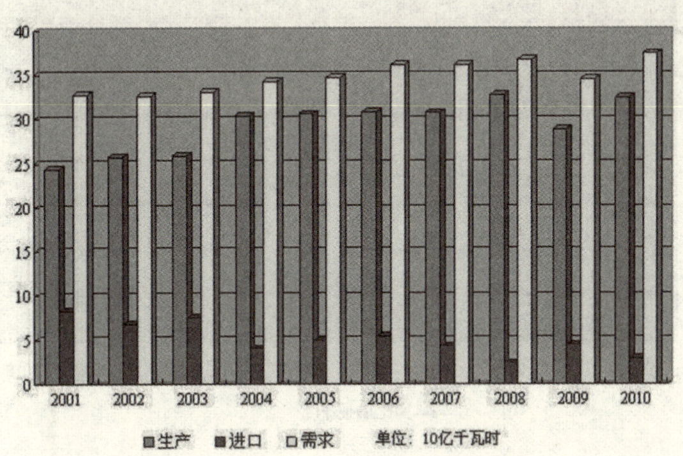

（七）2001-2010 年白俄罗斯电能输出燃料消耗比

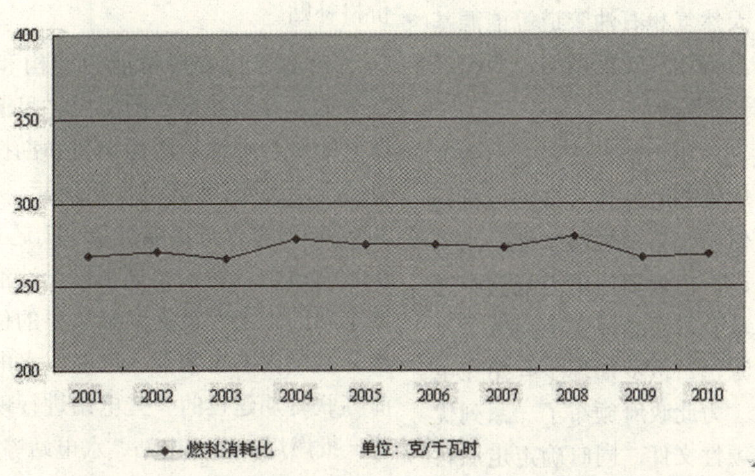

（八）2001-2010 年白俄罗斯电力固定资产投资额情况

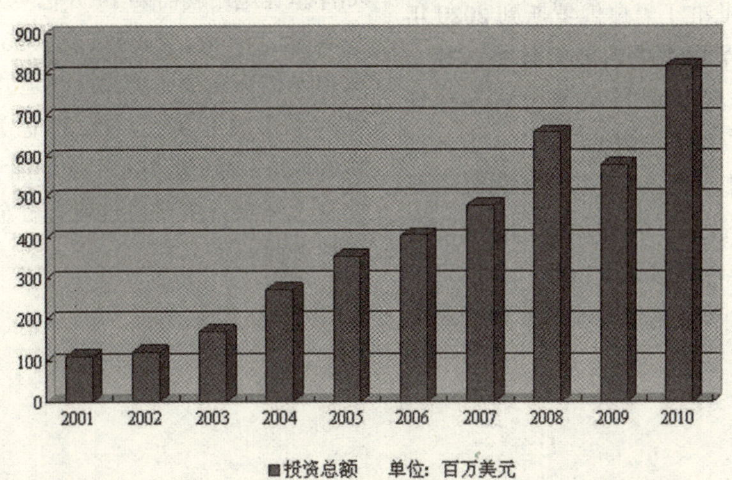

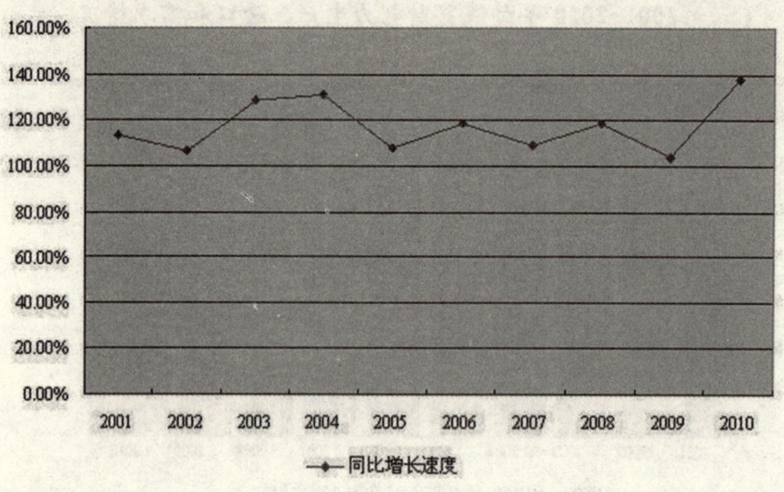

3、白俄罗斯电力能源发展规划

二十世纪60至70年代的苏联时期，在白俄罗斯进行了大规模的各类型电站、天然气和石油管道等能源基础设施建设，初步形成了电力输送和热能网络，为白经济各领域的稳定发展打下了良好基础。

电能是白能源工业的核心，电力能源行业是白俄罗斯共和国的支柱产业之一。尽管苏联解体后该领域机构划归独立的白俄罗斯所有，但由于自身燃料资源、水资源和核能发电站储备严重匮乏，白俄罗斯电力能源中进口的天然气份额高达90%。为了加强能源安全，减少进口能源需求量和有效利用资源，白俄罗斯逐步开始在电力能源领域进行现代化改造。为此政府颁布了一系列优先发展能源产业的国家级纲领性文件，同时确定走燃料能源平衡多样化道路，最大限度合理的利用各类原产地燃料。

2010年8月，白政府批准了“白俄罗斯到2020年能源发展战略”。计划改革白俄罗斯能源体系。第一阶段（2010-2011年）成立国家高压电网公司，管理220KV-750KV电力设施。第二阶段（2012-2013年）计划成立“白俄电力”国家公司，该公司将包含国内最主要的电站，同时公司将实现股份化。第三阶段（2014-2015年）计划完成能源体系改革，在这一阶段建立白俄电力批发市场，“白俄电力”公司和其他独立发电商将是主要销售者。接下来阶段就是实现非公有化和私有化过程。2014年之前，计划逐步取消对居民、企业和法人的用电价格补贴。

白政府决心要将能源结构和供应优化，广开油、气来源，并发展自己的核电，目前，白已完成了建设核电站经济合理性指数的调研和勘探工作，决定建设两台百万千瓦的核电机组。建成后，将使白电能价格降低20%，同时可以每年减少36-37亿立方米的天然气需求。由于白遭受过切尔诺贝利核电站泄漏的灾难，因此新建核电站的安全性被提到最重要的位置。另外，白将进一步开发国内的生物能、风能、水电等。白政府计划对在前苏联时期建设的一些电站进行现代化升级改造，并新建一批燃煤、燃气电站、水电站等。总投资将达到51.67亿美元，其中近30亿美元用来现代化改造和发展白俄罗斯能源体系项目，比如建设冷凝式电站所需投资最大，如泽里瓦电站就需要14.8亿美元，计划新建水电站总装机容量200 MW，约需投资7.25亿美元，2015年前改造火电站约需4.2亿美元，改造并新建输电线路和输变电站约需3.24亿美元；18.52亿美元用于电力能源节能措施领域；7.478亿美元用于增加利用本地载能体的数量。实现上述项目主要通过自有资金和国外贷款或外国直接投资方式解决。

立陶宛

立陶宛外国人（非欧盟成员国公民）劳工政策

如外国人希在立获得雇佣，必须首先获得劳动许可。劳动许可由立劳动交易所颁发，在收到外国人在立工作申请后二个月内办理。

为获得工作许可，外国人需向当地劳动交易所提交以下文件：

1. 雇主同意雇佣外国人的协议（按规定格式）
2. 企业登记证的复印件
3. 保险登记证的复印件
4. 个人身份证明的复印件
5. 外国人学历证明，需翻成立陶宛文

颁发给外国人的工作许可最多不超过两年，且需标明工种和工作单位。

雇主可以与获得劳动许可的外国人签署雇佣合同。雇佣合同必须写明所雇外国人的工种和工作期限，注明外国人应从事合同上规定的工种，并在合同到期后立即离开立陶宛。合同中的雇佣期限不得长于外国人所获劳工许可的期限。

雇佣双方签署合同后，雇主需在3天内到劳动交易所备案。按法律规定，劳动交易所需在2周内核实签署合同的外国人是否可以被雇佣。雇佣合同获备案后方可生效。

外国人在原签证到期三天内需申办新签证。

在立陶宛合法工作的外国人可以向移民局提出申请，邀请其配偶和子女暂时在立逗留。在这种情况下，该外国人的家庭成员有权要求赴立签证，并可在立逗留不超过90天。

以下情况社会劳动保障部有权收回劳动许可：

1. 以欺诈手段获得劳动许可
2. 获得劳动许可后一个月内，外国人未获得雇佣合同，或从事另一项工作而没有相应的工作许可；
3. 雇佣合同终止；

若社会劳动保障部在劳动许可到期前收回颁发给外国人的劳动许可，则必须在7天内书面通知雇主、外国人、内务部或内务部授权部门。

如外国人符合下列条件，可免除劳动许可：

1. 拥有立陶宛永久居留权
2. 拥有根据外国人法律地位法19章1款1-4条，19章2款1-3条颁发的暂时居留权，
3. 受雇于立政府和外国合办项目
4. 与立陶宛企业或机构已经建立经济联系的外国企业或机构的经理或他授权的代表。
5. 职业运动员，且工作期限不超过6个月。
6. 外资公司的经理或他的授权代表，或者来立调试机器的专家，或是培训员工操作设备的顾问，来立工作不超过3个月。
7. 赴立教育部门、高校工作或任教不超过90天
8. 由社会团体组织的国际交流项目下的学生，赴立学习或工作一年，并可再延长6个月。

外国人在立工作受立陶宛劳动法和立陶宛外国人地位法保护和制约。

塔吉克斯坦

承包工程与劳务

中国企业在塔吉克大型工程项目稳步实施并取得良好社会反响

在我政府贷款资金的有力支持下，经过数年开拓，中国企业在塔吉克相继承揽大型工程项目，已成为当地工程承包市场上的重要力量。近年来，中国路桥公司承建的“塔吉克－乌兹别克公路”项目、中铁五局实施的“沙尔－沙尔”隧道项目、新疆特变电工公司承建的“南北输变电线”项目等，对推动塔吉克经济发展，改善基础设施落后状况具有重大意义，得到了塔吉克人政府高层和普通百姓的高度评价，取得良好社会反响，为中国工程企业赢得良好声誉，也为其它中国企业进入塔工程承包市场奠定了基础。同时，中国企业还积极参与国际招投标项目，由亚行贷款实施的塔吉公路建设项目1、2标段由中水电公司中标、3标段由中铁五局和中国路桥赢得，项目已顺利交付使用。当前塔正全力发展能源和交通基础设施建设，这为我进一步扩大在塔工程承包和劳务合作带来良好机遇。

中国企业承建的隧道工程将为塔民族和解15周年献礼

据《亚洲快讯》2012年3月1日报道，中国路桥公司所修建的塔乌公路沙赫里斯坦隧道工程竣工仪式将在6月27塔民族和解日前举行。此次竣工恰逢塔民族和解15周年，意为塔民族和解纪念日献礼。

沙赫里斯坦隧道全长5.2公里，是塔乌公路的重要组成部分之一，于2006年8月开工。

多维钢结构集团签约塔吉克斯坦胡正特体育馆总承包项目

2012年3月19日，多维钢构集团新疆公司驻塔吉克斯坦胡正特办事处传来振奋人心的消息：新疆公司正式中标胡正特体育馆建筑总包工程！至此，在新疆公司总经理任会议的精心组织下和外贸部同事及北京同仁的共同努力下，新疆公司在继胡正特游泳馆项目之后，再次在塔吉克斯坦胡正特市国家体育场馆竞标中夺魁，合同额突破7000万元。

胡正特体育馆位于塔吉克斯坦胡正特市，是目前塔吉克斯坦最大的封闭性体育场馆。场馆内设观众席3000位，有足球馆、网球馆、篮球馆和现代化的体育设备。可以用于国际化的比赛，也可以用于教学，运动员在内学习和锻炼。该场馆的建设为塔吉克斯坦的运动事业提供了良好的发展环境。

该场馆建筑总高度21米，地上两层，建筑面积29800平方米，轴线尺寸为112.36米×78.16米。主体结构型式为钢框架结构体系。该项目为交钥匙工程，是多维钢构集团新疆公司自成立以来海外最大项目，也是集团公司历史上第一个真正意义上的外贸总包工程。除传统的钢结构和彩钢板外，还囊括了装饰装修、给排水、电气、暖通、消防、空调及智能化控制系统等专业。

塔吉克斯坦总统视察中国路桥承建项目

2012年6月29日，塔吉克斯坦共和国总统拉赫蒙在副总理及交通部长的陪同下，视察了中国路桥公司承建的塔吉克斯坦三号公路走廊项目。

在道路施工现场，拉赫蒙总统亲切会见了公司副总经理李刚与办事处负责人，详细了解了该项目的人员、设备及施工进展情况，同时对中国路桥公司在塔的其他项目情况也进行了详细询问，并再次提醒沙赫里斯坦隧道务必要保证在今年9月完工。拉赫蒙总统对中国路桥公司给予了充分的肯定，要求再接再厉，继续加快施工进度。 会晤后，拉赫蒙总统高兴地将塔吉克斯坦特产--樱桃赠送给项目建设者。

据悉，三号公路走廊项目全长57公里，由亚洲开发银行投资，合同金额8683万美元，合同工期36个月，去年10月31日正式开工。该项目是连接塔吉克斯坦首都杜尚别、西部工业重镇图尔孙扎德及边境口岸的重要交通枢纽。

特变电工塔吉克斯坦建火电站换金矿

以资源换项目的创新合作方式成为了特变电工开拓国际市场，获取境外资源的一大利器。

特变电工今日公告，公司拟由特变电工杜尚别矿业有限公司为主体，以资源换项目方式建设塔吉克斯坦杜尚别2*5万千瓦火电站一期工程项目，塔吉克斯坦政府授予矿业公司金矿开采权利并给予矿业公司生产经营过程中相关税收减免，矿业公司金矿开采所获得的收益用于抵偿火电站建设成本 1.78 亿美元（折合人民币约 11.2 亿元），可实现净利 14.64 亿元。

特变电工董事长张新在接受证券时报记者采访时表示："该金矿预测储量很大，如果资源量能够全面落实，将为公司带来较大的经济效益。"

张新介绍："资源换项目是近年来特变电工加快推进国际市场开拓的喜人成果，以往公司承建的塔吉克斯坦系列国际电力成套项目赢得了塔吉克斯坦政府和民众高度评价。现在，塔吉克斯坦又提出让特变电工为其建设 2*5 万千瓦火电站及相关设施，以保证给首都供热供电。作为建设交换条件，塔吉克斯坦用其最好的资源换取火电站的建设，即东杜奥巴金矿及东杜奥巴侧翼、上库马尔克金矿，矿区面积 15.4 平方公里。"

据了解，三个金矿点已探明的储量是 51.7 吨，有待勘查的储量是 117.16 吨。根据东杜奥巴金矿、东杜奥巴侧翼、上库马尔克金矿 C1+C2 储量 51.75 吨，分别按金价 300 元／克、350 元／克测算，全部金矿预计实现净利润分别为 14.81 亿元、22.09 亿元，抵偿杜尚别火电站建设费用后，全部金矿可实现净利润 3.68 亿元、10.96 亿元。

对于该项目的开发价值，张新表示："前苏联早已对该矿区做过普查，除去已探明的储量外，近期，根据我们聘请的专业公司的布钻和勘查，已经在周围找出了新的金矿资源，前景储量极有可能成为特大型金矿。"

北新路桥中标塔吉克斯坦一工程 中标价 5.4 亿

2012 年 10 月 9 日，北新路桥公告称，塔吉克斯坦共和国交通部发来的《中标通知书》显示，公司被确定为艾尼－彭吉肯特－乌兹别克斯坦边境道路改建工程项目中标人，中标价为 8470 万美元（折合人民币 5.37 亿元）。

该工程总工期为 3 年，共计 1095 天。上述中标金额占公司 2011 年经审计营业总收入的 18.53%，合同履行不影响公司业务的独立性，该工程合同尚未签订。

华新塔吉克斯坦年产 100 万吨水泥项目开工 2012 年底投产

2011 年 9 月 15 日，华新水泥股份有限公司走出国门的第一个水泥生产线项目——华新塔吉克斯坦年产 100 万吨新型干法水泥生产线项目，在塔吉克斯坦哈特隆州亚湾市举行了隆重的开工奠基仪式。中国驻塔吉克斯坦大使馆、塔吉克斯坦能源工业部、国资委、交通部及哈特隆州、亚湾市政府部门领导和华新水泥股份有限公司董事长陈木森、副总裁李恩（Ian.riley）等出席了开工奠基仪式。

华新塔吉克斯坦年产 100 万吨水泥生产线由华新水泥股份有限公司控股子公司华新中亚投资（武汉）有限公司与塔吉克斯坦亚湾水泥公司合资建设，不仅是塔吉克斯坦第一条新型干法水泥生产线项目，也是迄今为止塔吉克斯坦投资额最大的项目。项目总投资 1 亿美元，将采用当今世界先进的新型干法预分解技术，并秉承华新绿色环保理念，将项目打造成循环经济的样板性工程，各项生产指标和环保指标均达到世界先进水平。

项目计划 2012 年年底投产，建成后将达到年产 90 万吨熟料、100 万吨水泥的规模。届时，该项目不仅将成为塔吉克斯坦水泥工业的标杆，也将为拓展中塔经济合作领域和深化两国友谊作出贡献。

土库曼斯坦

一、承包工程与劳务

中石油阿姆河天然气项目二期工程开工土总统出席奠基仪式

2011年12月13日，中国石油土库曼斯坦阿姆河天然气项目二期工程（第二天然气处理厂）开工奠基仪式在土列巴普州阿姆河右岸的巴格德雷合同区域隆重举行。土总统别尔德穆哈梅多夫、中国驻土大使肖清华、中国石油天然气集团总经理周吉平，以及土内阁成员和各国驻土使节代表等出席。别和周为开工奠基并致辞。

江苏太锅出口土库曼斯坦项目顺利完成

2012年5月，江苏太湖锅炉股份有限公司出口土库曼斯坦的5台110吨/时燃气锅炉在无锡南站顺利启运发货。据悉，此批锅炉主要用于土库曼斯坦的天然气净化工厂项目，该项目是土库曼斯坦向中国输送天然气的重点工程，得到了中土两国领导人的高度重视，国家主席胡锦涛与土库曼斯坦总统计划于2012年10月为该项目剪彩。

江苏太湖锅炉股份有限公司于2011年11月签订供货合同，负责5台110吨/时燃气锅炉的生产及安装，合同交货期为2012年5月底。合同签订后，江苏太湖锅炉股份有限公司十分重视生产进度，太锅公司总经理陆世红在会议上多次强调了该项目的重要性，并给相关生产部门立下军令状，要求他们严格按照生产计划推进。太锅公司生产一线的工人甚至主动放弃了春节假期，加班加点，力争保质保量完成生产任务。经过一百多天的奋战，太锅公司于2012年3月底顺利完成了5台锅炉的生产包装任务，并启运发货，比合同规定的交货期整整提前2个月。目前，该批锅炉已经顺利运抵目的地，太锅公司也已组织安排好国内专业安装队伍与工程设计人员，奔赴土库曼斯坦项目现场，进行锅炉安装，确保于2012年9月1日前完成5台锅炉的安装调试工作。

二、土库曼斯坦电信工程市场

土库曼斯坦独立后，政府采取对外开放政策，积极吸引外资，以改变国内十分落后的电信状况。目前，土在这一领域共吸引外国投资约3550万美元，新安装20台数字程控交换机，号码增容约10万线。在土电信市场进行投资的主要是“西门子”、“摩托罗拉”和“阿尔卡特”三家西方公司。

土库曼斯坦现有176条国际电话线路，各种交换机400多台，号码容量为40万线。首都阿什哈巴德市拥有10万线电话系统，其中50390线使用8台数字程控交换机。近期，土拟加大国内电信事业的发展步伐，所有电信系统将并入跨欧亚光缆线路。该线路土境内段（700公里）的铺设工作已于1998年10月开始动工。未来5年之内，土库曼斯坦将全面数字电信系统，计划安装号码容量为10万线的数字程控交换机25台。

土库曼斯坦财政紧张，电信事业发展急需外国投资。为此，土政府计划在1999年下半年对铺设通讯光缆和电话、广播线路，以及安装数字程控交换机等项目进行国际招标，以“交钥匙”方式对外实行工程总承包，中标者将负责提供和安装设备，并提供维修服务等。

乌克兰

一、承包工程与劳务

2010 年 9 月和 2011 年 6 月两国元首成功互访，推动双方企业签署经济技术合作类协议和意向投资近 75 亿美元，合作领域涵盖交通基础设施、电力、能源、矿产资源开发、电信、农业、化工，合作方式也由单一项目发展到产业园区合作，彻底改变了两国经贸合作一直以货物贸易为主的局面。

近一年多来中石油、中石化、葛洲坝集团、中国路桥、中国农业发展集团、中建材、南方航空公司等中方有实力的企业纷纷来乌洽谈合作。国家开发银行、中国进出口银行均在乌设立办事机构。在两国政府、企业和金融机构的努力下，双方议定的一系列大型经济技术合作项目陆续启动，联想在乌电脑市场占有率连年稳居第一，华为和中兴在乌电信市场、三一重工和中连重科在乌机械设备市场所占份额逐步扩大，越来越多的中国品牌立足乌克兰市场，改善了中国商品在乌形象，极大提高了双边经贸合作档次。

乌克兰议会一读通过我承建“空中快车项目”免税案

2012 年 5 月 17 日乌克兰议会一读通过了关于乌克兰税法过渡性条款第 20 条修订法案，该法案旨在更有效地利用贷款资源，减少贷款资源税费支出，可以消除中国机械工业成套工程总公司（CMCEC）承建的基辅 - 鲍里斯波尔国际机场“空中快车”项目的货物、服务和工程税收，该项目由乌克兰政府提供 3.72 亿美元主权担保，中国进出口银行提供 15 年期 5.78 亿美元贷款。

据悉，乌克兰议会将于本月底举行上述免税法案的二读，如通过将交由乌总统正式签署生效。

中国企业进军乌克兰 签 40 亿美元合作备忘录

2012 年 4 月 10 日，中工国际工程股份有限公司 9 日与乌克兰农业巨头ＵｋｒＬａｎｄＦａｒｍｉｎｇ股份有限公司签署了价值 40 亿美金的合作备忘录。

中工国际董事长任洪斌表示，中工国际在国内外有着丰富的承包农业工程项目的经验和业绩。ＵＬＦ公司董事长奥列格 巴赫马鸠科指出，此次合作说明中国大型企业正开始进入乌克兰市场。他认为，双方在畜牧场、谷物仓库、粮港建设和农机设备组装等项目中将拥有不错的合作前景。

据介绍，乌克兰集中了世界上 30% 的有机黑土地，具有良好的生产条件和气候条件。ＵｋｒＬａｎｄＦａｒｍｉｎｇ公司主要从事谷物种植、鸡蛋和鸡蛋产品的生产、糖、肉、奶的生产以及分销。

二、乌克兰建欧洲最大光伏发电站 将成新兴市场

乌克兰最新能源草案——“改变乌克兰电力产业”——已于 2012 年 7 月 4 日获得议会通过。乌克兰能源顾问团 Imepower 表示，该草案将在 2012 年秋季下一届议会会议上获得通过。投资商与开发商正将目光转向光伏电站项目，如今 EPC 价格正逐步下滑，越来越多的国际 EPC 承包商开始关注乌克兰市场。欧洲与乌克兰能源局（European-Ukrainian Energy Agency）也指出，到 2015 年乌克兰光伏市场的年增长率将达 90%。

乌克兰有着非常“有利”的税收环境和 0.46 欧元 / 千瓦时的上网电价补贴（其补贴额度比希腊高出 59 个百分点）。数据显示乌克兰国内正经历着中型光伏屋顶系统建设的热潮，大型地面太阳能发电厂的建设也在积极展开，克里米亚太阳能发电站就是其中之一。

8 月 15 日，乌克兰克里米亚半岛上最新建成了一座规模和发电量都堪称欧洲第一的太阳能发电站。据悉，这个发电站将在今年晚些时候全部启动。

位于乌克兰克里米亚半岛的克里米亚太阳能发电站 15 日宣告完工并启动了第一部分，进入测试和试运行阶段。据称，这座发电站占地面积相当于 207 个足球场。发电站运行初期预计输出发电功率 80 兆瓦，能为当地 5000 户家庭提供清洁能源。到今年年底全年总发电量将提升至 10 万兆瓦时，成为欧洲发电量最大的太阳能发电站，届时能为大约 2 万户家庭提供电力。

乌克兰长期依赖煤矿资源提供电力，克里米亚太阳能发电站投入使用后，有望为本国减少 8 万吨二氧化碳排放量。乌克兰政府希望到 2015 年国内 30% 的电力来源于太阳能、风能等清洁能源。相比之下，中国光伏目前遭到美国“双反”和欧盟反倾销调查的重重包围之中，

积极开辟国内市场和新兴市场非常必要和迫切，而乌克兰应该是一个很好的去处。

三、乌克兰经贸部推荐建筑行业合作项目

Enterprise information	
Name	**Domobudivnyk OJSC**
Enterprise enquires ■ address ■ tel. ■ fax ■ e-mail ■ web-site	 59-a Schorsa st., 14001, Chernihiv, Ukraine +380462 653-105 +380462 672-094 domobudivnyk@ukrpost.ua www.domobudivnyk.com
EXPORT	
Items of products	Modular ferroconcrete elements for construction of habitation, objects of welfare. Millwork. Elements for road covering.
Image of products (if possible)	-
Product endorsement ■ standards, including ISO ■ rewards for products taken at international exhibitions, fairs **(indicate, which exactly)**	Meet the Ukrainian standards The enterprise did not participate in international exhibitions, fairs.
IMPORT	
Items of products	-
Requirements for products	-
Logistic	
Distance, km to highways to highways of international importance: ■ Kyiv - Moscow **(M02)** ■ Kyiv–Gomel–St. Petersburg **(M01/E95)**	 48 km 7 km
The nearest railway station Name Station type **(freight, passenger-and-freight, passenger)** Distance to the enterprise (km)	 Chernihiv, South-Western railway passenger-and-freight 2,15
The nearest airport Name Airport type Distance to the enterprise (km)	 Boryspil International Airport Passenger-and-freight 160
Enterprise information	
Name	Brus Mayster Ltd.
Enterprise enquiries address tel. fax e-mail web-site	1b Zhabynskoho St., Chernihiv, 14000 +38 (0462) 603-529, (04622) 58-398 +38 (0462)604447 brusmaster@mail.ru www.brusmaster.com.ua
Industry	Construction
Production information (export)	
Items produced	Construction

续表

Product endorsement according to international standards (including ISO)	-
Rewards for products taken at international exhibitions, fairs	Exhibitions
Logistic	
Products transportation means	
motor transport	Yes
railway	No
air transport	No
water transport	No
Distance (km)	
to highways	Close
to highways of international importance	10
The nearest airport	
Name	Boryspil International Airport
Address	Boryspil, Kyiv region
Distance (km)	180
Airport type	Passenger-and-freight
Import	
Items produced (commodity group)	-
Foreign investments attraction	
Is there any interest in investment attraction? (yes/no)	No
Are there any investments attracted? (yes/no)	No
Is there any investment project at the enterprise? (yes/no)	No
Its title	
Land plot for investment project realization, its type	
Greenfield	No
Brownfield	No
Enterprise information	
Name	Keramik-Pryluky Ltd.
Enterprise enquires	250 Kyyivska st., 17500, Pryluky,
■ address	Chernihiv region, Ukraine
■ tel.	Tel: +38(04637) 38-322
■ fax	
■ e-mail	pripet@tim.ua
■ web-site	www.keramik.tim.ua
EXPORT	
Items of products	-
Image of products (if possible)	-
Product endorsement	
■ standards, including ISO	
■ rewards for products taken at international exhibitions, fairs **(indicate, which exactly)**	
IMPORT	
Items of products	Equipment: - rollers with a backlash up to 2 mm with flowing devices, - a vacuum press with a clay temperer and spare parts, - a multistring cutting device with edges, - modernization of the gas kiln with energy-saving technologies.
Requirements for products	Equipment from Germany, Netherlands
Logistic	

续表

Distance, km	
to highways	
to highways of international importance:	
■ Kyiv - Kharkiv **(M03)**	40 км
■ Kipti - Moscow **(M02)**	65 км
■ Kyiv - Sumy **(P01)**	7 км
The nearest railway station	Pryluky station
Name	
Station type **(freight, passenger-and-freight, passenger)**	
Distance to the enterprise (km)	
The nearest airport	
Name	Boryspil International Airport
Airport type	Boryspil, Kyiv region
Distance to the enterprise (km)	150 km
	Passenger-and-freight
Enterprise information	
Name	VUTbud Ltd.
Enterprise enquiries	50 Sverdlova St., Ripky, Chernihiv region
address	+38 (04641) 2-18-72
tel./fax	+38 (04641) 2-18-91
e-mail	vutbud@mail.ru, ripki-cegla@mail.ru
web-site	www.ripki-cegla.com.ua
Production information (export)	
Items produced	Brick of models: M100, M125, M150, M200
Image of products (if possible)	
Product endorsement according to international standards (including ISO)	DSTU Б В.2.7-61-97
Rewards for products taken at international exhibitions, fairs	-
Logistic	
Products transportation means	
motor transport	Yes
railway	Yes
air transport	No
water transport	Yes
Distance (km)	
to highways	Kyiv-St. Petersburg (E-95 (M-01)) runs through Ripky
to highways of international importance	

续表

The nearest railway station	
Name	Holubychi
Distance (km)	3
Station type	Passenger
The nearest airport	
Name	Boryspil International Airport
Address	Boryspil, Kyiv region
Distance (km)	191
Airport type	Passenger-and-freight
The nearest river port	
Name	Chernihiv River Port OJSC
Distance (km)	35
River port type	Freight
The nearest sea port	
Name	Odessa Trade Sea Port SE
Distance (km)	600
Sea port type	Passenger-and-freight
Import	
Items produced (commodity group)	-
Foreign investments attraction	
Is there any interest in investment attraction? (yes/no)	-
Are there any investments attracted? (yes/no)	-
Is there any investment project at the enterprise? (yes/no) Its title	-
Land plot for investment project realization, its type	Yes
Greenfield	
Brownfield	
Enterprise information	
Name	Semenivka Brick Plant Collective Enterprise
Enterprise enquiries address tel. fax e-mail web-site	106 Novoselytsya St., Semenivka, 15400, Chernihiv region +38 (04659) 2-15-71, +38-050-274-66-70 - -
Industry	Building materials production
Production information (export)	
Items produced	Common and facing brick, front tile, wall ceramic panels
Product endorsement according to international standards (including ISO)	
Rewards for products taken at international exhibitions, fairs	
Logistic	
Products transportation means	
motor transport	Yes
railway	Yes
air transport	No
water transport	Yes
Distance (km)	
to highways	0.5
to highways of international importance	1.0

续表

The nearest railway station	
Name	Semenivka
Distance (km)	14
Station type	Freight-and-passenger
The nearest airport	
Name	Boryspil International Airport
Address	Boryspil, Kyiv region
Distance (km)	360
Airport type	Passenger-and-freight
The nearest river port	
Name	Chernihiv River Port OJSC
Distance (km)	316
River port type	Freight
The nearest sea port	
Name	Odessa Trade Sea Port SE
Distance (km)	807
Sea port type	Passenger-and-freight
Import	
Items produced (commodity group)	-
Foreign investments attraction	
Is there any interest in investment attraction? (yes/no)	Yes (UAH 8900 thousand)
Are there any investments attracted? (yes/no)	No
Is there any investment project at the enterprise? (yes/no) Its title	Investment project "Construction of a plant for ceramic wares production"
Land plot for investment project realization, its type	
Greenfield	No
Brownfield	Yes (3.4 hectares)

哈萨克斯坦

一、承包工程与劳务

中国电信与哈电信就建设第二个光缆对接站签署备忘录

2012年5月23日，“哈萨克电信”公司新闻处消息，中国电信集团公司董事长王晓初与哈萨克电信公司董事长叶谢克耶夫5月22日在阿斯塔纳市就在中哈边境“阿拉山口—多斯托克”地区建设第二个光缆对接站签署了备忘录。

双方一致认为，该文件将成为中哈通信网不断一体化进程中又一个阶段。叶认为，该项目的实施将改善哈通讯网与世界其他地区在语言及数据业务方面的质量，为哈萨克开发过境潜力创造新契机。

中国电信老总认为，该项目的实施将进一步加强中哈通信领域合作，打通欧亚通信转接通道，推进中国第六个国际枢纽局—乌鲁木齐区域性国际通信业务出入口局在多方向多国家大容量中亚光缆大通道方面的业务，大大提升国际通信网络质量与安全，确立中国电信作为亚太转接中心的地位。

消息称，双方还将在本地通信增值业务及基础设施建设方面开展合作。中哈第一个光缆对接站在“霍尔果斯—扎尔肯特”。

中石油将巩固和扩大在哈萨克斯坦的石油资源基地

据哈萨克斯坦媒体2012年9月28日报道，中石油集团副总裁薄启亮在接受哈媒体采访时表示，中方准备巩固和加强在哈萨克斯坦的石油项目资源基地。首先，是对奇姆肯特炼油厂实施现代化改造工程，该项目需要约20亿美元的投资，拟通过上合组织框架内的低息贷款融资，该项目将选择先进工艺，以保证较高的经济效益、石油加工深度和生态环保水平，未来的产品将符合“欧-4”标准。其次，中石油将通过“曼吉斯套油气公司”参与里海大陆架油气开发项目，目前正在对拥有的两个石油区块进行勘探，并根据评估情况实施工业开采。此外，中石油还将加强对现有的在克孜洛尔达州、阿克纠宾州、曼吉斯套州和南哈州的资源基地进行开发，并在近期着力提高中哈油气管道的输送能力。

三峡集团承建的哈萨克斯坦玛依纳水电站引水隧洞通过验收

2012年8月14日，三峡集团公司承建的哈萨克斯坦玛依纳水电站项目业主、监理单位代表和中方代表在电站引水隧洞验收鉴定书上签了字，这标志着该项目进入验收移交阶段，为后续厂房、机电工程验收奠定了坚实基础。

玛依纳水电站属于长隧洞引水式电站，引水隧洞总长9.23公里，其中钢筋混凝土衬砌段长4.91公里，压力钢管段长4.32公里。隧洞自2008年10月14日开挖，2011年9月17日全部贯通。隧洞混凝土施工自2010年7月开始，至2011年12月全部完成。

2012年1月，引水隧洞首次充水。此后，经过半年试运行，引水隧洞各项测试指标均达到设计标准。近日，由业主方牵头，哈萨克斯坦水利部门、西班牙socoin监理部门、中方承包商、分包商代表分别对引水隧洞混凝土衬砌段和压力钢管段进行了验收检查。

验收方一致认为，玛依纳水电站引水隧洞质量达标。验收方还对中方引水隧洞开挖衬砌、钢管安装的施工组织、工程进度和施工质量给予充分肯定和高度评价。

中国公司EPC总承包的哈萨克斯坦玛依纳水电站全部机组并网发电

2012年5月17日，由中国电建集团所属成都勘测设计研究院与中国水利电力对外公司、中国地质工程集团公司联合进行EPC总承包、中国水电十局承建的哈萨克斯坦共和国玛依纳水电站二号机组顺利进入72小时试运行并成功并网发电，这是继4月26日一号机组投入商业运行后取得的又一重大进展。至此，该电站单机容量15万千瓦的两台机组已全部并网发电。这也是十局2008年在四川雅安田湾河水电站承建当时亚洲最大单机容量140兆瓦冲击式水轮机组后的又一突破。

玛依纳水电站总装机容量为30万千瓦，年发电量10.27亿度，建成投产后为哈萨克斯坦单机容量最大的水电站，也是亚洲单机容量最大的冲击式水轮发电机组。5月以来，项目部安装调试人员加班加点，先后完成了二号机组空转、烤瓦温、测机组振摆、升压升流等一系列动态调试，并按电网调度指令，准时进入了72小时试运行及并网发电，电流源源输入哈萨克斯坦南部电网，将能满足哈萨克斯坦南部地区经济发展的电力需求。

玛依纳水电站两台机组成功并网发电，充分展示了中国水电精湛的施工质量和技术水平，并标志着该电站机电安装工作基本结束，全面正式商业运行指日待。项目部员工表示，将再接再厉，圆满完成工程竣工收尾工作。

中建材总包哈萨克斯坦水泥项目

2011年9月12日，由中国建材国际工程集团有限公司EPC总承包建设的哈萨克斯坦梅纳拉尔日产3300吨熟料水泥生产线的接收证书在深圳顺利签署。法国维卡水泥集团运营和投资部总监Bourdon先生、哈萨克江布尔水泥公司总经理Sagimbayev先生、中国建材工程集团总裁助理、水泥工程事业部部长马明亮先生、项目经理岳弢先生、项目副经理谢吉优先生分别代表双方在接收证书上签字。

业主方高度赞扬和肯定了项目团队在技术、进度、施工质量等方面的高效运作，对双方的合作表示十分满意，称赞该项目接近欧洲建设质量标准，无任何索赔地签发了项目的接收证书。

梅纳拉尔水泥项目由欧洲资深水泥公司法国VICAT公司控股投资，由中国建材国际工程集团有限公司进行工程总承包，北京凯盛建材工程有限公司负责设计和设备供货、调试运行。项目于2008年5月开工，于2010年11月点火并生产出熟料和水泥。

梅纳拉尔水泥项目是哈萨克斯坦总统亲自关注的16个大型项目之一，该生产线设备国产化率达99%，已受到哈萨克斯坦政府的高度重视。该生产线是哈萨克斯坦目前装备、技术最先进的水泥生产线。

项目建设期间，中国水泥协会会长雷前治先生、中国建筑材料集团公司总经理助理、国际合作部部长卫峰先生均亲临现场视察，对中国建材工程集团梅纳拉尔项目团队取得的成绩表示赞赏，对项目的建设工作给予了充分肯定。

该项目的圆满成功，对于进一步拓展中国建材工程集团与国际水泥巨头的合作，展示中国水泥技术品牌和实力，在中亚地区甚至全球水泥市场树立标杆、开拓市场具有重要意义，标志着中国建材工程集团海外工程总承包实力跃上一个新的台阶。

二、哈萨克斯坦水电情况

根据哈工业和新技术部提供的材料，目前哈现有水电站装机容量2068兆瓦，年发电83.2亿度，潜在发电能力1700亿度，实际可利用量为270-300亿度，大部分水电资源蕴藏在哈东部和东南部地区。对于电力短缺的南部地区来说，发展生产成本低、对环境污染不大的小型水电站（35兆瓦）具有十分重要的现实意义。在南部地区的下列河流建造水电站前景广阔，如，伊犁河、纳伦河、奇力河、卡拉塔尔河、阔克苏河、金杰克河、霍尔果斯河、杰克斯河、塔尔卡尔河、大小阿拉玛金卡河、乌协克河、阿克苏河等。据专家们估算，如在上述河流建造小型水电站，年发电量可达80亿度，完全可以替代从中亚其他国家进口的电量。在实施“加速发展工业和创新发展国家纲要”的框架内，去年12月马伊纳克水电站（300兆瓦）投产，目前，在哈南部地区正在兴建一系列小型水电站项目。

三、哈萨克斯坦石油加工领域发展和炼厂改造情况

哈萨克斯坦虽然是石油出口大国，但是石油产品无法实现自给自足并对进口依赖较大。为了满足国内油品需求、保证国家能源安全，哈萨克斯坦国家石油与天然气公司对阿特劳、巴甫洛达尔、希姆肯特三大石油炼厂展开了大规模的翻新和现代化改造，计划至2016年将全国石油炼制量提升到1750万吨。

1. 哈石油加工领域的“三驾马车”

目前哈萨克斯坦有三个大型炼油厂，分别是巴甫洛达尔石化厂、阿特劳炼油厂和希姆肯特炼油厂，三家工厂的总炼油量为1450万吨（一级加工），其产品符合欧-2环保标准（符合哈萨克斯坦2010年颁布的车辆有害物质（污染物）排放标准）。这三家炼油厂分别坐落于哈萨克北部、西部和南部地区，位置分布能够基本覆盖哈萨克斯坦所全国。

最“老”的阿特劳炼油厂投产于1945年，在上世纪70年代被重新定位，着重加工曼格什拉克半岛石蜡含量较高的石油。每年的处理量能到达430万吨。

巴甫洛达尔石化厂成立于1978年，是哈萨克斯坦最大的石油加工厂，也是石油产品生产和销售企业，生产汽油，柴油，喷气燃料，重油，天然气，石油沥青，焦炭和硫磺。巴甫洛达尔石化厂设计产能为每年600万吨。 截止2010年巴甫洛达尔石化厂所用石油都是由俄罗斯通过“鄂木斯克 - 巴甫洛达尔”管道提供的，但自从中哈石油管道建成之后，使用哈萨克斯坦石油进行炼制出现了可能。

希姆肯特炼油厂建于1985年，是哈萨克三大炼油厂中历史最短的，主要从库姆科里油田和西西伯利亚获得石油供应。

此外，哈萨克斯坦还有32个拥有石油加工许可证，年加工能力从1万吨到40万吨不等的小型炼油企业，其产品不符合欧2标准，只是半成品、二次加工或深加工的原料，比如真空瓦斯油和低价值的重油，大部分都出口国外。哈萨克斯坦出台的《对某些类型石油产品生产和流通的国家调控法》也为小型炼油厂技术方面的发展逐步创造了条件。哈萨克斯坦油气部长门巴耶夫曾表示，如果小型炼油企业有能够确保油品质量的新技术，哈政府可以对这样的小型炼厂提供优惠。

哈萨克斯坦炼油厂生产的绝大部分产品为黑色石油产品，其中大部分为可进行进一步深加工但却用于热电站的供热和发电的重油。目前哈三大炼厂的主要生产技术设备不符合生产高标号汽油的需要，因此，哈需要每年从国外进口市场所需总量30-40%的92号、95号和98号汽油。

2. 哈政府对于石油加工领域发展的规划

哈萨克斯坦国家石油与天然气公司旗下的哈油气加工与销售公司负责管理哈三大炼油厂，主营业务为原油加工、资产管理、原油及成品油出口、成品油零售网点开发，分别持有阿特劳、希姆肯特和巴甫洛达尔石化厂99.49%、49.7%、58%的股权。

哈油气加工与销售公司将哈萨克斯坦国有炼厂统一起来，有力地保障了哈萨克斯坦本国能源市场的安全。为确保国内市场油品供应，哈萨克油气部每年都要确定炼厂生产计划并要求逐步提升产量。

2010年哈油气部公布了《哈萨克斯坦石油与天然气部2011-2015年战略规划》，根据该规划，2011年哈三

大炼油厂将加工石油 1310 万吨，2012 年— 1330 万吨，2013 年— 1420 万吨，2014 年— 1510 万吨，2015 年— 1750 万吨。

据哈油气部当时预测，哈北部巴甫洛达尔石化厂 2011 年将加工石油 460 万吨，2012 年— 475 万吨，2013 年— 490 万吨，2014 年— 510 万吨，2015 年— 600 万吨;

西部阿特劳炼油厂 2011 年将加工石油 420 万吨，2012 年 — 425 万吨，2013 年 —490 万吨，2014 年 — 550 万吨，2015 年—550 万吨;

南部希姆肯特炼油厂 2011 年和 2012 年将分别加工石油 430 万吨，2013 年— 440 万吨，2014 年— 450 万吨，2015 年— 600 万吨。

2011 年哈萨克三大炼厂共加工石油 1370 万吨，比 2010 年上升 0.3%，但某些品种出现下降，比如，汽油产量为 275.76 万吨，同比下降 4.7%；柴油 406.43 万吨，同比下降 0.2%；重油 366.1 万吨，同比下降 2.9%。但航空燃料产量为 53 万吨，同比上升 7.3%。

哈油气公司表示，2011 年炼油量下降的原因在于，俄罗斯向巴甫洛达尔石化厂供应的石油有重质石油和含硫量上升的趋势，但是该厂设备适宜于处理含硫量较低（少于 1%）的石油，石油质量的变差导致深加工程度的减弱和轻质石油产品产量的下降，增加了锅炉消耗以及设备的过早磨损。

哈油气部也根据现实发展调整了计划，2012 年规划加工 1420 万吨石油，同时要求促进提升轻质石油产品的生产。

关于巴甫拉达尔石化厂的石油供应问题，哈油气部门表示，除了俄罗斯供油渠道，给巴甫洛达尔石化厂供油的可选方案还有“肯尼亚克——库姆克利”中哈石油管道，但是目前从俄罗斯引油有其必要性。因为俄罗斯向哈萨克斯坦供油免征出口税，从补充预算的角度来看对哈萨克斯坦是有利的。因为出口税高于内部税率，哈将多出来的自有石油对外出口，每年国家基金和国库能额外收入 15 亿美元。

俄罗斯也不止一次提出俄石油出口至哈萨克斯坦的出口税问题，建议从“奥姆斯克－巴甫洛达尔”油管运输给哈萨克斯坦的石油，从“阿特劳－萨马拉”油管等量偿还给俄罗斯，目前通过双方长期的谈判，从俄罗斯运往哈萨克的石油将被列入俄罗斯预算损失，作为补偿哈萨克斯坦将向俄罗斯提供等值的原油，俄罗斯给巴甫洛达尔石化厂的供油将保持到 2014 年。

哈油气领域专家认为，哈萨克斯坦目前某些石油产品生产和消费之间的结构不平衡，即使哈萨克斯坦的炼油厂满负荷生产，部分汽油还是需要进口，特别是高辛烷值的类别，目前，航空燃料短缺的近 40%，车用汽油中高辛烷值汽油占 70%，这一比例也将继续增长。这表明哈国内炼油厂的技术状态无法完成石油深加工并保障国内油品市场的需求。哈萨克炼厂 40%-45% 的石油原油来自于俄罗斯，意味着市场的对俄罗斯石油的依赖程度较高。

对此，哈萨克斯坦国家石油与天然气公司总裁基诺夫表示，实施国家加速工业创新发展规划、优先落实炼厂改造项目对改变目前石油炼化行业的现状至关重要。炼厂现代化改造将取代过时、破旧的设备，增加处理深度，保障航空燃料的生产，提高汽油和柴油的质量，减少对环境的污染。他称，在现代化改造期间炼厂不会停工，每个炼厂都是按照计划定期维修，不会影响炼油量。此外，哈萨克斯坦政府也计划在炼厂改造过程中加入用于新技术的投资，专注于生产高标准的燃料。

哈萨克斯坦石油加工领域发展的主要方向是提供高质量、符合国际标准的油品，炼厂现代化改造完成之后，给炼厂供应的哈萨克石油将能满足国内市场对于高品质石油产品的需求，届时，100% 高辛烷值汽油和部分航空燃料将实现自给自足，能够全面满足国内市场的需求，摆脱对高辛烷值汽油进口的依赖，从而保障哈萨克油品生产和消费的能源安全。

此外，根据哈萨克油气部消息，在长时间未能就油品供应达成协议的情况下，为满足国内市场的需求并减少对从俄罗斯进口的依赖，哈政府至今年年底将会会对法律进行修订，采取“去料加工”的方式，即，向国外炼油厂提供原油，待加工成油品后再返还哈境，如，哈萨克可能在中国新疆独山子市加工约 150 万吨的石油，2012 年哈将按此方式向中国出口 89.3 万吨石油，预计，这种方式将一直维持到三个主要炼油厂经过改造达到设计能力后的 2015 年。

3. 哈三大炼厂的现代化改造情况

阿特劳炼油厂的改造包括建设一个世界级的芳烃生产综合体，总值超过十亿美元。2009 年哈油气公司同中石化签署了 EPC 合同，然后同哈萨克开发银行签署总贷款协议（在中国进出口银行的贷款协议框架内），预计 2013 年 12 月完工。综合体建设合同签订于 2011 年 12 月 29 日，除阿特劳炼油厂之外，中国石化工程建设有限公司、日本丸红株式会社及哈萨克建筑服务公司均为该项目参与方。

项目建成后，符合欧 -5 标准的高品质汽油、航空煤油和柴油的产量将得到提升，原油加工深度将达 85%，每年可加工 240 万吨原料（重油、真空瓦斯油）。综合体建设将采用迄今为止最先进的工艺技术，可提炼其他设备残留的所谓深色油品。

阿特劳炼油厂计划今年年内大幅提升石油加工深度，将苯的年产量扩大到 13.3 万吨，对二甲苯年产达到 49.6 万吨。部分石化产品对促进工业经济创新发展能起到乘数效应，这些原料用于生产高附加值的工业和日常产品，比如建筑用品，包装用品，涂料和塑料餐具等。潜在的客户有中国、中亚和东南亚国家的企业以及哈萨克本土实施加速工业创新发展规划的大型企业。

炼厂现代化改造也能够大幅降低车用汽油苯、芳香烃和硫的含量，使车辆每年少排放 3.6 万吨污染物。同时能增加真空瓦斯油，焦炭真的产量，降低重油的产量。

关于巴甫洛达尔石化厂的改造，2009 年秋季哈油气公司和意大利 ENI 公司签署了油气勘探项目和在哈工业基础设施项目合作协议，对巴甫洛达尔石化厂的现代化改造进行可行性研究项。经过研究，专家建议对巴甫洛达尔石化厂现有的 7 个装置和两个转换器进行维修，同时需要兴建新的装置。巴甫洛达尔石化厂的改造目标是将每年对含硫石油的处理量从 600 万吨提升到 750 万吨，同时价格深度扩大到 90%，使产品达到欧 -4 和欧 -5 标准。

2011 年哈萨克斯坦油气部、哈油气公司和中石油就在催化裂化基础上对希姆肯特炼厂进行改造项目达成一致，批准了综合体启动一期项目。

三个炼油厂至 2016 年完成改造之后，总处理能力每年不低于 1750 万吨，将能够生产完全满足欧 -4 和欧 -5 最高的环保标准的汽车燃料，大幅减少对环境的损害。届时也将增加产品品种，满足不断调整的油品消费结构。

由于哈萨克斯坦目前没有生产润滑油，哈萨克斯坦石油产品公司在发展炼厂改造的同时，也计划开始生产基础油。因此，高级工业润滑剂和液体公司考虑扩大工厂的加氢裂化装置，利用哈萨克石油产品公司的真空瓦斯油生产基础油。

此外，根据哈萨克油气部的预测，考虑到国内需求的增长，2025 年左右，哈三大炼厂的供应可能再次出现短缺，因此在对三大炼厂进行改造的全面计划中，可能在 2020 年推出的第四个炼油厂建设项目，约在 2025 年完工。据专家介绍，新炼油厂的建设需要大笔投资，约 60-80 亿美元，远远高于现有炼厂的改造花费，而且新炼厂的建设也将和卡沙甘油田开发项目紧密结合。

乌兹别克斯坦

一、承包劳务与投资

承包劳务和主要合作项目。截至 2011 年 12 月，在乌注册的中资企业约 250 家。主要从事油气勘探开发、天然气管道建设、铀矿勘探开发、电站、泵站和电信网改造、土壤改良设备供货等业务。目前，中国在乌投资合作的主要企业有中石油、中国广东核电集团公司、中信国际合作公司、中国机械集团公司、中国电工设备总公司、中国水电集团公司、中国南车集团、华为公司、中兴公司、新疆特变电工、亿阳集团等。

双向投资。根据中国商务部统计，截止 2011 年底，中国对乌兹别克斯坦非金融类直接投资 1.1 亿美元。据乌方统计，中国对乌协议直接投资近 40 亿美元，间接投资超过 7 亿美元（主要为中方优惠出口买方信贷）。2011 年我继续保持乌第一大投资伙伴国地位。乌兹别克斯坦对中国投资为零。

二、太阳能光伏发电成乌兹别克斯坦大力发展项目

预计乌兹别克斯坦将很快建设数座太阳能光伏发电站，参与者既有当地投资者也有国外投资者。

乌兹别克斯坦最大的发电商 Uzbekenergo 表示，正计划在未来几年建设数座太阳能发电站，总装机量达到 2GW。项目所用大部分资金将来自公司自有资源以及亚洲开发银行。

据 Uzbekenergo 发展部主管 MuzaffarMukhiddinov 透露，第一座太阳能光伏发电站预计将建在塔什干地区，装机量为 50MW，项目投资预计为 2.5 亿美元。与此同时，其他光伏电站的建设工作也将随之展开。除了国内企业，当地媒体报道国外企业也表达了在乌兹别克斯坦安装光伏电站的兴趣，其中包括挪威 REC、印度的 BHEL 和俄罗斯的 Lukoil。据报道，每个电站的装机量预计为 100MW。这些企业拒绝透露详细细节。

乌兹别克斯坦拥有优越的气候挑战来发展太阳能光伏发电，北部地区年照射时间约为 2000 小时，而南部地区更是超过 3000 小时。今年 5 月在接受采访时，来自亚开行的 SeethapathyChander 表示，亚开行正与乌兹别克斯坦政府合作重写现有的管理体制，编制一份全面的太阳能发电可行性研究报告，来帮助未来的项目开发商。

Chander 解释说道："我们正在确定六个区域，每个区域的发展潜力达到 1GW。"尽管到目前为止，乌兹别克斯坦的累计太阳能发电装机可以忽略不计，但是 Chander 认为未来几年这些地区有可能安装 6GW 的光伏发电系统。

三、乌兹别克斯坦向外资开放烂尾工程

正处于转型期的中亚国家乌兹别克斯坦试图通过吸引更多外资的方式加快变革。乌兹别克斯坦总统卡里莫夫在日前签署的《关于促进吸引外国直接投资补充措施》的总统令中称，外资企业可以直接购买烂尾工程项目。总统令规定，国家招标委员会在向外国投资者出售国有资产时，可以根据外国投资者建立外资企业的申请，对地方政府机构所有的难以变现的项目，以零价格出售，不需要通过招标，直接与外国投资者签订合同，确定具体的投资义务。

该总统令还规定，绝对禁止乌兹别克斯坦相关部委、地方国家机构、执法和监管部门、商业银行对外国投资者和外资企业经营活动擅自规定额外的要求和限制，出现这样的规定将被认定为违法行为。所有国家机关和经营管理机构都必须无条件地遵守现行法律，保护和保障外国投资者和外资企业的权益。责成总检察院对此进行严格监督，并采取实际措施杜绝违法行为，对违法人员追究责任。

吸引外资啥都干。最新统计数据显示，20 年来，乌兹别克斯坦建立外资企业达 4200 家；年均使用外资数量超过 30 亿美元，其中大部分为外国直接投资；外资占全国投资总额的比重达 26.6%。2011 年利用外资达 26 亿美元，其中外国直接投资占外资总额的 84% 以上。乌兹别克斯坦政府计划 2012 年进一步扩大引进外资规模，将引进外资数量增加 16%，达到 33 亿美元，其中外国直接投资将达 23 亿美元，占外资总额的 70%。

为达到这一野心勃勃的目标，总统令规定，新建外资企业，如果外商现金投资额不低于 500 万美元，在乌兹别克斯坦税收法律出现变化时，有权在 10 年内继续按注册时实行的标准缴纳下列税费：法人利润税、增值税、财产税、社会基础设施税、统一社会缴费、统一税，以及国家道路基金和教育及医疗机构改造、大修和装备基金强制费。如投资项目总金额超过 5000 万美元，且外商投资比例不低于 50%，必须在生产场地以外修建工程和通信网络时，由乌兹别克斯坦财政预算和其他内部资金渠道出资建设。

2005 年，乌兹别克斯坦发布了《关于刺激外国私人直接投资补充措施》，规定了对外来私人直接投资的税收优惠政策。总统令规定，将这一优惠政策扩大到外资企业。自 2012 年第二季度起，对在经济领域从事经营活动的外资企业（塔什干市和塔什干州除外），也可享受私人直接投资的税收优惠政策。

此外，总统令还责成乌兹别克斯坦外交部和内务部为外资企业高管提供签证便利，有关机构还要及时向外国投资者提供关于国家预算及其执行情况、货币信贷政策、对外贸易指针等数据和信息。

乌兹别克斯坦总理沙夫卡特·米尔济亚耶夫称，该国 2012 年第一季度国内生产总值（ＧＤＰ）同比增长了 7．5%，工业生产增长 6%，农业生产增长了 6．1%，通货膨胀没有超过此前预期。

阿塞拜疆

一、承包工程与劳务

中材建设签订阿塞拜疆水泥厂承包合同

2012年9月，中材建设公司与阿塞拜疆Akkord公司签署嘎扎赫水泥厂5000t/d熟料和年产300万吨水泥生产线的承包合同。该合同金额为2亿美元。它包括从项目设计、施工、安装、调试、设备采购等。

此前，中材建设在EPC承包合同项下承建了阿塞拜疆4000t/d熟料生产线项目，项目合同金额为2亿欧元。该生产线于2012年3月点火成并生成出熟料。该项目建设从质量到工期各方面均获得业主认可。

中材建设通过自身不断的努力，已在阿塞拜疆取得了声誉，所以能够又获得新的项目。今年初中材建设公司与阿塞拜疆“AKKORD”公司签署了有关嘎扎赫水泥厂现有生产线改造工程项目的协议。现在新签的项目是在上述项目建成后的扩建项目。

此外，在2012年7月底，中材集团（SINOMA）与阿塞拜疆“AKKORD工业投资集团”、土耳其“SC EBDUSTRI”公司签署备忘录。根据该备忘录，三方将在公平互利的基础上开展一系列合作。

徐工起重机占据阿塞拜疆半壁江山

对于中亚地区的阿塞拜疆人民来说，几件盛事使即将到来的新年更添喜气。阿塞拜疆国际机场建设如火如荼，以前总统名字命名的盖达尔·阿利耶夫文化中心雏形初具，由欧洲广播联盟举办的欧洲最大规模歌曲比赛EUROVISION也将于2012年在阿塞拜疆举办。这些好消息的背后，闪耀着“徐工金”的绚烂。在国际机场、文化中心、演唱会场馆的施工现场，处处都能看到徐工起重机挺拔的身姿。

徐工起重机自2007年进入阿塞拜疆市场以来，凭借卓越的作业性能、完善的售后服务和良好的性价比，受到越来越多客户的青睐。如今，徐工起重机已成为阿塞拜疆施工方的首选，该国市场占有率达到50%。在稳固中小吨位市场优势的同时，进出口公司在大吨位起重机销售方面也打破了他国品牌的市场垄断，越来越高吨位的产品受到客户的认可。

二、阿计划投入36亿美元发展通讯业

2012年7月17日，阿通讯部对外发布信息说，2012至2020年，阿计划投资36亿美元用于发展通讯产业。资金投入主要分为5个部分：投入10亿美元用于发展航天工业，10亿美元用于地面管网和无线通讯网络的建设，10亿美元用于发展政府的电子政务，5亿美元用于地区创新区的建设，1亿美元用于数字电视的发展。

阿通讯部预测，到2020年，阿通讯产业年收入将达93亿美元，2022年达140亿美元。

吉尔吉斯斯坦

一、承包工程与劳务

中国吉尔吉斯斯坦最大能源合作项目开工。

中吉两国政府迄今最大能源合作项目，吉尔吉斯斯坦国家电网的重大能源项目工程，南北输变电通道大动脉工程“达特卡－克明”500千伏输变电工程2012年8月1日在克明举行开工奠基仪式。

吉尔吉斯斯坦总统阿尔马兹别克·阿坦巴耶夫在开工仪式上说：“‘达特卡－克明’500千伏输变电工程的实施是吉尔吉斯斯坦实现电能独立的开始。这个项目完成后，可以向无电和缺电地区提供充足电能，促进当地经济发展，改善当地人民生活水平。”

阿坦巴耶夫感谢中国政府和中国驻吉使馆为推动吉

尔吉斯斯坦电力公司与中国特变电工公司友好合作所做的努力。

“达特卡－克明”500千伏输变电工程项目是继吉尔吉斯斯坦南部电网改善项目之后，特变电工承建的又一上海合作组织框架内的重要工程项目，工程合同金额3.89亿美元，建设工期36个月。项目建成后将极大提升吉尔吉斯斯坦南部电网的自主供电能力，实现南北电网的全线贯通，电力互补。

出席该仪式的新疆维吾尔自治区副主席史大刚说，“达特卡－克明”500千伏输变电工程项目开工仪式的成功举行，标志着中吉传统友谊互利合作的不断深化，标志着中吉能源合作已进入新的发展阶段。

特变电工董事长张新说，该公司将组织最优秀的设计团队、管理团队和高素质的施工队伍，把优秀的产品和节能环保技术以及在中国和世界各地电力建设中积累的成功经验，全面运用于该项目的施工和管理之中，奉献世界一流精品工程，造福吉尔吉斯斯坦人民。

特变电工是中国政府指定的承担对外经贸合作和外援项目的电力成套工程总承包商，该公司已为全球60余个国家电力能源发展提供保障，上半年出口额较去年同期增长1倍。

二、吉尔吉斯公布其主要矿产资源储量

2012年10月，吉尔吉斯斯坦公布了其主要矿产资源储量。分别为：黄金总储量为2149吨，探明储量430吨；锡矿总储量41.3万吨，探明储量20.8万吨；钨矿总储量19万吨，探明储量14.4万吨；稀有金属总储量54.9万吨，探明储量5.1万吨；铝矿总储量3.5亿吨，探明储量3.5亿吨；煤矿总储量670亿吨，探明储量10亿吨。

另据公布，吉年均黄金开采量为18-22吨，居独联体第3位，世界22位；水银开采量为85吨，居世界第3位。

三、吉尔吉斯颁布《电力发展中期规划》

2012年7月，吉尔吉斯斯坦政府颁布《电力发展中期规划》，责成吉能源部具体负责实施。按照《规划》，该部的任务是要抓紧完成在建的南方电网改造和卡姆巴拉金2号电站建设项目，尽快启动达特卡－克明高压输变电工程，在2012-2017年间启动卡姆巴拉金1号电站、纳伦河上游梯级电站、卡拉克奇热电站、4个小水电站和CASA-1000（中亚－南亚）高压输变电建设等。

亚美尼亚

一、承包工程与劳务

由中国公司承建的亚美尼亚拉兹丹火电站5号机组投入试运行

2012年1月18日，黑龙江省火电第三工程公司承建的亚美尼亚拉兹丹火电站5号机组投入试运行，发电能力将逐步达到设计功率。该机组设计功率为480兆瓦，其中一台先进的汽轮发电机，能够稳定提供300兆瓦的载荷。该项目亚方管理机构是“亚俄天然气工业公司”，投资方为俄罗斯“天然气工业公司”（拥有“亚俄天然气工业公司”的80%股份）。

黑龙江省火电一公司对亚美尼亚工程进行质量回访赢得国际声誉

二、亚美尼亚2012年重点投资项目清单

1.“烛光”项目（同步加速器光源，SLS，Synchrotron light source）

SLS是一种以同步加速器为基础的特种发光设备，能发出具有独特性质的光束：亮度高，范围广（光频谱上从紫外线至X射线），具备可调谐性，高偏振性等特点。同步加速器光源（SLS）是进行先进科研工作的一种强大工具，被广泛应用在生物学、医学、材料科学、化学、物理学、纳米技术和生物技术、微型制造、新材料和药物制造等。

“烛光”项目旨在生产和使用具备现代化水平的SLS设备（3.5代），由国际委员会牵头，有两个分别主抓建设和运营的国际专家顾问团，总投资约需4780万欧元，建成后年均使用及维护费用约480万欧元。由“烛光研究院”设计的方案现已获得美国相应机构认可，得到肯定的评价。为促成项目实施，亚美尼亚作为主发起

者和东道国，已在政府总理麾下成立专门委员会。政府将提供各种政策支持。

2. “塔特夫”峡谷修建“生态屋”宾馆综合体

项目发起单位，SEBA Ltd公司，是一家2004年成立于亚美尼亚休尼克州戈里斯市的旅行社，提供各种旅游休闲服务。该项目旨在吸引外资，在塔特夫峡谷修建“生态屋”宾馆休闲综合体，集旅游、休闲娱乐和生态环境保护于一体。目前，在峡谷内的土地已购置好。

3. 采用新技术进行镁矿加工

项目计划采用高效的新技术进行镁矿加工生产。ECOATOM LLC公司已经研究出一套湿法冶炼技术用于镁的生产，并已成立一个小工厂进行试验性生产。该技术有较为广阔的前景，欢迎各种形式投资（直接或间接）。项目计划建成一个年加工能力1000吨的工厂，并在将来计划扩大到每年5000吨的加工量。

4. 成立地区级先进肿瘤诊治中心

亚美尼亚政府诚邀私人投资者参加该公众-私人合作项目，在亚美尼亚修建一座“亚美尼亚先进肿瘤治疗中心”（ACEO，the Armenian Center of Excellence in Oncology）。项目总投资将近2000万欧元，规划净收益值3700-6100万欧元，平均成平年回收率23-27%。将被允许免费使用国家科学实验室（原埃里温物理研究院）进行科研工作。项目计划于2015年投入使用，包括一个带PET（positron emission tomography）正电子发射X射线摄影分析设备，为亚美尼亚和本地区患者提供治疗服务。国家将提供回旋加速器设备，以满足用于PET之需的放射性同位素生产。同时，计划得到亚美尼亚国家竞争力基金会（NCFA）的支持。

急需完成的目标是使该中心满足欧洲肿瘤诊治标准。中期目标，使亚美尼亚肿瘤诊治技术取得革命性进展，并成立专门化服务，比如，肿瘤手术中心和儿童肿瘤医院等。长期目标，将该中心建成地区性“肿瘤治疗城”，能提供各种服务，诊断治疗和吸引邻国及其它国家患者前来就医。寻找私人投资者参与到设计、建设、维护和运营全过程。

5. 修建铜矿冶炼加工厂（熔炼+精炼）

近五年来亚铜矿业发展迅速，年开采量近1.8万吨，产品出口至欧洲。但只有少量在国内进行加工熔炼。新近发现的几个铜矿即将进入开采期，本地区开采的矿石（包括格鲁吉亚的在内）都在本项目设计范围内。地区内矿场的年开采量总计可达10万吨。

6. 玄武岩纤维和玄武岩合成品生产

玻璃纤维在建筑领域已得到广泛使用。可持续的玄武岩纤维丝（CBF，continuous Basalt fiber）将成为一种新型材料。其耐高温，稳定性好，可观的隔音效果和巨大的物理耐久性，具备在各种工业领域取代玻璃纤维从而开创一片新天地的发展潜力。

7. 湖滨度假胜地

“湖滨度假胜地”是亚美尼亚第一个“拉斯维加斯式”的一体化度假综合体。设计内容包括：600间客房，1640个游乐项目和一系列餐饮娱乐处所。

该度假胜地将坐落于首都埃里温市北11英里处，面积达1000公顷人造水库的湖岸。离国内西北部主要高速路和阿什塔拉克市东5英里，离国内东北部主要高速路和阿波维扬市西10英里，这两条路均通向格鲁吉亚边境。东5公里处有阿尔兹尼温泉疗养中心，西距比乌拉坎天文台7英里，6英里开外的阿拉山有很好的滑雪坡，周围15分钟路程范围内有6个4-13世纪的古老教堂。项目旨在提升亚美尼亚旅游产业，具备和中东地区度假胜地相竞争的水平。（相比之下，中东地区生活规律性强，宗教律法中严禁赌博和饮酒，约束更大。）

8. 莫兹洛夫：亚美尼亚南部旅游走廊中的溶洞景观

莫兹洛夫溶洞位于瓦约茨·佐尔州叶赫格纳佐尔市近郊，是亚美尼亚一个鲜为人知的自然胜景。30年前，在修建通往莫兹洛夫村的道路时偶然发现。

计划将此溶洞开发成游览景点，开发后定能成为自然爱好者、探险家、寻常游客共同的好去处。

9. 拉兹丹河峡谷宾馆综合体

该多功能宾馆综合体将位于首都埃里温市拉兹丹河峡谷内，毗邻Haghtanak桥，能很好地欣赏到宗教圣山-阿拉拉特山那美丽的山景。宾馆计划按四星级标准修建，符合世界级标准并由国际领先宾馆品牌进行运营。现由“X-Group”联盟成员“Sasna Erkir”股份公司实施。

10. “现代绿屋”生态种植综合体

“现代绿屋”生态种植综合体由私营企业“TATEV-HEK”LLC公司及其联合公司执行。“TATEV-HEK”LLC公司由加基克·姆纳扎卡尼扬Gagik和他的儿子成立于1996年，公司总部位于阿拉拉特州阿扎塔申村。主营绿色蔬菜、草莓、蘑菇和罐头食品。

“现代绿屋”生态种植综合体将采用先进设备和技术，包括现代滴灌系统、使用天然气和生物燃料的大功率加热设备，生产和存储单元，以及地下室蘑菇种植房等。

11．埃里温市香肠及肉类加工厂

承办公司：“NatFood”股份公司

联系人：Henrik Zakharyants

电话：（+37410）467410，传真：（+37410）467400

电子邮件：info@natfood.am

项目简介：NatFood公司2006年由Henrik Zakharyants成立，开始生产Biella品牌的肉制品，获得成功。目前，Biella品牌共有6大类70多种香肠和肉类产品，2010年销售额超过500万美元。

NatFood股份公司成立于2008年，计划单独生产肉制品，继续使用Biella品牌。新肉类加工厂建设项目所需投资额约2300万美元，将成为亚美尼亚乃至南高加索地区最大的肉类加工厂。

12．埃里温市“希尔顿花园酒店－会议中心”

由Bedian国际公司承建，4星级豪华酒店和会议中心，地皮已购置，并完成设计，希尔顿特许经营也已经初步签订。此外，该项目得到了亚美尼亚政府和埃里温市政府的全力支持，其会议中心与亚美尼亚工商会联合投资。该项目包含8套用于出售的豪华公寓。酒店将包含一个赌场项目。计划修建时间三年。

格鲁吉亚

一、承包工程与劳务

中铁二十三局承建格鲁吉亚施工史上最长单线隧道顺利进洞

2012年6月7日，由中国铁建二十三局集团三公司承建的格鲁吉亚施工史上最长单线隧道——现代化铁路T9号隧道进洞仪式隆重举行。

格鲁吉亚现代化铁路项目线路全长60.3公里，分为既有线（Zestaponi-Kharagauli）和新建线路（Kharagauli-Khashuri）两段，本次进洞施工的T9隧道为全线重难点控制工程，总长度8330m，是格鲁吉亚境内施工历史上最长的单线隧道，隧道最小埋深小于5m，最大埋深约550m，工期紧，地质结构复杂，隧道本身富水段较多，施工排水及通风难度大，被誉为格鲁吉亚的“中国的成昆线”。为此，项目部组织技术骨干制订了详细周密的施工方案，以确保工程施工顺利进行。

中电工程华北院签订格鲁吉亚风电和光伏电站项目总承包合同

2012年9月27日，中电工程华北院公司与格鲁吉亚BLOCK集团在北京签订了《格鲁吉亚PARAVANI风电场和光伏电站建设项目》总承包合同。

格鲁吉亚PARAVANI风电场和光伏电站建设项目位于格鲁吉亚东部高原地带的PARAVANI地区，地处北纬40°-45°之间，海拔在2000m以上，风资源情况较好，日照十分充足。BLOCK集团将在PARAVANI投资建设150MW的风电场和30MW的光伏电站，资金来源为15%的自有资金和85%的中国金融机构融资，项目建成后将向欧洲送电。

格鲁吉亚风电和光伏电站项目总承包合同的签订，标志着华北院公司在发电项目上的国际总承包业务取得重大突破，实现市场从白俄罗斯向其他欧洲国家的延伸，为公司国际业务向欧盟国家发展奠定坚实基础。

中国电建签约格鲁吉亚科布勒提绕城公路项目

2012年9月12日，中国电建集团所属中国水电股份公司收到格鲁吉亚地区发展及基础设施部公路局授予的科布勒提绕城公路第二段中标通知函，合同工期1000天。该项目是中国水电在格鲁吉亚中标的第三个公路项目，对公司扩大格鲁吉亚市场开发、提升中国水电在外高加索地区影响力具有积极作用。

格鲁吉亚科布勒提绕城公路第二段是亚洲开发银行贷款项目，也是中国水电国际公司正在实施的第一段的延伸，位于格鲁吉亚西部，是通往格鲁吉亚西部海滨旅游城市的主要干道，对促进格鲁吉亚的旅游经济发展有重大意义。该项目主要工程内容为新建14米宽、2车道、19公里公路，共16座桥，桥面总面积68,292平方米，涵洞总长度464米。由水电十六局有限公司负责具体实施。

中兴通讯承建格鲁吉亚首都绕城铁路通信信号系统

2012年5月，中兴通讯宣布将承建格鲁吉亚首都第比利斯绕城铁路通信信号系统。格鲁吉亚第比利斯绕城铁路项目为欧亚大陆桥的一个核心线路，铁路建成后将连接阿塞拜疆和土耳其到达欧洲。

格鲁吉亚地处高加索地区的中心，连接里海和黑海，为欧亚大陆的核心节点。欧亚大陆桥是由欧洲复兴银行资助推进的一项重大工程，目标为亚洲的货物能够通过铁路及公路运输到达欧洲，加深欧亚之间的经济往来，缩短物流周期。

格鲁吉亚第比利斯绕城铁路共9个车站，全长38公里，建成后将把原来穿城而过的（阿塞拜疆）巴库至（格鲁吉亚）巴统的铁路改道城外，以提高运营速度、减少城区占地和噪声。

中兴通讯为其建设的通信信号系统将提供继电器连锁系统、基于音频轨道电路的自动闭塞系统，以及以太网交换机、路由器等数据通信产品，通信电源等。

此前，在此区域，中兴通讯曾建设乌兹别克塔什干——安格伦连段铁路通信信号系统现代化改造等，受到乌兹别克斯坦国家铁路公司和FIDIC咨询公司的好评。

近年来，中兴通讯政企网市场增长迅速，其中轨道交通通信系统销售额2011年比2010年增长超过260%。

中国铁建在格鲁吉亚签下最大承包工程

2012年8月13日，中铁23局集团有限公司13日在第比利斯签下格鲁吉亚现代化铁路改造工程承包合同。这是中国企业独自在格鲁吉亚中标的最大承包工程。

现代化铁路改造工程是格鲁吉亚重要的基础设施改建工程之一，也是继第比利斯绕城铁路项目之后，中铁23局在格鲁吉亚承包的又一个重大工程项目。

据执行签约的中铁23局集团有限公司副总经理田宝华介绍，该项目是第比利斯到著名黑海旅游胜地巴统之间的重要铁路通道，中标金额2.67亿瑞士法郎（约合21.92亿元人民币）。改造后，运行时间将从原来的8个多小时缩短为3小时20分。

田宝华在签约仪式上表示，借助自己强大的实力和丰富的经验，中国铁建将像绕城铁路项目那样，把现代化铁路改造项目建设成又一个优良工程。

参加签约仪式的格鲁吉亚铁路公司总裁伊拉克利·祖格贝伊阿表示，相信中国铁建将在格鲁吉亚的铁路建设和改造工程中屡建奇迹。

二、格鲁吉亚2013年将建设风力发电站

据格鲁吉亚能源与自然资源部称，2013年捷克公司Wing Energy Invest将在格投资1亿美金建设一座50兆瓦的风力发电站。

三、格鲁吉亚投资法规概况

格鲁吉亚主管投资的政府机构是国家投资事务局，隶属格经济发展部，负责投资促进、对外推广投资政策和介绍投资环境、提供投资信息和协调投资项目等，提供“一站式”信息综合服务。格法律规定，外国投资需向国家投资事务局申报和登记，每年年底前申报追加投资。该局还负责对获得“特别重要投资地位”的投资项目进行监管，并定期向政府报告。格经济发展部国家统计局、国家投资事务局负责对外国投资进行统计和分析。

格法律规定，禁止投资行业的清单由总统提议报议会批准。

限制的行业。生产、销售武器和爆炸物；配制、销售属特别控制的药物；使用和开采森林资源和矿藏；开设赌场和其他供赌博和彩票的场所；银行业务；保险业务；发行公众流通证券；无线通讯服务和创建电视和无线电频道等。格政府对投资上述行业实行许可证管理，外商与本国投资者享有相同待遇，但均需获得相应机构签发的专门许可证。

鼓励的行业。格鲁吉亚政府鼓励外商投资的领域主要包括基础设施项目如公路、港口、管道运输、电信设施等；制造业、能源设施特别是水电建设、新修或改造输电网络等；农业；旅游业等能够促进经济发展、增加就业的行业。

格对外商投资实行国民待遇政策，对外商投资和本国投资一视同仁，没有比本国投资者更优惠的政策。

格政府自2010年10月开始设立Anaklia和Kobuleti自由旅游区（FREE TOURISM ZONE），以优惠政策吸引国内外投资者投资酒店等旅游设施，其中投资建设50个客房以上酒店的，可购买相应土地，并在未来15年内免所得税、财产税等。自由旅游区内的配套公路和供水、电、气等基础设施由格政府负责。

早在1997年5月，格颁布了《国有资产私有化法》。近年来，格政府对国有资产全面实行私有化。格经济发展部（原经济工业贸易部）代表格政府管理国有企业资产，负责落实私有化，具体由私有化司负责。

格鲁吉亚当地企业可以土地、工厂或车间等不动产

作为与外资企业合作入股，不受任何限制。

格《私有化法》规定，国有资产占股份总额不超过25%的，可采用直接开价转让方式进行私有化。国有资产超过25%的企业需通过竞标、拍卖和租赁方式私有化。2006年6月通过的格《国家投资促进法》规定，对直接出售国有资产的决定由格总统做出。格对机场、港口和铁路等重点领域的企业私有化一般规定经营年限（最长不超过49年）和投资发展规划，实行特许租赁经营。格政府对重点企业私有化时，先进行公开邀标，根据投资者的出价、支付方式、投资承诺和职工的社会承诺进行评审后决定。格经济发展部通过私有化司网页（www.privatization.ge）公布国有企业私有化清单及私有化进展情况。允许外资并购当地企业，包括国有企业。

格证券法规定，股票市场对外国投资者开放，允许外国投资者通过注册经纪人或经纪公司委托购买在格证券交易所上市公司的股票。

波 黑

一、波黑对外国公司承包当地工程的规定

1.许可制度

根据波黑法律，外国公司在波黑承包工程需获得许可。承包工程项目须在波黑注册公司，某些工业项目须获得环保许可证，有些项目须获得特许经营权。工程验收要按波黑设计和工程规范要求，包括初级验收和最终验收。验收合格后，签发验收合格证书。

目前，波黑承包工程的主要做法是BOT 方式，由承包商带资承建。项目通过政府公开招标实施，由政府向承包商授予特许经营权。

2、禁止领域

外国承包商不能承揽军工等行业的工程项目。

3、 招标方式

《波黑公共采购法》规定商品采购、提供服务以及工程承包项目须按5 种方式进行，具体为：①公开招标方式；②资格预审有限招标方式；③发布招标通告谈判议标方式；④不发布招标通告直接议标方式；⑤按初步方案（意向设计）竞标方式。关于承建电站、公路、铁路等大型基础设施项目，一般先由波黑两个实体政府分别通过上述5种招标方式选定战略合作伙伴，签订合作合同。然后，由政府向中标承包商授予建设项目的特许经营权，承包商凭特许权遵照波黑法律以BOT方式投资建设承包工程项目。

二、承揽工程项目的程序

1、获取信息

一般由项目主管部门发布信息，当地主要报刊也发布招标信息。

2.招标投标

波黑建设项目的招标通告一般发布在波黑《解放报》及政府采购网站等媒体（http://www.javnenabavke.gov.ba/；www.ebrd.com）。对于世界银行和欧洲复兴开发银行的贷款项目，均按世行招标规则及欧盟招标规则以公开竞争性招标方式进行，各国公司均可按规定参与竞标。对于外国捐资援助的项目，一般按有限邀请招标或谈判议标方式进行。

3.许可手续

波黑联邦建筑方面的许可由联邦土地规划部负责。网址：www.fmpu.gov.ba，电邮：info@fmpu.gov.ba 。

塞族共和国建筑方面许可由塞族共和国土地规划建设环保部负责。网址：www.vladars.net/sr-SP-Cyrl/Vlada/Ministarstva/mgr/Pages/Splash.aspx， 电邮：mgr@mgr.vladars.net。

投标所需文件：申请或投标表、价格表、技术规格、投标保函银行正本（保函金额为投标价的2%及保函期限）。

三、中国企业到波黑开展承包劳务业务应该注意的事项

承包工程方面

波黑相关部门办事效率不高，特别是波黑联邦，实行三级管理，审批手续复杂。在投标前，应仔细阅读有

关招标材料中对投标者的资质要求，如是否允许中资企业投标、是否要求设备原产自欧盟等。

劳务合作方面

波黑失业率较高，外籍劳务市场规模小。波黑对劳务用工规定要求较高。要充分了解劳动法的核心内容和外国人在当地工作的规定。

中国水利水电第十四工程局有限公司

Sinohydro Bureau 14 Co., Ltd.

开拓创新铸就水电传奇

Innovate To Create a Hydropower Legend

锐意进取打造国际品牌

Forge Ahead To Build an International Brand

中国水利水电第十四工程局有限公司（以下简称公司）具有水利水电工程施工总承包特级资质，市政公用工程、公路工程施工总承包和土石方工程、隧道工程专业承包一级资质，地铁工程施工专业资质、工程设计水利行业甲级及承包经营国外工程资质。并通过了质量管理、职业健康安全管理和环境管理三大体系认证。经过58年艰苦创业，在大型地下系统工程、当地材料坝、高水头大容量水轮发电机组安装、城市轨道交通工程施工等四方面具有突出的核心竞争力，被誉为“地下铁军”和“水电劲旅”。

公司自1954年建局以来，已在国内外建成各类大中小型工程400多项。安装水轮发电机组近380台，完成总装机容量达到1850万千瓦，并在公路、地铁、市政、环保等领域承建了多项工程。近年还进入了核电、大型露天煤矿剥离、火电工程领域。具有年挖土石方2500万立方米、混凝土浇筑300万立方米、人工砂石料生产600万立方米、各类钻孔灌浆40万米、发电机组安装550万千瓦、金属结构制作安装5万吨、公路施工300公里的综合施工能力。

多年来，公司培养出以中国工程院院士马洪琪为代表的大批专家和专业技术人才共计4001人，形成了明显的人才优势；获省部级以上重大科技成果奖122项（其中国家级科技成果将26项），优质工程奖42项。

从上世纪70年代开始，公司就充分依托自身强大的施工能力和丰富的项目管理经验，积极探索走出国门承建工程，努力争当中国水电产业“走出去”的排头兵。

公司已有厄瓜多尔水电站项目、加蓬水电站和公路项目群、刚果（布）水电站和公路项目群、刚果（金）水电站和公路项目群、喀麦隆水电站和公路项目群、马达加斯加电站和公路项目群、中非公路项目、马里公路项目、塞内加尔高速公路项目、缅甸水电站项目群、斯里兰卡公路项目群、新加坡轻轨项目等，分布在亚洲、非洲、南美洲等十几个国家，实现了“巩固中西部非洲市场，依托地域优势拓展东南亚、南亚市场，进军拉美市场，择机进入其他市场”的国际业务战略布局。

水电十四局有限公司承建的云南鲁布革水电站、广东抽水蓄能水电站、黄河小浪底水利枢纽工程、长江三峡水利枢纽工程等获得新中国成立60周年百项经典暨精品工程称号

Lubuge Power Plant, Guangzhou Pumped Storage Power Station, Yangtze River Three Gorges Project and Yellow River Xiaolangdi Water Control Project constructed by SinoHydro Bureau 14 Co., Ltd. were honored as “100 Prestigious Projects over 60 Years of New China”.

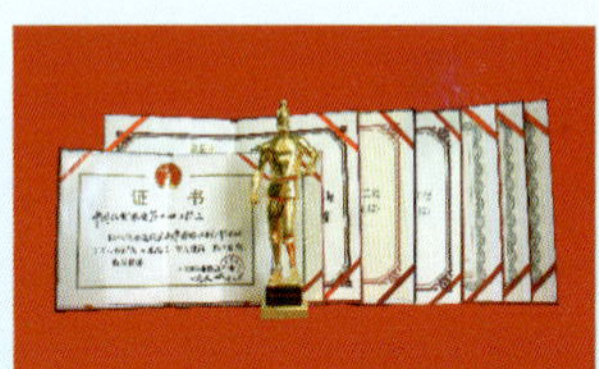

水电十四局有限公司承建的云南鲁布革水电站大坝、广东抽水蓄能电站一期工程、福建棉花滩水电站、云南大朝山水电站、昆明至玉溪公路、大唐红河开远火电厂、贵州洪家渡电站、小浪底水利枢纽工程等八项工程先后荣获国家鲁班奖

Yunnan Lubuge Power Station Dam, Phase 1 Project of Guangzhou Pumped Storage Power Station, Fujian Mianhuatan Power Station, Yunnan Dachaoshan Power Station, Datang Honghe Kaiyuan Thermal Power Plant, Yunnan Kunyu Highway, Guizhou Hongjiadu Power Station and Yellow River Xiaolangdi Water Control Project constructed by SinoHydro Bureau 14 Co., Ltd. won “National Luban Award”.

国水电十四局承建的斯里兰卡ICB9&10公路项目
Lanka ICB 9&10 Highway Project undertaken by oHydro Bureau 14 Co., Ltd.

中国水电十四局承建的刚果（金）RN1-LOT6&7大桥项目
Congo (K) RN1-LOT6&7 Bridge Project undertaken by SinoHydro Bureau 14 Co., Ltd.

中国水电十四局承建的喀麦隆雅温得市政排污项目
Cameroon Yaounde Municipal Sewage Discharge Project undertaken by SinoHydro Bureau 14 Co., Ltd.

inohydro Bureau 14 Co., Ltd. (hereinafter referred to as “the company”) holds the special-grade qualification for contracting ater conservancy and hydropower projects, first-class general qualifications in the field of contracting municipal public orks, highway construction projects, first-class professional qualifications for contracting earth and stone works and nnelling works, professional qualification for contracting subway construction, A-level qualifications for contracting in water onservancy engineering industry and business qualifications for contracting overseas projects. Moreover, the company has ained system certifications in three areas, namely, quality management, occupational health and safety management and vironmental management. After 58 years of hard work, the company has prominent core competitiveness in construction of e following four aspects: large underground system engineering, local material dams, high head and high capacity ydroelectric generating units installation, and urban rail transit projects, and has been praised as an “Underground Iron Troop” d a “Hydroelectric Force”.

nce its foundation in 1954, the company has built more than 400 large, middle and small-sized projects at home and abroad, stalled nearly 380 sets of hydroelectric generating sets, and realized 18.5 million kilowatts of total installed capacity, as well constructed a large number of projects of highway, subway, municipal public works, environmental protections, among other ndertakings. In recent years, the company gets involved in nuclear power, large-scale opencast coal mine stripping, and ermal power engineering. The company has the annual comprehensive construction capacity of 25 million cubic meters of t and fill earthwork, 3 million cubic meters of concrete pouring, 6 million cubic meters of artificial aggregates production, 400,000 meters of various types of drilling d grouting, 5.5 million kilowatts of power generation installation, 50,000 tons of metal structure fabrication and installation, and 300 kilometers of road construction.

r the past many years, the company has cultivated 4,001 experts and professional and technical personnel led by Ma Hongqi, an academician of the Chinese Academy Engineering, and formed obvious talent advantages. The company has won 122 provincial-or-higher-level significant scientific achievement awards (including 26 ational science and technology achievement awards) and 42 high quality project awards…

ver since 1970s, the company, on the strength of its mighty construction ability and abundant project management experience, has been actively following the “Go lobal” development path to engage in overseas engineering construction, in an effort to spearhead the “Go Global” movement in China’s hydropower industry.

 far, the Company has completed large numbers of overseas projects, such as Ecuador Hydropower Plant Project, Gabon Hydropower Plant and Highway Program, ongo (B) Hydropower Plant and Highway Program, Congo (K) Hydropower Plant and Highway Program, Cameroon Hydropower Plant and Highway Program, adagascar Hydropower Plant and Highway Program, Central Africa Highway Project, Mali Highway Project, Senegal Expressway Project, Myanmar Hydropower Plant ogram, Sri Lanka Highway Program, and Singapore Light Rail Project, etc., which are extensively distributed in a dozen or so countries in Asia, Africa, and South merica. As a result, the Company has realized its international business strategy layout, in which the Company vows to consolidate the middle and western markets in frica, depend on advantaged geographic location to develop Southeast Asia and South Asia markets, set foot in the Latin America market, and find opportunities to make roads into other markets.

国水电十四局承建的刚果（布）英布鲁水电站项目
ngo (B) Imboulou Hydropower Plant Project undertaken by oHydro Bureau 14 Co., Ltd.

中国水电十四局承建的缅甸瑞丽江水电站项目
Myanmar Shweli River Hydropower Plant Project undertaken by SinoHydro Bureau 14 Co., Ltd.

中国水电十四局承建的加蓬布巴哈水电站大坝施工现场
Construction Site of Gabon Poubara Hydropower Plant Dam Project undertaken by SinoHydro Bureau 14 Co., Ltd.

中国水电十四局承建的厄瓜多尔CCS水电站项目
Ecuador CCS Hydropower Plant Project undertaken by SinoHydro Bureau 14 Co., Ltd.

址：云南省昆明市环城东路395号中国水利水电第十四工程局有限公司
O.395 Huancheng East Road, Kunming, Yunnan Province, China，Sinohydro Bureau 14 Co., Ltd.
邮编/P.C：650041
电话/Tel：0871-3321387
网址/Web：www.fcbmis.com
传真/Fax：0871-3320833

中国水利水电第四工程局有限公司

Sinohydro Engineering Bureau No.4 Co.,Ltd.

执行董事、总经理：王维斌

党委书记：王争鸣

中国水利水电第四工程局有限公司（简称：中国水电四局）成立于1958年10月，隶属中国电建集团中国水利水电建设股份有限公司，是具有水利水电工程施工总承包特级，土石方工程、钢结构工程等专业承包壹级和市政公用工程施工、房屋建筑工程施工、隧道、公路工程等专业承包二级企业资质和进出口企业资格，集施工、勘测、设计、制造、运输能力为一体，年产值过百亿元的大型国有企业。

50多年来，中国水电四局先后承建和参建刘家峡、龙羊峡、李家峡、公伯峡、拉西瓦、长江三峡、溪洛渡、向家坝、金安桥、白鹤滩、小湾等70余座大中型水电站，总装机容量突破2500万千瓦，为我国水电事业发展作出了突出的贡献。近年来，伴随以京沪高速铁路、宁杭客运专线、贵广铁路等为代表的铁路工程；以武邵高速公路、天津大道等为代表的公路工程；以南水北调项目群为代表的水利工程；以青海玉树灾后重建项目、青海海东经济开发区、甘肃引洮供水工程、宁夏西夏水库等为代表的市政工程；以张北风电、酒泉风电、罗平山风电等为代表的风电工程；以青海格尔木250兆瓦光伏电站、柴达木乌兰22兆瓦光伏电站为代表的新能源项目等国家基础设施建设领域的深度介入，企业成功实现产业多元化发展的重大转型。企业大力推行“国际业务优先发展”战略，相继在埃塞俄比亚、利比亚、安哥拉、博茨瓦纳、缅甸、乍得、加蓬、伊朗等国承揽了一大批水电和非水电工程，开创出国内国外两个市场同步协调的未来可持续发展模式，企业已经初步走上经济规模化、经营国际化、生产专业化、产业多元化的健康发展道路。

长期以来，中国水电四局坚持“以人为本”，培养和锻造了一支创新意识超前的管理团队和多支技术精湛的专业施工队伍，现有职工10537人，其中各类管理和专业技术人员和高级职业技术等级以上技术工人近5572人。企业奉行“科技兴企”的管理理念，大力开展科技攻关，先后获得国家及省（部）级以上科技成果奖100余项，承建众多工程捧得“鲁班奖”、“詹天佑奖”、“国家优质工程金奖”等国家和行业重要奖项。企业具有雄厚的施工实力，在中国堤坝、电站、码头建筑业行业100家最大经营规模企业中排第9位、最佳经济效益企业第22位，国家铁路施工A级信誉企业，可满足同期多个不同市场领域的施工要求。

企业在50多年中积淀了厚重的历史文化内涵，“自强不息、勇于超越”的精神、“五个特别”的高原水电人品质、“甘于奉献、勇于担当”的社会责任感等成为四局人不断创造辉煌的强大精神动力。

三个文明建设丰硕的成果为企业在行业内外树立了良好的品牌，中国水电四局先后获“跨世纪质量无投诉示范企业”、“二十世纪最具影响的名牌企业”、“全国用户满意施工企业”、“全国质量效益型先进施工企业”、“全国优秀施工企业”、“全国五一劳动奖状”等多项殊荣，并三度蝉联“全国文明单位”桂冠。

天行健，君子以自强不息。当前，中国水电四局正按照打造“行业领先、管理一流、品牌影响力明显，横跨国内、国际建筑市场，享誉水电、非水电施工领域的一流企业。”发展战略楫舟破浪，奋力前行。我们愿同社会各界朋友携手合作，共创灿烂美好的明天。

- 地址/Add：中国青海西宁八一中路19号
  19 BaYi Middle Road,xining,Qinghai,China
- 邮编/Postcode：810000
- 电话/Tel：(0971)7113320　7113331

龙羊峡水电站

公伯峡水电站

李家峡水电站

小湾水电站

Sinohydro Engineering Bureau No.4 CO.，LTD (referred to as Sinohydro Bureau No.4) was founded in October 1958 and affiliated to Sinohydro Corporation. It is a large state-owned enterprise with annual productive value of over 10 billion RMB yuan, integrating construction, survey, design, manufacture and transportation capacity. The enterprise possesses the special-grade qualification of overall contracting and constructing hydropower engineering; first-grade qualification for earth-rock projects and steel structure projects, etc; second-grade qualification for municipal public works construction, housing construction, tunnel and highway engineering, etc; and qualification of import and export enterprise.

Over the past fifty years, Sinohydro Bureau No.4 has undertaken and participated in the construction of over 70 large and medium-sized hydropower stations such as Liujiaxia, Longyangxia, Lijiaxia, Gongboxia, Laxiwa, Three Gorges Project on the Yangtze River, Xiluodu, Xiangjiaba, Jinanqiao, Baihetan, Xiaowan, etc, with total installed capacity of more than 25000MW, it has made outstanding contribution to the development of Chinese hydropower career. In recent years, through deeply involving in construction of national infrastructure fields such as Beijing-Shanghai High Speed Railway, Nanjing-Hangzhou Passenger Transportation Line and Guizhou-Guangzhou Railway constructed as representative railway project; Wuyishan-Shaowu Expressway and Tianjin Boulevard constructed as representative highway projects; Water Diversion Project from the South to the North constructed as representative water conservancy project; Post-Disaster Reconstruction Project in Qinghai Province, Haidong Economic Development Zone Project in Qinghai Province, Water Diversion Project from Tao River for Supplying Water in Gansu Province and Ningxia Xixia Reservoir constructed as representative municipal Engineering ; ZhanBei Wind Power Project, Jiuquan Wind Power Project and Luopingshan Wind Power Project constructed as representative wind power projects; Golmud PV Power Plant with 250MW in Qinghai Province and Wulan PV Power Plant with 22MW in Qaidam constructed as representative new energy projects, the enterprise has successfully realized significant transformation into diversified industrial development. It vigorously promotes the strategy of “Giving Priority to Develop International Business” and has contracted and undertaken a large number of hydroelectric and non-hydroelectric engineering in Ethiopia, Libya, Angola, Botswana, Burma, Chad, Gabon, Iran, etc., it has created an synchronous coordination and future sustainable development mode in domestic and foreign markets. The enterprise has primarily stepped on a healthy development way of forming scale economy, internationalizing operation, specializing in production and diversifying industry.

For a long time, Sinohydro Bureau No.4 has always insisted on “Human-Oriented” and trained and forged an excellent management team with innovative awareness advance and several professional construction teams with exquisite skills; at present it has 10,537 staff and workers, of which 5572 are management and professional and technical personnel and senior technical workers. The enterprise carries out management concept of “Developing Enterprise by Technologies” and made great efforts to research and develop new technologies, it has won more than 100 state-level and provincial-level technology achievement awards, lots of contracted projects were entitled important national and industry awards such as “Luban Award”, “Zhantianyou Award” and “National Superior Project Golden Award”, etc. Sinohydro Bureau No.4 has powerful construction capacity and takes the 9th place among China’s top100 largest scale enterprises in the fields of dams, power stations and dock construction and ranks 22nd in the best economic benefits enterprises. It has grade A credit of national railway construction and is capable to meet the construction requirements of many different market fields in same period.

The enterprise has accumulated massive historical and cultural connotation in the past 50 years, the spirit of “Make Unremitting Efforts to Improve” and “Brave to Surpass”, Plateau hydropower people character of “Five Specials” and social responsibility of “Glad to Make Contribution and Brave to Hold Responsibility” have become strong spiritual power for people of Sinohydro Bureau No.4 to create more brilliant achievements.

Great achievements from the construction of three civilizations have set up good brand for the enterprise, Sinohydro Bureau No.4 has been successively awarded many honorable titles such as “Cross-Century Demonstration Enterprise without Quality Complaint”, “Most Influential Brandname Enterprise in Twentieth Century”, “National Customer Satisfaction Construction Enterprise”, “National Quality and Efficiency Advanced Construction Enterprise”, “Excellent Construction Enterprise in China”, “National Labor Award” and won the laurel of “National Civilized Enterprise” for 3 times in a row

At present, Sinohydro Bureau No.4 is carrying out development strategy of “Lead in Industry with First Class Management and Great Brand Influence, Exploit Domestic and International Construction Market, and Repute in Hydroelectric and Non-hydroelectric Construction Fields”, to make all efforts to move forward, we’d like to cooperate with friends from all sectors of the society and create a brilliant future.

安哥拉本格拉体育场

南水北调漕河工程

京沪高速铁路

天津大道

开拓创新 勤奋敬业 科学求实 争创一流

Make innovations in an industrious, scientific and practical manner to take the lead

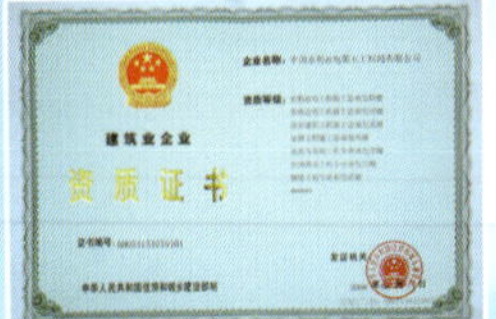

Under the jurisdiction of Sinohydro Corporation, Sinohydro Bureau 5 Co., Ltd (hereinafter referred to as the Sinohydro Bureau 5) is a super-class enterprise of hydraulic and hydropower engineering, with the management right of contracting the overseas projects. The Sinohydro Bureau 5 was established in 1954 and has developed to a large construction enterprise for investment, construction, installation, manufacture, design and scientific research, possessing the Super-class Qualification of Contracting on Hydraulic and Hydropower Engineering, 1st Class Qualification of Contracting on Municipal Engineering, 2nd Class Qualification of Contracting on Building Engineering, 1st Class Qualification of Contracting on Foundation and Highway Subgrade Engineering, and 2nd Class Qualification of Contracting on Tunnel Engineering.

Sinohydro Bureau 5 has undertaken over 100 large and medium hydraulic and hydropower projects in 20 above provinces, cities and autonomous regions, installed 100 above large and medium traditional units and pumped-storage power sets, constructed 30 above highways and high-class roads, and completed 20 above hydropower projects and other projects in 12 countries and regions. It also participated in the construction of Beijing-Shanghai Express Railway and South-to-north Water Diversion Project, and completed Merowe Dam in Sudan, the largest hydropower project Chinese enterprises have ever constructed in foreign countries. Besides, Sinohydro Bureau 5 contributes much at home by its various projects in the field of engineering construction and has won the National Science Conference Award for 7 times, over 30 awards for scientific and technological progress of provincial and departmental level, 40 patents for inventions and utilities. In recent years, the Merowe Dam Project in Sudan and Yixing Pumped-storage Power Station in Jiangsu were granted the 'Luban Award' of Chinese Construction Projects. Changma Reservoir Project was granted 'Dayu Award' of Chinese Hydraulic Engineering Projects. Tongbo Pumped-storage Power Station was granted the Silver Award of National Excellent Projects. Tongkou Hydropower Station and Yixing Pumped-storage Power Station were granted the award of excellent Chinese electric power works. Huangqiao Reservoir Project, Gaoying Flyover of Xiangfan-Shiyan Expressway, Surge Tank of Futang Hydropower Station, Da'ao Water Control Project, Water Control Project at Qingju Hydropower Station's Powerhouse, Units Works at Tongbo Pumped-storage Power Station, and Upper Reservoir Project of Langyashan Pumped-storage Power Station were granted the Gold Award of "Tianfu Cup" in Sichuan Province. 17 projects, including Surge Tank of Futang Hydropower Station, Maanshan Bi-way Connected Arch Tunnel, Tunnel Construction Project of Wanjiazhai Yellow River Diversion Project, Construction Technology applied in Roller Compacted Concrete Dam of Tukahe Hydropower Station, Dam Construction Project of Shuiniujia Hydropower Station and others were listed in the New Record of Chinese Enterprises. And the research on 'Shadow Production Value' Management of International Projects was granted the innovation award for modernized management in national power trade. Sinohydro Bureau 5 has 10800 employees, including 2430 technicians engaged in different specialty, over 500 technicians of senior technical level, over 1300 technicians of medium technical level, over 200 supervising engineers and over 300 construction engineers (over 150 of them are of first-class qualification). Sinohydro Bureau 5 possesses 4.5 billion Yuan capital and its annual construction capacity is 40,000,000 m3 earthworks, 3,000,000 m^3 concrete casting, 15000 linear meters of large tunnel excavation and lining, manufacture and installation of 40,000 tons of metal structure, installation of 4 large hydroelectric generating sets. And it owns over 6000 sets of advanced equipment and its annual construction value is 8 billion Yuan above.

It has been evaluated as one of China 500 construction enterprises of the largest scale and China 500 construction enterprises with best economic benefits, and passed the certification of GB/T19001-2008 idt ISO9001:2008 standard, ISO14001:2004 standard, GB/T28001-2001 standard, GB/T50430-2007 standard for Quality Management System, Environmental Management System, Occupational Health and Safety Management System. Additionally, it is crowned the titles of National Contract Compliance and Full Credit Enterprise, "Safety and Health Cup" Winning Enterprise, National Excellent Construction Enterprise, National Customer Satisfaction Enterprise, National Excellent Power Enterprise, National Excellent Construction Quality Management Enterprise, National Excellent Hydraulic Construction Enterprise, AAA Credit Enterprise Granted by the China Electric Power Construction Association, Contract Compliance and Full Credit Enterprise in Sichuan Province, High Quality & Credibility Construction Enterprise in Jiangsu Province, AAA Credit Enterprise Respectively Granted by China Construction Bank Sichuan Branch and Agricultural Bank Of China Sichuan Branch, Civilization Unit Of Sichuan Province, 'Top 100' Enterprise in Sichuan Province, 'Top 10' Construction Enterprise's Comprehensive Strength in Sichuan Province, 'Top 10' Enterprise Sharing Most Market of Sichuan Province, 'Top 10' Best Benefit Construction Enterprise in Sichuan Province, Trustworthy & Demonstrative Unit in Sichuan Province, Best Construction Enterprise in Sichuan Province.

With its super-class technology, scientific management and operation philosophy of 'Honesty and Credit First for Striving to Be the Best', Sinohydro Bureau 5 would like to cooperate with all friends from all corners of the world in order to open up domestic and overseas construction market, and accelerate the construction of hydropower and infrastructure for mutual development.

■ 浙江桐柏抽水蓄能电站

■ 凌海风力发电工程

■ 亚洲第一井—四川福堂水电站调压井工程

■ 坐落在高震区的四川大桥水库工程

中国水电基础局有限公司
Sinohydro Foundation Engineering Co., Ltd.

马来西亚巴贡水电站工程

中国水电基础局有限公司（以下简称基础局）始建于1959年，隶属于中国水利水电建设集团公司，从事大中小型水利水电工程与各类土木工程的总承包以及水利水电、高层建筑、铁路、交通、地铁、石化、核电、码头、火电、机场、矿山、环保等领域各类地基与基础工程的设计和施工。

基础局拥有国内一流的基础处理专家和高素质的建筑施工队伍，拥有各类先进设备，先后在全国31个省市自治区从事施工任务。近年来，基础局积极实施“走出去”和“国际业务优先发展”战略，大力开拓国际市场，在亚洲的马来西亚诗巫公路、卡塔尔多哈新港、约旦钾盐厂晒盐池、新加坡地铁站、泰国热回收焦炉项目、老挝钾盐开采项目、阿联酋阿布扎比宾馆；非洲的喀麦隆拉格都(Lagdo)水电站、苏丹麦洛维电站、刚果（金）英布鲁水电站；欧洲的白俄罗斯明斯克热电站；南美洲的厄瓜多尔科卡科多.辛克雷水电站等，完成及正在实施的国际项目几十个，业务领域涉及亚、非、欧、南美洲的20多个国家，业务内容包括铁路、公路、港口、码头、矿产资源开采、工业民用建筑、水利水电工程等。

白俄罗斯明斯克5号热电站工程

基础局历来十分重视新技术的研究与开发，完成了许多国家级技术攻关课题，诸多成果达到国际先进水平，先后荣获17项国家级科技进步奖和35项省部级科技进步奖、优质工程奖，拥有国家技术发明和专利16项。基础局拥有丰富的技术资源，是《水工建筑物水泥灌浆施工技术规范》、《水电水利工程混凝土防渗墙施工规范》、《水电水利工程高压喷射灌浆技术规范》、《灌浆记录仪技术导则》等十项行业标准、技术导则的主编或参编单位。

基础局携一流技术、科学管理和重誉守信，愿与各界朋友真诚合作，共谋发展。

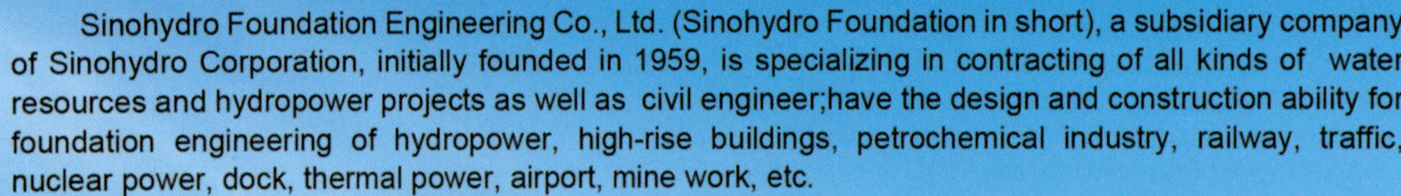

Sinohydro Foundation Engineering Co., Ltd. (Sinohydro Foundation in short), a subsidiary company of Sinohydro Corporation, initially founded in 1959, is specializing in contracting of all kinds of water resources and hydropower projects as well as civil engineer;have the design and construction ability for foundation engineering of hydropower, high-rise buildings, petrochemical industry, railway, traffic, nuclear power, dock, thermal power, airport, mine work, etc.

卡塔尔多哈新港工程抓斗施工

黄河小浪底水利枢纽工程

With first-class experts in foundation treatment and professional construction team with advance equipments, Sinohydro Foundation has undertaken construction works in 31 provinces in China. In recent years, since Sinohydro Foundation has implemented ‘go global ’and ‘priority to international’ strategies to develop the international market, dozens of international projects has been completed and/or are being implemented in more than 20 countries in Asia Africa, Europe and South America, such as Sibu highway in Malaysia, Doha new harbor in Qatar, Sylvite pond project in Jordan, subway station in Singapore, heat recovery coke in Thailand, Sylvite pond project in Laos, Abu Dhabi hotel in UAE, Lagdo hydropower station in Cameroon, Merowe hydropower station in Sudan, Imboulou hydropower station in Congo, Minsk power station in Belarus, Coca Codo Sinclair hydropower station in Ecuador, etc.. The work scope covers Railway, Highway, Harbor, Dock, Mineral Resources Mining, Civil architecture, water resources and hydropower projects, etc.

老挝南坎2水电站工程水上勘探

西藏旁多水利枢纽大坝工程施工

（基础局创造了201米防渗墙成墙、158米防渗墙接头管拔管、201米防渗墙水下混凝土浇筑3项世界纪录）

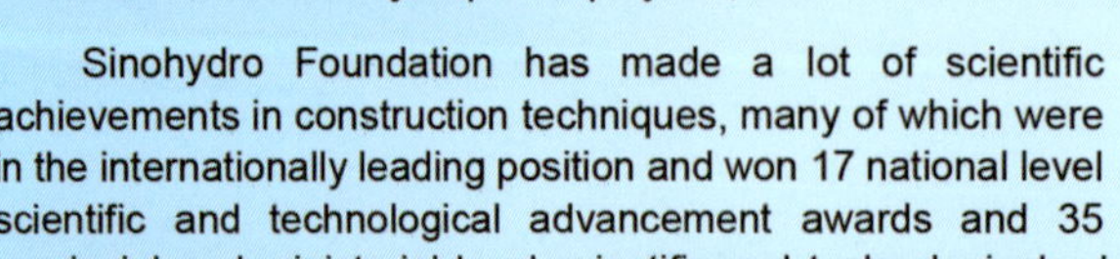

Sinohydro Foundation has made a lot of scientific achievements in construction techniques, many of which were in the internationally leading position and won 17 national level scientific and technological advancement awards and 35 provincial and ministerial level scientific and technological advancement awards and excellent quality awards, as well as 16 technical inventions and national patents. With rich technical resources, Sinohydro Foundation is the chief editor or participant in the compiling of some industrial specifications, such as <Cement grouting construction technical specification for hydro structures>, <Concrete cutoff wall construction specification for water resources and hydropower projects>, <Jet grouting technical specification for water resources and hydropower projects>, <technical guidelines of grouting recorder> and other standards and technical guidelines.

With first-class technology, scientific and honorable management, Sinohydro Foundation wish to corporate with all friends sincerely and seek common development!

阿联酋阿布扎比诺富特-艾比斯宾馆工程

地址/Add：天津市武清区雍阳西道86号　邮编/P.C：301700

电话/Tel：86-22-29362091　86-22-29362791　传真/Fax：86-22-29362091

网址/Web：http://www.chinafec.com

中国水电顾问集团昆明勘测设计研究院

HydroChina Kunming Engineering Corporation

法人代表：冯峻林

国家设计大师 张宗亮

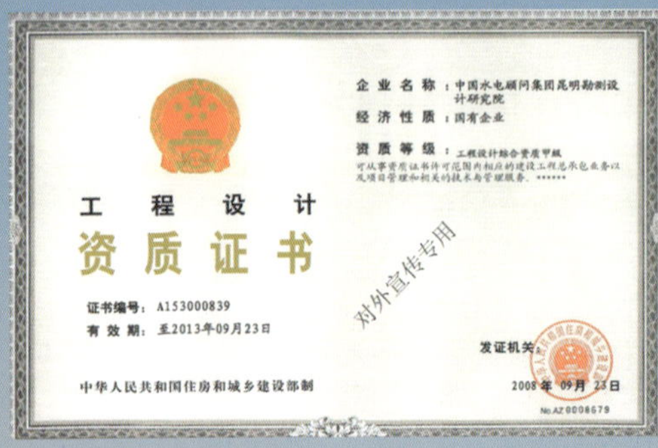

企业名称：中国水电顾问集团昆明勘测设计研究院

经济性质：国有企业

资质等级：工程设计综合甲级

工程设计

资质证书

证书编号：A153000839

有效期：至2013年09月23日

发证机关

2008年09月23日

中华人民共和国住房和城乡建设部制

工程设计综合甲级

2011昆明院设计企业60强

总承包马鹿塘铜钥匙奖

中国水电顾问集团昆明勘测设计研究院（以下简称昆明院）成立于1957年，隶属于中国水电工程顾问集团公司，是持有国家颁发的工程设计综合甲级、工程勘察综合甲级勘察、咨询甲级资质证书和甲级咨询、监理、工程总承包、环保、水保、造价、水资源评价、安全评价、勘测定界、项目管理等专项资质证书的大型综合性勘测设计研究单位。昆明院为中国国际工程咨询协会（CAIEC）、中国工程咨询协会（CNAEC）和国际咨询工程师联合会（FIDIC）的会员单位，拥有对外承包经营资格证书，是中国勘察设计综合实力百强之一。

昆明院现有职工1526人，80%以上是项目管理和专业技术人员，其中国家设计大师1人，全国工程设计大师2人，云南勘察设计大师7人，享受国务院政府特殊津贴人员17人、享受云南省政府特殊津贴人员11人、享受教授研究员待遇高级工程师176人，持有各类执业资格578人次，并设有博士后研究工作站，2011年12月荣获2010ENR/建筑时报“中国工程设计企业60强”。

建院50年来，昆明院已勘测设计的国内外水电站300多座，装机规模61400MW。已建水电站260余座，总装机16400MW。其中，鲁布革水电站是中国第一个引用外资和采用国际招投标兴建的水电工程，位于珠江流域的天生桥一级水电站，混凝土面板堆石坝高178米，库容102.6亿立方米，坝高为目前中国已建同类坝型第一，在世界已建工程中列第二位。已经投产发电的小湾水电站装机4200MW，库容149.14亿立方米，混凝土双曲拱坝高292294.5米，坝高坝高为世界已建同类坝型第一第一。

正在进行勘测设计的大中型水电站60余座，作为“西电东送”重要项目的糯扎渡水电站装机5850MW，正在开展施工设计，所确定的当地材料坝高262261.5米，坝高居同类坝型国内第一，世界第三为世界同类型第一高坝。，另外承担100米以上的高坝20余座，古水、其宗等水电站的坝高达300米级，在技术难度上被业界公认为具有世界水电技术里程碑意义。昆明院承担“滇池补水—牛栏江引水工程”、“清水海引水二期工程”的勘察设计科研任务，积极开展滇中调水工程研究。

除工程勘测设计外，境内外工程咨询监理和工程总承包也我院重要的业务领域。昆明院在国内外开展了大量的工程咨询和以设计为龙头的工程总承包业务，相继承担了鲁布革、漫湾、二滩、缅甸邦朗等20多个水利水电工程项目的监理业务，并进行新能源项目的设计和投资，包括10多个风电场的勘察设计和云南省30多个县市的风能资源选点规划和太阳能资源选点规划工作。

自1987年开展工程总承包业务以来，先后承担了二十余个项目，工程总承包电站的总装机容量达2000多MW，近年每年工程总承包业务收入约5亿多元，其中格雷二级水电站被中国勘测设计协会和中国工程咨询协会评为“工程总承包优秀奖”，承揽的马鹿塘水电站二期工程的总承包工作，合同金额12.6亿，该工程坝高154米，装机30万千瓦，为云南最高的砼混凝土面板堆石坝。

迄今为止，昆明院获得国家、省部级科技奖励近300多项，其中：国家级55项，省级213项，部级66项；获得国家实用新型专利28项。形成了一批处于国内外领先水平的核心技术。

HydroChina Kunming Engineering Corporation, former Kunming Hydropower Investigation, Design and Research Institute (KHIDI) was founded in 1957, is one of the top institutes of China possessing certificates of grade A granted by the State to carry out technical consulting services, engineering investigation, hydroelectric and water conservancy investigation, design and scientific research, architectural design, cost assessment, construction supervision, and overall project contracting. In addition, KHIDI has the certificate to undertake waterpower planning, investigation, design, laboratory test, EIA, EPC (Engineering, Procurement and Construction), preparation of tender document, construction supervision, consulting service and monitoring over all size schemes in relation to hydropower and irrigation engineering, industrial and civil works, roadway, bridge, port, electricity transmission and distribution and project for other purposes. It is a member of China Association of International Engineering Consulting, China National Association of Engineering Consulting, and FIDIC. It is titled as the "Top 100 Investigation and Design Comprehensive Units in China".

小湾工程

KHIDI is now staffed with 1526 employees, project management and technical staff accounting for 80%, including one state master designer, seven provincial master geologist and designer, one outstanding president from nationwide investigation and design institute, there are 2 national engineering design masters, 17 senior engineers enjoying special allowance of the state council, 11 senior engineers enjoying special allowance of the provincial government, 176 senior engineers enjoying state professor treatment, 578 persons/times have achieved respectively state registered Class A qualification certificates, and a post-doctorial research center has been set with the company. On Dec 2011, "The Top 60 Chinese Design Firms" was awarded to KHIDI by McGraw Hill ConstrucTion & Construction Times.

掌鸠河输水管线路

Over the past 50 years, KHIDI has participated in investigation and design more than 300 hydropower stations and water conservancy projects at home and abroad, total installed capacity is 61400MW, completed 260 projects of total installed capacity of 16,400MW. Among them, Lubuge was the first in China utilizing foreign investment on an international competitive bid basis, Tianshengqiao-1 hydropower project located on the Zhujiang river comprises of a $10.26\times10^{8}m^{3}$ reservoir and a 178m high concrete face rockfill dam which is the highest of this type completed in China and ranks among the highest dams in the world. Xiaowan hydropower project of 4,200MW being put into operation comprises a reservoir with volume of 14.914 billion m^{3} and a double curved concrete arch dam of 294.5m high which is the highest of its type constructed in the world.

老挝+北本-鸟瞰图

The Nuozhadu hydropower project, is regarded as "West-East electricity transmission project" important project and in construction design stage, with installed capacity of 5,850MW, rockfill dam of about 261.5m is the highest of its type throughout China and the third in the world，in addition, there are over 20 dam which dam height more than 100m, among of them, the dam height of Gushui Hpp, Qizhong Hpp are more than 300m, these technical difficult facts are regarded as the meaning of worldwide Hpp milestone by the same occupation. KHIDI have undertook the investigation and design of "Dianchi supply water-NiuLanjiang division project, Qingshihai division 2# stage project, and actively studied the water transfer of Yunnan province.

Besides engineering investigation and design, the consulting services, construction supervision, over-all contracting of EPC model are also important business of KHIDI. Up to now, KHIDI has undertaken consulting and supervision services for Lubuge, Manwan, Dachaoshan, Ertan, Paunglaung in Myanmar，and other twenties hydropower projects worldwide. New green energy projects have been carried out in investment and investigation & design scope, including investigation and design business over 10 wind power stations, over 30 country wind power resource planning and site selection consist of wind power station and solar power station.

KHIDI has undertaken and completed over-all contracting over 24 hydropower projects, the total EPC installed capacity have reached 2000MW, 5 billion annul yield of EPC contract is output in recent year, among of them, the completed Gelei project is rewarded an excellent prize for its general contracting performance by China Investigation and Design Association and China Engineering Consultants Association, the contract price (12.6 billion) of Malutang-2 EPC project, the technical data (dam height 154m, installed capacity 300MW) has reached to the highest concrete face rockfill dam.

Up to now, KHIDI has been awarded over 300 of ministerial/provincial grade, among of them, including 55 national prizes, 213 provincial prizes and 66 ministerial prizes. Moreover, HYDROCHINA Kunming has invented 28 national utility model patents, consequently forming a number of both domestically and internationally leading core technologies, etc.

单位地址：云南省昆明市人民东路115号

Add：No.115 East Renming Rd., Kunming, Yunnan, 650051 China

邮　　编(Postcode)：650051

联系电话(Tel)：+86 0871-3062158

传　　真(Fax)：+86 871 3162550

单位网址(Website)：http://www.KHIDI.com

江苏东台风电场
Dongtai Wind Farm in Jiangsu

杭州闲林地块开发
Hangzhou Xianlin Real Estate Development

新安江水电站
Xin'anjiang Hydropower Station

三峡水利枢纽
The Three Gorges Project

浙江华东工程科技发展（集团）有限公司

ZHEJIANG HUADONG ENGINEERING SCIENCE & TECHNOLOGY DEVELOPMENT

公司简介 Brief Introduction

浙江华东工程科技发展（集团）有限公司（ZHEST）于2001年8月在杭州注册成立。作为一家集团化管理和多方位经营的企业，ZHEST目前在水利水电与可再生能源工程建设、城市与环境工程建设、工程安全等领域全过程提供一流的服务，同时拥有较强的投资能力。集团技术力量雄厚，在三峡水利枢纽工程、水布垭水利枢纽工程、天荒坪抽水蓄能电站、小湾水电站、龙滩水电站、新安江水电站等国内大型水利水电工程取得了令人瞩目的业绩，还有遍布非洲、东南亚和中东的海外业务，参与了越南、土耳其、尼泊尔、尼日利亚、泰国等海外市场多种类的项目。

ZHEJIANG HUADONG ENGINEERING SCIENCE & TECHNOLOGY DEVELOPMENT CO., LTD (ZHEST) was established in Hangzhou in August 2001.

As a collectivized management and multi-faceted operating group, ZHEST currently provides excellent services in the whole process of many fields such as water conservancy and hydroelectricity and renewable energy construction, urban and environmental engineering construction, engineering safety, etc., furthermore can do successful investment in these fields. We have strong technical force, have achieved remarkable performances in the Three Gorges Project, the Shuibuya Water Conservancy Hub Project, the Tianhuangping PSP, the Xiaowan Hydropower Station, the Longtan Hydropower Station, the Xin'anjiang Hydropower Station and other domestic famous water conservancy and hydropower projects. We have overseas business throughout Africa, Southeast Asia and the Middle East, and we have participated in many types of projects in Vietnam, Turkey, Nepal, Nigeria, Thailand and other overseas markets.

主营业务 Main Business

工程勘察设计、工程施工、工程咨询（包括造价咨询、招标代理）、工程监理、工程测绘、工程检测与安全监测、电力控制与机电工程及设备成套、环境工程、工程材料研发与生产、投资产业。

Engineering survey and design, engineering construction, engineering consulting (including cost consulting, bidding agency), project supervision, engineering surveying & mapping, engineering detecting and safety monitoring, electric control and electromechanical engineering and complete sets of equipment, environmental engineering, research and development and production of engineering material, investment.

企业精神 Enterprise Spirit

负责、高效、最好

Responsibility, Efficiency, Excellence

资　质 Qualification Certificates

甲级资质证书（含一级）17项
乙级资质证书（含二级）14项
丙级及以下资质证书（含三级及以下）14项
专项资质证书17项
17 Class A qualification certificates
14 Class B qualification certificates
14 Class C and below qualification certificates
17 special qualification certificates

埃塞俄比亚格特拉立交桥
Gotera Overpass Project in Ethiopia
天荒坪抽水蓄能电站
Tianhuangping PSP

华东发展集团办公园区
The ZHEST Office Park

湖南省水利水电勘测设计研究总院
Hunan Hydro & Power Design Institute (HHPDI)

韶山灌区
Shaoshan Irrigation Project

株洲航电枢纽工程
Zhuzhou Navigation & Power Complex

青海直岗拉卡水电站
Zhiganglaka Hydropower Station on Yellow River

汝城满天星水电站五圆心超薄拱坝
Five-circle center ultra thin arch dam of Mantianxing Hydropower Station

湖南省水利水电勘测设计研究总院创建于1949年，是全国水利水电行业中门类齐、规模大的国家甲级勘测设计院所之一。

本院产品质量管理与国际接轨，并获得了ISO及QHSEA认证证书。设有地勘、测绘、规划、水工、机电、土建、施工、造价、环评、水库移民、水土保持、咨询、监理、招标、设备成套等主要工程技术专业31个。具有中华人民共和国对外承包工程经营资格，持有国家工程综合勘察、岩土工程、测绘、水利水电工程设计、建筑工程设计、建筑装饰专项工程设计、水土保持、水文水资源调查评价、水资源论证、地质灾害评估与勘查、工程总承包、工程咨询、工程监理、招标代理等甲级资质证书。在全国率先采用了溢流平板坝、大孔口泄洪双曲拱坝、大头坝、空腹坝、砌石重力坝、粘土斜墙沙壳坝、等多种坝型；率先设计了大型低水头灯泡贯流式机组电站；设计了当时世界上已建最高的全断面碾压混凝土重力坝和国内已建最高的混凝土面板堆石坝。业务范围涉及国内几乎所有地区，为亚洲、非洲及美洲等地区的至少20个国家提供了工程勘测设计或技术咨询服务。

本院愿凭借雄厚的技术力量、齐全的专业配备和先进的勘探、测绘、试验设备和科研设计手段，以一流的技术、一流的质量、一流的服务竭诚为国内外顾客提供优质的勘测设计产品，和科研试验、技术咨询、工程监理、工程总承包、招标代理等服务。

Hunan Hydro & Power Design Institute (HHPDI), founded in 1949, is a large scale and Grade A certificate institute with completed majorities in hydropower sector.

HHPDI, with product quality system in line with international practices, has obtained ISO and QHSE certificate, includes 31 main engineering majorities, i.e. geological prospecting, survey, planning, hydraulic structure, electromechanical engineering, civil engineering, construction design, cost estimation, environment assessment, resettlement, water & soil conservation, consultation, engineering supervision, public bidding, equipment completing, etc. HHPDI has Foreign Engineering Contracting Business Qualification of P.R. China, Grade A Certificates in specialties as geological prospecting, geotechnical engineering, survey, hydropower design, civil design, architecture decoration, water & soil conservation, hydrology & water resources investigation and evaluation, water resource assessment, geological disaster assessment, EPC, consultation, bidding agency, etc.

HHPDI adopted for the first time in China various dam types as overflow plain dam, double-arch dam with large discharge orifices, bulk head dam, hollow gravity dam, masonry gravity dam, and clay inclined diaphragm dam; and first designed large scale low-head bulb type power station; designed the highest CFRD dam in China, and the highest RCC dam ever built in the then world.

HHPDI, with abundant tech-advantages, modern prospecting, survey and test appliances, advanced design method and completed specialties, will provide products of first-rate technology, quality and service for clients home and abroad in design, research, test, technical consultation, supervision, project general contracting, and bidding.

公司地址：湖南省长沙市劳动西路26号，邮编：410007
Add：No.26 West Laodong Rd., Changsha, Hunan,P.R.China, 410007
电话：0086-731-85607799，　传真：0086-731-85607833(85554425)
Web：www.hhpdi.com

印度JURALA水电站
(JURALA Hydeopower Station in India

江垭水电站
Jiangya Hydropower Complex,
the highest full-section RCC dam in the world then

东方电气集团东风电机有限公司

Brief Introduction of DEC Dongfeng Electric Machinery Co. Ltd.

质量认证证书

环境认证证书

军工质量管理体系认证证书

东方电气集团东风电机有限公司（前身为四川东风电机厂有限公司）是中国东方电气有限公司全资子公司。作为中国中小发电设备及电机制造行业的骨干企业，自1965年建立以来，为中国国防工业和装备制造业做出了重大贡献。公司已向国内外用户提供了水、火、风发电设备超过18000MW。随着电动汽车电机的开发研制成功，公司于2010年成为16家央企电动车产业联盟企业之一。

公司坚持以优质产品和高效服务回报社会，与国内外广大用户真诚合作。产品行销全国各地，并出口三十多个国家和地区。主导产品荣获电站优秀服务企业及第七届、第八届四川名牌产品等称号。

公司通过了ISO9001质量体系认证、国家安全质量标准化一级企业认证，国家职业健康安全/环境管理体系认证、国军标质量管理体系认证，实施了KOA、ERP、EHR等信息化系统工程。

公司经营范围为：150MW以下混流、轴流、贯流、冲击式及抽水蓄能水轮发电机组；60MW以下汽轮发电机、TRT发电机、燃气轮发电机；新能源汽车驱动电机及控制器；核电、光伏电部件，特种电机，电站机组安装、改造服务。

公司在铸造、锻造、焊接、机加、电加、装配、计量理化、试验等方面已形成了完整的工艺体系，具有较强的综合制造能力；具备年设计制造1500MW水轮发电机组、2500MW汽轮发电机、4000MW风力发电机、50000套新能源汽车电机及控制器的生产能力。

公司位于风景秀美的四川省乐山市，主厂区位于“小西湖”五通桥，技术 、营销结构设在乐山市中心城区。

东方电气集团东风电机有限公司坚持以产业和动力报国，以优质的产品和服务回报社会，与国内外广大用户携手合作，共创美好未来！

地址：四川省乐山市　　邮编：614802
电话：0833-3250677 3250607　　传真：0833-3250647 3250011
网址：http://www.dongfengem.com　　邮箱：dfsale@dongfengem.com

Brief Introduction of DEC Dongfeng Electric Machinery Co. Ltd.

DEC Dongfeng Electric Machinery Co. Ltd. (former name is Sichuan Dongfeng Electric Machinery Works Co. Ltd.) is a sole subsidiary company of Dongfang Electric Corporation (hereafter called DEC). It is a key state enterprise in generating equipment manufacturing industry. It has made great contribution to the Chinese National Defense and Furnishment Manufacturing Industry and supplied more than 18000MW generating equipment to the client both at home and abroad since it was set up in 1965. Along with the development of electric automobile driving motor, it has become one of the 16 enterprises of Electric Automobile Industry leagues in 2010.

The Company insists on social responsibility by high quality and highly active service, and faithfully cooperated with popular consumers from home and abroad. The product has been sold throughout the country and exported to more than 30 countries and territories. The leading products have been awarded the titles of 7th, 8th Sichuan Famous Brand and Excellence Serving Enterprise etc..

The Company has passed through authentication of ISO9001 Quality Systems, first grade enterprise of National Safety Quality Standard, National Occupation Health Safety/Environmental Management System, National Army Quality Management System and carry out KOA、ERP、EHR etc. Information System Engineering.

The business scope includes Francis type, Kaplan type, bulb type, Pelton type and pumped storage type hydro generating sets with the unit capacity of less than 150MW; thermal generator, TRT generator and gas generator with the unit capacity of less than 60MW; new energy automobile driving motor and controller; nuclear electric and photovoltaic parts, special motors, generating sets installation and replacement.

The Company has developed a complete process system in aspects of casting, forging, welding, machining, electro machining, assembling, physical and chemical analysis and measuring and testing etc.. It has strong general abilities in manufacturing and technical design for the annual output of 1500MW hydro generating sets, 2500MW thermal generators, 4000MW wind generators, 50000 sets new energy automobile driving motors and controllers.

It is located in Leshan, a very beautiful city. The main workshops are at Wutongqiao District (Little West Lake). Its technical and marketing center is in downtown Leshan.

DEC Dongfeng Electric Machinery Co. Ltd. insists to serve our motherland with industry and power, to serve the society with high-quality products and service. The Company is always willing to cooperate with the customers from home and abroad to create the prosperous future.

Address: Leshan City, Sichuan Province　　Post Code.: 614802
Tel: 0833-3250677 3250607　　Fax: 0833-3250647 3250011
Website: http://www.dongfengem.com　　E-mail: dfsale@dongfengem.com

40000KW灯泡贯流式水轮机转轮

60MW汽轮发电机组

1.5MW双馈异步风力风电机

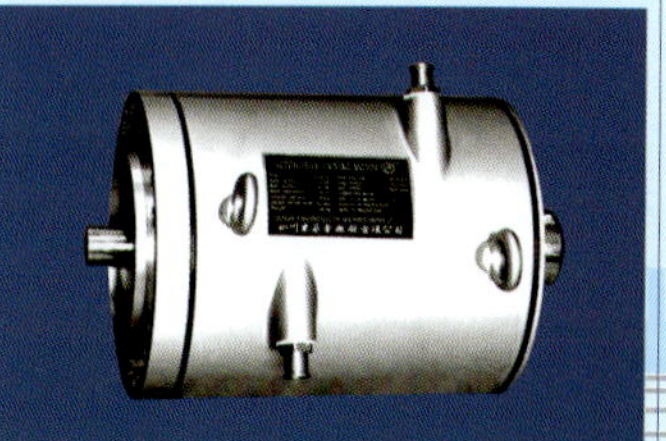

QTS40-8-200电动车辆驱动交流电机

重庆云河水电股份有限公司
CHONGQING YUNHE HYDROPOWER INC.

冲击式转轮
Pelton Runner

混流式转轮
Francis Runner

轴流式转轮
Kaplan Runner

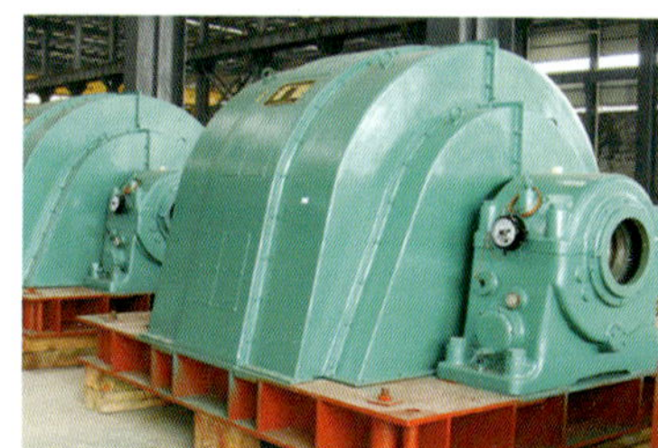

云河发电机
Yunhe Generator

加拿大阿特林水电站
Atlin Hydropower station,Canada

加拿大梅奥B水电站
Mayo B Hydropower Station, Canada

洪都拉斯圣胡安电站
San Juan Hydropower Station,Honduras

8米立式数控车床
8m CNC vertical turning center

Φ200米控镗床
Φ200CNC Boring Lathe

数控龙门铣
CNC Milling Machine

重庆云河水电股份有限公司(以下简称“云河水电”)是以成套水轮发电机组设计、制造、销售、服务为一体的重型机械制造企业。公司秉承“云八方精英、开天下先河”的人才理念，设立“云河水电，照亮世界”的企业愿景，以“科技是核心、品质是关键、服务是保障”为品牌战略，开展“管理信息化、薪资绩效化、产品国际化、资本市场化”的四化建设，致力于清洁能源的高效利用，力争年产水电设备100万千瓦，年产值10亿元，创“中国名牌”。

云河水电全面通过ISO9001:2008国际质量体系认证、ISO14001:2004环境体系认证、GB/T28001-2001职业健康安全体系认证。公司在重庆市区设立“省级企业技术中心”，建有占地10余万平方米的现代化工业厂房，拥有8米、6.3米、5米数控立式车床、12米、10米重型卧式车床、Φ200、Φ160、Φ130数控镗床、数控龙门铣床SK2325、GMC2560数控龙门铣、PV 1600、PV1300、PV1000、PV800数控立式加工中心、数控包扎机、630吨压力机、120立方米天然气退火炉、无氧退火炉、20吨动平衡实验台、发电机拖动试验台、X光射线探伤设备等各型加工和检测设备400余台（套），生产工艺和检测手段先进．“云河”牌水轮发电机组获“重庆市名牌产品”、“重庆市著名商标”称号。

云河水电积累了50多年来持续向中外客户提供1000多台套水轮发电机组的经营业绩和丰富经验，形成了以冲击式、混流式、轴流式水轮发电机组等多种系列产品，技术先进，运行稳定，质量可靠，维修方便。从2005年起启动了国际化战略，积极在国际市场开拓推广自主品牌，通过与世界500强企业ABB的战略协作，引进了先进技术和管理理念。现产品已出口加拿大、巴西、墨西哥、秘鲁、土耳其、印度、越南、尼泊尔、缅甸等国家。

云河水电，将凭借其管理优势、经营优势、品牌优势致力于持续为客户提供最优质的产品和服务，做到“优质优价格，服务无小事”；“一座电站，一个口碑，一方朋友”。真诚的欢迎您走进云河！

Chongqing Yunhe Hydropower Inc. (hereinafter referred to as CYHI) is a high performance firm supporting heavy industrial products manufacturing with integrated engineering, marketing and servicing of mechanical power generation units, cover area 433,000 square meters of plant area with 600 employees. CYHI adhering to the belief of “Build World-class Enterprise Through Our Valuable PeopleValuable People” and brand stratagem of “Technology is the core. Quality is the key. Service is the guarantee” and became one of the most energetic professional manufacturers of high-tech hydropower equipment in China.

CYHI enforces a comprehensive quality management system adhering to certification of ISO 9001, Environmental management system ISO14001 and other relevant standards. It is organized into ten departments: Human Resources Department, Finance Department, Quality Control Department, Project Management Department, international Project Department, Marketing Department, Engineering Department, Manufacturing Department, Material Purchasing Department ,AfterDepartment, After-sale Sale Service Department. The company has developed a high-tech Research and Design Center in Chongqing downtown which has been deemed the “Provincial Enterprise Technology Center”, an area of copious geographical and talent advantages; a first-class manufacturing base including over 100,000 square meters of modern machine shop and well maintained machining equipments in Zhong County -The Three Gorges region, an area of copious cost and policy advantage. The company has over 400 sets advanced machining and testing equipment such as: 8m; 6.3m; 5m CNC vertical turning center, 12m; 10m CNC horizontal lathe, Φ200;Φ160; Φ130 CNC boring lathe, CNC planer type milling machine, SK2325, GMC2560 Nc plano-milling machine,PV1600;PV1300; PV800CNC Machining center, Nc bandage machine,630T Pressing machine, 120m3 Natural Gas Annealing Furnace, Anaerobic anneal furnace,20T Testing Equipment for Dynamic Balance, Testing Equipment for Generator Trial Run, Radiographic Testing Equipment, etc. At present, CYHI has the capability of manufacturing annual output 1000MW and single unit 50MW with the high technology and test equipments.

CYHI owns high-end technology products including Pelton turbine generator unit, Francis turbine generator unit and Kaplan turbine generator unit of various types, CYHI has provided over 1000 sets small to medium size turbine generator units to the customers all over the world in last 50 years, thus having significant experience in the design, supply, and start up of Water Turbine and Generator for hydro power plants. CYHI is able to harness that experience to supply High reliability equipment and Short delivery time in ensuring maximum benefits are received by owner. In 2005 the company attempted at international operations and began promote its own brands in international market and became leader in the process of internationalization of national enterprises.

As an innovative, success-orientated company, CYHI will continue to offers the most comprehensive range of hydro power generation equipment and services to strive to make our customer service the best in the industry.CYHI Strives to Create a better Utility of Clean Energy!

地址：重庆市北部新区金渝大道68号新科国际广场C栋11楼、12楼　401121　电话（Tel）：+86 23 68431888　传真（Fax）：+86 23 68950766
Xinke International Plaza,11～12F,Building C,Jinyu Avenue#68,New North Zone,401121,Chongqing,P.R.C China

公司制造基地：重庆市忠县忠州镇忠州大道山东路　404300　电话（Tel）：+86 23 54400888　传真（Fax）：+86 23 54400188
Manufacturing base: Yunhe Industrial Park, Shandong Road, Zhongzhou Avenue, Zhong County, Chongqing, 404300, China.
Website: www.cqyunhe.com　E-mail: info@cqyunhe.com　（售后服务电话）After-Sales service hotline: +86 23 54401666
（国内销售电话）Sales hotline(For China): +86 23 68951333　（国际销售电话）Sales hotline (For Oversea): +86 23 68950222

厂区全景

罗田变电站开关站（220kV）

东帝汶利奎萨变电站隔离开关吊装

巴基斯坦SAIF双燃料联合循环电站
（2×7万kW+1×6万kW）

孟加拉美德普CCPP燃机电站
（1×10万kW+1×5万kW）

国际专业化发展 International Professional Development

火电、燃机、输变电是我公司的核心业务。

Thermal power, gas turbine, power transmission and transformation are our company's core business.

火电：是我公司主营业务，火电合同份额占据公司海外合同的主要份额。印尼、越南、土耳其等大型项目主要是以火电为主，越南永新2台62万机组项目，是越南首台600MW机组。

Thermal power is the major business of our company, and thermal contract share is the major in company's overseas contract. The large-scale projects such as Indonesia, Vietnam and Turkey are mainly in thermal power, for example, 2×62 MW project in Vietnam is the first 600MW Unit in Vietnam.

燃机安装：公司燃机业务在海外赢得良好的发展，安装调试机组达10台套，分别是：巴基斯坦两个项目5台，委内瑞拉4台，孟加拉1台。其中我方参与主体施工的委内瑞拉项目新中心电厂是与水电八局合作，获得了委内瑞拉总统查韦斯的高度赞誉。

Gas turbine installation: Gas turbine business of our company has a good development overseas, installation and debugging unit reaches 10 sets, respectively is totally 5 sets of two projects in Pakistan, 4 sets in Venezuela, and 1set in Bengal. The new center power plant project in Venezuela is undertaken by our company and Sinohydro bureau 8 Co.,LTD, which won the high praise from Chavez, who is the president of Venezuela, and our company undertakes the main block construction in the project.

输变电：为公司海外业务增长较快的新业务，在东帝汶、老挝的项目均是输变电业务，实施极为顺利。

Power transmission and transformation is the new business in our company's overseas business, which is developed rapidly. The projects in East Timor and Laos are the power transmission and transformation business and are performed smoothly.

国际区域化发展 International regional Development

公司在印尼、越南、老挝、巴基斯坦、孟加拉等国区域市场格局基本成型。

HEPSEC has established regional market structure in Indonesia, Vietnam, Laos, Pakistan, Bengal etc.

印尼：印尼自2007年至2011年4年间公司连续承接了公主港、楠榜、巴齐丹、苏拉威西、阿瓦、巴淡6个项目；在印尼注册了PE公司，成立了雅加达、泗水办事处。

Indonesia: HEPSEC has constructed six projects in Pelabuhan Ratu, Bahari, Pacitan, Sulawesi, Ava, BATAM from 2007 to 2011, enrolls PE Company and establishes Jakarta and Surabaya offices.

老挝：是公司区域项目的典型代表，是项目多元化、公司业务多元化发展的良好开端。老挝北方农村电气化工程项目线路跨老挝北方7省，打造了农村电网的样板工程，稳固了我公司在老挝的输变（配）电项目市场。2011年11月公司在老挝中标矿山场地平整项目标志着公司又跨入矿山建设领域；在老挝成立了办事处。

Laos: Laos market is the typical representative of regional project and good beginning of diversified operation. The rural electrification project spans 7 provinces in northern Laos which makes sample project of rural power grid and gets stable electric transmission (distribution) and transformation market. HEPSEC has been awarded mine field leveling project in November of 2011 which was a symbol of entering mine construction field. HEPSEC also establishes office in Laos.

越南：越南国家的首台600MW机组的品牌，为后续市场树立信心，成立了越南办事处。

Vietnam: The brand of the first 600MW unit in Vietnam states, builds confidence for the subsequent market, and establishes agency in Vietnam.

巴基斯坦：先后与中国机械设备进出口总公司合作承接巴基斯坦SAIF 225MW双燃料循环电站工程，2010年4月安全、高效、优质的移交商业运行，与东方电气股份有限公司合作承接巴基斯坦南迪普项目，目前进展顺利。

Pakistan: Cooperate with CMEC to undertake Pakistan SAIF 225MW dual-fuel-cycle power plant project, which was delivered over to commercial operation safely, efficiently and excellently at April, 2010, and later cooperate with DEC to undertake Pakistan Nandipur project, which is progressing smoothly currently.

国际合作化发展 International Cooperative Development

多年的科学履约诚信合作，公司拥有了稳定优质客户群，海外项目多与CMEC、上海电气、东方电气、西门子等大型电力设备制造公司，以及华电、中电投等五大发电集团合作；国际化运作也成就了国内、国外一批有经验的分包协作团队，实现合作共赢。

Base on the principles of scientific construction and credible cooperation in many years, our company has a stable and high-quality client base. Overseas project not only mostly cooperate with the large-scale electrical equipment manufacturing company, such as CMEC, SEC, DEC and SIEMENS, etc., but also cooperate with the five power generation group, such as China Huadian Corporation, CPI. The international operation achieves a lot of experienced domestic and foreign sub-contractor teams as well, realizing cooperation and win-win.

国际多元化发展 International Diversity Development

公司国际化发展呈多极发展态势，业务模式由劳务派遣、施工分包逐步升级到联营体、施工总承包、技术咨询服务、物资供应及服务、调试等，EPC业务也正在稳步推进，已与多家国际电力工程业主建立固定联系，资本运作业务也在探索之中；业务板块涉及建筑、煤电、燃机、输变电、物资贸易等。电厂检修和水电站项目正在接洽之中。

The company's international development appears in diversity trend, the business model escalate from the labor dispatch, construction subcontracting to the joint operation, general construction contractor, technical consulting service, material supply and service, commissioning etc. The business of EPC propels steadily and has established constant connection with many international power project owners. The business of capital operation is in exploring. The Business involves construction, coal-fired power, gas turbines, transmission and material trade etc. The maintenance of power plant and hydropower station project are in contact.

六年的海外之路，公司积累了较为丰富的海外管理经验，建立了一系列国际化业务管理组织架构、管理标准规范，各方面管理制度向国际扩展，风险防范意识日益增强，风险管控水平不断提升。公司愿以创建国际化、集团化、专业化、一流的电力工程服务商为己任，诚邀各界朋友携手共进，共创美好世界！

During 6 years of overseas projects construction HEPSEC has accumulated abundant overseas managerial experiences, establish a series of international business management organizational structure and standard specification. The management system expands to international scope; the awareness of risk prevention is increased; the risk control level is promoted continuously. HEPSEC targets to be an internationalized, collectivized, professionalized top power engineering service provider and is willing to cooperate with colleagues and friends home and abroad from various circles share opportunities, meet challenges and pursuit mutual development.

◆ 地址/ADD：中国武汉汉口航空路38号 No.38, Hangkong Road, Hankou, Wuhan, P.R. China

◆ 邮编/ P.C：430030 ◆ 电话/TEL：（0086 27）83616118 ◆ 传真/FAX：（0086 27）83620252

工程全貌

220kV飞艇放线

盘县三合水泥厂雄姿

煤化工工程

Guizhou Power Construction No.2 Engineering Co., Ltd. was founded in year 1958. It is a Level-I national general contracting enterprise engaging in thermal power plants construction and installation in China. It obtains the operation qualification of People's Republic of China for contracting projects and is qualified to contract and construct the buildings and installation projects of various types of thermal power plants within both home and abroad scope, as well as the construction and installation projects of conventional island of nuclear power plant, high-voltage and super-high-voltage substation and grid construction and installation projects, wind power plant construction and installation projects; meanwhile, the boiler and pipeline installation projects of various pressure grades are also included.

125MW机组工程

During the last decade, the company has completed the constructions of four 125MW generator unit, four 135MW generator unit, five 200MW generator unit, twenty 300MW generator unit, and four 600MW generator unit projects with total installation capacity of over 10440MW. The completed plants are of high efficiency and low energy consumption; and all the economic indices meet or surpass the Ministerial Premium Quality Standard, and realize the goal of 'high quality, short construction period, low cost'.

600MW机组工程

Currently, we are performing the construction for four large-scale (2x600MW generator unit) thermal power plants; meanwhile, we are still performing a 5x200MW generator unit thermal power plant technical reconstruction project and a batch of 220kV and 500kV high-voltage and super-high-voltage substation and grid construction projects. Besides, the coal chemical EPC integration project, wind power generating project, cement plant project, thermal power plant desulfurization and denitration project and civil construction are also in process.

300MW机组工程

We will continue to provide services for employers from home and abroad with its 'first-class quality, first-class credit, and first-class construction', and seek for wide economic and technical cooperation.

220kV变电站工程

地址：贵州省贵阳市箭道街2号宏业大厦11楼
邮编：550002
公司办公室：0851-5597111
市场开发部：0851-5597175
公司网站：www.gzdj2.com
电子信箱：gzdj2@gzdj2.com

Address：Hongye Building,Jiaodao Street №2,Guiyang city,Guizhou province
Post code：550002
Group Office：0851-5597111
Markrting Depantment：0851-5597175
Web： www.gzdj2.com
E-mail：gzdj2@gzdj2.com

From its establishment in 1958 to the end of 2008, Guizhou No.2 Electric Power Construction Company has constructed and accomplished four sets of 125MW equipment units, four of 135MW, five of 200MW, twenty of 300MW and four of 600MW. Equipment units with installed capacity above 125MW have reached 10440MW. In the progress of construction the Company has always given priority to scientific and technological innovation. It has established high-efficient and low energy-consuming power plant and all the equipment units have been accomplished and put into use or delivered ahead of schedule. Both the product quality and production rate are improving continuously, realizing “excellent quality, short completion period and low cost”. The power plant, whose economic technical indicators have all achieved or even exceeded excellent standards of China, plays an active role as the main force of electric power and creates brilliant achievements.

Sichuan Electric Power Design & Consulting Company, Ltd.(SEDC),i.e. the former Sichuan Electric Power Industrial Survey & Design Consulting Institute, established in July, 1979, is a High-Tech and an innovation Enterprise in Sichuan Province of China, possessing various kinds of National Electric Power Industry Grade-A Certificates covering the Comprehensive Power Engineering Survey, Design, Consultation, Supervision and EPC projects, etc. and also holding the Agent Qualification Certificate for Bidding, as well as the operating right to engage in imports &exports and contracting overseas projects, awarded by the National Development &Reform Council and the Construction Bureau of Sichuan province. The Quality Control System, Environmental Management System and Occupational Health & Safety Control System of SEDC have been checked and certified by the Authentication Centre of China concerned, engaging mainly in the business of the consultation & planning of power system, and the survey & design for power generation transmission & transformation, as well as the project management, EPC and bidding agent for the power project.

SEDC has been obtaining "National Advanced Electric Power Enterprise Award " in consecutive years and twice "Special Award to SEDC' s Outstanding Performance ", as well as the credit rating of Credit-AAA successively, which is the highest rating of the credit certificates among the national electric power survey & design enterprise. In virtue of the perseverance SEDC has become a leading and outstanding enterprise in exports business and the major projects, the top 100 EPC and project management company awarded by China Survey and Design Association in 2010. In recent years, more than 200 projects of SEDC have received awards, among them twenties won the Provincial or Professional First Prize. In addition, from 2001 to 2009, SEDC has also been awarded "The Best Civilized Enterprise of Sichuan Province" by Sichuan Provincial Government and "The Red Flag Communist Party Committee". And "One of the Ten Best Civilized Enterprises" by Sichuan Electric Power Corporation.

Through years of hard working and practice, Sichuan Electric Power Design & Consulting Company, Ltd.(SEDC) benefiting from a complete set of the professional supporting facilities, a huge competent technical force and the advanced technological equipment, SEDC remains always to give top priority of satisfying the requirement and needs raised by the customer. Apart from working on traditional reconnaissance, survey and design, SEDC focus on expanding market, and adhere to expand international market, as well as to get a high production value in the market area in order to update our production. By finding a foothold on Sichuan market and keeping the whole country in view, SEDC is going into international markets to expand the market areas and the Brand Value of SEDC has been well revealed initially by world, esp. In the field of oversee EPC project for power generation as well as designing market which initially shown our Brand valve.

Ahead of the other Electric Power Design Institute in China, SEDC has involved EPC Power Projects years ago and won the first "National Gold Key Award for EPC Accessory Power Transmission Project of Nanya River Cascade Hydroelectric Station" and then the "National Silver Key Award for EPC Accessory Power Transmission Project of Futang Hydroelectric Station" The construction and management of " Jiulong 500 kV Power Transmission & Transformation Project won National Excellent Engineering Project Management Bronze" (This is also the only the electric power industry awards for construction and management project at that time). SEDC got rich experience in carrying out oversea EPC Project and Project Management in Hydropower station project, Power Transmission Project, Power Supply Project, Self-providing Power Station Project and Oversea projects. Realize Enhancing Construction Management and Design, in order to provide a "Menu Like" EPC service to customers.

In 2007, SEDC has further become the bidding winner in the international competition of Indian EPC WPCL 4 x 135 MW Thermal Power Plant, which made a new record in overseas power project wholly contracted by a China Electric Power Design Enterprise. The total EPC amount of SEDC on an accumulative basis has been over RMB 3.0 billion Yuan and stood always the front ranks of the national electric power survey & design enterprises. Currently, W project has four sets of Unit to realize all grid power generation within a year, and then generally realized the top-ranking power plant construction in the same period a India the same type unit. meaning that the target of "Building a first-class thermal power plant among the equivalent types and within corresponding period in India, refining a quality team managing overseas contractual projects, and establishing and improving a set of control system for overseas EPC contractual projects; and striving for winning the next power project relying upon a firm base and good image ".

Sichuan Electric Power Design & Consulting Company, Ltd.(SEDC) adhering to the original design institute quality, with brand-new appearance, high spirit, scientific and pragmatic style, and positive social responsibilities, to create the first-class modern international engineering company, provide for the customer with all sincerity "advanced technology, reasonable economy, safety and applicable" products and thoughtful service, to achieve a high customer satisfaction.

目前国内海拔最高的电力观冰站

四川电力设计咨询有限责任公司

Sichuan electric power design & consulting co. ltd

地址/Add：中国四川成都市人民南路1段81号
#81 Section I, South Renmin Road, Chengdu, Sichuan, China
邮编/Zip Code：610016
电话/Tel：（00）86-（0）28-68123201
传真/Fax：（00）86-（0）28-86679561
网址/Web：http//www.sedc.sc.sgcc.com.cn

eijing SPC Environment Protection Tech Co., Ltd is a listed high-tech nvironment protection service company specialized in emission control ngineering in power and chemical industry. The Company was stablished in 2001, in accordance with actual situations of China's power lants through many years of investigation and survey, SPC Environment as made plenty of innovations and improvements, mastered the key chniques for integrated emission purification of mass flue-gas volume.

国内第一个采用自主研发脱硫技术的电厂——大唐国际河北陡河电厂200MW脱硫工程

ased on the independent R&D ability, the company has developed a atented wet desulfurization technique, "the Cyclone-Coupling esulfurization Device, CCDD". The technology is high in efficiency in ultiple oxide absorption and dust-removal, low in energy consumption, nd strong in adaptability. Meanwhile, SPC Environment has also bsorbed and improved the advanced integrated purification technology y developing a chemical technique of collecting activated-coke from raw lignite, guarantees the powerful supply advantages for al implementation.

Vith the principle of completing quality projects that can stand the test of time, we have made outstanding achievements in power lant emission control industry over the last 10 years, accomplished on more than 50 generating sets of various specifications ncluding 50MW, 200MW, 220 MW, 300 MW, 330 MW, 600 MW, 1000 MW and above. The desulfurization project of No.8 Set Dou He Power Plant (200 MW) has successfully passed the test run in 2005, marks the 1st time the CCDD technology been uccessful applied on large scale thermal power plant generating set. In 2008, as one of the first 7 participating companies in the franchising" pilot projects, the Company obtained the franchise for 8×600MW generating sets in Tuoketuo Power Plant, nner-Mongolia, the largest project in the first projects. The project has been completed and been operating in stable condition om then, and has become as a significant model in the emission control industry. Furthermore, the further technique-upgrading nd improving for No.4 generating set of Tuoketuo Power Plant has been implemented on April 2012, which greatly decreased e comprehensive energy consumption of the de-sulfur system as well as maintaining the high de-sulfur efficiency and earned e high praise from many electric-industry experts in China.

型工程案例

中电投内蒙古通辽电厂一期3、4号机组3×600MW 烟气脱硫工程

华润电力湖北有限公司二期工程2×1000MW 机组烟气脱硫工程

山西太原二热高硫煤烟气脱硫改造工程

http://www.qingxin.com.cn

地 址：北京市海淀区西八里庄路69号人民政协报大厦十层　　邮 编：100142

电 话：010-88111168　　传 真：010-88146322　　邮 箱：hr@qingxin.com.cn

阳光凯迪新能源集团有限公司

Sunshine Kaidi New Energy Co., Ltd.

阳光凯迪新能源集团有限公司(以下简称"公司")是一家由中国华融资产管理公司为核心战略投资人的高新技术企业. 公司长期专注于环保节能和绿色能源业务. 公司是国家级创新示范企业, 拥有国家科技部依托建设的生物热化学技术国家重点实验室, 拥有环境工程设计, 咨询, 营运和电力工程(火力发电厂)设计四种甲级资质, 还拥有一家以国家重点实验室, 国家企业技术中心和博士后科研工作站为主构建的武汉凯迪工程技术研究总院.

旗下的子公司, 武汉凯迪电力工程有限公司是在武汉东湖高新技术开发区注册的股份制高新技术企业, 是阳光凯迪新能源集团有限公司的专业化系列公司之一，公司成立于2004年，注册资本8亿元。

公司主营业务为国内外生物质能发电、风电、水电、太阳能热力发电、垃圾发电等绿色能源电力工程和燃煤火力发电的系统集成，服务范围包括工程项目咨询、设计、采购、施工、调试、运行、售后服务和其他相关服务等。

公司先后完成国家863项目3项, 国家火炬计划项目2项, 国家产学研项目3项, 市科技攻关和重大产业化项目5项, 取得了110项专利, 54项发明专利和数千项专有技术, 获得了2000年香港国际发明展览会金奖和第八届中国国际环保展览会发明金奖, 获得联合国核准的CDM减排项目14个, 设计建设并运营了8项世界第一和29项全国第一的科技工程建设项目成就.

unshine Kaidi New Energy Co., Ltd. ("The Company") is a high-tech company with China Huarong Asset anagement Corporation as the core strategic investor. The Company has been focusing on environmental otection, energy conservation and green energy business. As a state-level innovation model enterprise, The ompany has a State Key Laboratory for Biomass Thermochemistry Technology which is tasked and supported / Ministry of Science and Technology of China, Class A qualifications for Environmental Engineering, onsultation, Operation and Electric Power (thermal power plant) Engineering, and a subsidiary called Wuhan aidi General Research Institute of Engineering and Technology, which is established based on Kaidi's state key boratory, national-recognized enterprise technology center and post-doctorate science & research orkstation.

s subsidiary, Wuhan Kaidi Electronic Engineering Co., Ltd. Registered in Wuhan high and new technology evelopment zone, as a stock high-tech enterprise, is one of the professional series companies of the Sunshine aidi New Energy Group Co., Ltd. The company was founded in 2004, the registered capital is 800 million yuan.

ne company's main business includes worldwide green energy electric power engineering projects such as omass power, wind power, hydropower, solar thermal power, waste and so forth. Scope of service covers: ngineering project consulting, design, procurement, construction, commissioning, operation, after-sale service nd other related services.

ne Company has completed 3 National 863 Programme projects, 2 National Torch Plan Programme projects, National Projects for Industry, School and R&D Institute, 5 Municipal S&T Breakthrough and Industrialization ogramme projects, obtained 110 patents, 54 innovation patents and thousands of proprietary technologies, nd was awarded the Gold Prize for Year 2000 Hong Kong International Innovation Exhibition, and the Gold ize of Innovation for The 8th China International Environmental and Protection Exhibition. The Company's 14 ojects have been successfully registered as CDM projects with the UNFCCC (United Nations Framework onvention on Climate Change). The Company has designed, constructed and operated 8 World Top 1 and 29 ational Top 1 scientific and technology construction projects.

地 址/ADD: 武汉市东湖新技术开发区江夏大道特1号凯迪大厦
Kaidi Building, T1 Jiangxia Avenue,Eastlake Newtech Development Zone, Wuhan, Hubei, China
邮 编/P.C: 430223
电 话/TEL: 027-67869297 • 传 真/FAX: 027-67869031
邮 箱/E-MAIL: kaidi@china-kaidi.com • 网 址/WEB: www.china-kaidi.com

湖北省输变电工程公司

The Transmission and Transformation Project Company of Hubei

湖北省输变电工程公司成立于1954年，是从事输变电工程施工的省级专业队伍，具有国家电力工程施工总承包壹级企业资质和一级承装（修、试）电力设施许可证；可承建各种类型火电厂（含燃煤、燃气、燃油）、风力电站、太阳能电站、核电站及附属生产设施；各种电压等级的送电线路和变电站整体施工总承包。现主要从事各种电压等级的输电线路工程；变电站电气安装、调试工程；变电站通讯系统安装、调试工程；变电站建筑及装饰工程和电气、土建试验（国家审定批准）；输变电线路运行维护。兼营16层以下、24M跨度以下房屋建设，高度50M以下的建筑物的施工；基础工程及地基处理；汽车货运及一类汽车修理；输变电铁塔和构架制造及金属表面处理。

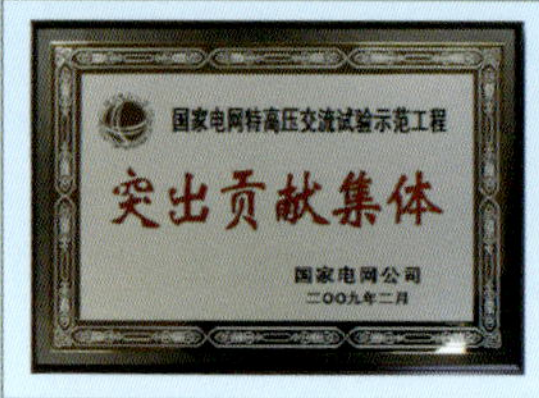

公司曾参与建设国内第一条500kV输电线路一平武工程；承建国内第一座500kV交流变电站一凤凰山变电站、第一座±500kV直流换流站一葛洲坝换流站、第一个500kV长江大跨越工程一金口跨越；率先在大江大河放线施工中采用不封航架线技术，并在输变电线路全过程施工中采用直升飞机、飞艇施工。率先参与建设我国1000kV晋东南一南阳一荆门特高压交流试验示范工程（荆门变电站电气安装和第16标段线路工程）；承建我国第一个1000kV特高压交流试验基地；参与建设±800kV向家坝一上海、锦屏一苏南直流输电工程。近年来相继在西北、西南取得一定市场份额，并参与赞比亚等一些国际项目技术合作。公司承担的运行维护线路已达2598.269km。

公司相继获得“全国五一劳动奖状”、“国家电网抗灾救灾恢复重建功勋集体”、“国家电网特高压交流试验示范工程突出贡献集体”、“湖北省最佳文明单位”、“国家电网公司文明单位”等荣誉；承建的多项工程获得国优、部优、省优及行优；参建的1000kV晋东南一南阳一荆门特高压交流试验示范工程荣获国家优质工程金奖和中国工业大奖；参建的±800kV向上线工程荣获国家优质工程金奖。

2011年，公司以良好的信誉参与了青藏交直流联网工程建设（750kV西格线第四标段和±400kV拉萨换流站电气安装）、承建了1000kV特高压荆门变电站扩建工程，企业品牌形象和社会责任进一步彰显。

公司将秉承“科学管理，精细施工，为业主建设高品质输变电工程，为电网安全稳定运行提供优质服务”的质量方针，积极推进现代管理，稳步实施“二次创业”，努力开创“十二五”时期公司科学发展新局面。

1000kV荆门变电站

±400kV拉萨换流站

国家电网公司副总经理郑宝森检查1000kV特高压荆门变电站扩建工程

Founded in 1954, the Transmission and Transformation Project Company of Hubei used to be a company worked on professional transmission and transformatic project with the first-rank certificate in the contraction and construction of national electric project as well as the capabilities. The company could contract th construction of various thermal power plants (including coal, natural gas, and petroleum), wind power plants, solar power plants, nuclear power plants and all th affiliating equipments, as well as the whole contraction of the transmission lines and the transformation stations under various voltage classes. Now, the compa mainly works on the construction of transmission lines under various voltage classes, the electric installation and debugging of transformation stations, th installation and debugging of the communication system of the transformation stations, the construction and decoration of the transformation stations as well a electric and constructional experiments (sanctified by the government), the operation and maintenance of the transmission lines. The company also runs th business of housing construction with its height less than 16 floors (about 50 meters) and its span less than 24 meters, construction of foundation engineering ar groundwork, trucking carrier and maintenance of top automobile, manufacturing of transmission towers and the disposal of medal surface.

The company has once taken part in the construction of: the first 500kv transmission lines in China—Pingwu Project, the first 500kv exchang substation—Fenghuangshan Substation, the first ±500kv Dc converter station—Gezhouba Converter Station, the first 500kv crossing project over Yang River—Jinkou crossing, the experimental 1000kv Jindongnan—Nanyang—Jinmen ultra-high voltage exchange project (the electric installation of Jinme transformation station and the sixteenth section of line), the first experimental 1000kv ultra-voltage exchange base, and ±800kv Xiangjiaba—Shangh Jinping—Sunan HVDC transmission project. Taking the lead in applying the technology of non-closing shipping lines in pay-off construction over wide rivers, th company made use of helicopters and airships in its whole process of constructing transmission lines. Acquiring some amount of market share in the Northwest ar Southwest of China in recent years and joining some international cooperation with countries like Zambia, the company has contracted its lines for 2598.269km.

The company has gained some honors such as the National Labor Diploma, Meritorious Collective in Disaster Fighting and Recovering (issued by the State Gric Outstanding Collective in the Experimental Ultra-voltage Exchange Project (issued by the State Grid), the Most Qualified Unit in Hubei, the Qualified Unit (issu by the State Grid) and so forth. Many projects contracted by our company got awards at different levels: the experimental 1000kv Jindongnan—Nanyang—Jinme ultra-high voltage exchange project won the National High Quality Project Gold Medal and China's Industrial Awards, ±800kv Xiangjiaba—Shanghai Jinping—Suna HVDC transmission project also won the National High Quality Project Gold Medal.

In 2011, the company took part in Qingzang ac/dc network engineering as well as the expanding project of Jinmen 1000kv ultra-voltage transformation station, whi left the brand image deeply into customers' minds.

Holding the concept of “Scientific management, prudent construction, high-quality transmission and transformation projects, wonderful services for the safe and stable operation of the network”, the company actively pushes forward its modern management, and steadily carries out “the second business starting”, and assiduously explores a new situation in the company's scientific development during the period of “the twelfth five-year plan”.

青藏联网750kV西格线第四标段

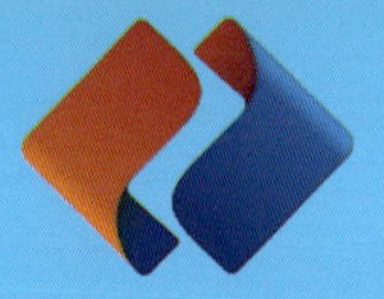

中国电建

山东电力建设第二工程公司

Shandong Electric Power Construction No.2 Company

中国电力建设集团山东电力建设第二工程公司成立于1952年，是国家电力建设大型建筑安装综合性施工一级企业。该公司具有电力工程施工总承包一级，房屋建筑工程施工总承包一级，锅炉安装一级等资质；通过了质量、环境、职业健康安全管理体系认证；并取得了美国机械工程师协会A钢印认证。业务涉及常规火电、核电、风电、燃机发电、生物质能发电、光伏发电等多个领域。

该公司拥有先进的施工技术、精良的机械装备、经验丰富的专业化团队，具备同时执行多个国内外大中型电站的能力。

公司实施“国际优先”战略，努力拓展国外市场；工程区域遍及中国、苏丹、孟加拉、沙特、印尼、印度、赞比亚、蒙古和马来西亚等国；先后建成各类电站177座，投产机组771台，装机容量4024. 855万千瓦。

公司坚持“用真情服务大众”的核心宗旨，秉承“用心做事、创新发展”的工作理念和“干好工程就是书写最好标书”的发展理念，大力实施精品战略，深入推进样板项目异地复制，以突出的工程业绩赢得了广泛的市场赞誉。

截止目前，公司6次荣获国家优质工程银质奖、4次荣获鲁班奖、11次荣获全国优秀焊接工程奖，18次荣获全国火电优质工程奖；公司被授予五一劳动奖状、全国优秀施工企业、全国用户满意施工企业及中国电力建设功勋企业等荣誉称号。

不断超越，方能卓越。公司将继续秉承“用心做事、创新发展”的工作理念，与时俱进，开拓创新，向实现建设国际一流公司和百年企业的宏伟目标迈进。

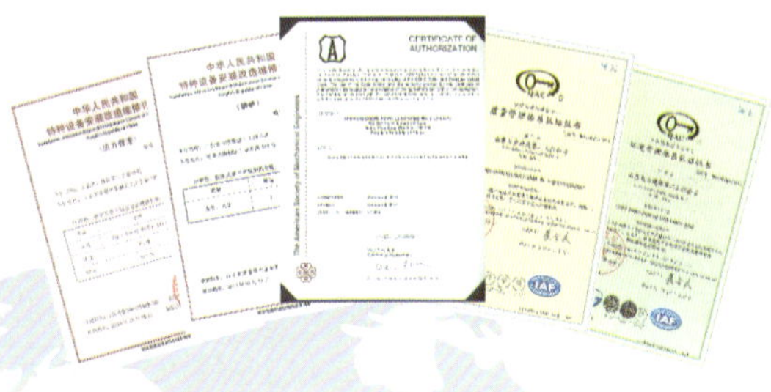

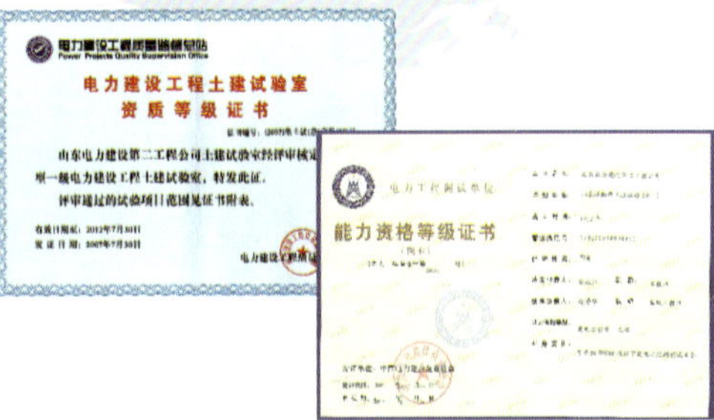

国投北疆电厂

中广核岭澳核电站工程

华能滇东发厂一期工程

大亚湾核电站

Established in 1952, as one of the most important subsidiaries of Power Construction Corporation of China (“POWER CORP CHINA”), Shandong Electric Power Construction No.2 Company (“SEPCO2”) is a super large first-class comprehensive construction enterprise of building installations for power industry. SEPCO2 is endowed with all-round qualifications like Construction General Contract First-Class Certificate of Power Project, General Contract First-Class Certificate of Building Construction Project, First-Class Certificate of Boiler Erection, certified by system certificates such as ISO9001, ISO14001 and OHSAS18001, and authorised by ASME for Assembly of Power Boilers, etc. SEPCO2 has been involved in various power generation fields such as Coal/Oil-fired Thermal Power, Nuclear, Wind Power, Gas/Oil-fired Single/Combined Cycle, Biomass, and Solar Power.

SEPCO2 has advanced construction technology, sophisticated machinery and equipment, experienced professional teams, and the ability to execute several domestic and overseas large and medium-sized power plant projects at the same time.

By implement of the “Overseas Market Preference (OMP)” strategy, SEPCO2 has built 177 power plants with 771 units with a total installed capacity of 40248.55MW, covering China, Sudan, Bangladesh, Saudi Arabia, Indonesia, India, Zambia, Mongolia and Malaysia.

SEPCO2 is extensively recognised for its distinct experiences throughout keeping on “Create Value to CLIENT” as the Core Value, taking “Hard Work, Innovation and Development” and “DOING GOOD PROJECTS IS TO WRITE THE BEST PROPOSAL” as the Business and the Development Principle, vigorously implementing the strategy of “Creating Excellent Works”, and aggressively promoting duplicating of sample projects.

SEPCO2 has acquired many splendid achievements through her efforts and innovation. They are 6 times of Silver Medal - National Excellent Project, 4 times of Luban Award, 11 times of National Excellent Welding Engineering Award, 18 times of National Thermal Power Excellent Project Award, May Day Labour Award, National Excellent Construction Enterprise, National Customer Most- Satisfied Construction Enterprise, and China Electric Power Construction Meritorious Enterprise, etc.

Continued transcendence makes distinction. SEPCO2 will continued follow the business principle of “WORK WITH HEART, INNOVATION AND DEVELOPMENT”, advance with time, pioneer and invent, and forward to achieve the grand goal of building an excellent and 100-year company.

Indonesia PLTU3 Banten

India GMR Kamalanga

Sudan Gaili CCPP Ph-1 196MW

张家港华兴联合循环电站

www.sepco2.com
地 址：中国山东省济南市顺河东街66号1号楼2203室　　邮 编：250012
电 话：+86-531-6668-7088　　传 真：+86-531-6668-7010

ADD：Rm.2203,Block 1,Silver Crystal Plaza,66 East Shunhe Street, Ji'nan,Shandong Province 250012,China
TEL：+86-531-6668-7088　　FAX：+86-531-6668-7010

湖南省火电建设公司

HUNAN PROVINCIAL THERMAL POWER CONSTRUCTION CO,CEEC.

中国能源建设集团湖南省火电建设公司创立于1952年，是一家有着五十多年辉煌历史的国有电力施工企业，是国家建设部核准的电力工程施工总承包壹级资质企业，并取得承装（修、试）电力设施承装类一级许可证和“民用核安全机械设备安装许可证”，是湖南省第一家拥有核电设备安装资质的企业。主要承担大型火力发电厂、核电站常规岛和辅助生产设施安装工程、钢结构和水工金属结构制作与安装工程、起重设备安装工程、管道工程施工。现有职工2300余人，专业技术人员700余人，国家一级资质项目经理（一级建造师）100余人，注册资本9041万元，资产总额近10亿元，是湖南省百强企业，全国工程建设AAA级社会信用企业。

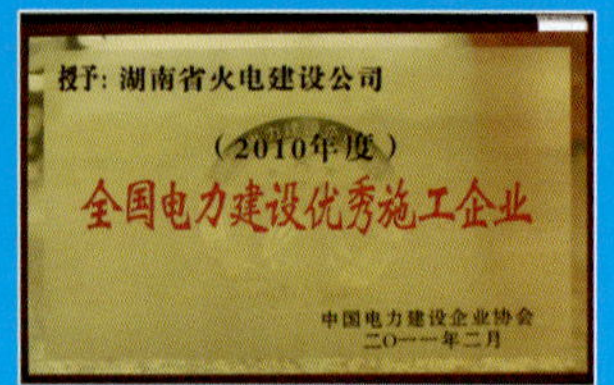

六十年来，湖南火电人秉承“团结、奉献、务实、创优”的优良传统，发扬“努力超越，追求卓越”的企业精神，先后在吉林、湖南、广东、福建、山西、江西、新疆等地安装国产和进口机组150余台，总容量达24000MW。其中益阳电厂一期工程、华银株洲电厂二期技改工程、华能岳阳电厂二期工程获得“国家优质工程银质奖”，还有一批工程获得“全国优秀焊接工程”、“湖南省优质工程”、“湖南省优质工程芙蓉奖”、“福建省优质工程”“全国电力行业优质工程”等殊荣。

进入21世纪，公司取得了长足的发展，总装机容量突破10000MW，相当于公司前50年历史的总和，2006年、2011年分别创造了年投产3900MW和6500MW的优秀业绩。实现了从300MW机组施工到600MW和1000MW施工总承包的突破，从常规电源建设到风力发电、垃圾发电、输变电工程、水电工程、空冷机组、循环流化床等新型领域的拓展，从省内、国内市场到省外、北方、西北及国际市场的开发。目前公司在省内、国内以及印度国际市场承担百万千万超超临界机组、600MW机组建安总承包工程、300MW机组安装等工程近20个。

半个多世纪的拼搏与磨练，半个多世纪的成就与荣耀汇聚成湖南火电今日的风采。在充满机遇与挑战的新世纪，壮志满怀的湖南火电人坚定不移地朝着管理型、技术型一流的现代企业的目标迈进。

醴陵北220kV变压站

大唐湘潭电厂（2×300MW+600MW超临界机组）

建设中的中电投江西新昌电厂（2×600MW）工程

广东平海电厂1000MW火力发电机组

总承包建广东惠来电厂1000MW

Hunan Provincial Thermal Power Construction Co, CEEC(In brief as HTPC), founded in 1952, is a state-owned electric power construction company with first-class qualification of electric power construction general contracting approved by the national Ministry of Construction, first-level installation permit of electric equipment installation (maintenance & commissioning), and "civilian nuclear safety machinery installation license", it is the first qualified nuclear equipment installation company in Hunan. HTPC is engaged in large thermal power plant construction, conventional island and auxiliary equipment construction of nuclear power station, steel structure and hydraulic metal structure manufacture and installation, lifting equipment installation and piping installation. The company has more than 2300 staff, including more than 700 professionals and over 100 project managers with the national level-I certificate (Constructor). The existing registered capital is 90.41 million yuan and total assets are nearly 10 million. It is top 100 enterprise of Hunan and China construction AAA level social credit enterprise.

In the past 60 years, HTPC has followed the fine tradition of "Unity, Dedication, Being realistic and Creating Excellence", carry forward the corporation's spirit of "Strive for exceeding, Pursue excellence". The company has installed more than 150 domestic and imported units in Jilin, Hunan, Guangdong, Fujian, Shanxi, Jiangxi, Xinjiang, etc., total capacity is as much as 24000MW. Among them, the first stage of Yiyang power plant, the second stage technology modification project of Huayin Zhuzhou power plant, and the second stage of Huaneng Yueyang power plant won " Silver Prize of National Excellent Project"; a series of project won "National Excellent Welding Project", "Hunan Provincial Excellent Project", " Lotus Prize Of Hunan Provincial Excellent Project" "Fujian Provincial Excellent Project", "National Electrical Power System Excellent Project" and other honors.

Enter 21 centuries, HTPC has made substantial headway. The total installed capacity exceeded 10000MW, which equals to the sum of past 50 years. In 2006 and 2011, it created the great achievement that yearly installed capacity up to 3900MW and 6500MW respectively. It achieved the breakthrough from 300MW unit construction to 600MW and 1000MW unit general contracting. The business developed from conventional electric power construction to wind power, garbage power, power transmission and transformation project, hydropower engineering, air-cooling unit, circulating fluid bed, etc. new fields. The market expanded from inside the province and country to outside the province and foreign countries. At present, about 20 projects of 1000MW, 600MW and 300MW units are under construction in China and India.

Through half a century's ups and downs, it gained achievements and honor in the past sixty years. Facing the challenges as well as opportunities in the new century, HTPC is unswervingly moving towards the goal of being first-rate management and technology modern enterprise.

地址：湖南省株洲市建设中路356号

Add：No.356,Mid Jianshe Road,Lusong District,Zhuzhou,Hunan

邮编(P.C)：412000　　网址(Web)：http://www.htpc.com.cn/

电话(Tel)：0086-0731-28293155　　传真(Fax)：0086-0731-28293026

孟加拉国巴拉普库利亚电厂

东北电力第三工程公司

CEEC 中国能建

No.3 Engineering Construction Company of Northeast Electric Power

公司简介

中国能源建设集团东北电力第三工程公司（简称东电三公司）成立于1949年。是中国成立最早的电力建设施工企业之一。

60多年来，公司总装机容量达 20000MW，足迹遍布于中国20多个省及国外巴基斯坦、孟加拉、也门、印尼等国家。

公司现有员工2206人，其中管理人员328人、专业技术人员571人。

公司具有火电建筑安装总承包一级企业资质证书，取得了“质量、安全、环境”三体系认证。公司固定资产2亿元，具有先进的大型施工机械设备、机具及各种试验、检测仪器5000余台（件）。

公司三次获得鲁班奖、国家优质工程奖，多次获得“省/部优质工程奖”、“达标机组”等精品工程奖。二次获得全国五一劳动奖，并多次获得全国优秀施工企业奖、辽宁省五一劳动奖。

公司承建了中国五大发电集团公司（中国华能集团、中国大唐集团、中国华电集团、中国国电集团、中国电力投资集团）的国内许多发电机组。同时承建了跨国集团公司（中国机械设备进出口总公司CMEC、中国机械进出口总公司CMC、上海电气集团SEC、中国电工设备总公司SNEEC等）的许多国外电站施工项目。

公司施工过中国三大动力设备制造厂（东方电气集团公司、上海电气集团有限公司、哈尔滨电站设备集团公司）生产的设备，以及日本、意大利、美国、英国、俄罗斯等国家制造设备。

施工中与设计院、调试院及施工单位建立了友好协作关系。

悠久的历史证明了东电三公司实力雄厚、重质量、讲信誉、信守合同。

衷心希望与国内外朋友进行广泛的交流与合作，愿意用最诚挚的情感、最优质的服务、最良好的信誉，为业主赢得最大经济效益，共创美好未来！

Company Profile

No.3 Engineering Construction Company of Northeast Electric Power, which belongs to China Energy Engineering Group Co,.Ltd(Abbr. NEPC) was founded in 1949. It is one of the earliest electric construction companies in China.

The total installed capacity has reached to 20000MW since these 60 years in China and abroad, including Pakistan, Bangladesh, Yemen and Indonesia.

There are now 2206 people in the company. Among them there are 328 administrative staff and 571 professional technical personnel.

The company has owned the first class of enterprise qualification certificate of EPC of electric power construction installation. It has also obtained three systems authentication called 'qualification, safety and environment'. It has possessed fixed assets about 2 hundred million RMB. It has been providing with over 5000 advanced large-scale construction mechanical equipments, tools, tests equipments and detecting instruments.

The company has acquired prize called NCS Reuben Award and national honorable mention three times, provincial and ministerial prizes, and the prize of up to the standard of generating unit many times. It has been awarded national May 1st Labor medal twice, Liaoning province May 1st Labor medal several times and excellent national construction enterprises award many times.

The company has contracted to build many power plants for the five large electric corporations, China Huaneng [Abbr.CHNG], China Datang Corporation, China Huadian Corporation, China Guodian Corporation and China Power Investment Corporation in China, while it's also contracted to build some power plants for transnational corporations, China National Machinery & Equipment Import & Export Corporation(Abbr. CMEC), China National Machinery Import & Export Corporation(Abbr. CMC), Shanghai Electric Corporation(Abbr. SEC) and China National Electric Equipment Corporation (Abbr. SNEEC) abroad.

The company has built equipments which were made by the three large power equipment factories of China, Dongfang Electric Corporation, Shanghai Electric, Harbin Power Plant Equipment Corporation and some other foreign countries' equipments, such as Japan, Italy, America, The UK and Russia.

The company has friendly cooperative relationship with designing institutes, debugging institutes and other construction companies.

The company has been fully reinforced to build electric power plants, guarantee qualities and carry out the contract seriously.

The company heartily hopes to contact and cooperate with both national and international friends widely. It will create the greatest economic benefits for its owners with sincere emotion, excellent service and good reputation for the future!

南京金陵电厂1000MW

绥中电厂800 MW

白城电厂660MW(鲁班奖)

东北电力负荷预测中心大楼（鲁班奖）

地址/ Adress：中国辽宁省锦州市古塔区松坡路二段36号

No 36，Sectiong 2 SongPo Road，Guta Area，JinZhou City，LiaoNing Province，China

邮政编码/ Zip Code：121001　　联系电话/ Tel：0416-2628222

中国能建中电工程西南电力设计院

CEEC CPECC
SOUTHWEST CHINA ELECTRIC POWER DESIGN INSTITUTE

成立于1961年的中国能建中电工程西南电力设计院，从立足西南，面向全国，到走向世界；从茁壮成长，展翅高飞，到创造辉煌，一代又一代西南院人，用自己的勤劳与智慧谱写出了一部拼搏奋斗的华彩乐章。先后有330项工程勘察设计和248项科研、标准化、信息化及软件开发项目获得国家和省、部级奖励。在云贵川藏、东南沿海、中原大地、塞北边关，一座座电厂拔地而起，一条条银线舞动山川，不朽的电力工程丰碑铭刻下西南电力设计院的辉煌与骄傲，凝结着西南电力设计院每一名干部职工的心血和汗水。

进入新世纪，西南电力设计院苦练海外腾飞翼，倾力打造中国魂，在东南亚取得辉煌业绩后，又叩开非洲大门，继而乘胜挺进欧洲，从"借船出海"到"造船出海，"在海外市场捷报频传，取得了承揽50余个工程项目、机组设计总容量超过5000万千瓦的辉煌业绩，把中国电力设计的品牌在世界范围内推向了更为广阔的新天地。

西南电力设计院是国内最早设计60万千瓦空冷机组的设计院之一，在全国第一个承担±800千伏/6400兆伏安换流站勘测设计、第二个承担750千伏特高压交流输电工程设计、第三个承担100万千瓦机组施工图设计的电力设计院，承担了世界上最大的4个特高压直流换流站中的两个。

设计的印尼中爪哇2×300MW燃煤电厂受到印尼总统的高度评价

设计投产的世界第一个±800kV特高压楚雄换流站

设计的二滩至自贡500千伏线路荣获国家金奖

SWEPDI which is short for Southwest Electrical Power Design Institute, was founded in 1961. It rooted in southwest at the very beginning, then expanded to the national wide, now it is striding toward its goal: to be the world-class company. The development of SWEPDI is created by the employees from generation to generation, who devoted their wisdom and diligence to the company, and that composed a splendid chapter of the spirit of fighting.

SWEPDI has won prizes awarded by the state, province and ministry for 330 projects' exploration survey and design, and 248 projects of scientific research, standardization, informationization and software development.

设计的浙江国华宁海电厂二期2×1000MW扩建顺利投产

SWEPDI designed and completed lots of power plants and transmission projects over China, which are located in the southeast coast, the northwest mountain and the central plain of China. These projects are remarking the glory and the pride of SWEPDI, which is also the crystallization of the efforts and sweat of each employee in SWEPDI.

Since the new century, SWEPDI vigorously implemented the global strategy and its engineering achievements extended to Southeast Asia, Africa and Europe. Now, SWEPDI has been awarded over 50 power plants with the total capacity of over 50000 megawatt overseas, and it established its global brand.

SWEPDI is one of the earliest power design institute in China who undertook the design of 600MW air-cooled generating unit, the first power design institute in China who undertook the design of power transmission and transformation project of ±800kV/6400MW ultra-high voltage, the second one who undertook design of the power transmission and transformation project of 750kV AC ultra-high voltage, the third one who undertook the design of generator set of 1000MW, and it designed two of the four largest UHVDC converter stations in the world.

地址：成都东风路二段18号　邮编：610021　电话：028-81724489
ADDRESS : NO.18 DongFeng Road, Chengdu of Sichuan
FAX NO : 028－84443982 OR 028－84402582
TEL NO.:028-81724489

FINEHOPE

山东丰汇检修工程有限公司
Shandong Fenghui Overhaul Engineering Co., Ltd.

总经理 谭新军

山东丰汇检修工程有限公司成立于2002年10月9日，是山东丰汇集团有限公司的子公司，总部设在山东省济南市明水经济开发区丰汇工业园。

公司主要从事电站（火电、核电）检修、机组运行维护及调试、电站环保技改工程施工（烟气脱硫、脱硝、脱碳）、非电行业（氧化铝生产工艺维护、检修及部分运行）等业务。

公司现有员工1100多人，项目经理24名，具有管理技术人员163人，主要管理、技术和操作人员均来自具有"电建铁军"美誉的山东电力建设第一工程公司，人力资源充沛，技术力量雄厚，机具装备精良，具有丰富的机组检修、运维、施工、调试经验。

多年来，公司坚守"厚德敏行、简能易知"的核心价值观，奉行"商德唯信、利末义本、精益高效"的经营理念，凭借雄厚的实力、良好的信誉、优质的服务赢得了业主的信赖，与客户建立了长期战略合作关系，逐步形成了山东、山西、河南、广东、宁夏、新疆六大业务区域。现公司具备同时承担3个300MW及以上全厂检修及独立承担1000MW机组A级检修的能力，在汽机本体通流改造、转动机械检修、DCS改造等项目上具有良好的业绩和优势，形成了核心竞争力。

公司的发展与成长，离不开各界企业、朋友们的关怀与厚爱，我们一定常怀感恩之心，以携手合作、共创多赢的战略思想，不断总结设备管理及运营经验，全面推行"丰汇检修•专家级服务"理念，为您提供最优质的服务，共创美好未来。

磨煤机检修现场

汽机检修现场

660MW机组发电机转子检修

火电厂脱硫塔安装现场

华能北京热电厂CO2捕集示范项目

深能合和电力（河源）有限公司广东河源电厂维护项目

Shandong Fenghui Overhaul Engineering Co. Ltd. was founded on October 9, 2002 which is a sub-company of Shandong Fenghui Group Co. Ltd.,and whose headquarter is located in Fenghui Industrial Park of Mingshui Economic Development Zone, Ji'nan, Shandong Province.

The company is mainly engaged in the overhaul of power stations (thermal power and nuclear power), the operating maintenance and debugging of the units, the project construction of technical improvement for power station environmental protection (flue gas desulfurization, denitration and decarbonization) and non-electric industries (maintenance, overhaul and partial operation of the production process of alumina), etc.

Currently, the company has over 1100 employees, 24 project managers and 163 administrative and technical personnel. Its main administrative, technical and operating personnel all come from SEPCOI Electric Power Construction Corporation which is known as the "Iron Army of Power Construction". The company has abundant human resources, strong technical forces and superior machine and tool equipments. In the meanwhile, the company is experienced in overhaul, maintenance, construction and debugging.

For many years, the company persists on the core value of "being excellent in morality, advanced in action, eased before complexity". We have pursued the operation principle of "credit is the priority of the commercial morality, reputation precedes over the interest, action proves to be lean efficient". We have established a long-term strategic cooperation partnership with the customers by virtue of our solid strength, well-deserved reputation and first-class services which won the trust of the customers. In recent years, we have developed six business areas of Shandong, Shanxi, He'nan, Guangdong, Ningxia and Xinjiang. The company is capable of completing overhaul of more than three sets of units over 300MW each at the same time; in the meanwhile, it could undertake the level-A overhaul of a 1000MW unit independently. The company has built up its core competitiveness for its outstanding achievement and superiority in turbine through-flow transformation, rotating machine overhauling, DCS reconstruction, etc.

The development of the company can't be achieved without the care of enterprises and friends from all circles. With a heart full of gratitude, guided by the strategic thinking of "hand in hand to create win-win cooperation", we will continue to summarize the experience of equipment management and operation. With the thorough implementation of the idea of "Fenghui Overhaul, Professional Services", we will provide you the most excellent services to create a bright future together.

■ 地址（ADD）：山东省济南市明水（章丘）经济开发区世纪大道1996号
No. 1996, Shiji Avenue, Mingshui(Zhangqiu) Economic Development Zone, Ji'nan City, Shandong Province, PRC.
■ 电话（TEL）：0531-81793211 ■ 传真（FAX）：0531-81793213
■ 邮编（P.C）：250200 ■ 邮箱（E-mail）：fenghuijianxiu@163.com

丰汇检修 专家级服务
Fenghui Overhaul Expert-level Service

山东电力设备有限公司

Shandong Power Equipment Company,.LTD

DFP-400000/1000特高压升压变压器

DFP-270000/400TH升压变压器

DFP-270000/750TH升压变压器

Shandong Power Equipment Co., Ltd (SPECO) is a large state-owned enterprise subjected to China Electric Power Equipment and Technology Co. Ltd. (CET), which is the sole subsidiary of State Grid Corporation of China (SGCC). The main products are distribution transformer, power transformers, shunt reactor, smoothing reactors, converter transformer graded from 110kV to 1000kV. SPECO is the key enterprise in China, the one of the first rank of qualified supplier for the 500kV power transformer mass purchasing by the State Grid Corporation of China.

SPECO was founded in 1958 as Shandong Power Equipment Repair and Manufacture Factory. In November 2009, SPECO has been restructured into corporations and in March 2011 named as Shandong Power Equipment Co., Ltd. There are presently approximate 1300 employees. The company has the assets of RMB 1.5 billion Yuan in total, with the annual capacity of 40000MVA. The products have been supplied to more than 25 provinces in China and also been exported to foreign countries such as India, Nigeria, Pakistan, Mongolia, Indonesia, and Vietnam, Albania, Oman, Venezuela, and Sudan etc.

SPECO insists on the management principle of "standardization, normalization, precision" and owns the advanced equipment and tools, high-qualified staff's team and consummation quality guarantees system. The company has obtained the certificates of national ISO 9001 Quality Management System, ISO 14001 Environmental Management System, and ISO 28000 Occupation Health& Safety Management System. The company provides solution services according to users demand and ensure the safe and stable operations of power grid. We are aiming to cooperate with consumers to achieve mutual benefit and win-win results.

On 23rd October, 2011, 400MVA, 1000kV Ultra-High Voltage power transformer research and developed by our company has passed the state-level test. The Committee of Identification agree that the UHV power transformer are reasonable in construction, reliable in insulation, has less partial discharge, low losses, low temperature rise and low noises. This product meets all the requirement of international standards concerned. The success of UHV transformer production marks that our technological skills has achieved the first rank of the world.

CET Industry Base has accomplished on 26th October, 2011, covering the total area of 155 acres. The key industry is research, development and manufacturing of UHV power transformer and shunt reactors. The output capacity of the industry base is110000 MVA of power transformer, 12000MVar of shunt reactor, 2800 sets of any kinds of transformer. It would be the most advanced power equipment manufacturing base, with the most advanced technological tools, the most strengthened test ability and the largest output of single phase in the world. As the establishment of the manufacturing base, SPECO would rank in the world-class power equipment enterprises.

SPECO would carry on the spirit of "To surpass ourselves and to pursue excellence". We aim to devote ourselves to continuous improvement and innovations, to provide the excellent services to our customers and make contribution to the development of electric

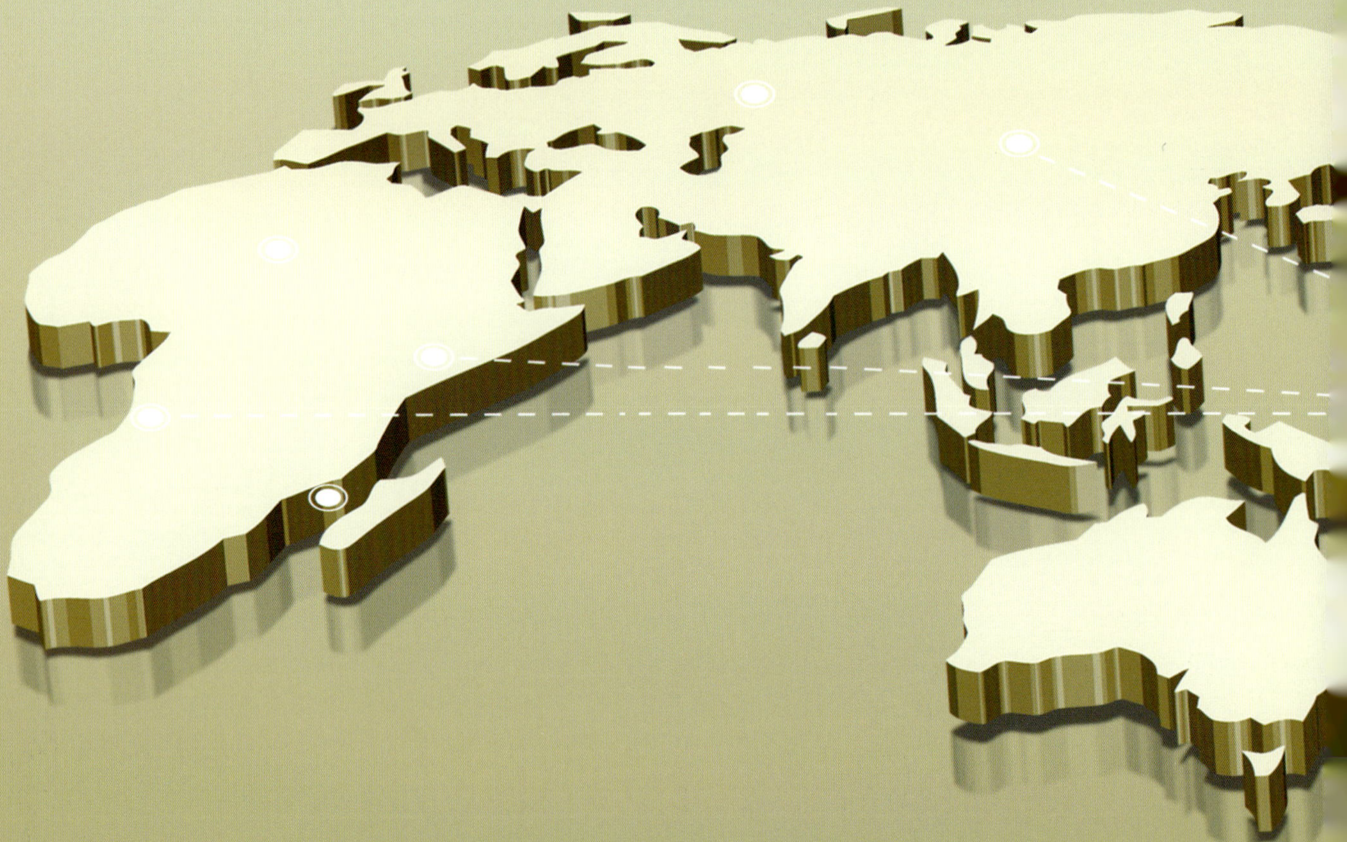

IS09001:2008质量保证体系认证
ISO9001:2008 Quality Management System

IS014001:2004环境管理体系认证
ISO14001:2004 Environment Management

BS-OHSAS 18001:2007 职业健康安全管理体系
BS-OHSAS 18001:2007 Occupation Healthy Security Management System

Changshu Fengfan Power Equipment Co. Ltd, formerly known as Changshu Steel Tower Co. Ltd was founded in 1993, and was listed on the Shanghai Stock Exchange on 18 January 2011 (Stock Name: Fengfan Stock, Stock Code: 601700). CFPC is a professional manufacturer and supplier of transmission towers of up to 1000kV, substation steel structures, angle steel and tubular mixing towers, monopole towers as well as other steel works. CFPC is a unique company, who has the independent intellectual property rights to manufacture the composite insulating monopole towers.

CFPC occupies over 458,000 square meters and has four water carriage ports. CFPC also employs over 1,800 skilled workers at its production factory. CFPC is one of the leading enterprises in the field of transmission lines, with annual production capacity reaching 280,000 tons. In the tender for State Grid, CFPC has been among the top three tenders consecutively for the last five years.

CFPC has not only implemented the ISO9001 Quality System, ISO14001 Environment Management System and BS-OHSAS18001 Occupation Healthy Security Management System, but is also the first manufacturer to implement the authentication certification of PCCC (The Power (Beijing) Product Certification Centre Co. Ltd) of 1000kV steel tubular substation structures. Our products have been supplied to over 30 provinces in China, and have been exported to Australia, New Zealand, Honduras, Chile, Peru, Russia, Iran, Iraq, Korea, Sudan, India, Sri Lanka, Myanmar, Tajikistan, Kyrghizstan, Kazakhstan, Congo, Uganda, Nigeria, Equatorial Guinea, Angola, Ethiopia, and more.

Technology

CFPC has obtained the 750kV transmission line tower production license awarded by State General Administration for Quality Supervision, and is one of the few manufacturers able to manufacture 1000kV transmission line towers and 1000kV substation steel structures.

CFPC is one of the earliest manufacturers to enter the tower market of Ultra-high voltage and Ultra-high voltage transmission lines, particularly for the Ultra-high voltage transmission line tower. In 2006, CPFC participated in the fabricating and testing of 1000kV rectangle pattern electrication inspection steel gantry and 1000kV Ultra-high voltage suspension and tension towers for State Grid.

CFPC continuously increases its Research and Development (R&D) investment and founded the R&D Center in 2009, which cooperates closely with the Jiangnan University, Jiangsu University of Science and Technology, Kunming University, China Electric Power Research Institute, and other institutions of higher learning and scientific research.

In 2009, CFPC's main research and development project involved the study of non-ammonia and non-nitrogen emissions during the hot dip galvanizing process and fluxing development, and was supported by Jiangsu Blue Fire Plan. Another research project centered on studying the multipurpose use of the residue of hot dip galvanizing in order to produce nanometer-ZnO technology, and was supported by the Natural Science Fund of Jiangsu Province.

The R&D Centre researched and developed a new product called "composite insulating crossarm", and this was applied in the Two Models of Three News project of State Grid 220KV Lianyungang MaoQiang. This is the first high-voltage composite insulating monopole transmission line, which created a new milestone in electrical material applications.

Equipment

CFPC invests considerable sums for the advancement of its production equipment, and in establishing flexible and efficient production lines to achieve numerical control during the fabrication process. This includes, JCOE longitudinal welding pipe production lines, fully automatic CNC angle steel production lines, CNC cutting machines, plasma cutting machines, gantry straightening machines, tube finishing machines, steel pipe chamfering machines among others.

Quality

CFPC has adopted the following systems to continuously strengthen its quality control system:

· ERP management system; · 5S management; · Strictly implement of the ISO9001：2008 quality management system.

Servicea

CFPC endeavours to provide quality products, sales and services and achieve customer satisfaction. CFPC strives to provide services at not only high quality but also aims for high-speed construction and installation. The slogan of our staff members is "customers first". Company leaders visit clients regularly to investigate usage and operation, and to seek client feedback so that it can continuously improve the quality of its products and services.

To become one of China's leading enterprises, be the Tower export base, and bring new devotion to the Chinese and global electric power industry, CFPC staff members endeavour to gain the trust of customers with their pragmatic working attitude.

地址/Add：江苏省常熟市尚湖镇人民南路8号
No.8 South Renmin Road, Shanghu Town, Changshu, Jiangsu, China
公司移动总机/Switchboard：13815280000
电话/Tel：0512-52409898 传真/Fax：0512-52401600
网址/Web：www.cstower.cn 邮箱/E-mail：cstower@126.com

江苏振光电力设备制造有限公司

JIANGSU ZHENGUANG POWER EQUIPMENT CONSTRUCTION CO.,LTD.

江苏振光电力设备制造有限公司始建于1966年，目前为国家电网公司直属企业。公司地处长江沿岸，京沪、京广等重要铁路干线环绕，厂区紧邻扬溧高速、沿江高速、沪宁高速，交通运输发达。公司专业生产1000kV及以下输电线路钢管塔、输电线路铁塔、变电构支架，220kV及以下钢管杆，薄壁离心混凝土电杆、高、低压开关柜等，输电线路钢管塔、铁塔类产品年生产能力达20万吨，是国家电网公司输变电器材生产的骨干厂家之一。

公司占地487亩，注册资本6000万元，员工668人，主厂房60000平方米；主要生产设备800多台，其中有最新引进的具有国内先进水平的全自动数控环缝联合机组、全自动数控耳板焊接机器人、全自动数控支管切槽机器人、全自动相贯线切割机器人、全自动直管法兰焊接生产线、全自动直管法兰装配生产线、角钢数控自动生产线，角钢半自动生产线，高速冲钻空生产线，铁板数控生产线和数控钢板火焰切割设备，自动温控电炉热浸镀锌生产线以及一整套的试验、检测设备。产品销售覆盖全国各省市，生产的避雷塔远销缅甸。2011年，振光公司依托中电装备进出口资质，先后参与了印尼大跨越塔、南非电网等国外物资招标项目，并成功入围菲律宾电网合格供应商。

近年来，我公司承接了多条国内输电项目重点工程。2007年我公司先后参与了全国首条特高压交流输电项目“1000kV晋东南～南阳～荆门特高压交流试验示范工程”，以及“750kV兰州东～平凉～乾县”、“向家坝-上海±800kV特高压直流输电示范工程”等工程铁塔加工；2008年承接了武汉交流1000kV特高压试验基地户外试验场门型构架钢结构、500kV泰州北变电站、500kV宁东南变电站的加工；2009年公司承接了±500葛沪直流综合改造(三沪Ⅱ回直流)工程、湘西开关站～永州500kV送电线路工程的铁塔加工，2009年3月承接中国电力科学研究院1000kV特高压钢管塔制造，并在良乡顺利通过了破坏性试验；2010年我公司承接了750kV永登—金昌双回送电线路工程、750kV酒泉—安西双回送电线路工程、750kV哈密—安西双回送电线路工程，±800kV锦屏—苏南输变电工程铁塔的加工；2011年我公司承接了500kV宁德核电一期送出工程500kV宁德核电一期送出工程（宁德核电厂至笠里变Ⅰ、Ⅱ线路工程）、500千伏福清核电一期送出工程（福清核电厂~东台变线路）、凤凰-乌苏750千伏输变电工程架空送电工程－杆塔工程、750kV乌苏-伊犁输变电工程架空送电工程－本体工程等重大工程的加工；2012年我公司承接了新疆与西北主网联网750千伏第二通道输变电工程（青海段）的铁塔加工，并承接了继全国首条特高压交流输电项目晋东南——荆门输电工程铁塔加工后，全国第二条获准建设的特高压交流输电项目——皖电东送淮南至上海特高压交流输电示范工程一般线路工程钢管塔产品的加工。

本公司奉行“质量第一，优质服务”为方针。以完善的管理体系，先进的工艺和合理的价格向顾客提供优质产品和优质服务。我们秉承：“质量精益求精，服务尽善尽美”，以一流的品质，一流的服务，打造电力器材精品；我们遵循“精神永不松懈，产品千锤百炼”，以十分的努力换取用户百分的满意，为电力事业发展作贡献。

Jiangsu Zhenguang Power Equipment Manufacturing Co., Ltd., founded in 1966, is currently an enterprise directly under the State Grid Corporation and manage by China Electric Power Equipment and Technology Co.,Ltd. The company specializes in the manufacturing of ≤1000kV-transmission-line steel towers, powe transformation support structures, ≤220kV steel poles, thin-walled centrifugal concrete poles, high and low voltage switch cubicles, etc. With an annual productic capacity of transmission-line tower products is up to 150,000 tons, it is one of the main power equipment manufacturers of the State Grid Corporation.

The company covers an area of 487 mu and has a registered capital of RMB 60 Million Yuan. The company has 668 employees,and the main factory buildin covering 60,000 square meters, is equipped with more than 500 sets of main production equipment including the latest and domestic leading full-automatic CN circumferential welding machine sets, full-automatic CNC lug welding robot, full-automatic CNC branch pipe grooving robot, full-automatic intersection cutting robo full-automatic straight pipe flange welding production line, full-automatic straight pipe flange assembly line, automatic CNC steel angle production lin semi-automatic steel angle production line, high-speed punching production line, CNC iron plate production line, CNC steel plate flame cutting equipment, automat TC electric hot-dip galvanizing production line and a set of testing and inspection equipment. Products sell widely in provinces and cities across the country. And th lightning-protection towers are exported to Burma. In 2011,depending on import & export qualification 0f China Electric Power Equipment and Technology Co.,Ltd Jiangsu Zhenguang Power Equipment Manufacturing Co., Ltd. has participated in invite bids projects about Indonesia crossing towers and South Africa State Gr Corporation; at the same time, Jiangsu Zhenguang Power Equipment Manufacturing Co., Ltd. has been a supplier of National Grid Corporation of the Philippines

In recent years, our company has participated in many important transmission projects in China. In 2007, our company successively participated in “1000k Jindongnan ~ Nanyang ~ Jingmen UHV AC Pilot Demonstration Project”, “750kV East Lanzhou~Pingliang~Qianxian”, “Xiangjiaba~Shanghai±800kV UHV D Transmission Demonstration Project”, and other tower processing engineering. In 2008, we undertook the processing of Door-type Steel Structure at the Outdo Test Site of Wuhan 1000kV-UHV AC Test Base ,and the processing of “North Taizhou 500kV Transformer Substation” & “Ningdongnan 500kV Transform Substation”, comprehensive transformation of ± 500 Gehu DC (Sanhu Ⅱ DC) Project and tower processing of West Hunan Switching Station~Yongzhou 500k Transmission Line Project in 2009, 1000kV-UHV steel tower manufacturing for China Electric Power Research Institute and passed the destructive test successfu in Liangxiang in March 2009, Yongdeng- Jinchang 750 kV Double Circuit Transmission Line Project, Jiuquan-Anxi 750 kV Double Circuit Transmission Line Projec Qomul-Anxi 750 kV Double Circuit Transmission Line Project and tower processing of Jinping-Sunan ±800kV Transmission and Transformation Project in 2010. last year, our company took part in 500kV Ningde Nuclear power Ⅰ outgoing project (Ningde Nuclear Plants to Lili Ⅰ, Ⅱ Transmission Line Project), 500kV Fuqir Nuclear power Ⅰ outgoing project (Fuqing Nuclear Plants ~Dongtai Transmission Line Project), 750kV Fenghuang-Wusu Transmission Line Project, 750k Wusu-Yili Transmission Line Project. In 2012, our company has manufactured steel towers of Xinjiang &Northwestern interconnected 750kV second channel pow transmission project (Qinghai), meanwhile we undertaken the steel towers processing of Anhui electricity sent-to-east Huainan to Shanghai UHV AC pow transmission demonstration project general line project which is the second approved construction of the UHV AC transmission project.

The company abides by the principle of “quality first, quality service”, providing customers with quality products and services by virtue of perfect manageme system, advanced technology and reasonable prices. We uphold the principle of “excellent quality, perfect service”, manufacturing quality power equipment product we follow the tenet of “watchful spirit for exquisite products”, making full efforts to obtain customers' 100% satisfaction and making contributions to the developme of the power utility.

· 网 址：http://www.jszgpower.com
· 地 址：江苏省镇江市丹徒区上党镇镇荣公路19km处
· 邮 编：212121
· 电 话：0511-84028541 · 传 真：0511-84028541
· 邮 箱：jssyzg@yahoo.cn

质量第一 优质服务

保定天威风电科技有限公司

BAODING TIANWEI WIND POWER TECHNOLOGY CO.,LTD.

天威风电法人代表：杨明进

保定天威风电科技有限公司是中国兵器装备集团成员企业，保定天威集团上市公司天威保变的全资子公司。公司注册资金2.5亿元，致力于并网型风力发电机组的开发设计、制造及售后服务。公司贯彻天威集团“三步走、双主业、双支撑”的发展战略，发扬“自信自强，追求卓越”的天威精神，坚持“引进，消化吸收，再创新”的技术发展路线，在风机设备制造领域，大力发展自主技术，努力创建“天威”品牌。

公司与英国Garrad Hassan公司联合设计具有完全自主知识产权达到国际先进水平的1.5MW（TW1500/70、TW1500/77）变速变桨双馈风电机组，在此平台基础上自主研发TW1500/82、TW1500/87系列风机，形成1.5MW完整谱系，各类机型目前已投放市场，运行状况良好。

与德国Tembra公司联合设计2.0MW（TW2000/86、TW2000/93）风电机组，在此平台上自主研发2.0MW（TW2000/100）双馈机型,产品已批量投放市场；自主设计具有完全自主知识产权的3.0MW（TW3000/100、TW3000/116）高速永磁海上风电机组，机于2011年9月成功下线；5.0MW风电机组预计2011年底完成初步设计，2012年样机下线。通过不断扩大和增强技术储备，目前已基本适应了国内外市场的各种需求。

公司已并网运行的近二百余台风机发电可利用率高达98%以上，优于同一风场的国际和国内知名品牌风机，为打造国内一流天威品牌打下了良好的基础。

公司以天威集团国家级技术中心为依托，通过联合设计及技术培训，培养出了一支完全具备自主设计能力的技术队伍，在1.5MW、2.0MW、3.0MW 风机设计基础上，继续研发5.0MW及更大容量的海上风力发电机组。

天威风电保定产业园兆瓦级风电机组年产量可达1000台，目前在吉林长春、黑龙江牡丹江等地区建设新能源产业基地，并规划在风资源丰富沿海区域陆续建设生产基地，以适应海上风电发展及国际市场需求，建成后各产业园产能均在500台以上。

天威风电公司将秉承　“严明、勤奋、务实、高效”的天威作风，为用户提供技术一流，制造精良、效益明显、质量可靠的风机产品和真诚周到的服务。保定天威风电科技有限公司愿与业内朋友携手，共同创造中国风电事业美好的绿色明天。

地址/ADD：中国 保定市向阳北大街3666号　NO.3666 North Xiangyang Road,Baoding,China
邮编/P.C：071051
市场部电话/TEL:+86-312-3309701 3309702　市场部传真/FAX:+86-312-3309711
邮箱/E-MAIL:fdscb@BTW.CN

李克强到天威集团视察

天威风电全工况模拟实验台

天威风电首台3.0MW海上风机下线

CHINA UNITED CERTIFICATION CENTER
CERTIFICATE OF CONFORMITY OF
QUALITY MANAGEMENT SYSTEM CERTIFICATION
This is to certify that the quality system of
BAODING TIANWEI WINDPOWER TECHNOLOGY CO., LTD.
is in conformity with
GB/T19001-2008 idt ISO9001:2008
Representative of CUC

中联认证中心
质量管理体系认证证书
保定天威风电科技有限公司
河北省保定市朝阳北大街3666号 邮编：071051
质量管理体系符合：
GB/T19001-2008 idt ISO9001:2008

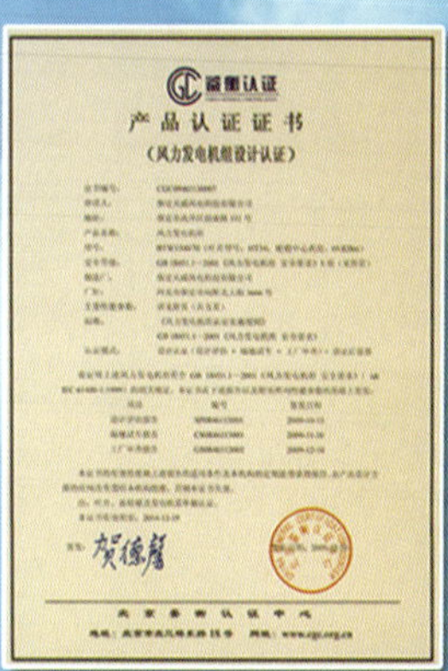
鉴衡认证
产品认证证书
（风力发电机组设计认证）

北京航协认证中心有限责任公司
职业健康安全管理体系认证证书
保定天威风电科技有限公司
GB/T 28001-2001

北京航协认证中心有限责任公司
环境管理体系认证证书
保定天威风电科技有限公司
GB/T 24001-2004（ISO 14001:2004）

Baoding Tianwei Wind Power Technology Co., Ltd. (hereinafter referred to as BTW) is the wholly-owned subsidiary of the listed company—Baoding Tianwei Baobian Electric Co., Ltd. Which is belonged to Tianwei Group under China South Industries Group Corporation (CSGC). With registered capital of 250 million RMB and total investment of 3.7 billion RMB, BTW devotes to the design and development, manufacture and after-sale service to the grid connected wind turbine generator system. BTW adopts the developing strategy of "Three steps, Double main industries, Double supports" and develops the spirit of Tianwei Group---"be self-confidence, self-improvement and seek remarkableness." At the same time it sticks to the route of introducing technology by 'import and absorbing, innovation'. In the manufacturing field of wind turbine facilities, it will develop self-determined technology and strive to establish the "Tianwei" product brands.

BTW has collaborated with world famous British design company Garrad Hassan to co-design the advanced 1.5MW (TW1500/70,TW1500/77) with variable speed, double-fed wind turbine ranking the world level. BTW owns the complete intellectual property right to the 1.5MW wind turbine. On the basis of this technology, BTW has developed a series of 1.5MW wind turbine products including TW1500/82,TW1500/87. All types of 1.5MW wind turbines have been launched into the market with good operating condition.

The 2.0MW series wind turbines including TW2000/86,TW2000/93 co-designed by BTW and Tembra company from Germany have realized batch production and been launched into the market. The 3.0MW series products include TW3000/100,TW3000/116 and the prototypes will be finished in 2011. The 5.0MW wind turbine is planned to finish preliminary design in the end of 2011 and its prototype will be finished in 2012.

The wind turbine availability of nearly 200 units having grid-connected operation amounts to 98% above and better than international and domestic well-known brands wind turbines in the same wind farm. Which laid a good foundation for BTW to create the domestic first-class Tianwei brand。

Relying on the state-level technology center of Tianwei group and collaborating on designing and technical training, BTWPT has cultivated a professional technical team possessing the completely self-determined design capacity. On the basis of wind turbine design technology in 1.5MW, 2.0MW and 3.0MW, BTW will continue to develop even larger wind turbines.

The annual output of BTW Baoding Industry Park in MW-class wind turbines can reach 1000 sets. Other two industry bases are under construction, such as "Changchun Industry Park in Jilin Province" and "Mudanjiang Industry Park in Heilongjiang Province". Meanwhile production bases in areas with rich wind resources will be built continuously. The annual output of each base will be above 500 sets.

Inheriting the style of Tianwei –"Strictness and Honesty, Diligence, Pragmatism and High Efficiency", we will provide first-class technology, manufacture fine wind turbines with reliable quality, and offer sincere and all-round service to the customers. BTWPT would like to work hand in hand with friends of this field to build a Bright and Green future of national wind power.

Henan Senyuan Electric Co., Ltd（stock name: Senyuan Electric, code: 002358）was founded in 1992, is a manufacturer of complete set high & low voltage switchgears, circuit breakers and the accessories, MV disconnectors, SAPF active power filter and power quality comprehensive management products. It is an executive director member of China Electrical Equipment Industrial Association, High-voltage Switchgear Branch (CHVSB) and vice-president member of China Electrical Equipment Industrial Association, Power Electronics Branch. It is a national key high and new technology enterprise and one of national electric power and electronic top 100 enterprises. It owns a national postdoctoral scientific research workstation, a Henan Provincial MV transmission and distribution device engineering and technological research center and a provincial Enterprise Technology Center. Since 1998, it passed international certifications as ISO9001 (quality), ISO14001（environment）and OHSAS18001（safety）. Since 2000, the company has undertaken projects for state key electric power equipment automation special project, State Torch Plan, Hi-Tech Industrialization of Henan Province, Henan provincial important science and technology project for Tackling Key Problems and Important Scientific Key Project of Henan Province and Innovation Fund for Eminent Talent, etc. Since 2007, obtained honors as "excellent private enterprises in Henan Province", "IPR advantageous enterprises in Henan Province." “Henan provincial Top 50 Non-state-owned Enterprises” and “Henan provincial fast growing private enterprise”, “national manufacturing industry leading award of informatization utilization” and "best small plates listed company", etc.

For a long time, the company attracted many technical experts from Shanghai and Xi'an and formed the excellent technology R&D team, by close cooperation with Tsinghua University, Shanghai Jiaotong University and Dalian Institute of Technology, the company has paved an innovation way as the focus of "industry, academia, research, " to structure high and low voltage distribution and electric power automation high-tech products R & D platform. The Company constructed ERP informatization platform, using international advanced Pro E three-dimensional design software and PDM database system. Introduced scores of the most successful international top-grade CNC processing equipment and intellectual testing devices, such as the flexible sheet metals production line from Salvagnini, Italy. GZS1 withdrawable switchgear, SAPF Active Power Filter device, VSV indoor HV vacuum circuit breaker, MNSS LV switchgear, GN series disconnectors and KYN80 switchgears were evaluated as Henan Top Brand Products. The KYN80 series high voltage switchgear and SAPF Active Power Filter device obtained Henan Science and Technology Progress Award. By virtue of leading R&D advantage, excellent product quality perfect after-sale service and sound marketing strategy，the sales network covered all over the country and exported to Central Asia and Africa. The company has become a national leading company for switchgears manufacturing and a best representing enterprise for MV transmission and distribution manufacture industry in China.

产品图片

KYNS-40.5金属铠装移开式开关柜

SAPF有源滤波装置

KYN28A-12智能开关柜

GCS 型低压抽出式开关柜

MNSS 型低压抽出式开关柜

ZW20户外真空断路器

ZN72户内高压交流真空断路器

VSV-12M永磁机构真空断路器

SY-3000微机保护装置

GZDW直流屏

KYN28A-12开关设备

KYN80-40.5开关设备

YK-12预装式开关站

河南上蝶阀门股份有限公司

Henan Shangdie Valve Co., Ltd.

董事长：郜松建

河南上蝶阀门股份有限公司是集科、工、贸为一体的专业生产阀门的现代化股份制企业，始建于1969年，其前身是郑州市上街蝶阀厂，于1998年经改制组建而成；是中国明星企业，河南省一级先进企业，省高新技术企业，省重合同守信用企业，省科技创新企业，省出口创汇先进企业和省定点阀门出口基地，是我国阀门行业的支柱企业。

公司于1996年通过ISO9001质量体系认证，2000年获自营进出口资格，2002年通过美国石油协会API认证，2003年通过欧盟（TUV）CE认证和特种设备制造许可证认证，2004年通过MS认证，2009年通过ISO14001认证，2011年通过英国WRAS认证；公司技术力量雄厚，建有“阀门研究中心”有独立开发生产大口径阀门能力，可根据用户要求设计制造各类特种阀门。我公司是中石油，中石化，中海油一级网络供应商，“上蝶”牌系列产品是中国城镇供水协会，中国电能成套设备推荐产品，拥有国家专利32项，省高新技术产品8项。

主要产品有水轮机进水液控蝶阀，水轮机进水液控球阀，双向金属（四氟）密封蝶阀，自动补偿双向金属密封蝶阀，三偏心全金属密封蝶阀，三偏心多层次金属密封蝶阀，双偏心橡胶密封蝶阀，防泥砂蝶阀，防腐蚀蝶阀，伸缩蝶阀，管网蝶阀，快速切断蝶阀，液控缓闭止回蝶阀，斜板式金属密封缓闭止回蝶阀，偏心半球阀，冶金阀，橡胶密封闸阀，闸门，伸缩接头和法兰等。

我公司北临母亲黄河，南依古刹少林，东接省会郑州，西通古都洛阳，位于郑州市上街区登封路南段，地理位置优越；陇海铁路，310国道，开洛高速公路比邻而过，交通十分方便。

Shangdie is professional in valve design, production and trading, owning ISO, CE, API certification and elf-Support Import & Export Right in 2000, passed ISO9001 Quality System Authentication in 1996，API in 2002 , EU (TUV) CE Authentication and Manufacture License of Special Equipment in 2003, Malaysia MS in 2004 and ISO14001 in 2009 respectively. The company has established "Valve Research Center" based on powerful technology forces, can independently develop and manufacture large diameter valve or design, process special valves as per client's requirements. Shangdie is First Class Network Supplier of PetroChina(CNPC), SINOPEC(CPCC), CNOOC, "Shangdie" series products are recommended by China Urban Water Supply Association (CWSA) and China Power Complete Equipment Co., Ltd (CPCEC), with 32 National Patents and 8 provincial high and new technology products.

There are more than 30 different kinds of valves available，including turbine inlet hydraulic control BFV, turbine inlet ball valve, bi-direction metal(PTFE) seated BFV, auto-compensation bi-direction metal seated BFV, tri-eccentric complete metal seated BFV, tri-eccentric multi-layer metal seated BFV, dual eccentric rubber seated BFV, silt-proof BFV, corrosion-proof BFV, expansion BFV, pipe-net BFV, quick speed shut-off BFV, hydraulic control slow-closing check BFV, tilting disc metal seated slow-closing check BFV, eccentric semi-ball valve, rubber seated gate valve, sluice, metallurgy Valve, expansion joint and flange, etc.

Being located in western Zhengzhou city, capital of Henan Province, along with Longhai railway, national highway 310 and Kailuo express highway, Shangdie enjoys tremendous advantages in transportation and visit. We sincerely welcome you to Shangdie for cooperation, business and friendship.

- 地址/Add：郑州市上街区登封路南段
- 电话/Tel：+86 371 6812 2777
- 传真/Fax：+86 371 6891 9991
- 网址/Web：www.shangdie.com

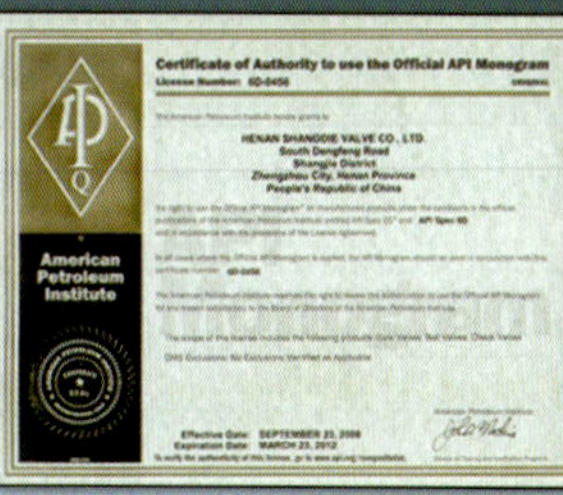

重庆渝能滤油机制造有限公司

重庆渝能滤油机制造有限公司成立于1997年，占地约14500平方米。本公司专业从事油、水、气过滤净化产品与成套设备的研发、制造、销售与技术服务，拥有滤油专用设备及其它流体净化成套装备1000台（套）的年生产能力，是国际上较有竞争实力的高技术专业滤油机研究与制造公司。

我公司重视产品质量，专业专注，精益求精，以国际先进油处理设备制造企业为定位，一如既往的推行“以技术和服务进步为核心”的企业发展宗旨，已通过ISO9001质量体系认证，有十六项新技术获国家专利，公司2004、2009先后两次被评为重庆市高新技术企业，ZJA双级真空滤油机等七大系列产品获得重庆市高新技术产品称号。公司拥有自营进出口经营权，产品远销中南亚、中东、欧美等几十个国家、在行业内拥有了良好的口碑和市场占有率。2009年中国市场调查研究中心最新数据表明，我公司在国内滤油机行业中，其市场占有率、竞争力指数、畅销指数方面都高居行业榜首，渝能已成为中高档油处理设备中的知名品牌。

十多年来，我公司秉承“诚信敬业、务实发展、合作共赢”的经营理念，“客户满意、公司强盛、员工发展、社会认同”为企业宗旨，生产的渝能牌滤油机已销售15000台（套）以上，先后为上千家电力企业；首钢、本钢、中铝等上百家冶金企业；神化集团、大庆石化、长庆油田等数十家石油石化企业；沈变、衡变、西变等几十家变压器厂提供过产品。其优质的产品质量和良好的售后服务深受用户好评。

2005年，企业高层作出了立足电力、专业专注的重大战略决策；公司确立了以搞好电力行业三大用油净化为己任的企业目标，快了公司产品的升级换代。2007年，是渝能发展史上的一个重要里程碑，公司抓住了国家发展特高压电网的重要契机，引进人才，更新产品，公司为宁夏送变电银川东-兰州750KV工程提供的双级真空滤油机及真空机组一举获得成功，打破了国际巨头在高端绝缘油处理领域中的垄断地位，开创了渝能在这一领域的新篇章。

2008-2010年，渝能凯歌频传，先后为吉林送变电白银东750KV工程；宁夏大唐国际大坝电厂750KV工程；云南送变电、贵州送变电云广直流±800KV楚雄换流站工程；四川送变电向家坝-上海直流±800KV复隆换流站工程；特变电工衡阳、沈阳变压器厂特高压自用油设备提供了优质的油处理产品。目前，渝能产品已覆盖了国内所有特高压领域的油处理服务，在国家大力发展装备制造业的精神鼓舞下，渝能积极参与与进口品牌的竞争，在高端绝缘油处理领域也，为捍卫民族品牌贡献了自己微薄之力。

未来渝能，将加大与大专院校的合作力度，走产、学、研结合的发展道路，为发展民族工业、节约能源、保护环境、回报社会作出我们应有的贡献。

PROJECT SPOT PICTURE
工程实例现场图 »

GF-120在客户青海送变电仓库

ZJ-833在沈变现场

定量注油装置在江苏帕威尔鹏达变压器公司

华东送变电ZJ-1200在上海800KV奉贤换流

吉林送变电GF-100在复隆800KV换流站

宁夏送变电ZJA12BY在银川东750KV项目2

四川送变电ZJA12BY在复隆800KV换流站

云南送变电ZJ-1200在800KV楚雄换流

■ 渝能滤油机咨询热线：023 63225722 / 63225708　■ 网址：Http://www.606.com.cn

国内滤油机知名品牌
世界主要油处理设备生产基地之一

Chongqing YUNENG Oil Purifier Manufacturing Co., Ltd. was established in 1997, which with an area of about 14,500 square meters, and specializes in the oil, water and gas filtration and purification products and complete sets of related equipments' research and development, manufacturing and technical service. YUNENG can produce over 1,000 sets of oil-filtering special equipments and other fluids purification outfits annual production capacity. It is one of the world's competitive companies specializing in high-tech oil purifier research and manufacturing company.

YUNENG attach great importance to product quality, specialization, dedication and constant improvement. Aiming to become a world-advanced manufacturer of oil treatment equipment, we have always upheld the development philosophy centering on "technological innovation and service improvement". We have passed the ISO9001 quality management certification. Besides, 16 of our new technologies have received national patents of invention. In 2004 and 2009, the company was rated as a new and high-tech enterprise of Chongqing successively, also there were seven series products such as ZJA Double Stage Vacuum Oil Purifier are rewarded as "new and high-tech products of Chongqing". Our products also are exported to oversea markets and are very popular, such as middle/south Asia, the Middle East, Europe and America and so on. YUNENG have favorable public praise and market share in the industry. From 2009, the latest statistic from China's Market Research Center indicated that among the domestic oil purifier industry, our company's market share, competitive power index and active demand are all on the top of the same industry, YUNENG have already become the well-known brand in supplying middle/high-end oil process equipments.

Over the past more than 10 years, we had always stuck to the operational concept of "being faithful and dedicated, practical in development and cooperative for common progress", aiming for customer's satisfaction, company powerful and prosperous, staff's development and social identity. By working in a down-to-earth manner and orientating ourselves to customer needs, we have received the recognition of a lot of customers. So far we have sold over 15,000 sets of YUNENG-brand oil purifiers, which are widely used in thousands of electrical enterprises, hundreds of metallurgical enterprises and many other industries enterprises, such as Shougang, Bengang, CHALCO, Shenhua Group, Daqing Petrochemical, Changqing Oil Field, Shengyang Transformer Manufacture, Hengyang Transformer Manufacture, Xi'an Transformer Manufacture and so on. Our products enjoy a fair big market share and have become famous brand in medium- and high-grade oil treatment equipment. We have been highly praised for excellent products and good after-sale service.

In 2005, executives of YUNENG made the great strategy of focus on power industry; established the goal of improving three kinds of oil purification in power industry, speeded up the upgrade of products. 2007 was a great milestone year in the development of YUNENG. Seized the significant moment of National Development UHV Power Grid, our company brought in talents, renovated products. The success of Double Stage Vacuum Oil Purifier and Vacuum Pump Set which were provided for Ningxia Transmission and Transformation Yinchuan East-Lanzhou 750KV project broke up international giants' monopoly position in the top transformer oil treatment field, also initiated YUNENG's new chapter in this field!

From 2008-2009, YUNENG frequently received good news of winning the large-scale bids, we offered superior oil treatment equipments successively to Jilin Electricity Transmission and Distribution Baiyingdong 750KV project; Ningxia Datang International Dam Electrical Plant 750KV project; The first company of Northwest Electrical Construction Bingchang to Qianxian 750 project; Yunnan Electrcity Transmission and Distribution, Guizhou Electricity Transmission and Distribution Direct Current ±800KV Chuxiong Converting Station Project; Sichuan Electricity Transmission and Distribution Xiangjiaba to Shanghai Direct Current ±800KV Fulong Converting Station Project; Super-high voltage Transformer Electrical Project Hengyang and Shenyang Transformer manufacturing Company's Oil Equipments. Extra-high Voltage Series Oil Filter Units had been passed the markets' inspection which with high productivity for mass production and batch production. YUNENG actively participate in the competition with the imported brands, and have made our due contribution to super-high voltage fence development! We have contributed to our modest for protecting our national brand in high-end insulation oil recycling field.

In the future, YUNENG will strengthen the cooperation with universities and colleges, and follow the evolutive path of connecting production, learn and research altogether. We are ready to make our due contribution to develop national industries, energy saving, protection of the environment and return on society.

办公大楼全貌

务实求精 团结创新

Hengyang Nanfang Instrument Transformer Co., Ltd. is located at the side of beautiful Xiangjiang River, adjacent to the first peak of Hengshan Mountain, which named "Southern Mountain of the five sacred Mountains", lying in Cai Lun's hometown—Hengyang, the famous industrial city of China. Hengyang is an important industrial base of power transmission equipment of state "Torch Plan", which has tens of thousands of industrial workers who are engaged in the production of power transmission equipment. While adopting the invention and innovation concepts from the forebears, they also undertake the important missions on the R&D and manufacture of power transmission equipment.

Our company has over 30 years' experience in the R&D and manufacture of instrument transformers, possesses more than 300 R&D technicians, professional managers and experienced workers, which is a designated key enterprise specializing in the R&D, manufacture, parts processing and marketing of instrument transformers. Innovation is the foundation of an enterprise. Since the establishment of our company, we have always been adhering to independent innovation, increasing scientific research strength, which makes us developed more than 60 kinds of new products and obtained 9 granted patents. All of our products have been with independent intellectual property rights, of which 7 leading products won the title of famous brand products in Hunan province. We mainly produce 550kV and below oil-filled, SF6 gas-insulated, late-model compound insulation and epoxy resin casting current and voltage transformers.

Our company situates at the national economic and technological development zone— Baishazhou industrial park, covers an area of 46,000 square meters, with a building area of 31,396 square meters. According to the requirements of production technique and procedures, we have equipped the production equipment for manufacturing all forms of current and voltage transformers, 1500kV cascaded test transformer (corona free), 3600kV impulse voltage generator and a full set of testing equipments. With sound management, superb technology, strict manufacturing process, advanced production facility and sophisticated testing skill, our company has developed the annual production capacity of 50,000 Nos. Our company has held the business philosophy "honesty is the base, quality is the soul, development and innovation, customers satisfaction", wholeheartedly provides high quality products and services for the customers at home and abroad. Our products have been sold well all over the country and also exported to more than 30 countries and regions in Asia, Africa, Europe and America.

To face the future, we, Hengyang Nanfang Instrument Transformer Co., Ltd., will be obedient to the accord development with the society, nature and resources, and promote the enterprise spirit "Pragmatic and refinement, Unity and innovation", try to make ourselves to become a name-brand global supplier of power transmission equipment with independent intellectual property rights.

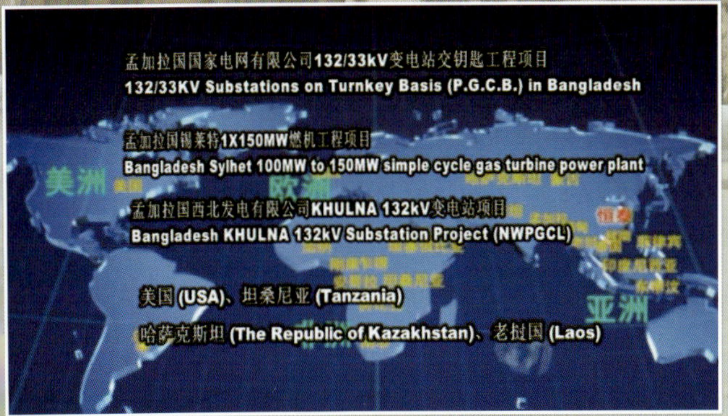

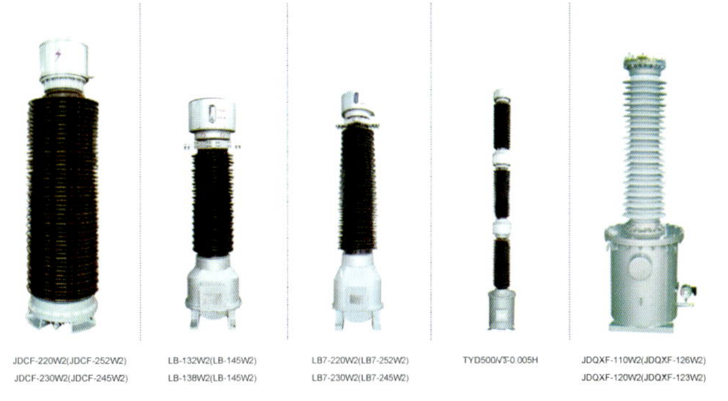

湖南国奥电力

GOLPOWER®

电缆分支箱、环网柜

Cable Branch Boxes and Ring Main Units

专业制造 值得信赖

Professional and Reliable

产品特点：断口可视，漏气报警，安全可靠

Product Features: Visual Fracture, Gas Leakage Warning, Safety and Reliability

带可视断口充气环网柜

Inflatable Ring Main Unit Equipped with a Visual Fracture

独家型号(Exclusive Model)：AOAN

专利产品(Patented Product)：ZL 2010 2 0032031.2

XGN15-12/24环网柜

XGN15-12/24 Ring Main Unit

独家型号(Exclusive Model)：UNIXGN

KYN28-12/24中置柜

KYN28-12/24 Centrally-Mounted

独家型号(Exclusive Model)：UNIKY

地址(Address)：湖南湘潭高新区双拥路27号(No.27, Shuangyong Road, High-Tech Zone, Xiangtan City, Hunan Province)

电话(Tel)：+86 731 58610000 55588826 55588828 传真(Fax)：+86 731 55588830 55588828

邮箱(E-mail):yuanmaoyin2008@163.com 网址(Website)：www.golpower.com www.guoao.biz

Siemens Transformer (Jinan) Co., Ltd. is a Sino-German joint venture founded in 1994 and located in Jinan, capital of Shandong province. It is one of the 20 Siemens transformer manufacturing factories worldwide and offers oil-immersed power transformers up to 720 MVA/500kV, traction transformer and line feeder together with related equipment and services, the annual capacity reached 25000MVA. The registered capital of the company is 34.1 million EURO. Thereof Siemens AG holds 90% shares of the total share with 10% shares held by XD Jinan Transformer Group Co. Ltd. The transformers are designed and manufactured according to the latest state of art of Siemens transformer technology. This is the result of know how and experience developed and collected during the long and traditional experience of Siemens and Trafo Union of more than 100 years, combining highest efficiency, lowest service rate, longest life time and finally, the highest possible degree of feasibility for the customers and users of these products.

济南西门子变压器有限公司是一家中德合资公司，是西门子位于世界各地的20个变压器生产厂之一。公司建于1994年，坐落于山东省的省会济南市。公司注册资本3410万欧元，西门子占总股份的90%，西电济南变压器股份有限公司占10%的股份。公司生产最大容量为720MVA/500kV的油浸式电力变压器、牵引变压器、牵引供电变压器并提供相关设备和服务，年生产能力为25000MVA。合资公司生产的变压器是根据最新的先进西门子变压器技术进行设计和制造。这是西门子即TU公司在过去100年里技术及经验长期发展积累的结果：高效率、低事故率、长寿命，最终为客户提供最高程度适用性的产品。

地址/ADD：山东省济南市市中区魏华西路10号
No. 10 Weihua West Road, Shizhong District, Jinan, Shandong Province, P.R.China
邮编/P.C：250022　电子信箱/EMAIL：contact.stcl@siemens.com
电话/TEL：（0531）87291500　传真/FAX：（0531）87291544

吉林永大集团股份有限公司
JILIN YONGDA GROUP CO., LTD

吉林永大集团股份有限公司（股票代码002622，股票简称：永大集团）位于吉林省吉林市国家级吉林高新技术产业开发园区，下设吉林永大电气开关有限公司、吉永大集团电表有限公司、吉林永大集团热镀铝有限公司三个全资子公司和省级企业技术中心、吉林省博士后科研创业基地，其中技术中心下设5个研究所。吉林永大集团为我国永磁高低压电气开关产品重要的研发和最大的生产基地，质量管理通过ISO9001质量体系认证。

现定型产品有：40.5kV及以下电压等级全系列高低压永磁断路器、接触器，高低压成套设备，检测、控制及综合保护产品等百余种产品。公司与国际多家知名公司作，全系列断路器、接触器采用最新永磁机构，可实现20年免维护，达到世界先进水平，比照传统弹簧机构具有零部件少，结构简单，可靠性高、免维护、低功耗、寿长等优点，采用真空灭弧室设计，断路器可在极其恶劣的环境下稳定工作。

其中YDDLB系列永磁式低压断路器，采用具有自主知识产权的永磁操动机构，主要三项性能指标优于国际上传统产品：1、额定短路电流开断高达30次，是传统空断路器的10倍；2、机械寿命10万次是传统断路器的5倍；3、满负荷电气寿命2万次，是传统断路器的10倍。

防潮湿、防粉尘、防盐雾等腐蚀性气体是YDDLB系列永磁式低压断路器的一大显著特点，触头采用真空灭弧技术，不像传统断路器暴露在空气中。YDDLB系列永磁低压断路器操动机构，采用新材料无需定期上油维护保养，整机可达到20年免维护运行。产品适合在世界各国使用，一次购置无需日后维护工作。

ZN73A-12/1250-31.5型户内高压真空断路器，2002年被评为国家级重点新产品，YDD系列稀土永磁户内高压真空断路器2004年被列为国家火炬计划项目，2009年入《国家电网公司重点应用新技术目录》，现已广泛应用于国家级重点工程，吉林永大集团是中石油集团"一级物资供应商"，入选中石化集团物资装备部的"供应商名录"，并在国网、大唐、华电、国电和中电投等电力集团及水利部物资局、中石油、中石化、首钢、宝钢等企业集团取得入网资质，部分产品行销国际市场。行业客户遍布钢铁、电力冶金、化工、交通、医药、环保、市政工程等众多领域

2010年在中国市场调查中心通过市场调研中，认定永大集团企业综合实力在永磁电气开关制造行业中排名第一，吉林永大注册的"YDD"商标被国家工商总局认定为"国驰名商标"。

永大人将始终坚持将合作伙伴及社会的利益放在第一位，交天下朋友，做世界生意，在不断的自我完善与持续发展中，将YDD打造成为电气产业的国际品牌！

Jilin Yongda Group Co., Ltd.(Stock Code:002600, Stock Name:Yongda Group) is located in Jilin City National Hi-tech Industrial Development Zone in Jilin Province. The compa has three wholly-owned subsidiary factories which are Jilin Yongda Electric Switch Co., Ltd., Jilin Yongda Group Energy Meter Co., Ltd., Jilin Yongda Hot-dip Aluminum Co., L and province-level enterprise technology center and Postdoctoral Scientific Research Base of Jilin Province, the technology center consists of 5 research institutes. Jilin Yong Group Co., Ltd. is the important research center and biggest manufacture base of high and low voltage permanent magnetic switch in China. The company has passed ISO9C Quality System Certification.

There are more than one hundred kinds of product including full series of high and low voltage permanent magnetic circuit breakers with 40.5 kV and below, contactors, high a low voltage complete set of equipments and integrated protective devices for checking and monitoring etc. The company has cooperated with many famous internatio corporations. Full series of circuit breaker and contactor of the company adopting the latest permanent magnetic device and reaching free maintenance of 20 years, have rank advanced world class. Compared with conventional spring device, the product has the advantage of less parts, simple structure, high reliability, free maintenance, low consumpt and long life. The product adopting vacuum interrupter can work in excessively harsh environments.

YDDLB series permanent magnetic low voltage circuit breaker adopts permanent magnetic operating device with independent intellectual property rights, and thus three m characteristics are superior to international conventional products: 1. Breaking time of rated short circuit current with 30 times is 10 times of conventional air circuit breaker Mechanical life with 100,000 times is 5 times of conventional circuit breaker; 3. Full load electrical lifetime with 20,000 times is 10 times of conventional circuit breaker.

YDDLB series permanent magnetic low voltage circuit breaker has a remarkable feature of anti-moisture, anti-dust, anti-salt fog and other corrosive gas. The contact adc vacuum arc extinction technology, unlike conventional circuit breakers that expose in the air. The adoption of new materials for operating device resulted in no necessary a periodic maintenance with oil, the complete equipment can operate without maintenance for up to 20 years. The products are suitable to be used across the world, there is no ne of subsequent maintenance work after purchasing.

ZN73A-12/1250-31.5 Indoor High Voltage Vacuum Circuit Breaker was awarded national-level important new products in 2002, YDD series rare earth permanent magnetic ind high voltage vacuum circuit breaker were listed in the projects of "National Torch Program" in 2004, and it were listed in "Directory of New Technologies of Important Applicatic of National Grid Company", and they also have been used in the national key project. Till now, the enterprise is awarded "Primary Material Supplier" by CNPC, and is accepte "Supplier Directory" Sinopec Corp. Material Requirement Department, the product has obtained acceptance certificate in State Grid, Datang corporation, Huadian Corporati GD power Corporation, China Power Investment Corporation, commodities bureau of Ministry of Water Resources, CNPC, Sinopec Corp., Beijing Shougang Company Limi Baosteel Group Corp., etc., some products have been sold well in international market. And customers cover steel, electricity, metallurgical, chemical, transportation, medici environmental protection and municipal engineering and other fields.

In the professional evaluation of domestic electrical industry launched by the professional scientific and research institutions of National Bureau of Statistics of China, the ove strength of Yongda group has appraised as the No.1 in Chinese Permanent Magnetic Electrical Switch industry in 2010. The "YDD" brand is also marked as "Chinese Renow Brand" by State Administration for Industry & Commerce of the People's Republic of China.

Jilin Yongda Group Co., Ltd. will continuously position partners and social interests on the first place, make friends worldwide, do business worldwide. In the continue self-improvement and sustainable development, Jilin Yongda Group Co., Ltd. will forge the YDD to be prominent International brand in electrical industry.

■ 地址：吉林省吉林市吉林大街45-1号　■ 邮编：132023　■ 售后服务：0432-64602101　■ 网址：www.jlydjt.com
■ 电话：0432-64602022/2010/2024　■ 传真：0432-64602054　■ E-mail：marketing@ydgroup.sina.net

The Yearbook of the Contractors of International Engineering Consutation & Design of China

2011 中国国际工程咨询设计承包商年鉴

文献

The Yearbook of the Contractors of International Engineering Consutation & Design of China

2011 中国国际工程咨询设计承包商年鉴

文献

大力发展服务贸易 推动世界经济新增长

中华人民共和国商务部部长 陈德铭

一、全球经济与服务贸易发展

当今世界，服务贸易已经成为推动全球经济强劲、平衡、可持续增长的重要动力。世界经济已经步入服务经济时代。当前，服务业占世界经济总量的比重约为70%，主要发达经济体的眼务业比重接近80%；服务领域跨国投资占全球跨国投资的比重已接近三分之二；服务贸易占世界贸易的比重约为五分之一。

国际金融危机的冲击使世界经济格局发生了深度的变革和调整，但经济全球化和贸易投资自由化的趋势没有改变，以服务经济为主的全球产业结构没有改变，以服务贸易快速发展为重要特征的世界贸易发展前景没有改变。后金融危机时期，全球产业发展进入转型升级新阶段，产业跨国转移出现新特点。随着以服务业跨国转移和要素重组为特征的新一轮国际产业转移不断加速，服务贸易成为推动全球经济新增长的重要动力，大力发展服务贸易也已成为世界各国全面深度参与经济全球化的重要途径。

当前和今后一段时期，广大发展中国家大力发展服务贸易，有利于创造新的经济增长点，从全球技术研发和知识转移中获益，促进经济贸易强劲增长；有利于提高经济的灵活性，有效应对外部冲击，促进经济贸易平衡发展；有利于推动资源节约，缓解经济发展与资源、环境的矛盾，促进经济贸易可持续发展。

二、新时期中国将大力发展服务贸易

当今中国，服务贸易在促进经济长期平稳较快发展和社会和谐稳定中的积极作用日益显现。大力发展服务贸易是中国实现科学发展的内在要求，也是顺应人民过上美好生活新期待的必然选择。当前，中国的工业化、信息化、城镇化、市场化、国际化正在加速发展，扩大内需特别是消费需求战略全面实施，对服务业以及服务贸易发展提出了新的更高要求。大力发展服务贸易是中国开放型经济发展新阶段的重要内容，也是中国进一步深入参与国际经济合作的新领域。

1. 服务贸易的发展

改革开放三十多年来，中国经济社会发展取得了举世瞩目的成就。2010 年，中国国内生产总值达到 5.88 万亿美元，跃居世界第二位；货物进出口总额位居世界第二位；服务进出口总额达到3624 亿美元，同比增长 26.4%．高于世界服务进出口平均增幅 18 个百分点。中国已成为全球服务贸易重要国家之一。

中国对外开放水平的提高和综合国力的提升，为中国服务贸易快速发展提供了良好的基础和条件。2010 年中国人均国内生产兰直超过 4000 美元，服务业将进入加速发展时期。“十二五”时期，中国服务业增加值占国内生产总值的比重将提高 4 个百分点。服务业将成为提供就业机会的主要行业、推动经济结构战略调整的主导行业、拉动经济增长的重要支柱行业，服务贸易将迎来新的发展时期。

“十二五”时期，中国将实施更加主动的开放战略，把服务贸易作为参与国际经济合作的新平台。

2. 总体发展方向

中国将坚持服务贸易均衡协调发展：一方面，逐步提高服务贸易在对外贸易中的比重，实现货物贸易和服务贸易的良性互动。另一方面，坚持服务进口与服务出口的均衡发展。过去十年，中国国内消费每年以 15% 的速度增长，今后还会继续保持这样的增速，进口也将随之显著增长，特别是服务进口将是重要内容。中国消费者在教育培训、养老服务、医疗保健等生活服务方面的需求潜力还很大。中国需要进口大量的先进技术和高端付务．加速经济结构的调整。按照中国服务进出口基本保持平衡的发展趋势，今后五年，中国从国外进口服务累计将超过 1.25 万亿美元。

3. 培育重点领域

今后一段时期，中国将加快发展与新一代信息技术、生物、高端装备制造、新能源、新材料、新能源汽车等战略性新兴产业相配套的服务贸易。紧密依托物流运输、金融保险、研发设计、信息咨、专业服务等生产性服务业的发展，积极开拓服务贸易新领域。

“十二五”时期，中国将着力培育以下重点领域的新兴服务贸易：

信息技术服务领域：要培育 20 家具有国际竞争力

的大型信息技术服务企业，培养10万名具有国际接包能力的复合型高级工程师；推动中国成为全球信息技术服务承接中心。

技术贸易领域：专有技术和专利技术许可占技术引进总额的比重超过60%；引导企业加大技术引进消化吸收再创新投入，推动技术出口快速增长，提高技术出口在技术贸易中的比例。

银行和其他金融服务领域：稳妥推进全方位、多元化的海外业务和海外分支机构建设，逐步提高中资银行海外分支机构的数量和规模；提升银行和其他金融服务的整体竞争力，为中国企业的跨国发展提供支持。

环境及节能服务领域：建立并完善环境及节能服务贸易管理制度及政策体系，逐步建立一个开放、公平的环境及节能服务市场；环境及节能服务贸易规模显著扩大。

分销服务领域：大力推进现代流通方式发展，增强流通主体竞争能力，促进内外贸协调发展，参与司建立国际分销网络；进一步增强分销服务在拓展市场、带动货务贸易发展等方面的作用。

4．重点发展举措

中国将进一步提高服务业对外开放水平。继续扩大金融、物流等服务业对外开放，稳步开放教、医疗、体育等领域，引进优质资源，提高服务业国际化水平。

在地域布局上，中国将深化沿海开放，吸引国际服务业要素向珠三角、长三角、环渤海地区和服务业为主的特大型城市集聚。

中国将加快推动服务业提高国际化水平。鼓励有条件的服务企业灵活运用跨国并购、绿地投资等多种方式，追随制造业企业“走出去”开展海外投资活动。重点支持对外承包工程、建筑、运输、分销等服务企业在发展中国家进行直接投资和本地化经营。积极争取在运输、分销、金融、教育、文化、广播影视和旅游等领域的对外投资方面取得明显突破。

2010年中国对外服务贸易统计　　（单位：亿美元）

类别	进出口		出口		进口		贸易差额
	金额	同比增长	金额	同比增长	金额	同比增长	
运输	974.7	39.0	342.1	45.2	632.6	35.8	-290.5
旅游	1006.9	20.8	458.1	15.5	548.8	25.6	-90.7
通讯服务	23.6	-2.1	12.2	1.8	11.4	-6.0	0.8
建筑服务	195.7	27.6	144.9	53.2	50.7	-13.6	94.2
保险服务	174.8	35.5	17.3	8.2	157.5	39.3	-140.3
金融服务	27.2	133.8	13.3	204.6	13.9	91.2	-0.6
计算机和信息服务	122.2	25.4	92.6	42.1	29.7	-8.3	62.9
专有权利使用费和特许费	138.7	20.7	8.3	93.4	130.4	17.8	-122.1
咨询	378.6	18.2	227.7	22.3	150.9	12.5	76.8
广告、宣传	49.3	15.4	28.9	24.8	20.4	4.4	8.4
电影、音像	4.9	31.4	1.2	26.4	3.7	33.2	-2.5
其他商业服务	527.6	21.4	355.9	44.1	171.8	-8.5	184.1
总计	**3624.2**	**26.4**	**1702.5**	**32.4**	**1921.7**	**21.5**	**-219.3**

资料来源：商务部

三、全球服务贸易发展需要凝聚共识，携手共进

站在新的历史起点上，全球服务贸易将在机遇和挑战中进入发展的新阶段。大力发展服务贸易，推动世界经济新增长，需要国际社会凝聚共识，携手共进。为此，我提出以下三点建议。

1．维护自由贸易体系，创造良好发展环境

在经济全球化背景下，一个公正、自由、开放的全

球服务贸易环境，符合国际社会成员的根本利益。在经济低迷时期，世界贸易组织仍然秉持自由贸易的理念并发挥了积极作用，服务贸易得以持续发展，为全球经济复苏提供了有力保障。但是，相对危机爆发之初，当前服务贸易壁垒增加的风险依然存在。有的国家或地区已经在对外国开放服务市场设置过高门槛或障碍，有的正在限制或减少服务外包。历史和实践反复证明，保护主义没有出路，我们一贯秉持的开放的自由贸易立场不能动摇。

（二）秉承互利共赢理念，努力实现共同发展

当今世界，各国相互联系、相互依存、利益交融达到前所未有的程度。携手合作、同舟共济符合各国共同利益。在国际经济交往中，秉承互利共赢基本理念，才能与贸易伙伴们在交流与合作中增进了解、缩小差距、消除分歧、达成共识、实现共赢。中国在加入世界贸易组织谈判过程中，谈的最多的就是服务领域的对外开放，承诺最多的就是服务贸易减让表。中国已经完全兑现加入世贸组织承诺，还在多个服务部门实行了自主开放，部分服务领域的开放程度超过加入世贸组织承诺，还有部分领域甚至超过了发达经济体的开放水平。中国加入世界贸易组织的十年，是中国和世界分享繁荣和实现共赢发展的十年。中国不折不扣地履行加入世贸组织承诺，在为贸易伙伴们创造了巨大商机的同时，自己也实现了服务业和服务贸易的持续快速发展。

（三）坚持协调合作原则，不断拓展发展空间

加强协调、深化合作是各国服务贸易实现可持续发展的必然选择。面对服务贸易发展的新挑战，应该进一步加强宏观经济政策协调，大力推动新兴服务领域合作，不断拓展发展空间。中国将积极参与全球经济治理机制合作，促进全球经济治理机制公平、公正、均衡发展，为世界服务贸易发展创造更广阔的平台。多哈回合谈判已经进行了十年，中国一直以积极的姿态参加多哈回合谈判。最近，多哈回合谈判“希望之窗”离我们渐远，有些国家由于本国政治的原因，一时还难以接受多哈回合全部的条件。但是，当前各国进行早期收获的讨论对服务贸易的开放有着十分重要的意义，所以，中国支持在世贸组织的领导下，进一步推动多哈回合谈判，并衷心地预祝多哈回合谈判取得圆满成功。

在世界经济经历艰难复杂的复苏的过程中，出现了很多不稳定的因素，欧洲主权债务危机、日本大地震、中东地区政局动荡给未来世界的发展带来很多的不确定性。但是，我们也看到，服务贸易曾经是引领世界经济复苏新的动力，我们相信在世界新的一轮复苏中，服务贸易将发挥更大的作用。

（本文为陈德铭部长2011年6月1日在第三届中国服务贸易大会上的演讲）

转型升级　创新求变
新形势下对外工程承包战略调整的思考

商务部国际贸易经济合作研究院　邢厚媛

当前，世界政治、经济和安全格局正在经历重大调整，对国际建筑市场的区域结构、产业结构、业主结构以及经营模式都产生了直接影响，国际工程承包市场进入了新一轮重组和变革时代。在这种复杂多变的市场格局当中，中国已经跻身世界建筑服务出口大国之列，中国的对外工程承包事业也在积极探索自己的转型升级道路，创新求变，展现出乐观前景：

一、动荡中的调整

2011年，受国际政治、经济、安全局势动荡的影响，在“十一五”时期一路高歌的我国对外工程承包业务，增速有所放缓。据商务部统计，2011年我国对外承包工程业务完成营业额1034.2亿美元，同比增长12.2%. 新签合同额1423.3亿美元，同比增长5.9%。与前五年平均增速达到近30%的发展形势相比，“十二五”开局之

年的温和增长，标志着对外承包工程业务进入结构调整和转型升级阶段

导致 201 1年对外工程承包增长缓慢的原因是多方面的，主要有以下几个方面：

（一）世界经济低速增长，国际工程承包市场总体增长放缓

国际货币基金组织近期发布的估算数据显示，2011年全球经济增长明显放缓，增长率仅为 3.8%，而 2010年为 5.2%，其中发达经济体主权债务危机不断扩散和蔓延，经济下行的风险进一步加剧，2011 年增长率仅有 1.6%，比 2010 年的 3.2% 低了一倍；被世界寄予厚望的新兴经济体经济增长态势总体良好，但增长速度也仅有 6.2%，比 2010 年的 7.3% 低了 1.1 个百分点。明显放缓的世界经济表现为投资不足、贸易缩减、新建工程放缓。所以，我国企业获得的新签工程合同金额只增长了 5.9% 比 2010 年 6.5% 的增长速度进一步降低。

（二）区域经济表现各异，市场需求发生变化

2011 年，发达经济体由于主权债务危机不断扩散和蔓延，经济下行的风险进一步加剧，经济增长率仅有 1.6%。其中英国增长 1.8%，欧元区增长 1.6%. 日本负增长 0.9%，美国实际增长 1.7%。主权债务缠身的发达经济体国内投资不振，除美国房地产投资温和回暖以外，其他国家建筑业投资总体下降，基础设施建设更需外国投资，PPP 项目方兴未艾。新兴经济体在世界经济中的地位虽然还在进一步提升，但经济运行表现各异。中东欧经济增长 5.1%，比 2010 年的 4.5% 有些许提高，俄罗斯增长 4.1%；除日本以外的亚洲增长 7.9%，印度增长 7.4%，东盟增长 4.8%；拉美增长 4.6%，比 2010 年的 6.1% 有显著降低，其中巴西增长率只有 2.9%，比2010年的 7.5% 有大幅下降，中东北非地区只增长了 3.1%，撒南非洲虽然增长了 4.9%，但比 2010 年的 5.3% 还是有所降低。

尽管发展中国家和转轨国家经济比发达国家表现更好，但受世界经济整体放缓的拖累，增长速度也呈现放缓迹象，特别是巴西和部分非洲国家的情形更为明显。因而，不同区域的新兴经济体的基础设施建设也呈现出各自的特点，部分区域继续兴旺，局部地区表现迟缓。由于发达经济体对外援助减少，撒南非洲等地区的基础设施投资扩张也深受影响。在外国援助和本国财政投入减少的情况下，拉美和东南亚地区基础设施建设更加需要外国投资，而非只需要外国承包商。因此，中国承包工程企业面临新的市场需求，需要在调整中探索角色转换，面对新的业主群体，需要国际商务能力的提升以及与新业主的磨合。这在一定程度上影响了我国企业的业务规模。

2011 年，我国企业在亚、非市场上的业务份额仍占到全部业务的 80%。由于印度、沙特等市场的支撑，亚洲市场稳坐第一大市场的交椅，占据 45% 的业务量。非洲市场在 2011 年先抑后扬，受年初利比亚、埃及等地局势动荡的影响，非洲地区上半年的合同量有较大下滑，新签合同额 152.8 亿美元，同比下降 22.7%，但下半年出现复苏势头，安哥拉、阿尔巴尼亚等市场表现出众，使得非洲全年新签合同额达到 457.7 亿美元，同比增长 19.36%. 占全部市场份额的 32.16%。前两年发展势头初露端倪的拉美市场成为我国企业新的增长点，新签合同额将近 170 亿美元，占全部市场份额的 11.94%，突破一成大关。

（三）国际安全局势严重影响中东、北非基础设施建设

2011 年，中东北非地区政局动荡，特别是利比亚长达 5 个多月的战乱，严重影响了该地区的基础设施建设，局部发展停滞。在过去 5 年中，非洲地区已经成长为中国第二大海外工程市场，占据中国海外工程承包 38% 的市场份额。该地区的政局和社会动荡，势必影响了中国海外工程承包业务的规模。仅在利比亚一个国家，由于战乱停建的工程就达 140 多亿美元。加上埃及等部分国家针对中国工程技术人员的绑架、袭击和安全生产事件时有发生，增大了中国企业和人员的安全风险，相关工程建设的进度也受到一定影响。

（四）国际金融市场震荡，加大了国际基础设施建设的融资成本和汇率风险

美债和欧债危机蔓延，导致世界经济出现下行趋势，以美元为核心的国际金融货币体系面临新的挑战，国际汇市动荡。而基础设施建设一般投资规模较大，回收期长，无论投资者还是承包商承担的风险都在加大。对于中国公司而言，国际主要货币之间的汇率动荡和人民币汇率升值的压力，更使得汇率成本和风险形势更加错综复杂，业务受到影响在所难免。

（五）宏观政策调整在一定程度上影响到对外工程承包业务

随着“走出去”战略的加快实施，中国企业国际化进程加快，海外业务规模扩大，对我国国民经济和社会发展的贡献显著增加。同时，国家宏观政策调整对企业拓展海外市场的影响正在逐步显现。2011 年，为控制经济过热增长、缓解通货膨胀压力，国家先后多次调整信

贷政策。受此影响，商业银行银根收紧，企业贷款不仅利率上涨，而且难度增大，这在一定程度上影响了企业在海外的投资、并购和承包工程项目。2011年对外承包工程业务增速前高后低，在一定程度上反映了国家宏观政策调控的影响。此外，国内劳动工资普遍上涨的影响也延伸到海外项目上，承包企业从国内派出工程技术人员的工资成本也在上浮，在一定程度上削弱了企业原有的竞争优势。

二、调整中的希望

进入调整阶段的中国对外工程承包业务，在平稳增长中蕴育着新的希望。我国的产业技术优势已经转化成企业转型升级的强大动力，成为对外承包工程业务发展的新希望。

（一）电力、电信行业优势显现

2011年，我国新签电力项目合同金额310.7亿美元，占新签合同总额的21.8%，首次超过房屋建设和交通运输业，成为对外承包工程最大签约领域。同期国际电力市场的行业占比大致不超过10%，凸显了我国电力工程技术在国际市场的领先地位。一批中国电力企业跻身中国新签合同额50强企业名单，并且在国际市场大展拳脚。同时，受华为公司在巴西、尼日利亚、俄罗斯等大型电信项目合同的拉动，2011年我国电信领域新签合同额达到148亿美元，同比增长60.7%，占我国全部新签合同额的10.4%．不仅创造了电信行业占我国对外工程承包行业比重的新纪录，而且远远超过了全球国际承包市场中电信行业所占份额。华为技术、中兴通讯、上海贝尔等成为中国电信业在国际市场上的品牌企业，也成为世界电信市场上最有竞争力的国际企业。

（二）企业经受考验，整体实力增强

在极不平凡的2011年，中国对外承包工程企业经受了市场收缩、战乱和其他安全风险的考验，在外部环境动荡和业务调整中取得了较平稳的增长。特别是核心骨干企业表现突出，成为转型升级的中流砥柱。2011年，按新签合同额排名前28位的企业合同额都达到10亿美元以上，其中华为技术、中水电建设、中建总公司、上海电气和港湾工程等前5位企业的新签合同额超过50亿美元，而且华为技术公司新签合同额达到116.3亿美元，创造了中国企业对外承包工程新的历史记录。我国对外承包工程进入转型升级时期，单个企业新签合同额突破100亿美元大关，是一项具有划时代意义的指标。在完成营业额方面，排名前17位的中国企业完成营业额均超过10亿美元，其中华为技术、中建总公司、中水电建设、港湾工程、中信建设、石油工程建设和山东电力建设三公司7家企业的营业额都超过了20亿美元，华为技术公司以87.9亿美元位居榜首，而且刷新了自己保持的完成营业额历史记录。

（三）面对发展中国家企业竞争，真诚开展南南合作

近年来，特别是全球性金融危机爆发以来，新兴经济体整体发展势头较好，特别是发展中国家工业化、城镇化进程加快，带动了当地工程建设企业的成长。在许多国家市场，中国企业都面临着来自本土企业的竞争，而且由于东道国对外籍劳务的限制性政策增加，中国国内工程成本上涨，使得我国工程承包企业必须理性对待新的竞争格局，调整业务布局，与当地企业或人员开展合作：一方面，在一些小型项目、技术含量不高的项目上，中国企业基本上不参与竞标；另一方面，在大型项目、技术含量较高的项目上，和当地企业开展分包合作。同时，在当地人员能够胜任的岗位上，尽可能雇佣当地员工，并且加大对当地员工的培训，以提高他们的工作技能，也赢得了项目所在国政府和居民的欢迎。

（四）应对境外突发事件，企业防控风险投入成常态成本支出

2011年，中国对外工程承包企业在中东和非洲地区遭遇多起突发事件，埃及的动荡、利比亚战乱以及其他安全事故，都增大了企业的安全风险，相应的风险防控支出也随之增加。尽管我国政府在防范中资企业海外风险方面已经加大了行政投入，但企业的相关支出却是必不可少的。在安全风险陡增的环境中，许多中资企业已经深刻意识到，风险防范支出必须成为企业常规支出成本的一部分，风险防范需警钟长鸣，正所谓人无远虑必有近忧。一些企业的实践已经证明，风险评估、预警、处置预案、保险，只有成为企业海外经营的必修课和必要支出，才能防患于未然，企业的财产和人员的生命安全才有保障，国际化业务才能可持续发展。

三、希望中的奋起

展望2012年，国际承包工程市场形势将更加严峻，不仅世界经济增长继续放缓，而且适逢数十个国家大选之年，政局调整在所难免，中国企业将面对更加复杂多变的环境。在机遇与挑战面前，中国企业要继续坚定市场化的信念，根据市场的变化适度进行战略布局调整，整合国内资源、创新国际化经营模式，积极探索对外工程承包业务转型升级。

（一）在复杂市场环境中坚定信念

中国对外工程承包企业是改革开放以后率先进入国际市场、完全按照市场规则运行的企业群体，在过去三十多年国际市场风云变幻的大风大浪中，经历了无数的风雨和考验，从20世纪80年代中期中东市场衰退，到90年代后期亚太市场收缩，中国工程承包企业都一次次化险为夷，用地区市场转移、窗口型向实体性转变、分包向总承包升级等战略调整从容应对，实现了化羽成蝶的蜕变。今天，面对世界经济增速进一步放缓，国际政治格局和安全风险增多，国际工程承包市场地区结构、业主结构、承包方式发生重大调整的态势，我国政府和企业应坚定信念，在“十二五”规划引导下，审时度势，顺应市场需求的变化，进行必要的战略调整，就能够克服各种各样的困难，应对挑战。

（二）积极审慎选择区域和国别市场

根据世界银行和国际货币基金组织的预测，2012年全球经济增速将继续放缓，增长速度约在2.5%-3.3%，其中发达经济体增长预计为1.4%，而欧元区经济将可能陷入轻度衰退(1)0.5%；新兴经济体的增长率可达5.4%-6%，除日本以外的亚洲地区有望增长7.3%，印度经济增长率可达7.0%，拉美增长3.6%，撒南非洲增长5.5%，东盟5.2%。世界经济虽然总体增速放缓，但区域市场的兴衰各异，机遇也就不同。中国企业要对市场战略进行必要的调整，大力拓展亚太市场，巩固非洲市场，稳健拉美市场，并以新的方式在发达市场寻找切人点。

（三）发挥资源优势进行经营模式创新

在世界经济的困局当中，世界各国都在为促进增长、扩大投资和就业而努力，为我国发挥体制和资源优势提供了难得机遇。在发达国家，处于债务危机漩涡的欧洲在扩大吸收外资加强基础设施建设，同时出售部分国有资产。而我国不仅外汇充裕，而且基础设施建设实力较强，只要把资本与基础设施建设能力结合起来，就可以在欧洲、拉美、东南亚创造出新的发展模式和新的竞争力。传统上，我国参与海外基础设施项目主要是以承包商身份。现在，可以尝试作为开发商进行投资和经营项目。近日，中国投资有限责任公司董事长楼继伟在英国《金融时报》撰文表示，“中投有兴趣从英国开始，投资于发达国家的基础设施。愿意以股权投资者的身份，以公私合作伙伴关系（即PPP,public private partnerships）的方式，参与到英国基础设施建设中去”。相信中国金融资本与建筑业产业资本的结合，不仅将创新中国参与国际基础设施建设的模式，而且这种模式在英美国家、东南亚国家、中亚国家都可以得到推广，更能为中国对外工程承包业务转型升级实现新突破。另一方面，非洲国家正在进行基础设施建设的区域合作，以加快互联互通，提高投资效率。例如，连接肯尼亚拉穆港一南苏丹一埃塞俄比亚的交通走廊项目正由埃塞俄比亚、肯尼亚以及南苏丹政府共同出资建设。近期，埃塞俄比亚政府宣布同肯尼亚政府就新建一条连接拉姆港和亚的斯亚贝巴的标准轨距铁路线项目签署了合同，并且一条从港口通往肯尼亚伊西奥洛的道路也在计划当中。这样的区域基础设施网络建设模式，对于国家众多、国土面积狭小、交通运输不发达的非洲地区而言，无疑是一种创新。而多数非洲国家经济落后、资金短缺，需要外国投资。中国与非洲有着长期友好的双边关系，中国企业在非洲也有良好的市场基础，在交通、电信.电力网络建设方面，可以发挥资源和政治优势，为非洲的发展和南南合作做出新贡献。

总之，在世界经济、政治、安全局势动荡之年，我们用辩证的世界观和方法论，依然可以准确判断和把握市场机会，发挥优势，积极调整，以变制变，争取实现新的跨越。

全面参与经济合作：大国转型的必然选择

对外经济贸易大学国际经济贸易学院 章昌裕

一、关于经济大国的思考

（一）中国的经济大国现实

2010年，中国GDP总量达到58786亿美元，位居世界第二，国家外汇储备2.8万亿美元，连续5年位居世界第一，在国际货币基金组织中，超越英、法、德成为第三大股东，吸收外商直接投资1057亿美元，连续18年位居发展中国家第一；此前，2006年，中国制造业生产总量居世界第4位，172类产品产量居世界第一，获得"世界工厂"称号，2009年出口总额12016亿美元，位居世界第一；2006-2010年，中国GDP年均实际增长11.2%，高于同期世界经济年均增速。

就在中国超越日本成为世界第二大经济体的时候，美国《华尔街日报》发表评论认为，中国在经济腾飞的道路上一直扮演着赶超者的角色，2009年中国取代德国成为全世界最大出口国；2010年8月又取代日本成为全球第二大经济体；现在，人们又在关注中国何时超越美国。中国经济总量超越美国只是时间问题，但中国如何从经济大国走向经济强国，才是更加需要思考的问题。

（二）世界强国之路

从20世纪90年代开始，国内关于强国定义、强国标准，以及中国强国之路的讨论就已展开，各路学者依据各自的学科特点，从不同角度提出的观点林林总总，不胜枚举，此处只从几个基本含义提些看法：首先，强国的英文词义为"Powerful country"或"Powerful state"，亦或"Powerfulnation"，本意是强大的国家，强大的国家可以理解为在国际关系中起着决定性作用的国家，强国不仅拥有巨大的资源和军事力量，更重要的是在国际社会中具有巨大的政治影响力。其次，以哲学和经济学基本观点看，能够在国际关系中起着决定性作用的国家，必须拥有强大的经济基础作为支撑，非此之外的所谓政治强国、军事强国、文化强国等皆为无稽之谈。第三，强国不是自封的，更不是在精神世界里靠自我陶醉形成的，强国一定是在开放的世界大家庭中得到绝大多数国家公认的。

以史为鉴，可以知兴替。历史唯物主义基本观点说明，生产力是人类创造财富的能力，生产力发展是推动人类进步的最终动力，科学技术是第一生产力，每一次科技进步不仅推动了生产力发展，而且使国际分工、世界市场和全球经济发生深刻变革。

第一次科技革命使市场经济制度最终战胜封建经济制度，国际分工变化推动世界市场初步形成和国际贸易迅速发展；剩余资本出现推动国际资本运动产生，剩余劳动力国际自由流动开始，开创了以资本和劳动力为代表的生产要素国际移动，这次科技革命的最大成果是世界经济开始了第一次全球化活动。对这次科技革命，马克思的评价是"资产阶级由于开拓了世界市场，使一切国家的生产与消费都变成世界性的了"，马克思当年所说的"世界性"与后人所说的"全球化"并无本质区别。在这次科技革命中，英国凭借工业革命创造出无可争辩的经济强权和坚船利炮，成为近代史上的第一个世界强国，同时，新航路开辟和通讯业革命使世界统一程度极大地超过以往任何时期，在市场经济制度国际化过程中同时成就了欧洲主要国家。中国在这次科技革命时正处于"康乾盛世"余晖时代，闭关锁国的政治制度导致中国在世界潮流中渐行渐远，此后沦为半殖民地半封建社会。

第二次科技革命使人类进入电气时代，生产手段、生产对象、生产方式时空阻隔出现本质变化，在垂直分工、产业间分工完成后，国际分工格局发生深刻变化，国际分工体系完成。在这次科技革命中，一方面世界市场最终形成使全球生产联系得到加强，全球化当现第二浪潮，另一方面，国家垄断资本产生使政府在经济中的作用得到加强，以政府和国际组织出面的国际经济协调加强，全球范围内对话和合作方式开始起步：这次科技革命，不仅成就了欧美等经济主导国家，而且使美重成为现代强国，美国除了凭借其广袤富饶的土地和得天独厚的地理位置外，二战后社会主义阵营的崛起也为美国通向世界强国提供了难得的机遇，在全面开展与资本主义世界的合作过程中，美国责无旁贷的成为"自由世界"的中流砥柱，尽管美国有着双重价值标准，但在面向世界开放，吸纳全球精英，从而在思想力、创新力和引领力等方面创造出的示范与影响是无人可比的。中国在这次科技革命中试图赶上发展机遇并开始近代化历程，但终因受帝国主义列强蹂躏而最终失败。

第三次科技革命是人类知识和智力的革命，这次革命不仅使人类在生产、生活、自然、社会等领域发生了一系列质的飞跃，而且使国际分工发生革命性变化，一个以价值链分工为主导的新型国际分工形式出现，国家间从简单最终产品间贸易走向价值链分工间贸易，最终推动世界所有国家都融入到国际贸易和资本运动体系中；价值链分工体系催生了新工业体系形成，跨国公司迅速成长并推动生产要素全方位运动，一个以跨国公司为代表和以资本为引领的全要素国际移动新局面在全球展开，在网络技术、生物技术和生命科学等现代最新科技推动下的第三次全球化浪潮不仅势不可挡，而且为全世界所认可。这次科技革命成就了日本的强国地位，从20世纪60年代开始，日本抓住了战后国际形势变化提供的良好机遇，在完全开放制度下，充分利用国内外各种条件确定了具有本国特色的发展道路，不仅以“贸易立国”战略有效开拓国际市场，在扩大出口的同时加强资本输出，同时吸引世界资本和技术。在这次科技革命中，中国曾经落后，但中国共产党的伟大正在于她能及时拨乱反正，改革开放，确立了中国作为大国向世界开放的胸怀，使中国成为第三次科技革命和全球化的最大的受益者，改革开放后的中国，积极参与各种生产要素运动的国际经济合作，不仅使经济持续保持30年高速增长，而且获得了应有的国际地位。

综上所述，除去各种历史偏见外，可以看出，强国之路的共同途径，一是全面开放并主动与世界融合，二是积极参与资本运动，三是获得世界话语权。《国际先驱导报》2010年10月11日在一篇文章中认为：“强国地位有三种标志：力量、以及基于力量的服务能力和保护能力，综合看这三种标志的关系是，没有力量一切无从谈起，有力量只提供服务而不提供保护，可能会变成逃避责任的经典现实主义者，最终导致自己提供的服务无人问津，有力量只提供保护而不提供服务，则只会变成处索取保护费的恶邻居”，“中国正呈现强国的三大标志，即力量、以及基于力量的服务能力和保护能力，实际也就是从获得力量到合作性运用力量再到引领性运用力量”，显然，历史和现实都将中国推向了一个新的选择点上：尽快实现由大国向强国的转变。

二、当代国际经济合作新特征

（一）相互依存——当代国际经济合作的基本特征

国际经济相互依存是20世纪60年代出现在工业化国家中的一种趋势，相互依存理论（In-terdependence）最初形成于20世纪60年代后期，主要代表人物是美国经济学家理查德·库珀（Richard N. Cooper）、罗伯特·基欧汉（Robert O. Keohane）和约瑟夫·奈（Joseph.S. Nye），他们将相互依存视为“现代国际体系的根本特征”和国际关系的重要原则。约瑟夫·奈和罗伯特·基欧汉的《权力与相互依存——转变中的世界政治》（1977）开篇第一句话是“我们生活在一个相互依存的时代”，库伯认为（《相互依存经济学：大西洋共同体的经济政策》，1968），一个国家的经济发展取决于其他国家的发展和政策，一个国家的发展和政策又影响到其他国家的经济发展，世界各国在对称与均衡的相互依存中发展；库伯将一国的国民生产总值与进出口贸易所占比重以及两者的发展速度之比作为相互依存分析的数量分析指标，经过验证得出的结论是：由于波及效应随着经济相互依存程度的加深而增强，非合作经济的政策效力会减轻，经济政策协调显得尤为重要；国际经济相互依存理论可以解释国际经济政策协调的必要性，缺乏国际经济政策协调将会付出高昂的代价。20世纪80年代后，相互依存理论进入发展兴盛时期，在国际政治与经济、国际安全与国际制度关系方面有了很多新的研究成果。

20世纪90年代后，“冷战”结束，世界进入和平与发展时代，国际政治经济格局出现重大变化，政治走向多极化，经济走向全球化，国际间相互依存成为国际经济合作的基本特征。首先，在和平与发展时代，谈判取代冷战，均势取代遏制，国际政治合作趋势逐步超过国际冲突趋势；其次，各国所面临的诸如能源、人口、环境、粮食、增长与发展等问题成为全球性问题，靠个别国家的努力已无法解决，通过国际经济合作可以推动全人类共同利益形成；第三，在国际贸易作用加大和国际投资加速背景下，各国再也不能闭关锁国，越来越多的国家实行对外开放政策，缓和与开放占据国际关系主导地位，国际经济组织（包括会议、论坛）作用得到加强，新的国际合作方式改变了传统的世界政治经济格局。当相互依存成为国际社会中不可否认和回避的客观事实.任何国家都难以游离之外时，组成国际社会的全体成员彼此间在政治、经济、技术、文化等领域中形成相互联系、相互影响、不可分割的相互依赖生存关系，经济上的相互依存成为其基础：相互依存中的国际经济合作既在国家间或区域内，也在全球范围内建立，水平相互依存、垂直相互依存、共生相互依存与水平国际经济合作、垂直国际经济合作、多边国际经济合作融合在一起。

中国入世后，对外贸易和投资高速发展，2005年后外贸依存度一直保持在60%以上，出口对经济增长年贡献率达到20%，对全球经济增长贡献率连续两年超过50%(2009-2010)；2009年吸引外资总额位居全球第二，预计未来三年吸引外资总额将升至世界第一；作为资本输出国，2010年中国对外投资额排名跃升到世界第五位，总额达到688亿美元，预计未来三年将位居世界第二（联合国贸发组织《2010年世界投资报告》）。按照相互依存理论，GDP、外贸依存度、直接投资之间存在正的高度线性关系，这就说明中国与世界的相互依存度正在不断提高，利益重叠交织趋势越来越突出，中国与世界不再是内部与外部和各自追求自己理想的关系，而是越来越多的表现为内外一体，有着越来越多的共同追求关系，在相互依存中积极与各国开展经济合作已成为无法替代的选择。

（二）全要素合作——当代国际经济合作的经济特征

生产活动是人类经济生活的基本活动，生产活动是对生产要素进行组合制造产品的过程，国际经济合作的实质是生产要素国际移动和重新组合配置，第三次科技革命推动价值链分工体系形成，生产要素全方位运动，全要素合作成为当代国际经济合作的经济特征。首先，经济全球化背景下，生产要素国际差异取代比较成本成为决定国际分工的基础与核心，以生产要素参与全球化的国际分工实际上是一种要素分工，各国以一种或几种特定的生产要素参与国际分工，以一个或几个生产环节的比较优势参与国际竞争并获得要素收益。其次，决定要素合作的基础是全球生产价值链体系，在以价值链为基础的国际分工格局下，以产业和产品为界限的分工演变为同一产品内某个环节或某道工序的专业化分工，最终产品优势竞争转移到价值链各环节上，从而使全球产业体系重构，在生产方式、市场竞争、资源配置、财富分配等方面发生深刻变化，“分工利益”大于“贸易利益”，最终影响国家经济增长方式和发展速度。第三，价值链分工成为现代分工主要形式后，任何国家和企业都不可能拥有所有的生产要素和资源，一国的竞争优势不仅体现在某个特定产业或某项特定产品上，更多体现在同一产业价值链和同一产品价值链的各个环节或工序上，利益则按要素分配方式进行，在此背景下，生产要素全面跨国流动趋势进一步加强，一国要在价值链分工体系中获得一定份额和利益，必须参加全要素运动中的国际经济合作：第四，价值链分工成为新型国际分工发展推动力后，各国根据量己不同的要素资源禀赋获取相应的价值增值与收益，参与全球价值链分工成为经济增长的必由之路：第五，价值链分工体系形成后．经济全球化加速了生产要素在全球范围内自由流动和重新优化组织配置，区域经济一体化、多边贸易体制建立既是全球价值链分工的制度保证，也是全要素合作必然结果，这一结果使国家间经济关联性和依存性不断增强，发达国家不仅凭借其资本、技术等优势先机占据了高端生产和服务市场，而且还获得了国际游戏规则的大部分制定权，进一步强化其在原有贸易格局中既得的利益，发展中国家则处于国际分工链条末端，并且在国际游戏规则中受制于人。

改革开放以来，中国在“利用两个市场、两种资源”思想指导下，通过“以资源换技术”、“以劳动换技术”、“以市场换技术”、“以劳动和资本换资源和技术”参与生产要素国际运动，使中国在取得巨大发展成就的同时出现两方面的显著特点，第一，在以出口导向和积极吸收外资为主要推动力的增长方式中，出口位居世界第一，外资占GDP比重超过40%，成为经济增长引擎，外贸、外资协力发展的核心是绝好的利用了世界最大的比较优势——廉价劳动力，结果是在确立贸易大国地位和“世界工厂”称号的同时，也使中国走到了价值链利益分配“微笑曲线”的底部。第二，在“走出去”战略推动下，积极参与了生产要素国际分工，在国际资本运动中，1999-2009年，中国对外直接投资年平均增长率达80.43%，远高于GDP增长速度，2009年位居世界第五位，并购交易世界第二位，中国企业已由被收购转为收购方，2010年底，累计非金融类对外直接投资2588亿美元，以能源为主的采掘业成海外投资主力军，海外资产超过两万亿美元，预计2015年将居全球第一，总体上已步入资本净输出阶段。“十一五”期间，我国对外承包工程新签合同额4944亿美元，完成营业额2850亿美元，是“十一五”规划目标的2.2倍；累计派出各类劳务人员192万人，劳动力跨国界流动收入已大于支出；据国家发改委公布公布的数据，到2010年，中国高新技术产品出口占外贸出口的比重已达35%，具有自主知识产权和自主品牌的高新技术产品占高新技术产品出口总额的比重提高到15%左右，2009年，由中国大陆及中国香港地区出口的信息与通信技术产品已占据全球该类产品总出口额的1/3，中国已稳坐全球信息和通信技术产品出口国龙头地位。

这两个特征说明中国在以廉价劳动力和相对丰富自然资源等比较优势融入全球价值链分工过程中，同时抓住时机积极参与了全要素国际运动。中央提出“走出去”战略已经十年，“走出去”的实质是参与国际经济合作，为实现大国向强国的转变，除继续提高对外开放水平外，必须以开放大国的姿态提高中国在国际分工中的地位，培育新的要素优势，走全要素合作创新之路，以全要素合作推动对外贸易创造效应与产业结构升级效应提高，最终实现国民经济可持续增长效应。

（三）全方位合作——当代国际经济合作的方式特征

随着冷战结束，20 世纪 90 年代后世界政治格局发生了一系列重大变化，变化的根本特征是出现了多极化格局。在多极化格局中，首先，政治上形成相互制衡力量机制，各主权国家话语权均得到提高，各政治力量间利益诉求日益增多，在利益至上，竞争共处原则下，全球发展成为各国都必须认真对待的问题。其次，多极化格局更有利于世界和平与发展，在相互补充、交融和依存共处中，各国利益更多地交融在一起，为实现自身的战略目标，对话与合作成为当代国际政治经济交往的主流。第三，多极化使各国在世界经济格局中地位转换，综合国力强弱决定了一国在国际上的地位和作用，在经济发展不平衡规律作用下，经济利益成为国际关系的重点，综合国力竞争大大加剧。第四，综合国力竞争的核心内容是经济竞争，科技创新是综合国力竞争的制高点，在国际政治角逐逐渐转向以科技为先导，以经济为基础的综合国力竞争后，经济发展与科技进步成为当代世界的鲜明主题，加强国际经济协调，扩大交流与合作成为当代世界政治外交的主流趋势。

相互依存理论提出者罗伯特·基欧汉和约瑟夫·奈认为，当国家所面临的许多问题趋于全球化后，国家间经济联系加深使一国实现本国宏观经济政策的难度加大，单靠个别国家的努力已无法解决，缺乏国际间的经济政策协调将会代价高昂，国际合作趋势逐步超过国际冲突趋势，通过在全球范围内的经济势力相互制约，最终谋求形成一种势力更强的国际经济同盟，经济政策协调就显得尤为重要，广泛开展国际经济政策协作是十分必要的。中国国际经济合作理论界老前辈，四川大学王世浚教授曾总结过当代国际经济关系中的竞争（Com-petition）、矛盾（Contradiction）、协调（Coordination）、合作（Coopera-tion）“4C 规律”，首先，竞争是商品经济的必然产物，国际经济竞争是参与国际经济活动各个行为主体为取得某种经济上的优势而在国际间展开的一种经济实力较量和自觉活动；其次，任何一种国际经济行为都反映了行为主体所追求的价值利益目标，各行为主体在目标实现过程中，必然会发生摩擦和冲突，甚至对立，国际经济关系中的矛盾普遍、大量、经常性存在是一种长期现象；第三，解决矛盾需要协调，国际经济协调是国际经济关系中不同行为主体、国际经济组织制定共同遵守的协议和法律法规等进行协商的途径和机制；第四，协调推动合理竞争、缓解矛盾冲突和产生合作，国际经济合作是国际间不同行为主体为实现生产要素在国际间移动和重新组合配置的一种有效的经济机制，这种机制是世界生产力发展的客观要求与结果，是经济生活国际化的必然趋势。

在一个开放的世界中，国际经济政策协调的实质是全方位的合作，主要采用三种形式进行，第一种是在多边协议框架下的机构性协调，第二种是在区域经济一体化过程中的地区协调，第三种是在领导人会晤机制下的定期协调。IMF 主导的国际货币协调、WTO 主导的国际贸易协调、G20 会议都是典型国际经济政策协调形式，这些协调已改变了传统的宏观、微观国际经济合作，在全世界拉开了一个全方位国际合作的新局面。在刚刚过去的全球金融危机（2007-2008 年）中，G20 活动频繁，连续四次召开全球金融峰会，20 国领导人与财政部长、央行行长不仅就反危机和应对衰退的措施进行了商讨和协调，还就世界经济与金融发展共同关心的问题进行了协调和达成一些共识，在全球合作方面取得了较为显著的成果。实际上，从 G7（西方七国首脑会议，简称 G7，成立于 1976 年）到 G20（Groupof20，成立于 1999 年）大约经历了 20 年，这 20 年正是相互依存的全球化高速发展时期，G20 的事实证明，第一，发展中国家与发达国家开始平等讨论国际经济事务和参与全球经济治理（2008 年 11 月华盛顿峰会），新兴经济体正式走上全球经济治理舞台与发达国家共同讨论全球经济问题（2009 年 9 月匹兹堡峰会）；其次，在加强金融监管方面，需要建立更加具有一致性和系统性的跨国合作（2009 年 4 月伦敦峰会）；第三，国际经济合作已超出传统生产要素运动范围，在全球经济复苏和金融监管、国际金融机构改革，反对贸易保护主义等多个问题中都需要协商、达成共识和开展合作（2010 年 6 月多伦多峰会）。G20 的实践与成果为当代国际经济合作提供了新的模式，同时证明在全球化和相互依存日益加深背景下，国际经济政策协调必须使国际经济合作方式朝着全方位方向发展。中国在四次G20会议中的作用充分彰显了世界越来越离不开中国，中国也有了更大的国际回旋空间和一个全新的国际经济合作局面。

三、全面参与国际经济合作：大国转型的必然选择

中国的改革开放是在与世隔绝状态下艰难起步的，30年对外开放和积极参与国际经济合作，不仅铸就了中国的经济大国地位，而且逐步向世界展示了作为“负责任大国”的胸怀。面对开放的世界，审视当代国际经济合作出现的一系列新特征，可以认为，融入相互依存的世界和全要素运动，以开放大国姿态积极参与全方位国际经济合作是实现由大国向强国转变的必由之路。

（一）坚持开放、内外联动、互利共赢

坚持对外开放，走开放大国道路是中国的长期国策，但大国向强国转变首先在于能否处理好自主发展与世界互动的辩证关系。中国在对外开放和同世界建立相互依存关系的同时，更需要做好经济体制改革、结构调整和经济转型，这是中国经济增长与持续发展的基础和根本保障，也是进一步同世界建立相互依存关系的最重要的条件。自主发展与世界互动的辩证关系应得到正确处理，在新的发展中不可畸重畸轻，内外联动说明应抓住世界多极化带来的机遇，进一步扩大开放领域，从相互依存出发充分利用全球资源，促进自主创新，推动立业结构升级和国民经济整体实力提高。在互利共赢中不仅承担“负责任大国”的责任，更要提高中国在世界的话语权，用自己的发展和负责任的态度促进地区和世界共同发展，在全面参与国际多双边合作中更多的考虑彼此利益：在安全高效中参与全要素合作不仅要全面提高对外开放水平，而且要注重防范国际经济风险．尤其是金融风险，切实维护国家经济安全，构建有效的国家经济安全体制机制。

（二）主动参与全球经济治理合作和国际决策机制

以大国姿态积极主动参与全球经济治理和国际决策合作机制，包括制定和修改国际政治、经济、金融、安全规范，引导和推动区域合作进程，加快实施自由贸易区战略，深化同新兴市场国家和发展中国家的务实合作，争取在国际事务中发挥积极重要作用。在相互依存的世界中，中国的强盛不可避免地会影响世界政治经济局势，也会引起一些国家抵触情绪提高（尤其是周边国家，特别是中国如果采取一些单独行动时，国际上通常会将中国的经济和政治问题搅在一起，不可避免地会涉及一些国际政治敏感问题，在设计中国未来经济发展和与世界经济互动，建立更深入更广泛的相互依存关系战略蓝图方面，中国必须从自身国情，以及发展条件和需要出发，同时根据世界发展大势和与各国优势互补的可能性，以及充分考虑一些国际忌讳，去制定切实可行和趋利避害的长期经济成长方略。

（三）以投资促进创新全球资本合作

20世纪发生在全球经济领域中的最重要事件是经济全球化浪潮兴起和科技革命，经济全球化并没有改变资本运动的基本规则。以资本为引领的生产要素国际运动和全要素合作趋势要求中国必须尽快实现利用外资、对外投资合作方式创新，走吸收外资和对外投资并重道路，以投资促进创新全球资本合作方式是构筑中国全面参与国际经济合作，提高竞争新优势的重要路径。当前我们必须认识到“利用”外资与“对外”投资概念皆应成为过去，历史经验证明资本输出是强国之路的不二选择，在以资本运动引领下的当代全要素国际经济合作中，从传统的“市场换技术”、“资源换技术”、“廉价劳动换技术”过渡到“资本换技术”，以投资促进创新全球资本合作，积极参与国际资本循环是构筑中国全面参与国际经济合作，提高竞争新优势的重要路径。

（四）加入国际价值链分工体系构铸贸易强国

受益于经济全球化下的产业转移和出口鼓励的外贸政策，中国成为世界第一大出口国，但距离贸易强国还相差甚远。作为贸易强国，第一应是经济大国，第二出口产品生产处于国际分工微笑曲线两端位置；第三出口产品技术含量高且具有较强竞争力，第四拥有国际贸易主要产品定价话语权，第五是国际贸易规则的主要参与者和制定者。这五项指标，除了第一和第五两项中国已基本做到，其他三项还差很多，为实现大国向强国转变，在新一轮全要素合作中，只有加入到新的价值链国际分工体系中，以结构转型升级为导向，以资本输出延长加工贸易价值链，培育新的要素优势，以全要素合作推动对外贸易创造效应与产业结构升级效应提高，是实现贸易强国的出路。

本文为对外经济贸易大学“211工程”三期重点学科建设项目（阶段）成果，项目编号：32022]

参考文献：

《2010商务形势系列述评》，商务部网站，2010年12月29日．

章昌裕：《国际经济合作实务》，中国商务出版社，2001年3月版．

章昌裕：《国际投资学》，东北财经大学出版社，

2009年6月版．

卢福财、罗瑞荣：《全球价值链分工对中国经济发展方式转变的影响与对策》，《江西财经大学学报》，2010年第9期．

对外承包工程外派劳务：现状、问题与对策

天津大学管理于经济学部 段志成 杨秋波

近年来，中国对外承包工程业务规模迅速扩大，2011年完成营业额1034.2亿美元，新签合同额1423.3亿美元，对外承包工程外派劳务也随之不断增多，但由于国际工程市场竞争日趋激烈、安全风险等不确定性增大、企业相关管理制度不健全等因素，工程外派劳务的纠纷日益增多，严重影响了对外承包工程行业的发展。

一、中国对外承包工程外派劳务的发展历程及现状

中国的对外劳务合作主要包括两种方式：一种是单纯的外派劳务，指具有外派劳务经营权的企业，按照与境外雇主签订的外派劳务合作合同的规定，选派各类劳务人员去境外从事劳动和服务，获取劳动报酬的活动，制造业、农林牧渔业的对外劳务合作属于此类。另外一

种就是对外承包工程外派劳务，通过国际工程承包输出劳务，国内的外派企业在获得国外工程项目的承包或分包任务后，为实施工程项目派出各种劳务人员。中国的对外劳务合作兴起于改革开放初期，其基础是对外经济技术援助工作，也是中国对外经济技术援助的延伸和发展。对外劳务合作是国际服务贸易自然人移动的重要组成部分。根据世界贸易组织（WTO）规则，自然人移动涉及一国的服务提供者短期进入另一国消费者的所在地，为另一国消费者提供服务并获取相应报酬。2001年底，中国加入WTO后，对外劳务合作迅猛发展，其中工程外派劳务占据了重要地位。

据商务部统计，截至“十一五“末，中国对外劳务合作累计完成营业额736亿美元，签订合同额760亿美元，累计派出各类劳务人员543万人。其中，2010年对外劳务合作完成营业额89亿美元，新签合同额87.2亿美元。截至2011年末，中国向境外派遣各类劳务人员（不含海员）的外派劳务企业达956家，在外各类劳务人员81.2万人。其中，2011年中国对外劳务合作派出各类劳务人员45.2万人，工程项下派出劳务24.3万人，占派出人员总数53.8%，主要分布在亚洲和非洲等地区。从2011年底在外劳务人员数量来看，山东、江苏、河南、吉林、辽宁和广东六个省的规模较大，人员均在4万人以上，其中山东达到10余万人，占外派劳务总人数的20%以上，东部沿海省市业务量仍占主要份额，部分中部省份劳务派遣规模增势明显。

○实现对外承包工程劳动力的属地化是一个长期的过程。

长期以来，中国工程外派劳务人员以技术熟练、工资低廉、吃苦耐劳、便于管理等特征而闻名，形成了明显的劳动力优势，与欧美国家的技术、管理等优势相抗衡，支撑了中国对外承包工程行业的快速发展。2011 年中国对外承包工程业务完成营业额 1034.2 亿美元，同比增长 12.2%，新签合同额 1423.3 亿美元，同比增长 5.9%，成为世界重要的建筑服务出口国，其中工程外派劳务人员发挥了重要作用。

但与此同时，属地化经营逐步成为国际工程承包市场的一个重要趋势，各国对劳动力输入的限制也越来越严格。特别是在当前金融危机影响加大、各种利益矛盾突出的情况下，国际市场贸易保护主义倾向抬头，进一步要求企业实行属地化经营，而中国对外承包工程企业仍习惯于依赖国内劳动力，这个反差成为制约对外承包工程发展的重要瓶颈之。

二、中国对外承包工程外派劳务的主要问题

近年来，中国工程外派劳务在迅速发展的同时．劳务纠纷的比例也呈上升趋势，部分外派劳务人员甚至采取在驻外使（领）馆门前静坐、上街游行示威、施工现场暴力冲突等极端行为，群体性或恶性事件屡有发生，不仅造成了人身伤害和经济损失，影响对外承包工程项目的实施，也产生了极其恶劣的国际影响。通过总结上述相关案例，可以发现中国工程外派劳务存在下述问题，从而导致了劳务纠纷。

（一）私招乱募

“私招乱募”是指一部分不具备对外劳务合作经营资格的中介机构，通过虚假宣传招收劳务人员，将未经过培训、劳动技能不达标的劳务派到国外工程现场，以骗取保证金或其他形式从中谋利。“私招乱募”的劳务人员一般不签订劳务合同，且未在政府商务部门办理任何备案手续，往往以旅游或商务签证的方式派遣劳务人员，以规避政府监管。外派劳务人员发现被骗后，由于缺乏主张权利的渠道和手段，往往采取极端行为。近年来，随着政府部门加强监管以及劳务人员权利意识的增强，此现象已有明显改善。

（二）层层转包

虽然《对外承包工程管理条例》中明确规定，分包单位不得将工程项目转包或者再分包，但实践中却经常出现对外签约单位将工程项下劳务单独分包或层层转包，甚至分包或转包给无任何经营资质的企业，造成管理责任多次转嫁，难以明确和落实。在层层转包过程中，部分企业单纯追求利润，通过压低劳务价格，克扣或拖欠工资，恶意侵害劳务人员合法权益等不正当手段谋取利益。2010 年，利比亚某中国公司承建的住房项目，分包给既无对外承包资格，又无对外劳务合作经营资格的某企业，某企业又将工程转包给国内某信息咨询类中介公司，后因收取外派劳务人员押金、长期拖欠工资等原因引发了劳务人员的上访，持续时间较长，难以得到解决。

（三）施工现场劳务管理不善

目前，中国工程外派劳务人员一般由国内对外劳务合作公司派遣，未与承包商直接签订劳动合同，导致承包商缺乏管理手段，而劳务公司又“重派出、轻管理”，使得现场管理混乱。部分企业施工现场劳务管理简单粗放，劳务人员工作和日常生活条件差；未按有关规定要求建立与劳务人员的对话沟通机制；工资结算不透明、不及时，或拖欠工资，或违规收取履约保证金；部分企业相关预防、管理措施和制度不健全，造成对劳务纠纷事件的处理措施不到位，处理不及时。此外，部分国家或地区对劳务有着严格的法律规定，而中国企业可能对此并不熟悉，容易在现场劳务管理中触犯当地法律，从

而引发纠纷。

（四）部分外派劳务人员恶意讨薪

近年来，个别劳务人员为达到个人目的，或者对收入期望过高，从而故意挑起事端，激化矛盾，致使劳务纠纷升级和恶化。本来，劳资纠纷是一种客观存在，是项目管理中很难避免的现象。但一旦劳资纠纷被不良分子利用，便会畸变为恶意讨薪，成为一种不正常现象。因此，妥善防范和处理好恶意讨薪，加强外部劳务队伍的选择、培育、管理，把好合同管理签订关，教育他们通过正常、合法的渠道维护自身合法权益。

（五）相关法律制度不健全

虽然2005年商务部出台了《对外承包工程项下外派劳务管理暂行办法》，2008年国务院发布了《对外承包工程管理条例》，规定了工程外派劳务的程序和要求，但由于缺乏有效监督手段，外派劳务问题仍屡有发生，商务部此后又多次以“紧急通知”的形式强调“切实做好对外承包工程项下外派劳务管理工作”，但未形成系统性对策，加之各行业部门之间权力和利益分割，导致管控乏力或者执行不善。此外，还缺乏适用于工程外派劳务人员的劳动合同范本。

三、对外承包工程外派劳务问题的对策

属地化经营是对外承包工程发展的重要趋势，采用属地化经营，积极与当地企业合作，既有利于项目的完成，也能为当地创造更多的就业机会。国家“十二五”规划纲要中提出，“走出去”的企业和境外合作项目要履行社会责任，造福当地人民。某企业在承担阿尔及利亚东西高速公路项目的过程中，雇用了大量当地劳工，在当地捐建了造价1000万欧元的技工学校以培养合格工人，为当地居民架桥、修路、义诊，树立了良好的企业形象，实现了中国与业主国的共赢。

表1:对外承包工程外派劳务的SWOT分析

优势（S）		劣势（W）	
1.	外派劳务人员技术熟练，劳动效率高	1.	外派劳务人员工资增长较快，人力成本增大
2.	外派劳务人员吃苦耐劳，能理解并配合赶工期	2.	外派劳务人员不善于融入当地社会，易引起当地人误解
3.	外派劳务成建制，便于管理	3.	对外劳务合作企业服务能力不足
4.	积累了一定的外派劳务管理经验	4.	对外承包工程施工现场管理不善
机会（O）		**威胁（T）**	
1.	中国对外承包工程规模快速增长	1.	各国保护主义倾向、劳务输入限制更加严格
2.	对外劳务合作法律制度不断健全	2.	海外劳务纠纷增多
3.	“走出去”战略的实施营造了良好的国际和国内环境	3.	部分外派劳务人员恶意讨薪

但实现对外承包工程劳动力的属地化是一个长期的过程，部分专业性要求较高的工作也难以在当地发现合适的工人。

根据SWOT分析，中国工程外派劳务应强化以下三个方面的工作。

（一）完善工程外派劳务的相关法律制度

根据国务院的“三定”方案，商务部“负责对外经济合作工作，拟订并执行对外经济合作政策，依法管理和监督对外承包工程、对外劳务合作等”；住房和城乡建设部“组织协调建筑企业参与国际工程承包、建筑劳务合作”。由于工程外派劳务涉及两个部门，前者侧重商务角度，后者侧重具体业务。应明确国务院商务主管部门和住房和城乡建设主管部门的职责和分工，在各自的职责范围内负责与对外承包工程劳务有关的管理工作。前者应负责中国籍劳务人员的派遣和境外劳务活动的监管，牵头负责对外承包工程劳务突发事件的应急管理；后者应负责国内劳务市场培育与监管，建立对外承包工程企业和劳务人员的信用档案，配合商务主管部门应对工程劳务突发事件。此外，应建立对外承包工程企业和劳务人员的信用档案，推动行业信用制度建设，以形成完善的诚信自律机制和体系。

由于驻外使领馆和经商机构中专业人员不足，因此

在对外承包工程重点及热点地区，可考虑由国务院商务主管部门派驻“建设专员”，履行对外承包工程日常巡查、接受投诉、争议协调、信息采集、商情调查等职能。

（二）进一步规范工程外派劳务市场

中国外派劳务制度源于对外经济技术援助工作，其核心是一直沿用至今的外派劳务经营资格审批制，一定程度上制约了对外承包工程总包企业劳务管理的有效性。不同于国内建筑业的劳务分包企业，对外劳务合作企业缺乏专业技术能力，且长期以来形成了“重派出、轻管理”的思维。针对此问题，应将工程外派劳务与海员等外派劳务区分开来，要求其获得国家住房和城乡建设主管部门的相关资质，以保证其专业方面的能力。

为进一步规范工程外派劳务市场，可考虑建立“对外承包工程劳务分包企业名录”，实行动态管理，同时在劳动力资源丰富、具有传统技术优势的县（市）建立对外承包工程劳务基地，承担劳务人员的基本职业能力培训与认定，并对通过认定的劳务人员建立实名档案。为规范合同管理，可组织专家制定“对外承包工程外派劳务合同范本”，并实行合同备案制度。

（三）强化对外承包工程企业的施工现场劳务管理

应明确对外承包工程总包企业对整个项目项下外派劳务管理负总责，要求其制定劳务人员管理的制度及方案，建立起项目现场劳务人员的实名数据库；应保障外派劳务人员的合法权益，组织岗前培训，根据合同要求支付劳动工资，满足当地法律所要求的各项福利，并为外派劳务人员购买保险；应建立起由外派劳务人员代表、企业项目现场管理人员、企业国内本部及驻外经商机构共同构成的外派劳务人员对话沟通机制，及时回应劳务人员的合理诉求并进行纠纷调解，避免激化矛盾和事态扩大；应强化工程现场突发事件的应急管理，建立起应急反应机制和备用金机制；应建立国际国内两个市场联动机制，对外承包工程企业的境外经营行为与其在国内招投标、资质变动和评奖等实行联动。

对外承包工程的外派劳务对中国对外经济合作和实施“走出去”战略具有重要意义，但是目前中国对外承包工程外派劳务存在很多问题，包括私招乱募，层层转包，施工现场劳务管理不善，部分外派劳务人员恶意讨薪，相关法律制度不健全等。针对这些问题，应完善工程外派劳务的相关法律制度，进一步规范工程外派劳务市场，强化对外承包工程企业的施工现场管理，为完善、规范中国对外承包工程外派劳务市场提供建议与参考。

（作者单位：天津大学管理与经济学部）

参考文献

綦光平：对加强外派劳务管理的思考，《国际经济合作》，2003 年第 7 期.

王士俊：中国国际劳务合作的现状、问题与对策，《理论前沿》，2000 年第 20 期.

徐栋：对外承包工程和劳务合作亟待解决的问题，《对外经贸合作》，2003 年第 8 期.

中国海外承包工程风险及防范

广东外语外贸大学财经学院 王政

近年来，随着中国”走出去”战略的实施，中国企业在海外承包工程的数量和金额均取得了迅速增长：尽管 2008 年以来，受金融危机加剧、全球经济增速放缓等因素影响，许多国家都取消或暂缓了部分大型项目的建设以减轻国家经济压力，国际建筑市场景气程度持续下降，但中国对外承包工程项目却不减反增。根据对外承包工程商会提供的数据，中国承包企业 2009 年的海外工程营业总额超越美国和法国，位居全球首位。2009 年中国对外新签合同中，金额在 5000 万美元以上的项目共 440 个，比上年同期增加了 93 个，合计金额 1017 亿美元；其中上亿美元的项目 240 个，较上年同期增加了 45 个，主要集中在铁路、公路、电站、房屋建筑以及石油化工领域；超过70亿美元的超大型项目有两个。美国《工程新闻记录》杂志发布的2010年度全球最大225家国际工程承包商名录中，共有50家中国内地企业入选，完成海外工程营业额569.73亿美元，比上年增长12.61%；公司平均营业额为11.39亿美元，相比2009年的9.36亿美元增长了21.68%。中国企业海外承包工程主要集中在非洲地区，以及亚洲除中东以外的地区。2009年人选225强的中国企业在非洲地区共完成营业额208亿美元，占非洲市场的36.6%；在亚洲除中东以外182.1区和澳大24完成营业额182.1亿美元，占24.9%。从这些数据中几乎看不出金融危机对国内建筑企业海外拓展的不良影响。出现这种现象的主要原因有两点：一是中国最主要的海外承包市场是亚洲和非洲，这两个地区受经济危机的影响远小于欧美等发达国家：二是中国建筑企业的综合竞争力优势逐渐显现。国内经济的发展和基础设施建设浪潮的兴起，使中国建筑企业的技术实力逐渐赶上欧美企业，而劳动力等方面的成本优势又使中国建筑企业在投标时具有较强的价格优势。另外，政策因素也不可忽视，中国从放宽境外放款资格到大规模提高出口信用保险覆盖率，从“走出去”专项资金补助到贷款贴息，国家扶持“走出去”的相关政策在短期内密集出台，为在海外打拼的企业提供了巨大的政策支持，扶植有能力的建筑企业在国际市场走得更远。此外，商务部还出台了《境外投资管理办法》，下放核准权限、简化核准程序，推进境外投资便利化。国家外汇管理局发布了《关于境内企业境外放款外汇管理有关问题的通知》，缓解了企业“走出去”面临的资金不足难题。在这些因素的综合作用下，中国海外承包工程取得迅猛发展。

一、海外承包工程风险情况分析

在取得斐然成绩的背后，中国企业海外承包工程也面临着巨大经营风险。例如，近年来中国铁建大规模拓展海外工程市场，其海外业务从单纯的施工承包转变为设计、监理、施工、运营总承包，从传统投标转变为融资竞标，从输出劳务转变为输出成套设备和技术标准。2006年、2007年和2008年共签订海外合同1769亿元，分别占年度合同总额的20.7%、31.6%和10%，并且不断刷新海外工程的新记录。土耳其高速铁路项目（12.7亿美元）是中国建筑国际企业在西亚承揽的规模最大的设计——工总承包项目；与中信联合中标的阿尔及利亚东西高速公路项目（57.5亿美元）是中国公司在国际建筑市场获得的最大的设计一施工总承包项目。中国铁建已在美国注册成立公司，为即将展开的加州高速铁路项目竞标做好了准备。在美国《财富》杂志今年评选的世界500强企业排名中，中国铁建位居第133位，在建筑行业排名第一。

但是在海外扩张的过程中，中国铁建承包的工程也不断面临风险。2004年6月，由中国铁建子公司中铁十四局承建的阿富汗公路项目遭到恐怖袭击，恐怖分子向施工工地帐篷里熟睡的中国工人开枪扫射，造成11人死亡。2008年11月，中国铁建位于尼 日利亚的铁路现代化项目被要求停工，原因是项目已被移交给尼日利亚联邦交通部，尼方重新界定了合同范围。该工程合同总额83亿美元，因合同变更造成的具体损失尚未披露。而海外工程承包模式的变化也为中国铁建带来了新的风险。2010年，中国铁建承包的沙特麦加萨法至穆戈达莎轻轨项目采用EPC+O&M总承包模式，项目签约时只有概念设计，而在项目实施过程中，实际工程数量比签约时预计工程数量大幅度增加，再加上业主对该项目的2010年运能需求较合同规定大幅提升，业主负责的地下管网和征地拆迁严重滞后，业主为增加新的功能大量指令性变更使部分已完工工程重新调整等因素，导致项目工作量和成本投入大幅增加，计划工期出现阶段性延误。由于该项目社会影响重大且受到两国政府高度关注，为确保工期进度，公司在下半年投入了大量人力、物力和财力，确保项目主体工程按期完工，满足了业主在2010年11月开通运营的要求。在此背景下，导致合同预计总成本大幅增加。原本预计，截至2010年9月30日合同总收人为120.7亿元人民币，而实际预计总成本为160,69亿元，再加上财务费用1.54亿元，该项目预计亏损41.53亿元。

利比亚是中国对外承包工程业务的重要市场之一。动乱发生之前，利比亚国内正掀起一轮建设高潮，以弥补其被制裁期间的建设停滞。为配合2009年利比亚革命胜利40周年，政府还上马了一大批形象工程和政绩工程。中国公司大规模进入利比亚始于2007年。截至本次动乱发生前，在利比亚有75家中国企业承建的50个工程承包项目，涉及金额188亿美元。这些企业中包括13家央企，投资主要集中在房屋建设、配套市政、铁路建设、石油和电信领域。从2011年3月开始的利比亚政局动荡对中国在利从事承包工程的企业造成相当大的影响。在此次利比亚国内冲突中，资企业有十多人受伤，企业工地、营地遭到袭击抢劫，直接经济损失达15亿元人民币。随后，中国政府为确保在利华人生命财产安全，出动海陆空力量，撤回3万余名中国员工，耗资约3亿元。再加上中国企业在利比亚的项目，损失总额预计188亿元，此次利比亚危机带给中国的损失将超过 200 亿元。据国资委披露的信息，目前 13 家央企在利比亚的项目已经全部暂停。中国企业遭受的损失主要包括：一是固定资产损失。虽然大部分中国企业在利比亚承揽的是工程承包项目，不是带资项目，没有直接投资，但中国各大公司在利总部及各项工程的基础设施、设备和原材料都留在了当地，并完全处于失控状态。因此，会有大量固定资产损失。二是未收回的应收账款损失。包括履约保证金、预付款保证金、维修保证金、维持项目正常运行所必须垫付的流动资金，以及由于不可抗力产生的损失等。按照惯例，在利比亚实施的工程项目都是中方企业先行垫资。一般而言，项目合同资金的支付方式为：按工程进度付款，再加上 15% 左右的预付款。有的企业预付款更多；而业主支付进度款，一般需要 60 至 90 天的审核期。所谓“工程预付款”是指，在工程开工前，业主按当年预计完成工程量造价总额的一定比例预先支付承包方的工程材料款，主要用于购买工程所需的材料和设备。虽然企业可以获得部分预付款，但预付款一般逐月按工程进度从工程进度付款中扣还，加上进度付款一般会延后 3 个月甚至半年。因此，一旦工程因不可控因素停止，这些尚未收回的应收账款就成为承包商的损失。三是回国人员安置问题。国家动用陆海空交通工具将所有在利人员接回，接下来面临的是他们的安置问题、人工费问题以及由此产生的赔偿问题，这也是中国企业面临的一大难题。四是三角债问题。由于利比亚建筑材料缺乏，无法满足工程需要，一般需要承包商从利比亚以外的国家采购。而中国企业承包工程所需的建筑材料一般从国内采购。因此，利比亚项目中断后，一些企业无法按期给原材料商支付货款，加上很多工程采用分包模式，导致三角债问题凸显。五是利方恶意索赔问题。利比亚撒哈拉银行已向中国的葛洲坝集团、中国水利水电建设集团、宏福建工等公司针对预付款保函进行索赔，要求五天之内必须给银行方面答复。据上述公司内部人士介绍，预付款保函还有半年才到期，现在银行提前索赔属于恶意索赔。“预付款保函”是承包商通过银行向业主开具的按规定偿还业主预付款的担保书。按照担保书的规定，中方承包商如果未能履行合同，不将业主支付的预付款退还，银行将把预付款退还给业主，并向承包商索赔预付款的本金和利息。利比亚撒哈拉银行向上述公司提供了两个选择：一是赔偿预付款本金和利息，二是将预付款保函期限延至 2012 年 12 月 31 日。两种选择对中方都不利，选择赔偿将进一步加大损失，而且不是小数目；如果将保函延期，面临的风险和保函成本又要增加一年。

二、海外承包工程风险产生原因分析

（一）政治因素

政治风险是企业“走出去”过程中面临的最大、最不可预期的风险。归纳起来，主要体现在五个方面：

1. 战争内乱和政权更迭。一些国家政局不稳，宗教、民族冲突此起彼伏. 甚至爆发内战或国家分裂，导致建设项目终止或毁约，常常给承包商带来重大损失，如前所述的利比亚动荡局势。有时，尽管没有战争内乱，但政权更迭也可能使项目从盈利变为亏损。

2. 征收和国有化：非洲的部分国家会对中国建筑企业强收差别税，还有些国家拒绝办理出口物资清关和出关，转弯抹角地没收企业资产。

3. 政治暴力事件。贸易保护主义驱动的政治暴力风险，以及由于在施工过程中因为劳动权益问题引发的工人罢工问题，经常给施工企业造成诸多被动。例如，马达加斯加排外情绪强烈，劫富济贫的观念流行。

4. 政府干预竞争。一些西方国家利用政府间的合作、援助等干预国际承包工程的招标，致使中国企业前期的努力化为乌有，无形中增加了国际承包工程的政治风险。

5. 拒付债务。有些国家在财力枯竭的情况下，以粗暴的方式废弃工程项目合同，并宣布拒付债务。如果是私营工程，承包商可以采取某些法律行动维护自身利益，但对于政府工程往往很难采取有效措施。

（二）经济因素

1. 国家债务危机风险。近年来，发展中国家外债负担沉重。一旦工程所在国发生债务危机，海外业务的收入就难以汇回国内。

2. 金融投机风险。金融全球化大大增加了交易品种，各种投机、套利资金经常冲击发展中国家的金融市场，发展中国家经常发生“资本外逃”。

3. 汇率风险。汇率变动给对外承包工程带来相当大的风险，特别是 BOT、BOOT 项目，由于投资回收期很长，汇率风险相对更高。

4. 汇兑限制风险。有些非洲国家采取汇兑限制政策，即使承包商有幸得到一张暂借外汇的期票，其规定的利率也很低，而且要多年以后才归还本金。

5. 通货膨胀风险。通货膨胀在某些发展中国家相当严重，年通货膨胀率高达百分之数百，给对外承包工程带来了很高的风险。

（三）管理因素

首先，有些中国企业盲目进入新市场。由于对市场不熟悉，而且没有经过慎重的市场分析，在投标时也没有获得充分的数据，导致投标时估计的成本过低。其次是扩张过快，管理水平无法跟上。由于项目管理混乱，成本无法控制，或者根本不具备实施的能力，最后被业主终止合同、没收保函的案例也经常出现。中国企业对当地的民俗习惯、宗教禁忌以及工程量变动情况、建材供应情况不熟悉、不适应，也会给项目施工带来不利影响。

三、海外工程承包对风险应对建议

（一）成立国家风险评估机构，由国家提出投资指导

美国、德国和日本等西方大国都设有国家风险研究与分析机构。这些机构通常是由一些有着显著社会背景的部门负责组织，其职责是对全球100多个国家和地区的国家风险讲行综合分析和评估，每年发布旨在为本国企业海外投资服务的“国家风险报告”。因此，为了适应中国企业国际化的需要，中国急需建立为中国企业海外投资服务的中国国家风险分析、预警与报告系统，成立“中国国家风险报告中心”。可以针对某个行业或某个国家和地区进行详细、全面和深入的研究，作出指导。

（二）投资前科学论证，提高投资决策水平

从中国铁建在沙特轻轨项目的亏损中可以看出，有一个重要原因就是没有认真考察项目和当地情况，做出符合实际的项目可行性研究，致使项目先天不足。因此，中国企业一方面要舍得付出成本对当地实际情况进行调查研究，争取拿到各方面的数据。另一方面，要有科学的项目可行性分析程序。做可行性研究要遵循客观规律，按照人们对事物的认识过程进行探询，不要主观臆断。另外，投资应尽可能避开政治局势动荡、反华势力较强的国家或地区，选择法律健全、政治局势稳定的国家。在投资区位的战略选择上，应改变目前过于集中的格局，逐步实现多元化和全方位的分布格局，形成对国际市场的全方位开拓和国际资源的多渠道利用。中国相关部门和企业应该从利比亚事件中汲取经验教训。在“走出去”之前对目的地国的政治风险等因素做出更加充分的考量，特别重视政治动乱因素。中国企业“走出去”不应只是依赖经验，还需要更详细的可行性调查。发生突发政治或社会动荡事件，应急机制能否跟上，应收账款的管理、设备的保全维护有没有预案，这些都是在项目实施过程中需要考虑的问题。

（三）大力培养国际经营人才与实施人才本土化相结合

海外工程承包与其他海外投资一样，也是一项复杂的跨国经营活动，不仅要求经营者通晓国际投资、金融、贸易等必要的专业知识，熟悉国际惯例环境和国际市场，还要求对东道国的历史、文化背景、政治环境、法律制度、经济情况有一定的了解，并具备较强的管理技能。在人才的培养和使用上必须坚持两条腿走路，在尽快从企业内部培养跨国经营人才的同时，实施人才全球化和本土化策略，在人才的招聘和使用上，大胆使用国外优秀人才。

（四）树立风险意识，通过购买商业保险来分散风险

中国企业最初在海外承接项目时，多购买建工险、海运险等相关责任险。随着发展阶段的变化，企业应加大对资产、责任、交易、人员的保障，防范海外人员在医疗、旅行方面可能遭遇绑架、勒索、海盗等方面的风险。对于“走出去”的中国海外工程承包企业来说，政策性保险也很重要。譬如，利比亚局势持续动荡，中国信保紧急启动“理赔绿色通道”，并分别向葛洲坝集团和中国建材集团赔款1.62亿元和4815万元。此次葛洲坝集团和中国建材针对利比亚项目投保的出口信用保险，都覆盖因政治风险和商业风险造成的“设备、原材料、设计运费等实际投入成本损失”和“工程进度款损失”。这样的资金损失只能由政府支持的信用保险来承担。但是很多国内企业不知道有这样的工具，所以应该对即将“走出去”的企业加强这方面的引导和培训。

（五）组织海外华人商会，借助集体力量抵御风险

组织华人商会，定期进行沟通和交流，不但可以加强华人之间的感情，做到资源共享，也对抵御和化解风险有一定的效果。譬如，利比亚动荡中，中国对外承包工程商会就此采取了很多措施帮助当地中资企业渡过难关。承包商会在动乱发生后成立了“应急工作小组”，在承包商会网站建立“利比亚紧急事件应对”专题，及时搜集、发布有关局势发展的最新信息，帮助企业了解事件动态。同时，向会员企业提供紧急救援渠道和信息。2010年，承包商会就已经根据海外市场安全形势和会员企业的需求，整合国内外保险和医疗救援机构，推出了“境外中资企业机构人员意外伤害及医疗救援保险”。承包商会还要求相关机构提供紧急援助和保险服务，供在利比亚的中资企业选择，主要包括医疗转运服务、安全撤离服务、保险理赔服务等，并把这些信息制作成《利比亚紧急事件应急指导》介绍给会员企业。开通24小时咨询服务电话，与相关企业保持密切联络。在政府主导的撤离行动开始后，商会与利比亚前方工作组保持联络，协助被困工人与当地使馆取得联系并妥善安置。

国际发展援助经验对我国援外工作的借鉴

商务部国际贸易经济合作研究院 王蕊

“二战”之后，以美国的马歇尔计划和第四点计划，以及联合国和世界银行成立为标志，国际发展援助体系逐步形成，并发挥重要作用。尤其是经济合作发展组织发展援助委员会（OECD-DAC）的建立，为世界主要援助国提供了合作平台，也使国际发展援助更加系统化。近年来，越来越多的新兴国家加入到国际援助体系之中。而我国随着综合国力的增强，也逐步由受援国向援助国转型，这就需要进一步了解受援国的实际需求，并借鉴发达国家和国际机构成功的援助经验，争取利用有限的援助资金更好地帮助受援国促进经济社会发展。

一、国际发展援助概况

国际发展援助是指发达国家或高收入的发展中国家及其所属机构、有关国际组织、社会团体以开始持续下降。21世纪以来，国际发展援助呈现新的发展态势，援助对象向贫困国家和地区倾斜，援助重点从经济基础设施转向社会基础设施和服务，技术合作和债务减免比重上升，非政府组织作用日益凸现，中国、印度等新兴援助国备受关注

从国际发展援助的类型来看，按援助动机可分为战略性援助、发展性援助和人道主义援助；按援助内容可分为财政援助、技术援助、粮食援助和债务减免；按援助形成可分为项目援助、方案援助和预算援助；按援助提供主体可分为官方发展援助和非官方发展援助。目前，国际上官方发展援助居于主导地位，由2005年的1207.7亿美元增长到2011年的1486.8亿美元．其中，双边援助占比虽呈下降趋势，由78.3%降至71.70%，但总体上仍占绝对优势；而近年来多边援助呈现明显的上升趋势，占比由21.7%升至28.3%，国际组织在国际发展援助中的作用不断增强．

从国际发展援助的国别分布来看，DAC国家是其中的主要力量，2010年对外援助总额达到909.6亿美元。其中，美国是最大的援助方，2010年援助金额达到265.9亿美元，占到DAC国家援助总额的近三成。此外，德国、英国、法国、日本也是主要的援助方。在国际组织中，欧盟是最大的援助机构，也是整个国际发展援助中仅次于美国的援助方，2007年以来对外援助金额一直超过百亿美元，其次是国际开发协会。

二、发达国家和国际组织援助经验

经过60多年的发展，国际发展援助已形成较为完整的体系．在实现联合国千年发展目标以及应对自然灾害等紧急事件中发挥了重要作用。发达国家和国际组织是国际发展援助的主要力量，虽然其对外援助理念与我国不完全相同，但在援助体系建设以及援外项目的策划、实施、协调、监督、评价等方面积累了丰富的经验，对我国的援外工作具有一定的借鉴意义。

（一）援助管理体系较为完善

发达国家和国际组织普遍建立了比较完善的援助管理制度和体系，为援助工作的顺利开展奠定了坚实的基础。其一，在受援国建立专门的工作组，深入了解当地情况及需求，并赋予一定程度的自主权，快速、灵活地应对突发状况；其二，根据受援国发展规划制定国别援助规划并据此确定年度援助预算，并与受援国共同确定援助项目；其三，建立公开、透明的检查和监督机制，增强受援国政府在项目中的参与度；其四．建立完善的评价体系，包括项目的开工评价、实施评价、事后评价等。

（二）重视受援国能力建设

与我国主要援建基础设施不同，发达国家和国际组织大多更加重视受援国的能力建设。这不仅包括技术援助、教育和人力资源培训，更重要的是在援助项目的实施过程中，通过与受援国政府共同参与设计、决策、检查、监督和评价等程序，使其逐步具备独立运作项目的能力，提高执政及管理水平。同时，发达国家和国际组织还重视改善受援国的经济和社会运行环境，增强其可持续发展能力，如加强金融管理工作、改善投资环境、梳理有关法律法规、提高应对气候变化和防灾减灾能力等。

（三）重点关注民生领域

在实现联合国千年发展目标方面，许多发展中国家均面临较为严峻的挑战。因而发达国家和国际组织重点关注最贫困人口．将援助资金主要投向减贫和医疗卫生等民生领域，帮助受援国逐步实现千年发展目标。例如，确保粮食安全、减少营养不良人口、为贫困妇女提供创收启动资金、帮助残疾人获得生存能力、防治艾滋病和禽流感、5岁以内儿童及孕妇卫生保健、供应清洁饮水等。

（四）积极发挥非政府组织的作用

由于发达国家和国际组织重视民生领域，因而许多援助项目的实施需要深入到社区最基层的群众当中，而援助方的工作组无法独立实施，这就需要了解当地情况的非政府组织参与并承担援助项目的具体执行工作，而援助方和受援国政府共同负责项目的检查、监督和评价。发达国家和国际组织十分重视发挥非政府组织的作用，在当地非政府组织没有能力执行项目时，往往选择具有实力的国际非政府组织参与项目实施，并在此过程中对当地非政府组织进行培训，提高其能力和水平。

表1　　2005-2011年官方发展援助情况

单位：亿美元

	2005年	2006年	2007年	2008年	2009年	2010年	2011年
官方发展援助	1207.7	1202.4	1221.7	1444.2	1398.9	1483.8	1486.8
其中：双边援助	945.9	915.4	903.8	1080.2	1022.7	1088.9	1066.5
双边援助比重	78.3%	76.1%	74.0%	74.8%	73.1%	73.4%	71.7%
多边援助	261.8	287.0	317.9	364.1	376.3	394.9	420.3
多边援助比重	21.7%	23.9%	26.0%	25.2%	26.9%	26.6%	28.3%

资料来源：OECD援助数据库。

（五）通过公私合营形式开展援助

近年来，许多发达国家的经济发展面临挑战，对外援助资金增长较慢甚至出现回落，而发展中国家对援助资金的需求仍然较大，一些发达国家开始在援助中引入私人资金，通过公私合营的方式开展援助活动。尤其是一些投资金额较大，且能够产生经济效益的项目，由政府援助资金带动企业共同投资，既能够更好地满足受援国的发展需求，还能够帮助企业占领当地市场。

（六）援助方之间的联系较为紧密

发达国家和国际组织非常重视彼此之间的沟通与协作，尤其是在OECD框架下，各援助方拥有更多联系机制与平台，能够通过定期交流与合作，更好地为受援国提供帮助。除了参加受援国组织的国际援助咨询会或研讨会，发达国家和国际组织还定期召开援助方之间的碰头会，相互沟通和了解彼此在受援国的项目实施情况，交流经验，并探讨合作的可能性，有利于实现资源的优化配置，提高利用效率，为受援国的发展发挥更大的作用。

三、我国对外援助存在的问题

我国自20世纪50年代开始，在致力于自身发展的同时，在南南合作框架下向其他经济困难的国家提供力所能及的经济和技术援助，取得了较好的效果，也受到当地政府和人民的广泛好评。但随着我国援助规模的扩大以及援助项目的增加，一些问题也逐渐凸显，根据受援国的反映，主要涉及以下几方面：

（一）优惠贷款存在约束性条件

发达国家和国际多边机构的优惠贷款大多不存在约束性条件，受援国政府在接受优惠贷款后，确定项目负责人，根据流程进行国际招标，援助方对招标过程进行检查和监督。而我国援助的优惠贷款项目则要求必须由中资公司承建，且由我方在中资企业间进行招标，并最终决定承包方。受援国认为我国的这种方式不够公开、公平，且本国政府在选择承包方的过程中缺少自主权，希望能进行国际招标，至少要增加政府在其中的参与度。

（二）项目决策和执行缺乏透明度

许多受援国受西方制度影响较大，非常重视程序的公开和透明。在援助项目的招标、承包方选择、重大事项决策以及项目执行过程中，援助方、受援国以及承包方均实行信息公开、程序透明、共同监管的制度。而我国的援助项目在内部招标和承包方选择过程中的信息披露和透明度仍显不足。受援国认为，即使没有决定权，至少应具有知情权，希望了解我国的招标程序和承包方选择标准，并希望在招投标过程中做到信息公开和透明，及时向受援国通报进展。此外，受援国还希望我国每年就承诺援款的拨付情况和余额进行通报，并希望承包方每年就资金的使用情况以及项目的开支明细进行报告。

（三）与其他援助方缺少合作与协调

受援国政府希望对其援助的各个国家和国际组织能够保持沟通与协作，使援助项目与资金相互配合，更有效地投入国内各领域建设之中，既发挥各援助方的优势，又避免冲突与重复。多数受援国每年会召开国际援助咨询会或研讨会，召集各援助方共同探讨未来合作的领域和方式，确定一定时期内的援助方向。此外，受援国还会就一些重大项目寻求几个援助方的联合支持。而我国的援助大多通过双边途径进行，参与多边援助较少，极少参加受援国的国际援助咨询会或研讨会，与其他国家的交流与沟通不足。

表2　2005-2010年国别援助情况

单位：亿美元

	2005年	2006年	2007年	2008年	2009年	2010年
DAC国家	829.0	772.7	733.8	868.1	836.7	909.6
其中：美国	255.8	211.6	189.0	234.5	251.7	265.9
德国	74.5	70.3	79.5	90.6	71.0	80.4
英国	81.7	87.4	56.0	73.2	73.9	80.2
法国	72.4	79.2	62.6	66.7	71.9	77.9
日本	103.9	72.6	57.8	68.2	61.7	73.4
欧盟	86.9	97.0	113.3	128.7	130.2	124.3
国际开发协会	68.1	62.9	74.6	66.9	90.1	77.8

资料来源：OECD援助数据库。

（四）缺少中期国别援助计划

受援国均有各自经济社会发展的总体规划，因而希望援助方能大体确定未来3-5年的援助总规模，从而决定援助项目的数量和优先顺序。而我国的援助预算大多是当年确定，经常是先有项目而后确定预算总额，缺少中期国别援助计划，部分受援国认为这种方式不利于其总体把握援助资金的预算和使用情况，希望我国能够制定3-5年的援助计划，并确定重点援助领域或方向，以便其根据自身情况提出项目建议。

四、政策建议

我国仍属于发展中国家，且人口众多，区域经济发展不均衡，援助资金仍较为有限，相关制度和管理体系也尚不健全，因而我国的对外援助在很大程度上属于南南合作范畴，而不是西方国家定义的官方发展援助。因此，在吸收和借鉴发达国家和国际组织对外援助经验时，需从我国的实际情况出发，分阶段、分步骤地进行调整和改革，不断完善我国的对外援助制度。

（一）加强援外人员队伍建设

对于援外工作而言，在受援国当地的一线管理和决策非常重要。我国援外一线工作主要是由驻外经商处负责，而经商处的人员有限，很难满足援外工作的需要。因此，可考虑设立单独的援助工作组，或在经商处内部安排一组专门负责援外的工作人员，负责项目的检查、监督以及评价等一线工作。同时，还可定期对所有与援助相关的工作人员进行培训，增强其能力和水平。

（二）制定援外总体及国别规划

我国目前尚未制定完整的援助规划，对于中长期援外工作的总体框架、目标、战略等方面均缺乏指导，不利于援外工作的开展因此，可考虑首先制定我国总体对外援助战略和中长期援助规划；其次，在此基础上利用援助一线管理工作组的人员和渠道，了解受援国实际需求以及我国在当地的优势，制定国别援助规划，有的放矢地开展援助活动。

（三）增强援外工作的透明度

我国尚未制定专门的对外援助法，对于援外工作缺乏法律层面的规范，而且援外管理制度尚不健全，援外工作程序的公开和透明性不足。因此，可考虑梳理现有援外相关政策法规，形成相对完善的援外制度，并增强援外工作的透明度，以得到更广泛的认可。此外，还可考虑在援外培训班中增加有关我国援外工作程序的课程，使受援国能够更好地了解和配合援外项目的实施。

（四）使援助项目更贴近民生

我国目前的援助项目以基础设施建设为主，且由我国企业承建，这些项目虽为当地经济发展做出了重要贡献，但贫困人口从中获得的直接收益不大。因此，可考虑增加针对最贫困人口的援助项目，如农村发展、儿童教育、妇幼保健等。这一方面能够帮助受援国实现减贫目标，另一方面能够增强我国在当地民众中的认可度。

（五）拓展援外方式和渠道

我国对外援助主要是通过政府实施，对于民间资金和渠道的利用较少。因此，一方面，可考虑扩展援外方式，利用有限的援外资金带动私人投资，使无偿援助、优惠贷款，以及企业投资共同支持和推进援助项目；另一方面，可考虑拓展援外渠道，充分发挥非政府组织和企业的作用，使我国的援外工作深入到受援国的基层民众之中，也可考虑借助国际组织的渠道和经验，共同开展援助项目。

（六）适当增加受援国的参与度

目前，我国政府和企业在援助项目中发挥主要作用，而受援国在其中的参与程度不高。因此，可考虑在援助项目，尤其是优惠贷款项目中，适度增加受援国的参与度，使其在承包方选择、重大事项决策，以及项目的检查、监督和评价方面具备一定的话语权，提高其配合援助工作的积极性和主动性。

参考文献：

李小云、唐丽霞等：《国际发展援助概论》，社会科学文献出版社，2009 年版。

毛小菁：国际援助格局演变趋势与中国对外援助的定位，《国际经济合作》，2010 年第 9 期。

中国工程建设标准“做出去”发展战略

渤海银行 孙利国 天津大学管理与经济学院 杨秋波 任远

工程建设标准是为在工程建设领域内获得最佳秩序，对建设活动或其结果规定共同的和重复使用的规则、导则或特性的文件，是建筑市场交易的契约基础、市场准入的技术依据及市场监管的技术撑。近年来，全球建筑市场形势发生了深刻变化，资本和技术日益成为市场竞争的关键，国际工程承包市场正在由质量竞争、价格竞争、服务竞争、品牌竞争演进到标准竞争，工程建设标准已成为市准入的隐形门槛和获取最大利益的技术保护壁垒，工程建设标准国际化程度不足已成为制约中国对外承包工程发展的瓶颈。

一、中国工程建设标准“走出去”的重要性和可行性

（一）工程建设标准成为软性贸易壁垒和海外市场准入的主要屏障

工程建设标准本质上是一种“游戏规则”，中国标准“走出去”的过程也是参与制定全球建筑市场技术方面国际惯例的过程。在今后的国际工程市场竞争中，标准的竞争占有非常重要的地位。欧美等发达国家凭借其强大的综合国力以及其技术标准语言使用范围宽广的优势，使美标、欧标等成为业主优先选择的工程建设标准，并且在此基础上获得了巨大的市场份额和利润空间。

此外，世界贸易组织（WTO）各成员借助由技术法规、技术标准和合格评定程序构筑的“三位一体”的技术性壁垒，进一步完善了通过设置“市场准入门槛”进行贸易保护的运作机制，其手段更加隐蔽、形式更加合法、运作更加有效，成为发达国家实现“保出、限进”的“杀手铜”。中国加入WTO之后，美国、日本和欧洲等国的建筑市场表面上没有设置任何准入条件，但中国承包商仍难以实现突破，其中工程建设标准成为市场准入最大的隐形门槛和软性贸易保护壁垒。从国家和行业利益出发，必须注重工程建设标准体系的国际化问题，以应对发达国家技术壁垒的挑战，更加有效地争夺国际工程承包市场份额。

（二）中国工程建设标准“走出去”是对外承包工程做大做强的必然要求

设计、采购、施工一体化是当今国际工程建设模式发展的一个重要趋势，但承揽此类项目的能力首先体现在项目供应链的上游”环节——工程咨询设计的水平上。由于中国工程建设标准国际化程度低，在国际上未被广泛接受，再加上文化、语言差异、复合型人才缺乏等方面的原因，中国企业勘察设计、工程咨询、项目管理等方面的国际竞争力明显薄弱，所占的国际市场份额依然很小。2009年，《工程新闻纪录》杂志（ENR）评选的“国际承包商225强”中，中国企业的海外营业额所占比例为13.2%，ENR“国际工程设计公司200强”中，中国咨询设计企业的海外营业额所占比例仅为3.9%，二者的严重不匹配导致企业难以承揽EPC、PPP等含金量较高的高端业务模式的项目，使得中国的对外承包工程在业务规模迅速扩大的同时，利润率却一直处于较低的水平，甚至有部分项目亏损严重，远远低于国际上7%的平均水平．

EPC、BOT、PPP等高端业务模式越来越多地牵涉到技术标准的应用问题，采用哪个国家的技术标准成为业主与承包商争议的焦点。中国对外承包工程企业在海外实践中迫切需要政府助推中国工程建设标准“走出去”：中国工程建设标准“走出去”是进一步深化国家“走出去”发展战略的重要内容，树立“中国标准”的国家形象有利于提升国际影响力；可以打破国际工程承包市场准入的隐形门槛和软性贸易壁垒，开拓新兴市场区域；可以改变中国长久以来形成的以施工承包和劳务输出为主导的对外承包工程格局，加快对外承包工程增长方式转变，逐步向业务链上游拓展，形成工程咨询、融资、建造、运营、服务等一体化的产业链条，以利于扩大国际承包市场空间和占领高端工程承包市场；同时也是带动相关产业产品、设备、技术出口的重要基础。

（三）中国工程建设标准“走出去”具备了良好的发展条件

首先，中国建立了较为完善的工程建设标准体系，部分行业的技术标准达到了国际领先水平。其次，在国际工程承包市场实践中，已对亚洲、非洲和拉丁美洲等国进行了工程建设标准输出的尝试。第三，中国对外直接投资和政策性资金投放力度逐步加大，为中国工程建设标准“走出去”提供了保障。

二、中国工程建设标准现状

工程建设标准是建造工程项目的技术法规。改革开放以来，中国工程建设标准的编制工作取得了巨大成就。截至2009年底，中国共颁布实施了各类工程建设标准4950余项，其中国家标准390余项，行业标准2550余项，地方标准1550余项，协会标准220余项。根据中国工程建设标准体系的分类，可用级别、属性和对象三个维度来描述中国工程建设标准体系。

（一）级别维度

根据中国工程建设标准领域的法律和规章制度，按照级别可以将中国工程建设标准分为国家级、行业级、地方级和企业级四个层次。

（二）属性维度

根据中国标准体系的发展现状，在这一维度上，将标准划分为强制性标准和推荐性标准，强制性标准必须执行，而推荐性标准自愿采用。

（三）对象维度

根据工程建设标准所针对的对象，中国工程建设标准可分为城乡规划、城镇建设、房屋建筑、工业建筑、水利工程、电力工程、信息工程、水运工程、公路工程、铁道工程、石油和化工建设工程、矿山工程、人防工程、广播电影电视工程、民航机场工程15个类别。

相比于美国、欧盟等国的工程建设标准体系，中国与其在主导机构、工作程序、管理机制、使用要求等方面存在差异。

在标准编制主导机构方面，美国的编制主导机构是民间协会——美国国家标准学会（American National Standards In-stitute），欧洲的工程建设标准由欧洲标准化委员会（EuropeanCommittee for Standardization）负责组织，中国则由住房和城乡建设部的标准定额司承担。在标准编制的工作程序方面，美国是由民间团体主导，自下而上；欧盟则是由成员国提出建议或欧委会下达委托书，并且与国际标准化组织（ISO）有着密切的合作关系．使欧洲标准尽可能成为国际标准；中国则由政府部门征集编写建议，通过评审后委托相关部门编制。在管理机制方面，美国的工程建设标准体系较为松散，具有高度市场化的特征；欧盟则由政府授权的非营利性的标准化组织集中管理；中国由政府部门统一管理。在使用要求方面，美国和欧盟均是自愿使用，中国则是强制性与自愿性相结合。

虽然中国工程建设标准体系近年来得到了迅猛发展，从标准数量到行业细化覆盖率都有了较大的提高。在中国建筑企业自行设计或与国外强手联合设计、自行施工和自行管理的上海环球金融中心、国家体育馆（鸟巢）、杭州湾跨海大桥等标志性建设项目中，多项技术标准达到了世界领先地位，中国工程建设标准完全具备了走向国际承包市场的实力。但由于欧美标准长期以来形成了自然垄断地位，即使是缺少自己国家标准的非洲或拉美地区，由于其多聘用欧美国家公司提供设计、监理等咨询服务，也多使用欧美标准。因此，海外工程承包市场中极少采用中国工程建设标准，仅用于援外项目及国家贷款项目，如安哥拉卫星城（社会住房）项目、埃塞俄比亚亚迪斯阿贝巴一阿达玛高速公路项目等。近年来，在EPC项目或由中国出资的信贷项目中，越来越多的对外承包企业尽可能说服业主使用中国标准，通过谈判，或将中国相关标准翻译成英文，或请业主参观使用中国标准的国内、国际工程，以使业主最终同意在工程中使用中国标准。中国企业在海外以BOT方式投资开发的项目中，也积极使用中国标准。

三、中国工程建设标准“走出去”的SWOT分析

SWOT分析法是一种制定战略计划的有效方法，即估量组织内部的优势（Strengths）和劣势（weakness），并且分析辨别外部环境的机遇（Opportunities）和威胁（Threats）。本文以中国工程建设标准“走出去”为分析对象，进行SWOT分析。

在优势方面：首先，中国对外承包工程业务总体规模快速扩大，成为世界重要的建筑服务出口国，为中国工程建设标准的推广提供了条件，同时企业对采用中国标准的意愿强烈。其次，对于工程建设标准“走出去”过程中存在的缺乏统筹、重复劳动、资源浪费、社会参与度低等问题，有关部门已提出了建立领导小组、启动工程建设标准翻译工作、落实财政支持等一系列措施。第三，中国部分工程建设标准的水平已经达到甚至超过了欧美规范水平。以中国现行的国家标准《泵站设计规范》（GBT50265.1997）为例，与美国、日本等国家的七项相关标准中的65条（款）进行对比后可以发现，其中规定相同或水平大致相当的有28条（款），高于或略高于国外相关标准规定水平的有19条（款），低于或略低于国外相关标准水平的有18条（款）：

在劣势方面：首先，中国强制性标准和推荐性标准的范围界定与WTO不同，WTO-TBT规定，技术标准的内容应主要限定在保护人身安全和人体健康、保护动植物的生命和健康、保护环境、防治欺诈行为、保护消费者利益和保护国家安全五个方面。按此规定，中国有17.93%的工程建设标准不符要求。其次，中国标准存在编制周期长、审查周期长、出版周期长的问题，国家标准平均标龄10.2年，与发达国家3-5年的标准标龄有很大差距。此外，由于政府制定工程建设标准是按照年度计划进行，使得标准修订不能及时进行，对于新技术、新领域的反应较慢。第三，中国工程建设标准的外文版数量较少，目前仅为12.3%。此外，与发达国家及国际标准化组织交流较少，同样制约了中国工程建设标准“走出去”。第四，国际认可度不高，非洲、拉丁美洲的很多国家曾是西方发达国家的殖民地，通常会优先考虑采用原宗主国的工程建设标准。

在机会方面：首先，国际工程承包市场上多个国家标准并存，各标准体系之间存在一定的竞争关系，而不是一家独断，这给中国工程建设标准“走出去”留有余地：其次，国际工程承包市场高速发展，市场规模不断扩大。随着越来越多发展中国家开始大规模基础设施建设，国际工程承包市场必将保持高速发展，为中国工程建设标准“走出去”创造了空间。第三，WTO/TBT规则中规定国际标准机构在制定国际标准的过程中，要保证各国均能公平、自由地参与，这为中国工程建设标准“走出去”提供了重要保障。第四，部分发展中国家由于长期战乱等原因，至今没有建立起本国的工程建设标准体系，这为中国工程建设标准占据当地市场创造了契机。

在威胁方面：首先，很多发达国家及地区已经制定了本国或者本组织的工程建设标准国际化战略，将本国或本地区的标准推向世晁，使之成为国际标准。其次，发达国家特别是欧盟，长期把持国际标准化组织领导权。

四、中国工程建设标准“走出去”的战略实施

（一）中国工程建设标准“走出去”的发展目标

中国工程建设标准“走出去”的发展目标可分为总体目标和阶段目标。总体目标是根据对外承包工程的发展要求，加强注重标准的国际化内涵建设，强化标准的推广与输出，逐步巩固中国工程建设标准的国际影响和地位，全面提升对外承包工程的规模、质量和效益。阶段目标包括初期目标、中期目标和最终目标：初期目标是争取在发展中国家取得标准主导权；中期目标是获得

与美标、欧标和日标等发达国家标准相抗衡的地位；最终目标是能够制定一部分以中国标准为基础的国际标准。

（二）中国工程建设标准“走出去”的指导思想及策略

1．坚持统一管理、分工负责。应设置专门机构，统一协调管理中国工程建设标准“走出去”相关问题，住房和城乡建设部、商务部、财政部等部委各司其职，建立相互配合、有序运行的工作机制。

2．坚持整合资源、阶段推进。应根据对外承包工程企业的需要，整合工程建设标准相关资源，统筹安排、阶段推进、突出重点、讲求实效，本着将轨道交通、大坝、水电、桥梁、公路等领域优势标准向相对弱势国家、弱势领域输出的原则，找准影响作用较大的突破口，以点带面，逐步完成标准“走出去”的战略布局。与发达国家相比，发展中国家有着更相似的经济、技术等发展背景和环境，因此更易于接受中国的工程建设标准体系，为此要充分发挥中国作为发展中国家“旗舰国”的地位和作用，加强与发展中国家工程建设标准体系的交流与合作。

3．坚持政府主导、社会参与政府部门应加大工程建设标准“走出去”的投入与领导，充分发挥企业的标准化主体作用及行业协会的协调作用，为推动工程建设标准“走出去”的企业给予政策鼓励和资金支持。

4．坚持加强沟通、推动互认。应加强与有关国家在工程建设标准方面的交流与合作，逐步推动中国与一些重点国家和地区的工程建设标准互认。通过标准的双向翻译、推荐中国工程建设标准理念、参与国际或区域性工程建设标准化活动，推动工程建设标准体系的战略输出，从技术性政策上消除贸易壁垒，为中国工程建设企业和建设产品生产企业实现“走出去”奠定基础。前期可借助南南合作框架，促进中国与发展中国家在工程建设标准化领域的深层次合作，争取中国工程建设标准在发展中国家的主导地位；后期可逐步开展与发达国家的平等对话，扩大中国工程建设标准的国际影响。

中国工程建设标准“走出去”步伐的滞后，已成为严重制约对外承包工程企业拓展EPC、BOT、PPP等高端业务领域，以及中国工程咨询设计企业“走出去”的首要问题，引起了多方面的关注，部分行业和企业在“走出去”的过程中正积极实践。在此过程中，政府和企业有着不同的任务。国家层面应从整体上进行工程建设标准“走出去”战略的推进和实施。首先是积极参与国际上的一些标准化的活动，反映中国的技术要求，通过争取对标准的发言权，进而获得标准的制定权。其次是主动参与一些国家的工程建设标准体系的建立过程，向其推介中国标准。第三是加快部门协调，促进标准编号统一，并尽快组织系统的标准翻译工作，发行高质量的权威版本。第四是对推动“中国标准”“走出去”的企业给予政策鼓励和资金支持。企业应成为工程建设标准“走出去”的实施者和推动者，一方面应顺应国际承包工程市场的趋势，大力发展EPC、BOT等设计施工一体化的承包方式，向业主推荐“中国标准”。另一方面需搜集、反映国际市场信息，为政府决策提供参考。

参考文献：

张水波、杨秋波：对外承包工程快速增长：问题与对策，《国际经济合作》，2007年第2期．

王超：中国工程建设标准化理念战略输出浅探，《土木工程学部．2006年第1期．

张守健：工程建设标准采纳行为演化分析，《土木工程学部．2011年第5期．

王志宏：WTO“后过渡期”程建设标准化应更上层楼，《中化建设报》，2005年8月15日．

海外大型建设项目的设备现场服务管理

中国恩菲工程技术有限公司 姚海晶 中国海油北帕斯天然气液化项目组 刘力

一、项目背景

海外大型建设项目经常采购世界各国的不同设备，这些设备的安装、调试、故障检修等工作的协同完成需要系统和专业化的指导。

以某岛国的一个大型矿产开发综合利用项目为例，该项目系中方投资，项目所在国以采矿权入股。项目包含采矿、选矿、冶炼三个部分，施工地点分为矿山和冶炼厂两地，相距一百多公里。所在地自然环境为雨林地区，热带海洋性气候；交通、通信及生活服务设施落后；基本无工业基础，施工资源匮乏，项目可利用条件有限。业主结合行业惯例及承包商特点，采用了 EP+C（设计采购十施工）的发包方式，即 EP 承包商负责实施项目的设计及设备采购，协调组织设计人员及设备供应商提供包括试车服务在内的专业技术指导（即设备现场服务）。另由业主指定几家施工承包商，分功能区域进行施工。考虑项目本地化用工需求，业主还对基础服务工作、辅助工程采取了本地分包的方式。

随着项目的推进，与设备现场服务相关的众多问题逐渐产生并扩大，各方开始重视这一问题并积极协商寻求解决方案。

二、项目设备现场服务问题及原因

（一）工艺的特殊性要求设备安装调试由专业化队伍完成

该项目运用多项创新技术及工艺，是国内甚至世界范围内首次应用此类工艺的矿产加工项目。40% 的关键设备为非标设备，需要按图纸定制；还有上百台 / 套超精密、超大型及带高压力的危险设备，有苛刻的保存、安装、调试要求。在矿冶流程中密闭循环的工艺线和工辅线上，任何一个环节的失误，都将导致设备受损，甚至影响整条生产线的调试进度和人员设备安全。

同时，项目所在国为不发达国家’，项目地处偏远，工业基础薄弱，物资供应匮乏，当地劳工技术水平低。即便许多通用设备也未在当地设立售后服务站或维修点，更何况这些复杂工艺背景下的非标设备。所以，设备本地化安装、调试及维修保养根本无法实现。

项目工艺本身对于专业技术的高要求和当地落后的技术服务能力之间矛盾突出。同时，由于关键设备均来自世界知名厂家，业主及 EP 承包商也希望借助这些厂家在其他项目上的技术和经验为该项目的顺利实施增添一层保障。在此情况下，借助设备供应商专业化技术力量赴项目现场指导设备安装、调试及维修保养成为当时最好的选择。

（二）松散的管理制度给设备现场服务造成巨大困难

项目建设之初，各参与方没有预料到设备现场服务工作的复杂性，部分管理人员仍按照国内项目的做法进行供应商管理协调工作。当发现设备出现问题后．无论问题的大小及性质，不假思索地以个人名义向供应商发出入场服务的口头通知。当供应商的技术服务人员办理了护照、签证，几经周折抵达现场后，却发现项目现场无人安排接机、交通和食宿，甚至其在现场的具体工作都无人问津，而他们负责的设备也不具备安装调试的基本条件。所以在项目初期经常发生供应商技术服务人员到场后没有可以开展的工作，或者工作不足半日便启程回国的窘况。

另外一种情况是，在矿山和冶炼厂两个工地上，由 EP 承包商采购的相当一部分通用设备由同一供应商向两地供货，但设备的安装及使用又分属于由业主发包的不同施工单位。项目初期，主观上由于各施工单位沟通机制尚未完全建立，主动沟通意愿不足；客观上由于两工地相距百余公里且通讯不畅，导致两地信息传递缓慢，尤其是在设备现场服务方面存在严重沟通问题，经常出现供应商技术服务人员刚完成一地的工作回到国内，马上又接到另一地的入场通知的情况。

诸如此类的供应商技术服务人员在现场闲置等待、不科学调派、不公平对待等情况，都给后续的设备现场服务造成了巨大困难。供应商对项目的整体安排一无所知，其技术服务人员对于赴海外工作心存不满，对后期工作存在强烈的抵触情绪。而这都源于设备现场服务方面松散的管理制度及随意的工作方式，业主及EP承包商为这种随意性的管理付出的成本远大于其收益。

（三）多项外界因素不利于设备现场服务的进行

除项目组织内部因素外，多个外界因素也影响着设备现场服务工作。

在劳工政策方面，项目所在国政府为提高当地人员的就业率，通过限制发放劳动许可的数量对在当地工作的外籍员工的数量进行严格限制。此外，当地劳工部门还设置了较高的海外人员劳动许可申请条件，许多国内供应商的技术服务人员难以达到，不能入场工作。同时，劳动许可及工作签证的办理时间长达数月，难以满足现场工程进度需要。

与上述困难并行的，还有高昂的交通成本和有限的空中运力。中国到项目所在国没有优惠的航空协议及直达航班，中转出行耗时费力。在难以办理工作签证的情况下，部分技术服务人员不得不持短期的商务签证入境，在商务签证到期后临时出境至香港等中转地，然后再立刻返回项目所在国。此类周转，造成了大量的时间与金钱的浪费，也让技术服务人员相当疲惫。而当地航空公司每周通航一次的小型飞机也限制了项目的通行人数，机票购买和改签需等待很久，无计划的人员派遣和撤回导致窝工费用的大幅增加。

加剧设备现场服务困难的还有供应商本身的问题。国内许多供应商的技术服务人员在设备安装调试方面动手能力较强，但文化水平偏低，无国外工作经验，导致其在赴现场途中出现了多种意外情况。例如，语言不通，在出入境时不能回答海关工作人员的问题，携带特定物品没有及时申报，签证过期被扣留，在飞机上抽烟引发警报等状况。这些都对中国人的对外形象造成了不利影响，也导致项目所在国海关对后续入境的中国工人都提高了检查标准。这些人员即便顺利到达现场，也存在文字和语言表达能力不足，无法胜任工作等现象。这些都加大了设备现场服务工作的难度。

三、项目设备现场服务工作的改进措施

（一）完善承包合同，明确责任划分

为了改变项目设备现场服务被动的工作局面，使项目各参与方对设备现场服务承担起相应的责任，需要在业主与承包商的EP合同和业主与施工单位的C合同之中明确划分各方在设备现场服务方面的责任和工作界面，确保每一环节都有人负责并良好衔接。

鉴于EP承包合同已经签订，经协商后EP承包商与业主签订了补充协议，一方面对合同中原本含混的部分进行澄清和细分，明确了双方在服务事项上各自应该承担的风险和应尽的义务。

首先，将政府沟通等原本应由业主方承担的工作内容明确。由业主与项目所在国政府部门加强沟通，争取增加工作许可数量，降低申请资格，并加快签证办理速度，以便最大限度地为项目所需的技术人员提供便捷通道。

其次，在补充协议中明确由业主统筹考虑项目各子工程的各施工单位的设备现场服务需求，EP承包商在规定时间段内做出响应等内容。从而将EP承包商从各施工单位的协调工作中解放出来，使其专注于设备现场服务的统筹工作。

最后，在补充协议中加入双

方共同制定的管理细则。包括计划报告制度、人员考核制度、服务结算程序、双方在此项工作上的协调程序等。

业主同时也制定了针对施工单位的管理制度，颁布了一系列标准化管理表格，包括入场计划、入场通知、临时变更等；并要求各施工单位及EP承包商指定专人负责对设备现场服务工作进行管理，明确各文件及表格的签署权限及人员。

经过上述措施，设备现场服务工作在合同界面与制度上的短板得以弥补。

（二）完善供货合同，严格执行合同条款

针对先前部分供应商不重视售后服务，对入场通知响应迟缓甚至拒绝提供服务，临时更换既定人员，技术服务人员到现场后不能有效开展工作等情况，EP承包商在后期的采购合同中注意对售后服务条款进行更为清晰的约定。

首先，明确规定乙方对甲方的响应时间以及延迟响应的违约责任，服务人员应达到的素质水平，现场服务考核与结算规则等。

其次，要求供应商提交现场技术服务人员简历，确认可以达到项目基本要求后再进行签证办理等人场准备工作。

最后，为了避免供应商现场技术服务人员离职或更

换岗位等人员流动对项目设备现场服务造成不利影响，在每一个重要设备合同中都要求供应商安排备用技术服务人员并保证随时可以到达现场提供指导。

对于前期签订的采购或服务合同，要进一步加强监督和执行力度。一方面与供应商建立畅通的联系渠道和高效的协调机制，营造友好的合作氛围，防患于未然；另一方面规范对外联系的程序，注意过程文件的积累，并安排专人分析服务执行中可能遇到的状况和应对策略，制定各种情况下的应急预案，确保在对方出现不当行为时能够果断采取措施，促使其及时矫正。

可见，合同中关于保函条款的完善和EP承包商对于合同内容的熟悉与严格执行，使得此项工作得以圆满完成。

（三）充分准备，加强工作计划，人员培训和现场管理

注重项目总体进度计划与设备现场服务计划之间的联系，二者节拍一致可以让供应商技术服务人员的进出场更加科学合理，更具有计划性。EP承包商主要从以下几点着手加强了设备现场服务计划工作，将前置工作做好，从而保证后续工作顺利进行。

首先，科学分析项目一级、二级计划，从中发掘出设备现场服务的各个起始点和当前工作。

其次，借助项目设计人员的经验，对各种设备的专业性要求程度、所需要的指导时间等进行预估预判，确定服务所需周期。结合第一条信息形成涵盖设备现场服务内容的三级或四级计划。

最后，结合现场实际施工状态，EP承包商提前与供应商沟通，对可能出现的技术问题加以防范和规避；同时也便于供应商安排适当的技术服务人员进行签证办理、备品备件及技术资料准备等各方面工作。

此外，加强人员培训工作也是提升项目设备现场服务工作水平的重要途径。

一方面，考虑到现场技术力量薄弱，由业主招募和组织后期运营人员提前参与设备的安装、调试工作。在供应商的技术服务人员入场时，业主组织设备操作人员统一接受供应商的培训，并随同参与安装、调试的实践操作。这样可以使后续工作人员在项目整体联动试车及运营阶段能够更好更快地投入工作。

另一方面，EP承包商为即将赴现场工作的供应商技术服务人员编制了详尽的《出行服务指南》，详细介绍国际旅行、外事交往、当地生活工作习惯、日常语言等各种知识，确保每个技术服务人员能够理解和掌握所有注意事项并通过出发前考核。

在项目现场安排专人进行供应商技术服务人员管理，使其工作处于可控状态，生活没有后顾之忧，全身心投入工作。设备现场服务管理人员的工作内容包括：

1．对供应商技术服务人员进行入场教育；

2．协调和处理技术服务人员在现场期间所遇到的各种问题；

3．搜集和整理服务人员提交的工作日志、工作周报等资料，对其工作绩效进行考核；

4．在供应商技术服务人员离场时，组织业主、EP承包商、供应商三方共同签署“服务确认单”；

5．对供应商技术服务人员的工作成果进行反馈，对未完成事宜和注意事项进行记录。

通过以上几点可以发现，做好计划准备、人员培训和现场管理对项目设备现场服务工作具有重要意义。

四、项目设备现场服务改进建议

通过上述措施，该项目的现场服务管理基本进入了有序阶段，但总体来看仍存在遗憾与不足。要进一步做好供应商的现场服务工作，还有以下内容值得未来类似项目参考和借鉴。

（一）预估风险，合理防范

作为设备现场服务总提供方的EP承包商，在与业主签订总承包合同时，应该统筹考虑，具有前瞻性思维。对于可能引起争议的事项进行明确规定，对于理应由业主承担的工作，在合同中应清楚地界定。对于不可抗力或EP承包商无法预估或控制的外界条件所造成的不利影响予以免责。例如，上文提到的签证办理以及由业主提供的现场食宿条件对供应商技术服务人员的影响等因素。

除对上述内容争取免责外，无论是业主还是EP承包商都应意识到，按照以往国内项目的施工习惯，现场对工程质量的重视程度往往超过生活质量，工作人员多是发扬“任劳任怨、艰苦创业”的工作作风，食宿条件、生活环境简陋。但在项目国际化的进程中，“以人为本”则非常重要。就该项目来说，大部分关键设备出自发达国家的供应商。外方技术服务人员多次因为现场条件简陋，不能达到其公司HSE标准，拒绝提供现场技术服务，从而影响设备整体调试进度。此类情况不但对项目本身造成不利影响，也影响了中国公司在国际上的声誉。这给项目参与各方都敲响了警钟。作为EP承包商，应在与业主的承包合同中对由其提供的现场技术服务人员的生活条件和工作环境提出明确要求。另外，应避免合同中出现笼统性的描述，如约定服务结算节点为“服务结束后”

不如约定为“每次服务结束后X天以内”，以免因业主不断提出服务需求，无法完全结束服务而导致很长一段时间无法从业主那里获得服务费。

（二）上下统一，规范合同

在该项目中，由于EP承包商没有较为规范的采购合同范本，尤其是现场服务部分的模板，导致各设备采购合同对服务工时的计算方式、服务费率、结算方式、结算币种等约定不一致。加上总包合同对这部分规定为“按照设备采购合同实际约定执行”，导致EP承包商在执行EP承包合同和产品采购合同的过程中，耗费了大量人力对数百个合同进行审查、跟踪和信息更新；在与设备供应商进行结算以及向业主申请付款时消耗了大量人力和时间；而且在计算各合同费用时，极易因为细微的差异而造成失误。

如果EP承包商能在EP承包合同签订时考虑到现场服务的复杂性，制定统一的结算方式和合理的费率，那么在签订设备采购合同时便可将EP承包合同中的相关条款延用到设备采购合同中，即做到EP承包合同与设备采购合同上下统一，格式规范。

在EP承包合同允许的情况下，还可以建议由业主直接对供应商现场技术服务工作进行发包并与之签订合同，由业主直接承担设备现场服务的管理工作，并直接支付服务费用，从而减少EP承包商此部分的工作量。

（三）组建团队，提升技能

从EP承包商内部来说，作为设备现场服务的总提供方，EP承包商应该有一支自己的专业技术队伍，能够对现场各种专业设备进行基本的安装、调试指导，并对供应商技术服务人员进行管理。在业主提出需求的时候，能够判断入场服务的必要性和紧迫性，能够在设备安装、调试手册的指导下判断现场是否具备安装调试条件。对业主和施工安装单位的安装、调试计划提出实质性参考意见，并提醒、监督和协调各个环节落实到位，从而减少对供应商技术服务人员的依赖。

随着全球经济一体化趋势的加强，中国企业走出国门，承揽的国际项目将越来越多。在此情况下，更加科学的项目管理、更加合理的现场施工组织将成为企业核心竞争力的一部分。从这个角度来看，做好项目设备现场服务管理工作也将成为项目管理和施工组织的重要环节。若开展得当，将为项目节约宝贵的时间和大笔资金，并树立良好的国际形象。企业应该加强对设备现场服务工作的重视和投入，才能在复杂的国际项目中赢得主动、占领先机。

The Yearbook of the Contractors of International Engineering Consutation & Design of China

中国国际工程咨询设计承包商年鉴

2011

The Yearbook of the Contractors of International Engineering Consutation & Design of China

2011 中国国际工程咨询设计承包商年鉴

专文

以现代地域主义塑造旅游酒店建筑特色

昆明官房建筑设计有限公司 张剑辉

摘要：本文基于国内旅游业发展的角度，在分析旅游酒店现状的基础上，通过对旅游的消费性和文化性分析，提出凸显地域文化特色对当今旅游酒店设计的重要作用和价值，探讨现代地域主义作为塑造旅游酒店建筑特色的思维和方法，以期待为今后同类建筑设计提供借鉴。

关键词：全球化 地域文化 现代地域主义 旅游酒店设计与特色。

随着我国人民生活水平的不断提高和节假日制度的改革，旅游业得到快速的发展，外出旅游度假已逐渐成为现代人生活方式中不可或缺的部分。我国各地旅游酒店建设蓬勃发展，方兴未艾。但是，受到国际主义设计思潮以及全球化趋势的影响，不同地域和民族的旅游酒店建筑及其室内设计出现雷同化的现象，不以地域自身特点出发，盲目照抄，外观千篇一律，丧失了民族和地区的特征，毫无特色。旅游的本质在于体验异样的文化，没有文化的旅游是没有生命力的。因此，旅游酒店设计应体现出地域特色和文化品位。

一、旅游的消费性及文化性分析

在这个被称为“体验经济”的21世纪，旅游作为一种消费活动，已成为现代大众的一种休闲方式。旅游消费与其他物质产品消费的不同之处在于，它获得的是一种经历和体验，是一种文化享受。旅游酒店，大多处于风景旅游环境内并能为旅游人群提供住宿、餐饮等服务的场所，其消费性主要体现在人们为满足某种需求而进行的一系列消费活动。随着旅游业的蓬勃发展、人民文化素质的显著提高，传统的观光旅游已不能满足人们的消费需求，旅游的体验性和精神性需求开始受到人们的关注。为了获得这种体验性享受，消费者愿意支付更高的价格，因为这种体验型消费可以满足现代人求新、求异、求乐、求知的心理需求，这就对旅游酒店设计提出了“特色化”的要求；当今酒店业的竞争，已由注重经济基础的竞争转化为注重意识形态的竞争，即观念竞争、文化竞争、特色竞争，有特色的酒店才有生命力，旅游酒店越具有地域性才也越具有竞争力。由此，地域文化因素在旅游酒店设计中占有越来越重要的地位，并对酒店创造独有的灵魂与生命力发挥着极为重要的作用。

在全球一体化的大趋势下，生产和生活方式渐趋相同，差异和特色愈显可贵。地域环境差异造成了文化层面的差异性，这也正是旅游地所独有的，现代人所追求的，旅游酒店建筑作为地区文化的载体，理应成为展现当地文化的窗口。试想，游客千里迢迢而来，满怀着对地区文化的探求希冀，而旅游酒店作为行程的第一站是给予他们对当地文化诉求惊喜般的体验，还是一个国际范式的“标准面孔”呢？答案不言而喻。同时，旅游酒店建筑本身还应与当地历史环境、文化背景等保持整体联系，使历史环境与地区文脉得到进一步的保护和延续。

综上所述，通过对旅游酒店消费性和文化性的分析，不难发现地域文化特色已经或正在成为影响度假旅游酒店和度假村是否成功的一个重要因素，越来越受到酒店投资、设计、管理者的重视。地域性文化是现代旅游酒店建设的一种重要发展方向，如何通过设计将酒店转换成为地域文化的载体，构成旅游者经历体验中的重要组成部分，从而满足现代人的消费心理需求，这无疑是做好旅游酒店设计的一个重要问题。

二、现代地域主义设计概念

现代地域主义是地域主义建筑到20世纪下半叶拉美建筑在“批判性地域主义”理论下发展和演变至“当代乡土”“新地域主义”等称谓的建筑理论变化，有人又把它们归于广义的地域性建筑。现代地域主义，作为一种富有当代性的创作倾向或流派，来源于传统的地域主义或乡土主义。现代地域主义关注建筑所在的地方文脉和都市生活状态，那些试图从场地、气候、自然条件以及传统习俗和都市文脉中去思考当代建筑的生成条件和设计原则，使建筑重新获得场所感与归属性。

建筑是地区文化的载体。从地方传统民居建筑中，我们能感受到地区人们的生活生产方式、艺术审美情趣、建筑建造手段、经济技术条件等方方面面的内容。建筑在满足人们基本物质生活的功能需求时，无不蕴含着所特有的文化内涵。建筑始终与地区传统文化保持着相生互动、千丝万缕的联系。现代地域主义具有灵活性和综合性特征。它不是简单地复辟地域文化，而是经过筛选的、发掘、抽象传统地域文化，它总是既响应场所精神，同时又积极地为本土文化建立新的时代品质。

三、现代地域主义在旅游酒店设计中的实践和运用

云南本土有着丰富的地域文化和独特的风土风貌，是我们从事建筑设计的宝贵源泉。（图1～2）

设计结合地域文化是官房酒店建筑设计的基本要素之一，现代地域主义思想在最近的多个旅游酒店建筑设计中也得以充分体现。如：昭通大山包春夏秋冬旅游酒店设计，云南某度假旅游酒店改造设计。（图3～9）两个案例均成功运用现代地域主义思想，适应性的结合自然地理环境和地域文化环境，即：设计注重建筑的生态适应和文化适应，以一种契合自然和融合文化的手段来营造，并诉诸于建筑建构之本源问题，空间的、构造的、材料的、技术的层面。在此，现代地域主义的运用不仅指向于当地的气候、阳光、温度等自然因素，而且贯彻到对地区传统文化的发掘及现代诠释中，从建筑的表观形态到建筑的内部空间和陈设，无不赋予人们文化认同感，建筑本身的特色也就自然而然在这种对环境的“适应性”过程中塑造出来。

以现代地域主义塑造旅游酒店特色应注重以下方面：

（1）“文化折射”而非“文化复制”。

系统论认为，系统的本质是动态发展的。唯物辩证法认为，文化是循环流动的，但不是简单的回到过去，而是沿着螺旋路线在新的水平上的回归。现在被认为是传统的那些住屋形式，不过是历史文化上某一阶段的代表，而非文化的全部。因此，传统的建筑形式并非不可超越的典范。所以应辨证地审视地区优秀传统文化在现代建筑创作中的动因和结果。我们所坚持的是：在立足传统的同时，更要面向未来，强调旅游酒店的时代特征和现代意义。

由此，现代地域风格的旅游酒店设计理念不等同于地方传统建筑的仿古、复旧，而应当是现代建筑风格在传统基础上的升华。其在功能和构造上应遵循现代的标准和需求，内涵和形式上汲取传统建筑的精髓。在建筑中探寻地方传统文化底蕴与当代生活方式和审美观念相互融汇，使人们既能对当地的本土文化产生认同感和归属感，又能体验到“时尚和舒适”的现代情调。

（2）满足人们对地区的“文化认同”心理。

全球化与地区化、传统文明与现代文明，当今时代实在充斥着太多复杂矛盾的因素。籍以现代地域主义设计思路巧妙而恰当地反映地域文化，可以在此种背景下实现人们对地区的“文化认同”心理，使各种复杂矛盾得以巧妙化解，并保持地区传统文化系统的动态平衡状态。

（3）注重物质功能性和地域文化性的统一。

旅游酒店具有物质功能性（经济、适用等），同时也具有不同程度的精神表现性。如：一般的形式美使人产生愉悦感或造成一定的情境氛围，令人遐思；有的甚至具有鲜明的精神意义的指向性，以陶冶人的情操，震撼人的心灵，这些精神因素可称之为旅游酒店的文化性。建筑是物质功能性和文化性的统一，这一双重属性正是建筑的本质所在，旅游酒店亦是这样。在旅游酒店设计中，我们不能只是片面的强调其地域文化性，或者一味追求“风格”和“形式”，而忽略了旅游酒店的功能性，毕竟酒店建成以后是要为业主创造经济效益的。

四、结语

时至今日，一座成功的旅游酒店已不只是单纯食宿的驿站和奢华的装饰，而应是能为旅游者创造一处能与自然和人文环境产生共鸣的场所，赋予人们场所感和归属感。因此，必须把握地域文化特色在旅游酒店设计中的重要价值，并加以充分利用，这也是酒店吸引游客和成功经营的重要因素。设计应以着眼生活、解决问题、顺应精神文化需求为依据，力求通过对地域自然环境、经济环境和社会环境的深入了解，对时间、空间、人文等多种因素的综合考虑做出符合实际的酒店建筑特色。这种设计方法能够给旅游酒店设计带来广泛的多样性和持久的活力。

因此，将现代地域主义设计思想运用到现代旅游酒店的设计中，可以创造出具有精神取向和文化品位的酒店建筑特色，这也正是一个成功的旅游酒店设计的所在。弗兰姆普顿在《走向批判的地域主义》中阐明，“一种有意识有良知的建筑思想，并不强调和炫耀不顾场址而设计的孤零零的建筑，而是强调场址对建筑的决定性作用。”我们坚定设计结合地域文化的思想，以现代地域主义塑造旅游酒店特色的理念将会引领官房酒店建筑设

计飞得更高走得更远。

张剑辉：昆明官房建筑设计有限公司总建筑师 / 国家一级注册建筑师 / 东南大学建筑硕士 / 高级建筑师

参考文献

1、张剑辉 . 此时 / 此地 / 此情 - 以滇西北传统聚落民居探索现代地域建筑创作 . 东南大学 ,2005

2、胡纹，王奇事 . 风景区酒店设计的地域文化解读与表达 . 城市建筑 ,2010

图 1：丽江大研古城街巷空间

图 2：云龙诺邓村聚落场景

图 3 ～ 6：昭通大山包春夏秋冬旅游酒店

图 7～9：云南某度假旅游酒店改造

国际工程经营管理思路

中国水利水电第十四工程局有限公司海外事业部 颜家勇

摘要：国际工程项目条件复杂多变，高风险与高利润并存，如何规避风险和多获利润，国际工程项目管理者必须要有一个正确思路。本文从国际工程市场选取、跟踪、投标、进点实施和完工总结等方面，结合刚果金公路标工程实例阐述了作者的思路，供读者参考。

关键词：国际工程 项目 管理 思路

承包商经营国际工程的主要目的是为了获取利润，然而经营国际工程也存在很大风险。国际工程的承包内容一般包括勘测、设计、施工以及竣工后的维护等内容。不同行业、不同专业的工程项目所需的施工技术、设备、材料以及施工人员的工种不同，工程的策划、组织实施是否顺利与工程所在国及其所在地区的政治、法律、金融、贸易、保险、交通、材料市场、设备配件市场、劳动力市场、地形、地质、气候、语言、风土人情、宗教信仰以及业主、监理和政府部门的管理等存在很大的关系。国际工程项目本身的技术含量高，施工环境的复杂、艰难和多变性，决定了其高利润与高风险并存。如何履行合同，规避风险和多获利润，涉及国际工程的单位必须对国际工程要有一个清醒的认识和正确的经营管理思路。

一、选准目标市场

首先，对全球的建筑市场进行全面的信息收集、系统的分析研究，综合测定市场的容量与市场各方经营者的情况，有选择地进入一个地区或国家的建筑市场，一般来说应从以下几方面加以研究：

1. 市场分析

企业应将市场容量大小作为进入该市场的第一判断标准，对市场容量很小，前景暗淡或经济处于衰退期的市场，即使个别项目有希望中标，但由于无后续工程，考虑工程前期的巨大投A无法在后续工程中消化，从而给企业带来损失，因此宜选择有一定容量的市场或正处于起步期的市场并择机进入。

2. 环境分析

与工程建设有关的自然环境、社会文化、政治法律、金融贸易、银行保险、以及材料设备、配件市场等，这些外部因素对工程建设的组织、施工工期、质量、安全和成本等都有影响，企业应将它作为决策投标和中标后组织工程实施的重要依据。

（1）自然环境

地理位置、地形、地质、地貌、气候、自然资源等自然环境是形成一国或地区经济特点的重要原因，在很大程度上影响一国的政治、经济和文化。自然环境塑造了种族和语言，决定土地的利用，交通运输方式以及商品流向，同时也影响了一国或地区的建筑市场的规模和施工形式。

（2）社会文化

不同的社会文化背景，决定工程的不同实施方式。充分研究当地的民族文化传统，社会结构、语言文字、民族习惯及宗教信仰等，在进行投标或施工时，则可制定劳务成本，施工方法与工程进度计划，特别是在与承包母体国的文化背景相差甚远的地区、国家，投标施工更要慎重。

（3）政治法律

政局的动荡不安，会给合同的执行带来困难，进而影响施工进度，加大承包商的成本。因此，对外承包工程一般应考虑与母体国建立外交关系或有经济技术合作联系的国家。另外，工程建设本身也与当地国的金融、贸易、银行、保险、税务、劳动、社保等法律制度密不可分，可能会带来很多的纠纷，这些亦是承包商应当认真研究和思考的问题。

（4）市场环境

市场环境包括能源、交通、生产力、科技水平、劳动力成本、施工原材料价格等。进入市场前，必须对目标市场的经济状况及趋势进行深入了解，特别应分析以下几个方面的情况：目标市场的经济周期以及目前所处阶段；通货膨胀与通货紧缩趋势；金融、财政及外汇政策；经济增长率、利率、失业率；水电燃料的供应情况；港口情况、港务、清关及运输费用；税收与保险政策；劳动保护法与劳务工资水平；当地建筑材料与设备供应能力、价格、供应地点及运输；进口材料与设备的许可证、交货期、交货价格；施工机械租用可能性及租赁费用；当地同类建筑物的造价；目标市场本地、外国承包商，材料商、运输商以及施工机械供货商的经营状况等。

总之要充分研究建筑市场，结合自身优势，有选择的进入片区或国家目标市场的行业、专业，以便形成规模经营，共享前期大环境的信息资源、后期施工的人、材、机、技术、方法和小环境资源，降低成本，创造更多的利润空间；同时经营国际工程的人才培训才能有方向目标。

二、跟踪目标市场工程信息

1. 进一步落实目标市场的市场结构和工程施工有关的大环境

选择目标市场后，要建立信息收集网络，多渠道收集与工程施工有关的信息，再进行深入仔细的

分析，研究目标市场的市场结构和工程施工环境。内容虽然和前述的一样，但用途不同，前者是为了选择目标市场，现在是为了下一步是否投标、投好标、中标及中标后的组织实施提供决策依据。

2. 跟踪工程信息

跟踪工程信息是指新工程项目内容、规模大小、投标时间、工程所在具体位置及现场考察等。落实业主的投资能力、投资方式、资金来源、支付币种，委托的工程师是否好合作等情况，为工程下一步投标做准备。

三、国际工程投标

经营国际工程的目的是为了赚钱。据调查统计，承包项目出现亏损，大部分为投标报价阶段种下的“祸根”，要做到避免投标报价失误，一是必须到工地现场实地考察；二是要做好合同评审工作。

1. 工地现场实地考查

由于国际工程招标文件中提供的资料非常少，一般都要承包商自行考察，除了工程项目本身的技术含量外，工程的投标报价和工程的组织施工与所在地方方面面的环境条件密切相关，应避免在情况不明的情况下盲目投标，否则会造成施工组织实施的难度大和项目的亏损。现场考察的主要内容如下：

（1）自然地理条件

气候、水文、地形、地貌、地质构造、土质和承载能力、地震等。

（2）建筑材料

大宗采购的水泥、钢材、木材等的产地、价格、质量；当地材料的数量、质量、距工程所在地的距离、开采条件等；第三国采购的渠道及其当地地理情况；成品及其成品的供应情况。

（3）交通运输

外围陆、海、空、河运等运输情况及费用，主要运输工具费用和租赁价格，施工区的交通情况等。

（4）施工设备

施工设备与机具的生产购置和租赁情况，维修加工能力，零配件市场、供应情况，当地施工用的特殊机具等。

（5）当地情况

当地劳工法、人工工资及附加费；进口规定，关税和纳税制度以及项目涉及的税种、税率；银行和保险业务及费率；政府有关部门对现场管理的规定，一般要求、特殊要求等。

（6）施工现场

施工场地、当地材料、供水、供电、通讯、生活物资供应情况，当地疫病及医疗条件，当地类似工程的施工方法及注意事项，当地语言、风土民情、治安等。

（7）业主的投资能力、投资方式、资金来源、支付币种，委托的工程师是否好合作等情况。

（8）初步核实工程的项目、工程量

初步核实工程项目和工程量，为工程投标策略打下基础，同时，也为工程实施引导方向。

根据以上实地考查、分析，把招标工程量与实际可能发生工作量做一对比，找出工程量变化大的项目进行不平衡报价，隐含利润空间。例如刚果（金）LOT5 标 141.9km 的公路修复工程（补坑路段 85.5km、加层加固路段 24.6km，翻松路段 28.9km、重建路段 2.9km），在 85.5km 补坑路段中，工程量清单的补坑面积仅为 8700m² 补坑面积占该段路面面积的 1.7%，从修复工程的性质和我们以往实施类似工程的经验，此工程偏小，加之从制作投标工程量，经招标投标到承包商进场准备开工，还

有很长一段运行时间，可以推断补坑项目工程量一定会增加，由于该项目在工程量清单中的量小，单价做足并偏高，并不很影响投标报价，如果单价做高，则存在盈利空间。

2. 重视合同评审工作

签订合同前的合同评审工作尤其重要，必须派有经验的技术人员、商务人员审核分析标书，如有不明、漏项或错误的地方及时采取补救措施。例如刚果（金）LOT1、2 标公路修复工程，招标文件中要求每个标配一台路面翻松机，翻松老路面。在合同评审中，经过分析这两个标翻松工作量偏小，且翻松机价格昂贵（当时询价 35 万欧元一台），完全可以用平地机代替。通过合同评审，最终说服业主在签订合同时取消翻松机，为项目部节约了成本。

四、工程开工前的进点准备

1. 组织机构

工程的中标，应在目标市场比较重要的中心城市设置总部，一方面继续进行环境调查和跟踪新工程项目，另一方面为中标工程项目提供强有力的支持和服务，特别是为现场项目部处理与业主上层人物、政府部门、海关、税务、银行、保险、劳动、监察部门等的关系，为现场项目部大宗材料的采购定货、设备配件采购定货、清关、运输、保险等渠道以及合同的签订提供便利。否则，现场项目部的新人来到一个完全陌生的环境——语言不通，交通建材市场不熟悉，风土民情、国民习性不了解，国际采购的程序，手续不懂，两眼一抹黑，现场项目部怎能开展工作。

现场项目部则应把精力放在技术、计划、合同、物资设备、财务和现场的生产管理上。在充分研究投标前的环境条件调查、报告、招标文件、投标文件的基础上，随着到现场后各种情况的深入了解，对工程进行组织实施。

2. 进点准备工作

国际工程项目的进点准备与国内工程进点准备不同的地方是：增加了工程测量、设计；各种料场或施工场地的征用；工程保险；设备、材料的进口许可证和免税证明的办理；劳工的招聘、培训；承担监理的生活办公住房、相关家具设施及其看守、维护、供水、供电、车辆的供油、维护、修理等。由于很多方面都是与外围打交道，为了缩短进点准备的时间，需要从老项目部抽调测量仪器（测量仪器一时到不了场）提前组织测量，从本部抽调搞环境调研的人、搞公共关系的人，参加投标的技术人员、商务人员等同项目部的人一起进点，做到以老带新，这样才有利于人才的培养和队伍的壮大，同时可以共享设备、资源、材料的供货渠道等各种信息、关系资源，以便为工程的尽早开工创造条件。

如果新的国际项目进点全靠新人，摸着石头过河，即使付出再大的努力，也收效甚微，时间拖的过长，会让项目部的人员失去信心。

五、工程实施阶段

工程实施是整个项目的重要阶段。项目经营的好坏直接决定着工程的成败，经营好的项目可以弥补一些投标阶段带来的损失，并创造利润。经营差的项目，也可能将预期赢利的项目变为亏损。成功地实施国际工程项目，需做好以下几方面工作：

1. 超前谋势，强化预控

（1）组织前瞻性的项目班子

我们在非洲经营的国际工程，由于远离本土，各国环境、技术要求不同，后方对现场的实际问题了解有一个时间差，不是很彻底，这就要求项目班子要具有独立作战能力，在项目经营管理过程中有发现问题、分析问题、解决问题的能力。这种情况下，项目负责人对项目起着非常重要的作用。

因此，项目负责人和项目总工等关键岗位人员的配置要慎之又慎，特别是项目负责人要懂行，要有经济头脑，要有较强烈的事业心和责任心，要善于与人相处，要廉洁奉公。同时，在队伍安排上要贯彻专业化原则，尽量选用干过同类工程的队伍。

（2）高度重视项目前期策划

凡事“多算胜，少算不胜”，施工管理是一门科学，必须强调超前谋划，确保项目高起点开局，理性化施工。前期策划就是对整个项目从开始施工到工程结束做出总的规划，总的指导原则，包括人员、设备进场，材料供应渠道的安排，技术设计、方案优化，生产阶段性目标，安全质量监控措施，以及对项目实施过程中可能出现的风险进行预测等等。在前期策划高人一筹，胜算的把握就大一些。

国际项目由于当地物资贫乏，无建筑材料市场和配件市场，外界物资进场困难，所有材料配件要求有超前性。在初期的投入上要统筹兼顾，一次到位，克服小农意识，避免凑合、观望心态，该做决定时要果断决策。

（3）坚持技术优先，从实际出发

技术管理好坏决定项目的质量优劣与进度快慢，也决定项目效益赢亏。技术工作超前对生产有拉动作用，反之就会阻碍工程进展，甚至带来经济损失。如刚果（金）LOT5标在水稳土基层配合比未完全批准的情况下，就对底基层进行翻松，结果工程前后脱节，后续施工没有跟进，再加上对当地气候条件不了解，遇到了雨季，整个路段一片泥泞，别说施工，就连车辆行人都难以通过，该施工措施不但给项目造成很大的损失，而且造成工期滞后了。

3. 自主创新，攻克难关

不同的项目所面对的问题、施工技术是不同的，保持一成不变的施工方式是不能适应现代企业的发展的。国际项目施工中要充分发挥人的主动性，加强技术创新，在解决相关问题的过程中应坚持以下原则：

（1）自主创新与借鉴、模仿相结合

自主创新的同时，要在借鉴、模仿的基础上，边实践边改进，积少成多，推动技术进步。要在高起点上创新，少走弯路，不要一切从头摸索，事倍功半，得不偿失，在借鉴、模仿中即要知其然，又要知其所以然。

（2）充分利用外部环境，为我所用

我们自主经营国际市场进行工程项目经营管理还是近几年的事，所涉及的项目数量以及合同规模与其他企业相比都还有差距。要充分利用外面有利环境，向国外经营成熟的公司取经，为我所用，这是一条捷径。刚果（金）LOT5项目部充分利用外界有利条件争取到项目调差成功就是一典型事例。

刚果（金）LOT5标项目的合同价格可调整，招标文件也列出了调差公式，可我们在投标时没列出价格基价及基价来源的官方证明文件，监理组业主据此认为我方在投标时已考虑了价格上涨因素，没有权力要求价格调整。

如何向业主要求调价补偿，项目部一方面给业主、监理组去信函不断阐明我方立场及合同有利条件；另一方面利用LOT4标、LOT5标相同合同条款的有利条件，派人到就近的LOT4标承包商（法国公司，当时已调差成功）进行私下交流。经过努力，拿到了LOT4标调差的相关基价及基价来源的官方证明资料。历经五个月，业主终于同意LOT5标参照LOT4标价格基价对每个月的产值进行调差补偿。自2006年7月至2007年12月，随着物价的上涨，调差指数也从0 13上涨到0 45。最终，LOT5标项目通过调差取得了较好经济收益。

3. 强化项目成本管理和商务管理

（1）树立项目部全体职工成本意识，加强内部成本控制

国际项目经营管理中均是一个中方人员承担一个或多个工作面，针对国际项目的特殊性，在工程初期要求经营管理及技术组织现场职工交底学习，熟悉标书、合同，要求现场中方人员对自已所承担的工作面要进行成本控制。

在工程计量实施过程中，现场施工人员要配合经营做好原始资料收集，包括验收通知单、测量资料、验收资料、监理现场指示等，尽可能的为当月所报工程量提供全面的有说服力的依据。当月未结报工程量标明未结报原因，待下一步处理。

（2）进行项目成本策划、坚持成本核算

进行项目成本策划，通过这种方式使项目部立足于以收定支，按照事前策划，过程控制、紧抓不放，事后总结、不断规范的原则开展工作，力求将成本控制在预定的范周内，以期取得良好的经济效益并且强化内部厂队的成本核算，使职工的收入与项目部的成本息息相关。

每月组织财经分析会，汇集项目部当月各方面情况并最终得出投入、产出，成本控制情况，为项目领导及时掌握项目全面的情况提供一个有利的形式。

（3）积极争取新增、变更项目

我们在非洲承建的项目大多是世界银行、非洲银行的贷款援建项目，一般采用国际上比较通用的美国、法国规范和技术标准，招标设计比较简单、粗糙，由承包商进行施工设计，这对承包商来说是一个非常有利的因素。根据国际工程的特点，可组织相关人员对标书单价结构及工程特点进行分析。首先，指导技术在设计时对单价高、赢利的项目多设计，对存在亏损的项目少设计。其次，找出工程外的项目，重新做新的单价，以争取更多的效益。如刚果（金）LOT5标段通过新增及变更项目，先后三次争取到126万美元的合同增量，合同额由中标时的2565万美元，增加至2691万美元，在中标合同额的基础上增加了4 91%。同时，合同工期延长8个月，为工程的顺利完成提供了有力保障。

（4）收集资料，做好项目索赔工作

国际工程项目在工程索赔上有严格的规定，根据合同向业主提出索赔要求是很正常的。一个成熟的国际承

包商是不会放过任何索赔机会的，索赔也是承包商创造利润的途径。国际工程要成功索赔，除要做好对原始资料的收集、分析外，还要聘请当地有关国际索赔的专家、律师为我所用。

4．国际工程要认真做好风险防范

与国内项目不同，国际项目的经营除常规的风险以外，还包括所在国的政局不稳、社会暴乱、经济动荡、资源贫乏、劳务市场技能低下、汇率风险高、国际供货商诚信、运输、安全、医疗等等风险。但是风险和利润往往成正比，高风险、高利润，关键在于如何有效地防范风险，获取更多的利润。

（1）根据项目评估，计提风险费用

项目的评估、前期策化十分重要，通过项目的评估和前期策化发现、分析、评估风险，在工程投标时计提风险费用。

（2）制定切实可行的风险应急预案，控制风险

项目进点后，根据前期调研，结合当地实际情况，制定切实可行的应急预案，风险一旦发生，就可以及时正确应对以减轻损失。

例如刚果（金）LOT5标项目实施过程中，由于当地社会、政治因素使LOT5标项目部在经营管理过程中几次面对重大风险，但经过项目部的及时正确处理，使风险降低到最低限度，保证了工程的顺利完成。2006年5月11日，由于一起普通的交通事故，引发了当地人的打、砸、抢事件，项目部东风车被烧毁、修理厂被砸。2007年3月3日，由于一件偶然事件，引起了当地骚乱，项目部3辆东风车被砸。2007年3月22至23日，政府军与反政府军在金沙萨发生枪战，导致项目部1200多桶沥青毁于大火。在上述事件中，中方人员的人身安全均受到严重威胁，项目部及时与当地政府、警察、当地驻军联系，启动项目部应急预案，保证了中方人员的人身安全，避免了更大的经济损失。

（3）稳定的施工队伍是项目顺利实施的保障

项目的经营管理最终依靠的是人才，成功经营国际工程必须要有一批熟悉国际工程项目经营管理的人才队伍。稳定、扩大现有国际工程项目管理队伍是项目顺利实施的保障。

随着中国对外开放的不断深入，中资企业在国外的增多，汇率变化增大、国内人工工资的不断增加等因素，我们国际项目中方管理人员的收入已逐渐降低了吸引力，给现场管理，尤其是在人才管理中带来了新的问题。根据当前国际工程项目管理的一些具体情况，可以从以下方面加以调整：

①国际工程经营模式逐步完善，人性化管理，提高企业自身吸引力

当前我们国际市场的开拓和工程项目经营管理还处于一种较低的水平，中方管理人员在项目管理过程中需面对超长的劳动时间和超强的劳动强度，与国内工程项目经营管理相比，国际工程项目管理人员所面对的工作、生活条件更加艰苦、恶劣，承受了由生活、工作以及人身安全、医疗保障等等带来的更多压力，承担了更多的风险。一个项目结束，大多数人员都感到身心疲惫，有些人员甚至在工程中途就因身体原因而退场。

随着我们国际业务的不断壮大，从国际经营业务长期来看，逐步完善国际工程经营模式，根据国际工程项目的经营管理特点，在项目成本受控的情况下，适当增加中方人员的薪酬，增加探亲或反探亲制度，人性化管理，提高企业自身吸引力，对于稳定国际工程项目经营管理的基本队伍是很有必要的。

②经营国际工程要有一种精神

由于特殊的地理和社会环境，国际工程项目工作和生活条件非常艰苦，除了要面对身体疲劳外，更重要的是要面对来自社会和工作的心理压力，这就需要所有的员工要有不畏艰险、顽强拼搏，团结一致，持续作战的奉献精神。

六、项目完工后的总结

现场项目部在施工过程中发现的新情况和遇到的新问题，应及时向本部汇报，项目完成后，应系统地从方方面面加以总结，特别是投标单价不合理的地方，以便在本地区投类似工程标的时候及时调整，同时以指导后续工程施工组织管理。

七、结束语

经营国际工程的利润高，风险大，需要人才、信息、资金作保证。可能一个工程项目的利润填补不了一个项目的亏损。前期市场信息的收集，调查研究的工作量大，投入也高。国际工程经营管理过程的艰难，只有实际投身其中的人才有深刻体会。

今后，还将进入越来越多的国际工程市场，必然涉及更多的国际工程项目经营管理问题。如何经营好国际工程，规避风险，做到少投入，创造更大的利润空间，将是一个长期的探索过程。

多雨地区公路土方工程快速施工法

中国水利水电第十四工程局有限公司海外事业部 颜家勇 宋志祥

摘要：刚果（金）位于非洲中西部，赤道横贯其中北部，南纬5℃以北属于热带雨林气候，以南属于热带草原气候，刚果（金）RN4-LOT2000标公路工程项目，位于刚果（金）东北部的东方省和北基伍省境内，全长410千米，起点为北基伍省得贝尼（Beni），终点为东方省的尼亚尼亚（Niania），靠近乌干达，卢旺达边界，属于热带雨林气候。

关键词：多雨地区 公路土方工程 快速施工

一．工程简介

刚果（金）RN4-LOT2000标公路工程是刚果（金）国道主干线RN4(基桑嘎~尼亚尼亚~贝尼)公路中的一段，是连接刚果（金）东西部地区的主要通道，也是唯一的陆路通道，是刚果（金）东西部的运输大动脉，对东部地区乃至整个刚果(金)的经济发展起着十分重要的作用，因此，该路被刚果人民谓之“和平之路”。

下面首先介绍一下本工程的大致概况及气候条件。

工程情况：本工程位于刚果（金）东北部的东方省和北基伍省境内，起点为北基伍省的贝尼（Beni），终点为东方省的尼亚尼亚 (Niania)，全长410km，路面宽9 0m，路面标准为精选砾石料。

气候条件：该地区年平均气温20.0℃，每年旱季仅有4个月，且不明显，雨季却长达8个月之久，年平均降雨量为1500-2000毫米，属于热带雨林气候。本项目约300km路段地处原始森林，植被茂密，地势平坦，雨量丰沛。

针对以上施工环境和工期条件，而其中阿杜萨(Adusa)-艾布鲁(Epulu)段属于动物保护区，全长72km，沿途随处可见动物出没，以猩猩、猴子、大象、鸟类为主，涉及动物保护、环境保护以及施工安全等等问题。所以，对本公路土方工程如何才能快速施工也就提出了更高的要求。

下面是就我们经过近两年的施工，总结出的点点经验，供大家参考。

二、土方工程理论基础

1．土质路堑的开挖

根据本项目施工里程长、每公里工程量不大的特点，我们在施工时采用了掘进法进行施工。土质路堑的开挖，根据挖方工程数量的大小，以及施工方法的不同，按掘进方向的变化，可分别采用横向全宽掘进，或横向通道掘进等方法，其中又分为单层和双层以上的掘进法。

鉴于本项目的实际情况，各路段上的开挖厚度均较薄，一般在50cm—250cm间，考虑到我们的开挖设备主要是推土机，所以我们选择了单层横向全宽掘进法。所谓单层横向全宽掘进法就是对路堑整个宽度，沿路线纵向一端或两端向前开挖，其掘进的深度等于路基设计的开挖高度。所以，每向前掘进一段，也就完成了该路堑路基开挖的一段（如下图所示）。

2．土质路堤的回填

在实际施工时，根据技术规范及监理工程师的要求，所有路堤填筑均采用分层填筑，每层厚度根据所采用的压实机具及文件相关规定而定。结合本工程的特点，原属紧急修复工程，每段路堤的回填厚度都较薄，根据设计施工图的规定，路面层所包含的基层为30cm，行车层为25cm，所以经监理工程师同意，我们在回填时每层土的厚度规定为不超过30cm. 同时，为了避免路基填方内形成水囊和路面横坡的要求，将两层结合面作成中央高，两侧低的弧面排水横坡进行排水，以确保路基的含水量相对稳定。

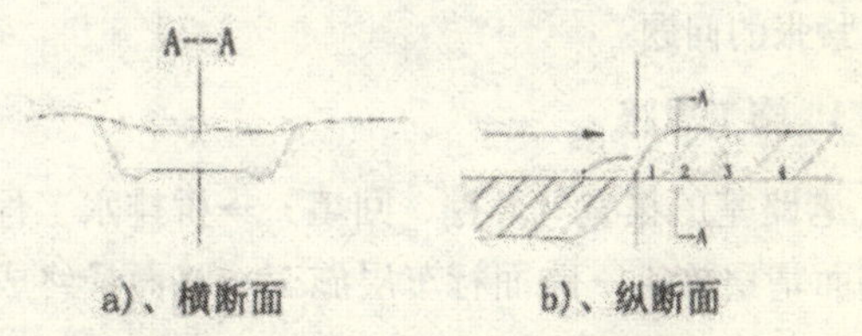

a)、横断面 b)、纵断面

回填施工前，按照《施工合同》及监理工程师的相关规定，对原路段范围内的表土、杂物和积水都进行了清除，如遇软土、淤泥等不良地质，还进行了换填抛石挤淤、片石垫层或换填精选土料处理。由于施工路线较长，回填时，必须进行分段施工，每段接缝都必须按要求翻松搭接，以达到良好而顺畅的衔接。

三、多雨地区施工一般规定和要求

多雨地区修筑路基必须根据地势情况，特别注意做好防水、排水工作。

多雨地区，特别是低洼地带的地面排水，应于施工准备过程即需开挖纵、横向贯通至出水口的排水沟，以期尽快疏干地表水并避免部分积水，以防影响施工和路基稳定。

四、公路快速施工法

根据合同规定，我们应该在 18 个月的工期内完成 410km 的施工路线，也就是说，平均每个月需要完成施工路段 22 8km。

根据合同规定，我们分别于 PK4+300、PK125+000、PK225+000、PK410+000 四处设置了雨量测量装置，用于测量终点段落的降雨情况。在已统计的 18 个月中，共有降雨 316 天，也就是说平均每月有约 I8 天的降雨，可见其降时量之多。据统计，施工期 I8 个月内总降雨量为 3794mm，平均日降雨量为 12mm，其中日降雨量最大为 136mm。

从以上统计可以看出，如果我们按正常施工方法，也就是避免在降雨或雨季时施工的话，那么我们所剩下的实际施工期限只有 18×30-316=224（天），也就是每天必须完成 410km×1000m÷224 天 =1830m。由于土方工程是水敏感性工程，这显然是不可能的，也是非常不现实的，所以我们必须找出一种既适合雨季施工，又快速有效的施工方法，方能完成我们的合同任务。

结合本项目的特点，我们所需要施工的土方工程实际上集中在老路基的拓宽、路面基层和路面行车层三个方面，如果能够在施工过程中互不干扰，互为独立地施工，同时将回填工艺分解成两步来施工，可能就会缓解施工工期紧张的问题。

1. 施工思路

老路基的拓宽（开挖、回填）→桥排水工程的施工→路面基层施工→路面行车层施工→路面最终成型→信号牌的安装。

2. 实际操作

（1）老路基的拓宽

考虑到该项目涉及的工序较多且相对复杂，所以单独组织一个施工队来进行施工，主要工序包括：装载机表土剥离叶推土机软土开挖→平地机整型后碾压→借土料回填。

各工序内容分析：

①装载机表土剥离：该工序虽然单一，但相对特殊，它不太受降雨的影响，除非所施工的段落处于泥坑或沼泽地段，它是路基施工的第一步。

②推土机软土开挖：该工序对于施工来讲是一道非常重要的工序，也是一道创造主要产值的工序。据合同规定，推土机将士开挖后直接推送至合同规定的路基边界线外。

③平地机整型后碾压：该工序对于施工来讲也是一道非常重要的工序，但它实际上也是开挖工序的一部分。该工序需要平地机完成所有的整型工作，再由压路机配合进行碾压。

④借土料回填：该工序对于施工来讲是一道既重要又很难施工的工序，尽管它也创造主要产值。从我们已经施工的段落来看，其路基调型工序所回填的工程量都并不是很大，而且非常薄，普遍在 30cm 左右。由于该工序受降雨因素影响较大，我们必须及时地进行料场的开采和集料，尽量缩短装载机装料、大力神运输、平地机摊铺和压路机碾压的时间，及时将该队所施工的路段进行封闭，不致因降雨而让水浸泡路基。

此工序最关键的是要注意施工衔接的问题，老路基一旦拓宽完成紧跟着必须进行回填施工，不能让开挖出来的路基长时间的暴露，而且一定要注意施工中的临时排水。

（2）桥涵排水工程的施工

该项目涉及的工序虽然不太复杂，但是由于它不如路基施工那样具有连续性，而是存在跳跃施工的问题，而且各项目在时间上也存在一定的差异，比如桥梁施工就比涵洞施工时间要长得多，也复杂得多。所以我们虽然单组织一个施工队进行施工，但是其人员安排却必须灵活处理。

该队的主要任务就是确保已施工路基必须及时安装涵管，而且时间不能太长，以防影响到下一工序——路面基层的施工。本项目涵管工程量虽多，但工艺简单，所以不作过多介绍。其工序包括：挖掘机基坑开挖→基坑处理→砼垫层的浇筑→涵管的安装→涵管节头处理→基坑回填→洞头处理。

为了能使涵管施工速度加快，首先各工序间的配合必须协调，施工安排必须合理。根据施工工序来看，我们采取了比较典型的流水作业方式进行施工，其效果也较为理想。

(3) **路面基层施工**

该项目所涉及的工序比较单一，只有一项施工内容，那就是借土料回填，但是考虑到它需要进行料场的开采，施工便道的修筑，临时排水等等问题，也需要单独组织一个施工队来完成一个施工。

由于该项目完全靠借料场料进行回填，对水特别敏感，处理不好降雨就无法施工，所以该工序对于施工来讲是一道既重要又很难施工的工序。

我们在实际施工中，为了避免降雨给我们所带来的负面影响，将该道工序分成两步来实施。

第一步：将该施工队的人员和设备分成两个组，一个组负责料场的开采、运输和初步回填。也就是说，将料场开采出来后，尽量快的利用好天气将填料运输到施工现场，就算含水量高一点，或者不能一次成型也没有太大关系。及时安排平地机进行土料的摊铺，基本成型后，压路机随后进行碾压，及时将土料封闭，不至于降雨之时雨水渗入土料之中，造成对路基的浸泡。需要注意的是，此步工作必须将土料填足，以避免下一步回填整形的补料。

第二步：另外一个组负责实施第一步工作所剩下的整形工作，以确保监理工程师的验收。此步工作的施工必须视天气情况而定，不必强求在降雨之时施工，如果天气好集中力量=速整形和碾压。此步工作的主要内容就是确保路面的成型，如果天气不好，不必施工，否则也无法成型。此步施工的关，键在于让路面基层最终能够按合同要求完成施工，同时也是对第一步施工的补充，所以不但在外观上要能达到合同要求，在内在质量上也必须达到合同规定，方能确保施工质量。

(4) **路面行车层施工**

路面行车层在施工内容和方式上与路面基层的施工基本相同，唯一不同的仅仅是在施工用料上存在差异而已，所以在此也就不详细介绍了。

根据合同规定，路面行车层施工完成后也就基本完成了所有的土方工程施工，考虑到工程形象及社会影响等问题，我们必须在路面最终成型上下功夫，它主要包括回填边坡的修整和排水沟的开挖。而此项工作对于土路来说非常之重要，它直接关系到本工程是否能够正常使用和营运。

(5) **信号牌的安装**

对于信号牌的安装，因受降雨影响几乎没有．而且也不属于主要项目，在此也就不作过多介绍。

从上述各施工步骤可以看出，此施工方法之所以适用于多雨地区进行施工，能够提高施工的速度，主要是将路基回填作业进行了分解，不需要关键是不可能一次成型。如此一来，我们在回填的第一步可以不太受天气状况的限制，只管将回填料往路基上摊铺后初步压实封水即可。回填的第二步视天气情况快速进行整形，以期达到合同要求之目的。

当然，此施工方法可能对我们的计量结算不一定有利，不能满足项目法施工中有关“衡生产”的要求，但它却能解决多雨地区无法正常施工的难题。

本项目通过此法的施工结果是：已完施工期内，平均每月能够完成 15km 的路段施工。从该国所有同期开工的其他项目施工情况来看，我们是最快速的，也是最能得到业主肯定的。各合同段完成情况如下：

Lot1000 标平均每月完成路段 6.5km;

Lot2000 标平均每月完成路段 15km;

Lot3000 标平均每月完成路段 8km;

Lot4000 标平均每月完成路段 5km;

很明 2000 标的施工速度是超前的，但是同样不能满足施工合同的工期要求。当然，我们利用合同执行过程中发生了一些影响工期的事件，向监理工程师提出了索赔并得到批复，以弥补我们的工期损失。

以上施工方法虽提高了施工速度，但有如下几点在施工中必须注意：

①加强施工中的临时排水

作为对水较为敏感的土方工程，做好施工中的临时排水就显得非常之重要，也可以说是作为衡量施工好坏的一个标准。路基质量的好坏，关键在于排水系统是否起到了应有的作用。

②施工节奏

如何控制施工节奏才能起到各工序间的协调和不干扰？这是摆在我们面前的首要任务。

从各工序的施工工艺和需要时间来看，各工序间间隔多远才是合适的呢？我们不妨分析一下降雨情况。据统计，平均每月有18天的降雨，也就是说施工正常时间仅有12天，而合同规定我们每天需要完成的里程数为760m。也就是说就算上一道工序在降雨期间一天都不能验收，那我们此道工序在18天内至少应该施工18天×760m=13680m也就要求上一道工序与此道工序的施工里程至少相隔13.68km，这样才能真正做到互不干扰，互为独立。此道工序与下道工序间的间隔依此类推。

在实际施工中，如老路拓宽与路面基层的间隔考虑到其间还有涵管施工的问题．我们要求两作业面间的距离保持在20km左右。而路面基层与路面行车层间的距离基本按计算出来的进行控制，能保持在15km左右也就不会相互形成干扰了。这样一来，我们的施工现场前后就得绵延40km左右，对于施工中的管理又增加了难度。

五、施工中遇到的问题

作为土方工程的施工，尤其是土路的施工．一直以来难以处理的问题是路面的防冲刷问题。不管采用何种材料来施工，始终都会在纵坡段或超高段形成较大的冲刷。虽然我们在施工过程中根据所遇到的不同情况已经采取过相应措施予以处理，但效果并不太理想，在经过数月后，某些路段已经形成了较为明显的冲沟。

针对此问题，我们在施工过程中所采取的措施主要有：

①针对纵坡太大引起的冲刷问题，取得设计同意后，对纵坡设计作适当调整，同时加大纵坡段的横向路拱，以分散路面水对纵坡的冲刷；

②针对某些料场填料中含砂率太高所引起的冲刷问题，对取料深度适当加深，参拌一定比例的细粒土，以增强抗冲刷能力：

③针对弯段超高过大所引起的路面冲刷问题。

我们力争加大弯段的转弯半径，以减小超高横坡，从而达到减小路面冲刷的目的。

共建共享幸福企业

广东耀南建筑工程有限公司 李耀南

关于幸福，每个人的注解不同。2011年之初，中共中央政治局委员、广东省委书记汪洋首次系统提出“幸福广东”，并强调人人都是创造幸福的主体，都要为幸福广东尽职履责，幸福广东是全民参与共建共享的过程。“幸福广东”的概念，从官方到民间激起阵阵涟漪。从汪洋书记对“幸福广东”的诠释来看，它涵盖了民生福祉、社会公平、生态环境、社会治安、民众诉求表达和社会参与等多层次指标。

建设幸福广东是涉及千百万人的事业，只有千百万人的共同努力，幸福广东才能建设成功。作为一个企业，是社会的一个个体，也是员工的一个集体。在全民参与共建共享幸福广东的过程中，企业也应该积极参与，努力建设幸福企业，让每一个员工的幸福生活像花儿一样盛开，进而让广东及至全社会的幸福就像百花齐放的大花园。

什么是幸福企业？如何建设幸福企业？笔者拟对此谈谈个人的一些看法。

一、什么是幸福企业

企业是通过各种生产经营活动创造财富，提供满足社会公众物质和文化生活需要的产品服务的经济组织。几百年来，企业家一直在不断改进企业组织的经营和管理，来为社会创造服务和产品，带来福祉。所以说，企业是为人类幸福而存在的。企业存在的意义有两个：一是为社会创造幸福，二是为员工创造幸福。因此，广义地讲，幸福企业就是能够为人类创造幸福的企业。狭义地讲，幸福企业就是能够满足员工幸福感的企业。不是企业家自己觉得幸福就幸福，而是要从员工的角度去看，员工有幸福感才是真正的幸福企业。

二、怎样建设幸福企业

幸福企业作为一个愿景、一个发展的目标，要实现起来需要多个方面的鼓励、多个层次的推进。笔者认为，一个幸福企业的创建，关键要在以下几个方面努力：

1. 诚信守法，营造和谐环境。

天道酬勤，商道酬信。诚信守法，既是道德要求，也是社会法制的要求。市场经济是法制经济，诚信守法是企业在市场经济大风大浪中求生存并得以快速发展的“安全带”和“助推器”。纵观国内外企业的发展史，可以得出一条原则，那就是诚信守法是企业能够得以发展万古不变的规律。任何一家企业要想生存和获取成功，都必须始终不渝地坚持把“诚信守法”作为一项日常性的工作抓紧、抓实、抓到位，使全公司逐步形成自觉遵纪守法的好氛围、养成严格依法办事的好习惯，从而有力地保障和促进公司又好又快的发展。此外，诚信守法，也是企业安全生产的基础，而安全生产，是员工幸福的保障。企业不和谐，就谈不上员工的幸福。一个没有效益、高耗能、高污染、破坏自然环境、偷工减料、偷税漏税、违规操作、上访和投诉频繁的企业，也肯定给不了员工幸福。企业始终要坚持“市场竞争，法律先行”的工作准绳和“诚实守信、依法经营、依法管理”的办事原则，在一个良好的法治环境里，公司方能取得良好的经济效益和社会效益，员工的幸福感逐步增强。

2. 创新技术，助推跨越发展。

核心技术是企业发展的根基。一个企业如果缺乏核心技术和自主品牌，在日益激烈的市场竞争当中就缺乏核心竞争能力。反之，一个拥有核心技术的企业才能拥有核心竞争力，才能实现效率、效益以及可持续发展，才能为企业的发展提供了不竭的原动力。国内外一些成功企业之所以能够在经济大潮中屹立于不败之地，一个重要原因就是在发展过程中不断地创新技术，给企业灌输源源不断的新鲜血液。实践证明，企业强大，员工就更加自信和自强，员工就越能发挥自身的价值和潜能，员工就越有幸福感。一个不注重创新技术和管理的企业，就很难有大发展和好效益，也更难为员工提供提升和发挥自身素质的平台，员工的幸福感就大打折扣。因此，提高员工幸福指数，就要不断创新技术，增强企业竞争力，提高经济效益，实现可持续发展。

3. 以人为本，关爱员工幸福。

员工是企业的最大财富。企业管理当以人为本，善待员工。善待员工，既要关心员工的物质利益，也要关心员工的精神追求。关心员工的薪酬和“心”酬，我们耀南公司正在作不懈努力。

幸福是一种精神体验，但需要一定的物质保障。因此，企业要想维护员工关系，必须重视和关心员工的物质利益。员工的物质利益包括：员工的工资待遇、福利待遇、劳动条件和劳动环境。这些物质利益和物质条件的满足和改善，是企业管理的目的，也是提高企业的经营管理水平、激发员工劳动积极性的手段。管理者要坚持以人为本的原则，提供合理的薪资福利待遇，保证员工物质需求，提供生活保障，真正让员工得到实惠，共同享受企业发展的成果。

一个员工是否幸福，不仅要看公司是否给予员工较高的薪酬福利，还要看公司是否关注员工多方面的精神需求、是否为员工营造了心灵的港湾。如平等待人，保护人格尊严和民主权益，把员工当职员，更把员工当伙伴，切实关心员工的情感生活、文化娱乐、休闲健康、学习教育等。只有善于从小处着手，把那些事关员工切身利益的实事挂在心上，通过不懈的工作，为员工不断送去企业的关爱和温暖，才能让员工切身感受在企业这个大家庭里事业有价值、工作有奔头、生活有温暖，以此增强员工对企业的认同感、归属感、幸福感，激发员工报效企业的工作热情和积极性，以文化力推动生产力发展。

4. 担当责任，积极回报社会。

社会是企业之母，企业依靠社会而存在、发展、壮大。因此，去评价一家企业优秀与否，我们不能单纯以产值、以效益论英雄，还要看她是否能做到富而思源、富而思报，担当起与能力相适应的更多社会责任，积极回报社会。我们时刻牢记自己的责任，以强烈的社会责任感与实实在在的行动，向社会做着奉献。作为市场主体，任何一个企业都注重自己的公众形象。但是，不容忽视的是，企业的公众形象在很大程度上应该通过承担大量的社会责任来提升。这是一种良知，一种责任，也是企业与社会互动的良性循环。企业一旦拥有良好的公众形象，会对员工的心理产生积极的影响。在一个声誉良好的企业工作，将给员工带来很强的自豪感、极大地提升员工的自尊水平。对员工来讲，这是一种高层次的满足和幸福。

幸福企业是幸福广东的应有之义。建设幸福企业需要经过长期努力、不能一蹴而就。广大企业家应以此为责任和目标，大胆实践，勇于探索，为经济社会又好又快发展贡献力量。

屋顶光伏电站发展模式探讨

尚德电力控股有限公司 张光春

在过去的十多年中，太阳能光伏产业及光伏应用市场均以惊人的速度一路高歌猛进，全球光伏电站累计装机容量达到67.5GW（截止2011年底数据），这相当于135个装机总量为50万千瓦的大型火力机组的发电量。随着全球环保压力增大和能源需要日益提升，政府和民众对太阳能发电应用越来越重视；与之相应的是，由于光伏技术的日新月异和产品制造能力的不断提高，光伏发电成本越来越低，平价上网时代也越来越近，太阳能发电的广泛应用不再是遥远的梦想——光伏进入规模化应用阶段已成为一个不争的事实。

如何实现大规模太阳能发电的应用？离网、并网，屋顶、地面，……多种探索形成了多种方式，这些方式可谓是“八仙过海、各显神通”。在这些探索中，基于微网的“屋顶电站”（即分布式发电）成为了主流。至2010年底，分布式系统的累计装机容量约有23.4GW，占光伏累计装机容量的66.8%。其中德国14.9GW，占比最高，超过84%（如图1）；日本3.5GW、美国1.7GW、意大利1.5GW和法国0.8GW，中国分布式光伏系统累计装机容量仅有256MW。

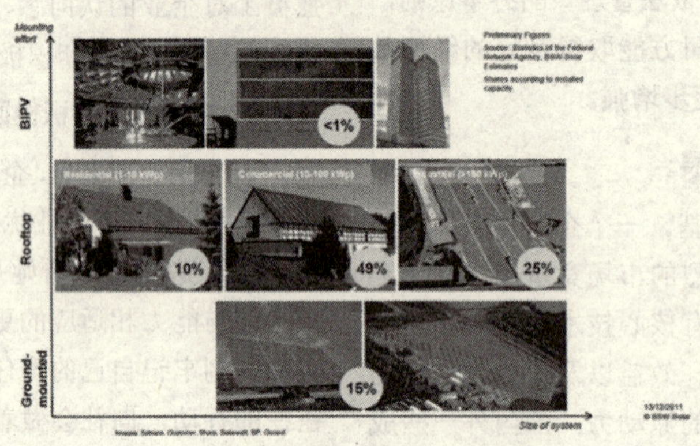

图 5-5-1

在中国，自2010年开始，光伏应用加快了步伐，2010年装机容量0.52GW,2011年为 2.5GW，2012年有望突破5GW。而在应用方式上，并网大型电站和较大规模的自发自用屋顶离网电站占据市场的主导份额，居民屋顶并网分布式光伏电站几乎是空白。

并网大型光伏电站主要建设在我国西部地区，其主要的优点是有广阔的地面可以使用，有充足的阳光，但它的缺点也很明显，西部地区人口稀少，工业少，用电量少，这些光伏电量只能外输，这需要把低压电变成高压电，通过高压线路输送到用电量大的地区，再把高压变成低压供给用户，不仅输运电耗大，能效低，而且建立远程输送线路投资大，再加之光伏发电受阳光变化影响，高压电网波动大，电网安全受到影响。

对于屋顶光伏电站，不管建在工厂屋顶或居民屋顶，它都不再需要额外占用土地，也不存在长途输送的电耗，也不需要再投入电力输送设施，由于它在380V用户端接入，也不存在对高压电网的影响，这种电站投资少，建设期短，能效最高。如果这些电站采用自发自用政策，多余电量就被浪费掉，不能充分发挥电站的效能，投资者的回报也就大打折扣，为此我们建议，对于屋顶光伏电站采用“自建自发就近区域使用” 的原则，也就是说屋顶光伏电站的电优先在本户内消耗使用，多余电能在小区内通过低压网共享使用，其运行方式详见下：

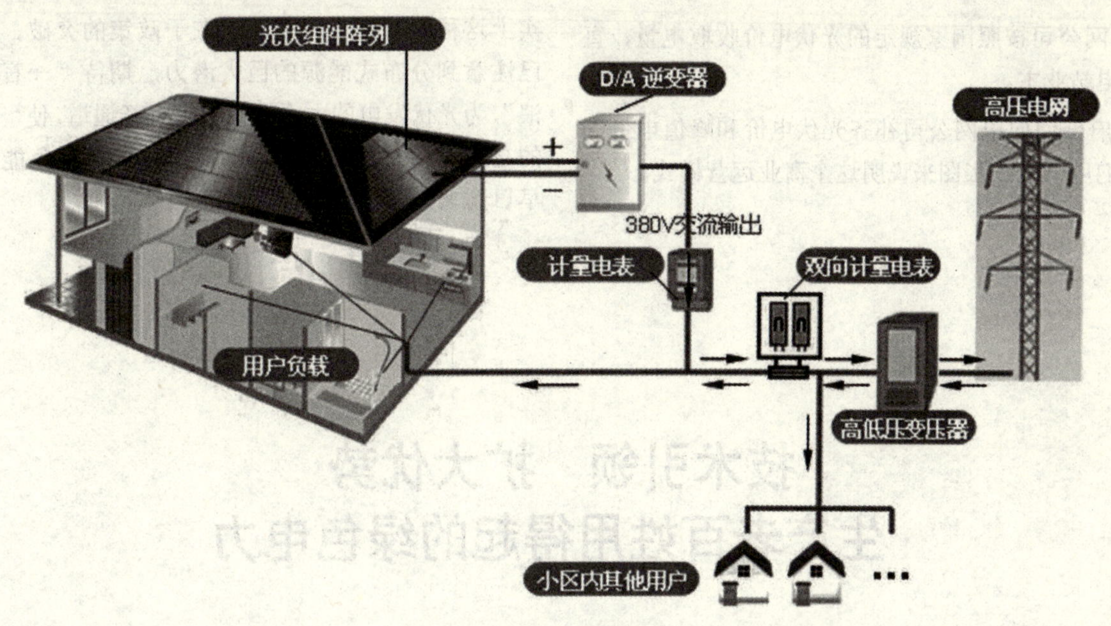

图 5-5-2

上述屋顶电站运行方式在欧洲、日本等国家广泛应用，非常成功。但在中国，由于受到电力法部分条款政策性制约，屋顶光伏电站，特别是居民光伏电站不能接入电网。在政策层面上，这种接入方式是非法的，即便是通过特批接入电网个案，电量也无法交易。更有甚者，屋顶光伏电站所发电量反被电网公司就按峰值电价收取费用。上海赵春江教授的自建光伏屋顶电站“双向交费”的闹剧仍在上演，屋顶光伏电站几陷困境。

我们不禁要问，面对光伏电站的种种优势、循着光伏成本的不断下降，到底是什么阻碍了屋顶光伏电站的发展？如何突破当前困境？

我们的建议是尽快修订《电力法》，以适应于新能源应用发展的要求。在今年的两会上，褚君浩院士等多位委员就提出类似的建议，并在多个公开场合呼吁电力法须与时俱进，才能为新能源广泛应用打通道路。

我们的建议是均衡各方利益，创新分布式屋顶光伏电站的商业运营模式（如图 3）：

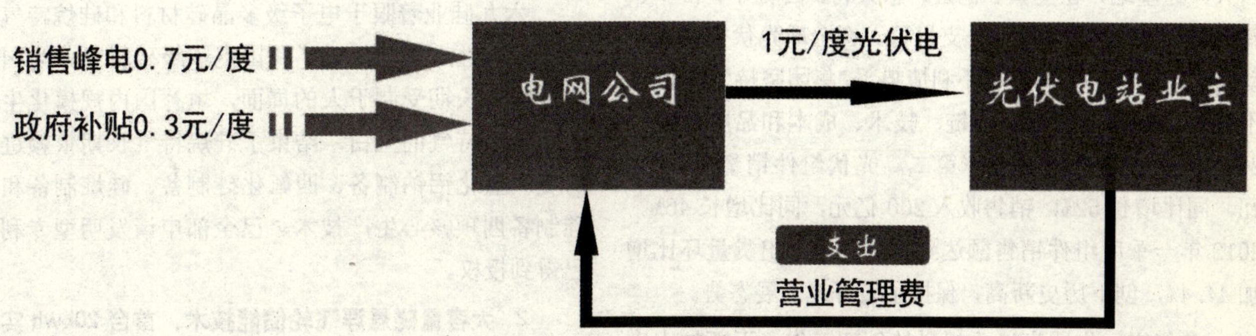

图 5-5-3 屋顶光伏电站商业运营模式示意图

● 屋顶光伏电站计量电表由电网公司管理，并向电站业主收取一定的管理费。

● 电网公司按照国家规定的光伏电价收取电量，直接付费给电站业主。

● 政府部门向电网公司补齐光伏电价和峰值电价的差额，我们用下面一张图来说明这个商业运营模式。

诚然，要实现屋顶光伏电站“自建自发就近区域使用”的商业模式，还需要制定可操作的管理规则，但事实上这种商业模式的关键就在于政策的突破。相关部委已注意到分布式能源的巨大潜力，期待“一石激起千层浪”，为光伏发电的大力推广应用打开通道，使“千家万户”的自建分布式屋顶光伏电站向民众提供绿色能源的时代早日到来。让我们翘首以待！

技术引领　扩大优势
生产老百姓用得起的绿色电力

英利集团提供

英利集团成立于1987年，1998年进入太阳能光伏发电行业，2007年6月在美国纽约证交所上市（股票代码：YGE）。集团坚持“讲政治、防风险、树品牌、谋发展”的发展战略，通过迅速的产能扩张和技术进步，发展成为以新能源投资和经营管理为主业的国际化企业集团。在生产运营模式、产品研发、技术创新、市场占有率、品牌价值和企业文化等方面建立了明显的领先优势，成为全球光伏行业的领军企业，是首家赞助南非和巴西两届足球世界杯的中国公司，拥有两个国家级重点实验室。

目前，集团总资产366亿元，员工26000人，员工平均年龄25岁，共辖75家子分公司，总产能2.6吉瓦，市场占有率接近10%。在保定、海南、天津、衡水建有四大产业基地，在美国、德国、意大利、西班牙、日本、新加坡等17个国家设有分支机构。在全球光伏行业剧烈动荡，美国“双反”调查等不利情势下，集团坚持“不减薪、不裁员”，凭借完整产业链、技术、成本和品牌优势，2011年光伏组件销量全球第二，光伏组件销量1604兆瓦，同比增长52%，销售收入200亿元，同比增长46%。2012年一季度组件销售额达到5亿美元，出货量环比增加44.4%，创下历史新高，保持了较好地发展态势。

多年来，集团高度重视科技创新工作，不断加大人才培养、新产品研发、前瞻性技术研发和产业升级步伐，光伏组件产品和技术研发水平代表了同行业最高水平。以集团生产工艺为基础的多晶硅太阳能光伏组件单耗标准，被海关总署确定为加工贸易一级国家标准。

一、四项领先技术，保持全球光伏行业领先水平

1．采用“新硅烷法”制备高纯硅，已列入国家科技支撑计划。

集团投资建设的六九硅业有限公司是中国首家半导体级高纯硅及电子气体生产企业，采用拥有完全自主知识产权的“新硅烷法”生产太阳能级及电子级高纯硅料，具有闭环式生产、无污染、低能耗、高纯度的特点，打破了国际技术封锁，在成本和能耗上达到了国际先进水平。

六九硅业着眼于电子级多晶硅材料和硅烷特气两个重要战略性产品，打破了我国电子级硅材料作为国家战略性物资长期受制于人的局面，填补国内规模化生产电子级硅烷特气的空白，结束了硅烷特气长期依赖进口的历史。氢化铝钠制备、四氟化硅制备、硅烷制备和多晶硅制备四项核心生产技术，已全部申请发明型专利，并已得到授权。

2．大容量磁悬浮飞轮储能技术，首台20kwh实验样机成功下线。

集团自主研发的大容量磁悬浮飞轮储能技术拥有完全自主知识产权，可以补充可再生能源发电间歇性和不

稳定性缺陷，是风能、太阳能等可再生能源实现大规模应用的关键技术，已申报16项国家发明专利，在全球处于领先地位。继1千瓦时样机下线后，2011年9月29日，公司第一台也是国内首台20千瓦时磁悬浮储能飞轮实验样机成功下线，填补了我国民用飞轮储能系统装置的空白，也标志着我们在飞轮储能领域处于国际领先地位。目前，该项技术正处在规模产业化阶段。

3.N型高效太阳能电池生产技术，得到工信部电子信息产业发展基金支持，“熊猫”高效电池是全球三大高效率太阳能电池之一。

高效太阳能电池是光伏行业发展的方向。集团自主研发的以“熊猫”命名的N型高效太阳能电池，实验室最高效率达到20%，量产效率达19%，是全球三大高效率太阳能电池之一，实现量产600兆瓦，是国内最大的高效太阳能电池生产企业。该项目的成功实施提升了我国新一代高效率硅太阳电池的研发及制造能力和装备技术水平，对推动我国光伏技术的发展具有十分重要的意义。

4.类单晶硅生长及缺陷控制关键问题研究，“藏铃羊”项目已经掌握关键核心技术。

类单晶硅铸锭技术是一种先进的晶体生长工艺，采用定向凝固法生产高品质的晶体硅锭，具有大幅提升电池转换效率，并保持低成本优势的新型技术，是当前世界太阳能光伏领域的前沿课题和研究热点之一，是制造低成本、高效率晶体硅太阳电池的关键技术。集团以“藏羚羊”命名该项技术，已获得重大突破，在不增加成本的基础上，将转换效率提升了一个百分点。英利已经掌握关键核心技术，申请了5项国家级专利。

二、四大领先优势，领跑全球光伏行业

1.垂直一体化运营模式，保持最完整产业链质量和成本控制优势。

集团建立的垂直一体化运营模式，具有多晶硅生产、硅锭铸造、硅片切割、光伏电池生产、光伏组件制造、应用系统和储能光伏产业等全部关键环节，是目前国内唯一建立垂直一体化产业模式的光伏企业，具有明显的质量控制与成本控制优势，英利以最低售价保持了行业最高盈利水平，其中单瓦耗硅、非硅成本两项指标全球最低。

2.“三大互动”创新模式，保持全球光伏行业技术领先优势。

集团是国内唯一拥有“光伏材料与技术国家重点实验室”和“国家能源光伏技术重点实验室”两个国家重点实验室的企业，并设有省光伏工程技术研究中心、博士后工作站和院士工作站，建立起顶层创新与一线创新互动，专项创新与链条创新互动，管理创新与技术创新互动的“三大互动”创新模式。英利承担了多项国家工信部和省工信厅电子信息发展基金、产业升级、技改技措等项目，获国家能源科学技术进步二等奖一项，省部级奖励3项，申请专利208项，拥有专利120项，参与编写的行业标准15项。

3.世界杯国际赛事营销平台，保持全球知名品牌的影响力优势。

集团积极实施全球化品牌战略，继2010年成功赞助南非世界杯后，2011年6月再次赞助2014年巴西世界杯。集团同时是美国国家足协和足球队、德国拜仁慕尼黑足球俱乐部的高级合作伙伴。优质的品牌营销策略造就了英利品牌在全球具有广泛的认知度和多元化的客户基础，产品溢价能力大幅提升，“英利”成为了全球著名光伏品牌。

4.独特的队伍和企业文化，保持行业不可复制的竞争力优势。

集团坚持以员工为本，形成了“像家庭、像学校、像部队”的独特企业文化，建起了一支团结高效、令行禁止、雷厉风行、能征善战的职业化、专业化、国际化员工队伍。同时，集团紧紧围绕提高核心竞争力开展企业党建工作，坚持“把支部建在产业链上”，实现了党组织的全覆盖，各级党组织和党员已经成为支撑企业发展的中坚力量。2011年7月，被中共中央组织部命名为“全国先进基层党组织”，并荣获全国非公有制企业“双强百佳党组织”称号。被全国总工会评为“全国模范职工之家”。

三、回馈社会，积极承担发展的责任

英利集团在加快发展的同时积极承担企业公民的社会责任，累计向灾区、贫困地区、教育事业、国防事业和体育事业捐赠款物1.3亿元。积极开展双拥共建，捐款捐物6800余万元，安置复转退伍军人400余人，安置军人家属100余人就业。集团大量吸纳安置下岗职工、残疾人和附近农民就业。集团旗下易通公司吸纳500多名残疾人就业，被中央文明办、民政部、中国残联联合命名为“全国志愿助残示范基地”。集团被总参谋部、总政治部等单位评为“全国先进民兵工作单位”。工会被全国总工会评为“全国模范职工之家”。

英利高度重视环境保护工作，狠抓节能降耗，实施

绿色全产业链计划，把企业碳减排和节能降耗工作落到实处。每年投入大量资金运行环保设施，开展环保改造项目，环保设施投资累计超过2亿元。其中，多晶硅组件耗电量从2007年的每千瓦520度降至现在的380度，下降27%，用水量从2007年的每千瓦组件6.3吨降至3.6吨，下降43%，各项能耗指标在行业处于较低水平，被国家环境保护部评为“国家环境友好企业”。

四、增强发展信心，“十二五”构筑千亿级企业集团

“十二五”期间，集团规划新增投资700亿元，产能将增至10吉瓦，实现年产值1300亿元，吸纳10万人就业，在企业创新能力、商业运营模式、跨国战略布局和品牌影响力上达到国际一流水平。将形成光伏产业、飞轮储能产业、高纯硅材料、产业配套、绿色农业和服务业六大领域协调发展、互为支撑的发展格局，建设成为技术领先、低碳绿色、环境友好，具有较强国际竞争力和持续发展能力的综合性跨国企业集团。

长期以来，英利秉承“生产老百姓用得起的绿色电力”这一使命，取得了持续快速发展，走出了一条开拓进取、做实做强的成长道路。

铸锭生长准单晶硅晶体

上海晶澳太阳能光伏科技有限公司（晶澳公司助理总裁） 黄新明

摘要：本文介绍使用改良型工业规模定向凝固（DS）铸锭炉生产太阳能准单晶硅锭。在传统多晶硅铸锭炉的热场中设计了一个绝热隔离块，用于保护设置于石英坩埚底部的单晶籽晶，并使位于坩埚上部的硅熔体沿着籽晶向上生长。研究发现，在晶体生长期间，生长界面（硅晶体／硅熔体固液界面）的形状极大地影响所生长的硅晶体中的晶粒结构。计算流体动力学（CFD）模拟工具被用来分析硅晶体生长体系在凝固过程中的温度场。模拟结果表明，新设计的绝热隔离块明显降低了铸锭过程中的总加热功耗，并影响硅熔体的温度分布和对流速度场，而硅熔体的温度分布和对流速度场又会影响轴向和径向的温度梯度以及晶体生长的固液界面。工业规模化生产中采用准单结晶硅的太阳能电池的平均转换效率达到18.0%，与传统的多晶硅电池的基准线相比，其绝对值超过了1.2%。

关键词：定向凝固 准单晶硅 瞬态全局模型 温度梯度 太阳能电池

一、引言

随着全球环境和能源短缺问题的出现，太阳能光伏产业在过去的几十年中迅速增长。单晶硅和多晶硅（mc-Si）为太阳能光伏电池的主要材料，采用单晶硅的太阳能电池的光电转换效率比采用多晶硅的高出1%-2%。然而，与单硅晶体生长的直拉（CZ）法相比，定向凝固方法具有更好的原料包容性、更高的生产效率、更简易的操作性等优势。而且，多晶硅锭的成本比单晶硅棒的低得多。因此，人们强烈期望能开发出一种采用定向凝固系统进行硅晶体生长的新技术，并能够生产具有和单晶硅类似的，具有特大晶粒的所谓的准单晶硅锭。

BP太阳能公司研发了一项使用籽晶的定向凝固生长技术，而且已生产出大晶粒准单晶硅锭[1]。目前已有很多其它有关准单晶硅生长[2-8]中定向凝固过程的研究，但大多数研究只集中在准单晶硅的特性方面，对使用籽晶的晶体生长过程及铸锭炉热场结构如何影响定向凝固过程，人们尚未完全了解。

本论文系统地研究了设置及未设置绝热隔离块的铸锭炉内的定向凝固过程，在两种不同种类的铸锭炉内生长的硅锭的品质，以及其对应的不同太阳能电池的性能。

并采用了瞬态全局模型来模拟和分析这两种定向凝固过程的差异。本文还研究了绝热隔离块对温度场以及硅晶体热应力的影响，并探讨了晶体生长速率及硅晶体 / 硅熔体界面的形状。

二、实验和模型的描述

图 5-7-1 所示为两种不同的工业用定向凝固系统。左侧所示为传统的用于生产普通多晶硅锭的铸锭炉。右侧为用于生产准单晶硅锭的系统，该系统局部重新设计，在加热器下方设置了一个特殊设计的绝热隔离块（如图 1 中“8”，用虚线圆圈标记）进行绝热配置。两种定向凝固系统均主要由石英坩埚、石墨支撑体、热交换块、石墨电阻加热器、绝热体和腔体室等组成。硅原料装入大小为 840×840×480 mm3 的石英坩埚内。坩埚壁由石墨支撑体保护，以避免高温下石英坩埚的变形。铸锭炉热场用水冷式不锈钢室密封，在低压条件下进行操作，采用高纯度惰性氩气来保护晶体生长环境。在石墨电阻加热器外壁附近安装热电偶（TC1）以监测温度。热电偶（TC1）还用来控制加热器的功率。热交换块上部中心位置安装的另一根热电偶（TC2）则用来监测坩埚底部的温度。

使用籽晶的准单晶铸锭定向凝固过程主要包括两个阶段：保护籽晶阶段及生长大块状硅晶体阶段。在籽晶保护阶段，需要通过精确控制加热功率，使得籽晶只发生部分熔融（不完全融化），保护在坩埚底部放置的单晶硅籽晶，并使得其能够生长。在第二阶段中，伴随着热场底部的绝热装置向下移动，大块状硅晶体从籽晶上方生长。在大块状硅晶体生长阶段，需要通过调整加热功率和控制底部绝热装置向下移动的速率来保持适当的晶体生长所需温度梯度。

在绝热隔离块对凝固过程中温度场的影响，我们采用了瞬态全局模型并通过比较计算结果与实验测量结果，对瞬态全局模型进行了验证。在计算模拟过程中，铸锭炉的配置简化成轴对称配置。系统中的所有部件可进一步分割为若干区域，如图 5-7-1 右侧所示。实体壁附近的熔体及氩气区域内的网格结构进行了精细化处理。

模拟模型所采用的主要假设是：（1）硅熔体流动为不可压缩并且 Boussinesq 假设；（2）低马赫数近似原理和理想气体定律同样适用于氩气；（3）所有辐射表面为弥漫性灰色。腔体外壁温度为 300K，氩气流量为 30 升 / 分钟，炉内压力为 0.6 巴。

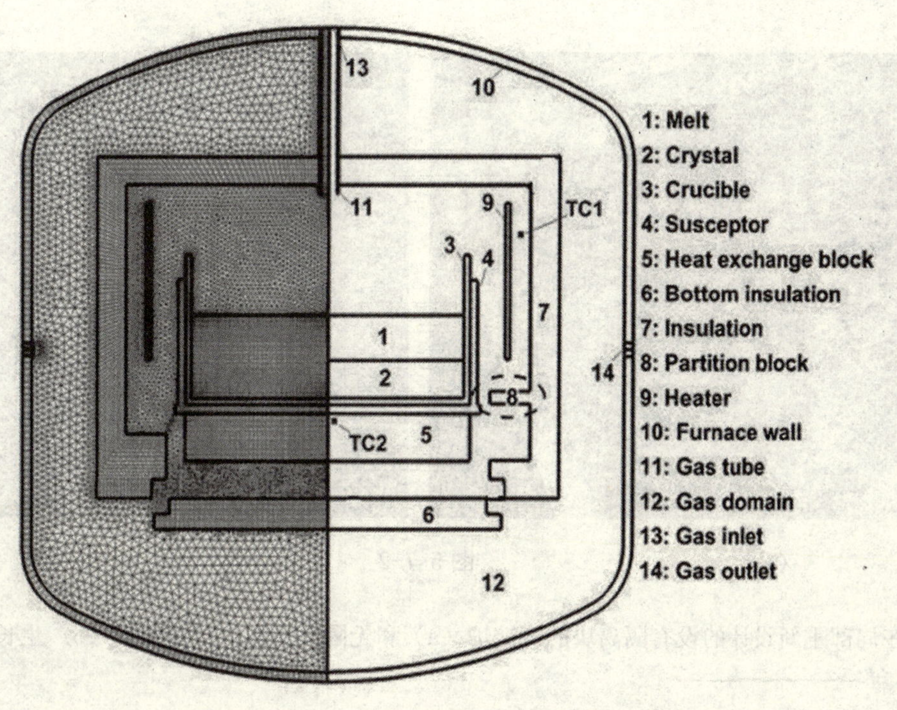

图 5-7-1

Melt	熔体
Crystal	晶体
Crucible	坩埚
Susceptor	支撑器
Heat exchange block	热交换块
Bottom insulation	底部绝热装置
Insulation	绝热装置
Partition block	隔离块
Heater	加热器
Furnace wall	炉壁
Gas tube	气体管道
Gas domain	气体区域
Gas inlet	气体入口
Gas outlet	气体出口

图 5-7-1 两种不同的工业用定向凝固炉的配置和计算网格

三、结果和讨论

（一）所生长的硅锭及太阳能电池的质量

图 5-7-2 所示为传统铸锭炉和局部重新设计的铸锭炉内生长的硅锭的照片。使用局部重新设计的设有绝热隔离块的铸锭炉，在含籽晶定向凝固阶段中生长出了一个含超大晶粒的准单晶硅锭。准单晶硅锭的顶面比采用传统铸锭炉生产的多晶硅锭更平滑、光亮。将这两块正方形铸锭分别切割成 25 块硅方，并按照图 5-7-3(a) 所示在这 25 块硅方上标记编号。图 5-7-3(b) 和 5-7-3(c) 分别显示了多晶硅锭和准单晶硅锭的 C13 号硅方的前视图，图 5-7-3(d) 所示为准单晶硅锭 B15 号硅方的前视图。就 C13 号硅方而言，众多小晶粒出现在普通多晶铸锭的硅方中，而准单晶硅的硅方中只有一个大晶粒。在准单晶硅锭的B15号硅方中有很多小的多晶晶粒在外侧形成。其形成原因是由于定向凝固过程中，生长界面与坩埚壁发生接触，以及熔体晶体生长界面形状变化而导致的。

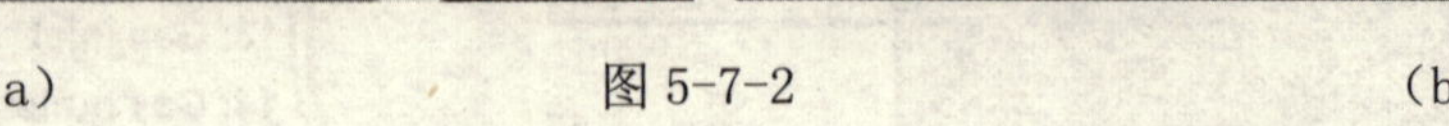

（a）　　图 5-7-2　　（b）

图 5-7-2 在局部重新设计的设有隔离块的铸锭炉（a）和无隔离块的传统铸锭炉（b）生长的 450kg 的硅锭照片

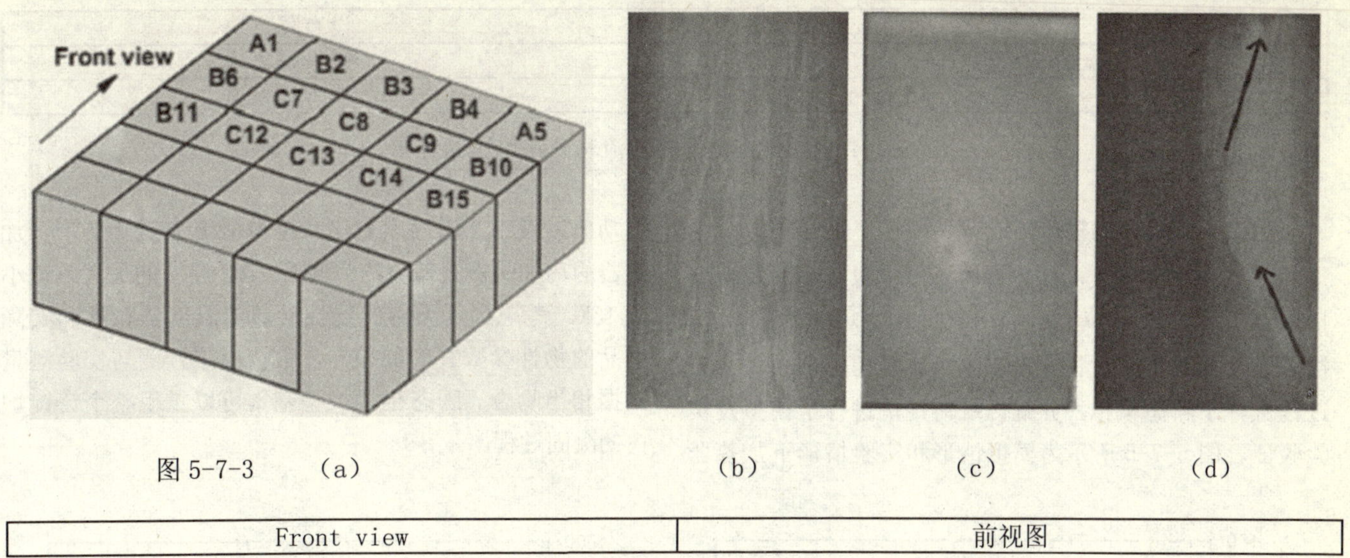

图 5-7-3 (a) (b) (c) (d)

Front view	前视图

图 5-7-3 两个铸锭中所生长晶粒的比较

(a) 在铸锭中的硅方上标记编号；

(b) 在无绝热隔离块的传统铸锭炉内生长的多晶硅锭的 C13 号硅方的前视图；

(c) 在局部重新设计的设有绝热隔离块的铸锭炉内生长的准单晶硅锭的 C13 号硅方的前视图；

(d) 在局部重新设计的设有绝热隔离块的铸锭炉内生长的准单晶硅锭的 B15 号硅方的前视图。

把这些硅锭（硅方）加工切割成硅片，并制造成太阳能电池片。图 5-7-4 分别显示了采用传统多晶硅锭和准单晶硅锭制造的太阳能电池片的短路电流和开路电压。研究发现，与传统多晶硅锭相比，采用准单晶硅锭制造的太阳能电池的开路电压略有增加，而平均短路电流则明显增加了 0.7 毫安。采用准单晶硅锭制造的太阳能电池的平均转换效率达到 18.0%，作为对比，采用传统多晶硅锭的平均转换效率仅为 16.8%。

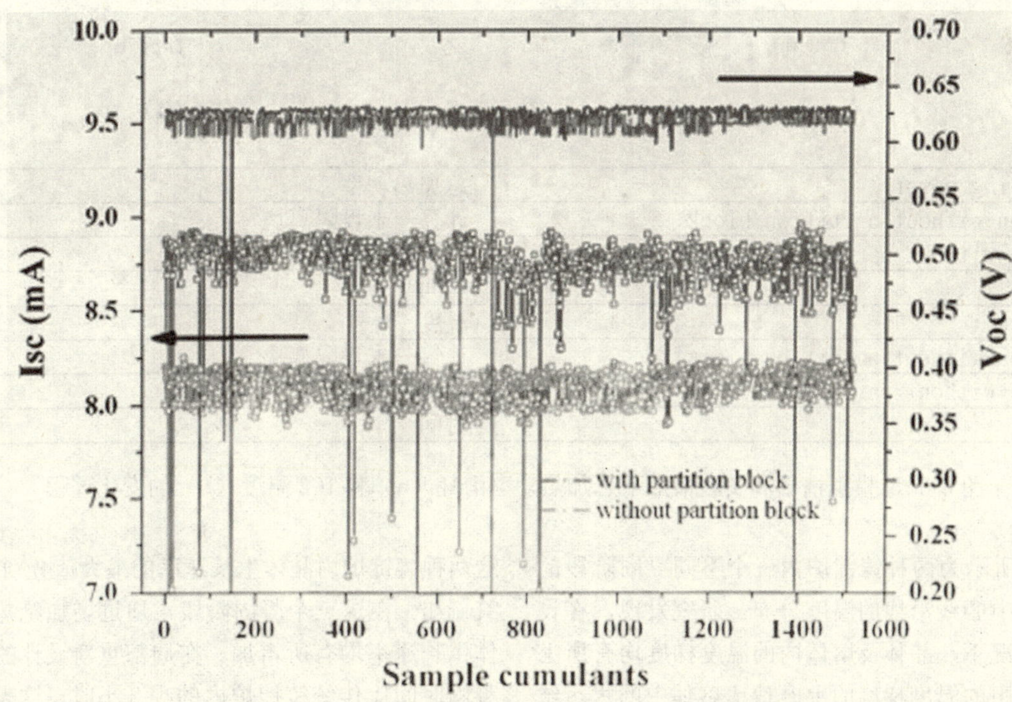

图 5-7-4

with partition block	设有隔离块
without partition block	未设隔离块
Sample cumulants	样本累积值

图 5-7-4 太阳能电池短路电流和开路电压的分布

（二）瞬态全局模拟

为了进一步深入分析设置及未设隔离块的两种铸锭炉内定向凝固的差异，我们对传统的未设置隔离块的铸锭炉以及局部重新设计并设有隔离块的铸锭炉内的生长过程进行了瞬态模拟，并就传统铸锭炉进行了模拟及实验验证。图 5-7-5 所示为模拟情形和实验情形下加热器的功率以及 TC2 的温度变化。模拟情形和实验情形下加热器的功率的最大差值约为 5kW，TC2 温度的最大差值小于 15K。考虑到所采用的物性参数的温度依赖性和实际物品的物性参数之间的差异，数值模拟预测与实验测量数据相当吻合。瞬态全局模型基本可以重现整个铸锭炉内的凝固过程。

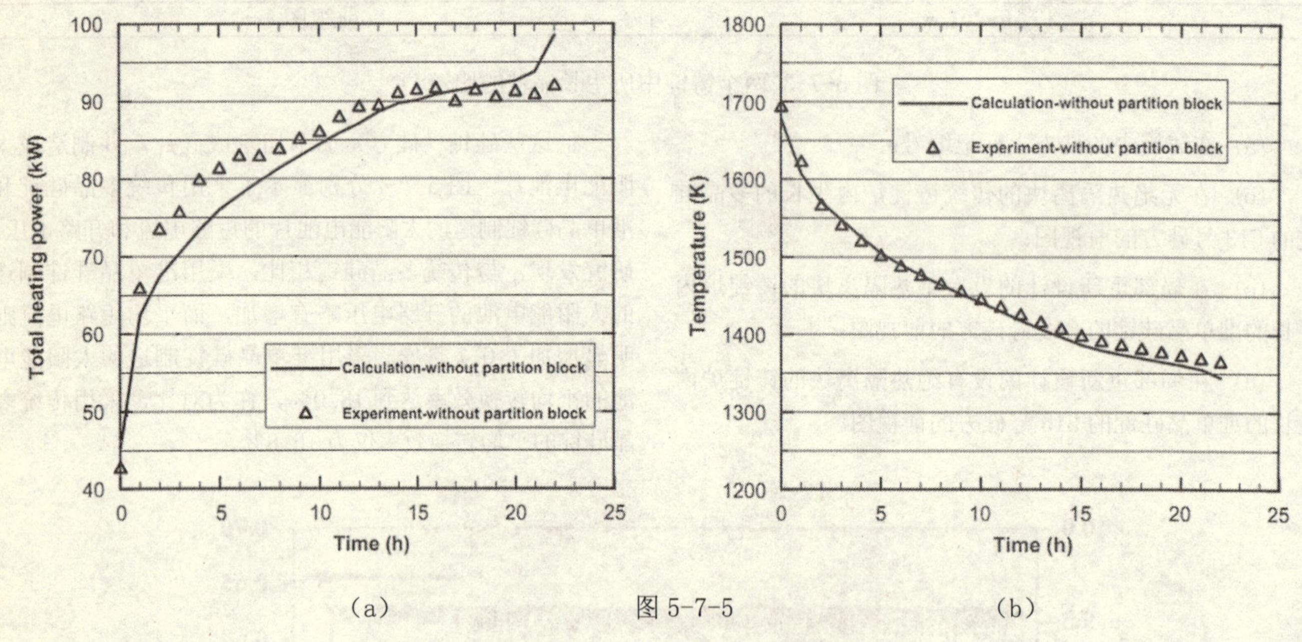

（a）　　图 5-7-5　　（b）

Total heating power	总加热功率
Calculation-without partition block	计算—未设隔离块
Experiment-without partition block	实验—未设隔离块
Time	时间
Temperature	温度
Calculation-without partition block	计算—未设隔离块
Experiment-without partition block	实验—未设隔离块
Time	时间

图 5-7-5 模拟情形和实验情形下总加热功率消耗（a）和 TC2 温度（b）的变化过程

图 5-7-6 所示为两种铸锭炉内三个不同凝固阶段的硅锭 - 硅熔体中心线沿线的温度分布。研究发现，在设有隔离块的情况下，晶体及熔体内的温度梯度均有所上升。并且晶体中的温度梯度的上升值比熔体中的大。结果表明，设置隔离块后可获得较高的晶体生长速率。图 5-7-7 所示为两种铸锭炉内晶体生长速率的定量比较。这两种铸锭炉内晶体生长速率的最大值分别为 17mm/h 和 21mm/h。在这三个凝固阶段，通过增加绝热隔离块，晶体生长速率均有所增加。在局部重新设计的铸锭炉内总凝固时间比传统铸锭炉内的少 3 小时。这表明，总加热功耗可以进一步降低。

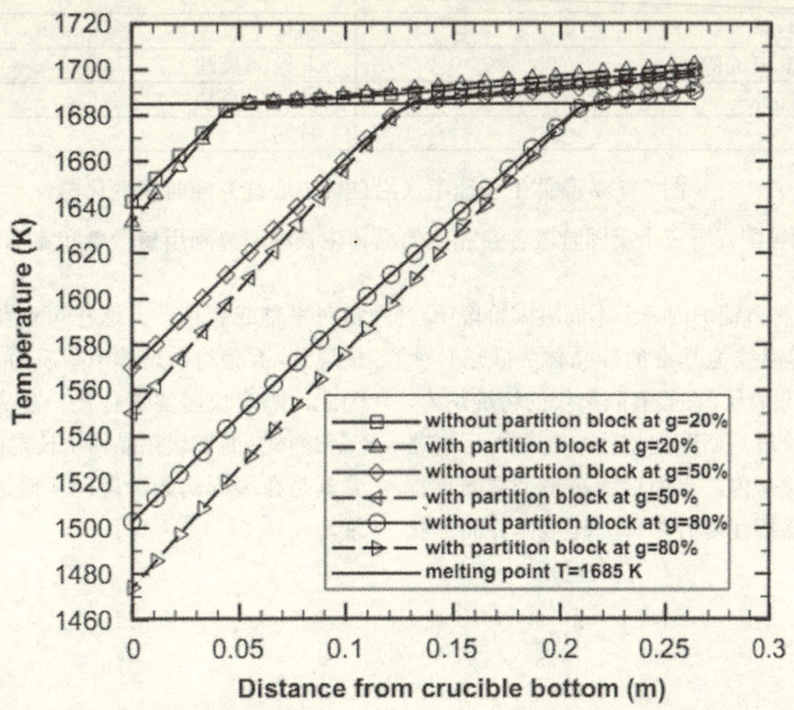

Temperature	温度
without partition block at g=20%	未设隔离块，而且 g=20%
with partition block at g=20%	设有隔离块，而且 g=20%
without partition block at g=50%	未设隔离块，而且 g=50%
with partition block at g=50%	设有隔离块，而且 g=50%
without partition block at g=80%	未设隔离块，而且 g=80%
with partition block at g=80%	设有隔离块，而且 g=80%
melting point T=1685 K	熔点 T 为 1685K
Distance from crucible bottom	至坩埚底部的距离

图 5-7-6 三个不同阶段中，硅中心线沿线的温度分布（g 代表凝固比例）

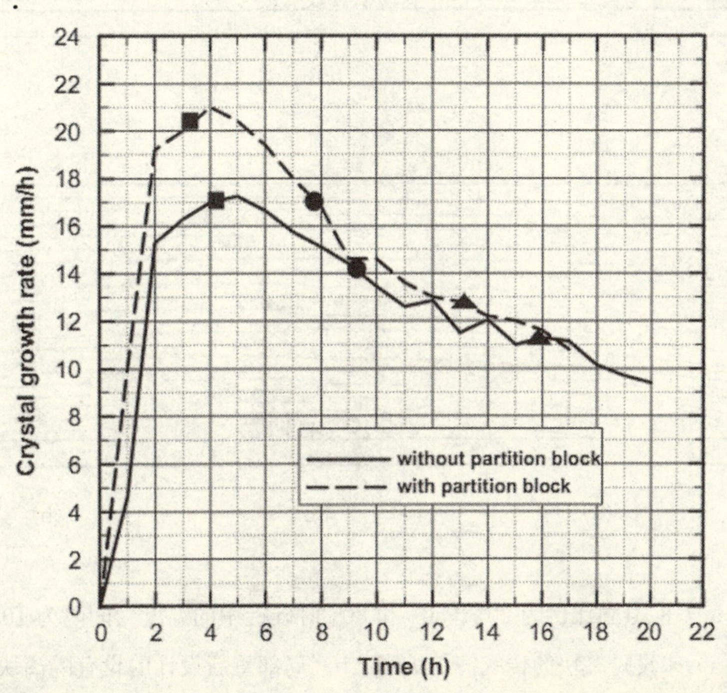

Crystal growth rate	晶体生长速率
without partition block	未设隔离块
with partition block	设有隔离块
Time	时间

图 5-7-7 晶体生长速率（沿硅锭中心线）随时间变化图。

两种配置下三个凝固阶段各自相应的晶体生长速率分别用■、●和▲标记。

图 5-7-8 所示为两种铸锭炉内三个不同凝固阶段中，以 1685K（硅熔点）等温线为基准的硅晶体 / 硅熔体生长界面的形状。模拟结果表明，在设有隔离块的铸锭炉内，界面形状在早期凝固阶段是略凹向熔体，在凝固后期略有凸出，而在传统铸锭炉内，界面形状在整个凝固过程中一直保持平整。有必要使得硅晶体 / 硅熔体界面形状相对平整或者稍凸，这样可避免坩埚壁附近出现新的成核现象，并使得硅熔体中杂质的水平面内分布更加均匀。因此，隔离块需要进行进一步完善或优化，使得硅晶体 / 硅熔体界面形状在晶体生长定向凝固过程中保持平整，尤其是在凝固初始阶段，从而进一步提高单晶硅锭的质量。

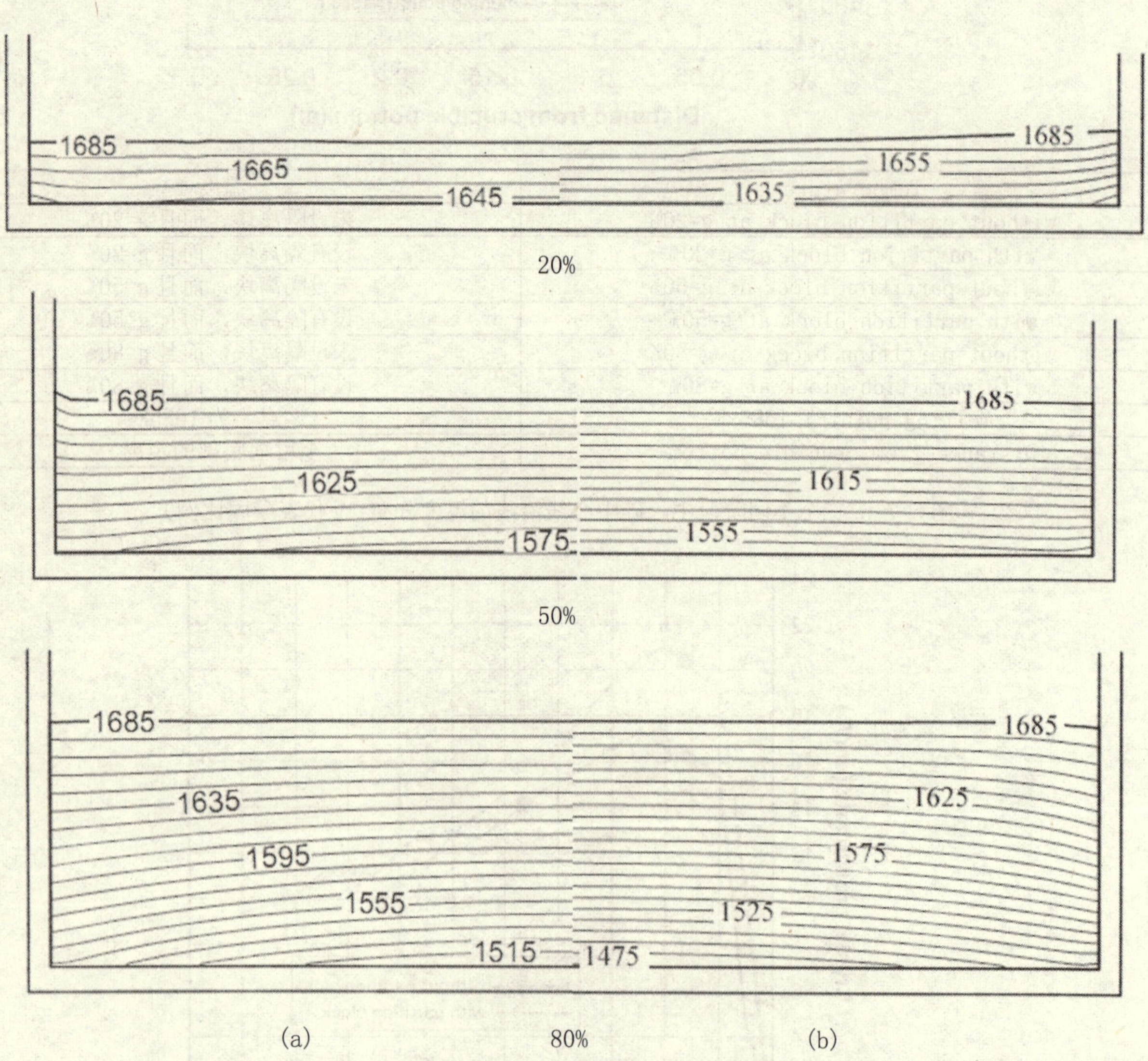

图 5-7-8 凝固比例为 20%、50% 和 80% 时硅锭中的温度（间隔为 10K）分布：

（a）未设隔离块的传统铸锭炉和（b）局部重新设计的设有隔离块的铸锭炉

四、结论

采用所生长的准单晶硅锭制造的太阳能电池的转换效率比采用传统多晶硅锭的约高 1.2%。设有绝热隔离块的定向凝固铸锭炉有助于准单晶硅锭的生长，因为其更加容易控制硅单晶籽晶的部分熔融（非完全融化）过程。此外，在采用隔离块后，轴向温度梯度和生长速率均有所增加，使得总凝固时间减少 3 小时。在设有隔离块的铸锭炉内，硅晶体 / 硅熔体界面形状随着凝固时间的增加从略凹状态变化为凸出的状态，而在未设隔离块的传统铸锭炉内，硅晶体 / 硅熔体界面形状在整个凝固过程均保持相对平整的状态。模拟结果可为改善隔离块的设计以及优化高效太阳能电池生产所需的准单晶硅的生长凝固过程提供重要依据。

参考文献

[1] N. Stoddard，B. Wu，I. Witting，M. Wagener，Y. Park，G. Rozgonyi 和 R. Clark，单晶硅铸锭： BP 太阳能准单晶硅片中的新型缺陷。固态现象，131 - 132 (2008) 1 - 8.

[2] Victor Prajapati 和 Emanuele Cornagliotti。在准单晶硅片制造的采用介质钝化和局部 BSF 生产的高效工业用太阳能电池。第 24 届欧洲光伏太阳能会议，2009 年 9 月 21 日至 25 日，德国汉堡 .

[3] Bei Wu 和 Roger Clark。包络物对光伏运用硅铸锭成核的影响。晶体生长杂志：318 (2011) 200 - 207.

[4] Daniel W. Cunningham 和 John H. Wohlgemuth。采用 BP 太阳能晶体硅技术实现平价上网。光伏专家会议（PVSC），2010 年第 35 次 IEEE。001197 - 001202.

[5] Ian Thomas Witting. 太阳能基板所需传统铸锭多晶硅和锭单晶体硅中的缺陷和杂质分布。材料科学与工程 .

[6] Nathan Stoddard 和 Rubin Sidhu。BP 太阳能单晶硅材料的评估：少子寿命和电池电性能数据。

[7] Nathan Stoddardl 和 Bei Wu。单晶硅铸锭：BP 太阳能单晶硅片中的新型缺陷。固态现象 131-133 (2008) pp 1-8.

[8] Nathan Stoddard 和 Rubin Sidhu。单晶硅铸锭：当前及未来的技术。第三届晶体硅太阳能电池的国际研讨会。SINTEF/UTNU。挪威特隆赫姆，2009 年 6 月 3 日至 5 日 .

光伏组件选型对光伏系统发电量的影响

北京京东方能源科技有限公司 韩晓艳 赵鹏
研发部部长 韩晓艳（博士）
研发部工程师 赵鹏

摘要 深入研究了不同种类光伏组件在不同天气条件下的发电特性，以及相同种类不同厂家光伏组件的发电特性。实验结果表明不同种类太阳电池在不同季节的发电特性存在明显差异。晶体硅和 CIGS（铜铟镓硒）电池的冬季发电量明显高于硅薄膜电池，最多可多发电 10% 左右；随时间推移，三者之间的差异先逐渐减小后增加，到夏季硅薄膜反超多晶硅和 CIGS，最多可多发电 20% 左右。同时，结合光辐照度、温度、湿度等天气资料，测试结果表明：晶体硅和 CIGS 应该更适合辐照量高、温度低、湿度低的中国北部地区；硅薄膜在辐照度不高、温度高、湿度高的中国南部大部分地区应该具有更高发电量。

关键词：光伏组件 户外性能 发电量 光伏组件选型

一 引言

随着能源供应紧张、环境污染和气候变化等问题的日趋严重，太阳能光伏发电作为一种清洁、可再生能源得到快速发展。但较高的发电成本仍是制约其大规模应用的主要因素，因此，如何降低光伏发电成本已成为光伏行业的发展目标。其中，优化系统设计使其获得最大发电量，是降低发电成本的重要途径。

光伏系统发电量通常由装机容量、系统效率及年辐照时数乘积计算得到，计算系统效率时把光伏组件功率转化为标况功率进行计算，忽略了辐照度、温度等天气情况对光伏组件输出特性的影响。光伏组件作为发电系统的核心部件，不同种类的光伏组件具有不同的发电特性。因此，研究光伏组件选型可进一步优化光伏系统设计，以达到降低成本的目的。

光伏系统主要从组件、逆变器、安装角度等方面进行优化设计，国外相关机构通过建立户外测试系统，对其影响因素进行长期监测和研究 [1]，为光伏电站提供了大量依据和建议，间接促进了光伏电站在国外的大规模推广和应用；但国内研究机构或公司 [2] 几乎都没有开展此项工作，这使光伏系统设计缺少数据支持，使系统成本及系统发电量都很难达到最优设计，这在一定程度上阻碍了光伏电站在国内的大规模推广。

为此，笔者以所在公司 2010 年 10 月建立的光伏户外测试系统为平台，结合天气数据，对不同种类电池的发电特性进行分析，从而得到不同地区较合适的电池类型。

二 实验测试系统及参数设定

光伏户外测试系统建设在北京地区，主要由电子负载、多种类型太阳能光伏组件、天气系统和监控电脑组成，示意图及实物图如图 1、2 所示。该平台具有的特点及功能为：每个太阳能光伏组件对应一个电子负载；具有 MPPT 最大功率跟踪功能，即通过控制电子负载阻值使得相应太阳能光伏组件工作于最大功率下，以实现光伏电站中太阳能光伏组件的真实运行状态；可采集太阳能光伏组件的 IV 曲线、开路电压、短路电流、最大功率、单位每瓦发电量等电学性能信息；能监测和采集光辐照量、风速和环境温度等。利用该平台分析了 9 种不同光伏组件的发电特性，光伏组件参数见表 1。

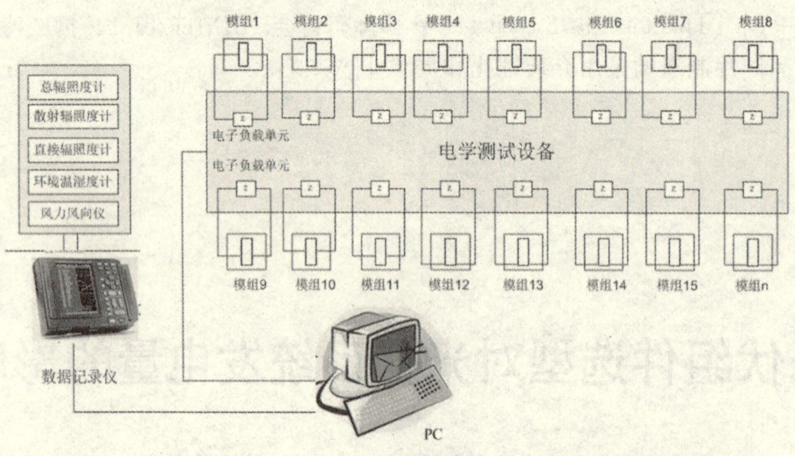

图 1 光伏测试系统连接示意图

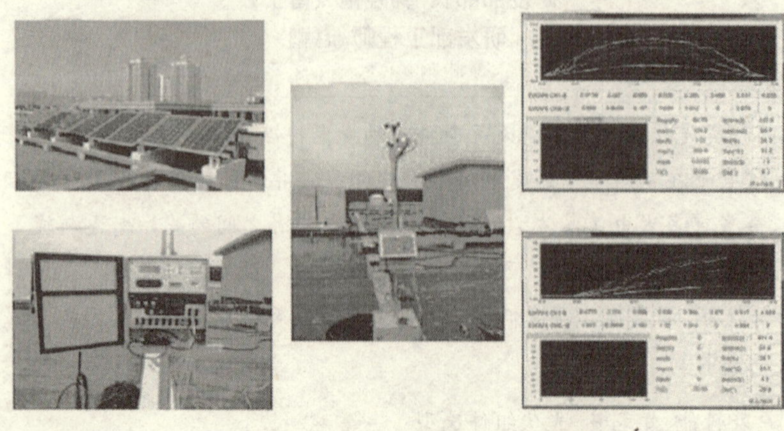

图 2 光伏组件户外测试平台实物图

表 1 光伏组件参数表

名称	电池类型	标称功率（W）	标准光谱实测（W）	设备类型
硅薄膜1	单结非晶硅	95	97	卧式单室多片
硅薄膜2	非晶硅/非晶硅	48	48	立式单室多片
硅薄膜3	非晶硅/非晶硅	50	52	立式单室多片
硅薄膜4	非晶硅/非晶硅锗/非晶硅锗	55	48	卷对卷技术
硅薄膜5	非晶硅/微晶硅	120	120	多室单片Cluster
CIGS	CIGS	75	75	共蒸发
晶体硅1	多晶硅	185	186	/
晶体硅2	多晶硅	240	242	/
晶体硅3	单晶硅	200	204	/

三 实验结果与讨论

1 发电量结果分析

为便于比较，发电量都归一化到每 W，即发电量 / 标准光谱实测功率。

不同种类光伏组件的累计总发电量如图 3 所示。由图 3 可知：不同种类电池的发电特性有明显差异，以晶体硅 1 为基准，非晶硅最高可多发电 5.4%，而 CIGS 少发电 3.8%；值得关注的是采用不同方法制备的相同种类电池的发电量也明显不同，尤其是制备技术种类繁多且技术较新的非晶硅电池，采用传统 EPV 技术制备的电池性能要低于其他技术，这说明非晶硅电池品质参差不齐，更需要谨慎选择。

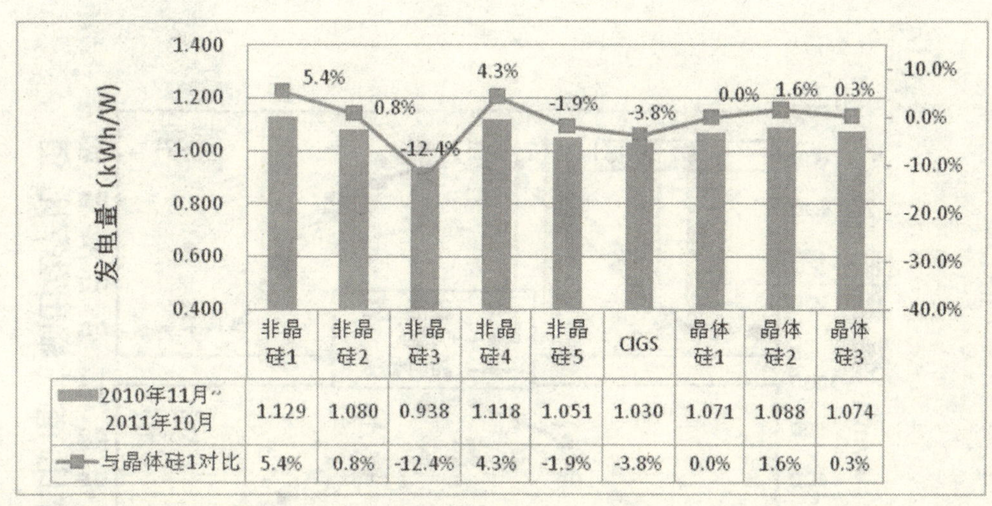

	非晶硅1	非晶硅2	非晶硅3	非晶硅4	非晶硅5	CIGS	晶体硅1	晶体硅2	晶体硅3
2010年11月~2011年10月	1.129	1.080	0.938	1.118	1.051	1.030	1.071	1.088	1.074
与晶体硅1对比	5.4%	0.8%	-12.4%	4.3%	-1.9%	-3.8%	0.0%	1.6%	0.3%

图 3 光伏组件累计发电量对比

光伏组件累计发电量的差异，可能是由于不同的天气条件引起，因此对每月发电量进行分析，结果如图 4 所示（由于每月测试天数不同，将发电量归一化到每天进行比较，其中“比值 =（硅薄膜 1 或 CIGS 发电量 - 晶体硅 1 发电量）/ 晶体硅 1 发电量计算得到”）。由图 4 可知：12 月～2 月冬季时，晶体硅和 CIGS 的发电量高于非晶硅，最高可多发电 10%，随季节变化，差异先逐渐减小后又反向增大，在 4～7 月，非晶硅发电量高于晶体硅和 CIGS，最多可达 17%。同时，每种电池都在 3～5 月发电量最高，这可能与该季节晴朗天数较多有关。

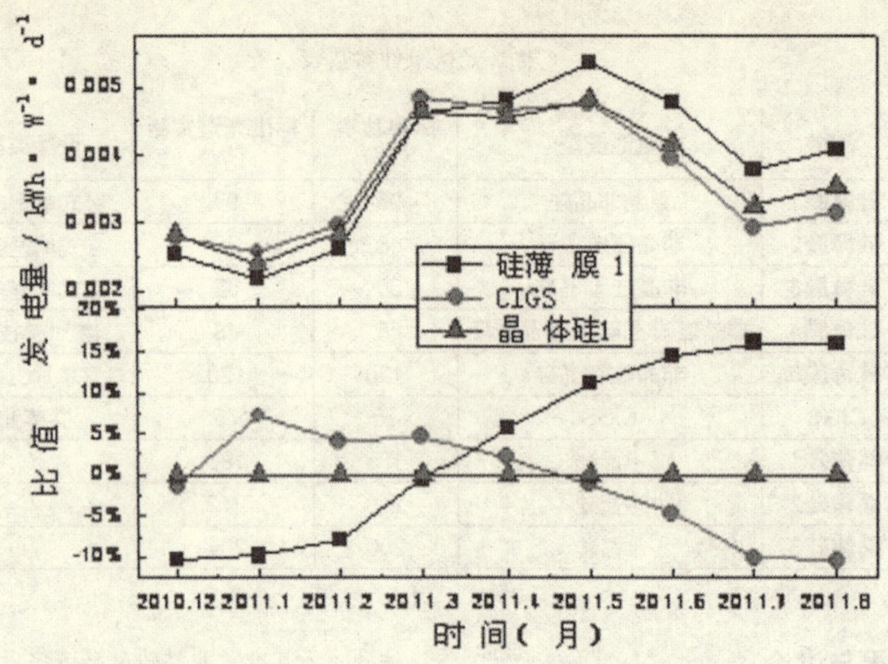

图 4 非晶硅、多晶硅和 CIGS 太阳电池的每瓦月发电量随季节的变化曲线图

2 天气对不同种类电池发电特性的影响

（1）光辐照度对电池性能的影响

对典型的两个季节（冬季和夏季）光辐照度情况进行分析，分别挑选 1 月和 7 月中日辐照量最高的两天，分析辐照度对不同电池发电性能的影响。

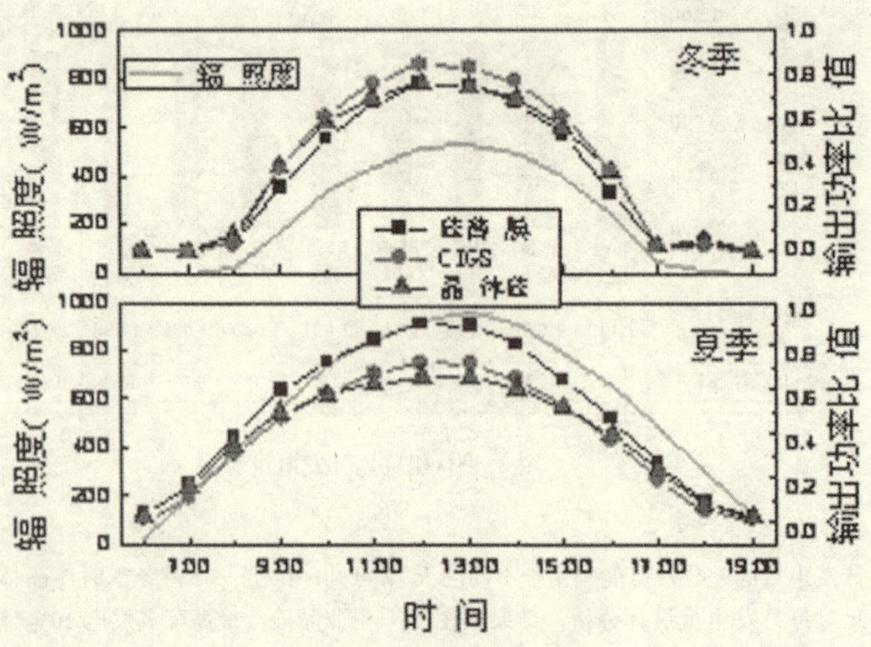

图 5 辐照度与电池输出特性曲线

辐照度与不同电池输出特性曲线如图 5 所示，其中输出功率比值 = 实际输出功率 / 额定功率。可以看到，在同一时间条件下，夏季的辐照度明显高于冬季，随辐照度变化，各种电池的输出特性都有相同的变化趋势，即电池发电量随辐照度增加而增加。但冬季和夏季在相同辐照度下，三种电池的输出特性的变化不同，如图 5 中的虚线。辐照度在 500W/m2 时，冬季：CIGS ＞晶体硅≥硅薄膜，夏季：硅薄膜＞晶体硅≥ CIGS，这说明除辐照度外，还有其他因素影响电池的输出特性。

（2）温度和湿度对电池性能的影响

冬季、夏季的温度和湿度随时间变化的曲线图如图 6 所示。从图中可以看到，夏季的温度和湿度都高于冬季。

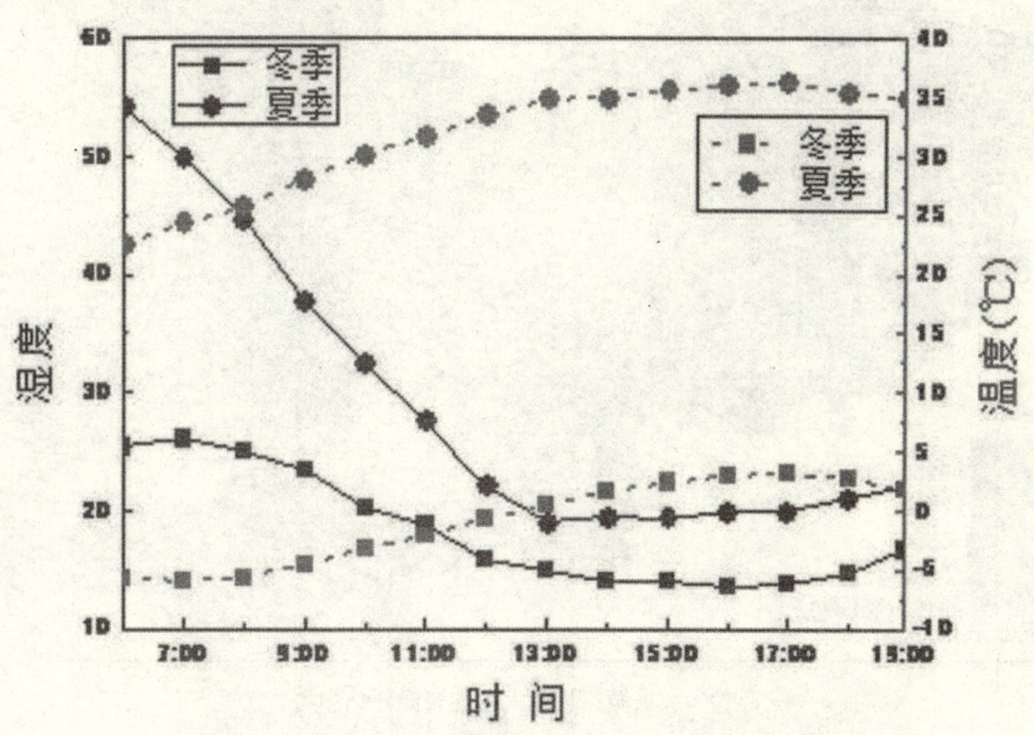

图 6 不同季节温度和湿度随时间的变化曲线

对于晶体硅和硅薄膜，造成两个季节发电特性差异为：温度系数，晶体硅（-0.45%）＞硅薄膜（-0.27%），这说明随温度升高晶体硅输出功率降低更多；非晶硅太阳电池的热退火效应 [3 ～ 5]，使非晶硅在一定的高温下反而具有更好的输出特性；550nm 波段范围的光辐照量也随着夏季的临近而迅速增加 [6]，这使在此波段具有更高的吸收系数的非晶硅具有更高的输出特性。基于此，非晶硅在夏季可比晶体硅多发电约 20% 左右。

对于 CIGS，其温度系数为 -0.36%，发电量应位于中间位置，但从图 4 得知，7 月份 CIGS 的发电量最低，这说明 CIGS 的发电量还受湿度影响 [7]。夏季湿度较大，CIGS 发电特性有所降低。而湿度对电池性能的影响不可恢复，因此在 2011 年冬季的发电量也低于另外两种电池。

综上分析，太阳辐照度、温度和湿度是影响电池发电特性的主要原因。晶体硅、硅薄膜、CIGS 三种电池中，晶体硅对温度敏感，CIGS 对温度、湿度都比较敏感，硅薄膜电池对环境适应性表现更强，优于其他两种电池。

3 中国不同地区适合的电池类型

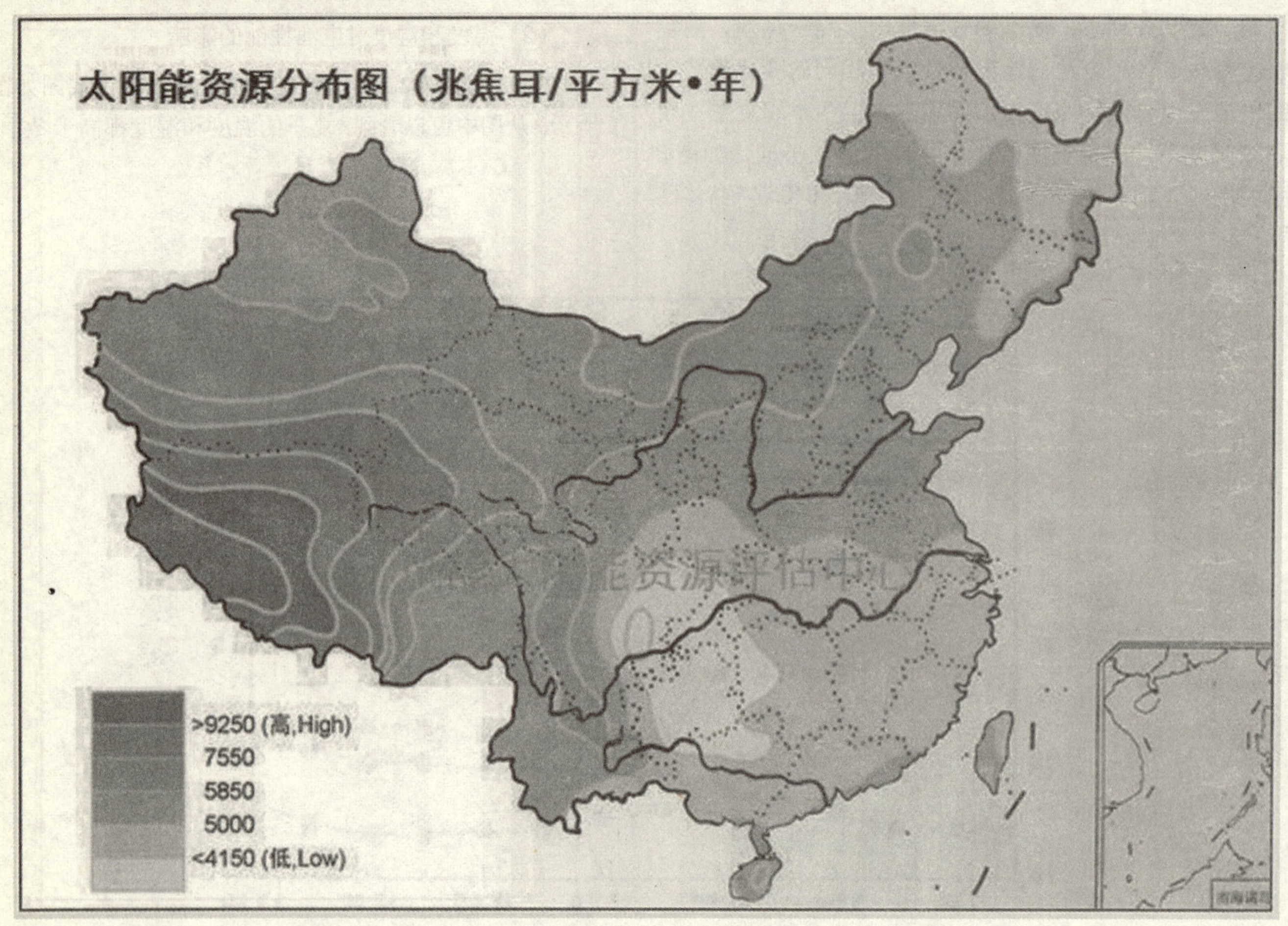

（来源：风能太阳能资源评估中心）

图 7 太阳能资源分布图

中国不同地区的太阳能资源分布图如图 7 所示。结合上述分析得知，中国北部地区，辐照量在 5850MJ/(m2•a) 以上，且温度和湿度相对较低，采用晶体硅或 CIGS 的光伏系统应具有更高发电量；中国南部地区，虽也有辐照量较高的地区，但由于温度、湿度较高，这些地区采用硅薄膜电池应具有更高的发电量。

四 结论

基于北京地区首套光伏组件户外测试平台，对不同种类光伏组件的发电特性进行监测。通过研究不同种类光伏组件在不同天气条件下的发电特性，分析光伏组件在冬季和夏季发电特性的差异，得到不同地区选择最适合光伏组件的判定依据。不同种类光伏组件都有其更适合的天气环境，晶体硅和 CIGS 应该更适合辐照量高、温度低、湿度低的中国北部地区；硅薄膜在辐照度不高、温度高、湿度高的中国南部大部分地区应该具有更高发电量。因此，在不同地区根据天气情况和光伏组件性能，选择合适的光伏组件类型，可有效提高系统发电量，降低发电成本。

参考文献

[1]Marion B, Kroposki B, Emery K, et al. Validation of a Photovoltaic Module Energy Ratings Procedure at NERL[R]. Technical Report of NERL, 1999.

[2] 陈维， 沈辉， 秦红． 太阳电池组件户外性能测试 [J]. 电源技术， 2006, 30(9):768-770.

[3]Akhmad K, Kitamura A, Yamamoto F, et al. Outdoor performance of amorphous silicon and polycrystalline silicon PV modules[J]. Solar Energy Materials and Solar Cells, 1997, 46(3): 209 - 218.

[4]Fritzsche H, Tran M Q, Yoon B G, et al. The sign of photocarriers and thermal quenching of photoconductivity in a-SiH[J]. J. non-Cryst Solids, 1991, 467: 137-138.

[5]Overhof H. Electronic Transport in Hydrogenated Amorphous Semiconductors[M]. Springer-Verlag, 1989.

[6]Hirata Y, Tani T. Output variation of photovoltaic modules with environmental factors—I. The Effect of Spectral Solar Radiation on Photovoltaic Module Output[J]. Solar Energy, 1995, 55(6): 463-468.

[7]王希文，方小红．铜铟镓硒薄膜太阳能电池及其发展．可再生能源，2008, 26: 13-16.

The Yearbook of the Contractors of International Engineering Consutation & Design of China

2011

中国国际工程咨询设计承包商年鉴

政策法规

The Yearbook of the Contractors of International Engineering Consutation & Design of China

2011 中国国际工程咨询设计承包商年鉴

政策法规

综 合

对外贸易发展“十二五”规划

目 录

序 言

对外贸易发展“十二五”规划，根据《商务发展第十二个五年规划纲要》编制，主要阐明2011-2015年我国对外贸易的发展战略，提出政策导向，明确政府工作重点，引导市场主体行为，是未来五年我国外贸发展的行动纲领，是各级商务主管部门制定政策、开展工作的重要依据。

一、外贸发展的新起点

“十一五”期间，我国外贸积极转变发展方式，有效应对国际金融危机挑战，保持良好发展势头，为促进国民经济平稳较快发展作出了重要贡献。

（一）发展成就

进出口规模跃上新台阶。2010年，进出口额达到2.97万亿美元，比“十五”末翻了一番，年均增长15.9%，世界排名由第3位升至第2位。其中，出口1.58万亿美元，年均增长15.7%，占全球份额由7.3%升至10.4%，世界排名由第3位升至第1位。进口1.4万亿美元，年均增长16.1%，占全球份额由6.1%升至9.1%，世界排名由第3位升至第2位。

出口商品结构持续优化。工业制成品出口比重由“十五”末的93.6%提高到94.8%。机电产品出口比重由56%提高到59.2%。高新技术产品出口比重由28.6%提高到31.2%。农轻纺等传统行业出口质量和效益稳步提升。高耗能、高污染、资源性产品出口比重由“十五”末的6.6%降至5.5%。

扩大进口取得积极成效。进口关税总水平由“十五”末的9.9%降至9.8%。取消了800多个税目商品的自动进口许可管理，贸易便利化程度进一步提高。进口年均增速高于出口0.4个百分点，贸易平衡状况明显改善，顺差占国内生产总值的比重由“十五”末的4.5%降至3.1%。

外贸发展更加均衡协调。民营企业经营活力进一步释放，进出口比重由“十五”末的15.7%提高到25.2%。

一般贸易进出口快速增长，占比由41.4%提高到50.1%。中西部地区进出口增速显著高于东部地区和全国平均水平，占比由8.3%提高到9.9%。

市场多元化取得新进展。对欧盟、美国、日本、中国香港四个传统市场进出口比重由“十五”末的52.7%降至46.9%。对新兴市场进出口快速增长，占比提高，与“十五”末相比，对东盟由9.2%提高到9.8%，对金砖国家由4.9%提高到6.9%，对拉丁美洲由3.5%提高到6.2%，对非洲由2.8%提高到4.3%。同时，多双边和区域经贸合作进一步加强，成功签订和实施了一批自贸区协定。

外贸体制机制不断完善。市场配置资源的基础性作用进一步增强，以政府宏观管理、中介组织服务协调、企业自主经营为特征的外贸运行机制基本形成。以出口退税、出口信用保险、贸易融资等为主要内容的外贸促进体系日趋完善。行政许可事项明显减少，许可证、配额、国营贸易等管理手段不断完善。建立健全了大宗商品进口协调机制和报告制度，成功开展了部分重点商品进口联合谈判。

（二）重要作用

“十一五”期间，外贸发展有力地推动了我国经济结构调整和经济发展方式的转变，外贸进出口推动了我国企业参与国际竞争，提高了竞争力。外贸在扩大就业、增加财政收入、缓解资源约束、推动技术进步及产业升级、扩大国际影响力等方面的作用进一步增强。据测算，外贸直接带动就业超过8000万人，其中60%来自于农村转移劳动力。2010年与外贸直接相关的海关税收达1.25万亿元人民币。石油、铁矿石、铜的年进口量均占国内年消费总量的50%以上。每年大宗农产品进口相当于节约了5亿亩耕地。5年累计进口高新技术产品1.6万亿美元，有力地推动了技术进步和产业升级。“中国制造”增加了全球消费者福利，“中国市场”带动了相关国家的经济发展。

“十一五”期间，我国外贸发展取得了重大成就，但依然存在一些突出问题，主要表现为：企业研发、设计、营销和服务等核心竞争力不强，参与国际分工深度不够。出口产品质量、档次、附加值有待进一步提高，自有品牌和知识产权产品出口比重不高。参与制定国际规则标准和价格谈判能力较弱，行业自律水平有待提高。贸易平衡的国别结构矛盾仍较突出，外贸发展的国际市场和国内区域布局需要进一步完善，传统外贸发展方式与资源能源供应和环境承载能力的矛盾比较突出，外贸增长质量和效益有待进一步提高。稳定外贸增长的政策、舆论、公平竞争与体制机制环境有待继续优化。

二、外贸发展的新形势

“十二五”期间仍是我国外贸发展的重要战略机遇期，同时面临的形势更加严峻复杂，保持平稳发展的难度增大。

（一）面临挑战

从国际看，一是世界经济增速放缓。国际金融危机影响深远，世界经济增长的不确定、不稳定因素增加。主要经济体受债务危机困扰，经济持续低迷，需求相对疲软，一段时期内世界经济难以恢复快速增长。**二是贸易保护主义抬头。**多哈回合谈判久拖不决，主要大国将精力转向区域贸易安排，各国自顾倾向增强，国际贸易摩擦进入高发期。针对我国的“两反一保”案件数量和涉案金额居高不下，各种技术性壁垒层出不穷。**三是主要货币汇率和大宗商品价格波动加剧。**国际货币体系处于变动调整之中，主要经济体走势不稳，汇率大幅波动；国际地缘政治动荡，市场缺乏稳定供应预期，大宗商品价格高位震荡。**四是我与不同类型国家的竞争加剧。**随着我产业升级和其他发展中国家承接国际产业转移，我与发达国家在技术和资本密集型产业开始正面竞争，与发展中国家在传统劳动密集型产业竞争加剧。

从国内看，一是经营成本进入全面上升期。受人口结构变化、需求快速增长、节能减排和环保要求趋严等多种因素影响，我国劳动力、原材料、能源、土地、环境等要素面临成本上升和供应趋紧的双重压力。**二是外贸结构调整难度加大。**面临成本优势不断减弱、外需增长放缓的形势，大量传统产业和中小企业缺乏必要的资金、技术、人才积累，风险承受能力较弱，处于生存发展与结构调整的两难境地。**三是外贸企业创新能力和意愿与发达国家企业差距明显。**我国总体上仍处于全球价值链分工的低端环节，大部分外贸企业在技术创新、标准制订、营销网络和资源整合能力等方面与贸易强国企业还有较大差距。企业培育自有知识产权的意识和积极性有待提高。

（二）发展机遇

从国际看，一是经济全球化仍将深入发展。改革全球经济治理机制呼声强烈，我参与全球经济治理的话语权增强。贸易自由化和区域经济一体化继续推进，双边和区域自由贸易协定数量不断增加。一些国家与我国商签自贸协定意愿增强。国际产业转移从加工制造环节向产业链两端延伸，为我延伸产业链条、优化要素配置带来机遇。**二是全球贸易量继续扩大**。新兴经济体和发展中国家工业化、城镇化进程加快，经济有望保持较快发展，为我开拓市场提供新的支撑。信息技术的成熟与应用显著降低交易成本，为世界贸易增添新的活力。**三是产业内贸易进一步增长**。科技创新孕育新兴产业，加快产业升级，促进国际分工深化，推动产业内贸易发展，扩大国际贸易空间。**四是低碳经济带来新贸易机会**。各国更加重视低碳环保，为节能环保产品提供广阔市场，我国部分新能源产业开始具备比较强的竞争力，发展前景广阔。

从国内看，一是出口产业综合优势仍然存在。我国产业体系日益完备，具有较强的产业配套能力；基础设施明显改善，劳动力素质不断提高，科技创新日益深化，出口产业综合优势进一步增强。**二是新的外贸增长点不断涌现**。产业结构升级、城镇化和人民生活水平提高，带动各类生产资料和生活资料进口增长。战略性新兴产业快速发展带动相关产品和技术的进出口。出口基地产业集聚功能增强，电子商务等新型贸易方式蓬勃发展，专业市场开展对外贸易，都将为外贸增长提供新的增长点。**三是中西部和沿边地区外贸增长势头强劲**。国家加快中西部开发，提升沿边开放水平，中西部地区和沿边地区贸易投资环境进一步改善，吸引投资和产业转移能力增强，进出口具备了更快发展的基础和条件。

三、外贸发展的指导思想、基本原则和发展目标

面对国内外新形势，“十二五”期间外贸发展必须坚持正确的指导思想，确立总揽全局的发展原则，制定务实进取的发展目标，采取切实有效的保障措施，推动外贸发展实现新的跨越。

（一）指导思想

以邓小平理论和“三个代表”重要思想为指导，以科学发展为主题，以加快转变外贸发展方式为主线，以“稳增长、调结构、促平衡”为重点，培育外贸竞争新优势，提高外贸发展的质量和效益，增强外贸发展的协调性和可持续性，巩固贸易大国地位，推动贸易强国进程，努力为国民经济和社会发展作出更大贡献。

（二）基本原则

协调均衡。推动进出口平衡发展、外贸与内贸有效互补、东部与中西部协调发展，强化服务贸易对提升外贸整体效益的贡献，增强外贸与外资、外经的互动发展，促进各类企业发挥各自优势，提高外贸协调发展能力。

循序渐进。在积极推动新兴出口产业发展的同时，继续发挥传统出口产业对解决就业、改善民生、维护社会稳定的重要作用，稳步推动出口产业在国内不同地区的梯度转移和合理分布。在保持一定增长速度的基础上，加快推动外贸转型升级。

互利共赢。在稳定和拓展外需的同时，实施积极主动的进口战略。妥善处理贸易摩擦，实现贸易伙伴的多赢和双赢。主动参与国际经济贸易治理结构的调整，充分考虑不同发展水平贸易伙伴的利益，提升我国对国际市场的影响力和制定国际经贸规则的话语权。

（三）发展目标

稳增长促平衡取得实质进展。进出口平稳增长，总额年均增长10%左右，到2015年达到约4.8万亿美元。贸易平衡状况继续改善。

进出口商品结构进一步优化。机电产品进出口年均增长10%左右，总额到2015年达到2.5万亿美元左右。劳动密集型产品出口附加值进一步提高。自有品牌和知识产权产品、大型成套设备出口比重显著提高。先进技术、关键零部件、国内短缺资源和节能环保产品进口比重进一步提高。消费品进口适度扩大。

发展空间布局更加完善。对欧、美、日、港等传统市场进出口平稳增长，比重稳中有降。对新兴经济体、发展中国家等其他市场进出口较快增长，到2015年，占全国外贸比重力争提高5个百分点左右，达到58%。东部地区发展质量和效益明显提高，中西部地区发展速度加快，到2015年，中西部地区占全国外贸比重力争提高5个百分点，达到15%。

国际竞争力明显增强。以技术、品牌、质量、服务为核心的竞争新优势加快形成，贸易渠道控制力明显增强。在优势产业中形成一批具有全球资源整合能力的跨国企业。

四、外贸发展的主要任务

“十二五”期间，要坚持在稳定增长的同时优化外贸结构，促进贸易平衡，实现外贸可持续发展。

（一）稳定外贸增长

提高对稳定外需的认识。发展对外贸易、参与国际分工，对我国经济发展有着不可替代的作用。我国经济中面向国际市场的产能还比较大，必须把扩大内需与稳定外需结合起来，把稳定外贸增长和保持国际市场份额

结合起来，努力克服外部环境变化的不利影响，在严峻复杂的形势中积极寻求有利的发展契机，保持进出口稳定增长。

改善外贸发展的环境。保持出口退税、贸易融资和出口信用保险等外贸政策的基本稳定，稳定政策预期，增强企业信心。规范外贸经营秩序，保护企业合法权益。进一步改善通关、结算环境，加强进出口环节的收费监管，清理并逐步取消进出口环节的不合理限制。

培育外贸新竞争优势。支持企业引进技术和自主创新相结合，提高产品技术含量。支持企业开展境外商标注册，使用自有品牌，培育国际品牌。支持企业建立自主营销网络，将贸易链延伸到境外批发和零售终端，增强渠道控制力，提高贸易附加值。完善产品技术和质量标准，逐步建立重点出口产品质量追溯体系。鼓励企业开展国际通行的质量管理体系、环境管理体系和产品认证，积极参与各类国际标准、技术标准的制定。

（二）调整贸易结构

优化出口产业和商品结构。深入实施科技兴贸战略，鼓励企业自主创新，促进先进技术向生产成果转化，推动传统产业升级。大力发展新兴出口产业，推动战略性新兴产业国际化。扩大技术和资金密集型的机电产品、高新技术产品和节能环保产品出口。鼓励自有品牌、自有知识产权和高附加值产品出口。提高劳动密集型产品出口质量、档次和附加值。控制高耗能、高污染和资源性产品出口。

优化经营主体结构。做强大企业，扶持中小企业发展。鼓励行业龙头企业向产业链两端延伸，开展国际化经营，培育一批具有全球资源整合能力的跨国企业。支持中小企业开展专业化经营。引导上下游生产企业之间、生产企业与流通企业之间加强协作与整合，提高整体竞争力。强化政府为企业服务功能，营造国营、民营、外资等各类企业平等参与、公平竞争、优胜劣汰的体制环境。

优化贸易方式结构。做强一般贸易，逐步扩大一般贸易比重。提升加工贸易，引导加工贸易从沿海向内陆地区转移和向海关特殊监管区域集中，鼓励加工贸易企业延伸产业链、增值链，提高本地增值、本地配套比重。发展其他贸易，重点鼓励边境地区发挥自身区位、资源、政策优势，发展有比较优势的特色产业，推动边境贸易快速发展。

（三）促进贸易平衡。

进一步扩大进口规模。推动发达国家放宽对我高技术产品出口管制，扩大先进技术设备、关键零部件进口，促进国内技术创新。扩大国内短缺的能源、资源和原材料的进口，保障市场供应。适度扩大消费品进口，带动居民消费结构升级。

增强进口的主动权。加强政策引导和行业协调，鼓励企业构建全球采购网络，向全球供应链上游延伸。协调大宗农产品、能源产品、矿产品进口，规范进口秩序，提高议价能力。鼓励企业通过多种方式介入国际市场能源资源、大宗农产品定价体系，提升价格话语权。

完善进口促进体系。培育若干进口贸易促进创新示范区，建设一批进口促进平台。鼓励中国进出口商品交易会等知名展会拓展进口功能。加强多双边交流合作，支持与我国贸易逆差较大的国家和地区来华举办商品展览会、洽谈会。鼓励行业和企业赴境外开展贸易促进活动。鼓励自最不发达国家进口，促进自与我贸易逆差较大国家和发展中国家进口。

（四）优化空间布局

优化国际市场布局。按照政策引导、市场主导、协调推进、重点突破的原则，在巩固传统市场的同时，大力开拓新兴市场，培育周边市场。综合考虑资源储量、人口规模、市场份额、战略地位等因素，选择若干个发展中国家市场进行重点开拓。加快实施自贸区战略，扩大自贸区伙伴市场规模。

优化国内区域布局。加强国内区域间的协调合作，在鼓励沿海地区发展高端产业、发展高增值环节和总部经济的同时，合理有序将劳动密集型传统产业、加工制造环节向中西部地区转移，加快中西部地区发展。加快重点口岸、边境城市、边境经济合作区建设，扩大与周边地区的经贸往来。

（五）推进基地、平台和网络建设

建设转型升级基地。依托现有产业集聚区和各类开发区，培育一批农产品、轻工、纺织服装、医药、五金建材、新型材料、专业化工、机床、工程机械等外贸转型升级示范基地。继续推进国家科技兴贸创新基地和国家汽车及零部件、船舶出口基地建设。以产品创新、质量提升、品牌培育等为重点，支持基地建设研发设计、试验检测、国际营销等公共服务平台，提升基地内企业技术创新、质量管理和市场开拓水平，增强各类基地在国际市场上的竞争力和影响力。

建设国际商务平台。培育一批技术强、服务优、信誉好的重点外贸电子商务平台，提高企业利用电子商务开展对外贸易的能力。支持国内有影响的专业市场拓展外贸综合服务功能，积极开展国际贸易，形成一批优势明显、特色突出、服务优质的外贸与内贸相结合的重点专业市场。打造一批有较强影响力的境内外国际经贸展会，形成布局合理、重点突出、专业门类齐全、具有品牌效应的重点经贸展会网络，支持北京、天津、上海、广州建设全球会展业高地。

建设国际营销网络。鼓励有条件的行业组织和优势企业"走出去"，利用一批基础好、潜力大的批发市场、零售店、专卖店，打造自有营销渠道，促进自有品牌出口。结合出口市场格局和需求特点，重点选择一批境外展示营销中心，以优势行业出口商品为依托，着力完善贸易促进和终端市场营销功能，深度开拓国际市场，增强国际竞争力。

（六）推动"走出去"带动贸易

推动"走出去"带动出口。鼓励轻工、纺织、服装、家电、一般装备制造等国内技术成熟、国际市场需求大的行业生产能力向目标市场转移，带动零部件和中间产品出口。支持具备实力的外贸企业、大型流通企业、中华老字号企业在境外投资建设批发市场、贸易中心，扩大中国产品在当地市场的销售。鼓励承接境外承包工程，带动国内原材料、设备等产品出口和中国技术、标准"走出去"。

推动"走出去"带动进口。支持国内企业"走出去"，与有关国家（地区）开展能源矿产、农业开发、海洋资源等方面互利合作，建立稳定的境外能源资源供应渠道。鼓励在产地开展能源资源产品的初级加工后再进口，带动当地就业，改善与有关国家（地区）的贸易结构和经贸关系。

推动"走出去"提升竞争力。鼓励企业通过并购、重组、战略合作等形式，整合国内外优质要素。稳步推进境外经贸合作区建设，拓宽国际投资合作途径。鼓励国内金融机构、会计师、律师事务所等服务机构"走出去"，为开拓国际市场提供优质服务，提高中国企业的软实力和综合竞争力。

五、外贸发展的保障措施

外贸稳定增长、调整结构、促进平衡，任重道远，需要各部门密切配合、综合施策，创新体制机制和完善政策措施。

（一）完善外贸管理体制和政策

完善适应开放型经济要求、有利于发挥市场配置资源基础性作用的外贸管理体制机制。制订宽严适度的原产地规则，完善原产地认证管理体系。改进许可证管理，加强贸易统计监测功能。运用技术性措施引导并促进企业加强质量管理和诚信自律。加强知识产权保护，鼓励地理标志和农产品商标权利人海外注册和维权，扩大多双边知识产权领域交流与合作。加强政策引导，提升利用外资质量和水平，促进我国出口产业升级。采取积极措施，鼓励企业通过"走出去"带动进出口。加强检验检疫工作，依照国际通行原则，着力保障进出口商品安全、卫生、环保。加强大宗商品进出口协调和管理，规范重要、敏感商品进出口秩序，遏制不正当竞争。加强"两用"物项和技术的出口管制，维护国家安全，履行国际防扩散义务。积极推进商会体制机制改革，加强行业自律和协调，充分发挥行业中介组织作用。推动国内交易规则与国际接轨，探索建立内外贸协调发展的体制机制。研究制定外贸质量和效益评价指标，改革和完善外贸考核和评价体系。

（二）完善涉外财政税收政策

适应世贸组织规则，建立和完善财政支持外贸发展的体制机制。提供公共服务，对出口商品结构优化和转型升级给予支持；对开拓国际市场、发展品牌、产品国外认证、质量安全体系建设和制订行业标准等给予扶持。保持出口退税政策稳定，完善出口退税机制，及时、准确退税。研究推动出口退税分担机制改革，进一步优化进口关税结构。根据国内经济社会发展需要，降低部分能源原材料、关键零部件、先进技术设备的进口关税，适当降低部分与人民群众生活密切相关的生活用品进口关税。继续落实对来自最不发达国家部分商品进口零关税待遇，加快降税进程，进一步扩大零关税商品范围。

（三）完善涉外金融政策

完善与贸易发展水平相适应的全方位金融政策支持体系。鼓励金融机构积极开展进出口信贷业务，灵活运用票据贴现、押汇贷款、对外担保等方式，拓宽进出口企业融资渠道。进一步简化贸易信贷登记管理、程序和方式，便利重点产业和企业出口和先进技术进口。支持融资性担保机构扩大中小企业进出口融资担保业务，解决中小企业融资困难。鼓励融资租赁公司扩大设备进出口租赁业务。研究出台贸易融资封闭贷款管理办法，解决综合授信信用评级较低的中小企业融资问题。充分发挥出口信用保险的政策导向作用，支持大型成套设备等资本性货物出口，鼓励中小企业积极开拓国际市场。发展政策性进口信用保险业务，支持重要原材料和关键技术设备的进口。进一步完善人民币汇率形成机制，保持人民币汇率在合理均衡水平上的基本稳定。扩大人民币在跨境贸易和投资中的使用。积极推进贸易收付汇管理制度改革。鼓励国内有条件的金融机构逐步完善海外网点布局，为我国企业“走出去”和开拓新兴市场提供更为便捷、可靠的金融服务。

（四）完善外贸法律法规体系

坚持外贸法制化管理和依法行政。以《中华人民共和国对外贸易法》为基础，坚持对外经贸政策的统一性，加强各部门在制定和实施涉及外贸政策、法规方面的协调。健全和完善与外贸有关的投资合作、知识产权、环境与气候、贸易调查、贸易救济、贸易促进、信用管理等相关法律法规。加强各项外经贸立法之间的衔接和协调，促进外贸和利用外资、“走出去”互动共促。适时完成《货物进出口管理条例》修订工作。提高依法行政能力，综合运用外贸、通关、检验检疫、外汇、金融、税务、科技、环保、知识产权保护、劳动保障等领域政府监管职能和中介组织资源，积极探索建立外贸信用体系，整顿和规范经营秩序，促进外贸健康发展。

（五）加强贸易摩擦应对工作

营造公平竞争的外贸环境。健全和完善商务部、地方商务主管部门、商协会和企业“四体联动”贸易摩擦应对机制，统筹运用各种有效手段和世贸组织争端解决机制，提高贸易摩擦应对能力。加强贸易摩擦预警机制建设，完善全口径进出口监测体系。加强产业损害预警体系建设，完善产业安全数据库，充分发挥产业损害预警机制作用。探索建立相关机制，鼓励遭受进口冲击的国内产业调整结构，提升竞争力。扩大和深化与主要贸易伙伴间的贸易救济合作机制，化解和减少贸易摩擦。充分运用多双边政府间磋商和行业间对话机制，推动业界合作，有效抑制贸易摩擦升级和蔓延。积极应对国外技术性贸易壁垒。加强进出口产品质量安全监管，依法落实进出口产品有关企业的主体责任。加大规则谈判参与力度，构建公平规则环境。遵循国际贸易通行规则，运用反倾销、反补贴、保障措施等贸易救济措施，维护国内产业安全，保护企业公平竞争及合法权益。支持企业积极应对国外反垄断诉讼，依法处理外贸领域垄断行为。

（六）加强多边双边经贸合作

认真履行世贸组织成员承诺，积极参与国际贸易规则制定，推动多哈回合谈判早日达成全面、平衡的结果。利用好多边贸易体制及二十国集团等平台，努力遏制各种形式的贸易保护主义，促进国际经济秩序朝着更加公正合理的方向发展。加快与有关国家的自贸区谈判。充分利用各种层次的区域经济合作机制发展与相关国家、地区贸易。发挥政府间磋商和业界对话等机制的作用，与主要贸易伙伴加强相关政策协调，照顾彼此关切。积极推进与周边国家经贸合作，在条件成熟时设立跨境经济合作区，促进对周边国家经贸关系和谐发展。加强内地与香港、澳门经贸交流，继续实施更紧密经贸关系安排。保障供港澳农副产品稳定供应和质量安全。深化粤港澳区域经济合作，支持香港巩固和提升国际金融、贸易、航运中心地位，支持澳门经济适度多元化发展，发挥其中国与葡语国家经贸合作服务平台作用。深化两岸经济合作，落实《海峡两岸经济合作框架协议》，推进后续货物贸易、服务贸易等单项协议的商谈；发挥海峡西岸经济区在两岸交流合作中的先行先试作用，促进双向投资；加强新兴产业、金融等现代服务业合作，推动两岸贸易健康发展。

（七）提高对外贸易便利化水平

引导和推动政府管理部门实现信息联网及共享，为进出口企业提供更加优质、便捷的公共信息服务，保障国际贸易供应链安全。加强对出口退税、出口信贷、出口信保、加工贸易等方面政策的宣传。稳步推进与原产地认证相关的贸易便利化进程。继续推进“大通关”、地方电子口岸、中国电子检验检疫建设，推行进出口货物电子监管、直通放行、绿色通道等便利化措施。完善海关企业分类管理办法。优化通关环境，提高通关效率。加强检验监管体系建设，丰富检验监管模式和手段，完善进出口商品法定检验监督管理制度。争取在具备条件的边境口岸尽快实施“一站式”通关。加强进出口收费监管，减轻企业通关负担。简化商务人员出入境审批程序。

（八）加强外贸人才培养工作

重视外贸人才建设。以市场为导向，创新人才管理体制和服务体系，营造良好的外贸人才发展环境。适应人口素质和结构变化，建立健全政府调控、市场配置、企业自主用人、人尽其才的体制机制。加强开放型外贸人才资源开发，高度重视外贸职业教育，促进多元化投入。鼓励外贸企业提高人力资本投资比重，支持员工踊跃参加学习培训，提高满足企业技术进步和产业升级需要的技能。大力培养国际商务人才，加快培养多双边外贸谈判人才。加强官、产、学、研合作，发挥社会智库在外贸发展重大问题及决策上的参与和咨询作用。

2012年机电产品国际招标资格审定结果公告
商务部公告2012年第53号

【发布单位】中华人民共和国商务部

【发布文号】公告2012年第53号

【发布日期】2012-08-16

根据《中华人民共和国招标投标法》、《中华人民共和国招标投标法实施条例》和《机电产品国际招标机构资格管理办法》（商务部令2012年第3号），商务部对2012年预乙级机电产品国际招标资格的企业申请材料进行了审核。现将审核结果公告如下：

一、赋予22家企业预乙级机电产品国际招标资格

南方工业科技贸易有限公司

辽宁乔泰招投标代理有限公司

河北华业招标有限公司

福建省天海招标有限公司

内蒙古存信招标有限责任公司

辽宁创一招标有限公司

山东金卫医药信息有限公司

四川五洲招标代理有限公司

北京求实工程管理有限公司

北京中教仪国际招标代理有限公司

大连东大招投标代理有限公司

中科信工程咨询（北京）有限责任公司

武汉赛德勤工程咨询有限公司

广东广招招标采购有限公司

中煤设备成套有限公司

武汉创世纪招标有限公司

河南省鑫诚工程管理有限公司

河南创达建设工程管理有限公司

云南山重建设工程招标咨询有限公司

云南惟诚工程招标代理有限公司

安徽鼎信工程咨询管理有限公司

甘肃西招国际招标有限公司

二、请上述企业于2012年9月30日前到商务部领取《中华人民共和国国际招标机构预乙级资格证书》。

三、获得机电产品国际招标资格的企业应严格遵守《中华人民共和国招标投标法》、《中华人民共和国招标投标法实施条例》、《机电产品国际招标投标实施办法》和《机电产品国际招标机构资格管理办法》等有关法律、法规和规章，按照“公开、公平、公正”原则开展国际招标业务。

中华人民共和国商务部

2012年8月16日

《机电产品国际招标机构资格管理办法》商务部令 2012 年第 3 号

【发布单位】中华人民共和国商务部

【发布文号】商务部令 2012 年第 3 号

【发布日期】2012-04-08

【实施日期】2012-06-01

《机电产品国际招标机构资格管理办法》已于 2012 年 3 月 9 日经中华人民共和国商务部 2012 年第 61 次部务会议审议通过，现予以公布，自 2012 年 6 月 1 日起施行。原《机电产品国际招标机构资格审定办法》（商务部令 [2005] 第 6 号）同时废止。

部长：陈德铭

二零一二年四月八日

机电产品国际招标机构资格管理办法

第一章　总则

第一条为规范机电产品国际招标市场秩序，加强机电产品国际招标机构资格管理，根据《中华人民共和国招标投标法》、《中华人民共和国行政许可法》、《中华人民共和国招标投标法实施条例》等法律、行政法规，以及国务院对有关部门实施招标投标活动行政监督的职责分工，制定本办法。

第二条本办法适用于在中华人民共和国境内从事机电产品国际招标（以下称国际招标）代理业务的机构的资格管理。

第三条本办法所称机电产品国际招标机构（以下称国际招标机构）是指依法取得机电产品国际招标资格（以下称国际招标资格），从事国际招标代理业务的企业。

第四条商务部负责全国国际招标机构的资格管理工作。

各省、自治区、直辖市、计划单列市、新疆生产建设兵团、沿海开放城市机电产品进出口管理机构和国务院有关部门机电产品进出口管理机构（以下称地方、部门机电办）负责本地区、本部门国际招标机构的资格管理工作。

第二章　资格申请及审定

第五条国际招标机构资格等级分为甲级、乙级和预乙级。

甲级国际招标机构从事国际招标业务不受委托金额限制。

乙级国际招标机构可以从事一次性委托金额在 4000 万美元以下的国际招标业务。

预乙级国际招标机构可以从事一次性委托金额在 2000 万美元以下的国际招标业务。

国际招标机构不得超越前款规定的标准从事招标代理业务，不得涂改、转让、转借、出租资格证书。

第六条初次申请国际招标资格的企业（以下称申请人）只能申请预乙级国际招标资格。预乙级国际招标资格实行两年一次申请。

第七条申请人申请预乙级国际招标资格应当具备下列条件：

（一）依法在中华人民共和国境内登记的企业；

（二）与行政机关和其他国家机关没有隶属关系或者其他利益关系；

（三）注册资本不少于 500 万元人民币；

（四）具有固定的营业场所和开展国际招标业务所需的设施及办公条件；

（五）具备编制国际招标文件和组织招标评标的相应专业力量：

1、专职招标从业人员不得少于30名，其中具有招标职业资格、中级以上职称的人员不得少于专职招标从业人员总数的70%；

2、从事机电产品国内公开招标或政府采购机电产品公开招标业务三年以上（不含申请年度）；

3、近三年（不含申请年度）机电产品国内公开招标中标金额与政府采购机电产品公开招标中标金额合计达到10亿元人民币；

（六）近三年没有受到其他招标投标行政监督部门或政府采购主管部门的行政处罚。

第八条申请人申请预乙级国际招标资格应当提交下列材料：

（一）申请报告；

（二）企业法人营业执照（复印件）；

（三）公司章程及内部管理规章（复印件）；

（四）专职招标从业人员名单（附表1）及有关材料（复印件）：劳动合同、招标职业资格证书、职称证书、社会保险缴费凭证；

（五）机电产品国内公开招标或政府采购机电产品公开招标业绩一览表（附表2）、其招标项目分项表（附表3）及下列材料（复印件）：

1、国内招标代理合同或协议；

2、公开发布的招标公告（政府采购项目应提供在政府采购网上发布的招标公告）；

3、开标记录；

4、中标通知书；

5、提供政府采购项目业绩的还应提供政府采购代理机构资格证书。

第九条申请人应当于申报年7月5日前向地方、部门机电办报送申请材料。地方、部门机电办应当自申请截止日起5个工作日内作出初步审核决定，并将初步审核意见及初步审核合格的申请材料报送商务部。

第十条商务部自受理之日起15个工作日内依据本办法第七条所列之条件作出是否授予申请人国际招标资格的决定。对符合本办法规定条件的申请人，商务部授予预乙级国际招标资格，并进行公告，同时颁发《国际招标机构资格证书》（以下称资格证书）。资格证书自颁发之日起生效，有效期至下次资格核验结果公告之日止。

第十一条申请人在申请国际招标资格时，提供虚假材料的，当次申请无效。

第三章　　资格核验

第十二条商务部及地方、部门机电办每两年对国际招标机构进行一次资格核验。自获得国际招标资格之日起至资格核验申请之日止不满两年的国际招标机构，可以不参加当次资格核验。

第十三条国际招标机构应当于资格核验当年2月底前将资格核验申请材料报送地方、部门机电办进行初步审核。地方、部门机电办应当于资格核验当年3月底前将初步审核意见和申请材料报送商务部。商务部应当于资格核验当年4月底前对资格核验情况进行公告。

第十四条国际招标机构申请资格核验时，应提交以下材料：

（一）资格核验申请报告（满足升级条件的，可在资格核验申请报告中提出资格升级的申请）；

（二）企业法人营业执照（复印件）；

（三）国际招标机构资格证书副本（复印件）；

（四）机电产品国际招标业绩一览表。

第十五条甲级国际招标机构两年累计业绩符合下列条件之一的，资格核验予以通过：

（一）国际招标中标金额达到1.6亿美元的；

（二）完成国际招标项目包达到150个的；

（三）国际招标中标金额达到所属地区（省、自治区、直辖市、计划单列市，下同）同期一般贸易项下机电产品进口总额15%的。

第十六条乙级国际招标机构两年累计业绩符合下列条件之一的，资格核验予以通过：

（一）国际招标中标金额达到1亿美元的；

（二）完成国际招标项目包达到80个的；

（三）国际招标中标金额达到所属地区同期一般贸易项下机电产品进口总额10%的。

第十七条预乙级国际招标机构资格两年累计业绩符合下列条件之一的，资格核验予以通过：

（一）国际招标中标金额达到6000万美元的；

（二）完成国际招标项目包达到60个的；

（三）国际招标中标金额达到所属地区同期一般贸易项下机电产品进口总额2%的。

第十八条满足下列条件的预乙级国际招标机构可以在资格核验时提出乙级招标机构资格的申请，经商务部审核批准，其等级晋升为乙级，并由商务部换发资格证书。

（一）注册资本达到800万元人民币的；

（二）两年累计国际招标中标金额达到1亿美元或两年累计完成国际招标项目包达到80个的。

第十九条满足下列条件的乙级、预乙级国际招标机构可以在资格核验时提出甲级招标机构资格的申请，经商务部审核批准，其等级晋升为甲级，并由商务部换发资格证书。

（一）注册资本在1000万元人民币以上的；

（二）两年累计国际招标中标金额达到1.6亿美元或两年累计完成国际招标项目包达到150个的。

第二十条国际招标机构参加资格核验时，有下列情形之一的，国际招标资格等级予以降级，由商务部换发资格证书。但因维护国家利益等特殊原因的，可以适当放宽资格等级核验标准：

（一）甲级国际招标机构不符合本办法第十五条但符合第十六条的，国际招标资格等级降为乙级；甲级国际招标机构不符合本办法第十五条、第十六条但符合第十七条的，国际招标资格等级降为预乙级；

（二）乙级国际招标机构不符合本办法第十六条但符合第十七条的，国际招标资格等级降为预乙级；

（三）因国际招标机构过错导致变更原评标结果的，甲级国际招标机构两年累计超过8次的降为乙级；乙级国际招标机构两年累计超过7次的降为预乙级。

第二十一条国际招标机构资格核验未达到本办法第十七条规定的国际招标业绩，或者因预乙级国际招标机构过错导致变更原评标结果两年累计超过6次的，当次资格核验不予通过。但因维护国家利益等特殊原因的，可以适当放宽资格等级核验标准。

第二十二条国际招标机构逾期不参加资格核验的，其资格证书到期自动失效。

对逾期不参加资格核验的国际招标机构，商务部将在核验情况公告中公布。

第二十三条国际招标机构在报送资格核验材料时提交虚假材料的，当次资格核验不予通过。

第二十四条国际招标机构上两年度内受到国际招标行政监督机构行政处罚的，在资格核验时，视其情节严重程度，不予升级、予以降级或不予通过资格核验。

国际招标机构上两年度内受到国务院其他招标投标行政监督部门或政府采购主管部门暂停或取消招标代理资格行政处罚的，在资格核验时予以降级或不予通过资格核验。

第二十五条未通过资格核验的国际招标机构，自当次资格核验结果公告发布之日起不得继续开展国际招标业务，已经备案的招标项目除外。

未通过资格核验的国际招标机构，资格证书自动失效，并于资格核验结果公告发布之日起一个月内交回资格证书。

第四章　国际招标机构变更

第二十六条国际招标机构名称、注册地址等事项发生变更的，应当自情形发生之日起30日内持以下材料，经地方、部门机电办核实后，向商务部申请更换资格证书：

（一）资格证书变更申请；

（二）资格证书正本、副本；

（三）工商营业执照（复印件）等与资格证书变更事项有关的证明材料。

第二十七条国际招标机构发生合并、分立等重大变化导致原机构发生实质性变化的，应当重新申请国际招标资格。

第二十八条国际招标机构发生破产或解散的，自公司登记机关办理注销登记后资格证书自动失效。

第五章　法律责任

第二十九条国际招标机构有下列行为之一的，给予警告，并处三万元以下罚款：

（一）涂改、转让、转借、出租资格证书的；

（二）在申请国际招标资格或报送资格核验材料时提供虚假材料的。

第三十条国际招标机构有下列行为之一的，处五万元以上二十五万元以下罚款，对单位直接负责的主管人员和其他直接责任人员处单位罚款数额5%以上10%以下罚款；有违法所得的，并处没收违法所得；情节严重的，暂停或取消其国际招标资格：

（一）与招标人相互串通虚假招标的；

（二）泄露应当保密的与招标、投标活动有关的情况和资料的；

（三）与投标人串通就投标文件的商务、技术和价格等进行实质性修改的。

第三十一条国际招标监督机构工作人员玩忽职守、徇私舞弊或者滥用职权，构成犯罪的，依法追究刑事责任；尚不构成犯罪的，依法给予行政处分。

第六章 附则

第三十二条本办法由商务部负责解释。

第三十三条本办法自2012年6月1日起施行。《机电产品国际招标机构资格审定办法》（商务部令[2005]第6号）同时废止。

关于发布《出口机电产品国际认证指南》的公告 商务部公告2011年第96号

【发布单位】中华人民共和国商务部
【发布文号】公告2011年第96号
【发布日期】2011-12-28

针对当前我国对有关国际标准认证研究基础薄弱的情况，为有效降低国外技术性贸易措施对我国机电产品出口的影响，我部组织中国机电产品进出口商会编写了《出口机电产品国际认证指南》（以下简称《指南》）。

现发布《指南》，全文可通过商务部网站查阅。请参考《指南》内容，指导企业开展有关出口经营活动。

网址：http://sms.mofcom.gov.cn/subject/jshfw/index.shtml。

中华人民共和国商务部

二〇一一年十二月二十八日

商务部关于发布《机电和高新技术产品进出口“十二五”发展规划》的通知

【发布单位】中华人民共和国商务部
【发布文号】商产发〔2012〕56号
【发布日期】2012-02-23

各省、自治区、直辖市、计划单列市及新疆生产建设兵团商务主管部门：

为深入贯彻落实科学发展观，适应国内外新形势的要求，加快外贸结构调整，转变经济增长方式，商务部制定了《机电和高新技术产品进出口“十二五”发展规划》。现印发给你们，请认真贯彻执行。

中华人民共和国商务部

二〇一二年二月二十三日

目录

一、机电和高新技术产品进出口“十一五”时期回顾与“十二五”时期形势

（一）机电和高新技术产品进出口“十一五”时期回顾。

“十一五”时期，随着改革开放不断深化，在国家政策扶持引导和国际产业大规模转移等内外因素共同作用下，我国机电产品进出口实现了高速增长。到2010年，机电产品已连续16年保持第一大类出口商品地位，占外贸出口总量近60%、增量70%；参与国际分工的能力进一步增强，在全球机电产品进出口格局中地位明显提高，跃居世界第一大机电产品贸易国，第一大机电产品出口国，第二大机电产品进口国；机电产品进出口在保持总量快速增长的同时，结构明显改善，质量稳步提升，市场更加多元化，已成为推动我国对外贸易发展和促进国民经济增长的重要力量。同时，我国高新技术产品进出口也实现了快速发展，国际竞争力不断增强，与发达国家的差距逐年缩小。

贸易规模翻番。“十一五”期间，机电产品进出口累计634万亿美元，比“十五”期间增长1632%。其中，出口累计372万亿美元，增长1967%；进口累计262万亿美元，增长1269%。高新技术产品进出口351万亿美元，比“十五”期间增长1847%。其中，出口累计191万亿美元，增长2146%，进口累计160万亿美元，增长1557%。截至2010年末，按全球贸易信息服务机构（GTIS）统计，我国机电产品出口占全球市场份额达到148%，世界排名上升至第1位。

产品结构明显优化。“十一五”末，出口机电产品中机电仪及设备类占比提高到939%，高新技术产品占比达513%，技术含量和附加值较高的产品出口迅速增加。与“十五”期间相比，“十一五”期间汽车出口数量增长66倍；船舶出口金额增长63倍，我国超过韩国成为第一大船舶出口国；飞机、卫星出口实现零的突破；计算机与通信技术产品出口稳居全球第一；电力、通讯、铁路、冶金等行业大型成套设备出口签约金额增长近10倍，累计达到3500多亿美元，国际竞争力显著增强。“十一五”末，笔记本电脑、显示器、手机、电视机、激光视盘机、程控交换机、集装箱、太阳能电池等50多种产品出口量居世界第一；机床、液晶面板等产品进口量居世界第一。

出口市场覆盖全球。“十一五”期间，机电产品出口市场达到228个国家和地区。与“十五”期间相比，出口超过1亿美元的市场从104个增加到145个，发展中国家新兴市场份额从200%上升到300%，增量占比近40%。高新技术产品出口在新兴市场表现出了较高的增长潜力。

扩大进口成效显现。我国认真履行了开放市场的承诺，进口关税总水平已经降至98%。进口管理程序进一步简化，贸易便利化程度提高。取消进口配额管理，并分批取消了300多个税目商品的自动进口许可证管理。实施积极的进口促进战略，鼓励先进技术、重要装备和关键零部件、重要原材料的进口。“十一五”期间，不同领域高新技术产品进口所占的国际市场份额全面上升，材料技术类产品、电子技术类产品、计算机集成制造技术进口保持全球领先。

贸易主体结构更趋合理。“十一五”期间，从事机电贸易的企业结构不断优化。从2005年至2010年，机电产品年出口超1亿美元的企业由531家增加至1220家，并出现了125家年出口超10亿美元的企业和2家年出口超100亿美元企业；进口企业由73万家扩大至89万家，其中年进口超1亿美元的企业由506家增加至940家。近年来民营企业经过快速发展，在机电产品出口和进口中占比持续提高，由2005年的116%和69%上升至2010年的194%和120%。高新技术产品贸易中民营企业地位有所上升，2010年出口、进口占比分别达到92%、120%。

“十一五”时期，机电和高新技术产品对外贸易虽然取得了显著成绩，但长期以来制约发展的深层次问题还没有得到根本解决。出口主要依靠低成本大规模快速扩张，企业创新能力不够强，产品同质化比较严重，境外营销网络缺失，品牌建设比较薄弱，出口秩序不够规范，贸易摩擦不断加剧。进口引进质量不够高，重引进轻消化吸收再创新。因此，“十二五”期间，要推动机电和高新技术产品发展，必须转变发展方式，调整贸易结构，提高质量和效益。

（二）机电和高新技术产品进出口面临的挑战和机遇。

“十二五”期间，世界经济贸易格局将迎来重大而深刻的变化，我国发展仍处于重要战略机遇期。新兴经济体和发展中国家经济有望保持较快发展，发达国家将继续依靠科技创新加快产业调整，我国机电产业整体实力上升、与国外机电产业结构互补、承接国际产业转移综合优势明显等趋势不会改变。但国际金融危机带来的风险依然存在，世界经济实现强劲、可持续、平衡增长难度很大，国际合作与斗争形势更加复杂。因此，机电和高新技术产品进出口既面临难得的新机遇，也面对诸多的新挑战，机遇孕育于应对挑战之中。

——机电和高新技术产品进出口面临的挑战。

外部环境趋紧。一是外需不振将成为制约出口发展的主要因素。国际金融危机的深层次影响逐步显现，世界经济复苏进程艰难曲折，欧洲主权债务危机持续恶化，世界经济下行风险加大，国际金融市场发生剧烈动荡的可能性仍然存在，发达经济体市场需求增长相对疲软。二是全球供需结构出现明显变化。发达国家过度负债消费模式难以为继，制造业向外转移势头放缓，发展中国家更加注重内外均衡发展。各国纷纷把科技创新和新兴产业作为发展重点，抢占世界经济发展新的制高点，以高科技为核心的国际竞争日趋激烈，产业升级压力日益增大。三是贸易保护主义加剧。各种形式的贸易保护主义抬头，针对我出口产品的反倾销、反补贴调查案件数量和金额居高不下，各类技术性壁垒层出不穷。气候变化、能源资源安全等全球性问题更加突出，发达国家可能运用汇率、碳认证、碳关税、劳工标准、国有企业和竞争政策等手段对我施压，借以保护其国内产业，巩固其竞争优势。发展中国家与我贸易摩擦也呈增多趋势。

同时，低成本竞争优势逐渐减弱。受能源资源稀缺等因素影响，国际大宗商品价格长期看涨，国内劳动力成本上升趋势不可逆转，土地因素制约增加，环境保护压力加大，资源短缺状况突出，对依赖要素投入的出口扩张约束越来越强。融资成本增高，制约了比较优势的发挥和竞争力提高。

此外，我国贸易促进体系和协调机制有待完善。现行贸易促进政策尚未形成对企业研发、生产、营销全过程扶持的政策。进口政策面临战略性转型，进口对经济结构调整的推动作用有待加强。贸易政策与产业、财税、金融、外汇、投资、区域等政策需要加强协调，形成合力。

——机电和高新技术产品进出口面临的机遇。

世界经济结构加速转型。主要经济体加快科技创新和产业结构的战略性调整，为我深度参与国际产业转移和对外经济技术合作提供契机；新兴经济体和发展中国家积极参与和融入国际经济，加快城镇化和工业化进程，需求有望保持较快增长，对全球机电产品贸易的贡献将进一步增大。作为世界贸易第一大类商品，全球机电产品贸易仍将保持较快增长速度。我国机电产品在国际市场还有一定贸易空间。

我国机电产品出口比较优势总体没变。我国机电工业门类齐全，生产能力巨大，产业配套体系和基础设施完善，具有出口大国的产业基础。我国出口机电产品与发达国家和发展中国家长期结构性互补，比较优势明显，特别是大型成套设备在价格、性能、工期、融资等方面具有综合优势。

国内产业结构调整将使机电和高新技术产品进口有较大发展。扩大内需战略深入实施，居民收入持续增加，人口结构出现新变化，将推动国内消费结构升级。我国工业化进程加快，重点产业亟待通过引进先进技术设备和关键零部件加快发展，提升技术水平和国际竞争力。这将为我扩大机电产品进口营造良好的市场空间。

战略性新兴产业有望成为外贸新的增长点。我国企业在光伏、风能等新能源产品制造环节优势明显，部分产品开始规模出口，部分新材料、新一代信息技术、生物技术已处于国际先进水平，发展前景十分广阔。随着有关扶持政策陆续出台，我国战略性新兴产业国际化发展有望进一步加快。

二、“十二五”时期机电和高新技术产品进出口的指导思想、基本原则、主要目标及重点任务

（一）指导思想

以邓小平理论和“三个代表”重要思想为指导，深入贯彻落实科学发展观，加快结构调整和发展方式转变，务实推进科技兴贸战略、以质取胜战略和市场多元化战略，加快出口基地建设，大力培育品牌，规范出口秩序，推动诚信体系建设，加强国际营销体系建设，提升贸易渠道控制力，扩大进口先进技术装备，增强创新能力，推动战略性新兴产业国际化发展，稳步推进加工贸易转型升级。着力培育以技术、品牌、质量、服务为核心的国际竞争新优势，提高机电和高新技术产品进出口增长的质量和效益。

（二）基本原则

一是坚持贸易促进与产业发展相结合。从生产源头抓起，整合各方资源全过程推动贸易结构调整。以贸易引导产业升级，以产业支撑贸易发展。推动企业向产业链的两头延伸，增强创新能力，走差异化道路，提升国际竞争力。

二是坚持进口与出口协调发展。按照建设资源节约型、环境友好型社会和发展绿色经济、低碳经济、循环经济的总体要求，统筹规模与质量、速度与效益，利用国内外两个市场、两种资源，在保持出口稳定增长的同时，更加重视发挥进口对经济发展和结构调整的重要作用，推动进出口协调发展。

三是坚持传统优势产业与战略性新兴产业协调发展。适应全球产业贸易发展新趋势，循序渐进推进贸易转型升级。在努力保持和增强我国传统机电产业国际竞争力的同时，大力发展战略性新兴产业，培育新的外贸增长点。

四是坚持市场调节与政策引导相结合。按照市场规律，坚持以市场为导向，发挥市场在结构调整中的基础性作用，形成企业自主调整机制。加强引导和规范，创造公平竞争环境，综合运用经济、法律和行政手段推动结构调整。

（三）主要目标

根据指导思想和商务事业发展“十二五”期间发展目标，今后5年机电和高新技术产品进出口要努力实现以下主要目标：

——规模持续稳定增长。“十二五”期间，机电产品进出口年均增长10%。到“十二五”末，规模达到25万亿美元。

——产品结构继续优化。机电产品出口的质量和档次进一步提升。大力促进战略性新兴产业国际化发展，一般贸易出口中高新技术产品占比进一步提高。进口中的投资品、消费品和中间品的比例结构趋于合理，高新技术产品在机电产品进口中的比重逐步提高。

——市场进一步多元化。推动市场结构从以传统市场为主向多元化市场转变。巩固欧美日传统市场，大力开拓新兴市场，努力将对发展中国家新兴市场的出口占比提高到40%，增量占比提高到65%以上。

——企业组织结构明显优化。推动企业从车间型向营销型转变。支持汽车、机床、工程机械等25个带动性强、产业集聚明显行业的100家排头兵企业在境外建立营销网络，培育和认定200个重点机电和高新技术产品出口基地和2000家基地企业，培育若干个拥有国际知名品牌和核心竞争力的跨国机电企业集团。

——进口对贸易平衡和结构调整的作用显著提高。通过实施积极的进口促进战略，先进技术设备、关键零部件进口进一步扩大，推动企业引进消化吸收再创新，增强创新能力。扩大自最不发达国家和主要贸易顺差来源国进口，继续改善贸易平衡状况。

——加工贸易转型升级加快推进。推动加工贸易企业向产业链高端延伸，向中西部地区有序转移，中西部加工贸易占比从4%提高到10%。引导加工贸易向海关特殊监管区集中，海关特殊监管区内加工贸易占比从18%提高到30%。

（四）重点任务

——转变出口发展方式，培育竞争新优势。加强对重点行业出口的分类指导，加快重点行业出口基地和出口基地企业建设。鼓励企业加强研究开发、科技创新；加大品牌建设；大力推动境外营销网络建设，加强售后维修服务。推动企业进一步提高出口产品质量。按照专业化、国际化、市场化原则，打造重点行业国际专业展览会。支持行业和企业参与国际技术标准制定和国内技术标准海外推广。

——实施市场多元化战略，优化出口市场结构。加

强对重点市场的分类指导，有针对性地开展贸易促进工作，推动国内产业国际交流合作，引导企业开拓新兴市场，巩固传统市场。鼓励有实力的企业加大对重点市场投资，建厂设点，扩大海外生产规模，贴近销售市场，带动产品、技术和服务出口。

——规范企业经营行为，重塑出口微观基础。注重发挥中介机构的协调和自律作用，建立规范出口市场秩序的有效机制。加强出口企业诚信体系建设，实施诚信守法便利和违法失信惩戒机制。

——实施积极的进口促进战略，调整和优化进口结构。加大对先进技术设备、关键零部件、紧缺资源及国外限制对华出口物项等商品进口的支持力度。鼓励引进消化吸收再创新。加快引进先进设备的展示平台建设。敦促西方发达国家放宽对华出口限制。研究建立先进技术装备进口融资租赁和现代流通市场。

——延长国内增值链，加快加工贸易转型升级。完善加工贸易政策法规体系，落实加工贸易转型升级政策，推动加工贸易有序转移。提高加工贸易企业水平和产业层次，引导加工贸易向产业链高端发展。鼓励加工贸易企业向海关特殊监管区域集中。

——发展战略性新兴产业，培育新的出口增长点。利用多双边合作机制，推动企业开展国际交流，建立产业技术合作机制。制定有针对性的贸易投资指南，加强战略性新兴产业国际合作。鼓励外商来华投资战略性新兴产业。支持新能源、新能源汽车等企业根据国家发展战略及自身发展需要到境外融资。依托创新基地分行业深化国际合作，建立战略性新兴产业国际化发展促进体系。

三、“十二五”时期重点行业进出口主要目标与任务

（一）汽车行业。到2015年，汽车及零部件出口达到850亿美元，年均增长约20%。初步实现汽车出口产品、市场、贸易、主体和经营方式五大结构的转变。加快国家汽车及零部件出口基地建设，加大对公共服务平台支持力度。鼓励汽车企业引进智力和先进技术设备。加强诚信体系建设，建立中国汽车零部件供应商名录库。将中国国际汽车零部件博览会打造成为中外汽车业界合作交流的重要平台。积极推动汽车产品检验结果的双边互认工作。支持汽车企业建立健全海外营销体系。

（二）机床行业。到2015年，实现出口110亿美元，年均增长约9%。金属加工机床成为行业出口主要的产品，占比达到40%。“十二五”末，机床工具产品进出口逆差缩小至30亿美元左右。加快产品结构调整，鼓励中高档产品的精化和产业化生产，加大科技研发投入，集中力量研发数控机床关键功能部件、中高档数控系统和高档刀具，提升产品竞争力。支持有条件的企业进行海外并购，与国外研发机构建立合作关系，引进国外先进技术，在国外建立企业联合培训服务网点。培育骨干出口企业、增强出口基地建设。

（三）视像设备行业。到2015年，彩电工业实现出口500亿美元，年均增长约10%。创新能力进一步增强，在数字音视频、新型显示、网络互联产品等领域实现技术突破，推动标准的国际化。调整产品出口结构，优化出口方式；重点增加先进技术、关键设备及元器件和重要能源原材料等产品进口。鼓励骨干彩电企业在更深更广层次与国际接轨，加强对国际市场的研究与引导，推动企业国际化。继续加大专利池建设的力度，加强处理数字电视专利纠纷的能力，应对贸易壁垒，优化出口环境。密切关注全球贸易竞争，构建产业安全预警平台。

（四）摩托车行业。到2015年，摩托车出口量达到1300万辆，行业出口额达到90亿美元，年均增长7%。节能环保的高技术含量、高附加值摩托车产品显著上升。继续巩固传统发展中国家低端市场，稳步进入发达国家市场。支持品牌摩托车出口，培育国际知名品牌，形成相对完善的品牌促进、保护、推介和政策支持体系。加快国家摩托车产品出口基地建设，打造出口公共服务平台。鼓励摩托车生产企业加强研究开发。规范摩托车出口市场秩序，对出口企业进行分类管理，逐步形成信用管理系统和诚信自律机制。鼓励优势企业或企业联盟对外投资，建立健全海外营销及服务体系。办好中国国际摩托车及零部件交易会。

（五）电子音响行业。到2015年，电子音响行业出口达到375亿美元，年均增长11%。产品质量安全、节能减排水平全面提升；形成一批具有较强国际竞争力、表率作用明显的重点出口企业；提高产品出口的组织化程度；加强行业自律，建立良性有序的市场竞争环境；深入对进口国市场法律法规及技术标准研究；全面提升企业质量安全自控能力。继续巩固、深度开发传统市场，积极开拓新兴市场，逐步形成多元化市场格局。实施品牌战略，支持和鼓励企业发展品牌。完善电子音响产品贸易信息发布系统和出口预警体系。加强出口产品的统计分析工作，跟踪和监测重点市场的动态。

（六）计算机行业。到2015年，计算机产业出口达到3810亿美元，年均增长15%，进口766亿美元。培养一批具有创新能力、拥有知识产权、良好品牌知名度的企业；高性能计算、高端服务器、大容量存储等领域的研发能力接近国际先进水平，掌握部分核心技术。重点引进具有先进技术和发展潜力的产品。优化出口商品结构，引导计算机出口企业发展品牌。研究重点市场的计算机产品需求变动情况，制订和调整出口战略，完善海外营销网络体系。

（七）半导体行业。到2015年，全行业出口达到660亿美元左右，年均增长约15%，其中集成电路约450亿美元左右；进口1590亿美元，其中集成电路约1420亿美元。行业结构进一步优化，芯片设计业在行业中的比重由2010年的25%提高到约三分之一，芯片制造业、封装与测试业比重约为三分之二。注重创新人才培养和研发队伍建设。重点支持量大面广产品的开发和产业化，增强芯片出口代工能力，增强封装测试出口竞争能力，扩大高新技术产品出口。加大知识产权保护力度。提高贸易摩擦应对能力。依法运用贸易救济措施，维护国内半导体行业安全和企业合法权益。

（八）新能源行业。2015年非化石能源在能源消费中的比例提高到13%。新能源出口规模扩大，2015年风电装备出口达到1000万千瓦。完善各地新能源发展规划。完善出口服务体系，帮助企业了解国际采购秩序和规则，支持可再生能源出口企业开拓国际市场，获得国际认证。

（九）电子材料行业。到2015年，全行业出口达到60亿美元，年均增长约10%。初步形成创新能力较强、具备一定规模的高端电子信息材料产业体系，高端产品占全行业产品的30～40%；重点发展半导体材料、平板显示材料、新型元器件材料、储能材料；培育若干个创新能力强、具有核心竞争力的技术领军人物和国际型品牌企业；通过开发重大共性技术，提升我国电子信息材料领域的国际竞争力。鼓励企业创新，推进电子信息材料的国产化进程。重视人才培养，加强企业人才队伍建设。积极发展与国际先进材料企业的合作，开拓国际市场。

（十）生物医药行业。到2015年，医药产品出口达到700亿美元，年均增长约19%，其中高附加值医药产品出口占三分之一以上。加快建设生物医药领域的科技兴贸创新基地和出口基地，实现出口产品的“三大转变”：一是从污染较为严重、能源消耗较高的大宗原料药、中间体出口向高端的特色原料药、药物制剂、中成药、生物技术药物出口方向转变；二是从低端医疗器械、卫生材料向光机电数一体化的新型医疗设备、高端卫生材料等方向发展；三是从单一仿制向仿创结合、创新方向转变。加强对国际医药产业的战略研究。加快推动医药产业“走出去”，在境外设立研发中心或在境外设厂等方式进入国际市场。鼓励拥有知识产权、疗效确切的产品出口。规范药品出口企业行为，开展药品出口企业信用等级评定。鼓励企业组建产业联盟，带动相关配套企业共同发展。推动国际注册认证，强化质量控制和知识产权保护。

（十一）印刷设备行业。到2015年，印刷机械出口达到20亿美元，年均增长11%；印刷机械及关键零部件进口达到25亿美元，年均增长约5%。大力发展绿色环保产品，增强创新能力，精心创立品牌，加快国际化，推动进出口并重。做好行业出口产品推荐目录。组织企业海外展出，帮助企业走出去。办好国际综合性展会和发展论坛，吸引海内外买家前来购买设备，加强国际技术交流与合作。

（十二）模具行业。至2015年，模具出口达到40亿美元，年均增长15%，占国内总销售额的比例达到15%左右；进口达到25亿美元，年均增长约5%。在巩固和扩大欧、美、日传统市场的同时，积极开拓国际新兴市场。加快出口基地建设，培育重点骨干企业队伍和出口型企业，发挥引领行业发展和扩大出口的作用。支持企业境外营销网络的建立。加强人才培训工作，建立和培育教育培训示范基地。

（十三）工程机械行业。到2015年，工程机械行业出口达到260亿美元，年均增长22%。大力规划发展产业集群基地，形成一批具有创新意识的配套企业。加快行业和产品技术标准的制修订工作，与国际标准逐步接轨。根据国家相关产业政策，研究制定相应产品市场准入的标准与法规。支持企业“走出去”发展。鼓励外商来华合作研发生产大型工程机械产品，来华合资、独资生产工程机械关键零部件。重点支持工程机械产业创新研发工程、行业共性基础技术、产品质量可靠性工程研究、创新联盟及相应的技术设计与工艺攻关项目等。

（十四）农业机械行业。到2015年，农业机械出口达到120亿美元，年均增长15%。加强对重点产品的关键共性技术、关键配套部件的攻关，重点发展节能环保装备，进一步发展大中型农业机械产品，重点发展大中型轮式和履带式拖拉机及配套农具、农业机械专用关键零部件等12种机型的产品。努力培育中国农业机械制造业的国际知名公司。完善提高农业机械行业的检测实验与试验水平。加强出口基地（企业）的建设和培育，加强海外维修服务和备件供应点建设。加快产品技术标准的制修订工作，积极与国际标准接轨。推进公共技术平台建设，帮助企业解决遇到的关键问题和共性问题。

（十五）船舶行业。“十二五”期间，船舶工业年出口规模保持在400亿美元以上，形成4个以上船舶出口吨位进入世界前10强的造船企业和12个船舶出口基地。加大高技术船舶产品的技术研发力度，培育海洋工程装备、游艇等新的出口经济增长点，形成约50个品牌出口产品，游艇出口6亿美元。增加科研经费投入，着力突破核心技术。加强自主配套能力建设，巩固优势配套产品市场地位。加快发展现代船舶制造服务业，建设配套产品营销服务体系。引导国内重点船舶企业、金融机构、油气开发企业等相关企业形成战略联盟，积极拓展新兴出口市场。加快建立船舶国际贸易争端应对机制；进一步加强与国际组织、主要造船国家的对话与交流，积极参与国际规则与造船规范标准的制修订。加强行业信息服务平台建设。

（十六）电力装备行业。到2015年，出口签约额达到770亿美元，年均增长18%。产业结构和出口结构进一步优化，向中东等中高端市场的出口占全年总出口的15%以上，风力、太阳能等可再生能源成套设备出口占全年总出口的10%以上。强化创新能力，提升整体素质，制定实施战略性贸易政策，继续采取“技贸结合”的进出口方针。增加对技术研发创新的支持力度。继续加强协调，形成对外竞争合力，推动大型电力装备出口持续健康发展。

（十七）航空装备行业。“十二五”期间，进出口达到2000亿美元，国产航空装备的国际份额扩大，先进装备进口和技术引进稳步增长。初步实现多种型号飞机的产业化发展。力争突破高效推进技术、高速飞行技术等一批航空科技领域的关键技术。全力打造完整的航空工业链。积极开拓国际市场，支持企业建立海外市场营销和客户服务体系，鼓励自主研制和联合研制出口型民用航空产品，加强国际合作，扩大民用航空零部件转包生产规模，大力发展航空维修业。

（十八）航天装备行业。“十二五”期间国际化业务快速增长。到2015年，出口40亿美元，年均增长近30%。在建立国际联合研发中心、建立国家级国际科技合作基地、并购境外企业、成立合资企业等方面均取得新的突破。支持海外营销体系建设。

（十九）水泥装备行业。巩固提高设计采购施工总承包方式（即EPC方式）下水泥装备的出口，国际市场份额提高到40%以上，纯低温余热发电技术和装备批量进入国际市场，企业海外业务贡献度达到70%。优化水泥装备出口方式，建立有利于水泥装备企业对外直接投资的政策环境，鼓励有条件的水泥装备企业“走出去”，增强企业可持续发展能力。力争在印度、俄罗斯、巴西等新兴市场实现重大突破，在非洲以投资方式建立示范生产线，培育一到两个具有核心竞争力的国际知名品牌。出台水泥技术装备中国标准的英译本。

（二十）石油设备行业。到2015年，石油钻机及零部件等石油专用设备出口额达到220亿美元，年均增长20%以上；石油石化专用设备与通用设备出口总额突破500亿美元。形成一批具有一定出口规模的石油石化专用设备生产企业，建设一批区域性石油石化设备出口基地。在钻井装备、输送管道、内燃机、钢丝绳、石油仪器等关键方面取得技术突破。积极推动低炭减排。开展国际标准跟踪、研究和采标，加快我国石油装备国际化进程。

（二十一）轨道交通行业。到2015年，专用设备出口达到30亿美元，年均增长20%，行业海外市场收入占总收入的30%以上。中国北车（4.20,-0.15,-3.45%）、中国南车（4.81,-0.13,-2.63%）轨道交通装备业务收入进入世界轨道交通装备制造企业五强。加强创新，增强核心能力。实施“走出去”战略，支持企业努力拓展海外市场。加强品牌建设，树立中国制造形象。研究制定相应产品市场准入的标准与法规。加强行业自律，营造公平竞争的市场环境。

（二十二）通讯设备行业。到2015年，主要通讯设备企业海外市场销售额（签约额）达到1300亿美元，年均增长20%；出口额达800亿美元。优化进口结构，积极扩大先进技术、关键零部件进口，通过引进消化吸收再创新，推动国内产业完善，提升行业核心竞争力。“十二五”期间，进口年均增长25%。依靠通讯出口企业间的协调和合作机制，共同解决局部市场的贸易争端和应对国外贸易摩擦。加速中国标准的国际化步伐。加强行业自律，遏制恶性竞争。

（二十三）冶金设备行业。到2015年，冶金专用设备与通用设备出口额达220亿美元。其中冶金专用设备出口额达到140亿美元，年均增长20%。维护传统市场份额，加大拉美、大洋洲等新兴市场开拓力度。提升出口结构，使项目出口对调结构、促就业和对相关配套行业的拉动作用进一步显现。鼓励企业“走出去”发展，积极利用境外矿产资源，将产业链延伸到境外，实现互利共赢。营造公平竞争的市场环境。加强行业自律，充分发挥商（协）会的协调作用，建立市场预测体系，增强对行业的引导、咨询和服务。

（二十四）重型机械装备行业。到2015年，重型机械行业出口额达到151亿美元，年均增长6%，出口交货值占全行业产值比例保持在8%左右。鼓励企业海外并购和投资，建立和完善针对企业海外投资、并购的服务体系。支持企业建立境外营销网络。加强国际贸易信息和国外贸易政策信息服务，加快建立预警机制。帮助中小企业拓展国际市场，在对外宣传、市场调研、商务合作等方面给予支持。

（二十五）家用电器行业。到2015年，出口达到600亿美元，年均增长8%；进口达到45亿美元，比2010年增长50%。加大技术研发投入，完善以企业为主体的技术创新体系，建立一批重点领域共性技术开发平台，发展一批具有创新能力、拥有知识产权的企业，建成20个以上的国家认定企业技术中心。提高出口产品质量，小家电产品的性能、安全和质量进一步改进。提高产品的绿色设计水平和资源综合利用水平，使主要家电产品节能环保水平接近国际先进水平。鼓励企业适时在国外建立生产基地，形成国际化的产业布局，提高境外生产的比重。鼓励品牌建设，“十二五”时期发展5个左右具有综合竞争实力的国际化企业集团。

四、“十二五”时期促进机电和高新技术产品进出口的政策措施

（一）完善出口促进政策体系

落实商务部等11部门《关于“十二五”期间促进机电产品出口持续健康发展的意见》，建立健全符合世界贸易组织规则和我国国情的机电和高新技术产品出口促进政策体系，加强财政、金融、投资、贸易、产业等政策之间的协调和配合，形成政策合力。适时修订相关法律制度，完善规范出口秩序等规定。

完善出口退税机制，加快出口退税进度。推进跨境贸易人民币结算。建立以出口信用保险为基石，政策银行、商业银行参与的贸易融资体系。发挥中小企业融资担保专项资金和出口信用保险贸易融资作用，支持中小企业出口融资。完善中资金融机构国外分支机构功能，向出口企业提供客户及买方银行信用咨询服务，对海外分销商及终端用户提供融资支持。

（二）建立积极的进口促进政策体系

落实商务部等8部门《关于“十二五”期间实施积极的机电产品进口促进战略的若干意见》，完善现行相关进口促进政策。适时调整《鼓励进口技术和产品目录》、《高新技术产品进出口指导目录》等目录。研究延长实施对国家重点实验室、国家工程研究中心、国家工程技术研究中心和国家认定的企业技术中心进口规定范围内的科技开发用品的税收政策。支持国家鼓励投资项目项下的设备进口，严格限制类、淘汰类投资领域的设备的进口管理。联合金融、税务、海关和质检等部门，大力发展租赁融资业务，支持租赁企业开拓国际市场。建立二手设备交易市场，研究制订促进二手设备转让和流通的政策。支持国内企业在海外建立采购网点和渠道。

充分发挥相关政策导向作用，引导和鼓励重点企业开展引进和消化吸收再创新，加强技贸结合引进关键技术，增强创新能力。重点抓好清洁能源、高档数控机床、船舶、铁路机车、汽车、航空、通讯以及战略性新兴产业等具有突破性带动作用产业的引进消化吸收再创新工作。

（三）强化产业支撑体系

会同发展改革委、科技部、工业和信息化部等部门，继续抓好汽车及零部件出口基地、船舶出口基地和科技兴贸创新基地建设。研究制订分类指导25个重点行业的政策意见，培育25个行业的200个出口基地和2000家出口基地企业。支持出口基地搭建技术研发、信息服务、产品认证、检验检测、人员培训等公共服务平台。

进一步推动出口基地和重点企业加强与科研院所、高等院校的合作，推动建立以企业为主体、市场为导向、产学研贸相结合的技术创新体系。鼓励企业和产业联盟承担专项产品开发和产业化任务，加快创新成果产业化进程，实现资源共享和利益共赢。修订《当前优先发展的高技术领域指南》，鼓励外商投资战略性新兴产业。

（四）完善加工贸易转型升级的政策体系

落实《关于促进加工贸易转型升级的指导意见》和《关于促进加工贸易梯度转移重点承接地发展的指导意见》，研究制定配套的政策措施，推动加工贸易转型升级和梯度转移。

继续完善深加工结转管理制度，支持企业拓展深加工结转业务，提高加工贸易国内增值率，延长产业链，增强国内配套能力。鼓励加工贸易企业拓展内销市场，研究建立适合加工贸易特点和规律的内销审价体系。

加快推进商务、海关部门及加工贸易企业三方电子化联网管理，实现加工贸易报批、报备、报关、报核的网上作业、在线服务和数据共享。在此基础上，延伸到外汇、税务、检验检疫、口岸等部门。完善加工贸易商

品分类管理和生产能力核查制度，实现商品分类管理与企业准入管理相结合。研究建立加工贸易企业退出机制。完善海关特殊监管区加工贸易管理政策，优化海关监管。充分发挥现有海关特殊监管区和保税监管场所功能，引导企业进入区域、场所内开展保税物流和研发、检测、维修等高增值活动。

（五）创造公平规范的贸易环境

加快建立机电和高新技术产品贸易摩擦预警机制、快速反应机制和应对机制。密切跟踪、收集和整理国外贸易摩擦相关信息，指导和培训企业应对国际贸易摩擦。发挥政府、行业组织和企业的作用，综合运用多种手段，妥善化解国际贸易摩擦。加强机电和高新技术产品进口预警监测，运用反倾销、反补贴等贸易救济措施，维护国内产业安全和公平竞争环境，保护企业合法权益。积极应对国外技术性贸易壁垒。

加强出口诚信体系建设，强化企业社会责任，探索以适当方式对出口企业信用等级进行评定的制度，并对外进行推介。完善规范汽车、摩托车出口秩序办法和电信设备出口竞争自律公约机制，探索多种做法规范出口经营行为。增强企业产品质量责任意识，推动实行全过程质量管理，保证产品质量的一致性。加强出口产品质量监督和检验工作，建立长效的出口产品质量监管机制。

加强对重点出口市场准入政策、技术法规、认证和产品标准的收集、整理、翻译等工作，帮助企业了解主要进口国的法规、标准和合格评定程序，指导企业开展对外贸易和海外投资。建立企业出口管制培训机制，宣传介绍国家有关规定和联合国（微博）安理会制裁决议内容，帮助企业在对外出口活动中提高风险防范意识。

（六）健全知识产权保护体系

鼓励企业拥有和发展知识产权，开展商标和专利的国外注册保护。逐步完善国际贸易领域知识产权相关法律制度，不断健全知识产权预警应急、海外维权和争端解决机制。妥善处理知识产权纠纷，加强科技成果、专利等无形资产的评估，加大对侵犯知识产权行为的处罚力度，防范知识产权滥用行为，促进技术创新和技术转让健康发展。

推动企业获得相关的安全、环保等方面的认证。积极推动出口产品检验双边互认。本着互惠互利的原则推动与其他国家（地区）实现产品检验结果的双边互认工作，有步骤地实现与具有较大增长潜力地区签订出口产品检验互认协议。推动具有专利技术的企业进入国际技术联盟、标准论坛以及专利联盟，参与各类国际组织有关标准的制订和修订。鼓励企业通过对外援助、成套设备出口、技术贸易以及工程服务，带动国内具有知识产权的技术和标准出口。

（七）推动贸易便利化

加快建设自贸区网络，积极推进区域和次区域合作，推动机电和高新技术产品贸易自由化、便利化。简化配额许可证管理等行政审批程序，清理进口环节不合理的限制性措施。根据产业发展状况和需求，适时调整进口自动许可产品目录。推动质检、海关等部门进一步提高先进技术设备进口的通关效率。继续深化进口付汇核销制度改革，简化核销程序。完善海关企业分类管理办法和进出口商品法定检验管理办法，简化环节，提高通（微博）关效率。推动商务人员出国签证便利化。推进签订商务签证互惠协议，为国内企业商务人员出国提供签证便利。

（八）加强工作保障机制

机电和高新技术产品进出口涉及发展改革、科技、工业和信息化、财政、金融、海关、质检、认证等各个方面，需要相关部门共同努力，形成产业政策、贸易政策、财政政策、税收政策、金融政策合力加以推动。

建立科学合理的机电和高新技术产品进出口评价指标，加快完善外贸领域的法律法规，制定促进进出口协调发展的政策措施，形成以法律保障为主、政策调整为辅的开放体制。

地方各级人民政府要完善工作机制，明确工作任务，结合本地实际研究出台加快机电和高新技术产品进出口转变发展方式、促进加工贸易转型升级和承接产业转移的工作规划和政策措施，研究新情况、解决新问题，切实推进机电产品出口结构调整和转变出口发展方式工作。

商务部等十部委联合发布《关于加快转变外贸发展方式的指导意见》

【发布单位】商务部 发展改革委 财政部 人民银行 海关总署 税务总局 质检总局 银监会 保监会 外汇局
【发布文号】商贸发〔2012〕48号
【发布日期】2012-02-17

商务部 发展改革委 财政部 人民银行 海关总署 税务总局 质检总局 银监会 保监会 外汇局 关于加快转变外贸发展方式的指导意见

改革开放以来，我国对外贸易取得巨大成就，贸易大国地位逐步确立，质量效益不断提升，对我国经济社会发展作出了重要贡献。但是，外贸发展不平衡、不协调、不可持续问题仍然存在，迫切需要转变外贸发展方式，进一步增强外贸推动经济增长、促进社会和谐、扩大国际影响力的作用。为此，提出如下意见：

一、充分认识加快转变外贸发展方式的重要性和紧迫性

加快转变外贸发展方式，是加快转变经济发展方式的迫切需要。外贸是国民经济的重要组成部分。当前，我国经济发展中不平衡、不协调、不可持续问题突出，经济增长的资源环境约束强化。我国依靠资源能源、劳动力等有形要素投入的传统外贸发展模式已难以为继。要推动经济发展方式转变，我国外贸发展方式必须进行适应性转变。

加快转变外贸发展方式，是主动适应国际经贸格局变革的必然要求。当前，国际金融危机影响深远，世界经济更加复杂。发达国家大力推动制造业回归，发展中国家劳动密集型产业竞争力增强，国际竞争更加激烈。贸易保护主义明显抬头，国际贸易环境更加复杂。要适应国际经贸格局调整，我国外贸发展方式必须进行主动性转变。

加快转变外贸发展方式，是推动贸易强国进程的战略举措。我国已是贸易大国，但大而不强。与世界贸易强国相比，我国外贸商品的质量、档次、附加值还不高，企业研发、设计等核心竞争力还不强，行业协调能力和政府参与国际贸易规则制定的能力还不够。要巩固贸易大国地位、推动贸易强国进程，我国外贸发展方式必须进行战略性转变。

二、总体要求

（一）指导思想。以邓小平理论和“三个代表”重要思想为指导，以科学发展为主题，以加快转变发展方式为主线，以调结构、促协调为重点，深入实施科技兴贸、以质取胜、市场多元化和“走出去”等重大战略，强化改革意识、开放意识、创新意识、发展意识，着力提升外贸发展传统优势，培育以技术、品牌、质量、服务为核心竞争力的外贸新优势，提高外贸发展质量和水平，促进外贸可持续发展。

（二）总体原则。坚持出口与进口协调发展，促进贸易平衡；坚持货物贸易与服务贸易协调发展，提升规模效益；坚持外贸与外资、外经协调发展，增强互动作用；坚持外贸与内贸协调发展，实现有效互补；坚持多种所有制主体协调发展，发挥各自优势；坚持东部与中西部协调发展，实现外贸全方位发展。

（三）发展目标。今后一段时期，我国对外贸易发展的目标是巩固贸易大国地位，推动贸易强国进程。转变外贸发展方式，要着力提高我国出口商品的国际竞争力，提高我国企业的国际竞争力，提高行业组织的协调能力，提高政府参与国际贸易规则制定的能力；进一步优化主体结构，做强大企业，扶持中小企业发展；进一步优化商品结构，稳定传统优势产品贸易，推动知识产权、品牌、高附加值产品贸易；进一步优化市场结构，巩固传统市场，开拓新兴市场，培育周边市场；进一步优化贸易方式结构，做强一般贸易，提升加工贸易，发展其他贸易。

三、主要任务

（四）优化外贸国际市场布局。在巩固传统市场、培育周边市场的同时，加大对发展中国家市场开拓力度。综合考虑资源储量、人口规模、市场份额、战略地位等因素，选择若干个发展中国家市场进行重点开拓，逐步提高发展中国家在我国外贸中的比重。加快实施自贸区战略，扩大自贸区伙伴市场规模。加强政府对企业开拓市场的支持与服务。鼓励行业组织帮助企业开展对外交流与合作。通过对外援助和经济合作，促进双边友好关系发展，营造良好外贸发展环境。

（五）优化外贸国内区域布局。在巩固东部沿海地区外贸发展的同时，加快中西部地区外贸发展。综合考虑自然资源、劳动力资源、工业基础、交通区位等因素，重点支持部分中西部省（市、区），逐步提高中西部地区在全国外贸中的比重。支持中西部地区积极发展优势特色产业，承接国际和沿海地区的出口产业转移。加快重点边境口岸、边境经济合作区和跨境经济合作区建设，扩大与周边地区的经贸往来。

（六）加快外贸转型基地建设。根据国家产业政策和规划布局，依托产业集聚区，加快培育一批农产品、轻工、纺织服装、医药、五金建材、新型材料、专业化工、摩托车、机床、工程机械、铁路机车、电力装备、电信设备、软件等重点行业专业型基地；依托经济技术开发区、高新技术开发区以及海关特殊监管区，培育一批综合型基地；依托生产型龙头企业，培育一批企业型基地。继续推进国家科技兴贸创新基地、国家船舶出口基地、国家汽车及零部件出口基地建设。

（七）加快贸易平台和国际营销网络建设。加快构建贸易平台，培育一批国际知名度高、影响力大的国家级会展平台，培育若干个内外贸结合、有一定规模的专业市场平台，培育若干个技术力量强、信誉好的电子商务平台，培育若干个特色功能强、服务优化的进口促进平台。加快建设国际营销网络，鼓励国内企业在境外建设一批品牌推广效果好的展示中心、区域辐射半径大的批发市场，建立一批市场渗透能力强的品牌专卖店等零售网点。

（八）提升出口商品品牌与质量。鼓励出口企业加快品牌建设，推动品牌、技术产品贸易。引导和鼓励企业采用国内外先进技术标准，参与国际标准制订。建立国家出口产品质量风险动态监测体系，运用技术性措施引导和促进出口企业加强质量管理和诚信自律。完善出口商品检验检疫监管制度，深化出口产品分类管理工作和出口商品质量安全示范区建设。鼓励低碳排放、节能环保产品贸易，严格控制“两高一资”产品出口。

（九）提升加工贸易。鼓励加工贸易转型升级，提高科技含量和附加值。有序推动海关特殊监管区域整合，完善相关功能，引导加工贸易增量入区发展。推动我国本土企业进入加工贸易产业链和供应链，并充分利用国内外“两种资源、两个市场”做大做强。推动来料加工企业转型。加快加工贸易转型升级试点、示范工作，培育和建设一批加工贸易梯度转移重点承接地及承接转移示范地，引导加工贸易由东部沿海地区向中西部地区有序转移。严格控制高污染、高耗能行业开展加工贸易。

（十）加快“走出去”带动贸易。推动国内技术成熟的行业到境外开展装配生产，带动零部件和中间产品出口。支持国内企业“走出去”，建立稳定的境外能源资源供应渠道。推进境外经济贸易合作区建设。鼓励国内企业参与国际竞争，开拓国际市场。支持企业开展对外承包工程和劳务合作，带动国内技术、标准“走出去”。采取综合性政策措施，大力支持我国重大技术标准在海外应用。

（十一）发展边境贸易。扩大边境地区对外开放，提升沿边开放水平，实现兴边富民目标。完善有关对边境地区的财政转移支付。加大对边境地区承接产业转移的技术、资金和信贷支持力度。综合利用边境地区的区位优势、资源优势和特殊经济开发区等政策优势，发挥边境经济合作区、海关特殊监管区域作为边境贸易发展的载体功能，促进边境地区产业集聚和结构优化，鼓励边境地区发展有比较优势的特色产业，提升国际竞争力，推动边境贸易平稳较快发展。

（十二）发展服务贸易。推动文化、技术、软件、中医药、动漫等服务贸易。推动成熟产业技术出口，促进技术引进消化吸收再创新。大力发展服务外包，完善服务外包管理方式，提高承接能力和水平。建立和完善促进服务贸易发展的财税体系，支持企业扩大服务出口，扶持统计、促进等类公共服务平台建设，为服务贸易企业开拓市场、防范市场风险提供服务。

（十三）促进贸易平衡。加强和改进进口工作，利用进口信贷、进口担保，为企业扩大进口提供融资便利。推动先进技术引进消化吸收再创新。拓宽进口渠道，提升大宗商品的国际市场定价权，完善战略资源储备体系。规范对网购、代购等新型贸易方式项下个人直接从境外购买消费品的管理。利用关税优惠等政策手段，鼓励先进技术、关键设备及零部件、能源和原材料以及与人民群众生活密切相关的生活用品进口。继续落实对来自最不发达国家部分产品的进口零关税待遇。做好进口公共信息服务，培育若干国家进口贸易促进创新示范区。

（十四）提高贸易便利化水平。继续推进“大通关”建设，强化电子口岸建设，积极推进海关国际合作，不断完善海关企业分类管理办法和进出口商品检验监管模式，提高通关效率和检验检疫能力，完善检验检疫收费政策。加强进出口环节的收费监管，严格执行收费公示制度，严肃查处乱收费、乱罚款及各种摊派行为。清理并逐步取消进口环节不合理限制，进一步简化进口管理程序，调减自动进口许可商品管理目录。进一步简化商务人员出入境审批程序。

四、政策措施

（十五）完善财税政策。完善财政对外贸支持的稳定机制，推动外贸和相关产业结构调整及转型升级。保持出口退税的连续性和稳定性，完善出口退税机制，准确、及时退税。发挥关税的宏观调控作用，进一步优化进口关税结构，增强进口对宏观经济平衡和结构调整的作用。

（十六）加强金融服务。建立和完善与贸易发展水平相适应的全方位金融支持体系。鼓励国内商业银行按照风险可控、商业可持续原则，开展进出口信贷业务，提升服务水平。充分发挥中国进出口银行对外贸发展的支持作用。支持融资性担保机构扩大中小企业进出口融资担保业务，加大对中小企业进出口信贷的支持力度。充分发挥出口信用保险的政策导向作用，支持符合国家经济结构调整方向的货物、技术和服务的出口。进一步推进人民币汇率形成机制改革，增强人民币汇率弹性。扩大人民币在跨境贸易和投资中的使用。积极推进贸易收付汇管理制度改革。鼓励外商投资企业将结算中心、成本和利润核算中心设在境内。

（十七）完善贸易及配套政策。制订宽严适度的原产地规则。完善原产地认证管理体系，稳步推进与原产地相关的贸易便利化进程。改进许可证管理，加强贸易统计监测功能。加强政策协调和衔接，促进贸易与利用外资、“走出去”协同发展。提升利用外资质量和水平，优化外资产业结构和区域布局。加快完善境外投资促进体系和服务保障体系，鼓励企业开展境外投资合作。支持有实力的再生能源企业增强境外再生能源获取能力。积极参与全球经济治理，加快实施自贸区战略，深化多双边及区域经贸合作，营造良好的外部发展环境。加强知识产权保护，扩大多双边知识产权领域的交流与合作。

五、体制机制保障

（十八）改革管理体制。适应世贸组织规则要求，加快管理手段创新，建立公开透明、统一规范的外贸管理体系，寓管理于服务之中，促进企业公平竞争和守法经营。完善外贸法律体系，包括与贸易有关的对外投资合作、知识产权、环境与气候、贸易救济等相关法律法规体系。运用资质、信用、技术、节能、环保、社会福利、劳动安全标准等准入手段，加强对敏感商品的管理。推动商（协）会立法进程，充分发挥商（协）会等行业中介组织作用，加强行业自律和协调。整顿和规范外贸经营秩序，建立健全外贸信用体系。

（十九）完善贸易摩擦应对机制。按照应对有效的要求，统筹运用各种有效手段及世贸组织争端解决机制，健全政府、行业和企业“三位一体”的贸易摩擦应对机制，提高贸易摩擦应对能力。加强贸易摩擦预警机制建设，完善全口径进出口监测预警体系。强化产业损害预警机制，完善产业安全数据库，运用贸易救济措施，依法维护国内产业安全和企业合法权益。利用多双边贸易磋商机制，推动与主要贸易伙伴的政府和行业间对话与磋商，有效化解贸易摩擦和争端，积极应对国外技术性贸易措施和“碳关税”等绿色贸易措施。合理利用反垄断手段，消除境外垄断影响，支持企业防范和应对海外反垄断诉讼与调查。

（二十）健全工作机制。加快政府信息服务体系建设，提高政府信息服务水平，建立信息定期发布机制，逐步完善商务、海关、质检、税务、外汇、银监、保监、统计等部门间及其与省市间的信息共享机制。加强各部门的协调配合，建立健全横向协作、纵向联动、高效协调的协作机制，充分调动地方和中央各部门的积极性、创造性，形成促进外贸发展的合力。

各地方、各有关部门要进一步统一思想，增强大局意识、责任意识，加强领导，密切配合，扩大宣传，并结合实际研究制订配套实施办法，确保各项工作落到实处、抓出实效，努力开创我国外贸发展新局面。

商务部　发展改革委　财政部　人民银行　海关总署
税务总局　质检总局　银监会　保监会　外汇局
二〇一二年二月十七日

关于促进战略性新兴产业国际化发展的指导意见

商产发[2011]310号

各省、自治区、直辖市、计划单列市及新疆生产建设兵团商务、发展改革、科技、工业和信息、财政、环境保护、税务、质量技术监督、知识产权主管部门，海关广东分署，各直属海关，各直属检验检疫局：

加快培育和发展战略性新兴产业是党中央、国务院面向未来，为推动我国经济发展方式转变和产业结构升级作出的重大战略决策，国际化是培育和发展战略性新兴产业的必然选择。根据《国务院关于加快培育和发展战略性新兴产业的决定》（国发〔2010〕32号），现就促进战略性新兴产业国际化发展提出如下指导意见：

一、突出产业特点，明确发展方向

促进战略性新兴产业国际化发展就是要把握经济全球化的新特点，逐步深化国际合作，积极探索合作新模式，在更高层次上参与国际合作，从而提升战略性新兴产业自主发展能力与核心竞争力。促进我国战略性新兴产业国际化发展应准确定位，明确方向。一是提高战略性新兴产业研发、制造、营销等各环节的国际化发展水平，提升全产业链竞争力；二是提高战略性新兴产业人才、企业、产业联盟、创新基地的国际化发展能力，提升市场主体竞争力；三是营造有利于战略性新兴产业国际化发展的良好环境，完善支撑保障体系；四是处理好两个市场的相互关系，夯实战略性新兴产业国际化发展的国内基础。

（一）指导思想

以邓小平理论和“三个代表”重要思想为指导，深入贯彻落实科学发展观，准确把握战略性新兴产业的国际发展趋势，按照加快培育和发展战略性新兴产业的总体要求，把国际化作为推动战略性新兴产业发展的重要途径，增强自主创新能力，加大政策扶持力度，夯实国内市场基础，着力营造良好环境，鼓励和引导企业积极开拓国际市场，在更宽领域、更大范围利用全球创新资源，努力提升战略性新兴产业总体发展水平。

（二）基本原则

——坚持市场导向原则。根据当前国际竞争态势和发展趋势，充分发挥市场机制的基础性作用，切实调动市场主体的积极性，引导产业发展方向和发展重点，明确产业优先发展次序和关键环节。

——坚持提升优势原则。在积极促进战略性新兴产业贸易和投资发展的同时，着重提升发展质量和国际分工地位，形成我国参与国际竞争新的比较优势。

——坚持重点推进原则。在积极提升战略性新兴产业国际化总体水平的同时，集中力量加大对重点环节、重点企业、重点市场的扶持，形成重点带动、整体推进。

——坚持统筹发展原则。统筹国内、国际两个市场、两种资源，促进贸易、投资协调发展，实现国际化与产业化的良性互动。

（三）工作目标

通过政府引导、上下联动等方式，力争到“十二五”末期，战略性新兴产业国际分工地位明显提升，国际化主体的竞争实力显著增强，贸易和投资规模稳步增长，全方位、多层次的国际化发展体系初步形成。

——建设国际化示范基地。结合科技兴贸创新基地建设，在战略性新兴产业的重点门类集中力量建设一批国际化发展示范基地，形成集群效应。

——培育国际化领军企业。重点支持一批具有较强创新能力和国际竞争力的领军企业，发挥带动作用。

——促进对外贸易快速增长。积极支持具有知识产权、品牌、营销渠道和良好市场前景的战略性新兴产业开拓国际市场，促进我国战略性新兴产业对外贸易快速增长。

（四）国际化推进重点

1. 节能环保产业

培育节能环保产业国际化基地，鼓励节能环保产品开拓国际市场，提高出口产品附加值，推动出口产品由以单机出口为主向以成套供货为主转变；建立进口再生资源监管区，鼓励有条件的再生资源回收利用企业实施“走出去”战略，开展对外工程承包和劳务输出，促进国际大循环；鼓励符合条件的企业到境外为我国投资项目和技术援助项目提供配套的环境技术服务；加强节能环保领域国际合作，推动国际环境合作项目国内配套资金的落实，加强国际环境技术转让，加大对我国参与环境服务贸易领域国际谈判的支持力度。

2. 新能源产业

鼓励新能源产业关键技术的研发及引进消化吸收再创新，提升核心技术竞争力和新能源开发能力；加强太阳能产业的国际合作与交流，支持新型太阳能热利用项目和产品开拓国际市场，优化出口产品结构，鼓励企业海外承建电厂工程；鼓励有生物质能研发优势的境外企业和机构以技术投资参股，促进国内商业模式创新。

3. 新一代信息技术产业

开展下一代信息网络、物联网等领域的国际科技合作与交流，推动与具有核心技术的国外高端研究机构合作；鼓励新一代信息技术领域参与国际标准制定；鼓励物联网、高端软件等领域的海外留学人员回国创业；加大对重要设备进口的支持力度，支持外商投资企业建立三网融合研发机构；鼓励外商投资设立高性能集成电路企业；充分利用国内资源优势发展高端软件服务外包，促进高端软件及相关信息服务开拓国际市场。

4. 生物产业

鼓励开展全方位国际合作，充分利用全球创新资源，提升创新能力；支持生物医药、生物育种等国内企业兼并重组，培育大型跨国经营集团；鼓励企业承接国际医药研发和生产外包；支持有条件的生物医药企业“走出去”，开展对外投资和合作；通过对外援助等多种方式，带动生物育种企业开展跨国经营。

5. 高端装备制造产业

鼓励高端装备制造业充分利用全球创新资源，开展多种形式的研发合作，提升创新能力；支持国产飞机（包括干线飞机、支线飞机、通用飞机）、海洋工程装备、先进轨道交通装备开拓国际市场；鼓励航空产业关键零部件及机载系统进口；鼓励转包生产，支持境内外企业开展高水平的合资合作；支持航空、海洋工程装备、高端智能装备等产业在海外投资建厂，开展零部件生产和装备组装活动；鼓励海洋工程装备类中外企业开展高水平的合资合作。

6. 新材料产业

支持国内企业并购国外新材料企业和研发机构，加强国际化经营；鼓励生产高附加值产品的国外企业来华投资建厂；优化进出口商品结构，完善进出口管理措施，加大对新材料产品和技术进口的支持力度，鼓励高附加值新材料产品开拓国际市场；鼓励新材料企业兼并重组，提高企业国际竞争力。

7. 新能源汽车产业

推动传统汽车制造企业向新能源汽车领域发展，培育本土龙头企业和新能源汽车跨国公司；鼓励境外申请专利；鼓励参与国际标准制定，逐步与国际标准接轨；建立产业联盟和行业中介组织，规范市场秩序；鼓励新能源汽车零部件企业“走出去”，在海外投资建厂。

二、利用全球创新资源，提升产业创新能力

在全球范围内，加强技术交流与合作，有效利用全球创新资源，不断提升我国战略性新兴产业的原始创新能力、集成创新能力和引进消化吸收再创新能力。

（五）鼓励技术引进和合作研发。修订《中国鼓励引进技术目录》和《鼓励进口技术和产品目录》，大力支持战略性新兴产业先进技术设备、关键零部件进口。支持国内企业与境外企业联合研发共性关键技术、开发新产品以及科技成果向现实生产力转化。

（六）鼓励引进消化吸收与再创新。鼓励引进项目的前期研发、再创新成果的产业化、消化吸收与再创新产品开拓国际市场、消化吸收与再创新的技术或者产品申请国内外专利。

（七）鼓励参与国际标准制定和推动国际互认。积极参与战略性新兴产业领域国际标准的制定，在基础较好、产业和技术优势明显的领域，积极探索推广使用中

国标准的新途径。支持企业采用国际标准，取得相关认证，推动签署政府间产品标准和认证认可结果的相互认可协议，促进国外政府和相关机构对我国检测认证机构测试认证结果的采信。

（八）促进知识产权创造、运用、保护和管理。支持企业在境外申请专利、注册商标；加强科技成果、专利等无形资产的评估，促进技术创新和技术转让健康发展；逐步完善国际贸易领域知识产权相关法律法规；妥善处理知识产权纠纷；加大对知识产权侵权行为的打击力度，防范知识产权滥用行为。

（九）加大高端人才引进力度。加快高端人才的培养开发。畅通吸纳高端领军人才的绿色通道，按照国家规定在居留、入出境、物品通关、工作生活条件等方面，为海外高层次人才来内地工作创业提供便利。采取持股、技术入股、提供创业基金等灵活方式，积极吸引各类高端人才，营造有利于战略性新兴产业领军人才跨境流动的良好环境。

三、开拓和利用国际市场，转变贸易发展方式

支持企业开拓和利用国际市场，提升企业适应国际市场的能力，增强企业国际竞争力，不断拓展战略性新兴产业的国际化发展空间。

（十）加强对重点市场分类指导。根据战略性新兴产业的发展水平，结合不同市场需求，支持新能源汽车、光伏等产业开拓发达国家市场，推动节能环保、生物育种、生物医药等产业开拓亚洲、非洲、拉美等新兴市场，支持风电产业开拓发达国家市场和新兴市场。研究推动与20个重点国家的双边产业合作规划，确定合作重点领域，明确合作具体形式，制定有针对性的贸易投资指南，支持各类经营主体开展多种形式的国际化经营活动。

（十一）充分发挥双多边机制作用。将促进战略性新兴产业的国际交流与合作纳入双多边合作机制框架。建立战略性新兴产业专项合作协议，充分发挥中英航空等专项合作协议作用。有效运用对外投资、对外援助、对外工程承包等多种方式，提升双多边合作的质量和水平。继续通过中美、中欧、中日高技术战略合作机制，加大政府间高技术领域磋商力度，推动发达国家放宽对华出口限制，扩大高技术产品贸易。

（十二）加大对鼓励类商品对外贸易的支持力度。制订战略性新兴产业进出口产品目录，对列入目录且符合条件的产品在通关、检验检疫等方面给予支持。加强资源综合利用，通过政策引导，鼓励外商把终端产品生产转移到国内来，提高出口产品技术含量。

（十三）大力支持不同贸易方式优化发展。在大力支持战略性新兴产业一般贸易发展的同时，推动航空航天产业扩大转包生产规模，促进平板显示和高性能集成电路等产业加工贸易转型升级，支持在高附加值环节开展国际合作，提升参与国际分工能力。

（十四）积极承接服务外包。在生物医药、工业设计、软件和信息服务等与战略性新兴产业相关的领域积极承接服务外包，充分发挥国内人才、设备与成本等优势，开展生物制药研发及试验检测、传感网相关数据处理、金融后台服务、信息及软件技术研发类外包等服务外包业务，发挥服务贸易高附加值优势，提高货物贸易技术含量和附加值，延长货物贸易价值链。

（十五）加强出口促进体系建设。发挥驻外机构、行业组织等相关中介机构作用，为企业提供国际市场信息服务。有针对性地鼓励和扶持各类专业展会和重要出口商品宣传活动，促进中外企业信息交流和项目对接。在生物医药、新能源、新材料等领域规范出口秩序。

四、创新利用外资方式，促进对外投资发展

“引进来”与“走出去”相结合，切实提高国际投融资合作的质量和水平，促进战略性新兴产业在国际分工新格局中占据有利地位。

（十六）积极引导投资方向。修订《当前优先发展的高技术产业化指南》等，补充和完善战略性新兴产业相关内容，鼓励外商投资战略性新兴产业。制订国别产业导向目录，为企业开展跨国投资提供指导。积极探索在海外建设科技型产业园区。

（十七）拓宽利用外资渠道。鼓励外商投资设立创业投资企业，完善退出机制。支持企业根据国家发展战略及自身发展需要到境外上市，创新利用外资手段。

（十八）鼓励研发合作。继续积极鼓励外商设立研发中心，支持中外企业联合研发，申请重大项目。

（十九）扩大企业境外投资自主权。简化企业境外投资审批程序。进一步加大对企业境外投资的外汇支持。鼓励有条件的企业在境外以发行股票和债券等多种方式融资。

（二十）鼓励建立海外生产体系。鼓励新能源、航空航天、新能源汽车、高端装备制造等行业符合条件的

企业在国外投资建厂。鼓励生物育种业在海外设立生产示范园区，加强海外推广。支持符合条件的环保企业加强国际合作。

（二十一）鼓励设立海外研发中心。鼓励符合条件的企业通过并购、合资、合作、参股等多种方式在海外设立研发中心，重点扶持风能、太阳能、新型平板显示和高性能集成电路、新能源汽车、生物育种等行业与国外研究机构、产业集群建立战略合作关系。

（二十二）鼓励建立海外营销网络体系。针对不同国际市场，支持符合条件的企业采取自建、与渠道商合作等方式建立境外营销中心、维修服务网点等海外营销体系。支持企业通过境外注册商标、境外收购等方式，培育国际化品牌。

五、推动创新基地建设，发挥国际化发展示范带动作用

大力支持科技兴贸创新基地建设，促进国内外行业领军企业集聚发展，充分发挥科技兴贸创新基地对促进战略性新兴产业国际化发展的示范带动作用。

（二十三）发挥国际化发展示范带动作用。引导科技兴贸创新基地结合各自优势，加大对特色产业支持力度，培育若干具备行业领军优势的基地或基地企业。在积极利用好国家各项扶持政策的同时，鼓励对基地内企业给予配套政策支持，并在适当条件下，扩大至与基地相关联的企业或区域。

（二十四）推动国际合作。依托科技兴贸创新基地，结合产业特点，分行业领域深化国际合作。推动科技兴贸创新基地与国外研发机构和相关高技术产业园区建立战略伙伴关系。适时建设战略性新兴产业国际化发展示范基地，充分激发其引领、示范和促进作用。

（二十五）加强公共服务平台建设。促进共性、关键技术研发，加快国际孵化器、检验检测、信息服务、人才培训等公共服务平台建设，建设以科技兴贸创新基地为载体的国际化发展促进体系。

六、加大扶持促进力度，完善支撑保障体系

促进战略性新兴产业国际化发展，必须加大财税金融政策支持力度，完善便利化措施，加强产业预警体系建设，积极应对国际贸易保护主义。

（二十六）积极利用财税支持政策。充分利用好现行促进战略性新兴产业国际化发展的有关财税政策。结合战略性新兴产业发展特点，积极落实《国务院关于加快培育和发展战略性新兴产业的决定》确定的各项财税支持政策。

（二十七）用好出口信贷和出口信用保险。利用出口信贷和出口信用保险，积极支持战略性新兴产业领域的重点产品、技术和服务开拓国际市场，对航空航天、高端装备制造等金额较大或能带动国内专利技术和标准出口的战略性新兴产业产品，在出口信贷和出口信用保险方面给予重点支持。

（二十八）完善便利化措施。落实海关企业分类管理措施，大力推进分类通关改革，鼓励战略性新兴产业重点培育企业申请成为海关高资信管理企业，享受相关通关便利措施。战略性新兴产业领域海外科技专家来华工作，按有关规定给予通关便利。推进进出口检验检疫企业分类管理，对获得生态原产地标记保护的产品给予检验检疫便利。

（二十九）加强产业预警体系建设。重点对生物育种、生物医药等外资加速进入的产业，加强国内、国外产业发展动态监测与研究，尽快完善产业预警体系。

（三十）加强海外信用风险防范。引导企业增强风险意识，防范国际贸易和投资活动中的各类风险。积极利用保险工具，对战略性新兴产业的海外市场拓展及对外投资提供全面的风险保障和风险信息管理咨询服务。

（三十一）积极应对贸易保护主义。鼓励企业做好反倾销、反补贴、保障措施应对工作，指导企业积极利用世界贸易组织通报咨询机制等方式应对国外各种非关税壁垒。重点在生物医药等重要领域加强多双边磋商，减少国际贸易摩擦。

（三十二）完善和推进知识产权海外维权机制。继续完善和推进以政府为主导，企业、行业中介组织、研究机构和驻外经商机构共同参加的海外知识产权保护服务网络，通过培训、信息支持和服务、宣传等手段，提高企业的知识产权保护意识和海外维权能力。

（三十三）充分发挥行业组织的作用。引导和鼓励各类商协会、产业联盟、技术联盟等行业组织，在企业开拓国际市场、应对国际知识产权纠纷、防止恶性竞争、促进国内国际标准制定等方面充分发挥协调指导作用。

七、夯实国内市场基础，营造良好发展环境

夯实国内市场基础，培育国内市场需求，创造有利

于国内外企业公平竞争的良好环境，为有效促进战略性新兴产业国际化发展奠定良好基础。

（三十四）促进商业模式创新。支持借鉴和引进国际先进商业模式，鼓励合同能源管理、专业化环保服务等商业模式的创新和发展。

（三十五）加强市场准入和价格管理。完善生物医药行业准入管理，进一步健全药品注册管理的体制机制，完善药品集中采购制度，完善新能源产品价格形成机制，完善生物育种行业准入管理及转基因农产品管理，完善并严格执行节能环保法规标准，推动形成与国际接轨的市场准入制度和价格形成机制。

（三十六）加强质量诚信体系建设。大力推进以质取胜战略，培育一批具有自主知识产权和知名品牌、国际竞争力强的优势企业，建设一批具有国际水平和带动能力的现代产业集群，积极推进质量诚信体系建设。加大质量失信行为的惩戒力度，提高战略性新兴产业产品的质量水平和国际信誉。

商务部　发展改革委　科技部

工业和信息化部　财政部

环境保护部　海关总署　税务总局

质检总局　知识产权局

二〇一一年九月八日

商务部关于商业保理试点有关工作的通知

【发布单位】商务部
【发布文号】商资函[2012]419号
【发布日期】2012-06-27

天津市、上海市商务委：

根据《商务部财政部人民银行银监会保监会关于推动信用销售健康发展的意见》（商秩发[2009]88号）、《商务部关于进一步推进商务领域信用建设的意见》（商秩发[2009]234号）等文件精神，为积极探索优化利用外资的新方式，促进信用销售，发展信用服务业，同意在天津滨海新区、上海浦东新区开展商业保理试点，探索商业保理发展途径，更好地发挥商业保理在扩大出口、促进流通等方面的积极作用，支持中小商贸企业发展，现就开展商业保理试点工作有关事项通知如下：

一、试点内容

设立商业保理公司，为企业提供贸易融资、销售分户账管理、客户资信调查与评估、应收账款管理与催收、信用风险担保等服务。

二、试点工作要求

（一）建立工作机制。试点地区商务主管部门为商业保理行业主管部门。主管部门应分别会同天津市、上海市人民政府相关部门和滨海新区、浦东新区人民政府加强沟通协调，建立工作机制。

（二）加强准入管理。商业保理公司的投资者应具备开展保理业务相应的资产规模和资金实力，不得以借贷资金和他人委托资金投资，有健全的公司治理结构和完善的风险内控制度，近期没有违规处罚记录。

申请设立商业保理公司，应当具有与其业务规模相适应的注册资本，拥有具有保理业务运营管理经验且无不良信用记录的高管人员。应建立开展保理业务相应的管理制度，健全相关业务流程和操作规范，定期将业务开展情况报主管部门。

（三）规范经营行为。开展商业保理原则上应设立独立的公司，不混业经营，不得从事吸收存款、发放贷款等金融活动，禁止专门从事或受托开展催收业务，禁止从事讨债业务。鼓励各类商业保理公司根据《国务院关于进一步支持小型微型企业健康发展的意见》（国发[2012]14号）精神，面向中小微型企业提供服务，积极开展国际和国内保理业务。

（四）健全监管制度。试点地区商务主管部门要健全工作机制，牵头制订商业保理管理办法和指导性文件，建立日常监管机制，指导商业保理企业积极开展行业自律，并定期将试点情况报商务部。

三、试点工作安排

请试点地区商务主管部门根据上述要求制定试点实施方案，于15个工作日内书面报商务部，由商务部组织评审后正式施行。试点工作中遇到相关问题，请及时与商务部（外资司、市场秩序司）联系。

商务部

二〇一二年六月二十七日

“十二五”规划

风力发电科技发展“十二五”专项规划

一、现状

“十一五”期间，我国风电产业发展引人瞩目，已成为新能源的领跑者，并具有一定国际影响力。在国家的大力支持下，经过科研机构、风电企业等各方的共同努力，我国在风能资源评估、风电机组整机及零部件设计制造、检测认证、风电场开发及运营、风电场并网等方面都具备了一定的基础，初步形成了完整的风电产业链。在海上风电开发领域，初步解决了海上运输、安装和施工等关键技术，开始积累海上风电场运营经验。在人才培养上，初步形成了一定规模的风电专业人才队伍，风电学科建设也已经起步。

（一）风电设备产业化情况

在“十一五”科技计划的引领下，国内科研机构、企业通过消化吸收引进技术、委托设计、与国外联合设计和自主研发等方式，掌握了1.5MW～3.0MW风电机组的产业化技术。目前，国产1.5MW～2.0MW风电机组是国内市场的主流机型，并有少量出口；2.5MW和3.0MW风电机组已有小批量应用；3.6MW、5.0MW风电机组已有样机；6.0MW等更大容量的风电机组正在研制。国内叶片、齿轮箱、发电机等部件的制造能力已接近国际先进水平，满足主流机型的配套需求，并开始出口；轴承、变流器和控制系统的研发也取得重大进步，开始供应国内市场。

截至2010年底，我国具备兆瓦级风电机组批量生产能力的企业超过20家。2010年新增装机容量前五名的风电整机制造企业当年市场份额占全国的70%以上。我国有四家企业2010年新增装机容量进入全球前十名。

（二）风电场建设及资源开发情况

《中华人民共和国可再生能源法》及一系列配套政策的实施，促进了国内风电开发快速增长。2010年，我国风电新增装机容量1890万千瓦，居世界第一位。截至2010年底，我国具备大型风电场建设能力的开发商超过20家，共已建成风电场800多个，风电总装机容量（除台湾省未统计外）4470万千瓦，超过美国，居世界第一位。

“十一五”期间，我国已启动海上风电开发，首个海上项目上海东海大桥风电场安装34台国产3.0MW风电机组，并于2010年6月全部实现并网发电；2010年9月，国家能源局组织完成了首轮海上风电特许权项目招标，项目总容量100万千瓦，位于江苏近海和潮间带地区。

（三）风电科学技术及公共服务发展情况

“十一五”期间，我国在大型风电机组整机及关键零部件设计、叶片翼型设计等风电关键科学技术领域获得了一批拥有自主知识产权的成果，打破了国外对风电科学技术的垄断。在海上风电开发领域，我国自主研究开发了一系列海上风电场设计、施工技术，研制了一批专用的海上风电施工机械装备。

风电产业的飞速发展也促进了风电行业公共服务体系建设。“十一五”期间，我国建立了一批风能领域相关的国家重点实验室和国家工程技术研究中心，并参考国际惯例初步建立了风电标准、检测和认证体系，为我国风电发展提供了技术支撑和保障。

（四）风电人才队伍及学科建设情况

“十一五”期间，我国风电产业的发展推动了风电人才队伍及学科的建设。目前，我国已拥有一批风资源勘测分析、风电机组整机及零部件设计制造、风电场设计、建设及运行维护、风电并网等风电行业各领域的专业人才，形成了风电全产业链的熟练技术人员队伍，并吸引了大量国外优秀的风电人才加盟。在学科建设方面，我国已初步建立了风能与动力工程专业，并开始培养专门化人才。

二、形势与需求

（一）当前形势

通过国家多年的持续支持，我国在风电科技领域取得了长足进步，但与国际先进水平相比，还存在较大差距。基于我国风电产业现状及国内外趋势，我国在风电科技领域仍面临一系列挑战，主要表现在：

1．先进风电装备自主设计和创新能力有待加强

早期，我国风电机组主要依赖引进国外设计技术或与国外机构联合设计，根据我国风资源等环境条件进行自主设计、研发新型风电机组的能力不足，且缺少自主知识产权的风电机组设计工具软件系统。

在风电零部件方面，我国自主创新能力较弱，制造过程中的智能化加工和质量控制技术比较落后。如齿轮箱、发电机的可靠性有待提高；叶片处于自主设计的初级阶段；为兆瓦级以上风电机组配套的轴承、变流器刚开始小批量生产，控制系统尚处于示范应用阶段。

2. 风资源等基础数据不完善，风电场设计、并网及运行等关键技术需要提升

我国可利用的风能资源评价尚不精细，风电场设计需要的长期风资源数据不完善；风电场设计工具依赖国外软件产品，缺乏具有自主知识产权、符合我国环境和地形条件的风资源评估及风电场设计及优化软件系统；风电并网技术急需深入研究和创新，以提高风电并网消纳水平；尚未形成自主研发的先进运行控制和风电功率预测等风电场运行及优化系统。

3. 风电行业公共测试体系刚刚起步，风电标准、检测和认证体系有待进一步完善

我国已参考国际惯例初步建立了风电标准、检测和认证体系，但鉴于我国特殊的环境条件（如台风、低温、高海拔等）和工业基础与国际上有一定差别，需根据我国国情进一步完善。我国风电行业测试及相关测试系统设计等技术主要依赖国外，制约了我国风电技术的发展，而欧美风电发达国家已建成了完善的国家级风电机组野外测试、地面传动链和叶片测试等公共测试服务体系，为本国风电产业的发展做出了贡献。

4. 风电基础理论研究尚待深入，缺乏自主创新；风电学科建设、人才培养亟待加强

由于风电大规模发展较晚，我国在风电基础理论研究方面积累不够，大多是直接引用或跟踪国外的研究成果，对技术的突破和创新能力不足。风电的科研水平与国外有较大差距，风电科研人员系统培养机制有待加强。

5. 中小型风电机组研发和风电非并网接入技术需要进一步提高

我国小型风电机组生产和使用量均居世界之首，但产品的性能和可靠性有待提高，中型风电机组研发和风电非并网的分布式接入技术研究刚刚起步，在风电微网技术和多能互补利用集成技术方面需要持续研究和示范。

6. 风电直接工业应用技术研究需要扩展

虽然我国风电装机规模迅速增长，但在如何利用规模化储能降低风电的不确定性，以及如何利用风能进行制氢、海水淡化等工业直接应用方面的技术研究刚刚起步，需要进一步扩展。

（二）战略需求

在未来5年，我国风力发电科技要逐步实现从量到质的转变，完善和发展风力发电科技的实力，实现从风电大国向风电强国的转变。

根据我国发布的《国民经济和社会发展第十二个五年规划纲要》，在“十二五”期间，我国规划风电新增装机7000万千瓦以上。从我国能源规划、碳减排目标及产业发展需求来看，我国风力发电科技的战略需求主要体现在：

1. 特大型风电场建设的需要

特大型风电场建设是我国风电开发的需求重点，国外无法提供直接的经验。“十二五”期间，国家规划建设6个陆上和2个海上及沿海风电基地，迫切需要在特大型风电场风资源评估、风电场设计、并网消纳与智能化运营管理和大容量、高可靠性、高效率、低成本的风电机组等方面进行科技开发和创新，为我国特大型风电场建设提供技术保障。

2. 大规模海上风电开发的需要

我国海上风电已经起步，“十二五”期间潮间带和近海风电将进入快速发展、规模化开发阶段，因此，需要开展海上风电机组研制及产业化关键技术研究，加强工程施工与并网接入等海上（潮间带）风电场开发系列关键技术研究，为大规模海上风电开发提供技术支撑。

3. 风电自主创新体系、能力建设与人才培养的需要

“十二五”期间，结合国家能源产业和风电科技发展战略的总体部署，迫切需要建立公共研发测试服务体系，根据我国环境条件和地形条件等开发出具有自主知识产权的风电设计工具软件系统，在整机设计集成与关键部件制造领域实现技术突破，实现产、学、研、用相互结合共同发展，为我国风电装备性能优化及自主设计提供条件和支持，保障我国风电产业的持续、快速和稳定增长。

三、总体思路

（一）指导思想

以科学发展观为指导，贯彻落实《国家中长期科学和技术发展规划纲要（2006-2020年）》和《国民经济和社会发展第十二个五年规划纲要》，以“统筹规划、重点突破、交叉融合、自主创新”为原则，面向风力发电领域国家重大需求与国际科技前沿，发挥科技在风电产业发展过程中的支撑与引领作用，全面提升我国风电产业的核心竞争力，实现我国从风电大国向风电强国的跨越，推动我国风电产业健康可持续发展。

（二）发展原则

重点解决与自主创新能力相关的关键科技问题。立足现状，并面向我国风电发展的趋势，全面推动具有自主知识产权的风电关键技术研究，攻克一批陆上及海上风电机组设计制造和风电并网及非并网接入的关键技术。

加强基础性、共性技术研究。适当整合资源，实现成果共享，避免重复性建设、资源分散和浪费，同时，加强风电产业自主发展的基础研究和科研队伍建设，建立链条紧密、结构合理的科技研发和公共服务体系。

重视企业在技术创新领域的主体地位。以风电场规模化开发带动风电产业化发展，促进产、学、研科研链条的形成和健康发展，以科技推动产业进步。

（三）规划目标

在风电设备设计制造方面，掌握3~5MW直驱风电机组及部件设计与制造，产品性能与可靠性达到国际领先水平，并实现产业化；掌握7MW级风电机组及零部件设计、制造、安装和运营等成套产业化技术，产品性能和可靠性达到国际先进水平，推动我国大容量风电机组的产业化；突破10MW级海上风电机组整机和零部件设计关键技术，实现海上超大型风电机组的样机运行。

在风电场开发及运行方面，掌握大型风电场设计、建设、并网与运营关键技术，提高风电消纳能力，提高风电场的运营管理水平，支撑我国千万千瓦风电基地的建设。

在风电公共服务体系方面，突破从风资源特性到电网接入送出全过程的科学基础问题，推动行业整体进步；建设风电机组地面传动链测试、叶片测试和风电设计工具软件等一批公共系统，全面提升我国风电行业的整体水平；开发储备一批风电新技术，推动风电技术创新和应用；培育一批高水平的科技创新队伍，系统部署建设一批国家级重点实验室和工程技术研究中心，全面提升我国风电制造企业的国际竞争力。

通过“十二五”风电科技规划的实施，促进我国风电产业的健康、有序和可持续发展，使我国风电产业和风电科技整体上达到国际先进水平，为2020年我国二氧化碳排放强度降低40%-45%、非化石能源占一次能源消费比重15%能源战略目标的实现做出直接重要贡献。

四、重点方向

（一）基础研究类

为推动风电机组和风电场设计技术的发展与完善，解决基于我国气候条件的风能资源基础理论研究和风力发电系统基础理论研究等关键科学问题。

风能资源基础理论研究主要方向包括：陆地及海上大气边界层风特性与模型、复杂地形中尺度数值模式、海上风能资源及台风基本数据的观测理论方法等。

风力发电系统基础理论研究主要方向包括：风力机空气动力学理论、风电机组及关键部件建模和仿真理论、风力发电系统工程理论等。

（二）研究开发类

围绕风电的全产业链，结合国家能源发展战略，研究开发类重点方向涉及公共试验测试系统及测试、适合我国环境特点和地形条件的风电机组整机和关键零部件设计及制造、风电场开发及运营、海上风电场建设施工等主要领域，全面提升我国风电设备的自主设计能力和风电场的设计、施工及运行管理水平。

公共试验测试系统及测试技术主要方向包括：风电公共试验测试系统设计建设、风电测试等。

大容量风电机组整机关键技术主要方向包括：整机设计、制造、检测、认证和运行等技术；独立变桨、新型传动系统、先进控制系统等技术。

风电机组零部件关键技术主要方向包括：零部件设计、制造、检测、认证和运行等技术；零部件抗疲劳、在线监测与故障诊断等技术。

风力机翼型族设计关键技术主要方向包括：先进翼型族设计及应用技术、风力机风洞实验技术及设计工具软件开发技术等。

风电场关键技术主要方向包括：大型风电场设计及优化软件开发技术，海上风电场施工建设、接入系统设计技术，海上基础设计技术，区域多风电场运行控制及智能化管理技术等。

风电并网关键技术主要方向包括：风电并网模型及仿真技术，大规模风电并网接入技术，非并网的分布式接入技术等。

中小型风电机组关键技术主要方向包括：高性价比中小型风电机组设计、制造及并/离网运行技术，中小型风电机组检测认证技术等。

风电应用技术主要方向包括：风电大规模储能技术，风能直接工业应用技术等。

（三）集成示范类

依托示范工程，加强风电全系统集成技术研究，主要方向包括：风电场智能化管理，海上风电场建设，多能互补发电系统，分布式发电系统等。

（四）成果转化类

成果转化类的主要方向包括：先进风力机翼型族的应用；大容量风电机组及其关键零部件产业化；适合我国环境条件的风电机组产业化；先进控制等风电新技术规模化应用等。

五、重点任务

（一）基础研究类

1. 风能资源基础理论研究

研究复杂地形下中尺度数值模式的高精度参数化；研究中尺度模式资料四维同化；研究海上风资源及台风的测量及评价；研究卫星对地观测数据用于海上风能资源分析的方法；研究风速在不同海岸线走向、岸边不同地形条件下，由远海－近海－滩涂－陆地的变化机理；研究海上和陆上风速垂直切变、湍流变化等风特性模型及参数确定；研究台风系统的模型和参数化；研究特大型风电场风资源特性等。

2. 风力发电系统基础理论研究

研究风力机空气动力设计理论，研究风力机空气动力与结构、机械与电气等之间的耦合机理；研究风电机组建模、验证与仿真理论和方法，研究建立风力发电系统整体动态数学模型的方法。

（二）研究开发类

1. 风电机组整机关键技术研究开发

研究10MW级风电机组总体设计技术，包括长寿命（超过20年）及高可靠性设计方案、简单轻量化的新型传动技术、抗灾害性大风的气动和结构设计技术、抗盐雾和防腐蚀材料工艺设计及机械制造工艺设计技术等。

3~5MW永磁直驱风电机组产业化技术研究，包括总体设计、永磁电机的设计制造，机组设计优化、可靠性设计技术、系统控制技术以及装配工艺等。

7MW级风电机组研制及产业化技术研究，包括总体设计技术、载荷确定技术、强度和刚度校核技术、整体动力稳定性计算技术、先进控制技术，机组设计优化技术、可靠性设计技术、整体装配工艺流程与阶段质量控制技术和分体组装技术等。

研究风电机组结构紧凑化、轻量化等新型传动形式设计技术；研究风电机组独立变桨、载荷实时测量分析、激光雷达测速仪辅助控制等先进控制技术；研究新型传动调速技术。

研究耐低温、防沙尘、抗灾害性大风、防盐雾及适合高原地区等各类适合我国环境特点的风电机组整体结构设计技术、安全与先进控制设计优化技术、高性能电气部件设计技术、新型材料工艺设计与应用技术、制造工艺设计技术等。

研究高性价比中小型风电机组设计、制造及并／离网运行控制技术，研究中小型风电机组检测认证技术，制定中小型风电机组相关标准，建立中小型风电机组检测认证体系。

2、零部件关键技术研究开发

研究大容量风电机组齿轮箱载荷谱分析技术，研究复杂载荷下齿轮箱的结构完整性及优化设计技术，研究齿轮箱轮齿传动齿向修正和齿形修形设计技术，研究齿轮箱箱体设计及密封技术，研究齿轮箱齿轮材料低温处理技术，研究齿轮箱轻量化设计技术，研究大容量风电机组齿轮箱产业化技术等。

研究超长叶片气动外形、结构、材料与控制一体化的设计技术，研究叶片气动控制、柔性结构设计技术，研究叶片整体装配工艺流程和结构铺层优化设计技术，研究分段式叶片设计及制造技术，研究碳纤维等先进材料在叶片结构设计中的应用技术，研究风电机组叶片性能仿真分析技术，研究超长叶片产业化技术等。

研究大容量风力发电机先进、高效的冷却技术，研究发电机结构及工艺设计技术，研究发电机电磁方案选择优化技术，研究发电机防腐设计技术，研究大容量风力发电机轻量化设计技术等。

研究大容量风电机组变流器和变桨系统等的模块化设计技术，研究变流器全数字化矢量控制、电磁兼容和中高压变流等技术，研究变桨距与变速控制技术，研究电网失电及系统内外各种故障下安全顺桨技术等；研究轴承、偏航系统等其它零部件设计技术。

3、公共试验测试系统及测试技术研究

研究风力发电公共试验测试系统设计建设关键技术，研制大型风电机组传动链地面测试系统、野外测试风电场，研制叶片、轴承等关键零部件的公共测试系统，研究风电机组在线监测与故障诊断技术，研制大型风电机组在线综合动态测试、分析诊断和优化系统，研制风电机组/风电场并网特性测试系统，研究风电机组整机、传动链、关键零部件、并网等方面的测试技术。

4、先进风力机翼型族设计及应用技术

研究风力机叶片先进翼型设计技术，包括大厚度翼型设计技术、翼型直接优化设计技术、钝尾缘修型方法和钝尾缘翼型减阻技术。

研究高精度风力机翼型大攻角性能仿真技术，包括翼型大攻角流场和气动特性数值模拟技术、翼型动态失速模拟技术、翼型气动噪声数值模拟技术，研究翼型数值模拟方法的软件实现技术。

研究风力机翼型大攻角风洞实验技术，包括翼型大攻角风洞实验洞壁干扰修正技术、翼型大攻角气动特性测试技术、翼型动态失速风洞实验技术、翼型绕流风洞实验技术。

研究风力机翼型在大型风力机叶片上的应用技术，包括翼型气动性能预测技术、二维翼型气动数据三维效应修正技术、翼型在风力机叶片上的优化布置技术、风力机叶片设计工具软件系统开发技术。

5、大型风电场设计、建设及运行关键研究开发

研究高性能测试设备设计开发技术；研究复杂地形下的风能资源分析技术；研究风电场宏观选址、微观选址技术；研究符合我国环境条件和风电场特点的风电场设计、优化系统软件开发技术；研究适合陆上风电场吊装及维护专用设备的设计开发技术。

研究风电场功率预测技术，研究风电场有功/无功控制调节等风电场优化控制策略技术；研究集成功率预测、有功/无功调节的风电场综合监控技术；研究风电场集中解决低电压穿越的关键技术；研究区域多风电场远程故障诊断系统开发技术；研究风电场维护策略及优化技术；研究连接监控系统和远程诊断的区域风电场资产信息化管理系统开发技术。

研究特大型风电场与电网相互作用；研究大型风电场对局部气候、生态环境等的影响。

研究近海风电运输安装、风电场电力传输、变电及送出技术，研究近海风电场工程建设施工作业方法和技术，研究近海风电场运营维护技术和方法，研究近海风力发电场防腐蚀、抗破坏性大风、绝缘等相关技术；研究多桩式、悬浮式等不同海上风电机组基础设计技术。

6、风电并网关键技术研究开发

研究大型风电场出力及运行特性、电压分层分区控制策略和综合控制技术、风电场支持电网调频的有功控制技术、新能源发电与系统稳定控制技术、风电场并网系统备用容量优化配置和辅助决策技术。

研究风电分布式接入电网的控制技术。

7、储能及风能直接应用关键技术研发

研究新型储能材料，研究大容量、高效率、高可靠性、规模化储能装置和储能装置系统集成技术；研究利用风能进行制氢、海水淡化及高耗能工业领域直接应用技术；研究风电、光伏发电、水电等多能互补发电系统关键技术。

（三）集成示范类

在开展风力发电关键技术研究开发的同时，积极推进集成示范工程建设，形成海上风电机组、特大型风电场、多能互补发电系统和分布式发电系统等标志性示范工程，以进行海上风电机组设计、海上风电机组基础设计及施工、海上风电机组运输及安装、大型风电场运营管理、大型可再生能源多能互补发电系统接入电网特性技术和分布式发电系统直接应用技术等验证工作。

集成示范技术的主要方向如下：

（1）百万千瓦以上区域性多风电场的监控与智能化管理。

（2）15万千瓦海上及潮间带风电场，包含单机容量7MW级风电机组。

（3）风、光、水、储等多能互补发电系统。

（4）分布式发电直接应用系统。

（四）成果转化类

衔接“十一五”已有成果，结合“十二五”规划的实施，以整机制造作为重点，将具有创新性的技术成果转移到整个行业，改进风电产品生产制造工艺，提高风电产品性能和可靠性，降低风电开发成本。

成果转化技术的主要方向如下：

（1）7MW级风电机组及关键零部件产业化基地。

（2）耐低温、防沙尘、抗灾害性大风、防盐雾及适合高原地区等符合我国环境条件风电机组的产业化基地。

（3）将新开发翼型族应用于1.5MW及以上风电机组叶片。

（4）将独立变桨技术在3.0MW及以上主流风电机

组上进行规模化应用等。

（五）公共服务体系建设

建设国家级风力发电公共数据库及信息服务中心，建设国家级公共研发与试验测试中心，研究风力发电测试技术，建立和完善各类风电标准、检测与认证体系，建设风力发电国家重点实验室，国家工程技术研究中心、产业联盟及产业化基地，推动我国风电产业的自主创新能力建设，推动风电技术进步，提高风电机组效率、性能与可靠性，提升我国风电产业的国际竞争力。

1. 公共数据库及信息服务中心建设

研究建立我国不同环境、地形与电网条件下风电机组的运行状况、故障以及翼型、标准、专利等各个方面的公共数据库，为我国风电机组设计及优化提供基础数据依据；建立风电公共信息服务中心，收集、分析、发布权威信息，推动数据与信息等资源的共享。

2. 标准、检测与认证体系建设

建立完善符合我国具体环境条件、地形条件与电网条件的风力发电标准体系，建立、完善大型及中小型风电产品检测与认证能力，加强检测认证机构能力建设，统一规范认证模式，建立完善的风电设备认证软件工具系统，有效推进并严格实施风电产品检测与认证工作。

3. 技术创新平台建设

建设风力发电国家重点实验室，国家工程技术研究中心、产业联盟以及产业化基地等技术创新平台，能够加快新技术和新设备从设计、开发、验证、成果转化和推广的进程，为风力发电技术进步提供强有力的支撑。

（六）人才培养

风力发电是一项综合性很强的高新技术，与众多学科有交叉，涵盖气象、材料、空气动力学、控制与自动化、电气、机械、电力电子、检测认证等多个专业领域。目前我国风电人才严重匮乏，尤其是风电机组研发专业人员、高级管理人才、制造专业人员、高级技工以及风电场运行和维护人员。因此，“十二五”期间必须重视和加强风电人才培养和人才队伍建设，培养从研发、设计、制造、试验到标准、检测认证、质量控制、管理、运行维护、售后服务等各个环节的人才，为我国风电产业的快速发展提供人才储备和支撑。

加强风能科技研究与产业化领域各类人才的培养，着力培育和建设一批专业技术过硬、自主创新能力强、具有国际竞争力和影响力的高水平研究团队；在高校和科研院所等科研教育单位设立风能相关专业，加强学科建设，培养不同层次的专业人才；设立青年人才培养计划，加强人才梯队建设，加大海外优秀人才和智力资源的引进；建立和完善人才培育引进的优惠政策、评价体系和激励机制，稳定人才队伍；积极鼓励和推荐我国科学家参与国际研究计划、并在国际组织机构任职，提升国际影响力。

1. 加快培育建设一批高水平研究团队

依托风能领域重大科研项目、重点学科和科研基地以及国际学术交流与合作项目，加大风电学科或学术带头人的培养力度，积极推进创新团队建设，培育一批专业技术过硬、自主创新能力强、具有国际竞争力和影响力的高水平研究团队；进一步完善高级专家培养与选拔的制度体系，培养造就一批中青年高级专家，提高风电自主研发与创新能力。

2. 充分发挥学科建设在人才队伍培养中的作用

加强风电科技创新与人才培养的有机结合，鼓励科研院所与高等院校培养研究型人才；支持研究生参与科研项目，鼓励本科生投入科研工作；高等院校要及时合理地设置风能学科及相关专业，开展相关风能资源评估、空气动力学、机械制造、电力电子、电力并网等方面的理论和实验研究，将基础研究与人才培养相结合。加强职业教育、继续教育与培训，培养适应风电产业发展需求的各类实用技术专业人才。

3. 支持企业培养和吸引科技人才

鼓励风电企业聘用高层次科技人才，培养优秀科技人才，并给予政策支持；鼓励和引导科研院所和高等院校的科技人员进入市场创新创业；鼓励企业与高等院校和科研院所共同培养技术人才；鼓励企业多方式、多渠道培养不同层次研发与工程技术人才；支持企业吸引和招聘海外科学家和工程师。

4. 加大高层次人才引进力度

制定和实施吸引风能领域海外优秀人才回国工作和为国服务计划，重点吸引高层次人才和紧缺人才；加大对高层次留学人才回国的资助力度；加大高层次创新人才公开招聘力度；健全留学人才为国服务的政策措施；实施有吸引力的政策措施，吸引海外高层次优秀科技人才和团队来华工作。

（七）国际科技合作

“十二五”期间，将风能开发与利用国际合作的内容纳入国家科技计划予以安排，列入双边或多边政府间科技合作协议框架，鼓励发展与风能领域主要国家、国际组织、知名研究机构等的长期合作关系。

1．基础科学领域合作

结合我国风电发展对基础科学研究的迫切需求，围绕风能资源测量与评估、风力发电系统工程等研究领域中的基础科学问题，与国外科研机构开展有针对性的合作研究，提升我国风电基础科学领域的研究能力。

2．适应我国环境特点与地形条件的技术开发领域合作

结合我国具体的环境、地形与电网条件，围绕风电机组及关键零部件设计制造、风电场设计及运营、风电并网及非并网的分步式接入、风力发电系统软件等技术开发领域的重点问题，深化与拓展与国外国际组织、科研机构及企业的技术合作，开展有针对性的联合开发或合作研究，开发适应我国实际情况的风电技术与产品。

3．产业公共服务体系与能力建设领域合作

围绕风电公共测试系统设计与建设、风电关键测试技术研究、公共数据库信息服务中心建设等产业公共服务体系的建设和完善，以及标准、检测与认证体系、人才培养体制、政策、环境与安全研究等能力建设领域中的重点问题，与欧美等风电发达国家开展有针对性的合作研究与交流，借鉴国际先进经验，逐步建立、完善和规范我国产业公共服务体系。

4．积极参与国际组织、国际研究计划及国际标准制定

紧密围绕国内需求、重点任务等相关要求，有针对性地积极参与风能领域国际组织和国际间研究计划，积极参与国际标准的研究与制定；适时发起新的由我国主导的国际研究计划，鼓励在华创建风能领域的国际或区域性科技组织；鼓励我国科学家和科研人员在国际组织及国际研究计划中任职或承担重要研究、管理工作，提高我国科研人员及科技成果的国际影响力。

六、保障措施

根据“基地＋人才＋项目”的总体建设模式，以企业为创新主体，以学和研为研发主力，采取产、学、研、用相结合的方式，完成科学突破、技术攻关和应用示范，确保 “十二五”计划的顺利实施。

通过合理规划研发结构布局及资源配置，有效吸引、大胆使用和着力培养一批具有国际水平和合作精神的科研人才，提高科研项目管理水平，加强公共信息服务中心建设，保护知识产权，推进标准、检测、认证体系建设，最终形成可持续发展的风电产业科研体系。

结合风力发电多学科交叉的特点，打破传统学科和学历界限，广纳物理学、化学、材料学以及工程技术等多方面人才；将人才队伍建设与学科建设和创新体系建设紧密结合；注重队伍结构的合理性，在引进、培养技术／学术带头人的同时，相应地配置高水平的技术支撑人员和管理人员，大力推进团队建设，形成完善的人才培养体系和选拔机制。

充分发挥国家高新技术产业开发区、国家级高新技术产业化基地的作用，加快成果产业化，推动创新型产业集群建设工程，围绕本专项确定的主要目标，合理选择技术路径和产业路线，采取有效措施，促进产业集群的形成和创新发展。

核电中长期发展规划（2005—2020 年）

国家发展和改革委员会
二〇〇七年十月

前 言

核能已成为人类使用的重要能源，核电是电力工业的重要组成部分。由于核电不造成对大气的污染排放，在人们越来越重视地球温室效应、气候变化的形势下，积极推进核电建设，是我国能源建设的一项重要政策，对于满足经济和社会发展不断增长的能源需求，保障能源供应与安全，保护环境，实现电力工业结构优化和可持续发展，提升我国综合经济实力、工业技术水平和国际地位，都具有重要的意义。

核电发展专题规划是电力发展规划的重要组成部分。本规划在总结国内核电建设和世界核电发展经验的基础上，分析研究了我国发展核电的意义和相关条件，提出了核电发展的指导思想、方法和目标。在核电自主化发展战略的实施、核电建设项目布局与进度安排、厂址资源开发与储备、核电安全运行与技术服务体系、配套核燃料循环及核能技术研发项目及落实规划所需要的保障政策与措施等方面提出了具体的实施方案。各地区各部门应按照规划合理安排核电建设，促进核电工业有序健康地发展。

一、核电发展的现状

（一）核电在世界能源结构中的地位

自 20 世纪 50 年代中期第一座商业核电站投产以来，核电发展已历经 50 年。根据国际原子能机构 2005 年 10 月发表的数据，全世界正在运行的核电机组共有 442 台，其中：压水堆占 60%，沸水堆占 21%，重水堆占 9%，石墨堆等其它堆型占 10%。这些核电机组已累计运行超过 1 万堆？年。全世界核电总装机容量为 3.69 亿千瓦，分布在 31 个国家和地区；核电年发电量占世界发电总量的 17%。

核电发电量超过 20% 的国家和地区共 16 个，其中包括美、法、德、日等发达国家。各国核电装机容量的多少，很大程度上反映了各国经济、工业和科技的综合实力和水平。核电与水电、火电一起构成世界能源的三大支柱，在世界能源结构中有着重要的地位。

（二）我国核电发展取得的成绩

我国是世界上少数几个拥有比较完整核工业体系的国家之一。为推进核能的和平利用，上世纪七十年代国务院做出了发展核电的决定，经过三十多年的努力，我国核电从无到有，得到了很大的发展。自 1983 年确定压水堆核电技术路线以来，目前在压水堆核电站设计、设备制造、工程建设和运行管理等方面已经初步形成了一定的能力，为实现规模化发展奠定了基础。

1、核电建设和运营取得良好业绩。

自 1991 年我国第一座核电站—秦山一期并网发电以来，我国有 6 座核电站共 11 台机组 906.8 万千瓦先后投入商业运行，8 台机组 790 万千瓦在建（岭澳二期、秦山二期扩建、红沿河一期）。

截至目前，我国核电站的安全、运行业绩良好，运行水平不断提高，运行特征主要参数好于世界均值；核电机组放射性废物产生量逐年下降，放射性气体和液体废物排放量远低于国家标准许可限值。秦山一期核电站已安全运行 14 年，最近一个燃料循环周期还创造了连续安全运行 400 天的新记录。大亚湾核电站近年的运行水平与核能发达国家的水平相当，运行业绩进入了世界先进行列。

2. 我国已具备积极推进核电建设的基础条件

经过各有关部门的共同努力，我国已具备了积极推进核电建设的基础条件。

在工程设计方面，我国已经具备了30、60万千瓦级压水堆核电站自主设计的能力；部分掌握了百万千瓦级压水堆核电站的设计能力。

在设备制造方面，自上世纪七十年代即具有了一定的研制能力。目前，可以生产具有自主知识产权的30万千瓦级压水堆核电机组成套设备，按价格计算国产化率超过80%；基本具备成套生产60万千瓦级压水堆核电站机组的能力，经过努力，自主化份额可超过70%；基本具备国内加工、制造百万千瓦级压水堆核电机组的大部分核岛设备和常规岛主设备的条件。

在核燃料循环方面，目前已建立了较为完整的供应保障体系，为核电站安全稳定运行提供了可靠的保障，可以满足目前已投运核电站的燃料需求。

在核能技术研发方面，实验快中子增殖堆和高温气冷实验堆等多项关键技术取得了可喜进展。

在核安全法规及核应急体系建设方面，结合国内核电的实际情况，我国目前已经初步建立了与国际接轨的核安全法规体系；制订了核设施监管和放射性物质排放等管理条例，建立了中央、地方、企业的三级核电厂内、外应急体系。

二、发展核电的重要意义

（一）有利于保障国家能源安全

一次能源的多元化，是国家能源安全战略的重要保证。实践证明，核能是一种安全、清洁、可靠的能源。我国人均能源资源占有率较低，分布也不均匀，为保证我国能源的长期稳定供应，核能将成为必不可少的替代能源。发展核电可改善我国的能源供应结构，有利于保障国家能源安全和经济安全。

（二）有利于调整能源结构，改善大气环境

我国一次能源以煤炭为主，长期以来，煤电发电量占总发电量的80%以上。大量发展燃煤电厂给煤炭生产、交通运输和环境保护带来巨大压力。随着经济发展对电力需求的不断增长，大量燃煤发电对环境的影响也越来越大，全国的大气状况不容乐观。2004年，燃煤发电厂二氧化硫排放约1200万吨，占全国排放总量的53.2%。2005年，我国发电用煤已达10.75亿吨，如果保持现在的煤电比例，2010年、2020年电煤需求将分别突破17亿吨和20亿吨。电力工业减排污染物，改善环境质量的任务十分艰巨。

核电是一种技术成熟的清洁能源。与火电相比，核电不排放二氧化硫、烟尘、氮氧化物和二氧化碳。以核电替代部分煤电，不但可以减少煤炭的开采、运输和燃烧总量，而且是电力工业减排污染物的有效途径，也是减缓地球温室效应的重要措施。

（三）有利于提高装备制造业水平，促进科技进步

核电工业属于高技术产业，其中核电设备设计与制造的技术含量高，质量要求严，产业关联度很高，涉及上下游几十个行业。加快核电自主化建设，有利于推广应用高新技术，促进技术创新，对提高我国制造业整体工艺、材料和加工水平将发挥重要作用。

三、核电发展的指导思想、方针和目标

（一）指导思想和发展方针

贯彻"积极推进核电建设"的电力发展基本方针，统一核电发展技术路线，注重核电的安全性和经济性，坚持以我为主，中外合作，以市场换技术，引进国外先进技术，国内统一组织消化吸收，并再创新，实现先进压水堆核电站工程设计、设备制造、工程建设和运营管理的自主化。形成批量化建设中国品牌先进核电站的综合能力，提高核电所占比重，实现核电技术的跨越式发展，迎头赶上世界核电先进水平。

在核电发展战略方面，坚持发展百万千瓦级先进压水堆核电技术路线，目前按照热中子反应堆—快中子反应堆—受控核聚变堆"三步走"的步骤开展工作。积极跟踪世界核电技术发展趋势，自主研究开发高温气冷堆、固有安全压水堆和快中子增殖反应堆技术，根据各项技术研发的进展情况，及时启动试验或示范工程建设。与此同时，自主开发与国际合作相结合，积极探索聚变反应堆技术。

坚持安全第一的核电发展原则，在核电建设、运营、核电设备制造准入，堆型、厂址选择，管理模式等工作中，贯彻核安全一票否决制。

（二）发展目标

根据保障能源供应安全，优化电源结构的需要，统筹考虑我国技术力量、建设周期、设备制造与自主化、核燃料供应等条件，到2020年，核电运行装机容量争取达到4000万千瓦；核电年发电量达到2600-2800亿千瓦时。在目前在建和运行核电容量1696.8万千瓦的基础上，

新投产核电装机容量约2300万千瓦。同时，考虑核电的后续发展，2020年末在建核电容量应保持1800万千瓦左右。

在核电自主化方面，实现先进百万千瓦级压水堆核电站的自主设计、自主制造、自主建设和自主运营，全面建立与国际先进水平接轨的建设和运营管理模式，形成比较完整的自主化核电工业体系。

在运行业绩及核安全方面，确保已投运核电站安全可靠运行，主要运行指标达到世界核电运行组织（WANO）先进水平。2020年以前新开工核电站的主要设计指标接近或达到美国核电用户要求文件（URD）或欧洲核电用户要求文件（EUR）的同等要求。

在工程建设方面，通过引入竞争机制，全面实施招投标制和合同管理制，提高项目管理水平，进一步降低工程造价。

在经济性方面，在确保安全性和可靠性的基础上，降低运行成本，实现核电上网电价与同地区的脱硫燃煤电厂相比具有竞争力。

在核电法规和技术标准方面，在核安全、核设施管理、核应急、放射性废物管理，以及工程设计、制造、建设、运营等方面，建立起完整的符合中国国情并与国际接轨的核电法规和标准体系。

四、规划的重点内容与实施

（一）核电发展技术路线

通过国际招标选择合作伙伴，引进新一代百万千瓦压水堆核电站工程的设计和设备制造技术，国内统一组织消化吸收，并再创新，实现自主化，迎头赶上世界压水堆核电站先进水平。“十一五”期间通过两个核电自主化依托工程的建设，全面掌握先进压水堆核电技术，培育国产化能力，力争尽快形成较大规模批量化建设中国品牌核电站的能力。与此同时，为使核电建设不停步，在三代核电技术完全消化吸收掌握之前，以现有二代改进型核电技术为基础，通过设计改进和研发，仍将自主建设适当规模的压水堆核电站。

（二）核电设计自主化

“十五”末及“十一五”初期，充分利用秦山二期和岭澳一期已有技术，并加以改进，建设秦山二期扩建和岭澳二期等核电工程，使国内企业具备自主设计第二代改进型60万千瓦和百万千瓦级压水堆核电站的能力。

“十一五”期间，通过对外合作，引进新一代先进核电技术，建设浙江三门一期和山东海阳一期核电工程，在消化吸收的基础上，进一步优化改进，提高核电的安全性和经济性。工程设计工作可以先从中外联合设计起步，逐步过渡到由国内企业自主完成设计，形成中国先进压水堆核电站品牌和批量化建设的设计能力。为尽快提高核电比重，广东台山采取引进国外技术设备建设三代核电机组。采用消化吸收的二代改进型技术，开工建设辽宁红沿河等核电站。

（三）核电设备制造自主化

核电主设备制造以国内三大设备制造厂家为骨干，同时发挥其他相关企业的专业优势，逐步实施技术改造和产业升级，共同建立起较完整的核电设备制造体系。“十一五”期间要形成不低于每年200万千瓦的核电成套设备生产能力，2010年以后形成每年400万千瓦的生产能力。

有关核电关键设备生产的技术引进工作要按照国家总体部署，结合自主化依托项目的建设，统一组织对外招标，协调好国内各方力量，采取有效措施，做好消化吸收工作。对于我国目前尚不能生产的关键设备，要按照以我为主、引进技术、实现国产化的原则开展工作。对于已引进的技术，加快消化吸收进程，尽快转化为设备制造企业的生产能力。

在设备采购方式上，对于国内已经基本掌握制造技术的设备，原则上均在国内厂家中招标采购。对于少数没有掌握制造技术，且国际市场供应充足、稳定的非关键设备，经论证确定后，可对外招标采购。对于一些关键设备，要通过“市场换技术”方式，或者对外引进技术，或者与国外制造商成立合资、合作企业提供设备。

在国家核电自主化工作领导小组的统一组织下，国内制造企业协调一致，分工合作，引入竞争，提高效率，要以秦山二期扩建和岭澳二期、辽宁红沿河、浙江三门和山东海阳等核电项目为依托，不断提高设备制造自主化的比例，最大限度地掌握制造技术，努力实现核电设备制造业的战略升级。

（四）核电厂址选择和保护

经过多年努力，我国已储备了一定规模的核电厂址资源。除已建和在建工程外，在沿海地区开展前期工作已较充分的厂址还有5000多万千瓦。

此外，2004年以来，在广东粤东（田尾厂址）地区，浙江浙西地区、湖北、江西、湖南等地都开展了核电厂址普选工作，进一步增加了核电厂址储备。

从厂址条件看，到2020年，表3所列核电厂址容量可以满足运行4000万千瓦、在建1800万千瓦的目标。结合我国能源资源和生产力布局情况，从现在起到2020年，新增投产2300万千瓦的核电站，将主要从上述沿海省份的厂址中优先选择，并考虑在尚无核电的山东、福建、广西等沿海省（区）各安排一座核电站开工建设。

除沿海厂址外，湖北、江西、湖南、吉林、安徽、河南、重庆、四川、甘肃等内陆省（区、市）也不同程度地开展了核电厂址前期工作，这些厂址要根据核电厂址的要求、依照核电发展规划，严格复核审定，按照核电发展的要求陆续开展工作。

（五）核电工程建设安排

根据核电发展目标，考虑核电项目前期工作、技术引进、消化吸收、设备制造自主化和工程建设工期等因素，在2005年开工建设的岭澳二期核电项目2×108万千瓦和秦山二期扩建2×65万千瓦的基础上，“十一五”保持合理开工规模，“十二五”开始批量化发展。

考虑核电厂址保护和电网布局，以及调整各地能源结构的需求，在核电厂址开发进度和次序上，统筹安排老厂址扩建和新厂址的开发。新的核电厂址要一次规划，分期建设，逐步实现群堆管理。

“十一五”期间，利用已有技术，并加以改进的秦山二期扩建和广东岭澳二期两个项目可以投产。与此同时，要在引进国外技术，消化吸收的基础上，开工建设浙江三门一期和山东海阳一期两个自主化依托工程，并开工建设辽宁红沿河、广东阳江和福建宁德等核电站。

“十二五”期间，“十一五”开工的5个核电项目均可投产。在核电实现标准化、批量化的基础上，“十二五”期间安排一批新开工建设核电项目，可选择的项目有：广东腰古、粤东（田尾）、江苏田湾二期、浙江三门二期、广东阳江二期、山东海阳二期、辽宁红沿河二期、福建宁德二期、广西核电站以及华中地区核电项目等。“十三五”期间，上个五年开工的核电机组均可投产，到“十三五”末（2020年），全国核电装机容量将实现规划目标，同时，为2020年以后核电投产打好基础工业，“十三五”期间需开工建设不低于1800万千瓦的核电容量。

在“十三五”和“十四五”期间开工建设的核电厂址，可在沿海省份的厂址中选择，也可在一次能源缺乏的内陆省份的厂址中选择，陆续开工建设。

（六）核燃料保障能力

坚持核燃料闭合循环的技术路线，坚持内外结合，合理开发国内资源、积极利用国外资源的原则，适度超前发展核燃料产业，建立国内生产、海外开发、国际铀贸易三渠道并举的天然铀资源保障体系。

（七）放射性废物处理

在核电项目建设的同时，同步建设中低放射性废物处置场，以适应核电发展不断增加的中低放射性废物处理的需要。2020年前建成高放射性废物最终处置地下实验室，完成高放射性废物最终处置场规划。

（八）投资估算

按照15年内新开工建设和投产的核电建设规模大致估算，核电项目建设资金需求总量约为4500亿人民币，其中，15年内项目资本金需求量为900亿元，平均每年要投入企业自有资金54多亿元。

此外，核燃料配套资金需求量较大，包括天然铀资源勘探与储备、乏燃料后处理等。资金筹措原则上按企业自筹资本金，银行提供商业贷款方式运作。

五、保障措施和政策

（一）推进体制改革和机制创新

核电企业要按照社会主义市场经济的总体要求，建立健全现代产权制度，规范企业法人治理结构，推进体制改革和机制创新。通过规划内核电项目的建设，逐步推进现有国内技术力量和设备制造企业重组，以适应大规模核电建设的需要。核电项目建成后要参与市场竞争，上网电价与脱硫煤电相比要具有竞争力。按国家电价改革的方向和有关规定，核电企业可与电力用户签订购售电合同，自行协商电量与电价。与核电发展相关的科研、设计、制造、建设和运营等环节也要建立以市场为导向的发展机制。在核燃料供应环节，建立核燃料生产和后处理的专业化公司，形成与世界核燃料市场接轨的价格体系，为核电发展提供可靠的燃料保障和后处理等相关服务。

（二）加大设备研发力度

成立国家核电技术公司，负责统一引进技术、消化吸收和创新，在国内企业实现技术共享；做好核电自主化与科技中长期规划重大专项的结合，统筹协调先进核电工程设计和设备研制工作；将核电设备制造和关键技术纳入国家重大装备国产化规划，形成设备的成套能力。对关键的设备，包括大型铸锻件，集中力量，重点突破。

（三）完善核电安全保障体系，加快法律法规建设

坚持“安全第一、质量第一”的原则。依法强化政府核电安全监督工作，加强安全执法和监管。加大对核安全监管工作的人、财、物的投入，培育先进的核安全文化，积极开展核安全研究，继续加强核应急系统建设，制定事故预防和处理措施，建立并保持对辐射危害的有效防御体系。

在现有法律框架下，“十一五”期间继续开展核电行业标准的研究工作，“十一五”开始，随着核电堆型与技术方案的确定，要逐步建立和完善我国自己的核电设计、设备制造、建造、运行管理标准体系，为批量化发展核电创造条件；在核电标准化与安全体系完善以前，国家将对参与核电建设、运营和管理的企业资质适当予以控制。

完善核电安全法律法规，尽快完成《原子能法》及配套法规的立法工作；制定和完善有关核电与核燃料工业的科研、开发与建设、核安全等方面的管理办法；健全铀矿资源的勘探和开采的市场准入制度；强化核燃料纯化、转化、浓缩、元件加工、后处理、三废治理、退役服务等领域的生产服务业务的市场准入制度或执业资质制度。

（四）加强运行与技术服务体系建设，加快核电人才培养

按照社会化、市场化和专业化的思路，重点围绕核电站的开发、设计、建造、调试、运行、检修、人员培训、安全防护等方面，进行相应的科研和配套条件建设，建立和完善核电专业化运行与技术服务体系，全面提高核电站的安全、稳定运行水平，为更多企业投资建设核电站创造条件。

我国核电的大规模发展需要大量与核电有关的专业人才。发展核电既是国家战略，同时又为相关行业和专业人员提供了广阔的市场空间和施展才华的机会。为实现2020年核电发展目标，国家、企业和高等院校科研院所要抓住机遇，在科研、设计、燃料、制造、运行和维修等环节，及核电设计、核工程技术、核反应堆工程、核与辐射安全、运行管理等专业领域，大力加强各类人才的培养工作，提高待遇，做好人才储备。重点在清华、上海交大、西安交大设置核电专业，编撰修改核电教材，培养核电人才。

（五）税收优惠及投资优惠

1. 国家确定的核电自主化依托项目和国内承担核电设备制造任务的企业，按照《国务院关于加快振兴装备制造业的若干意见》的规定，实施进口税收政策；核电投产后，对核电企业销售环节增值税，采用现行办法，先征后返。由财政部会同有关部门制定实施细则。

2. 国内承担国家核电设备制造自主化任务的企业，进口用于核电设备生产的加工设备和材料，核电工程施工所需进口的材料、施工机具，免征进口关税和进口环节增值税。由财政部会同有关部门研究后确定。

3. 核电自主化依托工程建设资金筹措以国内为主，原则上不使用国外商业贷款及出口信贷。国家根据可能，对自主化依托项目建设所需资金，从预算内资金（国债资金）中给予适当支持。支持符合条件的核电企业采用发行企业债券、股票上市等多种方式筹集建设资金。

4. 规范核电项目投资行为，对核电项目所需资本金，均以企业自有资金出资，按工程动态总投资不少于20%筹集。

（六）核燃料保障、乏燃料后处理及核电站退役基金

1. 为保证核燃料的安全稳定供应，要建立天然铀资源保障体系，并制定方案征收乏燃料后处理基金。“十一五”期间启动有关研究工作，争取在2010年前开始实施。

2. 为保证今后核电站“退役”顺利进行，电站投入商业运行开始时，即在核电发电成本中强制提取、积累核电站退役处理费用。在中央财政设立核电站退役专项基金账户，在各核电站商业运行期内提取。有关费用征收标准和执行办法由国家发展改革委会同财政部、国防科工委研究确定。

太阳能光伏产业“十二五”发展规划

前　言

太阳能资源丰富、分布广泛，是最具发展潜力的可再生能源。随着全球能源短缺和环境污染等问题日益突出，太阳能光伏发电因其清洁、安全、便利、高效等特点，已成为世界各国普遍关注和重点发展的新兴产业。

在此背景下，近年来全球光伏产业增长迅猛，产业规模不断扩大，产品成本持续下降。2009 年全球太阳能电池产量为 10.66 吉瓦（GW），多晶硅产量为 11 万吨，2010 年分别达到 20.5GW、16 万吨，组件价格则从 2000 年的 4.5 美元 / 瓦下降到 2010 年的 1.7 美元 / 瓦。

“十一五”期间，我国太阳能光伏产业发展迅速，已成为我国为数不多的、可以同步参与国际竞争、并有望达到国际领先水平的行业。加快我国太阳能光伏产业的发展，对于实现工业转型升级、调整能源结构、发展社会经济、推进节能减排均具有重要意义。国务院发布的《关于加快培育和发展战略性新兴产业的决定》，已将太阳能光伏产业列入我国未来发展的战略性新兴产业重要领域。

根据《工业转型升级规划（2011-2015 年）》、《信息产业“十二五”发展规划》以及《电子信息制造业“十二五”发展规划》的要求，在全面调研、深入研究、广泛座谈的基础上，编制太阳能光伏产业“十二五”发展规划，作为我国“十二五”光伏产业发展的指导性文件。

一、“十一五”发展回顾

（一）我国光伏产业概况

1．产业规模迅速提高，市场占有率稳居世界前列

“十一五”期间，我国太阳能电池产量以超过 100% 的年均增长率快速发展。2007-2010 年连续四年产量世界第一，2010 年太阳能电池产量约为 10GW，占全球总产量的 50%。我国太阳能电池产品 90% 以上出口，2010 年出口额达到 202 亿美元。

2．掌握关键材料生产技术，产业基础逐步牢固

“十一五”期间，我国投产的多晶硅年产量从两三百吨发展至 4.5 万吨，光伏产业原材料自给率由几乎为零提高至 50% 左右，已形成数百亿元级的产值规模。国内多晶硅骨干企业已掌握改良西门子法千吨级规模化生产关键技术，规模化生产的稳定性逐步提升。

3．主流产品技术与世界同步，产品质量稳步提高

“十一五”末期，我国晶硅电池占太阳能电池总产量的 95% 以上。太阳能电池产品质量逐年提升，尤其是在转换效率方面，骨干企业产品性能增长较快，单晶硅太阳能电池转换效率达到 17-19%，多晶硅太阳能电池转换效率为 15%-17%，薄膜等新型电池转换效率约为 6-8%。

4．节能减排成效明显，资源利用率大幅提升

光伏产业节能减排取得显著成效，副产物综合利用水平稳步提高，资源利用率整体取得大幅提升。2006 年每生产 1 公斤多晶硅的平均单耗水平为：工业硅 1.8-2.0 公斤、液氯 1.8 公斤、综合电耗 300-350 千瓦时，到 2010 年分别下降为：工业硅 1.3-1.4 公斤、液氯 1.0 公斤、综合电耗 160-180 千瓦时，部分骨干企业达到 130-150 千瓦时 / 公斤。生产晶硅太阳能电池的多晶硅用量从 2006 年的 11 克 / 瓦下降到 2010 年的 7-8 克 / 瓦。

5．生产设备不断取得突破，本土化水平不断提高

国产单晶炉、多晶硅铸锭炉、开方机等设备逐步进入产业化，占据国内较大市场份额。晶硅太阳能电池专用设备除全自动印刷机和切割设备外基本实现了本土化并具备生产线“交钥匙”的能力。硅基薄膜电池生产设备初步形成小尺寸整线生产能力。2010 年我国光伏专用制造设备销售收入超过 40 亿元人民币，出口交货值达到 1 亿元人民币。

6．国内光伏市场逐步启动，装机量快速增长

我国已相继出台了《太阳能光电建筑应用财政补助资金管理暂行方法》和《关于实施金太阳示范工程的通知》等政策，并先后启动了两批总计 290 兆瓦（MW）的光伏电站特许权招标项目。截止 2010 年，我国累计光伏装机

量达到800MW，当年新增装机容量达到500MW，同比增长166%。

（二）我国光伏产业发展特点

1. 充分利用国内外市场要素，产业发展国际化程度高

我国光伏产业充分运用国内外资金、人才两大市场要素，“十一五”末期，已有数十家企业实现海外及国内上市，产品广销国际市场。国内光伏企业以民营企业为主，主要企业实力不断增强，有4家企业太阳能电池产量位居全球前十，成为国际知名企业。

2. 自主创新与引进吸收相结合，形成自主特色产业体系

通过自主创新与引进消化吸收再创新相结合，初步形成了具有我国自主特色的光伏产业体系，多晶硅、电池组件及控制器等制造水平不断提高，制造设备的本土化率已经超过50%，太阳能电池的质量和技术水平也逐步走向世界前列。

3. 产业链上下游协同发展，推动光伏发电成本下降

“十一五”期间，我国光伏产业突破材料、市场以及人才等发展瓶颈，产业规模迅速壮大，上下游完整产业链基本成型。我国光伏产业的崛起带动了世界光伏产业的发展，有效地推动了技术进步，降低了光伏产品成本，加快了全球光伏产业应用步伐。

4. 产业呈现集群化发展，有效提高区域竞争力

我国光伏产业区域集群化发展态势初步显现，依托区域资源优势和产业基础，国内已形成了江苏、河北、浙江、江西、河南、四川、内蒙等区域产业中心，并涌现出一批国内外知名且具有代表性的企业，主要企业初步完成垂直一体化布局，加快海外并购和设厂，向国际化企业发展。

二、“十二五”面临形势

目前，各主要发达国家均从战略角度出发大力扶持光伏产业发展，通过制定上网电价法或实施“太阳能屋顶”计划等推动市场应用和产业发展。国际各方资本也普遍看好光伏产业：一方面，光伏行业内众多大型企业纷纷宣布新的投资计划，不断扩大生产规模；另一方面，其他领域如半导体企业、显示企业携多种市场资本正在或即将进入光伏行业。

从我国未来社会经济发展战略路径看，发展太阳能光伏产业是我国保障能源供应、建设低碳社会、推动经济结构调整、培育战略性新兴产业的重要方向。“十二五”期间，我国光伏产业将继续处于快速发展阶段，同时面临着大好机遇和严峻挑战。

（一）我国光伏产业面临广阔发展空间

世界常规能源供应短缺危机日益严重，化石能源的大量开发利用已成为造成自然环境污染和人类生存环境恶化的主要原因之一，寻找新兴能源已成为世界热点问题。在各种新能源中，太阳能光伏发电具有无污染、可持续、总量大、分布广、应用形式多样等优点，受到世界各国的高度重视。我国光伏产业在制造水平、产业体系、技术研发等方面具有良好的发展基础，国内外市场前景总体看好，只要抓住发展机遇，加快转型升级，后期必将迎来更加广阔的发展空间。

（二）光伏产业、政策及市场亟待加强互动

从全球来看，光伏发电在价格上具备市场竞争力尚需一段时间，太阳能电池需求的近期成长动力主要来自于各国政府对光伏产业的政策扶持和价格补贴；市场的持续增长也将推动产业规模扩大和产品成本下降，进而促进光伏产业的健康发展。目前国内支持光伏应用的政策体系和促进光伏发电持续发展的长效互动机制正在建立过程中，太阳能电池产品多数出口海外市场，产业发展受金融危机和海外市场变化影响很大，对外部市场的依存度过高，不利于持续健康发展。

（三）面临国际经济动荡和贸易保护的严峻挑战

近年来全球经济发展存在动荡形势，一些国家的新能源政策出现调整，相关补贴纷纷下调，对我国光伏产业发展有较大影响。同时，欧美等国已发生多起针对我国光伏产业的贸易纠纷，类似纠纷今后仍将出现，主要原因有：一是我国太阳能电池成本优势明显，对国外产品造成压力；二是国内光伏市场尚未大规模启动，产品主要外销，可能引发倾销疑虑；三是我国相关标准体系尚不完善，存在产品质量水平参差不齐等问题。

（四）新工艺、新技术快速演进，国际竞争不断加剧

全球光伏产业技术发展日新月异：晶体硅电池转换效率年均增长一个百分点；薄膜电池技术水平不断提高；纳米材料电池等新兴技术发展迅速；太阳能电池生产和测试设备不断升级。而国内光伏产业在很多方面仍存在较大差距，国际竞争压力不断升级：多晶硅关键技术仍落后于国际先进水平，晶硅电池生产用高档设备仍需进口，薄膜电池工艺及装备水平明显落后。

（五）市场应用不断拓展，降低成本仍是产业主题

太阳能光伏市场应用将呈现宽领域、多样化的趋势，适应各种需求的光伏产品将不断问世，除了大型并网光伏电站外，与建筑相结合的光伏发电系统、小型光伏系统、离网光伏系统等也将快速兴起。太阳能电池及光伏系统的成本持续下降并逼近常规发电成本，仍将是光伏产业发展的主题，从硅料到组件以及配套部件等均将面临快速降价的市场压力，太阳能电池将不断向高效率、低成本方向发展。

三、指导思想、基本原则与发展目标

（一）指导思想

深入贯彻落实科学发展观，抓住当前全球大力发展新能源的大好机遇，紧紧围绕降低光伏发电成本、提升光伏产品性能、做优做强我国光伏产业的宗旨，着力推动关键技术创新、提升生产工艺水平、突破装备研发瓶颈、促进市场规模应用，使我国光伏产业的整体竞争力得到显著提升。

（二）基本原则

1．立足统筹规划，坚持扶优扶强

加强国家宏观政策引导，坚持做好行业统筹规划和产业合理布局，规范光伏产业健康发展。集中力量支持优势企业做优做强，鼓励重点光伏企业推进资源整合和兼并重组。

2．支持技术创新，降低发电成本

以企业为技术创新和产业发展的主体，强化关键技术研发，提升生产工艺水平，从高纯硅材料规模化生产、电池转换效率提高、生产装备国产化、新型电池和原辅材料研发、系统集成等多方面入手，努力降低光伏发电成本。

3．优化产业环境，扩大光伏市场

推动各项光伏扶持政策的落实，调动各方面的资源优势，优化产业发展环境。充分发挥市场机制作用，巩固国际市场，扩大国内多样化应用，使我国光伏产业的发展有稳定的市场依托。

4．加强服务体系建设，推动产业健康发展

加强公共服务平台建设，建立健全光伏标准及产品质量检测认证体系，严格遵守环境保护和安全生产规定，推进节能减排、资源循环利用，实现清洁生产和安全生产。

（三）发展目标

1．经济目标

“十二五”期间，光伏产业保持平稳较快增长，多晶硅、太阳能电池等产品适应国家可再生能源发展规划确定的装机容量要求，同时积极满足国际市场发展需要。支持骨干企业做优做强，到2015年形成：多晶硅领先企业达到5万吨级，骨干企业达到万吨级水平；太阳能电池领先企业达到5GW级，骨干企业达到GW级水平；1家年销售收入过千亿元的光伏企业，3-5家年销售收入过500亿元的光伏企业；3-4家年销售收入过10亿元的光伏专用设备企业。

2．技术目标

多晶硅生产实现产业规模、产品质量和环保水平的同步提高，还原尾气中四氯化硅、氯化氢、氢气回收利用率不低于98.5%、99%、99%，到2015年平均综合电耗低于120度/公斤。单晶硅电池的产业化转换效率达到21%，多晶硅电池达到19%，非晶硅薄膜电池达到12%，新型薄膜太阳能电池实现产业化。光伏电池生产设备和辅助材料本土化率达到80%，掌握光伏并网、储能设备生产及系统集成关键技术。

3．创新目标

到2015年，企业创新能力显著增强，涌现出一批具有掌握先进核心技术的品牌企业，掌握光伏产业各项关键技术和生产工艺。技术成果转化率显著提高，标准体系建设逐步完善，国际影响力大大增强。充分利用已有基础，建立光伏产业国家重点实验室及检测平台。

4．光伏发电成本目标

到2015年，光伏组件成本下降到7000元/千瓦，光伏系统成本下降到1.3万元/千瓦，发电成本下降到0.8元/千瓦时，光伏发电具有一定经济竞争力；到2020年，光伏组件成本下降到5000元/千瓦，光伏系统成本下降到1万元/千瓦，发电成本下降到0.6元/千瓦时，在主要电力市场实现有效竞争。

四、“十二五”主要任务

（一）推动工艺技术进步，实现转型升级

发展清洁、安全、低能耗、高纯度、规模化的多晶硅生产技术，提高副产物综合利用率，缩小与国际先进生产水平的差距。实现太阳能电池生产技术的创新发展，鼓励规模化生产，提高光伏产业的核心竞争力。推动行业节能减排。密切关注清洁、环保的新型光伏电池及材料技术进展，加强技术研发。

（二）提高国产设备和集成技术的研发及应用水平

以提高产品质量和光电转换效率，降低生产能耗为

目标，支持多晶硅、硅锭/硅片、电池片及组件、薄膜电池用关键生产设备以及发电应用设备研发与产业化，加强本地化设备的应用。推动设备企业与光伏产品企业加强技术合作与交流。

（三）提高太阳能电池的性能，不断降低产品成本

大力支持低成本、高转换效率和长寿命的晶硅太阳能电池研发及产业化，降低电池产品成本和最终发电成本，力争尽快实现平价上网。推动硅基薄膜、铜铟镓锡薄膜等电池的技术进步及产业化进程，提高薄膜电池的转率效率。

（四）促进光伏产品应用，扩大光伏发电市场

积极推动上网电价政策的制定和落实，并在农业、交通、建筑等行业加强光伏产品的研发和应用力度，支持建立一批分布式光伏电站、离网应用系统、光伏建筑一体化（BIPV）系统、小型光伏系统及以光伏为主的多能互补系统，鼓励大型光伏并网电站的建设与应用，推动完善适应光伏发电特点的技术体系和管理体制。

（五）完善光伏产业配套服务体系建设

建立健全标准、专利、检测、认证等配套服务体系，加强光伏行业管理与服务，支持行业自律协作。积极参与国际标准制定，建立完善符合我国国情的光伏国家/行业标准体系，包括多晶硅材料、电池/组件的产品标准，光伏生产设备标准和光伏系统的验收标准等。加快建设国内认证、检测等公共服务平台。

五、“十二五”发展重点

（一）高纯多晶硅

支持低能耗、低成本的太阳能级多晶硅生产技术。在现有的基础上，通过进一步的研究、系统改进及完善，支持研发稳定的电子级多晶硅生产技术，并建立千吨级电子级多晶硅生产线。突破高效节能的大型提纯、高效氢气回收净化、高效化学气相沉积、多晶硅副产物综合利用等装置及工艺技术，建设万吨级高纯多晶硅生产线，综合能耗小于120度/公斤。

（二）硅碇/硅片

支持高效率、低成本、大尺寸铸锭技术，重点发展准单晶铸锭技术。突破150-160微米以下新型切片关键技术，如金刚砂、钢线切割技术，提高硅片质量和单位硅材料出片率，减少硅料切割损耗。

（三）晶硅电池

大力发展高转换率、长寿命晶硅电池技术的研发与产业化。重点支持低反射率的绒面制备技术、选择性发射极技术及后续的电极对准技术、等离子体钝化技术、低温电极技术、全背结技术的研究及应用。关注薄膜硅/晶体硅异质结等新型太阳能电池成套关键技术。

（四）薄膜电池

重点发展非晶与微晶相结合的叠层和多结薄膜电池。降低薄膜电池的光致衰减，鼓励企业研发5.5代以上大面积高效率硅薄膜电池，开发柔性硅基薄膜太阳电池卷对卷连续生产工艺等。及时跟进铜铟镓硒和有机薄膜电池的产业化进程，开发并掌握低成本非真空铜铟镓锡薄膜电池制备技术，磁控溅射电池制备技术，真空共蒸法电池制备技术，规模化制造关键工艺。

（五）高效聚光太阳能电池

重点发展高倍聚光化合物太阳能电池产业化生产技术，聚光倍数达到500倍以上，产业化生产的电池在非聚光条件下效率超过35%，聚光条件下效率超过40%，衬底剥离型高倍聚光电池转化效率在非聚光条件下效率超过25%。突破高倍聚光太阳电池衬底玻璃技术、高效率高倍聚光化合物太阳电池技术、高倍率聚光电池测试分析和稳定性控制技术等，及时发展菲涅尔和抛物镜等配套设备。

（六）BIPV组件

重点发展BIPV组件生产技术，包括可直接与建筑相结合的建材、应用于厂房屋顶、农业大棚及幕墙上的双玻璃BIPV组件、中空玻璃组件等，解决BIPV组件的透光、隔热等问题，设计出美观、实用、可直接作为建材和构件用的BIPV组件。扩大建筑附着光伏（BAPV）组件应用范围。

（七）光伏生产专用设备

支持还原、氢化等多晶硅生产设备，大尺寸、低能耗、全自动单晶炉，吨级多晶硅铸锭炉，大尺寸、超薄硅片多线切割机，硅片自动分选机等关键生产设备。支持多槽制绒清洗设备、全自动平板式等离子体增强化学汽相沉积（PECVD）、激光刻蚀机、干法刻蚀机、离子注入机、全自动印刷机、快速烧结炉等晶硅太阳能电池片生产线设备和PECVD等薄膜太阳能电池生产设备。促进光伏生产装备的低能耗、高效率、自动化和生产工艺一体化。

（八）配套辅料

在关键配套辅料方面，实现坩埚、高纯石墨、高纯石英砂、碳碳复合材料、玻璃、乙烯-醋酸乙烯共聚物（EVA）胶、背板、电子浆料、线切割液等国产化。

（九）并网及储能系统

掌握太阳能光伏发电系统集成技术、百万千瓦光伏发电基地的设计集成和工程技术，开发大功率光伏并网逆变器、储能电池及系统、光伏自动跟踪装置、数据采集与监控系统、风光互补系统等。

（十）公共服务平台建设

支持有能力的企事业单位建设国家级光伏应用系统检测、认证等公共服务平台，包括多晶硅、电池片和组件、薄膜电池的检测，光伏系统工程的验收等。支持相关服务平台开展行业共性问题研究，制订和推广行业标准，研发关键共性技术等。

六、政策措施

（一）提升光伏能源地位，加强产业战略部署

光伏能源是一种可持续、无污染、总量大的绿色新能源，应当充分认识太阳能光伏发电的战略价值和重要意义，切实在国家能源经济和社会可持续发展的总体部署中予以统筹考虑，提升太阳能光伏产业在国民经济发展中的战略地位。通过实施工业转型升级和可再生能源等相关规划，统筹制订产业、财税、金融、人才等扶持政策，积极促进我国光伏产业健康发展。

（二）加强行业管理，规范光伏产业发展

根据产业政策要求和行业发展实际需要，切实加强行业管理，推动行业节能减排，规范我国光伏产业发展，建立健全光伏行业准入标准，引导地方政府坚决遏制低水平重复建设，避免一哄而上和市场恶性竞争。推动相关职能部门联合加强产品检查，对于不达环保标准、出售劣质产品、扰乱正常市场竞争秩序的企业，依照相关规定给予处罚和整顿。

（三）着力实施统筹规划，推进产业合理布局

加强行业统筹规划，推动企业转型升级，坚持市场主导与政府引导相结合，扶持产业链完备、已具有品牌知名度的骨干企业做优做强。鼓励实力领先的光伏企业依靠技术进步、优化存量、扩大发展规模，实施“走出去”战略，积极参与国际产业竞争。实施差异化政策，引导多晶硅等产业向西部地区转移。推动资源整合，鼓励企业集约化开发经营，支持生产成本低、竞争力强的企业兼并改造生产经营不佳的光伏企业。

（四）积极培育多样化市场，促进产业健康发展

推动制订和落实上网电价实施细则，继续实施“金太阳工程”等扶持措施，鼓励光伏企业与电力系统等加强沟通合作，加快启动国内光伏市场。坚持并网发电与离网应用相结合，以“下乡、富民、支边、治荒”为目标，支持小型光伏系统、离网应用系统、与建筑相结合的光伏发电系统等应用，开发多样化的光伏产品。通过合理的电价标准、适度的财政补贴和积极的金融扶持，积极扩大国内光伏市场。

（五）支持企业自主创新，增强产业核心竞争力

支持光伏企业转型升级，通过技术改造等手段扶持掌握自主技术的骨干企业，巩固和提高核心竞争力。加大对光伏产业技术创新的扶持力度，重点支持多晶硅节能降耗、副产物综合利用、太阳能电池高效高质和低成本新工艺技术的研发和产业化项目。加强产学研结合，支持关键共性技术研发，全面提升本土化光伏设备技术水平。加大人才培养力度，支持建立企业技术研发中心与博士后科研流动站。

（六）完善标准体系，推动检测认证、监测制度建设

重视光伏产品和系统标准体系建设，以我国自主知识产权为基础，结合国内产业技术实际水平，推动制定多晶硅、硅锭／硅片、太阳能电池等产品和光伏系统相关标准，积极参与制订国际标准，建立健全产品检测认证、监测制度，促进行业的规范化、标准化发展。加强对光伏产品质量标准符合性的行业管理，避免劣质产品流入市场。推动企业加强光伏产品回收。

（七）加强行业组织建设，积极参与国际竞争

建立健全光伏行业组织，推动行业自律管理，加强行业交流与协作，集中反映产业发展愿景，打造国内光伏产业合作创新平台。充分发挥市场机制作用，以行业组织为纽带，以企业为主体，以市场为导向，提高产业应对国际竞争和市场风险的能力。加强国际交流和合作，优化产业发展环境，完善出口风险保障机制，鼓励企业积极争取海外资金，巩固和拓展国际市场。

水利发展规划（2011—2015 年）

前　言

水是生命之源、生产之要、生态之基，水利是经济社会发展的基本条件、基础支撑、重要保障，兴水利、除水害历来是治国安邦的大事。“十一五”时期，在党中央、国务院的高度重视和全社会的共同努力下，水利投入持续增加，重点工程建设取得重大进展，水利基础设施体系不断完善，水利管理不断加强，完成了五年规划确定的主要目标和任务，是新中国成立以来历次五年计划、规划中水利投资规模最大、规划目标实现最好、人民群众直接受益最多的时期，有力地保障和促进了国民经济和社会发展，也为今后的发展打下了坚实基础。

“十二五”时期是我国全面建设小康社会的关键时期，是深化改革开放、加快转变经济发展方式的攻坚时期，是可以大有作为的重要战略机遇期。新形势下，我国经济社会发展和人民生活改善对水提出了新的要求，发展和水资源的矛盾更加突出，水对经济安全、生态安全、国家安全的影响更加突出，成为制约可持续发展的重要因素。特别是2010 年西南地区发生特大干旱、多数省区市遭受洪涝灾害、部分地方突发严重山洪泥石流，充分反映了上述问题的严重性，加快水利改革发展刻不容缓。　　2011 年1 月，中共中央、国务院以中发[2011]1 号文件印发了《关于加快水利改革发展的决定》，从经济社会发展全局出发，科学阐述了水利发展的阶段性特征和战略地位，明确提出了水利改革发展的指导思想和主要原则，全面部署了今后10 年水利改革发展的目标任务和政策举措。7 月，中央召开了水利工作会议，对贯彻落实2011 年中央1 号文件进行了全面部署，动员全党全社会力量，推动水利实现跨越式发展。“十二五”时期，要针对水利发展中的突出问题和重点薄弱环节，紧密围绕全面建设小康社会和加快转变经济发展方式要求，把水利作为国家基础设施建设的优先领域，把农田水利作为农村基础设施建设的重点任务，把严格水资源管理作为加快转变经济发展方式的战略举措，通过深化水利改革、加快水利基础设施建设、加强水资源管理，不断提升水利服务于经济社会发展的综合能力，为促进经济长期平稳较快发展和全面建设小康社会提供坚实的水利保障。　　按照《国民经济和社会发展第十二个五年规划纲要》、《中共中央、国务院关于加快水利改革发展的决定》和中央水利工作会议的有关精神和要求，以及“十二五”国家重点专项规划编制工作安排，国家发展改革委、水利部、住房城乡建设部编制了《水利发展规划（2011—2015 年）》，提出了“十二五”及今后一个时期水利发展的总体思路、目标任务、建设重点和改革管理举措。　　本《规划》是“十二五”国家重点专项规划之一，是指导今后五年水利改革发展的重要依据。

目录

一、“十一五”水利发展改革主要成就

“十一五”时期，水利发展改革取得了明显成效，完成了“十一五”规划确定的主要目标任务，实现了一系列重大跨越，为粮食连续增产、农业农村稳步发展提供了有力保障，为经济社会发展、人民安居乐业做出了重要贡献。

防灾减灾能力显著增强。按照人水和谐的理念，坚持防汛抗旱并举，防治洪水与规避洪水相结合，科学合理安排各类防灾减灾措施。五年来，新建和加固堤防17080公里，长江下游河势控制、黄河堤防建设稳步推进，治淮19项骨干工程、长江三峡、嫩江尼尔基、广西百色、湖南皂市、黄河西霞院等一批重点水利枢纽建成投入运行，四川亭子口、江西峡江、广东乐昌峡、内蒙古海渤湾等水利枢纽工程开工建设，洞庭湖、鄱阳湖综合治理顺利实施，开展了1000余条中小河流重点河段治理和103个县的山洪灾害防治试点建设。如期完成专项规划内6240座大中型及重点小型、东部1116座重点小型病险水库除险加固任务，启动实施新一轮小型病险水库除险加固。有效抗御了2006年川渝地区特大干旱、2007年淮河流域性大洪水、2009年大范围特大春旱、2010年西南地区特大干旱和全国大范围频发的洪水灾害，多次成功防御了强台风及风暴潮的侵袭。在应对汶川特大地震和舟曲特大山洪泥石流灾害中，妥善处置了唐家山堰塞湖和白龙江险情。

供水保障能力进一步提高。根据水资源承载能力和经济社会发展需求，规划兴建了一批蓄、引、提水工程，新增年供水能力285亿立方米。南水北调东、中线一期工程按计划推进，京石段建成发挥效益，对保障首都供水安全发挥了重要作用。辽宁大伙房输水工程正式通水，甘肃引洮、贵州黔中水利枢纽、广西桂中治旱乐滩引水、西藏旁多、吉林哈达山等一批重点水源工程开工建设，西南中型水库建设加快推进，基本完成了陕甘宁盐环定扬黄续建任务。

农村水利建设取得重大进展。坚持以人为本，把解决农村民生问题放在更加突出的位置，全面加快农村饮水安全、大型灌区和泵站改造等工程建设步伐，农田水利基本建设实现恢复性增长。累计解决了2.1亿农村人口的饮水安全问题，提前1年并超额完成“十一五”规划任务。对全国434处大型灌区和21 处中型灌区进行续建配套节水改造，其中80处大型灌区基本完成规划骨干工程建设任务，开工建设了一批新灌区，对200多处大型灌排泵站进行更新改造，节水灌溉增效示范和牧区水利试点初见成效。启动实施了850个小型农田水利重点县建设。新增小水电装机容量2185万千瓦，建成432个水电农村电气化县，解决了46万户农民的小水电代燃料问题。如期完成《全国血吸虫病综合治理水利专项规划（2004—2008年）》任务。

水资源节约保护不断加强。在加快水利建设的同时，

高度重视水资源的节约保护和可持续利用，全面推进节水型社会建设，不断提高水资源利用效率和效益。单位工业增加值用水量提前实现“十一五”规划纲要确定五年降低30%的目标，农田灌溉水有效利用系数由0.45提高到0.50，在保障粮食连续增产的同时实现了农业灌溉用水总量零增长。江河流域水量分配逐步开展，省级行政区用水定额指标体系基本建立，水资源有偿使用制度逐步完善，水资源论证和取水许可工作不断强化，水权转换深入实践，开展了100 个国家级和200 个省级节水型社会建设试点。水资源保护力度加大，流域和省级地表水功能区划全面完成，太湖流域水功能区划得到国务院批复，饮用水水源地保护不断加强。

水土保持和河湖生态修复加快推进。坚持人与自然和谐，充分发挥生态自我修复能力，加强对重点水土流失地区和生态脆弱河湖的综合治理。完成水土流失综合治理面积23 万平方公里，治理小流域2 万多条，实施水土保持生态修复22 万平方公里。基本完成塔里木河、黑河、石羊河流域近期治理任务，太湖流域水环境综合治理水利项目全面启动，南水北调东、中线水源保护取得明显成效，重点地区和城市水生态系统保护与修复进一步推进。通过全流域水资源统一调度和调水调沙，保障了黄河干流自1999 年以来连续12 年不断流。

水利改革和管理取得新突破。坚持改革创新，把体制机制创新和法治建设放在更加突出的位置，进一步深化改革，强化管理，推动建立最严格的水资源管理制度。流域管理和行政区域管理相结合的水资源管理体制不断健全，国有水利工程管理体制改革长足推进，水利工程管理效率和维修养护水平逐步提高，农民用水合作组织蓬勃发展，农业水价综合改革试点取得初步成效，水价形成机制不断完善，水利投融资体制改革取得积极进展。水土保持法、水污染防治法修订出台，取水许可和水资源费征收管理条例、大中型水利水电工程建设征地补偿和移民安置条例、水文条例、抗旱条例、黄河水量调度条例等相继颁布实施，水法规体系不断完善，依法治水管水能力不断增强。全国水资源综合规划、流域防洪规划等24 项重要水利规划得到国务院批复。水利信息化建设步伐加快，科技创新能力持续提升，国际交流与合作广泛开展，队伍整体素质不断提高。

水利建设投资规模再创新高。“十一五”时期，全国共完成水利建设投资超过7000 亿元，与“十五”相比翻了近一番，其中中央水利建设投资2934 亿元，干成了一些多年想干而未能干的大事。在中央加大投入的同时，地方水利建设投资规模也快速增长，多元化、多渠道的水利投入机制初步建立。

水电建设规模在“十一五”期间达到了空前的水平，龙滩、景洪、构皮滩、拉西瓦、小湾、瀑布沟等大型水电站先后建成，向家坝、锦屏二级等大型、特大型水电站陆续开工，5 年新增装机容量接近1910 年中国第一座水电站兴建以来前95 年的总和，水电总装机容量突破2 亿千瓦，发挥了发电、防洪、供水等综合效益。

二、“十二五”水利发展改革面临的形势

“十二五”时期，是全面建设小康社会的关键时期，是深化改革开放、加快转变经济发展方式的攻坚时期，是可以大有作为的重要战略机遇期。保持经济平稳较快发展，转变经济发展方式，保障和改善民生，在工业化、城镇化深入发展中同步推进农业现代化，保障国家粮食安全，促进区域协调发展，建设资源节约型、环境友好型社会，积极应对气候变化、增强抵御自然灾害综合能力等国家重大战略，都对水利发展提出了新的更高的要求，迫切需要深化水利改革，加快水利发展，充分发挥水资源要素配置的先导作用和水利基础设施的保障作用。但是，与需求相比，水利仍然存在着一些薄弱环节，洪涝灾害、干旱缺水、水污染严重以及农田水利建设滞后等问题突出，水利设施薄弱仍然是国家基础设施的明显短板。

一是防洪减灾体系尚不完善，中小河流治理和山洪地质灾害防御滞后。大江大河防洪减灾工程体系初步形成，但仍存在一些重点薄弱环节，中小河流尚未得到全面治理，小型水库和大中型水闸病险问题突出，山丘区暴雨洪水监测预报预警和防御措施亟待加强，一些城市排涝能力严重不足，主要易涝地区农田排涝能力和沿海地区防御风暴潮能力偏低，蓄滞洪区建设与管理问题突出，难以及时有效运用。随着经济社会的快速发展、社会财富的大幅增长，洪水灾害风险和损失可能进一步增大，保障国家防洪安全的任务更加艰巨。

二是城乡供水保障能力不足，水资源供需矛盾突出。目前全国仍有近3 亿农村人口存在饮水安全问题，部分城市水源供水保证率和水源水质不达标问题突出，相当一部分城市重要经济区、能源基地、粮食主产区缺乏水源保障工程，应对严重和特大干旱的防灾减灾能力不足。随着工业化、城镇化和农业现代化的深入发展，用水需求在相当长的一个时期内还将持续增长，加之水资源的浪费、污染和过度开发等问题，城乡生活用水和农业生

产用水形势将日趋严峻。另外，受全球气候变化影响，水资源系统的不确定性增加，供水安全保障难度加大。

三是水污染和水土流失问题严重，部分地区水生态环境恶化。2010 年全国全年Ⅰ～Ⅴ类和劣Ⅴ类水河长占评价河长的比例分别为4.8%、30.0%、26.6%、13.1%、7.8%和17.7%。204 条河流的409 个地表水国控水质监测断面中，Ⅰ～Ⅲ类、Ⅳ～Ⅴ类和劣Ⅴ类水质断面比例分别为59.9%、23.7%和16.4%。海河等流域水污染仍然较为严重，部分河湖河道断流、湖泊萎缩、生态退化、水体富营养化等问题突出。广大农村地区排水河道污染严重、排水不畅，人居环境亟待改善。突发性水污染事件时有发生，严重威胁公共安全。地下水超采严重，全国已形成160 多个地下水超采区，超采区面积近19 万平方公里，年均不合理超采量达215 亿立方米，部分地区持续发生地面沉降和海水入侵等环境地质问题。全国亟待治理的水土流失面积仍有180 多万平方公里，严重的水土流失，导致了部分地区土地荒漠化、河湖淤积、耕地损毁等问题，加剧了江河下游地区的洪涝灾害。

四是农田水利基础设施薄弱，农业用水方式粗放。全国一半以上耕地缺少基本灌排条件，40%的大型灌区骨干工程、50～60%的中小型灌区存在不配套和老化失修问题，大型灌排泵站设备完好率不足60%，农田灌溉“最后一公里”问题凸显，严重影响农业稳定发展和国家粮食安全。农业节水总体水平不高，全国9 亿亩有效灌溉面积中节水灌溉工程面积仅占46%，旱作节水农业技术推广力度不够，且区域发展不平衡，单方水粮食产出只有发达国家的一半。

五是制约水利发展的体制机制性障碍依然较多，水利改革的深层次问题尚未解决。水资源管理制度与政策尚不健全，流域综合管理薄弱，水资源开发利用的统筹协调与统一规划不够，导致一些地方过度开发、粗放利用的现象严重；国家水权制度、主要江河水量分配方案等关键领域的改革进展不快。水利工程项目法人责任制、招标投标制等建设管理制度执行不规范，部分领域进入仍存在困难，竞争不足，水利投融资体制改革滞后，水利建设资金来源渠道不宽，多层次、多渠道、多元化的水利投入机制尚未完全建立。重建轻管，水利工程管理体制不顺、机制不活、维护管理经费不足等问题依然存在。水利国有资产管理激励约束机制不健全，管理效率和效益不高。不少地区水价改革尚不到位，农业水价总体较低与部分农民水费负担偏重并存。

六是科技创新能力不强，社会管理相对薄弱。水利科技创新体系不健全，科研成果推广和产业化程度不高。人才分布不均衡，高层次、高技能、复合型等人才偏少，基层水利单位人才匮乏。水文水资源监测能力不足，部分水文测报基础设施标准低，设备老化，水文数据共享和应用不够。洪水资源化利用程度不高，流域水量调度和水利工程调度方案有待优化。洪水管理和防灾减灾社会化保障体系亟待完善，侵占河湖和妨碍行洪的现象仍时有发生。水利应急处理能力不足，公共服务水平亟待提高。

七是水利投入不足，稳定增长的投入机制尚未形成。现有投资规模和渠道难以满足水利快速发展的需要，水利投资缺口仍然较大。水利投入占公共财政支出的比例偏低且不稳定，民间资本进入和市场化融资渠道不畅。一些地方对水利建设的投入严重不足，建设资金到位率低，部分工程难以按合理工期建成发挥效益。

当前和今后一个时期，水利发展也面临诸多有利条件和难得的机遇。党中央、国务院高度重视水利工作，2011 年中央1 号文件和中央水利工作会议全面总结了我国水利改革发展的实践经验，分析了水利工作面临的新情况新问题，对新形势下水资源的重要作用和水利的战略地位进行了全面阐释，明确提出了今后10 年水利改革发展的目标任务和政策措施，为加快水利改革发展提供了新的强大动力和保障。经过长期的努力，水利发展已具有良好基础，全社会对水的认识不断深化，水忧患意识和节约保护观念增强，对提高水利保障服务能力的期盼也更加强烈，为进一步加快水利改革发展提供了良好环境。随着我国经济社会的持续快速发展，综合国力和财政实力将进一步增强，对水利这一基础设施建设和改善民生的重点领域，国家有能力加大投入，继续保持较高的投资强度。

三、水利发展改革的总体思路、目标和布局

（一）指导思想

全面落实党中央、国务院关于水利改革发展的一系列重大战略部署，以科学发展为主题，以加快转变经济发展方式为主线，把水利作为国家基础设施建设的优先领域，把农田水利作为农村基础设施建设的重点任务，把严格水资源管理作为加快经济发展方式转变的战略举措，注重科学治水、依法治水，突出加强薄弱环节建设，大力发展民生水利，不断深化水利改革，加快建设节水型社会，着力提高水旱灾害综合防御能力、水资源合理配置和高效利用能力、水资源保护和河湖健康保障能力、

水利社会管理和公共服务能力，尽快从根本上扭转水利建设明显滞后的局面，为促进经济长期平稳较快发展和全面建设小康社会提供坚实的水利保障。

（二）基本原则

坚持以人为本，保障改善民生。把保障和改善民生作为水利工作的根本出发点和落脚点，着力解决群众最关心最直接最现实的水利问题，加快水利基本公共服务能力建设，保障城乡居民饮水安全和防洪安全，改善生活生产条件和人居环境，推动水利基本公共服务均等化，使水利发展成果更好地惠及全民。

坚持统筹兼顾，促进协调发展。科学规划，兴利除害并举、防灾减灾并重、治标治本结合，充分发挥水资源的多种功能，合理安排生活、生产、生态用水，促进流域与区域、城市与农村、东中西部地区水利协调发展，实现经济效益、社会效益、生态效益有机统一。突出加强水利薄弱环节建设，切实加大农田水利、中小河流治理、山洪地质灾害防御和重点水源工程建设力度。

坚持节约保护，转变发展方式。强化水资源需求侧管理，量水而行、因水制宜，全面加强水资源的合理开发、高效利用和有效保护，规范水资源开发利用秩序，加快建设节水型社会，促进经济发展方式转变。加大水生态保护和水环境治理力度，加强水污染防治。从严控制水利工程建设用地规模，严格执行项目建设用地标准，尽量不占或少占耕地，促进土地节约集约利用。

坚持人水和谐，维护河湖健康。尊重规律、尊重科学，把生态环境保护理念贯穿于水利工程规划、设计、建设和运行管理的各个环节，优化工程调度，统筹兼顾经济社会发展和河湖健康以及水生生物保护的基本生态环境用水需求。注重给洪水以出路，加强洪水资源利用，充分发挥自然的自我修复能力，着力改善河湖水环境，实现河畅其流、水复其清，提升水景观和生态服务功能。

坚持政府主导，社会大办水利。把水利工作摆上党和国家事业发展更加突出的位置，进一步加强组织领导，落实工作责任，加大资金投入，完善政策措施，严格监督管理。充分发挥公共财政对水利发展的保障作用，鼓励引导和广泛动员各方面力量参与水利建设与管理，形成政府社会协同治水兴水合力。

坚持改革创新，增强发展活力。加强顶层设计，加快建立国家水权制度，积极推进流域综合管理体制、水利投融资体制、水利工程建设和运行管理体制、水价等重点领域和关键环节改革攻坚，破解制约水利发展的体制机制障碍。进一步健全完善水法规体系和水利规划体系，提高水利工作科学化、法制化水平，提高水资源管理的透明度、公信力和执行力。增强水利科技创新能力，提升水利信息化水平。

（三）主要目标

1. 防洪减灾。基本建成工程措施与非工程措施相结合的大江大河综合防洪减灾体系。基本完成重点中小河流（包括大江大河支流、独流入海、内陆河流）重要河段治理，全面完成水库除险加固任务，重要海堤达到规划标准，重要防洪城市达到国家规定的防洪标准，基本建立山洪地质灾害重点防治区监测预报预警体系，重点低洼地区排涝标准达到 5 年一遇以上。

2. 水资源保障。全面解决约 3 亿农村居民饮水安全问题，农村集中式供水受益人口比例提高到 80% 左右；水利工程新增年供水能力 400 亿立方米，其中新增城市供水能力 260 亿立方米左右，城市供水水源保证率不低于 95%；充分发挥现有灌溉工程作用，力争完成 70% 以上的大型灌区和 50% 以上的重点中型灌区骨干工程续建配套与节水改造任务，新增农田有效灌溉面积 4000 万亩。初步建立抗旱减灾体系，重要城市应急备用水源建设得到全面加强，干旱易发区、粮食主产区抗旱能力显著提高。

3. 水资源节约保护。全国用水总量力争控制在 6350 亿立方米以内；单位工业增加值用水量比 2010 年下降 30% 以上；新增高效节水灌溉面积 5000 万亩，农田灌溉水有效利用系数提高到 0.53 以上。重要江河湖泊水功能区水质达标率提高到 60% 以上，提高集中式饮用水水源地水质达标率；城市污水处理率达到 85%，资源型和水质型缺水城市的污水再生利用率达到 20% 以上。

4. 水土保持与河湖生态修复。新增水土流失综合治理面积 25 万平方公里。生态环境脆弱地区及重点河湖的生态环境用水状况得到初步改善，生态环境得到一定程度修复；地下水严重超采区超采状况初步好转。

5. 水利改革与管理。初步建成有利于水利科学发展的制度体系。建立和完善国家水权制度，基本完成主要江河水量分配方案，流域综合管理体制改革取得明显进展。水利投融资改革取得重大突破，水利建设领域全面开放，项目法人招标、代建制等加快推进，水利工程良性运行与管护机制基本健全。形成较为完善的水法规体系，河湖管理水平大幅提升。水利科技创新能力显著增强，信息化水平进一步提高。

上述指标中，解决农村饮水安全人口和单位工业增加值用水量降低为约束性指标，要进一步细化分解到有关地区，明确工作责任和进度，主要通过政府运用公共资源全力完成。水利工程新增年供水能力、新增农田有效灌溉面积等预期性指标和任务，主要通过政府创造良好的政策环境、体制环境和法治环境，完善市场机制和利益导向机制，多措并举促进目标的实现。

6.2020 年展望。到 2020 年，基本建成防洪抗旱减灾体系，重点城市和防洪保护区防洪能力明显提高，中小河流得到有效治理，基本建成山洪地质灾害防治区防灾减灾体系；抗旱能力显著增强，重点地区、重要城市和旱灾易发区的水资源供需矛盾得到明显改善。基本建成水资源合理配置和高效利用体系，全国用水总量力争控制在6700 亿立方米以内，城乡供水保证率显著提高，城乡居民饮水安全得到全面保障，万元国内生产总值和万元工业增加值用水量明显降低，农田灌溉水有效利用系数提高到 0.55 以上。基本建成水资源保护和河湖健康保障体系，主要江河湖泊水功能区水质明显改善，城市污水处理率进一步提高，城镇供水水源地水质全面达标，重点区域水土流失得到有效治理，生态脆弱地区及重点河湖的生态环境用水状况得到明显改善，地下水超采基本遏制。基本建成有利于水利科学发展的制度体系，最严格的水资源管理制度基本建立，完成江河水量分配方案，流域综合管理成为流域管理和区域管理的基本模式；水利投入稳定增长机制进一步完善，形成健全的水利投融资体制机制；有利于水资源节约和合理配置的水价形成机制基本建立，水利工程良性运行机制基本形成；水利社会管理和公共服务水平显著提升，水法规体系进一步健全，水利科技创新能力和信息化水平显著提高。

（四）总体布局

按照国家实施区域发展总体战略和主体功能区战略部署，针对流域和区域实际，合理布局，突出重点，加强水利薄弱环节建设，提高水利支撑与保障能力，逐步形成与经济社会发展相适应的水利发展格局。

华北地区。以解决缺水和水污染问题为重点，以节水和治污为主要手段，着力提高水资源保障能力。率先完成主要江河水量分配，加强区域用水总量控制和定额管理，深化水价改革，大力推广农业高效节水，加大雨洪水、空中云水和再生水、海水等非常规水源利用力度，切实强化节约用水。结合南水北调工程建设，优化调度当地水资源和外流域调水，健全水资源配置体系。以兴建集中式供水工程为主，加快解决农村饮水安全问题。加强重要水源地、河湖及湿地的水资源保护和水生态修复，以地下水严重超采区为重点，严格控制地下水开采；加大京津风沙源区水土流失治理力度。确保京津等重要地区防洪和供水安全。

东北地区。围绕全面振兴老工业基地和建设国家粮食战略基地的要求，加大防洪减灾工程建设和水资源开发利用力度，保障重点地区防洪安全、供水安全。加快水源工程、引调水工程和灌区建设，合理开发利用和调配水资源，保障哈长地区、辽中南和辽西北地区、长吉图开发开放先导区、吉林中西部、三江平原、松嫩平原、蒙东等区域工业化城镇化发展和粮食主产区的用水要求。加强水资源节约与保护，继续推进黑土区水土流失综合治理和重要湿地保护，改善河湖水环境。加大松花江、辽河干流和中小河流以及涝区治理力度，开展界河重点河段防护和整治。

华中地区。按照实施中部崛起战略的要求，进一步加强大江大河大湖和重点中小河流治理，完善水资源配置格局，形成较为完善的防洪减灾和城乡供水保障体系。加强农田水利基础设施建设，完善农田灌排体系，改善农业生产条件，增强区域粮食供给能力，巩固提升全国重要商品粮生产基地地位。改善重点地区、重要河湖水生态环境，加强南水北调水源地保护，在满足本区域供水需求的基础上，合理规划向北方调水。加强山洪地质灾害防御和重点区域水土流失综合治理，做好水利血防工作。

西南地区。按照深入推进新一轮西部大开发的要求，加快重点水源工程建设，强化山洪地质灾害防御，尽快建成监测预报预警体系。合理规划，蓄引提调结合、大中小微并举，加强水源及输配水工程建设，解决重点城市、重点地区和易旱地区的工程性缺水问题。加强地下水勘查，在有开发利用潜力的地区增加地下水开采量。加快场镇密集、居民集中地区的中小河流治理。实施坡耕地水土流失综合治理，加强高原湖泊水资源、水生态和水环境保护。在保护生态和落实移民安稳致富措施的前提下积极开发水能资源。

西北地区。按照深入推进新一轮西部大开发的要求，重点解决水资源短缺和生态环境恶化问题。大力推进农业高效节水，全面建设节水型社会，促进产业结构优化升级和经济社会发展方式转变。统筹调配流域和区域水资源，合理控制水土资源开发规模，保障重要经济区和重点城市的供水安全。加快实施农村饮水安全工程。加大黄土高原和青海“三江源”等地区的水土保持和生态修复力度，积极实施人工增雨（雪）作业，继续推进石羊河、渭河等生态脆弱河流的修复治理，加强敦煌水资源合理利用和生态保护，改善区域生态环境。在全面加强地下水超采区控制和治理的同时，加强地下水库的开发利用。提高山洪地质灾害防御能力，防御突发性融雪洪水灾害。

东南沿海地区。按照率先发展的要求，加快推进水利基础设施建设，完善防灾减灾和水资源调控体系。加强山洪地质灾害、台风灾害应急预警机制建设，继续开展中小河流治理和海堤建设，提高重点地区和重点河段的灾害防御能力。城乡统筹，科学规划，合理布局，加强水资源调蓄和供水工程建设，保障重点区域用水需求。积极开发利用海水资源。加强水污染防治和水资源保护，实施河口综合整治，维系河流尾闾良好的生态系统。严格控制沿海地区地下水开采，防止海水入侵。

四、水利建设主要任务

（一）突出加强农田水利建设

大中型灌区续建配套节水改造。抓紧修订实施新一期全国大型灌区续建配套节水改造规划，合理核定改造范围、投资规模和建设内容，完善前期工作，优化审批流程，集中加快建设进度，到2020 年基本完成大型灌区、重点中型灌区续建配套和节水改造任务。

大型灌溉排水泵站更新改造。全面实施全国大型灌排泵站更新改造，争取到2015 年基本完成全国251 处大型灌排泵站更新改造任务。优先安排工程改造效益明显和粮食主产区等重点地区的项目，统筹考虑泵站改造和区域内灌排配套工程建设，促进工程发挥整体效益。加强重点涝区治理，完善灌排体系。适时研究启动中型灌排泵站更新改造工作。

增加农田有效灌溉面积。结合全国新增千亿斤粮食生产能力规划实施，外延发展与内涵挖潜相结合，到2015 年新增农田有效灌溉面积4000 万亩。在三江平原、长江流域等水土资源条件具备的地区，新建一批灌区；在黄淮海地区加快南水北调工程及其配套工程建设，通过水源置换退还挤占的农业用水，恢复部分有效灌溉面积；在西南盆地、平坝水源条件丰沛地区，结合新建水源工程配套发展一批中小灌区。

小型农田水利建设。加快推进小型农田水利建设，优先安排产粮大县和农业大县，加强灌区田间灌排设施配套，注重工程建设与农艺、农机、生物、化学等措施的结合，加强灌溉与排水、骨干与田间的工程配套。健全农田水利建设新机制，通过政府增加补助、民办公助、以奖代补、先建后补、奖补结合等多种方式，引导和鼓励农民自愿投工投劳。因地制宜兴建中小型水利设施，支持山丘区小水窖、小水池、小塘坝、小泵站、小水渠等“五小

水利”工程建设。强化农业节水。把节水灌溉作为发展现代农业的一项根本性措施和重大战略来抓，因地制宜大力推广渠道防渗、管道输水、微灌、滴灌、喷灌等节水灌溉技术。采用地膜覆盖、深松深耕、保护性耕作等技术，积极发展旱作农业。推动农业节水增效技术的综合集成和规模化、产业化发展，优先推进水资源短缺地区、生态脆弱地区和粮食主产区农业高效节水工程建设，争取5 年内新增高效节水灌溉面积5000 万亩，全国农田灌溉水有效利用系数达到0.53 以上。稳步发展牧区水利，建设节水高效灌溉饲草料地。

（二）着力加强防洪薄弱环节建设

大江大河大湖治理。进一步治理淮河，继续加强长江、黄河、珠江、太湖、洞庭湖、鄱阳湖等大江大河大湖治理，积极推进重要河口整治。加快重点平原涝区治理，加强城市排涝设施改造和建设。完成四川亭子口、江西峡江、河南河口村、内蒙古海渤湾、广东乐昌峡等控制性枢纽工程建设，适时开工建设一批防洪重点工程。加快使用频繁、防洪作用突出的蓄滞洪区建设，引导和鼓励居民迁出蓄滞洪区，使重度风险区内的居民得到妥善安置，初步建立较为完善的管理体制和运行机制。加强海堤建设和跨界河流整治。

中小河流治理和病险水库除险加固。尊重自然规律，统筹协调上下游、干支流、区域和流域的关系，合理确定治理范围、措施、建设规模和标准，对流域面积200 平方公里以上有防洪任务的重点中小河流治理加大治理力度，优先安排洪涝灾害易发、保护区人口密集、保护对象重要的河流及河段，加固堤岸，清淤疏浚，使治理河段基本达到国家防洪标准。巩固水库除险加固成果，加快推进大中型病险水库除险加固，全面完成小型病险水库除险加固任务。统筹安排大中型病险水闸除险加固工程建设。

山洪地质灾害防御。坚持防治结合、以防为主的方针，深入开展山洪地质灾害调查评价，全面查清灾害隐患点基本情况，尽快在山洪地质灾害易发地区建成监测预报预警系统和群测群防体系。对重点防治区中灾害风险较高、居民集中且有治理条件的地区逐步开展治理。对危害程度高、治理难度大的地区，加快实施搬迁避让。

防洪非工程措施。统筹加强水文气象基础设施建设，健全应对严重自然灾害和突发事件的监测能力，强化部

门应急联动和信息实时共享，完善中小水库防汛报警通信系统，制定完善中小河流、中小水库防洪预案，建立洪水风险管理制度，提高洪水资源化利用水平。

（三）大力提高城乡供水保障能力

水资源配置工程建设。在保护生态的前提下，因地制宜科学实施一批水资源配置工程建设，提高水资源调控水平和供水保障能力。加快推进南水北调东、中线一期工程及配套工程建设，确保工程质量，如期实现通水目标和发挥效益。妥善处理南水北调中线干渠防洪影响问题。继续开展南水北调东、中线二期工程和西线工程等一批跨流域和区域引调水工程的前期工作，进一步优化配置水资源。

重点水源工程建设。完成西藏旁多、吉林哈达山等在建骨干水利工程建设任务，继续推进西南等工程性缺水地区重点水源工程建设。加强老少边穷地区城镇和农村水源建设，改善饮水安全状况，发展和改善灌溉面积，提高城乡供水和工农业供水保证率。加快干旱易发区、粮食主产区以及城镇密集区的水源工程及配套设施建设，同时积极实施人工增雨（雪），提高应对特大干旱、连续干旱和供水安全突发事件的能力。

城镇供水保障能力建设。加大现有城镇水源地挖潜改造，提升蓄供水能力。综合考虑城镇发展和应对极端天气、水源污染等突发事件的水源保障需求，加快城镇新水源和相关供水设施建设，因地制宜优化水源结构，确保供水安全。加快城镇供水设施和管网改造，加强公共建筑和住宅小区节水配套设施建设，全面推广城市生活节水器具，逐步淘汰不符合节水标准的用水设备及产品，推进城镇污水再生利用。加大工业节水力度，重点抓好火电、石油石化、钢铁、纺织、造纸、化工、食品等高耗水行业的节水工作，推广先进的节水技术、节水工艺和节水器具，大力提高水循环利用率，降低工业企业单位产品用水量，鼓励工业废水处理回用。建设一批高水平、具有代表性的节水型社会示范区和节水增效示范项目。

农村饮水安全工程建设。进一步加快建设进度，因地制宜采取集中供水、分散供水和城镇供水管网向农村延伸等方式，全面解决2.98 亿农村人口（含国有农林场）和11.4 万所农村学校的饮水安全问题。要扎实做好项目前期工作，加强水源可靠性论证和工程卫生学评价，优化工程建设方案，强化工程运行管理，落实管护主体，严格水源保护和水质监测，确保工程长期发挥效益，让农民喝上洁净水、放心水。

非常规水源利用。扩大污水再生利用量，因地制宜推广分质供水技术，科学合理利用雨洪水和微咸水，扩大沿海地区海水直接利用和海水淡化规模。加快区域人工影响天气中心建设，完善跨区域作业调度运行决策机制，加大人工增雨（雪）作业力度，科学开发利用空中云水资源。

（四）加快构建水生态安全保障体系

饮用水水源地保护。合理布局城乡饮用水水源地，加强水源地涵养、保护和综合治理，依法取缔饮用水水源保护区范围内的排污口。加大南水北调东、中线一期工程、三峡库区、大中型水库等重要饮用水水源地及输水沿线的水资源和环境保护力度。

地下水保护与修复。加大地下水超采区治理力度，严格控制地下水开采。启动南水北调东中线受水区、地面沉降区、滨海海水入侵区、石羊河流域等重点地区的地下水压采计划。建设地下水压采地区的替代水源工程，压减地下水开采量，逐步建立以地下水为主的多水源应急备用与战略储备体系，增强地下水的应急抗旱能力。有条件的地区，要通过建设地下水库、利用雨洪水和再生水回灌等措施，补充涵养地下水源。继续开展全国地下水保护行动试点工作。

水文水资源监测。优化水文站网布局与结构，完善各类水文监测站网。建设国家地下水监测工程、国家水资源管理信息系统。加强省界等重要控制断面、水功能区和地下水的水质水量监测能力以及取水、排水、入河湖排污口计量监控设施建设。积极推进重要饮用水水源地、规模以上取水户在线监测设施建设。

重点地区水土流失治理。继续加大长江上中游、黄河中上游、西南石漠化地区、珠江上游、东北黑土区、京津风沙源区、西北内陆河流域、青海“三江源”、三峡库区、丹江口库区等重点区域及山洪地质灾害易发区水土保持生态建设与修复力度。对西南土石山区、西北黄土高原区、南方红壤丘陵区、北方土石山区等坡耕地集中、人地矛盾突出、水土流失严重的地区，加快推进坡耕地水土流失综合治理，保护耕地和生态环境。积极推进黄土高原淤地坝建设。通过上拦、下堵、中间削坡绿化等措施，开展南方崩岗综合治理。大力开展生态清洁型小流域建设。加强水土保持监测设施建设。

河湖生态修复。根据流域和区域水资源条件，通过合理确定水土资源开发规模、优化调整产业结构、强化节水治污、利用再生水增加生态水源和适度调水等措施，实施生态脆弱和污染严重河湖生态修复与综合治理。巩固塔里木河、黑河、石羊河流域近期综合治理成果，加强敦煌、海河、太湖等重点地区与河湖的水生态修复治理。加强河湖入河排污口整治与规范化管理，采取截污导流、河道整治、生态清淤、生态修复等措施，减少污染物进入水体；有条件的地区可通过水资源调度和跨流域引水，增加湖泊生态水量，促进区域水环境改善。因地制宜研究采取修建过鱼设施、人工增殖放流、生态调度等措施，加强鱼类等水生生物保护。实施农村河道综合整治，改善农村水生态环境。

小水电建设。在保护生态和农民利益的前提下，有序发展小水电，建设300 个水电新农村电气化县，继续因地制宜实施小水电代燃料工程，搞好农村水电配套电网改造工程建设。　　水利血防工程。加快长江中下游等区域的水利血防工程建设，配合其他血吸虫病防治措施，到2015 年底，使全国所有血吸虫病流行县（市、区）达到传播控制标准，已达到传播控制标准的县（市、区）力争达到传播阻断标准。

五、水利改革和管理主要任务

（一）创新水利科学发展的体制机制

水资源管理体制改革。建立和完善国家水权制度，制定主要江河水量分配方案，明晰初始水权，建立用水总量控制指标体系，制订行业及产品用水定额，提出水权制度实施意见，培育水权转让市场，规范水权转让活动。在保障灌溉面积、灌溉保证率和农民利益的前提下，建立健全工农业用水水权转换机制。强化水资源统筹规划和统一调度，协调好生活、生产、生态用水。建立健全水资源开发权许可制度，引导和规范市场主体通过公开公平竞争获得水资源开发权。完善水资源有偿使用制度，科学制定水资源费征收标准，严格征收、使用和管理。

流域综合管理体制改革。明晰流域管理和行政区域管理责权，完善流域管理与区域管理相结合的管理体制。建立各方参与、民主协商、共同决策、分工负责的流域议事决策和高效执行机制，统筹兼顾地表水和地下水、水量和水质、上下游、左右岸、干支流，以及水资源保护、开发、利用的各个环节，综合运用法律、经济、行政等措施，实行流域综合管理。进一步完善水资源保护和水污染防治协调机制。

水利投融资体制和建设管理体制改革。在加快建立政府水利投资稳定增长机制、发挥政府投资主渠道作用的同时，进一步放开水利工程建设领域，建立收费补偿机制，采取业主招标、承包租赁、投资补助、特许经营等方式，吸引民间资本参与水利工程建设和管理。对有合理回报和一定投资回收能力的项目，要推行项目法人招标；对非经营性政府投资项目，要加快推行代建制。鼓励和引导外资参与《外商投资产业指导目录》中鼓励类、允许类水利项目建设与管理，同时有效利用国外优惠贷款和国际商业贷款，提高水利利用外资的规模和质量。

水利工程管理体制改革。区分水利工程性质分类推进改革，健全良性运行机制。坚持政企分开、政事分开、政资分开、事企分开，明晰水利工程产权，明确管理主体，完善公益性水利工程管护机制，开展工程管理和维修养护项目的招投标，普遍推行管养分离和合同管理，落实管理人员和管护经费，加强资产及收益监管。以乡镇或小流域为单元，进一步健全基层水利服务体系，大力发展农民用水合作组织，逐步完善专业化服务与用水户自主管理相结合的管理模式，健全管护机制。依法加强水工程保护和环境与安全管理，优化工程调度运用方案，保障下游生产、生活和生态用水需求，确保工程建得成、管得好、用得起、长受益。

水价改革。加快完善水价形成机制，充分发挥水价的调节作用，大力促进节约用水和产业结构调整。稳步推行阶梯水价制度，对高耗水的特种行业用水实行高水价，鼓励中水回用。按照促进节约用水、降低农民水费支出、保障灌排工程良性运行的原则，继续推进农业水价综合改革，农业灌排工程运行管理费用由财政适当补助，探索实行农民定额内用水享受优惠水价、节约转让、超定额用水累进加价的办法。

建立水生态补偿机制。鼓励同一流域上下游生态保护与生态受益地区之间协商建立生态补偿机制。加大对西部地区重要水源涵养区域、江河源头区、集中式饮用水水源地、水土流失预防保护区、蓄滞洪区等禁止和限制开发区域的财政转移支付力度。明确禁止和限制开发区域以及治理修复区域的生态环境保护与治理责任、目标，完善绩效考核办法和利益补偿机制。探索建立流域上下游不同区域的水生态环境保护和协作机制。

（二）加强依法治水管水

实行最严格的水资源管理制度。始终坚持把节水型社会建设作为解决我国水资源问题的根本性、战略性措施，确立水资源开发利用控制、用水效率控制、水功能区限制纳污3 条红线，充分发挥红线约束调节作用，从制度上推动经济社会发展与水资源水环境承载能力相协调。严格执行建设项目水资源论证制度和取水许可制度，国民经济和社会发展规划以及城市总体规划的编制、重大建设项目的布局，要与当地水资源条件和防洪要求相适应。积极实施地下水保护行动计划，划定地下水功能区，制定地下水开采控制目标，严格控制地下水超采，限期关闭城市公共供水管网服务范围内的自备井，并作为应急水源纳入城市供水保障体系统一管理。抓紧制定并实施南水北调东中线受水区地下水压采方案。根据不同地区的水资源状况和用水水平，制定和完善农业、工业、服务业等用水定额体系。强化计划用水管理和定额管理，对达到一定取用水规模以上的用水户实行重点监管，实行超计划、超定额累进加价。实行节水产品认证和市场准入，开展用水产品用水效率标识管理。制定并公布落后的、耗水量高的用水工艺、设备和产品名录，逐步淘汰不符合节水标准的用水设备及产品。建立水功能区限制纳污制度，从严核定水域纳污容量，严格控制入河排污总量。各级政府要把限制排污总量作为水污染防治和污染减排工作的重要依据。对排污量已超出水功能区限排总量的地区，限制审批新增取水和入河排污口。建立水功能区水质达标评价体系，加强水功能区动态监测和科学管理。加强水源地保护，依法划定饮用水水源保护区，强化饮用水水源应急管理。建立水资源管理责任制，县级以上地方政府主要负责人对本行政区域水资源管理和保护工作负总责。严格实施水资源管理考核制度，把对各地区水资源开发利用、节约保护主要指标落实情况的考核结果，作为地方政府相关领导干部综合考核评价的重要依据。加强“虚拟水”的研究和利用。

加强河湖和水土流失监督管理。划定河湖管理和保护范围，明确管护主体和责任，建立责任追究机制。强化河湖管理执法，依法查处非法围垦水面、侵占河湖岸线的行为，保证河湖畅通和防洪安全。对新建涉河（湖）项目，要严格执行水工程建设规划审查、洪水影响评价等制度，坚决查处未批先建和不按批准的建设方案实施的行为。加强河道采砂管理，严厉打击河湖非法采砂活动。建立健全农村河道管护机制，明确管理管护责任，按照分级管理的原则落实管护人员和经费渠道。加强水土保持预防监督管理，从严控制重要生态保护区、水源涵养区、江河源头区和山洪地质灾害易发区等水土流失严重地区的开发建设活动。落实开发建设项目水土流失防治责任，完善开发建设项目水土保持“三同时”制度。

加强水利防灾减灾管理。编制重点区域的洪水风险图，建立洪水风险管理制度，加强洪水科学调度和有效利用。对蓄滞洪区进行分类管理，制定不同洪水风险区域居民避洪安置方案，对运用几率较高的蓄滞洪区和洪水淹没风险较大的滩区，按照尊重群众意愿的原则，积极稳妥地推进居民迁建。抓紧制定和完善洪水防御方案与洪水调度方案，明确洪水调度管理权限和责任，统筹安排超标准洪水的出路。建立特大干旱灾害应对机制，修订完善各类抗旱预案和旱情紧急情况下的水量调度预案，多措并举增加水资源战略储备，加强旱情紧急情况和突发性供水安全事件的水量调度管理。鼓励和支持发展洪水保险，初步建立水旱灾害保险制度。完善防汛抗旱行政首长负责制和防汛抗旱统一指挥、分级分部门负责制度，加强监督考核，健全灾害预警响应和转移安置群众应急管理机制。建立专业化与社会化相结合的应急抢险救援队伍，着力推进县乡两级防汛抗旱服务组织建设，健全应急抢险物资储备体系，完善应急预案。

建立健全水法规和水利规划体系。进一步完善适合我国国情水情的水法规体系，全面推进水利综合执法，健全预防为主、预防与调处相结合的水事纠纷调处机制。深化水行政管理体制和水行政许可审批制度改革，切实转变政府职能，积极推进政务公开，加强社会监督，提高工作透明度和公众参与度。完善全国、流域、区域水利规划体系，强化水利规划对涉水活动的管理和约束作用。做好水库移民安置工作，创新移民安置方式，落实后期扶持政策，保障移民合法权益。加大力度宣传水情国情，提高全民水法治意识、水患意识、节水意识、水资源保护意识，广泛动员全社会力量参与水利建设。

（三）推进水利科技创新

健全和完善水利科技创新体系。继续深化科技体制改革，进一步创新和完善管理体制机制，统筹协调和优化配置现有科技资源，推动部级重点实验室、部级工程技术研究中心和具有一定创新能力的基层水利科技试验站或科技园区建设，强化水利科技基础条件平台，推进技术信息共享。多渠道、多层次地增加水利科技投入，加强科技管理，提高科技管理效率和水平。

深入开展重大水利科技问题研究。加强饮用水安全保障、水资源可持续利用、防洪抗旱减灾与水资源调度、节水灌溉、水资源保护与水生态修复、重大工程建设等领域的关键技术与重大问题研究，凝炼对水利可持续发展具有战略性、基础性、关键性作用的重大课题和关键领域，集中优势力量，力争重点突破。

加强水利科技成果推广与普及。积极推广转化和应用一批高效、节水、降耗和环保的水利新技术、新工艺、新装备、新材料，全面提高水利科技含量和装备水平。完善质量技术监督体系和技术标准体系。加强水利科学知识的宣传普及，培养广大群众的科学观念，营造有利于水利科技创新的社会环境。

推进水利信息化建设。以信息共享、互联互通为重点，大力推进水利信息化资源整合与共享，向全社会提供基础信息服务。实施“金水工程”，加快完善国家防汛抗旱指挥系统，提高水利管理信息化水平。做好第一次全国水利普查工作，建立国家基础水信息平台。

加快水利人才队伍建设。大力实施和推进水利人才战略，完善人才引进、培养、使用三个环节，优化水利人才结构，加强创新型人才培养。进一步优化环境，鼓励创新，造就一批具有国内领先水平、国际上有一定影响的学科带头人。

加强国际科技合作与交流。积极实施“引进来、走出去”战略，以科技合作为先导，进一步扩大水利国际合作与交流范围，深化合作交流内容，主动利用全球科技资源，更好地服务于水利可持续发展。

六、环境影响评价

“十二五”水利建设任务主要包括防洪减灾、城乡供水保障、农田水利、水生态安全等四个方面。规划实施后，可有效提高水旱灾害综合防御能力、水资源合理配置和高效利用能力、水土资源保护能力，保障经济社会发展，改善生态环境。一是防洪减灾薄弱环节建设可进一步完善防洪减灾工程体系，基本完成重点中小河流重要河段治理，基本消除现有病险水库和大中型病险水闸安全隐患，基本建立山洪地质灾害防御体系，为推进建立洪水风险管理制度提供基础，提高重点地区和重点城市的防洪标准，全面改变中小河流日益严峻的防洪形势，为保障人民群众生命财产安全提供基础支撑。二是城乡供水保障工程建设可进一步完善水资源配置工程体系，初步形成流域和区域水资源合理配置格局，基本建立与工业化、城镇化、农业现代化相适应的城乡供水安全体系；在确立用水总量控制、用水效率控制、水功能区限制纳污“三条红线”，落实最严格水资源管理制度的基础上，不断提高供水安全保障程度。三是农田水利建设可从根本上提高农业综合生产能力，改善农村生活、生产条件与生态环境，促进社会主义新农村建设，保障国家粮食安全。四是水生态安全保障工程建设将加强饮用水水源地保护，逐步遏制地下水超采局面，改善重点地区水土流失状况和重点河湖水生态环境质量。

同时，规划实施和水利工程建设也可能对局部带来一些不利环境影响。整治河道、加固堤防、筑坝建库和大规模引水等水利工程建设将改变河流、湖泊的水文情势及水生态环境；水库蓄水可能改变岩体的应力状态，产生局部的应力集中，可能产生滑坡塌岸，诱发水库地震；可能对自然景观和文物、水生生物栖息繁衍环境、生物多样性等产生影响，拦河建筑物可能阻断鱼类洄游通道。灌区扩建和取水可能导致河流和地下水循环状况的改变，产生土壤潜育化和次生盐碱化，并对河道生态环境造成一定的不利影响；农业节水工程建成运行后，减少了沿程和田间的渗漏，可能对输水渠沿途的植物生长和地下水的补给带来不利影响，特别是干旱半干旱地区灌区地下水补给量的减少，会对灌区植物生长以及植被带来不利影响；灌区退水的减少，可能对灌区盐分平衡带来一定的影响。同时，水库建设具有淹没及占地多、移民数量大的特点，库区人地矛盾突出，移民安置难度大，带来一些社会问题。　　为此，要高度重视水利工程建设的不利环境影响，依法加强相关规划和建设项目环境影响评价等工程建设前期工作，采取相应的生态环境保护措施，并根据生态环境对规划实施的响应及时优化调整实施方式，强化对工程规划、设计和建设管理全过程的监管，最大程度地减免规划实施的不利环境影响。

七、保障措施

加快水利改革发展，是事关我国社会主义现代化建设全局和中华民族长远发展重大而紧迫的战略任务。“十二五”时期，水利建设任务重、规划投资强度大、管理要求高、改革难度大，各地区、各有关部门要进一步深化认识，细化措施，实化工作，采取有力措施，保障规划顺利实施。

（1）加强组织领导

（2）落实目标责任

（3）加大投入力度

（4）强化建设管理

（5）加强跟踪评估

煤炭工业发展“十一五”规划

前 言

煤炭是我国的主体能源，在一次能源结构中占70%左右。在未来相当长时期内，煤炭作为主体能源的地位不会改变。煤炭工业是关系国家经济命脉和能源安全的重要基础产业。煤炭工业发展“十二五”规划，根据《国民经济和社会发展第十二个五年规划纲要》和《能源发展“十二五”规划》编制，在总结分析发展现状、存在问题和面临形势的基础上，提出了“十二五”时期煤炭工业发展的指导思想、基本原则、发展目标、主要任务和政策措施，是指导煤炭工业健康发展的纲领性文件。

目 录

一、规划基础和背景

（一）发展基础

“十一五”时期，煤炭工业全面贯彻落实《国务院关于促进煤炭工业健康发展的若干意见》和《煤炭产业政策》等政策措施，发展方式转变和结构调整取得重要进展，整体水平显著提高。

1. 资源保障程度提高。中央、地方和企业加大地质勘查投入，煤炭资源储量增加，保障程度增强。截至2010年底，全国煤炭保有查明资源储量13412亿吨，比2005年增加约3000亿吨，其中西部地区占全国增量的90%以上，为煤炭开发战略西移奠定了基础。

2. 生产技术水平大幅提升。生产煤矿技术改造和大中型煤矿建设加快，形成一批现代化煤矿。2010年，全国煤炭产量32.4亿吨，比2005年增加8.9亿吨；装备现代化、管理信息化、年产120万吨及以上的大型煤矿

661处，产量18.8亿吨，占全国的58%；建成安全高效煤矿359处，产量10.2亿吨；千万吨级煤矿40处，产量5.6亿吨；采煤机械化程度65%左右。原煤入选能力17.5亿吨/年，入选原煤16.5亿吨。

3. 大型煤炭基地建设稳步推进。统筹大型煤炭基地开发建设，加强矿区总体规划管理，规范煤炭资源开发秩序，一批大型矿区已成为综合能源基地的主体。2010年，14个大型煤炭基地产量28亿吨，占全国的87%；10个基地煤炭产量超过亿吨，其中神东5.6亿吨，晋北和蒙东超过3亿吨，云贵、晋东和河南超过2亿吨。

4. 大型煤炭企业集团快速发展。相继组建了一批区域性大型煤炭企业集团，形成了煤电、煤化等上下游产业一体化发展格局。山西、河南等省兼并重组中小煤矿取得重大进展。2010年，千万吨级以上企业47家，产量占全国63%。其中，亿吨级特大型企业5家，产量占25%，比2005年增加4家、产量比重提高19个百分点；5000万吨级大型企业10家，产量占19%，比2005年增加7家、产量比重提高11个百分点。

5. 淘汰落后产能成效显著。按照“整合为主、新建为辅”的方针，加快推进整顿关闭和资源整合，小煤矿数量和产量大幅度减少。全国累计关闭小煤矿9616处，淘汰落后产能5.4亿吨。2010年，年产能30万吨以下小煤矿减少到1万处以内，产量比重由2005年的45%下降到22%。

6. 安全生产形势持续好转。煤矿安全生产法律法规体系基本形成，经济政策逐步完善，安全管理基础工作进一步加强，安全生产形势持续稳定好转。2010年，煤矿事故死亡2433人，比2005年下降59%，百万吨死亡率由2.81下降到0.749。其中，煤矿瓦斯事故死亡623人，比2005年下降71%。

7. 科技创新能力进一步增强。建成了一批国家工程中心、工程实验室和重点实验室，煤炭地质综合勘查关键技术取得新突破，特厚冲积层建井技术国际领先，年产600万吨综采成套技术装备实现国产化，煤层气（煤矿瓦斯）抽采利用技术取得突破，煤制油、煤制烯烃等现代煤化工示范项目建成投产。

8. 资源综合利用取得新进展。11家煤炭企业列入国家循环经济试点，形成了各具特色的矿区循环经济典型模式。2010年，全国煤层气（煤矿瓦斯）抽采量90亿立方米，利用量35亿立方米；洗矸、煤泥和中煤综合利用发电装机容量2600万千瓦，利用低热值资源1.3亿吨，相当于回收4200万吨标准煤，少占压土地300公顷；矿井水利用率59%；土地复垦率40%。

9. 改革开放不断深化。煤炭产运需衔接制度改革取得进展，市场配置资源的基础性作用得到进一步发挥。大型煤炭企业公司制、股份制改革不断深化，非公有制经济发展较快并不断壮大，多元投融资机制基本形成，投融资能力明显增强。到2010年底，在境内外上市企业35家，直接融资1690亿元。煤炭企业投资境外煤矿迈出实质性步伐。2010年净进口煤炭1.46亿吨。

10. 职工生产生活条件改善。井下作业环境明显改善，部分企业井下工作制度由“三八制”改为“四六制”。2010年，规模以上煤矿企业职工年均收入4.2万元，比2005年增加1.9万元；矿区生态修复和环境治理成效明显，采煤沉陷区治理和棚户区改造取得较大进展，职工住房条件和生活环境得到改善。

（二）突出问题

煤炭工业虽然取得了长足进步，但发展过程中不协调、不平衡、不可持续问题依然突出。

1. 资源支撑难以为继。我国煤炭人均可采储量少，仅为世界的三分之二；开发规模大，储采比不足世界平均水平的三分之一；资源回采率低，部分大矿采肥丢瘦、小矿乱采滥挖，资源破坏浪费严重；消费量大，约占世界的48%。资源开发和利用方式难以支撑经济社会长远发展。

2. 生产与消费布局矛盾加剧。东部煤炭资源日渐枯竭，产量萎缩；中部受资源与环境约束的矛盾加剧，煤炭净调入省增加；资源开发加速向生态环境脆弱的西部转移，不得不过早动用战略后备资源。北煤南运、西煤东调的压力增大，煤炭生产和运输成本上升。

3. 整体生产力水平较低。采煤技术装备自动化、信息化、可靠性程度低，采煤机械化程度与先进产煤国家仍有较大差距。装备水平差、管理能力弱、职工素质低、作业环境差的小煤矿数量仍占全国的80%。生产效率远低于先进产煤国家水平。

4. 安全生产形势依然严峻。煤矿地质条件复杂，瓦斯含量高，水害严重，开采难度大，开采深度超过1000米的矿井39对。占三分之一产能的煤矿亟需生产安全技术改造，占三分之一产能的煤矿需要逐步淘汰。重特大事故尚未得到有效遏制，煤矿安全生产问题突出。

5. 煤炭开发利用对生态环境影响大。煤炭开采引发的水资源破坏、瓦斯排放、煤矸石堆存、地表沉陷等，对矿区生态环境破坏严重，恢复治理滞后。煤炭利用排放大量二氧化碳等有害气体，应对气候变化压力大。

6. 行业管理不到位。行业管理职能分散、交叉重叠，行政效率低。资源开发秩序乱，大型整装煤田被不合理分割，不少企业炒卖矿业权，部分地区片面强调以转化项目为条件配置资源，一些大型煤炭企业资源接续困难。准入门槛低，一些不具备技术和管理实力的企业投资办矿，存在安全保障程度低等问题。

（三）发展形势

从国际看，世界煤炭需求总量增加，发达经济体煤炭需求平稳，新兴经济体煤炭需求增长。2010年世界煤炭产量53.3亿吨标准煤，比2005年增加9.5亿吨标准煤，其中我国占增量的74.7%；2010年世界煤炭消费量50.8亿吨标准煤，比2005年增加7.8亿吨标准煤，其中我国占增量的91%。但受世界经济发展不确定性影响，以及应对气候变化减少温室气体排放的要求，煤炭需求增速放缓。主要煤炭资源大国为促进经济发展，将进一步扩大国际合作，为我国煤炭工业实施“走出去”战略，利用“两种资源、两个市场”创造了条件。煤炭开发利用领域广泛采用高新技术，世界煤炭工业向集团化、集约化、多元化、洁净化方向发展。

从国内看，国民经济继续保持平稳较快发展，工业化和城镇化进程加快，煤炭消费量还将持续增加。考虑到调整能源结构、保护环境、控制PM2.5污染等因素的影响，煤炭在一次能源结构中的比重将明显下降。合理控制煤炭消费总量，限制粗放型经济对煤炭的不合理需求，降低煤炭消费增速，也是煤炭工业可持续发展的客观需要，2015年消费总量宜控制在39亿吨左右。瓦斯、水害、地温、地压等自然灾害日趋严重，煤矿安全生产和生态环境保护要求更加严格，生产成本不断增加。东中部煤矿转产和资源型城市转型难度大，西部生态环境脆弱，实现安全发展、节约发展、清洁发展任务艰巨。

二、指导方针和目标

（一）指导思想

以邓小平理论和“三个代表”重要思想为指导，深入贯彻落实科学发展观，按照科学布局、集约开发、安全生产、高效利用、保护环境的发展方针，以加快转变发展方式为主线，以改革开放为动力，以科技进步为支撑，建设大型煤炭企业集团，建设大型煤炭基地，建设大型现代化煤矿，保障煤炭稳定供应；提高资源综合利用水平，提高矿区环境质量，提高矿工生活水平，促进煤炭工业可持续发展。

（二）基本原则

坚持煤炭工业发展与产业布局调整、体制机制创新相结合，加快转变发展方式；坚持生产建设与控总量、调结构相结合，保障煤炭供应安全；坚持发展先进生产力与淘汰落后生产能力相结合，促进煤炭产业升级；坚持开发转化与水资源、环境承载力相协调，推进高效清洁利用；坚持企业发展、接替产业发展与地区经济社会发展相协调，建设和谐矿区；坚持国内发展与国际合作相衔接，实现互利共赢。

（三）发展目标

到2015年，煤炭调整布局和规范开发秩序取得明显成效，生产进一步向大基地、大集团集中，现代化煤矿建设取得新进展，安全生产状况显著好转，资源回采率明显提高，循环经济园区建设取得重大进展，矿区生态环境得到改善，企业“走出去”取得新成效，矿工生活水平明显提高，基本建成资源利用率高、安全有保障、经济效益好、环境污染少和可持续发展的新型煤炭工业体系。

煤炭生产：生产能力41亿吨/年。其中：大型煤矿26亿吨/年，占总能力的63%；年产能30万吨及以上中小型煤矿9亿吨/年，占总能力的22%；年产能30万吨以下小煤矿控制在6亿吨/年以内，占总能力的15%。煤炭产量控制在39亿吨左右。原煤入选率65%以上。

煤矿建设：“十一五”结转建设规模3.6亿吨/年，“十二五”新开工建设规模7.4亿吨/年，建成投产规模7.5亿吨/年，结转“十三五”建设规模3.5亿吨/年。

企业发展：形成10个亿吨级、10个5000万吨级大型煤炭企业，煤炭产量占全国的60%以上。

技术进步：全国煤矿采煤机械化程度达到75%以上。其中：大型煤矿达到95%以上；30万吨及以上中小型煤矿达到70%以上；30万吨以下小煤矿达到55%以上。千万吨级矿井（露天）达到60处，生产能力8亿吨/年。安全高效煤矿达到800处，产量25亿吨。

安全生产：煤矿安全生产形势显著好转，重特大事故大幅度下降，职业危害防治明显改善，职业培训落实到位。煤矿事故死亡人数、重特大事故起数比2010年分别下降12.5%和15%以上，百万吨死亡率下降28%以上。

综合利用：新增煤层气探明储量10000亿立方米。煤层气（煤矿瓦斯）产量300亿立方米。其中：地面开发160亿立方米，基本得到利用；井下抽采140亿立方米，利用率60%以上。煤层气（煤矿瓦斯）发电装机容量超过 285 万千瓦。低热值煤炭资源综合利用发电装机容量达到 7600 万千瓦。煤矸石综合利用率 75%，矿井水利用率 75%。

生态环境保护：土地复垦率超过 60%；煤田火区治理任务基本完成；主要污染物达标排放。

资源节约：节约能源 9500 万吨标准煤。

其中：煤矸石发电节约 8500 万吨标准煤；煤矸石和粉煤灰制建材节约 1000 万吨标准煤。

职工生活：职工工作环境和居住条件进一步改善，收入与劳动生产效率和企业效益协调增长，并向采掘一线职工倾斜。

三、生产开发布局

（一）总体布局

全国煤炭开发总体布局是控制东部、稳定中部、发展西部。东部（含东北）开采历史长，可供建设新井的资源少，控制开发强度，维持现有供应能力。中部资源相对丰富，开发强度偏大，放缓开发增速，保障稳定供应。西部资源丰富，开发潜力大，提高供应能力，增加调出量。

（二）勘查布局

东部（含东北）地区。重点勘查辽宁、吉林、黑龙江、河北、山东、福建等省的矿区深部和外围资源，勘查深度控制在 1200 米以浅。　　中部地区。山西、河南重点做好资源整合区补充勘探，安徽加强矿区 1200 米以浅资源勘探。积极推进煤炭和煤层气综合勘探。　　西部地区。重点做好神东、陕北、黄陇、宁东和云贵等大型煤炭基地内已规划矿区勘探。蒙东褐煤资源区域和新疆大型煤炭基地围绕重点开发矿区及近期建设项目开展勘探。青海加强木里和鱼卡矿区勘探。力争在新疆等西北地区低阶煤煤层气勘探取得突破。

（三）建设布局

“十一五”结转煤矿建设规模 3.6 亿吨 / 年。其中，东部（含东北）建设规模 0.2 亿吨 / 年，占全国的 5.6%；中部建设规模 1.1 亿吨 / 年，占全国的 30.6%；西部建设规模 2.3 亿吨 / 年，占全国的 63.8%。　　按照上大压小、产能置换的原则，合理控制煤炭新增规模。“十二五”新开工规模 7.4 亿吨 / 年。东部（含东北）地区建设接续煤矿，新开工规模 0.25 亿吨 / 年，占全国的 3.3%；中部地区适度放缓建设，新开工规模 1.85 亿吨 / 年，占全国的 25%；西部地区重点开发建设，新开工规模 5.3 亿吨 / 年，占全国的 71.7%。内蒙古、陕西、山西、甘肃、宁夏、新疆为重点建设省（区），新开工规模 6.5 亿吨 / 年，占全国的 87%。

（四）生产布局

按照调整优化结构、保障合理需求的原则，2015 年煤炭产量 39 亿吨，主要增加发电用煤，合理安排优质炼焦煤生产。煤炭生产以大中型煤矿为主，继续压减小煤矿产量。

2015 年，东部（含东北）煤炭产量 4.6 亿吨，占全国的 12%，其中黑龙江、山东产量保持稳定，其他省（市）下降；中部煤炭产量 13.5 亿吨，占全国的 35%，其中山西产量增加，河南、安徽产量保持稳定，其它省下降；西部煤炭产量 20.9 亿吨，占全国的 53%，其中内蒙古、陕西、新疆、宁夏和甘肃产量增加，贵州、云南产量略有增加，重庆和四川产量下降。

（五）调运平衡

预测 2015 年，煤炭调出省区净调出量 16.6 亿吨，其中晋陕蒙宁甘地区 15.8 亿吨，主要调往华东、京津冀、中南和东北地区，少量调往川渝地区；新疆 0.3 亿吨，主要供应甘肃西部、青海和川渝地区；云贵地区 0.5 亿吨，主要调往广东、广西和湖南等地。煤炭调入省区净调入 16.6 亿吨，其中华东、京津冀、中南和东北地区 16.2 亿吨，主要由晋陕蒙宁甘、云贵地区供应；川渝青地区 0.4 亿吨，主要由新疆供应 0.3 亿吨，其余由晋陕蒙宁甘补充供给。

1. 铁路运输及重点地区调出

煤炭铁路运输以晋陕蒙（西）宁甘地区煤炭外运为主，由大秦线、朔黄线、石太线、侯月线、蒙冀线、陇海线、宁西线和山西中南部通道等组成横向通道，由京沪线、京九线、京广线、焦柳线以及规划建设的蒙西、陕北至湖北、湖南和江西的煤运铁路等组成纵向通道，构成西煤东调、北煤南运的铁路运输格局。

2015 年，全国煤炭铁路运输需求 26 亿吨。考虑铁路、港口，生产、消费等环节不均衡性，需要铁路运力 28 — 30 亿吨。铁路规划煤炭运力 30 亿吨，可基本满足煤炭运输需要。其中，晋陕蒙（西）宁甘地区调出量 14.3 亿吨，铁路规划煤炭外运能力约 20 亿吨；兰新铁路电气化改造和兰渝铁路建成投运后，可基本满足新疆煤炭外运需求。

水运和北方港口运输

以锦州、秦皇岛、天津、唐山、黄骅、青岛、日照、连云港等北方下水港，江苏、上海、浙江、福建、广东、广西、海南等南方接卸港，以及沿长江、京杭大运河的煤炭下水港，组成北煤南运水上运输系统。

预测2015年，北方港口海运一次下水量7.5亿吨。考虑铁路、港口、生产、消费等环节不均衡性，需下水能力8亿吨。交通运输规划煤炭装船能力8.3亿吨，可适应煤炭下水需要。

四、重点任务

（一）推进煤矿企业兼并重组

大力推进煤矿企业兼并重组，淘汰落后产能，发展大型企业集团，提高产业集中度，提升安全保障能力，有序开发利用煤炭资源，有效保护矿区生态环境。通过兼并重组，全国煤矿企业数量控制在4000家以内，平均规模提高到100万吨/年以上。

1. 推进煤矿企业兼并重组。遵循市场规律，鼓励各类所有制煤矿企业以及电力、冶金、化工等行业企业，以产权为纽带、以股份制为主要形式参与兼并重组。按照一个矿区原则上由一个主体开发的要求，以矿区为单元制定方案，实施兼并重组，减少开发主体。山西、内蒙古、河南、陕西等重点产煤省（区），要以大型煤炭企业为主体，进一步提高产业集中度，促进煤炭资源连片开发。黑龙江、湖南、四川、贵州、重庆、云南等省（市），要加大兼并重组力度，切实减少煤矿企业数量。

2. 稳步推进矿业权整合。对尚未开发的煤田，要科学、合理划分矿区和井田范围，制定矿区总体规划和矿业权设置方案，依法向具备开办煤矿条件的企业出让矿业权。对已设置矿业权的矿区，鼓励优势企业整合分散的矿业权，提高资源勘查开发规模化、集约化程度。规划期内，重点对山西、陕西、内蒙古、宁夏、青海、甘肃、新疆、四川、贵州、云南的矿区实施矿业权整合。

3. 培育大型企业集团。大型煤炭基地内资源优先向大型煤炭企业配置，优先安排大型煤炭企业项目建设。支持具有资金、技术、管理优势的大型企业跨地区、跨行业、跨所有制兼并重组，鼓励煤、电、运一体化经营，促进规模化、集约化发展，培育一批具有国际竞争力的大型企业集团。

（二）有序建设大型煤炭基地，保障煤炭稳定供应

以大型煤炭企业为开发主体，加快陕北、黄陇、神东、蒙东、宁东、新疆煤炭基地建设，稳步推进晋北、晋中、晋东、云贵煤炭基地建设。重点建设一批大型矿区。统筹规划建设能源输送通道、水源等基础设施，大力推进上下游产业一体化发展。坚持开发与保护并重，大力发展循环经济，建设生态环境保护工程。

神东、陕北、黄陇、宁东基地，加快建设能源输送通道，有序建设大型现代化煤矿，重点建设一批世界一流的千万吨级矿井群。晋北、晋中、晋东基地，重点做好整合煤矿升级改造，适度新建大型现代化煤矿，加快发展煤层气产业，对优质炼焦煤和无烟煤资源实行保护性开发。冀中、鲁西、河南、两淮基地，做好深部资源勘查，建设接续煤矿，限制1000米以深新井建设。蒙东（东北）基地，内蒙古东部褐煤矿区重点实施煤电项目一体化开发，优先建设大型露天煤矿；黑龙江、辽宁切实做好煤矿技术改造和淘汰落后产能，建设接续煤矿。云贵基地，加快建设大中型煤矿，大力整合关闭小煤矿，调整煤炭生产结构。新疆基地，作为我国重要的能源战略后备基地，实行保护性开发，强化可持续发展，重点做好规划，优先建设大型露天煤矿，生产开发规模要与生态环境承载力和水资源条件相适应，以满足区内需求为主，适度加大外调量。

建设大型现代化煤矿，提升小煤矿办矿水平

以建设大型现代化煤矿、加强现有大中型煤矿技术改造和淘汰落后产能为重点，全面提升煤矿生产技术水平。

1. 稳步建设大型现代化煤矿。新建煤矿以大型现代化煤矿为主，优先建设露天煤矿、特大型矿井和煤电一体化项目。按照一个矿井一个工作面或不超过两个工作面的模式，采用先进技术装备，设计和建设大型现代化煤矿。按照一次建设、分期投产的原则，储备一批煤矿产能。晋陕蒙宁甘新重点建设300万吨/年及以上煤矿，河北、黑龙江、安徽、山东、河南重点建设120万吨/年及以上煤矿，四川、贵州、云南等重点建设90万吨/年及以上煤矿。在适合建设大中型煤矿、且小煤矿多的省（区）推行上大压小、产能置换，新井建设规模与淘汰落后产能相衔接。

2. 加快推进大中型煤矿技术改造。对具备条件的老矿井，采用先进适用技术装备，以优化开拓部署、简化生产系统、减少工作面个数、提高生产效率为主要内容，积极推进技术改造，配套完善生产辅助设施。

3. 大力提升小煤矿办矿水平。借鉴山西、河南等地煤矿企业兼并重组、资源整合经验，结合各地实际，完善小煤矿退出机制，继续淘汰落后产能。对有条件的小煤矿，以提高生产规模、技术装备水平、管理水平和职工技术素质为重点，提升办矿水平。停止新建30万吨

/年以下的高瓦斯矿井、45万吨/年以下的煤与瓦斯突出矿井项目。在现有技术管理条件下，难以有效治理的高瓦斯和煤与瓦斯突出矿井退出生产。

提高煤矿安全生产水平，加强职业健康监护

坚持安全发展，深入贯彻落实安全第一、预防为主、综合治理的方针，有效防范重特大事故，加强职业健康监护，进一步提高煤矿安全生产水平。

加强重大灾害防治。在瓦斯防治方面，高瓦斯和煤与瓦斯突出矿井全部建成瓦斯抽采系统，做到先抽后采、抽采达标。在水害防治方面，按照预测预报、有疑必探、先探后掘、先治后采的原则，加强煤矿水文地质勘探和主要含水层监测，做好采空区、断层、陷落柱等重点部位水患排查，落实防治水措施，提高防治水系统能力。在火灾防治方面，重点做好阻燃材料应用、电缆电气设备维护、煤层自然发火监测、采空区注浆注氮等工作，综合防治火灾事故。

实施重大安全工程。进一步加强“一通三防”工程建设，提高系统能力及设施标准。建设高瓦斯和煤与瓦斯突出矿井综合治理示范工程，提高瓦斯灾害防治水平。建设完善矿井监测监控、人员定位、紧急避险、压风自救、供水施救和通信联络等安全避险系统，全面提升煤矿安全保障能力。建设国家和区域矿山应急救援队，提高矿山应急救援装备水平，增强矿山应急救援能力。

加强职业危害防治。切实落实煤矿作业场所职业危害防治有关规定，完善煤矿职业危害申报、监督检查、治疗、康复与赔偿等制度，健全职业安全健康监管体系。以防范尘肺病为重点，加强劳动保护设施建设，改善井下作业环境，提高劳动保护用品质量和标准，全面提升职业健康保障水平。

（五）大力发展洁净煤技术，促进资源高效清洁利用

大力发展煤炭洗选加工，有序建设现代煤化工升级示范工程，促进煤炭高效清洁利用。

1．大力发展煤炭洗选加工。大中型煤矿要配套建设选煤厂，鼓励在小型煤矿集中矿区建设群矿选煤厂。在大型煤炭基地重点建设一批具有国际先进水平的大型选煤厂。采用先进技术和设备改造现有选煤厂。推广先进的型煤生产应用技术，加强褐煤提质技术的研发和示范，完善煤炭产品质量和利用技术装备标准，提高炼焦精煤、高炉喷吹用煤产品质量和利用效率，提高动力煤入选比例。

2．稳步推进煤炭深加工示范项目建设。在内蒙古、陕西、山西、云南、贵州、新疆等地选择煤种适宜、水资源相对丰富的地区，重点支持大型企业开展煤制油、煤制天然气、煤制烯烃、煤制乙二醇等升级示范工程建设，加快先进技术产业化应用。不断创新和完善技术，提高能源转化效率、降低水耗和煤耗、降低生产成本，增强竞争力。支持开展二氧化碳捕集、利用和封存技术研究和示范。

（六）推进瓦斯抽采利用，促进煤层气产业化发展

健全体制机制，推进采煤采气一体化开发。加大煤层气（煤矿瓦斯）勘探开发利用力度，遏制煤矿瓦斯事故，增加清洁能源供应，减少温室气体排放。

1．推进煤矿瓦斯抽采利用。建立煤矿企业瓦斯防治能力评估制度，推进高瓦斯和煤与瓦斯突出小煤矿兼并重组。完善瓦斯抽采利用标准，全面实施高瓦斯矿井规模化抽采工程，建成36个年抽采量超过1亿立方米的规模化抽采矿区。支持煤矿瓦斯民用和发电，加快煤矿区瓦斯管路联网，集中规模化利用。鼓励低浓度瓦斯利用，开展乏风瓦斯利用试验及示范项目建设。

2．大力发展煤层气产业。支持大型煤炭企业参与煤层气勘探开采，鼓励外商和民营企业利用先进技术和资金投资煤层气开发，提高煤层气开发利用技术和管理水平。继续推进大华北区煤层气勘探开发试验，加快开展新疆地区低阶煤盆地、西南高应力区和中部低渗透三软煤层煤层气勘查与开发评价。重点建设沁水盆地和鄂尔多斯盆地东缘煤层气产业基地，建成寺河、潘河、成庄、潘庄、赵庄等项目，加快建设大宁、郑庄、柿庄南等重点项目，配套建设沁水盆地南部和鄂尔多斯盆地东缘煤层气产业基地的集输管网。

（七）发展循环经济，保护矿区生态环境

按照减量化、资源化、再利用的原则，发展循环经济，扩大资源综合利用规模，建设资源节约型、环境友好型矿区。

1．大力发展循环经济。在大中型矿区内，以煤矸石发电为龙头，利用矿井水等资源，发展电力、建材、化工等资源综合利用产业，建设煤－焦－电－建材、煤－电－化－建材等多种模式的循环经济园区。合理利用内蒙古中西部和山西北部高铝煤炭资源，推行定点集中利用，建设煤－电－铝－建材一体化循环经济园区。扩大煤矸石井下充填、复垦和筑路利用量。在大型选煤厂周边地区建设洗矸、煤泥和中煤综合利用电厂，新增装机容量5000万千瓦。2015年，煤矸石综合利用量6.1亿吨，利用率达到75%以上。其中，电厂利用3亿吨，煤矸石制建材利用1亿吨，煤矸石井下充填、复垦和筑路利用2.1亿吨以上。力争利用含铝粉煤灰约1080万吨，形成氧化铝年生产规模360万吨。

2. 加强矿区生态环境保护。按照建设环境友好型矿区的要求，切实加大矿区生态环境保护与治理力度，推进由被动治理向主动防治转变。重点加强采煤沉陷区综合治理、土地复垦和植被恢复，结合新农村规划建设，做好村庄搬迁。高硫煤、高砷煤要采取洗选加工等措施降低含硫量、含砷量，集中利用、集中治理、达标排放。基本完成内蒙古、宁夏、新疆煤田灭火工作。

（八）加强科技创新，提升科技支撑能力

进一步完善以企业为主体、市场为导向、产学研相结合的煤炭科技创新体系。加强基础理论研究、关键技术攻关、新技术推广应用、重大成套装备研制，提高煤炭科技自主创新能力和煤矿技术装备水平。

1. 加强基础理论研究。重点加强煤与瓦斯突出机理、突水机理、冲击地压、煤层自然发火防治、深井钻井和井壁支护、煤矿围岩支护机理等基础理论研究。

2. 开展技术攻关。开展煤炭资源的高精度勘探、煤层气储层压裂工艺、煤层气（煤矿瓦斯）抽采利用、水害防治、深井热害防治等技术攻关。支持煤矿无人工作面开采技术研发与示范工程建设，开展地下气化采煤技术研发与示范工程建设。

3. 推广先进适用技术。大力推广年产600万吨采煤工作面、年产400万吨选煤系统等成套技术与装备，提高煤矿装备现代化、系统自动化、管理信息化水平。加快推广中小煤矿机械化成套技术装备、先进的人员安全防护和矿山救护技术装备。积极推广煤矿充填开采、保水开采等技术。

4. 推进煤矿重大装备国产化。重点开展年产千万吨级综采成套装备、薄煤层机械化开采装备、短壁综采装备、煤巷快速掘进与支护成套装备、矿井新型辅助运输装备、矿井信息网络自动化系统，以及关键元部件的研制及示范应用。开展大型现代化露天煤矿半连续工艺关键设备国产化研制。重大事故快速抢险与应急处置技术及大型装备的研制。

（九）发展现代煤炭物流，建立煤炭应急储备体系

加快建立社会化、专业化、信息化的现代煤炭物流服务体系，提高煤炭物流效率，降低煤炭物流成本。加快建立全国煤炭应急储备体系，提高应急保障能力。

1. 发展现代煤炭物流。整顿煤炭流通秩序，取消违规收费。加强物流基础设施建设和衔接，优化煤炭物流节点布局，整合和利用现有物流资源。在煤炭生产、消费集中地和主要中转地，建设具备储存、加工、配送等功能的煤炭物流园区。鼓励煤炭企业之间、煤炭企业与相关企业之间联合组建第三方物流公司，发展大型现代煤炭物流企业，推进煤炭物流规模化、集约化。建立完善定位明确、功能齐全、信息灵敏的煤炭交易中心。

2. 建设煤炭应急储备。按照辐射范围广、应急能力强、运输距离短、储备成本低、环境污染小的要求，在沿海、沿江、沿河港口及华中、西南等地区，加快国家煤炭应急储备建设。加强对地方和企业煤炭储备工作的引导和规范，建立全国煤炭应急储备体系。建立和完善运行机制及管理制度，确保储得进、管得好、用得上。

（十）积极开展国际合作，深入实施走出去战略

充分利用国际国内两个市场、两种资源，坚持多元发展、互利共赢，加强国际交流与合作，积极参与境外煤炭资源开发利用，深入开展对外工程承包和技术服务，进一步拓展煤炭国际贸易。

1. 加强境外煤炭资源开发利用。支持优势煤炭企业参与境外煤炭资产并购，加大境外煤炭资源勘查开发力度，提高境外权益煤炭产能。鼓励大型煤炭企业投资境外煤炭加工转化项目，延伸产业链。引导符合条件的企业，结合境外煤炭资源开发利用需要，开展有关基础设施建设和投资。

2. 开展对外工程承包和技术服务。鼓励大型煤炭企业承揽境外煤矿建设、技术改造以及运营管理，带动先进技术和大型装备出口，促进我国煤炭装备制造业发展。建立境外煤炭装备制造基地、零配件基地和技术服务中心，提高技术服务水平。

3. 拓展煤炭国际贸易。坚持市场化原则，巩固和发展与主要煤炭资源国长期稳定的贸易关系，鼓励进口。鼓励沿海、沿边地区拓展煤炭进口渠道，保障进口煤源稳定可靠。北方地区适度出口。

五、环境影响评价

（一）煤炭生产对环境的影响

煤炭生产对环境的影响主要是煤矸石、煤矿瓦斯和矿井水排放，以及采煤引起的地表沉陷。

东部（含东北）地区。人口稠密、土地资源稀缺，大多数煤矿位于平原地区，主要环境影响是地表沉陷。2015年，东部（含东北）地区产生煤矸石和煤泥1.27亿吨、矿井水10.24亿立方米、煤矿瓦斯31.12亿立方米，形成地表沉陷面积0.93万公顷。

中部地区。山西煤炭开发强度大，生态环境较脆弱，主要环境影响是地下水径流破坏、潜水位下降和地表水减少，煤矸石和煤矿瓦斯产生量大。安徽、江西、河南、湖北、湖南5省主要环境影响是地表沉陷和瓦斯排放。2015年，中部地区产生煤矸石和煤泥3.21亿吨、矿井水22.49亿立方米、煤矿瓦斯83亿立方米，形成地表沉陷面积2.69万公顷，水土流失面积2.83万公顷。

西部地区。除广西和西南地区外，均处于干旱半干旱地区，水资源缺乏，植被稀少，生态环境脆弱，主要环境影响是地下水径流破坏、地下潜水位下降和地表水减少，引起地表干旱、荒漠化和植被枯萎，煤矸石和瓦斯产生量大。2015年，西部地区产生煤矸石和煤泥3.52亿吨、矿井水38.19亿立方米、煤矿瓦斯91.15亿立方米，形成土地沉陷面积4.18万公顷，水土流失面积4.39万公顷。

（二）预防和减轻环境影响的对策

1. 制定规划，减少污染源点。推进资源整合和兼并重组，建设大型现代化煤矿，提高生产集约化水平，集中排放，集中治理，减少污染源点，降低排放强度。

2. 优化设计，减轻环境影响程度。依靠技术进步，采用井下充填、以矸换煤、保水开采等新工艺和新技术，优化设计，减轻对地表水和地下水的破坏，减少煤矸石和矿井水产生量以及采煤引起的地表沉陷等。

3. 加强治理，改善矿区生态环境。新矿区、新矿井建设要严格执行环境影响评价制度，落实“三同时”和环境保护措施。生产矿区、生产煤矿要按照《清洁生产促进法》的规定，补建环保设施，做到当年排放当年治理，并逐步偿还历史欠账。加强采煤沉陷区土地复垦利用，发展生物复垦和生态复垦。

4. 突出重点，发展循环经济。加强煤矸石、煤泥、煤层气（煤矿瓦斯）等综合利用发电，充分利用煤矸石和粉煤灰等生产新型建材，大力发展井下采空区和地面沉陷区煤矸石充填。加强矿井水综合利用和达标排放，选煤厂全部实现煤泥水闭路循环。

5. 建立机制，促进矿区可持续发展。完善矿区生态环境恢复补偿机制、矿区碳汇林绿化机制，明确企业和政府治理责任。制定专项规划，加大生态环境治理投入。对历史形成的环境欠账，中央政府给予必要的资金和政策支持，地方政府和煤炭企业按规定安排配套资金，逐步使矿区环境治理步入良性循环。

（三）环境治理的预期效果

通过实施以上措施，到2015年基本实现规划提出的环境保护目标，煤炭生产对环境的影响减弱，矿区生态环境恶化的趋势得到有效遏制。

全国环境治理预期效果。2015年，全国煤矸石产生量8亿吨，利用量6.1亿吨，综合利用率75%以上；矿井水产生量70.92亿立方米，利用量54亿立方米左右，利用率75%，达标排放率100%；煤层气产量160亿立方米，基本全部利用；煤矿瓦斯抽采量140亿立方米，利用率60%；采煤沉陷面积7.8万公顷，复垦面积4.7万公顷。

地区环境治理预期效果。东部（含东北）地区采取煤矸石发电、井下充填、土地复垦和立体开发等措施，煤矸石利用率85%以上，矿井水利用率80%，沉陷区土地复垦率超过80%，煤矿瓦斯利用率51%。中部地区采取煤矸石发电、井下充填、地表土地复垦和立体开发、植被绿化等措施，煤矸石利用率77%，矿井水利用率68%，沉陷土地复垦率超过65%，煤矿瓦斯利用率63%。西部地区采取煤矸石发电、井下充填、地表土地复垦和立体开发、植被绿化、保水充填开采等措施，煤矸石利用率达到70%，矿井水利用率达到80%，沉陷土地复垦率超过50%，煤矿瓦斯利用率超过55%。

六、保障措施

（一）加强煤炭行业管理

完善以《煤炭法》为主体的法律法规体系，加强煤炭及相关标准制定和修订工作。研究制定煤炭工业可持续发展政策措施，健全集中统一、上下协调的行业管理体制，加强煤炭资源、开发、安全生产、经营全过程管理。修订生产煤矿回采率管理暂行规定，提高资源回采率。建立健全煤炭质量和市场监管体系，完善煤炭清洁利用标准体系，建立清洁煤先进技术认证制度，促进煤炭高效清洁利用。制定煤层气产业政策、煤层气开发利用管理办法，引导和规范煤层气开发利用。完善煤炭、煤层气产业协调发展机制，推进煤炭企业与煤层气企业合作开发利用煤层气资源。

（二）深化煤炭行业改革

进一步深化国有煤炭企业改革，完善现代企业制度，推进煤炭企业股份制改造，支持大型煤炭企业上市融资、发行债券。积极推进投资主体多元化，鼓励非公有制经济参与煤炭生产开发，引导非公有制煤炭企业实施产业升级改造。重点支持煤炭、电力企业联合重组，鼓励企业参与运煤通道建设，促进煤电运一体化经营。按照清费立税的原则，积极推进煤炭税费综合改革，完善煤炭成本核算制度，取消各类违规收费，合理确定煤炭企业税负。健全煤炭市场交易体系，完善煤炭价格形成机制，理顺电煤价格，探索煤炭期货交易。建立资源枯竭矿区转型发展援助机制。继续安排中央预算内资金支持煤矿地质补充勘探，优先安排财政补贴或贴息资金支持被兼并重组企业的煤矿技术改造项目。

（三）规范煤炭开发秩序

按照煤炭工业发展规划、矿区总体规划，合理配置煤炭资源，安排煤矿建设项目。严格执行产业政策和项目基本建设程序，进一步完善项目审批条件，对有未批先建、批小建大等违法违规行为的企业做出限制性规定。新建、改扩建、技术改造（产业升级）和资源整合（兼并重组）煤矿项目投产后5年内，不得通过能力核定提高生产能力。生产煤矿重新核定生产能力必须超过5年。强化井下生产布局管理，严禁超强度、超能力生产。制定煤炭生产技术装备政策，完善小煤矿退出机制，依法淘汰落后产能。深化矿业权制度改革，规范矿业权交易秩序；加强煤层气矿业权监管，提高勘探投入最低标准，完善扶持政策，创新协调开发机制。

（四）加强科技创新和人才培养

提高国家专项资金规模，支持煤炭工业科技基础理论研究，支持共性和关键技术研发。鼓励企业与科研院所加强协作，开展技术创新。建立煤矿重大技术装备引进、消化、吸收和再创新机制，加快推进国产化。建立国家清洁煤先进技术推广应用工作领导和协调机制，促进清洁煤技术产业化发展。支持大型优势煤炭企业增加科技研发投入，建立技术中心或工程技术研究院，发挥科技攻关主体作用。积极扩大高等学校和中等职业学校煤矿主体专业招生规模，通过定向招生或订单培养模式，推进煤炭企业变招工为招生，落实煤矿从业人员岗前培训和在职继续学习制度。鼓励和支持高等学校、中等职业学校增设煤炭工业急需的学科专业。

（五）增强煤矿安全保障能力

落实煤矿企业安全生产主体责任，推行煤矿企业领导干部下井带班制度，实行企业负责人安全责任事故任职资格终身否决制度。加强煤矿安全专业人才队伍建设，开展煤矿安全质量标准化建设，夯实安全基础工作。严格执行煤矿安全设施“三同时”制度。提足用好煤炭生产安全费用。继续安排中央预算内投资，引导地方财政和企业加大投入，加强煤矿安全改造和灾害防治。煤矿企业应当依法为职工参加工伤保险，缴纳工伤保险费。完善职业健康法规标准，加强执法检查，保障煤矿职工健康。探索实行全员安全生产风险抵押，积极稳妥推行安全生产责任保险制度，加大事故责任追究处罚力度。

（六）加快煤炭运输通道建设

加快建设蒙西、陕北至湖北、湖南和江西的煤运通道，推进蒙冀、山西中南部、赤锦、锡林浩特至乌兰浩特等新通道，以及集通、朔黄、宁西、邯长、邯济、通霍、太焦线扩能改造建设，提高晋陕蒙宁地区铁路煤炭外运能力，大幅度减少公路长途运煤。加快兰新线电气化改造和兰渝铁路建设，建成新疆直达川渝地区的煤炭运输通道。加快建立煤炭应急储备体系，提高应急调运能力。建设锦州港、唐山港、天津港、黄骅港、青岛港等北方港口煤炭码头，增加煤炭堆存规模，形成一批储配煤基地，提高煤炭下水能力。发挥水运通道作用，提高内陆省份煤炭调运保障能力。

（七）加强资源综合利用和矿区生态环境保护

落实国家资源综合利用项目扶持政策，鼓励原煤入选，优先建设煤矸石综合利用项目，建设矿区循环经济园区，促进煤炭工业节能减排。全面落实瓦斯发电上网加价、税费优惠等政策，支持煤矿企业拓宽瓦斯利用范围，提高瓦斯利用率。研究制定煤炭开发区域环境管理政策，提高煤矿生态环保标准。完善矿山环境治理恢复保证金制度，推进矿区环境治理和生态恢复。加大煤田灭火投入，加快煤田火区治理，保护煤炭资源和生态环境。

（八）积极推进和谐矿区建设

统筹压煤村庄搬迁、新农村和城镇化建设，加快完成分离煤矿企业办社会职能，促进矿区和地方经济社会协调发展。继续实施棚户区改造政策，改善矿工居住条件。规范企业劳动用工合同管理，保障职工合法权益。

（九）支持企业走出去

研究设立境外投资专项资金，对国家鼓励的境外煤炭重点投资项目给予支持。鼓励金融机构通过出口信贷、项目融资等多种方式，改进和完善对企业境外煤炭投资项目金融服务。积极发挥商业银行作用，为企业境外煤炭投资提供融资支持，对于国家鼓励的境外煤炭投资重点项目加大信贷支持力度。建立健全风险防控机制、安全风险预警机制和突发事件应急处理机制。

能源发展“十一五”规划

（国家发展改革委，二〇〇七年四月）

目 录

本规划主要阐明国家能源战略，明确能源发展目标、开发布局、改革方向和节能环保重点，是未来五年我国能源发展的总体蓝图和行动纲领。有关方面要按照规划要求，结合具体实际，积极开展工作，努力完成规划确定的各项任务。

第一章 能源形势

一、能源发展的新起点

"十五"时期，我国能源发展成就显著，基本满足了国民经济和社会发展的需要，为"十一五"及更长时期的发展奠定了坚实基础。面向未来，我国能源工业站在新的历史起点上。

(一)能源生产快速增长，供需矛盾趋于缓和

2005年，我国一次能源生产总量20.6 亿吨标准煤，消费总量22.5 亿吨标准煤，分别占全球的 13.7% 和 14.8% ，是世界第二能源生产和消费大国。煤炭产量突破22亿吨，发挥了重要的支撑作用。石油天然气产量稳步增长，西气东输工程顺利建成，塔里木、准噶尔、鄂尔多斯等西部油气田开发取得重要进展。发电装机容量超过5 亿千瓦，实现了跨越式发展，电力供应紧张状况明显缓和。

专栏1　"十五"时期能源发展主要指标

指　标	单　位	2000年	2005年	"十五"年均增长(%)
一次能源生产总量	亿吨标准煤	12.90	20.59	9.82
其中：原　煤	亿吨	12.99	22.05	11.16
石　油	亿吨	1.63	1.81	2.12
天然气	亿立方米	272	493	12.63
水电及可再生能源	亿吨标准煤	0.86	1.41	10.39
一次能源消费总量	亿吨标准煤	13.86	22.47	10.15
其中：原　煤	亿吨	13.20	21.67	10.42
石　油	亿吨	2.24	3.25	7.73
天然气	亿立方米	245	479	14.35
水电及可再生能源	亿吨标准煤	0.86	1.41	10.39

注：数据来源为国家统计局和行业协会统计资料；可再生能源仅包含商品化部分(下同)

(二)结构调整力度加大，"上大压小"取得成效

大型煤炭基地建设、中小煤矿联合改造、落后小煤矿关闭淘汰稳步实施。大型电站建设步伐加快，火电"上大压小"继续推进。西电东送等重点输电工程进展顺利，农网改造基本完成，六大电网联网加强。新能源和可再生能源发展加快。风电装机容量达到126 万千瓦，太阳能光伏发电装机容量约 7 万千瓦，太阳能热水器集热面积8000多万平方米、居世界第一位。生物质燃料乙醇年生产能力 102 万吨，煤炭液化和煤制醇醚、烯烃等煤基多联产示范工程稳步推进。

(三)技术创新取得进步，装备水平明显提高

煤炭工业已具备装备千万吨级露天煤矿和日产万吨矿井工作面的能力，建成了一批具有世界先进水平的大型煤矿。石油天然气复杂区块勘探开发、提高油田采收率等技术跨入国际领先行列。三峡工程顺利投产，标志着我国水电技术达到国际先进水平；一批大型火电机组投入运行；形成了比较完备的 500 千伏和330千伏主网架，750 千伏示范工程建成投运，±800千伏直流和1000千伏交流试验示范工程开始启动。

(四)体制改革步伐加快，市场机制逐步完善

煤炭企业战略性重组步伐加快，产业集中度提高。煤炭上下游产业融合趋势明显，一批产权多元化，煤电、

煤钢、煤焦化一体化的综合能源企业正在发展壮大。煤炭市场价格机制趋于完善，区域煤炭交易市场发展态势良好。石油天然气产业形成了几个上下游、内外贸一体化的大型企业集团。国家战略石油储备建设取得进展。电力体制改革稳步推进，厂网分开基本完成，电力市场建设开始起步。

（五）能源效率有所提高，环境保护得到加强

2005 年，全国煤矿平均矿井回采率比 2000 年提高了约 10 个百分点。在难采储量不断增加的情况下，原油采收率仍然保持在较高水平。火电供电标准煤耗从 2000 年的 392 克 / 千瓦时下降到 2005 年的 370 克 / 千瓦时；烟尘排放总量比 1980 年减少 32% ；部分水资源缺乏地区实现了废水“零排放”；单位电量二氧化硫排放比 1990 年减少了 40% 。

二、面临的主要问题和挑战

“十一五”是全面建设小康社会的关键时期，新时期新阶段能源发展既有新的机遇，也面临更为严峻的挑战。

（一）消费需求不断增长，资源约束日益加剧

我国能源资源总量比较丰富，但人均占有量较低，特别是石油、天然气人均资源量仅为世界平均水平的 7.7% 和 7.1%。随着国民经济平稳较快发展，城乡居民消费结构升级，能源消费将继续保持增长趋势，资源约束矛盾更加突出。

（二）结构矛盾比较突出，可持续发展面临挑战

目前，煤炭消费占我国一次能源消费的 69% ，比世界平均水平高 42 个百分点。以煤为主的能源消费结构和比较粗放的经济增长方式，带来了许多环境和社会问题，经济社会可持续发展受到严峻挑战。

（三）国际市场剧烈波动，安全隐患不断增加

最近几年，国际石油价格大幅震荡、不断攀升，给我国经济社会发展带来多方面的影响。我国战略石油储备体系建设刚刚起步，应对供应中断能力较弱；影响天然气电力安全供应的因素趋多；煤矿安全生产形势不容乐观，维护能源安全任务艰巨。

（四）能源效率亟待提高，节能降耗任务艰巨

与国际先进水平比较，我国能源效率还有很大差距。“十一五”规划纲要提出了 2010 年单位 GDP 能耗降低 20% 左右的目标。一方面，从我国产业结构调整和技术管理水平提高潜力看，经过努力，实现上述目标是可能的。另一方面，我国尚处在工业化、城镇化加快发展的历史阶段，高耗能产业在经济增长中仍将占有较大比重，转变能源生产和消费模式，提高能源效率，减少能源消耗，是一项长期而艰巨的任务。

（五）科技水平相对落后，自主创新任重道远

科技发展是解决能源问题的根本途径。与世界先进国家比较，我国在能源高新技术和前沿技术领域还有相当差距，能源科技自主创新任重道远。

（六）体制约束依然严重，各项改革有待深化

煤炭企业社会负担沉重，竞争力不强。完善原油、成品油和天然气市场体系，还有大量需要解决的问题。电力体制改革方案确定的各项改革措施有待进一步落实。

（七）农村能源问题突出，滞后面貌亟待改观

农村能源存在的主要问题，一是生活用能商品化程度偏低。二是地区发展不平衡，西部农村普遍存在能源不足问题，东中部山区和贫困地区用能状况也需要进一步改善，全国尚有 1000 多万无电人口。加快农村能源建设，改善农村居民生产生活用能条件，是建设社会主义新农村的必然要求。

第二章　方针和目标

一、指导方针

以邓小平理论和“三个代表”重要思想为指导，用科学发展观和构建社会主义和谐社会两大战略思想统领能源工作，贯彻落实节约优先、立足国内、多元发展、保护环境，加强国际互利合作的能源战略，努力构筑稳定、经济、清洁的能源体系，以能源的可持续发展支持我国经济社会可持续发展。

二、发展目标

（一）消费总量与结构

2010 年，我国一次能源消费总量控制目标为 27 亿吨标准煤左右，年均增长 4%。煤炭、石油、天然气、核电、水电、其他可再生能源分别占一次能源消费总量的 66.1% 、20.5% 、5.3%、0.9%、6.8% 和 0.4%。与 2005 年相比，煤炭、石油比重分别下降 3.0 和 0.5 个百分点，天然气、核电、水电和其他可再生能源分别增加 2.5、0.1、0.6 和 0.3 个百分点。

（二）生产总量与结构

2010 年，一次能源生产目标为 24.46 亿吨标准煤，年均增长 3.5%。煤炭、石油、天然气、核电、水电、其

他可再生能源 分别占74.7%、11.3%、5.0%、1.0%、7.5%和0.5%。与2005年相比，煤炭、石油比重分别下降1.8和1.3个百分点，天然气、核电、水电和其他可再生能源分别增加1.8、0.1、0.8和0.4个百分点。

第三章 建设重点

根据资源条件，按照"优化结构、区域协调、产销平衡、留有余地"的原则，"十一五"时期我国能源建设的总体安排是：有序发展煤炭；加快开发石油天然气；在保护环境和做好移民工作的前提下积极开发水电，优化发展火电，推进核电建设；大力发展可再生能源。适度加快"三西"煤炭、中西部和海域油气、西南水电资源的勘探开发，增加能源基地输出能力；优化开发东部煤炭和陆上油气资源，稳定生产能力，缓解能源运输压力。重点建设五大能源工程。

一、能源基地建设工程

（一）有序开发煤炭基地

加快开发神东、陕北、黄陇（含华亭）、晋北、晋东、宁东6个大型优质动力煤炭基地，以建设特大型现代化煤矿为主，扩大生产规模。实施晋中炼焦煤基地保护性开发，建设大型煤矿，整合中小型煤矿，保持合理开发强度。做好鲁西、冀中、河南3个煤炭基地老矿区生产接续，稳定生产规模。推进两淮煤炭基地建设与改造，适度提高煤炭供应能力。促进蒙东（东北）煤炭基地开发，优先建设内蒙古东部大型现代化露天煤矿。配合西电东送工程，适度加快云贵煤炭基地开发。

（二）加快建设油气基地

按照"挖潜东部、发展西部、加快海域、开拓南方"的原则，通过地质理论创新、新技术应用和加大投入力度等措施，使2010年，全国原油、天然气产量分别达到1.93亿吨和920亿立方米。

（三）积极开发水电基地

按照流域梯级滚动开发方式，建设大型水电基地。重点开发 黄河上游、长江中上游及其干支流、澜沧江、红水河和乌江等流域。在水能资源丰富但地处偏远的地区，因地制宜开发中小型水电站。

（四）优化建设煤电基地

按照"西电东送、水火调剂、强化支撑、保障安全"的原则，优化建设山西、陕西、内蒙古、贵州、云南东部等煤炭富集地区煤电基地，实施"西电东送"。合理布局河南、宁夏坑口电站，促进区域内水火调剂。加快安徽两淮坑口电站建设，实施"皖电东送"。东中部地区重点建设港口、路口、负荷中心电站以及有利于增强输电能力的电站，提高电网运行稳定性和安全性。

（五）加快建设核电基地

"十一五"期间，建成田湾一期、广东岭澳二期工程，开工浙江三门、广东阳江等核电项目，做好一批核电站前期工作。积极支持高温气冷堆核电示范工程。

二、能源储运工程

（一）煤炭运输通道和港口

"十一五"期间，随着煤炭产销量的增长，我国"北煤南运、西煤东调"格局将更加明显。要充分挖掘既有铁路和港口设施潜力，重点抓好"三西"煤炭外运通道、北方沿海煤炭装船码头扩能改造，规划建设"西煤东运"新通道。进一步强化华东、东南、华南地区煤炭接卸码头和中转基地建设，发挥长江和京杭运河作用，加强西北、西南和华中煤炭运输能力建设。

（二）油气输送管网

"十一五"期间，按照"西部油气东输、东北油气南送、海上油气登陆"的格局，加强骨干油气管线建设，增加必要的复线和重点联络线，加快中转枢纽和战略储备设施建设，逐步形成全国油气骨干管网和重点区域网络。

（三）电网设施

一是按照重点输送水电，适度输送煤电的原则，继续推进"西电东送" 三大通道建设。

二是加强区域电网建设，推进大区电网互联，到2010年，除西藏、新疆、台湾等地区外，初步实现全国联网。三是推进城乡电网建设与改造，形成安全可靠的配电网络。四是促进二次系统与一次系统协调发展。

三、石油替代工程

按照"发挥资源优势、依靠科技进步、积极稳妥推进"的原则，加快发展煤基、生物质基液体燃料和煤化工技术，统筹规划，有序建设重点示范工程。为"十二五"及更长时期石油替代产业发展奠定基础。

四、可再生能源产业化工程

"十一五"期间，重点发展资源潜力大、技术基本成熟的风力发电、生物质发电、生物质成型燃料、太阳能利用等可再生能源，以规模化建设带动产业化发展。

五、新农村能源工程

按照“因地制宜，多元发展”的原则，在继续加快小型水电和农网建设的同时，大力发展适宜村镇、农户使用的风电、生物质能、太阳能等可再生能源。到2010年，村镇小型风机使用量达到30万台，总容量 7.5万千瓦；户用沼气 4000万户，规模化养殖场沼气工程达到4700处，全国农村沼气产量达到160 亿立方米；农村太阳能热水器保有量达到5000万平方米，太阳灶保有量达到100 万台。

第四章 节能和环保

实现能源节约和环境保护目标，必须依靠全社会的共同努力，发挥科技基础作用，走转变经济增长方式，提高经济增长质量和效益的道路。在落实直接节能与环境保护措施的同时，大力发展循环经济，加快培育高科技产业，扩大现代服务业在国民经济中的比重，通过优化经济结构，提升间接节能和环保贡献率。

一、主要目标

（一）总体指标

2010年，万元 GDP(2005年不变价，下同）能耗由2005年的1.22 吨标准煤下降到0.98 吨标准煤左右。“十一五”期间年均节能率4.4%，相应减少排放二氧化硫840 万吨、二氧化碳（碳计）3.6亿吨。

（二）主要耗能产品（工作量）和耗能设备指标

2010年，重点耗能行业环保状况和主要产品（工作量）单位能耗指标总体达到或接近本世纪初国际先进水平。主要耗能设备能源效率达到20世纪90年代中期国际先进水平，部分汽车、家用电器能源效率达到国际先进水平。

专栏2　主要产品(工作量)单位能耗指标

	单位	2000年	2005年	2010年
火电供电煤耗	克标准煤/千瓦时	392	370	355
吨钢综合能耗	千克标准煤/吨	906	760	730
吨钢可比能耗	千克标准煤/吨	784	700	685
10种有色金属综合能耗	吨标准煤/吨	4.809	4.665	4.595
铝综合能耗	吨标准煤/吨	9.923	9.595	9.471
铜综合能耗	吨标准煤/吨	4.707	4.388	4.256
炼油单位能量因数能耗	千克标准油/吨·因数	14	13	12
乙烯综合能耗	千克标准油/吨	848	700	650
大型合成氨综合能耗	千克标准煤/吨	1372	1210	1140
烧碱综合能耗	千克标准煤/吨	1553	1503	1400
水泥综合能耗	千克标准煤/吨	181	159	148
建筑陶瓷综合能耗	千克标准煤/平方米	10.04	9.9	9.2
铁路运输综合能耗	吨标准煤/百万吨换算公里	10.41	9.65	9.4

专栏3　主要耗能设备能效指标

	单位	2000年	2010年
燃煤工业锅炉(运行)	%	65	70—80
中小电动机(设计)	%	87	90—92
风机(设计)	%	70—80	80—85
泵(设计)	%	75—80	83—87
气体压缩机(设计)	%	75	80—84
房间空调器(能效比)		2.4	3.2—4
电冰箱(能效指数)	%	80	62—50
家用燃气灶(热效率)	%	55	60—65
家用燃气热水器(热效率)	%	80	90—95
汽车平均燃油经济性	升/百公里	9.5	8.2—6.7

(三)能源行业指标

2010年，全国煤矿平均矿井回采率达到50%，提高4个百分点；煤矸石、矿井水利用率均达到70%，分别提高27和26个百分点；矿井水排放达标率100%，提高20个百分点；洗煤废水闭路循环率提高到90%，增加5个百分点。原油采收率保持在32%左右。火电供电标准煤耗每千瓦时355克，下降15克；厂用电率4.5%，下降1.4个百分点；线损率7%，下降0.18个百分点；电厂二氧化硫排放总量减少10%以上。

二、主要领域

"十一五"期间，按照"全面推进、突出重点"的原则，着力抓好重点工业、交通运输、建筑、商业和民用领域的节能环保工作。组织实施燃煤工业锅炉(窑炉)改造、区域热电联产、余热余压利用、节约和替代石油、电机系统节能、能量系统优化、建筑节能、绿色照明、政府机构节能、节能监测和技术服务体系建设等十大工程，达到节能5.6亿吨标准煤，环境和经济效益显著的目标。

三、能源行业重点

(一)煤炭工业

逐步淘汰技术落后、效率低、资源浪费和污染严重的小煤矿，采用高效、环保的新工艺、新设备和新材料改造现有煤矿和选煤厂，建设大型现代化煤矿。到2010年，使煤炭资源平均矿井回采率由2005年的46%提高到50%；小型煤矿数量由2.2万处降低到1万处左右，污染源点大幅度减少；地下水渗漏、地表沉陷等问题得到有效缓解。

按照循环经济发展思路，大力推进煤炭领域资源综合利用。到2010年，使煤矸石利用量由2005年的1.5亿吨增加到3.9亿吨，利用率提高27个百分点；矿井水利用量由11亿立方米增加到36亿立方米，利用率提高26个百分点；矿井水达标排放率由80%提高到100%；煤矿瓦斯利用量由10亿立方米增加到87亿立方米。

切实加强煤炭矿区生态环境保护工作。制订专项规划，研究建立矿区生态环境恢复补偿机制，加大资金投入。到2010年，使矿区土地复垦面积由0.9万公顷增加到2.2万公顷，水土流失治理面积由1.1万公顷增加到2.6万公顷，生态环境恶化的趋势得到遏制。

(二)石油天然气工业

加强项目开发的节能环保评估和审查，大力推广提高采收率技术、采油系统优化配置技术、稠油热采配套节能技术、注水系统优化运行技术、油气密闭集输综合节能技术和油田伴生气回收利用技术，严禁在没有伴生气、凝析油回收配套条件下开采油气田。到2010年，使全国原油采收率保持在32%左右；油气田开发综合能耗，特别是油气自用率进一步降低；基本解决天然气放空、废水排放造成的环境污染问题。

作好石油节约和替代工作。以洁净煤、石油焦、天然气替代燃料油(轻油)；淘汰燃油小机组；实施机动车燃油经济性标准及相关配套政策；实施清洁汽车行动计划，发展混合动力汽车，在城市公交车、出租车等行业推广燃气汽车。

(三)电力工业

大力发展60万千瓦及以上超(超)临界机组、大型联合循环机组。采用高效洁净发电技术改造现役火电机组，实施"上大压小"和小机组淘汰退役。推进热电联产、热电冷联产和热电煤气多联供。在工业热负荷为主的地区，因地制宜建设以热力为主的背压机组；在采暖负荷集中或发展潜力较大的地区，建设30万千瓦等级高效环保热电联产机组；在中小城市建设以循环流化床技术为主的热电煤气三联供，以洁净能源作燃料的分布式热电联产和热电冷联供，将分散式供热燃煤小锅炉改造为集中供热。到2010年，使火电供电标准煤耗由2005年的每千瓦时370克下降到355克，厂用电率由5.9%下降到4.5%；城市集中供热普及率由30%提高到40%，新增供暖热电联产机组超过4000万千瓦，年节能3500万吨标准煤以上，为改善城市空气质量作出贡献。

水电建设要更加重视生态环境保护问题。新建火电机组必须同步安装高效除尘设施；加快现役电厂除尘器改造，提高可靠性、稳定性和除尘效率。通过使用低硫燃料、装设脱硫设备等综合措施，严格控制电厂二氧化硫排放。推广低氮燃烧技术，扩大烟气脱氮试点范围，鼓励火电厂减少氮氧化物排放。到2010年，使火电厂每千瓦时烟尘排放量控制在1.2克、二氧化硫排放量下降到2.7克，电厂废水排放达标率实现100%。采用先进输、变、配电技术和设备，逐步淘汰能耗高的老旧设备；加强跨区联网，推广应用电网经济运行技术；采取有效措施，减轻电磁场对环境的影响。到2010年，使电网线损率下降到7%左右。

第五章 科技进步

贯彻落实"自主创新，重点跨越，支撑发展，引领未来"的科技发展指导方针，建立和完善以企业为主体、市场为导向、产学研相结合的能源科技创新体系。优先发展先进适用技术，提升能源工业技术水平；加强前沿技术研发，为未来能源发展奠定基础。

一、优先发展先进适用技术

专栏 4　　“十一五”重点发展的先进适用技术

	主要内容
资源勘探开发	煤炭高效开采、复杂地质条件油气资源勘探开发、海洋油气资源勘探开发和煤层气开发等技术
煤炭清洁利用	煤炭洗选、清洁高效发电、煤基液体燃料和化工等技术
核电站	百万千瓦级大型先进压水堆核电技术
超大规模输配电和电网二次系统	柔性输电、高等级电压输电、间歇式电源并网、电能质量监测与控制、大规模互联电网安全保障和电网调度自动化技术等
可再生能源低成本规模化开发利用	大型风电机组、农林生物质发电、沼气发电、燃料乙醇、生物柴油和生物质固体成型燃料、太阳能开发利用关键技术等

二、加强能源前沿技术研究

专栏 5　　“十一五”重点发展的前沿技术

	主要内容
氢能及燃料电池	高效低成本化石能源和可再生能源制氢、经济高效氢储存和输配、燃料电池关键技术等
分布式供能系统	微小型燃气轮机、新型热力循环等终端能源转换、储能、热电冷系统综合技术等
未来核电	高温气冷堆和快中子增殖反应堆、核聚变反应堆技术等
天然气水合物	天然气水合物地质理论、资源勘探评价、钻井和安全开采技术等

第六章　保障措施

一、增加勘查投入，提高资源保障程度

落实《国务院关于促进煤炭工业健康发展的若干意见》，完善资源有偿使用制度，增加基础地质勘探投入，提高煤炭资源保障程度。

制定油气资源勘探开发投入激励政策，鼓励尾矿和难动用储量开发利用，逐步建立完善油气区块矿权招标制度和退出机制。

增加对水能、风能、生物质能等资源调查的投入，为加快新能源和可再生能源开发利用奠定资源基础。

二、发挥规划调控作用，规范开发建设秩序

建立和完善能源规划调整与公开发布制度。滚动修订各类能源规划，公开发布实施，规范政府监管和企业行为，接受社会公众监督。地方和部门组织制定的相关规划，必须与国家能源发展规划衔接一致。

严格建设项目核准和备案制度。不符合国家能源规划要求的建设项目，国土、环保等部门不予办理相关审核、许可手续，金融机构不予贷款。进一步完善项目核准备案制度，形成更加科学、规范、透明的管理办法。

三、加快法规建设，改进行业管理

修订《煤炭法》、《电力法》、《节约能源法》，制定《能源法》、《石油天然气法》和《国家石油储备管理条例》等法规，尽快完善与社会主义市场经济体制相适应的能源法律法规体系。

健全煤炭行业准入制度，规范煤炭资源勘查开发和

生产经营活动。实施煤炭资源整合，推进企业重组，淘汰落后小煤矿。引导企业增加投入，加快瓦斯抽采利用和安全改造，提高装备水平，改善安全生产条件。

加强石油天然气行业监管，完善市场准入制度。制定天然气利用政策，强化需求侧管理，保障供气安全。完善电力市场监管体系和运行规则，创造公平竞争的市场环境。引导电网和发电企业加强管理、节能降耗、降低成本、改进服务，为全社会提供稳定可靠、价格合理、质量优良的电力供应。

四、深化体制改革，完善价格体系

继续推动煤炭企业完善现代企业制度，减轻企业办社会负担，增强竞争力。完善流通体制，建立现代煤炭交易市场。

逐步理顺成品油价格，加大天然气价格调整力度，引导油气资源合理使用，促进资源节约与开发。

按照国务院确定的电力体制改革方案，巩固厂网分开成果，加快电网企业主辅分离步伐，推进区域电力市场建设，继续开展大用户与发电企业直接交易试点，稳步实施输配分开。深化电价体制改革。完善输配电价，加快推进竞价上网，建立与用电质量要求、用电性质和发电上网电价挂钩的分类售电电价机制。

制定可再生能源发电配额制度，完善可再生能源发电电价优惠政策，施行有利于生产和使用可再生能源的税收政策。

五、强化资源节约，保护生态环境

提高能源矿产资源回采率。实行与回采率挂钩的资源税费计征办法，完善监管制度，促进企业加强管理、增加投入、改进工艺装备，提高能源资源利用率。

发展循环经济。鼓励企业充分利用劣质煤、煤炭洗选加工副产品、煤矿瓦斯、矿井水等资源，因地制宜发展综合利用产业。完善热电联产产业政策，鼓励大中型城市和热负荷相对集中的工业园区，实行热电联产、集中供热，逐步淘汰分散供热锅炉，提高综合能效，保护生态环境。

建立煤炭矿区生态环境恢复补偿机制。制定煤炭清洁生产标准，明确企业和政府责任，加大生态环境保护和治理投入。

改革电力调度方式。实行节能、环保、经济、公平的发电调度制度，激励企业加快发展高效清洁机组，淘汰和改造低效率、高能耗、高排放的现役机组，促进电力行业整体能效和环保水平的提高。

六、扩大对外开放，加强国际合作

以引进先进技术和管理为主要目标，适时修订《外商投资产业指导目录》，完善能源对外开放政策。按照平等互利、合作双赢的原则加强能源国际合作。

七、建立应急体系，提高安全保障

加快政府石油储备建设，适时建立企业义务储备，鼓励发展商业石油储备，逐步完善石油储备体系。以应对大规模电网事故和石油天然气供应中断为核心，建立完善能源安全预警制度和应急机制。

对外援助

关于“2011 年对外援助物资项目实施企业资格换领结果”的公告

商务部公告 2012 年第 28 号

【发布单位】 中华人民共和国商务部

【发布文号】 公告 2012 年第 28 号

【发布日期】 2012—05—31

根据《对外援助物资项目实施企业资格管理办法》（商务部 2011 年第 2 号令）和《商务部关于对外援助物资项目实施企业换领资格批准文件有关工作的通知》（商援函［2011］776 号）的规定，商务部于 2011 年 9 月启动援外物资项目实施企业的资格换领工作。截至目前，资格换领工作已全部结束，共有 114 家援外物资项目实施企业申请办理了资格换领。另有 105 家企业未申请办理资格换领，逾期自动丧失资格。现将资格换领结果公告如下：

经核验，申请办理资格换领的 114 家企业中，98 家通过资格换领，其中，7 家企业晋级，1 家企业降级；另有 16 家企业因不符合任何一级条件而丧失资格（详见附件）。

附件：1. 商务部 2011 年对外援助物资项目实施企业资格换领结果（物资 A 级）

2. 商务部 2011 年对外援助物资项目实施企业资格换领结果（物资 B 级）

关于2012年度对外援助实施企业资格核验工作有关事项的公告

商务部公告2012年第46号

【发布单位】中华人民共和国商务部

【发布文号】公告2012年第46号

【发布日期】2012-07-30

根据《对外援助成套项目施工任务实施企业资格认定办法》（商务部令2004年第9号）的规定，商务部每2年进行一次对外援助项目实施企业资格核验工作。现就2012年度对外援助实施企业资格核验工作有关事项公告如下：

一、2012年度对外援助成套项目施工任务实施企业资格核验工作推迟，待修订的《对外援助成套项目实施企业资格管理办法》施行后，按新规定进行核验。具体核验日期另行公告。

二、对于符合申请2012年度资格核验晋级的成套项目施工任务实施企业，请于2012年10月31日前正式提出晋级申请，填写《资格核验登记表》，连同相关材料（详见商务部网站援外司子站，网址：HTTP://YWS.MOFCOM.GOV.CN）一次性送达商务部政务大厅，商务部将按规定办理晋级手续并予以公布。

三、2006年通过资格核验以及2006年以后批准的成套项目施工任务实施企业资格继续有效，待修订的《对外援助成套项目实施企业资格管理办法》施行后，重新按新规定的资格条件核准并予以公布。

有关具体事宜请与商务部对外援助司联系。

电话：010 85093634，85093635

传真：010 85093638

地址：北京市东长安街2号6651房间

中华人民共和国商务部

二〇一二年七月三十日

对外承包工程

《对外承包工程项目投标（议标）管理办法》
商务部 银监会 保监会令 2011 年第 3 号

【发布单位】商务部 银监会 保监会

【发布文号】商务部 银监会 保监会令 2011 年第 3 号

【发布日期】2011-12-07

【实施日期】2012-01-15

《对外承包工程项目投标（议标）管理办法》已经商务部、银监会、保监会审议通过，现予公布，自 2012 年 1 月 15 日起施行。

中华人民共和国商务部 部 长：陈德铭

中国银行业监督管理委员会 主 席：尚福林

中国保险监督管理委员会 主 席；项俊波

二〇一一年十二月七日

对外承包工程项目投标（议标）管理办法

第一章 总 则

第一条 为加强对外承包工程项目投标（议标）核准管理，规范对外承包工程项目投标（议标）活动，保障对外承包工程项目经济效益与社会效益，促进对外承包工程健康发展，根据《对外承包工程管理条例》和《国务院对确需保留的行政审批项目设定行政许可的决定》，制定本办法。

第二条 依法取得对外承包工程资格的企业或其他单位（以下统称单位）以投标或议标方式承包合同报价金额不低于 500 万美元的境外建设工程项目，应当在对外投标或议标前按照本办法规定办理对外承包工程项目投标（议标）核准（以下简称对外承包工程项目核准）。

第三条 本办法所称对外承包工程项目是指中国的单位承包境外建设工程项目，包括咨询、勘察、设计、监理、招标、造价、采购、施工、安装、调试、运营、管理等活动。

第四条 商务部负责对外承包工程项目核准工作。

商务部建立对外承包工程项目数据库系统管理对外承包工程项目核准。

第五条 国家鼓励对外承包工程使用人民币进行计价结算、申请融资、办理保函等业务。开展上述业务应当符合《跨境贸易人民币结算试点管理办法》等有关规定。

第二章 对外承包工程项目核准

第六条 对外承包工程的单位应当通过对外承包工程项目数据库系统申请对外承包工程项目核准。

申请核准应当提供以下材料：

（一） 项目情况说明；

（二） 中国驻项目所在国使馆（领馆）经商机构

出具的意见；

（三）有关商会出具的意见；

（四）需境内金融机构提供信贷或信用保险的项目，需提交境内金融机构出具的承贷或承保意向函。

第七条 中国驻项目所在国使馆（领馆）经商机构应当在对外承包工程的单位根据本办法第六条第一款提出申请后通过对外承包工程项目数据库系统提出明确意见。中国驻项目所在国使馆（领馆）经商机构在提出意见时应当综合考虑外经贸政策、驻在国安全风险、项目环保与可能涉及的多国利益以及企业业务开展情况、突发事件报送和项目外派劳务人员等问题。

第八条 有关商会应当在中国驻项目所在国使馆（领馆）经商机构出具意见后通过对外承包工程项目数据库系统提出明确意见。有关商会在提出意见时应当综合考虑企业公平竞争和行业自律等有关情况。

第九条 商务部在收到本办法第六条第二款规定的完备材料之日起3个工作日内予以审查。符合条件的，予以网上核准，并向申请单位颁发《对外承包工程项目投标（议标）核准证》（以下简称《核准证》）。

第十条 具有下列情形之一的，不予办理对外承包工程项目核准：

（一）申请单位受到商务部或者其他部门暂停经营对外承包工程或相关业务的处罚尚未期满；

（二）申请核准前3年内因实施对外承包工程项目的不规范经营行为或重大失误给中国与项目所在国双边关系和经贸合作造成严重影响；

（三）申请核准前3年内参加对外承包工程项目投标（议标）时擅自以中国政府或者金融机构的名义对外承诺融资；

（四）申请核准前2年内未按规定向商务主管部门报告其开展对外承包工程的情况，或未按规定向有关部门报送业务统计资料；

（五）申请核准前3年内不遵守《境外中资企业机构和人员安全管理规定》，并导致重大事故；

（六）申请核准前2年内未按《对外承包工程管理条例》要求向中国驻工程项目所在国使馆（领馆）报告订立工程项目合同情况或不接受使馆（领馆）在突发事件防范、工程质量、安全生产及外派人员保护等方面的指导；

（七）申请核准前3年内曾因以欺骗、贿赂等不正当手段取得《核准证》被商务部撤销核准。

第三章 监督管理

第十一条 获得对外承包工程项目核准的单位，可以就相关项目向境内金融机构申请办理保函、信贷或信用保险，向境内金融机构申请项目保函、信贷或信用保险时，应当提交《核准证》等相关文件。

第十二条 境内金融机构不得向未依据本办法办理对外承包工程项目核准的单位开立保函、提供信贷或信用保险。

第十三条 获得对外承包工程项目核准的单位应当在项目评标结果公布后10个工作日内，在对外承包工程项目数据库系统上填报评标结果。

中标单位应当在开工后每个月在对外承包工程项目数据库系统上填报项目实施进展情况，直至对外承包工程项目合同义务终止。

第四章 法律责任

第十四条 申请对外承包工程项目核准的单位隐瞒有关情况或者伪造相关证明、提交虚假材料的，商务部不予核准，并给予警告，责令改正；情节严重或拒不改正的，处3万元以下罚款；并可对其主要负责人处1万元以下罚款。

申请对外承包工程项目核准的单位以欺骗、贿赂等不正当手段取得《核准证》的，由商务部撤销核准，并给予警告，处3万元以下罚款；并可对其主要负责人处1万元以下罚款；发生《对外承包工程管理条例》第二十五条、第二十六条规定情形的，由商务主管部门根据《对外承包工程管理条例》第二十五条、第二十六条规定在一定期限内禁止对外承包新的工程项目直至吊销对外承包工程资格证书。

第十五条 对外承包工程的单位未按照本办法规定办理对外承包工程项目核准的，商务部给予警告，处3万元以下罚款；并可对其主要负责人处1万元以下罚款；发生《对外承包工程管理条例》第二十五条、第二十六条规定情形的，由商务主管部门根据《对外承包工程管理条例》第二十五条、第二十六条规定在一定期限内禁止对外承包新的工程项目直至吊销对外承包工程资格证书。

第十六条 商务部、中国驻项目所在国使馆（领馆）经商机构、有关商会的工作人员在办理对外承包工程项目核准、出具意见工作中，玩忽职守、徇私舞弊或者滥用职权，构成犯罪的，依法追究刑事责任；尚不构成犯罪的，依法给予处分。

第十七条 金融机构违反本办法规定为对外承包工程的单位开立保函、提供信贷或信用保险的，中国银行业监督管理委员会、中国保险监督管理委员会根据有关金融监督管理的法律、法规和规章的规定给予处罚。

第五章 附 则

第十八条 《核准证》由商务部统一印制。

第十九条 中国内地的单位在香港特别行政区、澳门特别行政区、台湾地区承包工程项目的投标（议标）管理，参照本办法的规定执行。

第二十条 机电产品、大型机械和成套设备出口，不适用本办法。

第二十一条 本办法所称“不低于”、“以下”均含本数。

第二十二条 本办法由商务部会同中国银行业监督管理委员会、中国保险监督管理委员会负责解释。

第二十三条 本办法自2012年1月15日起施行。《对外贸易经济合作部 中国人民银行关于下发〈对外承包工程项目投标（议标）许可暂行办法〉的通知》（〔1999〕外经贸合发第699号）、《对外贸易经济合作部 中国人民银行 财政部关于印发〈对外承包工程项目投标（议标）许可暂行办法〉补充规定的通知》（外经贸合发〔2001〕285号）和《商务部 中国人民银行 财政部关于〈对外承包工程项目投标（议标）许可暂行办法〉补充规定的通知》（商合发〔2005〕20号）同时废止。

对外劳务合作

对外劳务合作管理条例

第一章 总 则

第一条 为了规范对外劳务合作，保障劳务人员的合法权益，促进对外劳务合作健康发展，制定本条例。

第二条 本条例所称对外劳务合作，是指组织劳务人员赴其他国家或者地区为国外的企业或者机构（以下统称国外雇主）工作的经营性活动。

国外的企业、机构或者个人不得在中国境内招收劳务人员赴国外工作。

第三条 国家鼓励和支持依法开展对外劳务合作，提高对外劳务合作水平，维护劳务人员的合法权益。

国务院有关部门制定和完善促进对外劳务合作发展的政策措施，建立健全对外劳务合作服务体系以及风险防范和处置机制。

第四条 国务院商务主管部门负责全国的对外劳务合作监督管理工作。国务院外交、公安、人力资源社会保障、交通运输、住房城乡建设、渔业、工商行政管理等有关部门在各自职责范围内，负责对外劳务合作监督管理的相关工作。

县级以上地方人民政府统一领导、组织、协调本行政区域的对外劳务合作监督管理工作。县级以上地方人民政府商务主管部门负责本行政区域的对外劳务合作监督管理工作，其他有关部门在各自职责范围内负责对外劳务合作监督管理的相关工作。

第二章 从事对外劳务合作的企业与劳务人员

第五条 从事对外劳务合作，应当按照省、自治区、直辖市人民政府的规定，经省级或者设区的市级人民政府商务主管部门批准，取得对外劳务合作经营资格。

第六条 申请对外劳务合作经营资格，应当具备下列条件：

（一）符合企业法人条件；

（二）实缴注册资本不低于600万元人民币；

（三）有3名以上熟悉对外劳务合作业务的管理人员；

（四）有健全的内部管理制度和突发事件应急处置制度；

（五）法定代表人没有故意犯罪记录。

第七条 申请对外劳务合作经营资格的企业，应当向所在地省级或者设区的市级人民政府商务主管部门（以下称负责审批的商务主管部门）提交其符合本条例第六条规定条件的证明材料。负责审批的商务主管部门应当自收到证明材料之日起20个工作日内进行审查，作出批准或者不予批准的决定。予以批准的，颁发对外劳务合作经营资格证书；不予批准的，书面通知申请人并说明理由。

申请人持对外劳务合作经营资格证书，依法向工商行政管理部门办理登记。

负责审批的商务主管部门应当将依法取得对外劳务合作经营资格证书并办理登记的企业（以下称对外劳务合作企业）名单报至国务院商务主管部门，国务院商务主管部门应当及时通报中国驻外使馆、领馆。

未依法取得对外劳务合作经营资格证书并办理登记，不得从事对外劳务合作。

第八条 对外劳务合作企业不得允许其他单位或者个人以本企业的名义组织劳务人员赴国外工作。

任何单位和个人不得以商务、旅游、留学等名义组织劳务人员赴国外工作。

第九条 对外劳务合作企业应当自工商行政管理部门登记之日起5个工作日内，在负责审批的商务主管部门指定的银行开设专门账户，缴存不低于300万元人民币的对外劳务合作风险处置备用金（以下简称备用金）。备用金也可以通过向负责审批的商务主管部门提交等额银行保函的方式缴存。

负责审批的商务主管部门应当将缴存备用金的对外劳务合作企业名单向社会公布。

第十条 备用金用于支付对外劳务合作企业拒绝承担或者无力承担的下列费用：

（一）对外劳务合作企业违反国家规定收取，应当退还给劳务人员的服务费；

（二）依法或者按照约定应当由对外劳务合作企业向劳务人员支付的劳动报酬；

（三）依法赔偿劳务人员的损失所需费用；

（四）因发生突发事件，劳务人员回国或者接受紧急救助所需费用。

备用金使用后，对外劳务合作企业应当自使用之日起 20 个工作日内将备用金补足到原有数额。

备用金缴存、使用和监督管理的具体办法由国务院商务主管部门会同国务院财政部门制定。

第十一条 对外劳务合作企业不得组织劳务人员赴国外从事与赌博、色情活动相关的工作。

第十二条 对外劳务合作企业应当安排劳务人员接受赴国外工作所需的职业技能、安全防范知识、外语以及用工项目所在国家或者地区相关法律、宗教信仰、风俗习惯等知识的培训；未安排劳务人员接受培训的，不得组织劳务人员赴国外工作。

劳务人员应当接受培训，掌握赴国外工作所需的相关技能和知识，提高适应国外工作岗位要求以及安全防范的能力。

第十三条 对外劳务合作企业应当为劳务人员购买在国外工作期间的人身意外伤害保险。但是，对外劳务合作企业与国外雇主约定由国外雇主为劳务人员购买的除外。

第十四条 对外劳务合作企业应当为劳务人员办理出境手续，并协助办理劳务人员在国外的居留、工作许可等手续。

对外劳务合作企业组织劳务人员出境后，应当及时将有关情况向中国驻用工项目所在国使馆、领馆报告。

第十五条 对外劳务合作企业、劳务人员应当遵守用工项目所在国家或者地区的法律，尊重当地的宗教信仰、风俗习惯和文化传统。

对外劳务合作企业、劳务人员不得从事损害国家安全和国家利益的活动。

第十六条 对外劳务合作企业应当跟踪了解劳务人员在国外的工作、生活情况，协助解决劳务人员工作、生活中的困难和问题，及时向国外雇主反映劳务人员的合理要求。

对外劳务合作企业向同一国家或者地区派出的劳务人员数量超过 100 人的，应当安排随行管理人员，并将随行管理人员名单报中国驻用工项目所在国使馆、领馆备案。

第十七条 对外劳务合作企业应当制定突发事件应急预案。国外发生突发事件的，对外劳务合作企业应当及时、妥善处理，并立即向中国驻用工项目所在国使馆、领馆和国内有关部门报告。

第十八条 用工项目所在国家或者地区发生战争、暴乱、重大自然灾害等突发事件，中国政府作出相应避险安排的，对外劳务合作企业和劳务人员应当服从安排，予以配合。

第十九条 对外劳务合作企业停止开展对外劳务合作的，应当对其派出的尚在国外工作的劳务人员作出妥善安排，并将安排方案报负责审批的商务主管部门备案。负责审批的商务主管部门应当将安排方案报至国务院商务主管部门，国务院商务主管部门应当及时通报中国驻用工项目所在国使馆、领馆。

第二十条 劳务人员有权向商务主管部门和其他有关部门投诉对外劳务合作企业违反合同约定或者其他侵害劳务人员合法权益的行为。接受投诉的部门应当按照职责依法及时处理，并将处理情况向投诉人反馈。

第三章 与对外劳务合作有关的合同

第二十一条 对外劳务合作企业应当与国外雇主订立书面劳务合作合同；未与国外雇主订立书面劳务合作合同的，不得组织劳务人员赴国外工作。 劳务合作合同应当载明与劳务人员权益保障相关的下列事项：

（一）劳务人员的工作内容、工作地点、工作时间和休息休假；

（二）合同期限；

（三）劳务人员的劳动报酬及其支付方式；

（四）劳务人员社会保险费的缴纳；

（五）劳务人员的劳动条件、劳动保护、职业培训和职业危害防护；

（六）劳务人员的福利待遇和生活条件；

（七）劳务人员在国外居留、工作许可等手续的办理；

（八）劳务人员人身意外伤害保险的购买；

（九）因国外雇主原因解除与劳务人员的合同对劳务人员的经济补偿；

（十）发生突发事件对劳务人员的协助、救助；

（十一）违约责任。

第二十二条 对外劳务合作企业与国外雇主订立劳务合作合同，应当事先了解国外雇主和用工项目的情况以及用工项目所在国家或者地区的相关法律。

用工项目所在国家或者地区法律规定企业或者机构使用外籍劳务人员需经批准的，对外劳务合作企业只能与经批准的企业或者机构订立劳务合作合同。

对外劳务合作企业不得与国外的个人订立劳务合作合同。

第二十三条 除本条第二款规定的情形外，对外劳务合作企业应当与劳务人员订立书面服务合同；未与劳务人员订立书面服务合同的，不得组织劳务人员赴国外工作。服务合同应当载明劳务合作合同中与劳务人员权益保障相关的事项，以及服务项目、服务费及其收取方式、违约责任。

对外劳务合作企业组织与其建立劳动关系的劳务人员赴国外工作的，与劳务人员订立的劳动合同应当载明劳务合作合同中与劳务人员权益保障相关的事项；未与劳务人员订立劳动合同的，不得组织劳务人员赴国外工作。

第二十四条 对外劳务合作企业与劳务人员订立服务合同或者劳动合同时，应当将劳务合作合同中与劳务人员权益保障相关的事项以及劳务人员要求了解的其他情况如实告知劳务人员，并向劳务人员明确提示包括人身安全风险在内的赴国外工作的风险，不得向劳务人员隐瞒有关信息或者提供虚假信息。

对外劳务合作企业有权了解劳务人员与订立服务合同、劳动合同直接相关的个人基本情况，劳务人员应当如实说明。

第二十五条 对外劳务合作企业向与其订立服务合同的劳务人员收取服务费，应当符合国务院价格主管部门会同国务院商务主管部门制定的有关规定。

对外劳务合作企业不得向与其订立劳动合同的劳务人员收取服务费。

对外劳务合作企业不得以任何名目向劳务人员收取押金或者要求劳务人员提供财产担保。

第二十六条 对外劳务合作企业应当自与劳务人员订立服务合同或者劳动合同之日起10个工作日内，将服务合同或者劳动合同、劳务合作合同副本以及劳务人员名单报负责审批的商务主管部门备案。负责审批的商务主管部门应当将用工项目、国外雇主的有关信息以及劳务人员名单报至国务院商务主管部门。

商务主管部门发现服务合同或者劳动合同、劳务合作合同未依照本条例规定载明必备事项的，应当要求对外劳务合作企业补正。

第二十七条 对外劳务合作企业应当负责协助劳务人员与国外雇主订立确定劳动关系的合同，并保证合同中有关劳务人员权益保障的条款与劳务合作合同相应条款的内容一致。

第二十八条 对外劳务合作企业、劳务人员应当信守合同，全面履行合同约定的各自的义务。 第二十九条 劳务人员在国外实际享有的权益不符合合同约定的，对外劳务合作企业应当协助劳务人员维护合法权益，要求国外雇主履行约定义务、赔偿损失；劳务人员未得到应有赔偿的，有权要求对外劳务合作企业承担相应的赔偿责任。对外劳务合作企业不协助劳务人员向国外雇主要求赔偿的，劳务人员可以直接向对外劳务合作企业要求赔偿。

劳务人员在国外实际享有的权益不符合用工项目所在国家或者地区法律规定的，对外劳务合作企业应当协助劳务人员维护合法权益，要求国外雇主履行法律规定的义务、赔偿损失。

因对外劳务合作企业隐瞒有关信息或者提供虚假信息等原因，导致劳务人员在国外实际享有的权益不符合合同约定的，对外劳务合作企业应当承担赔偿责任。

第四章 政府的服务和管理

第三十条 国务院商务主管部门会同国务院有关部门建立对外劳务合作信息收集、通报制度，为对外劳务合作企业和劳务人员无偿提供信息服务。

第三十一条 国务院商务主管部门会同国务院有关部门建立对外劳务合作风险监测和评估机制，及时发布有关国家或者地区安全状况的评估结果，提供预警信息，指导对外劳务合作企业做好安全风险防范；有关国家或者地区安全状况难以保障劳务人员人身安全的，对外劳务合作企业不得组织劳务人员赴上述国家或者地区工作。

第三十二条 国务院商务主管部门会同国务院统计部门建立对外劳务合作统计制度，及时掌握并汇总、分析对外劳务合作发展情况。

第三十三条 国家财政对劳务人员培训给予必要的支持。

国务院商务主管部门会同国务院人力资源社会保障部门应当加强对劳务人员培训的指导和监督。

第三十四条 县级以上地方人民政府根据本地区开展对外劳务合作的实际情况，按照国务院商务主管部门会同国务院有关部门的规定，组织建立对外劳务合作服务平台（以下简称服务平台），为对外劳务合作企业和劳务人员无偿提供相关服务，鼓励、引导对外劳务合作企业通过服务平台招收劳务人员。

国务院商务主管部门会同国务院有关部门应当加强对服务平台运行的指导和监督。

第三十五条 中国驻外使馆、领馆为对外劳务合作企业了解国外雇主和用工项目的情况以及用工项目所在国家或者地区的法律提供必要的协助，依据职责维护对外劳务合作企业和劳务人员在国外的正当权益，发现违反本条例规定的行为及时通报国务院商务主管部门和有关省、自治区、直辖市人民政府。

劳务人员可以合法、有序地向中国驻外使馆、领馆反映相关诉求，不得干扰使馆、领馆正常工作秩序。

第三十六条 国务院有关部门、有关县级以上地方人民政府应当建立健全对外劳务合作突发事件预警、防范和应急处置机制，制定对外劳务合作突发事件应急预案。

对外劳务合作突发事件应急处置由组织劳务人员赴国外工作的单位或者个人所在地的省、自治区、直辖市人民政府负责，劳务人员户籍所在地的省、自治区、直辖市人民政府予以配合。

中国驻外使馆、领馆协助处置对外劳务合作突发事件。

第三十七条 国务院商务主管部门会同国务院有关部门建立对外劳务合作不良信用记录和公告制度，公布对外劳务合作企业和国外雇主不履行合同约定、侵害劳务人员合法权益的行为，以及对对外劳务合作企业违法行为的处罚决定。

第三十八条 对违反本条例规定组织劳务人员赴国外工作，以及其他违反本条例规定的行为，任何单位和个人有权向商务、公安、工商行政管理等有关部门举报。接到举报的部门应当在职责范围内及时处理。

国务院商务主管部门会同国务院公安、工商行政管理等有关部门，建立健全相关管理制度，防范和制止非法组织劳务人员赴国外工作的行为。

第五章 法律责任

第三十九条 未依法取得对外劳务合作经营资格，从事对外劳务合作的，由商务主管部门提请工商行政管理部门依照《无照经营查处取缔办法》的规定查处取缔；构成犯罪的，依法追究刑事责任。

第四十条 对外劳务合作企业有下列情形之一的，由商务主管部门吊销其对外劳务合作经营资格证书，有违法所得的予以没收：

（一）以商务、旅游、留学等名义组织劳务人员赴国外工作；

（二）允许其他单位或者个人以本企业的名义组织劳务人员赴国外工作；

（三）组织劳务人员赴国外从事与赌博、色情活动相关的工作。

第四十一条 对外劳务合作企业未依照本条例规定缴存或者补足备用金的，由商务主管部门责令改正；拒不改正的，吊销其对外劳务合作经营资格证书。

第四十二条 对外劳务合作企业有下列情形之一的，由商务主管部门责令改正；拒不改正的，处5万元以上10万元以下的罚款，并对其主要负责人处1万元以上3万元以下的罚款：

（一）未安排劳务人员接受培训，组织劳务人员赴国外工作；

（二）未依照本条例规定为劳务人员购买在国外工作期间的人身意外伤害保险；

（三）未依照本条例规定安排随行管理人员。

第四十三条 对外劳务合作企业有下列情形之一的，由商务主管部门责令改正，处10万元以上20万元以下的罚款，并对其主要负责人处2万元以上5万元以下的罚款；在国外引起重大劳务纠纷、突发事件或者造成其他严重后果的，吊销其对外劳务合作经营资格证书：

（一）未与国外雇主订立劳务合作合同，组织劳务人员赴国外工作；

（二）未依照本条例规定与劳务人员订立服务合同或者劳动合同，组织劳务人员赴国外工作；

（三）违反本条例规定，与未经批准的国外雇主或者与国外的个人订立劳务合作合同，组织劳务人员赴国外工作；

（四）与劳务人员订立服务合同或者劳动合同，隐瞒有关信息或者提供虚假信息；

（五）在国外发生突发事件时不及时处理；

（六）停止开展对外劳务合作，未对其派出的尚在国外工作的劳务人员作出安排。

有前款第四项规定情形，构成犯罪的，依法追究刑事责任。

第四十四条 对外劳务合作企业向与其订立服务合同的劳务人员收取服务费不符合国家有关规定，或者向劳务人员收取押金、要求劳务人员提供财产担保的，由价格主管部门依照有关价格的法律、行政法规的规定处罚。

对外劳务合作企业向与其订立劳动合同的劳务人员收取费用的，依照《中华人民共和国劳动合同法》的规定处罚。

第四十五条 对外劳务合作企业有下列情形之一的，由商务主管部门责令改正；拒不改正的，处1万元以上2万元以下的罚款，并对其主要负责人处2000元以上5000元以下的罚款：

（一）未将服务合同或者劳动合同、劳务合作合同副本以及劳务人员名单报商务主管部门备案；

（二）组织劳务人员出境后，未将有关情况向中国驻用工项目所在国使馆、领馆报告，或者未依照本条例规定将随行管理人员名单报负责审批的商务主管部门备案；

（三）未制定突发事件应急预案；

（四）停止开展对外劳务合作，未将其对劳务人员的安排方案报商务主管部门备案。

对外劳务合作企业拒不将服务合同或者劳动合同、劳务合作合同副本报商务主管部门备案，且合同未载明本条例规定的必备事项，或者在合同备案后拒不按照商务主管部门的要求补正合同必备事项的，依照本条例第四十三条的规定处罚。

第四十六条 商务主管部门、其他有关部门在查处违反本条例行为的过程中，发现违法行为涉嫌构成犯罪的，应当依法及时移送司法机关处理。

第四十七条 商务主管部门和其他有关部门的工作人员，在对外劳务合作监督管理工作中有下列行为之一的，依法给予处分；构成犯罪的，依法追究刑事责任：

（一）对不符合本条例规定条件的对外劳务合作经营资格申请予以批准；

（二）对外劳务合作企业不再具备本条例规定的条件而不撤销原批准；

（三）对违反本条例规定组织劳务人员赴国外工作以及其他违反本条例规定的行为不依法查处；

（四）其他滥用职权、玩忽职守、徇私舞弊，不依法履行监督管理职责的行为。

第六章 附 则

第四十八条 有关对外劳务合作的商会按照依法制定的章程开展活动，为成员提供服务，发挥自律作用。

第四十九条 对外承包工程项下外派人员赴国外工作的管理，依照《对外承包工程管理条例》以及国务院商务主管部门、国务院住房城乡建设主管部门的规定执行。

外派海员类（不含渔业船员）对外劳务合作的管理办法，由国务院交通运输主管部门根据《中华人民共和国船员条例》以及本条例的有关规定另行制定。

第五十条 组织劳务人员赴香港特别行政区、澳门特别行政区、台湾地区工作的，参照本条例的规定执行。

第五十一条 对外劳务合作企业组织劳务人员赴国务院商务主管部门会同国务院外交等有关部门确定的特定国家或者地区工作的，应当经国务院商务主管部门会同国务院有关部门批准。

第五十二条 本条例施行前按照国家有关规定经批准从事对外劳务合作的企业，不具备本条例规定条件的，应当在国务院商务主管部门规定的期限内达到本条例规定的条件；逾期达不到本条例规定条件的，不得继续从事对外劳务合作。

第五十三条 本条例自2012年8月1日起施行。

财政部、商务部关于做好2012年对外劳务合作服务平台支持资金管理工作的通知

【发布单位】财政部 商务部
【发布文号】财企[2012]217号
【发布日期】2012－08

为落实国务院关于促进对外劳务合作规范发展的精神，强化政府公共服务，引导劳务人员通过正规渠道出境务工，保护劳务人员合法权益，2012年财政部、商务部继续安排专项资金，对对外劳务合作服务平台（以下简称劳务服务平台）工作予以资金支持。现就有关事项通知如下：

一、支持内容

对劳务服务平台在建设和运营过程中实际发生的下列费用进行资助。

（一）场所和办公设备购置费用：劳务服务平台场所建设、购置、租赁、维修和办公设备购置等发生的费用。

（二）系统开发及运营维护费用。包括劳务服务平台管理系统开发、数据库建设、购置自助查询终端等发生的费用。

（三）宣传推介费用：劳务服务平台举办推荐会、对接会；制作宣传册、拍摄宣传片、发布广告等发生的费用。

（四）培训费用：服务平台用于编写、购买培训教材、聘请培训教师等发生的费用。

已享受过本专项资金支持的劳务服务平台申请的费用须实际发生在2011年度。

二、必备条件

申请资金支持的劳务服务平台应具备以下条件：

（一）符合《商务部、外交部、公安部、工商总局关于印送对外劳务合作服务平台建设试行办法的函》（商合函〔2010〕484号）的规定。

（二）经县级以上人民政府或省级商务主管部门于2010年7月1日至2011年12月31日之间认定，并于本通知下发前已在商务部网站公布。

（三）属政府公共服务机构，非企业性质。

（四）劳务服务平台总办公面积不小于500平方米（含500平米）。

（五）2011年通过劳务服务平台派出的对外劳务人员不少于500人（含500人）。

（六）自劳务服务平台认定至2011年12月底，每年通过劳务服务平台派出劳务人员在境外发生劳务纠纷数量占平台派出劳务人员总数的5%以下，并且所有劳务纠纷均得到妥善处理。

三、支持标准

（一）2011年派出对外劳务人员不少于2000人（含2000人）且总办公面积超过1000平米以上（含1000平米）的劳务服务平台，给予不超过150万元资助。

（二）2011年派出对外劳务人员在1000至1999人且总办公面积超过500平米（含500平米）的劳务服务平台，给予不超过120万元资助。

（三）2011年派出对外劳务人员在500至999人且总办公面积超过500平米（含500平米）的劳务服务平台，给予不超过100万元资助。

四、审核内容

各省级财政、商务主管部门负责本地区劳务服务平台资金的审核工作。具体审核以下材料：

（一）县级以上人民政府或省级商务主管部门关于设立、认定劳务服务平台的批复文件（复印件，2011年已享受本专项资金支持的劳务服务平台不需提供）。

（二）县级以上人民政府机构编制部门关于劳务服务平台的编制批复文件（复印件，2011年已享受本专项资金支持的劳务服务平台不需提供）。

（三）劳务服务平台服务场所产权证或租赁合同复印件。

（四）省级商务主管部门出具的2011年1月1日-12月31日间通过劳务服务平台派出劳务人数证明。

（五）省级商务主管部门出具的2011年1月1日至12月31日期间，通过劳务服务平台派出的劳务人员在境外发生劳务纠纷数量占平台派出劳务人员总数的5%以下，并且所有劳务纠纷均得到妥善处理的证明。

（六）相关费用支出凭证。

五、申报及资金拨付程序

（一）各省级财政、商务主管部门组织本地区劳务服务平台资金报送工作。

（二）各省级财政、商务主管部门将本地区劳务服务平台资金审核及申请，《对外劳务合作服务平台资金审核结果汇总表》（详见附件），于2012年8月31日前一并报送至财政部（企业司）、商务部（财务司、合作司），逾期不予受理。

（三）财政部、商务部根据省级财政、商务主管部门的审核结果，按照预算级次将支持资金拨付至各省财政部门。

省级财政部门按照国库管理规定将资金拨付至各市县劳务服务平台。

六、管理要求

（一）各省级财政、商务主管部门根据本通知制定具体实施细则。

（二）各省级财政、商务主管部门要加强协作、明确分工、落实责任，共同做好专项资金的管理和使用，加强专项资金使用情况的监督和检查，切实做好追踪问效。对申报平台的资金拨付申请及材料应按《中华人民共和国档案管理法》的规定妥善保存，以备核查。

（三）财政部、商务部将对各省（区、市）和新疆生产建设兵团的工作进行监督检查，或委托中介机构对各地资金审核工作进行审计。

（四）省级财政、商务主管部门应在2013年1月31日前，将2012年专项资金使用情况、劳务服务平台工作运营等情况报财政部（企业司）、商务部（财务司、合作司）。

七、罚则

任何单位不得以任何形式骗取和截留专项资金；不得虚报、瞒报，不得伪造、篡改劳务服务平台统计信息。对违反本通知规定的单位，财政部、商务部将全额收回资金，取消以后年度申请资格，按照《财政违法行为处罚处分条例》（国务院令第427号）和《中华人民共和国统计法》予以处理。

附件：《2012年对外劳务合作服务支持资金审核结果汇总表》

财政部、商务部关于做好2011年对外劳务合作服务平台支持资金管理工作的通知

【发布单位】财政部 商务部
【发布文号】财企[2011]228号
【发布时间】2011-08-25

各省、自治区、直辖市、计划单列市财政厅（局）、商务主管部门，新疆生产建设兵团财务局、商务局：

为落实国务院关于促进对外劳务合作规范发展的精神，强化政府公共服务，引导劳务人员通过正规渠道出境务工，保护劳务人员合法权益，财政部、商务部安排专项资金对对外劳务合作服务平台（以下简称劳务服务平台）工作予以支持。现就有关事项通知如下：

一、支持内容

对劳务服务平台的建设和运营过程中发生的下列费用进行资助：

（一）场所和办公设备购置费用：劳务服务平台场所建设、购置、租赁和办公设备购置等发生的费用。

（二）系统开发及运营维护费用：劳务服务平台管理系统开发和维护、数据库建设、购置自助查询终端等发生的费用。

（三）宣传推介费用：劳务服务平台举办推荐会、制作宣传册、发布广告等发生的费用。

（四）培训费用：劳务服务平台用于编写、购买培训教材、聘请培训教师等发生的费用。

二、必备条件

对外劳务合作服务平台应具备如下条件：

（一）符合《商务部、外交部、公安部、工商总局关于印送对外劳务合作服务平台建设试行办法的函》（商合函[2010]484号）的规定；

（二）劳务服务平台应由县级以上人民政府或省级商务主管部门于2010年7月1日至12月31日之间认定；

（三）劳务服务平台应是政府公共服务机构，非企业性质；

（四）劳务服务平台总办公面积不小于500平方米（含500平米）；

（五）2010年通过服务平台派出的对外劳务人员不少于500人（含500人）；

（六）自平台认定至2010年12月底，通过服务平台派出在外劳务人员在境外发生劳务纠纷数量占平台派出劳务人员总数的5%以下，并且所有劳务纠纷均得到妥善处理。

三、支持标准

（一）2010年派出对外劳务人员不少于2000人（含2000人）且平台总办公面积超过1000平米以上（含1000平米）的劳务服务平台，给予不超过150万元资助。

（二）2010年派出对外劳务人员在1000至1999人且平台总办公面积超过500平米（含500平米）的劳务服务平台，给予不超过120万元资助。

（三）2010年派出对外劳务人员在500至999人且平台总办公面积超过500平米（含500平米）的劳务服务平台，给予不超过100万元资助。

四、审核内容

各省级财政、商务主管部门负责本地区劳务服务平台资金的审核工作。具体审核以下材料：

（一）县级以上人民政府或省级商务主管部门关于设立对外劳务合作服务平台的批复文件（复印件）；

（二）县级以上人民政府机构编制部门关于对外劳

务合作服务平台的批复文件（复印件）；

（三）对外劳务合作服务平台服务场所产权证或租赁合同复印件；

（四）省级商务主管部门出具的通过平台派出的劳务人员人数证明；

（五）省级商务主管部门出具的2010年7月1日至12月31日间，通过平台派出的劳务人员在境外发生劳务纠纷数量占平台派出劳务人员总数的5%以下，并且所有劳务纠纷均得到妥善处理的证明。

（六）相关费用支出凭证。

五、申报及资金拨付程序

（一）各省级财政、商务主管部门组织本地区劳务服务平台资金的报送工作。

（二）各省级财政、商务主管部门将本地区劳务服务平台资金审核及申请文件、《对外劳务服务平台资金审核结果汇总表》（详见附表），于2011年9月15日前一并报送至财政部（企业司）、商务部（财务司、合作司），逾期不予受理。

（三）财政部、商务部根据省级财政、商务主管部门的审核结果，按照预算级次将支持资金拨付至各省级财政部门。省级财政部门按照国库管理规定将资金拨付至各市县劳务服务平台。

六、管理要求

（一）各省级财政、商务主管部门根据本通知制定具体实施细则。

（二）各省级财政、商务主管部门要加强协作、明确分工、落实责任，共同做好专项资金的管理和使用，加强专项资金使用情况的监督和检查，切实做好追踪问效。对申报平台的资金拨付申请及材料要按《中华人民共和国档案管理法》的规定妥善保存，以备核查。

（三）财政部、商务部将对各省（区、市）的工作进行监督检查，或委托中介对各省（区、市）的资金审核工作进行审计。

（四）省级财政、商务主管部门应在2012年1月31日前，将2011年专项资金使用情况、规范外派劳务市场和保护劳务人员合法权益等情况报财政部、商务部。

七、罚则

任何单位不得以任何形式骗取和截留专项资金；不得虚报、瞒报，不得伪造、篡改劳务服务平台统计信息。对违反本通知规定的单位，财政部、商务部将全额收回资金，取消以后年度申请资格，按照《财政违法行为处罚处分条例》（国务院令第427号）和《中华人民共和国统计法》予以处理。

附件：《对外劳务合作服务平台建设资金审核结果汇总表》

中华人民共和国财政部

中华人民共和国商务部

二〇一一年八月二十五日

境外投资

商务部关于跨境人民币直接投资有关问题的通知

【发布单位】中华人民共和国商务部
【发布文号】商资函[2011]第889号
【发布日期】2011—10—12

各省、自治区、直辖市、计划单列市、新疆生产建设兵团及哈尔滨、长春、沈阳、济南、南京、杭州、广州、武汉、成都、西安商务主管部门，国家级经济技术开发区、边境经济合作区：

为适应新形势发展，促进投资便利化，进一步做好利用外资工作，根据外商投资法律法规等有关规定，现就跨境人民币直接投资的有关事宜通知如下：

一、本通知所称“跨境人民币直接投资”是指外国投资者以合法获得的境外人民币依法来华开展直接投资活动。

二、本通知所称境外人民币是指：

（一）外国投资者通过跨境贸易人民币结算取得的人民币，以及从中国境内依法取得并汇出境外的人民币利润和转股、减资、清算、先行回收投资所得人民币；

（二）外国投资者在境外通过合法渠道取得的人民币，包括但不限于通过境外发行人民币债券、发行人民币股票等方式取得的人民币。

三、跨境人民币直接投资及所投资外商投资企业的再投资应当符合外商投资法律法规及有关规定的要求，遵守国家外商投资产业政策、外资并购安全审查、反垄断审查的有关规定。

四、跨境人民币直接投资在中国境内不得直接或间接用于投资有价证券和金融衍生品（除本通知第十一条规定外），以及用于委托贷款。

五、各级商务主管部门按照现行外商投资审批管理规定和权限审批跨境人民币直接投资。投资者或外商投资企业除按照外商投资法律法规及有关规定提交相关文件外，还应向商务主管部门提交下列文件：

（一）人民币资金来源证明或说明文件；

（二）资金用途说明；

（三）《跨境人民币直接投资情况表》。

跨境人民币直接投资中将原出资币种由外币变更为人民币的，需同时报请商务主管部门批准，除上述材料外，还需提供董事会等企业最高权力机构的决议、修改后的合同/章程（或修改协议）。

六、地方商务主管部门应将《跨境人民币直接投资情况表》录入外商投资审批管理系统，对属于以下情形的跨境人民币直接投资，由省级商务主管部门在《跨境人民币直接投资情况表》上签章后，报商务部审核。

（一）人民币出资金额达3亿或3亿元人民币以上；

（二）融资担保、融资租赁、小额信贷、拍卖等行业；

（三）外商投资性公司、外商投资创业投资或股权投资企业；

（四）水泥、钢铁、电解铝、造船等国家宏观调控行业。

七、商务部收到省级商务主管部门报送的《跨境人民币直接投资情况表》后，在5个工作日内完成审核或提出审核意见。通过审核的，地方商务主管部门可出具批复，颁发外商投资企业批准证书。

八、各级商务主管部门在跨境人民币直接投资批复中应写明“境外人民币出资”字样、出资金额及本通知第四条要求，在外商投资企业批准证书备注栏中应加注“境外人民币出资”字样及人民币出资金额。

九、各级商务主管部门应将跨境人民币直接投资批复文件及时抄送同级人民银行、海关、税务、工商、外汇等部门。

十、跨境人民币直接投资房地产业应按照现行外商投资房地产审批、备案管理规定执行。通过备案的，将在商务部网站（www.mofcom.gov.cn外资司子站“结果公开”栏目）上予以公示，外商投资企业凭商务部网站公示信息（登录网站查看）、商务主管部门批复文件、外商投资企业批准证书按照有关管理规定办理相关手续。

十一、外国投资者使用合法获得的境外人民币参与境内上市公司定向发行、协议转让股票的，应按照《外国投资者对上市公司战略投资管理办法》的要求向商务部办理相关审批手续。

十二、外国投资者以从中国境内所投资的外商投资企业获取但未汇出境外的人民币利润以及转股、减资、清算、先行回收投资所得人民币开展直接投资的，仍按照有关规定执行。

十三、各级商务主管部门在外商投资联合年检时，对于跨境人民币直接投资的，应对照本通知第四条予以检查。

十四、台湾、香港和澳门地区的投资者开展跨境人民币直接投资的，参照本通知办理。

十五、关于跨境人民币直接投资的业务统计要求将另行通知。

十六、本通知自下发之日起实施，此前商务部关于跨境人民币直接投资的规定与本通知不符的，以本通知为准。

为推动跨境人民币直接投资规范健康发展，请各省级商务主管部门将本通知要求传达至本地区各级商务主管部门，并加强审批监管工作。在执行中如发现问题，请及时与商务部（外资司）联系，通报有关情况。

附件：《跨境人民币直接投资情况表》

中华人民共和国商务部

二〇一一年十月十二日

商务部等七部门关于印发《中国境外企业文化建设若干意见》的通知

【发布单位】商务部 中央外宣办 外交部 发展改革委 国资委 国家预防腐败局 全国工商联
【发布文号】商政发[2012]104号
【发布日期】2012-04-09

各省、自治区、直辖市、计划单列市及新疆生产建设兵团商务主管部门、外宣部门、外事办公室、发展改革部门、国有资产监督管理部门、预防腐败机构、工商联，各中央企业，各驻外使（领）馆：

为鼓励和支持我国企业更好地适应实施“走出去”战略面临的新形势，内凝核心价值、外塑良好形象，在实施互利共赢开放战略和建设和谐世界中发挥更大作用，实现我国企业在境外的健康可持续发展，现制定《中国境外企业文化建设若干意见》，现予印发，请遵照执行。

商务部　中央外宣办　外交部　发展改革委
国资委　国家预防腐败局　全国工商联
二〇一二年四月九日

中国境外企业文化建设若干意见

为鼓励和支持我国企业更好地适应实施″走出去″战略面临的新形势，内凝核心价值、外塑良好形象，在实施互利共赢开放战略和建设和谐世界中发挥更大作用，实现企业在境外的健康可持续发展，现提出中国境外企业文化建设意见如下：

一、境外企业文化建设的总体要求

（一）充分认识重要意义

随着″走出去″战略的深入实施，我国企业对外投资合作已经进入快速发展期。截至2011年底，我国对外直接投资累计超过3800亿美元，境外企业数量达1.8万家，分布在全球178个国家（地区），形成海外资产近1.6万亿美元。随着越来越多的企业加入到″走出去″的行列中，中国企业在境外的各种经济活动越来越活跃，影响日益扩大，国际社会对中国企业的关注度也进一步提高。积极引导境外企业加强文化建设，提高竞争力和影响力，有利于企业坚定″走出去″步伐，加速与当地社会融合，占据舆论和道德高地，发挥正面感召力，树立在国际上的良好形象，从而为中国企业在境外长期发展奠定良好基础。加强境外企业文化建设，是我国加快转变″走出去″发展方式的迫切需要，提高中华文化影响力和软实力的重要途径，推进和平发展的重要保证。

（二）指导思想

以邓小平理论和″三个代表″重要思想为指导，深入贯彻落实科学发展观，奉行互利共赢的开放战略，在弘扬中华民族优秀传统文化和继承我国企业优良传统的基础上，积极吸收借鉴国内外现代管理和企业社会化发展的先进经验，以和谐发展为宗旨，以诚信经营为基石，以学习创新为动力，努力建设符合国际国内经济社会可持续发展需要的，具有鲜明时代特征、丰富管理内涵和各具特色的境外企业文化，为企业″走出去″发展不断注入新的动力和活力，实现境外企业与当地社会的深度融合和共同发展。

（三）基本目标

通过积极倡导和组织实施，营造崇尚先进、学习先进的氛围，推动境外企业逐步建立起符合我国经济发展要求和对外战略目标、适应世界发展潮流、遵循企业国际化发展规律、符合企业发展战略、反映企业特色的企业文化。通过不断提升境外企业的思想道德建设水平，提高企业核心竞争力，实现企业文化与企业发展战略和当地社会发展的和谐统一，为中国企业的可持续发展提供强有力的思想和行动支撑。

二、境外企业文化建设的基本内容

（四）树立使命意识

境外企业文化建设的首要任务是树立使命意识、责任意识和大局意识。境外企业文化建设关系到企业自身的生存与发展，关系到我国〞走出去〞战略的顺利实施，关系到国家形象的塑造和国家软实力的提升。境外企业要牢记使命，坚持和平发展、互利共赢的主旋律和价值观，展示中国企业的历史文化底蕴，为弘扬中华民族优秀文化、增强文化软实力作出积极贡献。

（五）坚持合法合规

严格遵守驻在国和地区的法律法规，是境外企业文化建设的重要内容。境外企业要认真研究和熟悉当地法律法规，做到依法求生存，依法求发展。严格履行合同规定，主动依法纳税，自觉保护劳工合法权利，认真执行环境法规，确保国际化经营合法、合规。坚持公平竞争，坚决抵制商业贿赂，严格禁止向当地公职人员、国际组织官员和关联企业相关人员行贿，不得借助围标、串标等违法手段谋取商业利益。

（六）强化道德规范

企业道德是企业文化的集中体现。〞小胜于智，大胜于德。〞境外企业要树立〞以德兴企〞的观念。加强对员工的道德意识教育，弘扬传统美德，增强荣辱观念，养成良好的道德品质。深刻认识见利忘义、唯利是图、损害消费者利益等不道德行为的危害性。坚持义利并重，将道德感、伦理观渗透到企业经营和管理的全过程。

（七）恪守诚信经营

境外企业文化建设的本源是诚信。要把诚信融入企业精神和行为规范中，建立健全规章制度，严格规范企业经营管理行为和员工行为，对内造就一支员工可信、技术可信、产品可信、实力可信的优秀团队，对外树立中国企业诚实、守信的形象。

（八）履行社会责任

境外企业要认真履行社会责任，造福当地社会和人民，树立中国企业负责任的形象。努力为当地社会提供最好的商品和服务，促进驻在国家和地区的社会繁荣。及时向社会公布企业信息，保证经营活动公开透明。积极参与当地公益事业，为当地社会排忧解难。做好环境保护，注重资源节约，将企业生产经营活动对环境的污染和损害降到最低程度。积极为当地培养管理和技术人才，促进当地就业。

（九）加强与当地融合

将企业经营管理与当地社会发展结合起来，持续优化和丰富企业价值内涵。努力适应所在国（地区）当地社会环境，尊重当地宗教和风俗习惯，积极开展中外文化交流，相互借鉴、增进理解，与当地人民和谐相处。探索适应国际化经营需要的跨文化、信仰、生活习俗的管理理念，积极推进经营思维、管理模式、雇佣人才、处理方式的〞本土化〞，注重增进当地员工对中资企业的了解和理解，最大限度地降低跨国经营中的价值观冲突。

（十）加强风险规避

境外企业要充分认识国际经济活动的复杂性，时刻保持清醒头脑，居安思危，未雨绸缪。强化风险评估和防范意识，克服侥幸心理，建立科学的风险管理体系，做好规避、控制、转移和分散风险的准备，有效防范国际化经营中的各种风险。在经营理念和实际操作上，要追求科学决策、稳健经营，避免盲目和冲动。

（十一）严抓质量考核

质量是企业的生命。境外企业要把质量当成创业之本，立企之基。通过不断强化质量意识，培育和建设符合自身实际的企业质量考核体系，形成严格的质量管理体系和规范，不断提高产品和服务的质量，增强企业的核心竞争力。

（十二）创新经营特色

境外企业要将文化建设纳入企业发展整体战略，渗透到企业经营管理的各个环节，将企业文化与企业经营管理紧密融合，形成具有企业自身特色的国际化经营管理机制。在企业运营中，要运用各种手段塑造企业形象，展示企业文化，打造企业品牌，实现宣传企业、宣传产品与经营理念相统一，不断提高企业的知名度和美誉度。

三、加强境外企业文化建设的实施和保障

（十三）强化对企业的引导和服务

与时俱进，对不同类型企业进行分类指导。加强对境外企业文化建设的总结，认真探索企业文化建设的客观规律和操作方法，不断提升实践水平。加强境外企业之间、境外企业与其他国家企业之间的交流学习，做好信息共享和服务平台建设。强化境外企业人员出国前的培训，着力培育一支素质优良的企业建设与管理人才队伍。

（十四）建立评价体系和激励机制

建立科学评价体系，对境外企业的文化建设，实行科学引导、有效监督和合理评价。适时评选境外企业管理建设成效突出的优秀企业，将其经验和案例汇编成书，

以扩大交流，共同提高。对企业文化建设表现优异、具有示范效应的骨干企业，可给予一定的鼓励和支持。对不注重企业内部建设、缺乏道德规范、损害中国企业整体形象的境外企业，要采取有效措施，予以曝光、警示和约束。

（十五）开展试点工作

根据境外企业的地域和行业分布，结合企业管理建设中存在的突出共性问题，选择一批不同类型的境外企业作为文化建设试点（如在拉美建立"和谐劳资关系建设"试点基地，在中东、北非建立"风险管控"试点基地，在撒哈拉以南非洲建立"和谐劳资关系建设"和"社会责任履行与服务"试点基地，在东南亚建立"社会责任履行与服务"试点基地等）。对试点进行密切跟踪和分类指导，充分发挥中央企业的骨干带头作用，着力提升民营企业的文化建设水平，有效解决中小企业在当地发展中的突出问题。通过总结经验，及时推广，充分发挥试点企业的示范、带头作用，推动境外企业文化建设水平的全面提升。

（十六）加强和改进宣传工作

加大对中国境外企业的宣传力度，有效利用境内外各种传播媒体，积极宣传我国企业的核心价值观、企业精神、和谐包容等理念，大力宣传境外中国企业与当地社会合作的积极成果。要重视对驻在国（地区）的友好工作，开展好公共外交。密切跟踪舆情变化，及时妥善处理危机事件。要积极推广境外企业的先进经验，重点报道和表彰境外企业文化建设工作中的先进人物、先进集体和先进事迹，鼓励广大境外企业人员为国争光，共同维护"中国企业"、"中国投资"的品牌，增加中国企业员工的自豪感和国际社会对中国企业的认同感。

（十七）强化组织领导

在党中央、国务院的统一领导下，相关部门要加强协作，形成合力，积极推进境外企业文化建设。地方各级党委、人民政府要强化引导和鼓励措施。驻外使（领）馆要加强与国内有关方面的配合，提供信息和服务。

外汇管理

国家外汇管理局关于印发货物贸易外汇管理法规有关问题的通知

国家外汇管理局各省、自治区、直辖市分局、外汇管理部，深圳、大连、青岛、厦门、宁波市分局；各中资外汇指定银行：

为进一步深化外汇管理体制改革，促进贸易便利化，国家外汇管理局、海关总署和国家税务总局决定自2012年8月1日起在全国实施货物贸易外汇管理制度改革。为此，国家外汇管理局制定了《货物贸易外汇管理指引》、《货物贸易外汇管理指引实施细则》、《货物贸易外汇管理指引操作规程（银行企业版）》、《货物贸易外汇收支信息申报管理规定》（以下统称货物贸易外汇管理法规，分别见附件1、2、3、4）。现将货物贸易外汇管理法规印发你们，并就有关事项通知如下：

一、货物贸易外汇管理法规自2012年8月1日起施行。

二、自2012年8月1日起，全国上线运行货物贸易外汇监测系统（以下简称监测系统），停止使用贸易收付汇核查系统、贸易信贷登记管理系统、出口收结汇联网核查系统以及中国电子口岸－出口收汇系统。

外汇指定银行（以下简称银行）和企业用户通过国家外汇管理局应用服务平台（以下简称应用服务平台）访问监测系统，具体访问渠道为：

用户类型	网络连接方式	访问地址
银行	外部机构接入网	http://asone.safe:9101/asone
企业	互联网	http://asone.safesvc.gov.cn/asone

三、各银行总行应当按照以下要求，组织分支机构做好监测系统（银行版）的上线准备和系统接入工作：

（一）各银行总行应于2012年7月1日至7月20日期间组织完成分支机构的网络连通、客户端环境设置、用户管理、权限分配和访问测试等工作，确保办理货物贸易外汇业务的银行网点能够通过应用服务平台访问监测系统（银行版）。银行网络连通和系统访问设置的具体操作说明，详见《货物贸易外汇监测系统（银行版）访问设置手册》（见附件5）。

（二）截至2012年7月1日已办理金融机构标识码赋码的银行网点，未在应用服务平台开户的，自2012年7月1日起在应用服务平台自动开户并开通“货物贸易外汇网上业务”，此类银行网点应向其总行或通过其总行向国家外汇管理局获取业务管理员用户（ba）的初始密码；已在应用服务平台开户的，自2012年7月1日起自动开通“货物贸易外汇网上业务”，其业务管理员和业务操作员密码不变，其中已具有贸易收付汇核查系统（银行版）访问权限的业务操作员自动获得监测系统（银行版）访问权限。

（三）2012年7月1日以后办理金融机构标识码赋码的银行网点，如需办理货物贸易外汇业务，应向所在地外汇局申请开通“货物贸易外汇网上业务”，并向其总行或通过其总行向国家外汇管理局获取业务管理员用户（ba）的初始密码。

各中资外汇指定银行收到本通知后，应及时转发下属分支机构。各分局、外汇管理部收到本通知后，应及时转发辖内中心支局（支局）、地方性商业银行及外资银行。在政策执行和监测系统推广过程中如遇问题，请及时向国家外汇管理局反馈。

业务咨询电话：010-68402546

技术咨询电话：010-68402214

特此通知。

附件：1.《货物贸易外汇管理指引（本书略）

2.《货物贸易外汇管理指引实施细则》（本书略）

3.《货物贸易外汇管理指引操作规程（银行企业版）》（本书略）

4.《货物贸易外汇收支信息申报管理规定》（本书略）

5.《货物贸易外汇监测系统（银行版）访问设置手册》（本书略）

二〇一二年六月二十七日

国家外汇管理局 海关总署 国家税务总局关于货物贸易外汇管理制度改革的公告

为大力推进贸易便利化，进一步改进货物贸易外汇服务和管理，国家外汇管理局、海关总署、国家税务总局决定，自2012年8月1日起在全国实施货物贸易外汇管理制度改革，并相应调整出口报关流程，优化升级出口收汇与出口退税信息共享机制。现公告如下：

一、改革货物贸易外汇管理方式

改革之日起，取消出口收汇核销单（以下简称核销单），企业不再办理出口收汇核销手续。国家外汇管理局分支局（以下简称外汇局）对企业的贸易外汇管理方式由现场逐笔核销改变为非现场总量核查。外汇局通过货物贸易外汇监测系统，全面采集企业货物进出口和贸易外汇收支逐笔数据，定期比对、评估企业货物流与资金流总体匹配情况，便利合规企业贸易外汇收支；对存在异常的企业进行重点监测，必要时实施现场核查。

二、对企业实施动态分类管理

外汇局根据企业贸易外汇收支的合规性及其与货物进出口的一致性，将企业分为A、B、C三类。A类企业进口付汇单证简化，可凭进口报关单、合同或发票等任何一种能够证明交易真实性的单证在银行直接办理付汇，出口收汇无需联网核查；银行办理收付汇审核手续相应简化。对B、C类企业在贸易外汇收支单证审核、业务类型、结算方式等方面实施严格监管，B类企业贸易外汇收支由银行实施电子数据核查，C类企业贸易外汇收支须经外汇局逐笔登记后办理。

外汇局根据企业在分类监管期内遵守外汇管理规定情况，进行动态调整。A类企业违反外汇管理规定将被降级为B类或C类；B类企业在分类监管期内合规性状况未见好转的，将延长分类监管期或被降级为C类；B、C类企业在分类监管期内守法合规经营的，分类监管期满后可升级为A类。

三、调整出口报关流程

改革之日起，企业办理出口报关时不再提供核销单。

四、简化出口退税凭证

自2012年8月1日起报关出口的货物（以海关“出口货物报关单［出口退税专用］”注明的出口日期为准，下同），出口企业申报出口退税时，不再提供核销单；税务局参考外汇局提供的企业出口收汇信息和分类情况，依据相关规定，审核企业出口退税。

2012年8月1日前报关出口的货物，截至7月31日未到出口收汇核销期限且未核销的，按本条第一款规定办理出口退税。

2012年8月1日前报关出口的货物，截至7月31日未到出口收汇核销期限但已核销的以及已到出口收汇核销期限的，均按改革前的出口退税有关规定办理。

五、出口收汇逾期未核销业务处理

2012年8月1日前报关出口的货物，截至7月31日已到出口收汇核销期限的，企业应不迟于7月31日办理出口收汇核销手续。自8月1日起，外汇局不再办理出口收汇核销手续，不再出具核销单。企业确需外汇局出具相关收汇证明的，外汇局参照原出口收汇核销监管有关规定进行个案处理。

六、加强部门联合监管

企业应当严格遵守相关规定，增强诚信意识，加强自律管理，自觉守法经营。国家外汇管理局与海关总署、国家税务总局将进一步加强合作，实现数据共享；完善协调机制，形成监管合力；严厉打击各类违规跨境资金流动和走私、骗税等违法行为。

本公告涉及有关外汇管理、出口报关、出口退税等具体事宜，由相关部门另行规定。之前法规与本公告相抵触的，以本公告为准。自 2012 年 8 月 1 日起，本公告附件所列法规全部废止。

特此公告。

附件：《废止法规目录》（本书略）

国家外汇管理局
海关总署
国家税务总局
二〇一二年六月二十七日

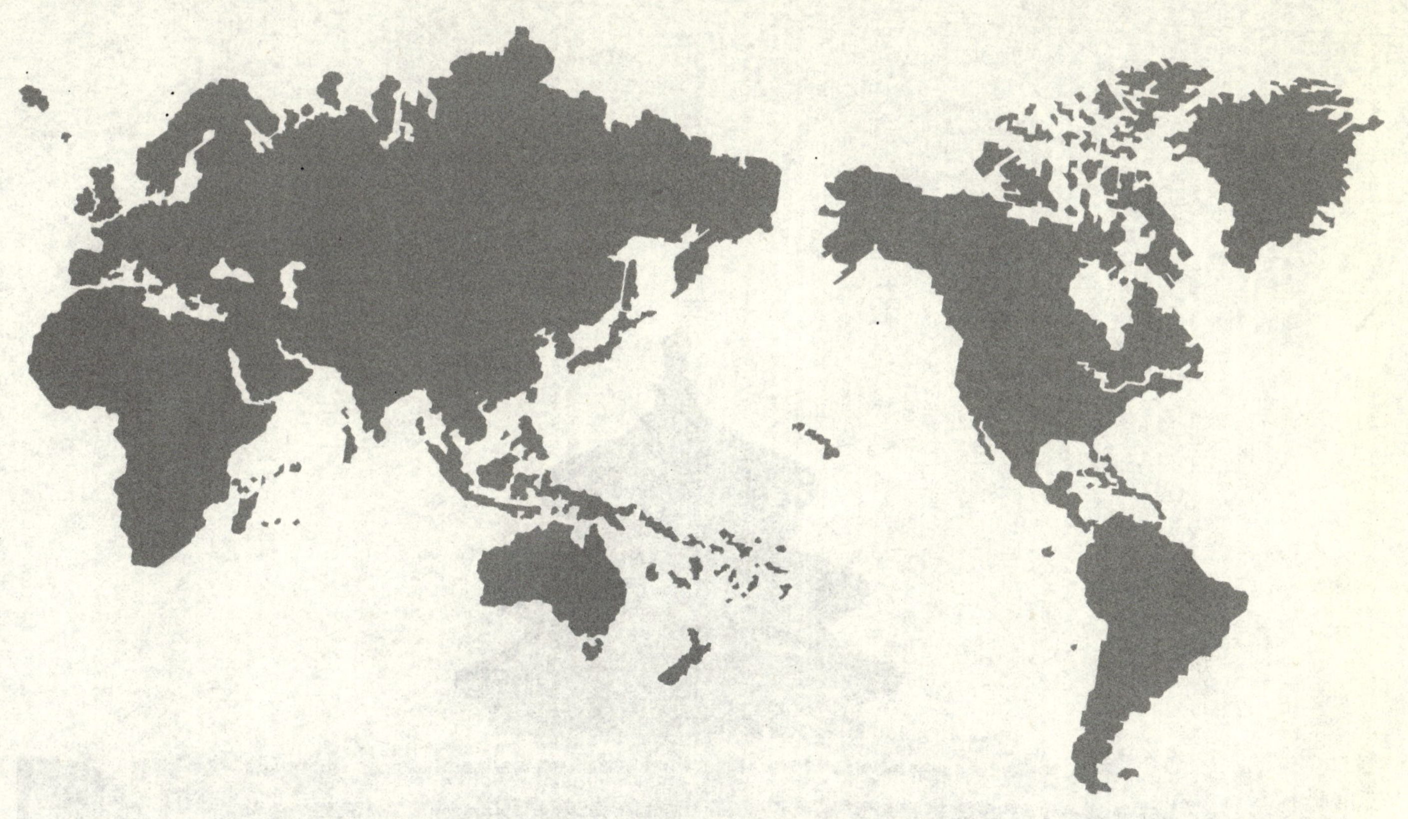

The Yearbook of the Contractors of International Engineering Consutation & Design of China

2011

中国国际工程咨询设计承包商年鉴

附录

The Yearbook of the Contractors of International Engineering Consutation & Design of China

中国国际工程咨询设计承包商年鉴

附录

2011年中国承包商60强

The Top 60 Chinese Contractors

RANK	FIRM NAME	Contracting Revenue ($ Mil.)
1	China Railway Group Ltd.	71,658.74
2	China Railway Construction Corp. Ltd.	71,020.97
3	China State Construction Engineering Corp. Ltd.	48,887.93
4	China Communications Construction Group (Ltd)	39,637.70
5	China Metallurgical Group Corp.	29,917.31
6	Shanghai Construction Group	13,010.56
7	Dongfang Electric Corp.	6,677.54
8	Shanghai Urban Construction (Group) Corp.	6,013.72
9	GuangSha Construction Group Co., Ltd.	5,996.47
10	China Petroleum Engineering & Construction Corp.	4,971.51
11	China National Machinery Industry Corp.	4,815.73
12	Zhejiang Construction Investment Group Co., Ltd.	4,690.58
13	Hunan Construction Engineering Group Corp.	4,099.77
14	Chengdu Construction Engineering Corp. Group	3,957.19
15	Zhongtian Construction Group Co., Ltd.	3,871.36
16	Sichuan Huashi Group Corp. Ltd.	3,722.10
17	Guangzhou Construction Engineering Corp. Ltd.	3,631.09
18	Yunnan Construction Engineering Group Co., Ltd	3,524.49
19	Shaanxi Construction Engineering Group Corp.	3,492.88
20	Guangxi Construction Engineering Group CO.,LTD	3,384.59
21	Guangdong Construction Engineering Group Co., Ltd.	3,175.84
22	Jiangsu Nantong No.2 Construction Engineering (Group) Co., Ltd.	3,073.73
23	Jiangsu Nantong No.3 Construction Group Co., Ltd.	2,793.18

RANK	FIRM NAME	Contracting Revenue ($ Mil.)
24	SEPCO Electric Power Construction Corp.	2,767.37
25	Qingjian Group Co., Ltd.	2,650.54
26	Heilongjiang Construction Group Co., Ltd.	2,563.19
27	Anhui Construction Engineering Group Co., Ltd.	2,523.40
28	Hebei Construction Group Co., Ltd.	2,447.46
29	Jiangsu Suzhong Construction Group Co., Ltd.	2,341.50
30	Zhongtai Construction Group Co., Ltd.	2,306.72
31	Zhejiang Baoye Construction Group Company Ltd.	2,294.31
32	Jiangsu Province First Construction Installation Co., Ltd.	2,220.39
33	Shanxi Construction Engineering (Group) Corp.	2,123.38
34	LongYuan Construction Group Co., Ltd.	2,042.97
35	Daqing Oilfield Construction Group	1,958.50
36	Tongzhou Construction General Contracting Group Co., Ltd.	1,908.89
37	Jiangsu HuaJian Construction Co., Ltd.	1,890.40
38	Hebei Jianshe Construction Group Co., Ltd.	1,882.66
39	China Nuclear Power Engineering Company Ltd.	1,671.13
40	Guizhou Construction Engineering Group Co., Ltd.	1,595.14
41	Zhejiang BaDa Construction Group Co., LTD	1,566.66
42	Longxin Construction Group Co., Ltd	1,535.77
43	Gansu Construction Investment (Holdings) Group Corp.	1,529.17
44	ZhongSha Construction Group Co., LTD	1,332.28
45	Fujian Construction Engineering (Group) Corp.	1,283.87
46	Zhejiang QinYe Construction & Engineering Group Co., Ltd.	1,255.66
47	WuYang Construction Group Ltd. Company	1,213.97
48	East Construction Group Co., Ltd.	1,210.93
49	Zhejiang GuoTai Construction Group Co., LTD	1,164.61

RANK	FIRM NAME	Contracting Revenue ($ Mil.)
50	Tianqi Industry & Commerce (Group) CO., LTD, Shandong	1,154.44
51	Nantong Construction Group Joint-Stock Co., Ltd.	1,128.68
52	Zhejiang Tiangong Construction Group Co., Ltd.	1,026.44
53	Zhejiang Wanda Construction Group Co., Ltd.	985.37
54	Suzhou Glodmantis Co., Ltd	972.65
55	Suzhou Erjian Construction Group Co., Ltd.	945.15
56	Huasheng Construction Group CO., LTD	858.42
57	Nantong Wujian Construction Engineering Co., Ltd.	833.05
58	Jiangsu Gold Civil Construction Group Co., Ltd.	757.39
59	China International Water & Electric Corp.	674.14
60	Yanjian Group Co., LTD	624.36

资料来源：美国《工程新闻记录》

2011年中国工程设计企业60强

The Top 60 Chinese Design Firms

RANK	FIRM NAME	Contracting Revenue ($ Mil.)
1	Hydrochina Corporation	1,306.94
2	China Chengda Engineering Co., Ltd.	987.1
3	China Power Engineering Consulting Group Co.	890.07
4	China Railway Eryuan Engineering Group Co., Ltd.	695.99
5	The Third Railway Survey and Design Institute Group Corporation	535.76
6	China Railway SIYUAN Survey and Design Group Co., LTD	519.68
7	China Construction Engineering Design Group Corporation Limited	510.14

RANK	FIRM NAME	Contracting Revenue ($ Mil.)
8	China Architecture Design & Research Group	436.36
9	Shanghai Xian Dai Architectural Design (Group) Co., Ltd.	377.97
10	China Huanqiu Contracting & Engineering Corporation	338.56
11	China Petroleum Pipeline Engineering Corporation	284.99
12	China United Engineering Corporation	256.61
13	Architectural Design & Research Institute of Tongji University (Group) Co., Ltd.	249.74
14	Hydrochina Chengdu Engineering Corporation	248.99
15	China Nuclear Power Design Company Ltd.(Shen Zhen)	240.81
16	East China Investigation and Design Institute	202.73
17	CCCC Highway Consultants Co., Ltd.	197.5
18	Hydrochina Xibei Engineering Corporation	196.62
19	ShangHai Municipal Engineering Design Institute (Group) Co.,LTD	194.75
20	CCCC First Highway Consultants Co., LTD.	182.55
21	HydroChina Kunming Engineering Corporation	180.21
22	Luoyang Petrochemical Engineering Corporation/SINOPEC	176.12
23	Southwest Electric Power Design Institute Of China Power Engineering Consulting Group	158.54
24	CCCC Second Highway Consultants Co., Ltd.	154.38
25	Guangdong Electric Power Design Institute	152.94
26	Beijing Urban Engineering Design & Research Institute Co., Ltd.	152.02
27	China Highway Engineering Consulting Group Company LTD.	151.79
28	North China Power Engineering CO.,LTD of China Power Engineering Consulting Group	148.4
29	MID-SOUTH Design and Research Institute, CHECC	144.46
30	Central Southern China Electric Power Design Institute	139.94
31	China ENFI Engineering Corp.	139.2
32	Northwest Electric Power Design Institute of China Power Engineering Consulting Group	133.91
33	China Tianchen Engineering Corp.	132.18
34	China IPPR Engineering Corporation	123.16
35	Henan Electric Power Survey & Design Institute	123.05
36	Hydrochina Guiyang Engineering Corporation	121.41
37	East China Electric Power Design Institute of China Power Engineering Consulting Group	119.16

RANK	FIRM NAME	Contracting Revenue ($ Mil.)
38	Northeast Electric Power Design Institute of China Power Engineering Consulting Group Corporation	116.02
39	CCCC Third Harbor Consultants Co., Ltd.	114.83
40	CCCC Water Transportation Consultants Co., Ltd.	114.81
41	China Haisum Engineering Co., Ltd.	111.94
42	China Aluminum International Engineering Corporation Limited	109.94
43	Jiangsu Transportation Research Institute Co., LTD	108.33
44	The Architectural Design and Research Institute of Guangdong Province	101.2
45	WISDRI Engineering & Research Incorporation Limited	96.94
46	CCCC-FHDI Engineering Co., Ltd.	92.93
47	Zhejiang Electric Power Design Institute	88.91
48	SINOPEC Shanghai Engineering Company Limited	85.35
49	Wuhuan Engineering Co., Ltd.	84.4
50	WUZHOU Engineering Design And Research Institute	83.26
51	ACRE Coking & Refractory Engineering Consulting Corporation, MCC	83.14
52	China Electronics Engineering Design Institute	80.13
53	CISDI Engineering Co., Ltd.	79.36
54	DongFeng Design Institute Co., LTD (Group)	71.18
55	Shanghai Tunnel Engineering & Rail Transit Design And Research Institute	65.37
56	Wuhan Architectural Design Institute	64.03
57	Hebei Electric Power Design & Research Institute	59.85
58	CCCC First Harbor Consultants Co., LTD	59.18
59	China Shipbuilding NDRI Engineering Co., LTD	58.15
60	CCCC Second Harbor Consultants Co., Ltd.	58.02

资料来源：美国《工程新闻记录》

2011年境外成套工程企业信用等级评价结果

（排名不分先后）

序号	企业名称	评价结果
1	特变电工股份有限公司	AAA
2	中国化学工程股份有限公司	AAA
3	中工国际工程股份有限公司	AAA
4	中国机械工业集团有限公司	AAA
5	广东省电力设计研究院	AAA
6	中国寰球工程公司	AAA
7	中兴通讯股份有限公司	AAA
8	中国成达工程有限公司	AAA
9	中国机械进出口（集团）有限公司	AAA
10	山东科瑞石油装备有限公司	AAA
11	中国通用技术（集团）控股有限责任公司	AAA
12	大连西姆五矿集团有限公司	AAA
13	中冶南方工程技术有限公司	AAA
14	江苏永鼎泰富工程有限公司	AAA
15	人民电器集团有限公司	AAA
16	中国北车股份有限公司	AAA
17	中信建设有限责任公司	AAA
18	北方国际合作股份有限公司	AAA
19	中国纺织机械和技术进出口有限公司	AAA
20	中国冶金科工股份有限公司	AAA
21	中国电力工程有限公司	AAA
22	中国海诚工程科技股份有限公司	AAA
23	中国机械设备工程股份有限公司	AAA
24	山东电力基本建设总公司	AAA
25	中国建材工业对外经济技术合作公司	AAA
26	中国通信建设集团有限公司	AAA
27	苏州中材建设有限公司	AAA
28	中冶赛迪工程技术股份有限公司	AAA
29	中国葛洲坝集团股份有限公司	AAA
30	中国成套设备进出口（集团）总公司	AAA
31	中国二十二冶集团有限公司	AAA
32	合肥水泥研究设计院	AAA

2011年境外成套工程企业信用等级评价结果

续表

（排名不分先后）

序号	企业名称	评价结果
33	东方电气集团国际合作有限公司	AAA
34	上海贝尔股份有限公司	AAA
35	中钢设备有限公司	AAA
36	中国水电顾问集团中南勘测设计研究院	AAA
37	上海外经集团控股有限公司	AAA
38	中国电气进出口有限公司	AAA
39	中国纺织工业对外经济技术合作公司	AAA
40	北车进出口有限公司	AAA
41	中国航空技术上海有限公司	AAA
42	中国北方车辆有限公司	AAA
43	中成进出口股份有限公司	AAA
44	云南联合外经股份有限公司	AAA
45	哈尔滨电气股份有限公司	AAA
46	湘电风能有限公司	AAA
47	中国电子进出口总公司	AAA
48	山东电力设备有限公司	AAA
49	中冶华天工程技术有限公司	AAA
50	辽宁迈克集团股份有限公司	AAA
51	中冶海外工程有限公司	AAA
52	大唐电信国际技术有限公司	AAA
53	北京华福工程有限公司	AA
54	湖南省机械设备进出口公司	AA
55	中冶焦耐（大连）工程技术有限公司	AA
56	成都林海电子有限责任公司	AA
57	福建泉工股份有限公司	AA
58	轩辕集团实业开发有限责任公司	AA
59	中国海外工程有限责任公司	AA
60	中国国际技术智力合作公司	AA
61	中冶纸业集团有限公司	AA

资料来源：中国机电进出口商会

2010-2011年ENR全球最大225家国际承包商中国企业排名

序号	排名		公司名称
	2011	2010	
1	11	13	中国交通建设股份有限公司
2	20	22	中国建筑股份有限公司
3	24	41	中国水利水电建设集团公司
4	26	26	中国机械工业集团公司
5	27	46	中国石油工程建设公司
6	29	25	中国铁建股份有限公司
7	32	32	中信建设有限责任公司
8	33	53	中国中铁股份有限公司
9	54	89	上海建工（集团）总公司
10	58	79	山东电力建设第三工程公司
11	61	31	中国冶金科工集团有限公司
12	71	84	中国葛洲坝集团股份有限公司
13	78	78	上海电气集团股份有限公司
14	80	80	中国东方电气集团有限公司
15	83	69	中国石化工程建设公司
16	86	86	中国土木工程集团有限公司
17	89	76	中国石油天然气管道局
18	92	124	中国化学工程股份有限公司
19	95	108	哈尔滨电站工程有限责任公司
20	100	101	山东电力基本建设总公司
21	112	128	中地海外建设有限责任公司
22	113	117	北京建工集团有限责任公司
23	115	125	中国水利电力对外公司
24	118	123	中国石化集团中原石油勘探局
25	125	119	中国江苏国际经济技术合作公司
26	127	133	青建集团股份公司
27	129	106	中国地质工程集团公司
28	145	141	中国大连国际经济技术合作集团有限公司
29	151	135	中国技术进出口总公司

序 号	排 名		公司名称
	2011	2010	
30	154	159	中国河南国际合作集团有限公司
31	155	179	安徽省外经建设（集团）有限公司
32	158	151	中国寰球工程公司
33	162	160	中国机械进出口（集团）有限公司
34	163	169	新疆北新建设工程（集团）有限责任公司
35	168	**	沈阳远大铝业工程有限公司
36	170	157	安徽建工集团有限公司
37	176	140	中国万宝工程公司
38	177	186	中国中原对外工程公司
39	178	**	中国海外经济合作总公司
40	183	185	中国江西国际经济技术合作公司
41	187	162	泛华建设集团有限公司
42	191	137	合肥水泥研究设计院
43	193	184	中国武夷实业股份有限公司
44	200	197	南通建工集团股份有限公司
45	202	200	江苏南通三建集团有限公司
46	203	149	上海城建（集团）公司
47	205	207	中鼎国际工程有限责任公司
48	213	217	浙江省建设投资集团有限公司
49	219	208	云南建工集团总公司
50	224	224	中国成套设备进出口（集团）总公司

备注：1. “**”表示企业在该年度未参加或未入选 225 家最大国际承包商排名。

2. 本届排名基本数据为企业上一年度即 2010 年度对外承包工程完成营业额。

ENR 全球最大 225 强承包商排名

The Top 225 Global Contractors

RANK 2012	RANK 2011	FIRM	2011 REVENUE $ MIL.TOTAL
1	2	China Railway Group Ltd., Beijing, China	79,851.6
2	1	China Railway Construction Corp. Ltd., Beijing, China	77,947.0
3	3	China State Construction Eng' g Corp. Ltd., Beijing, China	68,325.5
4	4	VINCI, Rueil-Malmaison, France	52,403.5
5	5	China Communications Construction Group Ltd., Beijing, China	46,007.3
6	9	Grupo ACS, Madrid, Spain	42,082.9
7	8	HOCHTIEF AG, Essen, Germany	33,774.9
8	6	BOUYGUES,Paris, France	31,656.0
9	7	China Metallurgical Group Corp.,Beijing, China	31,528.5
10	10	Bechtel, San Francisco, Calif., U.S.A.	25,005.0
11	11	Leighton Holdings Ltd., St. Leonards, NSW, Australia	21,203.0
12	22	STRABAG SE, Vienna, Austria	20,071.0
13	13	Fluor Corp., Irving, Texas, U.S.A.	18,684.7
14	15	Sinohydro Group Ltd., Beijing, China	18,085.6
15	18	Kajima Corp., Tokyo, Japan	16,789.6
16	20	Shanghai Construction Group, Shanghai, China	16,682.8
17	14	FCC, Fomento de Constr. y Contratas SA, Madrid, Spain	16,344.3
18	16	Skanska AB, Solna, Sweden	16,232.6
19	19	Obayashi Corp., Tokyo, Japan	15,567.0
20	17	Shimizu Corp., Tokyo, Japan	14,876.3
21	21	Taisei Corp., Tokyo, Japan	14,259.0
22	25	Saipem, San Donato Milanese (Milan), Italy	14,250.8
23	23	Balfour Beatty plc, London, U.K.	13,530.9
24	27	Construtora Norberto Odebrecht, Sao Paulo, SP, Brazil	13,286.0
25	26	Bilfinger Berger SE, Mannheim, Germany	11,839.0
26	24	Takenaka Corp., Osaka, Japan	11,675.0
27	29	Larsen & Toubro Ltd., Mumbai, India	11,018.0
28	28	Royal BAM Group nv, Bunnik, The Netherlands	9,946.0
29	33	TECHNIP, Paris, France	9,482.0

RANK 2012	RANK 2011	FIRM	2011 REVENUE $ MIL.TOTAL
30	40	Stroygazconsulting LLC, Moscow, Russia	9,448.8
31	30	Hyundai Engineering & Construction Co. Ltd., Seoul, S. Korea	8,599.3
32	32	Kiewit Corp., Omaha, Neb., U.S.A.	8,477.0
33	55	Samsung Engineering Co. Ltd., Seoul, S. Korea	8,062.3
34	35	GS Engineering & Construction Corp., Seoul, S. Korea	7,645.0
35	37	Dongfang Electric Corp., Chengdu, Sichuan, China	7,635.6
36	31	Lend Lease Group, Millers Point, NSW, Australia	7,466.3
37	34	KBR, Houston, Texas, U.S.A.	7,071.5
38	42	China National Chemical Eng' g Group Corp., Beijing, China	6,698.1
39	44	Daelim Industrial Co. Ltd., Seoul, S. Korea	6,592.0
40	38	OHL SA (Obrascon Huarte Lain SA), Madrid, Spain	6,428.1
41	39	Samsung C&T Corp., Seoul, S. Korea	6,201.8
42	53	China Gezhouba Group Co. Ltd., Wuhan, Hubei, China	6,152.2
43	43	Daewoo E&C Co. Ltd., Seoul, S. Korea	6,098.4
44	65	Abeinsa SA, Seville, Spain	6,032.9
45	52	Zhejiang Constr. Invest. Group Co. Ltd., Hangzhou, Zhejiang, China	5,832.4
46	46	Toda Corp., Tokyo, Japan	5,798.0
47	62	SK Engineering & Construction Co. Ltd., Seoul, S. Korea	5,752.5
48	49	PCL Construction Enterprises Inc., Denver, Colo., U.S.A.	5,607.7
49	48	Kinden Corp., Tokyo, Japan	5,543.0
50	**	Beijing Construction Eng' g Group Co. Ltd., Beijing, China	5,521.8
51	47	Consolidated Contractors Group, Athens, Greece	5,520.6
52	45	POSCO Engineering & Construction, Incheon, S. Korea	5,505.1
53	54	China National Machinery Industry Corp., Beijing, China	5,382.0
54	36	Sacyr Vallehermoso, Madrid, Spain	5,223.7
55	57	Petrofac Ltd., Jersey, Channel Islands, U.K.	5,208.7
56	74	Qingjian Group Co. Ltd., Qingdao, Shandong, China	4,829.9
57	71	JGC Corp., Yokohama, Japan	4,700.0
58	60	Foster Wheeler AG, Hampton, N.J., U.S.A.	4,480.7
59	78	Tutor Perini Corp., Sylmar, Calif., U.S.A.	4,404.0
60	61	Acciona Infraestructuras, Madrid, Spain	4,380.6
61	88	SEPCO Electric Power Constr. Corp., Jinan City, Shandong, China	4,336.8
62	56	Clark Group, Bethesda, Md., U.S.A.	4,276.9

RANK		FIRM	2011 REVENUE $ MIL.TOTAL
2012	2011		
63	70	Construtora Andrade Gutierrez SA, Belo Horizonte, MG, Brazil	4,147.5
64	58	Grupo Isolux Corsan SA, Madrid, Spain	4,147.2
65	94	Anhui Construction Engineering Group Co., Hefei, Anhui, China	4,033.0
66	50	The Shaw Group Inc., Baton Rouge, La., U.S.A.	4,032.2
67	73	Penta–Ocean Construction Co. Ltd., Tokyo, Japan	3,974.5
68	77	The Whiting–Turner Contracting Co., Baltimore, Md., U.S.A.	3,897.4
69	51	China Petroleum Eng' g & Construction Corp., Beijing, China	3,891.2
70	68	China Yunan Constr. Eng'g Group Co. Ltd., Kunming, Yunnan, China	3,844.4
71	67	A. Porr AG, Vienna, Austria	3,760.8
72	66	China Petroleum Pipeline Bureau (CPP), Langfang City, Hebei, China	3,728.6
73	63	Tecnicas Reunidas, Madrid, Spain	3,657.7
74	81	CB&I, The Woodlands, Texas, U.S.A.	3,634.7
75	72	The Walsh Group Ltd., Chicago, Ill., U.S.A.	3,624.8
76	76	Ed. Zublin AG, Stuttgart, Germany	3,512.0
77	59	Jacobs, Pasadena, Calif., U.S.A.	3,477.9
78	69	The Arab Contractors (O.A.O. & Co.), Cairo, Egypt	3,229.0
79	85	Jiangsu Nantong No. 3 Constr. Grp. Co., Haimen, Jiangsu, China	3,200.6
80	82	Maire Tecnimont, Rome, Italy	3,187.1
81	**	China General Technology (Group) Holding Ltd., Beijing, China	3,178.2
82	64	Construcoes e Comercio Camargo CorreA, Sao Paulo, SP, Brazil	3,146.4
83	83	Gilbane Building Co., Providence, R.I., U.S.A.	3,103.1
84	108	McDermott International Inc., Houston, Texas, U.S.A.	3,102.0
85	87	Nishimatsu Construction Co. Ltd., Tokyo, Japan	3,070.0
86	**	OAS SA, Sao Paulo, SP, Brazil	3,038.3
87	80	Techint Group, Milan, Italy	3,031.7
88	84	Sumitomo Mitsui Construction Co. Ltd., Tokyo, Japan	3,005.7
"89"	93	Astaldi SpA, Rome, Italy	2,955.5
90	79	Danieli & C OM SpA, Buttrio, Italy	2,930.0
91	90	China HuanQiu Contracting & Engineering Corp., Beijing, China	2,916.5
92	99	SNC–Lavalin International Inc., Montreal, Quebec, Canada	2,901.1
93	91	Aecon Group Inc., Toronto, Ontario, Canada	2,896.0
94	89	COMSA EMTE, Madrid, Spain	2,860.8
95	105	Zhongyuan Petroleum Exploration Bureau, Puyang, Henan, China	2,811.2
96	100	Jan De Nul Group (Sofidra SA), Capellen, Luxembourg	2,732.0

RANK		FIRM	2011 REVENUE $ MIL.TOTAL
2012	2011		
97	75	CITIC Construction Co. Ltd., Beijing, China	2,730.2
98	96	IMPREGILO SpA, Milan, Italy, Italy	2,722.6
99	102	Hyundai Development Co. Ltd, Seoul, S. Korea	2,689.3
100	**	EllisDon Corp., Mississauga, Ontario, Canada	2,641.3
101	101	Hanwha Engineering & Construction Corp., Seoul, S. Korea	2,622.0
102	107	Veidekke ASA, Oslo, Norway	2,570.0
103	97	Mortenson Construction, Minneapolis, Minn., U.S.A.	2,467.6
104	165	Kharafi National KSCC, Safat, Kuwait	2,447.0
105	106	Structure Tone, New York, N.Y., U.S.A.	2,427.4
106	98	McCarthy Holdings Inc., St. Louis, Mo., U.S.A.	2,379.0
107	135	Taikisha Ltd., Tokyo, Japan	2,309.7
108	113	URS Corp., San Francisco, Calif., U.S.A.	2,266.4
109	127	Punj Lloyd Ltd., Gurgaon, Haryana, India	2,249.0
110	95	Hensel Phelps Construction Co., Greeley, Colo., U.S.A.	2,230.9
111	112	Van Oord, Rotterdam, The Netherlands	2,229.5
112	92	BESIX SA, Brussels, Belgium	2,219.7
113	115	Doosan Engineering & Construction Co. Ltd., Seoul, S. Korea	2,214.0
114	104	Chiyoda Corp., Yokohama, Japan	2,205.0
115	125	SEPCOIII Electric Power Construction Corp., Qing Dao, China	2,178.7
116	114	McConnell Dowell Corp. Ltd., Hawthorn, Victoria, Australia	2,071.3
117	130	Shanghai Electric Group Co. Ltd., Shanghai, China	2,013.9
118	144	DPR Construction, Redwood City, Calif., U.S.A.	2,000.3
119	119	Graham Group Ltd., Calgary, Alberta, Canada	2,000.0
120	123	Jiangsu Nantong Liujian Constr. Group Co., Rugao, Jiangsu, China	1,996.4
121	124	Granite Construction Inc., Watsonville, Calif., U.S.A.	1,989.0
122	137	Polimeks Insaat Taahhut ve San Tic. AS, Istanbul, Turkey	1,941.0
123	117	JE Dunn Construction Group, Kansas City, Mo., U.S.A.	1,924.3
124	121	Toyo Engineering Corp., Chiba, Japan	1,921.3
125	206	Hoffman Corp., Portland, Ore., U.S.A.	1,910.0
126	133	Turner Industries Group LLC, Baton Rouge, La., U.S.A.	1,870.0
127	143	Xinjiang Beixin Construction & Eng' g Co., Urumqi, Xinjiang, China	1,864.6
128	141	Salini Costruttori SpA, Rome, Italy	1,854.4
129	134	Holder Construction Co., Atlanta, Ga., U.S.A.	1,766.0
130	111	Habtoor Leighton Group, Dubai, U.A.E.	1,757.0

RANK		FIRM	2011 REVENUE $ MIL.TOTAL
2012	2011		
131	126	Hunt Construction Group, Scottsdale, Ariz., U.S.A.	1,750.0
132	140	SalfaCorp, Santiago, Regi n Metropolitana, Chile	1,736.0
133	145	CTCI Corp., Taipei, Taiwan	1,691.2
134	109	Sinopec Engineering Inc., Beijing, China	1,654.6
135	129	Brasfield & Gorrie LLC, Birmingham, Ala., U.S.A.	1,645.1
136	136	Nantong Constr. Group Joint-Stock Co., Nantong, Jiangsu, China	1,602.9
137	139	John Sisk & Son Ltd., Dublin, Leinster, Ireland	1,592.0
138	103	ELLAKTOR SA, Kifissia, Greece	1,558.3
139	142	Austin Industries, Dallas, Texas, U.S.A.	1,522.2
140	152	Day & Zimmermann, Philadelphia, Pa., U.S.A.	1,514.6
141	157	Impresa Pizzarotti & C. SpA, Parma, Italy	1,511.5
142	158	PJSC Stroytransgaz, Moscow, Russia	1,496.0
143	161	Shenyang Yuanda Aluminum Indus. Eng' g Co., Shenyang, China	1,493.0
144	116	Ssangyong Engineering & Construction Co. Ltd., Seoul, S. Korea	1,491.0
145	169	Cengiz Construction Industry & Trade Co. Inc., Istanbul, Turkey	1,488.5
146	122	Joannou & Paraskevaides Group of Cos., Guernsey, U.K.	1,462.5
147	174	Primoris Services Corp., Lake Forest, Calif., U.S.A.	1,460.2
148	203	Shapoorji Pallonji & Co. Ltd., Mumbai, Maharashtra, India	1,450.1
149	167	Willbros Group Inc., Houston, Texas, U.S.A.	1,447.8
150	146	Arabian Construction Co. SAL, Beirut, Lebanon	1,433.9
151	**	Kumho Industrial, Seoul, S. Korea	1,432.4
152	205	Metka, Maroussi, Athens, Greece	1,371.4
153	148	Arabian Bemco Contracting Co. Ltd., Jeddah, Saudi Arabia	1,360.0
154	163	Barton Malow Co., Southfield, Mich., U.S.A.	1,351.4
155	149	Manhattan Construction Group, Tulsa, Okla., U.S.A.	1,346.9
156	128	Orascom Construction Industries (OCI), Cairo, Egypt	1,327.5
157	177	China Jiangsu Int' l Econ-Tech. Coop. Corp., Nanjing, China	1,314.2
158	147	Renaissance Construction, Ankara, Turkey	1,300.4
159	193	WorleyParsons Ltd., North Sydney, NSW, Australia	1,299.9
160	132	Suffolk Construction Co. Inc., Boston, Mass., U.S.A.	1,290.1
161	151	Alarko Contracting Group, Gebze/Kocaeli, Turkey	1,281.9
162	168	Black & Veatch, Overland Park, Kan., U.S.A.	1,243.0
163	**	First Solar Inc., Tempe, Ariz., U.S.A.	1,242.5
164	**	The Babcock & Wilcox Co., Charlotte, N.C., U.S.A.	1,219.6

RANK		FIRM	2011 REVENUE $ MIL.TOTAL
2012	2011		
165	199	Arabtec Construction LLC, Dubai, U.A.E.	1,214.8
166	160	Hanjin Heavy Industries & Construction Co. Ltd., Seoul, S. Korea	1,199.2
167	153	China Power Engineering Consltg. Group Co., Beijing, China	1,195.3
168	189	The Lane Construction Corp., Cheshire, Conn., U.S.A.	1,187.3
169	190	Pepper Construction Group, Chicago, Ill., U.S.A.	1,174.8
170	**	Mace Ltd., London, U.K.	1,172.2
171	166	National Petroleum Construction Co. (NPCC), Abu Dhabi, U.A.E.	1,154.9
172	155	The Yates Cos. Inc., Philadelphia, Miss., U.S.A.	1,144.4
173	180	Walbridge, Detroit, Mich., U.S.A.	1,130.6
174	214	Tekfen Construction and Installation Co. Inc., Istanbul, Turkey	1,129.0
175	164	Parsons, Pasadena, Calif., U.S.A.	1,124.1
176	172	Soares Da Costa – Grupo SGPS, Porto, Portugal	1,114.7
177	207	Per Aarsleff A/S, AAbyhoej, Denmark	1,112.4
178	173	Michels Corp., Brownsville, Wis., U.S.A.	1,111.4
179	**	Sinosteel Equipment & Engineering Co. Ltd., Beijing, China	1,106.3
180	196	Pan-China Construction Group Co. Ltd., Beijing, China	1,090.2
181	185	Layne Christensen Co., Mission Woods, Kan., U.S.A.	1,089.1
182	184	Societa Italiana Per Condotte D' Acqua SpA, Rome, Italy	1,085.9
183	186	Swinerton Inc., San Francisco, Calif., U.S.A.	1,079.2
184	171	Zachry Holdings Inc., San Antonio, Texas, U.S.A.	1,058.2
185	170	China Civil Engineering Constr. Corp., Beijing, China	1,054.1
186	197	Pomerleau, St. Georges, Quebec, Canada	1,050.4
187	182	C.M.C. di Ravenna, Ravenna, Italy	1,042.6
188	217	China Wu Yi Co. Ltd., Fuzhou, Fujian, China	1,022.5
"189"	179	Flintco LLC, Tulsa, Okla., U.S.A.	1,021.5
190	154	Grupo SANJOSE SA, Tres Cantos (Madrid), Madrid, Spain	1,012.1
191	162	Enka Construction & Industry Co. Inc., Istanbul, Turkey	992.9
192	219	CGC Overseas Construction Group Co. Ltd., Beijing, China	988.3
193	159	Petroleum Projects & Technical Consultations Co., Cairo, Egypt	982.0
194	**	China Int' l Water & Electric Corp. (CWE), Beijing, China	968.9
195	**	HITT Contracting Inc., Falls Church, Va., U.S.A.	961.0
196	150	GAMA, Ankara, Turkey	955.3
197	198	E. Pihl & S n AS, Kongens Lyngby, Denmark	949.2
198	**	ANT YAPI Construction, Industry & Trade Co., Istanbul, Turkey	945.2

RANK 2012	RANK 2011	FIRM	2011 REVENUE $ MIL.TOTAL
199	**	M+W U.S. Inc., Watervliet, N.Y., U.S.A.	937.4
200	138	Iberdrola Ingenieria y Construcci n, Madrid, Spain	913.7
201	176	Nata Construction Tourism Trade & Industry Co., Ankara, Turkey	911.0
202	202	Ghella SpA, Rome, Italy	900.0
203	200	The Weitz Co., Des Moines, Iowa, U.S.A.	899.4
204	175	Sundt Construction Inc., Tempe, Ariz., U.S.A.	892.0
205	187	Bauer AG, Schrobenhausen, Germany	891.4
206	178	Bonatti SpA, Parma, Italy	881.0
207	212	Alberici Corp., St. Louis, Mo., U.S.A.	872.6
208	201	ValleyCrest Landscape Cos., Calabasas, Calif., U.S.A.	850.0
209	**	Electra LTD., Ramat Gan, Israel	849.0
200	138	ABB SpA – Process Automation Division, Sesto San Giovanni, Italy	831.3
211	223	AMEC plc, London, U.K.	827.3
212	194	Clayco Inc., St. Louis, Mo., U.S.A.	820.0
213	**	IC Ibrahim Cecen Investment Holding Inc., Ankara, Turkey	814.8
214	**	Limak Insaat Sanayi ve Ticaret AS, Ankara, Turkey	813.5
215	192	Harbin Electric International Co. Ltd., Harbin, China	810.9
216	**	Ames Construction Inc., Burnsville, Minn., U.S.A.	808.3
217	221	China Geo–Engineering Corp., Beijing, China	797.7
218	209	The Kokosing Group, Fredericktown, Ohio, U.S.A.	785.1
219	**	TAV Construction, Istanbul, Turkey	772.0
220	204	CH2M HILL, Englewood, Colo., U.S.A.	768.5
221	**	Technopromexport JSC, Moscow, Russia	764.5
222	**	POSCO Engineering Co., Seongnam City, S. Korea	764.4
223	**	Performance Contractors Inc., Baton Rouge, La., U.S.A.	761.0
224	218	Ircon International Ltd., New Delhi, Delhi, India	749.6
225	222	Sener Ingenieria y Sistemas SA, Las Arenas (Getxo), Vizcaya, Spain	746.2

Top Lists or selections from the directory databases are available on pressure–sensitive labels or computer printouts. Included are the principal officer's name and title, company name and address, and phone and fax numbers.

资料来源：美国《工程新闻记录》

全球最大150强设计企业排名

The Top 150 Global Design Firms

RANK		FIRM	Firm Typ	TOTAL $MIL
2012	2011			
1	1	AECOM Technology Corp., Los Angeles, Calif., U.S.A.	EA	6,875.2
2	2	URS Corp., San Francisco, Calif., U.S.A.	EAC	5,334.0
3	3	Jacobs, Pasadena, Calif., U.S.A.	AEC	5,222.7
4	4	WorleyParsons Ltd., North Sydney, NSW, Australia	EC	4,459.1
5	7	Fluor Corp., Irving, Texas, U.S.A.	EC	4,029.4
6	6	AMEC plc, London, U.K.	EC	3,935.8
7	5	CH2M HILL, Englewood, Colo., U.S.A.	EAC	3,903.0
8	8	Fugro NV, Leidschendam, The Netherlands	GE	3,631.0
9	9	SNC-Lavalin International Inc., Montreal, Quebec, Canada	EC	3,370.6
10	10	ARCADIS NV, Amsterdam, The Netherlands	E	2,806.0
11	12	Bechtel, San Francisco, Calif., U.S.A.	EC	2,587.0
12	11	Tetra Tech Inc., Pasadena, Calif., U.S.A.	E	2,510.0
13	17	China Communications Construction Group Ltd., Beijing, China	EC	2,441.7
14	13	Atkins, Epsom, Surrey, U.K.	EA	2,385.1
15	14	KBR, Houston, Texas, U.S.A.	EC	2,189.6
16	19	Hydrochina Corp., Beijing, China	EC	2,033.0
17	18	Mott MacDonald Group Ltd., Croydon, Surrey, U.K.	E	1,734.4
18	25	Hatch Group, Mississauga, Ontario, Canada	E	1,726.6
19	**	Parsons Brinckerhoff, New York, N.Y., U.S.A.	EA	1,681.9
20	15	Dar Al-Handasah Consultants (Shair and Partners), Cairo, Egypt	EA	1,653.6
21	21	Stantec Inc., Edmonton, Alberta, Canada	EAL	1,651.1
22	20	HDR, Omaha, Neb., U.S.A.	EA	1,589.7
23	22	ARUP Group Ltd., London, U.K.	E	1,503.4
24	24	China Railway Construction Corp. Ltd., Beijing, China	EC	1,454.0
25	30	China Railway Group Ltd., Beijing, China	EC	1,379.4
26	26	The Shaw Group Inc., Baton Rouge, La., U.S.A.	EC	1,349.4
27	39	Sinclair Knight Merz, St. Leonards, NSW, Australia	E	1,337.8
28	27	Grontmij NV, De Bilt, The Netherlands	E	1,296.3
29	35	Ramboll Group A/S, Copenhagen, Denmark	E	1,293.3

RANK 2012	RANK 2011	FIRM	Firm Type	TOTAL $MIL
30	33	Golder Associates Corp., Mississauga, Ontario, Canada	E	1,265.4
31	23	Tecnicas Reunidas, Madrid, Spain	EC	1,242.3
32	31	Black & Veatch, Overland Park, Kan., U.S.A.	EC	1,154.6
33	32	WSP Group plc, London, U.K.	E	1,150.8
34	46	Poyry, Vantaa, Finland	E	1,108.0
35	36	Egis, Saint Quentin en Yvelines, France	E	1,106.8
36	51	Saipem, San Donato Milanese (Milan), Italy	EC	1,088.4
37	42	Aurecon, Singapore, Singapore	E	1,052.9
38	28	Parsons, Pasadena, Calif., U.S.A.	EC	1,046.9
39	48	SWECO, Stockholm, Sweden	E	1,036.0
40	44	MWH Global, Broomfield, Colo., U.S.A.	EC	1,017.0
41	41	GHD Pty Ltd., Sydney, NSW, Australia	E	1,004.0
42	45	TECHNIP, Paris, France	EC	982.0
43	34	China Metallurgical Group Corp., Beijing, China	EA	961.7
44	37	HNTB Cos., Kansas City, Mo., U.S.A.	EA	933.9
45	55	Wood Group Mustang, Houston, Texas, U.S.A.	EC	926.8
46	38	China Chengda Engineering Co. Ltd., Chengdu, Sichuan, China	EC	925.0
47	61	CB&I, The Woodlands, Texas, U.S.A.	EC	915.9
48	40	Mouchel, Woking, Surrey, U.K.	E	896.5
49	60	Cardno Ltd., Brisbane, Queensland, Australia	E	855.8
50	50	F AB, Stockholm, Sweden	E	806.2
51	53	JGC Corp., Yokohama, Japan	EC	801.0
52	47	China Power Engineering Consulting Group Co., Beijing, China	EC	774.4
53	43	Sinopec Engineering Inc., Beijing, China	EC	766.2
54	56	Gensler, San Francisco, Calif., U.S.A.	A	764.1
55	58	CDM Smith, Cambridge, Mass., U.S.A.	EC	746.5
56	54	Burns & McDonnell, Kansas City, Mo., U.S.A.	EAC	745.7
57	57	Dessau Inc., Montreal, Quebec, Canada	E	742.0
58	49	COWI, Kongens Lyngby, Denmark	E	732.5
59	67	China Construction Eng' g Design Group Corp. Ltd., Beijing, China	AE	665.4
60	62	GENIVAR Inc., Montreal, Quebec, Canada	E	651.9
61	63	Nippon Koei Group, Tokyo, Japan	E	620.0
62	29	Louis Berger, Morristown, N.J., U.S.A.	EAP	614.7
63	**	Petrofac Ltd., Jersey, Channel Islands, U.K.	EC	592.1

RANK 2012	RANK 2011	FIRM	Firm Type	TOTAL $MIL
64	85	SYSTRA, Paris, France	E	573.2
65	59	DHV Group, Amersfoort, The Netherlands	E	562.3
66	69	KEPCO Engineering & Construction Co., Yongin-si, Gyeonggi-do, S. Korea	AEC	539.5
67	75	Shanghai Xian Dai Architectural Design Group Co., Shanghai, China	AE	528.6
68	72	Michael Baker Corp., Moon Township, Pa., U.S.A.	EA	528.4
69	64	exp, Brampton, Ontario, Canada	EA	519.2
70	66	Sargent & Lundy LLC, Chicago, Ill., U.S.A.	E	510.4
71	68	CDI Corp., Philadelphia, Pa., U.S.A.	EA	504.3
72	82	Maire Tecnimont, Rome, Italy	EC	496.6
73	70	HOK, St. Louis, Mo., U.S.A.	AE	447.5
74	87	SMEC, Cooma, NSW, Australia	E	445.5
75	71	Hyder Consulting, London, U.K.	E	445.2
76	84	STV Group Inc., New York, N.Y., U.S.A.	EA	437.5
77	**	CTI Engineering Co. Ltd., Tokyo, Japan	E	420
78	88	Kajima Corp., Tokyo, Japan	EAC	413.8
79	116	Ausenco, South Brisbane, Queensland, Australia	E	411.1
80	94	Science Applications International Corp. (SAIC), McLean, Va., U.S.A.	EC	403.1
81	78	Artelia (Sogreah & Coteba), Echirolles Cedex, France	E	399.9
82	102	S&B Engineers and Constructors Ltd., Houston, Texas, U.S.A.	EC	399.0
83	80	Hyundai Engineering Co. Ltd., Seoul, S. Korea	EC	397.0
84	65	Coffey International, Sydney, NSW, Australia	GE	385.7
85	90	TRC Cos. Inc., Lowell, Mass., U.S.A.	E	379.2
86	76	Oriental Consultants (ACKG Ltd.), Tokyo, Japan	E	375.5
87	115	Conestoga-Rovers & Assoc., Niagara Falls, N.Y., U.S.A.	E	363.0
88	91	Terracon Consultants Inc., Olathe, Kan., U.S.A.	E	360.7
89	110	McDermott International Inc., Houston, Texas, U.S.A.	EC	343.4
90	92	Kimley-Horn and Associates Inc., Raleigh, N.C., U.S.A.	E	343.0
91	89	China HuanQiu Contracting & Engineering Corp., Beijing, China	EC	339.5
92	95	Beca Group Ltd., Auckland, New Zealand	EA	335.1
93	104	China Petroleum Pipeline Eng'g Corp., Langfang City, Hebei, China	EC	333.9
94	97	China National Machinery Industry Corp., Beijing, China	EC	332.4
95	**	IBI Group, Toronto, Ontario, Canada	AE	332.3
96	81	INECO, Madrid, Spain	E	321.2
97	96	SETEC, Paris, France	E	310.8

RANK		FIRM	Firm Type	TOTAL $MIL
2012	2011			
98	105	Tebodin Consultants & Engineers, The Hague, The Netherlands	E	310.0
99	114	Bureau Veritas, Fort Lauderdale, Fla., U.S.A.	E	307.3
100	103	Dewberry, Fairfax, Va., U.S.A.	EA	301.6
101	109	Fichtn09er GmbH & Co. KG, Stuttgart, Germany	E	299.0
102	16	Balfour Beatty plc, London, U.K.	EC	295.4
103	98	The Kleinfelder Group Inc., San Diego, Calif., U.S.A.	EA	293.5
104	128	Lend Lease Group, Millers Point, NSW, Australia	EAC	283.9
105	117	Opus International Consultants Ltd., Wellington, New Zealand	EAP	280.7
106	119	ENVIRON Holdings Inc., Arlington, Va., U.S.A.	ENV	280.6
107	**	Shenyang Yuanda Aluminum Industry Eng' g Co. Ltd., Shenyang, China	EC	276.5
108	108	Brown and Caldwell, Walnut Creek, Calif., U.S.A.	E	270.0
109	101	Gannett Fleming, Harrisburg, Pa., U.S.A.	EA	266.4
110	129	Kiewit Corp., Omaha, Neb., U.S.A.	EC	262.0
111	120	ILF Consulting Engineers, Rum/Innsbruck, Austria	E	259.9
112	112	WL Meinhardt Group Pty Ltd., Melbourne, VIC, Australia	E	256.8
113	113	Skidmore Owings & Merrill LLP, New York, N.Y., U.S.A.	AE	255.0
114	**	MMM Group Ltd., Thornhill, Ontario, Canada	E	253.5
115	107	Khatib & Alami, Beirut, Lebanon	EA	250.8
116	**	SK Engineering & Construction Co. Ltd., Seoul, S. Korea	EC	238.6
117	124	IDOM, Madrid, Spain	EA	236.0
118	136	Zachry Holdings Inc., San Antonio, Texas, U.S.A.	EA	235.6
119	123	INGEROP, Courbevoie, France	E	232.0
120	106	Dohwa Engineering Co. Ltd., Seoul, S. Korea	EC	231.4
121	132	Cannon Design, Grand Island, N.Y., U.S.A.	AE	231.4
122	130	POWER Engineers Inc., Hailey, Idaho, U.S.A.	E	225.2
123	77	CTCI Corp., Taipei, Taiwan	EC	224.4
124	118	Samoo Architects & Engineers, Seoul, S. Korea	AE	222.9
125	134	HKS Inc., Dallas, Texas, U.S.A.	AE	213.0
126	**	China Tianchen Engineering Corp., Tianjin, China	EC	206.6
127	**	Lahmeyer International GmbH, Bad Vilbel, Germany	E	205.7
128	135	Professional Service Indus. (PSI), Oakbrook Terrace, Ill., U.S.A.	E	205.5
129	**	JSC Institute Strojproect, St. Petersburg, Russia	EA	202.5
130	126	TranSystems Corp., Kansas City, Mo., U.S.A.	EA	200.8
131	122	Tecnica y Proyectos SA (TYPSA), Madrid, Spain	EA	200.2

RANK		FIRM	Firm Type	TOTAL $MIL
2012	2011			
132	138	Enercon Services Inc., Kennesaw, Ga., U.S.A.	E	197.1
133	141	ATC Associates Inc., Lafayette, La., U.S.A.	E	191.8
134	125	Eptisa, Madrid, Spain	E	187.5
135	139	First Survey & Design Institute of RailwayS, Xi' an City, Shaanxi, China	E	184.7
136	**	SEPCO Electric Power Construction Corp., Jinan City, Shandong, China	EAC	184.6
137	127	Stanley Consultants Inc., Muscatine, Iowa, U.S.A.	E	182.0
138	148	Geosyntec Consultants, Atlanta, Ga., U.S.A.	E	182.0
139	147	Nippon Jogesuido Sekkei Co. Ltd., Tokyo, Japan	E	182.0
140	131	NBBJ, Seattle, Wash., U.S.A.	A	181.6
141	146	Greenman–Pedersen Inc., Babylon, N.Y., U.S.A.	E	179.7
142	142	SmithGroupJJR, Detroit, Mich., U.S.A.	AE	177.1
143	**	Acciona Infraestructuras, Madrid, Spain	EC	176.5
144	145	Weston Solutions Inc., West Chester, Pa., U.S.A.	EC	171.2
145	**	Ecology & Environment Inc., Lancaster, N.Y., U.S.A.	ENV	169.2
146	**	HOCHTIEF AG, Essen, Germany	EC	166.7
147	144	Nihon Sekkei Inc., Tokyo, Japan	AE	166.0
148	137	Engineering for the Petroleum & Process Industries, Cairo, Egypt	EC	164.9
149	149	Hazen and Sawyer PC, New York, N.Y., U.S.A.	E	164.0
150	**	PM Group, Dublin, Ireland	EA	163.5

Top Lists or selections from the directory databases are available on pressure–sensitive labels or computer printouts. Included are the principal officer's name and title, company name and address, and phone and fax numbers.

资料来源：美国《工程新闻记录》